容县志

RONG XIAN ZHI

（1990—2005）

容县地方志编纂委员会　编

方志出版社
Publishing House of Local Records

图书在版编目（CIP）数据

容县志．1990-2005 / 容县地方志编纂委员会编．--北京 ：方志出版社，2019.12
ISBN 978-7-5144-4109-3

Ⅰ．①容… Ⅱ．①容… Ⅲ．①容县—地方志—1990-2005 Ⅳ．① K296.74

中国版本图书馆 CIP 数据核字(2020)第 014445 号

容县志（1990—2005）

编　　者：容县地方志编纂委员会
责任编辑：冯　松

出 版 者：方志出版社
地址　北京市朝阳区潘家园东里 9 号（国家方志馆 4 层）
邮编　100021
网址　http://www.fzph.org
发　　行：方志出版社图书经销中心
电话（010）67110500
经　　销：各地新华书店
装帧设计：南宁市佳彩广告设计有限公司
印　　刷：深圳市精一瑞兰印刷有限公司

开　　本：889 ×1194　1/16
印　　张：51.5
字　　数：1495 千字
版　　次：2019 年 12 月第 1 版　2019 年 12 月第 1 次印刷
印　　数：001 ～ 550 册

ISBN 978-7-5144-4109-3　**定价：**360.00 元

容 县 地 图（1990年）

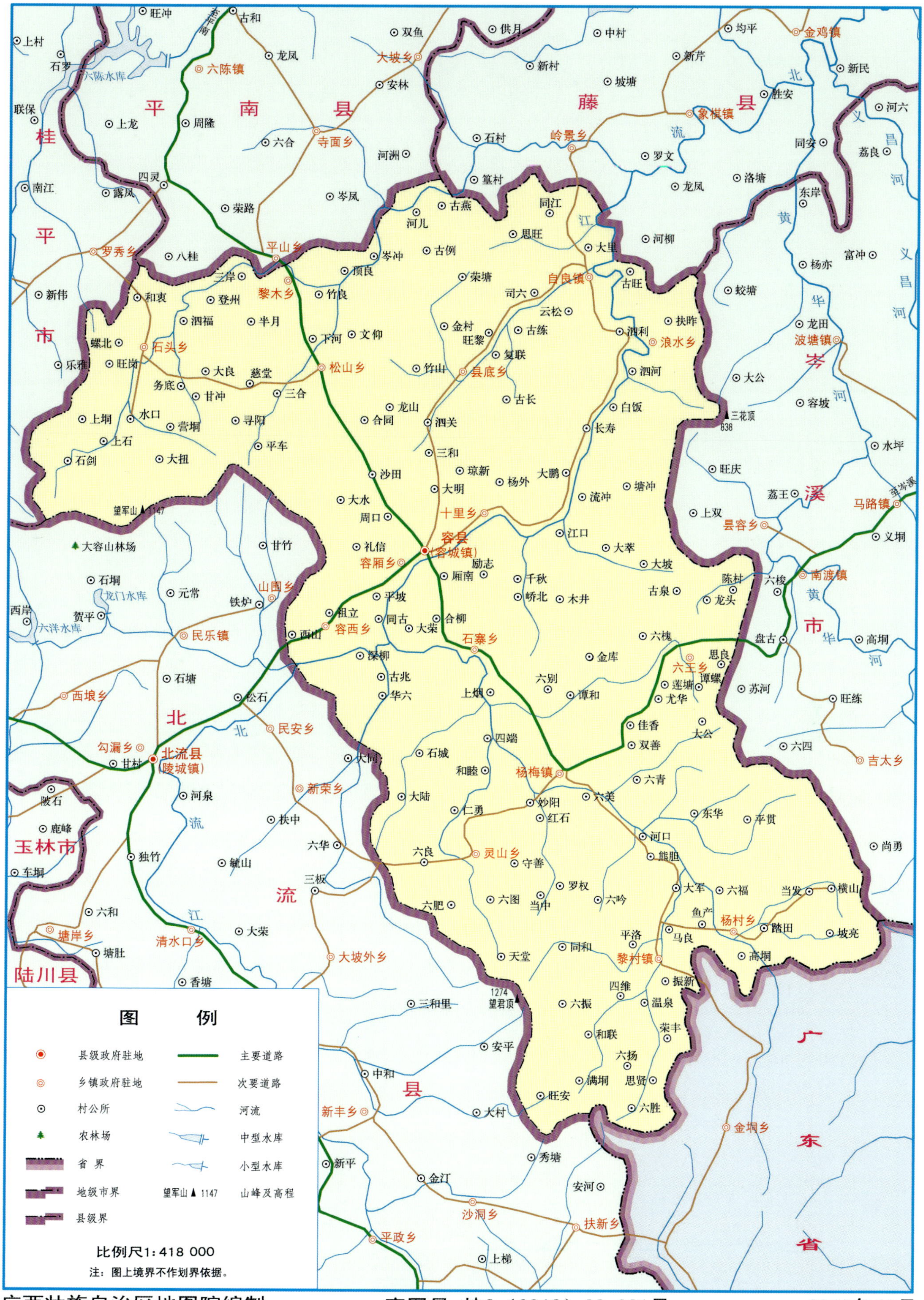

广西壮族自治区地图院编制

审图号：桂S（2019）09-001号

2019年10月

容县地图（2005年）

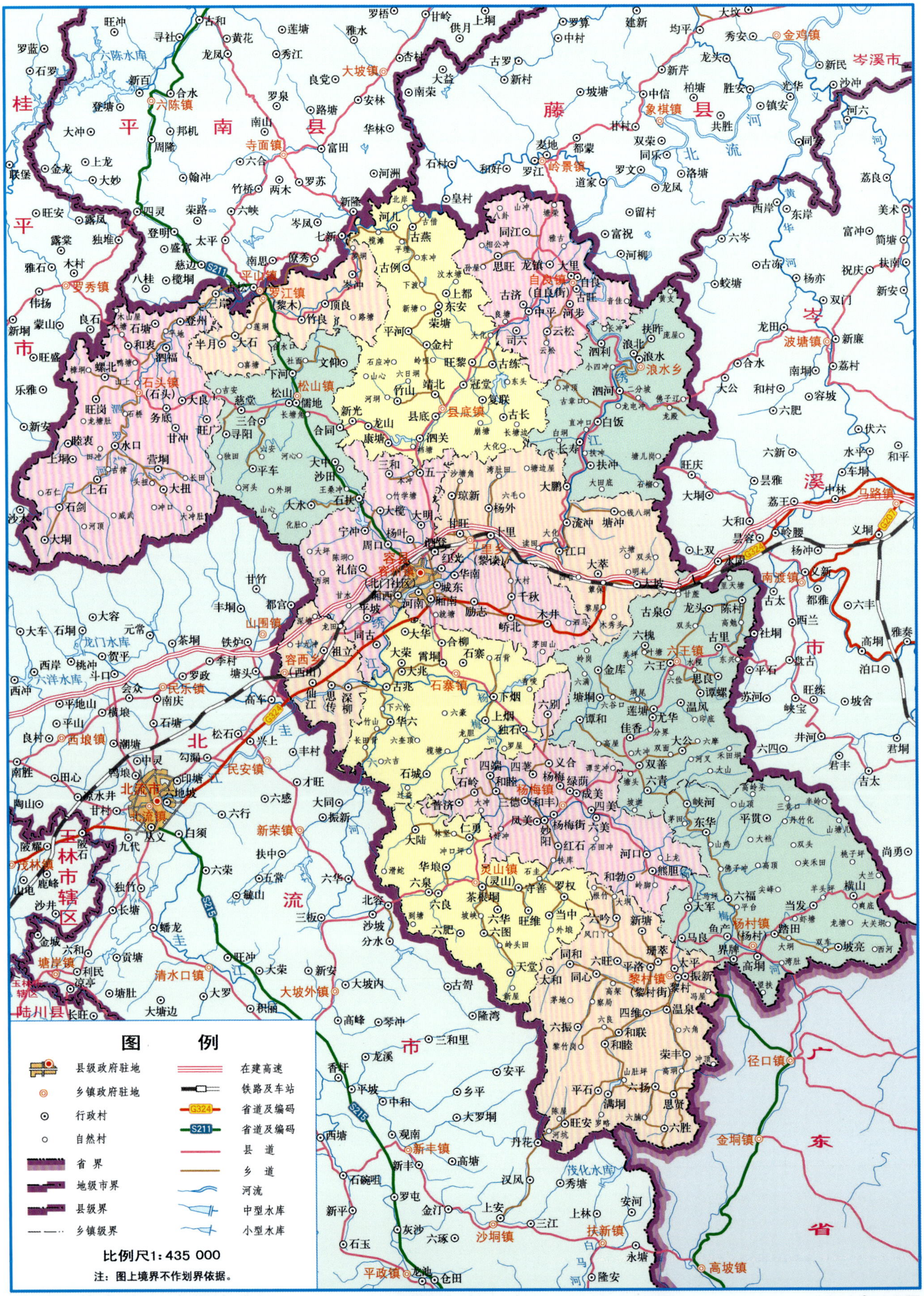

广西壮族自治区地图院编制　　审图号：桂S（2019）09-001号　　2019年10月

容 县 城 区 图(1996年)

广西壮族自治区地图院编制 审图号：桂S（2019）09-001号 2019年10月

容县城区图（2005年）

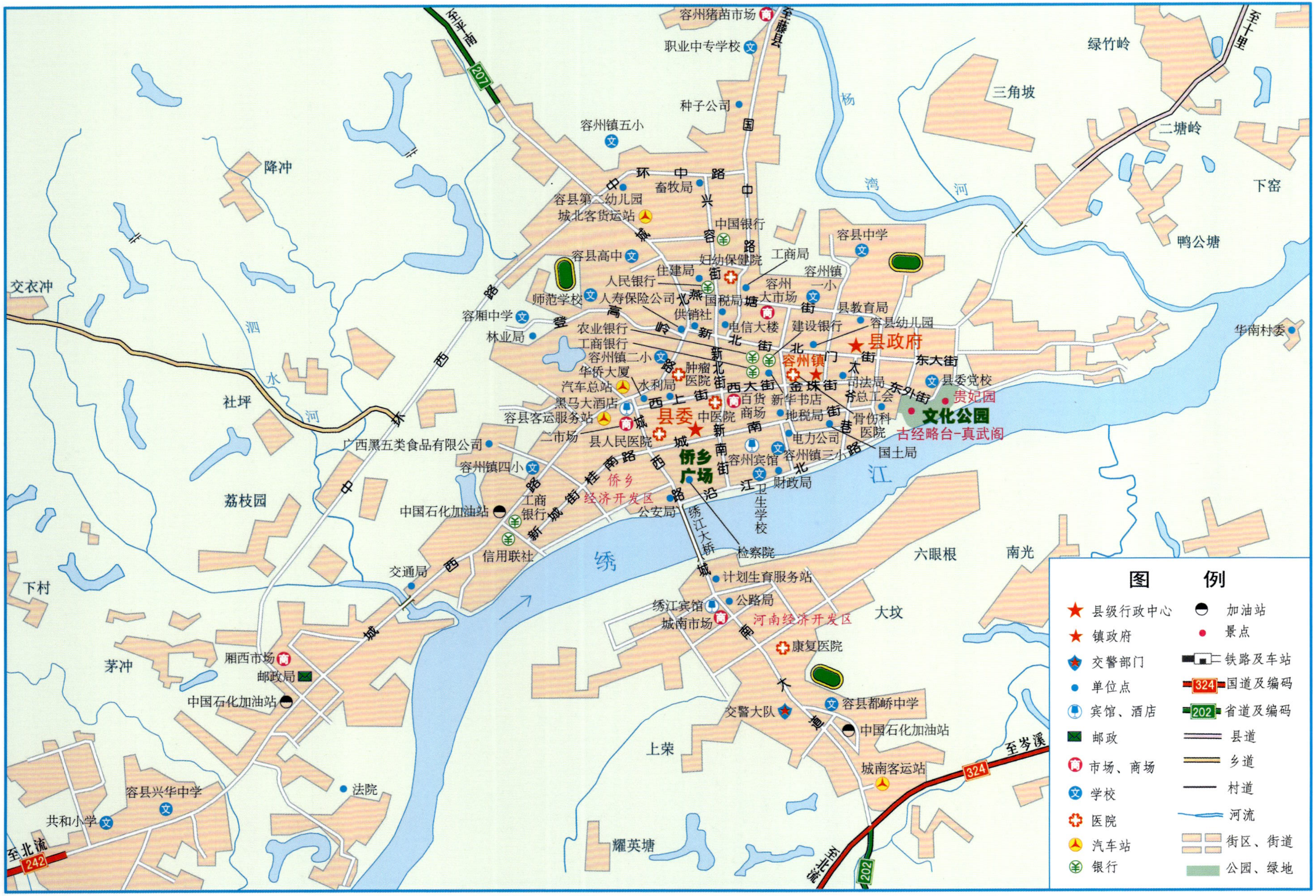

广西壮族自治区地图院编制　　审图号：桂S（2019）09-001号　　2019年10月

领导活动

1987 年 3 月，国务院副总理陈慕华（前排左二）考察容县，并参观经略台真武阁

（肖清薇　提供）

1988 年 2 月 9 日，全国政协副主席刘澜涛（左二）在容县考察　（肖清薇　提供）

2001 年 1 月 28 日，全国政协副主席、中国工程院院长宋健（前排左二）到容县考察

（梁枢明　摄）

1997 年 8 月 22 日，自治区党委书记曹伯纯（前排右二）到容县调研

（肖清薇　提供）

2001年3月2日，自治区主席李兆焯（前排右三）到容县了解企业生产情况。图为在容县微型拖拉机厂调研时情景　（据《容县报》）

1992年12月，自治区政协主席陈辉光（前排右一）、自治区政协玉林联络处主任李明加（前排右二）参加容县人民政府办公新楼落成庆典仪式　（吴植光　提供）

2001年6月14日，自治区人大常委会主任赵富林（左二）在容县调研广西黑五类食品集团有限公司

（据《容县报》）

1995年11月，卫生部副部长张文康（前排右二）考察容县中医院

（容县中医院　提供）

2001年1月6日，中共中央党校副校长王伟光（右二）到容县考察。图为在广西黑五类食品集团有限公司考察时情景

（据《容县报》）

农业

1990 年，容县获得自治区造林绿化一等奖

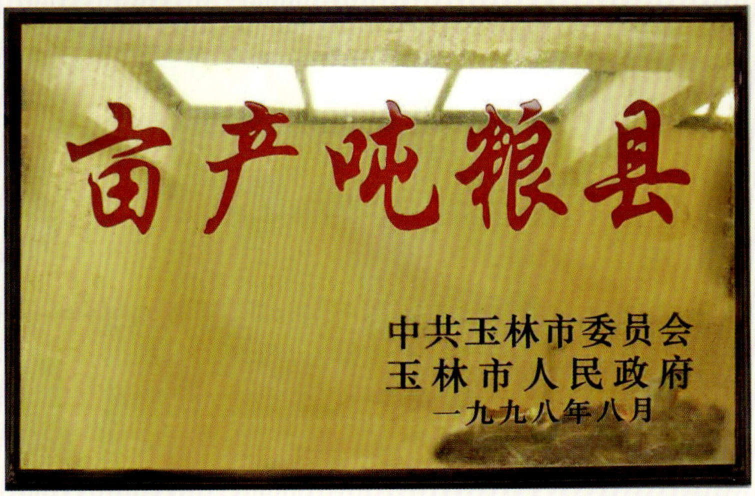

1998 年，容县获得玉林市“亩产吨粮县”称号

2001 年，容县获得全国绿化先进集体称号

1996年11月，容县中学生参加农田水利建设　　（李培森　摄）

容厢镇礼信村香菇生产示范点　　（2001年1月，苏祖年　摄）

2001 年 8 月，夏收夏插结束后，容县农民踊跃缴交公粮　　（佘华炜　摄）

容县推广免耕抛秧技术　　（2005 年 4 月 2 日，容县农业局　提供）

容县水稻田间管理　（2005年10月，容县农业局　提供）

容县兰花种植户交流兰花种植经验（2005年10月摄，容县兰花协会　提供）

工业

1993 年，容县获得 1992 年度广西农村经济实力十强县称号

1994—1996 年，容县连续 3 年获得自治区发展乡镇企业先进县（市）称号。图为 1996 年获奖奖牌

1999 年，容县建成并投入使用调度自动化的泗登 110 千伏变电站　　（据《容县报》）

位于灵山镇的广西南山瓷器有限公司　　（2004 年 9 月摄，容县新闻中心　提供）

位于容县城区城西路的广西都峤陶瓷有限公司　　（2005 年 12 月，吴植光　摄）

广西高峰容洲人造板有限公司　　（2004 年 4 月摄，容县经济开发区管委会　提供）

容县电子生产企业员工正在对电子产品安装测试　　（2004 年 5 月摄，容县经贸局　提供）

广西黑五类食品集团有限责任公司部分产品　（容县经贸局　提供）

容县浪水电站发电车间　（2005年11月摄，容县经贸局　提供）

容县意球电子有限公司生产车间　　（2005 年 8 月摄，容县经济开发区管委会　提供）

容县立盛电子有限公司生产车间

（2005 年 3 月摄，容县经济开发区管委会　提供）

社会生活

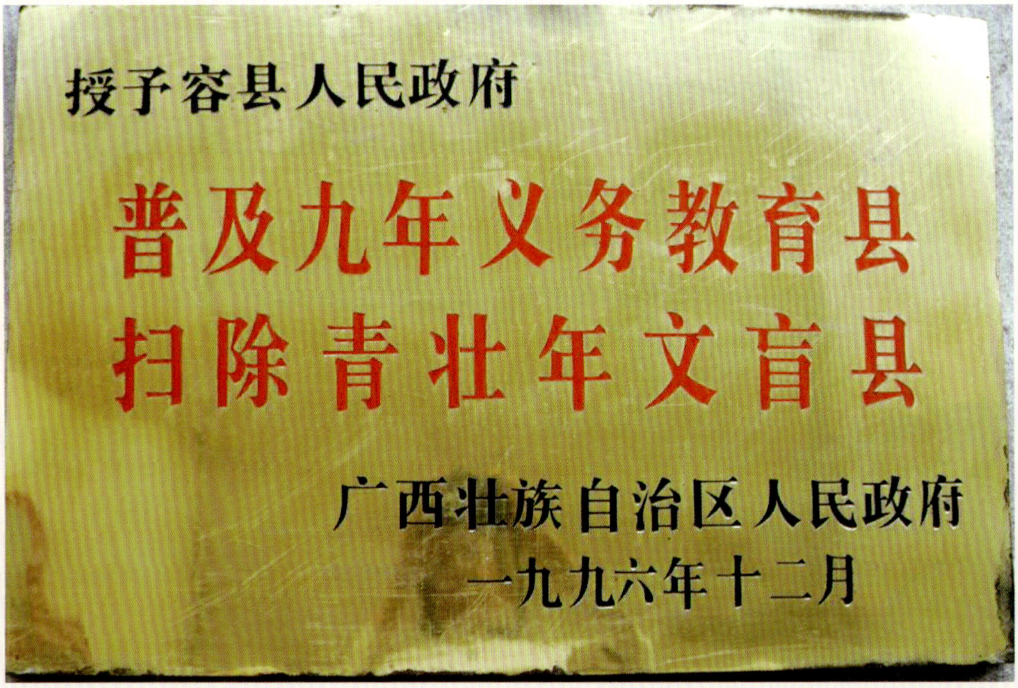

1996年，容县被自治区人民政府授予普及九年义务教育县、扫除青壮年文盲县称号

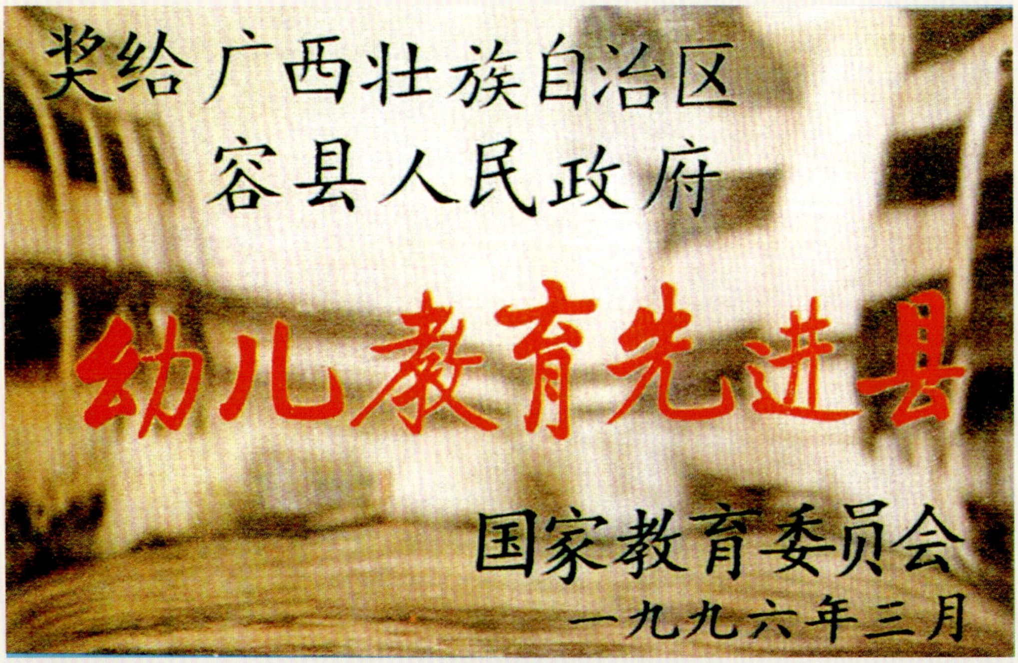

1996年3月，容县获得全国幼儿教育先进县称号

2004年2月，容县卫生局获得全国卫生系统先进集体称号

1999年9月10日“教师节”，容县举办之光文艺晚会　（关定珍　摄）

1999 年国庆节前夕，容县举办庆祝建国 50 周年中华颂歌咏晚会　　（曾宪球　摄）

2000 年 12 月 29 日，容县文联和容县农业银行在县广电中心演播大厅联合举办携手“走向新世纪”联欢晚会　　（关定珍　摄）

2002年11月19日，玉林市第二届“百年乐”杯中老年健康晨运大赛容县赛区在县侨乡广场举行，500名中老年运动员参加。图为扇舞表演 （黄 伟 摄）

2003年，新建的容县高中大门 （吴植光 摄）

容县师范学校图书馆和实验楼（2001 年摄，容县教育局　提供）

容县中学校园（2004 年 9 月摄，容县教育局　提供）

市政建设

1997年，容县获得自治区第一届市容“南珠杯”竞赛先进城市称号

位于新北街的建设银行综合办公大楼建成于1992年，成为容县城区的标志性建筑　　（据《容县报》）

1999 年 12 月 18 日，容县城区绣江南岸防洪堤一期工程开工，建设防洪堤 1.48 千米　（据《容县报》）

2001 年 1 月 12 日，位于县城城南街的容县侨乡广场落成开放，占地 8800 平方米　（梁毕玄　摄）

2001 年 9 月 11 日，位于容县城区绣江南岸的绣江公园落成，首期建设面积 4.30 万平方米

（据《容县报》）

容县城区兴容街街道绿化　　（2005 年 8 月摄，容县建设局　提供）

2005 年 12 月，容县城区绣江大桥南岸西侧远景　（吴植光　提供）

1992 年 12 月建成的容县人民政府办公大楼　（2005 年 12 月，吴植光　摄）

容县城区城西大道龙晶花苑小区　（吴植光　摄）

文物古迹

容县经略台真武阁，位于县城东外街 57 号真武阁公园内，是全国重点文物保护单位

汉代云雷纹铜鼓，1990 年 7 月 4 日在黎村镇六振村三夺山出土

宋代刻花缠枝菊纹印花碗模，1994年10月在容县城区城西路城关窑址变电所窑区出土

宋代青白釉魂罈，1992年7月在容县广播站施工工地出土

容县真武阁附属碑刻，位于真武阁公园内　（2005年3月　摄）

容县真武阁碑廊，位于真武阁公园内（2005 年 6 月 摄）

黄绍竑故居，位于黎村镇珊萃村，1999 年被定为容县重点文物保护单位（1999 年 4 月 摄）

黄旭初别墅，位于县城新南街，1999 年被定为容县重点文物保护单位　（1999 年 3 月　摄）

黄绍竑别墅，位于县城南门街 36 号，1999 年被定为容县重点文物保护单位（2004 年 10 月　摄）

夏威、夏国璋别墅，位于松山镇大中村，1999年被定为容县重点文物保护单位
（1999年3月 摄）

韦云淞故居，位于松山镇人民政府办公所在地，1999年被定为容县重点文物保护单位（2004年10月 摄）

罗奇别墅，位于县城区双拥路，1999 年被定为容县重点文物保护单位　（1999 年 3 月　摄）

苏祖馨故居，位于杨梅镇人民政府办公所在地，1999 年被定为容县重点文物保护单位

（2004 年 10 月　摄）

海晏李公祠，位于杨梅镇杨梅村，1999 年被定为容县重点文物保护单位 （1999 年 8 月 摄）

黄旭初故居，位于杨村镇东华村，2004 年被定为容县重点文物保护单位 （2003 年 8 月 摄）

马晓军故居，位于松山镇慈堂村，2004 年被定为容县重点文物保护单位　（1999 年 10 月　摄）

容县中学旧教学楼，位于容县中学校园内，2004 年被定为容县重点文物保护单位　（2003 年 8 月　摄）

容县图书馆旧址，位于容县中学校园内，2004 年被定为容县重点文物保护单位　　（2003 年 8 月　摄）

彭氏大屋，位于灵山镇六良村，2004 年被定为容县重点文物保护单位　　（2003 年 12 月　摄）

中共容县临时委员会、县底农民协会旧址，位于县底镇冠堂村，2004年被定为容县重点文物保护单位　　（2003年8月　摄）

位于容县城区城西路的古城关窑址——变电所窑区　　（2004年12月　摄）

（本专版图片由容县博物馆提供）

容县沙田柚节

证书

兹命名

广西壮族自治区容县为

中国沙田柚之乡。

首批百家中国特产之乡命名暨宣传活动组织委员会

一九九五·北京

1995年3月，容县获得“中国沙田柚之乡”称号命名证书

容县沙田柚　　（2004年10月，容县水果局　提供）

1999年11月11日，在县城区城南街举办侨乡情'99容县柚子节。图为开幕式现场

（曾宪球　摄）

2001年11月1日，广西容县沙田柚节在县城区城南街侨乡广场举行。图为开幕式现场

（据《容县报》）

2005 年 10 月 22 日，在县城区城南客运站广场举办容县沙田柚节。图为开幕式现场

（容县新闻中心　提供）

2005 年 10 月 22 日，外国嘉宾参加容县沙田柚节开幕式　（容县新闻中心　提供）

2005 年 10 月，容县沙田柚节文艺表演现场　　（曾宪球　摄）

2004 年 11 月 5 日，名果容县沙田柚在玉林参加首届中小企业商机博览会展出

（容县新闻中心　提供）

侨务活动

1991 年 10 月，马来西亚广西总会侨胞回容县省亲　　（容县侨办　提供）

1992 年 12 月，泰国华侨组团前来祝贺容县人民政府新办公大楼落成。图为庆贺团行至太爷巷情景　　（吴植光　提供）

20 世纪 90 年代初，港澳同胞捐赠容县的小汽车　　（容县侨联　提供）

1992 年 9 月，容县人民政府在容县汽车总站举行欢迎勿洞泰国广西会馆访华团仪式　　（容县侨办　提供）

1992 年 12 月，世界广西同乡联谊会、泰国广西会馆等侨领应邀参加容县人民政府办公大楼落成会暨容县侨联大厦落成庆典活动 （容县侨办　提供）

1995 年 10 月，容县发生特大洪灾，马来西亚广西总会和新加坡广西暨高州会馆于 12 月分别为容县救灾捐款 （容县侨联　提供）

2000 年 3 月 12 日，容县组织代表团访问泰国广西总会　　（容县侨办　提供）

2001 年 1 月 13 日，“容县·香港携手迈向新世纪迎春团拜联欢晚会”在广东省深圳市举行　　（据《容县报》社）

2004年4月15日，马来西亚侨领代表海外侨胞向容县侨联捐赠商务车1辆
（容县侨联 提供）

2005年，香港马鞍山扶苗之友会在容县开展捐资助学活动 （容县教育局 提供）

2005年10月21日，在玉林市举办的第二届中小企业商机博览会招待宴会上，玉林市和容县侨联领导与世联会、美国广西同乡会以及新加坡广西暨高州会馆、泰国广西会馆等侨领合影

（容县侨联　提供）

2005年10月，在容县举行沙田柚节期间，世桂联会、美国广西同乡会等侨胞在容县容州镇中心学校看望师生并开展捐赠活动

（容县侨办　提供）

《容县志(1990—2005)》历届编纂委员会主要成员名单

2008年7月

顾　　问　满昌学　黄汉生　邹汉其
主　　任　李玉振
常务副主任　陆俊全　封寅芳
副 主 任　杨　越　梁　华　冯克森　黎植芳　陈　松　唐　斌　李　敏
委　　员　韩耀武　黄文标　邓文森　刘崇泽　庞煜章　周德军　林家祥　邓舜君　李桂龙
陆振国　梁高运　张万龙　覃广雄　林　明　曾乾文　刘二荣　李贻冠　梁　彬
何烈琪　莫标英　甘　杰　杨家贵　文　武　曾宪业　张　伟　黎剑平　覃克健
张武荣　张　勇　伍美荣　石德云　甘文忠　邓定旭　许成胜　姚振文　韩信平
甘文盛　陈德勇　李小川　邓　冰　马干侯　邓喜军　钟　萍　李　程　黄　强
粟　强　钟　刚　杨垂成　吕　平　覃焕兵　陈　春　何云燕　何　河　叶　盛
杨　军　卢高峰　黄永驰　黄显涛　韩　文　陈　实　周艳阳　陈章忠　郑　雁
杨　武　许　勇　肖勇传　李兴彪　周林强　邓昌波

2010年8月

主　　任　李玉振
副 主 任　吕剑枫　梁　华　冯克森　黎植芳　刘家强　唐　斌　陈立安　李　敏　林桂来
委　　员　韩耀武　杨家贵　邓文森　韦彦敏　庞煜章　覃广雄　曾祥云　曾乾文　刘二荣
陆　军　李贻冠　梁　彬　何烈琪　覃富歌　甘　杰　陈世文　文　武　李　耀
韦永新　黎剑平　覃克健　张武荣　张　勇　陈桂春　石德云　甘文忠　李桂龙
姚振文　韩信平　甘文盛　陈德勇　伍美荣　马干侯　钟　萍　方　敏　王　琦
粟　强　钟　刚　杨垂成　吕　平　韩　健　陈　春　何云燕　何　河　钟英华
梁庆文　李传森　封学猛　卢高峰　覃景贵　黄显涛　韩　文　陈　实　周艳阳
陈章忠　李　爽　黄华林　许　勇　肖勇传　韦文泉　杨卫成　邓昌波

《容县志(1990—2005)》编辑部

2008年6月成立

主　　编　庞煜章
副 主 编　梁庆文　李传森
编　　辑　吴植光　钟　锐　卢　途　覃　正　李大川　黎一坚　杨尊平　陈为民

2010年8月调整

主　　编　林桂来
副 主 编　梁庆文　李传森
编　　辑　吴植光　钟　锐　卢　途　覃　正　李大川　黎一坚　杨尊平　陈为民

2012年12月调整

主　　编　高　戈
副 主 编　梁庆文　李传森
编　　辑　吴植光　卢　途　覃　正　杨尊平　陈为民

2013年7月调整

主　　编　高　戈
副 主 编　梁庆文　李传森
编　　辑　吴植光　卢　途　覃　正　杨尊平　陈为民　邓之敬　梁政儒

2014年10月调整

主　　编　高　戈
副 主 编　梁枢明
编　　辑　李传森　吴植光　覃　正　杨尊平　陈为民　邓之敬　梁政儒

2015年6月调整

主　　编　高　戈
总　　纂　高　戈
编　　辑　李传森　吴植光　罗统林　覃　正　杨尊平　陈为民　邓之敬

2016年6月调整

主　　编　彭如森
总　　纂　彭如森
编　　辑　李传森　罗统林　吴植光　杨尊平　陈为民　邓之敬

2016年12月调整

主　　编　彭如森
副 主 编　邓　冰
总　　纂　彭如森
编　　辑　李传森　罗统林　冯槐森　吴植光　陈为民　邓之敬

2018年1月调整

主　　编　彭如森
副 主 编　邓　冰
总　　纂　彭如森
编　　辑　罗统林　冯槐森　卢　途　吴植光　陈为民　邓之敬

2019年3月调整

主　　编　李向阳
副 主 编　邓　冰
总　　纂　李向阳
编　　辑　罗统林　冯槐森　卢　途　吴植光　邓之敬　李承光

《容县志(1990—2005)》评稿和审查验收单位及人员

一、参加三级评稿会人员

自治区

李秋洪　自治区地方志办公室主任,研究员
邓敏杰　自治区地方志办公室副主任
晏源源　自治区地方志办公室原副主任,编审
张　高　自治区住建厅风景园林协会,高级工程师
吕稚敏　自治区工信委调研员
甘海燕　广西农学报编辑部,总编,编审
欧薇薇　自治区民委,编审
施均显　自治区地方志办公室市县志工作处处长,副编审
陈小军　自治区地方志办公室市县志工作处副处长
黄家接　自治区地方志办公室市县志工作处副处长,编辑
何立云　自治区地方志办公室秘书处主任科员
苏麟忠　自治区地方志办公室市县志工作处主任科员
刘　妍　自治区地方志办公室市县志工作处主任科员

玉林市

韦忠云　玉林市地方志办公室主任
黎祖枢　玉林市地方志办公室副主任
黎　成　玉林市地方志办公室调研员
关宗奇　玉林市地方志办公室副调研员
梁桂云　玉林市地方志办公室综合科科长
陈　蓓　玉林市地方志办公室志书编纂科副科长,编辑
张卫平　玉林市地方志办公室干部
陈耀桃　玉林市地方志办公室干部

容县

刘城亮　容县人民政府副县长
高　戈　容县人民政府办公室副主任,县地方志办公室主任
吴植光　容县地方志办公室干部
罗统林　容县地方志办公室干部

二、容县组织审查验收单位及人员

审查验收单位:玉林市地方志编纂委员会办公室

自治区

梁金荣　自治区地方志办公室党组书记,主任,研究员

邓敏杰　自治区地方志办公室党组成员,副主任

施均显　自治区地方志办公室市县志工作处处长,副编审

梁燕鸣　自治区地方志办公室市县志工作处调研员,副编审

贾晓霖　自治区地方志办公室市县志工作处调研员,副编审

柳玉秀　自治区地方志办公室市县志工作处主任科员,编辑

邱志高　自治区公安厅《公安史志》编辑室负责人,助理研究员

玉林市

韦忠云　玉林市地方志办公室主任

黎祖枢　玉林市地方志办公室副主任

梁桂云　玉林市地方志办公室综合科科长

姚紫燕　陆川县地方志办公室主任

陈　蓓　玉林市地方志办公室志书编纂科副科长,编辑

容县

黄汉生　容县人大常委会原主任

梁庆文　容县地方志办公室原副主任

《容县志(1990—2005)》供稿单位及资料员

（排名不分先后）

中共容县委员会办公室　曾广涛
容县人大常委会办公室　朱承再
容县人民政府办公室　梁维贤
政协容县委员会办公室　马干侯
中共容县委员会组织部　李　岷
中共容县委员会宣传部　何厚源
容县国土资源局　钟金成
容县文化体育和广播电视局　黄贵友　李　威
　　苏　力　植群峰
容县财政局
容县科技局
容县国家税务局　陀　锋
容县地方税务局　蒙容英
容县档案局　黄胜尤　肖　燕
容县地方志编纂委员会办公室　吴植光　覃　正
中国人民银行容县支行　张延新
中国人民财产保险有限公司容县支公司　龚晓光
中国人民人寿保险有限公司容县支公司　朱小玲
中国移动通信广西容县分公司　卢田田
中国电信股份有限公司容县分公司　黄裕明
中国联合网络通信有限公司容县分公司　李丽琼
容县邮政局　黄文锋
容县交通运输局　李亦文　黎一坚　梁庆文
容县人口和计划生育局　陈忠汉
容县卫生局　马志朝　谢石光　苏建英
容县公路局
容县住房和城乡建设局　邓卡丽　彭敏先
容县环境保护局　赵伯霞　肖　燕
容县发展和改革局　劳仲泉
容县统计局　陈　建
容县物价局　邱次岚
容县工商行政管理局　黄丽霞
容县审计局　冯小红　李　婷
容县质量技术监督局　区永新
容县安全生产监督管理局　梁雪梅
容县食品药品监督管理局　饶　芳
容县精神文明建设委员会办公室　吴军成
中共容县委员会统战部　夏　兰
中共容县纪律检查委员会　韦楚燊
中共容县委员会老干部局　陈丽宇
中共容县委员会党校　杨小炎
中共容县委员会党史资料征集领导小组办公室
　　雷英林
中共容县委员会县直机关党委　廖旭英　庞　婵
中国国民党革命委员会容县委员会　甘　馨
中国民主促进会容县委员会　李楚杰
中国致公党容县委员会　龚湘淇　陈　燕
容县工商业联合会　朱国震
容县总工会　李胜斌　余碧梅
中国共产主义青年团容县委员会　钟　燕　陈秋霞
容县妇女联合会　潘昱宏
容县科学技术协会　吕　燕
容县残疾人联合会　梁　娜
容县文学艺术界联合会　李旭文　杨小兰
容县气象局　杨馥祯　卢旭新　廖容仪
容县水利局　吴梦瑾　李炎飞
容县水文站　叶刚年　梁智杰　涂丽萍
容县地震局　黎旭光　劳夏兴
容县旅游发展局　陈世灵　李灿崇
容县外事侨务办公室　钟　萍

容县经济贸易局　杨　青

容县水果局　潘桂明

容县水产畜牧兽医局　徐式枝

容县农业机械化管理中心　梁　峰　秦　华

容县二轻城镇集体工业联合社　马汉崇　罗伯婵

容县经济开发区管理委员会　周明卫　韩　雪

容县商业总公司　黄家文

容县烟草专卖局　邓　驰

中国石油化工股份有限公司广西容县分公司
　　马广冰　梁　奎

容县盐业支公司　蒙豫英

容县粮食局　刘　嵘

容县供销合作联社　李国海

容县市场服务中心　李洪锋

中国人民解放军容县人民武装部　冯汉胜

中国人民武装警察部队容县中队

容县人民防空办公室　覃一峰

中共容县委员会政法委员会　陈　玲

容县公安局　彭碧深　彭　然

容县人民检察院　张京金

容县人民法院　廖华海　梁玉婷　黄献仪

容县司法局　曾少华

容县教育局　邓定毅　李东梅　蒙艳珍
　　邱茨芬　廖　云

容县机构编制委员会办公室　封　强　何纪华

容县人力资源和社会保障局　李若明

容县民政局　张　强　覃苾茜　余鲜梅

容县扶贫开发领导小组办公室　刘宏兰　李芝容

容县民族宗教事务局　陈　霞

容县信访局　潘　珍

容县林业局

容县农业局

容县容州镇人民政府

容县容西镇人民政府

容县十里镇人民政府

容县石寨镇人民政府

容县杨梅镇人民政府

容县灵山镇人民政府

容县六王镇人民政府

容县黎村镇人民政府

容县杨村镇人民政府

容县县底镇人民政府

容县自良镇人民政府

容县浪水镇人民政府

容县松山镇人民政府

容县罗江镇人民政府

容县石头镇人民政府

序

《容县志(1990—2005)》经过编纂者10多个春秋的辛勤耕耘，终于付梓面世了。这是全县人民文化生活中一件可喜可贺的盛事，也是全县精神文明建设的一项丰硕成果。

“郡县治，天下安”。容县历史悠久，山川秀丽，人文荟萃。西晋置县至今已有1700多年历史。历史上，容县曾置管、路、郡、州。在漫漫历史长河中，勤劳智慧的容县人民创造了灿烂文化，书写了辉煌篇章。1993年6月出版印刷的《容县志》，记录了容县1989年之前的发展历史，是一部真实可靠的县情资料书。1990—2005年，是容县承上启下、开拓奋进、夯实基础的重要时期。容县历届县委、县政府在上级党委和政府的正确领导下，带领全县人民解放思想、更新观念、开拓创新，以改革开放为动力，以经济建设为中心，以提高人民生活水平为根本，转变经济发展方式，统筹城乡发展，全力推进工业化、城镇化、农业产业化发展进程，完善城乡基础设施，经济和社会各项事业全面持续发展，社会和谐稳定。全县在政治体制改革、经济体制改革和其他领域改革基础上，以改革促发展，以发展促进步。实施党政机构改革，转变政府职能；加强精神文明建设和社会主义法治建设，干部群众的精神面貌大为改观；完成国有工业、集体工业体制改革，容县股份制企业和民营企业蓬勃发展；深化农业农村改革，延长土地承包期，取消农业税，科学调整农村产业结构，农业生产和农村建设全面发展，农民收入显著提高。容县人民安居乐业，物质生活和精神生活都得到了很大提升。容县的发展进步，也得到了海外侨胞的大力支持。容县先后获得广西农村经济实力十强县、广西优秀旅游名县、全国幼儿教育先进县、自治区文明县城、广西首个县级“国家卫生县城”等称号，是中国沙田柚之乡、全国著名侨乡。

盛世修志，志载盛世。《容县志(1990—2005)》以经济社会发展为主线，坚持辩证唯物主义历史观，客观地记载了容县1990—2005年的发展变化，纵观改革开放进程，横陈社会历史变革，系统总结历史的经验，是资政、教化和存史的资料性文献，是了解容县、认识容县、研究容县的“百科全书”。她可以帮助我们了解历史、认识历史、挖掘历史，传承容县人民开放包容的精神，弘扬淳朴、人文的社会风气，激发广大人民群众加快发展容县的热情，推动容县科学发展、和谐发展、跨越发展。

“治天下者以史为鉴，治郡国者以志为鉴。”我们真诚希望全县广大干部群众都来读志用志，开发地方志资源。昨天的容县已载入史册，明天的辉煌有待我们去创造。我们要在习近平新时代中国特色社会主义思想的指引下，以史为鉴，吸取有益的经验，在与时俱进、开拓创新、励精图治和真抓实干的伟大实践中，以实现伟大中国梦为目标，深化改革，为实现与全国全区全市同步建成小康社会尽心尽力，扎实工作，创造更加光辉灿烂的明天。

中国共产党容县委员会
容　县　人　民　政　府
2019年9月

凡　例

一、《容县志(1990—2005)》(以下简称“本志”)以马克思列宁主义、毛泽东思想、邓小平理论、“三个代表”重要思想、科学发展观和习近平新时代中国特色社会主义思想为指导,坚持辩证唯物主义和历史唯物主义的立场、观点、方法,力求全面、系统地记述断限内本行政区域自然、经济、政治、文化、社会的发展状况。

二、本志是广西人民出版社1993年版《容县志》(以下简称“前志”)的续志。记述时限为1990—2005年。为保持资料的衔接与完整性,个别事类资料适当上溯或下延。

三、本志采用述、记、志、传、图、表、录等体裁,以志为主。正文前设置地图、照片专辑,县地方志编纂委员会主要成员和续志编辑部人员名单,评稿、审查验收单位及人员名单,供稿单位及资料员名单,序、凡例、概述、大事记;正文部分采用篇章节编项,篇下设章、节,内容较多的设目和子目,全书共分23篇,图表结合,随文穿插;后设附录、索引和编后记。彩色印刷,配备电子光盘。

四、本志行文采用语体文记述,述而不论。横排门类,纵述始末。行文站在第三人称角度。执行国家颁布的关于用字、标点符号、计量单位、出版物上数字用法等规范和标准。

五、本志使用行政区域通名,没有冠以行政区域的“县”和“全县”是指容县,“市”和“全市”是指玉林市,“自治区”指“广西壮族自治区”。单位机构名称较长的首次用全称并括注简称,重复出现时用简称,如中国共产党容县委员会简称为“县委”。地名、单位和职务名称均以不同时期的实际称谓记述。

六、本志行文中有关历史纪年,在清朝及以前采用朝代帝王年号纪年,用汉字数字表示,民国纪年用阿拉伯数字表示,均括注公元纪年;中华人民共和国时期采用公元纪年,用阿拉伯数字表示。时间代词“建国前(后)”指1949年10月1日中华人民共和国建立前(后),“解放前(后)”指1949年11月28日容县解放前(后)。

七、本志人物篇设人物传略、人物简介、人物名录及人物表。对入志传略人物记述,坚持“生不立传”的原则;对在世人物采取简介形式入志。对有突出事迹的人物采取以事系人的办法随事入志。

八、本志采用资料主要由县各部门单位、各乡镇机构提供,以及从各级档案、图书,各级年鉴、行业志中收录载入,不注明资料出处;辅以少数经过考证的书报刊资料和口碑资料。统计数据以统计部门的统计资料为主,统计部门无统计的采用相关部门数据。

总　目

类目	目录起止页码	正文起止页码
概　述	1	1~6
大事记	1	7~16
第一篇　行政区划	1	17~32
第二篇　自然环境	1	33~52
第三篇　旅　游	1	53~66
第四篇　侨务外事　港澳台事务	2	67~82
第五篇　农林牧渔业　水利电力	2	83~124
第六篇　工　业	2	125~146
第七篇　商　贸	2~3	147~178
第八篇　交通运输　邮政通信	3	179~226
第九篇　城乡建设　环境保护	3	227~246
第十篇　财政　税务　金融	3	247~290
第十一篇　综合经济管理	3~4	291~344
第十二篇　政党　群团	4	345~392
第十三篇　政权　政协	4~5	393~448
第十四篇　军　事	5	449~468
第十五篇　政　法	5~6	469~504
第十六篇　教　育	6	505~542
第十七篇　文化　体育　科技	6	543~588
第十八篇　卫　生	7	589~612
第十九篇　机构编制　人事劳动和社会保险	7	613~640
第二十篇　民族　语言　民俗　宗教	7	641~658
第二十一篇　民政　扶贫　信访	7~8	659~678
第二十二篇　人口与计划生育　居民生活	8	679~694
第二十三篇　人　物	8	695~710
附　录	8	711~726
索　引	8	727~754
编后记	8	755~756

目　录

概　述

概述 ………………………… 1

大 事 记

1990 年 ………………………… 8
1991 年 ………………………… 8
1992 年 ………………………… 9
1993 年 ………………………… 9
1994 年 ………………………… 10
1995 年 ………………………… 10
1996 年 ………………………… 11
1997 年 ………………………… 12
1998 年 ………………………… 13
1999 年 ………………………… 13
2000 年 ………………………… 14
2001 年 ………………………… 14
2002 年 ………………………… 15
2003 年 ………………………… 15
2004 年 ………………………… 15
2005 年 ………………………… 16

第一篇　行政区划

第一章　位置　建置 ………………………… 18
　第一节　位置 ………………………… 18
　第二节　建置 ………………………… 18
第二章　政区 ………………………… 21
　第一节　行政区域调整 ………………………… 21
　第二节　行政区域界线 ………………………… 23
第三章　县城　乡镇 ………………………… 25
　第一节　县城 ………………………… 25
　第二节　乡镇 ………………………… 26

第二篇　自然环境

第一章　地质　地貌 ………………………… 34
　第一节　地质 ………………………… 34
　第二节　地貌 ………………………… 35
第二章　气候　水文 ………………………… 40
　第一节　气候 ………………………… 40
　第二节　物候 ………………………… 41
　第三节　水文 ………………………… 42
第三章　土壤　植被 ………………………… 43
　第一节　土壤类型 ………………………… 43
　第二节　土壤特征 ………………………… 45
　第三节　植被 ………………………… 46
第四章　自然资源 ………………………… 46
　第一节　土地资源 ………………………… 46
　第二节　矿产资源 ………………………… 47
　第三节　水资源 ………………………… 49
　第四节　生物资源 ………………………… 49
第五章　自然灾害 ………………………… 50
　第一节　水灾 ………………………… 50
　第二节　旱灾 ………………………… 51

第三篇　旅　游

第一章　旅游资源 ………………………… 54
　第一节　自然旅游景观 ………………………… 54
　第二节　人文旅游景观 ………………………… 58
第二章　旅游管理与服务 ………………………… 64
　第一节　管理机构 ………………………… 64
　第二节　旅游宣传与服务 ………………………… 65

第四篇　侨务外事　港澳台事务

第一章　侨务……68
第一节　机构……68
第二节　侨情……69
第三节　侨务工作……73
第二章　外事活动与港澳台事务……73
第一节　出访……73
第二节　到访……74
第三章　公益事业和发展经济……76
第一节　公益善事……76
第二节　发展地方经济……81

第五篇　农林牧渔业　水利电力

第一章　农业……84
第一节　机构……84
第二节　农业体制改革……85
第三节　农业资源与区划……86
第四节　农业科技……88
第五节　农作物种植……89
第六节　沙田柚……91
第七节　种植技术……92
第八节　农业病虫害防治……94
第九节　农业新技术应用推广……94
第十节　农业机械……95
第二章　林业……96
第一节　机构……96
第二节　森林资源……97
第三节　林业生产……99
第四节　森林保护……104
第五节　能源建设……107
第三章　畜牧渔业……108
第一节　机构……108
第二节　畜禽养殖……108
第三节　水产养殖……109
第四节　养蜂业……110
第五节　禽畜疫病防治……111
第四章　水利……111
第一节　机构……112
第二节　水利工程设施建设……112
第三节　防汛抗旱……114
第四节　水土流失与水土保持……115
第五节　水库移民……116
第六节　水政管理……118
第五章　电力……119
第一节　机构……119
第二节　电力设施建设……119
第三节　电力管理……122
第四节　电力销售……122

第六篇　工　业

第一章　工业管理……126
第一节　管理机构……126
第二节　企业管理……126
第三节　二轻工业联合社及管理企业……127
第二章　工业投入与产出……128
第一节　工业建设与技术改造……128
第二节　工业产值与税利……131
第三章　行业构成……133
第一节　食品业……133
第二节　陶瓷业……136
第三节　造纸、印刷、包装业……137
第四节　机械、铸造工业……138
第五节　电子、机电业……139
第六节　建材、有色金属工业……140
第七节　医药、化学工业……141
第八节　纺织、日用品业……142
第四章　工业园区……143
第一节　机构……143
第二节　规划、基础设施建设……143
第三节　品牌创建、产业集聚……144
第五章　企业选介……145
第一节　园区企业……145
第二节　其他企业……146

第七篇　商　贸

第一章　机构体制……148
第一节　管理机构……148
第二节　商业所有制结构……151
第三节　商业体制改革……154

第二章　商品购销……156
　第一节　农业生产资料购销……157
　第二节　日用消费品购销……158
　第三节　农副产品收购……159
　第四节　粮食……160
　第五节　专营专卖……169
第三章　服务业与集市贸易……173
　第一节　服务业……173
　第二节　集市贸易……175
第四章　对外经济贸易　经济技术合作……175
　第一节　对外贸易……176
　第二节　经济技术合作……176

第八篇　交通运输　邮政通信

第一章　交通运输……180
　第一节　机构……180
　第二节　管理……181
　第三节　公路……187
　第四节　桥梁……193
　第五节　铁路……197
　第六节　公路运输……198
　第七节　水路运输……203
第二章　邮政……206
　第一节　机构……206
　第二节　设施　设备……207
　第三节　邮路　邮件投递……208
　第四节　业务种类……211
第三章　通信……214
　第一节　机构……214
　第二节　有线通信……215
　第三节　移动通信　互联网……218
　第四节　通信资费……220

第九篇　城乡建设　环境保护

第一章　城乡建设管理……228
　第一节　机构……228
　第二节　城乡规划……229
第二章　城乡建设……232
　第一节　市政公共事业建设……232
　第二节　城区园林绿化……235
　第三节　城区环境卫生……236
　第四节　村镇建设……237
第三章　建筑业　房地产业……237
　第一节　建筑业……237
　第二节　房产管理……238
　第三节　房地产开发……239
　第四节　住房制度改革……240
第四章　环境保护……240
　第一节　机构……240
　第二节　环境监测……241
　第三节　环境法制建设……242
　第四节　环境质量……244
　第五节　环境污染治理……245

第十篇　财政　税务　金融

第一章　财政……248
　第一节　机构……248
　第二节　财政管理体制……249
　第三节　财政收入……250
　第四节　财政支出……255
　第五节　财源培植……258
　第六节　财政管理……259
　第七节　国债券兑付……265
第二章　税务……265
　第一节　机构……265
　第二节　税制改革……266
　第三节　国家税收……267
　第四节　地方税收……270
第三章　金融……275
　第一节　机构……275
　第二节　货币流通……278
　第三节　存款……279
　第四节　贷款……280
　第五节　债券发行……283
　第六节　基金会……284
　第七节　保险……284
　第八节　金融监管……288

第十一篇　综合经济管理

第一章　计划……292
　第一节　机构……292
　第二节　计划体制改革……292

第三节　计划编制与执行…………293
第四节　经济结构管理…………297
第五节　项目投资管理…………299
第二章　统计…………300
第一节　机构…………301
第二节　专业统计…………301
第三节　统计普查…………303
第四节　统计管理…………304
第三章　物价管理…………305
第一节　机构…………305
第二节　价格管理…………306
第三节　主要商品价格…………307
第四节　行政事业性收费管理…………309
第五节　物价监督…………309
第四章　工商行政管理…………310
第一节　机构…………310
第二节　企业登记注册管理…………311
第三节　经济合同管理…………312
第四节　商标注册　广告管理…………314
第五节　市场管理…………315
第六节　消费者权益保护…………317
第五章　国土资源管理…………318
第一节　机构…………318
第二节　土地规划与开发利用…………319
第三节　土地管理…………323
第四节　土地监察…………326
第五节　矿产资源管理…………327
第六章　质量技术监督…………327
第一节　机构…………328
第二节　标准化管理…………328
第三节　产品质量监督…………329
第四节　计量管理…………330
第五节　特种设备安全监察…………331
第六节　行政执法监督…………331
第七章　安全生产管理…………332
第一节　机构…………333
第二节　安全生产监督管理…………333
第三节　安全生产宣传与培训…………334
第四节　安全生产整治和事故处理…………335
第八章　审计…………337
第一节　机构…………337
第二节　财政审计…………337
第三节　国有企业审计…………339
第四节　专项资金审计…………340
第五节　经济责任审计…………340
第九章　食品药品监督管理…………341
第一节　机构…………341
第二节　食品安全监督…………341
第三节　药品生产质量监管…………342
第四节　药品经营和医疗器械监督…………342

第十二篇　政党　群团

第一章　中国共产党…………346
第一节　机构　组织…………346
第二节　县党代会…………349
第三节　重大决策…………353
第四节　组织建设…………357
第五节　宣传教育…………367
第六节　统一战线…………369
第七节　纪检监察…………371
第八节　精神文明建设…………374
第九节　老干部工作…………375
第十节　党校…………377
第二章　民主党派　工商联…………377
第一节　中国国民党革命委员会容县委员会…………378
第二节　中国民主促进会容县委员会…………378
第三节　中国致公党容县委员会…………379
第四节　容县工商联…………380
第三章　群众团体…………380
第一节　工会…………381
第二节　共青团…………383
第三节　妇女联合会…………385
第四节　科学技术协会…………387
第五节　归国华侨联合会…………389
第六节　文学艺术界联合会…………390
第七节　残疾人联合会…………391

第十三篇　政权　政协

第一章　人民代表大会…………394
第一节　机构…………394
第二节　人大代表选举…………395

第三节　人民代表大会会议……396
第四节　常务委员会主要会议……401
第五节　监督工作……402
第六节　执法检查……404
第七节　代表视察……406
第八节　代表议案和建议意见督办……409
第九节　人事任免……414
第十节　干部述职评议……414
第十一节　联系指导乡（镇）人大工作……415
第十二节　人大宣传工作……416
第十三节　信访工作……417
第二章　人民政府……418
第一节　机构……419
第二节　施政规则和重要会议……423
第三节　施政纪略……425
第四节　城镇化建设……430
第五节　乡（镇）企业发展和招商引资……432
第六节　政府法制……434
第七节　机关事务管理……435
第三章　人民政协……436
第一节　机构……436
第二节　容县政协委员会会议……439
第三节　参政议政……442
第四节　民主监督……446
第五节　联谊活动……447
第六节　文史工作和社会慈善服务……448

第十四篇　军　事

第一章　机构　驻军……450
第一节　人民武装部……450
第二节　中国人民武装警察部队容县中队……451
第二章　民兵……451
第一节　组织整顿……451
第二节　政治教育……452
第三节　军事训练……453
第三章　兵役……457
第一节　兵役制度……457
第二节　兵役登记……458
第三节　预备役登记……458
第四节　兵员征集……459
第四章　国防动员与国防教育……461
第一节　国防动员……461
第二节　国防教育……463
第五章　人民防空……464
第一节　机构……464
第二节　人防工程和保障……465
第三节　人防教育　防空警报……465
第六章　拥政爱民……466
第一节　执勤共建……467
第二节　扶贫帮困……468
第三节　抢险救灾……468

第十五篇　政　法

第一章　政法委员会与社会治安综合治理……470
第一节　机构……470
第二节　政法协调……471
第三节　社会治安综合治理……472
第四节　专项斗争……473
第五节　政法队伍建设……475
第二章　公安……475
第一节　机构……475
第二节　治安管理……476
第三节　禁毒工作……481
第四节　刑事侦查……482
第五节　打击经济犯罪……484
第六节　监所管理……484
第七节　出入境管理……485
第八节　道路交通管理……486
第九节　消防管理……488
第三章　检察……490
第一节　机构……491
第二节　刑事检察……491
第三节　经济检察……492
第四节　其他检察……492
第五节　执法监督……493
第四章　法院……495
第一节　机构……495
第二节　审判制度改革……495
第三节　刑事审判……496
第四节　民（商）事审判……497

第五节　行政审判与国家赔偿 …… 498
第六节　执行 …… 498
第七节　审判监督 …… 499
第五章　司法行政 …… 500
第一节　机构 …… 500
第二节　法制宣传教育 …… 501
第三节　法律服务 …… 501

第十六篇　教　育

第一章　教育管理 …… 506
第一节　管理机构 …… 506
第二节　教育体制 …… 507
第二章　学前教育　小学教育 …… 508
第一节　学前教育 …… 508
第二节　小学教育 …… 510
第三章　中学教育 …… 514
第一节　初中教育 …… 514
第二节　高中教育 …… 516
第四章　专业教育　特殊教育 …… 519
第一节　中等专业教育 …… 519
第二节　特殊教育 …… 522
第五章　成人教育 …… 523
第一节　农民业余文化教育 …… 523
第二节　在职学历教育 …… 525
第三节　自学考试 …… 525
第四节　老年人教育 …… 525
第六章　德育　体育教育 …… 526
第一节　德育教育 …… 526
第二节　体育教育 …… 527
第七章　教师 …… 529
第一节　队伍 …… 529
第二节　待遇 …… 531
第三节　培训 …… 531
第四节　支教工作 …… 533
第八章　教学研究与督导 …… 534
第一节　课堂教学研究 …… 534
第二节　基础教育研究 …… 535
第三节　教学督导 …… 535
第九章　教育经费 …… 536
第一节　经费来源 …… 536
第二节　经费支出 …… 539
第十章　教学设施 …… 540
第一节　校舍 …… 540
第二节　教学设备 …… 542

第十七篇　文化　体育　科技

第一章　文化管理 …… 544
第一节　机构 …… 544
第二节　设施 …… 544
第三节　文化市场管理 …… 545
第二章　文学艺术　群众文化 …… 547
第一节　文艺创作 …… 547
第二节　民间文艺 …… 549
第三节　群众文化 …… 552
第三章　广播电视电影　图书　报刊 …… 555
第一节　机构　体制改革 …… 555
第二节　设施 …… 556
第三节　广播 …… 557
第四节　电视　电影 …… 557
第五节　图书　报刊 …… 558
第四章　文物　档案　地方志 …… 561
第一节　机构　设施 …… 561
第二节　文物工作 …… 562
第三节　档案 …… 565
第四节　地方志 …… 568
第五章　体育 …… 569
第一节　机构 …… 569
第二节　设施 …… 570
第三节　学校体育 …… 570
第四节　群众体育 …… 572
第五节　竞技体育 …… 574
第六章　科技 …… 576
第一节　机构 …… 576
第二节　科技队伍 …… 577
第三节　科技研究与开发 …… 578
第四节　科技成果 …… 579
第五节　科技推广与普及 …… 579
第六节　科技合作与交流 …… 585
第七节　气象　水文 …… 586
第八节　地震测报 …… 588

第十八篇　卫　生

第一章　卫生行政管理……590
　第一节　管理机构……590
　第二节　医政管理……591
　第三节　卫生经费……591
　第四节　执业管理……592
　第五节　血液管理……592
　第六节　药品和医疗器械管理……593
第二章　医疗队伍　医疗设施……595
　第一节　医疗卫生机构……595
　第二节　医疗卫生队伍……598
　第三节　医疗卫生设施……598
第三章　医疗……599
　第一节　中医……599
　第二节　西医……600
　第三节　医疗急救　护理……601
第四章　妇幼保健……602
　第一节　妇女保健……602
　第二节　儿童保健……603
第五章　卫生防疫……604
　第一节　预防接种……605
　第二节　传染病防治……606
　第三节　卫生监督……608
　第四节　爱国卫生运动……610

第十九篇　机构编制　人事劳动和社会保险

第一章　机构编制……614
　第一节　机构编制管理机关……614
　第二节　行政机关机构及人员编制管理……614
　第三节　事业单位机构及人员编制管理……616
　第四节　行政机关机构改革……617
　第五节　事业单位机构改革……620
第二章　人事……621
　第一节　机构……622
　第二节　人事制度改革……622
　第三节　干部管理……623
　第四节　干部调配……625
　第五节　专业技术队伍管理……625
　第六节　工资　福利……627
　第七节　离休　退休　退职　辞职　辞退……629
第三章　劳动管理……630
　第一节　机构……630
　第二节　劳动力资源……631
　第三节　劳动就业……631
　第四节　职业技能培训……633
　第五节　企业职工工资……634
　第六节　企业离休　退休　退职……634
　第七节　劳动执法……635
第四章　社会保险……635
　第一节　医疗保险……636
　第二节　养老保险……637
　第三节　失业保险……639
　第四节　工伤保险……639
　第五节　生育保险……640

第二十篇　民族　语言　民俗　宗教

第一章　民族　语言……642
　第一节　民族……642
　第二节　容县白话……642
　第三节　普通话推广……646
第二章　传统习俗……647
　第一节　传统节日习俗……647
　第二节　礼仪习俗……648
　第三节　生产习俗……651
　第四节　生活习俗……654
　第五节　社会陋习……656
　第六节　民间信仰……656
第三章　宗教……657
　第一节　佛教……657
　第二节　基督教……658
　第三节　天主教……658

第二十一篇　民政　扶贫　信访

第一章　民政……660
　第一节　机构……660
　第二节　优抚　安置　拥军优属……661
　第三节　救灾救济　社会救济……664
　第四节　社会福利……666

第五节　基层自治组织建设……667
第六节　民间组织管理……667
第七节　社会事务管理……668
第八节　地名管理……670
第九节　老年工作……671
第二章　扶贫　信访……672
第一节　机构……672
第二节　扶贫……673
第三节　信访……675

第二十二篇　人口与计划生育 居民生活

第一章　人口……680
第一节　人口数量、密度与流动趋势……680
第二节　人口变动……680
第三节　人口构成……682
第四节　百岁老人……685
第二章　计划生育……687
第一节　机构……687
第二节　生育调节……688
第三节　计划生育宣传与服务……689
第四节　计划生育管理……690
第三章　居民生活……691
第一节　城镇居民生活……692
第二节　农村居民生活……693

第二十三篇　人　物

第一章　人物传略……696
附：对1993年6月出版的《容县志》民国人物纠错、补缺……701
第二章　人物简介……703
第三章　人物名录……707
第一节　获自治区级以上荣誉人物名录……707
第二节　容县获得正高级专业技术职称人员名录……709
第三节　革命烈士名录……709

附　录

文件选录……712
容县人民政府关于容县侨乡经济开发区街道命名的批复……712
容县人民政府关于容城镇人民政府容城部分街道命名请示的批复……712
容县人民政府关于容县河南、容厢开发区等街道命名的批复……713
中共容县委员会　容县人民政府关于稳定和完善农村集体土地承包经营体制规定的实施细则……714
中共容县委员会　容县人民政府关于村公所改为村民委员会的通知……715
中共容县委员会　容县人民政府关于加快发展我县旅游业若干问题的决定……716
容县直属机关机构改革实施意见……718
古赋碑记选录……724
登经略台怀古赋……724
重修容县城东真武阁记……725

索　引

索引……728

编后记……755

概　述

容县经济开发区电子科技园　（2004 年 9 月摄，容县经济开发区管委会　提供）

一

容县地处广西壮族自治区东南部、玉林市东部及北部，位于北回归线以南，地理位置为北纬22° 54′ 40″—23° 07′ 51″、东经110° 14′ 55″—110° 53′ 39″之间。行政区域面积2257.39平方千米，其中陆地占97.51%，水域占2.49%。东西最大横距51千米，南北最大纵距73.50千米。东部与梧州市岑溪市相邻，东北部与梧州市藤县连接，南部与广东省信宜市和玉林市北流市接壤，西部与玉林市北流市交界，西北部与贵港市桂平市毗连，北部与梧州市藤县、贵港市平南县联接。县人民政府所在地容州镇，距广西壮族自治区首府南宁市270千米。容县至广东省信宜市、贵港市平南县、梧州市藤县3条二级公路，玉林市至容县、容县至岑溪市一级公路和建设中的广昆高速公路、洛湛铁路均贯穿境内。全县居民以汉族为主。1990年，全县人口为64.22万人，辖4个镇12个乡、219个村公所、11个街道居民委员会。2005年，全县人口75.16万人，辖12个镇3个乡、218个村委会、10个社区居委会、1个街道居委会。

容县建置久远 秦朝，属象郡辖地，郡治在临尘县，即旧治在今崇左市。西晋太康太熙年间(280—290年)，将合浦县东北部分置荡昌县，隶属交州合浦郡，荡昌县治所设在今容县城区。故西晋设置荡昌县即容县置县之始。南朝梁普通四年(523年)，改荡昌县为阴石县，并置阴石郡，属石州(州治在今藤县)，郡治设于阴石县，是容县置郡之始。唐贞观元年(627年)，唐太宗颁令各州县以所在地之名山大川命名，铜州境内有名山大容山，因改铜州为容州，此时置容州普宁郡(郡治在普宁县)。唐贞观二十三年(649年)，容州领普宁、北流、陵城、渭龙、欣道和陆川等6县。唐开元二十一(733年)，置容州管内经略使，领14州60余县。唐元和年间(806—820年)，容州治所和普宁郡治所由北流县迁至普宁县，这是容县成为州治之始，遂成为中国南疆政治、军事重镇。元朝，容州领普宁、北流、陆川3县。明洪武十年(1377年)五月，改容州为容县，隶属广西承宣布政使司梧州府(府治在今梧州市)。自此容县之名沿用至今。清朝，容县仍隶属梧州府。民国19年(1930年)，属玉林民团区。民国21年(1932年)，属梧州民团区。民国23年(1934年)，属梧州行政监督区。1949年11月28日，容县解放。解放后即属广西省梧州专区。1951年7月，玉林专区与梧州专区合并，迁署容县办公，称容县专区，时容县属容县专区。1958年7月，设立梧州、玉林两专区，容县划归玉林专区管辖。1971年11月，玉林专区改名为玉林地区，容县属玉林地区不变。1997年4月，玉林地区改为地级玉林市，容县随属玉林市。

自然环境优越 容县地势特征为东西南三面高，东南和西北部低，有堆积平原、台地、丘陵、山地，是丘陵山地占优势的县。受季风影响，气温高、热量足，冬季寒冷天数少，春夏秋季时间长，属南亚热带季风气候。1990—2005年，容县年平均气温21.6℃，属长夏无冬，秋春相连；降雨量丰沛，多年平均降水量为1625毫米；年平均相对湿度79%，年日照时数达1677.50小时，多年平均风速为2.90米每秒。

自然资源丰富 县内河川密布，相应河网密度为每平方千米0.30千米，水资源丰富。县境内有野生植物1380多种，有桫椤、樟树、楠树、紫荆树、格木等国家二级保护植物。有野生动物300多种，其中属国家一级保护野生动物有蟒、黄腹角雉和白颈长尾雉等。已发现矿产31种，有铁、锰、铅、锌、铜、钨、锡、金、银、磷钇矿、独居石、锆英石、黄铁矿、重晶石、萤石、滑石、金云母、沸石、珍珠岩、黑耀岩、高岭土、脉石英、砖瓦用黏土、建筑石料用花岗岩、红砂岩、陶瓷配料石英砂岩、水泥配料石英砂岩、建筑用白云岩、建筑用河砂、热泉水、矿泉水等。

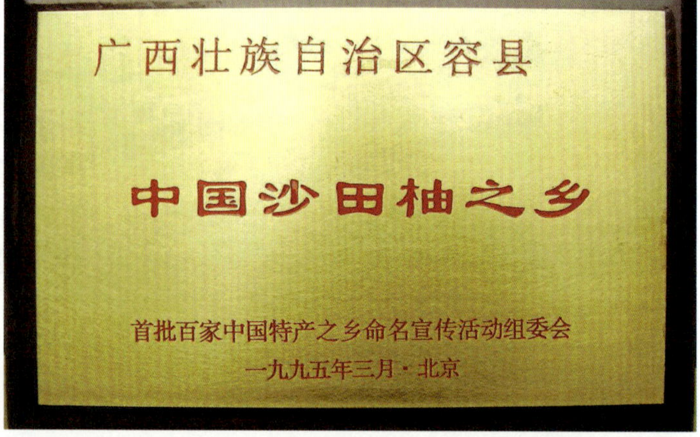

1995年3月，容县获得中国沙田柚之乡命名

容县沙田柚获原产地域保护 容县沙田柚香甜爽口，有水果珍品“天然罐头”之称。1990 年，把沙田柚定为容县县果。1995 年 3 月，获“中国沙田柚之乡”称号。2003 年 10 月，“容县沙田柚标准化示范区”建设列入全国农业标准化示范第四批Ⅱ类项目。2004 年 7 月，容县沙田柚获原产地域（地理标志）保护。2005 年，沙田柚累计种植面积 8.70 万亩，年产量 3.21 万吨。容县沙田柚历次参加国家和广西柚类质量评比，都名列前茅。

容县是著名侨乡 容县支持鼓励、引导海外侨胞携老带子回乡寻根祭祖、观光考察，邀请华侨、华人、侨商回容县参加各类活动。海外华侨华人集资回乡创办企业，做公益事业，支持容县发展经济、文化、教育、卫生、城乡建设等。1990 年，据侨务部门统计，祖籍容县的海外华侨、华人有 70 万人，分布在 20 个国家和中国港澳台地区。2005 年，祖籍容县的海外华侨、华人有 85 万多人，分布在 25 个国家和地区，在世界各国各地以容县籍华侨华人创办的宗亲会、同乡会、会馆等组织共有 59 个。容县接待规模较大的来自泰国、新加坡、马来西亚等地华侨华人、中国港澳台同胞的代表团、访问团、旅游观光团共 3.56 万人次，开展侨务文化交流活动 15 批次。

容县是广西首批优秀旅游县 容县名胜古迹众多，山川秀丽，人文荟萃，自然景观和人文景观丰富。有全国重点文物保护单位经略台真武阁、广西现存最大铜钟之一唐开元寺景子铜钟、中国道教三十六洞天之第二十洞天都峤山，也有民国名人故居等。20 世纪 90 年代初，容县围绕“旅游旺县”的发展战略，建成“三名”旅游景区，即真武阁—贵妃园景区和都峤山庆寿岩景区。1999 年，容县被自治区列为全区 15 个重点旅游市县之一，被玉林市委、市政府定为玉林市旅游开发“龙头”县。2002 年 6 月，容县获评为广西首批优秀旅游县；8 月，“三名”旅游景区被国家旅游局评为国家 AAAA 级旅游景区。2004 年，公布罗奇故居、黄旭初故居等 10 个（处）颇具历史、艺术、科学价值的文物点为第三批容县重点文物保护单位。2005 年，全县有全国重点文物保护单位 1 处，自治区重点文物保护单位 4 处 8 个点，县级重点文物保护单位 23 处，全县接待游客 58.20 万人次。

二

经济综合实力增强 1990—2005 年，容县坚持以经济建设为中心，经济综合实力不断增强。全县财政收支完成情况良好，收入增长较快，财力逐年增加。1990 年，全县地区生产总值 5.82 亿元，财政收入 0.58 亿元，人均财政收入 59 元。1991 年，全县财政收入 0.63 亿元，人均财政收入 64 元，实现当年财政收支平衡，摘掉自 1980 年以来连续 12 年的上级财政补贴帽子，实现财政自给县。1992 年，容县获评“广西农村经济实力十强县”。1993 年，随着乡（镇）企业经济发展，税源增加，调整农业特产税征收新标准，增加税收基数，全县财政总收 0.92 亿元，全县人均财政收入 107 元。1995 年，全县财政收入 1.27 亿元，首次突破亿元大关。2005 年，全县地区生产总值 35.13 亿元，财政收入 3.69 亿元，全社会固定资产投资 13.16 亿元。

农业经济稳步发展 容县属农业大县，农作物种植以水稻为主，其他作物有红薯、豆类、玉米、粟、大豆、花生、甘蔗、木薯等。林果品种主要有八角、肉桂、蚕桑、兰花、沙田柚、龙眼、荔枝、柑橘、蕉、梨、柿子、杨梅、芒果、李子等。畜牧水产养殖以猪、牛、鸡、鸭、鹅、淡水鱼等为主。容县坚持把农业放在重要位置，实施农村家庭联产承包责任制，调整农业产业结构，推广农业实用技术和优良品种，推进粮食生产、造林绿化、林果业发展等，大力发展容县沙田柚、霞烟

石头镇八角晒场　　（2005 年 9 月，李耀光　摄）

鸡、良种猪等特色种养业，确定种植业、林果业和畜牧养殖业为三大特色产业。水稻种植选育出水稻良种特化桂99、特化838、“博优352”组合等。1990年，全县农林牧渔业总产值5.25亿元。1994年，容县开展农村家庭联产承包责任制第二轮土地延包工作和农村土地承包权流转工作；推进封山育林、飞播造林和灭荒造林工作，实现全县绿化达标。1996年，水稻年亩产1009千克，实现建成“吨谷田县”目标。1998年，获得全国绿化委员会授予“全国造林绿化百佳县”称号。发展生态富民“十百千万”工程项目建设，推广“猪+沼+果+灯+鱼”“猪+沼+菜+灯+鱼”“稻+灯+鱼”等生态循环农业模式，把种植业和养殖业连结起来。加强农业龙头企业培育，构建“特色+规模”“企业+合作经济组织+农户”的农业产业化新格局。2003年，容西乡立垌国兰基地被命名为广西“国兰繁殖生产基地”，兰花获得出口权。全县生态循环农业发展迅速，带动沙田柚、荔枝、龙眼、八角、肉桂、蚕桑、兰花、养猪、养鸡、养鱼等种养产业发展。2005年，容县农林牧渔总产值20.82亿元。取消农业税。全县有国家级龙头企业1家，自治区级龙头企业4家，玉林市级龙头企业8家，龙头企业销售收入15.63亿元。农民广泛使用农业机械耕作，全县拥有农机总动力25.12万千瓦。有小型水电站127座，总装机容量6.85万千瓦。容县兰花协会牵头成功举办“中国首届（容县）尊师爱兰大会”。

工业经济实力增强 1990年，容县有工业企业3245家，工业总产值2.35亿元，工业企业财税收入1188万元。1992年，容县建立广西第一个县级开发区——侨乡经济开发区。1994年，容县被自治区党委、自治区人民政府评为发展乡（镇）企业先进单位。重点培育发展食品、机械、陶瓷、制药、饲料、林化加工、电子制品、造纸、水力发电等项目。开展技术改造，调整产业、产品结构，加快转型升级，壮大工业实体经济，经济效益日渐彰显。1995年，建设自治区级的容县经济开发区。2000年，容县工业经济综合实力增强，形成以食品和制药为主的健康产业，以人造板、造纸和松香产品为主的林产工业，以电子元器件制造为主的电子信息产业，以中高档日用瓷产品为主的陶瓷建材产品，以农业机械制造为主的机械制造五大特色产品为主的工业经济发展体系。到2005年，全县工业企业财税收入1.51亿元，比1990年翻了10倍多，工业总产值实现30.20亿元，比1990年翻12倍，企业利润3.20亿元，比1990年翻10倍。

第三产业日渐繁荣 1990年，全县社会主义市场经济发展刚起步，第三产业落后，社会消费品零售总额2.39亿元。随着计划经济逐步向市场经济转变，容县大部分国有商业企业经营逐步出现亏损局面，通过“改、转、租、卖”等方式，转为个体、私营或合作经营单位。政府对个体私营企业实行鼓励、扶持政策，使其发展快速，逐步取代国有、集体商业的垄断地位。生产资料、农副产品、日用工业品等生产生活资料市场放开，市场经济快速发展。民营商业不断发展壮大，开始集约化经营。1994年，全县房地产业、饮食业、服务行业发展较快，总收入6.30亿元，创税1.03亿元。1995年，政府筹集资金建设乡（镇）集贸市场，乡（镇）、村、队代销点和小卖部增多，活跃城乡贸易，全县第三产业增加值5.06亿元。1997年，国有商业占比降低，集体、个体商业比重增大，个体经营户1.06万户，从业人员1.39万人，营业额7.02亿元，占社会销售总额10.67亿元的65.80%；第三产业增加值7.45亿元。1998年，治理金融行业“三乱”（乱批设金融机构、乱从事金融业务、乱集资）现象，营造宽松的经营环境，个体经营经济成为新的经济增长点，第三产业增加值6.66亿元。2001年，旅游业成为容县第三产业新的增长点，有效带动交通、房地产、餐饮服务业等行业发展，全年第三产业增加值8.52亿元。2005年，全县社会消费品零售总额14.28亿元，是1990年的5.97倍。

城乡设施日臻完善 1990年，容县城乡建设处于起步阶段，规划、建设、管理水平较低，城区规模较小。全县有国道、省道、县道、乡道以及简易公路96条，总里程780千米；除国道324线为沥青路面外，其余基本为砂土路面，客运班车通达县内所有乡（镇）。1991年，城区有街道19条、巷道14条，道路全长28.70千米，路面面积23.20万平方米。1991—1995年，城区建成沿江北岸河堤街、中环路等街道，开展城东旧区改造，拉直和拓宽城南街、北门街、新北街等6条街道。1992年12月20日，3000门程控电话工程于零时割接开通，容县成为全广西第一个实现县、乡（镇）、村三级电话等位拨号进入全国自动电话网的县份，容县长途电话可直拨国内外，并开通无线寻呼通信网业务。1993年12月，开通县城移动电话业务。1997—2005年，开展实施城南大道“样板街”建设以及城南街、太爷巷等城区街道的人行道、植树、路面修缮和灯饰、建筑立面改造等绿化建设工程77项。1997年4月，开通计算机互联网业务。1998年，建成容县第一条一级公路——玉（林）容（县）

一级公路。1999年9月起,开展农村电网建设与改造工程,分一期、二期进行,总投资1.28亿元,一期于2002年10月完成,农村供电设施得到明显改善,乡(镇)、行政村通电率均为100%。2000—2005年,城区建成侨乡广场、绣江公园、县人民会堂和会堂广场、龙泉街及北大街延伸、县侨乡经济开发区道路,建设城区生活垃圾处理工程和开展城区道路环境亮化工程建设。2000年,建成容(县)岑(溪)一级公路。2001年,开通无线市话(小灵通)业务;12月,以宁冲水库作为水源地的引水工程竣工,向县城区居民供水,日供能力1.50万立方米。至2005年,县城已建成河南小区、城东小区、城北住宅区、绣都苑、新都商贸城、绣江畔景等14个居住小区,县城城区面积11.20平方千米,城区人口11.80万人。洛(阳)湛(江)铁路容县段正式施工,全县有国道、省道、县道、乡道以及简易公路共188条,总里程1328.75千米。全县实现村村通光缆、通宽带、通固定电话。

三

精神文明建设取得成效 1990—2005年,容县坚持“两手抓、两手都要硬”的方针,注重精神文明建设,重点加强社会主义核心价值体系建设,在全县范围推进公民思想道德教育、创建文明县城活动、创建文明行业活动、创建文明单位和文明村镇活动、创建“五好家庭”“双文明户”活动等。县人民法院、农行容县支行、容州镇第三小学、容县高级中学、电信玉林长途传输局容县分局、县公安局交通警察大队获得自治区级文明单位称号,县委组织部等26个单位获得玉林市级文明单位,101个村获县级文明村。1990—1996年,在全县广大干部群众中广泛开展“三德”(社会公德、职业道德、家庭伦理道德)教育。1990—1998年,全县开展“五好家庭”“双文明户”等文明创建活动,有198个村、3917户参与文明创建活动,被县命名为“五好家庭”1371户,“双文明户”788户,“文明个体工商户”167户,“遵纪守法户”1300户。1999年,开展“文明在容州、绿在容州、美在容州”系列活动,创建文明县城。2003—2005年,建成容西乡西山村青年文化广场、容州镇厢南村南光宣传文化中心、十里乡大坡村文化公园等一批文明建设示范点。2004年7月,容县被自治区党委、自治区人民政府授予第四轮自治区文明县城称号。2005年,容县被玉林市精神文明建设委员会授予玉林市创建文明城市(城区、县城)工作先进单位。

科教兴容战略有效实施 1990—2005年,容县实施“科教兴容”战略,以“学前抓规范,小学抓基础、初中抓质量、高中抓名牌,职教抓特色、成教抓典型”为发展主线,深化教育体制改革,加强教师队伍建设和教学科研工作,多渠道筹集教育经费,鼓励社会团体、集体和个体集资办学,改善办学条件,推动各类教育均衡发展。1990年,全县各类学校在校学生总人数10.58万人,小学、初中、高中教师学历达标率分别是82%、53%和54%。1994年,全县全面实施小学阶段六年义务教育。1995年,全县有8个乡(镇)实施小学、初中阶段的九年义务教育,儿童入学率96.05%,初中生毕业率74.73%,小学、初中、高中教师学历达标率分别提高到97.70%、61.90%和62%。1996年,率先在自治区通过“基本普及九年义务教育”和“基本扫除青壮年文盲”评估验收,被评为“全国幼儿教育先进县”。2000年,小学适龄儿童入学率99.90%,全县16个乡(镇)教育办公室均建立并安装有卫星地面接收站,全县有30%在校学生接受计算机教育,小学、初中教师以及高中专任教师学历全部达标。2001年,获评为“全区‘两基’工作先进集体”。2004年,容县通过自治区“两基”复查。至2005年底,容县有公办幼儿园5所,公办小学219所,公办初中49所,独立高中1所,完全中学3所,中等专业学校2所,中等师范学校1所;民办幼儿教育学校106所,中小学校10所,职业培训学校21所,文化补习学校6所。全县有在校小学生7.38万人,初中生4.31万人,高中学生7988人,中等专业学校在校学生2600人。

文化体育事业协调发展 20世纪90年代初,容县以丰富多彩的文化活动活跃群众文化生活。文化活动主要有采茶、木偶、文艺演出、电影、录像(投影)、桌球、书画展览等。全县16个乡(镇)有文化站图书馆(室),4所学校有图书馆。1990年9月16日,在容县举行第十一届亚州运动会“亚运之光”火炬接力传递仪式。1992年,容县进入全区群众文化先进县行列。1993年,容县文化馆获文化部授予全国标准文化馆称号,容县出版新中国成立后首部《容县志》。1994年,容县图书馆被评为“国家二级图书馆”。1995年,体育运动从全县学校、机关、厂矿、企事业单位扩展到街道、农村等社会各阶层,体育项目涉及至球类、田径、太极拳、舞狮、体育健身舞蹈等,许多单位采取自办、联办、资助办等形式开展体育运动,体育设施不断完善,平时和逢重大节日各机关、厂矿、企事业单位均开展活动。2004—2005年,全县实施50户以上自然村“村村通”广播电视工程,有7个乡(镇)与城区有线电视光纤联网,覆盖200多个村屯。至2005年,全县文化设施明显改善,文化市场管理规范;全县文艺创作活动丰富多样,作品时有获奖;广播、电视、报刊、图书等文化传媒宣传作用明显;文物、档案、地方志工作稳步发展。

卫生计生事业同步发展 1990—2005年,容县建立健全县、乡(镇)、村三级卫生保健服务机制,开展爱国卫生运动,加强城乡公共卫生设施建设,改善医疗条件和医疗环境。贯彻执行自治区计划生育条例,提倡一对夫妻生育一个子女,符合法律、法规规定条件的可以要求安排生育第二个子女,严格控制人口增长。实行思想动员和强制措施相结合推进计划生育工作,生育一孩放环,生育二孩及以上结扎,计划外怀孕采取补救措施。1996年,容县农村卫生协会被国家卫生部评为“全国先进卫生协会”。1997年,容县红十字会被中国红十字会总会评为“全国先进单位”。2001年,容县获得“自治区卫生县城”和“灭鼠达标先进城区”。2002年5月,自治区人民政府在容县召开全区公共卫生突发事件“三网”建设现场会。全县卫生系统的危房完成翻新和改建,添置CT、彩色B超等医疗设备。2003年,在全县范围内推行乡(镇)卫生院院长聘任制和任期目标管理责任制。2004年,县卫生局被国家卫生部、人事部、国家中医药管理局授予“全国卫生系统先进集体”,并获得广西“非典”防治先进集体、爱国卫生先进集体称号。2005年,全县卫生系统共有医疗卫生单位24家,其中县直单位10家,乡(镇)卫生院14家,全系统有工作人员2246人。容县获得“自治区灭蟑达标先进城区”和广西首个县级“国家卫生县城”称号。计划生育工作实行奖励扶助和违法生育处罚的双向模式。

劳动和社会保障有效落实 1990年后,容县劳动就业逐渐由国家计划指标安置就业转变为企业和个人“双向选择”自主择业。县政府逐年推出就业优惠政策、开展职业技能培训、拓宽岗位领域和劳务输出渠道等公共服务。1990—2005年,容县安置就业1.16万人,安置城镇劳动力1.85万人,城镇新增就业6386人。执行城镇居民最低生活保障制度,发放最低生活保障金。对农村五保户应保尽保,按标施保。推进医疗保险、养老保险、失业保险、工伤保险和生育保险等工作。1990年,容县进行公费医疗制度改革,实行公费医疗管理责任制;开始办理待业保险业务。1991年起,实行企业职工个人缴纳基本养老保险制度。1993年,实施工伤保险制度。1994年,开始办理农村社会养老保险业务。1995年起,实行机关事业单位职工养老保险制度。1999年,全面推行城镇企事业单位职工参加失业保险制度。2000年,取消公费医疗制度,实施城镇职工基本医疗保险制度。2002年,暂停办理农村社会养老保险业务。2002—2005年,完成灵山、容厢、石头、杨梅、容西、十里、石寨、浪水、黎村、松山、县底敬老院建设。

人民生活稳步提升 1990年后,容县从计划经济转化为市场经济的步伐逐步加快,随着产业结构升级和国有企业改革的深化,城镇居民开始转变就业观念,多种形式就业和自谋职业已被越来越多的城镇居民所接受。在农村,调整农业产业结构,发展多种经营,多渠道增加农民收入。城乡居民消费结构逐渐改变,支出由主要用于食品类消费逐步扩展到衣着、家用电器、交通通信等方面。1990年,容县农民人均纯收入为522元,城镇居民人均可支配收入1347元,各项存款余额1.95亿元,各项贷款余额1.99亿元。2005年,容县农民人均纯收入为2541元,城镇居民人均可支配收入6670元,各项存款余额36.07亿元,各项贷款余额13.63亿元。

1990—2005年,容县坚持改革开放,经济社会发展取得较大成就,社会治安稳定,人民安居乐业,但是仍存在一些困难和问题,如工业和农业基础相对薄弱,经济结构还不够合理,工业生产规模不够大,财源税源不够充裕,农业抗灾能力不够强,农村基础设施相对落后,部分群众生活仍不富裕,社会保障体系还欠完善等。粗放型增长方式与要素资源制约的矛盾、工业化推进与生态环境保护的矛盾、收入分配差距扩大与构建和谐社会的矛盾、经济快速发展与社会事业相对滞后的矛盾等还存在。

历史在前进,社会在发展,改革在深入。容县人民将在容县县委、县人民政府的坚强领导下,继续发扬敢为人先、开放包容精神,锐意进取,改革创新,促进全县各项事业科学发展、和谐发展、跨越发展,建设幸福和谐新容县,让容县的经济更富裕、社会更和谐、文化更繁荣、生态更优美、人民生活更殷实。

大 事 记

容县绣江公园　　（2002年5月摄，容县爱卫办　提供）

1990 年

1 月，容县有线电视台、卫星电视地面接收站、电视差转三者合一的电视中心建成使用。地点位于县城登高岭。

2 月 14 日，中共玉林地委通知，龙观水任中共容县委员会书记。

5 月起，实施国有企业职工养老保险县内统筹，所有参加企业统筹保险的退休人员退休金由县劳动保险所发放。

5 月 6 日—8 日，容县第九届人民代表大会第四次会议在容城举行。出席会议代表 300 名。会议补选李汉金为容县人民政府县长。

9 月 15 日，容县体育代表团前往玉林迎接亚运圣火回容，次日上午 9 时于容县总工会举行第十一届亚洲运动会“亚运之光”火炬接力传递仪式。全容城锣鼓喧天，彩旗飞舞，1000 多名体育健儿在县城区列队游行。

10 月 4 日—6 日，政协容县第四届委员会第一次会议在容城召开，到会委员 108 人。会议选举梁茂桓为政协容县第四届委员会主席。

10 月 8 日—10 日，在容城召开容县第十届人民代表大会第一次会议。与会代表 306 名。会议选举唐绍荣为容县第十届人民代表大会常务委员会主任；选举李汉金为容县人民政府县长；会议通过《关于把沙田柚定为容县县果的决议》。

秋，容县发生食物中毒 87 人，为食用受污染的中秋月饼引起，无死亡病例。

1991 年

3 月 18 日，自治区绿化委员会办公室、自治区林业厅组织人员对容县造林绿化灭荒工作进行鉴定验收。人工造林、飞播造林、封山育林三项综合达标率为 99.53%，林业用地造林率为 97.75%，均达到或超过自治区人民政府关于县（市）森林荒山实现造林绿化的标准，成为广西首批灭荒达标县，被评为自治区造林绿化先进县。

3 月 18 日，投资 1400 万元的容城环城公路（后称过境公路）动工，全程长 5.20 千米。9 月建成通车。是广西第一条自行设计、自行施工的混凝土城镇过境公路。

4 月 6 日，在容县戏院召开李大江教育奖励基金会成立大会。中国香港同胞李大江（祖籍容县）捐赠 30 万港元作为李大江教育奖励基金会基金，用于奖励成绩突出的容县中小学学生、教职工和教育单位。

4 月底，旱情严重，容县受旱水稻 15 万亩（其中插下秧苗的水田开裂 5 万亩）、断流的大小河溪 1896 条、干涸塘库 2107 座；全县出动抗旱人数 13.30 万人次，使用机泵 407 台 3783.78 千瓦、电泵 882 台 5030 千瓦、其他抗旱机具 4118 件进行抗旱。

6 月，容县人民政府办公大楼在城东太爷巷奠基，总建筑面积 9148 平方米。

6 月，在容城绣江举办端午节龙舟竞赛，共有 30 个队参赛，10 万多群众到现场观看。

7 月 23 日夜，突降暴雨，全县农田受灾 8.32 万亩，其中重灾 1.84 万亩，受灾人口 17 万人，死亡 8 人，因灾受伤 163 人，倒塌房屋 989 间，损失粮食 263 万千克。

秋旱，容县受旱水田 16.35 万亩，断流的大小河溪 475 条，干涸塘库 956 处，饮水困难群众 3.90 万人，2.40 万头禽畜饮水困难，经济损失 2000 万元。全县出动抗旱人数 17.60 万人次，使用机泵 350 台 2225.58 千瓦、电泵 703 台 4218 千瓦、其他机具 750 件进行抗旱。

9 月 25 日—28 日，中共容县第八次代表大会在容城召开，大会选举产生中国共产党容县第八届委员会委员 25 名，候补委员 3 名，县委常务委员 11 名。选举产生县委书记韩广宗。

9月，容县城南11万伏变电站建成，是容县第一座11万伏输变电工程。

是年，容县乡镇企业创总收入4.05亿元的新记录。

是年，容县被列为全国农村能源综合建设县之一。

是年，建成长710米、宽30米的兴容街。

是年，恢复容县消防中队，属中国人民武装警察部队建制，接管容县的消防工作，县专业消防队同日解散。

是年，首次开展系统化的全县医疗卫生单位医疗用品消毒效果监测。

是年，容县进行首次脊髓灰质炎疫苗普服工作。

是年，容县财政收入6343万元，实现当年财政收支平衡，略有结余，摘掉自1980年以来连续12年的上级财政补贴县帽子，实现财政自给县。

是年，经自治区检查验收，容县成为广西首批2个造林达标县之一，被评为自治区造林绿化先进县，获奖资金10万元。

1992年

1月11日—13日，容县第十届人民代表大会第三次会议在容城召开，与会代表302名。会议补选李军为容县人民政府县长。

3月，于县城西侧征地200亩的容县侨乡经济开发区破土动工。

4月17日，经县委、人大、政府、政协、纪委五家班子领导讨论，决定兴建容城镇第四小学，解决容城儿童入学难的问题。

6月，成立容县乡（镇）企业长廊工程指挥部。将县境以西的平坡村草鞋坡至县境以南的合柳村石牛口的玉梧公路(324国道线）两侧9.10千米长地段，征用兴建容县乡（镇）企业长廊。

6月，容县通过自治区普及初等教育验收。

9月，经国家计委、水利部批准，容县成为全国第一批100个农村初级电气化县之一。

11月30日，水利电力部部长杨振怀一行16人到容县考察水电工作。

12月20日，3000门数字程控电话于零时割接开通，成为广西第一个县、乡（镇）、村三级同时开通程控电话的县，电话可直拨国内外。

12月30日，容县邮电大楼落成并举行开业剪彩。

12月，在城东太爷巷兴建的容县人民政府办公大楼落成。

是年，容县容州市场被评为全国文明集贸市场。

是年，松山乡下河村先后发生两起共148人食物中毒事故。

是年，容县获得“广西农村经济实力十强县”称号。

1993年

4月17日，容县遭受风雨和冰雹袭击，直接经济损失300多万元，死亡6人。

6月1日，县委、县人民政府表彰容县首批10名专业技术拔尖人才。

6月，中华人民共和国成立后首部《容县志》出版，全书共34篇，150万字。

6月，容县红田水库引水工程完工，工程设计采用桥面反虹形式，桥面布置反虹管，反虹管上建3.5米宽的交通桥。工程历时19个月，为容县水利工程第一次跨过绣江。

8月6日，玉林至容县一级公路容县段开工建设。

8月21日，第9号台风袭击容县，风力8级，阵风9级，大风伴下暴雨，全县16个乡（镇）120个村15.40

万人受灾，倒塌房屋204间，损坏房屋1.62万间。受灾农作物7.50万亩，造成重灾4.30万亩。因灾死亡16人，死亡牲畜162头。冲毁陂坝241座、河堤191处长5.70千米、渠道471处长20千米。

9月28日，容县农村初级电气化县通过自治区验收达标，成为全国第一批100个农村初级电气化县。

10月13日，容县第十届人大常委会第十九次会议召开，接受李军辞去县人民政府县长职务的请求，任命李耀贞为县人民政府副县长，代理县长职务。

11月1日—2日，中共容县第九次代表大会在容城召开，大会确定今后五年全县社会、经济发展和党的建设的战略目标、任务和措施。大会选举产生中国共产党容县第九届委员会委员25名，候补委员3名，县委常务委员11名。选举产生县委书记李军。

11月23日—27日，政协容县第五届委员会第一次会议在容城召开，本届暂定委员166名，其中新委员108名。会议选举梁茂桓为政协容县第五届委员会主席。

11月24日—27日，容县第十一届人民代表大会第一次会议在容城举行。出席会议代表307名。会议选举唐绍荣为容县第十一届人民代表大会常务委员会主任，李耀贞为容县人民政府县长。

12月，经自治区人民政府高标准脱盲检查验收工作团检查验收，容县成为高标准脱盲县。

12月，容县沙田柚在全国第二届柚类评比中名列第一。

12月，县底乡被批准为革命老根据地。

是年，容县文化馆获文化部授予“全国标准文化馆”称号。

是年，容县乡（镇）财政体制进行改革，实行“包死基数，超收全留，欠收自补”的目标管理办法，同时对各乡（镇）和各经济主管部门落实财税承包任务。

1994年

4月6日，国家农业部原部长何康到容县考察。

4月8日，容县县委办公大楼开工建设。

5月，开始县城东旧区改造工程，拆迁23个单位，121户住宅，共6万多平方米，接直拓宽城南街等6条长达2.28千米的街道。

6月8日—10日，受3号台风影响，16个乡（镇）均受大风大雨袭击，63个村通信中断。受灾人口27.70万人，死亡5人，失踪1人；倒塌房屋874间，造成危房5783间，无家可归37人；损失粮食1.80万千克，农作物受灾20.10万亩，毁坏塘库300座、陂坝726处、机电泵站24处、渠道25千米，全县共计损失3223.30万元。

6月13日，容县县委、县人民政府下发《关于稳定和完善农村集体土地承包经营体制规定的实施细则》，在原来承包年限中未满的年限加上延长的年限，耕地加上30年，山地加上50年。

11月，新建容县汽车站落成。

12月4日零时，玉林、容县两（市）县电话并网并由6位升至7位。

是年，容县发生钩体病暴发流行和伤寒、麻疹流行。

是年，容县沙田柚在全国第三届柚类评比中名列第一。

1995年

2月15日，容县表彰首届“容县十大优秀青年”。

3月15日，在自治区内首次引进国外商业贷款，利用汇商控股有限公司970万美元，修建玉林至容县汽车专用一级公路的第一期工程。

3月，专题片《容县侨乡行》《容县精神》，先后在中央电视台、广西电视台播放。

3 月，首批百家中国特产之乡命名暨宣传活动组织委员会命名容县为“中国沙田柚之乡”。

4 月，位于城南街 78 号的县委新办公大楼建成并投入使用。

5 月 1 日，容县城区过境公路续建工程动工。

5 月，六王乡、县底乡、石头乡、黎木乡撤乡建镇；黎木乡更名为罗江镇。

6 月 24 日，在绣江大桥下游 800 米处兴建的绣江二桥开工建设。后由于资金问题停建。

6 月，自治区党委、自治区人民政府授予“容县 1994 年实现规划县绿化达标县”。

8 月，自治区党委书记赵富林到容县考察。

9 月 1 日凌晨，容县遭受第 9 号台风袭击，绣江洪峰水位 75.74 米，超警戒水位 1.58 米。全县 16 个乡（镇）185 个村 24.60 万人受灾，受灾农田 15.15 万亩，崩塌渠道 67.60 千米，冲崩河堤 23.63 千米。石寨、十里、容城等乡（镇）被洪水围困群众 2.60 万人，紧急转移 0.32 万人。全县直接经济损失 4160 万元，其中水利工程损失 1320 万元。

10 月 12 日—14 日，第 16 号热带风暴影响全县，普降大暴雨到特大暴雨，杨梅、石寨、容城、十里、浪水、自良等乡（镇）大面积农作物受淹以致失收，全县 60% 农作物受灾；大批水利设施被冲毁，部分房屋倒塌，同时还造成局部地区交通、通信中断；因灾死亡 22 人。绣江水位比历史最高水位 1970 年的 78.53 米高 0.75 米，县城沿江街水深 3 米以上。

1995 年 10 月 13 日，容县遭受特大洪水灾害，绣江洪峰水位达 79.28 米。图为洪峰通过绣江桥底

（吴植光　提供）

10 月 26 日，容县县委、县人民政府成立“容县见义勇为奖励基金会”。

11 月 14 日，国务院政策研究室原主任袁木到容县考察。

11 月 20 日，容县能源综合建设通过国家级验收。

11 月，全国首届乡村医生教育工作会议在容县召开，卫生部副部长张文康出席会议，并为容县卫校、县中医院题词。

12 月，容县被评为全国幼儿教育先进县。容县华侨职业中学被共青团中央、国家教委、中国科协评为 1994 年度全国“中学实践教育活动先进学校”。

12 月 11 日—14 日，自治区农村学前教育经验交流会在容县召开。

是年，容县发生松毛虫危害，成灾 7.50 万亩，是 1980 年以来受害面积最大的年份。

是年，容县发生钩体病暴发流行，发病 118 例，死亡 3 例。

是年，杨梅镇被列为全国首批小城镇建设试点镇。

是年，容县财政收入 1.27 亿元，首次突破亿元大关。

1996 年

1 月 25 日，容县至玉林一级公路容县段开工。

2 月 7 日，电影《杨贵妃后传》在容城开拍。

2 月 10 日—12 日，全国人大常委、著名经济学家厉以宁教授在玉林地区行政公署副专员韩广宗陪同下，到容县考察广西黑五类食品集团有限公司等企业。

3 月 23 日，容县举行人民武装部收归军队交接仪式，“容县人民武装部”改称为“中国人民解放军广西容县人民武装部”。其职能和任务及双重领导体制不变。

3月28日，《容县报》创刊，《容县报》为中共容县县委机关报。

4月18日—19日，全县遭受特大暴雨及强风、冰雹袭击，普降暴雨、山洪暴发、山体滑坡，灾情严重。全县16个乡（镇）205个村、3000多个村民小组、3万多户农户21.50万人受灾，全县350间房被毁坏，损失粮食11万千克，沙埋或冲毁稻田4.60万亩；冲毁水渠289处，河堤98处，陂坝158处，毁坏公路35处，桥梁18座；冲走禽畜7000头（羽）；死亡1人。直接经济损失5000万元。

5月13日，容县第一条乡镇村级四级水泥路试点工程——罗江镇至竹良村5千米水泥路在竹良村开工建设。

6月18日，容县第十一届人民代表大会第五次会议在容城召开，与会代表300名。会议补选岑小华为容县人民政府县长。

6月，容县游泳队代表玉林地区参加自治区农民运动会获游泳比赛男子团体第二名，女子团体第一名，男女团体总分第一名。

7月1日，容县城区过境公路续建工程竣工通车。该工程总投资4560万元，路段总长4.10千米，路宽40米。

7月9日，邮电部发行广西地方选题《经略台·真武阁》特种邮票首发式在容县人民公园内的真武阁前举行。发行邮票2枚，邮品有“首发式纪念封”“原地首日封”各1枚，“极限明信片”1套、“纪念章”1枚、“纪念册”1册。

8月16日，举行容县至岑溪新建一级公路工程建设合同签字仪式。该工程总投资预算7120万元。

10月23日，“全国十大杰出青年农民”颁奖仪式在北京举行，松山乡大水村青年农民、“肉桂大王”刘倍全获此称号。

11月12日—16日，容县基本普及九年义务教育、基本扫除壮年文盲（简称“两基”）工作通过自治区人民政府的评估验收，容县“两基”工作达标。12月，经自治区人民政府报国家批准，授予容县人民政府“普及九年义务教育县，扫除青壮年文盲县”称号。

12月，容厢乡、灵山乡、杨村乡、松山乡撤乡建镇。

是年，容县发生钩体病流行，发病52例，死亡1例，也发生流行性腮腺炎疾病。

是年，容县被评为国家“加强中国基层妇幼卫生/计划生育服务”项目先进县。

是年，容县农村卫生协会被卫生部评为全国先进农村卫生协会。容县红十字会被评为全国先进单位。

是年，全县杂交水稻种植面积占水稻种植面积96.30%，其中特优系列组合品种种植面积占杂交稻面积85.30%，经自治区农业厅组织专家组验收，稻谷年亩产1009千克，实现“吨谷田县”目标。

是年，在全县范围内所有用人单位全面实行劳动合同制制度。

是年，国家批准容县为农业综合开发试点县，立项以来，当年农民纯收入比立项前增加418元。

是年，容县公安局获得“全国优秀公安局”称号。

1997年

1月1日，容县开展第一次全国农业普查。

1月12日上午，都峤中学新校址奠基典礼大会在容城城南开发区举行。

1月13日，国家“九五”重点工程，南宁至广州直埋光缆干线工程容县段铺设结束，容县段全长43千米，途径4个乡镇。

1月16日，自治区党委书记赵富林、自治区政协主席陈辉光到容县考察。

2月26日，中共玉林地委决定，杨柳岸任中共容县委员会书记。

3月13日，容县预备役军官首次授衔。

3月22日，在广西首届市容环境综合整治“南珠杯”竞赛活动中，容县获“先进城市”称号。

5月8日下午，容县遭受特大暴雨袭击，全县被淹水稻5.21万亩，房屋倒塌321间，无家可归112户共462人，交通中断24处，公路塌方4600立方米。

6月6日，容县被国家教委定为“中国——联合国儿童基金会远距离教育项目县”。

7月24日—25日，容县第十一届人民代表大会第七次会议在容城召开，与会代表295名。会议补选温守荣为容县人民政府县长。

7月，容县取消小学升初中的升学考试，全体小学毕业生免试进入初中读书。

8月20日，自治区党委书记曹伯纯到容县考察。

9月9日，广西黑五类食品集团有限公司被农业部评为“全国文明乡镇企业”。

12月1日，容县实施农村最低生活保障线救济制度（暂行），凡是人均年收入低于530元的，政府给予救济。

是年，容县通过国家科技进步考核评估，获得“全国科技先进县”称号。

1998年

2月18日，容县人民政府作出《关于实行分税制县乡（镇）财政分级管理体制的决定》。

4月13日，容县人民政府决定从1998年5月1日起，在容城城区禁止燃放烟花爆竹。

4月24日，容县至岑溪一级公路开工建设，其中容县段全长23.10千米。

5月16日，容县至玉林一级公路全线通车。该路容县段全长16.80千米（含支线2.58千米），路面宽24.50米，4车道，设计行车时速100千米。

6月19日，自治区主席李兆焯到容县考察。

6月22日，容县被国家教委批准为首批“全国中小学计算机教育实验区”。

8月30日—9月1日，在钦州市举办的全国少年儿童游泳分区赛中，容县黄静获得自由泳全能、50米自由泳及100米自由泳第2名。

9月13日，容县110报警服务台正式开通，服务台24小时工作，接受报警和求助。

9月14日，自治区科协、自治区教委批准容城镇第三小学为首批“广西壮族自治区科技教育示范学校”。

9月27日—28日，中共容县第十次代表大会在容城召开，大会选举产生中国共产党容县第十届委员会委员25名，候补委员5名，县委常务委员11名。选举产生县委书记杨柳岸。

9月29日，自治区教育厅确认容县中学为“现代教育技术实验学校”。

10月，容县经济作物管理站被国家农业部授予“全国农牧渔业丰收三等奖”。

12月11日，容县人民医院急救中心成立，开通全国统一使用的专线电话“120”。

是年，容县获得1998年“全国造林绿化百佳县”称号。

是年，容县发生钩体病流行，发病33例。

是年，容县实行县乡财政分级管理的财政体制。

1999年

1月11日—14日，政协容县第六届委员会第一次会议在容城召开，到会委员158人。会议选举李海祺为政协容县第六届委员会主席。

1月12日—15日，容县第十二届人民代表大会第一次会议在容城召开，与会代表278名。会议选举唐绍荣为第十二届容县人民代表大会常务委员会主任，黄必贵为容县人民政府县长。

2月，都峤山广播电视发射台试播成功，容县电视节目可发射到全县及周边县（市）。

3月下旬,发生严重旱灾,全县干涸水库6座、山塘180处,六王的浊水河及全县大多数小溪河断流,流域面积1000多平方千米的杨梅河流量仅有0.70立方米每秒,北流河流量也不足3立方米每秒。全县受旱水田9.95万亩,一些村屯发生人畜饮水困难。为抗击旱灾,从3月20日—4月17日,共实施人工增雨作业5次。

6月,邀请澳大利亚领地达尔文省韩伟思博士、澳大利亚来洲关系部部长兼省助理许木兰到容县,与容县水果部门一起,共同商讨沙田柚、龙眼、荔枝等水果产量、质量问题。

8月28日,都峤山庆寿岩风景区举行开业仪式。

8月,黄必贵任中共容县委员会书记。

9月16日,中共玉林市委作出《关于开展向梁远礽同志学习的决定》。

9月起,开展农村电网建设与改造工程,分一期、二期进行,总投资1.28亿元。

11月11日—16日,在城南街大转盘至电力公司路段举办侨乡情'99容县首届柚子节。

12月3日,自治区重点工程容县至岑溪一级公路玉林段一期工程通过自治区公路工程质量验收。该段长23.10千米,路基全线贯通。

12月10日,位于容县城东的贵妃园景区开业庆典暨“三名”(名楼、名人、名山)旅游宣传促销会开幕式在贵妃园景区举行。

12月21日—2000年1月7日,容县遭受寒潮袭击,普遍出现严重霜冻,有2.10万亩龙眼、荔枝、芭蕉、东椒、油葵、红薯等被冻死,一批果树、肉桂、八角和作物被冻伤,直接经济损失3.10亿元。

是年,容县人民医院被评为广西“十佳”医院。

2000年

3月7日—9日,容县第十二届人民代表大会第二次会议在容城召开,与会代表270名。会议补选张福文为容县人民政府县长。

5月,容县被中国科协命名为首批全国科普示范县,授予“1998—2000年全国科普示范县”称号。

7月,容县开展清减代课教师工作。全县原有代课教师2529人,经过文化考试和政治业务考核,清减843人,继续留任1686人。

10月,容县沙田柚示范基地被授予“广西壮族自治区科普示范基地”称号。

12月,总参动员部部长范晓光、广州军区动员部部长谭一兵到容县检查指导征兵工作。

是年,大旱。1月—8月合计降雨量为793毫米,比正常年景值少4~6成,很多河溪断流,造成陂坝无水可引。全县受旱农作物面积18.50万亩。

2001年

1月1日,在全县城乡启动城镇职工基本医疗保险制度,将全县所有企业、行政事业单位纳入基本医疗保险范围。

3月1日,自治区主席李兆焯到十里乡甘旺村调研霞烟鸡养殖情况。

7月6日—7日,第4号台风影响全县,风力4~5级,阵风6级,形成大到暴雨,全县2.40万人受灾,倒塌房屋27间;受灾农作物5000亩,减收粮食120吨;损坏输电线路9.10千米,崩塌水利渠堤164处长4.60千米,损坏灌溉设施139处。全县直接经济损失达634.50万元。

12月29日16时15分,石寨乡下烟村平梨沙砖厂2号蒸压釜(容器)发生爆炸,事故造成9人死亡(其中当场死亡7人),23人受伤(其中2人重伤)。

是年,全国绿化委员会、人事部、国家林业局联合发文,授予容县“全国绿化先进集体”称号。

2002 年

2 月 5 日凌晨 1 时 18 分，容城镇东光村大称组一柳姓民宅发生爆炸案，当场死亡 6 人，伤 8 人（其中重伤 1 人）。经过 10 多个小时奋战，公安部门侦破此案件。

3 月 28 日，容县 16 个乡（镇）教育管理委员会办公室更名为乡（镇）教育辅导站。

8 月，容县高中与容县师范合并，组建新的容县高中。

8 月，石寨乡撤乡建镇。

9 月 12 日—14 日，容县受 18 号热带风暴“黑格比”影响，普降大到暴雨，期间还伴随 5~6 级大风。受灾人口 4.86 万人，死亡 2 人，伤 10 人，转移 146 人。受灾农作物 18.15 万亩，成灾 13.60 万亩，绝收 250.05 亩。倒塌房屋 1154 间，直接经济损失 3086 万元。

10 月 10 日—11 日，中共容县第十一次代表大会在容城召开，大会选举产生中国共产党容县第十一届委员会委员 25 名，候补委员 5 名，县委常务委员 11 名。选举产生县委书记张福文。

10 月 15 日—17 日，政协容县第七届委员会第一次会议在容城召开，到会委员 172 人。会议选举黄汉生为政协容县第七届委员会主席。

10 月 16 日—18 日，容县第十三届人民代表大会第一次会议在容城召开，与会代表 285 名。会议选举张福文为容县第十三届人民代表大会常务委员会主任，杨家庆为容县人民政府县长。

是年，容县狂犬病发病死亡 20 人。

2003 年

3 月，容县珍稀名优水果繁育基地在参加百名科技大王进百色科技下乡活动中被中国农村农业技术协会授予贡献奖。

春季期起，容县停止征收农村教育费附加。

6 月，容县投资 1800 万元兴建城南客货运站。

7 月 24 日，容县遭受 7 号台风（伊布都）袭击，风力 6~7 级，阵风 8~9 级，并伴有暴雨、大暴雨，全县 16 个乡（镇）均不同程度受灾，受灾人口达 15.51 万人，紧急转移 68 人，死亡 1 人，失踪 1 人；受灾农作物 2.91 万亩，倒塌房屋 307 间，损坏 1943 间，死亡大牲畜 50 头；损坏陂坝 109 处，崩塌渠道 332 处长 5.83 千米；直接经济损失 1018 万元。

是年，容县开展农村税费改革，取消乡（镇）统筹费、农村教育集资费等专门面向农民征收的行政事业性收费和政府性基金、集资；取消屠宰税，调整农业税和农业特产税政策，改革农村提留征收使用办法。

2004 年

5 月，容县开工建设新都商贸城。项目总建筑面积约 12 万平方米，总投资约 1.80 亿元。

7 月 20 日，国家质量监督检验检疫总局 2004 年第 95 号公告批准自即日起对容县沙田柚实施原产地域（地理标志）保护。

容县果农正在挑担往外销售自产的沙田柚

（2004 年 10 月，潘桂明　摄）

10 月，容县城南客货运站竣工使用。

11 月 3 日，容县向农村义务教育阶段家庭经济困难学生免费提供教科书，国家“两免一补”（免教科书费、免杂费、补助寄宿生生活费）工作启动。

11 月 6 日—7 日，在城南客货运站前广场举办首届中小企业商机博览（中国·玉林）版块——“容县沙田柚节”。

12 月，容县通过自治区“两基”复查。

是年，容西乡小学学生 22 人误食桐油果仁中毒，经抢救全部痊愈。

2005 年

3 月 22 日上午 7 时 42 分，容县遭受持续 5 分钟的 12 级大风暴雨袭击，每秒 37 米狂风将经略台真武阁前面直径 0.80 米粗的榕树拦腰吹断，压坏真武阁前亭。这是容县历史上有记载以来最大的风暴，全县因灾死亡 3 人。

4 月 5 日上午 10 时，在容县戏院地下施工场地发现大批军火，此批军火有六〇炮、六〇引信、手雷、手榴弹、爆破筒、山炮炮弹等共 300 件。据军事专家鉴定，此批军火为抗日战争时期遗留下来而埋于地下的。

6月7日，容县人民政府在灵山镇当中村山体滑坡群地域，组织军警民进行应对突发性地质灾害大演练，启用兵员快速动员机制，组织参演的民兵应急分队、专业分队、对口专业分队共 1000 多人（次）。

6 月，容城镇与容厢镇合并为容州镇。容县辖 3 个乡 12 个镇。

7 月，容县梁家荣参加全国第四届“鲁能乒校杯”全国少年乒乓球比赛，获丙组单打第三名，其参赛的团体获团体第一名。

12 月 27 日，容县被全国爱国卫生运动委员会授予“国家卫生县城”称号。

是年，容县发生松毛虫灾害，成灾面积 3.75 万亩。

是年，容县全部取消农业税征收。

是年，容县获得“自治区灭蟑达标先进城区”。

第一篇

行政区划

容县城区江北景貌　　(2005 年 12 月摄)

第一章　位置　建置

西晋时期容县境设荡昌县，唐代元和年间置州治，明洪武十年(1377 年）五月，改容州为容县，此名沿用至今。1949 年中华人民共和国成立后，容县先后隶属梧州专区、容县专区、玉林专区、玉林地区、玉林市。1990—2005 年，县级行政区域无变化。

第一节　位　置

容县地处广西壮族自治区东南部，位于北回归线以南，北纬 22° 54′ 40″ —23° 07′ 51″、东经 110° 14′ 55″—110° 53′ 39″之间。东西最大横距 51 千米，南北最大纵距 73.5 千米。全县总面积 2257.39 平方千米。其中陆地占 97.51%，水域占 2.49%。

容县东部与梧州市的岑溪市相邻，东北部与梧州市的藤县连接，南部与广东省信宜市和北流市接壤，西部与北流市交界，西北部与贵港市桂平市毗邻，北部与梧州市的藤县、贵港市的平南县联接。地处大容山和云开大山两大弧形山脉之间。县政府驻地容州镇北门街 87 号，距玉林市城区 50 千米。

第二节　建　置

秦朝，今容县境域分属象郡及桂林郡，象郡郡治在临尘县，即旧治在今崇左市。

汉初，今境域属南越国地。元鼎六年(公元前 111 年），属合浦郡合浦县地(县治在今浦北县旧州）。

三国，今境域属吴，为交州合浦郡合浦县地和苍梧郡鄣平县地。

西晋时期的太康、太熙年间(280—290 年），将合浦县东北部分置荡昌县，隶属交州合浦郡。今容县境域大部分地区归属荡昌县，荡昌县治所设在今容县城区。故西晋设置荡昌县即容县置县之始。

南朝宋泰始年间(465—471 年），交州改越州后属越州(州治在今浦北县泉水乡）。

南朝，梁普通四年(523 年）改荡昌县为阴石县，并置阴石郡，属石州(州治在今藤县），郡治设于阴石县，是容县置郡之始。

隋朝，开皇九年(589 年）废阴石郡，改阴石县为奉化县。开皇十五年(595 年），将今县地东北部之鄣平县改为安人县。开皇十八年(598 年），改安人县为宁人县。开皇十九年(599 年），将奉化县改名为普宁县，隶属扬州永平郡(郡治、州治均在今藤县）。

唐朝，武德四年(621 年）以合浦郡之北流县和永平郡之普宁县置铜州，又从北流县分置宕昌(今容县地西南部)、新安(今容县地西部）两县，从普宁县分置渭龙县(今容县西南部）。宕昌县建治不久便析入普宁县和渭龙县。贞观元年(627 年），唐太宗颁令各州县以所在地之名山大川命名，铜州境内有名山大容山，因改铜州为容州，此时置容州普宁郡(郡治在普宁县）。贞观十一年(637 年），将新安县划归渭龙县和普宁县。贞观二十三年(649 年），将原属藤州辖下之宁人县更名欣道县，划归容州管辖。此时容州领普宁、北流、陵城、渭龙、欣道和陆川等 6 县。开元年间(713—741 年），容州升格为都督府，移容州廓下之北流县于西南 60 里，自此，北流县和普宁县、渭龙县截然分域。

开元二十一年(733 年）置容州管内经略使，领 14 州 60 余县，普宁县(今容县大部分）及渭龙、欣道县(其地大部分在今容县地）均隶属容州。元和年间(806—820 年），容州治所和普宁郡治所由北流县迁至普宁县。

五代十国，今容县地属普宁、渭龙、欣道县地，隶属容州宁远军。

宋朝，开宝五年(972 年）废欣道县、渭龙县，其地并入普宁县。皇祐五年(1053 年）置容州路(领 11 州），

建炎年间（1127—1130 年）复设容管，普宁县为路、管治所驻地。

元朝，容州领普宁、北流、陆川 3 县。

明朝，洪武二年（1369 年）撤销普宁县，其地并入容州。洪武十年（1377 年）五月，改容州为容县，隶属广西承宣布政使司梧州府（府治在今梧州市）。自此容县之名沿用至今。

清朝，容县仍隶属梧州府。

中华民国元年（1912 年）容县属广西省梧州府。民国 2 年（1913 年）属鬱江道。民国 3 年（1914 年）属苍梧道。民国 15 年（1926 年）废道后属苍梧行政督察专员公署（以上府、道、会治所均在今梧州市）。民国 19 年（1930 年）属鬱林民团区（区治所在今玉林市）。民国 21 年（1932 年）属梧州民团区。民国 23 年（1934 年）属梧州行政监督区。民国 29 年（1940 年）起属第三行政督察区（以上区治所均在今梧州市）。

1949 年 11 月 28 日，容县属广西省梧州专区。1951 年 8 月，属容县专区。1958 年 7 月，属玉林专区。1971 年 11 月，属玉林地区。1997 年 4 月，属玉林市。

表 1-1

容县建置沿革表

朝代	时间	建置沿革	县地同置机构	附注
秦	始皇三十三年（公元前 214 年）	象郡地		
汉	汉初 武帝元鼎元年（公元前 116 年）	南越国地 合浦县地		属交州合浦郡
	明帝永平十四年（71 年）		郁平县	新置，在今县东北，属交州苍梧郡
三国（吴）	献帝建安十五年（210 年）	合浦县地		属交州合浦郡
			郁平县	属交州苍梧郡
晋	武帝太康元年（280 年）	合浦县地		
	武帝太康、太熙年间（280—290 年）	荡昌县		从合浦县分置，是县地建县之始
			郁平县	
南北朝（南朝）宋	武帝永初元年（420 年）	荡昌县		属越州合浦郡
			郁平县	属越州苍梧郡
南北朝（南朝）齐	高帝建元元年（479 年）	荡昌县		属越州合浦郡
			郁平县	属越州苍梧郡
南北朝（南朝）梁	武帝天监元年（502 年）	荡昌县		属越州合浦郡
			郁平县	属越州苍梧郡
	武帝普通四年（523 年）	阴石县		改荡昌县为阴石县，属石州阴石郡
			阴石郡	新置、是县地置郡始
南北朝（南朝）陈	武帝永定元年（557 年）	阴石县		属石州阴石郡
			阴石郡	
			郁平县	
隋	文帝开皇九年（589 年）	阴石县		属扬州永平郡
			阴石郡	开皇十年（590 年）废
			郁平县	
	文帝开皇十年（590 年）	奉化县		改阴石县为奉化县、属永平郡
	文帝开皇十五年（595 年）		安人县	改郁平县为安人县
	文帝开皇十八年（598 年）		宁人县	改安人县为宁人县，属扬州永平郡
	文帝开皇十九年（599 年）	普宁县		改奉化县为普宁县，属扬州永平郡

续表

朝代	时间	建置沿革	县地同置机构	附注
唐	高祖武德四年(621年)	普宁县		属铜州，铜州是武德四年置，贞观元年(627年)改称容州
			宁人县	属藤州
	高祖武德四年(621年)		宕昌县	从北流县分置，在今县西部，贞观十一年省
	高祖武德四年(621年)		新安县	从北流县分置，在今县西部、后省
	高祖武德四年(621年)		渭龙郡	从普宁县分置，在今县西南部
	太宗贞观二十三年(649年)		欣道县	改宁人县为欣道县。隶容州
	玄宗天宝元年(742年)		普宁郡	新置，治所在普宁县
	宪宗元和年间(806—820年)		容 州	从北流县徙普宁县
			容 管	玄宗天宝十四年(755年)已设有，容州迁普宁后仍设
	昭宗乾宁四年(897年)		宁远军	由容州观察使升格
五代十国 楚	后梁开平四年(910年)	普宁县		属容州宁远军
			渭龙县	属容州宁远军
			欣道县	属容州宁远军
			容 管	
			容 州 普宁郡 宁远军	
五代十国 南汉	后梁乾化元年(911年)	普宁县		属容州宁远军
			渭龙县 欣道县 容 管 容 州 普宁郡 宁远军	
宋	太祖开宝三年(970年)	普宁县		属容州普宁郡宁远军
			渭龙县	太祖开宝五年(972年)废
			欣道县	太祖开宝五年(972年)废
	仁宗皇祐五年(1053年)		容 州 容州路	属广南西路新置
			普宁郡 宁远军	
			容 管	后设
元	世祖至元元年(1264年)	普宁县		属广南西路两江道
	世祖至元十五年(1278年)		容州路	
	成宗大德五年(1301年)		容 州	改容州路为容州
明	太祖洪武元年(1368年)	普宁县		属广西承宣布政使梧州府
		容 州		洪武二年(1369年)普宁县省入容州
	太祖洪武十年(1377年)五月	容 县		改容州为容县
清	世祖顺治四年(1647年)	容 县		属梧州府
中华民国	1912—1949年9月	容 县		先后属广西省梧州府、苍梧道、梧州行政督察区
中华人民共和国	1949年11月28日	容 县		属梧州专区
	1951年7月—1958年7月	容 县	容县专区	专署治所设于容县
	1958年8月	容 县		属玉林专区
	1971年4月	容 县		属玉林地区
	1997年4月—2005年	容 县		属玉林市

第二章　政　区

容县县以下乡(镇)行政区域,其位置、建置、范围、名称均有变化。

清朝后期为里辖村。

民国前期沿袭清末旧制,后期为区辖乡、乡辖村。

解放后,1950 年 1 月至 1951 年 6 月为区辖乡、乡辖村;1951 年 7 月至 1958 年 3 月为区辖乡;1958 年 4 月至 7 月为乡辖公社;1958 年 8 月至 1959 年 2 月为公社辖乡(镇)、乡(镇)辖工区(街);1959 年 3 月至 1962 年 10 月为公社辖大队;1962 年 11 月至 1969 年 6 月为区辖公社;1969 年 7 月至 1984 年 8 月为公社辖大队;1984 年 9 月以后为乡(镇)辖村(社区)。

第一节　行政区域调整

容县县以下的行政区域划分在清光绪二十三年(1897 年)出版的《容县志》有较为详细的记载,当时全县分为坊里、厢里、思传里、罗龙二里、罗龙一里、罗面里、波罗里、辛圩里、招贤里、顺德里和水源里等 11 个里,共辖 485 个村。

民国元年(1912 年)至民国 20 年(1931 年),容县行政区划沿袭清末旧制。民国 21 年 9 月(1932 年 9 月),广西省政府公布《广西省各县甲、村(街)、乡(镇)、区编制大纲》,凡 10 乡(镇)以上的县,依地方之山川形势及交通情况划为区,每区以 10 乡(镇)为原则,随之县划设区、乡、村。民国 23 年 7 月(1934 年 7 月),广西省政府发布《广西各县组织大纲》,规定除地面辽阔、形势险要之区域外,其余每区以万户以上为原则,不足万户之县不设区,只设乡村。

表 1-2　　民国 21—32 年(1932—1943 年)容县行政区域数统计表

行政区域＼年份	21 年(1932 年)	22 年(1933 年)	23 年(1934 年)	24 年(1935 年)	25 年(1936 年)	26 年(1937 年)	27 年(1938 年)	28 年(1939 年)	29 年(1940 年)	30 年(1941 年)	32 年(1943 年)
区(个)	5	5	4	—	—	2	—	—	—	—	—
乡镇(个)	缺	52	36	37	38	38	38	37	37	28	28
村街(个)	387	547	383	383	379	379	379	379	378	286	286
甲(个)	—	5361	—	—	—	—	—	—	—	—	3442

1949 年 11 月 28 日,容县解放。容县军政委员会于 1949 年 12 月成立。

1950 年 1 月,容县人民政府成立,设杨梅、南和、松山、自良 4 个区和容城镇。

1951 年 7 月,容县土地改革结束,将原有区、乡重新划分,全县划分为 10 个区(区名按数字排列),1 个镇、58 个乡、286 个村。即:第一区、第二区、第三区、第四区、第五区、第六区、第七区、第八区、第九区、第十区和容城镇。

1952 年调整为 11 个区(区名仍按数字排列)179 个乡(镇)、4 个街。1955 年 9 月至 1958 年 3 月,设 11 个区、146 个乡,11 个区区名以驻地命名为:甘旺区、石寨区、杨梅区、黎村区、杨村区、六王区、自良区、县底区、松山区、石头区、容城区。

1958 年 4 月撤区并乡,将原 11 个区调整为 29 个乡、1 个镇,辖公社 144 个。即:容城镇、厢西乡、江口乡、甘旺乡、杨叶乡、峤北乡、石寨乡、古兆乡、杨梅乡、河口乡、灵山乡、黎村乡、思贤乡、平洛乡、六居乡、鱼产乡、东华乡、尤华乡、六王乡、自良乡、司六乡、浪水乡、冠堂乡、荣塘乡、泗关乡、黎木乡、松山乡、石头乡、务底乡、水口乡。

1958年8月，将30个乡（镇）改为政社合一的9个人民公社，即红旗公社、超美公社、英雄公社、东风公社、超英公社、火箭公社、上游公社、卫星公社、先锋公社。辖30个乡（镇）、工区209个。1959年3月，撤销9个人民公社，调整为12个公社和一个办事处，辖大队193个。将容城公社所辖容城镇划出，单独成立“容城镇办事处”作为县人民委员会和公社联社之派出机构。即：容城公社、厢西公社、十里公社、石寨公社、杨梅公社、六王公社、黎村公社、杨村公社、县底公社、自良公社、松山公社、石头公社和容城镇办事处。1960年4月撤销“容城镇办事处”，成立容城镇人民公社，将容城公社原辖晓光、东光2大队划归管辖，此时容县有13个公社。

1961年3月8日，容城人民公社改称城厢人民公社。同年6月调整公社规模：城厢公社分出峤北公社，厢西、石寨、容城镇公社规模不变，十里公社分出江口公社，杨梅公社分出灵山公社，六王公社分出尤华公社，黎村公社分出温泉公社，杨村公社分出东华公社，县底公社分出荣塘、泗关2公社，自良公社分出浪水公社，松山公社分出沙田、黎木2公社，石头公社分出水口公社。全县13个公社分设为25个公社。

1962年10月28日，县人民委员会通知设区，划小公社，将全县25个公社分别并为13个区1个镇。即：城厢区、十里区、石寨区、杨梅区、灵山区、黎村区、杨村区、六王区、县底区、自良区、浪水区、松山区、石头区、容城镇（为原容城镇公社更名）。下辖187个小公社。

1963年3月，将浪水区撤销，原所辖公社归自良区管辖，此时全县分为12个区1个镇。

1969年7月，按原区、镇改为13个公社。辖179个大队3245个生产队。1969年设大队革命委员会。

1984年9月起，改变“政社合一”体制，公社改为乡（镇），原辖大队改为行政村，村设村民委员会。行政区域分为容城镇、杨梅镇、黎村镇、自良镇4个镇和容厢、石寨、十里、灵山、六王、杨村、县底、松山、石头9个乡，共辖村179个。

1987年8月，松山乡分置黎木乡。9月，自良镇分置浪水乡。10月，容厢乡分置容西乡。行政区域辖4个镇12个乡，219个村。同年将村民委员会改设为村公所，各自然村设村民委员会。

1995年3月，撤销村公所及村公所以下的村民委员会，改在原村公所管理区域设立村民委员会。

5月，六王乡、县底乡、石头乡、黎木乡撤乡建镇，黎木乡更名为罗江镇。

1996年12月，容厢乡、灵山乡、杨村乡、松山乡撤乡建镇。

2002年8月，石寨乡撤乡建镇。

2005年6月，容城镇与容厢镇合并更名为容州镇。自此，行政区域辖12个镇3个乡，218个村，10个社区，1个街道。

表1-3 **2005年容县行政区划表**

区域名称	村（居）委会数	村民委员会名称、社区居民委员会名称
容州镇	30	同古、礼信、厢西、周口、宁冲、大榄、三和、五一、大明、杨叶、华南、励志、峤北、千秋、木井、平坡、东光、红光、河南、厢南、城西社区、西上社区、城南社区、新北社区、新南社区、南大社区、城东社区、北门社区、城北社区、福船岭社区
容西乡	5	西山、祖立、思传、深柳、仙江
十里乡	12	泗登、甘旺、琼新、黎读、十里、杨外、大坡、大萃、江口、大鹏、塘冲、流冲
石寨镇	12	大华、大荣、大兆、合柳、霄垌、独石、下烟、古兆、华六、石寨、上烟、石城
杨梅镇	21	三德、熊胆、河口、和勃、六美、成美、四美、六别、义合、杨梅、和丰、红石、妙阳、凤美、四荖、和睦、四端、石岭、普济、杨梅街、绿荫居委会
灵山镇	14	仁勇、华垠、大陆、六泉、六良、灵山、守善、旺维、罗权、当中、六华、六图、六肥、天堂

续表

区域名称	村(居)委会数	村民委员会名称、社区居民委员会名称
六王镇	18	六王、谭螺、温风、思良、陈村、古泉、龙头、六槐、塘垌、谭和、古里、莲塘、尤华、佳香、双善、六青、大公、金库
黎村镇	24	六吟、新塘、和睦、和联、六旺、太和、平洛、同和、平石、振新、四维、温泉、珊萃、旺安、同心、荣丰、满垌、六胜、六扬、思贤、六振、太平、黎村街、黎村
杨村镇	14	杨村、踏田、坡亮、横山、当发、界牌、马良、鱼产、大军、六福、东华、峡河、平贯、高垌
县底镇	20	冠堂、古练、旺黎、县底、靖北、金村、平河、复联、古长、泗关、康塘、龙山、新光、竹山、荣塘、上都、古例、古燕、东安、河儿
自良镇	12	自良、大里、河步、龙镇、古旺、同江、思旺、司六、中平、古济、云松、自良街
浪水乡	8	浪水、浪北、扶昨、泗利、泗河、白饭、扶冲、长寿
松山镇	13	松山、儒地、下河、文仰、慈堂、寻阳、三合、平车、沙田、大中、合同、石扶、大水
罗江镇	7	黎木、竹良、顶良、岑冲、大石、半月、三岸
石头镇	19	旺广、大良、务底、甘冲、石头、螺北、旺岗、和衷、泗福、登州、水口、营垌、大扭、上垌、睦衷、上石、石剑、大垌、石塘
合计	229	

注:此表来源于县民政局

第二节　行政区域界线

容县人民政府驻地容州镇。以县城为起点,陆程公路出境有324线国道、一级公路、高速公路,路径不同距离略有差距。主干道路县城至玉林50千米,至南宁市235千米,至梧州市120千米,至广州市320千米。水程由绣江下航经藤县、苍梧县到梧州市为203千米。

从1997年5月起,容县开展勘定省、县两级行政区域界线工作,到1999年10月底止,容县与毗邻县(市)共长393.34千米的边界线实现了全部贯通(其中与广东信宜市界线长51.91千米,与桂平市界线长41.76千米,与平南县界线长47.85千米,与北流市界线长120.94千米,与藤县界线长42.62千米,与岑溪市界线长88.26千米),并完成了8个界桩埋设工作的任务。2000年,容县开始转入界线界桩航测、勘界协议书制定及勘界成果资料整理汇总等工作,2001年6月内业工作全部完成。2005年,界线没有变化。

容县四邻接壤是:

东部

杨村镇东华村、平贯村与岑溪市吉太乡吉太村、君丰村、六四村为界。

六王镇思良村、谭螺村与岑溪市南渡镇平石村为界,陈村村与岑溪市南渡镇社垌村、古太村和昙容乡五星村为界。

十里乡大坡村与岑溪市昙容乡永固村、上双村为界,塘冲村与岑溪市昙容乡大垌村、庆旺村为界。

浪水乡泗河村、浪水村与岑溪市波塘乡大公村、合水村为界。扶昨村与岑溪市波塘乡合水村、蛟塘村为界。

东北部

自良镇古旺村、自良村、大理村、同江村、思旺村与藤县岭景镇皇村村、岭景村、富祝村、河柳村为界。

南部

黎村镇六振村与北流市隆盛镇安平村、水榄田村为界,满洞村、旺安村与北流市新丰镇丹花村、大村村为界,六胜村与广东省信宜市安莪镇的大河肚村、头子洞村、塘肚屋村、幸塘村为界,思贤村、荣丰村、振新村与广东省信宜市径口镇化垌村、双头村、黄岭脚村、双树田村、铁称塘村、沙塘坪村为界。

杨村镇界牌村、高垌村、杨村村、坡亮村与广东省信宜市径口镇石爽面村、天堂岗村、上荒塘村为界,横山村与岑溪市水汶镇的竹兰村为界。

西部

石头镇上石村、高山林场、大扭村与北流市民乐镇石垌村、元常村、茶垌村为界。

松山镇平车村、大水村与北流市民乐镇甘竹村为界。

容州镇礼信村与北流市山围镇都宫村、山围村为界。

容西乡西山村、深柳村与北流市民安镇高车村、丰村村、大同村为界，祖立村与北流市山围镇都宫村、山围村为界。

石寨镇华六村、石城村与北流市民安镇高车村、丰村村、大同村为界。

2001年，容县获得全区勘界工作先进集体称号

灵山镇的大陆村与北流市民安镇六华村为界，六良村、六肥村、天堂村与北流市大坡外镇沙坡村、分水村、古帮村为界。

西北部

石头镇和衷村、螺北村、旺岗村与桂平市罗秀镇植棠村、良石村、乐雅村为界，上垌村、石剑村与桂平市中山镇中沙村、新安村、沙塘村、沙木村为界。

北部

县底镇古燕村、河儿村与平南县寺面镇新隆村、河沙村为界。

罗江镇岑冲村、顶良村、黎木村、三岸村与平南县寺面镇七新村、僚秀村、平山村为界。

石头镇的和衷村、登州村与平南县平山镇的榄垌村、八桂村为界。

乡界勘定

2002—2003年，容县开展乡界勘定，勘定全县16个乡（镇）共34条边界线，总长534.70千米。确定乡（镇）边界交汇点32个，编写34份毗邻乡（镇）行政区域界线协议书。2005年容厢镇、容城镇合并成容州镇，边界线变成28条，交汇点变成28个。

表1-4 **2005年容县县乡（镇）两级行政区域界线表**

序号	类别	界线名称	全长（千米）	序号	类别	界线名称	全长（千米）
1	省界	容县—信宜	51.91	18	镇界	容西—石寨	9.30
2	县界	容县—北流	121.10	19	镇界	十里—六王	15.30
3	县界	容县—桂平	41.76	20	镇界	石头—松山	14.40
4	县界	容县—平南	47.85	21	镇界	石寨—灵山	3.70
5	县界	容县—岑溪	88.26	22	镇界	石寨—杨梅	30
6	县界	容县—藤县	42.62	23	镇界	松山—县底	15.50
7	镇界	浪水—十里	20.50	24	镇界	县底—十里	11.30
8	镇界	浪水—县底	8.10	25	镇界	杨村—六王	13.10
9	镇界	黎村—杨村	11.80	26	镇界	杨村—杨梅	18
10	镇界	黎村—杨梅	9.30	27	镇界	自良—浪水	24.80
11	镇界	灵山—黎村	16.40	28	镇界	自良—县底	28.20
12	镇界	灵山—杨梅	31.10	29	镇界	容州—石寨	35.10
13	镇界	六王—石寨	2	30	镇界	容州—容西	14.50
14	镇界	六王—杨梅	25.80	31	镇界	容州—县底	16.60
15	镇界	罗江—石头	17.60	32	镇界	容州—松山	17.30
16	镇界	罗江—松山	31.20	33	镇界	容州—六王	4.80
17	镇界	罗江—县底	17.30	34	镇界	容州—十里	43

第三章 县城 乡镇

第一节 县 城

容县县城位于容州镇城区，晋朝武帝年间从合浦县分置荡昌县，即是容县置县之始，治所所在地。县城居于县境中部略偏西北，绣江从县城区流过。县城是全县的政治、经济、文化中心。容县至信宜、平南、藤县3条二级公路和玉林至容县、容县至岑溪一级公路、国道324线公路和建设中的南广高速公路、洛湛铁路均贯穿境内。2005年，城区面积11.20平方千米，城区人口11.80万人。

1990年以来，容城新建了建设银行大厦、工商银行大厦、中国银行大厦和邮政大厦等高层建筑。

1990年，县城区主要街道共有19条，巷道14条，街(巷)道总长度28.70千米、面积23.20万平方米。之后，陆续新扩建的街道有：新北街，总长865米；旧街长200米，宽8米；新街长665米，宽24米。城西路，全长3000米，南起绣江大桥，至容县汽车总站拐弯向西到种苗站止。国中路，全长1680米，南北走向，路分两段：新北街口至大田垌长830米，宽16米；大田垌至职中长850米，宽24米，于1991年铺成混凝土路。城北路，全长2000米，南北走向，路分两段，容县汽车总站至沙石岭长1580米，宽24米，于1991年由柏油路改筑为混土路，投资423万元；沙石岭至运载石场长420米，宽12米，于1991年由沙石路改筑为柏油路。1991年，在城西路原农械厂江边至真武阁之下江边筑成长堤，在原为沙滩、桑地的地带建成楼房和街道，街道名为沿江北街，总长2376米，宽26米，其中人行道5米，车行道8米，其余为绿化带，西东走向，五里河到绣江大桥长1176米，路宽16米；绣江大桥至真武阁长1200米。燕塘街，全长550米，东西走向。龙泉街，全长320米，宽24米，东西走向。兴容街，全长750米，宽30米，南北走向，由新北街口至大田垌。城南街，全长305米，东西走向，路分两段：新南街至城西路长105米，宽20米；新南街至电力公司长200米，宽24米。1994年旧城改建时重新拓宽拉直城南路，从工商局起，经土产公司大院至水运公司路口，全长370米，新辟宽50米。桂南路754米，东西走向，人民医院路口至工商银行大厦。太爷巷，1994年旧城改造，从容县粮油门市部起，经木材公司至河堤街，全长285米，新辟宽50米。东外街，由三段路组成：灯光球场至容城电站，长1400米，东西走向，近城一段，宽13米，其余宽7米，灯光球场至广播站(称城东路)，长190米，宽16米，南北走向；广播站至杨湾桥头，长1250米，宽9米，东西走向；中环中路全长544米，路宽30米，东西走向，自渔牧兽医局至城北路口红绿灯处。中环西路全长2900米，路宽30米，东西走向，自城北路口至风柜岭加油站。此外还有1994年旧城改建时新拓宽的东大街等。此外，容城还有14条小巷。1991年，城区道路28.70千米，23.20万平方米。1991年，容县县城建成面积2.29平方千米；1999年7.68平方千米；2005年11.20平方千米。全县城镇化率26.47%。

容县县城绣江两岸景色 (曾宪球 2005年摄)

全县党政机关、事业单位及中直、区直、市直驻容县机构全部集中在县城。有容县县委党校、容县高中、容县中学、容县职专、都峤中学、容厢中学、容城一小、二小、三小、四小、五小、河南小学、厢南小学和容县幼儿园、第二幼儿园等校园。有容县人民医院、容县中医院、容县中西医结合骨科医院、妇幼保健院、皮肤防治院、防疫站等公办医院和防疫保健机构。在容县县城还有人民银行、农行、工行、建行、中行和信用联社等金融机构，金融存贷款活跃。

县城主要公共建筑有容县工人俱乐部，位于东外街，建筑面积2300平方米。容县电影院，位于北门街西侧，建筑面积1450平方米。容县游泳池，位于容县电力公司南面，建于1990年，总用地面积2668平方米。容州市场，位于北门街西面，国中路东面，总面积1.87万平方米。城西市场，位于银鹰巷东北侧，面积1300平方米。容县宾馆，位于城南路东段，用地总面积2500平方米，主体楼5层。华侨大厦，位于西上街和城北路交汇处，建筑面积5583平方米，楼7层。容县人民政府大楼，位于金珠街太爷巷旧容县政府院内，1991年6月始建，1992年12月竣工，占地面积1500平方米，建筑面积9148平方米，东西两边各7层，中楼9层。容县县委大楼，位于城南路原县委（现侨乡广场）对面，1994年4月始建，1995年4月竣工，占地面积1356.05平方米，建筑面积7207.82平方米。容县人民会堂，位于容县政府大楼西侧，2005年11月始建，2006年10月竣工，用地总面积10170平方米，占地面积3268.8平方米，建筑面积7000平方米。框架结构3层，高24米，长68.10米，宽48米，可容纳1189人。此外还有会堂广场、城南客运站、绣江公园、老年活动中心等。容城过境公路属水泥路面，全长5.20千米，路宽24~30米，于1991年3月破土动工，当年10月底竣工，总投资1390多万元。中环中路和中环西路，属水泥路面，全长3.40千米，路宽30米。至2005年，城区面积11.20平方千米，全城区有街道90条，街道总长度96千米、面积170万平方米，水泥硬化路面，街道两旁装有路灯2077盏。城区绿化覆盖率31%。

第二节 乡 镇

容城镇

1990年，容城镇辖4个村公所，17个村民委员会，117个村民小组，7个街道居民委员会，97个居民小组；年末总人口45424人，其中农业人口14777人，非农业人口30647人；全镇有耕地面积497.87公顷，粮食总产4670吨，财政收入637万元。镇内所有生产、商用、照明、居民用电得到全面覆盖，容城城区供水管道全部实现入户供给。镇属企业有木螺钉厂、容州纸袋厂、农机修造厂、面粉厂、食品厂、制衣厂、衣夹厂、衣架厂、油毡纸厂、红砖厂、容县第二建筑工程公司、容城镇停车场、容城镇园艺场等，是县内镇办企业最多的乡（镇）。企业总收入1070万元。1992年后，乡（镇）企业得到较快发展，较大型的有旭升塑胶制品厂、伟业塑胶制品厂、鸿大饲料厂、天虹炉具厂、挺佳锅炉厂等。1995年4月，容县撤销村公所，改设村民委员会，调整后，容城镇辖村民委员会4个，街道居民委员会7个，原村公所下设的17个村民委员会同时撤销。2001年起，实施承接东部产业转移战略，于2003年成立容城镇工业园，总面积100公顷，落户工业园的企业有容县殷天（深圳）实业发展有限公司、容县佳明电子厂等11家，其中电子企业7家，总投资4.21亿元。2005年，形成一个集电子、日用化工、机械制造、木品工艺、玩具制品等为一体的工业园区。

容厢镇

1990年，容厢乡辖村公所16个、村民委员会39个、村民小组497个，年末总人口53778人。全乡有耕地面积2570.33公顷，粮食总产2.45万吨，财政收入175.50万元。容厢乡历来以农业生产为主。1989—1990年，全乡狠抓造林绿化、植树造林和发展水果种植工作，新植树5000亩，封山育林5000亩，到1992年末，全乡绿化程度达92.10%，森林覆盖率54.96%。同时乡政府从财政上拨款10多万元购回果苗23.30万株，无偿分给农民种植，以此带动全乡群众大力种植水果，到1992年末全乡共种植果苗3.50万亩。

1990年，容厢乡乡办企业有容州水泥厂、容厢红砖厂、红砖二厂、容县第四建筑工程公司等少数企业。企业总收入1328.21万元。1992年冬，容厢乡政府在厢西村下沙规划建设容厢开发区，总面积200亩，容县邮政局、质量技术监督局、容县人民法院、容厢派出所等国家机关单位先后落户该开发区，容县包装公司、中兴兽药厂、南方锅炉厂、利丰热水器厂、九龙瓷业、中兴瓷业、山钛烟花、胜利烟花等一批企业落户开发区内。1995 年 4 月，容县撤销村公所，改设村民委员会，容厢乡辖村民委员会 16 个，原村公所下设的 39 个村民委员会同时撤销。1996 年 12 月容厢乡撤乡设镇，1997 年 1 月容厢镇政府从容城镇新北街迁往容厢开发区新办公楼办公。2000 年容厢镇财政收入超过 1000 万元，2002 年突破 2000 万元。2005 年 6 月，容城镇、容厢镇合并为容州镇。

容州镇

2005 年 6 月，容城镇、容厢镇合并为容州镇。容州镇位于容县城区，北纬 22° 54′ 40″—23° 07′ 31″、东经 110° 34′ 30″—110° 45′ 49″，是全县政治、经济、文化中心。行政区域面积 178.03 平方千米。东与十里乡相邻，南与六王镇、石寨镇接壤，西与容西乡和北流市山围镇交界，北与松山镇、县底镇毗邻，容县至信宜、容县至平南、容县至藤县 3 条二级公路和玉林至容县、容县至岑溪一级公路、国道 324 线和在建中的南宁至广州高速公路、洛阳至湛江铁路贯穿境内。

2005 年，城区面积 11.20 平方千米，城区人口 11.80 万人；全镇辖村民委员会 20 个，村民小组 609 个，社区居民委员会 10 个，居民小组 155 个；年末总人口 137553 人，其中农业人口 75490 人，非农业人口 62063 人；全镇有耕地 2774.59 公顷，其中水田面积 2293.70 公顷，旱地 480.89 公顷，粮食总产量 3.03 万吨，其中稻谷产量 2.86 万吨；农业总产值 4.89 亿元；全镇有私营企业 465 家，从业人员 4.50 万人，工业总产值 7.83 亿元。全镇财政收入 6734.60 万元。有文化站 1 个，村级图书馆（室）5 个，藏书共 3.50 万册；全镇共有星海民乐艺术团等民间艺术团体 12 个；有中学 5 所，有小学 25 所，分校 4 所，教学点 4 处；幼儿园 21 所；县属容县中学、容县高中、容县职专及容县幼儿园、容县第二幼儿园位于辖区内；有卫生院 2 所；城区内有县管的人民医院、县中医院、妇幼保健院、皮肤防治院和防疫站。

容西乡

容西乡地处容县县城西部，位于北纬 22° 44′ 27″—22° 50′ 48″、东经 110° 26′ 16″—110° 30′ 24″，乡政府驻地西山村西山圩，行政区域面积 46.52 平方千米。距县城区 13 千米，东与容州镇接壤，南与石寨镇为邻，西和北流市民安镇相接，北与北流市山围镇交界，324 国道、玉林至容县一级公路及在建中的南宁至广州高速公路、洛湛铁路贯穿境内，村村通四级公路。1990 年，容西乡有容西乡红砖厂、容县南洋食品厂、容县肥皇有机化肥厂等少数企业，固定资产总额 765 万元，企业总收入 362 万元，乡财政收入为 40 万元，居民储蓄存款 1249 万元，建成容西变电站。1992 年乡卫生院成立。1993 年前西山圩接用北流县民乐公社丰垌电站的电力，电力供应极不正常；1994 年 6 月改接容县电网，供电逐渐趋向计划化、正常化。

2005 年，全乡辖村民委员会 5 个，村民小组 110 个，人口 15647 人，全乡有小学 7 所，在圩镇及祖立村等 3 个村开办幼儿园（托儿所）共 4 所。乡文化站 1 个；村级图书馆 1 个，村级文艺队 1 个。全乡 5 个村全部建立广播室和建成远程教育网络。有卫生院 1 所。

十里乡

位于容县东部，北纬 22° 48′ 40″—22° 57′ 21″、东经 110° 32′ 51″—110° 44′ 19″，乡政府驻地黎读村，行政区域面积 144.47 平方千米。东与六王镇和岑溪市昙容镇相邻，南、西与容州镇交界，北与浪水乡、县底镇毗邻，距县城 5 千米，容县至岑溪一级公路、县道和在建中的南宁至广州高速公路、洛阳至湛江铁路贯穿

2005 年 11 月，马来西亚华人柯来发向十里乡杨外小学捐建的容县杨外侨心小学荣宝昌教学楼落成

（容县侨办　提供）

境内，村村通四级公路。1990 年，全乡只有土纸厂、家具厂、红砖厂等少数企业，1992 年开通程控电话。1994 开通移动电话，固定电话、移动电话直通国内外。2001 年后，形成一个集电子、家具、日用化工、木器工艺等企业于一体园地。

2005 年，全乡辖村民委员会 12 个，村民小组 309 个，14692 户，人口 38265 人。有耕地 1276 公顷，其中水田 1132.90 公顷，旱地 143.06 公顷。有林地 840 公顷。全乡有中学 2 所：十里中学和江口中学，教师 126 人，在校学生 1533 人；小学 12 所，教师 124 人，在校学生 2624 人。

石寨镇

位于容县南部，北纬 22° 42′ 03″—22° 50′ 28″、东经 110° 28′ 49″—110° 39′ 12″，2002 年撤乡建镇，镇政府坐落于石寨圩东北面。全镇行政区域面积 148 平方千米，距县城 9 千米。古时，村民为防卫垒石筑寨于山上，当地即以石寨命名。东与六王镇、杨梅镇相邻，南与杨梅镇、灵山镇相连，西与容西乡和北流市民安镇为邻，北和容州镇交界。玉林至岑溪一级公路、容县至广东信宜二级公路贯穿境内，村村通四级公路。杨梅河和绣江流经境内。1990 年，农业总产值 1658 万元；有罗位电站、石寨红砖厂、建材厂等 3 家企业，企业总产值 182 万元；居民储蓄存款 334.50 万元；全乡供水供电设施落后。1992 年在石寨圩西面公路旁建设经济开发区，总面积 3.60 公顷。2002 年 8 月撤乡建镇，辖华六、石寨、上烟、石城、大华、大荣、大兆、合柳、霄垌、独石、下烟、古兆 12 个村。2005 年，辖村民委员会 12 个，村民小组 286 个，总人口 33834 人。

1990 年有小学 32 所、学生 4221 人；中学 1 所，有教职工 40 人、在校中学生 495 人。2005 年有小学 31 所、学生 2973 人；有中学 1 所，教职工 70 人、在校中学生 1080 人。有文化站 1 个，藏书 5000 册。村村通广播。12 个村全部建立广播室和远程教育网络。有线电视普及率达 90%。有卫生院 1 所，都峤山精神病院 1 所。圩镇市场 1 个，约 250 平方米，共有摊位 32 个。著名旅游景区有都峤山风景名胜区。

境内霞烟鸡生产于下烟村，体形较小，体重约 1.50 千克，胸厚、臀圆、肉嫩滑、味香；受地域气候、水土及科研技术限制，每年产量不多；霞烟鸡已载入《广西家畜家禽品种志》和《全国家禽品种志》等书籍。在 2003 年参加自治区举办的名鸡大赛中获得“广西名鸡”殊荣。淮山是本镇特产，年种植面积 54 公顷，年产量达 1620 吨。更以独石村沙质土种植出来的淮山肉质幼嫩而出名，每年产的淮山不用农民到市场销售，县内外乃至广东客商上门定购。

杨梅镇

位于容县南部，北纬 22° 37′ 27″—22° 47′ 43″、东经 110° 32′ 29″—110° 45′ 16″，镇政府驻地和丰村，行政区域面积 144.98 平方千米，距县城区 20 千米，东邻六王镇、杨村镇，南接黎村镇，西与灵山镇相连，北与石寨镇交界。县道 203 线（原国道 324 线）、省道容县至广东信宜二级公路、县道容县至灵山公路在此交汇并贯穿境内，村村通四级公路，是容县南片交通枢纽。1990 年，全镇水田面积 1233 公顷，旱地 735 公顷，农业总产值 1315 万元；只有杨梅农具厂、链条厂、芒编厂、红砖厂和茶厂等少数企业，固定资产总额 890 万元，企业总收入 3306.23 万元；财政收入 141.70 万元，全镇城乡居民储蓄存款 1955.46 万元。1992 年后，全镇企业得到较快发展。1995 年，被列为全国首批小城镇建设试点镇。1998 年，绿荫圩更名绿荫农民城。2000 年全镇共有注册企业 32 家，企业总资产达 9670 万元，工业总产值 1.68 亿元，财政收入 353.50 万元。2001 年 9 月，被自治区人民政府确定为自治区重点镇。2000 年、2001 年、2005 年先后获得自治区市容环境整治“南珠杯”竞赛“进步乡镇”和“优秀乡镇”奖；先后获“自治区文明镇”“自治区卫生镇”“自治区科技工作先进镇”称号。

2005 年，全镇辖村民委员会 20 个、居民委员会 1 个，村民小组 365 个，人口 51377 人。旅居海外华人华侨 4.50 万人，有容县“侨中侨”之称。全镇有杨梅中学、绿荫中学、杨梅华侨中学和河口联中共 4 所中学，小学 18 所，分校 12 所，幼儿园 8 所。文化站 1 个，村级图书室 1 个，建有灯光篮球场 6 个，足球场、溜冰场、电影院各 1 座。各村（街）完善卫星电视接收站，开通闭路电视传送网络，电视频道达到 18 套节目，信号覆盖 50% 住户，有线电视普及率 30%，绿荫区域电视覆盖率达 100%，21 个村（街）已全部建立广播室，并建成远程教育网络。全镇有中心卫生院 1 所。

灵山镇

位于容县西南部，北纬 22° 33′ 56″—22° 42′ 25″、东经 110° 30′ 27″—110° 40′ 04″，1996 年 12 月撤乡建镇，镇政府驻地灵山圩，行政区域面积 131.72 平方千米。距县城区 36 千米，东与杨梅镇、黎村镇接壤，南与北流市大坡外镇为邻，西连北流市民安镇、新荣镇，北与杨梅镇、石寨镇交界。绿荫至灵山、灵山至北流十字铺三级公路贯穿境内，村村通四级公路，并连接往黎村镇、北流市民乐镇通道。1990 年粮食种植面积 3.10 万亩，粮食总产量 1.06 万吨，其中水稻种植面积 2.93 万亩，总产量 9967 吨。

2005 年，全镇辖村民委员会 14 个，村民小组 294 个，人口 41444 人。全镇共有发电站 10 座，总装机容量 2100 千瓦时，年发电量 700 万度，是全县有名的小水电乡(镇)。全镇形成以陶瓷、水电、红砖、非金属矿和有色金属矿采选和运输、宝石加工等以及建筑、房地产的工业体系。2005 年，全镇有小学 13 所，分校 15 所，中学 3 所。有卫生院 1 所。镇内旅游资源丰富，有天堂山风光、天山交通站、容州第一峡、出世溶洞、彭氏客家民宅和“五代同堂”大屋等景点，其中龙母坟、龙母庙是古容州八大名景之一。

广西南山瓷器有限公司坐落在灵山镇，所生产的“真武牌”民族花碗和高中档镁质瓷，畅销全国各地，出口东南亚和欧、美、日本等国家和地区；2005 年企业积累总资产达到 1.23 亿元，是自治区先进企业、自治区的民族企业、自治区十强侨属企业，中国市场重点保护名优产品、输美认证企业。

灵山水产品以灵山清水草鱼为主，主要产地在六图、六华、当中、六肥等村。养殖方式以家庭小户为主，挖掘小池塘，利用无污染的优质山泉、以青草为主要饲料，活水长流养殖，养出的鱼肉质脆嫩、味道鲜美，县城酒店饭馆也多有推出灵山鱼特色菜谱。1990 年水产品养殖面积 483 亩，产量 44.50 吨，2000 年水产品养殖面积 496 亩，产量 194 吨。

六王镇

位于容县东部，北纬 22° 41′ 30″—22° 51′ 44″、东经 110° 38′ 16″—110° 47′ 46″，镇政府驻地六王村，行政区域面积 184.18 平方千米。距县城 39 千米，东与接岑溪市南渡镇相接，南与杨村镇毗邻，西连杨梅镇、石寨镇，北与十里乡相连。原国道 324 线(现为县道 203 线)、容县至岑溪一级和正在建设中的南宁至广州高速公路、洛阳至湛江铁路穿境而过。主要矿产资源有铁矿、锰矿、铅矿等。1990 年，全镇水田面积 2045.7 公顷，旱地 354.5 公顷，粮食总产量 1.94 万吨，其中稻谷产量 1.93 万吨，全镇有注册企业 12 家，其中企业总资产 1000 多万元，企业年产值 1500 万元；财政收入 170 万元。1991 年后，在六王村母鸡廊处建立面积约 1 平方千米的六王开发区，建商铺和农贸市场，容县、岑溪两县(市)附近群众及商贩云集。1996 和 1997 年，六王镇六槐村的沙田柚代表容县参加全国柚类评比获金奖。2000 年，实施“工业兴镇、工业强镇”战略，财政收入大幅增加，2004 年财税 349.80 万元，增长 19.79%；参加“玉林市经济发展‘十佳’乡(镇)”评比中获得综合排名第 33 位，全县排名第 5 位。

2005 年，全镇辖村民委员会 18 个，村民小组 506 个，人口 59001 人。全镇旅居海外侨胞约 2.50 万人，是著名的“侨中侨”之乡。森林面积 1.12 万公顷，森林覆盖率 63.5%。有文化站 1 个，设图书室、网吧、桌球娱乐，藏书 3000 册；村级图书室 1 个，藏书 1000 册，18 个村全部建立广播室和远程教育网络。全镇有中学 2 所，小学 18 所，教学点 13 个。有卫生院 1 所，卫生保健所 1 所，村卫生诊所 18 个。

六王镇酿酒远近闻名，尤以六槐村米酒闻名，原料全部采用优质山泉水和本地优质大米，以香醇可口、醉不上头、无口干等特点，赢得民众公认，渐成当地品牌名酒。“六槐米酒”年产 3500 吨，品种包括双酒、三花酒、双蒸酒(俗称四熬酒)，主销自治区内外，产值 2800 万元。

黎村镇

位于容县南部，北纬 22° 27′ 44″—22° 39′ 18″、东经 110° 36′ 53″—110° 45′ 37″，镇政府驻黎村街人民路 36 号，行政区域面积 214.13 平方千米。距县城 42 千米。东面与广东省信宜市安莪镇、径口镇、金垌镇及高坡镇接壤，西与北流市隆盛镇、新丰镇、沙垌乡、扶新乡毗邻，北与灵山镇、杨梅镇、杨村镇相连。容县至广东信宜二级公路贯穿境内。1990 年，全镇水田面积 1963.60 公顷，旱地 3138 公顷，粮食总产量 2.30 万吨，其中稻谷产量 2.24 万吨，农业总产值为 2.47 亿元；全镇有企业 706 家(包括个体工商户)，总产值达 2000 万元；

财税收入为300万元；邮电支局筹集资金67万元，购置安装240门纵横制自动电话投入使用，成为容县第一个开通自动电话的乡（镇）。1992年8月安装闭路电视。1995年，获“自治区体育事业先进镇”称号，黎村中心幼儿园被评为自治区百家乡（镇）示范幼儿园。2001年，自治区主席李兆卓等领导先后到黎村考察“三黄鸡”养殖基地，给予高度的评价；9月被自治区人民政府确定为自治区重点镇。

黎村镇温泉村温泉浴池（1999年摄，吴植光　提供）

2005年，全镇辖村民委员会24个，村民小组585个，人口81002人。主要行业包括民用炸药、油漆涂料，造纸、烟花爆竹、竹芒编织、针织、花岗岩加工、松脂加工、皮革加工等。主要企业有广西金建华民用爆破器材有限公司、南方化工厂、黎村针织厂、桂南造纸厂等企业。有文化站1个，藏书9000册，有村级图书馆1个、卫星地面接收站10个。全镇有中心卫生院和计划生育服务所各1所，村级合作医疗所37个。全镇80%的农户用上了卫生自来水，有30%农户改用卫生厕所，有沼气池2500座。旅游景点有天堂山自然生态景区、黎村温泉和石印山胜景。

黎村镇“三黄鸡”远近闻名，每年外运广东、香港、澳门达500万羽，已形成集养种鸡、孵化、肉鸡一条龙的经营模式，养鸡业已向产业化、现代化、无公害化迈进。被自治区授予“科普示范基地”和玉林市授予“玉林市科技示范镇”和科普工作“先进集体”称号。黎村家禽业协会被自治区农业厅发文公布30个自治区农产品协会、农民专业合作社组织规范化试点单位，注册“黎村黄”三黄鸡商标。

杨村镇

位于容县东南部，北纬22° 33′ 38″—22° 43′ 10″、东经110° 42′ 54″—110° 53′ 39″，1996年12月撤乡建镇，镇政府驻地杨村村，行政区域面积204.54平方千米。距县城49千米，东与岑溪市水汶镇、广东省信宜市朱砂镇、安莪镇相邻，南与黎村镇和信宜市径口镇接壤，西与杨梅镇交界，北与六王镇及岑溪市吉太乡毗邻。容县至广东信宜二级公路贯穿本镇大军、马良2村，县道经杨村、踏田、当发、横山村与岑溪市水汶镇后接通广东省罗定市境内的国道207线，县道一边经杨村至双底与广东平地、径口，直达信宜市。1990年，有水田面积2290公顷，旱地2030公顷，粮食总产量2.90万吨，全镇只有农具厂、铁锅厂、红砖厂和理发社几家集体企业，固定资产总额只有100万元，企业总收入不足200万元；全乡只有机关单位和各个村委会有电话，且都是旧式手摇电话。1992年开通程控电话，1994年开通移动电话。2005年，全镇85%的家庭安装了固定电话，多数年轻人拥有移动电话。

2005年，全镇辖村民委员会14个、村民小组397个，人口55873人。主要有建材、皮革、造纸、水力发电、毛织、加工和饲料养殖等行业，有文化站1个；图书馆1个，藏书1.20万册，被评为玉林地区万册达标图书馆（1990年）；灯光球场8个，村村建立广播室，有线电视信号覆盖60%住户。中学生入学率和小学生入学率100%，有幼儿园18所（圩镇4所，村级14所）。有卫生院和卫生保健所各1所，村级卫生所14个。旅游景点有：关垌大顶风光、湖广顶奇观、大钵肚原始森林和将军滩人工湖。

县底镇

位于容县北部，北纬22° 56′ 01″—23° 07′ 51″、东经110° 28′ 59″—110° 38′ 38″，1995年5月撤乡建镇，镇政府驻地在冠堂村大冲自然片，行政区域面积195.33平方千米，距县城16千米。东与自良镇、浪水乡相邻，南与十里乡、容州镇接壤，西连松山镇、罗江镇，北与平南县寺面镇和藤县岭景镇交界。县底镇是半山区，东低西高，最高山是西部与松山交界处的七星顶，海拔579.20米。境内主要河流从容州镇五一村流入，经泗关、县底、冠堂、古练、旺黎等村流入自良镇境内的道知河。1990年，水田面积1487.30公顷，旱地305公顷，粮食总产量1.90万吨，林地面积2233.50公顷，森林覆盖率68.3%，有企业16家，年产值210万元，工业产值

2000 万元；财政收入 104 万元。1993 年 1 月获玉林地区行政公署批准划为革命老根据地，年底开始安装卫星接收传输电视广播信号。1994 年，建立县底爱华图书馆，当年图书馆藏书达 2.05 万册。2000 年，开始实施村村通广播电视工程，除原有的镇广播电视站外，各村都建成村级广播电视室。2003 年在县底冠堂村建立容县革命老区纪念馆。

2005 年，全镇辖村民委员会 20 个，村民小组 535 个，总户数 17945 户，总人口 52846 人。全镇形成以木器加工、肉桂类加工、竹器制造、农机制造、电子制造和毛织加工为主的加工产业格局。有县底中学和荣塘中学 2 所初中，在校学生 2253 人，教师 137 人；小学 21 所，在校学生 5487 人，教师 230 人，在圩镇和泗关、荣塘、古燕等村开办幼儿园共 5 所。有文化站 1 个，有藏书 2 万册。被评为玉林地区万册达标图书馆(1990 年)。民间成立石龙诗社，诗社每逢重大节日盛事都开展征联集诗活动，结集了大量本地和全国各地的诗朋联友佳作，并编辑出书共 5 集《县底诗词选》。有卫生院 1 所，卫生保健所 1 所，荣塘设卫生分院。

自良镇

位于容县东北部，镇政府驻地自良圩，行政区域面积 107.12 平方千米。距县城 32 千米。东邻藤县象棋镇，南接浪水乡，西连县底镇，北与藤县岭景镇交界，容县至藤县公路贯穿境内，村村通四级路，交通便利。古有“小南洋”之称，为容县最早的四个建制镇之一。自良的地貌为山区与丘陵相间，森林面积 7102 公顷，森林覆盖率 66.2%，县内最大河流绣江穿境而过，可通航 30 吨以下船舶，直往藤县境进入西江。自然资源丰富，气候温和，适合多种农作物生长，是自治区林业厅指定的篱竹生产基地。水力资源丰富，河流落差大，适宜建设水力发电站。1990—2001 年，全镇有企业 16 家，其中有 6 家企业落户容县工业园区，分别是容县海美日化厂、冠达林化厂、海宇电子厂和万超纸箱厂、广西(佛山)海洋塑胶厂、容县兴雄鞋面厂等。

2005 年，全镇辖村民委员会 11 个和居民委员会 1 个，村民小组 246 个，人口 35776 人。传统产品主要有沙田柚果，主要种植村为中平村、古济村、云松村、自良村、河步村、大里村等，企业形成以松脂、木器、篱竹加工、肉桂类、砂砖和毛织为主的加工类产业，镇有文化站和图书馆，被评为玉林地区万册达标图书馆(1990 年)，有中学 3 所，在圩镇开办幼儿园(托儿所)共 4 所。有中心卫生院 1 所，村级医疗诊所 18 个，医务人员 28 人。

浪水乡

位于容县东北部，北纬 22° 27′—23° 07′、东经 110° 15′—110° 53′，乡政府驻地浪北村河西路 1 号，行政区域总面积 135.30 平方千米。东与岑溪市波塘镇相接，南与十里乡为邻，西与县底镇接壤，北与自良镇及藤县象棋镇交界。距县城 35 千米。浪水乡水力资源丰富，绣江穿境而过，水量充沛，适宜建设水力发电站。1987 年 9 月从自良镇分置浪水乡。1990 年，辖区内只有 4 家企业，分别是浪北村大坪红砖厂、泗河纸厂、泗把泰容纸厂、白饭平冲桂油厂，1992 年后，本地人利用现有麻竹资源，在绣江沿岸或者有小河流经的近水地段纷纷建成土纸作坊，促进了经济发展但也带来严重的环境污染。

2005 年，全乡辖村民委员会 8 个，村民小组 195 个，人口 21179 人。有企业 17 家。形成了一个木器工艺、造纸、铸铁、香料制造等具有浓厚地方特色企业的发展格局。有水库 2 座，主要有泗利黑石水库、浪水电站水库，蓄水总库容 3826.88 万立方米。有中学 1 所、小学 6 所、教学点 11 处，有文化站 1 个，村村全部建立广播室，普及率 100%，村村建成远程教育网络。有卫生院 2 所，卫生保健所 1 所，村卫生诊所 8 个，从业人员 23 人。特产有红香菇，年成交额 6000 万元以上。2002 年，玉林“名优特新稀”新产品博览会食用菌评比中获优质产品一等奖；“红菇鸡汤”于 2004 年 8 月获玉林市“十大名菜”。

松山镇

位于容县北部，北纬 22° 53′ 04″—23° 02′ 33″、东经 110° 23′ 17″—110° 30′ 35″，1996 年 12 月撤乡建镇，镇政府驻地儒地村，行政区域面积 133.48 平方千米。距县城 17 千米。东与县底镇为邻，南与容州镇和北流山围镇相连，西与石头镇接壤，北与罗江镇交界。是名扬国内外的沙田柚发源地。民国时期韦云淞、夏威上将和夏国璋、马晓军中将均出自本镇。容县至平南二级公路、容县至桂平(罗秀线)公路贯穿境内，村村通四级公路。1990 年，全镇水田面积 1166.66 公顷，旱地 150 公顷，粮食总产量 1.59 万吨，农业只有水电站、茶厂

和拉丝厂等少数企业，固定资产总额600万元，企业总收入300万元；1992年后，企业得到较快发展，2000年全镇共有注册企业27家，财政收入276万元。

2005年，全镇辖村民委员会13个，村民小组429个，人口41154人。经济林地2800公顷，全镇有松林面积5468公顷，适宜采脂的松林3680公顷，年内生产松脂308吨，形成了以胶合板、水电、茶叶、编织为主的产业格局。有初中2所，有文化站1个，藏书4000册，村级图书室12个，藏书5610册。13个行政村建立广播站，并建成远程教育网络。境内的地方采茶戏在全县小有名气，常年在本地及县城演出。有中心卫生院1所，卫生保健院1所。传统产品主要有沙田柚，2005年，柚子产量4326.80吨。

旅游资源主要有名人故居、大水生态旅游区及沙田柚原产地生态旅游区。沙田柚原产地生态旅游区位于沙田村木兰塘，是中国名果——沙田柚原产地，集名果原产地保护、生态农业、林果业生产于一体的木兰塘观光旅游景区开发项目富有内涵。

罗江镇

位于容县北部，北纬23° 00′ 01″—23° 05′ 56″、东经110° 22′ 36″—110° 31′ 46″，镇政府驻地罗江圩开发区内，行政区域面积77.60平方千米。距县城26千米。东邻县底镇，南与松山镇接壤，西连石头镇，北与平南县平山镇交界。1987年8月从松山乡分置黎木乡。1990年，全乡水田面积865公顷，旱地65公顷，粮食总产1.08万吨，全乡只有容县永兴实业有限公司、容县松山畜禽公司、红砖厂、岑冲化工厂等少数企业，固定资产总额783万元，企业收入1150万元，财政收入96.20万元。1995年5月撤乡建镇，镇名改为罗江镇。1996年建成罗江35千伏安变电站，供电趋向正常化；在泗罗江边建成自来水厂，日供水500吨。2000年，全镇共有注册企业20家，财政收入121.50万元。2002年，建成岑冲村人饮工程，日供水300吨；2003年，建成顶良村人饮工程，日供水200吨，有部分村民自挖水井抽水，或者用塑料管引山泉水。

2005年，全镇辖村民委员会7个，村民小组197个，人口25305人。形成机械制造、房地产开发、制药、竹芒草藤柳编织工艺、木制品加工、香料加工、建筑材料制造、小水电、畜禽规模饲养等立体式发展的模式。有中学1所，镇文化站1个，藏书3250册。有2个村级图书室，有藏书1860册。7个村全部建立广播室。有中心卫生院1所，有7个村级医疗诊所。

石头镇

位于容县西北部，北纬22° 52′ 22″—23° 03′ 14″、东经110° 14′ 55″—110° 24′ 12″，镇政府驻地石头镇石头圩1号，行政区域面积211.20平方千米。距县城区31千米，东与松山镇相连；南与北流市山围镇、民乐镇接壤，西与桂平市罗秀镇、中沙镇相邻；北与罗江镇和平南县平山镇交界，石头镇地处大容山余脉，南面与北流县民乐镇交接处的望君山海拔为1147.80米，是境内最高山峰。地势南高北低落差大；西南部多高山，东北部多丘陵和谷底。素有“八角之乡”的美誉。境内水资源丰富，水位落差大，主要河流为泗罗江，源出大容山麓，由桂平市沙木村成溪流入境内，经石剑、水口、石头、泗福、登州等村纳流汇聚，流向罗江镇；有石剑、小垌、竹雅水库共3座，库容总量1109万立方米。境内年平均气温20.9℃，年降雨量1799.6毫米。

1990年，只有纸厂、桂油厂、红砖厂等少数企业，固定资产总额750万元，企业总收入640万元。1992年建设石头经济开发区，全乡企业得到较快发展。1995年5月撤乡建镇。2000年全镇共有注册企业23家，特别是2003年镇工业园开发，为更多企业落户和发展创造良好的空间。2004年建成石头汽车站。

2005年，全镇辖村民委员会19个，村民小组491个，人口61392人。已形成一个集化工、造纸、铸造、木器工艺、家具等立体式新型企业的发展园地。19个村全部建立广播室及远程教育网络。有卫生院1所。森林公园1个。

第二篇

自然环境

容县都峤山峰峦　　（林泽兵　摄）

容县地处大容山和云开大山两大弧形山脉之间，地势特征为东西南三面高，东南和东北部低。由南向东微坡倾斜，平缓下降。县境内山峦叠嶂，岭谷相间，河谷交错，丘陵起伏，是一个丘陵山地占优势的县。外廓呈西北至东南走向的长方形。境内主要河流由东、南、西三面汇集绣江，经南向东北流入藤县境。地貌类型复杂，有堆积平原、台地、丘陵、山地。属于南亚热带季风气候区，临近海洋，受季风影响，雨量充沛，水资源丰富。土壤类型多样，植被覆盖率较高，野生动植物种类较多。矿产资源中，金属及贵金属少，贫矿多富矿少，矿床规模多为小型及小型以下。自然灾害主要有台风、水灾、旱灾和病虫害等。

第一章　地质　地貌

容县地质发展过程是海陆相争，海陆交替，由海变陆的发展过程，多期的构造运动和岩浆活动构成了现今复杂的地质构造面貌。县西北部有大容山，东北至西南走向，长约 35 千米。中部有都峤山，面积 37 平方千米，其山体表面为风化后生物残迹膜而成紫黛色，为特殊的丹霞地貌。

第一节　地　质

地层

容县的地层发育较全，除石炭、二迭、三迭系外，从寒武系到第四系均有较大面积出露，由于受侵入岩及断层破坏，使各时期地层分布不连续，出露残缺。

寒武系　分布于黎村镇的南端独田及六王镇六王村、六青村东北和大公南部。岩性为细粒砂岩和页岩。

奥陶系　分布于南部杨梅镇杨梅村、六美村和灵山镇六良村、华埌村、守善村以及北部县底镇荣塘村等地，出露地层为中、上奥陶系。岩性以石英岩为主，其次为粉砂岩、页岩、细砂岩、夹灰岩及大理岩。部分岩体已轻微变质，局部混合岩化，厚度 3262 米。该系曾有腕足类化石出现。

志留系　分布于容西乡西山圩至祖立村，东部十里乡江口圩、十二田、江口村一带，南部石寨镇石寨村、下烟村至杨梅镇杨梅村等地。本系分下、中、上 3 个统。下统含砾砂岩、页岩，中、上统局部为砾岩、夹黑色页岩，厚度 3621 米。

泥盆系　分布于中部容州镇同古村大渭坡及西部容西乡西山村等地，出露地层为下泥盆统。岩性为砾状砂岩、细砂岩、粉砂岩、页岩及灰岩等，厚度 1807 米。

侏罗系　分布于北部石头镇、县底镇荣塘村一带，出露地层下侏罗统。岩性分别为砾状砂岩、细砂岩、泥质粉砂岩、砂质页岩等，局部夹灰质页岩及煤透镜体，厚度 921~1025 米。

白垩系　分布于县境东北部自良镇，北部罗江镇，南部杨梅镇河口村至杨村镇等地。地层岩性局部为砾岩。往上以砾状砂岩、泥质粉砂岩、页岩、凝灰熔岩、凝灰角砾岩、凝灰岩及霏细斑岩、石英斑岩等，厚度 1311~6582 米。

第三系　分布于县底镇至县城，容西乡深柳村，石寨镇至杨梅镇好冲等。地层岩性以砾岩为主，局部夹紫红色泥质粉砂岩或钙质不等粒透明体和部分夹薄层石膏等，厚度 1402 米。该系有被子类植物化石出现。

第四系　主要分布于容城附近和老年期河流带。地层岩性为砾石层、粘薄土层、局部夹透镜状泥灰层，厚度 1402 米。

岩石

沉积岩 沉积岩在地表分布最广，是最常见的岩石，容县各乡（镇）均分布有沉积岩。

侵入岩 容县侵入岩尤为发育，岩浆活动频繁而剧烈，可分为华力西期、印支期和燕山期 3 个旋回。

华力西期侵入岩，以大容山岩体为代表，分布于石头、松山、十里、县底、自良等乡（镇）。以强烈混杂的黑云母及莲青石组成，中粗粒状结构，半自形板状构造。

印支期侵入岩，以同心岩体为代表，分布于天堂山脉及灵山、六王等乡（镇）。岩性主要为压碎性花岗岩、混合花岗岩及眼球状花岗岩。

燕山期侵入岩，有古里岩体和莲塘岩体。古里岩体分布于六王镇古里村一带，以石英斑岩为主，呈暗灰色的石英岩二长岩组成，不同粒度的矿物常掺差出现。莲塘岩体分布于六王镇莲塘村及杨梅镇一带。岩石以肉红色细粒花岗岩为主，岩脉有石英岩脉和石英二长岩脉等。

浅变质岩—混合岩 分布于县境南部灵山镇竹根化、石圭至黎村镇，西北部石头镇水口村等地，岩性为浅变质的长石石英砂岩、变粒岩、条痕状混合岩、混合花岗岩等。

地质构造

容县位于“云开古陆”西北侧，经历了加里东、华力西、印支、燕山及喜马拉雅 5 个构造发展阶段。古生代早期沉积的深厚的奥陶系、志留系砂页岩层，受到一次剧烈的地壳运动——广西运动的影响，地层产生了褶皱和断裂。

褶皱 加里东期褶皱，以线状为特征，以大容山复背斜东北延伸，经县境西北部石头镇至松山镇、县底镇一带，中部十里乡至大坡村十二田队。北流市复向斜东延伸经县境平天顶至石寨镇、十里乡大坡村等地。

华历西期褶皱，以长轴状为特征，轴向东北，零星分布于县境南部黎村镇四维村车田至落脚岭等地。

燕山期褶皱，以开阔平缓向斜为特征，分布于县境西北石头镇至自良镇古济村、东北部自良镇等地。如自良镇古济村向斜、大洲向斜、自良镇向斜及水汶向斜等。

喜马拉雅期褶皱，以宽展向平缓为特征，分布于县境中部县城一带及石寨镇等地。如容县向斜、好冲向斜。

断裂 县境内的断裂层，主要痕迹是博白至岑溪加里东期深逆构造大断裂，呈北东走向，倾向东南，倾角 50°~70°，宽度一般几十米至数百米。在后来历次构造回旋中多次复活，并产生多组次生断裂，沿着该断裂地带发生的花岗岩入侵，形成天堂山东侧至大钵肚山一带加里东期的花岗岩山地丘陵，以及大容山至浪水镇一带广宽的华力西期花岗岩山地丘陵。到了泥盆纪，容县又曾下沉为海洋接受沉积，随后又升为陆，在三叠纪后之燕山期运动，地壳活动剧烈，产生不少区域性断裂，纵横交错，县境内有 20 多条。原有的大断裂又进一步复活发展，沿断裂有大规模花岗岩沉积，大容山西北面的深断裂也在这个时期形成，呈东北延伸，影响着县境内白垩系的紫红岩沉积，影响着县境内大容山山地北侧支脉的形成和走向，受其影响的泗罗河谷地基础，以后地壳多次变迁。在新生代第三纪沉积了深厚的紫红色砂砾质岩、砂砾岩，覆盖在古生代岩层之上，面积较大。在第三纪晚期的紫红色钙色砂砾岩再经剧烈构造运动，在流水的强烈作用下，形成风景秀丽的都峤山丹霞地貌景观。

第二节 地 貌

堆积平原

容县堆积平原为第四纪江河溪谷冲积、洪积物堆积而成。主要分布于江河两岸，面积 299.16 平方千米，占全县总面积 13.25%。县境内较大的江河平原有：杨梅河、绣江汇合口容城附近的容厢平原，杨梅河下游的石寨平原，还有道知河平原、泗罗河平原、杨村平原、黎村平原、浊水河中游平原。其中以容厢平原面积最大，为 60 平方千米，坡度在 3° 以下，溪谷平原分布于境内的江河上游及溪谷沿岸，地面平坦，一般坡度小于 5°。容县堆积平原一般在海拔 200 米以下，光热条件和水利条件较好，地势较开阔平坦，土质松软肥沃，是粮食和经济作物的高产地带。

台地

容县台地主要分布在县境中北部平原区边缘地带。以容厢台地、道知河台地、泗罗河台地为主要部分，面积为202.06平方千米，占全县总面积的8.95%。其中相对高度小于40米，地面坡度5°~15°的低台地，面积125.21平方千米，占台地面积的61.97%，主要分布于容厢南部和泗罗河中游以及道知河中下游；低台地切割较强烈，成缓坡起伏状，土壤为紫色土，经历代的不合理开发利用，较贫瘠。在坡脚和顶部平缓地带已垦为梯田，是旱作物的主要地带，在较陡边坡处为马尾松、铁芒箕和桃金娘等稀疏次生群落。相对高度高于40~70米，地面坡度20°以下的高台地，面积76.85平方千米，占台地面积的38%，主要分布于道知河、泗罗河一带，地表较瘦瘠，除坡脚及顶部平缓地带垦为旱地外，其余为稀疏马尾松。容县的台地面积不大，但光热条件较好，水源也较保障，为农业利用提供基本条件。

丘陵

容县境内丘陵遍布，面积1128.97平方千米，占全县总面积50.01%。绣江下游两岸及松山镇、县底镇一带的花岗岩丘陵连成一片，分布广，占全县总面积25%。其次为中部杨梅河及其支流两岸的砂页岩丘陵。容县的丘陵根据其形态特征，分为低丘陵、中丘陵和高丘陵等。

低丘陵　相对高度100米以下，顶部较为圆浑，丘间凹地多已垦为水田，面积191.73平方千米，占丘陵面积16.98%，现代地貌过程以流水剥蚀为主。花岗岩和第三系紫红岩地区土层深厚，土质松软，水土易流失，20世纪70年代前，部分低丘陵由于长期不合理利用，土壤已贫瘠，植被覆盖较差。多为马尾松、铁芒基群落，宜大量发展果木经济园林。80年代以后，由于生产经营方式变化，生产、生活能源利用多元化，植被覆盖得到改善，森林绿化良好。

中丘陵　海拔在300米以下，相对高度100米以上，坡度多在20°~25°，低山外沿的丘山体多与山脊线一起延伸，脉络明显，丘顶尚较圆浑。现代地貌过程以流水的侵蚀剥蚀共同作用为特征，土层发育较深厚，土质较肥沃，植被茂盛，多为马尾松群落，是发展经济林的优良地带。面积364.34平方千米，占丘陵面积32.27%。

高丘陵　海拔300~500米，坡度较陡，主要分布于山地外围以及北部花岗岩丘陵区，面积572.90平方千米，占丘陵面积50.57%。脊线脉络走线明显，似山地态势，部分地带为山地余脉，土层深厚。其下坡自然土壤赤红壤，上坡渐向红壤过度，树木茂盛，是林木主要产地，盛产马尾松。

山地

容县山地面积为599.58平方千米，占全县总面积25.56%。根据山地形态特征分为低山、中山两类。其中海拔在500~800米、坡度在30°左右为低山；海拔高于800米、坡度大于30°为中山。

低山　面积329.46平方千米，占山地面积54.95%，主要分布在县境内东北面和中部县城东南方的都峤山，松山镇和县底镇交界地带，山脊脉络明显。东西山地及都峤山沟谷每平方千米的切割密度为1.80千米左右。现代地貌过程以线状流水侵蚀为主，花岗岩及其变质岩风化作用强烈。土层深厚，风化壳15~80米不等。土层厚度6~8米，下坡为赤红壤，上坡逐渐变为黄红壤，遍布马尾松和杉木，是主要林木地带。分布在东南平贯山地中部和十里、六王等乡（镇）交界地带，是砂页岩低山，土壤不如花岗岩类低山深厚，土层多为米许。草木茂盛，马尾松及其他阔叶树科混杂成林。部分阴湿地带为杉木所占据，面积较小。

中山　面积270.12平方千米，占山地面积45.05%，主要分布于县境东西部。南部山地为云开大山脉，与区域性断裂构造一致，近似西北至东南走向，西北的大容山近似东北至西南走向。山脊狭窄，山坡陡峻，沟谷深切，V字形溪谷密布，水系树状发育，每平方千米的切割密度为1.20千米。中山区多由花岗岩及其质岩发育而成，只有杨村镇平贯山地有面积较大的白垩系砂砾岩。中山下坡土壤为赤红壤，中坡土壤为红壤，上坡800米以上为黄壤。山坡中下部气候温暖湿润，是用材林出产地带，山脚则宜杉木生长。海拔800米以上的风口地段，风速度大，常年在5~6级，动摇树木根系，树木难以生长，多为草被地带，宜作天然牧场。南部山地，地形雨较多，是全县水源地区，水源丰富，落差集中，蕴藏着较大的水力资源可供开发。

主要山峰

位于容县境内大容山最高峰处的三块巨石，又名三片石 （2005 年 7 月，陈为民 摄）

大容山及其主要山峰 大容山，跨北流、桂平、玉林、容县四县（市），属勾漏山脉余脉。该山脉从北流市东部延伸入容县松山、容州镇交界处，距县城 12.50 千米，连绵起伏，于县境东北部延伸。在容县境内其主峰三片石海拔 939.60 米，因峰顶有三片垂直巨石，状似川字，又名川字石。山体土质为红砂土，宜于林木生长。因山高气寒，冬季山顶常结冰。古代将“大容积雪”列为容县八景之一。唐代，唐太宗下令全国州郡以当地名山大川命名。原铜州改名容州。明洪武年间，容州改为容县，大容山为容县县名之源。大容山主要山峰有：

顶岭 位于石头村委会驻地东 2 千米，是石头圩附近较高的山，故名顶岭，南北走向，主峰海拔 414 米，山体为黄坭杂石，山的西面与石头圩隔河相望，山上松树覆盖。

天井岭 位于石头村委会驻地西北 1 千米，该山顶有一泉水，长流不枯，故名天井岭。主峰海拔 346.80 米，山体南面为黄砂石岩，西北面为红土、黄土杂沙石岩，植被以松树为主。

母鸡寨 位于甘冲村委会驻地南 8.50 千米，形似就巢母鸡故名。南北走向，长约 1.50 千米，主峰海拔 759.90 米，山体为杂泥沙石，山上以松、杉为主。

红岭岗 位于和衷村委会驻地北 5 千米，因山体土质呈红色故名。东北面与平南县交界，西面与桂平市交界，主峰海拔 245 米，山体红黄壤土质，盛长松树。

七星岭 位于石头镇水口村委会驻地东南 4.50 千米，共有 7 个山头故名。南北走向，主峰海拔 744 米，山体黑泥表土，内黄泥杂石，山上生长松、杉。

状元岭 位于石头镇大扭村委会驻地南面 5 千米，相传明代一商人患急病亡于山傍，白蚁衔泥将尸体埋没，其后裔考中状元寻祖于此，故名。主峰海拔 1041 米，南北走向，东西面与北流相邻，山体泥质，盛产松、杉。

蟾蜍脊 位于石头镇大扭村委会驻地西南 3.50 千米，南北走向，主峰海拔 983 米，长约 3 千米，土质肥沃，山腰处种植杉树和八角。

葵扇岭 位于石头镇大扭村驻地东南 5.50 千米，山岭形如葵扇，故名。南北走向，长约 1 千米，东南面与北流交界，主峰海拔 1006.40 米，山体黄壤土质，盛长松、杉。

牛颈岭 位于石头镇大扭村委会驻地东南 5 千米，南北走向，长约 0.60 千米，主峰海拔 973 米，南面与北流接壤，山体黄壤土质，盛长杉树。

大冲头 位于石头镇石剑村委会驻地 10 千米，南面与北流交界，主峰海拔 811 米，山体黄壤土质，盛长松、杉。

虎茶岭 位于石头镇石剑村委会驻地西南 6 千米，海拔 979.60 米，西南面与桂平交界，山体黄泥杂石，主要生长松树。

龙虎头 位于石头镇石剑村委会驻地西南 4.50 千米，主峰海拔 873.50 米，屹立于群山之中，似龙虎之势，故名。山西面与桂平为界，山体石质花岗岩，是极好的建筑材料。

香山顶 位于石头镇石剑村委会驻地西面 6.50 千米，该山原来生长野菊花，花香遍地，故有香山顶之称。西南走向，长约 1 千米，南面与桂平相邻，山体黄壤土质，生长松、杉为主。

尖峰岭 位于石头镇石剑村委会驻地西南 6 千米，主峰海拔 832 米，山体黄泥杂石，山南面与北流相邻。

红岭顶 位于石头镇石剑村委会驻地东面 7 千米，西南走向，主峰海拔 881 米，西面与桂平交界，山体表土多为红色，主要生长松、杉。

长蛇界　位于石头镇石剑村委会驻地南面 7 千米，与北流相邻，主峰海拔 853 米，山体黄壤土质，盛产松、杉。

望君山　位于石头镇上石村委会驻地东南 6 千米，南北走向，长约 3 千米，主峰海拔 1147.80 米，山体杂泥岩质，南面与北流接邻。该山地势险要，民国初年常被土匪盘据，曾是“望君贼”的巢穴。

高头岭　位于石头镇上石村委会驻地南 3 千米，该山比周围的群山高出一头，故名。主峰海拔 819.50 米，山体表土为杂沙土质，山顶松树山脚下生长杉树。

平天岭　位于石头镇旺岗村委会驻地西部 1 千米，西面与桂平交界。该山常被浓雾笼罩，形似与天齐平，故名。山上有一种半透明状小石，人称之为仙人饭，故又名仙人岭，南北走向，主峰海拔 793.70 米，山上生长松、杉。

三猹岭　位于石头镇旺岗村委会驻地东南 1.20 千米，由 3 个山峰组成，状似山猹相互对望，故名。东西走向，主峰海拔 523 米，山体黄壤土质，主要生长松树。

暗山顶　位于石头镇旺岗村委会驻地西南 2.50 千米，与桂平接邻，主峰海拔 810 米，山体黄壤土质，盛长松、杉。

分界丫　位于石头镇上垌村委会驻地西北 2.50 千米，此岭丫是容县与桂平的分界处，故名。山上以杂草为主。

鸡冠岭　位于松山镇平车村委会驻地西南 0.70 千米，因顶峰状似鸡冠故名。东西走向，主峰海拔 792.40 米，山顶有一滴水石泉，大旱之年亦不枯竭。

挂榜山　位于容州镇华南村委会驻地东南 6 千米，南北走向，主峰海拔 308.30 米。此山是一条狭长的山脉，绵延于华南、励志、千秋、十里镇的江口等四个村庄之间。山上主要生长松树、黎树、杂草等。

猠猫头　位于松山镇大水村委会西南 7 千米，主峰海拔 901 米，山体黄壤土质，盛长松树。

蒙同顶　位于松山镇文仰村委会驻地东 2.30 千米，主峰海拔 472 米，南北走向，山上松木茂盛。

双坟顶　位于县底镇荣塘村东南面 4 千米，主峰海拔 332.30 米，南北走向，山体泥质，主要生长松树。

鲤鱼顶　位于自良镇驻地南面 10 千米，因山形状似鲤鱼，故名。南北走向，主峰海拔 437 米，山体黄壤土质，生长松树杂草。

汶水岭　位于自良镇驻地东南 13 千米，东面与岑溪相邻。

大社岭顶　位于自良镇西北 7 千米，东北面与藤县交界。

十字顶　位于自良镇政府驻地东 3.50 千米，海拔 259.10 米，东北面与藤县交界。

石古顶　位于自良镇东南 10 千米，海拔 556 米，东南与岑溪相邻。

峰都岭　位于自良镇东北部 8 千米，海拔 351.70 米，东北与藤县接壤。

天堂山及其主要山峰　天堂山，属云开山脉余脉，位于县境南部，与北流交界，距容城 60 千米。系容县南部的天然屏障，气势雄伟，是县内的大山。主要山峰三唛尖、六五顶、大人山等，主峰海拔均在 1000 米以上，山高林密，为历代战略要地。中华人民共和国成立前，常为会道门活动场所，在山上建庙宇“诵经守仙”。中华人民共和国成立初期则是土匪盗贼活动地方。天堂山主要山峰有：

三唛顶　位于黎村镇六振村委会驻地西南面。是容县与北流的分界山、东西走向，主峰海拔 1263.20 米，是容县最高的山峰。

大人山顶　位于黎村镇六胜村委会东南部，东与广东省交界，西南与北流相邻。相传清代宰相庄有恭之坟曾葬于此，故名大人山。南北走向，山体黑泥质，主峰海拔 943.90 米，盛长松木、杂木。

勾髻顶　位于黎村镇六胜村西部 3 千米，南面与北流相邻，主峰海拔 1048 米。

六五顶　位于黎村镇政府西南 16 千米，西与北流相连，主峰海拔 1227 米。

石印顶　位于黎村镇珊萃村北部 4 千米，又名紫印山，主峰海拔 417 米，山顶开阔成盆地，西面溪河石壁有一凸形长石，状似印章，故名石印。县皮肤病防治院设于山顶小盆地上。

石羊头　位于黎村镇和联村委会东南部，形如覆釜，下峻上平，主峰海拔 718.70 米，山侧有石室，深不可

测。相传清代有3000人殉难于此，又名三千窿。今石室只通丈余被乱石闭塞。古人于山顶筑堡避乱，今堡基尚存。

鸡笼顶　位于杨梅镇熊胆村委会驻地西北8千米，山形状似鸡笼，故名。南北走向，主峰海拔472.60米，山体为石灰岩质。

牛骨顶　位于杨村镇当发村委会东南2.10千米，东西走向，主峰海拔1164米，峰顶常烟雾缭绕，林密草茂，小溪涧清泉长流，古代为兵家必争之地，常驻军于山顶宰猪杀牛，以至牛骨成堆，后人以此为名。

大钵肚　位于杨村镇平贯村，主峰海拔1096米，山顶有小盆地，较为开阔，状似钵盆，故名。山体黑泥质，林木茂盛，解放初期是老虎、野猪栖息地带。

老鸦巢　位于杨村镇平贯村委会驻地东北5千米，南北走向，山体黑泥质，主峰海拔1129.10米。

望县顶　原名墨砚顶，因状似墨砚故名，位于灵山镇当中村委会驻地东南14千米，海拔853米。

罗鼓坪　位于灵山镇政府西北10千米，海拔442米，其西北部与北流民安镇相邻。

高山堡　位于杨梅镇成美村委会东北4千米，海拔335米，山顶较平坦，清代乡人于山顶筑泥堡避战乱，今堡基尚存。

六祥堡　位于杨梅镇熊胆村委会东南部，海拔343米，清代乡人于山顶筑堡避乱，今堡基尚存。

滑竹顶　位于六王镇谭螺村委会东南部12千米，主峰海拔865米。

都峤山及其主要山峰　都峤山，又称南山，位于容城南面10千米。道书记载："以锐而高甲于一都，故曰都峤"，是中国古代道教发源地之一，道书称之为二十洞天。旧志载："山高三百五十丈，周一百八十里"，山上有8个主要山峰，谓之"八峰"。"八峰"下有24个岩洞，山体为特殊的丹霞地质结构，岩洞寺观竞秀争奇，洞壁相间，丹宫异彩。山上怪石嶙峋，气势雄伟磅礴，风景秀丽。秋高时节，晴空万里，八峰之上飘浮白云朵朵，似烟非烟，似雾非雾，旧志将"南山秋色"列为容县八景之一。都峤山是容县主要风景区，历代到都峤山搜奇探胜的文人墨客不少，明代地理学家徐霞客曾到此山旅游。都峤山主要山峰有：

香炉峰　峰顶有一巨石，状似香炉故名，主峰海拔743.70米，位于六王镇金库村委会西北部5千米，因为山峰被围在横一岗顶、高顶、亚婆三山的中间，故又名大围顶。

丹灶峰　位于香炉峰西面，峰势陡峭，高接太空，山沟望不见底，有石台，翠壁如云，东西石壁夹立。传说葛洪曾在此炼丹，24块状似灶石的遗迹依稀可见，故名。

仙人峰　在丹灶峰西面，因其崖前有一奇石，头项身势，俨如人形，故名。峰畔双峰并立，高峻锐秀，峰下岩洞险谷，漫衍深奥曲折，一石室宽阔，可容数百人。

兜子峰　位于仙人峰之西，正面尖锐陡峭，西南侧望，山坳表面有个小缺口，状如兜子，故名。此峰岩穴较多。

中峰　位于八峰之中，海拔567米，控御群峰。

八叠峰　位于中峰西面，远望像八层巨石叠成，故名。此峰瘦削苍劲，峰无岩洞，崖谷幽深，峰旁有一巨石，状似灯檠，与绣江河畔读书台隔江相望，自古有"灯檠光照读书台"之说。

马鞍峰　在八叠峰西南面，中间隔一大岩穴及3个小山峰，形似马鞍，故名。此峰气魄雄大，是各峰从西转向南面的主峰，从石寨镇的方向观望，形似伏狗，县人称之谓"望街狗"。

云盖峰　在马鞍峰东南，挺直高大，直接天际，常有云雾缭绕而得名，峰顶设电视转播塔。峰左右伸出像鸟翅一样的两臂俗称纱帽石。峰中岩穴甚多，两旁石壁峭峙，景色甚美。

容县乡村民居　　(2005年，邓森梅　摄)

第二章　气候　水文

容县位于北回归线以南，临近北部湾，易受季风气候影响，冬季寒冷天数少，春夏秋季时间长，干湿季分明，日照时间长，积温热能丰富，气温高热量足，雨量丰沛。一年中，降水主要集中在春夏季，秋冬季较少。夏长而热，冬短而暖，春夏盛吹海洋来的偏南风或东南风，空气湿热，冬季盛吹从大陆来的偏北风，空气干燥，雨量偏少，属南亚热带季风气候。县内河川密布，河网密度较大，水资源较丰富。容县河流水系属珠江流域西江支流北流河水系。北流河是县境内最大的河流，在县境内河段称为绣江，贯穿县境中部。绣江的两大支流分别是南部的杨梅河和北部的泗罗河。县境内流域面积在 20 平方千米以上的河流有 50 余条，河道总长 871.70 千米，相应河网密度为每平方千米 0.30 千米。

第一节　气　候

日照

容县光热能资源丰富。1990—2005 年，太阳实际辐射总量每年每平方厘米 108.70 千卡，年日照时数达 1677.50 小时，基本可满足一年三熟作物生长需要，但各月不均匀，秋冬较多，春季最少，因这时锋面活动频繁。容县气象站日照时数，多年平均为 1677.50 小时，最多的 2003 年为 2125.90 小时，最少的 1997 年仅 1320.80 小时。一年中，达 200 小时以上的只有 10 月；100 小时以下的有 1—4 月，以 3 月最少；其余各月为 137.0 小时 ~197.60 小时。各地日照是平原多，山区少。容县气象站日照百分率较少，年平均约为 38%，最大的 2003 年为 48%，最小的 1997 年为 30%。7—11 月日照百分率较大，在 52% 以上。10 月最大，为 56%；3 月最小，为 16%；其余各月在 45% 以下。

气温

1990—2005 年，容县的年平均温度为 21.6℃。一年中，最热 7 月，平均气温为 27.9℃；1 月最冷，平均气温为 13.0℃。气温在地区上分配不均匀。容西乡深柳至都峤山一线以北，受冷空气影响较大，气温偏低。

平均气温　1990—2005 年，据容县气象站的实测，容县多年平均气温为 21.6℃，是玉林地区气温最低的县份。最冷的 1 月气温为 13.0℃。2 月气温开始回升，3—5 月为气温急升期。每月升幅平均 1.8℃ ~5.1℃左右。7 月最热，平均气温为 27.9℃，8—9 月开始缓降，降幅为 0.0℃ ~1.6℃。10—12 月为急降期，降幅为 3.1℃ ~4.4℃。县内南北温度差异明显，县境北部低于南部，山区低于平原。石寨及县南部的杨梅、灵山、黎村、杨村等乡（镇）是容县相对的高温区，在冬季尤为明显。绣江河谷地带，由于气流较畅通，上、下游之间差异则较小。北部和西北部的县底、松山、石头等乡（镇），受从北面和东北面冷空气入侵的直接影响，气温偏低。县境南部黎村镇，多年平均气温为 21.6℃，而北部的石头镇，多年平均气温为 20.9℃，相差 0.7℃。

极端气温　1990—2005 年，容县年极端最高气温多年平均值为 36.5℃。2003 年 7 月 22 日，容县气象站极端最高气温为 38.3℃。年极端最低气温多年平均值为 2.0℃。1991 年 12 月 29 日，容县气象站极端最低气温为 0.0℃。

四季

按气候学划分四季的标准：以平均气温大于 22℃时期为夏季，小于 10℃时期为冬季，10℃ ~22℃时期为春季、秋季。容县从 22 候（4 月 16 日）进入夏季，到 58 候（10 月 20 日）进入秋季。按气候学划分，容县无冬季，至 21 候（4 月 15 日）春季结束，秋、春季长过 35 候（177 天），容县长夏无冬（县境北部个别山区有短暂的冬季），秋春相连。

按天文学划分四季，容县 1 月最冷，12 月至次年 2 月为冬季，7 月为最热月，6—8 月为夏季，其余 3—5

月为春季，9—11 月为秋季。

1990—2005 年，在实际应用中，气象部门采用按天文季节划分容县的四季。

降雨

1990—2005 年，容县年降雨量充沛，各地均在 1400 毫米以上。多年平均降水量为 1625.0 毫米，年雨量不稳定，最多的 1997 年为 2198.20 毫米，最少的 2000 年为 1050.80 毫米。在季节分配上不均匀，5—9 月是全年最多雨的季节，10 月至次年 2 月是少雨季节。由于地形复杂，各地降水量差异很大，山区多于平地，南部多于北部。容县 3 个区年降水量在 1600 毫米以上。其中，天堂山的南段黎村镇满垌村一带，年雨量 2192.70 毫米，是全县最多雨地带；大容山北麓的石头镇石剑村小垌，年雨量达 1800 毫米，是全县多雨地带；槽谷平原地区雨量偏少，在 1400~1600 毫米左右，是全县少雨区。县内在 3 月至 4 月常有冰雹随雨而降，出现最多的地区是自良、县底、松山、容州、杨梅等乡（镇）。海拔 300 米以上的山区多雨或雪冰花（俗称雪笋），最低气温在零下 5℃以下。

寒潮与霜冻

冬春季节，在强冷空气入侵过程中，造成日最低气温连续下降大于或等于 10℃以下为寒潮。1990—2005 年，容县除 1997 年、2002 年、2004 年外，其余 13 年每年均出现 1 次以上寒潮。以最低气温小于或等于 5℃为霜冻指标，1993 年、1994—1997 年、1999—2002 年，共有 7 年出现过霜冻，年平均有霜日数为 1.30 天。

湿度

1990—2005 年，容县多年平均相对湿度 79%。1994 年、2001 年和 2002 年最高 82%，1991 年、1999 年、2000 年最低仅 77%。一年中，2—8 月湿度最大，为 80%~84%，9 月至次年 1 月较小，为 71%~79%。

风

1990—2005 年，据县气象站记录，多年平均风速为每秒 2.90 米，最大年份为 1996 年、1998 年平均风速为每秒 3.20 米，最小年份为 2005 年平均风速每秒 2.50 米。11 月至次年 3 月的月平均风速较大，为每秒 3.05~3.39 米，以 1 月最大，每秒 3.39 米，8 月最小，每秒 2.19 米，各月定时观测最大风速为每秒 12~17 米，以 11 月最大。台风期间瞬时风力最大可达每秒 20 米。风向多为东北偏北风，出现频率为 25%；其次为北风，频率为 22%；西南偏南风也较多，频率 11%，东风、东南风、东南偏东风、西风、西北风、西北偏西风的频率最少为 0%~3%。9 月至次年 4 月多偏北风，频率 20%~31%，以 11 月最盛；5—8 月多静风，频率 16%~22%；西南偏南风，频率 12%~23%。

第二节 物 候

动物、植物物候

农历正月：杨梅花开桃李艳，春雷乍响燕衔泥。

二月：蛙蛇蠕动茶牙发，柚树开花竹笋肥。

三月：稔花努放杨梅熟，青蛙配对鹧鸪啼。

四月：梅雨时节摘李子，家蚕上箔剥桂皮。

五月：荔丹梨脆黄皮熟，西瓜苦瓜同上市。

六月：荷花满地抢收种，狗吐舌头蛙荒栖。

七月：稔黑榴红龙眼甜，鱼儿觅食上钩易。

八月：板栗开苞柑皮黄，鹤来雁到中秋至。

九月：柿茶油榄皆收获，木薯红薯块茎肥。

十月：蛙蟹进穴半封洞，菊黄橘香蔗如蜜。

十一月：板栗梧桐全落叶，蛙蟹封洞冬眠期。

十二月：山茶梅花皑皑白，狗蜷室内鸦啼飞。

天气谚语

天上鱼鳞斑，晒谷不用翻，

与云接落日，不落今天落明天。

第三节　水　文

绣江

北流河在县境内的河段称为绣江，源于北流市云开大山支脉天堂山西南麓的三山顶，于大坪坡流入县境，经容西、容厢、容城、十里、浪水、自良六个乡（镇），至石洞入藤县境流入浔江。县境内流域面积3551平方千米，干长74千米，河宽600米，最窄处60多米，比降在1/1500~1/2000之间，自然落差35.20米。据县水文站1952—2005年的实测数据分析，多年平均流量为101立方米每秒，年均径流总量32.65亿立方米；最大径流量3960立方米每秒(1995年10月14日)，最小径流量1.43立方米每秒(1980年3月28日)。20世纪50年代以前，绣江可通帆船及小型机动客轮，上至北流下至梧州；20世纪60年代后期，由于水库增多，加上森林植被逐年遭到破坏，河水流量显著减少，每遇大雨，暴涨暴落现象日益严重；20世纪70年代以后，下游修筑拦河坝，木船无法通行；1988年，建成浪水电站；1990年，于县城东河段筑坝建容城电站。至此，容城电站至杨梅河入口10多千米河段成为平均4米多深的人工湖。

杨梅河

又称渭龙江，是绣江南部的最大支流，也是容县第二大河，全长58.60千米，流域面积1098平方千米。1990—2005年，多年平均径流量为32立方米每秒，年均径流总量10.81亿立方米；最大径流量2110立方米每秒，最小径流量0.57立方米每秒。它由黎村河、杨村河于大坡汇合，流经杨梅、石寨等乡（镇）于渭龙口汇入绣江。1949年前，杨梅河是县境南部的水上运输河道，小型木帆船可以通航至杨梅圩，竹排可直通杨村、黎村等地。该地区的农副产品、陶、瓷器等，主要靠竹排运往县城转运各地，工业品也是靠竹排由县城运往黎村等一带乡村。20世纪60年代以后，由于流量逐年减少，帆船、竹排已不通行。

杨梅河的主要支流有：黎村河、龙河、东峡河、六吟河、六青河、红石河、灵山河、石城河、浊水河等。

黎村河，源出天堂山天泥岭，流经黎村镇、太平村、马良村、大军村，先后有六扬河、六振河汇入，在大军村的石仁闸与杨梅河汇合后称杨梅河。河长25.50千米，流域面积199.81平方千米，年径流量2.18亿立方米，水能资源理论蕴藏量4075千瓦。

龙河，源出杨村镇纱帽顶，在六福村从右侧汇入杨村河。河长13.50千米，流域面积42.80平方千米，年径流量0.50亿立方米，水能资源理论蕴藏量4388千瓦。

东峡河，源出六王镇尖峰山西南麓，经杨村镇峡河后南流，有六笛河汇入，至杨梅镇河口村坡脚，从右侧汇入杨梅河。河长15.50千米，流域面积46.04平方千米，年径流量0.45亿立方米，水能资源理论蕴藏量3125千瓦。

六吟河，源出六莪山，经六吟村、和勃村至河口村，从右侧汇入杨梅河。河长10.40千米，流域面积25.91平方千米，年径流量0.26亿立方米，水能资源理论蕴藏量2711千瓦。

六青河，源出石船山，流经六王镇六青村，至六青口从右侧汇入杨梅河。河长18.70千米，流域面积37.14平方千米，年径流量0.34亿立方米，水能资源理论蕴藏量1294千瓦。

红石河，源出灵山镇望县顶，经当中、罗杈至杨梅镇的红石至妙阳，从左侧汇入杨梅河。河长14.80千米，流域面积45.53平方千米，年径流量0.45亿立方米，水能资源蕴藏量2320千瓦。

灵山河，源出天堂山龙坟山，流经六图、灵山至旺禾口，有六良河汇入。经杨梅镇四端、从左侧汇入杨梅河。河长30千米，流域面积103.26平方千米，年径流量1.03亿立方米，水能资源理论蕴藏量4455千瓦。

石城河，源出灵山镇大陆村大冲顶，流经大陆、石城，在上烟村龙胆口从左侧汇入杨梅河。河长20千米，流域面积40.38平方千米，年径流量0.35亿立方米，水能资源理论蕴藏量848千瓦。

浊水河，源出六王镇取水顶石鹅山，流经潭螺、六王、塘垌、谭和，至石寨镇独石村长湾，从右侧汇入杨梅

河。流域面积 135.60 平方千米，年径流量 1.17 亿立方米，水能资源理论蕴藏量 2764 千瓦。

泗罗河

泗罗河在县境内西北部，源出大容山脉桂平市中和乡沙木村，流入县境石头镇，经独洲、泗福、登洲、三岸、黎木、旺华、竹良、顶良、岑冲、河儿、古燕等村，先后纳独六余河、榕木河、务底河、大良河、松山河等诸水，于藤县象棋镇窦家村汇入北流河。县境内干流长 72.70 千米，流域面积 629.92 平方千米，年径流量 5.18 亿立方米。1990—2005 年，多年平均流量 16.44 立方米每秒。

绣江的支流除杨梅河和泗罗河外还有：

古兆河，源于北流河境内天堂山锣鼓坪，由北流八饭村流至刘宋岭入县境，经马场、里营诸村至古兆口汇入绣江。

甘水河，源于大容山大水冲、细水冲，至邓公塘滩头埌汇入绣江。

七里河，源于厢西黎木塘，至县松脂厂东面汇入绣江。

杨湾河，源于大容山北麓，至山口垌与沙田水汇合，流至容城镇红光村埌底汇入绣江。

黎读河，源于十里乡杨妃山，至黎读桥汇入绣江。

杨外河，源于十里乡金牛岭，经冷水与河冲水汇合，至十里塘汇入绣江。

都泊河，东段源于容厢乡竹篮，在四马河段筑木井水库；西段源于容厢乡石脚山。二源汇合流至猪牙峡汇入绣江。

江口河，源于十里乡石马山，流至江口圩汇入绣江。

白饭河，源于三块山，至白饭村汇入绣江。

道知河，源于蒙桐山东麓，东北流入县底境，先后纳康塘、泗关、县底、冠堂、古练、旺冲、柳塘诸水，屈曲流 15 千米，至自良镇自良圩石龙口与绣江汇合。

第三章　土壤　植被

1980—1982 年，容县土壤普查表明，容县土壤分为水稻土、黄壤、红壤、砖红性红壤、紫色土、冲积土等 6 个土类，11 个亚类，37 个土属，99 个土种。容县的原生植被原为常绿阔叶林，由于长期人为活动的影响，已受到严重破坏。马尾松为主的针叶林已占绝对优势，广泛分布于广大丘陵、岗地、山地区。

第一节　土壤类型

水稻土

容县水稻土总面积 30.08 万亩，其下分为淹育、潴育、潜育、沼泽、矿毒性水稻土 5 个亚类。

淹育性水稻土　面积 3.59 万亩，占水田面积 8.81%，分布于岗地，丘陵、山地等位置较高的梯田和耕作年代较短的地带。地下水位较低，一般在 1.50 米以下，土壤熟化度低，较瘦瘠，水稻年亩产在 400~500 千克左右，根据其母质不同分为 6 个土属：

红土母质淹育水稻土，占水田面积 0.52%，成土母质是第四纪红土。土体中时有卵石和铁子（红殊）出现，底土层粘重，磷钾较缺。县境内各乡（镇）的岗地梯田皆有分布。

沙页岩母质淹育水稻土，占水田面积 1.49%，为沙页岩风化残积物或坡积物发育而成。母质中常见有沙质岩碎块，土壤耕作层浅薄。有机质不高。分布于杨梅、黎村等地。

河流冲积母质淹育水稻土，占水田面积 0.77%，分布于沿河两岸较低阶地或河漫滩，多属新开田。土壤剖面分化层次不明显，熟化度较低，犁底下往往有冲积层，含沙多，贮水保水性差。黎村、杨村、灵山、石寨、六王等地河流两岸阶地均属此土属。

洪积母质淹育水稻土，占水田面积0.57%，分布于近代洪积物或第三、四纪洪积物砾岩地区，多属岗地或低矮梯田。土壤含少量砾石，沙石泥相混杂。分布于各地。石子田、含砾沙田、含砾沙土田均属此土属。

花岗岩母质淹育水稻土，占水田面积4.50%，分布于花岗岩风化母质地区，土中含石英粗沙较多，也常见长石碎块及云母薄片。如黎村、灵山、石头等地的杂沙田，以及县底、自良、十里等地的杂沙泥田均属此土属。

紫色岩母质淹育水稻土，占水田面积0.92%，分布于紫色岩地区：土壤剖面是紫色、紫红色或淡紫红色。土层浅薄，肥力低，常见有紫色沙页岩碎片。如杨村平贯的紫沙田，十里、六王、松山、石头、容城等地紫泥田均属此土属。

潴育性水稻土　面积22.03万亩，占水田面积73.24%，广泛分布于平原垌田、丘陵冲田、地势较平坦的地带，水利条件好，排灌方便，耕作时间长，熟化度高，犁底下有一层超过10厘米的淋溶淀积层（潴育层）。肥力较高，水稻年亩产多在700千克以上，其下有7个土属：

红土母质潴育水稻土，占水田面积3.39%，多分布于低矮岗田、冲田，发育于第四纪红土母质，经长期耕作熟化而成，熟化度高。耕作层棕灰色，土壤肥力中等。有机质3.17%，含氮0.15%，含磷0.04%，含钾1.47%。

沙页岩母质潴育水稻土，占水田面积16%，分布比较广泛，以垌田、丘陵冲田为主，母质为沙页岩，沙岩式页岩风化物，犁底层淡黄灰色，有机质1.88%，含氮0.06%，含磷0.03%，含钾2.19%。

河流冲积母质潴育水稻土，占水田面积16.70%，分布于各大小河流两岸阶地部位，发育于河流冲积母质，位于低阶地部位的田，洪水期常易水淹，土壤疏松、深厚、肥沃。耕作层淡棕灰色，有机质2.65%，含氮0.10%，含磷0.02%，含钾2.11%。

洪积母质潴育水稻土，占水田面积3.0%，主要分布于岗地及低丘地区第三、四纪洪积物上，也有近代洪积物和砾岩风化物发育而成，耕作层有机质2.45%，含氮0.11%，含磷0.04%，含钾0.63%。

花岗岩母质潴育水稻土，占水田面积28%，是水稻土中面积最大的土属。分布于花岗岩区的丘陵冲田、垌田及山地梯田。风化层深厚，耕作层含有机质3.97%，含氮0.153%，含磷0.04%，含钾1.69%。

棕色石灰土母质潴育水稻土，占水田面积0.13%，分布于灵山乡守善村有石灰岩露头的地方，耕作层含有机质3.17%，含氮0.17%，含磷0.11%，含钾2.34%。

紫色岩母质潴育水稻土，占水田面积6.30%，分布于岗地间垌田或冲田，一般土层深厚，吸收力强，耕作层有机质4.16%，含氮0.19%，含磷0.05%，含钾1.52%。

潜育性水稻土　面积6.76万亩，占水田面积16.60%，分布于地势低洼，地面或地下排水不良的冲田，垌田也有分布。由于排水不良，还原毒性质多，属低产田类，水稻亩产多在400~600千克，据土型不同分为3个土属：

潜底田，占水田面积2.50%。分布广泛，除容城镇外，其余各乡（镇）均有分布，以县底面积较大。地下水位高，易出现铁锈水，水温土温低，耕作困难，毒质多，水稻生长差，常出现胡麻叶斑病和赤枯病，年亩产一般500千克左右。

冷浸田，占水田面积0.43%，分布于石寨、六王、黎村、松山、县底、自良等低洼地带，由于地面长期渍水，土温低，水稻产量低，年亩产一般在400千克左右。

冷底田，占水田面积0.07%，分布于灵山、六王、杨村、县底、自良、松山等乡镇，面积小而零星，主要在山间谷地有冷泉露出的冲、垌田，耕作困难，有的休闲轮作，年亩产仅250千克左右。

沼泽性水稻土　俗称烂田，占水田面积1.1%，县境各山间谷地、冲田、垌田均有零星分布。地下有不易透水岩层或粘土层，排水不良，地下水位高，下泉上涌，长期渍水形成池沼。土壤在长期渍水下，呈稀烂糊状，深浅数尺至数米，人畜难下田耕作，土壤长期缺氧，还原毒性多，水稻生长不良，年亩产一般低于500千克。其下根据烂层深浅，分为烂田、碳质黑泥田、埋藏黑泥土3个土属。分布于容州、杨梅、灵山、六王、县底、自良等地的烂田，稀烂土层在1米以上。

矿毒性水稻土　面积959亩，包括铁矿毒田和废水田，占水田面积0.23%。分布于县氮肥厂附近废水田，原来是潴育水稻土，开始使用氮肥厂废水时，连续增产两年，后因多年灌溉，形成硫的大量积累，产生多量硫

化氢，水稻根毒害，禾根发黑坏死而引起减产。位于灵山铁矿附近的铁矿毒田，常被铁矿毒水淹没，聚积矿泥覆盖原耕作层，破坏土壤结构，肥力下降而导致减产。

黄壤

容县黄壤总面积1.14万亩，占山地总面积4.30%，成垂直带状分布于大容、天堂、平贯、容岭界山四大山区海拔750~800米以上的山地。植被多为草地、疏林草地和山顶矮林。终年多云雾，湿度大，土壤水分较多，氧化铁水使表面呈黄色，强酸性。植被好的地方有机质常达5%以上。成土母质以花岗为主，其中薄层花岗岩黄壤1507亩，占黄壤总面积1.40%，分布于山顶部位；中层花岗岩黄壤3.96万亩，占35.90%；厚层花岗岩黄壤6.92万亩，占62.70%。

红壤

容县红壤总面积22.19万亩，占山地、丘陵面积8.60%。其中旱地273亩，按水平地带，容县属北回归线以南地区，没有红壤分布，但按垂直带则分布于大容、天堂、平贯、容岭界山四大山区海拔500~850米之间的山地，一般较为肥沃，植被保存好的，有机质达3%以上，杂木林地带高达10%。其中薄层花岗岩黄红壤面积4.65万亩，分布于十里、杨村、石头、松山等地海拔500~800米的花岗岩山地；中层花岗岩黄红壤面积1.60万亩，分布于灵山、黎村、杨村等地海拔500~800米的花岗岩山区；厚层花岗岩黄红壤面积15.89万亩，分布于灵山、石头、松山、自良、黎村等地海拔500~700米山地。

砖红性红壤

容县砖红性红壤面积175万亩，占山地总面积67.60%。其中已开垦的称为耕层赤红壤，有6.38万亩，占旱地面积81.60%。砖红性红壤是容县主要地带性土壤，广泛分布于海拔500米以下的丘陵、岗地、平原。在高温多雨气候条件下，土壤表层富合铝铁；酸性至强酸性，在阔叶林下，植被好的地表常有一层枯枝落叶层，肥力较高，有机质达3% ~7%。如自良镇丘陵杂木林下土壤有机质一般达3%以上。但在植被破坏的丘陵地，表土大部被雨水冲走，红色底土裸露，有机质一般只有1%左右。薄层沙页岩赤红壤面积9.95万亩，分布于容城、十里、六王、松山、石头等地丘陵地区；中层沙页岩赤红壤面积5.35万亩，分布于容州、十里、杨梅、石寨、杨村、灵山、六王等地的沙丘陵；厚层沙页岩赤红壤面积21.29万亩，分布于杨村、杨梅、灵山、松山等地海拔500米以下的丘陵地。

紫色土

容县紫色土面积5.31万亩，占山地面积2.10%，其中已开垦的耕型紫色土6745亩，分布于自良、容州、十里、石寨、杨村、灵山、杨梅等乡（镇）的岗地区。

冲积土

容县冲积土分为2个亚类，其中河流冲积土3158亩，一般已开垦为旱地，分布于沿河两岸，洪水期间易受水淹；洪积土44.90万亩，分布于河流冲积或河谷地带，主要分布于岗地区第四纪洪积物及砾岩风化物上，丘陵地区也有分布。

第二节　土壤特征

1980—1982年，容县土壤普查，全县土壤根据地形、气候、水利等条件分为7级。1~3级为水田土壤，面积30.06万亩；4级为旱地土壤，面积4.13万亩；5~7级为山地土壤，面积291.7万亩。

一级土壤面积10.1万亩，占土地面积3.0%，土地利用不受各种因素限制，其主要的特征是地形平缓，排灌条件良好，土层深厚，无不良层次，肥力较高，质地适中，保水保肥性能与供肥力较强，宜种性较广。这类土壤主要是肥力较好的水田，如杂沙泥肉田、沙泥田、潮泥田等。

二级土壤面积11.21万亩，占土地面积3.40%，土地利用具有某些障碍因素；质地较适中，偏沙或偏黏，有轻度侵蚀或轻度潜育化现象，降雨不均时需要人工排灌。这类土壤对作物有选择性，如杂沙田、沙泥田、潮沙田等属此类。

三级土壤面积8.75万亩，占土地总面积2.60%，此类土壤对作物的选择性较强，土地利用有较多的限制因素。质地不良，保水保肥性差，排灌条件不善，或山高谷深，或地下水位高，遇上旱涝则轻度或中度潜育化。如潜底田、淹育性水稻土均属此类土壤。

四级土壤面积4.13万亩，占土地面积1.20%，全县的旱地多列为此类。这类土壤，一般无水利条件，土地利用受较大限制，不适宜种水稻，只宜种经济作物及杂粮、饲料、蔬菜等。

五级土壤面积247.94万亩，占土地总面积76.20%，一般为林业用地及新开垦的菜园、果园、苗圃地等。

六级土壤面积26.58万亩，占土地总面积8.10%，这类土壤一般只宜于牧业或林业。

七级土壤面积17.18万亩，占土地总面积5.20%，这类土壤限制因素比六级更强烈，改良困难，造林不易，只能短期放牧。

第三节　植　被

县境内的植被类型主要有季雨常绿阔叶林、山地常绿阔叶林和季节雨林，亚热带针叶林，灌草丛类，竹林。

季雨常绿阔叶林、山地常绿阔叶林和季节雨林。这几种植被类型主要分布于县境东部自良—浪水—塘冲一带丘陵以及大容山、天堂山、平贯山区等沟谷地带。林种有红椎、栲、楠、荷木、樟、格木、栎类等。

亚热带针叶林。主要是马尾松和杉林。马尾松广泛分布于岗地、丘陵、三地区，组成马尾松—桃金娘—铁芒萁—草类群落。杉林一般零星分布于水湿条件好、土壤较肥沃的高丘和低山区。

灌草丛类。主要种类为桃金娘、黄牛木、岗松、映山红、野古草、金茅、白茅、鸭咀草等，分布于山顶或台地、丘陵边缘。

竹林。主要分布于县东北部自良—浪水—塘冲一带丘陵地及溪河两岸，其他地方分布较分散。主要竹类有沙篓竹、粉单竹、撑篙竹、大眼竹、簕竹、簕竹、甜竹等10余种。

第四章　自然资源

容县位于大容山和云开大山之间地带，是一个山地、丘陵面积占优势的县，土地资源丰富。县境内的矿产资源金属及贵金属少，贫矿多，富矿少，矿床规模多为小型及小型以下。水资源分为地表水和地下水，主要是地表水，表现形式是降雨过程中的地面径流及其后的河川径流。野生动物有300多种，其中有国家一级、二级保护野生动物14种。有野生植物1380多种，其中国家二级保护植物5种。

第一节　土地资源

1982年，容县土地详查结果，土地总面积338.61万亩，人均6.15亩，其中耕地48.53万亩（调绘面积）。

1996年，容县土地变更调查，土地总面积338万亩，其中耕地47.36万亩，占土地总面积14.01%。

表2-1　**1997—2005年容县土地利用结构调整规划面积表**

单位：万亩

地类	1997年		1998—2000年	2000年		2000—2005年	2005年	
	面积	比重	面积递减	面积	比重	面积递减	面积	比重
土地总面积	338	100	—	338	100	—	338	100
小计	291.83	86.34	8.38	300.21	88.82	−0.15	300.06	88.77
1. 耕地	47.31	14	0.03	47.34	14.01	0.02	47.36	14.01

续表

地类	1997年		1998—2000年面积递减	2000年		2000—2005年面积递减	2005年	
	面积	比重		面积	比重		面积	比重
2. 园地	10.70	3.17	11.41	22.11	6.54	5.51	27.62	8.17
3. 林地	216.91	64.10	−3.50	213.41	63.14	−6.44	206.97	61.23
4. 牧草地	10.55	3.12	0.35	10.91	3.23	0.43	11.34	3.36
5. 水面	6.36	1.88	0.09	6.44	1.91	0.33	6.77	2
小计	15.49	4.58	1.05	16.54	4.89	1.19	17.73	5.24
居民点及工矿用地	12.42	3.68	0.55	12.97	3.84	0.48	13.45	3.98
交通用地	1.57	0.46	0.43	2	0.59	0.45	2.45	0.72
水利设施用地	1.50	0.44	0.07	1.57	0.46	0.26	1.83	0.54
未利用地	30.67	9.07	−9.42	21.25	6.29	1.03	20.22	5.98

第二节 矿产资源

容县已发现矿产31种，有铁、锰、铅、锌、铜、钨、锡、金、银、磷钇矿、独居石、锆英石、黄铁矿、重晶石、萤石、滑石、金云母、沸石、珍珠岩、黑耀岩、高岭土、脉石英、砖瓦用黏土、建筑石料用花岗岩、红砂岩、陶瓷配料石英砂岩、水泥配料石英砂岩、建筑用白云岩、建筑用河砂、热泉水、矿泉水等。有矿产地75处(包括砂石黏土产地)，有大型矿床1处，中型矿床4处，小型矿床7处，矿点(包括分散资源)63处。有色金属矿产和稀有稀土矿产多为共伴生产出。其中以花岗岩、陶瓷用砂岩、沸石矿等建材类非金属矿为优势矿种；一般矿种为铁、铜、铅锌、金及稀有稀土金属；地质队已探明有一定工业价值或曾经开采利用过的矿产有15种，分述如下：

黑色金属

铁矿 分布不集中，均以小型矿点出现，只可分散开采。

灵山铁矿 位于灵山圩北2千米处之石仁、八仙一带，主要矿体长约350米，厚10米。主要矿物为赤铁矿，次为褐铁矿，平均品位为45%，地质储量为500万吨。另外华披、守善还有小矿点。

六要铁矿 位于杨梅镇东南6千米处的鸡笼山。矿体长约500米，平均厚度5米。主要矿物为赤铁矿，次为褐铁矿和黄铁矿，平均品位为25%~35%，地质储量60万吨。

双车铁矿 位于杨村圩东6千米处双车桥头。矿体呈透镜状，长10米，厚3米。主要矿物为磁铁矿，平均品位为20%~30%。

温风铁矿 位于六王镇温风村。矿体长约300米，厚3~5米。矿物成分复杂，主要矿物有赤铁矿、锰铁矿，次为黄铁矿及铅。平均品位为35%，地质储量约20万吨。

双善铁矿 位于六王镇双善村东南500米处，矿体产于下古生界混合岩与花岗岩接触带中。主要矿物为褐铁矿，平均品位为50%。

龙胆铁矿 位于石寨镇石城村龙胆。共有三层矿体，平均长约60米，厚3~5米。

览圩铁矿 位于石寨镇石城村览圩。矿体呈致密块状、蜂窝状，有的层状。矿体长约100米，厚2~3米，平均品位为53%，地质储量4万吨。

华六铁矿 位于石寨镇华六村六奎，矿体为风化淋滤型褐铁矿。结构致密，矿体呈透镜状或脉状。厚1~2米，长约50米，平均品位为55.80%。

宁冲铁矿 位于容县至平南公路20千米处之上宁冲。矿体呈脉状，产于蚀变砂岩中，脉长80米，厚2.50米。主要矿物为赤铁矿，平均品位为65%，地质储量1.50万吨，还有同古铁矿和西山铁矿等。

锰矿 原生矿少见，多呈锰帽产出。矿石一般呈葡萄状、肾状等，多属零星出露或与铁矿伴生。较明显的有六王镇谭螺村、温风村及灵山镇大辣坡一带，时有零星开采。

有色金属

大公铅矿 位于六王镇尤华村委会附近1千米处，矿体呈脉状，长50米，厚5厘米，平均品位为1.0%左右。

六良铅矿 位于灵山镇六良村大六良北山。矿体呈细脉状，断续延长约数百米，单脉厚5~20厘米，常成群出现，主要矿物有铅、锌、银。品位铅0.50%，锌约1.60%，银70%~100%，可综合利用。

荣塘锡矿 位于县底镇荣塘村。矿体产于下侏罗统底部砂砾岩，含铁泥岩及层间破碎带中。有3条矿体，平均长约200米，厚30米，平均品位为0.63%，地质储量3万吨。

贵金属类

大辣金矿 位于灵山镇与杨梅镇交界处的相思冲顶。矿体产于断层破碎带内。长约30米，厚1~5米，平均品位8.0克每吨。

石圭金矿 位于灵山镇守善村石圭北1千米处，矿区分为沉沙岗及黎木塘两矿段。沉沙岗矿段，矿脉断续延长约80米，厚1~5米不等，平均品位6.0克每吨；黎木塘矿段矿脉长50米，厚5~10厘米，品位10.0克每吨。

华垠金矿 位于灵山华垠村大坡干河冲及松根一带。矿区共分大坡、干河冲及松根3个矿段。大坡矿段：矿脉长50米，厚24米，品位5~10克每吨；干河冲矿段，矿脉继续长100米，厚0.5~1米，品位5.0克每吨；松根矿段，矿体呈细脉状，产于裂隙中，矿脉长短不等，厚5~15厘米，品位7.5克每吨。

华六金矿 位于石寨华六、石城村三山及大田冲一带。该矿区分为三山和大田冲两矿段。三山矿段，属裂隙充填，含金石英脉组，有矿脉8条，最长50米，厚10~30厘米，平均品位12.0克每吨；大田冲矿段，属含金蚀变破碎带型金矿，脉长50米，厚5~10米，品位2~7.6克每吨。

大吉金矿 位于石寨石城村六吉及友益弯一带。矿体呈脉状或串珠状，一般长5~10米，厚0.50米，品位4.0克每吨。

石圭砂金矿 位于灵山守善村石圭河。矿体产于河床，河漫滩一、二价地元角砾层中，埋藏不深，自然金颗粗，易选。

非金属类

冠塘重晶石矿 位于县底镇县底圩东面150米处，主要矿脉1条，产于大容山中粒斑状花岗岩节理裂隙中，长约248米，厚2~4.5米，伴生有石灰次生铅及黄铁矿，品位硫酸钡72.94%。

大车化重晶石矿 位于杨梅镇妙阳村大车化，矿体位于岩体裂隙中，伴生有铅锌及黄铁矿，品位硫酸钡92.70%。

挂榜山重晶石矿 位于容州镇千秋村挂榜山，矿体形状呈脉或透镜状。有矿脉11条。一般长100~150米，厚0.2~1.5米，伴生有铅、锌及黄铁矿，品位硫酸钡64.50%。

高田莹石矿 位于杨梅镇高田村东南600米处，矿体产于岩体裂隙中。受冲造裂控制。矿体长一般4~12米，厚0.10~0.50米，品位氟化钙65%。

三叉岗至豺狗冲莹石矿带 位于石头三叉岗、松山大石以东一带，矿体产于侏罗系泥灰砂岩与大容山花岗岩接触带，从西到东依次为石头、三叉岗、旺广、松山卡家咀、豺狗冲等4处，品位氟化钙70%。

坡亮石棉矿 位于杨村镇坡亮村滑石径。分为低掌河冲及山猪窝两矿段。低掌河冲矿段，有大小不等含棉体5个，长一般10米，厚1.5米，含棉率1.0%~4.0%；山猪窝矿段，矿体呈不规则饼状，矿体长5米，厚30米，含棉率1.5%。

大辣滑石矿 位于杨梅大辣林杨相思冲。与金伴生，矿体长约数十米，厚数米，品位70%，杨梅企办曾开采过。

六息、守善硫磺矿 产于灵山六息至守善村，较集中者有六息矿点及守善石塘冲。守善石塘冲矿点，矿体长度不清，厚约10多米，品位4.50%。

高岭土 产于杨村镇六福、灵山镇六良、松山镇柴九岈，仅作粗瓷原料使用。

稀散元素类

独居石锆英石 产于绣江河上游原河床及河漫滩中，分布地域辽阔，从含量和规模来看有较大经济意义。

钴 产于灵山镇灵山圩1千米处原灵山铁矿内，含量和规模达工业要求。

第三节 水资源

1990—2005 年，根据流域面积及多年平均降雨量等因子计算的结果，全县多年平均降雨量 1623.20 毫米，年径流深 886 毫米，年径流总量 20 亿立方米。按人口平均占有径流量计，容县为每人 3500 立方米，高于全国的每人 2700 立方米，低于广西的每人 5300 立方米；按耕地面积计，容县为每亩 5400 立方米，高于全国的每亩 1700 立方米和广西的每亩 4909 立方米。

县境内主要河流水量丰富，天然落差大，蕴藏着丰富的水力资源。其中，泗罗河落差 621.00 米，杨梅河县内落差 85.80 米，北流河绣江段落差 35.20 米。全县水能资源理论蕴藏量为 13.48 万千瓦；其中，杨梅河干流 1.43 万千瓦，泗罗河水系 3.95 万千瓦，北流河干流绣江段及其小支流 4.59 万千瓦，南部山区各河流 3.51 万千瓦。经规划，全县可开发的水能装机容量为 8.62 万千瓦；全县已建成水电站 131 座、装机 210 台、总容量 6.23 万千瓦，占可开发利用量的 72%。

境内为非岩溶地带，南北山地多为花岗岩侵入体，强风化层一般深达 10 多米，风化层接受降水补给形成含水层即成为地下水，地下水沿岩石裂隙渗流，以分散的下降泉形式补给溪河水源，流量一般小于 0.001 立方米每秒；县境内中部丘陵区以第三系沉积岩为主，志留系等中生代岩层次之，北流石灰岩余脉自西东呈带状伸到县城附近，为深埋型溶岩，其上覆盖着较厚的砂岩。县境内整个中部区多为砂岩和页岩层，含水量较少，一般表现为裂隙性小泉水，泉水流量约在 0.002 立方米每秒以下，而且渗径短，未能形成地下潜流，分散汇入地表溪河。

第四节 生物资源

野生动物资源

容县有野生动物 300 多种，以两栖类爬行类等种类较多。其中属国家一级保护的野生动物有蟒、黄腹角雉和白颈长尾雉等，国家二级保护的野生动物有小灵猫、穿山甲、鸳鸯、游隼、灰背隼、原鸡、小鸦鹃、褐翅鸦鹃、虎纹蛙、大壁虎、白鹇等；属广西重点保护的野生动物有华南兔、中华竹鼠、鼠油獾、果子狸、豹猫、灰胸竹鸡、白头鹎、红耳鹎、白喉红臀鹎、雉鸡、红胸田鸡、小杜鹃、棕腹啄木鸟、棕背伯劳、林八哥、鹩哥、灰兰鹊、喜鹊、大嘴乌鸦、画眉、银耳相思、红嘴相思、小黄莺、大山雀、玉斑锦蛇、乌梢蛇、尖吻蝮、百花蛇、三素锦蛇、滑鼠蛇、金环蛇、眼镜王蛇、黑眶蟾蜍、沼蛙、泽蛙等。野生动物随着植物资源变化以及人类活动的频率而变化。中华人民共和国成立初期，植物资源比较丰富，一些地方甚至还保留原生态环境，人们的野外活动频率也较低，野生动物数量较多，活动也很广。1956 年，黎村镇平洛村老虎入屋；石头镇有黄猄入圩市，最后被群众打死。天堂山还常有恒河猴和金丝猴活动。20 世纪 60 年代后，金丝猴和老虎在县内已绝迹。

植物资源

容县有野生植物 1380 多种，已确定有乔木、灌木 200 多种、隶属 48 科 105 属。有桫椤、樟树、楠木、紫荆木、格木等国家二级保护植物。县内植物资源丰富，有维管束植物 160 多科，1040 多种；优势种群以茶科、杜英科、冬青科、灰木科、木兰科、金缕梅科、槭树科、荨麻科、清风藤科、壳斗科、菝葜科、木樨科、忍冬科、卫矛科、防己科、樟科、五加科、葡萄科、马鞭草科、竹亚科、紫金牛科、桑科、乌饭树科等为主。常见人工栽培和天然起源的乔木树种主要有马尾松、湿地松、杉木、枫香、苦楝、桉树、樟树、大叶栎、红椎、相思、稠木、荷木、火力楠、麻栎、青岗栎、酸枣、枫香、鸭脚木等；经济林树种主要有龙眼、荔枝、油茶、油桐、茶叶、板栗、沙田柚、肉桂、八角、桃、李、柑、橙、梅、枇杷等。灌木树种主要有盐肤木、野漆、山乌桕、白背桐、山杨梅、木姜子、余甘子、苦竹、灰木、岗松、桃金娘、野牡丹、柃木、算盘子等。草本植物主要有五节芒、铁芒萁、黄茅、扭黄茅、细叶金茅、蔓生莠竹、野香茅、纤毛鸭嘴草、莎草等种类。

第五章 自然灾害

容县自然灾害主要有水灾、旱灾、大风、病虫害、雷电、冰雹、高温、冰冻。其中以台风引发的水灾、春季和秋季出现的旱灾、农业和林业出现的病虫害最为多发。绝大部分强降雨由台风带来，风灾给全县带来的灾害较小，主要以水灾为主，影响范围和危害程度较大。雷电、冰雹偶有发生，未造成重大危害。

第一节 水 灾

容县主要河流绣江，河床平坦，两岸台地一般高出河床5~10米，10年一遇洪水即会发生洪灾。根据容县水文站1952—2005年的实测资料，绣江最高洪峰位高程为79.28米(1995年10月14日)，相应流量为3960平方米每秒，是有水文记录以来的最大洪水。绣江的最干枯流量为1.43立方米每秒，发生在1980年3月28日。绣江的最大支流是杨梅河，自1958年杨梅水文站建站以来，该点最高洪峰水位为104.40米(1995年10月14日)，相应洪峰流量为2280立方米每秒。1995年10月13日—16日的大洪水，是容县有水文记录以来最大一次洪水，全县60%农作物受灾。

1991年7月25日，第8号台风正面横扫容县全境，最大风力达10级，全县12小时平均降雨量216.70毫米，其中，黎村镇满垌站降雨量259.90毫米，过程降雨量348毫米。县内南部、中部、东北部灾情较为严重，杨梅水文站创历史最高洪峰水位(103.52米)，县水文站洪峰水位达77.59米。绣江出现大洪水，县城区洪峰水位78.11米，超警戒水位4.09米。沿江北街水淹至2米余深，石寨公路段300余辆汽车被困，石寨镇宵垌村民房被洪水淹没，100余人被洪水围困于垌中的小孤岛上。

1993年8月22日，第9号台风袭击容县，风力8级，阵风9级，大风伴下暴雨，黎村镇满垌水库降雨量163毫米、灵山镇天堂水库降雨量158毫米、杨村镇降雨量154毫米、小垌水库降雨量126毫米。杨梅镇水文站水位达99.17米，超警戒水位1.87米。全县16个乡（镇）120个村，15.40万人受灾，倒塌房屋204间，损坏房屋16230间；受灾农作物面积7.50万亩，成灾面积4.30万亩。死亡牲畜162头。冲毁陂坝241座，河堤191处，共长5.70千米，渠道471处，共长20千米。

1994年6月8日至10日，受3号台风影响，16个乡（镇）均受大风大雨袭击，风力7级以上，最大风速17米每秒；县境内南部乡（镇）8日至10日2天降雨量达400毫米，63个村通信中断；受灾人口27.70万人，死亡5人，失踪1人，共2954户12776人缺口粮318吨。全县总损失3223.30万元。

1995年9月1日凌晨，容县遭受第9号台风袭击，大风暴雨来势之猛、强度之大为历史所罕见。从凌晨3~8时，县境内最大雨量达190毫米（县中部的深塘水库），其他站点的降雨量：南部满垌水库103毫米，杨村圩158毫米，县水文站175毫米，龟河水库165毫米。县管小（一）型以上10座水库全部溢洪，满垌水库溢洪水深1米。大小江河水位急涨，绣江洪峰水位75.74米，超过警戒水位1.58米。容城、杨村、灵山、杨梅、黎木、松山等圩镇的洪水淹上街道。此次台风及其带来的暴雨，使全县16个乡（镇）185个村，共24.60万人受灾。倒塌房屋677间，总面积8120平方米，损坏房屋2530间，总面积3.04万平方米；受灾农田面积15.18万亩，其中沙埋面积3250亩；崩塌渠道2065处，共长67.60千米，冲崩河堤796处23.63千米；中断交通公路40条（处），其中，国道324线石寨路段水深达3米、交通中断长达12小时。石寨、十里、容城镇等乡（镇）被洪水围困群众2.60万人，紧急转移3200人。全县直接经济损失4160万元；其中，水利工程损失1320万元。

1995年10月13日，容县遭受16号强热带风暴袭击，全县普降特大暴雨，13日2时至14日8时，南部黎村镇满垌水库降雨量372毫米，中部容城城区232毫米，北部县底镇243毫米。据县水文站实测资料，绣

江洪峰水位达 79.28 米，比 1949 年以来的最高洪降水位 78.53 米(1970 年)还高出 0.75 米。杨梅水文站实测杨梅河洪峰水位 104.40 米，是该站建站以来最高水位。此次洪灾导致城区江北受淹房屋面积 61.90 万平方米，江南 7.63 万平方米，杨湾河两岸 201.40 万平方米。受伤 37 人，死亡 22 人，崩塌房屋 5.50 万平方米，无家可归 69 户共 266 人，受灾稻田面积 4723 亩，全县直接经济损失 2.90 亿元。

2001 年 7 月 6 日至 7 日，第 4 号台风影响容县，风力 4~5 级，阵风 6 级，形成大雨到暴雨，全县平均降雨量 91.30 毫米，中片 9 个雨量站平均降雨量 100.90 毫米，南片 4 个雨量站平均降雨量 92 毫米，北片 4 个雨量站平均降雨量 88.85 毫米。全县有 2.40 万人受灾，倒塌房屋 27 间；受灾农作物面积 5000 亩，减收粮食 120 吨；损坏输电线路共长 9.10 千米，崩塌水利渠堤 164 处，共长 4.60 千米，损坏水利灌溉设施 139 处。全县直接经济损失 634.50 万元。

2002 年 9 月 12 日至 14 日，容县受 18 号热带风暴“黑格比”影响，普降大到暴雨，南片过程雨量 234 毫米、中片 104 毫米、北片 218 毫米，其间还伴随 5~6 级大风。受灾人口 4.86 万人，死亡 2 人，受伤 10 人，转移 146 人。受灾农作物面积 18.09 万亩，成灾面积 13.60 万亩，绝收面积 2500 亩，倒塌房屋 1154 间；全县直接经济损失 3086 万元。

2003 年 7 月 24 日，容县遭受 7 号台风“伊布都”袭击，风力 6~7 级，阵风 8~9 级，并伴有暴雨、大暴雨，全县 16 个乡(镇)均不同程度受灾，受灾人口 15.51 万人，紧急转移 68 人，死亡 1 人，失踪 1 人；受灾农作物面积 2.91 万亩，倒塌房屋 307 间，损坏 1943 间，死亡大牲畜 50 头；毁坏陂坝 109 处，崩塌渠道 332 处，长 5.83 千米；全县直接经济损失 1018 万元。

第二节 旱 灾

容县降雨时间分布不均匀，洪枯季节较明显，大部分降雨集中在每年的 4—9 月，约占全年总降雨量的 80%；春季的 3—4 月和秋季的 9—10 月，降雨量偏少，常出现春旱或秋旱。由于降雨在时空上的不均分布，加上容县是丘陵地区，山地植被被人为破坏，溪涧河流水源减少，地表径流大，蒸发量大，旱灾经常出现。1990—2005 年，容县每年都有旱灾。

1991 年，春旱。4 月下旬最严重：全县受旱水稻面积 15 万亩；其中，插下秧苗开裂面积 5 万亩、大小河溪 1896 条断流、塘库 2107 处干涸。

1991 年，秋旱。8 月降雨量 184.60 毫米，分散在 19 个降雨日；9 月降雨量 14.80 毫米；10 月降雨量 1 毫米。9 月 5 日至 10 月 8 日的 5 次旱情记录中，10 月 8 日最严重：全县受旱水稻面积 16.30 万亩；其中，成灾面积 8.40 万亩，失收面积 9000 亩；水利工程灌区受旱面积 4.20 万亩。大小河溪 475 条断流，塘库 956 处干涸，3.90 万人和 2.40 万头牲畜饮水困难。全县直接经济损失 2000 万元。

1992 年，秋、冬旱。秋冬两季降雨量偏少：7 月 103 毫米、8 月 123 毫米、9 月 138.60 毫米、10 月 0.30 毫米、11 月 19.40 毫米、12 月 46.90 毫米。10 月 19 日最严重：受旱水稻面积 14 万亩；其中，失收面积 2.30 万亩；大小河溪 120 条断流，塘库 180 处干涸。

1993 年，春旱。1 月降雨量 34.20 毫米，2 月降雨量 42 毫米，3 月降雨量 39 毫米；全县农作物受旱面积 18.60 万亩；其中，无水耙沤面积 4.60 万亩，插下水稻受旱面积 5.20 万亩，已耙无水插秧面积 4.40 万亩；河溪 95 条断流，塘库 1546 处干涸，3.50 万人和 4.70 万头牲畜饮水困难。

1993 年，秋旱。全县受旱农作物面积 10.50 万亩；其中，水稻面积 5.50 万亩，旱地作物面积 5 万亩，河溪 65 条断流，塘库 105 处干涸。

1998 年，秋冬旱。8 月降雨量 74.10 毫米，仅为正常年景的 31%，9 月降雨量 62.70 毫米，也只有正常年景的 50% 左右；10—12 月降雨量共 55.90 毫米，其间的 9 月 13 日至 10 月 4 日，连续 20 多天没有降雨，形成秋冬连旱。全县农作物受旱面积 5.10 万亩，水库干涸 12 座和塘坝 502 处。

1999 年，春旱。在上年秋冬连旱后，该年春季仍然少雨。1 月降雨量 78.70 毫米，2 月几乎无雨。至 3

月中下旬，全县水库6座、山塘180处干涸，六王镇的浊水河和全县大多数小河溪断流，流域面积1000多平方千米的杨梅河流量仅有0.70立方米每秒，北流河流量也不足3立方米每秒。全县受旱水田面积9.95万亩，一些村屯发生人畜饮水困难。

1999年，秋旱。9月降雨量21.70毫米，10月降雨量仅有8.30毫米，继春旱又发生秋旱。全县受旱水稻面积4.84万亩，较严重的有杨村、六王、黎村等乡（镇）。杨村镇受旱面积8000多亩，双车水库干涸，无水发电，镇电网无电，群众有电泵而无电抽水，只好担水浇田抗旱。六王镇受旱面积5000多亩，有5个较大电灌站无水可抽。黎村镇受旱面积5000多亩，很多河溪断流，陂坝无水可引，部分禾苗枯黄。

2000年，大旱。1—8月，合计降雨量793毫米，比上年同期减少272.50毫米，比1962年同期减少251.60毫米，比1980年同期减少293.20毫米，比1989年同期减少127.60毫米。期间除4月降雨量接近正常值外，其余月份比正常值少4~6成，全县没有1座水库达到正常的蓄水量。9月18日统计，全县山塘水库的贮水量仅有691万立方米，占有效库容的9.70%，不足1成。有43座水库降至死水位，很多河溪断流，造成陂坝无水可引。县底镇道知河、六王镇浊水河的上游已看不到水流，泗罗河也出现历史最枯流量。全县受旱农作物面积18.50万亩；其中，重旱面积7.56万亩；全县枯死禾苗面积3600亩，减收粮食2.19万吨。

2001年，秋旱，受旱农作物面积7.89万亩；其中，重旱面积4万亩，农作物枯死面积2200亩。

2002年，春旱。1—4月，降雨量267.80毫米，比正常年景同期偏少4成。5月8日统计，全县受旱农作物面积6.64万亩；其中，重旱面积2.30万亩。

2003年，全年都有旱情。全年降雨量1264.50毫米，比正常年景偏少四份之一，旱情较严重的是3月、8月和10月。1—3月的降雨量仅有99.50毫米，比历年同期少4成，水库7座干涸，全县受旱农作物面积3.15万亩；其中，水田面积2.50万亩，发生饮水困难8000人。10—12月，降雨量不足20毫米，发生秋冬旱情：全县受旱农作物面积4.28万亩；其中，重旱面积1.50万亩，水库3座干涸。

2004年，春旱。2003年10月至2004年3月，容县各地的降雨量85~190毫米，降雨量严重偏少，形成春旱。受旱水田面积5.42万亩，其中3200亩无水插秧，1.22万人、1.35万头牲畜饮水困难。旱情较严重的乡（镇）有自良、县底、十里、六王、石寨、石头等。

2004年，秋冬旱。9—12月，降雨量仅有82.50毫米，秋冬旱情严重：全县受旱农作物面积9.46万亩；其中，重旱面积3.30万亩，干枯面积0.40万亩，2.42万人、2.29万头牲畜饮水困难。

2005年，大旱。自2004年7月中旬至2005年10月，县境未下过透雨，绣江未出现过洪水。10月中旬，全县有宁冲、平梨、木井、深塘、六满、六蒙、木洪等16座水库干涸，山塘有325座干涸。全县受旱农作物面积9.30万亩；其中，重旱面积3.10万亩，干枯面积4500亩。5100人饮水困难。

第三篇

旅　　游

位于容县城区内的经略台真武阁　　(1994年5月,曾宪球　摄)

容县山川秀丽，名胜古迹众多，人文荟萃，旅游资源景观主要有自然旅游景观和人文旅游景观两大类。自然旅游景观主要是典型的丹霞地貌、花岗岩地貌、森林原生态区、乡村风光等，丹霞地貌的典型代表是都峤山风景名胜区、北山景区，花岗岩地貌的典型代表是大容山东麓的望君山，森林原生态景区主要是都峤山森林公园。天堂山为容县海拔最高的森林旅游资源，有奇特的高山草甸。人文资源景观包括古建筑和近代建筑、园林，以及名人故居等，典型代表有真武阁、贵妃园、容县民国将军故居别墅群。

20世纪90年代末，容县围绕"旅游旺县"的发展战略，把旅游发展作为一项中心工作来抓，组织编制《容县旅游总体规划》《容县都峤山庆寿岩景区旅游开发详细规划》《容县都峤山白鹤塘景区旅游开发详细规划》《容县都峤山虎头关景区旅游开发详细规划》《容县都峤山森林公园旅游开发规划》等，开发利用资源，保护资源，建成真武阁—贵妃园景区和都峤山庆寿岩景区。1998年，容县接待海内外游客25万人次，旅游总收入2750万元。1999年，容县被自治区列为全区15个重点旅游市县之一，被玉林市委、市政府定为玉林市旅游开发"龙头"县。全县接待海内外游客33.50万人次，旅游总收入3485万元。2000年，容县接待海内外游客38万人次，旅游总收入5203万元。2002年6月，容县获评为广西首批优秀旅游县；8月，"三名"旅游景区被国家旅游局评为国家AAAA级旅游景区。"三名"旅游景区由真武阁景区、贵妃园景区、都峤山庆寿岩景区三部分组成，其核心为"名楼、名人、名山"。全年容县接待游客41.28万人次，旅游总收入7311万元。容县非A级旅游景区有白鹤塘景区、都峤山南山肚景区、都峤山森林公园、自良北山景区等。2003年，因"非典"（非典型性肺炎）影响，游客略有减少，全县接待游客36.10万人次，旅游总收入6273万元。2004年，全县接待游客42.50万人次，旅游总收入7950万元。2005年，全县接待游客50.30万人次，旅游总收入9330万元。其中，"三名"景区接待游客30万人次，门票收入350万元。是年，全县共有国家AAAA级旅游景区1个、国家重点文物保护单位1处，自治区级农业旅游示范点3处，市县级风景区、森林公园、寺庙古迹、文物等20处，有二星级饭店3家，国内旅行社2家，旅游定点餐馆3家，农家旅馆1家。

容县绣江公园北侧

（2001年10月，容县爱卫办　提供）

第一章　旅游资源

第一节　自然旅游景观

名山

都峤山　俗称南山，清光绪版《容县志》记载舜帝南巡时曾于此以箫吹韶乐，故又名"萧韶山"。位于县城南约10千米处，方圆37平方千米，属典型的丹霞地貌。道书记载："以锐而高甲于一都，故曰都峤。"都峤山是我国古代道教重要地域之一，道书称之为"二十洞天"。清光绪版《容县志》记载：都峤山"高

三百余丈，周围一百八十里”。山有八大主峰：中峰、云盖峰、八叠峰、马鞍峰、兜子峰、仙人峰、丹灶峰、香炉峰。最高峰为香炉峰。都峤山分南北两洞天：南洞宝元洞天，北洞都峤洞天。峰奇、洞多、谷幽、道险，为都峤山风光的主要特色。全山有大小岩洞300多个，有名称的100多个，远近闻名的13个。诸岩历代建房近千间，其中有一岩建房达72间之多，故曰“七十二房井”。都峤山岩洞建房之多，全国名山罕有。诸岩内保留着珍贵的文物古迹。自汉代以来，都峤山就是道教、佛教、儒家三教合一的圣地，曾有“九寺十三观”之盛，是桂东南著名的宗教朝拜圣地。1993版《容县志》记载，道教主要集中在娑婆岩、莲花岩，佛教主要集中在庆寿岩、灵景岩等岩洞。自唐代起，儒家开始在太极岩设馆传授儒学，北宋邵彦甫初到都峤山时曾在白鹤岩居住授业。宋代大文豪苏轼（字东坡）、风水大师赖布衣、名相李纲和明朝大旅行家徐霞客、兵部尚书李永茂等历史名人均曾慕名游览并有题咏和著述题咏。1988年，都峤山被定为自治区级风景名胜区。

娑婆岩，原名中宫岩，著名道观，位于都峤山主峰中峰的南面悬崖上，形似开壳大蚌，是都峤山著名的岩洞之一，古迹众多。古时岩前涧泉汇集成井，水色清澄碧绿。每逢天将降雨时，一团团雨云从岩下深涧涌上绕于岩前，顷刻岩内嗡嗡作响，神奇迷人。宋代进士李绍甫（苏东坡好友）曾在此岩出家当道士，改名邵彦甫，俗称邵道士。北宋大文豪苏东坡曾拜会邵道士于此，并题诗一首于墙壁上。明末南阳李孝源（即李永茂）尚书曾栖隐于此岩洞修仙。

莲花岩，都峤山著名道观，是都峤山道教的主修场所。清光绪版《容县志》记载汉朝道教名人刘根和华子期先后在此岩中修道，唐代道士司徒子微撰写的《天地宫会图序》有记述：容州有都峤山，仙人刘根治之。莲花岩道房于明末清初重修，民国时期又于壁上彩绘莲花。岩洞口有对联曰：“莲花倚石凭玄妙，岩洞临泉达磬声。”此壁画和对联体现道教宫观特色。

灵景岩，亦称灵景寺，位于都峤山西部的南山肚景区，宽46米，深16米。唐朝于岩中筑一寺，名灵景寺，供奉佛祖等佛。南汉时期加塑五十二圣、十六尊者和五百罗汉，成为国内佛教名寺。历代题咏此岩（寺）颇多，宋代名臣李纲《宿灵景寺》五言古诗一首，开篇即云：“清晨游栖真，薄暮宿灵景。山空松桂香，云细泉石冷。”诗中感慨：“胡尘暗中原，静谧惟五岭。渺然炎荒南，自绝羽书警。”李纲另为都峤山题写有绝句五首。明朝大旅行家徐霞客游都峤山时曾宿于此。清光绪版《容县志》载：康熙四十三年（1704年）秋，甘露降落于寺前两株柏树上，十几日方停止。故曾拟改名为甘露寺。岩中古碑很多，多已散失。

庆寿岩，亦称庆寿岩禅寺，为都峤山著名佛教活动场所。庆寿岩禅寺被誉为“岭南一绝”，它的主殿处于一个形如苍穹的天然大岩洞中，上圆下方，是暗红色的丹霞洞穴，是行佛事的最佳胜地。庆寿岩禅寺主殿构造是“无梁殿”。“无梁”是“无量”的谐音。庆寿岩大岩洞自上而下包含着成千上万个很小的洞，传说是众神都聚集于此听佛祖授经。庆寿岩禅寺始创于宋代，佛事盛行于清朝，首任住持没有记载，第二代住持为惠禅（1944年故），第三代为杨道忠，第四代为圣一法师。圣一法师后居于香港，为世界著名法师。此岩按惠禅住持“甲戌年甲戌月甲戌日重新开光”之遗嘱，于1994年农历九月十一日，重新进佛开光。1998年，庆寿岩禅寺在七十二房井、新塘岩、龙凤岩、观音岩等岩洞扩建罗汉堂，安放500罗汉佛像。

云溪寺，都峤山著名佛教场所，位于都峤山云盖峰与坐佛山之间，背靠中峰娑婆岩，因坐落的山形如莲花，故有“观音坐莲”之说。该寺历史悠久，高僧融理大师、妙清、茂芬、清凉、意昭大师曾居此弘扬佛法。“文化大革命”期间被毁，1999年重建，有大雄宝殿、钟楼、鼓楼、功德堂等。

出米寺，都峤山最富神奇传说的寺庙，位于都峤山主峰中峰的东北面，历代民间皆盛传古时寺内有一出米窟，每日定时出米，其量仅够供寺中和尚等人用餐，不多不少。寺前有一桃树。

大容山 分布在玉林市境内玉州、北流、兴业、容县四县（市、区），长约46千米，宽25千米~30千米。《金通志》载：山“高五百余丈，周围千余里，以其迴阔无所不容而因名大容”。唐代，唐太宗下令全国州郡以当地名山大川命名，原铜州改名容州。五代时期南越王刘龚在封南方五岳时，把大容山封为西岳。明洪武年间，容州改为容县。大容山为容县县名之源。明崇祯十年（1637年）8月，著名旅行家徐霞客曾游览大容山并作游记。大容山冬季山顶常结冰。1993年版《容县志》称其“盛夏有霜，分九十九涧”，故将“大容积雪”

列为“容县八景”之一。山脉从北流东部延伸入容县石头、松山、容州等镇交界处，距县城12.50千米，连绵起伏，延伸于容县境内东北部，与都峤山遥相呼应。大容山在容县境内以“三片奇石”“望君石林”“大水瀑布”闻名。三片石海拔939.60米，因峰顶有三片垂直巨石，状似川字，又名川字石。大容山山体土质为红砂土，宜于林木生长，木材、水源丰富，有许多珍贵的药材，如血参、通城虎等，是治疗贫血、蛇伤及各种奇难杂症的良药。大容山的绿茶，沏之色泽清亮，味道甘香，余味无穷，有生津止渴、提神醒脑之功效，为远近闻名的绿茶。

天堂山 属云开山脉余脉，位于容县境南部，与北流市、广东信宜市交界，距容城60千米。天堂山景色秀丽，尤多高山草甸，是容县南部的天然屏障，气势雄伟，草甸如毯，是县内的大山。主要山峰有望君山顶、三唛顶、勾髻顶、六五顶、石印顶、石羊头、鸡笼顶、大人山等，其中，三唛顶，位于黎村镇六振村驻地西南面，是容县与北流市的分界山，东西走向，主峰海拔1263.20米，是容县最高的山峰。勾髻顶、六五顶、牛骨顶、大钵肚、老鸦巢等主峰海拔均在1000米以上，山高林密，为历代战略要地。解放前，常为会、道、门活动场所，在山上建庙宇“诵经守仙”。

奇石

三片石 又称“三片奇石”、“川”字石，位于大容山东面松山镇大水村山顶。“三片石”每块高约18米，宽约9米，石间相距约1.50米，直插云霄，旁有成排群石凌空舒展，甚为壮观，古人称为“三片撑奇”。杜述祖的《三片撑奇》诗云：三片撑奇耸九天，云间紫翠忽相连；冬来白雪为银海，秋至松涛听耳边。在离“川”字巨石不远处，另有三块并列略小的石头，俗称“小三片”。

望君石林 望君山为桂东南第一高峰大容山的一个支脉，位于容县北部的石头镇，与桂平、北流两市接壤，海拔1147.80米，可以纵览桂平、容县、北流、玉林相邻四地苍茫景色。望君石林位于望君山高峰之巅，耸立于土质山顶之上，奇石千姿百态，宜观云舒云卷，颇有英国巨石阵之美。巨石林下有幽雅的竹林古树，野生杜鹃花尤为美艳。

望君山奇石 （2005年，关定珍 摄）

石印 又称紫印山，位于黎村镇珊萃村北面。清光绪版《容县志》记载，此山“层峦环抱，中辟古洞，可容数百家。洞中涧水泠泠，旁崖有仙人履齿及虎迹，其西向孤峰，孕赤石一方，流舟炫采，四旁紫棱隐起，以其方平如印，故名。半壁石室，可坐数十人，奇秀不减洞天。明季阁部李永茂尝结庐其上。”清代，当地人曾在石印山上筑“石印堡”，仍存断墙残壁。石印酷似古时官印，高约6米，宽约4米，中间平滑如人工砥磨，四周有紫红色的棱条垄起，整块印石如蘸满印油的巨大官印，虽历千百年风雨，仍不变色。石印山下为民国时期“新桂系三巨头”之一的黄绍竑的故居。夕照时刻，石印光彩夺目，炫眼迷人。清代县人潘学洙在《秋日登山》一诗中写道：“扪萝蹑屐履孱颜，得得寻幽永昼间。洞口溪流黄叶急，岩头风送白云闲。涡纹已没仙人掌，螺黛如披玉女鬟。最是紫泥辉映处，玺书何日降松关。”

读书台 位于县城东十五里绣江北岸，峭石拥溪东下。旧传渔者夜闻山巅琅琅有仙人宣诵声，因名。南宋地理志书《舆地纪胜》将其列入容州八景，曰书台朗诵。台平如桌，坐巽向乾（坐东南向西北）。明朝知县彭清诗云：“在昔有渔舟，结缆石崖下。上有诵读声，朗朗起清夜。结旦登其处，其人已仙去。兹事几千秋，欲穷无所据。”副使孔镛诗则云：“渔郎闻读书，声落烟波里。日出不见人，芳名遗千古。”明朝邑人覃思孔诗云：“容江之上石龙开，巨灵陡起读书台。平铺一片自奇绝，兀自百尺空崔嵬。”邑人覃武保诗云：“魏然屹立是书台，曾忆仙人诵读来。福地至今留胜迹，絃歌继起蔚英才。”读书台与都峤山八叠峰的灯擎石遥相呼应。民间传说中云,灯擎石为都峤山众仙人在读书台夜读的灯火。

钓鱼台 《永乐大典方志辑佚》记载:钓鱼台在州城西,江沧浪亭畔,世传唐刺史韦丹政暇尝钓鱼于此,因得名。其石尚存。明梁允瑶咏钓鱼台诗云:“四尺长竿十尺丝,石潭深处白鱼肥。炎荒不报春山雪,漫着羊裘坐钓矶。”清光绪版《容县志》载:“钓鱼台在县城西,世传唐刺史韦丹政暇尝钓鱼于此。”

龙母坟 位于容县灵山镇六图村橘子屯,实为奇石景观。《舆地纪胜》谓天堂山“山多竹木,有石窍出泉,流至山足为池。其西南,有龙坟山,天堂山水出其下,流分九支,因名”。《广西名胜志》云:“县南百里花邨,沿涧而入,层崖溅瀑,飞下数十丈。瀑之左,群峰盘耸,稍坦处,俨成一月堂,龙母坟在焉。东偏有一石池,容水数斗。石壁如削,下临急湍,不能容步。众流奔泻百数十丈,乃汇为潭,其深莫测,龙盖蛰伏于此。初,邑有瑶妇,入山久不返。众往觅之,则已为龙所据,阴云罩幕。既归,所居常有寒气,人莫敢近,妇亦不知不觉也。娠岁余,产一龙,胞中无血,止下水数升。倾之,云雾交集,倏然上升,妇亦无恙。后妇以病死,方殡,忽有龙自空中下蜿蜒盘旋,数四遂,拥其骸而去。众随之至其地,石忽裂,龙置骸穴中石复合。后龙常至其家飞绕屋前后。久之乃去。”考龙母坟有水陆二穴:陆穴临峭壁,神工鬼斧,不假人力;壁下一潭。渟泓无涘,则水坟在焉。值天色晴朗。日光下射,游人俯潭逼视,依约可见。自来祈雨者,必宰一犬,掷诸潭中。明永乐十九年(1421 年)知县彭青祷雨有应,曾在其崖旁立祠祀之;二十年(1422 年)夏祠成,彭青作《龙坟祈雨文》又以记。相传清道光元年(1821 年)山雨暴涨,忽有巨石横障潭中,遂不复覩。清道光十一年(1831 年)知县赵兴周祷雨有应,改墈头(粤语碰头的意思,喻地窄人多)圩为灵山圩志喜,亦作记。清咸丰十一年(1861 年)县人贡生李品升作《灵山堡祈雨解围记》。清同治三年(1864 年)秋,知县徐延旭祷雨有应,作《祈雨龙坟山记》,并作诗《祈雨龙坟山记事(排律三十韵)》。2005 年,村民捐资重修龙母庙。

位于灵山镇六图村的龙母坟 (罗统林 提供)

古泉古藤

位于六王镇古泉村大水冲与十里镇大坡村交界处,民间俗称“千年大血藤”,学名榼藤古血藤。藤围 3 米多大,主干长 50 余米,与林木缠绕,枝蔓绵延数里,遮荫 2000 多平方米。每年春天绽放黄白双色花,具有较高的欣赏价值。

黎村温泉

古代“容县八景”之一,距黎村圩 2.50 千米,距县城 45 千米,交通便利。21 世纪初以来,由当地乡贤及村民集资建成一个较具规模的集观光、休闲、疗养、度假功能于一体的渡假村,建有具淋浴、浸浴温泉水功能的客房数十间,露天沐浴池数座,常年吸引不少周边县(市、区)市民前往旅游度假。该温泉贮量大、温度高(恒温 80℃),泉水富含碳酸盐、硫酸盐、磷酸盐、铜、铁、锌、锰、钙等十多种人体新陈代谢所必需的元素,对一些常见的皮肤病具有良好的医疗和保健作用,还可提神醒脑、强身美容。村民常于此杀猪宰狗,就此温泉脱毛。村中百姓一年四季挑温泉水回家使用,故村民少有皮肤病患者。

大水瀑布

位于大容山东端、三片石景观下方,海拔约 600 米,属松山镇大水村,离县城 10 多千米。起源于大容山天堂顶的天湖,沿途的龙呈溪、月亮溪、寻信溪中分布着 100 多个大小瀑布;溪流两岸山青、水秀、石奇。瀑布群中,尤以大水瀑布落差最大,水量最为充足,于千米之内形成五级瀑布,一年四季泉水清澈,具有较高的观赏价值。泉水富含硒元素,种植稻米亦富含硒元素。

第二节 人文旅游景观

景区景点

真武阁景区 古经略台真武阁位于容城东面，1982年被国务院定为全国重点文物保护单位。经略台始建于唐乾元二年(759年)。明朝初年在经略台上建真武庙，明万历元年(1573年)将真武阁庙增建成3层楼阁，即真武阁。全阁为杠杆式纯木结构，通高13.20米，面宽13.80米，进深11.20米，用近3000条格木构件，以杠杆结构原理，串联吻合，彼此扶持，互相制约，合理协调组成一个优美稳固的统一整体。第二层楼的四根大内柱，虽承受上层楼板、梁架、配柱和阁瓦、脊饰的沉重荷载，柱脚却悬空不落地，是全阁结构中最精巧、最奇特的部分。400多年来，真武阁经历了5次地震，4次大台风，仍安然无恙。被誉为“天南杰构”，与岳阳楼、黄鹤楼、滕王阁合称江南四大名楼(阁)，是四大名楼(阁)中唯一没有进行重建而完整保留的一座。1962年，古建筑学家梁思成教授到容县考察后，发表研究论文《广西容县真武阁的“杠杆结构”》。论文中对真武阁予以高度评价：“容县真武阁的杠杆结构在建筑史中是一个罕见的例子，对我的孤陋的见闻来说，是从来没有见过的结构类型。在木构建筑中，乃至在任何现代的金属结构中，主要依靠这种杠杆作用来维持一座建筑物的平衡，是从来没有看见过的。”梁思成论文发表后，引起海内外专家、学者的高度关注。他们参观后，无不为真武阁那巧夺天工的结构、优美飘逸的姿态而感叹，并即兴题词。其中华南工学院教授、古建筑学家龙庆忠的题词是：“天南奇观”；全国人大常务委员会副委员长费孝通的题词是：“杠杆结构，巧夺天工”；美国教授劳伦斯·泰勒的题词是：“这座建筑表现了中国人民的知识、科学、精神上的完美结合”。1990年，真武阁公园接待游客5万人次，门票收入约1万元。2002年后，真武阁景区、贵妃园景区、都峤山庆寿岩景区合称为“三名”景区。

容县真武阁公园景区大门

(2005年12月，吴植光 摄)

贵妃园景区 景区位于县城真武阁东侧，与真武阁连为一体。贵妃，是指古代中国四大美女之一的杨贵妃。1998年，容县筹资550万元建设贵妃园景区，在真武阁东面贵妃梳妆楼遗址修建贵妃园主题景区。该园占地15亩，是根据唐代杨贵妃一生的传奇故事而建造的仿唐古建筑。各组建筑物内采用仿真硅胶人物像，重现唐代贵妃出世、容州府、云凌斑竹、册封贵妃、贵妃醉酒、贵妃出浴、妃子笑、贵妃起舞、含冤马嵬坡等历史场景，让游人观赏杨贵妃一生的传奇故事。1999年12月10日，景区开业。

位于城区内的贵妃园景区

(2003年8月，容县爱卫办 提供)

都峤山庆寿岩景区 位于石寨镇石寨村、都峤山云盖峰东侧，距县城约10千米，是国家AAAA级旅游区容县“三名”景区重要的组成部分——“名山”。名山，是指中国道教三十六洞天之第二十洞天、自治区级

都峤山庆寿岩景区大门　　(2005年，曾宪球　摄)

风景名胜区都峤山。1998年，县政府主导多渠道筹措资金1850万元，对都峤山西部的庆寿岩进行大规模开发建设，于1999年8月正式对外开放。其最大亮点为世界第一大摩崖石刻大佛字(字高108米，宽88米)。佛字所在的山峰从北面看很像一尊坐佛，故有“山是一尊佛，佛是一座山”的说法。此字为中国佛教协会前会长赵朴初的封笔之作。1999年，改造建设石寨下烟至庆寿岩景区四级公路，公路总投资168万元，全长4千米。是年，按照景区建设规划，总投资1850万元，规划建设3.73千米景区水泥道路、16千米山区观光小道、庆寿山庄宾馆、30亩人工湖、人工暗河漂流工程、景区路灯工程、景区绿化工程、景点包装工程、景区雕塑工程、观光缆车等。

都峤山森林公园　位于都峤山东面的容县至岑溪一级公路9千米处。1999年，县政府主导多渠道筹措资金，对都峤山东北部的森林景观进行大规模开发建设，建成以观赏森林植物、自然风光为主的自然景观公园。公园内奇峰耸列，形态引人入胜。峰下森林茂盛，景色迷人，让人心境清静。2000年5月，都峤山森林公园正式对外开放，深得健身养生爱好者喜爱。是年，实施都峤山森林公园二期工程，项目包括建设环山道路3500米和凉亭、栈桥、廊台等景区设施，建设客房、商务、会议、餐厅、办公用房等设施，供水、供电、绿化等设施。2005年，都峤山森林公园接待游客10万人次，收入80万元。

都峤山南山肚景区　位于石寨镇石寨村、都峤山云盖峰西北面。岩洞层层叠叠，左右伸展，两崖夹峙。有岩泉山溪汇于峰腰，形成一方水清如镜的天池。有名称的岩洞有50多个，主要有：灵景岩、飞瀑岩、太极岩、圣人岩、宝盖岩、桃核岩等等，是都峤山古代道、佛两教和容州文化圣地。宋朝宰相李纲、明朝著名大旅行家徐霞客都曾在这里留宿。

都峤山白鹤塘景区　1999年，容县开始对都峤山白鹤塘进行初步开发，后引入香港商人进行投资开发。白鹤塘在云盖峰的北面，因其景色奇秀幽静，古时常有成群白鹤聚集栖息而得名。白鹤塘上有鹤崖，为白鹤晾翅处。环塘四周是一片让人叹为观止的石林，耸立着许多巨大的姿态奇特的石头。有巨大的鹤崖横亘一里多，像千嶂屹立，成为白鹤塘的门户。

北山景区　位于容县北面的自良镇，距县城33千米，与都峤山同为丹霞地貌。北山景区紧靠容藤公路右侧，面积约3平方千米，由民间人士于2004年集资开发。景区内万木竞秀，藤萝交错，溪流纵横，空气清新，崖、泉、石、瀑、藤、竹、江、树、洞、果等自然生态景观有机结合。景区内百合盛放，柚林飘香，花红草茂，丹岩倚石，瀑布飞落，竹林幽雅，山顶可于日出日落之时远窥绣江半岛风光，可谓别有洞天。

松山镇木兰塘沙田柚原产地　容县松山镇木兰塘是沙田柚的原产地。2004年国家质量监督检验检疫总局宣布对广西容县沙田柚实施原产地保护。县委、县政府实施沙田柚原产地域保护及生态家园富民工程，对百年老树区进行重点管护，设立了沙田柚原产地碑记；并投资10万多元建设木兰塘停车场、文化长廊等，吸引了大量游客和客商前往观光采购。2005年，松山镇木兰塘沙田柚原产地获评广西农业旅游示范点。

立垌国兰生产基地　位于容西乡祖立村立垌屯，国道324线旁，距县城7千米，距玉林市区约40千米。是一个集兰花基地、市场、旅游、主题公园四大功能为一体的广西农业旅游示范点。2002年以来，在容县“兰花协会”的带动下开发建成并对外开放。2003年参加广西第一届兰花评比展览获奖36个，其中金奖就有6个，在广西乃至海内外都享有很高的知名度。该基地于2003年被自治区人民政府列为自治区“国兰生产基地”。

都峤山兰谷　位于都峤山庆寿岩风景区内，距县城13千米。兰谷内种植有中外兰花近10万盆，约100

万株，品种繁多。兰谷由迷宫区、精品区、水上兰园、兰花超市、交易区、科研区六部分组成，其中迷宫区有由兰花组成的兰花迷宫，外围有长 100 多米的兰文化长廊。

容县近代建筑

容县近代建筑，主要是民国时期爱国将军的别墅、故居建筑群，分别位于容县县城及黎村、杨村、杨梅、松山等镇，共有 11 处（点），它们分别是黄绍竑别墅、黄绍竑故居、黄旭初别墅、黄旭初故居、罗奇别墅、苏祖馨别墅、韦云淞别墅、夏威夏国璋别墅、马晓军别墅、容县图书馆旧址、容县中学旧教学楼。这些建筑风格独特、结构合理、装饰豪华、环境幽雅，多在中国特有风格上吸收西方建筑技巧，采用仿欧式一至二层砖木结构的楼房，门前檐柱之间跨空檐墙砌成一排优美的弧形拱门和雕饰线，曲直线条富于变化，极具欧洲古典建筑艺术风格，有较强的立体感和艺术效果；为了防潮，避免南方潮气对人们的影响，在一楼居住下面设有一定高度的地垅，防潮且通风透气；主体建筑的前庭多建有清雅秀丽的庭院，院内种有各种名贵果树、花木，环境幽静清香。

黄绍竑故居 位于黎村镇珊萃村，建于清后期，新桂系三巨头之一、民国上将、三省（浙江、湖北、广西）主席黄绍竑出生于此。故居坐北向南，平面呈“富”字形，占地面积 2610 平方米。其为一座悬山顶砖木结构古朴民居，四座五开间，左右各两重横廊，左边重廊前面设有炮楼，后进建筑较高，作为瞭望台。整体建筑布局严谨，颇具规模与特色。

黄绍竑别墅 又名万松山房，位于容城镇南门街，建于民国 16 年(1927 年)，整幢建筑庄重大方，坐西向东，由门楼和 3 层砖混结构的主楼组成建筑，占地 690 平方米。门楼为砖木结构，面宽四间，上下层均有檐廊。主楼平面呈四方形，面宽三间，各层正面均有檐廊，檐柱栏杆有简练的花纹雕饰。庭院中那株高大的芒果树为黄绍竑种植。

黄旭初故居 位于杨村镇东华村，建于民国初年，新桂系核心人物、民国上将、广西省主席黄旭初出生于此。此居从南向北是一座平面呈长方形、砖木结构悬山顶的普通平房建筑。主体建筑由两座正房及两边横廊组成，占地面积 327 平方米。

黄旭初别墅 位于容城镇城南街，为新桂系核心人物、民国上将、广西省主席黄旭初于民国 22 年（1933 年）所建。坐西向东，为砖木结构西洋建筑风格的 2 层楼房。平面呈手枪形，分为南北两部分，南楼像枪身，北楼似枪管。南楼为主楼，面宽三间，进深两间，靠南的墙体砌成半边六角形，一侧拐角呈弧形；二层东面有一小阳台，西面为曲尺形檐廊。北楼是布列呈长筒形的四间房子。楼房造型，精巧别致，寓意深长。

罗奇别墅 又名为乔园，为民国上将罗奇所建。位于容城镇北门街，坐西向东，建于民国 26 年(1937 年)，建筑占地面积 189 平方米，是一座砖木结构歇山顶的二层楼房。平面呈方形，面宽三间，底层次间前砌成半边六角形，窗头均灰塑成拱头形，别具一格。

马晓军故居 又名悦豫堂，俗称“慈堂大屋”，为民国中将马晓军所建。位于松山镇慈堂村，坐西北向东南，建于民国 8 年(1919 年)，占地面积 3250 平方米，由门楼、三座主屋、左右横廊和磨坊组成。门楼共有 11 开间，两端建成炮楼形式。主屋前座高两层，属西洋式建筑，面宽 11 开间，东西两端各建成高三层的炮楼，墙体上有枪炮眼，楼顶砌有较高的女儿墙。地下当心间作为通道，前面的檐墙砌成弧形拱门形状，楼顶上望柱高耸。中座、后座是二层楼房，二层走廊的围栏中用绿色的琉璃构件相间，后座正中为香火堂，后座后面还有泥砖的磨坊。整座建筑是一组中西合璧的砖木结构建筑群体，外观规矩整齐，雄伟壮观。

苏祖馨别墅 位于杨梅镇和丰村，为民国中将苏祖馨于民国 20 年(1931 年）所建。坐东北向西南，是一幢砖木结构硬山顶的 2 层楼房，平面呈“凹”字形，占地面积 310 平方米。整幢建筑用一条走廊将前后分为两部分，前面突出部分进深二间；后面部分五开间，进深一间，屋的后面亦设走廊。2 楼上走廊的檐柱之间的跨空檐墙砌成 3 个弧形的拱门状，走廊的栏杆以及二楼上前方的气窗用宝蓝色的琉璃饰件构成。别墅中有小庭院，种植甜杨桃、茶花、含笑花、夜合花等奇花异木，屋后的小花园种有名花嘉木，环境清幽宜居。

韦云淞别墅 又名中和堂，为民国上将韦云淞所建。位于松山镇儒地村，坐东向西，建于民国19年(1930年)。整幢别墅由前座、后座主体建筑及左右横廊组成，建筑面积3400平方米。前座是五开间，高两层，四阿顶楼房，布局左右对称。当心间作为通道使用，有木雕屏风，是中西结合的砖木结构的楼房建筑。后座建筑五开间，也是一座二层四阿顶的楼房，两边次间前面的墙体砌成半边六角形，二楼当心间前有一弧形阳台，其下有两根圆柱支撑。

夏威、夏国璋别墅 又名三凤堂。位于松山镇大中村，坐西向东，建于民国19年(1930年)，为民国上将、第十六军总司令夏威三兄弟共同建造。建筑分前、中、后三座，中座、后座保存完好。中座为主体建筑，砖木结构歇山顶的3层楼房，一层当心间前有通往二层的通道，通道后是暗室，作防潮用，两边次间的墙体上有枪眼。二、三层均为三开间，前面次间墙体砌成半边六角形。三层外墙雕饰一圈简洁大方的几何图案，每个窗子顶部都有灰砂塑弧形的楣框。后座为延伸着长长的两层护楼，两端是高3层的碉楼。护楼与主楼之间，以一座别致的双拱廊桥相连，将分立的两楼连为一个整体。

位于松山镇大中村的夏威、夏国璋别墅

（容县博物馆 提供）

容县中学旧教学楼 位于容县中学校园内，建于民国6年(1917年)，坐北向南，是一座二层砖木结构仿欧式楼房，平面呈“山”字形，上下两层前后均施檐廊，檐柱之间的跨空檐墙砌成一排优美的弧形拱门，占地930平方米。第一层当心间前砌出抱厦一间，当心间为敞开式通道，其余的均作教室使用。檐柱是清一色的青砖砌成，外用灰砂涂抹。长方形窗上的窗楣用灰砂塑成弧形。楼顶有围栏，栏柱间用绿色琉璃构件相间，整幢建筑外观规矩整齐，雄伟典雅。近百年来，一直为容县中学的教学楼。

容县图书馆旧址 位于容县中学校园内，坐东向西，是一座砖木结构四阿顶二层建筑，占地面积386平方米，面宽五开间，进深一间，一、二层正面均有檐廊，檐柱之间各砌成五个优美的弧形拱门。全楼青砖到顶，小青瓦，整幢建筑美观大方，颇具民国时期仿西洋建筑特色。容县图书馆是民国14年(1925年)容县兴办新型学校热潮中创建的，是当时广西省建立较早、规模较大的县立图书馆之一。初时藏书4000多册，后来随着与各地文化交流频繁，为满足广大读者需求，藏书日益增多。容县图书馆的建成对容县文化事业的发展，新思想的传播和社会的进步起到推动作用。

容县革命烈士纪念碑 位于容州镇杨叶村佛子冲，为纪念中国人民解放军南下解放容县、清匪反霸牺牲的烈士而建，1986年建成，坐北向南。纪念碑由碑身和碑座组成，碑座呈方形，碑高8.41米，宽3.50米，厚2.36米；碑身为四方柱，贴白色和红色花岗岩，碑正面中间灰黑色花岗岩上镌刻“革命烈士永垂不朽”八个大字，碑背后的白色花岗岩上镌刻纪念碑简介，显得庄严肃穆。此碑安葬有22位革命烈士。

夏国璋碑刻 民国26年(1937年)11月21日，国民革命军第七军一七二师副师长夏国璋在扼守吴兴(今湖州升山)战斗中壮烈殉国。民国27年(1938年)2月18日，国民政府命令褒扬夏国璋，并追认为陆军中将。消息传至容县，家乡政府为其制作白色瓷质墓碑一方，上写“故陆军中将夏副师长墓志铭”及近千字碑文于其上(此碑现存容县博物馆)，盛赞其爱国功勋，并于容城城北福船岭南端(现县酒厂背后)建造夏国璋衣冠坟墓一座，以资纪念。1987年4月，自治区民政厅批准夏国璋为革命烈士。

县底农民协会、中共容县临时委员会旧址 位于县底镇冠堂村，坐西向东，占地面积694平方米，是由前后楼与横廊组成的庭院式砖木结构的建筑。民国15年(1926年)3月，广西农民部成立，陈协五任省农民部部长，借回乡探亲之机，在冠堂强立小学成立容县第一个区农民协会，并成立自卫军，开展减租减息运动，同土豪劣绅进行斗争。1927年“四·一二”反革命政变后，中共容县支部领导人林培斌牺牲，党组织从县城向冠堂转移。同年11月,中共容县临时委员会在冠堂强立小学成立,何仲泽任临时县委书记,领导广大农民群众开展轰轰烈烈的土地革命,带领农民自卫军在墨砚堂和冠堂一带对土豪劣绅和军警进行武装斗争,并取得胜利。县底革命老区纪念馆,展出有八烈士、十先驱革命事迹、照片及当年革命前辈使用过的办公生活用品,成为爱国主义教育的重要阵地。

古迹 遗址

蛟湾大屋 位于自良镇中平村,建于清乾隆年间(1736—1795年),由儒林第、司马第两座建筑组成,坐北向南。儒林第建筑占地面积2200平方米,由三座面宽七开间的主屋及东面横廊组成,座与座有天井相间,前后有走廊相通,脊饰、封檐板与斗拱上的雕刻工艺较为精美。司马第建筑占地面积2600平方米,由三座面宽九开间的主屋和西面两列横廊组成。建筑装饰风格与儒林第相似,均为硬山顶砖木结构建筑。两座建筑颇具古代气息。

陵瑞庄 位于县底镇古燕村,建于清光绪四年(1878年),坐东北向西南。因正屋前面的女儿墙砌筑成"文""武"官帽形状,又称之为"文武楼"。整组建筑由大门、三进主屋、朝厅及两边横廊组成,占地面积4396平方米。建筑风格比较独特,主体建筑的雕刻具有一定的艺术、科学价值。

清白堂 位于六王镇尤华村,建于清代,坐西北向东南,占地面积524平方米,由三座面宽三开间的主屋组成,为硬山顶砖木结构建筑,精致而典雅。

彭氏大屋 位于灵山镇六良村,坐南向北,建于民国22年(1933年),由三进主体建筑及横廊组成的砖木结构二层建筑,占地面积2218平方米。一、二进与东西横廊上下均有檐廊相通,檐柱之间的跨空檐墙砌成弧形拱门。第一进门额及二楼的风火墙上有用灰砂堆塑的"北燕""南雁"字样,第二进门额上有"四和堂"三字。屋的前后、左右墙体上有枪眼和瞭望孔。其为一座近代中西合璧特色的客家围屋。

位于灵山镇六良村的彭氏大屋

(据《容县人文景观》)

海晏李公祠 位于杨梅镇杨梅村大仁山,坐西北向东南,建于清中期,占地面积为5539平方米,是庄园式的砖木结构的李氏祠堂。主体建筑均为抬梁式结构,保存尚好。其建筑设计造型艺术装饰风格等颇具特色。

君杰崔公祠 位于六王镇古泉村,建于清光绪二十六年(1900年),坐东南向西北,占地面积551平方米。该建筑分为三座,砖木结构。装饰比较精美华丽且保存较完好,壁画题材丰富,造型优美,线条流畅,笔法细腻,具有较高的艺术价值。

翟五杨公祠 位于六王镇尤华村,为杨氏宗祠。建于清中期,坐西北向东南建筑占地面积500平方米,砖木结构硬山顶建筑,主体建筑由两座面宽三开间的主屋和左右横廊组成。室内墙体上端有壁画及书法,笔法细腻,布局精巧。

睿中苏公祠 位于杨梅镇和丰村,坐北向南,建于清嘉庆十二年(1807年),建筑占地面积1614平方米,硬山顶砖木结构,由三座主屋和廊庑组成,梁架及封檐板上的雕刻工艺精美,凸显古朴、典雅。

伍廷飏故居 位于黎村镇温泉村,建于清末,民国中将、广西省代主席伍廷飏出生于此。坐东南向西北,建筑占地面积691.6平方米,悬山顶砖木结构。原建筑由三座主屋组成,第一进七开间,二、三进均为五开间,座与座之间有狭长的天井相间,具南方普通民居建筑风格。

徐松石故居 位于浪水乡白饭村,建于清光绪二十六年(1900年),世界壮学先驱徐松石出生于此。故居坐西北向东南,占地面积为2204平方米,是一座砖木结构悬山顶平房。主体建筑由三座正房及横廊组成,后面另有一座红瓦楼，颇具中国南方古朴实用的民房建筑特点。

刘崛故居 刘崛，同盟会广西分会会长、中华革命军广西司令长官。其故居位于县底镇康塘村，建于民国25年(1936年)，坐南向北，占地面积536平方米。主体建筑为一进五开间的悬山顶砖木结构，青砖到窗底，小青瓦，清水脊。平民住宅的样式，显示主人一生的清廉。

加厚堂 坐落在杨梅镇四端村，清嘉庆举人容州封氏十八世祖建猷公故居，有近200年历史。根据族谱及县志记载，自清嘉庆至清末，加厚堂传四代二十二男丁中，获科举功名的有邑庠生14人、贡监生4人、举人4人；其中2人中进士，官至内阁中书。近代名人有封凤子，为中国作家协会会员，历任《中央日报》特约撰稿，上海《人世间》月刊主编，北京市文联《说说唱唱》《北京文艺》编委，北京人民艺术剧院艺术处副处长兼文学组组长，中国戏剧家协会《剧本》月刊主编、编审，中国剧协常务理事、中国剧协书记处书记。加厚堂祖宅具有历史价值和美学价值。门楼屋脊上醇厚朴实，大气雄浑的浮雕让人看到加厚堂当时的尊贵地位。整座建筑飞檐翘角，雕梁画栋，仍显出昔日的不凡气势；特别是前座大门上方"鼎甲、传胪"四字更显旧日的科甲辉煌。大门内侧墙壁上画的是一对嬉戏的狮子，写着"太师少师"，落款处是"一品当朝"的印章。旧日加厚堂的正厅墙上挂满金牌扁，有"进士出身，钦点内阁中书"等，墙脚也插满高脚牌，存有"国朝十一代承恩"七个大字。加厚堂正门、正厅、花厅的墙壁上方绘饰龙纹、花草、吉祥鸟兽等，栩栩如生，据说是当年皇帝钦点画师所作。虽然历时二百年，颜色依然鲜艳不褪。两侧花厅的正墙上均题有诗词。加厚堂依山傍水而建，三座六廊式结构，中间正屋的三座依次拾级而上，一座更比一座高。正屋左右各三座对称的相呼应的横廊。各座和各廊之间以一个长方形大开井相隔，都有可避风遮雨挡太阳的走廊穿过，整座房屋周围筑有厚实的高墙护卫。房屋四角都建有炮楼，正屋大门前是一个大地坪，围绕地坪的正面护墙，里面看大约高1.20米，外面看大约高5米。护墙脚下是一张大水塘，人称桅杆塘，因塘的两侧有旗台，竖有桅杆和旗子而得名。加厚堂在两百年的历史中，虽几经大冰雹、暴风雨等自然灾害侵袭，但从未试过屋漏成雨，可见其建筑的坚固。由于数次政治运动的人为损坏再加上年代久远，加厚堂已身受重创，幸而主体结构尚存。

天后宫 位于容城镇西大街，为供奉妈祖的祠庙。建于明代，坐北向南，占地面积172平方米。仅存祠庙的厅堂，为抬梁式砖木结构。曾是范亚音农民起义军主要活动场所。

杨妃井 位于十里乡杨外村。明代曹学佺《广西名胜志》载："杨妃山在容县西云凌里，唐杨贵妃产于此，有井尚存，曰杨妃井。"清朝周鍷勋有《杨妃井》诗云："西子浣遗石，昭君生有村。香泉红泪在，曾照马嵬魂。"明·崇祯《梧州府志》(卷一舆地图·容县图)明确标注有杨妃井位置。

杨叶古井 位于容厢镇杨叶村，建于明代。井基面积22平方米，井口圆形，用四块花岗岩合砌而成，直径1.20米，水深3~4米。井壁上为花岗石，中为青砖，下为红石，井底为镬底形。其造型古朴、牢固、实用。

西村石拱桥 位于十里乡甘旺村万路河上，建于清代。桥为单拱，长16米，拱跨6米，桥面宽2.20米。桥身用红石条砌筑，桥面铺灰砂，是一座沟通西村和塘岭、坡界塘、茶山坡等村的古桥，保存完好，有一定的历史、科学价值。

城关窑址 唐宋时，容州有"岭南瓷都"之称。城关窑址分布于容城镇城东、西、南郊绣江两岸，分5个窑区，有数十座马蹄窑或坡式龙窑。产品有碗、杯、碟等30多个品种，胎质细腻洁白，坚硬且薄，光亮莹润，青白瓷影青效果甚佳。其中，以铁、铜为着色剂，一次性高温烧出全器绿釉器在中国宋代极为少见，在还原焰的气氛下烧出的色彩鲜艳的红釉器更为罕见。城关窑址的发现对研究中国宋代青白瓷、高温红釉、绿釉瓷的历史有着重要的意义。

文容顶遗址 在容县的古人类文化代表主要有文容顶遗址。该遗址位于石头镇石头村文容顶，属新石器时代。面积约1000平方米，出土有肩石斧、石凿各1件，砺石2件，采集到绳纹、蓝纹夹砂陶釜、鼎、罐等器物残片40多件。该遗址保存良好。容县古人类遗址的发掘，对了解新石器时代人类的生产与生活提供充足的材料，对民俗学、民族学、古生物、古气候的研究有重要意义。

西山冶铜遗址 位于容西乡西山圩附近，遗址范围约2平方千米，包括花名塘岭、湴塘岭、狗圈岭、大爷岭等9个山头。遗物堆积最厚达1米，有残鼓风管、铜渣和大量的方格纹、水波纹、弦纹陶片。与北流铜石岭为同一遗址，其是岭南范围最大的自汉至唐延续长达千余年的冶铜遗址。经广西有关专家考证，其是岭南制造铜鼓和其他铜器的基地。遗址的发现，对人们认识与研究古代冶铜技术、制造北流型铜鼓原料与方法具有十分重要的意义。

古城墙遗址 位于容城镇城东附近。容州古城为唐容管经略使韦丹所建。外城残存的长 290 多米，高 4~5 米，城基宽 8.50 米；内城残高 3~4 米，城基宽 5~6 米。遗址证明韦丹所建的古州城规制先进，规模巨大。

唐代容州普宁县杨妃碑记 唐天宝四年(745 年)官四门助教许子真撰。杨妃，容州杨冲人也。离城一十里。小名玉娘，父维，母叶氏。维尝谓先人云："葬其祖去此十里许，逢一术士，忘其姓名，云'此坟若高数尺必出贵子，惜太低生女亦贵'。"妃母怀娠十二月始生。初诞时，满室馨香，胎衣如莲花，三日目不开。夜梦神以手拭其眼，次日目开，眸如点漆。抱出日下，目不瞬。肌白如玉，相貌绝伦。后军都置杨康见之，以财帛啖其父求为女。妃家素窭，不获已与之。康有二子读书，妃三岁日夜同坐，听其诵读，渐长通语孟，康夫妇惜如珠玉。时杨长史炎摄行帅事闻之，左右令与母偕来，一见大奇，私谓厥妻曰："此女资质异常，貌有贵相，吾二女远弗逮也。"遂给以金帛与康求为女。康不从，乃胁取之，举家号泣送去。居无几何，长史秩满，携归长安，与二女同教。惟妃性昭慧，谙音律，明经史。后进入寿王宫。开元二十四年，明皇召入内号太真，大被宠遇。天宝间册为贵妃云。

明清古碑刻 置于县城经略台真武阁的西侧，属台阁附属文物。有明嘉靖三十一年(1552 年)梁珮《嘉靖武当宫碑》、清康熙四十三年(1704 年)徐发《重建古经略台碑文真武阁记》和清乾隆五十六年(1791 年)张潾《重修容县城东真武阁记》，具体记录经略台真武阁创建、维修的时间与经过，是研究容县地区政治、经济、文化历史极为珍贵的实物资料。梁珮，广东省高要县人，岁贡，明嘉靖三十一年(1552 年)任容县训导。徐发，江南长洲（今江苏省苏州）人，进士，清康熙四十年(1701 年)任容县知县。张潾，山东馆陶县（今山东冠县）人，拔贡，清乾隆五十三年(1788 年)任容县知县。

第二章　旅游管理与服务

第一节　管理机构

容县旅游局

1991 年 12 月，成立容县旅游局，为县直机关，由县委办公室、县政府办公室领导，核定行政编制 3 名，实有人数 2 人。1997 年 4 月，改为县政府直属科(局)级事业单位，赋予行政职能，负责对全县的旅游资源进行保护、开发、宣传、利用和管理。内设政工秘书股、规划资源股、旅游业务股。核定事业编制 5 名，其中局长 1 名、副局长 1 名，实有人数 6 人。1997 年 8 月，增设二层机构都峤山风景区管理所，该所为全民所有制事业单位，核定编制 12 名，主要负责都峤山风景区范围内开发、建设、管理和服务工作。2001 年 12 月机构改革，县旅游局改为内设 2 个职能股：政秘股、旅游业务综合管理股。核定事业编制 6 名，其中局长 1 名、副局长 2 名，实有人数 10 人。2005 年，县旅游局核定事业编制 6 名，实有人数 7 人。1991—2005 年，历任局长：陈广元、董启福、区健、李贻冠、梁剑锋、陈玉容。

容县旅游工作协调委员会

1997 年 6 月，容县旅游工作协调委员会成立。委员会主任由县长岑小华担任，副主任由县委、政府、人大、政协等四家班子副职领导担任，委员为县直 22 个相关部门的主要负责人。委员会下设办公室，办公室主任由旅游局局长李贻冠兼任。

容县都峤山风景名胜区管理委员会

2001 年 6 月，成立都峤山风景名胜区管理委员会，管委会主任由县委分管旅游的副书记担任，设常务副主任 1 名，副主任 2 名，成员为县直 12 个相关部门的主要负责人，下设办公室负责日常工作。办公室人员以都峤山风景区管理所人员为主，实行两块牌子一套人马。主要是对都峤山风景名胜区的管理，合理开发和保护都峤山旅游资源，规范旅游秩序，创造良好的旅游环境。

容县旅游局际协调会议办公室

2000 年 8 月，组建旅游局际协调会议办公室，成员单位包括旅游局、公安局、工商局、物价局、建设局等，日常工作由县旅游局承担。主要负责国家法定的黄金周等节假日旅游工作的协调、监督、管理。

第二节 旅游宣传与服务

以侨促游

容县旅居海外的华人华侨有 80 多万，是境外游客的主要客源。1990 年起，县政府充分发挥广西最大侨乡的优势，采取"以游引侨，以侨促销"的办法，有计划地分批分组团赴容县籍华侨华人聚居的东南亚和港澳地区进行访问宣传，利用各种海外关系大力开拓境外客源市场。

两广 10 市旅游区域合作

2004 年，县政府加强与自治区内南宁、北海、梧州、柳州等地市的合作，以及自治区外广州、肇庆、珠海、深圳等城市的区域合作，融入广东湛江、阳江、茂名、云浮和广西北海、防城港、玉林、钦州、贵港、来宾等 10 个城市组织的旅游区域合作，互相推介，互相促进。派出各景区、旅行社的业务骨干多次到广东的广州、深圳、珠海、肇庆宣传容县"三名"胜景，主动与各地新闻单位和旅行社合作，有目的、有步骤地邀请区内外新闻记者和旅行社负责人前来实地考察、踩线、推介"三名"旅游胜景，初步实现"区域合作"。

贵妃霓裳羽衣舞

1998 年，组建容县教育艺术团，专门表演《贵妃霓裳羽衣舞》（俗称贵妃舞）。该舞蹈以杨贵妃的传奇故事为题材，经精心编导，在中央电视台、广东卫视、珠江台及自治区、市、县电视台和《广西日报》《南国早报》《玉林日报》等自治区内外主流新闻媒体宣传推介，对容县"三名"旅游景区进行宣传促销。

旅行社

1997 年，容县大世界旅游有限责任公司成立。该公司以组织自治区内外旅游线路为主，组团经营能力较强。2000 年，新增容州旅行社。2000—2002 年，容州旅行社每年均为容县招徕大量自治区内外旅游团队，成为容县"引客入容"的主力军。这 2 家旅行社均为国内旅行社。容县旅游局按照国家有关条例规定，每年对这 2 家旅行社的经营业务、经营范围等执行标准化管理和每年年检制度，对旅行社的导游员、经理、领队均实行考证上岗、服务质量监督及违规扣分、年度考核管理。

旅游住宿

至 2005 年，容县的旅游服务设施主要有 2 个二星级旅游酒店，即华侨大厦和长江大酒店。华侨大厦地处县城繁华商业地段，毗邻容县汽车站和容县客运中心，交通、购物、十分便利。主楼高 7 层，副楼高 3 层，拥有豪华套房、豪华标准间、普通标准间等各类客房 70 间共计 130 个床位；拥有先进设备的会议室和商务中心。容县长江大酒店位于县城最繁华的闹市区，距真武阁景区仅 1 千米，交通便利，环境优雅；酒店集住宿、餐饮、商务、会务、旅游为一体，内设大型停车场，大中小各式规格的多功能会议厅，配备有完善的安防系统和豪华电梯间，拥有商务套间、温

唐朝开元寺景子铜钟

（容县博物馆 提供）

馨情侣间、豪华电脑房、豪华标准间、豪华大单间等各类客房共50多间；餐饮部设有大型豪华宴会大厅、多功能宴会厅、风格各异的豪华包厢多间，可同时容纳1200人就餐，主要提供两广风味美食。此外，还有建于都峤山庆寿岩景区的庆寿宾馆。

旅游商品

至2005年，容县开发的旅游商品主要有：沙田柚、荔枝、龙眼等特色水果；红菇、兰花、肉桂、八角、茶叶、木耳、山葡萄、竹笋等地方土特产；霞烟鸡、黑芝麻糊、柚皮酿、豆腐酿、菜包酿、南瓜酿、功能粥等风味食品。

旅游购物

20世纪90年代中后期起，县政府引导企业开发各种具有本地特色的旅游纪念品，主要品种有陶瓷贵妃像、真武阁—贵妃园全景纪念卡、都峤山庆寿岩全景纪念卡、佛字盘、佛字包、工艺伞、工艺扇、根艺、生肖奇石等40多个品种。旅游商店主要有旅宝商行、九龙珠宝店。旅宝商行前身为善宝斋，成立于1998年，商行设在容县庆寿岩风景区购物街，占地面积200平方米；商行自有资产30万元，主要出售容县沙田柚、木芋粉、黑五类食品、红香菇、桂园肉、“三名”茶、贵妃茶、容县保健木鞋等土特产、纪念品，年接待游客6万多人次，年营业额20多万元。九龙珠宝店位于真武阁景区内，商店面积300多平方米，主要为游客提供以容县“三名”旅游胜景为主题制作的工艺品、纪念品、书画作品，以及各种珠宝玉器。

第四篇

侨务外事　港澳台事务

2004年11月，中国香港邵逸夫捐资50万元援建的容城镇中心学校逸夫教学楼

（容县侨办　提供）

1990年起，容县充分发挥侨务、港澳台资源优势，落实各项政策，开展一系列颇具特色的工作，推进海外联谊，引进侨资侨智等。支持鼓励、引导他们携老带子回乡寻根祭祖、观光考察，邀请华侨、华人、侨商、港澳台同胞回容县参加各类活动。海外华侨华人发展壮大海外社团，集资回乡创办企业，做公益事业，支持容县经济、文化、教育、卫生、城乡建设等发展，其中在办学、办医的捐款中尤为突出。1990—2005年，容县接待规模较大的来自泰国、新加坡、马来西亚等地的华侨华人、中国港澳台同胞代表团、访问团、旅游观光团有490批共3.56万人次，开展文化交流活动15批次。1995—2005年，县外侨办为容县党政机关人员办理因公出国（境）证件105件，出访人员105人（次）；为容县企事业单位人员办理因公出国（境）证件37件，出访人员37人（次）。至2005年，全县总人口75万人，祖籍容县的海外华侨、华人和中国港澳台同胞有85万多人。

第一章　侨　务

第一节　机　构

容县外事侨务办公室

1950年1月6日，成立容县人民政府侨务办公室（简称县侨办）。1955年3月，成立容县人民委员会侨务科，负责全县的侨务、港澳台工作。1957年撤销，1958年9月恢复，1960年10月合并入容县人民委员会办公室办公，1961年7月恢复侨务科，1963年6月撤销，把侨务工作纳入中共容县县委统战部。1966年，侨务工作、活动停止。1978年12月13日，恢复容县革命委员会侨务办公室。1980年，更名为容县人民政府侨务办公室，设置专职主任、副主任和工作人员，乡（镇）配备管理侨务工作干部（统战委员兼）1名。1997年3月，容县人民政府侨务办公室改为挂牌机构，人员编制指标由原来的8名减为6名，办公地点设在县委统战部。1998年4月，办公室改设在县人民政府办公室。2001年11月，原设在县人民政府办公室的县侨务办公室由挂牌机构改为县政府工作机构，原在县人民政府办公室的外事科合并到侨务办公室办公，增挂外事办公室牌子，形成一套人马两个牌子的机构，办公地址设在县政府大楼。2004年6月，县侨务办公室和县外事办公室合并更名为容县外事侨务办公室，仍为县人民政府工作部门，不再保留县外事办公室牌子。

1992—2005年，容县外事侨务办公室历任主任：曾振泉（1992.3—1993.12），钟雄（1993.12—1998.2），李赐瑜（1998.2—1999.3），曾昉明（1999.3—2004.7），陈玉容（2004.7—）。

由海外侨胞捐款，建于1991年的容县侨联办公大楼　　（容县侨联　提供）

容县归国华侨联合会

1952年11月，县委筹备成立容县归国华侨联合会。1956年6月20日，成立容县归国华侨联合会（简称县侨联），属正科（局）级人民团体机关，归容县县委领导。1990年，县侨联核定行政编制3名，实有人数8人。1997年，县侨联核定行政编制4名，实有人数7人。1999年，县侨联核定事业编制6名，实有人数7人。2001年，县侨联内设办公室，设专职主席、副主席各1人，核定事业编制6名，实有人数6人。2003年，县侨联核定

事业编制 4 名，实有人数 4 人。2005 年，县侨联实有编制人数 4 人。杨梅、六王、灵山、石头、十里、容西等 6 个乡（镇），分别成立有侨联组织。

表 4-1　　**容县归国华侨联合会历届领导人一览表**

职务	姓名	任职时间
永远名誉会长	封明光、饶培中、邓深元、吕天保、陈茂森、杨业福、浦金德、成立超、黄敏全、陈奇培、薛锦梅、黄兑芳、崔勇	2004.5
名誉主席	马南	1988.11—1992
	封祖暹、封明光、成立超、陈茂森、江文昌、李立忠、饶雪霏、杨业福、覃武振、陈奇培	1995.7—2001.4
	马宁熙、封家正、胡志强、浦耀才、潘炜初	2001.4—
主席	封祖暹	1988.11—1995.7
	覃肇忠	1995.7—2001.4
	唐全深	2001.4—2002.9
	钟萍	2002.9—

涉侨社团

1995 年容县华侨（包含港澳台）扶助福利会成立。该会是容县侨办主管具有独立法人资格，经容县民政局注册登记的社会团体机构，主要是由海外侨胞、港澳台胞、热心侨界扶贫工作的单位以及个人组成。其宗旨是扶助贫困的归侨侨眷，在生产生活进行帮扶，搞好生产发展；救济孤寡归侨；救助归侨侨眷的失学子女重返校园；奖励华侨、归侨、侨眷“三侨”高考成绩优秀的贫困学生。首届理事长由县侨办主任钟雄担任，副理事长兼秘书长由县侨办副主任曾宪立担任。聘任在海外容县籍的泰国封明光、马来西亚陈茂森、新加坡成立超等 8 人担任名誉理事长，海外 20 人担任名誉理事，首届会员 56 人。

容县侨商会

2004 年 4 月成立，是容县侨联主管并具有独立法人资格，经容县民政局注册登记的社会团体机构。是广西首家成立的侨商会。侨商会致力于整合海内外侨力资源，侨界企业团结协作，加强与海内外商界、华侨华人社团组织的联系交往，促进地区间商贸合作与经济技术交流，为会员服务和维护会员合法权益，为加强侨商与政府的联系沟通提供平台。首届入会企业会员 40 家，个人会员 53 名，入会企业以容县侨属企业为主体。由广西南山瓷器有限公司董事长龚增森担任会长，由李汉荣、何国成、何忠海、杨毅坚、曹庆泽、黄宪南、龚振飞、黎万谦担任副会长，县侨联主席钟萍担任秘书长，聘请容县人民政府县长杨家庆担任名誉会长，新加坡成立超、马来西亚江文昌、美国黄兑芳、泰国封家正等 16 位海外侨领侨商担任海外顾问，容县工商局、税务局、公安局、检察院、法院等部门的领导担任名誉顾问。

第二节　侨　情

侨乡形成

容县籍华侨出洋大多是受政治、文化、经济、交通等因素影响。在清道光二十年（1840 年）鸦片战争以后，部分容县人为了逃避迫害、躲避拉夫抓丁和摆脱生活困境，以被贩卖“猪仔”、经过“水客”往返招工等方式，成批移居马来西亚、泰国、新加坡等地就业、经商，在国外谋求生活出路。早期出国的华人华侨，通过艰苦创业赚到钱后，寄钱回家乡养活老小，或回来携妻带子出国定居生活。清末至民国初期，全国兴起留学救国运动，出国留学的容县籍学生就有 110 人，容县是广西到国外留学人数最多的县。辛亥革命时期，海外华人华侨积极组织团体捐钱捐物，参加同盟会，支持孙中山推翻帝制。民国时期，部分容县人通过亲帮亲、邻帮邻，一批又一批移居到东南亚各地定居生活，是出国的高峰时期。解放前夕，容县籍大部分国民党军政人员及老兵离开大陆，有的留在泰国、缅甸边界，有的去中国香港、澳门、台湾，其后代多数迁往欧美等国家。改革开放后，部分容县人因家庭团聚移民、投资移民、技术移民、留学移民、接收遗孤、劳务输出等，定居国外，这样自然形成了侨乡。经过努力拼搏，海外华人华侨在各行各业都涌现出优秀人才，并取得骄人业绩。他们身在国外，心系故里，乐善好施，感恩图报，汇款回家乡赡养亲属，支持亲属生产和生活。

19 世纪容县人赴东南亚国家及香港地区线路图　（容县侨办　提供）

容县人境外分布

1990 年，容县籍海外华侨、华人分布在世界 20 个国家和中国香港、澳门和台湾地区。2005 年底，容县籍海外华侨、华人分布在世界 25 个国家和中国港澳台地区，人数共 85.45 万人。

境外社团

早期出国的容县人，初到国外人地生疏，以“团结乡人，互助共济，免受欺凌”理念，相互依托，共同合作，共度患难，安居立业。之后，逐步以“联络乡情乡谊，促进团结合作，谋求共同发展，兴办公益事业，弘扬中华民族传统文化和美德，鼓励华裔后人寻根问祖，增进对祖国（籍）和家乡的亲情乡谊”为宗旨，在当地自发组织成立宗亲会、同乡会或会馆。至 2005 年，在世界各国各地以容县籍华侨华人、港澳台同胞创办的宗亲会、同乡会、会馆等组织共有 59 个，其中马来西亚 40 个、泰国 4 个、新加坡 1 个、越南 2 个、美国 5 个，中国港澳台地区 3 个；世界性的同乡会 1 个，超百年历史的有 3 个。

新加坡广西暨高州会馆　1883 年，创建新加坡广西暨高州会馆，会址设在美芝路 467 号。该会馆是一所具有跨省级地域性的特殊组织，早期称为“三和公司”，1891 年易名为高廉桂（即广西省、广东省廉州府和高州府）三和会馆，故命名为“三和会馆”，以联络三属地乡谊。1992 年，因廉州府区域划入广西，又更名为新加坡广西暨高州会馆。1999 年，三和会馆投资 200 万新元，在沈氏大道 142 号购买 1 幢 3 层结构的楼房，作为永久会所。会馆办有“三和学校”，设有青年团、妇女组、歌咏队，还有会员子女奖学金、敬老度岁金和两广义山，实行开放式管理。至 2005 年，会馆共有会员近 1000 人。历任会长：庞公、陈兴隆、黄地莲、吴觉非、秦大和、许永声、曾天德、吴惠三、许福秋、李立忠、成立超、陈奇培、唐金华、杨亚生、黄水养等，其中成立超多次连任会长。

新加坡广西暨高州会馆
（2004 年，容县侨办　提供）

雪兰莪暨吉隆坡广西会馆 1898年,为了联络乡谊,心系同乡谋福祉,汤东向马来西亚当地政府申请义山土地20英亩,获得批准,建设会所。1922年,创立广西公所,到1927年8月16日,举行开幕仪式,邓七记为首任总理。1952年7月28日,广西公所改名为雪兰莪广西会馆。由于年深月久,会馆经受风雨侵蚀,倾圮堪虞,1965年提出会馆重建议案。1973年12月23日,在马来西亚首都吉隆坡市中心地带,举行新建会馆大厦落成盛典。至2005年,会馆拥有会员1600多人,理事会成员37人,会馆属下设有:武术醒狮团、青年团、妇女组等组织,以及适耕庄活动中心,开展健康文娱活动,组织参与社会公益事业活动。会馆每年组织举办会庆、庆贺乡贤受封勋衔仪式活动,组织举办春、秋二祭和颁发会员子女学业奖励金、施赠贫老、残障度岁金等活动。在会馆中曾担任过领导的人士共有16人,分别是邓七记(1927年),梁砺金(1928—1936年),宾涤生(1937—1940年),覃美堂(1946—1947年、1949年、1951年、1964年),梁明湖(1950年、1952年、1954—1956年),苏拔荣(1953年),陈生(1957—1960年),陈声新(1961年),卢贤佳(1962—1963年),李生(1965—1968年),江文昌(1969—1985年),李德才(1986—1990年),覃武振(1990—1996年),王佐文(1997—2000年、2003—2004年),彭生财(2001—2002年),秦仲安(2004年—)。

马来西亚雪兰莪暨吉隆坡广西会馆

(1995年,容县侨办　提供)

马来西亚文冬广西会馆 1909年,在浦其生、浦旺、陈有、陈瑞林、周业棠及李利公等人的倡导下,以"团结乡人,互助共济,免受欺凌"为宗旨,创立马来西亚文冬广西会馆。之后,购买店铺、橡胶园,建立福利院,设立会员储蓄附项部。在20世纪50年代,会员存款曾经超过一百万马币,被全国公认为"百万会馆"。会馆拥有1幢4层占地3间门面的楼房、2幢3层的学生住宿楼,提供出租收益、橡胶园25英亩,全部产值近1000万马币。到2005年,会馆有会员近1200人,其中容县籍居多。曾任会馆会长的容县籍人士有:浦旺亨(首任会长,1910—1912年)、李善(1970—1973年)、陈赞全(1984—1987年)、李振强(1987—1995年)、杜辉廷(1998—2003年)、李华泉(2004—2005年)。在会馆的领导成员中,曾被民选委任州议员有:文冬市区州议员浦耀才(1974—1990年,曾被委任国会上议员职务),被民选委任文冬市、市县议员有梁异光、杜辉廷、李华泉、李士臣、傅亚荀、李茂权、浦文雄等8人;吉打里区的州议员陈赞全(1974—1986年)、陆官金(1986—1996年)、严雅厦(1996—2004年)。

马来西亚彭亨州文冬广西会馆

(2005年,容县侨办　提供)

泰国广西总会 1971年10月，在华人封东初倡导下，其个人出资10万泰铢，购买土地，开始筹建泰国广西会馆。1981年10月正式成立泰国广西会馆，每届任期为两年，负责召开年会（每年一次）。会馆属下有泰国勿垌八桂堂、泰国勿垌广西会馆、合艾泰南广西会馆等会馆。泰国广西会馆，第一届至第十五届理事长，分别由容县籍的封君晓、封明光、饶培中、封家正、封祖超、封嘉盛担任。新建的泰国广西会馆大厦，于1983年5月建成。在该会馆大厦落成之际，主办首届世界广西同乡联谊会就职典礼。同年9月，泰国广西会馆首次组团，回家（国）乡探亲考察。1991年，会馆主办世界广西同乡联谊会第五届第一次大会、泰国广西会馆成立10周年庆典活动。2004年，修改会馆章程，将广西会馆更改为泰国广西总会。泰国广西总会，是泰国华人华侨组织。该总会设立"封东初奖学金"、福利基金、襄理喜庆、丧事、救灾等工作组织机构，开展总会馆的各项馆务工作，加强友好交往、组织交流合作、促进共谋发展。经过会馆领导成员的共同努力，争取泰国外交部部长、泰华九属会馆领导、泰国华文报社领导等，到华访问广西，为促进广西与泰国的经贸合作与友好交往做出贡献。

2003年9月，容县代表团访问泰国广西会馆

（容县侨办　提供）

世界广西同乡联谊会 1983年，创建世界广西同乡联谊会（简称世桂联），是涵盖世界性同乡会组织的一个社团，以联络乡情友谊、互相扶持、开发商机、谋求发展为基础，建立世界合作交流平台，提升社会发展综合实力。参加成员有新加坡、马来西亚、泰国、美国、日本、越南、澳洲、加拿大、英国、阿根廷等国家和地区，以及中国香港、澳门、台湾地区的广西籍人士参加。世界广西同乡联谊会，每两年召开一次代表大会，代表大会在各个国家轮流召开。至2005年，在世界广西同乡联谊会的历届社团领导成员中，容县籍人数占60%，担任过世界广西同乡联谊会主席的容县籍华人有刘志荣（1985年第二届、中国香港）、李德才（1987年第三届、马来西亚）、封明光（1991年第五届、泰国）、成立超（1993年第六届、新加坡）、覃武振（1997年第八届、马来西亚）、封家正（2001年第十届、泰国）、黄兑芳（2005年第十二届、美国）等。

归侨与侨眷

回国原因 华侨华人在海外定居生活就业，经历了各个历史时期。由于各种原因，形成侨民群体返国回乡。侨民返国回乡时间，大体分五个阶段。第一阶段：20世纪30—50年代，一部分华侨华人在当地参加抗日、共产党活动，被当局驱逐返国回到农村。第二阶段：20世纪50年代初，实行土地改革分田分地，吸引一大批华侨回国，领取田地耕种过安居生活。第三阶段：20世纪50—60年代，华侨后裔有一部分年轻人回国读书，后因各种原因又出不去。第四阶段：20世纪60年代，由于居住国排华而回国。第五阶段：改革开放后，有一部分老华侨怀念祖国，思念故乡，落叶归根而回国度晚年。2005年，全县有归侨2.59万人，主要居住在边远乡（镇）村，部分住在县城或在县直单位工作，且大部分已经离退休。

发展经济建设家乡 改革开放后，广大归侨侨眷在各行各业发展经济，建设家乡。有的从事农业生产、发展种植、养殖业；有的经营饮食服务、服装、商贸、修理、运输业；有的从事文教、卫生、行政等行业；有的从手工业生产发展到开办工厂企业。他们精心经营，务实创业，勇于担当，为地方建设事业、经济发展，作出了积极贡献。至2005年，全县享受副科级以上领导职务待遇及岗位的优秀归侨、侨眷共有880人；曾当选为自治区、玉林市、容县、乡（镇）的人大代表65人次；担任政协委员120人次；享受国务院津贴的拔尖人才、

特级教师 10 人；先后获得全国各条战线的省(部)级以上先进人物有 8 人(次)；有资产 500 万元以上的侨属企业共计 96 家，成为县域经济发展的中坚力量。但仍有少部分居住在乡(镇)边远山区的归侨侨眷，生活水平处在贫困线上。

第三节　侨务工作

政策法规宣传

容县贯彻落实《中华人民共和国归侨侨眷权益保护法》(简称《侨法》)和政策法规，开展侨务法律法规宣传、侨务工作和侨务活动。1990—2005 年，容县侨办组织编印《侨法》、《归侨侨眷权益保护法的法律法规汇编》以及《侨务工作基本方针政策摘编》等学习宣传资料，共编印《侨法》小册子 0.67 万册、汇编摘编资料 1.50 万份。在每年 5 月 15 日—20 日，县侨办组织举办侨务政策宣传周活动，在全县范围内开展《侨法》和政策法规宣传、电视讲座、编写黑板报、张贴标语以及咨询服务等活动。

政策落实

清退房屋工作　1991 年，撤销容县落实侨务政策领导小组，将落实侨务政策领导小组办公室并入县政府侨务办公室。成立容县落实华侨私房政策领导小组，组长由分管侨务工作的副县长担任，相关部门领导为小组成员。开展落实侨房政策以及善后工作。

归侨(眷)回收工作　容县对 20 世纪 60 年代初期，因当时历史原因被精减回乡的归侨、侨眷职工 1000 多人，发出回收原单位通知，按照有关政策，落实安置被精减回乡的归侨、侨眷职工，复工或退休退养安置工作。1990 年底，经自治区批准全县获得复工或退休退养安置的人数达 568 人，占全区符合复工或退休退养安置人数的 60% 以上。2005 年，对 856 名被下放的职工，经核实侨字号身份得到及时恢复，办理回收有关手续，回归到原单位报到工作。

职工退休　容县做好归侨干部职工侨字号身份核实工作。为全县归侨退休干部职工 337 人，核准侨字号身份，使他们享受 100% 工资的退休金待遇。1995—2005 年，全县为归侨干部职工 253 人办理退休手续。

“农转非”工作　1992 年，容县贯彻落实自治区人民政府《关于下达 1992 年容县外汇购买住宅项“农转非”人口计划指标的通知》精神，办理侨汇购房户 200 户的“农转非”手续。1993 年，安排容县回收职工家属“农转非”指标 640 名。1995 年，办理回收的归侨侨眷干部职工家属“农转非”300 多人。

信访工作

1990—2005 年，容县侨务部门受理归侨侨眷、海外华侨、华人所在(居住或祖居)地的房屋、土地、道路交通、山场、山林权属问题，涉及纠纷、维权等案件，处理侨民来信来访 705 件，接待来访 4509 人次。

第二章　外事活动与港澳台事务

第一节　出　访

1990—2005 年，容县实施“走出去、请进来”战略，不断拓展海外联谊渠道。每年都派出有关人员出国(境)考察、拜访、学习取经，参加海外社团的各种庆典活动，结交朋友，推介和宣传容县各方面发展情况。

1997 年 3 月，县委书记杨柳岸等一行 10 人，应邀赴泰国曼谷市和勿垌市进行考察、拜访，先后拜访泰国广西会馆、泰国勿洞市政府、勿洞广西会馆、勿洞八桂堂等部门和社团。在拜访勿洞市市长陈进森先生时，就两地间的文化、教育、经贸等方面进行会谈、交流，县长岑小华与勿洞市长陈进森，分别代表两地签订了农业、林业、工商经贸等项目的合作意向书。

2000 年 3 月，县委书记黄必贵等 16 人，前往新加坡、马来西亚、泰国和中国香港地区参观考察，并拜访 20 个广西会馆及社团；4 月，县委副书记曹桂芬等 16 人，应邀前往新加坡参加新加坡广西暨高州会馆成立 117 周年庆典活动；5 月，县委副书记曹桂芬等 15 人，赴中国香港地区出席香港马鞍山扶苗之友会第一届委员就职典礼活动；10 月，县政府常务副县长邹汉其等 16 人，应邀赴中国澳门地区参加世界广西同乡联谊 2000 年澳门特别大会。

2001 年 9 月，县委副书记陈瑞等 16 人，赴泰国出席世界广西同乡联谊会第十届代表大会。顺道考察拜访新加坡、泰国、马来西亚等国的社团。

1997 年 3 月 17 日，容县组团访问泰国勿洞市政府，并签署友好协议书 （容县侨办　提供）

2002 年 3 月，县委副书记曹桂芬等 15 人，出席中国香港地区沙田区工商业联会第二届会董局就职典礼；4 月，县政府常务副县长邹汉其等 10 人，赴中国香港地区出席香港广西同乡会第十六届会长监事就职活动；8 月，县委书记张福文率 10 人代表团，赴中国香港地区参加广西壮族自治区政府在中国香港举办的西部开发项目推介会。

2003 年 9 月，县委统战部部长陈松等 16 人，赴新加坡参加世界广西同乡联谊会第十一届代表大会，顺道考察、拜访马来西亚、泰国等国家和中国香港地区的社团 25 个。

2004 年 6 月，县委常委、宣传部部长周鹏昌等 10 人，赴中国香港地区出席香港马鞍山扶苗之友会成立 6 周年庆典活动；9 月，县长杨家庆应邀率团 3 人赴德国考察汉诺威汽车公司。

2005 年 5 月，县人大常委会率领容县各乡（镇）书记、乡（镇）长代表团，赴新加坡、马来西亚、泰国考察并访问广西会馆社团；9 月，县委书记张福文、县政府县长杨家庆，分别随玉林市政府代表团赴欧洲考察、赴美国出席世界广西同乡联谊会十二届代表大会。

第二节　到　访

1990 年 9 月 7 日，容县人民政府成立由县长李汉金为组长，副县长江瑞东任副组长，有关部门领导为成员的接待海外侨胞和港澳台同胞工作领导小组。9 月 10 日，县政府安排领导参加自治区人民政府举办的世界广西同乡恳亲大会。9 月 12 日—14 日，接待海外侨胞观光团 48 人到容县观光考察，其中广西会馆 29 人、勿垌泰国广西会馆 7 人、新加坡 9 人。

1991 年 5 月，接待马来西亚广西总会中国旅游探亲观光团 58 人。

1992 年，容县接待新加坡、泰国、马来西亚等国家和地区共 10 个回乡探亲、旅游观光团。电视拍制剧组共计 800 多人。同年 12 月，县政府举行县政府新办公大楼落成会暨容县侨联大厦落成庆典活动。世界广西同乡联谊会第五届主席封明光应邀率领泰国、新加坡、马来西亚等国家的海外乡亲 300 多人参加庆典活动。

1994 年，容县接待泰国广西会馆封明光一行 5 人，到容县考察。

1995 年，容县接待新加坡广西暨高州会馆会长成立超一行 20 人、马来西亚总会会长陈茂森一行 30 人、泰国广西会馆理事长饶培中一行 18 人，到容县探亲访友。海外侨胞为灾区人民捐赠救灾款。

1996 年 5 月，容县接待马来西亚马氏宗亲回乡探亲寻根团一行 21 人、马来西亚广西总会青年团长李格海率领的探亲团一行 10 多人。

1997 年 4 月，容县接待马来西亚雪兰莪广西会馆会长王佐文一行 8 人探亲团，到容县观光。5 月，分别接待泰国亚洲工程学院张振成博士一行 5 人、泰国广西会馆理事长饶培中探亲团，到容县观光。10 月，分别接待马来西亚居銮广西会馆侨领胡述良一行 60 人、马来西亚广西总会组团 300 多人、泰国广西会馆首长访问团一行 9 人，到容县观光探亲。

1998 年，容县接待观光考察和开展文化交流活动的马来西亚森美兰广西会馆会长邱亚来一行 40 多人，封祖超率领的泰国广西会馆首长访问团一行 10 人，陈茂森率领的马来西亚怡保广西会馆访问团一行 50 人。

1999 年 2 月，容县接待泰国南部以黄旭南为团长的省亲团一行 16 人。接待封祖超率领泰国广西会馆首长访问团一行 5 人，到容进行考察，就计划在容县筹建成立封氏宗亲会开展文化交流活动。

2000 年，容县接待泰国广西会馆理事长饶培中一行 10 人，到容县探访贫困学生、考察罗江旺华小学校、并捐款建校，落实扶助贫困生公益慈善活动计划和洽谈投资建设项目。

2002 年 6 月，容县接待马来西亚雪隆广西会馆副会长杨绍南率领的访问团。

2003 年 9 月，容县政府举行世界各地华侨到容县观光考察恳谈暨教育捐款仪式　　（容县侨联　提供）

2003 年 9 月，容县接待马来西亚侨领覃武振一行 5 人，到容县开展公益事业活动，他们捐赠电脑 1 台给容县侨联；接待马来西亚森美兰桂青文化中心理事李秀发、林容娥的文化教育项目考察小组，在容县中学和容县高中，分别开展英语教学交流。

2004 年 2 月，容县接待“列席容县政协第七届会议”的新加坡广西暨高州会馆会长成立超等海外侨领 8 人。4 月，接待出席“海外侨胞捐赠商务车仪式”活动的马来西亚太平市蒙亮绅、吕天保等爱心侨胞 20 多人。7 月，接待马来西亚广西总会顾问江文昌、马来西亚侨胞柯来发等 6 人到杨梅镇、十里乡、自良镇考察侨心小学事宜。9 月，接待捐建杨梅妙阳侨心小学的马来西亚侨胞柯来发。

2005 年 2 月，容县接待出席由马来西亚广西总会顾问江文昌、陈为兰夫妇捐建的“自良镇镇水侨心小学”奠基仪式的嘉宾 15 人；6 月，接待美国欣欣教育基金会向松山镇慈堂小学捐赠 8 万元筹建侨心教学楼的爱心侨胞和上级领导 20 人；8 月，接待出席由马来西亚侨胞柯来发捐建的“容县十里乡杨外小学侨心小学”奠基仪式的嘉宾和上级领导 20 人；9 月，接待出席由马来西亚侨胞柯来发捐建的“容县杨梅妙阳侨心小学”落成仪式的嘉宾 18 人；10 月，接待出席“第二届中小企业商机博览（中国・玉林）”和“容县沙田柚节”活动的海外嘉宾 260 人，世界广西同乡联谊会第十二届主席黄兑芳向母校容县容州镇第一中心小学捐赠价值 5 万元的图书一批；11 月，接待由法国法华寺华侨华人联合会捐建的“十里中学侨心综合楼”奠基仪式的嘉宾和领导 22 人。

2005 年 7 月，马来西亚侨胞柯来发捐资 25 万元援建的杨梅镇妙阳侨心小学荣宝昌教学楼

（容县侨联　提供）

第三章 公益事业和发展经济

第一节 公益善事

容县籍华侨华人身在境外，心系故里，乐善好施，感恩图报，汇款赡养亲属，支持亲属生产和生活。他们乐于公益慈善，支持民生事业发展。1990—2005 年，旅居海外的华侨华人和港澳台同胞，为容县公益事业捐赠 1000 多万元，其中：捐赠给各级政府、企事业单位的大、小汽车共计 35 辆；援建中小学项目 18 个；资助贫困学生 2000 多人；并为县内文化教育、医疗卫生、扶贫济困、修桥铺路等事业发展捐资扶持。

十里华侨中学创办于 1958 年，校园占地面积 2500 平方米，校址位于十里乡大坡村辖区内。当时，因大坡村地处山区、交通闭塞，为了大坡村的教育事业发展，由村民出力、华侨捐款，建成大坡华侨中学，招收本县大坡村、大萃村、古泉村等地的侨属子女为主，也招收相邻的岑溪县部分学生。20 世纪 70 年代末，新建东廊和南廊房屋，形成四合院式的校园，中学、小学合并为村办学校。80 年代初，小学从中学分离而独立办学。2005 年，该校在校生仅有 70 多人，教职工 9 人，学校教学基础设施比较落后，不适应教学和社会发展需要。

1990 年 7 月建成开业的容县华侨大厦

（容县侨办 提供）

杨梅华侨中学始建于 1958 年，校址位于杨梅镇四端村，校园占地面积约 3.20 万平方米。当时，华侨捐款，村民出力，建成砖瓦木教学用房。1958—1966 年，面向全县招生，主要有灵山、六王、黎村等乡（镇）学生到该校就读，教学班共 12 个。1967 年起，招生服务范围是杨梅镇四端、和睦、石岭、普济等 4 个村，每个年级 3 个班，共有 12 个教学班。1988 年，在县教局、县侨办、海外侨胞的大力支持下，发动群众集资办学，投入资金 8 万多元建成 1 幢 2 层的教学楼，共计 8 个教室。2001 年前，由杨梅镇教育辅导组主管。2002 年起，该校由县教育局主管，定为杨梅中学的协管学校。

2005 年 2 月，马来西亚侨胞江文昌（右五）、陈为兰（左四）夫妇捐资 25 万元援建自良镇镇水侨心小学教学楼落成。图为教学楼大门

（容县侨联 提供）

容县华侨大厦，1984 年 10 月由泰国、马来西亚、新加坡等国家和中国香港地区同胞、侨胞倡议，通过“五个一点”筹资建设，具体为：县政府划拨土地和款项作为原始投资；海外侨胞联合投资 51.50 万元，其中海外侨胞 29.50 万元（以 3 辆车抵资），香港陈冠杰捐款 22 万元（含捐物）；

容县落实侨房政策办公室借款75.20万元，自治区侨办扶持水泥和钢材等物资一大批；向县工商银行贷款50万元；容县容侨服务公司向海内外发行投资股票53.30万元。容县华侨大厦位于容县容城镇西上街168号，占地面积1910平方米，建筑面积5500平方米，于1990年7月建成开业。该大厦属容县侨办主管，经县工商局注册登记的集体企业，开展接待海外华侨华人、中国港澳台同胞，经营餐饮、住宿等业务。至2005年，容县华侨大厦接待参观考察的探访团以及个人达10万多人次。

表4-2　　1990—2005年海外华侨华人、中国港澳台同胞乐善公益事业部分捐款捐物表

年份	国家或地区	社团或姓名	类型（事业）	物资或款项	金额（人民币）	接收单位
1990	中国台湾	陀经龙	教育	现金	1.1万元	容县教育局
1990	泰国	苏志英、封明光	教育	现金	5万元	容县杨梅华侨中学
1990	马来西亚	覃武振等20人	教育	每个学校1万元	4万元	容县杨村中学、容城镇励志小学、杨村镇六福小学、十里乡大坡华侨中学
1990	新加坡	成立超等30人	教育			
1990	美国	徐松石	文化	图书一批	0.5万元	容县图书馆
1990	中国台湾	陈毅雄、苏永建	教育	援建教学楼	1万元	容县中学
1990	中国台湾	陈道高	教育	援建教学楼	0.5万元	容县中学
1991	中国香港	李文英	医疗卫生	新日本产8座面包车1辆	15万元	容县人民医院
1991	中国澳门	黄振辉	侨界公益	日本产8座面包车1辆、7座吉普车1辆、三洋传真机1台	28万元	容县社会福利厂
1991	中国香港	杨泽志	教育	日本产8座旅行车1辆	14万元（港币）	容县都峤中学
1991	中国香港	陈家能		日本产8座面包车1辆	8万元	容县容厢中学
1991	中国澳门	黄彦尤	医疗卫生	日本产8座面包车1辆、乐声牌2.5匹冷气机1台、传真机1台	19万元	容县中医院
1991	中国香港	杨艳芬	教育	日本产三菱豪华吉普车2辆	30万元（港币）	容县农业机械化技术学校
1991	中国香港	封光荣	教育	日本产三菱吉普车1辆	13万元（港币）	容县杨梅华侨中学
1991	中国香港	陈聚文	教育	日本产吉普车1辆	8万元	容县杨村中学
1991	中国香港	陈超兰	医疗卫生	日本产蓝鸟小轿车1辆	10万元	容县容厢镇卫生院
1991	中国香港	叶兆锦、张敏娟	医疗卫生	日本产8座旅行车1辆	9万元	容县卫校附属医院
1991	中国香港	陈祝贤		日本产9座丰田面包车1辆	8万元	容县残疾人联合会
1991	中国香港	刘伯荣、刘志荣	侨届	丰田12座面包车1辆、小霸王8座面包车1辆	25万元	容县华侨港澳同胞公益福利会
1991	中国香港	钟志琪	侨届	丰田12座面包车1辆	16万元	容县侨办
1991	中国香港	马振荣		丰田26座中巴车1辆	20万元	容县侨联

续表

年份	国家或地区	社团或姓名	类型（事业）	物资或款项	金额（人民币）	接收单位
1991	中国香港	黄孝光	医疗卫生	日本产巴宁8座面包车1辆、日本产三菱越野吉普车1辆	25万元	容县杨梅中心卫生院
1991	美国	王振芳	教育	校园建设	3万元	容县容厢镇大榄小学
1991	中国香港	李大江	教育	李大江教育奖励基金会	30万元（港币）	容县教育局
1991	中国香港	彭如林	教育	日本产丰田9座面包车1辆	9万元	容县师范学校
1991—1992	泰国	筹建容县侨联大楼（3000元以上）		勿洞泰国广西会馆5000元、封明光4.8万元、饶培中9600元、封祖超7200元、封君饶6000元、陆会新6000元、封家正6万元、邓深元6000元、黎济有6000元、马振荣6000元、张文初6000元、浦玉华6000元、庞绍忠3000元、梁瑞南3000元、梁昭云3000元、黄桂忠3000元、刘金生3000元、胡金生3000元、苏全德3000元、封绍炎3000元、蒙育宗3000元，捐款500~2000元共33人		容县侨联
1991—1992	新加坡	筹建容县侨联大楼（3000元以上）		成立超3000元、李立忠3000元、陈奇培3000元、饶雪菲3000元，捐款500~1000元共15人		容县侨联
1991—1992	马来西亚	筹建容县侨联大楼（3000元以上）		杨业福6000元、江文昌3000元、陈茂森3000元、浦火生3000元、封洲3000元，捐款500~2000共27人，会馆9家		容县侨联
1991—1992	中国香港	筹建容县侨联大楼（3000元以上）		谢少允5000元、封祖隆4500元，捐款500~2000元共19人		容县侨联
1991—1992	中国台湾	筹建容县侨联大楼（3000元以上）		钟勇1万元，捐款500~1000元共6人		容县侨联
1991—1992	国内归侨侨眷	筹建容县侨联大楼（3000元以上）		封加良8000元，捐款500~2000元共13人		容县侨联
1992	中国香港	杨艳芬、陈冠杰		筹建容县华侨大厦	20万元	容县华侨大厦
1992	美国	黄光宪		筹建容县华侨大厦	2万元	容县华侨大厦
1992	泰国	封明光			5000元	容县华侨大厦
1992	泰国	蒙育华等10人		大挂钟一个		容县华侨大厦
1992	中国香港	杨艳芬、陈冠杰		高压电线500捆	6万元	容县六王镇政府
1992	中国香港	李震中	医疗卫生	日本产公爵小轿车1辆	10万元	容县红十字会
1992	中国香港	谢名林	侨界公益	丰田8座小霸王面包车1辆	8万元	容县华侨港澳同胞公益福利会
1992	中国香港	覃汉艳	教育	日本产三菱5座豪华越野吉普车1辆	14万元	容县容城镇厢南小学
1992	中国香港	杨艳芬	教育	日本产三菱吉普车每个学校各1辆，共3辆	30万元	容县松山中学、石头中学、黎木联中
1992	中国香港	杨艳芬	教育	日本产巴宁8座面包车1辆	8万元	容县六王中学
1992	中国香港	朱文烈	医疗卫生	日本产三菱吉普车1辆	10万元	容县皮肤病防治院

续表

年份	国家或地区	社团或姓名	类型（事业）	物资或款项	金额（人民币）	接收单位
1992	中国香港	杨泽志		日本产三菱豪华吉普车1辆、丰田的士头工具车1辆	15万元	容县卫生防疫站
1992	香港	杨烈新	教育	日本产丰田8座面包车1辆	10万元	容县黎村镇太平小学
1992	中国香港	夏振南	教育	日本产巴宁8座面包车1辆	9万元	容县华侨职业技术学校
1992	中国澳门	黄彦尤	教育	日本产面包车1辆、日本产轿车1辆	16万元	容县珊萃中学
1992	马来西亚	封洲	教育	捐款每个学校各2000元	8000元	容县杨梅中学、灵山中学、灵山镇六良向阳小学、六泉小学
1992	马来西亚	覃惠贤等人		灵山至杨梅柏油路建设	2万元	
1993	泰国	封明光	容县政府新办公大楼	立体大挂钟1个 捐款1万元	1.05万元	容县人民政府
1994	泰国	苏志英、封明光、封玉英、马振荣	教育	援建教学楼	4万元	容县师范
1994	泰国	潘粹芝	教育 侨届	援建学校	3.2万元	容县六王联中、六王小学、六王侨联、容县侨联
1995	新加坡	赈济水灾（捐款3000元以上）共3.61万元		成立超5800元，捐款580~2900元共21人		容县人民政府
1995	马来西亚	赈济水灾（捐款3000元以上）共4.01万元		捐款640~1600元会馆共8家，捐款640~840元共3人		容县人民政府
1995	泰国	赈济水灾（捐款3000元以上）总共:3.98万元		泰国广西会馆8000元、勿洞泰国广西会馆5000元、勿洞八桂堂广西会馆3000元、苏志英5000元、封明光5000元，捐款500~2000元共7人		容县人民政府
1996	新加坡、马来西亚、泰国	成立超、陈茂森、饶培中等侨胞	教育	扶助校园建设 支持县政府办公设施	（13.9万泰铢） 1万元	容县十里乡大坡华侨中学 容县人民政府
1996	中国香港	邵逸夫	教育	容城三小邵逸夫教学楼	50万元	容县容城三小
1997	中国香港	彭如林	教育	灵山镇六良分校校园建设	2.5万元	容县灵山镇六良分校
1997	中国香港	杨国强	教育	灵山镇六良分校校园建设	3.3万元	容县灵山镇六良分校
1998	中国香港	李天德		培训旅游讲解员	5000元（港币）	容县人民政府
1998	中国台湾	钟志奇	教育	自良同江小学	5000元	容县自良同江小学
1998	中国香港	黄大仙彩云居民协会	教育	县底镇泗关小学	6200元	容县县底镇泗关小学
1999	中国香港	胡锦辉	教育	周口小学校园建设	8000元	容县容厢镇周口小学

续表

年份	国家或地区	社团或姓名	类型（事业）	物资或款项	金额（人民币）	接收单位
2000	中国香港	香港马鞍山扶苗之友会	教育	向容县210名贫困中、小学生捐资助学及物资一大批	20万元	容县教育局
2000	中国香港	董耀强	教育	建体育场地	2万元	容县罗江镇旺华小学
2000	马来西亚	文冬广西会馆	教育	容县师范校园建设	4.1万元	容县师范
2000	马来西亚	雪隆会馆	教育	容县中学校园建设	2.1万元	容县中学
2001	中国香港	香港马鞍山扶苗之友会	教育	向容县265名贫困中、小学生捐资助学及物资一大批	25.6万元	容县教育局
2001	中国香港	彭如林	教育	校园建设	1万元	容县灵山中学
2001	中国香港	覃小玲	教育	校园建设	3.5万元	容县灵山中学
2001	中国香港	马鞍山扶苗之友会	教育	援建教学楼	4万元	容县罗江旺华小学
2001	中国香港	马宁熙	教育	校园建设	1万元	容县十里乡大莘小学
2001	中国香港	李文	教育	扶持贫困学生	1万元	容县教育局
2001	中国香港	李宝明	教育	扶助中学生	4000元	潘丽萍
2001	中国香港	胡锦辉	教育	扶助贫困学生	8000元	容县教育局
2001	中国香港	黄大仙助学团	教育	扶助贫困学生	9000元	容县教育局
2001	中国香港	邵逸夫	教育	邵逸夫教学楼	50万（港币）	容县容城一小
2002	中国香港	黄时良、吴炳南	教育	扶助贫困学生	2万元、美语教材一批	容县教育局
2002	马来亚西	杨绍南等人	教育	校园建设	1.75万元	容县灵山镇华琅小学
2002	中国香港	马鞍山扶苗之友会	教育	向容县291名贫困中、小学生捐资助学及物资一大批	11.64万元	容县教育局
2002	中国香港	黄时良等	教育	扶助贫困学生	7.1万元	教育局
2002	中国香港	覃小玲	教育	校园建设	5000元	容县灵山罗杈小学
2003	马来西亚	覃武振、孔庆庶、李照凡、李儒森、王佐文、李勘华	侨届	办公电脑1台	6000元	容县侨联
2003	中国香港	马鞍山扶苗之友会	教育	300名贫困中小学生	11.92万元	容县教育局
2003	马来西亚	邱亚来、蔡振贤	教育	校园建设	4000元	容县十里乡塘冲小学
2003	中国香港	封家栋	教育	校园建设	8万元	容县灵山镇石圭小学
2003	中国香港	香港布施社	教育	扶助灵山中学生	8000元	容县教育局

续表

年份	国家或地区	社团或姓名	类型（事业）	物资或款项	金额（人民币）	接收单位
2003	中国香港	黄武良	教育	贫困学生	1.5 万元	容县杨村镇东华小学
2003	中国香港	福善教育基金会	教育	扶助贫困学生	3.7 万元	容县教育局
2004	新加坡马来西亚、美国等国家和地区	成立超、黄敏全、吕天保、黄兑芳等侨胞发出倡议	侨届	柳州风行 11 座商务车及特刊	22 万元	容县侨联
2004	中国香港	马鞍山扶苗之友会	教育	220 名贫困中小学生物资一大批	9 万元	容县教育局
2004	马来西亚	柯来发	教育	荣宝昌教学楼	20 万元	容县十里乡杨外侨心小学
2004	马来西亚	柯来发	教育	援建教学楼	20 万元	容县杨梅妙阳侨心小学
2004	马来西亚	江文昌	教育	援建教学楼	15 万元	容县自良镇镇水侨心小学
2004	马来西亚	蔡达明	教育	校园建设	5000 元	容县十里乡琼新小学
2004	马来西亚	邱亚来	教育	完善教学设施	2.5 万元	容县十里圹冲小学
2005	马来西亚	江文昌、陈为兰夫妇	教育	援建教学楼	17 万元	容县自良镇镇水侨心小学
2005	法国	法国华侨华人会	教育		20 万元	容县十里中学
2005	中国香港	马鞍山扶苗之友会	教育	扶助 230 名贫困中小学生及物资；向灵山守善小学、十里中心小学捐赠台凳 156 套	22.8 万元	容县教育局
2005	美国	美国欣欣教育基金会	教育	援建教学楼	8 万元	容县松山镇慈堂小学

第二节　发展地方经济

1990 年后，容县依托侨乡优势，出台海外华侨华人、中国港澳台同胞投资办企业优惠政策，以合作、合资、独资等方式，吸引海外侨商、港澳台商在容县投资创办工厂企业、生产基地、果场等实业，发展经济。至 2005 年，全县外商、港澳台商投资的企业涉及食品、陶瓷、林化、机械、造纸、电子、制衣、装饰、工艺、玩具、烟花等 11 个行业。

1990 年，台商韦寿华投资 7 万美元兴办容县恒昌纺织厂，产品全部出口。

1991 年 9 月 15 日，自治区政府批准成立“容县侨乡经济开发区”并制订鼓励华侨、外商投资的优惠办法。全县创办“三资”企业共计 7 家，外方投资总额 150 万美元。容县华丰竹藤制品有限公司属华侨独资企业，共投资 15 万美元；香港同胞投资 150 万元港币，创办广诚塑料五金厂，招收本地 400 人就业，产品全部外销；组建容县华侨皮鞋厂、容县华侨贸易商行 2 家集体企业，筹集侨属资金 40 多万元，投入生产经营，招收侨眷子女 52 人就业；容县容侨服务公司与香港投资公司，联合投资 160 多万元，建设容县华侨大厦，招收（经县劳动局）归侨侨眷、投资人家属共计 138 人就业；香港同胞彭如林投资 5000 万港元兴建容县鸿南饲料厂，于 1996 年 10 月顺利投产，率先为容县饲养业发展服务。

1992 年，发展“三资”企业 49 家，投资总额为 3642.4 万美元，泰国华侨陆华先生与容县三宝食品厂，合作投资人民币 1000 万元，开办“三宝食品有限公司”。

1993 年，容县华侨钢件厂（县侨办主管）与港澳投资商，合作投资人民币 140 万元（其中港商 100 万元港币），开办广西容县强力轧钢有限公司，安排归侨子女 76 人就业。

1994 年，新加坡侨胞黄敏全，为帮助容县侨属企业解决融资难问题，借款 100 万美元给容县人民政府用于发展企业生产。

1995 年，容县侨办成立广西容县中侨贸易有限责任公司，公司设立属下 2 个分支机构，投入资金 70 多万元发展业务生产，取得一定的经济效益。

2002 年 7 月，外商李立强在容县建立“立强进出口工艺制品有限公司”，投入资金 500 万元。

至 2005 年底，容县具有一定规模的港澳台同胞、侨胞投资企业共计 23 家，分别是广西富来康饲料有限公司（港资及马来西亚侨资，原容县鸿南饲料厂）、容县光明机械厂（马来西亚侨资）、容县山钛烟花厂（马来西亚侨资）、广西南山瓷器有限公司（内地、香港合资）、广西高峰容洲人造板有限公司（澳资）、祥荣针织制衣有限公司（港资）、嘉美食品有限公司（泰国侨资）等。产品主要出口东盟、欧盟、美加、中东、日韩等国家和地区。

第五篇

农林牧渔业　水利电力

容县沙田柚　　(2003 年 1 月摄,容县水果局　提供)

第一章　农　业

容县属南亚热带季风气候,气候温和,土地资源、水资源丰富,适应农作物生长。农作物种植以水稻为主,其他作物有红薯、玉米、粟、大豆、花生、甘蔗、木薯等。1990—2005年,选育出水稻良种特化桂99、特化838、“博优352”组合等。1994年,容县开展农村家庭联产承包责任制第二轮土地延包工作和农村土地承包权流转工作。根据自然条件、自然资源及社会经济条件,把全县划分为10个土地耕作区,因地制宜,合理布局种植农作物。大力发展沙田柚特色种植,1995年3月,容县被命名为“中国沙田柚之乡”。实行科学种田,水稻产量逐年提高。1996年,水稻年亩产1.01吨,实现建成“吨谷田县”目标。2004年7月,国家质量监督检验检疫总局批准对容县沙田柚实施原产地域(地理标志)保护。按照“一镇一品”“数镇一业”的思路调整农业结构,把16个乡(镇)划分为三大经济区域,发展种植业、林果业和畜牧养殖业三大特色产业。搞好生态富民“十百千万”工程项目建设,推广“猪+沼+果+灯+鱼”“猪+沼+菜+灯+鱼”“稻+灯+鱼”等生态循环农业模式,把种植业和养殖业联结起来。加强农业龙头企业培育,构建“特色+规模”“企业+合作经济组织+农户”的农业产业化新格局。至2005年,容县有国家级龙头企业1家,自治区级龙头企业4家,市级龙头企业8家,龙头企业销售收入15.63亿元;农民广泛使用农业机械耕作,全县拥有农机总动力25.12万千瓦,其中微耕机拥有量1.36万台,脱粒机1.72万台,排灌机0.08万台,运输车0.28万辆。

第一节　机　构

容县农业委员会

1985年,成立容县农业委员会,撤销县委农村工作部,主要负责农村工作方针政策、重大措施的贯彻执行,负责协调县畜牧水产养殖局、农业局、林业局、水电局、农机局、农业区划办公室、乡镇企业局、气象局等单位工作,内设秘书科、政策调查研究科、经营管理科、农业生产科,县委农村部和县政府农业生产科的人员编制交给县农业委员会。1997年,县农业委员会改为县农村工作办公室,为县政府管理全县农村工作的办事机构,内设政工秘书股、综合股、农经股、农业区划办公室4个股室,行政编制12名,其中主任1名,副主任2名,正副股长6名。2001年,划归容县农业局管理。

1990—2001年,容县农委、农办历任主任:王天培(—1990.11)、韩立凤(1990.11—1993.12)、梁志勇(1993.12—1999.3)、韦昭光(1993.3—2001.11)。

容县农业局

1990年,容县农业局是容县人民政府主管全县农业生产的工作部门,正科级行政单位,办公地址设在县政府大院内。内设政工秘书股、业务股、财务股,核定编制11名,实有人员16人。2001年,县农村工作办公室和县农业区划办公室并入县农业局,内设办公室、农业生产技术股、政策法规股、经管股、农业区划办公室(属议事协调机构),核定编制17名,实有人数14人。2005年,容县农业局核定行政编制14名,实有人数16人,机关后勤服务1人,内设机构不变。事业机构有:容县种子公司、容县种子管理站、容县农业技术推广中心、容县农业技术推广站、容县土壤肥料工作站、容县植物保护站、容县经济作物站、容县农村经济经营管理站、容县农业技术推广学校、容县农业科学研究所、乡镇农业服务中心。

1990—2005年,农业局历任局长:梁其昌(1990.1—1990.11)、农鑑源(1990.11—1995.7)、罗瑞贤(1995.7—2001.12),韦永新(2001.12—)。

容县农业机械化管理中心

1990年,容县农业机械化管理局为正科级行政单位,办公地址设在城南大道240号。核定行政编制5

名，事业编制2名，实有人数8人。内设政秘股、财务股、管理股。1997年，改为县政府直属科级事业单位，赋予行政职能，核定事业编制9名，实有人数12人。2001年，容县农业机械化管理局更名为容县农业机械化管理中心，核定事业编制6名，实有人数8人，内设综合股。2005年，核定事业编制及人数不变，内设综合股。下属事业单位：农业机械化技术推广服务站、农业机械化技术学校、农机安全监理站、农机总公司，16个乡（镇）农业机械化管理服务站并入所在乡（镇）农业服务中心，各农业机械化管理服务站的人、财、物划归乡（镇）人民政府管理。

1990—2005年，历任局长（主任）：区健(1990.1—1991.8)、李深荣(1991.8—1993.10)、罗绍萍(1993.10—1996.6)、梁日纲(1996.6—2001.11)、周强(2001.11—)。

容县水果局

1990年，容县水果生产办公室为相当副区（科）级事业单位，在编在岗6人。1992年9月为相当区（科）级事业单位，在岗在编21人。1996年10月16日，撤销容县水果生产办公室，成立容县水果局，为县政府直属相当于正区（科）级事业单位，核定事业编制15名，实有人数22人。2001年，重新核定事业编制10名，内设办公室、业务股、财务股。2002—2005年，县水果局在编在岗人员10人。办公地址设在县政府大院内。

1990—2005年，历任局长（主任）：(1990.1—1990.10缺)、邹汉其(1990.10—1991.12)、(1991.12—1992.8缺)、李瑞志(1992.8—2001.11)、陈石(2001.11—2002.7)、杨勇光(2002.7—)。

第二节 农业体制改革

农村家庭联产承包责任制

1994年，容县开展农村家庭联产承包责任制第二轮土地延包工作。对全县农村土地承包问题进行广泛的调查，制订出《中共容县委员会、容县人民政府关于稳定完善农村集体土地承包经营体制的规定》和《中共容县委员会、容县人民政府关于稳定完善农村集体土地承包经营体制的实施细则》，指导全县开展第二轮农村土地延包工作。具体做法是，在第一轮承包期的基础上，按照“增人不增地，减人不减地”的原则，延长农户承包地的使用年限，在原基础上，耕地加上30年，山地加上50年。耕地从1994年10月31日至2029年10月31日，山地从1994年10月31日至2062年10月31日。在承包期限内，经发包方同意，承包的土地可以转让、出租、抵押、入股。容县第二轮农村家庭联产承包责任制土地延包工作于1994年底基本完成。2003年，进行第二轮农村家庭联产承包责任制土地延包扫尾工作。全县签合同13.75万份，占应签的91%，发土地承包使用证书12.15万本，占应发的81%，所签的延包合同都在30年以上。至2005年，全县土地流转的方式主要是出租、互换和代耕等，主要用来种植沙田柚、肉桂、八角和速丰林。全县流转的土地大部分是群众自发性的，没有发生承包期内收回和调整农民承包土地的问题。共流转土地4.28万亩（不含林地），占农户承包地面积16.20%；林地流转面积26万多亩。

农村合作经济组织

1990年起，容县农村社会化服务体系不断发展壮大，服务功能逐步完善，服务领域逐步拓宽。随着生产的发展和市场经济的形成，一些农产品生产、加工、销售的学会、协会、各类合作经济组织等服务组织应运而生，农业规模化生产、专业化加工水平不断提高。至2005年，经县民政局注册登记各类协会46个，经县工商注册登记的农民专业合作社82个。这些合作经济组织，生产经营产品涉及粮食、畜禽、水产、果蔬、花木、药材等产品。全县重点龙头企业带动农户3.20万户，占全县总农户数17.50%，农民人均纯收入来自产业化经营部分的收入占农民纯收入的比重达12.20%。

农村集体财务规范化管理

2002年开始，容县推行农村集体财务规范化管理。至2005年，全县15个乡（镇），219个行政村（街），5546个村民小组有：村务公开监督小组5546个，设立村务公开栏219个。实行财务公开的村（街）有219个。

建立民主理财小组的村（街）有219个，财务管理比较规范的村有163个，占74.80%。

农民负担监督管理

1990年起，容县每年开展两次农民负担执法大检查，对农民建房、计划生育、生猪屠宰、农村生产生活用水、用电收费以及农业生产性和经营服务性收费中的乱收费、对农民进城务工不合理收费等方面的专项治理。至2005年，全县开展专项治理共减轻农民负担2013万元，人均减轻负担58元。全县良种补贴金额为651万元，农资综合直补2833.17万元。容县实施村级公益事业建设“一事一议”财政奖补试点工作，在15个乡（镇）110个村33.85万农村人口中实施“一事一议”财政奖补试点工作。

农村费税改革

2003年4月起，容县实行农村税费改革，取消乡统筹费、农村教育集资等专门面向农民征收的行政事业性收费和政府性基金集资；取消屠宰税；取消劳动积累工和义务工，调整农业税。改革农村提留征收使用办法，重点是核减农户计税土地面积，经核实全县计税土地总面积为26.27万亩。按自治区、玉林市下达的计税常产为每亩700千克，税率按正税6.50%，农业附加税按正税的20%计算。农业税计税价格定为90元/百千克稻谷。农村税费改革后农业税税率下降为5.50%。税改前农民第二轮承包土地26.27万亩，人均0.42亩，全县共核减农民承包土地面积2.67万亩，农业税计税土地面积为24.83万亩，人均0.38亩。税费改革前全县税费收入总额4044万元，税费改革后农业税及附加和农业特产税及附加收入总额1687万元。2004年，在落实农业税的征收税率总体降低1个百分点的基础上，进一步完善农业税收征收管理办法，建立税收公示制度。2005年，自治区政府取消农业税，容县实现全部免征。

农业龙头企业培育

1990年起，容县在推进农业产业化进程中，构建特色+规模、企业+合作经济组织+农户、龙头+市场、科技+服务的农业产业化新格局，推动农业产业化的快速发展。至2005年，容县有国家级龙头企业1家，自治区级龙头企业4家，市级龙头企业8家。全县有农村社会化服务体系组织600多个，固定资产总额5.68亿元，龙头企业销售收入15.63亿元，其中产值超亿元的龙头企业3家，产值超千万的龙头企业10家。国家级重点龙头企业1家（广西黑五类食品集团有限公司），自治区级3家（广西容县鸿大绿色饲料有限公司、广西高峰容洲人造板有限公司、祝氏农牧有限公司），市级重点龙头企业10家。经济合作组织80多家。产业化组织621个，其中，种植业251个，畜牧业278个，水产业62个，其他30个。全县农业产业化固定资产总值11.28亿元，带动农民23.93万人，产业化组织从业人数6.30万人；年产值19.35亿元，龙头企业直接带动农户2.80万户，占全县总农户数16.5%，户均纯收入4337元，生产经营产品涉及粮食、畜禽、水产、果蔬、花木、药材等产品。

三大特色产业布局

1990—2005年，容县在推进农业产业化进程中，从调整传统产业着手，扩大种植业、林果业、畜牧养殖业规模，培植特色产业，构筑产业化经营、区域化布局、专业化生产的生产经营新模式，按照“一镇一品”“数镇一业”的思路，把16个乡（镇）划分为三大经济区域，确定种植业、林果业、畜牧养殖业等三大特色产业。石头、浪水、六王等6个丘陵地区的乡（镇）把大力发展八角、肉桂、麻竹生产作为特色产业；容厢、容西、自良、松山等8个较平原地区的乡（镇）以发展种植沙田柚、龙眼、荔枝、桑蚕等作为主导产业；紧靠广东信宜的黎村、杨村2个乡（镇）把大力发展养鸡业作为特色产业。

第三节　农业资源与区划

耕地

1990—2005年，随着农业结构调整的不断深化以及县域经济的迅速发展，水果、蔬菜、蚕桑、食用菌等经济作物种植面积随着扩大，各乡（镇）加快小城镇建设，县城城区区域扩大、国家大型基础设施建设和交通、工矿及居民的用地日益增加，使耕地面积相对减少。1990年，容县有水田29.18万亩，旱地5.34万亩。2002年，

容县有水田 27.87 万亩，旱地 5.12 万亩。2005 年，容县有水田 27.11 万亩，旱地 5.21 万亩。

农村劳动力

1990—2005 年，容县电子产业、林产化工、毛织、竹芒编织等行业蓬勃发展，扩大就业机会，促进农村劳动力向第二产业、第三产业转移。1990 年，全县农村劳动力 31.56 万人。其中，从事第一产业 26.11 万人，占全县农村劳动力的 82.70%；从事第二产业 2.20 万人，占全县农村劳动力的 7%；从事第三产业 3.34 万人，占全县农村劳动力的 10.50%。2005 年，全县农村劳动力 42.50 万人。其中，从事第一产业 21.10 万人，占全县农村劳动力 49.60%；从事第二产业 4.30 万人，占全县农村劳动力 10.10%；从事第三产业 17.10 万人，占全县农村劳动力 40.30%。

农业区划

1990 年起，容县根据农业生产与农村经济的不同时期发展要求，开展农业资源调查、监测、评价、规划。

农业区域开发总体规划 1991—2005 年，容县制订《容县"八五"规划期间农业发展计划》《容县"九五"规划期间农业发展计划》《容县"十五"规划现代农业发展规划》，编制蔬菜、花卉、龙眼、荔枝、柑橘、蚕桑、中药材、速丰林等优势种植业及肉猪、肉牛、肉鸡等优势养殖业的区域布局与发展规划。

耕地区域划分 根据自然条件与自然资源及社会经济条件，扬长避短，发挥优势，因地制宜，合理布局，发展农业生产，将容县划分为 10 个区。

泗罗河丘陵地水稻、蚕豆、薯类、桑蚕区：位于县西北边境地带，包括泗罗河沿岸的石头、松山、县底 3 个乡（镇）13 个村。泗罗河沿岸一带，农田土层深厚肥育，水稻产量较高。农民有种桑养蚕习惯。

石头、松山丘陵水稻、柚子、茶叶、蚕豆、烤烟区：包括石头、松山的中部，县底西部的 15 个村。区内中部较高，两侧逐渐降低，山丘交错分布，形成许多湿润避风的小环境和丘陵盘地。区内水源充足，贮水引水工程较多，灌溉方便。适宜水稻种植。山地适于多种林木及果类生长，是容县果类、肉桂、茶叶的主要产地，又是沙田柚的"故乡"。

大容山山地水稻、玉米、杂粮区：位于县西北部，包括石头南部 10 个村、松山 3 个村、容州 1 个村，为典型的山地区，是容县主要用材林区之一。水田多为冲田梯田，热量不足，复种数不高，水稻单产较低。木薯种植较多，可补主粮之不足。

道知河谷地水稻、柚子、蚕豆、桑蚕区：包括容州、县底、自良等乡（镇）的 18 个村，属低丘台地，海拔在 250 米以下。道知河横贯中部，整个地势略向东北倾斜。区内日照充足，热量丰富，土地较肥沃，适宜多种林木生长。农田多为冲田，粮食产量低，为全县末位。林业生产条件优越，盛产木材、松脂、肉桂和柴竹纸炭，收入比较大，居全县前列。

绣江下游水稻、柚子、油菜、薯类区：包括绣江下游沿岸的十里、自良、浪水的 14 个村，属山地丘陵河谷地貌。山地植被覆盖度大，有机质和氮磷钾含量较高，土层深厚、疏松、肥沃，适宜多种林木生长。农田多为冲田，粮食产量低，为全县末位。林业生产条件优越，盛产木材、松脂、肉桂和柴竹纸炭，收入比较大，居全县前列。

绣江上游平原台地水稻、甘蔗、水果、桑蚕、烤烟区：包括容州镇(除宁冲、三和、五一村外)，容西乡全部，十里乡和石寨乡的大部分，共 34 个村，属低丘台地，为县内最低平的地方。县内较大的垌田、土地多集中于此。土层浅薄，比较黏重，透水性差，肥力较低，水田泥肉面积较大，冲田、烂湴田少、保水保肥能力好，肥力高，对作物生长有利。为全县主要粮油基地。

浊水河谷地水稻、蚕豆、大豆、果树区：包括六王镇全部和杨梅镇的六别村共 19 个村，属丘陵谷地，浊水河横贯东西，山地土层深厚，结构松散，含钾丰富，对发展果树，经济林有利。水田肥力较高，但植被受到严重破坏，山岭光，崩山塌坡累见，水土流失，河床淤塞，流沙掩埋农田，对农业生产不利。区内人多田少，单产及人均产粮均较低。

杨梅河谷地水稻、马铃薯、水果、茶叶、桑蚕区：位于容县境南部，包括杨梅河沿岸的杨梅、灵山、黎村、杨村 4 个乡（镇）的 34 个村。为丘陵谷地，杨梅河纵贯其中。农业生产条件较好，气温高，日照足，雨量充沛。

红薯在小环境内可越冬。丘陵土壤较瘦瘠，区划内有县内高产稳产的农田。水稻单产，居全县之首，竹织为农户传统性的家庭副业。

天堂山中低山山地水稻、杂粮区：位于天堂山东北坡，包括黎村西部8个村、灵山南部5个村、石寨乡1个村共14个村。区内山高坡陡，梯田甚多，分布在半山腰，最高达700米。区内属桂东南高雨区，年降雨量北部1850毫米，南部2200毫米，为全县之冠。山地土壤不同海拔而有差别，水田主要是杂沙田，有机质、氮磷钾含量少，产量低。

平贯山地水稻、杂粮、豆类、茶叶区：包括杨村乡5个村。以山地为主，海拔在500~1000米之间。区内山峰相对高度大。山坡下部陡峭，沟谷狭窄，日照短。地陡峭坡面土层较薄，低山坡面较缓土层较深厚肥沃。水田主要是杂沙田、沙泥田，全区荒地多，耕地少，经济作物少，疏林荒山多，发展山区经济潜力大。

农业专项开发战略研究 2002年以来，容县完成香蕉（2002年）、蔬菜和花卉（2003年）、龙眼、荔枝、蚕桑和中草药材（2004年）、柑橘（2005年）等优势农产品的区域布局与发展规划等战略研究课题工作，提出潜在优势、存在问题和对策措施，编写《容县蔬菜种质资源及开发利用方向研究》《容县野生蔬菜开发利用研究》《容县蔬菜区域布局与发展规划研究》。1993—2005年，对分布在16个乡（镇）128个村的227个监测农户进行监测调查，监测农户耕地、农村经济发展、农民收入、农村劳动力从业、文化科技素质等变化情况，并编写《容县农业资源和农村经济信息公里网点动态监测报告》。2003—2005年，每年对容县农业资源与粮食综合生产能力进行监测评价。编写《容县农业资源与粮食综合生产能力评价》和《容县耕地养分监测报告》。

第四节　农业科技

科技成果

水稻品种选育 1990—1997年，容县种子公司农业科技人员李发松、李扬杰、陈业光等选育的水稻良种特优桂99，1997年通过自治区审定，获玉林市1998年度科技进步奖二等奖。1992—1997年，李发松、李扬杰等同志选育的水稻良种特优多系一号、特优63-1，1999年通过自治区审定，容县获1995年度科技进步奖一等奖。1990—1999年，李发松、卢华容、梁武等选育的水稻良种特优3550选，李发松、凌庆勇、林雪霞等选育的水稻良种特优838，李发松、王伯珍、陈业光等选育的水稻良种特优广12，李发松、李扬杰、王伯珍等选育的水稻良种特优晚三，李发松等选育的水稻良种特优70，2000年分别通过自治区审定。2005年，容县农业科学研究所选育的水稻良种“博优352”组合，通过自治区种子审定委员会审定。

农业技术推广 1990年，容县推广稻瘿蚊综合防治技术，被评为自治区农牧渔业丰收奖三等奖。1991—1994年，容县农业技术推广站研发、试验、示范、普及、推广早稻地膜覆盖防寒育秧技术。1991年，容县《25万亩水稻高产技术》获国家农业部农牧渔业丰收奖三等奖。1995年，全县应用面积达到早稻种植面积的95%以上。1996—1998年，容县引进试验、示范普及推广水稻旱育稀植栽培技术，1998年全县应用面积占种植面积的60%以上。1996年，容县《创建20万亩吨粮田活动》实现“吨谷田县”目标；1997年，获国家农业部农牧渔业丰收奖三等奖，被自治区农业厅评为广西农牧渔业丰收奖二等奖，20万亩水稻基作栽培综合丰产技术开发三等奖。1997年和1998年，容县分别被国家农业部评为全国农牧渔业丰收奖。1998年，容县获自治区农业厅授予“2万亩沙田柚优质高产技术农牧渔业丰收奖二等奖”和国家农业部授予“2万亩沙田柚优质高产技术全国农牧渔业丰收奖三等奖”。1997—2005年，容县引进试验、示范普及推广水稻塑盆育秧抛秧技术，1999年在全县基本普及。容县作为主要完成单位之一的《水稻旱育秧、抛秧及综合配套技术增产技术》获国家农业部农牧渔业丰收奖一等奖。1999年，容县获自治区农业厅授予“1998年度全区植保工作先进单位”称号和自治区农业厅授予1998年“大功臣”推广先进单位称号。2001年，容县引进试验水稻免耕抛秧技术。2002年，研发成功稻草还田免耕抛秧技术，示范推广获得良好的经济效益。2003—2005年，容县获得自治区生态富民“十百千万”工程建设先进单位、农业环境保护工作先进单位。2004年，容县作为

主要完成单位之一的《水稻免耕抛秧技术开发》获国家农业部农牧渔业丰收奖三等奖。

农业科技培训

1990—2005年，容县农业技术推广学校作为全县农业技术教育培训基地，每年组织培训县、乡、村农业技术人员。1996年，容县农业技术推广学校获得全国首批“育才兴农”示范校称号。2003—2005年，容县农业技术推广学校连年被自治区党委组织部、自治区农业厅评为全区农村中等实用人才培养先进集体、被自治区农业技术推广学校评为全区农广校远程教育视频网络建设和应用先进集体。2005年，容县组织开展普及性实用技术培训和一技一培训为主的实用技术培训15.26万人次；开展新型农民科技培训，培训农民骨干2250人；建立农民科技书屋18家，辐射带动5万人；开展绿色证书培训1380人；发放农技培训录像光碟1600多张，印发农业技术资料49.17万份，农业技术咨询人数16.80万人次。培训方式采取实际操作到基层、到田头实地培训咨询，使农民觉得易学易懂，能够学有所用。

农业信息服务

2003年起，容县农业局建立容县农业信息网，为农民提供农业动态、市场动态、供求信息、科技培训、法规政策等方面信息平台服务。2005年，容县各乡（镇）逐步建立农技电子信息馆，组建农技信息队伍。全县拥有农技电子信息馆25个，有微机36台、信息员56人。全县有4200多户农民开通宽带网，通过网上销售农产品总值5.85亿元。同年，在容西乡祖立村开辟10平方米的致富信息发布栏，选聘了6名村级农技电子信息员，以村民小组为单位确定36个信息中心户，每年收集各种经济信息750多条，上网发布信息300多条，出版致富信息发布栏18期，利用信息直接或间接为全村销售农产品带来经济效益1200多万元。

第五节　农作物种植

粮食作物

容县粮食作物以水稻为主，常年水稻总产占粮食总产的97%以上。其次为薯类、豆类。进入21世纪，玉米种植面积有所增加。

水稻　1990年起，容县推广种植杂交品种面积达到全县水稻种植面积90%以上。1996年，全县水稻种植面积早造27.53万亩、晚造27.51万亩。杂交稻种植面积达到早造26.60万亩、晚造26.50万亩，占水稻种植面积的96.50%，其中特优系列组合占杂交稻面积的85.30%，经自治区农业厅组织的专家组验收，稻谷年亩产1.01吨。2000年，随着生活水平和人们对稻米质量的提高，优质化成为水稻种植的新一轮技术革新工程，在确保粮食安全的前提下，高产而米质稍差的特优系列品种不再成为主栽品种，优质常规稻种植面积扩大，优质杂交稻产量稍为逊色，全县水稻种植面积早造26万亩、晚造26万亩。2001—2005年，容县水稻年亩产在880~930千克之间，是广西的水稻高产县。2005年，全县水稻种植面积早造25.50万亩、晚造26万亩。

薯类　薯类作物以红薯为主，1990—2005年，每年种植面积基本维持在2.50万~3万亩，总产在500万~600万千克。容县木薯主要用作饲料和工业原料，多数利用山地种植。1990年，全县种植面积5.27万亩，产量1.98万吨。1998年，全县种植面积5万亩，产量2.68万吨。2005年，全县种植面积3.81万亩，产量1.99万吨。马铃薯种植以冬种为主。

玉米、高粱、粟类　这些作物每年均有种植，但面积都不多。玉米每年种植面积在0.50万~1万亩左右，总产200万~400万千克；高粱仅有几百亩，总产不足万千克；粟类在0.20万亩左右，总产约5万千克。

豆类　豆类作物以大豆为主，每年种植面积1.50万亩左右，总产约250万千克；其他豆类基本上是零星种植。

经济作物

花生　是容县主要油料作物，种植历史久远。旱地和水田均有种植，旱地稍多。1990年，全县种植面积

1.10万亩，产量1108吨。1991年，全县种植面积1.85万亩，产量2006.60吨。1996年，全县种植面积2万亩，产量2681吨。1998年，全县种植面积2.39万亩，产量3943吨。2002年，全县种植面积3万亩，产量4875吨。2005年，全县种植面积2.85万亩，产量4425吨。

甘蔗 容县历年都有种植，种植面积变化不大。1990年，全县种植面积0.47万亩，产量1.58万吨。1994年，全县种植面积4815亩，产量1.89万吨。2000年，全县种植面积5940亩，产量2.16万吨。2005年，全县种植面积5280亩，产量2.16万吨。

茶叶 1990—2005年，容县茶叶种植品种主要为云南大叶茶和少量苦丁茶，分布在松山、罗江、杨梅、杨村、十里等乡（镇），年种植面积5000亩左右，产量约150吨。2005年，全县种植面积2500亩，产量85吨。

蚕桑 容县蚕丝是出口创汇的传统优势产品。容县种桑养蚕历史悠久，清同治年间，"绣江两岸，遍地桑条"。全县各个乡（镇）都有种植。落实家庭联产承包责任制后，农民种桑养蚕的积极性明显提高，是广西15个重点蚕桑生产基地之一。1990年，种桑面积3.49万亩，养蚕2.52万张，产茧594吨，产值597.50万元。1997年，受国际市场的冲击，蚕丝价格大幅度下降，全县种桑养蚕的规模迅速减少，养蚕仅2950张，产茧75吨。2000年后，蚕丝的市场价格逐渐回升，全县种植蚕桑面积逐年增加。2005年，鲜茧收购价创历史最高水平，高达25元每千克。群众种桑养蚕的积极性空前高涨，加大投入，科学地提高单产，全县初步形成十里、容州、石寨、容西、杨梅8000亩蚕桑生产示范基地，桑园面积达到1.68万亩，年养蚕4.62万张，产鲜茧3.14万担，产值2878.30万元。

食用菌 1990—2005年，容县食用菌主要有人工栽培蘑菇、香菇、木耳和野生红菇等。蘑菇主要是利用冬闲田大棚种植，每年种植面积大约50万平方米，年产量4000~4500吨，每斤2~3元，产值1600万~2700万元。主要分布在松山、容州、县底等乡（镇）。香菇、木耳有少量种植。浪水乡野生红菇是容县特产，味道鲜美，营养价值高，由于人工无法栽培，价格较高，每千克120~500元。

麻类 容县有黄麻、红麻、苎麻等品种，种植面积较少。1990年，全县种植面积40亩。1992年，全县种植面积60亩。2001年，全县种植面积45亩。2005年，全县种植面积18亩。

烟草 1990年后，容县烟草种植越来越少。1991年，全县种植面积2250亩。1998年，全县种植面积195亩。2005年，全县种植面积120亩。

其他作物

果树类 容县果树种植主要有沙田柚、荔枝、龙眼、柑橘、蕉类、梨、柿子等。1992年，全县沙田柚产量4945吨，荔枝产量1172吨，龙眼产量1778吨，柑橘产量1193吨，蕉类产量375吨，梨产量475.2吨，柿子产量1991.6吨。1998年，全县沙田柚产量1.92万吨，荔枝产量5725吨，龙眼产量5807吨，柑橘产量2009吨，蕉类产量355吨，梨产量589吨，柿子产量2640吨。2005年，全县沙田柚产量3.21万吨，荔枝产量6350吨，龙眼产量6230吨，柑橙产量1622吨，蕉类产量5447吨，梨产量419吨，柿子产量1432吨。

荔枝是容县内大宗水果种植之一。图为容西乡荔枝

蔬菜类 容县种植蔬菜品种多样，主要有大白菜、小白菜、菜心、蕹菜、生菜、苦荬菜、黄瓜、丝瓜、苦瓜、茄子、萝卜、番茄等，利用稻田冬季规模种植的品种有青椒、架豆、兰豆等。全年种植蔬菜一年多造，种植面积8万~10万亩。1998年，全县蔬菜产量15.16万吨。2004年，全县蔬菜产量22.55万吨。2005年，全县蔬菜产量29.85万吨。

第六节 沙田柚

沙田柚原产于广西容县沙田村,原称“羊额籽”,是柚类中著名的地方名果,种植历史有2000多年。1990年10月,容县第十届人民代表大会第一次会议通过《关于把沙田柚定为容县县果的决议》。1995年3月,首批百家中国特产之乡命名暨宣传活动组织委员会组织评审,容县被命名为“中国沙田柚之乡”。2004年7月20日,国家质量监督检验检疫总局2004年第95号公告批准自即日起对容县沙田柚实施原产地域(地理标志)保护。容县沙田柚历次参加国家和广西柚类质量评比,都名列前茅。

2004年7月,容县沙田柚获国家地理标志保护产品命名

中共容县委员会、容县人民政府在县城成功举办4届“沙田柚节”:1999年11月11日—16日,在城南街大转盘至电力公司路段举办“容县侨乡情柚子节”。2001年11月1日—5日,在侨乡广场举办“2001年容县沙田柚节”。2004年11月6日—7日,在新落成的城南客运站前广场举办了首届中小企业商机博览(中国·玉林)的版块——“2004年容县沙田柚节”。2005年10月22日—24日,在城南客运站前广场举办第二届玉博会的版块——“2005年容县沙田柚节”。

容县沙田柚分布与产量

沙田柚:形状梨形或葫芦形,果蒂部呈短颈状,果形指数1.1~1.3,成熟后果面橙黄色;果肉为虾肉色的汁胞,清甜、无异味、香蜜风味浓;极耐贮藏,常温贮藏一段时间后食用,口感更佳;10月下旬开始采收上市。

1985年容县沙田柚面积为1.70万多亩、产量0.15万吨,占柑橘类0.23万吨的64%。20世纪90年代中期起,沙田柚迅速发展,个体老板、农村专业户纷纷上山开发建立起沙田柚园。全县16个乡(镇)都有沙田柚种植,主产区主要是自良镇、容厢镇、县底镇、十里乡、浪水乡、松山镇、六王镇等乡(镇)。2003年10月,国家标准化管理委员会下达第四批全国农业标准化示范项目通知,“容县沙田柚标准化示范区”建设列入全国农业标准化示范第四批Ⅱ类项目,于2004年开始由容县水果局具体建设实施。2005年全县沙田柚面积约8.70万亩、果园面积4.23万亩、产量3.21万吨,产值1.15亿元,成为容县农村经济的支柱产业之一。

表5-1 **1990—2005年容县沙田柚种植面积和产量情况表**

单位:亩、吨

年份	面积	产量	年份	面积	产量
1990	39546	1848	1998	73402	19195
1991	40595	3841	1999	73402	20687
1992	50668	4945	2000	73500	20687
1993	63371	4559	2001	80900	22050
1994	64949	5074	2002	81900	22858
1995	66992	6804	2003	85171	28020
1996	69502	10082	2004	87170	30281
1997	72402	18972	2005	87000	32120

其他柚

容县其他柚树有砧板柚、酸柚和琯溪蜜柚等，通俗叫它们为酸柚类，都是芸香科柑橘属柚类的常绿植物。

砧板柚 果实大、扁圆形，似圆砧板状，故而得名。单果重 2~4 千克，9 月下旬至 10 月上中旬开始成熟上市，耐贮性比沙田柚稍差，其中 95% 是红肉砧板柚，果肉多数呈粉红色、酸中带甜，是沙田柚良好的授粉品种，零散间种于沙田柚园。1983 年 10 月全县普查时有红肉砧板柚树 5447 株。据抽查，2000 年全县红肉砧板柚折合 1500 亩、年产量 500 多吨。因受砧板柚的果肉囊瓣大小不一、果核多、开花期比沙田柚略迟等因素影响，到 2005 年容县砧板柚基本无新种植。

2003 年，容厢镇千秋村大力发展沙田柚生产，运用套袋等新技术，提高产品质量和外形改造 （欧小登 摄）

酸柚 俗称禄仆或陆仆，果形、大小、品质不一，果肉酸味强；仅零星实生生长，抗病力较强，变异较大，仅作为沙田柚授粉使用。

琯溪蜜柚 原产于福建省平和县琯溪河畔西圃州地，俗称“抛”，民间又称为“皇帝柚”，是柚类中著名的地方名果；自花结实率高，果实大，倒卵形，果面光滑、皮较薄，单果重 1.50~2.50 千克，果肉呈肉白色、酸甜可口、风味浓，果核退化瘪粒。1994 年 11 月从福建省平和县带回琯溪蜜柚的枝条在松山镇沙田村的柚场高接 3 株柚树，第二年结果品尝觉得品质不错即嫁接了 500 株苗木，1997—1998 年在沙田村的柚场栽种约 100 株、中平柚场成片栽种 300 株；单果重 1.50~2 千克，约 9 月中旬开始成熟上市。琯溪蜜柚在常温贮藏 1 周的风味最佳，但时间久（1 个月）果肉汁胞会变软，且易出现流汁状，若冷藏可保留原状。2005 年容县琯溪蜜柚种植面积约 1500 亩，大多数乡（镇）已有成园栽种。

红肉蜜柚 是福建省农业科学院果树研究所从平和县小溪镇琯溪蜜柚园中的芽变株系选育而成的，果肉淡紫红色，色素主要是番茄红素和 β 胡萝卜素，比较清甜。

第七节 种植技术

耕作方式

水田 1990 年后，容县水田主要耕种方式有：早稻—晚稻—冬绿肥（紫云英、苕子、油菜）；早稻—晚稻—冬种（马铃薯、青椒、豌豆、冬豆、蔬菜）；早稻—晚稻—犁晒、板田或浸冬等。

1994—1995 年，试验推广玉米—中稻—玉米一年三熟制，由于中稻病虫害多，产量不高，未能推广。

2000 年后，部分地区种双季莲藕，进行春莲藕—秋莲藕或春莲藕—冬种莲藕—冬种轮作，不过面积不多，也有地区进行水稻—淮山、水稻—甘蔗轮作，即一年种水稻，第二年种淮山或甘蔗。淮山年亩产可达 2500~3000 千克/亩，甘蔗年亩产达 8~10 吨。这种做法只在部分地区推广。每年淮山种植面积 3000~4000 亩，2000 年甘蔗种植面积 5940 亩。

2003—2005 年，容县大力推广水稻免耕抛秧种植技术。由于水利条件的影响，免耕技术只在少部分地区排灌方便的田块进行，抛秧技术则在全县大面积推广，推广面积在 90% 以上。

此外，尚有一些地区实行轮作制：

中稻—冬犁晒或板田浸冬，分布于海拔 300~500 米的地区，因季节短或远离村庄的水田多采用。

玉米、高粱—晚稻、红薯—晚稻等轮作制主要为干旱缺水的望天田采用。其多是雨季种一造水稻，旱季则种旱作物或因旱稻无水插秧而改种旱作物。

花生—晚稻—冬种、花生—秋红薯—冬种(萝卜或其他蔬菜)。主要分布于旱地少的水田区。

旱地 容县旱地面积5万~6万亩,随着水利条件改善,部分旱地又改为水田。其耕作方式主要有:小花生—秋红薯—犁晒或冬种;大花生—冬种(蔬菜、马铃薯等);粟类、秋红薯—犁晒或冬种;木薯间种菜豆等豆类—犁晒;春玉米—秋玉米—犁晒;部分土地为蔬菜轮作。

其他为花生间种黄粟或菜豆—秋红薯—犁晒或冬种;花生间种芝麻或高粱—秋红薯—犁晒或冬种;早玉米—红薯—冬萝卜;春红薯—秋红薯—犁晒或冬种等。

时令农事

立春 完成水利岁修,改良土壤,继续做好收积沤制农家肥,管护冬种作物。

雨水 紧锣密鼓春耕备耕、地膜秧浸播种,犁田耙沤。

惊蛰 旱地作物播种、间苗、补苗等,水田全面整田,应用免耕技术的施除草剂。

春分 揭膜炼秧,移栽水田。花生播种、补苗,秧苗中耕、培土、施肥。

清明 完成早稻移栽,进入田间管理阶段;红薯育苗、黄豆、花生中耕施肥。

谷雨 早稻露晒田控苗;秧苗追肥,种植红薯、花生,冬春植甘蔗中耕除草追肥。

立夏 早稻重晒控苗,追施幼穗分化肥,甘蔗中耕除草追肥。

小满 早稻田间管理,收获黄豆。

芒种 早稻后期田间管理,甘蔗、木薯中耕除草追肥。

夏至 早稻后期田间管理,夏播夏收准备。

小暑 完成晚稻播种工作,开始夏收;收获花生,播种翻秋花生和黄豆。

大暑 完成早稻收获、开始移栽晚稻。

立秋 完成晚稻移栽,开始田间管理。种红薯,秋花生、黄豆中耕追肥。

处暑 晚稻露晒田控苗。

白露 晚稻施穗肥,晒田控苗,红薯中耕追肥。

秋分 晚稻后期田间管理,甘蔗中耕施肥。

寒露 晚稻后期田间管理,回水保胎防寒。收获秋花生、黄豆,冬种准备。

霜降 稻底绿肥播种,收获晚造早熟品种。

立冬 抢收晚稻,种冬种作物。

小雪 绿肥田开沟、施磷肥,收获红薯、木薯。

大雪 护理冬种作物,收获红薯、木薯。

冬至 护理冬种作物,积肥,水利岁修。

小寒 积肥改土,水利岁修,护理冬种。

大寒 积肥改土,水利岁修,护理、收获冬种。

栽培技术

合理施肥 稻田施肥主要使用化学肥料氮、磷、钾配合施用。根据不同地区进行测土配方施肥。全年亩平均施肥量为碳铵50千克,尿素20~30千克,磷肥50~60千克,钾肥15~20千克,50%的氮肥和90%的磷肥作基肥施下,然后追施回青肥、分蘖肥、攻胎肥、攻粒肥等。旱地作物根据不同品种科学施肥。叶菜类施氮肥为主,瓜、豆类适当增施磷、钾或复合肥。果树类则根据物候期合理施肥,全年施肥一般4~5次,重施采果肥,然后施好花前肥、保果肥、壮果肥等,适时追施叶面肥。2000—2005年,全县提倡建沼气池,随着沼气池不断推广增建,沼粪、沼液的大量使用,减少化学肥料的用量,同时农产品的品质亦有很大的改善。

科学排灌 稻田排灌采取浅水插秧、深水回青、湿润分蘖、够苗露晒、回水装胎,后期干干湿湿直至成熟。旱地作物的水分管理根据不同作物和不同物候期进行操作,蔬菜类作物保持土壤湿润,果树类在抽梢期和花果期保持土壤湿润,在花芽分化期和果实成熟则适当干旱。

第八节　农业病虫害防治

病虫测报

容县植物保护站每年的病虫预测预报工作时间为当年的3—11月中旬，每天晚上打开黑光灯诱虫，第二天早上清点虫数，记载虫量发生情况，再结合病虫观测圃的系统调查以及田间的病虫发生情况，结合历史资料，作出病虫发生的预测，预报各种病虫的发生期、发生程度，每年发布各种中、长、短期病虫预报15~18期。容县水稻病虫主要是：稻飞虱、卷叶虫、纹枯病、细条病、稻瘟病等，其次是钻心虫、稻水象甲、叶蝉、蓟马、标葱虫、稻曲病等，其中稻飞虱、纹枯病发生程度大，每年各种病虫发生面积约110万亩次，占种植面积约200%，防治面积约200万亩次，占发生面积180%左右，是种植面积3.60倍。

病虫危害及防治

稻瘿蚊　1994年，全县晚造秧苗受害率高，晚造秧田面积2.73万亩，受害面积2.18万亩，发生面积占整个秧田面积80.74%。全县秧苗标葱率最高94.20%，平均45.12%，为历年最高标葱率年份。经过一番治理，全县晚造粮食总产达到1.12亿千克。1995—2005年，稻瘿蚊发生率不高。

飞蝗　2002年，黎村镇振新村、黎村街委两地方严重发生飞蝗为害，发生面积约1000多亩。2005年5月，容城镇红光村麻竹场200多亩以及红光二队、三队、朱屋队农田种植的玉米、水稻等作物均出现蝗虫危害，虫害面积400多亩。

黑蚱蝉　1990年起，容县发生黑蚱蝉危害沙田柚逐年严重。

桔小实蝇　桔小实蝇是一种外来有害生物。20世纪90年代后期，随着台湾番石榴大量无序引进容县种植，桔小实蝇就随之侵入容县。在2003年前，桔小实蝇发生为害较轻，人们对其的危害性认识不足，没有采取必要的检疫、灭虫等防范措施，虫果、落果没有作任何处理，随地扔掉，任由发展，虫源逐年积累。2003—2004年，桔小实蝇迅速发展，甚至100%受害，满园落果，损失惨重。2005年，桔小实蝇危害从台湾番石榴向杨桃、柑子、橙子、沙田柚等其他水果扩展，容县沙田柚生产损失严重。柚果套袋、安装桔小实蝇性诱捕器，防控效果显著。

第九节　农业新技术应用推广

马铃薯免耕种植技术

2005年，容县开始推广应用马铃薯免耕种植新技术，马铃薯地膜覆盖技术大面积推广。

地膜覆盖防寒育秧技术

1991年，容县开始地膜覆盖防寒育秧试验。1994年，容县地膜覆盖防寒育秧技术获得自治区农业厅认可。2005年，容县应用地膜覆盖防寒育秧技术面积为早稻种植面积95%以上。

旱育稀植栽培技术　1996年，容县引进旱育稀植栽培技术，大面积推广应用。1996—2000年，每年应用面积占种植面积比例由60%逐年下降至20%。2001年后，该技术基本不再使用。

塑盆育秧抛秧技术　1996年，容县开始塑盆育秧抛秧技术试验。1997年，塑盆育秧抛秧技术在全县示范推广。1999年，塑盆育秧抛秧技术基本普及。2004—2005年，水稻种植面积98%采用塑盆育秧抛秧技术。

免耕抛秧技术　2001年，容县引进免耕抛秧技术，当年晚造掌握其操作要领，并实施稻草还田。2002年，全县扩大试验范围，创立独具一格的“稻草还田免耕抛秧技术”。2005年，全县推广稻草还田免耕抛秧技术面积达90%以上。

生态种养技术

淮山定向结薯栽培技术　1991年，容县推广淮山定向结薯栽培技术。采用深沟挖掘的方法，用硬质材料(一般使用农膜)改变淮山块茎垂直生长,人为地定向引导其靠近垄面土层一定斜度生长,使薯条有效地利用靠近垄面土层“温差效应”,土壤疏松和通透性好的优势,大幅度地提高产量,呈现出高产、优质、高效的格局。2005 年,全县种植淮山面积 5000 多亩。在杨梅镇红石村建立 100 亩“淮山定向结薯栽培新技术及新品种示范”基地,带动全县推广淮山“定向结薯”技术。

生态农业 2003 年起,容县开展生态富民“十百千万”工程项目建设,推动生态循环农业发展,在“养殖 + 沼气 + 种植”“三位一体”模式的基础上,大力推广“猪 + 沼 + 果 + 灯 + 鱼”“猪 + 沼 + 花 + 灯 + 鱼”“猪 + 沼 + 菜 + 灯 + 鱼”“稻 + 灯 + 鱼”等生态循环农业模式,有效地把种植业、养殖业紧密地联结起来,带动沙田柚、荔枝、龙眼、八角、肉桂、蚕桑、兰花、养猪、养鸡、养鱼等产业的发展,逐步形成一村一品、一乡(镇)一业的产业发展格局,成功培育一批生态富民示范乡(镇)、示范村、示范户。2005 年,全县建设生态富民新村 17 个,建造沼气池 7.12 万座,入户率达 51%,农民应用杀虫灯 1085 台,稻田养鱼 630 多亩,新建生态鱼池 406 个,带动生态养鱼面积达 400 多亩。建设生态模式示范农户数 5568 户,示范户增加收入 1850 多万元,带动 6.85 万农户应用生态循环农业技术,面积达 58.60 万亩。

第十节 农业机械

农机管理

1990 年,为保护农民利益,保证农机产品质量,开展查处无证、无照制造经营农机产品违法行为,查处制假售假行为,查处拼装农机产品违法行为,整顿治理群众投诉的小型农机制造厂。农用机油实行农用平价柴油与农机作业量挂钩补贴制度。农用柴油由各级农机管理部门分配,由乡(镇)供销社供应,发给用户油票,石油由供销社部门凭票供应。容县农业机械化管理局在分配油料时推行“机、田、油挂钩”的办法,即油料与拖拉机下田作业挂钩,多耕田多供油,使油料真正用于农业生产。农副产品加工用油则以村队人口多少与稻谷加工量多少定期供应平价柴油。1994 年,国家取消分配农机用油指标,油料供应并轨,由石油部门统一价格,农机用油管理走向市场。2002 年 3 月 10 日,全国农机产品质量投诉监督“3·15”统一大行动广西分会场活动在容县侨乡广场举办,自治区、玉林市、容县相关领导和自治区内外的企业人员以及农民群众近 4000 人参加活动,现场发放资料 1.50 万份,受理咨询 300 多人次,展示农机具 162 台套。

农业机械化推广

1990 年起,农业机械更新换代加快。2000 年后,容县耕作机械以耕整机为主,运输机械以汽车、自卸农用运输车为主,旧式大、中型拖拉机全部被淘汰,工农—12 型手扶拖拉机逐年减少。全县基本实现农业运输机械化、排灌机械化和农副产品加工机械化,水稻生产过程中的耕、种、收机械化程度有了提高。为实现水稻生产耕、种、收全程机械化,容县农业机械化管理局把重点放在新技术新机具推广、新技术培训和农机安全生产上,继续重点推广耕整机、多功能拖拉机、自卸农用运输车,推广新式联合收割机和新式机动插秧机。2000 年 4 月,在自治区农机局、农机化

2000 年 4 月 18 日,容县生产的农用微型拖拉机参加广西农机化科技推广宣传活动。图为在县城东风大楼前的推广现场

(据《容县报》)

技术推广总站的组织下，在容县举办 2000 年农机科技下乡巡回大型展示活动，3000 多名农民群众参观展示活动。2001 年 12 月，容县农业机械化管理中心承担和组织实施全国农渔业丰收计划项目——《高速水田耕整机械化及水稻植保机械化技术推广》项目，项目实施结果，农机作业效率提高 6 倍，作业成本降低 45%，农药利用率提高 15%，项目获得顺利完成。2004 年，容县微耕机拥有量突破 1 万台大关，达到 1.09 万台，脱粒机 1.65 万台，排灌机 0.08 万台，农副产品加工机械 0.2 万台，运输车 0.26 万辆。2005 年，容县微耕机拥有量 1.36 万台，脱粒机 1.72 万台，排灌机 0.08 万台，农副产品加工机械 0.27 万台，运输车 0.28 万辆。

第二章　林　业

1990 年，容县有林面积 174.30 万亩，森林覆盖率 51.60%。此后，容县加快推进封山育林、飞播造林和灭荒造林工作，加强护林防火，发展农村能源建设，1994 年实现全县绿化达标。1995 年 6 月，自治区党委、政府授予“容县 1994 年实现规划县绿化达标县”。1998 年，容县获得全国绿化委员会授予“全国造林绿化百佳县”。2001 年，容县获得全国绿化委员会、人事部、国家林业局授予“全国绿化先进集体”。随着社会发展的需要，农村山林经营权出现自发性流转，实行转包，租赁或联营。农村土地承包制后，林业发展明显加快，从粗放型造林育林发展到科技型造林育林，从林产初级加工发展到林产工业化生产。2005 年，全县有林业用地面积 338.70 万亩，森林覆盖率 66.60%。

第一节　机　构

容县林业局

1990 年，容县林业局属容县人民政府正科级行政单位，内设机构有政秘股、营林股、林政股、财务股；核定行政编制 19 名，实有人员 22 人。1994 年，增设工业股。1996 年，核定行政编制 17 名，实有人员不变。2001 年，县农村能源办公室由县林业局管理，县森林防火指挥部办公室、县绿化委员会办公室设在县林业局，由县林业局管理。县林业局内设机构有政秘股、营林股（对外挂容县绿化委员会办公室牌子）、林政资源管理股，核定行政编制 13 名，机关后勤服务 1 名，实有人员 14 人。2005 年，内设机构和编制人员不变。容县林业局下属事业单位有：容县林业技术推广站、容县森林病虫害防治检疫站、容县种苗站、乡（镇）林业管理站 16 个、容县森林防火指挥部办公室、十里木材检查站、黎村木材检查站、杨村木材检查站、自良木材检查站、容县木材公司。办公地址设在容城镇登高岭。

1990—2005 年，历任局长：黄锐芳（—1990.11）、李开珍（1990.11—1996.5）、黄强（1996.5—1998.11）、梁振西（1999.2—2002.8）、甘杰（2002.8—2004.4）、张武荣（2004.4— ）。

容县公安局森林公安分局

1987 年，成立林业公安股，黎村镇、松山乡成立林业公安组。1990 年，林业公安股核定事业编制 7 名，实有人员 7 人，黎村镇和松山乡的林业公安组核定事业编制 6 名，实有人员 6 人，归县林业局和县公安局双重领导；经费来源于县林业局自有资金安排；浪水、高山、天堂山国营林场分别设置有公安派出所，隶属本林场与县公安局领导，经费和人员由本场解决。1992 年，林业公安股更名为林业公安科，领导隶属不变，核定事业编制 7 名，实有人员 11 人。1996 年，核定事业编制、实有人员和领导隶属不变。2001 年，撤销林业公安科，成立容县公安局森林公安分局（挂容县公安局森林督察大队牌子），属行政单位，归县林业局和县公安局双重领导，核定事业编制 11 名，实有人员 12 人；下辖高山、浪水、天堂山 3 个林场派出所，核定事业编制 19 名，实有人员 19 人。2005 年，核定事业编制和实有人员不变。

容县能源办公室

1990 年 4 月 24 日，县委、县政府决定成立容县农村能源办公室，相当于科级事业单位。1990 年缺编，实有 5 人，1991 年缺编，实有 6 人，1992 年编制 4 名，实有 7 人，1995 年编制 4 名，实有 11 人，2000 年编制 4 名，实有 13 人，2005 年有事业编制 5 名，实有 6 人。办公地址设在县政府大楼 7 楼。

1990—2005 年，能源办主任：梁正强(1990.4—1996.6)、李文钊(1996.6—1999.8)、李来福(1999.8—)。

国有林场

高山林场 1958 年建场，为财政全额拨款事业单位。1980 年 1 月—1986 年 12 月调整为差额拨款事业单位，1987 年定为经营性事业单位。1990 年，为县直属正科级自收自支事业单位，主管部门为县林业局；林场内设办公室、生产科、财务科、林业护林队，下设望军、大冲、大洪、凤肚、界岈、林肚林站，实有人数 83 人。1996 年，核定事业编制 86 名，实有人数 103 人。2002 年，实有人数 99 人。2005 年，编制不变，实有人数 93 人。

容县高山林场的杉林

浪水林场 1958 年 8 月建场，位于容县东北部，为财政全额拨款事业单位。1980 年 1 月—1986 年 12 月调整为差额拨款事业单位，1987 年定为经营性事业单位。1990 年，为县直属正科级自收自支事业单位，主管部门为县林业局；林场内设办公室、生产科、财务科、林业护林队，下设陈靖、高架、刀钞、克木、塘冲林站；编制数 152 名，实有人数 140 人。1996 年，实有人数 166 人。2002 年，实有人数 143 人。2005 年，核定编制不变，实有人数 135 人。

天堂山林场 1957 年建场，位于容县南部，为财政全额拨款事业单位。1987 年定为经营性事业单位。1990 年，属正科级经营性自收自支事业单位，主管部门为县林业局；林场内设办公室、生产科、财务科、林业护林队，下设大山肚、竹坪、山田、古帮林站，实有人数 134 人。1996 年，核定事业编制 140 名，实有人数 101 人。2002 年，实有人数 84 人。2005 年，内设机构、核定行政编制数不变，实有人数 79 人。

第二节 森林资源

林地

1990—2005 年，容县林业用地土母岩以花岗岩为主，还有沙页岩、砂岩、石英砂岩和砾岩等，山地土壤有赤红壤、山地红壤、紫色土、黄壤，其中赤红壤占全县总面积的三分之二。林地以丘陵山地为主，部分林地分布在台地、低山和中山地带。

1990 年，容县有林面积 174.33 万亩，占全县宜林面积 80.83%，疏林面积 17.80 万亩，森林覆盖率 51.60%，林木蓄积量 384.40 万立方米。其中高山林场、浪水林场、天堂山林场 3 个国有林场有林面积 8.28 万亩，林木蓄积量 40.42 万立方米；有荒山荒地面积 8079 亩。1999 年，全县林业用地面积 232.70 万亩，其中集体 222.11 万亩，3 个国有林场 9.22 万亩。按林地面积分，根据 1999 年森林资源林地调查统计，全县有森林面积 225.62 万亩，疏林面积 79.50 亩，灌木林 19.57 万亩，无立木林地 5.70 万亩，苗圃地 16.50 亩。2005 年，全县有林业用地面积 338.78 万亩，其中 3 个国有林场 138.27 万亩，乡(镇)集体林组织合计 200.50 万亩。

林种

1990年，容县林种分为用材林、经济林、防护林、薪炭林等。各林种面积分别为：用材林156.97万亩，经济林8.79万亩，防护林2.47万亩，薪炭林6.10万亩。用材林主要树种有松、杉、紫荆、格木、樟木、黎木、楠木、柯木、苦楝等，其中格木是国家二级保护树种，紫荆、樟木、红黎等为珍稀树种。经济林树种主要有肉桂、八角、沙田柚、油桐、油茶、荔枝、龙眼、黄榄、黑榄、板栗、杨桃、杨梅、黄皮、山楂、李、桃、柿、柑、橙、梨、桔等。防护林树种主要有榨、香椿、桉、相思、木麻黄、木棉、蒲葵、桄榔、苦患、柏、乌柏、水榕、梧桐等。薪炭林树种主要有稠木以及各种野生杂树。此外，还有竹林，在屋前屋后及沿河一带多有种植，尤以自良、浪水最多，主要种类有单竹、蒿竹、篙竹、大头竹、沙竹、勒竹、马蹄竹等。

林木

1990年初，根据全国组织开展的Ⅱ类森林调查核定，全县有林面积174.33万亩，林木总蓄积384.40万立方米。1991年后，持续开展绿化造林工作，全面实行木材采伐全额管理，加快推进封山育林，飞播造林和灭荒造林工作，加强护林防火，强化木材产销市场监管力度，林业生产发展速度有所加快。1994年，实现全县绿化达标。1999年，全县森林面积225.62万亩，林木总蓄积487.50万立方米。全县天然林面积81.55万亩，占全县森林面积的39.50%，其中杉木（萌芽）1.31万亩，马尾松50.44万亩，桉类（萌芽）2209.50亩，阔叶林29.08万亩，竹天然林4884亩。天然林蓄积量195.24万立方米，占森林蓄积量的40.23%，其中杉木26135立方米，马尾松153.31万立方米，桉类1221立方米，阔叶林39.20万立方米。人工林面积124.51万亩，占森林面积的60.43%，其中杉木（含柳杉）9.26万亩，马尾松82.35万亩，国外松2.07万亩，桉类663亩，阔叶林2.65万亩，竹类4.28万亩。人工林蓄积量290.0万立方米，占全县森林蓄积量的59.77%，其中杉（含柳杉）人工林38.27万立方米，马尾松240.69万立方米，国外松3.32万立方米，桉类1649立方米，阔叶树7.59万立方米。2005年，全县森林面积338.73万亩，林木总蓄积658.26万立方米，森林覆盖率66.60%。森林覆盖率超过70%的乡（镇）有浪水、十里、石寨、县底、罗江、石头和高山林场、浪水林场及天堂林场。

用材林 1990年，全县用材林145.65万亩；其中杉木1125亩，蓄积量15.56万立方米。1999年，全县用材林171.26万亩，占全县森林面积83.11%；蓄积472.99万立方米，占全县森林总蓄积97.03%。2005年，全县用材林130.83万亩，占全县森林面积63.50%。

经济林 1990年，全县经济林37.27万亩，占全县森林和灌木林的16.52%，主要有肉桂、八角、荔枝、龙眼，以及其他果木林和其他经济林组成。1995年，全县经济林37.27万亩，占全县森林和灌木林的16.52%。1998年，全县经济林36万亩，其中八角林9.11万亩。1999年，全县经济林27.27万亩，占森林和灌木林的16.52%，主要有肉桂14.08万亩，八角11.63万亩，荔枝8.63万亩，龙眼3.65万亩，其他果木林1.03万亩，其他经济林2185.50亩。2005年，全县经济林37.27万亩，占全县森林和灌木林的16.52%，主要有肉桂13.62万亩，八角13.05万亩，荔枝7.92万亩，龙眼6.05万亩。

容县石头镇水口村八角林 （2005年6月摄）

花卉

容县花卉品种主要有兰花、桂花、山茶花、梅花、百日红、菊花、芍药、桃花、文竹、石榴、木棉、罗汉松、玉兰、玫瑰、杜鹃、榕类、发财树、棕榈树，以及各种观叶植物、盆景等。1990年起，容县对花卉和园林树木的消

费需求缓慢增长，个体户开始发展小型花圃和花木场，主要品种有百日红、菊花、芍药、桂花、玫瑰、杜鹃、兰花、罗汉松、文竹等，花木市场尚未形成，只有季节性零星流动销售摊点。1995 年，容县出现花卉栽培专业户，容西乡形成直接交易的产销市场，主要是业主和销售人员到单位、房地产建筑工地联系，直接将花卉销售到单位和建筑工地。2002 年，容县以兰花为主体的花卉产业加快发展，产品除在县内销售外，还销往玉林、南宁、广东等地。2005 年，全县各类花木种植面积 660 亩，主要分布于容西、容州、松山、浪水等乡（镇），有种植专业户 250 户，种植规模较大的综合花木场有绿满地花木场、同古花木场、老车花木场、创生花木场；有立垌、三合、平车等兰花专业基地 5 个。主要品种有兰花、桂花、山茶花、梅花、百日红、菊花、芍药、桃花、文竹、石榴、木棉、罗汉松、玉兰、玫瑰、杜鹃、榕类、棕榈树以及各种观叶植物、盆景等。年内全县花卉销售总收入 1600 多万元。有花卉销售专业户 5 家，主销兰花、桂花、榕树、棕榈树、山茶花、梅花等品种，年销售收入 500 多万元。

1990 年，容县兰花没有形成栽培产业，基本以自然生态为主，本地主要品种有四季兰、墨兰、春兰、剑兰。2000 年，按照"统一规划，统一施工，集中办场，个体经营，独立核算，自负盈亏"的运营模式发动农民建设兰花基地，大力发展种植独具特色的兰花产业，培育四季兰、墨兰、春剑、达摩等50多种珍贵兰花品种。2002年，全县具有一定规模的兰花基地 5 个，其中容西立垌国兰基地被自治区人民政府定为"国兰生产定点基地"，三合基地、平车基地被定为"寒兰基地"。并经国家濒危植物管理部门论证，容县兰花已获出口权。年内，成立容县兰花协会，开展兰花栽培技术的研究和交流，技术培训，对外宣传，寻找销路。2005 年，容县兰花协会牵头举办中国首届（容县）尊师爱兰大会活动，全县兰花销售 1200 万元。

森林分类经营

1990 年，容县没有实行森林分类经营。2001 年起容县实行森林分类经营，即森林分为商品林与生态公益林两大类经营。全县森林分类总面积 227.02 万亩。2001 年，商品林 144.80 万亩，生态公益林 82.22 万亩。2005 年，全县森林分类总面积没有作过调整。

第三节 林业生产

采种育苗

采种 县内主要采种树种有马尾松、红椎、荷木、肉桂、八角等。1990 年采收马尾松种子约 1.50 吨。1992 年，采收红椎种子 2 吨，主要用于点播造林，把马尾松林改造成针阔混交林。1992—1995 年均采收马尾松种子，每年都在 1.50 吨左右。1996 年，根据造林规划，马尾松不再是县内主要造林树种，马尾松种子采收量逐年减少。2000 年，采收八角种子 2 吨、肉桂种子 1 吨、荷木种子 200 千克、马尾松种子 250 千克，采收种子用于育苗、营造混交林。2001—2005 年，每年都采收八角、肉桂种子各 1 吨左右，马尾松种子 250 千克。

育苗 1990 年，全县育苗企业主要有容县种苗站和杨梅义合苗圃。县种苗站有耕地 231 亩，其中柑橙苗地 70.50 亩、玉兰 30 亩、荔枝 30 亩、其他 100.50 亩，全年育杉、桉、肉桂、八角、柚等各种苗木 2.20 万株。杨梅义合苗圃有耕地 30 亩，每年培育杉苗、肉桂苗 15 万 ~20 万株。1990—1991 年，育苗 900 万株，主要树

1999 年，容县政府推动农民科学种养工程。图为松山镇石扶村苗木基地农民向参观者示范苗木嫁接技术

（据《容县报》）

种为湿地松、加勒比松、马尾松，免费发给灭荒造林群众使用。1994 年，育出杉木、肉桂、八角种苗 880 万株，其中有 600 万株湿地松、加勒比松、马尾松种苗免费供给绿化达标者使用，松山乡的沙田村、石扶村有 20% 农户从事育苗，主要培育肉桂、八角树苗和沙田柚苗、台湾番石榴苗等各种果树苗，年产苗 100 万株。1995 年，以肉桂、八角、荔枝、龙眼等经济果林苗木产量剧增，占全县年度苗木产量的一半左右。1999 年，新增马占相思、厚荚相思苗木培育，占年度苗木产量的百分之六十，这些苗木免费发给营造珠江防护林和退耕还林户造林之用。2004—2005 年，全县培育苗木以速丰林苗木为主，占年度苗木产量的三分之二，主要品种有尾巨桉 3226 号、3227 号、3229 号，巨尾桉广林 9 号，尾叶桉 U6 号和尾赤桉等，全县速丰林种植面积 28.02 万亩。

植树造林

飞播造林 1990 年，经自治区和玉林地区飞机播种造林成效调查验收确认，1985—1987 年三年全县总投资 157.07 万元实施飞播的马尾松有效面积 40.30 万亩，占飞播总面积的 69.80%，成效面积 36.65 万亩，占有效面积的 90.90%，造林地平均每 15 亩有马尾松幼苗 3375 株。其中 1985 年飞播的区域包括灵山乡灵山村、容厢乡祖立村、杨梅镇三德村、石寨乡下烟村、十里乡十里村等，总面积 19.90 万亩，经验收确认有效面积 13.70 万亩，成效面积 11.79 万亩；1986 年飞播的区域包括黎木乡黎木村和顶良村、县底乡荣塘村、容厢乡思传村，面积 20.24 万亩，经验收确认有效面积 14.44 万亩，成效面积 13.63 万亩；1987 年飞播的区域包括自良镇司六村、容西乡深柳村、容厢乡千秋村、六王乡谭和村、黎村镇四维村和思贤村等，面积 17.60 万亩，经验收确认有效面积 12.16 万亩，成效面积 11.23 万亩。

人工造林 1989 年，全县尚有连片 3 亩以上无林地 19.20 万亩，其中宜林荒山 12.30 万亩。1990 年，在全县范围内开展查荒整地造林种果行动，完成封山育林 22 万亩，疏林地补植封管 14.50 万亩，人工造林 5.97 万亩。1991 年 3 月—4 月，自治区对容县宜林荒山造林进行实地验收，并于 1991 年 9 月由自治区绿化委员会发文确认 1990 年容县为消灭宜林荒山达标县。1992 年，自治区政府办公厅发文确认容县为造林灭荒达标县。容县制定《关于实现全县绿化达标的规定》，县、乡、村三级均成立绿化达标指挥部，实行分级分片包干负责和奖罚制度。1994 年 7 月—8 月，经自治区林业厅组织的实地检查验收，认定容县各项绿化指标均达到自治区规定的标准。1995 年 6 月，自治区党委、自治区政府授予“容县 1994 年实现规划县绿化达标县”称号。1996—1998 年，容县利用世界银行贷款 700 万元实施“森林资源和保护发展项目”造林工作，其中 1995—1996 年各造林 7500 亩，1997 年造林 1.05 万亩。造林地域分布在十里乡、自良镇、浪水乡和国有浪水林场，造林树种为篱竹。1998 年，容县获得全国绿化委员会授予“全国造林绿化百佳县”称号。此后，县委、县政府不断出台优惠政策和强化管理措施，全县森林绿化造林工作持续进行。2005 年，全县森林覆盖率 66.60%。

防护林 1996 年，根据国家对珠江流域治理的要求，容县开始实施珠江防护林建设工程，在县内主要河流两岸 10 千米范围内以及源头地区进行人工造林。1999 年，利用中央国债投资 150 万元，完成珠江防护林建设人工造林 1.35 万亩、封山育林 1.95 万亩。2001 年，利用中央国债投资 100 万元完成珠江防护林人工造林 0.90 万亩、封山育林 1.50 万亩。

退耕还林 2002 年，容县全面开展退耕还林工作。至 2003 年，完成退耕还林 2 万亩。根据国家政策规定，对退耕还林（不含荒山造林）经验收合格的，每年国家补助稻谷每亩 0.15 吨；2004 年改为折款补助每亩 210 元，经济林补助 5 年，生态林补助 8 年，所需苗木由国家供应。至 2005 年，国家下拨容县退耕还林粮食补助款累计 1470 万元，每年按验收合格面积直接发放到农户，涉及全县 16 个乡（镇），198 个村的 1.41 万户（退耕地 1.35 万户，荒山造林 584 户）；年内，经自治区组织检查确认，合格面积保存 1.78 万亩，合格面积保存率 89%。

速生丰产林 1990 年，在石寨乡大荣村和石寨村种得较多，没有形成推广规模。2000 年，县内开始推广种植马占相思、厚荚相思等速生阔叶树种。2001 年，县政府制定《容县发展速生丰产林优惠办法》，规定谁开发、谁投资、谁经营、谁收益；“两金一费”（即育林基金、更新改造基金、林业保护建设费）和农业特产税实行优惠；县内运输的清山木材实行减半征收，速丰林木材返还“两金一费”60%给造林者。2002年，发展速丰林种植，同年营造1.65万亩。至2003年，营造速丰林4.20万亩，营林主体主要是个体业主投资，其中广西高峰林场投入580万元造林1.09万亩。由于速生相思树种存在不耐寒及材质差等缺陷，2004年停止该树种的营造。2005年，全县速丰林面积13.80万亩，种植遍布全县各乡（镇），以容州、容西、十里、石寨、杨梅、县底等乡（镇）居多。

2003年1月4日，容县人民政府与广西高峰林场举行合作发展30万亩速丰林签字仪式，保障人造板制造工业的原料生产及加工产业化。图为签字仪式现场
（余华炜　摄）

表5-2　　**1990—2005年容县人工造林（含人工更新）、育苗统计表**

单位：亩、万株

年份	造林更新面积（亩）	义务植树（万株）	育苗（万株）	年份	造林更新面积（亩）	义务植树（万株）	育苗（万株）
1990	59715	130	600	1998	37860	120	350
1991	28920	130	300	1999	34560	120	300
1992	37275	120	400	2000	18495	120	250
1993	21075	120	250	2001	24495	140	430
1994	20010	120	230	2002	40800	130	490
1995	23385	120	250	2003	46680	130	700
1996	47655	120	400	2004	53490	130	900
1997	48750	120	400	2005	56610	100	1100

林产品生产

林木成材后，国有林场按有关规定，自行组织采伐。集体、个体林场及农户自有林、承包林，由林木所有者凭采伐证采伐。林木所有者凭生产许可证、营业执照等合法证件可将采伐的林木投向市场进行销售。

1990年，容县有林产加工企业和个体作坊230家，主要产品有锯材、木器与家具、竹芒编织、松香生产加工、竹木造纸、胶合板等种类。同年，林业总产值3132万元。1992年，有林产品加工生产企业250家，松脂加工、造纸产业成为县内的龙头产品。1995年，全县木材加工、竹编木器、家具、胶合板、林产化工、造纸等林业总产值7119万元。2001年，容县推动承接东部产业转移和招商引资的产业园区经济发展，林产品生产项目增加，生产企业增至462家，全年林产品产值1.48亿元。2005年，全县林产品产值1.48亿元。

表 5-3　　1990—2005 年容县商品材产量表(含林场)

单位:立方米

年份	产量	年份	产量	年份	产量	年份	产量
1990	29500	1994	27870	1998	29600	2002	83825
1991	39500	1995	29610	1999	30187	2003	26926
1992	26700	1996	26062	2000	31800	2004	210641
1993	30399	1997	25082	2001	32588	2005	185107

林副产品生产

容县林副产品丰富,有松脂、桂皮、八角、蒿竹、杂竹、油茶籽、油桐籽、山苍子、竹笋干、茶叶、板栗、水果、木炭、木柴、猕猴桃等。松脂、桂皮、八角是部分山区农户主要收入之一。全县林副产品产值,1991 年为 1745 万元,1995 年为 1 亿元,2000 年为 1.02 亿元,2005 年为 2.57 亿元。

松脂　容县松脂生产源远流长,产品直供梧州松脂厂。1990 年,全县松脂产量 1.87 万吨。1992 年,县内每百千克松脂收购价 140 元。1993 年,县政府出台措施,每百千克收购价 240 元,年内松脂生产达 1.04 万吨。1996 年,受国际市场松香价格上升影响,国内松脂价格上涨,县内松脂收购价格每百千克 360 元。1997 年,县政府进一步强化松脂生产管理和出台奖励措施,增强脂农积极性,全县产脂 1.25 万吨。2000 年,受国际市场松香价格大幅下跌影响,县内松脂收购价格回落,县内松脂收购价格每百千克 220 元,全年松香产量 8733 吨。2003 年,全县松香产量 9100 吨,收购价格微调为每百千克 240 元。2005 年,全县松香产量有所增加,达到 1.17 万吨。随着松香价格回升刺激,县内松脂每百千克收购价格提高到 540 元。

桂皮　肉桂种植和桂皮生产是容县传统特产。1990 年,全县桂皮收购数量为 15.84 吨,1993 年,平均收购价格上升至每百千克 720 元,随后几年桂皮产品平均收购价格逐年缓步上升,1997 年为 820 元,2000 年为 900 元。2003 年,桂皮产品出口配额下降,国际市场低迷,县内收购价格和产量逐年下跌,严重挫伤林农生产积极性。2005 年,全县桂皮产量 2501 吨,产值 1376 万元,平均收购价格每百千克 550 元。

八角　1990 年,全县有八角种植面积 2.41 万亩。1995 年,县内收购价格每千克 13 元。1998 年,收购价格下降到每千克 7.80 元。1999 年,受国际贸易因素影响,外贸出口增加,价格大涨,县内鲜果收购价格每千克 15 元左右。2000 年,全县八角产量 1700 吨,收购价格干果最高达每千克 36 元,鲜果每千克 10.80 元。2001 年,全县八角种植面积 12.75 万亩。2002 年,国际贸易逆转,产品销路收窄,价格下跌,八角产量 3300 吨。2004 年,受八角病虫害漫延等因素影响,八角减产,年产量 2200 吨。2005 年,全县八角产量 2400 吨,收购价格每千克 8.60 元,产值 2066 万元。

20 世纪 90 年代容县石头镇种植的八角林

(据《容县报》)

油茶　县内油茶树种植历史久远,用油茶籽榨取的茶油作为食用油之一,以农户自用为主。20 世纪 90 年代,县内油茶产业衰退,茶树种植存量快速下降,油茶籽产量逐年减少。2003 年,全县油茶产量 25 吨。2005 年,茶树零落,已无成片种植,缺乏护理,年产量 25 吨。

林产化工产品

木质造纸　1990 年,容县木质造纸企业主要有国营容县造纸厂和十里造纸厂、十里大南造纸厂、石头石

桥造纸厂等，主要产品有原色包装纸、漂白纸、纸袋纸、牛皮纸、牛皮卡纸和箱板纸。县造纸厂属国家中型二档工业企业，通过3年时间投资6000万元技术改造，达到年产1.70万吨木质机制纸能力。1993年，产量增加，仅县造纸厂就达1.82万吨，产值4514万元。1996年，国家出台经济调控政策，市场疲软，价格下落，企业产销陷入困境，全县产量下降。1997年7月，县造纸厂停产，并于1998年10月12日经容县人民法院判决宣告破产；12月，由县政府整体作价出售给个人组建成民营企业性质的容县万力造纸厂。2003年，全县生产木浆牛皮纸、纸袋纸2.05万吨，总产值7600万元。2005年，全县仍生产木浆牛皮纸、纸袋纸。

竹制土纸 1990年，县内竹制土纸广为生产，以自良圩为中心，上溯至十里乡江口村的绣江沿岸为主产区，以小作坊为生产主体，产品销往国内和东南亚，盛名"自良土纸"。1992年，有厂家110个，产量1.02万吨，产值1100万元。1998年，全县有厂家260个，产量2.10万吨，产值2520万元。2002年，县内产品销路畅通，厂家增至350个，产量3.40万吨，产值4500万元，消耗竹材8.10万吨。2005年，有厂家380个，产量4万吨，产值5054万元，消耗竹材9.50万吨。

松香 1990年，全县松香生产企业仅有容县松脂厂1家，主要产品有容州牌松香、松节油，年内生产松香1.80万吨，松节油0.30万吨。1993年，县内民营松脂加工企业逐渐兴建。县松脂厂投入600万元搞岐化松香技改项目。至1996年，建成的民营企业有杨梅松脂厂、灵山化工厂、岑冲化工厂、石头太平化工厂、浪水林化厂、兴杨树脂厂、罗宏树脂厂、容县兴达松脂厂、自成造纸厂松香车间和石头供销社松脂厂等，全县年生产松香2.33万吨，松节油0.80万吨，其中民营企业松香产量2500吨，产值110万元。1997年，县政府与林业部门整顿松脂松香市场。2005年，容县松脂厂停止生产、停办业务，场地设备出租玉林东森化工有限公司使用，仍然生产松香等产品；县内民营厂家有黎村松脂厂、杨村松脂厂、六王松脂厂、自良松脂厂和十里德天松脂厂；全县年生产松香4300吨，产值3100万元。

桂油 1990年，容县的桂油生产有供销社属下的香料厂企业以及由个体或合伙经营的作坊式小型加工企业从事生产和销售，产品基本销往广东。1994年，有桂油厂11家，桂油产量60吨。2000—2005年以后，每年生产桂油50吨左右。

木材加工

锯材 1990年，县内有众多的作坊式木材加工厂，主体主要是个体户，主要机械设备为圆盘锯、带锯等，主要生产建筑松木模板，辅以生产松、杉、黎、杂木为原料的门窗和家具半成品。1992年，锯材产量1.70万立方米。1997年，锯材产量2.50万立方米。2000年，开始从事木片加工和胶合板单片半成品生产，建筑松木模板产量渐减。2001年，全县有木片木粒生产企业3家。2003年，有胶合板单片半成品生产企业2家。2005年，全县锯材产量2.10万立方米，木片1.50万立方米，胶合板单片0.85万立方米。

木器与家具 1990年，全县有容县胶合板厂、容城镇木衣夹厂、杨梅木器家具厂、县底木器厂、自良竹木器厂、十里木器厂和县木材公司木材加工厂7家企业，员工257人，产值405万元；以生产家具和其他木器为主的个体加工厂80家，产值400万元。生产的传统木器有书台、餐桌、椅凳、柜、箱、床、水桶、勺、盖、木梯以及门窗等，木制农具有铲、锄、犁、耙、粪桶、秧盆、打谷桶和后来的人力打谷机等。随着家具逐步转型，向可摺性、圆台圆桌、高低床、组装床、普通沙发、组合柜及铁木混合发展。1994年，开始应用微粒板和胶合板原料制作家具，并开始生产仿古红木椅等产品，以县胶合板厂和县木材公司加工厂为引领，逐步生产中档家具，大量生产微粒板办公台。1995年，县内家具逐渐向高档化发展，除木料外，使用胶合板、高中密度纤维板。2000年，木制工艺品发展很快，来样加工产品出口国外，全县加工生产企业和个体加工厂270家。2005年，全县有木器和家具厂300家，其中木制工艺30家，竹藤工艺13家。

人造板产品 1990年，国营容县胶合板厂是全县唯一生产人造板的企业，个体胶合板厂开始建立，全县胶合板产量1500立方米。1991年，个体户异型板企业容县雅泰胶合板厂成为全县第二家异型胶合板生产企业。1992年，有异型胶合板企业7家，产量2000立方米，产值350万元，产品销往珠江三角洲。1993年，具疏散型组织性质的容县中林成型板集团公司组建，下有15家异型板生产企业。1996年，全县胶合板产量1.15万立方米。1998年，全县胶合板生产企业27家，年产值1180万元。2000年，因产品升级和市场销路不畅，一些企业停产。2001年，全县产品转型加快，异型胶合板生产企业32家，产量2.20万立方米，产值4500万元。2003年，投资2.80亿元的广西高峰容洲人造板有限公司建成投产，以县内种植的速丰林为主要原料生产高中密度纤维板和强化地板基材，年产能力13.50万立方米。到2005年，胶合板厂家发展到45家，胶合板产品占据广东市场份额70%。

第四节　森林保护

护林防火

防护队伍及物品　1990年，全县建立有森林防火扑火体系，县政府设立有容县护林防火指挥部办公室，县、乡（镇）分别组建有防火扑火机构和指挥系统，制定防火制度和森林防火扑火预案；县直单位和各乡（镇）、林场、建立防火扑火半专业队，每队20~80人，均属业余或兼职性质；有台式无线电对讲机3台，手提对讲机13台，风力灭火机5台和简单灭火工具，主要依靠传统型人力扑火。1993年，组建有25人的县级专业化森林消防队，相应增加车辆、通信和灭火工具配置。2005年，全县拥有灭火机110台。

防护措施　1990年，全县森林防火措施主要是健全护林防火机构，建立业余扑火队伍，加强宣传教育和野外火源管理，通过多方筹集资金，加强护林防火基础设施建设，改善灭火装备。全县森林山场设置有防火林带1352千米，防火隔离带3300千米。1991年11月，县政府出台《关于森林防火若干规定》，建立护林防火规范化管理制度。1994年，实行炼山许可证管理，规定凡是需要在山林地带开荒烧炼的组织和个人，必须向政府林业行政主管部门提出申请备案，获得批准后方可进行，并做好必要的防护措施。1997年，实施森林防火行政领导负责制，在建立县级森林消防专业队伍基础上，各乡（镇）均组建森林消防半专业队伍，依法强化查处山火案件。1998年，首次筹集森林防火专项经费26.51万元，建立森林防火值班制度，强化入山人员和野外火源管理，在重点防火期间，严禁带火种入山。2005年，全县新开辟防火林带210千米，防火隔离带190千米。

火灾火警　1990年，全县发生火灾火警5起，火场面积342亩，受害面积172.50亩，损失林木蓄积498立方米。1997年发生火灾火警2起，火场面积223.50亩，受害面积139.50亩，损失林木蓄积358.50立方米。1998年，发生森林火灾4起，火场面积1224亩，受害森林面积688.50亩，损失林木蓄积1146.90立方米，其他损失折款2.51万元，形成火灾的主要原因为群众上坟烧纸、吸烟所致；其中10月4日在杨梅镇和灵山镇毗邻的大云山因一群众丢烟头引发山林火灾，过火面积360亩，受灾面积285亩，经济损失3.50万元，火灾发生后，县委、县政府组织1500多人迅速赶赴现场，经过32小时扑灭山火。1999年3月4日，容厢镇华南村发生因烧荒炼山引发森林大火，延及容厢镇千秋村和十里乡黎读村，连带受灾面积2200.50亩。2002年，全县火灾发生6起，火场总面积281.85亩，受害面积242.10亩，损失林木蓄积426.77立方米，火灾形成原因是烧荒、炼山跑火、上坟烧纸所致。2003—2004年，全县共发生火灾27起，受害面积6777.30亩，损失林木蓄积6301.30立方米，火灾形成的主要原因是群众上坟烧纸、烧荒、吸烟、炼山和痴呆人弄火所致。2005年，全县发生火灾2起，火场总面积348亩，受害森林面积189亩，损失林木蓄积483.52立方米。

森林病虫害防治

容县森林主要病害有：松杉立枯病、松针褐斑病、杉木黄化病、杉木炭疽病、八角炭疽病、八角煤烟病、肉桂枝枯病、肉桂炭疽病、桉树青枯病、桉树叶斑病、桉苗茎腐病等。主要虫害有：马尾松毛虫、松茸毒蛾、松梢螟、杉梢螟、双条杉天牛、桂梢螟、竹横锥大象、油桐天蛾、八角尺蠖、八角叶甲、中华简管蓟马、拟木囊蛾、小地老虎、白蚁等。其中松毛虫害和肉桂、八角的病虫害为全县病虫害防治的重中之重。

松毛虫害防治　1990年起，容县属自治区第二期松毛虫综合防治示范区，全县设置固定监测点17个，固定调查点44个。除了加强虫情监测外，每年对有虫林区施放白僵菌粉2500~6000千克，进行早防早治，成灾面积较大时仍用化学农药防治。同时加大林种树种调整，增加阔叶林，减少松树。1994年，全县松毛虫为害明显减少，基本没有发生大范围灾害。1995 年，松毛虫危害呈现发展趋势，全年成灾面积 7.50 万亩。1996 年，进一步强化防治力度，全县设置固定监测点 56 个，其中松毛虫 15 个，松材线虫 16 个，湿地松粉蚧 10 个，松突圆蚧 15 个；设置固定调查点 88 个。1999 年，成灾面积 6.60 万亩。2000 年，容县列入第一批国家级森林病虫害测报中心点，全县有虫情监测点 19 个，固定样地虫情调查点 88 个。2002 年，防治松毛虫的措施除使用白僵菌粉外，还使用细菌性 BT 粉和阿维菌。1999—2003 年，全县松毛虫受害面积 7.77 万亩，五年合计防治面积 10.04 万亩。2005 年，通过持续使用白僵菌粉和敌杀死等药物防治，抑制虫灾蔓延，松毛虫害有所减缓，全县成灾面积 3.75 万亩。

肉桂病虫害防治 1990 年，全县主要经济林肉桂、八角林木种植面积形成一定的规模，病虫害随之发生，桂枝枯病（俗称桂瘟）蔓延成灾。造成整株或部分枝干死亡。1992 年，容县通过与自治区合作开展肉桂枝枯病侵染流行规律与防治技术研究，在全县推广有效防治病害的技术，即在每次新梢期用虫必克或林病威、桂虫清等化学药物防治，每年 4 次。通过连年防治，病害于 1996 年基本得到有效控制。由于全县种植面较为普遍，少数林农没有引起足够重视，肉桂病虫害仍然时有发生。1997 年，肉桂枝枯病发生面积 2460 亩，1998 年增加到 4530 亩，1999 年发生面积 2625 亩。2000 年，开始推广桉树种植，在肉桂林木区中间种桉树、肉桂，面积持续减少，林农重于预防。2005 年，县内的肉桂病虫害仅有小面积发生。

八角病虫害防治 1990 年，八角尺蠖、八角梢螟、烟煤病、麻疯果病虫害在小范围内时有发生，但危害成灾面积不大。1997 年，八角种植面积最多的石头镇与松山镇大面积出现八角麻疯果，病果率 20%~50%，严重影响八角产量和质量。麻疯果病因为中华简管蓟马虫为害内心皮（即花内小果皮）后长大而成。1998 年，高山林场、大扭梅子冲八角场和部分群众使用敌杀死或甲胺磷加氧化乐果等杀虫药物拌加双飞粉，在花期用机动喷粉机喷洒。2002 年，经过数年落实防治措施，麻疯果病害开始减缓。2005 年，大部分林区的八角挂果恢复正常。

其他病虫害防治 1990 年，没有发生其他病虫害情况记载。2000 年 10 月，在容县南部发现从广东信宜市传入的湿地松粉蚧，其中杨村镇扩散面积 1875 亩，黎村镇 157.50 亩。2003 年，县内凡有湿地松种植的林区均有湿地松粉蚧发生，全县扩散面积 2.06 万亩。2004 年 5 月，在黎村镇、杨村镇又相继发现自广东境地进入的松突圆蚧，发生面积 1.52 万亩，经组织人力在重点地域施放白僵菌粉进行早防早治，并从广东购买引入姬小蜂放养治虫。虽经药物防治，仍然难以控制虫灾蔓延趋势，年内全县扩散面积达 3.67 万亩。2005 年，湿地松粉蚧扩散面积仍然没有减少，松突圆蚧已扩散至 27.31 万亩。

森林植物检疫

1990 年，容县开始建立森林植物检疫制度，对运出县外的木材、竹子及其制成产品和森林植物种子、苗木及其他繁殖材料进行检疫并开具检疫证，随货运输；对外县运入的予以复检。凡是国家规定列入的危险性病虫害，如松材线虫、松突圆蚧等，都列为检疫对象。同时对县内林木、苗木进行产地抽样调查和检疫。1998 年，种苗产地检疫面积 41.10 亩，应施产地检疫面积 44.10 亩，产地检疫率 93%；木材调运检疫 2.05 万立方米，应施调运检疫木材 2.06 万立方米，调运检疫率 99.80%。1999 年，种苗产地检疫 49.50 亩，应施产地检疫面积 52.50 亩，产地检疫率 94.30%；木材调运检疫 8963 立方米，应施调运检疫木材 8970 立方米，调运检疫率 99.90%。2005 年，对县内的种苗产地检疫和调运木材检疫均坚持做到应检尽检，没发现危险性病虫。

2002 年，位于容县十里乡大坡村公园内的古樟树

（马进林 摄）

古树名木保护

容县古树较多，呈零星分布状态。有的是地方风景树，有的是当地前人传承的公众树，当地集体和群众都自觉保护。

1990—2001 年，容县没有开展古树名木保护的行政管理业务工作。2002 年，容县开展对全县古树名木的全面调查登记工作，工作人员进入全县 12 个乡（镇）的大部分行政村进行调查摸底，收集基本情况。按照国家标准划分，古树树龄 100~299 年为三级古树，树龄 300~499 年为二级古树，500 年以上为一级古树，格木被列入国家重点保护品种。2005 年，林业部门再次对全县古树开展统一调查登记并存档，统一挂牌编号，张贴标语宣传。全县现存在档的古树有 102 株，其中马尾松 36 株，格木 30 株，樟树 4 株，小叶榕 20 株，楠木（石头镇水口村罗钵咀）1 株，木棉（容西乡深柳村和石寨镇的大兆村、古兆村）3 株，海红豆（十里乡大坡圩）1 株，秋枫（十里乡大坡圩）1 株，枫香（容州镇宁冲村药场）1 株，苦楝（十里乡大坡村六塘村民小组）1 株，海南粗榧（灵山镇天堂村塘边小学）1 株，肖蒲桃（县底平河村石壁组）1 株，小叶桂木（县底镇旺黎村小学、十里乡江口村公路边）2 株。

2003 年，杨梅镇义合村二组有一棵 1918 年种植的肉桂树，直径 60 厘米，高约 10 米　　（刘光华　摄）

古树分级　在 102 株古树中，被列为二级古树 3 株，具体是：位于十里乡大坡圩的樟树，树高 25 米，胸径 231 厘米，于 2002 年测定树龄 350 年；位于容城南大街的小叶榕，树高 24 米，胸径 229 厘米，2002 年测定树龄 300 年；海南粗榧，树高 14 米，胸径 121 厘米，2005 年测定树龄 300 年。其余为三级古树。

格木古树　具体分布在；松山镇石扶村文冲 1 株，文仰村平田组 1 株、柳垌 8 株；六王镇谭和村高垌 1 株；容厢镇礼信村石头垌 2 株，峤北村步云 1 株；十里乡杨外村独磊 1 株、六察组 5 株；县底镇平河村石壁组 1 株，金村村大爽顶 2 株，上都村汶水塘 5 株，旺黎村冲口 1 株；浪水乡白饭村白石社 1 株。树龄最高的格木位于容厢镇峤北村步云，高 16 米，胸径 130 厘米，2002 年测定树龄 170 年；其次是松山镇石扶村文冲组的格木，树高 20 米，胸径 118 厘米，2002 年测定树龄 160 年。树龄最高的马尾松位于灵山镇天堂村塘边组，树高 16 米，胸径 118 厘米，2005 年测定树龄 160 年；其次是松山镇寻阳村根竹丫的松木，树高 21 米，胸径 113 厘米，2002 年测定树龄 150 年。

野生动物保护

1990 年起，根据《中华人民共和国森林法》，利用标语、挂图、墙报、电视广播等宣传野生动物保护的政策和法律法规，开展对野生动物销售和运输进行管理，对捕杀、贩卖、运输国家重点保护野生动物从严查处。2000 年起，加大保护和发展野生动物资源力度，采取不定期的宣传检查，对违法经营、乱捕乱猎野生动物行为进行严肃处理。

林政管理

1990 年，全县查处乱砍滥伐、无证运输等各类森林违法案件 72 起，收缴木材 31.21 立方米，林业行政罚款 1.58 万元。1991 年，开始查处野生动物非法运输案件，加大木材加工和运输监督力度。1992 年，查处乱砍滥伐案件 68 起，面积 117 亩，收缴木材 315 立方米。1996 年，查处乱砍滥伐案件 127 起，收缴木材 117.80 立方米，行政处罚 3.44 万元；查处盗伐案件 18 起，收缴木材 12.30 立方米，行政处罚 4262 元；查处无证运输行为 160 起，收缴木材 109.40 立方米，行政处罚 4.15 万元。

1990 年，在高山、浪水、天堂山三大国有林场设置由县公安局和县林业局双重领导的派出所，负责国有林场森林资源监督，维护国有资产安全，年内侦破、查处案件 72 起，逮捕 7 人，行政拘留 16 人。1991 年，发生各类森林案件 34 件，查破 34 件。1995 年，查处各类森林案件 78 件，其中重特大案件 3 件，抓获各类违法

犯罪人员23人次。2000年，查处各类森林案件75件，其中刑事案件21件（盗伐林木案4件，滥伐林木案12件，森林火灾案件4件，其他森林案件1件）。2003年，查处各类森林案件204件，其中刑事案件26件，林业行政案件178件。2005年，查处各类森林案件154件，其中刑事案件29件，林业行政案件125件。

表5-4　　1990—2005年容县森林资源违法案件查处情况表

单位：件

年份	行政违法案件	刑事案件	年份	行政违法案件	刑事案件
1990	63	9	1998	28	20
1991	26	8	1999	55	26
1992	40	28	2000	54	21
1993	31	22	2001	109	28
1994	22	8	2002	176	29
1995	67	11	2003	178	26
1996	293	12	2004	104	48
1997	39	10	2005	125	29

第五节　能源建设

1990年，容县能源建设工作实行边组建、边规划。1991年，容县开始实施全国农村能源示范县建设，组建太阳能热水器厂，安装小水电2处，大规模改省柴灶300户。1992年，在农村能源综合示范县建设中，改省柴灶2000户，安装太阳能热水器5处，建设沼气池2座。初步整治小石灰窑、小砖窑。1993年，安装太阳能热水器25处，建设户用沼气池5座，改省柴灶3000户。1994年，改省柴灶3000户，安装太阳能热水器5处，建设沼气池2座。1995年，改省柴灶5000户，安装太阳能热水器20处，建设沼气池6座。1996年，改省柴灶5000户，安装太阳能热水器20处，建设沼气池3座。小石灰窑、小砖窑整治完成。1997年，改省柴灶1000户，安装太阳能热水器30处，建设沼气池2座。同年，组织干部到蒙山县学习建造水压式双管道自动排渣沼气池经验，农村户用沼气进入高速发展阶段。1998年开始实施"152"示范工程，即全广西区建设100个生态村、50个生态乡（镇）、20个生态县，容县为20个生态县创建县之一，全县掀起农村户用沼气建设高潮。在罗江镇大石村建设户沼气示范点，全县建设沼气池100座，在原农机校开设沼气生产工作培训班，培训农村技术员80多人。1998年容西乡祖立村为生态村，完成沼气池394座。2002年，4个村实施农业部农村小型公益建设户用沼气项目：容西乡思传村200户、黎村镇同和村200户、松山镇松山村200户、自良镇中平村200户，年实际完成987户。农村沼气国债项目开始实施，农村沼气国债项目村（13个村）：黎村镇同心村263户、温泉村212户，杨梅镇成美村206户，灵山镇罗权村249户、仁勇村260户，六王镇古泉村254户，容厢镇木井村168户、五一村268户，容西仙江村319户，县底镇旺黎村68户，自良镇司六村248户、思旺村245户，石头镇大良村240户，共3000户。2004年农村沼气国债项目村（15个村）：黎村镇六吟村190户、平洛村149户，灵山镇华垠村150户、灵山村120户，容厢镇峤北村120户、千秋村80户、励志村60户、大明村100户，县底镇泗关村120户、古例村100户、冠堂村120户，自良镇古济村197户、云松村140户、大里村157户，松山镇慈堂村150户，共1953户。2005年农村沼气国债项目村（17个村）：自良镇同江村200户、龙镇村100户、河步村80户，石寨镇大华村160户、石寨村150户，灵山镇六良村130户、守善村130户，杨梅镇凤美村110户、杨梅村80户，黎村镇六振村150户、六扬村100户，县底镇河儿村110户、古燕村100户、金村村100户、县底村90户，六王镇莲塘村80户、谭螺村100户，共1970户。

第三章　畜牧渔业

容县水域面积占行政区域总面积2.49%。1990年,全县水产畜牧业经济以发展畜牧业为主、水产养殖业为辅,全县渔牧业总产值1.54亿元。畜牧业以土杂猪苗、瘦肉型商品猪、霞烟鸡、三黄鸡为主要优势。1997年后,果子狸、中华鳖、蛇和白鸽等特种养殖业逐步兴起,山羊等草食动物养殖呈小规模态势发展。2005年,全县渔牧业总产值达到10.22亿元。畜牧水产业成为发展农村经济,增加农民收入的主导产业。

第一节　机　构

1990年,容县水产畜牧局有编制10名,实有人数11人。1994年,分设容县畜牧局、容县水产局,为县政府直属科级事业单位。2001年,组建容县水产畜牧局,赋予行政管理职能。内设政工秘书股、渔牧生产股、医政药政股和人事教育股,局核定事业编制11名;局属事业单位22个,其中二层机构7个,分别是县动物卫生监督所、县动物疫病预防控制中心、县畜牧技术推广站、县种畜场和县畜牧兽医技术服务中心、县渔政渔港监督管理站和县水产技术推广站,全县乡(镇)水产畜牧站15个;局下属事业单位核定编制163名。2005年,容县水产畜牧局内设机构和下属事业单位不变,局下属事业单位有专业技术人员59人,其中高级职称2人,中级职称20人,初级职称35人,技术员2人。办公地址设在兴容街108号。

1990—2005年,历任局长:李灿初(—1996.8)、刘海峰(1996.9—1999.8)、李贻冠(1999.9—2000.2)、覃海华(2000.3—2001.1)、陈福柱(2001.2—)。

第二节　畜禽养殖

1990年,容县农民依靠畜禽养殖创业增收明显,涌现一大批养殖经济能人。全县逐步形成良种猪、霞烟三黄鸡、优质蜂蜜等地方优势品牌。1990—2005年,全县有养殖企业15家,规模种畜禽场105个,规模养殖户2830户,各乡(镇)不同程度发展养殖小区,成立有养殖业经济合作组织9个,发展分会36个、会员4176人,养殖业产业化经营占社会饲养量80%以上。容县祝氏农牧有限责任公司是农业无公害标准化肉鸡生产养殖基地,是自治区畜牧研究所霞烟鸡早熟品种选育与运用项目试验场,公司有大荣种鸡场、十里种鸡场、黎村种鸡场、大华肉鸡示范场、孵化厂、合作社、饲料厂和有机肥厂等8个下属企业。2003年8月,该公司的"黎村黄"肉鸡在广西家禽业协会和广西烹饪餐饮业协会举办"百鸡宴"品尝会中被评为"广西优质品牌鸡"。2005年,"黎村黄"三黄鸡通过商标注册,肉鸡基地通过农业部无公害标准化产品认证。

容县三黄鸡

良种猪　容县良种猪以土杂猪为主。容县土杂猪是以陆川猪为母本,以长白猪、杜洛克等外来品系为父本,通过二元或三元杂交繁育出来的商品代肉猪。容县土杂猪具有环境适应能力和抗病能力强,耐粗饲,生长速度快,个体适中，膘厚肉嫩等特点。容县土杂猪苗等产品远销自治区内及广东、海南、贵州等地。1990 年，容县存栏生猪 48.76 万头（其中存栏母猪 6.15 万头），出栏生猪 42.17 万头，出售仔猪 116.80 万头，农村家家户户养猪，年内全县有 10 万仔猪下广东的局面。到 2005 年，生猪养殖业逐步由副业转变为主业，规模养殖渐成畜牧生产的主体，全县年出栏 300 头以上的生猪养殖大户有 49 个，全县存栏生猪 56.90 万头，出栏生猪 49.50 万头，出售仔猪 149.80 万头，出现百万仔猪下广东的盛况。

霞烟鸡 霞烟鸡原产于容县石寨乡下烟村，属地方优质黄羽肉鸡，以"三黄"（毛黄、嘴黄、脚黄）、胸肌发达、皮薄、骨细肉嫩、味道鲜美等著称，在南方肉鸡市场上享有较高的声誉。霞烟鸡经多年选育，已培育出抗 MD 病的新品系，生产应用效果良好。霞烟鸡是优良地方品种，1985 年载入《广西家畜家禽品种志》，1991 年认定品种标准，2003 年列入国家家禽保护品种。纯种霞烟鸡生长慢，繁殖性能低，尤其是长羽慢，为适应市场发展需求，优质禽商业化育种业兴起，霞烟鸡杂交商品代应用广泛。由于纯种霞烟母鸡逐年减少，至 2005 年底，所占比例低于 80%。容县加强地方品种资源保护工作，对霞烟鸡和广西三黄鸡通过多世代选种选育杂交，2005 年育成配套系新品种黎村黄鸡，获得自治区水产畜牧兽医局肉鸡品种审定。

容县名产霞烟鸡

第三节 水产养殖

养殖资源

1990 年，全县有池塘养鱼面积 1700 亩，山塘养鱼面积 1 万亩，沟渠养鱼面积 794 亩。2005 年，容县有水域面积 26.71 万亩，包括中型水库 1 座，小型水库 60 座，面积 1.27 万亩；山塘水坝 2128 处，面积 1.20 万亩；池塘面积 1.46 万亩，河流 22.06 万亩；河沟面积 2.18 万亩。全县可养鱼水域 6.12 万亩，占全县水域 22.90%，实际养殖水域 2.09 万亩，占可养水域面积 34.14%，尚有大量开发利用潜力。

饵料

1990 年，县内饵料资源丰富，数量甚多，其中能为草食性鱼类食用的陆生植物有各种嫩草、甘蔗叶、木薯叶、蔬菜叶以及大部分菊科、豆科植物和少数禾本植物，此外还有花生麸、豆饼、麦皮、米糠等；水生植物有水茜、红萍、绿萍等。动物性饵料有螺、蚌、蚬、屠宰场下脚料等。20 世纪 90 年代中期后，随着养殖业的发展，不少养殖户应用有机肥如畜禽粪和化肥直接投入到养殖水域中，培养浮游生物供滤食性鱼类食用，效果显著。

品种

县内主要水产养殖品种有草鱼、鲢鱼、鳙鱼、鲤鱼、鲮鱼、鲫鱼、青鱼、胡子鲶、大口鲶、黄颡鱼、黄沙鳖、黄鳝等。生活在河流、沟渠中的野生鱼类有河败鱼、刺鳅、菩萨鱼等。其他水产动物有龟、鳖、虾、螺、蚬、蚌等。为保护水生生物资源，加强渔政监管，严厉查处电、炸鱼违法行为，2005 年立案查办渔政案件 1 件，查获电鱼船 1 条。

水产品生产

容县水产主要为淡水鱼类养殖。根据水域场地的不同，县内水产养殖分池塘养鱼、山塘水库养鱼、小水窝养鱼、沟渠养鱼、稻田养鱼、网箱养鱼几类。1990 年，全县渔业产量 1400 吨。1995 年，渔业产量 3400 吨。2000 年，产量 7800 吨。2005 年，全县渔业产量 1.16 万吨。1990—2005 年，全县渔业产量年均增长 13.26%。通过推行生态养鱼示范项目，分别在灵山六图村、石头镇营垌村和容州镇千秋村、木井村实施庭院小水凼养殖。其中，六图村草鱼养殖示范户超过200户，年产量35吨；营垌村示范户超过250户，年产量46吨；千秋村、木井村本地塘角鱼养殖户超过150户，年产量75吨。

池塘养鱼 1990年，全县有池塘养鱼面积1700亩。2005年，全县池塘养鱼面积达1.38万亩，产鱼1.01万吨，平均亩产728千克，养殖品种主要以鲢、鳙鱼为主，草、鲤鱼为辅。

山塘水库养鱼 1990年，全县有山塘养鱼面积1万亩。2005年，全县山塘水库养鱼面积达6750亩，产鱼量2160吨，平均亩产320千克，养殖品种主要以鲢、鳙鱼为主，草、鲮鱼为辅。

小水窝养鱼 容县山区乡（镇）有小水窝养鱼的习惯，是群众养殖增收的有效途径。养殖品种主要分两大类：草鱼养殖，亩产9000千克以上；本地塘角鱼养殖，亩产5000千克以上。

稻田养鱼 2005年，全县稻田养鱼面积达999亩，产鱼82吨，平均亩产82千克，养殖品种主要以鲤、草鱼为主。

网箱养鱼 2005年，全县网箱养鱼面积为200平方米，产鱼20吨，平均每平方米产鱼100千克，养殖品种主要以草鱼、罗非鱼为主。

鱼病防治

容县水产技术服务部是全县水产技术推广和鱼病防治部门。每年4—10月为鱼病多发期，常见病有赤皮、出血、肠炎、烂鳃、营养性疾病和寄生虫病（包括指环虫病、车轮虫病、锚头骚病、鱼鲺病）。天气寒冷时节，常见鳃霉病。鱼病治疗方法多用适量含氯制剂、硫酸铜和硫酸亚铁合剂、大蒜素等对症下药；农村惯用土法治疗，将苦楝树叶、黄连、五爪金龙、松毛或蒜头，以多种方式适量投放池塘沤浸。

表5-5 **容县1990—2005年渔业产量情况表**

单位：吨

年份	产量	年份	产量
1990	1393	1998	6750
1991	1522	1999	7250
1992	1634	2000	7794
1993	2328	2001	8330
1994	2832	2002	8387
1995	3445	2003	9754
1996	5015	2004	10750
1997	6100	2005	11650

第四节 养蜂业

容县饲养的蜂种有中蜂和意大利蜂，中蜂分布在16个乡（镇），重点分布在六王镇金库村、六槐村，十里乡杨外村、大萃村、大坡村，浪水乡泗河村、白饭村，容州镇木井村、千秋村、励志村，石头镇营垌村、水口村、大扭村。意大利蜂主要分布在十里、容州、六王、石头等4个乡（镇），数量不多，长期转地放蜂。蜂农养蜂50群以下者，一般在县内就地放蜂，50群以上大多数出外转地放蜂，到10月底基本全部返回采冬蜜、越冬，到次年3月下旬又外出，意蜂蜂农长期在外放蜂。县内及周边县市荔枝、龙眼、沙田柚果树种植面积较大，在花期内利用大批蜂群短期高密度定向授粉，效率高费用少，蜂蜜产量高，达到双赢目的。1990年，容县养蜂7750群，蜂蜜产量142.50吨。1995年，容县养蜂8600群，蜂蜜产量179.20吨。2000年，容县养蜂9.47万群，是养蜂年份最多的一年，蜂蜜产量2083.40吨。2005年，全县养蜂1.30万群，蜂蜜产量286吨；石头镇成立养蜂协会，会员52人，入会会员协及全县各养蜂乡（镇），产品密封包装销售，设有蜂产品销售点3个。

第五节 禽畜疫病防治

容县禽畜疫病防治机构主要包括：容县动物医院 1 个、容县畜牧兽医技术服务中心直属联营门诊 29 个以及全县村级畜牧兽医诊室 74 个，技术咨询和诊疗服务网络健全。

1990—1995 年，容县加强对种畜禽场、规模养殖场以及重点区域和公路沿线的动物进行强制免疫工作，实施猪瘟免疫 293.91 万头，猪口蹄疫免疫 292.49 万头，鸡新城疫防疫注射 735.37 万羽。全县无重大动物疫病发生。开展动物防疫监督工作，查处逃漏检仔猪 48 车 2171 头、乳猪 21 车 1074 头、肉猪 53 车 2.11 万头。处理兽医卫生案件 39 件，无害化处理病肉 1973.50 千克。

1996—2000 年，开展动物春秋防疫工作，免疫生猪 3500.61 万头，家禽 4632.49 万羽，牛 1.94 万头次，羊 2708 只次。对全县生猪屠宰场、规模养殖场的动物防疫条件进行监督审查，发出监督整改意见书 22 份，责令关停生猪屠宰场 2 个。加强奶牛场监管，全县 8 个奶牛场业主签订《原料奶质量承诺书》。处理兽医卫生案件 35 件，无害化处理病肉 2759.40 千克。

2001—2004 年，抓动物常年免疫与春秋季集中免疫工作，实施猪瘟免疫 330.21 万头，猪口蹄疫免疫 331.32 万头，牛五号病免疫注射 4.36 万头。开展动物疫病流行病学调查，调查猪 12 万头、牛 1200 头、羊 1300 头、鸡 39 万羽、鸭 6 万羽、鹅 3000 羽，未发现有口蹄疫、猪流感等重点动物疫病。加强对规模养殖场的监督管理，落实企业动物检疫申报人员，督促企业建立完善饲料兽药购进使用、动物检疫、消毒、无害化处理等管理制度，保证动物和动物产品质量的安全卫生。处理兽医卫生案件 37 件，无害化处理病肉 3197 千克。

2005 年，容县建设无规定动物疫病区，严格执行动物免疫标识制度，落实防疫责任人和责任区，实施猪瘟免疫 93.91 万头，猪口蹄疫免疫 92.49 万头，鸡新城疫防疫注射 235.37 万羽。在防控生猪“高热病”工作中，共实施猪蓝耳病免疫 23.80 万头，免疫密度 97.22%，全县无重大动物疫病发生。同时开展猪瘟免疫抗体、猪口蹄疫 O 型抗体，牛口蹄疫 O 型免疫抗体、禽流感免疫抗体、鸡新城疫免疫抗体等方面的监测工作。加强动物检疫监管，查处逃漏检仔猪 16 车 771 头，乳猪 5 车 274 头，肉猪 15 车 7140 头；共检查运载车辆 103 辆，检查病害肉 418.50 千克，检查兽药门店 198 个次，查出过期变质兽药 31 个品种；出动检查人数 738 人次，车辆 165 车次，处理兽医卫生方面案件 29 件，无害化处理病害肉 1073.50 千克，检查猪场 96 个次，鸡场 68 个次，屠宰场 56 个次。

第四章 水 利

1990 年以来，容县水利局实施防汛抗旱民心工程，投入水库除险加固专项资金 256.20 万元对满垌水库和宁冲水库进行综合除险加固。抓好城区防洪工作，1999—2004 年，共投入资金 700 万元，建成城区一江两岸防洪堤 2.30 千米，加上 1990 年前砌好的 2.58 千米，城区防洪堤共长 4.88 千米。推进水土流失治理、水毁修复工程、人畜饮水工程和农田水利建设。加强取水许可管理和河道执法管理。至 2005 年，全县拥有中型水库 1 座，小(一)型水库 17 座，小(二)型水库 45 座。全县蓄水工程(包括塘坝)控制集雨面积 370.36 平方千米，蓄水总库容 1.02 亿立方米，有效库容 6997.77 万立方米。引水工程共 2624 处，有效灌溉面积 7.05 万亩；提水设施 536 处，其中机灌 342 处，电灌站 453 处，泵灌站 41 处，有效灌溉面积 2.56 万亩。全县渠道总长 2960.30 千米，其中衬砌 96.10 千米。有小型水电站 127 座，总装机容量 6.85 万千瓦。

第一节 机 构

1990年，容县水利电力局属正科级行政单位，行政编制16名，实有干部职工17人。内设政工秘书股、计财股、水利电力股、水政股和水库移民办公室。2001年11月，容县水利电力局更名为容县水利局，核定行政编制12名，事业编制1名，实有13人。内设办公室、计财股、水务股、建设管理股（对外挂容县水利搬迁安置工作办公室牌子）。2002年9月11日，成立县水务局，与县水利局实行一套人马两块牌子，不增加人员编制和经费。2005年，容县水利局内设政秘股（行政审批股）、计财股、建设管理股、水务股。行政编制12名，机关后勤服务事业编制1名，实有人数15人。下属二层机构事业单位有：容县防汛抗旱指挥部办公室、水利电力管理站、水利电力勘测设计队、水政水资源管理站、水政监察大队、水土保持监督管理站、水利电力工程质量监督站、水库安全管理站、灌溉和水电经营站、六王水土保持站、自来水公司。办公地点设在容城镇西上街136号。

1990—2005年，历任局长：陈统权（—1991.8）、潘信鑑(1991.8—1992.10)、杨朝毓(1992.10—1999.2)、温国永(1999.3—)。

第二节 水利工程设施建设

1990—2005年，容县水利建设重点是水库除险加固、完善渠系配套及渠道防渗工程、城区防洪堤建设和城乡人畜饮水工程等。容县利用中央加大水利基础设施建设力度的机会，进一步加大水库除险加固的资金投入，确保水库等水利设施安全。

专项投资除险加固工程

满垌水库除险加固 为中央规划内专项投资病险水库除险加固工程。2000年，满垌水库列为自治区公布的病险水库之一。2001年11月18日，开始对满垌水库进行除险加固工作，主要工程有：溢洪道右侧高边坡加固疏导、坝脚滤水堆翻新及排水设施建设、放空管和放水阀改造等。2002年2月底，除险加固工程竣工。完成投资41.20万元。至2005年底，满垌水库正常运行。

宁冲水库除险加固 为自治区专项资金进行水库除险加固工程。宁冲水库是容县唯一一座中型水库，位于容厢镇宁冲村，功能是以灌溉为主，兼顾防洪、城市供水、发电和防洪等综合利用的水利工程。宁冲水库除险加固工程，列入自治区水利电力厅项目，由区、地、县分摊投资215万元。工程于1994年冬动工，打开第三副坝砌筑15米宽敞式排洪道，建成后即迎来1995年10月中旬第16号强热带风暴带来的百年一遇特大洪水，过堰水深2米多，超过建库以来最高水位。水库大坝整治加固于2002年4月2日动工，同年6月初竣工。主要工程有：大坝坝体内坡规范修整、浇注混凝土面板防渗、铺设防浪石，防浪墙坝顶批挡，大坝坝体外坡排水沟维修及铺设标准草皮等，完成投资110.60万元。至2005年底，宁冲水库正常运行。

城区防洪堤工程

1987年9月前，容城城区没建有防洪堤。1987年9月，容城水电站开工建设，在电站建设过程中，对江北滩涂结合街道建设，建成初级防洪堤长2.58千米。

1995年，容县列入广西32个重点防洪县之一，县政府对城区开展防洪排涝工程规划与建设。1999年12月18日，绣江南岸防洪堤动工建设，历经38天，建成1.48千米长的防洪坝建设，投入资金500万元。

2002年12月30日，绣江南岸、北岸防洪堤同时开工续建。南岸从绣江公园外河堤已建防洪堤续建长0.40千米，2003年3月底完工；北岸段从贵妃园下游已建防洪堤续建长0.42千米，2003年1月底完成74米高程下部工程，2004年1月1日开始续建74米高程上部工程，同年1月完成全部工程，共完成投资200万元。容城城区防洪工程一江两岸建设防洪堤共长4.88千米。整个城区防洪能力达到防御5年一遇洪水标准。

至 2005 年底,城区防洪堤正常运行。

渠系配套及渠道防渗工程

红田水库配套工程 红田水库是 20 世纪 70 年代农业学大寨时期建的小(一)型工程。1991 年 12 月,引水过江工程动工,工程设计采用桥面反虹形式,桥面布设反虹管,反虹管上建 3.50 米宽的交通桥。1993 年 6 月,红田水库配套工程基本完工,投资 237 万元。红田水库引水过江工程反虹管长 378.50 米、管径 800 毫米,是容县最大口径的反虹管,县水利工程第一次跨过绣江,双悬链线拱渡桥全长 267.50 米,是容县水利工程最长的双悬链线拱渡桥。红田水库配套工程成功地把红田水库的水引至容西旱片的龙塘水库,解决容县四大旱片之一的容西旱片农田用水。

渠道防渗工程 20 世纪 90 年代初,自治区水电厅倡议全区建设高速水路——渠道三面光防渗工程。1995 年冬,容县拉开建设渠道三面光防渗工程序幕,建成宁冲水库北干渠大榄段长 1.10 千米三面光防渗渠道。1996 年 10 月,县成立“三大会战”(即水利、交通、农业)指挥部,水利基础设施建设是其中一大项内容,渠道防渗三面光工程又是水利基础设施建设的重要组成部分。以宁冲水库干渠、平梨水库干渠石寨圩段、龟河水库主干渠出水口至立垌渠段为重点,带动全县渠道三面防渗工程建设。1997—2005 年,完成三面光渠道 163.59 千米,全县共投资 2057.80 万元,其中国家投资 331.73 万元,县财政投入 457.72 万元,群众自筹 1268.35 万元。渠道利用系数由 0.35 提高到 0.45,渠系防渗后水量 0.17 亿立方米,恢复有效灌溉面积 9000 亩。渠道硬化防渗工程的建设,提高水的利用率,有效保证灌区用水,大幅度提高双底水电站、六文水电站、石福电站的发电量。

提水工程

1991 年,自治区副主席龙川视察容县时,了解到沿江旱片问题,同意专项拨款 62 万元建设 5 处电灌站,即石寨电灌站、容厢七里桥电灌站、六王芳桃电灌站、杨梅四美电灌站和自良河步电灌站。容县水利电力勘测设计队进行设计,概算总投资 156.06 万元。后根据实际情况,将 5 处电灌站分解为 15 座;石寨乡 4 座、杨梅镇 1 座、六王乡 5 座、容厢乡 2 座、自良镇 3 座。1991 年 11 月,先动工建设电灌站,由县水利电力局向县农业银行贷款 80 万元用于工程建设,1992 年 3 月全部建成,共投入资金 97 万元,装机 17 台,总容量 550 千瓦,改善灌溉面积 1.88 万亩,有效地解决沿江旱片农田的灌溉用水问题。杨梅四美、石寨犁头咀、厢西七里桥、自良河步等几座装机较大的圆筒式电灌站是县内首次规模较大的提灌设施。2002 年 11 月上旬,建成六满水库机电泵站 1 座。装机容量 75 千瓦,完成投资 45 万元。2005 年,提水工程建设没有变化。

农村饮水工程

根据自治区水利厅 2000 年 9 月编制的《广西解决农村人饮困难“十五”规划报告》,容县大力实施农村饮水工程项目建设,规模较大的主要有县底镇、自良镇、松山镇、石寨镇、石头镇、容西镇集中供水工程。2000—2002 年,共安排 20 个农村饮水解困工程,项目总投资 495.46 万元,于 2002 年 12 月 30 日全部竣工;铺设输水管道长 74.98 千米,受益村屯 15 个,解决饮水困难人口 1.50 万人。2003—2004 年,共安排 23 项农村饮水解困工程,其中石寨镇集中供水工程分两期实施,以平梨水库作为供水水源,供水覆盖石寨镇石寨村、合柳村、大荣村及容城镇的厢南村等行政村。各饮水工程于 2005 年 12 月全部竣工。工程竣工后,共建成水井和取水池 30 座、总容量 1617 立方米;铺设输水管道 132.22 千米,供水规模 4984 立方米 / 天;工程总投资 697.53 万元,解决饮水困难人口 2.44 万人。

城区供水工程

1994 年以前,容县城区居民饮用水由隶属于原县建设委员会的县自来水厂供给。供水水源为绣江,在江边泵房抽水,净化系统设在县城区的北岸江边处,日净化能力 1.50 万立方米。1999 年 7 月,县人民政府投资 850 万元,以宁冲水库作为水源地,动工兴建宁冲引水工程,向城区居民供水。主要工程是在宁冲水库主坝右侧出水口引入径 800 压力管道将水库水引至县自来水公司,利用原供水主管道向城区居民供水。铺设管道 6.50 千米。2001 年 11 月 2 日,宁冲水库正式向容城供水,日供能力 1.50 万立方米。2005 年,供水工程没有变化。

第三节　防汛抗旱

防汛工作

1991年7月23日—24日，县辖区内连降暴雨，县城区洪峰水位78.10米，超警戒线水位4.09米，沿江北街水淹至2米深，县城区受淹房屋面积270.93万平方米，受灾5376户，无家可归69户266人；300辆汽车被困在石寨公路路段，石寨宵垌村民房被洪水淹没，100多人被洪水围困于垌中的小孤岛上，县长李汉金带领县直单位干部数百人，用汽车载运救生艇10余只到现场解救群众。同年农田受灾8.32万亩，受灾人口17万人，死亡8人，受伤163人，倒塌房屋989间，损失粮食263万千克，冲毁渠道、河堤27千米。1995年10月，发生百年一遇的特大洪灾，导致22.80万亩农作物受灾，受灾人口43万人次，死亡22人，冲毁渠道67.60千米，毁坏河堤23.63千米，水利设施损失1320万元。

1995年10月，容县发生特大洪水。图为位于杨梅河流域的石寨乡宵垌村受灾现场

（中国人民保险公司容县支公司　提供）

1991—2005年，每年均发生不同程度的水灾。灾情较为严重的年份除1991年外，还有1992年、1993年、1994年、1995年、1996年、1997年、2001年、2002年和2003年，每次灾情发生后，县委、县政府迅速组织救灾人员前往灾区，抢救被洪水围困人员，转移受灾群众，抢运物品，抢修被洪水冲毁的桥梁、道路、河堤、渠道等，下拨救灾款帮助灾民恢复生产，重建家园。1990—2005年，县政府共拨付救灾款1891万元。

抗旱工作

1991年，发生春旱和秋旱，导致受旱水田31.30万亩、断流溪河2371条，干涸塘库3063处，饮水困难人口3.80万人，牲畜2.40万头。同年，出动抗旱人数30.90万次，抽水抗旱用机泵757台8212千瓦，电泵1585台9248千瓦，其他抗旱机具4868件。

2000年1月—8月，全县合计降雨量793毫米，比上年同期减少272.50毫米，同年比正常年景值少4~6成，全辖区没有一座水库达到正常蓄水量。至8月18日的统计数字，全县山塘水库的贮水量仅有691万立方米，占有效库容9.70%。有43座水库水位降至死水位，很多河溪断流，造成陂坝无水可引。县底镇道知河、六王镇浊水河的上游看不到水流，泗罗河出现历史最枯流量。全县受旱农作物面积18.50万亩。其中，重旱7.56万亩，各乡（镇）均有不同程度的禾苗枯死，全县枯死禾苗面积3600亩；减收粮食2.19万吨。全县出动抗旱人数7.50万人次，投入抗旱设备0.56万台套，总装机容量1.60万千瓦；投入抗旱资金326.30万元，其中，省级财政11万元，地、县级财政73.55万元，乡（镇）及群众自筹241.75万元。抗旱用电417万度，用汽柴油261吨。抗旱浇灌农作物面积13.80万亩，解决1.50万人和0.80万头牲畜的饮水困难。

1990—2005年，全县发生较大旱灾的年份有1991年、1992年、1993年、1999年、2000年、2001年、2002年、2003年、2004年和2005年，累计受旱水田144.23万亩，断流大小溪河2611条，干涸塘库5362处，饮水困难人口12.70万多人，牲畜11万多头。

第四节 水土流失与水土保持

水土流失状况

县境内地质岩性咦花岗岩为主，其次为紫红色砾岩、紫红色砂岩。地表多半为花岗岩风化而成的身后沙质土，山地、丘陵的表土含沙量大，易被侵蚀。铲草皮积肥和滥伐林草的习惯，更使植被覆盖率下降，即使土地贫瘠，也造成大范围的水土流失。水土流失的范围逐年扩展，流失的程度日益严重，因而北流河的悬移质输沙量呈增加趋势。

1981—1982 年，根据对全县的水土流失进行普查统计，全县 16 个乡（镇）都存在不同程度的水土流失现象；其中，较严重的有六王、杨梅、松山、县底 4 个乡（镇）。根据流失面积大小、侵蚀程度及其危害的严重性，将重力侵蚀、沟蚀及面蚀严重而又密集的地带分为 9 个重点小流域：即六王镇谭螺小流域（含六王、谭螺村），尤华小流域（含莲塘村、尤华村、佳香村），陈村小流域（含陈村村、思良村、古里村、龙头村），六槐小流域；杨梅镇红石村的六井小流域（含红石村、灵山乡的守善村、当中村、罗杈村），石岭小流域，成美小流域；松山镇的沙田小流域；县底镇的龙山小流域（含松山镇的合同村、县底镇的龙山村）。2002 年，再次组织人力对谭螺等 9 个重点流域的水土流失情况进行普查。

表 5-6　　2002 年容县水土流失现状情况统计表

单位：平方千米

领域名称	合计	轻度流失面积	中度流失面积	强度流失面积	极强度流失面积	剧烈度流失面积
合计	461.98	259.34	142.35	43	11.41	5.88
谭螺小流域	14.60	6.90	4.28	2.71	0.51	0.20
尤华小流域	17.70	9.90	4.82	2.04	0.63	0.31
陈村小流域	19.49	10.58	5.43	2.96	0.42	0.10
六槐小流域	6.93	4.42	1.74	0.65	0.12	0
石岭小流域	6.34	4.15	1.91	0.28	0	0
六井小流域	13.06	8.08	4.86	0.12	0	0
成美小流域	7.37	5.57	1.76	0.04	0	0
龙山小流域	7.78	7.69	0.03	0.06	0	0
沙田小流域	14.05	6.26	7.76	0.03	0	0
面上各（乡）镇	354.66	195.79	109.76	34.11	9.73	5.27

水土流失原因

自然原因　县境内大部分山地土壤的成土目岩有花岗岩、砂岩、砂质页岩、砾岩、石英斑岩 5 大类。当土壤胶结体被破坏以后，土壤易于“沙化”，土质疏松，凝聚力差，经雨水淋溶侵蚀和冲刷极易流失。沙化后的土壤，在无植被或森林结构失调的生态环境下，土表、心土甚至整个土层被冲刷，并发生崩塌，造成水土流失。容县地处南亚热带季风气候，暴雨强度大，暴雨对表土层强烈的冲刷，是加剧水土流失的重要因素。全县森林覆盖率较低，且林种结构单纯，大部分是马尾松针叶林，阔叶林很少。原生植被严重破坏，已由次生植被所代替，有的地方只有稀疏的杂草，无法抵抗较大雨水的冲刷。

人为因素　毁林垦耕和乱砍滥伐，使森林面积日益减少，植被遭受破坏。山区群众多在山上开荒种植作物，哪里土地肥沃就在哪里毁林开垦耕作，造成水土流失。在山坡上挖宅基地，开发建厂，修建公路，采矿

等,大量弃土,无固土措施或固土措施不合理,也是加剧水土流失的主要原因。河道裁弯取直及护坡设施不完善。由于河道取直后比降增大,水流加速,河水对两岸的切割加快,易发生崩塌,特别是土质疏松的地段,水土流失尤为严重。

治理措施

1990年起,便开展水土流失治理工作并逐年加大治理力度。水土流失重点治理的方针是,生态效益经济效益和社会效益相结合,以短养长,短、中、长相结合。

工程措施 1987年,自治区水利电力厅下文同意谭螺小流域水土保持综合治理方案。治理前,水土流失面积13.53平方千米,经过连续6年的治理,治理崩岗81处、谷建坊61座、建造拦沙坝3座、挡土墙21处,共长951米,治理河道长4000米。2004年12月,自治区水利厅水土保持处下发《关于容县道知河小流域自良片水土流失综合治理工程初步设计的批复》,该项目位于道知河流域的自良镇、县底镇境内,水土流失面积1555.80平方千米,治理水土流失面积有1119.60平方千米。

植物措施 全县加强植树造林,建造“百里长廊”,先后开垦梯地种植果树、茶叶等对治理水土流失起了较大作用。1990年开始加大植树造林力度。造林面积7650亩,完成治理面积12.68平方千米。林草覆盖率、森林覆盖率分别达到86.90%、65.60%,比治理前分别增加34.94%和22.08%。泥沙流失量减少了76%。1995年,全县开发种植水果10万亩,使植被得到有效保护。2000—2005年,每年均进行植树造林工作。

制度措施 1995年,容县列入自治区第二批水土保持监督执法试点。1996年8月,成立县水土保持委员会和县水土保持监督执法领导小组。1999年,成立县水土保持监督管理站,配备9名专职工作人员。2001年,广西水土保持办公室对北流河小流域进行规划,在县境内划分为3个区。规划县境内治理面积336.81平方千米,占全县水土流失面积为73%。2001年3月,县人民政府印发《关于划分容县水土流失重点预防保护区、重点治理区和重点监督区的通知》将县水土流失区以乡(镇)为单位划分为3个区。重点治理区包括杨梅、六王、石寨3个乡(镇),土地面积为657.95平方千米,占全县土地总面积29.15%。该区以改善生态环境为主,以小流域为单元进行全面规划,综合治理,实行优惠扶持政策,鼓励农户、企事业单位以及其他经济组织或个人对水推拉式进行承包治理,以加快治理步伐。重点监督区位于县中部,包括容城、容厢、容西3个乡(镇),面积372.55平方千米,占全县总面积16.50%。该区主要因资源开发和基本建设活动比较频繁,人为的破坏原地貌,水土流失比较严重,凡在该区从事开发的单位和个人,必须向县水行政主管部门提供水土保持方案,实行“三同时”(即建设项目中的水土保持设施必须与主体工程同时设计、同时施工、同时投入使用)制度。重点预防保护区包括黎村、杨村、县底、自良、浪水、松山、石头、罗江、十里、灵山10个乡(镇),总面积为1226.89平方千米,占全县总面积51.97%。该区自然植被较好,林草覆盖率较高,水土流失较轻,但存在潜在水土流失的危险。该区域以保护水土保持设施,禁止乱砍滥伐,禁止毁林开荒为主。2002年,编制出《容县水土保持综合治理工程项目建议书》,计划到2005年完成治理面积341.39平方千米,以9条小流域水土保持综合治理为主,设计3个乡(镇)43个村,总土地面积657.95平方千米,其他以各乡(镇)为单元开展面上水土流失治理工作。

第五节 水库移民

20世纪60年代以来,县水利电力局就派出专人负责处理搬迁遗留工作。1982年,成立由县人民政府直接领导的县水利搬迁安置工作办公室,无编制,工作人员由县水利电力局自行解决,处理水利移民问题。办公地点设在县水利电力局。

库区移民安置

1957—1961年,大办水利时期的库区移民,都安置在受益灌区内,有的分散插队,有的则另建新生产队。工程指挥部负责搬迁安置工作在乡(镇)人民政府和村、队配合下。20世纪70年代建设的水利水电工程的移民,属当地人民公社兴建的由当地人民公社负责安置,县兴建的由县人民政府负责安置。至2005年12

月底,全县移民人口 25157 人(含淹田不搬迁受影响库区人口);其中,长期以来需要人民政府按移民政策供给口粮、电费、菜金等费用的无田无地或只有少量田地的移民有 961 人;石剑水库搬迁到石寨镇大荣村 2 个队 106 户共 471 人;小垌水库向外搬迁到石头镇泗福村 5 个队 74 户共 357 人;小垌水库就地搬高 2 个队 27 户共 133 人。

移民安置政策

对无田无地的移民,县人民政府供给每人每年 210 千克稻谷、每人每月 6 元菜金、每人每天生活用电量 1 千瓦小时(主要是石寨镇大荣村上、下新村 24 队、石头泗福村的旱二队、福山队、昌盖队共 536 人)。其他有少量田地的按每亩包产 320 千克稻谷,扣除部分种子、统筹费用后移民人均口粮不足 210 千克的由县人民政府补足;小垌库区的石角、小垌两队就地搬高的移民,每人每年补助电量 180 千瓦小时;外迁石头镇泗福村新组建新村队的移民,每人每年补助电量 360 千瓦小时,享受以电代柴的待遇;另外,需要长期供给口粮补助的有木井库区和康塘库区的移民,其中,康塘库区移民每年县人民政府补助口粮 10.24 万千克,木井库区移民每年县人民政府补助口粮 1.12 万千克。县境内有 3 座水库的移民有的外迁到外县生活的,其中小垌水库和康塘水库外迁到上思县七门乡联合村容华、容坤这 2 个队的 34 户共 157 人(原来搬迁时有 200 多人,在 1989 年发生移民倒流容县事件后,有 50 多名移民返回在康塘库区)。20 世纪 70 年代,杨村公社兴建双车水库时外迁 130 多人到柳城县,因为是公社新建的水库,由公社自行负责外迁工作,后来县级未统计过该外迁移民人口。2000 年 7 月 1 日起,原从地方销售电量每千瓦小时征收 0.02 元的搬迁基金被取消;同年 8 月,从地方销售电量征收库区后期扶持基金被取消。2003 年,县人民政府下发(容政发〔2003〕33 号)文件征收库区后期扶持基金,用于容县水库移民的口粮、菜金、电费补助等。

移民安置遗留问题

由于多数水库是边建设边搬迁,经过多年的工作,建库时的许多问题,陆续得到解决;但石剑、小垌 2 座水库搬到石寨镇大荣村和石头镇泗福村的一部分移民,共 484 人,仍无田无地耕种,长期靠国家无偿供应口粮、发给菜金救济。小垌水库就地迁高的社角、小垌队和迁至泗福村的另外一部分移民,共 446 人,因土地少而贫瘠(土地为人造平原),很难改变困难面貌。此外,大部分库区移民人多田少,生产条件差,生产门路少,生活还很贫困。而且移民中,人口逐年增加,耕地少、口粮和菜金偏低的问题更加突出,很难达到当地群众的中等水平。当时水库移民工作做得比较粗糙,所以遗留的问题不少,给工程管理造成很大的困难。遗留的问题主要是:部分外迁户和库区内由低处搬迁至高处的搬迁户耕地少,口粮少;部分搬迁户未得到按规定面积标准建房,造成一些人住房有困难;部分搬迁户饮水有困难;在淹没线以下的应迁户还有一部分未及时迁出,影响蓄水,而且汛期有被浸淹的危险;库区交通受阻问题未完全解决。部分移民搬迁后,由于多种原因造成无田无地,除由国家帮助建好的房屋外,长期以来一直依靠国家供给口粮、电费、菜金。外迁上思县的搬迁户受到当地部分群众的排挤,生产生活环境很差,发生倒流事件。1989 年,外迁上思县七门乡联合村容华、容坤 2 个队的搬迁移民 200 多人,倒流回到容县,在县水利电力局大院住了 1 个多月,后来县人民政府将他们送返户口所在地上思县七门乡联合村容华、容坤队。此后有 50 多名移民私自回到康塘库区,至今仍滞留在康塘库区,其中有部分移民被注销了上思县户口,在容县也没有户口。小型水库移民违规生育子女的口粮补助问题未得到妥善解决。

移民安置问题处理

20 世纪 60 年代开始,重点解决应搬未搬户的搬迁问题和应建未建房屋的建筑问题上;1960—1979 年,全县共支出搬迁经费 12.10 万元。1980—1990 年,继续处理搬迁遗留问题,又支出搬迁经费 134 万元;其中,上级拨款 60.86 万元,其余从搬迁基金(或库区后期扶持基金)中支出。1991—2005 年共投入搬迁经费 58.19 万元。

房屋建设方面 1998 年,因石头镇泗福村接收有石剑水库移民补助 2 万元建石头镇泗福中心小学。2000 年,补助 400 元维修康塘村暗冲队林绍东户房屋;对接收有石剑水库移民的石寨镇大兆村委、大荣村委各支持 3000 元建村委办公楼。

交通建设方面 1998年，投资9870元扶持县底镇康塘库区龙山村建交通桥；投资2.80万元建设石头镇石剑村六晃桥；投资4000元修建黎村镇满垌村库区道路。2000年，投资1000元架设竹山库区礼信村水容队便桥；投资2万元建康塘水库区溢洪道人行桥。2003年，投资8000元对康塘库区光塘队道路长50米加高维修；投资6000元建百三库区墨砚桥工程；投资1.50万元建宁冲库区榄冲队交通桥。2004年，投资1.20万元完成思旺水库坝首溢洪道人行桥及硬化上坝首60米长道路；投资8000元修建杨村旺水水库库区道路。2005年，投资3.90万元建成宁冲库区山枣桥。

水利电力建设方面 1999年，补助10万元支持木井水库搞坝后电站建设。2000年，投资4000元给宁冲村旺贡生产队加工厂购1套设备；投资2500元完成石头镇石剑村大垌渠至贡老岭坪200米水毁渠道维修；更换泗福新村（移民）抽水机站容量30千瓦电动机1台。支持水泥5吨完成石头小垌库区大垌渠道维修和石剑库区井冲队沙木渠道维修。投资7500元进行平梨坝后电站技术改造，投资2万元进行康塘坝后电站技术改造。2003年，更换石头泗福抽水机站容量150千伏安的变压器1台，解决200多人生活用水和农田灌溉问题。2004年，县移民搬迁安置工作办公室和县电力公司各投资1.50万元，架设宁冲库区无电户输电线路。2005年没有变动。

扶持搬迁户发展生产方面 1998年，投资2.20万元从广东省英德市购买麻竹苗一批，扶持木井库区移民开发种植麻竹面积150亩。投资1万元给百三灌区思旺水库种植沙田柚及建设隐塘果场管理房。1999年，投资2.80万元给石剑村种植黄榄木面积150亩；投资竹山库区3.87万元承包梁七果场；投资2.50万元搞好龟河综合场生产；投资六满库区龙眼苗木款1万元；投资龟河水库综合养殖场2.80万元种果养殖。2005年没有变动。

解决人畜饮水困难方面 1998年，投资5000元完成石剑村社角队（搬迁队）人畜饮水工程。2004年，投资5.10万元完成小垌水库外迁上思县七门乡联合村容坤队移民人畜饮水工程建设，解决当地搬迁户的人畜饮水困难问题。2005年，投资3.80万元完成小垌水库外迁上思县七门乡联合村容华队移民人畜饮水工程。

口粮及资费补助方面 长期以来需要县人民政府供给口粮、电费、菜金等无田无地或只有少量田地的移民共961人，加上由县政府核定定销粮补助的康塘、木井库区移民，每年需发放稻谷约26.75万千克，菜金3.50万元，电费14.70万元。此外，还有容城、浪水2座水电站每年需由电站业主赔付给该2座电站淹没库区群众稻谷每年约36万千克。1991—2005年，全县共向水库移民发放稻谷401.25万千克，菜金52.50万元，电费220.50万元。

移民纠纷问题 1999年，由县信访局、县调处办公室和移民办公室共同调处了六满库区黄屋队和覃屋队因库区消落区水田纠纷案。由县人民政府组织县信访局、县水利局、县搬迁办公室等部门经2个多月工作将该纠纷调处结束。石剑水库搬迁到泗福村的旱二、昌盖、福山队移民的道路纠纷，经县国土局、县水利局、县搬迁办公室调解用一个星期处理完毕。2000年，因征收“三提五统”费用发生纠纷，经县水利局和石寨镇人民政府共同处置，问题得到解决。

第六节 水政管理

1991年2月25日，容县水政水资源管理站（简称水政站）成立。1997年，县水政监察大队成立，是县水利电力局下属的全民所有制自收自支事业单位，水政站与水政监察大队实行两块牌子一套人员办公。水政站的主要职责是：水资源管理、水纠纷案件查处等。水政监察大队的职责是：河道及水土保持管理、规费征收、涉水违法案件查处等。

取水许可管理

1991年12月4日，县人民政府颁发《容县人民政府关于实行取水登记管理制度的通知》，在全县范围内实行取水登记管理制度。县水利电力局组织县水政站、各乡（镇）水利站和相关国有水利管理单位，在全县范围铺开了取水许可登记工作，从1991年12月中旬到1992年1月底，全县共登记取水户350户。取水许

可工作，包括登记、审查、发证、年审、水资源费征收等内容。至 2005 年，全县取水许可制度基本走上制度化、规范化轨道，取水户大都能按规定按时交纳水资源费和证件年审，新取水户能如期来登记领证。

河道执法管理

县境内河道众多，分布广泛，人为影响河道行洪安全的事时有发生。20 世纪 90 年代初期，主要是在河道管理范围内种植农作物、铲草皮、建窑、采石和取土等。20 世纪 90 年代后期，在河道管理范围内建房、采砂和擅自填堵河道修建排水、饮水、蓄水工程等逐渐增多。其中，河道采砂最为严重、非法采砂现象越来越多，给河道的管理增加难度。县水政监察大队开展打击河道非法采砂行为，规范河道采砂管理，严格控制采砂量和采砂地段，维护全县河道采砂管理秩序。

第五章　电　力

第一节　机　构

1990 年，容县电力公司专管电力供应，实有职工 176 人。1991 年，公司实有职工 187 人。1997 年 7 月，县电力公司设立党支部，增加农网改造和与广西水利电业公司实行股份制。2003 年 7 月，经县人民政府批准，容县电力公司兼并经营容县浪水电站、容城水电站、石头联合水电站，电站的人事权、财权、物权由县电力公司管理。2004 年 9 月，容县电力公司与广西水利电业有限公司实行股份制改制，组建广西容县电力有限公司，从事发电、电力基础设施规划、设计、施工安装和县电网维护、经营管理等业务。公司由股东会、董事会、监事会组成领导机构，总经理由董事会聘任，总经理和副总经理、财务总监组成经营班子。公司注册资金 4402 万元，其中，广西水利电业集团有限公司占 70.20% 股份，容县电力公司占 29.80% 股份。2005 年，全县 16 个乡（镇）成立有 15 个供电营业所。办公地址设在容州镇城南街 150 号。

1990—2005 年，容县电力公司历任经理：马家波（1990.4—1999.12）、黎明（1999.12—2001.12）、陈有全（2001.12— ）。

第二节　电力设施建设

变电站建设

1990—2005 年底，容县网区共有 110 千伏变电站 3 座，主变压器总容量为 15.30 万千伏安；35 千伏变电站 12 座，主变压器总容量为 7.03 万千伏安。

110 千伏板桥变电站位于容城镇河南村大板桥，距离县城约 2 千米，占地面积 8167 平方米，是容县首座 110 千伏变电站。板桥变电站一期工程于 1991 年 9 月竣工投产，二期工程于 1992 年 12 月竣工投产，安装有 2 台主变压器，主变压器容量为 2×2 万千伏安。

110 千伏泗登变电站坐落在城区的北面，位于十里乡泗登村，距离县城约 2 千米，占地面积约 40 亩，于 1995 年 8 月奠基，1996 年 9 月 25 日建成投产，是容县第二座 110 千伏变电站。主变压器安装容量为 1×3.15 万千伏安 +1×5 万千伏安。

杨梅变电站，位于杨梅镇和丰村，距离县城约 20 千米。主变压器容量为 1×3.15 万千伏安。

35 千伏容城变电站位于县城西路约 2.50 千米的五里桥，是容县第一座变电站。主变压器容量为 2.60 万千伏安。

35 千伏杨村变电站位于杨村镇鱼产村，距离县城约 50 千米。杨村变电站 1991 年建设，1992 年 4 月投运，主变压器容量为 1×1600 千伏安；2005 年 7 月全站升级改造为 2 台主变压器，并列运行容量为 1×1600

1999 年，容县建成调度自动化、实用化的泗登 110 千伏变电站。图为变电站竣工仪式 （覃 正 提供）

千伏安 +1 × 2500 千伏安。

35 千伏黎木变电站位于罗江镇黎木村，距离县城约 30 千米。35 千伏黎木变电站于 1992 年 5 月 18 日开工，1993 年 8 月 18 日竣工投运，主变压器容量为 2500 千伏安。

35 千伏六王变电站位于六王镇莲塘村，距离县城约 36 千米。第一期工程安装一台主变压器 1000 千伏安；2003 年 10 月，经过全面改造，主变压器容量为 2 × 1250 千伏安。

35 千伏西山变电站位于容西乡，距离县城约 18 千米。西山变电站 1989 年 5 月 6 日开工，1990 年 8 月 6 日竣工投运。安装主变压器 2 台，分别为 1250 千伏安和 3150 千伏安。

35 千伏县底变电站位于县底镇冠堂村，距离县城约 16 千米。县底变电站 1990 年 8 月 1 日开工，1992 年 10 月 25 日竣工投运，主变压器容量为 2500 千伏安。

35 千伏河口变电站位于杨梅镇河口村横江，距离县城约 27 千米，于 2004 年 8 月 20 日竣工投运，安装 1 台主变压器，容量为 3150 千伏安。

35 千伏自良变电站位于自良镇自良村，距离县城约 32 千米。自良变电站 2000 年 5 月 15 日开工，2001 年 1 月 16 日竣工投运，安装变压器 1 台，容量为 2500 千伏安。

35 千伏十里变电站位于十里乡大南，距离县城约 8 千米。安装主变压器 1 台，容量为 3150 千伏安。

35 千伏松山变电站位于松山镇松山村，距离县城约 16 千米。主变压器容量为 2 × 2000 千伏安。

35 千伏黎村变电站位于黎村镇珊萃村，距离县城约 40 千米。黎村变电站第一期工程安装主变压器容量为 2000 千伏安，2004 年技改增容至 5000 千伏安。

35 千伏安灵山变电站位于灵山镇守善村，距离县城约 37 千米。灵山变电站第一期工程安装主变压器容量 1000 千伏安，1998 年技改主变压器容量增至 1600 千伏安，2003 年技改主变压器容量增容为 3000 千伏安。

水电站建设改造

至 2005 年底，属广西容县电力有限公司管辖的水电站共有 5 座。

容县容城电站位于县城东侧，是县电网中心地带的一个电站，库区流域集雨面积 2839 平方千米，库容

容城电站 （2001 年 12 月，据《容县报》）

504 万立方米，年均流量 84.30 立方米每秒，设计水头 4.20 米，装机容量为 3×1250 千伏，多年平均发电量 1680 万千瓦时。1990 年 8 月、12 月 3 台机组分别投产发电，电站发电通过 872、873、874 三回 10 千伏线路与县城变电站联网。

容县小垌电站位于石头镇石剑村和小垌村地段，分为小垌坝后电站和小垌电站 2 个梯级，属泗罗河上游的梯级电站系统第一级和第二级电站。小垌电站装机容量 2×500 千瓦；坝后电站装机容量 1×200 千瓦。

容县石剑电站位于石头镇上石村古律队，分为石剑坝后电站和石剑电站 2 个梯级，石剑水库和坝后电站归属石剑电站管理，属泗罗河上游的梯级电站系统第三级和第四级电站，上游是小垌电站尾水进入石剑水库蓄水后进入坝后电站，经 6 千米的主渠引水到石剑电站发电。1995 年底进行水轮机技改工程，更换 2 台 1600 千瓦的水轮机。技改后的升压站安装 1 台 3150 千伏安升压变压器和 1 台 3150 千伏安降压变压器。2 台机组所发电力经 1# 主变压器升压至 35 千伏，经剑垌线、剑石线与小垌电站、石头电站 35 千伏系统并网运行；2# 主变压器把 35 千伏降压至 10 千伏供电近区三回线路（合水线、水口线、剑坝线）。

容县石头电站位于石头镇西北部泗罗河上游梯级电站第五级电站，装机容量 2×1250 千瓦。2 台机组发电经 32 千米的 35 千伏泗石线与县电网并网运行。在 1997 年石头电站技改中，装机容量增至 2×1600 千瓦。

电网改造

容县第一期农网建设与改造工程，于 1999 年 9 月开始施工，2002 年 10 月完成一期农网工程批复项目，总投资 5836.60 万元。第二期农网建设与改造工程，于 2002 年 5 月开始施工，二期总投资 7620.62 万元。容县城区电网建设于 2000 年 1 月开始施工，总投资 1597.98 万元。2001 年 1 月 16 日，投资 267.58 万元的容县浪水——自良 35 千伏送变电工程投入运行。该项目完成新建 35 千伏变电站 1 座，主变压器容量为 2500 千伏安，新建 35 千伏线路 1 回，长 8.53 千米。

容县电网建设

（2005 年 12 月摄，容县电力公司　提供）

农村初级电气化县建设

1983 年 12 月 12 日，国务院批准将容县列为全国第一批农村水电初级电气化建设县。至 1992 年年底，全县建成 110 千伏变电站 1 座，主变压器 2 台，总容量 4 万千伏安，比 1989 年增加 4 万千伏安；110 千伏输电线路 44.70 千米，比 1989 年增加 44.70 千米；35 千伏变电站 8 座，主变压器 20 台，总容量 4.56 万千伏安，比 1989 年增加 3.58 万千伏安；35 千伏输电线路共长 473.47 千米，比 1989 年增加 271.82 千米；10 千伏配电变压器 1226 台，总容量 8.26 万千伏安，比 1989 年增加 3.58 万千伏安；10 千伏输电线路共长 1162.44 千米，比 1989 年增加 206.49 千米；电站 2 座，总装机容量 1.02 万千瓦。全县电网具备四大片均衡供电的格局，即县北以石头、石剑、小垌电站为发供电的主体，县东以浪水电站为发供电的主体，县中以容城 35 千伏变电站为中心，县南以板桥 110 千伏变电站为中心，向全县辐射供电。1993 年 9 月，容县被确认为自治区农村水电初级电气化县。1994 年 2 月，容县被确认为国家农村水电初级电气化县。

第三节　电力管理

用电管理

1990—1999年，容县农村用电管理主要是由各村村民推举或村委会选派出1名村民充当农村电工进行本村用电管理。农村电工负责本村每家每户分表的抄表、计算线损、收费工作，配电台区变压器的总表则由县供电公司下属的供电营业所职工负责抄表。1999年后，县人民政府和县供电公司根据国家“两改一同价”（农电体制改革、农网改造、城乡同网同价）的工作部署，对全县农村电工统一培训、招聘，择优持证上岗，对农村用电实行“五统一、四到户、三公开、一上墙”制度（统一抄表、统一发票、统一电价、统一考核、统一核算；销售到户、抄表到户、收费到户、服务到户；电量公开、电价公开、电费公开；用户每月用电情况上墙公布）管理，全县农村用电管理工作逐步走上规范化的管理轨道。

安全管理

1990年，县电力公司坚持“安全第一，预防为主”的安全生产管理方针，制定具体的安全措施，落实人员责任。1996年5月，公司成立安全监察科，对公司安全生产工作实行综合管理。1999年，制订《容县电力公司安全生产考核奖惩及管理试行办法》，建立公司三级安全网组织机构，各级人员层层签订安全生产责任状。2001年，公司修订《各级行政领导安全责任》《容县电力公司安全生产管理和奖惩考核办法》，实行全员安全目标风险抵押金办法和季度安全奖励标准。2002年，制订《容县电力公司安全生产风险抵押金制度及实施办法》。2003年，在全县范围内开展打击盗窃、破坏电力设备、窃电犯罪专项行动；制订《容县电力公司交通安全警示路锥使用与管理办法》。2004年9月，公司被广西水利电业有限公司确定为实施安全生产规范化管理考核的首批20个单位之一，编制《安全生产规范化管理安全生产职责》《安全生产规范化管理技术管理标准》《安全生产规范化管理现行规章制度》。2005年5月22日，通过考核验收，公司成为广西水利电业有限公司直辖43个县市供电企业第一批获得安全生产规范化管理达标的单位之一。

第四节　电力销售

综合附加费收取

1990年3月1日起，广西主电网代售来宾电厂上网电量等实际收取综合附加费。从1992年8月起，容县电力公司根据自治区物价局、电力工业局《关于调整广西区电网一九九二年综合附加费标准的通知》及自治区电力工业局《关于执行自治区物价局、电力局桂电财字〔1992〕847号文的具体操作办法的通知》精神，结合容县实际情况，依此对国营粮食加工、城镇公用生活自来水及广播电视播出用电，电石生产用电按每千瓦时0.088元收取综合附加费；对城乡居民生活照明用电按每千瓦时0.09元收取综合附加费；对农业排灌用电按每千瓦时0.075元收取综合附加费；乡（镇）趸售用电按每千瓦时0.09元收取综合附加费；其他各类用电按每千瓦时0.131元收取综合附加费。同时，原来按桂政发〔1988〕6号文件、〔1992〕37号文件规定的电力建设基金每千瓦时0.02元及地区行署玉署计建安〔1991〕1号规定的电力建设附加费每千瓦时0.01元的征收标准继续执行。

容县电网销售电价分别于1993年1月、1994年7月作调整。其中，1993年调整依据为：根据自治区计委《关于执行自治区人民政府（关于筹措龙滩水电站建设资金问题的批复）的通知》，每千瓦时征收0.02元电建费。根据玉林地区物价局、玉林供电局《关于调整一九九三年综合附加费的通知》和自治区经委、物价局、财政厅、电力工业局《转发自治区人民政府办公厅关于一九九三年主电网综合附加费执行问题的通知》，调整容县电网综合附加费标准，具体为：一般工业、非工业、商业动力用电、营业性照明用电、粮食加工用电、非生活自来水及广播电视播出用电，实行全额度征收标准0.15元/千瓦时；城乡居民生活照明用电、城镇生

活用水用电实行标准为 0.09 元 / 千瓦时；农业排灌用电实行标准为 0.04 元 / 千瓦时；乡（镇）趸售用电实行标准为 0.14 元 / 千瓦时。1994 年销售电价调整，各类电价增幅为 0.045~0.115 元 / 千瓦时，普通工业及非工业用电增 0.115 元 / 千瓦时。

电价

1995 年，根据桂价重字〔1994〕282 号文件精神，电价明确按丰水期(5—10 月)、枯水期(1—4 月、11—12 月)分别执行。城镇照明用电丰水期电价为 0.44 元 / 千瓦时，枯水期电价为 0.50 元 / 千瓦时；农村照明用电丰水期电价为 0.35 元 / 千瓦时，枯水期电价为 0.39 元 / 千瓦时；商业照明用电丰水期电价为 0.68 元 / 千瓦时，枯水期电价为 0.74 元 / 千瓦时；普通工业及非工业用电不满 1 千伏丰水期电价为 0.445 元 / 千瓦时，枯水期电价为 0.485 元 / 千瓦时，1 千伏及以上丰水期电价为 0.435 元 / 千瓦时，枯水期电价为 0.475 千瓦时；大宗工业用电基本电价为 12 元 / 千伏安 / 月，不满 1 千伏丰水期 0.395 元 / 千瓦时，枯水期 0.435 元 / 千瓦时；农业排灌用电丰水期电价为 0.22 元 / 千瓦时，枯水期电价为 0.24 元 / 千瓦时。

2000 年 7 月 31 日，根据《转发自治区人民政府关于我区电价调整和电价改革有关问题的批复的通知》文件精神，在全区电网和趸售范围内，划分五个销售电价区。第一价区执行自治区电网的销售价格，第五价区在自治区电网销售基础上每千瓦时加价 7 分钱；容县在第五价区别农民生活用电、农业排灌用电均执行第一价区电价；电网销售电价从 2000 年 8 月 1 日抄见电量起执行。

从 2000—2004 年间，为适应农村电力体制改革和农村电网建设与改造的需要，上级物价部门相继下发与容县电价调整有关的文件，容县对完成农网改造的农村配电台区实施“过渡电价”。“过渡电价”按自治区规定的销售电价和“农村低压电网维护费”构成，核定“农村低压电网维护费”为每千瓦时 0.12 元。实施“过渡电价”的台区，供电企业必须直接销售到户、抄表到户、收费到户、服务到户。根据玉市价〔2001〕57 号文件精神，从 2001 年 5 月 1 日起，把“农村低压电网维护费”标准调整为每千瓦时 0.18 元。根据桂价格字〔2001〕343 号文件精神，从 2002 年 1 月 1 日抄见电量起，实行城乡居民生活用电同价，同价基准电价水平为 0.572 元 / 千瓦时；城乡居民生活用电同价后，电网经营企业落实农电“三公开”“四到户”和“五统一”制度。根据桂价电〔2003〕23 号文件，从 2003 年 5 月 1 日起，除城乡居民生活用电电价外，其他各类用电中价区加价水平由原来的第五价区 0.07 元 / 千瓦时，降至 0.02 元 / 千瓦时收取。2004 年 1 月 2 日，根据自治区物价局《关于调整电价的紧急通知》(桂价电〔2004〕1 号)，对销售电价作如下调整：城乡居民生活用电、农业生产用电、农业排灌用电、化肥生产用电维持现行水平不变，其他用电的基准电价在现行销售基础上每千瓦时提高 0.008 元。3 月 1 日起，根据桂价格字〔2004〕80 号文件精神，实行城乡取消价区加价，从城镇、农村居民生活用电均实行丰、枯季节电价，实现城乡居民生活用电同价。7 月 2 日，根据自治区物价局《关于疏导广西电价矛盾有关问题的通知》，对销售电价再次作调整：在现行销售电价基础上，全网平均提高每千瓦时 2 分；城乡居民生活用电电价，农业生产、农业排灌电价不作调整；非居民照明电价，非工业、普通工业电价每千瓦时提高 4 分；3、商业电价每千瓦时提高 2 分；大工业电价每千瓦时提高 1.50 分(化肥生产用电电价不作调整)；基本电价调整，按变压器容量，由 13 元 / 千伏安 / 月调整为 15.50 元 / 千伏安 / 月。2005 年，电价没变动。

表 5-7 **1990—2005 年容县各行业用电量表**

单位：万千瓦时

行业类别	1990 年	1991 年	1992 年	1993 年	1994 年	1995 年	1996 年	1997 年
一、农林业等合计	325.14	347.86	445.78	883.64	743.29		687.30	558.87
二、工业合计	4652.89	5808.22	7892.03	8354.44	8742.43	8511	8513.01	6641.13
三、建筑业	16.47	23.78	26.43	28.12	32		43.31	38.46

续表

行业类别	1990年	1991年	1992年	1993年	1994年	1995年	1996年	1997年
四、交通运输邮电通讯计算机软件等合计	110.36	124.60	185.41	222.42	246.80		282.50	285.07
五、其他（商业住宿餐饮公共事业等合计）	630.45	683.52	730.53	712.78	736.92		712.45	614.27
六、城市居民用电	391.32	417.42	559.25	699.30	687.90		687.50	855.56
七、农村生活用电	853.41	863.47	1200.40	1453.45	1507.75		1348.54	2085.74
全社会用电量总计	6980.04	8268.87	11039.83	12354.15	12697.09	13321	12274.61	11079.1

续表

行业类别	1998年	1999年	2000年	2001年	2002年	2003年	2004年	2005年
一、农林业等合计	423.54	468.24	735.48	786.47	923.87	1663.17	2120.01	2682.23
二、工业合计	7208.53	7925.69	11396.60	11638.60	12073.10	13185.03	15741.41	17022.76
三、建筑业	40.45	35.47	50.47	67.52	92.14	152.58	197.38	220.30
四、交通运输邮电通讯计算机软件等合计	337.15	344.63	398.31	412.65	524.13	769.65	930.68	968.84
五、其他（商业住宿餐饮公共事业等合计）	689.37	676.42	755.69	787.61	925.15	1325.30	1796.22	1933.62
六、城市居民用电	1087.98	1105.65	1458.36	1558.31	1678.50	1753.67	1850.46	2509.02
七、农村生活用电	2445.30	2618.82	3797.75	3865.29	4369.50	6215.00	7470.07	8208.95
全社会用电量总计	12232.32	13174.92	18592.66	19116.45	20586.39	25064.40	30106.23	33545.72

第六篇

工　　业

位于县城区绣江南岸的容县经济开发区厂房林立

（2004 年 9 月摄，容县经济开发区管委会　提供）

1990年，容县工业基础比较薄弱，除40家相对较大的国有企业外，大部分企业是从个体手工业基础发展过来，一般是家庭作坊式，产量、产值、附加值低，没有支柱产业，全县工业年总产值2.35亿元。1992年，随着改革开放推进，一些民营个体企业和外向型企业迅速发展，容县建立了广西第一个县级侨乡经济开发区。1995年，在河南村开发创建了规模大、档次高的自治区级经济开发区，园区编制规划面积10平方千米。各乡（镇）也先后建立了工业园区，利用园区的优势，以点带面，带动全县工业的发展。2000年，容县工业经济综合实力增强，形成了以食品和制药为主导的健康产业，以人造板、造纸和松香产品为主导的林产工业，以电子元器件制造为主导的电子信息产业，以中高档日用瓷产品为主导的陶瓷建材产品，以农业机械制造为主导的机械制造五大特色产品为主体的工业经济发展体系。到2005年，全县工业总产值30.2亿元，在生产总值的三次产业结构中，第二产业首次超过第一产业，工业经济持续快速增长，工业增加值年递增超过20%，全县经济进入了以工业为主导的经济发展格局。

第一章　工业管理

第一节　管理机构

容县经济委员会

1990—1997年，容县工业管理主要职能部门是容县经济委员会，办公地址在容城镇北门街87号，位于县政府4楼西边。内设政工科、计划财务科、生产技术科共3个科室，在编人员21人，其中主任1人，副主任4人。1997年机构改革，撤销容县经济委员会。

历任主任：黄汉生（1990.11—1992.7）、黄梅章（1992.7—1995.6）、韦昭光（1995.7—1997.4）。

容县财贸委员会

1986年，容县财贸工作小组更名为容县财贸委员会。1997年，容县经济委员会与容县财贸委员会合并，组建容县经济贸易局。

容县经济贸易局

1997年，容县经济委员会与容县财贸委员会合并，组建成立容县经济贸易局，办公地址在容城镇北门街87号，位于县政府4楼西边。其原经济委员会的管理职能不变，增加了商贸、进出口贸易、酒类、成品油、生猪屠宰、外贸企业审批等行政管理及行政执法工作。2001年，县乡（镇）企业管理局在县经济贸易局挂牌，增加乡（镇）企业管理职能，对全县工业、商贸企业（除县直国有工业企业外）实行间接管理，并根据各企业的性质和特点，指导企业搞好生产、经营管理，开拓市场和搞活商品流通渠道；协调做好外贸进出口企业业务，提高进出口总量，为"三资"企业做好项目审批及年检工作；对酒类、成品油、生猪屠宰进行规范市场执法管理，确保流通市场产品和生产产品质量，并协调对外贸易企业做好产品进出口报关及外汇退税等管理。内设政秘股、经济运行股、商务股、中小企业发展股、技术进步投资和商品流通执法大队6个股室（大队）。2005年，办公地址和内设机构不变，有行政编制16名，机关后勤服务编制1名，实有人员17人，其中设局长1名、党组书记1名、副局长3名、纪检组长1名。

1990—2005年，历任局长：陈福光（1999.1—2001.10）、梁剑（2001.11—）。

第二节　企业管理

容县经济委员会对县直国有工业企业进行直接领导管理，对县直集体、二轻工业企业进行间接管理。其职能是对企业进行生产协调，保证国民经济计划有序执行，监督企业贯彻执行国家有关政策法令，审核企业外延扩大及技改项目计划，对企业人员进行组织培训，并对县财政实行经济承包，实行目标责任制管理和对企业行使生产协调计划、人事、财务等各方面的管理。

1990—2005 年，容县企业管理在人事管理方面，主要是对国有和二轻、集体企业的领导实行民主评议、组织考核任免，主管部门及企业党委（支部）和工会组织参与企业决策并对企业领导进行监督。各乡（镇）企业、民营企业的领导由企业自行产生，报乡（镇）企业站备案。

1990 年，在经营管理上，容县经济委员会线国营企业实行经济目标考核奖励办法，县二轻集体、乡（镇）企业也参照该项管理办法实行。

1991 年，全县工业扭亏增盈，总产值增长明显。其中，经济委员会线国营工业产值达 1.01 亿元，首次突破亿元大关，比上年度增长 35.50%；销售收入 1.03 亿元，比上年度增长 46.39%。

1992 年，全县实行质量管理、生产现场管理、节能降耗、技术改造、新产品开发、安全生产等管理手段，各企业成立 QC 领导小组，严把生产现场质量管理关，降低物耗，大搞技术改造，研发新产品，把各项控制指标层层落实，责任到人。产品质量合格均达到 99.80% 以上，物耗降低 10% 以上，产品开发有新突破，多项产品获国家、自治区级奖励，造就容县一批科技型企业。

1993 年，在全县工业企业中推行工资同效益挂钩，激发领导干部职工的积极性。全县工业总产值实现 10.39 亿元，比上年度增长 52.80%。全县集体、乡（镇）企业产值，比上年同期增长 90% 以上；村办及个体联户办工业实现产值 1.30 亿元，比上年同期增长 200% 以上。

1994 年，容县加快转换国有企业经营机制，建立现代企业管理制度，实行政企分开，厂长（经理）负责制和厂长（经理）任期内目标责任制。

1995 年，容县把经营承包责任制落实到工业企业，特别对国营工业企业，推行高额风险抵押承包的做法，抓劳动、人事、工资改革试点，县党政领导分头到骨干企业与干部职工共担风险，帮助企业搞好企业改革，扩大企业生产和经营规模，促进全县工业生产发展，各项经济指标明显提高。

1996—1998 年，在全县工业企业中开展"学邯钢、降成本、增效益"活动，增强干部职工的艰苦创业、勤俭治厂的意识，加强企业生产、营销、财务管理，以制度管理企业，以指标考核到人，形成"千斤重担众人挑，人人肩上有指标"的管理机制，使产品成本明显下降，提高经济效益。仅统计经济委员会线国有企业，1996 年降成本 900 万元，降幅 10.96%；1997 年降成本 189 万元，降幅为 3.40%；1998 年降成本 270 万元，降幅 6%。

1998—2001 年，容县国有企业、二轻集体企业、乡（镇）集体工业企业，全面实施"三项制度改革"，即人事制度改革、劳动制度改革、分配制度改革。在人事制度上，取消干部称谓，打破干部、工人身份界限，一律实行员工制，坚持"能者上，庸者下"的用人机制。在劳动制度上，全部实行劳动合同制，建立动态管理的定岗、定员、定编制度。在分配制度上，实行全计件工资，采取固、活结合，效率优先，兼顾公平的原则，打破平均主义和吃"大锅饭"的现象。根据中央的工作思路，对国有企业实行抓大放小和产权清晰、权责明确，政企分开、管理科学的现代企业改制方法。2001 年，全县国有工业企业实行破产、股份制、承包、租赁改制形式率达 90% 以上；二轻集体企业、乡（镇）集体工业企业，实行企业整体转让，产权明晰，置换职工身份形式改制率达 100%。

2002—2005 年，全县工业企业大部分进入民营经济或国有民营经营，县经济贸易局作为职能主管部门，对企业实行宏观指导，协助企业做好企业内部管理，督促企业做好安全生产运行等企业管理工作。

第三节　二轻工业联合社及管理企业

机构

1990 年，容县二轻工业管理局与二轻城镇集体工业联合社，实行合署办公，两块牌子一套人员，办公地址在容城镇南门街 18 号，设置有秘书股、财务股、生产股，干部 12 人。1997 年，撤销二轻工业管理局，保留容县二轻城镇集体工业联合社，为县政府直属正科级事业单位，担负着对全县二轻工业实行指导、协调、监督、维护和服务的行政管理职能，下设秘书股、计财股、行业管理股，干部 9 人。2005 年，内设机构及人员不变。

1990—2005 年，历任局长（主任）：曾宪立（1990.12—1993.3）、黎永畯（1993.3—1995.7）、梁剑（1995.7—1998.2）、张焕光（1998.2— ）。

管理企业

1990 年，全县二轻联社有集体企业 13 家，分别是容县金属制品厂、容县五金厂、容县皮革制品厂、容县饮料食品厂、容县文具日用厂、容县服装厂、容县服装一厂、容县纸箱厂、容县纸袋厂、容县橡塑厂、容县华南食品厂、容县精细化工厂、容县英佳公司、容县二轻工业公司，共有职工 825 人，年工业总产值 2365 万元，税利 93.30 万元。1993 年 7 月 17 日，容县人民法院宣布容县五金厂破产。1995—2002 年，县二轻联社直属的容县饮料食品厂、容县金属制品厂、容县皮革制品厂、容县服装厂、容县服装一厂、容县文具日用厂、容县华南食品厂、容县五金厂、容县橡塑厂、容县精细化工厂、容县英佳公司、容县二轻供销公司均资不抵债，相继拍卖、改制，没有安置，职工主要是自交养老保险。至 2004 年，仅存容县金杯文具厂（前身是容县文具日用厂）。

第二章　工业投入与产出

第一节　工业建设与技术改造

工业建设

1990 年，容县工业企业 3245 家，比上年增加 103 家，工业总产值 2.35 亿元，比上年增长 62.10%，企业销售收入 2.97 亿元，利润 2900 万元，税金 1188 万元，拥有固定资产约 2.50 亿元，从业人员 3.65 万人，比上年增加 1.91 万人。主要从事林产化工，保健食品、农业机械、陶瓷、建材水泥、饲料兽药、纺织服装、皮革皮具等生产加工。主要产品有黑芝麻糊系列、食品罐头系列、机械车床和脱谷机系列、水泥建材系列、松脂系列、陶瓷文具系列、林产化工系列、服装系列等 120 多个品种，先后获得国家级奖励产品 18 个，获得自治区级奖励 48 个，为容县工业发展奠定了基础。

1992 年，改革开放步伐加快，容县激发民间资本活力，一些民营个体企业单位、乡（镇）、集体企业和外向型及"三资"企业开始迅速发展。全县掀起全民、单位办企业高潮，乡（镇）企业进行二次创业。年内，全县 16 个乡（镇）219 个村（街）办起了企业共 616 家，其中具有一定规模的企业 169 家，如容县南方儿童食品厂（后改为广西黑五类食品集团有限公司）、广西南山瓷器有限公司、广西雄飞机械制造责任有限公司、容城镇方便食品厂、容城镇饼干厂、广西挺佳热水器有限公司等企业。全县工业企业年总产值 6.80 亿元，比 1990 年增长 183.30%，其中乡（镇）企业实现工业产值 4.05 亿元，比 1991 年增长 55.77%，实现税利 3698 万元，比 1991 年增长 65.53%。年内，全县成立"三资"企业 76 家，合同投资总额 4500 万美元，其中外方投资总额 2900 万美元，如容县石材开发有限公司、容县丰竹藤制品有限公司、容县南通电子厂、广诚塑胶五金厂、广西高级墙地砖厂、容县海洋药业有限公司、容县矿源石材有限公司、容县食品开发有限公司等企业，全县"三资"企业实现工业总产值 5900 万元，创汇 840 万美元，收入工缴费共 240 万港元。年内，在容城西郊征地 209 公顷，以广西高级墙地砖厂为龙头，总投资 2 亿多元，建立厢西陶瓷工业园，开创容县园区经济建设新纪元。

1994 年，容县被自治区党委、自治区人民政府授予全区 1994 年度发展乡镇企业先进单位称号

1992—1994 年，容县各部门兴办一些集体工业，如县政府办开设容县彩色印刷厂、容县永昌食品厂；县经济委员会开设容县花岗岩联合公司、容县工业供销公司；供销社系统开设容县都峤天然香料厂、土产公司果菜加工厂、杨梅供销社茶厂、杨梅供销社红石茶厂；商业系统开设罐头公司、冷冻厂、大板桥红砖厂、大旺塘红砖厂；交通系统开设竹藤木器厂、耐火材料厂、运输修理厂；教育系统开设勤工俭学公司、淀粉厂、容州食品厂；乡镇企业局开设日用化工厂等。1994 年，全县工业总产值实现 14.30 亿元，比 1992 年增长 110.30%。

1995 年，容县被自治区党委、自治区人民政府授予全区 1995 年度发展乡镇企业先进单位称号

1995 年，容县在容城镇河南村开发创建自治区级的容县经济开发区，园区编制面积 10 平方千米。1996 年，在市场经济全面放开，确立了非公经济在国家经济主导地位的方针政策指导下，容县提出“振兴工业、服务工业”大会战，全力推进城镇化、工业化进程，开展大力招商引资工作，大量地吸收本县和外来民间资本在容县办企业。1996—1999 年，各乡（镇）根据自身情况，在不同程度上先后创建工业园区，如：城西工业园、容西工业园、杨梅镇经济开发区、石寨镇经济开发区、十里工业园等，利用园区集约优势，以点带面。到 1999 年，容县经济开发区共投入 5 亿多元完善基础设施建设，入园企业 50 多家。全县工业总产值实现 23.20 亿元，比 1994 年增长 62.23%，其中园区工业总产值占全县工业总产值 60% 以上，园区经济日趋繁荣，经济效益明显体现。

2000 年开始，随着改革不断深化，容县狠抓工业，大搞招商引资项目，招大商、招好商，主动接纳东部产业转移，出台一系列鼓励投资办企业优惠政策措施办法，使产业布局得到科学安排，产品结构得到优化组合，工业经济综合实力大大增强。大批优势骨干企业和产业迅速成长。

2005 年，全县共有 30 多家电子企业，工业总产值 6.50 亿元，约占全县工业总产值的 20%，容县成为广西最大的电子制造产业集群县；全县共有 40 多家异形胶合板企业，工业总产值 7.50 亿元，占全县工业总产值约 25%，成为全国最大的林产异形胶合板加工生产基地；全县共有 15 家微耕生产企业，工业总产值 3.25 亿元，占全县工业总产值 10% 以上，生产量占自治区生产总量的 50% 以上，成为广西最大的农业机械耕整机生产制造基地。容县形成以食品制药为主导的健康食品产业，以高密度板、异形板、造纸和松香为主导的林产化工产业，以电子元器件制造为主导的电子信息产业，以中高档日用瓷为主导的陶瓷建材产业，以农业机械制造为主导的机械产业等五大支柱产业作为全县工业经济发展体系。在全县生产总值的 3 个产业结构中，第二产业（即工业）首次超过第一产业，工业总产值实现 30.20 亿元，比 1990 年翻 12 倍；获利润 3.20 亿元，比 1990 年翻 10 倍；从业人数 6 万多人，比 1990 年翻 1.50 倍；拥有固定资产 20.50 亿元，比 1990 年翻 10 倍；城区面积 11.20 平方千米，比 1990 年翻 3.11 倍；社会商品零售额 14.28 亿元，比 1990 年翻 6 倍；工业投资实现 20 亿元，其中技术改造投资完成 5.13 亿元；工业增加值实现 18.50 亿元，其中规模以上工业增加值实现 12.50 亿元。

技术改造

1990—2005 年，结合自治区“十百千万”星火工程，容县获得自治区级科技型龙头企业 13 家，玉林市级科技型龙头企业 4 家。到 2005 年，全县较大的工业企业技改投资累计投入 5.13 亿元，重点投入在食品制药、机械制造、林产化工、陶瓷建材、电子信息等五大产业，其工业总产值占全县工业总产值 70% 以上，成为容县工业发展的支柱产业。

1990 年，容县松脂厂利用技术改造开发浅色松香系列产品及利用香骨生产中的废竹料进行造纸技改项目，容县石棉制品厂对石棉制品尘毒、废水进行技改处理工程，容县活塞环厂年产 5000 吨复合稀有元素耐磨铸铁磨球衬板技改工程，容县水泥电石厂由原来年产 8 万吨增至年产 12 万吨水泥的技改项目，容县都峤天然香料厂生产香精及化妆品产品技改项目，容县罐头食品厂年产 2500 吨“三宝”系列儿童食品生产线技

改等 7 项较大技术改造项目，总投资约 1100 万元。

1991 年，容县饼干厂扩大生产线及增加新品种技改项目，容县民族儿童服装厂扩大出口儿童服装及民族特色儿童服装生产技术改造项目，容县微型手扶拖拉机厂技术改造项目，容县印刷厂不干胶纸印刷生产线技改项目，容县塑料制品厂“塑料薄膜复合、彩印”技改项目，广西南方儿童食品厂新建黑芝麻糊生产线技改项目，容县沙田柚综合食品厂完善沙田柚果汁爽饮料系列产品生产线技改项目，容县饲料公司增加配套设施技改项目，容县中外合资力生保健食品有限公司技改项目，容县瓷厂增建 70 万平方米彩釉墙地砖生产和年产 1000 万件日用细瓷填平补齐技改等 11 项较大技改项目，总投资约 2420 万元。

1992 年，容县造纸厂扩建年产 1.50 万箱板纸生产能力技改项目，容县纸箱厂生产线技改项目，容县英佳塑胶制品有限公司年产 3000 吨塑胶制品技改项目，容县香料厂桂油车间和蒸馏车间技改项目，容县化工原料总厂技改项目，容县活塞环厂年产 1000 万片活塞环技术改造项目，容县松脂厂增设浅色松香甘油酯生产线技改项目，广西三宝食品有限公司建设年产 2000 吨饮料生产线技改项目，广西都峤高级墙地砖有限公司增建年产玻化瓷砖 250 万平方米生产线技改等 9 项较大技改项目，总投资约 3900 万元。

1993 年，容县大南造纸厂年产 3000 吨挂面箱纸技改项目，容县水泥电石厂增建铝合金型材技改项目，广西三宝食品有限公司增建年产 6000 吨“智力宝”营养强化食品生产线技改项目，广西桂南制药集团公司增建年产 1000 万瓶酊剂车间技改项目，容县活塞环厂 S–X 万向电动轮椅扩产技改项目，容县微型手扶拖拉机厂增建年产 240 万套塑料窗帘制品技改项目，广西桂南制药集团公司年产 4000 万支粉针车间技改项目，广西南山瓷器有限公司车间技改等 8 项较大技改项目，总投资约 2270 万元。

1994 年，广西桂南制药集团公司增建年产 3 亿片肾力康片车间技改项目和 80 吨美索巴莫（别名“舒筋灵”）生产线项目，容县瓷厂年产 2000 万件日用瓷生产线技改项目，容县松脂厂增建砂砖生产线技改项目，容县造纸厂碱回收技改项目，容县水泥电石厂增建年产 8.80 万吨水泥生产线技改项目，广西雄飞机械制造有限公司车间设备改造等 6 项较大技改项目，总投资约 5670 万元。

1995 年，容县活塞环厂扩建年产 4000 万片汽车活塞环生产线技改项目，广西容县都峤陶瓷有限公司全玻化无釉陶瓷砖生产填平补齐年产 100 万平方米抛光砖生产线技改项目，容县微型手扶拖拉机厂由年产微拖 1 万台扩建至年产 5 万台技改等 3 项较大技改项目，总投资约 5000 万元。

1996 年，广西容县华森制药有限公司年产 300 万瓶胃肠养护液生产线技改项目，容县兽药厂抗生素车间扩建技改 2 项较大技改项目，总投资约 1500 万元。

1997 年，容县水泥电石厂增产节能环境保护技改项目，总投资约 350 万元。

1998 年，广西三宝食品有限公司拆迁米粉加工厂生产线及西郊水厂水质处理技改项目，总投资约 150 万元。

1999 年，容县微型手扶拖拉机厂技改研制成功 JN–61 型 8 马力微拖机和 IG–60 型坐旋耕机、甘蔗培土机等配套机械，总投资约 250 万元。

2000 年，容县瓷厂链式干燥机生产 8 '荷口汤盘技改项目，容县制动密封材料厂制动制品设备技术改造项目，容县万力造纸厂污水处理设施技改 3 项较大技改项目，总投资约 550 万元。

2001 年，广西高峰容洲人造板有限公司建设年产 5 万立方米高（中）档密度纤维板生产线技改项目，容县中环公司新增年产 150 万片高效节能双扭曲防转互补活塞环和增压型双环互补活塞环技改 2 项较大技改项目，总投资约 4800 万元。

2002 年，广西容县中环公司（前身为容县活塞环厂）年产 5 万件柴油机飞轮壳和 6 万件齿轮室技改项目，总投资约 1500 万元。

2003 年，广西容县金泰涞瓷业有限公司车间扩建技改项目，总投资约 370 万元。

2004 年，容县万力造纸厂新增年产 1.20 万吨高档牛皮纸挖潜技改项目等，总投资约 440 万元。

2005 年，玉林市容县晶辰电子科技有限公司新产品技改项目，广西容县晶石科技有限公司生产线扩建技改项目，广西容县南方食品股份有限公司投资 1.50 亿元年产 4.50 万吨黑豆奶生产线，广西嘉美食品有限

公司年产 1.50 万吨果蔬罐头拆迁扩建技改项目，广西容县万力造纸厂年产 5 万吨漂白竹（木）浆纸生产线技改项目，广西高峰容洲人造板有限公司年产 200 万立方米多合强化地板、装饰板生产线技改项目，容县环达胶合板厂年产 3 万立方米异形胶合板扩建技改项目，广西南山瓷器有限公司投资 3000 万元年产 1 亿件高（中）档出口日用瓷器扩建生产线技改项目，广西玉林瑞众机械有限公司年产 100 万件（套）汽车、摩托车配件生产线技改等 9 项技改项目，总投资约 2.10 亿元。

规模以上工业

1990 年前，按年销售收入 500 万元以上的列为规模以上企业（简称规上企业），容县没有这类企业。

1990—1995 年，有容县南方儿童食品厂、容县松脂厂、容县农械厂、容县罐头食品厂、容县活塞环厂、容县石棉厂、容县兽药厂、容县水泥电石厂、容县矿产公司、容县造纸厂等 10 家企业首次达规模以上企业。

1996—2000 年，增加广西南山瓷器有限公司、广西雄飞机械制造有限责任公司、容县陶瓷厂、广西桂南制药集团公司、容县印刷厂、容县六美水泥厂、容县容州水泥厂、容县恒兴水泥厂、容县纸箱厂、容县大南造纸厂、广西挺佳锅炉有限公司、广西天虹锅炉有限公司、广西南方机器制造有限公司共 13 家规模以上企业。

2001—2005 年，增加广西高峰容洲人造板有限公司、广西容县金泰涞瓷业有限公司、广西五丰机械制造有限公司、广西容县新桥微型手扶拖拉机制造有限公司、广西容县长城陶瓷有限公司、广西富来康饲料有限公司、广西容县鸿大绿色饲料有限公司、玉林市容县晶辰电子科技有限公司、广西容县晶石科技有限公司、广西佳佳食品有限公司、广西鸿博药业有限公司、广西方特药业有限公司、广西容县大清药业有限责任公司、广西玉林东森化工有限公司、广西宏兴机械有限公司、广西容县红光纸厂、广西容县七星机器制造有限责任公司、广西容县美柏工艺品有限公司、广西容县天雅服饰有限公司、广西容县嘉美食品有限公司、广西容县祥荣针织有限公司等 20 多家规模以上企业。2005 年年底，全县规模以上工业企业 45 家，其中达到中型规模以上工业企业有 4 家，年亿元产值和销售收入的企业有 1 家，年主营收入 1000 万元以上企业 40 家，规模以上工业总产值约占全县工业总产值的 50%。

表 6-1　　**1990—2005 年容县规上工业产值表**

单位：万元

年份	产值	年份	产值
1990	19177	1998	191652
1991	28675	1999	100450
1992	47572	2000	91073
1993	83200	2001	97269
1994	119500	2002	57820
1995	160200	2003	66080
1996	185200	2004	94482
1997	190200	2005	120012

第二节　工业产值与税利

1990 年前，容县工业企业规模小，附加值低，能带动一、三产业的企业不多，经济效益不明显，1989 年，全县工业总产值只有 1.45 亿元。1990 年，容县贯彻执行中共十四大确定社会主义市场经济体制的目标，提出继续发展乡（镇）企业的方针，出台《关于容县乡（镇）企业二次创业的决定》《关于加快鼓励乡（镇）企业发展若干问题的规定》《关于引进科技、人才、资金、技术等有关奖励办法的规定》《关于引进外资企业的有关规定》《国营企业改革有关规定》等文件，从政策环境入手“治理经济环境，整顿经济秩序，全面深化改革”，鼓励和扶持一大批产品科技含量高、效益好、规模大的企业，开展招商引资“引凤归巢”和全民办企业工作，在县域主要公路沿线建设乡（镇）企业长廊。全年工业总产值 2.35 亿元。

1991 年，全县工业总产值和利税收入实现较大幅度增长，其中工业总产值 3.35 亿元，税利 3698 万元，比上年增长 65.53%。经济效益初见成效。

1992 年，把经营承包责任制落实到工业企业，特别对国营工业企业推行高额风险抵押承包做法，调动企业干部职工的积极性，全县工业总产值实现 6.79 亿元。

1993—1995 年，容县转换企业经营机制，建立现代企业制度，在政策方针推动下，一些龙头特色企业涌现，如容县微型手扶拖拉机厂（前身是容县农械厂）和享受自治区机械厅拨款支持的容县石棉制品厂。主要产品有腾乐牌 JN-41、31 微型手扶拖拉机，5TC-50 型人力脱粒机，以及汽车、拖拉机用石棉制动品、石棉密封制品、石棉保温制品等。1995 年，上述两家企业工业总产值分别达到 2500 万元和 751 万元，年创税利分别为 220 万元和 62.60 万元。全县工业总产值达到 18.41 亿元。

1996 年，容县学习邯钢精神，扩规模，降物耗，增效益和企业改革整顿，壮大企业经营总量，企业效益和社会效益更加明显体现。如容县松脂厂、容县兽药厂、广西三宝食品有限公司、容县陶瓷厂等利用本县丰富的松脂、水果等资源，以及农村养殖畜禽发展较快的优势条件，不断开拓新市场及不断改进生产工艺，研发新产品，松香产品除了供应国内市场外，大部分远销东南亚和西欧等国家。4 家企业分别完成工业总产值 2482 万元、847 万元、2344 万元、719 万元，年创税利 800 多万元、240 万元、230 万元、190 万元，带动农民收入 600 多万元，为县财政增加外汇收入和促进农民增收，发展种植和家禽养殖业起到了推进作用。

1997—1998 年，全县招商引资工作取得明显效益。1997 年，新引进项目 168 项，部分项目实现当年见效益，经营收入 6959 万元，新增税收 330 万元。1998 年，新引进项目 129 项，经营收入 7355 万元，新增税收 444.50 万元，成为容县新的经济增长点。部分企业经过改革、整顿、重组，也取得了良好效益。如容县活塞环厂与广西中天实业有限公司合作后，成立广西中环机械有限责任公司，投入资金 500 多万元，用于技改和新产品开发，扩大活塞环生产能力，并实施名牌产品和产品互补的创新，公司以新产品互补为龙头，开发新产品 20 多个，形成自己的优势名牌产品，提高产品附加值。1998 年，该公司实现工业总产值 1435 万元，税利 282 万元，其中利润 68 万元，税金 214 万元。

1999—2000 年，容县万力造纸厂通过技改扩建，采用木根替代原木生产，节约原材料，安装 2 台 1092 纸机和 1 台 1600 纸机，并配套装备压差发电机组和建设碱回收工程，改善环境污染，提高综合利用效益，1999 年实现工业总产值 4514 万元，税利 600 多万元，带动农民收入 400 多万元。容县水泥电石厂扩大生产规模，将原来的年产 8 万吨提升到年产 13 万吨水泥的生产能力，1999 年实现工业总产值 2023 万元，税利 1084 万元。广西黑五类食品集团有限公司通过企业内部管理，改革整顿，管理人员减少 9%，全员劳动生产率提高 10%，总成本减少 1000 多万元，提高企业的运转效率和经济效益，2000 年公司实现营业收入约 6750 万元，创税利约 1800 万元，并带动其他相关产业的发展，创造社会效益约 650 万元。

2001—2005 年，容县抓住国家实施西部大开发战略和主动承接东部产业转移的时机，招大商、招好商，一大批效益好、规模大的产业龙头企业不断壮大。如从江苏电子集团引进的玉林容县晶辰电子科技有限公司、广西容县晶石科技有限公司等 10 多家电子企业集群，2005 年总产值达到 6 亿多元，占全县工业总产值约 20%，安排就业人员 3000 多人。广西高峰容洲人造板有限公司是一家实行“林板一体化”的大型高（中）档密度纤维板生产企业，通过技改，扩大产量，2005 年产品产量达到 10 万立方米，销售收入 1.5 亿元，税收 800 多万元，安排就业人员 300 多人，带动农民增收 1500 多万元。容县万力造纸厂（前身是容县造纸厂）通过企业改制，扩大生产规模，成为自治区生产牛皮纸主要厂家，2005 年产量达到 3 万立方米，销售收入 8200 万元，纳税 600 万元，安排就业人员 300 多人，带动农民增收 800 多万元。容县新海松脂厂是一家新引进主要加工优质松香、松节油等出口的企业，2005 年松香产量达到 7000 多吨，松节油 800 多吨，销售收入 4000 多万元，纳税 250 万元，出口创汇 400 万美元，安排就业人员 150 多人，带动农民增收 400 多万元。容县环达胶合板厂是一家新投资的民营企业，主要生产各种异形胶合板，2005 年产量达到 1.20 万立方米，销售收入 2000 多万元，纳税 120 万元。2005 年，全县共有 30 多家林产企业，成为全国最大的异形胶合板生产基地，全年销售收入约 6000 多万元，纳税 600 多万元，安排就业人员 2000 多人，带动相关产业经营收入约 400 多万元。容县经济开发区集聚产业，以广西雄飞机械制造有限责任公司为龙头的机械产业，以广西富来康饲料有限公司为龙头的饲料加工产业等，支撑着全县工业经济的总量。2005年，全县工业总产值30.23亿元，比1990年翻了12.85倍；财税收入1.51亿元，比1990年翻了10倍多，企业利润3.20亿元，比1990年翻了11倍，基本实现百元产值达到15%税率（除抵扣税后），百元资金达到14%税利。全县工业投资总额完成6亿多元，其中技术改造投资5.13亿元，工业科技贡献率为40%以上。带动相关产业年经营收入约1.50亿元，特别是农产品加工业，直接或间接带动全县3万多户农民，年增收约3.50亿元，安排就业人员8万多人，年总收入约8.98亿元，体现财政有收入、企业有利润、社会有效益、就业有岗位等效益。

表6-2　　1990—2005年容县工业企业总产值情况表

单位：万元

年份	产值	年份	产值
1990	23521	1998	231656
1991	33522	1999	231933
1992	67947	2000	236743
1993	103900	2001	256838
1994	143300	2002	231021
1995	184100	2003	249265
1996	223500	2004	270362
1997	229900	2005	302271

第三章　行业构成

第一节　食品业

1990年，随着社会的发展，人民生活水平不断提高，人们对副食品产品的需求量不断增加，容县抓住市场机遇，发展壮大地方食品产业。相对生产规模较大的企业主要有容县罐头食品厂、容县南方儿童食品厂、容县酒厂、容县糖烟食品厂、容县食品厂、容城方便食品厂、容城面粉饼干厂、容县华南食品厂、容县二轻饮料食品厂、容县泗登食品厂、容县永昌食品厂、容县沙田柚综合食品厂、容县罐头食品公司、容县万家美味食品厂、容县大健食品有限公司等。主要产品有：中老年幼儿保健食品、黑芝麻糊、果蔬罐头、饼干、饮料、酒和酱料调味品等。1990—1994年，容县食品加工行业产值销售较好，年均产值1亿多元。

2001年3月15日，自治区党委副书记马庆生（右二）到广西黑五类食品集团有限公司考察　　（据《容县报》）

2000—2005年，容县依托地方资源优势，优化组合工业产业结构和企业组织结构，逐渐形成了工业主导经济发展的优势产品群，并带动了上下游产业和相关产业的发展。容县把食品工业作为重点发展行业之一，对广西黑五类食品集团有限公司、广西容县大健食品有限公司、广西雅峤酒业有限公司等企业进行技改投入和技术开发，把这些企业打造成年销售亿元以上的大型科技食品龙头企业，发展果蔬罐头和畜禽肉制品等农副产品深加工企业，带动农业产业化发展，形成黑五类系列产品、出口果蔬罐头系列产品、禽畜肉类系列制品三大类产品为主的规模化食品工业。2000 年，全县共有各类食品生产企业 20 多家，从业人员 3000 多人，工业总产值约 2 亿多元，税利 4000 多万元。2005 年，在县经济开发区，创建以黑五类食品为龙头的食品工业园，成功地引进总投资 2.50 亿元的大型农副产品加工企业广西佳佳食品有限公司。利用黑五类食品品牌优势，重点发展食品工业，吸引更多的食品生产企业聚集到食品工业园，把食品工业园建成全国知名的现代化食品城。全县食品工业企业 36 家，产值达到约 3.50 亿元，税利约 7500 万元，从业人员 5000 多人。成为容县五大支柱产业之一。

保健食品

1990 年，容县保健食品生产企业主要有：容县罐头食品厂、容县南方儿童食品厂、容县华南食品厂等，主要产品有：黑芝麻糊、高蛋白健儿粉、婴宝、血宝、健玉、淮山豆奶、麦乳精等产品，年产值约 2000 万元，产量 3000 吨，税利约 400 万元。1993 年，容县华南食品厂由于企业体制（属镇企业）和市场原因，处于停产半停产状态。

1991 年起，容县南方儿童食品厂，不断进行技术改造，对锅式手工炒制芝麻改为全自动蒸气炒制，大大提高产量和芝麻均匀熟度，并对产品的主要配料大米膨化粉改为利用湿式除尘提取的大米麦芽糊精作为主配料，使得产品冲调均匀，口感更好，同时不断研制新产品，如：高山玉米糊、核桃糊、黑八珍、河粉等品种 60 个，打破原来产品单一格局，以黑芝麻糊带动其他产品的发展。1992 年，“南方牌”高蛋白健儿粉获得农业部优质产品。1993 年，容县南方儿童食品厂产值达到 2500 多万元。1995 年，在县内及自治区外开设了旗下公司（厂）10 多家，时年公司实现产值 4000 多万元。县委、县政府为了扩大容县食品产业，发展地方特色产品，成立容县黑色食品生产（出口）基地指挥部。广西黑五类食品集团有限公司在政府的指导下，将广西三宝食品有限公司保健食品车间所生产的产品统一归纳该公司经营管理，形成集团化、产业化的经营模式。从此，容县大力发展以黑五类食品为龙头的食品工业，主导产品南方牌黑芝麻糊系列、速溶黑豆奶系列、黑八珍、龟苓膏系列，三宝食品系列。1997 年，广西黑五类食品集团有限公司被自治区指定为广西食品行业的龙头企业，国家农业产业化龙头企业，在全国食品行业中排名第 13 位，属国家大型一档企业。1998 年，企业在国家提出的“三项制度改革”指导下，形成了“品牌、管理、市场网络、企业文化、技术力量”五大优势，并拥有自治区级技术开发中心和标准化食品生产企业，在改革整顿推动下，产值、销售不断上升。2000 年，该公司实现销售收入约 6750 万元，创税利约 1800 万元。“南方牌”黑芝麻糊 1998 年和 2001 年获广西名牌产品。2001 年起，广西黑五类食品集团责任有限公司重新调整产品结构，进行企业转型升级，实行对内强化经营管理，对外实施联合经营，壮大企业规模，发挥广西食品龙头企业职能，组建现代化大集团。2002 年，南方牌商标成为广西食品行业第一个中国驰名商标，是国家大豆行动计划示范企业，基本上形成集团化、专业化和标准化的生产经营及发展体系。2004 年 9 月 2 日，广西黑五类食品集团有限公司子公司广西南方投资有限责任公司经国家有关部门核准，重组原广西斯壮股份有限公司进行股权上市交易，并更名为广西容县南方食品股份有限公司，成为容县第一家控股食品上市公司。2005 年，该公司形成以南方食品为总品牌的黑白两大食品板块，三大系列，品种 100 多个，产品远销全国 150 多个大中城市及美国、日本、韩国、新加坡、马来西亚等 10 多个国家和中国香港地区，成为亚洲最大糊类保健食品生产基地，国内市场占用率达到 90% 以上。2005 年，广西容县南方食品股份有限公司生产经营收入实现 1.40 亿元，上缴税金 1282 万元，利润 1400 万元，安排就业 1000 多人，成为容县食品工业重点骨干企业。

制酒业

1990 年，容县制酒企业作坊共有 205 家，大部分是家庭作坊式酒房，相对较大的企业有容县酒厂、容县二轻饮料厂、容县看守所酿酒厂等，主要生产黑糯酒、柚蜜思果酒、蜂翼酒、米单酒、米双和三花酒等品种，其类别主要是白酒和保健红酒两大类，包装形式除了小部分使用瓶装外，大部分是采用散装销售，主要销往区内和广东等地。1990—1995 年，上述企业白酒产量占全县总产量的 70% 以上，年均总产量约 4950 吨，产值约 1035 万元，从业人员 717 人。1996 年后，由于市场变化，消费水平提高，大部分家庭作坊式酒房及一些企业先后关闭停产，该时段酒类产量难以统计。2000 年后，容县相继兴建总投资 450 多万元的容县妃子红酒厂，总投资 500 多万元的广西容县雅峤酒业有限公司，总投资 350 多万元的玉林福牌实业有限公司，总投资 250

多万元的容县清泉酒厂,总投资 370 多万元的容县康美酒业有限公司。这些新建企业,改变原土锅蒸馏法,全部采用蒸馏塔加工形式,提高企业单产量,主要生产保健红酒和白酒两类,保健酒类主要品种有:妃子红酒、蜂翼黑糯红酒、竹馥红酒、神骨酒、劲力神、海狗神酒、肉苁蓉补神酒、海蛇神酒等。白酒类主要品种有:顺酒、容县将军酒、米单、米双、三花酒等 20 多个品种。2001—2004 年,全县保健酒类年均产量约 2500 吨,白酒类年均产量约 1500 吨。这些产品,采用新的先进酿酒工艺技术,口感好,品味适宜,价格适中,包装精美,深受广西广东消费者欢迎。特别是广西容县雅峤酒业有限公司生产的容州将军酒,是与中国食品工业协会酒类食品高新技术培训中心合作研制的酒品,属全国首例,并在 2001 年获国家专利产品、广西著名商标、广西名牌产品等称号;容县妃子红酒厂生产的妃子红保健酒,是新一代营养健康饮品。2005 年,全县酿酒业约 40 多家(含个体酿酒房),总产量 5000 吨,产值约 1500 万元,税利约 450 万元,从业人员 800 多人。

罐头食品

1990—1991 年,容县罐头食品生产企业主要有容县罐头食品厂、容县二轻罐头厂,主要生产品种有:荔枝、龙眼、菠萝、柑橘、蘑菇等加工产品,规格为 530 克 ×24 瓶每箱,产品销往全国各地。这两年是生产销售果蔬罐头最兴旺的年份,年均产量达到 2000 多吨,产值达到 1000 多万元。1992 年,成立容县罐头食品公司,实现当年办厂、当年见效益,产量达到 200 多吨,产值 100 多万元。从 1993 年下半年起,国内果蔬罐头市场逐步走下坡路,至 1995 年,全县生产各种果蔬罐头总产量年均 2500 吨,产值约 1500 万元。1996 年,随着市场急剧变化,使用鲜水果冷藏运输及冷藏贮存等先进技术进行运输贮存,全国各地水果市场鲜果零售批发,一年四季可见,人们改变了消费方式,罐头产品一时处于滞销状态,容县生产内销罐头食品企业被迫停产。

容县罐头食品厂,利用本地优势资源荔枝、龙眼、蘑菇等,通过技改开发新产品,将原压盖封口罐头,改成陀螺形易开整形罐头,并在 1991 年对原保健食品车间进行技改扩大生产线,年产 2500 吨"婴宝、血宝、健宝"的中老年、婴幼儿保健食品。1992 年,容县罐头食品厂更名为广西三宝食品有限公司,1993 年新增建年产 6000 吨"智力宝"营养强化食品,该产品是中国科学院营养食品与卫生研究所研制出来的项目,享有中国最高食品研究机械品牌,产品投放市场,深受消费者欢迎,特别是"婴宝"产品营养成分是"近似母乳,优于牛奶",产品远销全国各地。1993 年,公司产值达到了 1500 多万元。2000 年,广西三宝食品有限公司实行割块租赁形式,将原罐头食品车间租赁出去,组建广西容县嘉美食品工业有限公司,该公司投入资金,进行车间改造,设备更新,以铁罐包装为主,玻璃异形瓶包装为辅的形式,生产经营各种果蔬罐头,如:法国豆、蘑菇、荔枝、龙眼、菠萝、柑橘等品种罐头,产品全部出口外销。2001—2005 年,年均产量 2000 吨左右,产值 1500 万元,税利 300 万元,出口创汇 150 万美元,从业人员 250 多人。

饮料食品

1990 年,容县饮料食品企业主要有:容县酒厂饮料车间、容县饮料食品厂、广西三宝食品有限公司饮料车间和容县华南食品厂、容县嘉福饮料厂等,主要生产豆奶和利用香精进行配制加工而成的系列产品,包装全部采用玻璃瓶包装,产品档次低,规模小,产品基本是在容县及周边县乡(镇)村销售,在当时年产量 1000 多吨,产值约 600 万元,从业人数约 150 人。1991 年,总投资 300 多万元的容县沙田柚综合食品厂建成投产,该企业在当时属容县饮料行业中比较专业化并上规模的企业,采用果汁浓缩液进行配制各种系列饮料产品,如:菠萝、荔枝、香蕉、柑橘等品种,包装使用塑料易拉罐等进行包装,比原来的产品较为上一档次,大部分产品销往全国各地。1992—1994 年,该企业年均产量在 480 吨左右,产值约 350 万元。1995 年,全县饮料行业总产量 1212 吨,产值 642 万元,税利约 120 万元。1996 年后,由于市场竞争激烈,人们消费水平提高,容县饮料产品无法跟着市场变化调整,大部分企业处于停产半停产状态,最后关闭,只剩下容县嘉福饮料厂和一些小型家庭作坊式加工厂,主要是在县内乡(镇)村销售,年产量极其少,无法统计数量。

糖果、饼干食品

1990—1994 年,容县生产糖果、饼干类企业主要有容县糖烟食品厂、容县面粉饼干厂、容城粮库饼干厂、容县饮食服务公司月饼车间和一些民间家庭作坊的加工企业,共 10 多家,从业人员约 150 人,主要生产加工产品有月饼和传统低档普通饼干、糖果等。由于全县社会消费水平处于低档向中高水平过渡时期,消费和购买开始比较旺盛，因此生产销售良好。容县糖烟食品厂和容县面粉饼干厂，产品销售主要在县内各乡（镇）供销社系统和云南、贵州及周边县镇，在本县市场占有率达到80%以上，平均每年产值约在1000万元以上，产量约896吨。其中，月饼产量约70吨，产值约98万元，其他饼干产量约826吨，产值约720万元。糖果产量约106吨，产值约250万元。1995年，全县各类糖果饼干，年产量约1000吨，产值1345万元，利税200万元。1996—2005年，市场消费水准要求提高，原主要生产企业体制变化，除糖烟食品厂和饮食服务公司每年只生产中秋月饼外，其余企业和产品逐步退出市场。一些民营企业兴办一些小型饼干食品加工厂，如：容县万家食品厂、容县合成饼干厂、容县新香饼家等，主要品种有月饼、米饼、方糕和普通饼干，销售到县内及周边县城乡，每年平均产量约150吨，产值约90万元，利税约21万元。

酱料食品

1990年，容县生产酱料食品类企业主要有容县糖烟食品厂、容县和珍豉油厂、容县十里泗登酱料厂、杨梅六荫食品综合厂、黎村新兴食品厂等企业，主要品种有豉油、酱油、腐乳、豆豉等。该行业投资小、规模不大，1990—1996年，全县平均每年产量约1223.67吨，产值约269.90万元，从业人员50多人。1997年，容县糖烟食品厂因多方原因，停产。2005年，该行业产品年产量、产值约为750吨和128万元，从业人员约40人。

制茶业

1990—1995年，容县制茶主要有食品公司滗塘茶场、松山红碎茶厂、杨梅供销社茶厂、杨村供销社红碎茶厂等企业，均为集体企业。由于进入家庭饮用极少，市场销售不景气，年均总产量在155吨左右。1996年，杨梅供销社和杨村供销社两个茶厂停产。1997年后，人们对饮用茶有了新的认识。食品公司滗塘茶场（后更名为松山茶厂）、松山红碎茶厂（后更名为三茗茶厂）、罗江茶厂（1998年新办企业）等企业对原产品进行精心包装制作，采用传统加现代方式科学炒制，保持着原生态野生红茶具有独特的品位，使产量、销售、效益逐年提高，产品档次既有大众化消费，也有高品质消费，产品远销国内外。2005年，全县茶产品总产量比1996年翻一番，达到250吨，产值约750万元，税利约150万元，从业人员120多人。

大米加工业

1990年后，随着粮食市场逐步放开，容县大米加工业迅速发展，大部分采用大型机械加工。1993年起，除原粮食系统各乡（镇）有加工厂15家外，在容城城区范围内新增20家专业性加工企业，全县年均加工总产量在5万吨左右。1998年，由于体制改革，部分粮食系统加工厂停产，但全县大米加工业，总产量整体上逐年提高，除一些乡村代加工或带有服务性质的加工外，其余的以商业性质经营方式，加工的大米大部分销往广东及周边县城。1998—2005年，全县平均每年加工量在9.50万吨左右，从业人员280多人。

食用油加工业

1990年后，容县农村部分经济作物种植逐步调整，茶籽和菜籽农作物由于产量低，加上耕地少而逐年减少种植，食用油加工主要是以花生作为原材料。1990—1996年，榨油方式几乎采用木榨工艺，全县各乡（镇）均有1~3间榨油房，产量低，年产销量约在25万千克左右。1997年后，木榨工艺基本淘汰，采用机榨，当年在容城城区范围内新增6家榨油房，产量和出油率高，基本一年四季开榨，原材料大部分从外省购进。2005年，全县食用油加工企业13家，产量约65万千克。

第二节　陶瓷业

1990年，容县陶瓷业主要企业有容县陶瓷厂、灵山瓷厂，以及民间少部分家庭作坊式的陶瓷制造，从业人数约有650人，固定资产约380万元，主要生产瓷缸、盆、水管、火管、花盆、茶盅、土碗等产品，年产各种陶瓷产品215.50万件，产值220.38万元。

1992年3月，容县总投资1.60亿元，在容城西郊成立陶瓷工业园区。其中，容县高级墙地砖有限公司（后更名为广西都峤陶瓷有限公司，简称都陶公司）投入1.10亿元，其余5000万元是配套分厂投资，主要生产玻化砖和釉面墙地砖及日用瓷器。生产能力达到年产彩釉砖150万立方米，玻化砖252.80万立方米。

1993 年，容县陶瓷厂投入技改资金进行调整产品结构，转产日用瓷碗，使固定资产达到 1200 多万元，从业人员 600 多人，形成年产 2000 万件各种日用瓷碗的生产能力。都陶公司进行试产，年产玻化墙地砖 1.50 万件，产值 500 多万元。全县陶瓷产量达到 1812 万件，产值达到 1500 多万元。

1994 年，容县灵山瓷厂进行企业重组、转制，由原乡（镇）企业转为私有民营企业，更名为广西南山瓷器有限公司，并进行车间设备改造和新增生产线，提高年生产设计能力，逐步向外向型企业发展。该企业产量达到 1500 多万件，产值约 2500 万元，其中出口创汇 68 万美元，税利约 500 万元，从业人员 600 多人，成为容县陶瓷行业佼佼者。

1995 年，都陶公司由于流动资金断链，并受国内外经济“大气候”影响，陶瓷建材市场萎缩，生产运转艰难，致使该公司未能实现较好的经济效益。该公司将玻化墙地砖车间租赁给私人经营，成立广西容县长城陶瓷有限公司（简称长城公司）。租赁后，长城公司投入流动资金，当年生产经营销售瓷砖 40 多万件，产值 3000 多万元，税金 130 万元。1995—1998 年，全县陶瓷产业产值销售年均平稳增长，到 1998 年，全县陶瓷业产量达到 4000 多万件，产值 6500 多万元。

1999 年，容县瓷厂在企业内部全面推行“三项制度”改革，实行效益与工资挂钩，物耗费用与工资挂钩，调动员工积极性，年产值达到 2500 多万元，比 1993 年增加 4 倍，税金由 1993 年 18.40 万元增到 126.35 万元。

2000 年，在容西乡经济开发区投资 1350 万元，建成容县二龙瓷业有限公司。2001 年，该企业实现年产量 2050 万件，产值 1011 万元，税金 60 万元，从业人员 450 人。2003 年，在容西乡经济开发区投资 1550 万元，建成容县恒光瓷业有限公司，该年实现年产量 3000 万件，产值 1511 万元，税金 90 万元，从业人员 600 人。都陶公司瓷器车间租赁给北流老板经营，成立广西容县金漆涞瓷业有限公司，对车间及生产线进行技术改造，2004 年投入生产，年产量 2850 万件，产值 1700 万元，其中出口创汇 176 万美元，税金 85 万元，从业人员 1100 人。在容厢蓝田队的容州水泥厂旁边和玉容一级路入口收费亭旁，分别投资 1200 万元、1650 万元建成容县洁美瓷业有限公司和中兴瓷业有限公司，并于 2004 年投产，分别实现年产量 2000 万件和 2800 万件，产值 960 万元和 1400 万元，税金 72 万元和 82 万元，从业人员分别为 450 人和 550 人。

2005 年，容县有陶瓷企业 8 家，其中容县陶瓷厂因多种原因已停产，实际生产企业 7 家，主导产品是中高档日用瓷器和建筑瓷砖，产品主要销往区内各地和广东、湖南、贵州、四川、江西等省，以及日本等东南亚国家。容县依托广西三环企业集团股份有限公司、县内龙头企业广西南山瓷器有限公司和广西金漆涞瓷业有限公司等带动，形成内外兼顾自营出口型的陶瓷产业。全县实现陶瓷工业总产量达到 2 亿多件，销售收入 1.70 亿元，其中出口创汇 400 多万美元，从业人员 5000 多人，成为容县五大支柱产业之一。

第三节　造纸、印刷、包装业

造纸业

1990 年起，容县把造纸业作为重点来抓，对容县造纸厂作为重点技改项目来改造，使用木根代替原木生产，节约木材，通过技改扩建，先后安装 2 台 1092 纸机和 1 台 1600 纸机，并配套装备压差发电机组和建设碱回收工程，改善环境污染，提高综合效益，当年该厂拥有四台纸机生产，设计能力年 2 万吨，固定资产达到 7220 万元，最高年产纸 1.80 万吨，产值 4514 万元，税利 600 多万元。1990—1996 年，容县造纸企业主要有容县造纸厂、十里大南造纸厂、自良造纸厂、十里塘冲造纸厂，以及一些民间个体土纸生产小厂（又称小纸蓬）约 350 家。主要以木材、松木根、竹材、芒竹材和回收废纸作原材。主要产品有黄皮纸、瓦楞纸、包装纸。1996 年，总资产达到 1 亿元以上，年总产量 4.50 万吨，产值 6750 万元，税金 280 万元，利润 675 万元，从业人员 1050 人。1997 年后，新增容县裕健纸业有限责任公司、容县红光纸厂、容县一方造纸厂、容县材达造纸厂、容县黎村造纸厂、容县杨村如兴造纸厂、容县创兴造纸厂、容县新天地造纸厂、容县石桥纸厂、容县华南造纸厂等企业。1999 年，容县造纸厂进行企业改制，成立容县万力造纸厂，并完善车间、设备改造，年生产设计能力 2.50 万吨，企业总资产达到 8000 多万元，员工 250 多人，主要生产中高档全木浆牛皮纸和纸袋，是自治区内生产牛皮纸主要厂家。2001 年，该厂实现产量2.10万吨，销售收入8200万元，纳税600万元。全县实现了产量13万吨，产值2.20亿元。2002年起，随着国家节能减排有关政策相继出台，容县对节能减排及污染进行治理，特别是对排污不达标的小土纸加工厂进行停产关闭，先后关闭300多家。2005年，全县主要造纸企业共17家，总固定资产6.50亿元，工业产量约5万吨，总产值约2.50亿元，税利约5000万元，从业人员约3300人，成为容县五大支柱产业之一。

印刷业

1990年，容县印刷业主要有容县印刷厂、容县彩色印刷厂、容县教育印刷厂等企业。全县拥有比较先进的403型高速胶印机2台，双色印刷机1台，以及其他印刷机械设备，总资产175万元。1993年，全县印刷业产值约300万元，利税约25万元，从业人员约200人。1994年，自治区信托投资公司与容县人民政府共同出资850万元，自治区信托投资公司占该企业70%股权，兴建广西容县汇鑫彩色印刷有限公司，年产值约200万元。是年，容县彩色印刷厂由于经营不善关闭停产。1995年后，先后兴办容县宇光彩色印刷厂、容州印刷厂、容县容城彩色塑料印刷厂、容县容城永达印刷厂、容县伟宏彩色印刷厂等企业。1998年，容县印刷厂进行企业改制，成为职工股份制经营。1999年，容县汇鑫印刷有限公司进行企业改制，成立广西风采印业有限公司，投入资金进行技改，扩大企业生产规模，成为自治区内较大的彩色印刷企业。2000年，该企业实现产值1000多万元。全县实现产值2500多万元。2005年，全县共有印刷企业15家，其中规模以上企业3家，主要印刷产品有彩色印刷包装物、商标、资料、书、报、簿、信封，不干粘胶印刷产品等，总固定资产约5000万元，年产值4800万元，税利720万元，从业人员600人。

包装业

1990年，容县包装企业主要有容县二轻纸箱厂、容县罐头食品厂纸箱车间、容县造纸厂纸袋包装车间、容县灵山乡纸箱厂，主要生产纸箱、水泥袋等，总资产约205万元，年生产设计能力为320万平方米，从业人员262人。1990—1994年，全县年均加工纸箱约260万平方米，纸袋350万只，产值1650万元，利税82.50万元。1995年，容县二轻纸箱厂，由于企业改制及城区改造征用，在搬迁过程中同时停产。1996年，容县造纸厂纸袋车间停产。2000年，灵山乡纸箱厂和容县罐头食品厂纸箱车间停产。全县包装业没有大变化，其产值、产量相对平稳有所增长。2001年起，容县先后兴办5家包装企业，分别是广西容县南方包装有限公司、容县利成纸品包装厂、容县永成纸箱厂、容县万超纸箱厂、容县积利纸箱厂，这些企业拥有国内较先进的纸箱包装印刷设备，工艺流程从开纸到产成品，生产一条龙流水线，取代原来的分散型工序作业，在生产用工上比原来同等减少一半。其中容县南方包装有限公司，设计能力年产300万平方米。2005年，全县包装业总资产约2550万元，年产值6650万元，纸箱2078万平方米，利税660万元，从业人员约210人。

第四节　机械、铸造工业

机械工业

1990年前，容县各乡（镇）几乎都有1家简单机械铸造日常用具制作企业。容县机械厂和容县活塞环厂等，其设备较完善、技术力量较强，拥有全套机械生产设备、厂房，1989年两家企业实现产值1009万元，税利150万元，从业人员596人。1990年后，大部分乡（镇）集体企业相继改制、转营或停产。1994年，杨梅脱谷机厂在改制时，成立广西雄飞机械制造有限责任公司，主要生产经营农用耕整机，实现年产值5000多万元，产量2000多台，成为容县生产微耕机最早的民营企业，也是最好效益的企业。1995年，容县活塞环厂与广西投资集团有限公司合作，成立广西中环机械有限责任公司，投入技改资金500多万元，开发新产品20多个，实施品牌战略，取得较好经济效益。1998年，该公司实现产值1435万元，税利282万元，从业人员420人。1990—1998年，容县机械工业主要企业有容县微型手扶拖拉机厂、容县活塞环厂（国有企业）、容县五金厂、容县铁木厂、雄飞机械公司（简称）、黎村农机厂等30家企业，拥有固定资产1亿元以上，年均产值约5500万元，利税约1100万元，从业人员约1500人。主要产品有金牛牌微型手扶拖拉机、耕整机、人力（动力）脱谷机、水泵、米机、C620车床、8尺车床、手拖机防滑轮、双铧犁、球磨机、统糠机、活塞环、汽门坐圈、195S汽罐盖、热水器等其他机械配

件。1999 年,企业开展“三项制度改革”,县微拖厂研发生产的腾乐牌 JN-61 型 8 马力微型手扶拖拉机、IG-60 型坐旋耕机、5TG-50 型人力脱粒机等产品,获得自治区优质产品称号,企业年产值达到 2500 万元,税利 220 万元。2000 年起,容县先后创办组建广西挺佳锅炉有限公司、广西南方机器人设备有限公司、广西天虹锅炉有限公司、广西容县七星机械制造有限责任公司、广西容县周口机械厂、广西容县新桥微型手扶拖拉机制造有限公司、广西容县宏兴机械有限公司、广西容县五丰机械制造有限公司、容县美坚机械厂等企业。这些企业拥有国内较为先进的数控车床、铣床、冲床、模具、焊机等设备,大大提高产量和原材料利用率。2004 年,县微型手扶拖拉机厂进行改制,成立玉林瑞众机械有限责任公司,主要生产微型手扶拖拉机和耕整机。2005 年,全县机械工业企业达到 105 家,成为自治区内微型手扶拖拉机和耕整机最大生产销售基地,拥有固定资产约 2.50 亿元,年产值 3.25 亿元,利税 4700 万元,从业人员 4600 人。其中,生产微型手扶拖拉机、耕整机 10.50 万台,内燃机活塞环 750 万只(套),锅炉热水器 1500 台套,旋切机、磨刀机 130 台,人力、动力脱谷机 6500 台,不干胶印刷机 100 台(套)等,以及其他机械零配件一大批。该行业成为容县五大支柱产业之一。

铸造工业

1990 年,容县铸造工业企业主要有 4 家,分别是容县微型手扶拖拉机厂铸造车间、容县活塞环厂铸造车间,黎村农机厂、杨村农具厂和铁锅厂,铸造产品基本是本企业自用或外销毗邻的周边县(市)。1995 年,容县铸造工业增加到 11 家,主要有杨村铁锅厂、广西容县浪水升华铸造厂、广西容县磊鑫铸造厂、容县石头钢锭铸造厂(两家)、容县容城铸造厂、容县交通铸造厂、容城厢南铸造厂等企业。企业产品主要是以铸造钢锭为主,代加工铸件为辅,年产值在 170 万元左右。2000 年后,增加 7 家铸造业,分别是广西容县铸造厂、容县三友铸件厂、广西雄飞机械制造有限公司铸造车间、广西容县七星机械制造有限责任公司铸造车间、广西容县新桥微型手扶拖拉机制造有限公司铸造车间、容县县底铸造厂、容县石头铸造厂等。这些企业的大部分产品是自身企业配套自用或代其他企业厂家铸造配件。2005 年,全县铸造工业企业 18 家,总资产约 3100 万元,年产值 1510 万元,利税 302 万元,从业人员约 350 人。

第五节　电子、机电业

电子工业

1990 年,容县电子工业仅有 2 家企业,分别为容县华隆电子公司和容县兆隆电子公司,企业规模小,一般是代外商加工组装为主,产品主要是电子表和电子钟,没有自己的品牌产品,年产值在 500 万元左右,出口创汇 366 万美元。1995 年,容县兆隆电子公司停产。1996—1999 年,全县只有华隆电子公司一家企业生产经营。2000 年后,容县采取以商引商、产业招商等办法,引进全国电子行业综合实力排名前 10 位的江苏无锡晶石电子科技集团,总投资 4 亿元成立广西容县晶石科技有限公司和广西玉林市容县晶辰电子科技有限公司。容县把电子工业作为一项重要支柱产业来抓。2003 年,容县规划建设电子科技园。该园位于县经济开发区核心地带,规划面积 2.20 平方千米,采取财政投入和吸引社会资本的方式开展园区基础设施和标准厂房建设。2005 年,电子科技园入园企业 30 多家。全县共有 40 家电子企业,主要有玉林市容县晶辰电子科技有限公司、广西容县晶石科技有限公司、容县佳明(深圳)科技电子有限公司、容县立盛电子厂、容县骏瀚电子有限公司、容县德昌电子科技有限公司、容县美通移动线材有限公司等骨干企业,总投资达 20 亿元,主要产品有各类电视电脑显示器、高压包、家用变压器、电感线圈、电子玩具、电子表、钟等。容县电子科技园成为自治区内八大电子产业工业园区之一。全县实现电子信息工业总产值 6.50 亿元,从业人员 1.20 万人。

机电业

1990—2000 年,容县机电行业几乎没有生产加工企业,只有一部分代维修及零配件安装经营企业。2001 年后,逐步兴办一些小型机电业。2005 年,全县机电行业企业有容县明泰机电制造厂、容县都峰汽油机厂、容县七星机器制造有限责任公司机电车间、罗江镇明达电机厂、罗江镇阳明电机厂等企业,主要产品是小型汽油发电机。企业总资产约 570 万元,年产值 50.50 万元,产量 1050 台,利税 101 万元,从业人员 70 人。

第六节　建材、有色金属工业

水泥

1990年，全县有容县水泥电石厂、容州水泥厂、杨梅六美水泥厂3家水泥生产企业。1993年，在容西乡新建容县恒兴水泥厂，全县共有4家水泥生产企业，年设计总生产能力达到85万吨，企业均采用立窑工艺生产，产品质量标号从原来325提高到425。1990—1996年，是容县水泥生产销售最旺时期，基本满负荷生产，并出现产品供不应求现象，全县年均产值达到1.70亿元，税利1700多万元。1997年后，水泥市场出现变化，立窑生产水泥竞争力渐弱，加上大型生产企业产品冲击容县市场，导致生产水泥企业一时处于停产半停产状态。1999年，杨梅六美水泥厂被迫停产关闭。其他企业也只能勉强维持。2000年后，企业投入部分技改资金，对立窑生产工艺进行改造，加上市场相对有所恢复，但整体上销售量远远跟不上企业生产量，年均每个企业产量都在2~3万吨左右。2003年，容县水泥电石厂租赁给北流市建华水泥有限公司，成立容县分公司生产经营，该公司借助其北流总公司的生产技术和销售市场，企业生产相对正常。2005年，全县共有3家水泥生产企业，拥有固定资产约9000万元，产值4375万元，产量12.50万吨，税利647万元，从业人员630多人。全县主要有北流市建华水泥有限公司容县分公司、容县容州水泥厂、容县恒兴水泥厂等大小企业39家，其中规模以上企业7家，主要产品有水泥、砂砖、红砖、水泥预制件、石棉瓦、油毡纸等，总固定资产约1.65亿元，工业总产值1.25亿元，税利约2000万元，从业人员约1850人。

砖瓦业

1990年，容县生产砖瓦企业共55家，主要有容厢红砖一、二厂，十里红砖厂，十里建材厂，石寨红砖一、二厂，石寨建材厂，杨梅红砖一、二厂，六王、黎村、杨村、自良红砖厂，十里泗登、甘旺、黎读红砖厂，厢西、厢南、大板桥、大旺圹红砖厂，容县胶合板厂砂砖车间，容县耐火砖厂等，以及民间一部分生产青砖和青瓦小作坊，全县砖瓦业年产值约550万元。1993年起，容县大搞开发，城市改造，居民住宅房、商品房兴起，生产砂砖企业也迅速崛起，并采用机械制作，大大提高出砖率。1995年，随着建筑业用料结构调整，大部分生产青砖、瓦的小企业，以及部分红砖厂失去市场竞争力，关闭停产。1996年，新增十里砂砖厂、十里供销社砂砖厂、容县江大砂砖厂、杨梅六美砂砖厂、杨梅供销社砂砖厂、杨梅砂砖厂、石寨平梨砂砖厂、石寨砂砖厂、自良来隆砂砖厂、自良日利砂砖厂、罗江砂砖厂等15家企业。2005年，全县共有砂砖厂15家，红砖厂8家，水泥砖厂3家，总资产约3850万元，总产值7700万元，税金385万元，利润770万元，从业人员1067人。

石料业

1990—2000年，容县石料加工及开采企业共有9家，主要有杨梅绿荫石米厂、容县厢西茅冲花岗岩石材厂、容县运龙建材灰粉厂、容县容城东光石场、容县容厢杨叶石场、容县自良采石场、周口石场等。主要产品有白石米、石粉、花岗岩石板、石灰粉和红石。2000年，全县石料企业拥有固定资产约245万元，产值约555万元，石米、石粉产量约1.50万吨，花岗岩产量约2650立方米，部分花岗岩出口日本、美国、韩国等国家和中国台湾，采挖石约7万立方米，税金24.10万元，利润41.60万元，从业人员131人。2001年后，由于需求变化，容县杨梅绿荫石米厂，容县厢西茅冲花岗岩石材厂相继停产。2005年，容县只剩小部分石灰窑、矿粉厂和采石场等石料企业。

水泥石棉瓦、油毡纸制品业

1990年，容县水泥石棉瓦、油毡纸制品业共有12家企业，主要有容县水电施工安装工程公司（前身是容县水泥件制品厂）、容县石棉厂石棉粉车间、容县油毡厂、容县第一建筑公司水泥预制场、容城福船岭水泥构件厂、灵山水泥制品厂，以及部分个体加工企业。主要产品有空心水泥砖、阳台栏花、花窗、水泥石棉瓦、油毡纸等。企业拥有固定资产约255.50万元，年产值150万元，生产水泥预制件2500立方米，石棉水泥瓦3万多块，石棉粉700吨，油毡纸2万卷共40万平方米，从业人员145人。1995年后，上述企业的部分产品不再适应市场需要，企业逐步停产关闭。2005年，全县只剩小部分石棉瓦及水泥预制件家庭作坊式经营。

有色金属工业

容县具有一定的矿产储藏量和品种,储藏量较大的有铁矿石、萤石等品种,主要开采加工品种有铁矿石、铅锌矿、萤石、石棉、独居石、黄金、银等。这些矿产主要分布在灵山、六王、杨梅、县底、杨村等地。1990—2000年,容县冶金工业只有容县杨梅石米厂选矿车间1家正规企业,属县矿产公司企业,年均加工萤石矿产量在6000吨左右,年产值120万元。1992年,经容县矿业公司地质人员勘探证实杨梅镇鸡笼顶铜矿,并组织进行开采。1998年,累计产铜精矿(金属量)约1000吨,产值1100多万元。2001年后,在灵山镇先后成立3家小型企业,分别为:容县宝丽西石英公司,主要开采石英砂,年均产值90万元,税利11万元;容县明超采矿场,主要开采萤石矿,年均产值42万元,税利5万元;灵山守善冲顶采矿场,主要开采萤石矿,年均产值24万元,税利3.5万元。2004年,容县杨梅石米厂选矿车间,由于市场及企业体制原因停产,后租赁给湖南商人经营,成立杨梅恒湘矿业有限公司,主要对银矿选采,年产值320万元。同年,在杨梅、六王分别成立杨梅萤石选矿厂、容县兴霜选矿厂等企业。2005年,全县有选矿企业3家,开采场3家,分别为杨梅恒湘矿业有限公司、容县兴霜选矿厂、杨梅萤石选矿厂、容县宝丽西石英公司、容县明超采矿场、灵山守善冲顶采矿场,拥有总资产657万元,年产值846万元,税利44万元,从业人员237人。

第七节　医药、化学工业

医药工业

1990年前,容县人民医院、县中医院生产一些中成药保健冲剂,作为本院门诊开药附带销售。1990年后,广西容县元首口服液制药厂在杨梅绿荫建成,为容县第一家制药厂,主要生产一些保健口服液,年均产值约100万元,处于停产半停产状态。1994年,容县开始组建广西桂南制药集团公司,主要生产一些冲剂和药片及经营批发各类药品,到了1998年,该公司停业。2000—2005年,容县先后组建广西鸿博药业有限公司、广西方特药业有限公司、广西玉林大清药业有限责任公司、广西容县三银药业有限公司等企业,这些企业均通过国家SGMP认证,主要生产中成药、化学药两大类三大剂型,品种71个,主要生产品种有:三参芪口服液系列产品、抗菌消炎片、抗骨增生片、咳喘片、清浊祛毒丸等系列产品,有部分产品获国家自主创新保护新产品。2005年,全县医药工业实现工业总产值5500多万元,税利约1650万元,从业人员1100人。

化学工业

1990—1996年,容县化学工业企业主要有容县水泥电石厂电石车间、容县松脂厂、容县蓄电池厂、容县黎村炸药厂、容县胶合板厂化工车间、容县黎村南方化工厂、容县远洋油漆厂等15家,总固定资产约3305万元。主要产品有电石、乙炔、松香、松节油、炸药、肉桂油、肥料、油漆涂料、灭蚊药笔、洗发精、洗衣粉、施胶剂等。年均产值约3850万元,从业人员900多人。1997年后,部分小型企业及产品逐步退出市场,一些规模较大的企业落户容县,如:容县自良宏旺松脂厂、容县山钛烟花爆竹厂等企业。该行业工业总产值以每年20%以上的速度递增。2005年,全县化学工业企业主要有24家,分别为广西金建华民用爆破器材有限公司容县分公司、容县南方化工厂、容县自良宏旺松脂厂、容县大港黏合剂厂、容县胜利(东莞)烟花爆竹厂、容县万全(东莞)烟花爆竹厂、容县恒林(深圳)化工有限公司、广西双帆蓄电池有限公司等,总资产约1.55亿元,主要产品有改良性松香、油漆、炸药、烟花爆竹、施胶剂、胶水等,年内完成工业总产值1.30亿元,税利3600万元,从业人员1150人。

化肥工业

1990—1995年,容县化肥工业企业有容县有机化肥厂(广西肥皇有机化肥厂)、容县十里复合肥厂、容县容西磷肥厂,拥有固定资产168万元,年均产量2150吨,产值310万元,税利30多万元,产品主要销往县内及周边县,从业人员59人。1996年后,由于市场变化,企业后劲不足,产量低,无法再经营而关闭停产。

林产化学工业

1990—1995年,容县林产化工企业共9家,主要有容县松脂厂、容县都峤天然香料厂、石头太平化工厂以及一些民间家庭作坊式加工松香、桂油小型企业,有固定资产1066万元,年均产值2500万元,从业人员470多人。

1996—2000年，上述企业大部分关闭停产。2001—2005年，新建容县马来松香厂（城西工业园）、容县旺达施胶剂厂、容县瑞丰香料厂（浪水泗利）、容县浪水平坤桂油厂（浪水白饭村）、广西容县顶良香料厂（罗江镇顶良村）、容县自良宏旺松脂厂、广西玉林东森化工有限公司（原容县松脂厂）等企业，年均产值2873万元，从业人员540多人。

容县松脂厂属国有企业，位于容厢镇厢西村五里桥。1990年，拥有固定资产原值347.90万元，从业人员350人，主要产品有松香、松节油。1990—1998年，年均产量7000吨，产值2100万元，税金105万元，利润210万元，是容县较大的林产化工企业。2000年后，受国际市场影响，经营陷入困境，逐渐走下坡路，几乎到了停产半停产状态。2005年，在政府招商引资牵头下，引进外来资金，租赁给山东某集团公司经营，成立广西玉林东森化工有限公司。租赁后，企业及时调整产品结构，进行技术改造，一次性投入技改资金700万元，提高产品档次和附加值，使企业恢复生产。

容县都峤山天然香料厂属县供销系统集体企业，位于容厢镇厢西村五里桥。1990年，拥有固定资产原值500万元，从业人员112人。主要产品有桂油、玉兰花油、香叶醇、山苍子油醛、桉树叶油高底醇等产品。1990—1995年，年均产值290万元，税利金10万元。1996年后，受国际市场影响，资金不足，关闭停产。

油漆工业

1990—1995年，容县油漆化学工业有企业5家，均属乡（镇）民营企业，分别为：黎村镇的容县南方化工厂，容厢平坡村的容县远洋油漆厂，容厢平坡村的容县油漆厂，容县岑冲化工厂，及属国有企业的容县胶合板厂化工车间，拥有固定资产原值约950万元，从业人员约80人。主要产品有防锈漆、腰果漆、聚铵脂青漆等，年均产值350万元，税金15万元。1996年后，由于市场竞争，加上企业自身经营不善，产品单一，档次低，容县远洋油漆厂和容县油漆厂、容县胶合板厂化工车间关闭停产。容县南方化工厂、容县岑冲化工厂和新办企业容县全新化工厂（容厢平坡村）、广西正日漆业有限公司等企业，把握市场，调整产品结构，由原来单一产品，增加多种产品，并更新设备，开发出高中低档油漆和汽车、家具酷漆，使企业沿着良性发展，越做越大。2005年，企业固定资产原值约1602万元，产值1453万元，税金46万元，利润70万元，从业人员165人。

日用化学工业

1990—1995年，容县日用化学工业只有容县精细化工厂（二轻集体企业）、容县瑞发日用化工厂（民营企业），主要产品有灭蚊药笔、洗衣粉和洗浴液，拥有固定资产原值280万元，年均产值75万元，从业人员40人。1996年后，由于市场变化关闭停产。2004年，在容城镇城西工业园创建容县海美日用化工公司和容县依丽洗衣粉厂，总投资350万元，主要产品是施胶剂和洗衣粉等产品，2005年产值280万元，产量600吨，税利约24万元，从业人员25人。

其他化学工业

1990年，容县其他化学工业企业有容县黎村化工厂，位于黎村镇工业区，是国家有关部门指定自治区内定点生产厂家，主要产品是铵梯炸药。当年，该企业拥有固定资产原值380万元，年均产值500万元，产量1666吨，从业人员40人。该企业狠抓质量，不断投入技改资金，使产量、销售逐年递增，后改名广西金建华民用爆破器材有限公司容县分公司。2005年，该企业拥有固定资产现值1181万元，产量3500吨，产值2100万元，税利840万元，从业人员91人。

第八节　纺织、日用品业

纺织业

1990年，容县有2家个体毛织厂生产经营，织机设备少，产量低，不成规模，经营不到一年时间就停产。1997年，容县开展招商引资，逐步开办一部分纺织厂。2000年后，容县纺织业迅速发展，遍布全县各乡（镇）及部分村。主要有广西容县祥荣针织有限公司、广西容县浪利制衣有限公司等202家毛织企业，总投资6910.50万元，经营方式是拿出口订单或代加工形式，产品主要是毛衣织品，大部分出口东南亚各国。2005年，全县纺织业产量5800万件，产值1.10亿元，税利1500万元，从业人员1.20万人。

日用品业

1990—1993 年，容县日用品业企业主要有容县文具日用品厂、容县木衣夹厂、容城棋子厂、容县木螺钉厂，以及一些家庭作坊式小五金制作等。主要生产品种有粉笔、镜画、墨水、香糊、各种染色纸、木衣架夹、象棋、木螺钉、简单五金维修工具等。其中，木衣夹和木螺钉大部分专供外贸出口。企业拥有总资产约 375 万元，利税 29 万元，从业人员 211 人。1994 年后，这些企业大部分停产，只剩下小部分文具厂企业。1996 年起，逐步发展一些日用品企业。2000 年后，容县日用品企业发展达到 14 家，主要有广西容县旭升塑胶制品厂、容县精艺五金制品厂、容县元真木鞋厂、广西容县方园工艺品有限公司、容县国强黑板厂、容县木元素工艺制品厂、容县新星文化用品厂、广西容县智威塑胶厂、容县金杯文具厂、容县观光扎花工艺厂、容县兴丽首饰加工厂、容县嘉美佳饰品厂等企业。主要产品有防滑垫、浴帘、不锈钢衣架、手表链、颈链、保健木鞋、拖鞋、体育用品、粉笔、塑料水管、工艺玩具、打包带等。2005 年，全县日用品企业 20 家，工业总产值 4050.50 万元，税金 202 万元，利润 400 万元，从业人员 350 人。

第四章　工业园区

第一节　机　构

1991 年 7 月 15 日，自治区人民政府批准设立容县侨乡经济开发区，县政府随即成立容县侨乡经济开发区管理委员会（简称管委会），管委会主任由县政府常务副县长担任，副主任由有关部门领导组成，工作人员从有关部门抽调。2003 年 2 月 10 日，容县政府对容县侨乡经济开发区管委会领导机构进行调整，并设立办公室，办公地点设在县政府办公大楼。2005 年 3 月 28 日，容县侨乡经济开发区管委会正式入编成立，人员编制 7 名，其中行政编制 5 名，事业编制 1 名，工勤人员 1 名。管委会下设办公室、规划建设股、经济发展股，下辖容县经济开发区建设投资有限公司。

第二节　规划、基础设施建设

规划建设

容县经济开发区（简称开发区）分为旧区与新区两部分。旧区为自治区人民政府批准设立的容县侨乡经济开发区范围，选址在容城城区中部，西至城西路的原县农械厂、东至城南大道的县政府原办公大院所在地、北至城西路、南至绣江堤岸边，规划用地面积 13.977 公顷。由于容县是广西最大侨乡，侨胞回家乡投资置业热情高涨，1994 年底已全部开发完毕，共建侨房 220 套，引进侨资企业 27 家，合同投资额 7233 万美元。由于园区规划面积过小，加上该地段处于县城城郊接合部，随着经济社会的发展和城市人口的增加，开发区建成时就已经成为县城的核心地带和城区内的商业中心，已不适宜工业发展。部分入园企业由于受到发展空间及地理位置的限制纷纷外迁，有的迁往城西工业园，有的迁往开发区新区。至 2000 年底，旧区仅存工业企业 5 家。

2002 年 12 月，县委、县政府决定对开发区南移扩建，选址在绣江南面，沿玉林至容县一级公路两侧布局，规划面积 10 平方千米。四至范围：东至外环路（规划），南至石寨镇合柳村石牛口、双云塘一带，西至国道 324 线 40 米规划城市道路，北临绣江。1991—2005 年，开发区累计完成固定资产投资 23.93 亿元，工业总产值 37.20 亿元，工业增加值 10.30 亿元，提供税收 1.62 亿元。2005 年，开发区新引进项目 15 个，合同投资额 12.80 亿元，完成工业总产值 12.50 亿元，工业增加值 3.12 亿元，提供税收 4000 万元。到 2005 年底，开发区实际开发面积 2.50 平方千米，累计入园企业达 35 家（含旧区）。

基础设施建设

在开发区内，建设有日供水能力1.50万吨的容县城南水厂，容量为2×20000千伏安的板桥110千伏变电站。另外，泗登110千伏变电站也仅距开发区3.80千米。开发区入园企业的用水、用电需求得到有效满足。2002—2005年，开发区新区累计投入建设资金4.50亿元，平整土地3000亩，修建园区道路20千米，铺设给排水管道15千米，架设供电线路15千米，安装路灯350套(5000米)，绿化、美化面积6万平方米。为节约、集约用地，开发区借鉴“工业房地产”的经验，推进标准厂房建设。到2005年底，累计建设标准厂房25万平方米，为15家企业快速落户创造条件。一些机构和商业网点进驻开发区。行政机构有容县经济开发区管理委员会、容县公路局、容县公安局交警大队、容县公安局绣江派出所、容县公安局交警大队厢南中队等。服务机构有容县电力公司城南供电所、容县交通局城南客运站、容县公路局养护站等。教育机构有容县都峤中学、容州镇厢南小学、河南小学、励志小学、华南小学，容县九〇九电子科技学校等。商业网点有中国电信、中国移动通信、中国联通营业网点，中国农业银行、中国工商银行、农村信用社等设有分支机构。辖区内有宾馆、商业、餐饮、文化娱乐等设施。

第三节　品牌创建、产业集聚

品牌创建

开发区内企业加大科技创新投入，研发专利产品及高新技术产品，创建一批自治区级乃至国内知名的企业品牌。

广西南方食品股份有限公司致力于黑色食品开发，拥有自治区级技术研发中心，开发南方牌黑芝麻糊、南方牌玉米糊、南方牌核桃粉等三大系列共100多个品种。该公司使用的南方商标，2002年被国家工商总局授予中国驰名商标称号，南方黑芝麻糊成为中国糊类食品第一品牌。2003年获得国家农业部授予国家大豆行动计划示范企业称号，1996—2005年获得国家专利局颁发产品外观设计专利共31项。

广西高峰容洲人造板有限公司生产的高林牌纤维板，2003年获得广西名牌产品称号，2004年12月通过了国家质量(Q)、环境(E)、职业健康安全(OHS)3个管理体系认证。高林牌产品2003年获得广西名牌产品称号，2005年获得国家产品质量免检证书，高峰人造板企业集团2005年获得中国纤维板行业百强企业称号。

广西挺佳锅炉有限公司生产的节能环保锅炉，2004年获得广西优质产品称号。

产业集聚

开发区以引进用地少、污染低、产值高、纳税多、符合国家产业政策的项目为主，重点围绕主导产业，大力开展产业招商，初步形成以电子信息、食品加工、林产化工、机械制造等特色支柱产业。在10平方千米总体规划的基础上，根据产业发展要求，规划建设电子产业园、食品产业园、机械工业园、林化产业园和华侨创业园等多个“区中园”。

电子产业园　位于开发区核心地带。规划总面积3819亩，产业定位为电子信息产业。主要生产各类家用电器用变压器、电视机高压包、电源开关、电子玩具、超薄排线及节能灯具等。到2005年，电子产业园入园企业10家，合同投资额3.50亿元。规模较大的企业有：晶辰电子科技有限公司、殷天实业发展公司、金泽玩具厂、立盛电子厂、佳明电子厂等。

机械工业园　位于开发区东北部，规划面积1785亩，产业定位为：玉林柴油机厂配套、机械制造及零配件加工。到2005年，入园企业12家，总投资5亿元。规模较大的企业有：广西容县新桥微拖有限公司、玉林瑞众机械有限公司、广西挺佳锅炉有限公司、广西天虹锅炉有限公司等。

食品产业园　位于开发区东南部，规划面积3610.50亩，产业定位为：黑色食品、保健食品及制药。到2005年，入园企业10家，计划总投资10亿元。规模较大的企业有；广西黑五类食品集团有限公司、广西鸿博制药有限公司、玉林方特药业有限公司、广西玉林大清药业有限公司等。

林化产业园　位于开发区西南部，规划面积3000亩，产业定位为林产品深加工。2005年，入园企业25

家，合同投资额12亿元。规模较大的企业有：广西高峰容洲人造板有限公司、容县万力造纸厂、容县飞兴达木业公司、容县金城家具厂等。

华侨创业园　主要产业有皮具、生物技术、环境技术、机电等高科技产业。2005年正在开发建设中。

第五章　企业选介

第一节　园区企业

广西南方食品股份有限公司

该公司位于容县开发区旧区，是玉林市首家上市的民营企业。公司前身为容县南方儿童食品厂，成立于1984年，当年只有厂房100平方米，员工13人，流动资金3万多元。经过20年的发展，公司不断发展壮大，到2005年公司总资产超8亿元，员工1500多人，年销售收入10亿元，上缴税利3000多万元。该公司是以食品为主营业务的科技型企业，是全国黑色食品生产基地，是国家大豆行动计划示范企业，拥有自治区级技术研发中心和标准化的食品生产厂房及先进的食品生产线，使用的南方商标是广西食品行业第一枚中国驰名商标。该公司有南方黑芝麻糊、南方玉米糊、南方核桃粉等三大系列100多个品种，产品远销美国、日本、韩国、新加坡、马来西亚等10多个国家和中国香港特别行政区。其中南方黑芝麻糊在中国市场占有绝对优势，成为国内糊类食品第一品牌。2004年，公司获得"C"标志(即定量包装商品生产企业计量保证能力)认证。2005年，公司获得"QS"(市场准入)认证书，并通过食品卫生监督量化分级管理A级食品企业的评审。

广西黑五类食品股份有限公司

(2001年10月摄，容县爱卫办　提供)

玉林市容县晶辰电子科技有限公司

该公司位于容县经济开发区，于2005年签约入园，10月开始筹建，位于容县至岑溪一级公路旁，由大型企业江苏无锡晶石科技集团投资兴建，项目总投资1.50亿元，建设厂房2万平方米。主要生产各种彩色显示器用高压包(FBT)，各类V型、B型软磁铁体磁性材料、变压器、各类开关电源、电感线圈、微波炉、医用氨基酸原料等。与海信、长虹等公司建立长期贸易关系。

广西新桥微型手扶拖拉机制造有限公司

该公司位于容县经济开发区，占地面积3万平方米，其中标准化厂房建筑面积2万平方米，属于多项集约化生产企业。年生产微耕机类产品4万台套，多功能前后驱动农用车2000辆。公司获得国家专利局颁发的多项技术专利，"新桥"牌商标获广西著名商标。

广西高峰容洲人造板有限公司

该公司位于容县开发区西南部，由广西高峰人造板有限公司与澳门邓耀祺先生共同出资组建，成立于2002年5月14日，注册资金7200万元人民币。公司占地面积208亩，总投资3亿元人民币。公司拥有从欧盟引进具有世界先进技术水平的中(高)密度纤维板连续平压生产设备。主要产品为标准幅面1220×2440毫米、厚度2~35毫米的"高林"牌中(高)密度纤维板，亦可生产宽2475毫米，长5300毫米高品质的特种规格纤维板，设计年生产能力25万立方米。2005年产销中(高)密度纤维板15万立方米，销售收入 2.33 亿元，缴纳税金 1000 多万元。

容县祝氏农牧有限责任公司

该公司位于容县经济开发区，成立于 2004 年，是从事优质鸡新品种“黎村黄”三黄鸡选育、开发、种苗孵化和实施紧密型“公司 + 农户”生产的综合性省级农业产业化重点龙头企业，是海峡两岸（广西玉林）农业合作试验区种鸡生态养殖和农业无公害标准化肉鸡生产养殖基地。公司下属有“黎村黄”鸡苗孵化厂、肉鸡部、有机肥厂、饲料厂和 2 个肉鸡养殖基地、1 家祖代种鸡场、1 家后备种鸡场、4 家父母代种鸡场，总面积 1500 多亩。公司资产总额 1.06 亿元，拥有“黎村黄”祖代种鸡 6 万套，父母代种鸡 67 万套，年销售“黎村黄”鸡苗 6000 多万羽，肉鸡 600 多万羽，年销售收入 3 亿多元。

广西玉林大清药业有限责任公司

该公司原是广西桂南制药集团的下属企业。2002 年迁往容县开发区新区，2004 年 8 月建成投产。公司占地面积 40 亩，总投资 1196 万元，公司依托玉林丰富的中草药资源优势，与广州中医药大学中药学院合作研制出清浊祛毒丸。该产品是公司独家专利产品。填补容县无前列腺炎、尿道炎等人体泌尿系统炎症药产品的空白。2004 年 7 月，通过国家食品药品监督管理局 GMP 认证，畅销全国各地。2005 年，公司产值 2100 万元，创税 100 万元。

广西鸿博药业有限公司

该公司位于经济开发区，成立于 2003 年，占地面积 2.30 万多平方米，建筑面积 1.10 万多平方米，总投资 3000 万元。公司拥有国药准字批文 71 个。拥有片剂、胶囊剂、颗粒剂、头孢制剂、中药提取五条生产线，2004 年全面通过国家 GMP 认证，发展成为集医药研发、生产、销售于一体的现代化高新技术企业。

第二节　其他企业

广西南山瓷器有限公司

该公司前身是一家乡（镇）“五小”厂，位于灵山镇，占地面积 7 万平方米。1994 年，企业进行改制，转为民营企业。改制后，公司进行技术改造，扩大日用陶瓷产品生产规模，不断研发新产品，拥有两条日产 20 万（只）各种日用瓷的生产线，产品主要有 97~178 毫米企口碗系列；6″ ~12″ 盘、碟系列；10~52 头中餐具系列和部分异型系列品种。公司以生产釉下彩产品为主，铅、镉溶出量超低，为现代健康环保的绿色产品。产品远销全国和东南亚各国。2002 年，公司通过 ISO9001 :2000 版质量管理体系认证。2003 年，获中国质量检验协会授予质量服务双保承诺单位称号。2004 年，获得广西名牌产品称号。2005 年，获得中国轻工产品质量管理保障中心授予中国名优产品证书，获《输美日用陶瓷生产厂认证证书》。

广西容县雄飞机械制造有限责任公司

该公司位于杨梅镇绿荫街，占地面积 2 万平方米，拥有固定资产原值 3000 万元。公司前身是一家乡（镇）农机厂。1990 年，企业进行改制，转为民营企业。转制后，公司研发新产品，扩大生产规模，拥有铸造、冲压、焊接、热处理、检测、装配等全套生产线，年生产能力 5 万台，主导产品有雄飞牌 XN–21 型、IZ–31 型、IB 型、31D 型、31F 型、41 型系列耕整机及配套机具，雄飞牌 IGL–60A 型旋耕机，7CB–0.5 型农用挂车及脱谷机等。产品畅销国内外。1997 年，被评为自治区优秀科技型龙头企业。2004 年，公司通过 ISO 质量管理体系认证，被自治区消费协会推荐为“消费者信得过商品”。

广西挺佳锅炉有限公司

广西挺佳锅炉有限公司（原广西挺佳节能锅炉总厂）是国家定点的锅炉专业化生产企业，创建于 1990 年。公司建筑面积 2.80 万平方米，固定资产 6000 多万元。公司主导产品有环保节能锅炉、高效节能茶水炉、家用气化炉、煤气发生炉、炒锅、蒸粥锅、蒸饭锅和蒸馏、烘干、水产养殖加温设备。公司拥有 29 项国家专利，获得自治区人民政府授予广西优秀科技型龙头企业称号，并获得农业部颁发的质量管理全面达标证书。公司通过 ISO9001 :2000 国际质量体系认证。挺佳锅炉产品销往全国各地，远销东南亚和欧美国家。

第七篇

商　贸

1996 年，容县杨梅镇芒编产业。图为芒编厂工场一角　　（张武忠　摄）

1990 年，容县商业局、粮食局、对外贸易局、烟草专卖局、盐业公司、石油公司、供销社等部门的经营业务构成容县商业贸易流通体系。商业企业网点分布在县城区和 16 个乡（镇），主要经营项目有农业生产资料、生活资料购销和农副产品收购以及食品加工、服务业、运输业等。1991 年起，陆续实施经营、价格、分配、用工的“四放开”改革，通过“改、转、租、卖”等方式，开展商业企业经营转换机制和企业产权制度改革，以股份制、公司化模式把企业推向市场，个体户通过自由市场补充供给不足的部分商品。其后，不断进行商业体制改革，建立和发展多种经济成分、多种经营形式、多条流通渠道、少环节的“三多一少”的开放式流通体系，形成国有商业、集体商业、个体和私营商业并存的贸易市场，出现了国有、集体商业逐步退出市场的格局。原国有企业经过改制、改组，成为公有民营或个体、私营企业。商贸主管部门逐步转变职能，组建经济实体或成为政府直属事业单位。粮食购销实现由计划体制向市场体制转变，政府敞开收购，顺价销售。除烟草、食盐、石油等特殊商品仍由国家专营专卖外，其他生产资料、生活资料和农副产品的购销完全放开，商品流通领域中的个体、私营，公有民营、股份制经营等多种经济成分活跃，在社会主义市场经济中发挥重要作用。市场呈现多层次、多类别、有特色的格局。居民服务业、餐饮服务业等服务行业逐步兴起，发展迅速。

第一章　机构体制

第一节　管理机构

容县对外经济工作委员会

1986 年成立，属正科级单位。1990—2001 年，容县对外经济工作委员会，有编制 18 名，实有 18 人。其主要职能是负责“三资”企业的登记、申办、审核、报送、报批及直接领导管理与服务，监督企业贯彻落实有关法律法规，审核企业在运行中增、减外资及外延扩大计划，对企业管理人员进行组织培训，提高管理水平和业务水平，总结经验，推广发展，并协助企业做好进出口报关以及退税等业务。内设政工科、财务科、业务科。领导 3 名，其中主任 1 名，副主任 2 名。地址：容县容城镇北门街 87 号（县政府 2 楼）。1990—1994 年 3 月，在编（在岗）人员 14 人；1994 年 4 月—1996 年，在编（在岗）人员 20 人；1997—2001 年，在编（在岗）人员 18 人。2002 年起，撤销容县对外经济工作委员会，其工作职能划入容县经济贸易局。

1990—2001 年历任主任：莫乃林（—1994.3）、黄强（1994.4—1996.12）、韦钦荣（1997.1—2001.12）。

容县商业局（容县商业总公司）

1990 年，容县商业局位于国中路 72 号。属容县人民政府正科级行政机构，行政编制 15 名，事业编制 1 名，实有 19 人。其中，局长 1 人，副局长 2 人，内设办公室、业务股、财务股。其行政职能是负责商品流通管理，商贸信息规划建设和牲畜定点屠宰管理等。

1997 年，容县商业局改制为容县商业总公司，是容县人民政府下属正科级独立核算事业单位，行政编制人员 15 名，事业编制 2 名，实有人数 13 人，内设办公室、业务股、财会股。1999 年 10 月，商业总公司的行政职能及人员划拨到县经贸局，政企分开，组建经济实体。

1990—1999 年历任局长（总经理）：陈成源（—1991.12）、叶兆江（1992.1—1996.5）、李开鹏（1996.5—1997.8）、庞德文（1997.8—1999.10）。

容县粮食局

成立于 1950 年 10 月。1990 年，内设秘书股、财务股、统计股、储运加工基建股、购销股、议价公司，直属

机构有容城粮库、容县大米厂、饲料公司,管辖容厢、容西、十里、石寨、杨梅、灵山、六王、黎村、杨村、县底、自良、松山、罗江,石头等乡(镇)粮食管理所。局行政编制34名,实有34人,基层单位592人。1992年4月,县粮食局按"一套人马、两块牌子"成立"广西容县粮油食品总公司",行使双重职能。同年8月,容县粮食局饲料公司、容县粮食局粮油议购议销公司兼并入广西容县粮油食品总公司,作为总公司下设的独立核算、自负盈亏的分支机构。1997年3月,县粮食局内设政工秘书股、财务统计股、购销股、储运股和企业管理股,行政编制35名,实有35人,其中局长1名,副局长4名,党组书记1名,副书记1名,正副股长7名,业务人员21人。同年11月,撤销容县粮油贸易公司,将该公司并入容城粮库管理。1998年11月,实行政府粮食行政主管部门统一领导下的政企分开、储备与经营分开的新机制。县粮食局负责对全县的粮食流通、粮食系统的人事安排及管理工作。同年11月成立容县储备粮管理公司,负责各级储备粮管理。2001年机构改革,县粮食局在县发展计划局挂牌。2004年,县粮食局由挂牌机构改为容县政府工作部门,不计机构个数。2005年,县粮食局行政编制5名,机关事业后勤服务编制1名,实有人员8人,基层单位633人。办公地址为容州镇国中路723号。

1990—2005年历任局长:杨大焜(—1993.2)、黎文健(1993.3—2001.11)、(2001.12—2002.12缺)、姚振文(2003.1—)。

容县对外贸易局

1986年4月3日,容县人民政府恢复容县对外贸易局(恢复前是容县对外经济贸易公司),1988年4月14日,成立"中国粮油食品进出口公司容县支公司",保留容县对外贸易局,享有进出口经营权。1988年11月30日"中国粮油食品进出口公司容县支公司"改名为"广西容县外贸进出口公司",地址为:容县容城镇城南街33号(现为城南街92~134号);经济性质是国有;经营范围有纺织品、轻工产品、工艺品、土畜产品、机械电器设备、仪器、仪表、饲料零售、服装加工、禽畜饲养服务等;内设机构有财务股、政工股、粮油进出口股、土畜产股、五金矿产股、外贸鸡场。1990—2000年12月,在岗人员203人。2005年在岗人员190人。

1990—2005年历任局长(经理):陈剑(—2000.12)、唐积波(2001.1—2003.3)、梁宏坚(2003.4—)。

容县供销合作社

成立于1951年8月,是民办的群众性组织。1952年7月,列入容县人民政府序列,作为领导和管理全县供销社的职能部门,供销社由民办改为公办。1982年,容县供销合作社更名为"广西壮族自治区容县供销合作社联合社"。2004年8月更名为"容县供销合作联社"。1990—2005年,容县供销合作联社是自收自支的事业单位,办公地址设在城北路100号。其主要职能是:促进城乡商品流通和市场经济发展,对全县供销合作社及社属企业承担起领导、协调、监督、服务的责任。

1990—1999年7月,容县供销合作联社在编人数45人,设置有理事会、监事会等管理、监督机关,领导班子成员11人;内设理事会办公室、监事会办公室、政工股、教育股、业务股、基层股(合作指导股)、财务股、计统股、物价股、生产科技股、职工学校、沙田柚研究所等机构,人员34人。1999年开始清理整顿社员股金,县委、县政府对县供销合作联社领导班子进行大调整。1999年7月—2005年底,县供销合作联社理事会、监事会机关领导班子成员5人,内设机构保留3个,分别是政秘股、业务股、财统股,在岗人员9人。

1990—2005年县供销合作联社历任理事会主任:覃日珍(1990—1992)、范运生(1993—1999.7)、姚大乾(1999.8—)。

容县供销合作社组织机构包括容县供销合作联社及其直属单位、基层供销合作社。直属单位包括职工学校、沙田柚研究所、供销合作总公司、贸易总公司、生资公司、日杂公司、土产公司、果品公司、香料集团公司、动物药品厂、沙田柚场11个。基层供销合作社12个,分别是:容厢、十里、石寨、杨梅、灵山、六王、黎村、杨村、县底、石头、自良、松山供销合作社。下设6个种养场、6个加工厂、21个分社、31个分销处、500个门店(独立核算组)、90个双代店。

1997年底,供销社系统发生社员股金挤兑风波。受股金挤兑风波影响,从1998年5月起,容县供销合作联社各直属单位、各基层供销合作社因无资金运转而经营瘫痪,大部分企业都处于歇业状态,下设机构

(门店、商铺等)都是出租或关闭等待拍卖兑付股金清偿债务,有的企业因资不抵债面临倒闭。

容县市场服务中心

于1995年2月15日成立,为容县工商局下属自收自支事业单位,核定编制5名,人员从工商系统中调整。1998年,全国工商行政管理机关实行机构改革办管脱钩,县市场服务中心由县工商局代管,有干部职工333人,编制未核定。1999年3月,全县16个乡(镇)成立市场服务部。2001年12月,容县市场服务中心从工商部门完全脱钩成建制单位移交给县人民政府,属县政府辖下的事业单位。办公地址是容城镇燕塘街39号。2003年4月县编制委员会核定县市场服务中心编制为202名,明确市场服务中心为副科级自收自支事业单位,同时对市场服务中心班子的职数和二层机构的设置及职能作了明确。至2005年,市场服务中心班子职数,二层机构设置及职能未变。

1990—2005年服务中心历任主任:曾昭棠(1995.2—1999.3)、杨乃进(1999.4—2001.7)、王有文(2001.8—)。

容县烟草专卖局

容县烟草专卖局(容县烟草支公司)于1984年12月成立,地址位于容县容城镇国中路147号,为科级编制中央直属国有商业企业,受玉林市烟草专卖局(公司)和容县人民政府双重领导,以上级主管局(公司)领导为主。1986年9月,容县烟草支公司改为广西壮族自治区烟草公司容县公司,局名称不变,设局长(经理)室和政工、专卖、业务、财务4个股室及批发部1个、仓库1个,共有职工18人。1990年,内设机构和职工人数不变。专卖局负责烟草法律法规宣传、咨询,专卖许可证的审批、发放及管理;公司负责卷烟购进调拨、批发及配送,客户服务等。1995年起,先后设立自良、杨梅、六王、灵山、黎村、杨村、石头、松山、罗江、县底烟草专卖管理所(批发部)和容城分局(批发部)11个基层网点。2002年9月,先后撤销黎村、杨村、六王、灵山烟草专卖所(批发部)4个基层网点,将它们合并到杨梅专卖所(批发部)办公。2004年6月,更名为广西壮族自治区玉林市烟草公司容县区域营销部,取消县级企业法人资格,专卖局行政主体保持不变。同时,局(营销部)内设机构重新进行调整,政工股更改为综合股、增设了稽查大队;业务股改为营销股,并成立电话呼叫中心、客户服务部和容城、杨梅卷烟配送部,隶属营销股管理;撤销财务股和石头、罗江、县底专卖管理所(批发部)及杨梅、自良、松山卷烟批发部,保留杨梅、松山、自良烟草专卖管理所,容城分局改为城区专卖管理所。2005年4月物流改革后,广西壮族自治区玉林市烟草公司容县区域营销部更名为广西壮族自治区烟草公司玉林市公司容县营销部(非法人国有商业企业),撤销营销部内设下属机构的电话呼叫中心、营销股和基层网点容城、杨梅卷烟配送部。县营销部下属综合管理股、专卖监督管理股、营销股、稽查大队,同时设立容城中转站、杨梅中转站(业务受上级直接指导和行政受县级直接管理)。将城区、杨梅、黎村、松山、自良烟草专卖管理所分别更改为第一、第二、第三、第四、第五专卖管理所,共有职工66人。

1990—2005年历任局长(经理、主任):韩裕琨(—1992.6)、唐基南(1992.6—1995.10)、伍仲浩(1995.10—1998.4)、何奇枢(1998.4—1999.10)、杨超容(1999.12—2000.9)、何奇枢(2000.9—2004.7)、蒋晓梅(2004.7—)。

容县盐业支公司

成立于1984年12月,是集盐业行业管理和经营于一体的国有食盐专营企业,内设机构有运销股、财务股、综合办公室、仓储营业部,干部职工10人。公司位于容县容城镇城西路60号,仓库位于容城镇国中路145号。1990年12月设立容县盐务管理局,有干部职工11人,属"两块牌子,一套班子,合署办公,职责分开"的管理模式,受玉林盐务管理局(公司)和容县人民政府双重领导,以上级主管局(公司)领导为主。2005年内设机构与1984年相同。

1990—2005年历任局长(经理):崔模邦(1990—1993年)、蒙振荣(1994—1996年)、梁达权(1997—2002年)、陈海璋(2003年—)。

中国石油化工集团公司容县分公司

容县石油公司成立于1977年10月1日,隶属容县商业局领导,成立前成品油由容县百货公司和五金公司兼营。1985年3月,从容县商业系统划出,容县石油公司更名为"广西壮族自治区石油公司容县公司”,人、财、物和业务经营由玉林石油分公司管理。1998 年 7 月后,隶属中国石油化工集团公司,统一管理。2000 年 6 月,中国石油化工集团公司重组改制,容县公司改制后股份公司全称为“中国石油化工股份有限公司广西玉林容县分公司”。2002 年实行“地县一体化”改制,取消县级公司法人资格。2005 年,内部机构设置为经理室、财务科、石油仓库、劳动服务部、液化气销售管理科、销售管理科;办公地址:容县桂南路 88 号;职工人数 112 人,其中正式职工 22 人,劳务工 90 人。公司有加油站 17 座;4 月推行 IC 卡服务项目。容县石油分公司通过收购、租赁、新建、联营等形式发展加油站,由县向乡(镇)扩散,辐射至农村。

1990—2005 年,公司历任经理:黄国芳(—1990.7)、何琨荣(1990.7—1992.1)、申丽娟(1992.1—2000.6)、刘定荣(2000.6—2001.6)、韦郁祥(2001.6—2005.8)、王广林(2005.8—)。

第二节 商业所有制结构

国有商业

1990 年,容县登记注册的国有企业 97 家(其中国有商业企业 14 家),注册资金 1502 万元,1997 年增加到 726 家,注册资金 3121 万元。1998 年起县内的国有企业、集体企业逐年减少。2002 年有国有企业 351 家,比 1997 年减少 51.65%。2005 年有国有企业 240 家(其中国有商业企业 14 家),注册资金 1317 万元。

容县百货公司 1990 年,公司主要经营日用百货、针纺织品、皮革制品、副食品、五金、家电等品种。在城区、容厢、黎村等开设批发部,在西上街、北大街、东门街、金珠街等设有零售商店,有职工 127 人。全年商品购进总额 106 万元,销售总额 141 万元,上缴税金 28 万元。1992 年实施“经营、价格、分配、用工”四放开改革方案。1993 年实行抵押招标承包责任制。1994 年实行职工参股承包租赁经营方式。1996 年除百货批发部外,其余全部实行抽本标包经营,全年商品购进总额 421 万元,上缴税金 19 万元,亏损 93 万元。1997 年除抽本经营外,所有门店对外出让。2005 年有职工 107 人,其中留守 6 人,下岗 101 人。固定资产 305 万元。

容县五金公司 1990 年,公司主要经营五金、交电、家电、化工等商品。在容城、容厢、西上街设有批发部,15 个零售网点,2 个家电维修部,有职工 127 人。全年商品购进总额 288 万元,销售总额 371 万元,上缴税金 29 万元。1992 年,公司亏损 27 万元。1995 年,实行抽本经营,仍亏损 48 万元。1996 年,实行全员计件工资、企业经营采取抽本承包、柜台门店自负盈亏等多种形式。全年商品购进总额 198 万元,销售总额 116 万元,上缴税金 20 万元,亏损 63 万元。2005 年,所有批发部及零售门店均转为职工自主经营、抽本标包形式,在册职工 123 人,留守 5 人,下岗 118 人。固定资产 1980 万元。

容县食品公司 1990 年,公司主要经营畜禽及其产品收购,猪、牛屠宰及其产品批发零售,生猪养殖、饮食服务等。开设屠宰场 16 个,网点 24 个,生猪养殖场 2 个,在册职工 138 人,全年经营利润 785 万元,上缴税金 47 万元,利润 90 万元。1995 年 6 月,实行“定点屠宰、集中检疫、统收税费、控制批发、分散经营”的办法。1996 年,允许经营者自带猪源屠宰,全年利润 78 万元。2005 年,主要经营生猪屠宰和生猪养殖,经营网点 33 个,在册职工 127 人。经营收入 577 万元,亏损 27 万元,上缴税金 22 万元。固定资产 3678 万元。

容县糖烟公司 1990 年,公司主要经营糖烟酒、副食品的批发零售,在容城、容厢、西上街、金珠街等设有 5 个批发部和 8 个零售门店 18 个网点,全年购进货物总额 467 万元,上缴税金 60 万元,利润 47 万元。1992 年,实行抽本标包,歉收自补的方式,亏损 28 万元。1994 年,所有批发门店面向社会租赁经营,亏损 78 万元。1997 年,实行集体承包经营,同年改为职工承包经营自负盈亏。2005 年,在册职工 141 人,留守 6 人,下岗 135 人。固定资产 988 万元。

容县饮食服务公司 1990 年,公司主要经营餐饮、旅宿、冰室、照相及小副食品。开设有东风大楼、登高饭店、华侨餐厅 3 个酒楼,9 个零售糕点和冰室,全年经营收入总额 788 万元,上缴税金 31 万元,利润 49 万元。1994 年实行柜台出租抽本标包形式,亏损 60 万元。1996 年实行“国营民营大联营”的模式,抵押承包、超额

分成、自求平衡的经营方式。1999 年 3 个酒楼及门店相继实行职工标包模式。2005 年有职工 129 人，留守 7 人，下岗 122 人。固定资产 2080 万元。

容县商业汽车运输公司 1990 年，公司主要经营汽车货运、客车运输、汽车修理及汽车配件销售。全年经营收入 48 万元，上缴税金 12 万元，利润 25 万元。1992 年改为容县商业车队，全民所有制企业性质不变。1994 年实行职工承包经营，同年被取消客运经营权，开始亏损 10.60 万元。1995—1999 年，公司实行职工承包自负盈亏方式，亏损 178 万元。汽车运输及修理汽配等行业逐步退出市场，由民营企业所代替。2005 年有职工 47 人，留守 4 人，下岗 43 人。固定资产 123 万元。

集体商业

1990 年，全县登记注册的集体企业有 475 家，注册资金 950 万元，1997 年增加到 1644 家，注册资金 3144 万元，达到集体企业发展的最高峰。其后集体企业陆续减少，2002 年减少到 1145 家，注册资金 2411 万元，2005 年仅有 801 个，注册资金 2135 万元。

容县供销社系统部分集体商业企业：

容县供销贸易总公司 成立于 1982 年，前身是“贸易货栈”“贸易中心”。1987 年更名为“广西壮族自治区容县供销合作社贸易总公司”，主要经营五金交电、针纺织品、日用百货、日杂用品、陶瓷、副食品、酒店餐饮和旅业等综合经营业务。1992 年起设百货批发部、五金交电批发部、针棉批发部和副食品批发部，建设有容县供销大厦、容县供销大酒店等综合经营场所，承担着全县各基层供销社的日用百货工业品联购分销任务。经过清理整顿社员股金和推行“减员、减债、减负”置换职工身份改革后，至 2005 年底，公司设留守人员 3 人，置换身份职工 78 人，保存下来的公司 2 个分支机构供销大酒店、供销大厦实行租赁经营。

容县生资公司 成立于 1979 年，从“国营容县农资土产公司”分出。主要经营化肥、农药、农膜、日杂用品。1986 年起兼营旅业、餐饮，有自营网点 10 个。公司承担全县化肥储备、供应工作任务，特别是 12 个基层社的农业生产资料组织供应工作任务。2005 年，生资公司置换身份职工 72 人。大部分商铺、仓库被拍卖处置，保存下来的南方大酒店和 5 个商铺、2 个仓库实行租赁经营。

容县日杂公司 成立于 1979 年，从“国营容县农资土产公司”分出。主要经营废旧物资回收，竹、木、藤等日杂品收购，兼营建筑材料、装潢材料、日用杂品、陶瓷、饲料、烟花爆竹等。担负着全县废旧物资回收工作任务，是全县竹、木、藤制品收购和销售主渠道。有废旧物资回收经营网点 18 个，其他商铺网点 13 个。2005 年，共有 93 名干部职工进行身份置换，解除、终止了劳动合同。到 2005 年底，公司有留守管理人员 3 人，大部分商铺、仓库被拍卖处置，保存下来的是城北路 8 间商铺和办公楼，实行租赁经营。

容县土产公司 成立于 1979 年，从“国营容县农资土产公司”分出。主要经营场所有东外街土产仓、北门街土产商场、城北路商铺、横石岭建材商店、西大街果品商店、宁冲柚场等，承担全县农副产品分购联销、联购分销工作任务。主要经营竹制品、烤烟、肉桂、八角、芳香油、蔬菜种子、水稻种子、桑蚕购销、农产品购销、建筑材料、水管配件、陶瓷、百货、五金交电、地磅、家具等。2005 年，除 3 名留守人员外，职工全员进行身份置换。大部分商铺、仓库被拍卖处置。

容县果品公司 1994 年从容县土产公司分出。主要经营干鲜果品、桂皮、木薯、八角、百货、五金交电、针纺织品、副食品等，经营网点 4 个。1995 年建成红砖厂 1 个。2005 年底，公司职工全部置换身份。所有商铺、仓库已被拍卖处置，用于清偿债务、安置职工，公司无法正常运转。

容县香料集团公司 前身是从容县土产公司分离出来的容县香料厂，成立于 1994 年。经营地址在容城西郊 43 号，主要业务有肉桂油、茉莉花油的研发、生产和销售。2005 年底，公司职工全部置换身份。所有商铺、仓库已被拍卖处置，用于清偿债务、安置职工，公司关闭。

广西桂南动物药品厂 前身是从容县土产公司分离出来的容县烤烟厂。于 1992 年 6 月立项，由自治区供销社和县供销社联资合营，根据合营方式和投资比例，经自治区工商局核批，定名为“广西桂南动

物药品厂”，于1993年8月正式投产。主要产品有：荣获全国新技术新产品博览金奖的“神农90”，优质奖的“神力开胃王”和“诺氟沙星注射液”等，1994年自研产品“瘟毒杀”，被自治区科委审定为1994年度火炬计划项目，是当年自治区唯一的高新兽药产品，是自治区兽药生产重点企业。2005年底，企业职工全部置换身份。广西桂南动物药品厂所有商铺、仓库被拍卖处置，用于清偿债务、安置职工，工厂停业。

容县沙田柚场 成立于1975年，是容县十产公司下属机构。1994年从土产公司分出成为容县供销社直属的法人企业。柚场占地面积约810亩，先后种下沙田柚1万株，柑橙1500株，龙眼、荔枝500株，玉兰花5000株。曾兼营养猪、食用菌种等品种培育。2005年底，容县沙田柚场职工全部置换身份。柚场果山全部出租经营。

“三资”企业

1990年，容县登记注册的“三资”企业（即中外合资经营企业、中外合作经营企业、外商独资经营企业）62家，注册资金1.47亿元人民币，正常生产“三资”企业10家。其后，容县制订出一系列优惠政策，强化优质服务，“三资”企业逐年增多。到1999年，全县累计批准成立的“三资”企业134家。其后，由于合同到期及其他原因，“三资”企业陆续减少。2005年，全县经营登记注册的“三资”企业只有45家，注册资金1.43亿元人民币，而能正常生产“三资”企业16家。

个体工商户　私营企业

1990年，容县登记注册的个体工商户8583户，私营企业12个。1991年起，开始实施经济体制改革，国有企业、集体企业改制，个体工商户、私营企业快速发展。1995年，个体工商户突破万户，2000年达到1.26万户，2005年为1.13万户。1995年，私营企业增加到77个，是1990年的6倍多，1999年有私营企业80个，2005年增加到523个。

表7-1　**1990—2005年容县个体工商户、私营企业登记基本情况表**

类别 / 年份	个体工商户			私营企业		
	户数	注册资金（万元）	从业人员（人）	个数	注册资金（万元）	从业人员（人）
1990	8583	2928	11090	12	312.60	254
1991	8630	3121	12090	14	421.60	366
1992	8701	3310	11422	19	600.60	412
1993	8759	3519	11804	27	815	583
1994	8820	4722	11910	65	1088	118
1995	10627	5001	13530	77	1983	1046
1996	10928	5444	14035	65	2776	1079
1997	10676	7519	13877	74	3103	944
1998	11448	8726	14904	68	3443	1528
1999	12601	9599	16400	80	3708	1434
2000	12608	10146	16801	72	3925	1492
2001	13248	10655	17684	134	4131	1528
2002	14127	15342	21313	140	4358	1634
2003	12178	14175	15670	315	5221	1761
2004	11292	14640	15082	473	6527	1914
2005	11296	15399	15448	523	7315	2121

表 7-2　　1990—2005 年容县国有企业、集体企业及“三资”企业登记基本情况表

类别 年份	国有企业		集体企业		“三资”企业	
	个数	注册资金(万元)	个数	注册资金(万元)	个数	注册资金(万元)
1990	97	1502	475	950	62	14680
1991	105	1871	491	1004	80	14830
1992	128	1998	525	1108	91	14980
1993	240	2050	697	1217	106	14841
1994	352	2145	797	1338	108	14990
1995	410	2601	945	1680	105	14842
1996	556	2977	1119	2848	101	14696
1997	726	3121	1644	3144	82	14551
1998	667	2918	1554	3041	70	14407
1999	571	1990	1474	3001	66	14265
2000	456	1758.90	1320	2655	69	14400
2001	399	1681	1422	2547	72	14620
2002	351	1521	1145	2411	69	144480
2003	270	1460	1047	2364	67	14431
2004	258	1341	920	2201	52	14149
2005	240	1317	801	2135	45	14291

说明:“三资”企业个数仅是经登记注册的数据

第三节　商业体制改革

国有商业体制改革

1990 年前，容县国有商业采取公司统一经营，统一核算，统一分配的经营模式。1990 年起，容县部分国有企业开始出现亏损局面，于是进行经营、价格、分配、用工“四放开”改革，直接放权给各经营实体，实行按劳取酬，按销售量计发工资和奖金。1993 年，容县商业局属下企业百货公司、糖烟公司、饮食服务公司、食品公司实行改革，先后组建侨都乐、容县酒楼、五金大厦娱乐城等集饮食娱乐一体化的服务实体，增加红砖建筑材料生产、食品深加工、塑料包装彩印业等行业。1994 年，陆续将国有商业库存商品批发分销出去。1995 年，国有商业库存商品已全部处理完毕，继而在零售商业开展体制改革，零售门店引入市场竞争机制，以门店集体经营的“大锅饭”转变为以专业组为单位人员自由组合承包经营，公司实行“抽本承包”，所经营的商品均由经营者出资。1997 年，容县商业局组建经济实体，成立容县商业总公司，属国有企业独立核算单位，事业编制 4 名，实有人数 6 人，内设办公室、业务股、财会股。1999 年以后，社会消费性质发生变化，高消费的饮食娱乐逐步升温，集体经营的管理体制受诸多因素的制约，经营困难，各公司所经营的饮食、娱乐服务行业由原公司经营转向社会租赁经营。国营商业和集体商业实行联利联销，计件工资，抵押承包，超额分成，大包干或向社会大标包，欠收自补，自求平衡的经营方式。企业职工自由组合经营的模式基本解体，企业门店逐步向社会租赁经营，国有商业商品经营退出流通市场。2004 年以后，实行以产权制度改革为重点进行国有商业改革，其主要形式是组建股份制企业或依法破产。县商业运输队和县商业养殖场申请破产获上级有关部门批复，从而进入破产清算程序。2005 年，县百货、五金、饮食服务、食品、糖烟五大公司的产权制度改革逐步开展，国有商业产权制度改革进入实质性的实施阶段。

集体商业体制改革

容县集体商业体制改革包括城镇集体商业企业改革和供销社系统企业改革。

城镇集体商业改革 1991年，容县城镇集体商业企业有日用工业品公司、日用副食品公司及五金代营店、第二百货商店、饮食服务店、理发店、糖烟商店等7个。1993年，集体企业工业品零售商场(店)推行定员承包责任制，实行竞争上岗，自主经营，自负盈亏的经营模式，打破职工吃企业“大锅饭”的经营体制模式。1994—1999年，位于北大街或城南街的五金代营店、第二百货店、副食品店、理发店、饮食服务店等5个单位因旧城改造、拆建，所经营门店的土地由政府收回转让，日用工业品公司和日用副食品公司经营的门店均由本单位职工承包经营。

供销社系统企业改革 1990—1993年，容县供销合作社在经济性质、经营管理上仍混同于全民所有制经济，供销合作社享有比国有企业更大的自主权，除参照执行《全民所有制工业企业转换经营机制条例》和《全民所有制商业企业转换经营机制实施办法》的有关规定，充分享有经营自主权之外，根据供销合作社的集体性质和国家有关规定，依法享有财产所有权。供销社在商品流通中占重要地位，是城乡商品流通的主渠道。重要农业生产资料和农产品购销以及食盐等部分重大生活资料供应等，均由供销社经营和管理。这个时期，各企业的经营管理，是在全县统一“联购分销”“分购联销”经营基础上，实行多种形式的经营责任制。“联购分销”是指工业品(日用品等)、农资商品由全县供销社统一购进，再分到各企业、各门店、柜组销售；“分购联销”指农副产品等由各经营网店分别收购，全县供销社统一销售。这个时期经营责任制主要有3种类型：一是对工业品(日用品等)纯商业销售门店、柜组实行“定额管理，全面考核，记分计奖”为主，个别边、小、亏、微的门店，实行“定额管理，超利税后分成”或“大包干”形式。二是生产资料和收购门市部不实行“定额管理，超利税后分成”或“大包干”形式，除一般定额外，增加定损耗量，实行减耗奖励，超耗处罚。三是饮食业、服务业、修理业、运输业实行定额管理，超利税后分成，或实行包干上缴利润的承包经营方式。无论采取哪种经营方式，都由单位统一会计核算，单位控制管理资金。

1993年7月，根据国家经济体制改革委员会、国内贸易部《关于推进供销合作社经营机制改革几点建议的通知》要求，容县供销社进一步理顺供销合作社的组织体制和民办机制，并开始有计划地按发展需要吸收部分社员股金。1995年2月，中共中央、国务院下发《关于深化供销合作社改革的决定》，1996年1月，自治区党委、自治区政府制定《关于加快供销合作社改革的决定》强调：坚持民办方向，坚持供销社集体所有制性质，把供销合作社真正办成农民的合作经济组织，供销社要按照“入社自愿、退社自由”和“入股自愿、退股自由”的原则做好扩股工作，广泛发动吸收农民群众入社入股。容县供销社从1996年开始广泛吸收社员股金。至1997年底，全县供销社设立有社员股金服务网点46个，其中县直单位8个，基层社38个。共有股金办事人员126人。入股农户6.75万户，占全县户数68%。股金余额达到2.10亿元，比1993年1880万元增长10倍。社员股金对供销社的改革和发展曾经起了积极作用。在此期间，供销社经营网络得到改善、发展，很多门店、商铺得到改造和提升。与1990年对比，除增加股金服务网点46个外，全县供销社系统增加县供销合作总公司、县果品公司、容县香料集团公司、广西桂南动物药品厂4个独立法人企业；增加60多个门店(独立核算柜组)，其中包括11个商场、8个大酒店；增加13个加油站、5个红砖厂、3个砂砖厂、2个加工厂、1个养猪场。这个时期，各企业的经营管理在原有的方式上，推行经营、价格、分配、用工“四放开”经营责任制。容县供销联社制订实施《“四放开”经营责任制分配办法参选形式》《经营“四放开”管理“八约束”》等经营管理办法。对纯商业经营门店、柜组实行抽本承包经营。农资经营推行“县基联营”的“五统一”经营方式，即以县生资公司为龙头，基层供销社为依托，实行农资商品联购分销体制，统一计划、统一进货、统一资金、统一价格、统一利益分配的经营管理办法。

供销社广泛吸收社员股金，却忽视对股金的管理。因而亏空大量股金。至1997年底，容县供销社系统亏损1.03亿元。供销社发生社员股金挤兑风波。到1998年4月底，全县供销社股金服务部因无人入股又无资金退股而全部关闭，所有门店、商铺、厂、场等营业场所因无资金周转全部瘫痪。

1999年7月，容县县委、县政府对容县供销合作联社领导班子进行大调整，并派出20个清理整顿工作组到供销社系统各企业，开展全面清理整顿社员股金工作。至 2005 年底，历经 6 年时间，全县供销社系统社员股金全部兑清，所有“保息分红”股民全部清退。

在全面清理整顿社员股金同时，容县供销社根据自治区人民政府《关于加快推进供销合作社改革与发展的意见》和县政府批复的《容县供销社企业改革总体方案》，从 2005 年 10 月开始推行以“减员、减债、减负”为主的置换职工身份改革。全系统 20 个企业全部同时按同一方案进行改革，除临近退休（距离法定退休年龄不足 5 年和男连续工龄 30 年、女连续工龄 25 年）的老职工不置换身份外，其余职工全部解除劳动合同置换身份。至 2005 年 12 月 31 日改革基准日，在全系统企业职工 3075 人中，退休 813 人，置换身份 2036 人，不置换身份 226 人（临近退休职工）。供销合作社通过拍卖资产筹集资金支付置换身份职工经济补偿金和企业欠缴社保费 3000 多万元。退休职工和不置换身份职工全部享受职工养老、医疗保险待遇，置换身份职工按规定领取失业保险金。推行“减员、减债、减负”置换职工身份改革后，动物药品厂、香料集团公司、果品公司等从土产公司分出的县社直属企业及各砖厂、种养场等社办企业已因无资金运转而停业。保留下来的有贸易公司、生资公司、日杂公司、土产公司、沙田柚场等 5 个县社直属企业和 12 个基层供销合作社，下设机构网点有加油站 5 个、大酒店 2 个、商场门店 290 个。

第二章　商品购销

1990 年，容县商品购销主要是以国有商业、供销合作社等实行统购统销，计划分配，统一调拨，凭指标供应的国家调控为主、市场调节作补充的购销原则。1990 年以后，随着中国经济体制改革、商品流通体制改革的不断深入，个体、私营企业迅速参与生产资料、日用消费品、农副产品经营，并迅速发展成为一支从事商品经营的重要力量。容县从 1992 年国家颁发实施《全民所有制企业转换经营机制条例》开始，1993 年广西制订实施《全民所有制企业转换经营机制实施办法》，国内贸易部、国家经改委颁布实施《关于推进供销合作社经营机制改革意见》，1995 年中共中央、国务院颁发实施《关于深化供销合作社改革的决定》，国营、集体和供销社企业开始转换机制，市场经济完全取代计划经济。商品购销开始转向以市场调节为主，实行议购议销。由于市场放开，正在转换机制的国有商业、集体商业企业缺乏流动资金，商品购销经营越来越少，税利不断减少，自 1994 年开始出现经营亏损，越往后经营，亏损越严重。期间，国有商业 1990 年商品销售额 8563 万元，企业利润 150 万元；1994 年商品销售额 4992 万元，企业亏损 17 万元；2005 年商品销售额 57 万元，亏损金额 231 万元。

供销合作社经营机制改革从“混同于全民所有制经济”体制办成“农民的合作经济组织”，大力吸收社员股金，吸收农民入股，采取承包、开放办社的经营方式，经营业务扩展，商品购销营业额没有减少且有增大，但因股金利息债务沉重，经营亏损却越来越沉重。供销社系统 1990 年商品销售额 1.32 亿元，企业有盈余；1993 年商品销售额 1.85 亿元，累计亏损 1130 万元；1997 年商品销售额 2.85 亿元，累计亏损 1.03 亿元。1998 年以后，容县国营、集体和供销社企业都是抽本承包或租赁经营，完全进入市场化放开经营。

表 7-3　　1990—2005 年容县国有商业购销情况表

单位：万元

年份	商品购进	总销额	税利	企业利润
1990	3963	8563	103	150
1991	4583	4992	71	126
1992	3765	3017	60	97

续表

年份	商品购进	总销额	税利	企业利润
1993	3171	2086	57	8
1994	2320	2010	35	-17
1995	2010	1785	31	-29
1996	1765	1324	26	-45
1997	1003	738	21	-70
1998	906	407	17	-87
1999	401	217	15	-101
2000	300	105	11	-134
2001	231	101	9	-165
2002	201	97	8	-178
2003	106	80	8	-190
2004	10	60	7	-213
2005	90	57	6	-231

表 7-4　**1990—1997 年容县供销社系统购销情况表**

单位：万元

年份	商品购进	其中农副产品收购	商品销售	其中农业生产资料	上交税费	职工工资	累计亏损
1990	10700	1490	13200	316	240	470	
1991	11900	1509	14800	3522	270	530	
1992	13300	1630	16600	3846	310	590	
1993	14800	1677	18500	4049	356	656	1130
1994	14000	1406	22700	4150	376	725	2994
1995	20300	2024	24600	3920	468	1050	4956
1996	22900	2672	25800	4070	567	1094	7610
1997	25500	2650	28500	3630	701	1100	10265

第一节　农业生产资料购销

1990—1998 年，化肥、农药、农膜、农具等生产资料是由供销社农资公司经营。其中，1990—1994 年执行《国务院关于改革化肥等农业生产资料流通体制的通知》，自上而下实行“四级批发”“一级零售”流通办法，即中央、省、地、县（农资供销公司）批发，基层供销社零售。1994—1998 年实行“二级批发”“一级零售”流通办法，县级农资公司与基层社批零结合，基层供销社推行代销制。此前，其他单位和个人一律不得经营化肥、农药。1998 年 11 月 16 日，国务院公布实施《国务院关于深化化肥流通体制改革的通知》，取消化肥等农资产品由国家直接计划管理政策，取消国产化肥指令性生产计划和统配收购计划，由化肥生产企业和经营企业自主进行购销活动，化肥生产企业既可以与化肥经营企业直接签订购销合同，也可以实行销售代理，可以将自产化肥销售给各级农资公司和农技推广站、土肥站、植保站以及以化肥为原料的生产企业，可以直接销售给农民；取消以化肥为主导的计划管理和价格干预，完全依靠市场调节生产和经营。容县的生产资料由生产企业、供销社、农技推广站、土肥站、植保站、个体户、私营企业放开经营。

1999年,容县供销联社将原已建立的“二级批发”“一级零售”的经营体制改变为农资公司和基层社自主经营、自负盈亏,设立在乡(镇)的12个供应站分别划归原来的基层社,以庄稼医院为依托的农资供应网点(化肥门市部、生产门市部),改变为农资综合服务站,原来的分销店、双代店在民营化改革的基础上实行社有民营和民有民营。

表7-5　**1990—2005年容县主要农业生产资料供应情况表**

单位:吨

年份	化肥	其中					农药	农膜	农具(万件)	
		碳铵	尿素	磷肥	钾肥	复合肥			铁器类	竹木类
1990	36420	19968	6521	7518	1917	496	48.50	24.20	11.43	3.38
1991	36810	20465	6870	7350	1620	505	50.20	27.50	10.80	3.22
1992	39594	24567	6350	6397	1760	520	52.20	59.60	10.10	3.16
1993	36910	20351	6105	8134	1750	570	53.60	31.50	9.50	2.85
1994	39080	22630	6550	7530	1790	580	55.10	33.50	8.30	2.06
1995	40160	23560	6380	7750	1820	650	57.50	38.50	7.80	1.76
1996	40380	23880	6590	7230	1900	780	50.50	41.20	7.80	1.65
1997	46760	20750	7250	7960	1750	9050	50.70	45.60	7.50	1.63
1998	49470	20350	7530	8150	1890	11550	51.60	49.30	7.30	1.55
1999	50260	19950	8060	8050	1820	12380	52.80	51.20	6.20	1.25
2000	48845	18230	8590	7580	1795	12650	53.60	52.10	5.90	1.01
2001	49905	17560	9140	7760	1725	13720	51.70	53.50	5.50	—
2002	50155	16420	9860	7420	1865	14590	54.50	54.90	4.60	—
2003	50270	15390	10550	6895	1785	15650	55.20	56.20	4.30	—
2004	49920	14370	11270	6575	1835	15870	56.50	58.50	3.50	—
2005	49745	12540	12250	6285	1770	16900	58.50	60.50	3.10	—

说明:1.1990—1998年的数据是县供销社从事农资经营的数据
2.1999—2005年的数据是县个体、私营企业从事农资经营的数据
3.2001—2005年竹木类农具数据没有统计

第二节　日用消费品购销

1990—1997年,容县商贸企业转换机制改革期间,日用消费品由国营、集体、私营混合经营。1998年后,国营、集体和供销社企业均实行抽本承包或租赁经营,完全进入市场化放开经营。

针、棉纺织品购销

1990年后,针、棉纺织品销售多渠道分流,在县城和各乡(镇)集市,个体户摆设布摊、成衣摊,经营非常旺盛。各种成品服装不断推陈出新,老百姓直接购买成品衣,棉布销售锐减。1998年后,针、棉纺织品经营进入市场化。1990—1997年,全县供销社销售棉布500万米,销售各种服装200万件,内衣内裤500万件。

百货购销

1990—1997年,容县百货公司等商贸企业销售的百货日杂用品主要有火柴、肥皂、洗衣粉、牙膏、热水瓶、手表、缝纫机、黄金饰品、化妆用品、胶鞋、皮鞋、塑料鞋。1990—1995年,全县供销社销售胶鞋350万双。

胶鞋、球鞋在市场销售异常火爆，特别是网鞋和解放鞋，轻便耐穿，农村市场更是受宠。1996 年以后，胶球鞋在容县市场渐渐消退，取而代之的是各种新式皮鞋以及品牌运动鞋。

日杂购销

容县日用杂货品种多样，锅盆碗盏，甑桶瓢勺，镰刀挖锄，扁担粪筐，不一而足，都与百姓生活、生产息息相关。1990 年以后，各种电饭煲、电炒锅、微波炉等电器商品陆续进入百姓家庭，铁锅销售逐渐减少。1995 年前是供销社经销为主，后转入市场经营。1990—1997 年，全县供销系统累计销售铁锅 20 万只，瓷碗 260 万个。

五金交电化工购销

1990 年，容县五金、交电、化工商品主要由容县五金公司和供销社经销，在县城五金公司设有批发部和 2 个门市部，供销社有 1 个批发部和 1 个门市部。在乡（镇）则全部由各乡（镇）供销合作社共计 35 个五金交电门市部经销。容县销售的五金交电化工产品主要有：元钉、元丝、自行车、电度表、电灯泡、录音机、电风扇、黑白电视、彩电、录像机、摄像机、影碟机、照相机、洗衣机、电冰箱、空调、抽油烟机、微波炉、热水器；纯碱、硫磺块、明矾、小苏打、油漆。其中，缝纫机、自行车、手表（百货经营）、收音机在 1990 年前在农村被称为“三转一响”，有无“三转一响”被视为当时农民家境好坏的标准，也反映了这一时期农村经济的发展变化，是婚嫁、入学必备产品，销售特别吸引人。1990—1995 年全县供销社缝纫机年均销售 3000 余架，自行车年均销售 5 万余辆。1991 年以后，手表、收音机基本退出了容县市场。1993 年以后摩托车进入容县市场，逐步取代自行车，成为市场销售的主导品种。1996 年以后，缝纫机销售基本没有市场。1990—1997 年供销社年均销售电视机 3000 台、电风扇 5000 台。

第三节　农副产品收购

1990—1994 年，容县农副产品主要由县供销合作联社直属单位土产公司及基层供销合作社采取“联购分销”和“分购联销”办法经营。主要产品有松脂、木薯干、蘑菇、八角、肉桂、沙田柚、蚕茧、茶叶、土纸、木柴及竹制品等。1994 年自治区人民政府发出《关于加快建设和开放农副产品市场的通知》后，容县进一步开放市场，允许农副产品自由流通，流通渠道由单一向多渠道转变，除供销社外，个体、私营企业纷纷从事农副产品购销经营。

表 7-6　　1990—2005 年松脂及部分农副产品收购情况表

单位：百千克

年份	松脂	木薯干	竹织品（万元）	木柴	土纸	茶叶	蘑菇	蚕茧	八角	桂皮	沙田柚（百只）
1990	83300	62550	550	5960	2950	112	7222	1860	2010	2010	550
1991	75450	61500	430	3520	2865	103	6525	1890	2650	2160	580
1992	56860	57300	310	2890	2530	110	5216	1830	2790	2195	450
1993	45820	54890	176	2669	2341	115	4011	1916	1977	2254	490
1994	43250	52900	151	1960	1550	65	3850	2010	2040	2230	560
1995	41360	49700	120	—	—	—	—	1925	2260	2520	585
1996	58250	46200	125	—	—	—	—	2126	2860	2630	589
1997	59780	35570	165	—	—	—	—	2003	2530	2420	612
1998	46550	31260	—	—	—	—	—	1820	2450	2640	—
1999	27815	29130	—	—	—	—	—	1750	2565	2450	—

续表

年份	松脂	木薯干	竹织品（万元）	木柴	土纸	茶叶	蘑菇	蚕茧	八角	桂皮	沙田柚（百只）
2000	25160	27250	—	—	—	—	—	1920	2375	2530	—
2001	22380	25430	—	—	—	—	—	2015	2260	2312	—
2002	21110	23860	—	—	—	—	—	1965	2150	2165	—
2003	20600	21290	—	—	—	—	—	1716	2230	2190	—
2004	19570	18940	—	—	—	—	—	1525	2050	2085	—
2005	17200	15220	—	—	—	—	—	1560	2185	2010	—

说明：1.1990—1997 年数据是县供销社从事农副产品购销的数据
2.1998—2005 年数据是县个体、私营企业从事农副产品购销的数据
3. 表格中没有数据是因为当年对该类产品没有统计
4. 沙田柚是以农户自产自销为主，本章节只统计 1997 年前农户卖给供销社的数量，不代表沙田柚产量

第四节 粮 食

粮食企业

容县粮油食品总公司 1992 年 4 月，经容县人民政府批准成立容县粮油食品总公司，为容县粮食局管理下具有独立法人资格的企业经济实体。1998 年 11 月，县粮油食品总公司从县粮食局中单列出来，负责对全县各基层附营企业的管理，调控指导基层附营企业的经营活动，企业自主经营、自负盈亏，行政人事关系隶属县粮食局。总公司设正副经理各 1 人，内设行政科、会统科、业务科、生产技术科。

容县储备粮管理公司 1998 年 11 月，经容县人民政府批准成立容县储备粮管理公司，作为宏观调控服务和管理储备粮、具有独立法人资格的经济实体，实行企业化管理，专门负责各级储备粮的管理。公司为事业单位编制，人事关系隶属县粮食局。编制 20 名，其中领导 2 名，办公室 2 名，会统科 2 名，调运加工科 2 名，储藏科 12 名。

收储企业（粮所） 1998 年 11 月，根据《自治区人民政府关于我区粮食流通体制机构和企业改革有关问题的通知》，容县对原实行统一核算及管理的政策性业务、附营业务，从资产、人员、机构上进行分离，各自独立核算，自主经营，自负盈亏，自我发展，具有独立法人资格。收储企业（粮所）属粮食系统的基层单位，为粮食流通主渠道。1999 年 1 月起，收储企业作为纯企业性质，不再承担政府职能，对各级政府委托的政策性业务（粮食收购、储备、调拨、供应等），实行委托代理，有偿服务。人事关系隶属县粮食局。

附营企业（各基层粮贸公司、饲料公司） 1992 年 1 月起，容县各基层粮所（库）分离出来的附营业务成立附营企业，实行与收储企业业务分开，企业分设，人员分开，资金分离，成为独立核算、自主经营、自负盈亏、自我发展，具有独立法人资格的企业。附营企业人事关系隶属县粮食局，经营业务上由县粮油食品总公司管理。

经营体制改革

1985 年起，取消粮食统购制度，实行合同定购，合同以外的粮食可以自由上市。1990 年，实现粮食购销同价，建立地方粮食专项储备制度，将粮食合同定购改为国家定购。1991 年和 1992 年，分别提高了粮食销售价格，基本上达到购销同价，粮食购销由计划体制向市场体制过渡迈出了实质性的一步。

1993 年，取消粮食定购任务，收购价格随行就市，对农民余粮实行保护价收购；取消城镇居民粮食定量供应；取消粮食购、销、调包干，建立粮食储备和粮食风险基金制度。粮食流通体制改革逐步向粮食商品化、经营市场化方向推进。1994 年，为应付粮价大涨局面，稳定粮食市场，认真落实自治区人民政府规定，明确粮食定购和议购都是任务，正常年景必须完成；提高粮食收购和销售价格，对部分城镇居民实行定向补贴；

加强粮食市场管理，进一步建立健全粮食储备制度和粮食风险基金制度等等。粮食购销体制随之基本倒回到粮食价格和购销“双轨制”的状态。1995年，建立政策性和商业性经营分开的两条线运行机制，实行地（市）、县对粮食产、购、销、调、存分级负责、分级管理的体制。1998年6月，推行四分开一完善改革：政企分开、中央与地方责任分开、储备与经营分开、新老财务挂账分开，完善粮食价格机制。2002年起，取消粮食定购任务，放开粮食购销市场，允许符合一定条件的多种所有制经济实体从事粮食购销经营；放开粮食购销价格，价格由市场供求关系决定，粮食部门随行就市经营粮食。政府通过储备粮吞吐等调节粮食市场供求，保持粮食价格的相对稳定。

粮食定购

1990—1993年，容县每年收购定购粮食1.50万吨原粮。1991年底，在保证完成国家定购任务的情况下，对粮食实行长年放开经营政策。1993年4月全部放开粮食购销价格和经营，取消城镇居民粮食供应制度（即统销制度）。同年，对粮食购销价格进行改革：取消对农民的粮食定购任务和“三挂钩”政策，取消城镇居民定量口粮标准和供应指标，粮食收购、销售随行就市按质论价，农村缺粮户的口粮，由粮食企业按市场价格供应，对有困难的农户，国家给予适当补贴；军供粮油的供应办法和价格，按原规定不变，对代理经营的国营粮食企业，由自治区财政按规定给予补贴；取消自治区对市、县现行的粮食购、销、调的包干办法，粮食购销平衡根据实际情况自行调节；粮食销售价格放开后，本着国家、单位和个人共同负担的原则，对职工按带0.7赡养系数每人每月补贴2.50元。

1994年5月，继续坚持政府定购，并适当增加收购数量，保障粮食稳步增长和产销总量平衡，建立和完善粮食购销新体制，确保国家定购粮食总量的完成。建立健全粮食储备体系和明确粮权归属，建立粮食风险基金制度，解决粮食企业财务挂账问题，以1992年为界，粮食企业发生的亏损挂账，认真进行清理，并按“分清责任、区别情况、逐年解决”的原则处理。建立农村初级粮食市场和“粮食银行”，有效组织粮食流通，帮助农民和城镇居民搞好计划用粮和节约用粮，保管好粮食，减少粮食损失。1995年，粮食购销政策仍是实行“双轨制”，即在保证政府能够稳定地掌握一定数量的粮食，以稳定粮食供给的前提下，放开粮食市场购销。但政府重申了议购粮食应随行就市，不允许搞“二定购”。1997年7月，国家定购粮仍按1996年确定的定购价收购，而议购粮按保护价敞开收购，常年收购、不拒收、不限收、不停收，不压级压价，不打“白条”。1998年5月，按保护价敞开收购农民余粮，粮食收储企业实行顺价销售，粮食收购资金封闭运行。2001年8月，实行“放开销区、保护产区、省长负责、加强调控”粮食改革政策。2002年开始实行粮食购销市场化“一取消、两放开”改革：取消粮食定购任务，公粮缴交任务不变，可以交粮，也可以交代金，继续保留公粮结算价。放开粮食购销市场，符合一定条件的多种所有制经济主体，经县级以上粮食行政主管部门和工商行政管理核准登记后，按照国家规定从事粮食购销；放开粮食购销价格，粮食购销价格由市场供求决定，粮食企业按照随行就市进行粮食经营，当市场粮价过渡波动、超出合理的价格水平时，政府通过储备粮的吞吐等调节粮食市场供求，保持粮食价格的相对稳定。2004年5月—2005年12月，全面放开粮食收购市场，实现粮食购销市场化和市场主体多元化，国有粮食企业仍按玉林市政府确定的指导价收购农民的余粮。

粮食销售

1990年起，容县粮食销售分为计划供应、周转粮供应和市场供应。计划供应主要是通过国有粮食企业进行。周转粮供应是粮食部门与相关部门达成协议，按市场价格，委托粮食部门代为收购和发放。市场供应是通过市场调控，根据市场情况采取自由贸易，居民自行购买的方式。

计划供应 1990—1993年1月，容县计划供应的对象主要有城镇居民、农村的“二户二属”（五保户、特困户，军属、烈属）、水库移民，以及驻容武警部队、消防中队。粮食部门对城镇居民仍然执行定量口粮（贸易粮）供应。为了加快开发贫困山区经济建设的步伐，政府对贫困山区调拨给一定数量的以工代赈粮食指标，其中1991年10月，容县完成以工代赈粮食指标：大米287.90吨，金额39.66万元；玉米191.90吨，金额10.34万元。1993年1月1日起，容县除军供、侨属、在校大中专学生、库区农民、移民、农村特困户、“五保户”军烈属的口粮继续按国家统销定量供应不变外，其余城镇非农业人口只保留定量，其口粮实行随行就市，按质论价，议购议销。如遇特大风险，市场粮价大幅度上涨时，可按政府议定的最高限价人均每月限量供应粮食 10 千克。至此，全县非农业人口粮食定量供应在实际上已不存在。1993 年全面放开粮食购销价格后，容县对驻境部队的粮油按自治区指定价格供应。2001 年 5 月 1 日，全面取消办理《城镇居民粮食供应转移证明》。2003 年 7 月—2005 年 12 月，执行自治区粮食局、自治区财政厅规定，全自治区的军粮由自治区统一配送，而容县则由容城粮库作为代供点暂行配送。军粮结算价格实行一年一定，每年由自治区粮食局、自治区财政厅根据粮食市场价格确定下达，由于容县是未纳入统一配送范围的军供点，其军粮差价款由配送中心按自治区确定的军粮结算价格计算拨补，实行按季预拨年终结算。

表 7-7　**1990—1992 年容县非农人口粮食定量供应标准表**

单位：千克 / 人 · 月

人员类别	供应标准
一、特殊重体力劳动者	21.50~23
二、重体力劳动者	19~20
三、轻体力劳动者	15~16
四、机关、团体工作人员，公私合营企业员工、店员和其他劳动者	14.50~16
五、中学生：	
1. 初中	15
2. 高中	16.50
六、一般居民及儿童	
1. 一般居民和十周岁以上儿童	13
2. 九至十岁儿童	12
3. 八至九岁儿童	11.50
4. 七至八岁儿童	10.50
5. 六至七岁儿童	9.50
6. 五至六岁儿童	8.50
7. 四至五岁儿童	7.50
8. 三至四岁儿童	6.50
9. 二至三岁儿童	5.50
10. 一至二岁儿童	4.50
11. 一岁以上儿童	3.50

周转粮供应　1993—2005 年，周转粮销售主要是确保民政优抚对象、水库移民和库区农民的口粮供应。1993 年起，容县民政、水利部门与粮食部门达成一致，按市场价格，由粮食部门代收购和发放。2002 年起，县粮食部门对容县退耕还林户按每亩退耕地每年补助粮食（原粮）150 千克，从周转粮中划拨。2004 年由于全部实行货币补助而取消原粮补助。

市场供应　随着容县粮食市场的全面放开，粮食经营不再局限于集市、米行，个体经营的粮食门店已逐渐增多。各乡（镇）粮所也纷纷利用自身优势，从事粮油市场经营。城乡居民、工矿企业、机关学校等用粮基本上从粮食市场上购买。

表 7-8　　1995—2005 年容县国有粮食企业粮食销售情况表

单位：吨

年份	销售情况	年份	销售情况	年份	销售情况	年份	销售情况
1995	28181	1998	6619	2001	6957	2004	4498
1996	17474	1999	11764	2002	3172	2005	3586
1997	17600	2000	11695	2003	6026	合计	117572

粮食储藏加工

1991 年，容城粮库在城西七里桥投入 45 万元建成 2000 吨仓容的拱扳仓。同年 5 月，容县全面推广应用双飞粉粉刷仓库内壁，有效降低储粮成本。1992 年，全县投入资金 24 万元新建 2000 吨仓容的瓦房仓。1994 年 5 月，容城粮库本部因旧城改造而征用面积 1.06 万平方米，其中仓库面积 3354 平方米，仓容 6250 吨。1995 年，容城粮库在七里桥重建 2750 吨仓容的瓦房仓。1999 年 3 月，把容城粮库本部一号仓 1000 吨仓容、七里桥一号仓 200 吨仓容、二号仓 300 吨仓容划拨给县储备粮管理公司用于粮食储备，权属归县储备粮管理公司。2000 年，县储备粮管理公司在七里桥增建 850 吨仓容的瓦房仓。2002 年开始，容县取消粮食定购任务，但公粮缴交任务不变，可以交粮，也可以交代金。自此各乡（镇）粮所储备粮量锐减，大部分粮仓失去储粮功能。

表 7-9　　1990 年容县粮食仓库容量统计表

单位	仓址	仓型及容量(吨)				
		瓦房仓	拱扳仓	圆筒仓	简易仓	合计
总计		48915	2000	2250	1200	54365
容厢粮所	峤北	300	—	500	—	800
容西粮所	西山	1000	—	750	—	1750
十里粮所	十里	800	—	—	—	2300
	江口	1500	—	—	—	
石寨粮所	石寨	1100	—	—	—	1600
	大荣	500	—	—	—	
杨梅粮所	绿荫	2620	—	—	—	4020
	河口	500	—	—	—	
	武屉	500	—	—	—	
	德昌	—	—	—	400	
六王粮所	六王	1400	—	—	—	2850
	莲塘	700	—	—	—	
	双善	750	—	—	—	
灵山粮所	灵山	1800	—	—	100	1900
杨村粮所	杨村	1875	—	—	—	2375
	鱼产	500	—	—	—	
黎村粮所	一库	3500	—	—	—	4270
	二库	270	—	—	—	
	和联	500	—	—	—	

续表

单位	仓址	仓型及容量(吨)				
		瓦房仓	拱扳仓	圆筒仓	简易仓	合计
县底粮所	县底	1120	—	750	—	2920
	荣塘	800	—	—	—	
	泗关	—	—	—	300	
自良粮所	自良	2030	—	—	300	3530
	中平	800	—	—	—	
	浪水	—	—	—	100	
	长河	300	—	—	—	
松山粮所	松山	2850	—	—	—	4150
	沙田	1300	—	—	—	
罗江粮所	罗江	1750	—	—	—	1750
石头粮所	石头	2350	—	—	—	3800
	务底	350	—	250	—	
	水口	850	—	—	—	
容城粮库	粮库	8250	—	—	—	14650
	新一仓	400	—	—	—	
	东外仓	3000	—	—	—	
	七里桥	1000	2000	—	—	
饲料公司		1650	—	—	—	1650

表 7-10 **2000 年容县粮食仓库容量统计表**

单位	仓址	仓型及容量(吨)				
		瓦房仓	拱扳仓	圆筒仓	简易仓	合计
总计		42115	2000	2250	1200	47565
容厢粮所	峤北	300	—	500	—	800
容西粮所	西山	1000	—	750	—	1750
十里粮所	十里	800	—	—	—	2300
	江口	1500	—	—	—	
石寨粮所	石寨	1100	—	—	—	1600
	大荣	500	—	—	—	
杨梅粮所	绿荫	2620	—	—	—	4020
	河口	500	—	—	—	
	武届	500	—	—	—	
	德昌	—	—	—	400	
六王粮所	六王	1400	—	—	—	2850
	莲塘	700	—	—	—	
	双善	750	—	—	—	
灵山粮所	灵山	1800	—	—	100	1900

续表

单位	仓址	仓型及容量(吨)				
		瓦房仓	拱扳仓	圆筒仓	简易仓	合计
杨村粮所	杨村	1875	—	—	—	2375
	鱼产	500	—	—	—	
黎村粮所	一库	3500	—	—	—	4270
	二库	270	—	—	—	
	和联	500	—	—	—	
县底粮所	县底	1120	—	750	—	2920
	荣塘	800	—	—	—	
	泗关	—	—	—	300	
自良粮所	自良	2030	—	—	300	3530
	中平	800	—	—	—	
	浪水	—	—	—	100	
	长河	300	—	—	—	
松山粮所	松山	2850	—	—	—	4150
	沙田	1300	—	—	—	
罗江粮所	罗江	1750	—	—	—	1750
石头粮所	石头	2350	—	—	—	3800
	务底	350	—	250	—	
	水口	850	—	—	—	
容城粮库	粮库	2600	—	—	—	7850
	东外仓	3250	—	—	—	
	七里桥	—	2000	—	—	
饲料公司		1650	—	—	—	1650

表 7-11

2005年容县粮食仓库容量统计表

单位	仓址	仓型及容量(吨)				
		瓦房仓	拱扳仓	圆筒仓	简易仓	合计
总计		42885	2000	2250	1200	48335
容厢粮所	峤北	300	—	500	—	800
容西粮所	西山	1000	—	750	—	1750
十里粮所	十里	800	—	—	—	2300
	江口	1500	—	—	—	
石寨粮所	石寨	1100	—	—	—	1600
	大荣	500	—	—	—	
杨梅粮所	绿荫	2620	—	—	—	4020
	河口	500	—	—	—	
	武届	500	—	—	—	
	德昌	—	—	—	400	

续表

单位	仓址	仓型及容量(吨)				
		瓦房仓	拱扳仓	圆筒仓	简易仓	合计
六王粮所	六王	1400	—	—	—	2850
	莲塘	700	—	—	—	
	双善	750	—	—	—	
灵山粮所	灵山	1800	—	—	100	1900
杨村粮所	杨村	1875	—	—	—	2375
	鱼产	500	—	—	—	
黎村粮所	一库	3500	—	—	—	4270
	二库	270	—	—	—	
	和联	500	—	—	—	
县底粮所	县底	1120	—	750	—	2970
	荣塘	800	—	—	—	
	泗关	—	—	—	300	
自良粮所	自良	2030	—	—	300	3530
	中平	800	—	—	—	
	浪水	—	—	—	100	
	长河	300	—	—	—	
松山粮所	松山	2850	—	—	—	4150
	沙田	1300	—	—	—	
罗江粮所	罗江	1750	—	—	—	1750
石头粮所	石头	2350	—	—	—	3800
	务底	350	—	250	—	
	水口	850	—	—	—	
容城粮库	粮库	2600	—	—	—	8620
	东外仓	4020	—	—	—	
	七里桥	—	2000	—	—	
饲料公司		1650	—	—	—	1650

粮食保管

1990 年，容县粮食系统有基层粮所（库、司）17 个，粮站 17 个，干部职工 592 名，其中保管员 75 名。粮食仓容 5.44 万吨，库存粮油 2.72 万吨，其中：原粮（稻谷）库存 2.71 万吨，油料库存 7 吨，油脂库存 61 吨。在开展粮油保管工作中，认真贯彻“以防为主、防治并举、综合防治”的保粮方针；落实量化管理责任制，严格执行每 3 天一小检、7 天一大检、刮风下雨随时检的粮油保管制度；积极推广“三低”即低氧、低温和低药的保粮方法。所有粮库均配足消防器材。经玉林地区、县春秋两季普查，全县保管粮油达到“无鼠雀、无虫害、无霉变、无事故”的四无标准。同年 9 月容县粮食局黄显江被商业部粮食储运局授予“全国粮油仓储设施调查先进工作者”称号。

1998 年 11 月，容县进行粮食流通体制改革，新组建容县储备粮管理公司，专门负责各级粮油储备管理。公司事业编制人员 20 名。对原粮所（库）业务进行收储业务和经营性业务分离，成立粮食收储企业和附营企业。粮食收储企业，指各乡（镇）粮食管理所，全县 15 家，有干部职工 209 名，其中保管员 45 名。粮食附营企业，包含县粮油食品总公司、县饲料工业公司和各乡（镇）从原粮所中分离出来的粮油贸易有限责任公司 17 家单位，干部职工 533 人。各公司独立核算、自主经营、自负盈亏，在业务上统一由县粮油食品总公司进行管理。

1999 年底，全县基层粮食企业 33 家(其中粮站 17 个)，共有干部职工 742 人，仓库 195 间，仓容 3.87 万吨，库存粮油 2.38 万吨，经市、县普查，库存粮油全部达到“一符四无”标准。

2005 年底，全县基层粮食企业 33 家，共有干部职工 633 人，储粮仓库 187 间，仓容 4.83 万吨，库存粮食 4651 吨。全县储粮工作严格执行各项储粮管理制度，认真做好储粮仓库密闭及日常粮温监测工作，采用通风降温和“双低”的科学储粮技术，做到“一符、三专、四落实”，确保储粮安全和随时调得进、用得上的要求。

原粮加工和食品加工

随着粮食流通体制改革的深化，粮食加工企业走向市场，新办的粮油企业向多种经济成分发展。在容县县城和各乡(镇)，个体经营的大米加工厂也日渐兴盛，最多时全县不少 50 家，加工的大米大量销往广东珠三角地带。1994 年，根据市场发展需要，容城粮库相继建成豆奶饮料、饼干和方便面生产线。在七里桥粮库投资建成面粉生产线和面条自动生产线。1996 年，全县投入资金 200 万元新建年产 3 万吨的颗粒饲料生产线和中型面条生产线，配套湘粮清洁米加工设备，增大科技含量的投入，全县实现粮油工业总产值 3580 万元。后因粮食流通体制改革和供需矛盾影响以及经营管理不善，各生产线相继停产。其中 1995 年饼干生产线停产。2001 年挂面、波纹面生产线停产。2005 年，全县粮食系统已没有粮油、面类生产线。

粮食价格

1990 年 8 月，容县对稻谷实行保护价收购，议价粮保护价为每 50 千克早籼谷国标三等为 35 元；杂优谷国标三等为 35.50 元；晚籼谷国标三等为 36 元。

1991 年 5 月 1 日起，适当提高粮食统销价格，标二米每 50 千克由 13.90 元提到 25 元，早籼稻谷每 50 千克由 9.50 元提到 17 元。统销价提高后，购销价格不再倒挂，财政部门不再给粮食部门提价补贴。

1992 年 4 月 1 日起，按照国家物价局、商业局的通知精神，提高粮食定购价格。根据各品种不同的生产、供求情况，这次提高粮食定购价格在品种安排上不搞“一刀切”。在国家规定的定购价格基础上，分品种每 50 千克中等质量标准提价额为：早籼谷 2.40 元，提高 10.60%；晚籼谷 4 元，提高 16.70%；玉米 3 元，提高 16%。

1993 年，国家曾放开粮食购销价格和经营，但在当年底及 1994 年初即引起粮食价格大幅度上涨，粮食市场零售价格每 50 千克 65 元，流通秩序比较混乱，此后，国家逐步采取经济、法律手段为主，行政手段为辅的调控措施，加强对粮食的调控，保持粮食市场价格的基本稳定。

2005 年，玉林市人民政府根据市场粮食价格和农民种粮成本，确定全市国有粮食购销企业收购农民余粮指导价为：每 50 千克中等质量标准早籼稻为 48~50 元，优质谷收购按质定价。优质优价可上浮 10%~40%。容县国有粮食购销企业收购农民余粮按上述指导价执行。

表 7-12　**1992 年成品粮定购价调整表**

单位：元 /50 千克

价格 品种	调整前价格		调整后价格	
	统购价	比例价	统购价	比例价
早籼　标一米	25.19	33.90	29.63	40
标二米	24.11	32.50	26.67	36
标三米	23.16	31.20	25.93	35
中晚籼　特制米	27.44	37	31.85	43
标一米	26.74	36	29.63	40
内销　优质米	35.23	47.60	39.26	53
05 粘米	27.44	37	31.85	43
特制一等面粉	32.25	40.10	39.26	53
特制二等面粉	26.78	31.10	34.07	46
标准面粉	23.72	29.70	29.63	40

表 7-13

1992 年原粮统销价格调整表

单位：元 /50 千克

价格 品种	调整前统销价格					调整后统销价格				
	一等	二等	三等	四等	五等	一等	二等	三等	四等	五等
中晚籼稻	18.50	18	17.50	17	16.50	30	29	28	27	26
晚杂优稻	18.50	18	17.50	17	16.50	29	28	27	26	25
早籼稻	18.50	17.50	17	16.50	16	27	26	25	24	23
早杂优稻	18.50	18	17.5	17	16.50	28	27	26	25	24
05 黏稻	21	20	19	18	17	31	30	29	28	27
上优质稻	26	25	24	23	22	39	37	36	35	33
中优质稻	25	24	23	22	21	36	34	33	32	30
下优质稻	24	23	22	21	20	34	32	31	30	29
黄玉米	17	16	15	—	—	23	22	21	—	—
白杂玉米	17	16	15	—	—	23	21.7	21	—	—
小麦	23	22	21	20	19	33	32	30.9	30	29

表 7-14

1992 年成品粮统销价格调整表

单位：元 /50 千克

项目 品种	规格	调整前 统销价	调整后 统销价	说明
籼米	特制	30	43	1. 05 黏全区统一按晚籼特制统销价格执行。 2. 特制二等面粉包括七五面粉和上白面粉。 3. 表内列面条价格，均为区辖区五市面条价格。 4. 面粉搞精包装的，另加 1 元包装费。
	标一	28	40	
	标二	25	36	
	标三	24	35	
优质米	—	36	53	
面粉	特制一等粉	39	53	
	特制二等粉	34	46	
	标准粉	28	40	
特制粉面条	—	53	67	
标准粉面条	—	41	53	
军供大豆	—	40	48	
军供绿豆	—	60	70	

表 7-15

1992 年原粮定购价格调整表

单位：元 /50 千克

等级	调整前价格									
	统购价					定购价				
	一等	二等	三等	四等	五等	一等	二等	三等	四等	五等
早籼谷	18.07	17.41	16.74	16.07	15.41	24.40	23.50	22.60	21.70	20.83
早杂优谷	19.26	18.52	17.78	17.04	16.37	26	25	24	23	22.10
中晚籼谷	19.26	18.52	17.78	17.04	16.37	26	25	24	23	22.10
晚杂优谷	19.26	18.52	17.78	17.04	16.37	26	25	24	23	22.10
上杂优谷	25.63	24.67	23.70	22.74	21.85	34.60	33.30	32	30.70	29.50
中杂优谷	23.63	22.74	21.85	20.96	20.15	31.90	30.07	29.50	28.30	27.20
下杂优谷	22.44	21.56	20.74	19.93	19.11	30	29.1	28	26.90	25.80
05 黏	20	19.26	18.52	17.78	17.04	27	26	25	24	23

续表

等级	调整后价格									
	统购价					定购价				
	一等	二等	三等	四等	五等	一等	二等	三等	四等	五等
早籼谷	20	19.26	18.52	17.78	17.04	27	26	26	24	23
早杂优谷	20.74	20	19.26	18.52	17.78	28	27	27	25	24
中晚籼谷	22.22	21.48	20.74	20	19.26	33	29	29	27	26
晚杂优谷	21.48	20.74	20	19.26	18.52	29	28	28	26	25
上杂优谷	28.89	27.41	26.67	25.93	24.46	39	37	37	35	33
中杂优谷	26.67	25.19	24.46	23.70	22.22	36	34	34	32	30
下杂优谷	25.19	23.70	22.96	22.22	21.48	34	32	32	30	29
05 黏	22.96	22.22	21.48	20.74	20	31	30	30	28	27

粮食调拨与食油销售

粮食调拨 粮食调拨实行分级管理。自治区外、自治区内、地(市)内、县内粮食调拨分别由国家、自治区、地(市)、县粮食部门编制计划,各级调拨计划逐级下达直到各基层粮所(库)执行。为了避免盲目调拨和迂回运输,先由县粮食局按年、季、月编制调出、调入计划上报上级,然后由上级按具体情况,向县下达调拨计划任务。县按下达的调拨计划进行调运。1990 年,容县粮食局拥有东风牌运输车 3 辆,主要为粮食系统内粮油饲料调运所用。

1991—1992 年,容县共完成调运任务 3.19 万吨,其中省间 483 吨,地县间 1.96 万吨,县内 1.18 万吨。

因农业产业结构调整和粮食流通体制改革,1995 年开始,容县调出粮食逐年减少,至 2005 年不再进行粮食调拨。

食油销售 20 世纪 90 年代以来,容县食油销售主要是花生油和猪油,花生油产少销多,供不应求。茶油、菜油、麻油、棕榈油等食用油,由于人们不习惯食用,故销售量很小。其中,1990 年容县国有粮食企业平价销售食油 0.90 吨,议价销售食油 81.80 吨;1991 年平价销售食油 0.90 吨,议价销售食油 85.90 吨;1992 年平价销售食油 0.90 吨,议价销售食油 90.30 吨;1993—1998 年共平价销售食油 5.40 吨,议价销售食油 642.20 吨。

1998 年 7 月 1 日起容县除军供、侨汇供应食油继续按规定的统销价格及标准执行外,其余各项用油一律退出统销,通过市场供应,价格随行就市。

供应网点 在计划供应年代,容县粮油集市一度受到限制甚至关闭,粮油供应主要是依靠粮食部门的粮油门市以及各个代销点经营。1985 年 1 月起,粮油集市改为长期开放,并撤销对长途贩运的限制,从此粮油集市从县城到圩镇逐步开始恢复。1993 年 1 月放开粮食购销价格后,粮食部门也从封闭经营逐步走向开放,发展多种经营,增加经营网点,拓宽粮油市场。全县 15 个乡(镇)粮所共增设经营门店 30 多间。同时,在各乡(镇)纷纷开设个体粮油门市,个体大米加工厂也不断增加,至 2005 年全县经粮食行政管理部门核发粮食经营许可证的个体粮食经营网点 118 家。

第五节 专营专卖

食盐

盐品销售 容县盐业公司承担着全县食用碘盐、小工业盐、农牧渔业用盐及其他用盐的供应,公司主要经营桂山牌精制盐、日晒精盐、海晶盐和腌制用盐等,同时为了丰富盐品市场满足消费者需要,还开发了钙、锌强化营养盐、低钠营养盐以及沐浴盐、足浴盐、洗涤盐等多个品种。1990 年前,销售的食盐多是未加碘的散装盐。1990 年，全县食盐销售由散装改为小袋包装，开始销售加碘盐。1997 年，使用碘盐标志，实行商标管理，销售复合膜小袋盐。1997 年将原管理辖区的岑溪县南渡、马路、吉太、昙容，桂平县罗秀，平南县平山划出，归为当地县（市）盐业支公司管辖，全自治区实行行政区域销售。2001 年统一使用防伪“碘盐标志”。

表 7-16　**1990—2005 年容县食盐购销情况统计表**

年份	购进（吨）	总销售（吨）	销售额（万元）	年份	购进（吨）	总销量（吨）	销售额（万元）
1990	9771	8163	457	1998	5227	5449	521
1991	8314	8304	460	1999	5463	5452	523
1992	8879	9197	514	2000	5440	5189	538
1993	6832	7860	564	2001	5543	4231	533
1994	6825	7336	487	2002	4349	4400	586
1995	5795	5427	433	2003	1373	3962	521
1996	5128	6102	533	2004	4485	3979	518
1997	5358	5709	541	2005	3797	2801	497

食盐管理与监督　1990 年，为保证全县人民吃上合格碘盐和放心盐，容县盐务主管部门采取多种方式，强化食盐市场监管，规范食盐经营行为，严厉打击私盐贩卖活动，净化食盐市场。每年针对性地开展专项检查，杜绝食品加工用盐流入食盐市场。1994 年，向社会公布涉盐违法经营举报电话，设立举报信箱。1990—2005 年，全县共查处盐业违法案件 20 起，查处私盐 10 余吨。2005 年，全县碘盐市场占用率 100%。

烟草

国家对烟草实行专营专卖。1984 年 12 月起，容县烟草专卖局（公司）负责全县烟草专卖行政监管和卷烟购进、调拨、批发等业务。至 2005 年不变。

卷烟销售　容县烟草公司承担全县卷烟销售的采购工作，并与自治区内烟厂订立卷烟供货合同，按合同购进卷烟供应辖区市场；自治区外卷烟由上一级的市（地区）公司负责调拨至县烟草公司，直至 2002 年后取消县级公司直接订货资格，由市烟草公司集中组织卷烟订货。在卷烟批发业务上，烟草公司负责全县持有烟草专卖零售许可证的零售户按规定凭证批发卷烟，由持有零售许可证的零售户凭“准购证”到县烟草公司购进卷烟；1985 年为方便乡（镇）零售户购进卷烟，县烟草公司还通过以委托批发的形式在乡（镇）的供销社设立委托批发点向当地零售户供应卷烟。1994 年起取消这些乡（镇）委批点，先后独立设置烟草公司下属杨梅、黎村、杨村、六王、灵山、石头、罗江、松山、县底、自良等卷烟批发部直接批发卷烟，并逐步推行即访即销、送货上门的营销模式，由所在乡（镇）批发部的管销人员随货同行，逐摊逐户进行访销，现场货、款两清。2004 年 6 月—2005 年，实行访销分离模式，由电话呼叫中心人员以电话的方式与零售户商定卷烟购进品牌和数量，并形成订单录入电脑，再通过配送部门负责集中统一配送与烟款收缴。客户服务部人员定期对零售户进行

2002 年上半年，容县烟草专卖局开展烟草市场大整顿大清理，7 月 10 日集中销毁假非私烟叶卷烟。图为销毁现场　（据《容县报》）

日常走访宣传服务,宣传货源信息、品牌卖点、销售技巧等,进一步提升服务质量。

专卖管理 容县烟草专卖局成立初期,全县烟草市场管理职能由下设的专卖管理办公室组织实施,主要负责烟草专卖零售许可证的发放和市场管理工作,并联合容县工商局、供销社开展市场检查。2000年,行业改革深化,局下设机构的专卖办公室更改为专卖监督管理办公室,负责办理卷烟零售许可证的发放、管理工作,负责全县专卖人员依法行政、履行职能的监督、检查和指导,对内部卷烟销售部门经营行为的监督、检查、管理等工作。下辖稽查大队与专卖管理所,稽查大队与专卖管理所主要负责依法打击制售假烟网络和加强对烟草市场的管理工作,开展打私打假及市场清理整顿专项活动,查处违法违规案件,维护烟草市场经营秩序。

2000年前,对全县卷烟零售户采取的管理模式相对较为粗放,以检查、打击违法行为为主;2001年后,全县辖区卷烟市场的管理实行户籍化管理,对卷烟零售户按圩镇、公路线、村级等类别划分,对卷烟零售户实行入户分类管理。2004—2005年,实行诚信等级管理,根据零售户守法经营和卷烟销售情况,对零售户实行A、B、C、D分级管理,采取管理与打击、教育与服务相结合的管理模式。

中石化容县分公司

业务经营 20世纪80年代,石油作为指导性计划商品,统一由石油系统层层按计划分配油源,从玉林石油分公司统一调给,油料全部由汽车运输,统配定量。1985年,从单一计划经济转变为计划与市场经济合并后,除计划分配进油外,还自行到广东湛江、茂名、北海等地购进成品油。1999年6月1日起,执行“统一配置、统一调运、统一价格、统一结算、统一资金”的“五统一”,油品全部从玉林石油分公司油库调进。油品供应范围主要是容县所有乡(镇)及县内工矿企业、交通运输业、商业、机关、学校及居民的生产和生活用油。品种有汽油、柴油、煤油、润滑油。1987年,在城西路建成县内第一个加油站,开始经营成品油的零售业务。1990年,各类油品总销量1万多吨,实现利润333万元,上缴税金169万元。1992年,公司经营方式转变为以零售为主。2005年,石油销售总量2万多吨,销售总额1.43亿元,实现利润969万元,上缴税金469万元。

表7-17 **1990—2005年部分年份中石化容县分公司专营专卖一览表**

单位:吨

年份	购进	销售	库存
1990	10801	10266	535
1991	12584	11055	1529
1992	12153	11300	853
1993	7434	7268	166
1994	11487	11207	280
1995	10144	9628	516
1996	8859	8195	664
1997	7198	6694	504
1998	8472	7273	1199
1999	12466	12032	434
2000	23052	22678	374
2001	9801	9337	464
2005	22176	20856	1320

表 7-18　　1990—2005 年容县石油分公司经营情况表

单位：万元、吨

年份	销售总额	实现利润	上缴税金	油料销售总量	其中			
					汽油	柴油	煤油	润滑油
1990	5467	333	169	10266	2815	6298	869	284
1991	5500	336	171	11056	3613	6299	898	245
1992	5471	334	170	11300	4270	5819	777	434
1993	5629	343	174	7268	2354	3880	634	400
1994	7269	443	225	11207	3015	7179	650	363
1995	9267	565	287	9628	2818	6083	448	279
1996	10019	611	311	8195	3029	4663	334	169
1997	10541	643	327	6694	2782	3393	412	107
1998	11231	685	348	7273	2398	4584	207	84
1999	11400	695	353	12032	3690	7840	388	114
2000	12889	786	400	22678	5918	15494	865	401
2001	13097	798	321	9337	3105	9064	362	273
2002	13500	854	343					
2003	13987	870	361					
2004	14000	892	375					
2005	14300	969	469	20856	7256	13422		178

企业管理　1989 年 1 月公司实行经济责任制，销售额承包到组，车辆承包到司机，职工优先组合，中层干部实行聘任制。1990 年 2 月，对担任副站长以上行政职务及有专业技术职务的人员发放不同档次的职务津贴。1992 年 3 月，制定《容县石油公司岗位责任制综合考核办法》，内容有“共同考核项目”“对股、室、库、站的附加考核项目”和“关于考核和评定的几个具体问题的说明”三部分。1996 年按照自治区人民政府《关于全面实行劳动合同制度的通知》精神，企业实行合同制。2000 年，完成股份公司和存续公司两大块的划分。2002 年，实行“地县一体化”改制，取消县级公司法人资格，归中石化玉林石油分公司零管部管理。

基础设施　1987 年，在容县风柜岭油库前面空地上新建占地面积 122.40 平方米、建筑面积 317.20 平方米水泥结构三层楼作为办公用房，接着在城西加油站后面空地上新建三层建筑面积 645.90 平方米的宿舍楼。1995 年在容县侨乡经济开发区新建占地 1900 平方米、高 7 层建筑面积 3234 平方米的水泥结构办公楼。

油库设施及管理　1964 年，在厢西村石屋队风柜岭山垭处申请山地 2334 平方米作为油库建设用地，后另征得 6838 平方米，于 1965 年 3 月建成使用，油库占地面积 9172 平方米。1980 年安装 50 立方米金属卧罐 12 个，总容量 1800 吨。1987 年对油库实行“安全管理制度化、制度管理强制化、油库管理科学化、设备管理规范化、库容库貌美化绿化”的管理措施。1990 年，执行《县级石油公司油库安全管理检查评比标准（试行）》和《石油库管理工作细则》。1999 年起，实行“五统一”管理并逐步取消县级公司油库。

油站建设及管理　1987 年 7 月，在城西路建成容县第一座加油站，并开始营业。同年，与石头供销社建成联营加油站 1 个；1990 年 4 月厢南加油站竣工营业；1992 年 5 月风拒岭油库加油站开业；1993 年红光加

油站、泗登加油站、北环加油站竣工营业;1995年都峤联营加油站竣工营业;2000年11月玉林至容县一级公路加油站开业,12月黎村加油站、松山加油站开业;2001年5月自良加油站开业、12月城南加油站开业。

1990年,认真贯彻执行“预防为主,安全第一”方针及中国石油化工销售公司的《加油站的建设与管理》条例,推行“谁主管谁负责”原则,各加油站站长与企业主管签订安全生产责任状。1992年10月,对加油站管理着重转移到引导职工履行职责,改善服务态度,提高服务质量,树立企业良好形象上来,实行销售额与奖金挂钩政策。1998年7月以后,按照集团公司《加油站管理规范》、广西石油总公司《加油站(网点)规范化管理制度》,建立和完善加油站各项规章制度,并对各加油站进行统一改造,更新中石化集团标识,使用电脑加油机,增设完善洗车、加水、饮用水等综合服务设施,统一着装、统一服务程序。实行联量计酬吨油工资,员工实行末位待岗,站长实行竞聘上岗制。

第三章　服务业与集市贸易

第一节　服务业

1990年初期,容县服务行业很少。随着经济社会深入发展,居民服务业、饮食业、住宿业等服务行业也随之逐渐兴起,并不断发展壮大。到2005年,全县共有服务行业1320家,从业人员2315人,年营业总收入3310万元,税利662万元。

居民服务业

1990—2005年,容县的居民服务业主要有理发美容、摄影扩印、日用修理、洗染等共409户,注册资本(金)280.40万元,从业人员1329人。其中,个体工商户402户,注册资本272.70万元,从业人员1312人;私营企业7户,注册资金7.70万元,从业人员17人。

理发美容理疗　1990—2005年,容县理发、美容、理疗等保健行业蓬勃发展。1990年后,电剪替代了手推剪,服务方式由单一理发发展为美发、染发、洗发、烫发等。至2005年,全县共登记各类市场主体114户,注册资金(本)16.40万元,从业人员365人。其中个体户112户,注册资本14万元,从业人员359人;私营企业2户,注册资金2.40万元,从业人员6人。

摄影照相　1990—2005年,摄影技术不断提高,摄影工具不断更新换代。从使用传统的胶卷相机摄影到数码相机、手机摄影,容县的摄影照相业也随之逐渐发展,经营范围和经营规模逐渐扩大,从开始的照片服务、相机、胶卷零售逐渐扩大到婚纱照、艺术人像、数码摄影成像以及承接冲晒扩印等服务和兼营零售各种照相器材等。至2005年底,全县有从事摄影照相行业的经营户12户,注册资金(本)9.90万元,从业人员25人,均为个体户。

日用修理业　容县人民一直秉承着勤俭节约的良好作风。随着家用电器、机动车辆及其他日用品进入千家万户,日用修理业随之兴起。除个体修理店不断增多外,各生产厂家为了促销,对凡购买其产品的用户发放保修卡,厂家维修人员随叫随到。1990—2005年,从事日用修理业经营户共有133户,注册资金(本)109.50万元,从业人员314人。

洗染业　1990—2005年,受人民生活习惯和消费观念的影响,洗染业在容县发展较为缓慢,洗染业设备投入较高是重要制约因素。其间,容县洗染业经营户只有1户个体户,注册资金(本)5万元,从业人员3人。

其他居民服务业　1990—2005年,随着人民群众生活方式的不断丰富多样,除了上述几项服务业外,容县的居民服务行业还有缝纫服务、打字复印、珠宝清洁等服务。其间,登记设立的其他居民服务业(缝纫服务、打字复印、珠宝清洁等)有149户,注册资金(本)136.60万元,从业人员617人。其中个体户144户,注册资本134.30万元,从业人员622人;私营企业5户,注册资金5.30万元,从业人员11人。

表 7-19　　1990—2005 年容县居民服务业（个体）登记基本情况表

单位：户

年份	美容美发	摄影照相业	日用修理业	洗染业	其他服务业
1990	12	5	18	0	23
1991	12	5	19	0	28
1992	12	5	21	0	32
1993	13	6	22	0	35
1994	15	6	22	0	43
1995	15	6	26	0	49
1996	18	6	27	0	51
1997	21	6	28	0	54
1998	29	6	32	0	60
1999	32	6	40	0	72
2000	53	8	58	0	86
2001	65	10	69	1	99
2002	72	11	80	1	107
2003	81	12	91	1	119
2004	98	12	102	1	130
2005	114	12	133	1	149

餐饮业

容县饮食企业，是在改革开放后发展起来的。1990 年，除国有企业容县饮食服务公司在县城区开设有东风大楼、登高饭店、华侨餐厅三大酒楼外，民营饮食企业中没有一家上档次规模的企业，基本是一些简单的大排档、饮食店、小炒小食。1993—2005 年，随着社会各行各业经济发展，餐饮行业迅速发展壮大，餐饮遍及全县城乡。经营品种多样，经济实惠。并推出了饮食与娱乐服务为一体的消费结构，先后在容县城区和各乡（镇）出现各种经济形式并存的大小酒店、餐馆、小吃店铺，相对较大的饭店、酒家有：黑马大酒店、华侨大厦、供销大酒店、长江大酒店、正阳宾馆、庆寿宾馆、桃花源大酒店、南方大酒店、绣江宾馆、喜迎门饭店、铭皇饭店、金谷酒店、十里供销社饭店、西园酒楼、兰香大排档、东方饭店、汇丰酒店、乐皇酒店、金桂酒店、明桂酒楼、明月酒楼、自良名佳饭店、南湖饭店、文泉酒店等 50 家上规模的民营饮食企业。1990—1993 年，全县年均 800 家饮食企业，从业人数 1600 人，年营业总收入 2500 万元。1994—1998 年，全县年均 850 家饮食企业，从业人数 1800 人，年营业总收入 6000 万元。1999—2005 年，全县年均 890 家饮食企业，从业人数 2300 人，年营业总收入 1.20 亿元，年上缴税金约 360 万元。

住宿业

1990 年，容县住宿服务业的经营户主要是县委、县政府的招待所，设施简单，房内除床铺外无任何配套设备，民营的住宿服务企业几乎为零。但随着社会发展和进步，该行业从 1992 年起，逐渐发展起来，并提升了服务档次及服务质量。1993—2005 年，一些宾馆逐步发展成集吃、住、行、购、娱乐为一体的星级现代型多功能宾馆。一批大型高级住宿服务业企业相继涌现，单容县城区就有 10 多家旅业宾馆，如：黑马大酒店、华侨大厦、供销大酒店、长江大酒店、正阳宾馆、交通大厦、华侨旅社、桃花源大酒店、南方大酒店、绣江宾馆、侨乡宾馆、容州宾馆等。在 2005 年，全县有 4 家服务企业被定为国家 2 星级宾馆（饭店），分别是：长江大酒店、正阳宾馆、容州宾馆、华侨大厦。

第二节　集市贸易

1990年前，容县商品贸易市场以国营为主，在县城及各乡（镇）都设有国营或集体的百货商店、五金化工商店、糖烟酒商店、日杂商店等。1990年后，随着市场经济体制的建立和发展，商品销售已完全市场化，原来由国营、集体经营的商店已改制或解体，商品销售市场已被股份制企业或个体销售店铺、摊点占领。各店铺、摊点主要销售粮油、畜牧、肉类、鱼类、蛋类、糖类、食盐酱醋，水果、糖烟饼、蔬菜、种苗、药材、日杂小百货、服装、小农具等生产资料、生活资料和土特产品。

集市设施建设

1990年，容县有集贸市场29个，其中城区有3个，16个乡（镇）也都有集贸市场。市场占地面积5.01万平方米，摊位1023个，门店265个。其后，不断改造和扩建集贸市场，至2005年，全县有集贸市场38个，市场占地面积5.57万平方米，设立有摊位2026个，门店549个。容县市场服务中心根据形势的发展，对容州市场、城南市场及各乡（镇）市场设施进行改造和更新，提升档次。每年解决城镇1万多人就业，1990—2005年市场年均成交额达7亿多元。

市场物业管理

1990—1995年，容县工商局依法行使市场服务和监督管理的行政职能，对市场交易秩序行为进行执法监督，推动市场发展。1995年容县市场服务中心成立后，专门履行市场服务和监督管理及建设的职能。2001年12月，市场办管脱钩后，市场服务中心及下属各所设立专门股室和人员，对市场物业进行管理，按照物业的不同类型进行登记造册，对市场物业进行检查。

市场租赁和管理

容县市场服务中心自1995年成立以来对全县16个乡（镇）共25个大小市场重点抓好市场内摊点的摆卖秩序治理，对商品进行划行归市、规范车辆的停放，配合有关部门做好食品卫生“三防”和除“四害”工作，实行市场摊（铺）位的公开招投标工作。市场设施租赁工作，从最原始的摊位费逐个收取走向市场摊（铺）位公开招投标的规范化管理，使市场摊位的使用阳光化，并趋向规范化，经济效益明显好转，保证市场服务中心的正常运行。

家畜屠宰

1991年5月1日，容县推行生猪定点屠宰。在生猪定点屠宰工作上国有食品公司提供设施和服务。1995年7月，从中央到地方对牲畜定点屠宰进一步规范管理，容县人民政府对县牲畜屠宰和肉食市场管理实行“定点屠宰、集中检疫、统交税费、控制批发、分散经营”的办法，除少数边远山区交通不便实行代宰外，基本上实现了定点屠宰。1995年，全县定点屠宰牲畜12.80万头。1996年，定点屠宰牲畜14.50万头。1997年定点屠宰牲畜14.40万头。1998年1月和3月，执行国务院《生猪屠宰管理条例》和《广西壮族自治区家畜屠宰管理条例》，容县经济贸易局成立商务执法队，开展对家畜定点屠宰管理和执法检查，进一步加大管理职能和处置私宰行为力度。到2005年底，累计定点屠宰生猪156.70万头，定点屠宰率达98%以上。

第四章　对外经济贸易　经济技术合作

容县对外经济贸易主要是通过外贸部门或一些企业和个人将县内的一些土特产，农副产品、工业产品等销售到一些国家和地区，购进一些机械设备、毛纺织原料、电子配件等。适量吸收国外及中国港澳台地区的资金到县内进行开发建设。开展经济技术交流与合作，改善投资环境，提高服务质量，为外商投资营造好的营商环境。

第一节 对外贸易

1990—1997年，容县对外贸易局（又称外贸进出口公司、属企业性质）是唯一一家拥有外贸进出口经营权的单位，主要是代理和自己经营及办理“三资”企业来料加工等业务，而又主要是从事出口业务。其间，全县进出口总额年均在531万美元左右。1998年后，由于对外贸易市场放开，一些企业与个人可直接办理自营出口权，加上容县外贸公司缺乏流动资金，在激烈的市场竞争下，企业一时处于停业状态，最终无法开展业务。1990—2005年，全县对外贸易整体上呈波浪式发展，1990年全县进出口总额为101万美元，1997年增加到1087万美元。1990—1997年，全县进出口总额4241万美元。其后开始下降，1999年仅有15万美元。此时县委、县政府制订出一系列优惠政策，营造良好的营商环境，外贸进出口总额又开始逐年增加。2001年为66万美元，2005年达到941万美元。1998—2005年外贸进出口总额为5208万美元，1990—2005年全县外贸进出口总额为9449万美元。

出口

容县出口商品主要有：电子、桂皮、八角、松香、松节油、活猪、活鸡、陶瓷、烟花、保健食品、果蔬罐头、竹编、芒编、钛白粉、混纺毛织品、铁制罐、蓄电池铅板、塑胶袋、工程机械等。2001—2005年，以陶瓷、松香、芒编、罐头等为大宗出口产品。产品主要销往美国、日本、泰国、马来西亚等国家。主要自营出口企业有广西东森化工有限公司、广西容县祥荣针织制衣有限公司、广西南山瓷器有限公司、容县山钛烟花厂、广西容县嘉美食品工业有限公司等。1998年全县出口总额为831万美元，2005年为716万美元。1998—2005年全县出口总额为2528万美元。

进口

1990—1995年，容县外贸公司基本是为企业代理进口业务。1996年以后，市场经济改革不断深化。到2004年，进口业务主要是由“三资”企业自行办理，在入资时，主要是以一些机械设备、自用小车及生产用车和部分来料加工原材料产品等，每年进口额不定，数量很少。1998年全县进口总额为66万美元，2005年为225万美元。1998—2005年，全县外贸进口总额为2680万美元，进口的货物主要是毛织原材料和电子配件等。

表7-20 **1998—2005年容县对外贸易一览表**

年份	外贸进出口总额（万美元）	外贸出口总额（万美元）	外贸进口总额（万美元）
1998	897	831	66
1999	15	15	—
2000	81	81	—
2001	66	66	—
2002	99	36	63
2003	2415	265	2150
2004	694	518	176
2005	941	716	225

第二节 经济技术合作

“三资”企业和外资利用

1990—2005年，容县外资来源主要是泰国、美国、加拿大、马来西亚、新加坡等国家和中国的香港、澳门、

台湾地区，分别为独资、合资或技术合作等性质。其企业结构主要分为食品、陶瓷、针织制衣、纺织、塑料工艺制品、机械、饲料、烟花爆竹、人造板等。

1990 年，容县共有 10 家“三资”企业，总投资额为 550 万美元，其中外商投资额为 469 万美元。主要企业有：容县华隆电子公司、容县沙田柚开发有限公司、容县明通汽车运输公司、容县南通电子厂、容县石材开发有限公司、容县华丰竹藤制品有限公司、容县服装厂、容县成大恒服装厂等。主要产品是食品、电子、工艺品、服饰等。年内产值 2000 多万元，税金（含关税、县财政税）187.47 万元，安排就业 600 多人。1991 年，新增“三资”企业 7 家，外商投资总额 280 万美元。1992 年，新增“三资”企业 76 家，合同投资总额 4500 多万美元，其中外商投资总额 2900 多万美元。1993 年，新增“三资”企业 34 家，引进外资总额 700 万美元。1994 年，新增“三资”企业 11 家，合同投资总额 4659.89 万美元，其中外商投资 4309.09 万美元。特别是广西黑五类食品集团有限公司年内完成工业总产值 8392 万元，广西都峤高级墙地砖有限公司完成 1600 万元（另外出口创汇一些企业，不断拓展国际市场，增强出口创汇能力，如：容县华隆电子公司年内出口创汇 195 万美元，容县兆隆电子有限公司 171 万美元。容县侨豪制革厂出口 296 万美元，广西南山瓷器有限公司出口 87 万美元）。1995 年后，新办“三资”企业有所下降，但利用外资额却不小。1996 年，全县“三资”企业完成工业总产值 6.83 亿元，出口创汇 1554 万美元，1997 年，新增“三资”企业 2 家，合同投资总额 2500 万美元，其中外商投资额 1743 万美元。年内，全县“三资”企业完成工业总产值 7.86 亿元，出口总额 1000 万美元。1998 年，全县“三资”企业完成工业总产值 8.65 亿元，出口额 831 万美元，1990—1999 年，全县累计批准成立“三资”企业 134 家，合同总投资额 1.40 亿美元，其中外商投资总额 9000 多万美元，但由于合同到期和其他原因，已先后注销 41 家，实有企业 93 家，到位外资 4746 万美元，先后投产的“三资”企业 75 家。2000 年，新引进外商投资企业 3 家，合同投资总额 103.37 万美元，其中外资 92.43 万美元。2001—2005 年，新引进“三资”企业 2 个，总投资额约 3 亿元，分别为广西高峰容洲人造板有限公司、广西容县金泰涞瓷业有限公司。2005 年，全县正常生产的“三资”企业 16 家（含技术合作企业 9 家），总注册资金 2257 万美元，完成工业总产值约 5.50 亿元，进出口贸易 941 万美元，其中出口总额 716 万美元，上缴税金 2200 万元，利润约 4400 万元，从业人员约 3800 人。

主要“三资”企业：

容县华隆电子公司　成立于 1986 年，是玉林市第一家电子生产厂家，也是玉林市第一家中外合资企业。1990 年初期，该公司主要生产电子表、石英钟、机芯等产品，产品全部销往国外，当时年产值约 250 万元，从业人员 120 人。1994 年因外方原因撤资，同年已改变企业性质。

广西三宝食品有限公司　成立于 1992 年，是一家与泰国合资的综合性食品加工企业，主要产品有糊类保健食品和果蔬罐头，年均产值 1200 万元，税金 60 万元，从业人员 350 人。1994 年，根据企业情况，对公司进行改革，挂靠广西黑五类食品集团有限公司，由该公司统一排产、统一使用“南方”牌商标，统一使用广西黑五类食品集团公司厂名。2000 年挂靠合作期满后，广西三宝食品有限公司无法进行自身经营。2001—2005 年转为租赁经营。

广西都峤陶瓷有限公司　成立于 1993 年，是一家与泰国合资的企业，主要从事日用墙地砖生产，年均产值 3500 万元，税金 130 万元，从业人员 600 人。由于企业其他原因，1997—2005 年改为租赁经营。

广西容县金泰涞瓷业有限公司　成立于 2003 年，是一家与香港合作企业，主要生产经营日用陶瓷。2004—2005 年，年均产值 2000 万元，出口创汇 176 万美元，税金 100 万元。

广西容县南方食品股份有限公司（前身是广西百姓南方食品股份有限公司）　组建于 1996 年，是一家中美合资食品生产企业，主要生产黑芝麻糊、太阳锅巴、甜纽酥等系列产品，年产值 2500 万元，其中出口创汇 100 万美元。1997 年以后，以每年 20% 以上的发展速度递增。2005 年，实现工业总产值 3.50 亿元，利税 7000 万元，从业人员 950 人。

广西南山瓷器有限公司　组建于 1994 年，是一家与香港合作的日用陶瓷生产企业，组建时，年产值只有 200 多万元，1995 年以后，每年平均以 15% 以上的发展速度递增，到 2005 年，实现工业总产值 6350 万元（其中出口创汇 68 万美元），税金 420 万元，利润 86.41 万元，从业人员 1200 人。

广西容县嘉美食品工业有限公司 组建于 1999 年，是一家泰国独资的果蔬罐头生产企业，主要产品有：荔枝、龙眼、蘑菇、法国豆、菠萝等系列罐头，年产值 250 万元。2001 年后每年平均以 10% 发展速度递增。2005 年，实现工业总产值 1000 万元（其中出口创汇 100 万美元），税金 50 万元，利润 20 万元，从业人员 250 人。

广西高峰容洲人造板有限公司 组建于 2004 年，是一家与澳门合资的中（高）密度纤维板生产企业，从组建到 2005 年，该公司实现年均产值 5000 万元，税利 1000 万元，从业人员 250 人。

广西容县祥荣针织制衣有限公司 组建于 1996 年，是一家香港独资的针织制衣企业，从投产到 2005 年，年均产值稳中有升。2005 年，实现工业总产值 720 万元（其中出口创汇 95 万美元），税金 35 万元，利润 80 万元，从业人员 200 人。

技术设备引进

1990—2005 年，容县政府及有关职能部门积极引导企业引进国内外先进技术设备。1993 年，广西都峤陶瓷有限公司引进德国、意大利的喷雾干燥法印花机和压制机生产设备，生产各种规格墙地砖。1994 年，广西黑五类食品集团有限公司引进当时具有较为先进的甜纽酥（即太阳锅巴食品）生产线全套设备。2004 年，广西高峰容洲人造板有限公司引进欧盟具有世界先进技术水平的连续平压生产设备，生产中（高）密度幅面 1220 毫米 × 244 毫米、厚度 2 毫米 × 35 毫米的“高林”牌纤维板。

改善投资软环境

1986 年 10 月，国务院颁发《鼓励外商投资的规定》后，容县为营造良好营商环境，提高服务质量，制订出一系列优惠政策，规范收费行为，强化优质服务。对“三资”企业所得税“免税 2 年减半征收 3 年”和“企业自用进出口设备、交通工具、原材料和零配件”实行免税的优惠政策。同时，县政府还先后制订《外商投资优惠政策》《侨乡经济开发区的优惠办法和实施细则》《关于引进外资的奖励办法》和 2001 年修改完善后的招商引资项目优惠政策，明确县级地方部分的征收费能免的全免，不能免的按 40% 收，对引进项目的个人也明确规定给予相应的奖励，特别是对符合国家西部大开发战略实施的新项目，县政府明确规定给予优惠政策扶持。并制订一系列服务外来企业的实施方案，实施扶强、扶优、扶新的“三扶”政策，从财政扶持，在用地、用水、用电等各方面给予优惠让利。县四家班子领导和各有关单位领导实行“一对一”挂钩外来企业，实行全程跟踪服务，解决企业从立项到生产经营过程中碰到的问题，各职能部门提高办事效率，缩小审批时间。在收费上，做到能减则减，尽可能在政策允许的情况下，少征或免征，尽量减少企业负担，对有发展、贡献大的企业，实行奖励资金扶持。

第八篇

交通运输　邮政通信

1998—1999 年开展乡村公路建设大会战，容县基本实现村村通汽车。图为通往石寨乡古兆村的四级公路　　（据《容县报》）

第一章　交通运输

容县交通运输主要以公路运输为主。水路运输绣江主航道在20世纪90年代前已经断航，境内只有横水渡船和短途运输船舶在绣江航行；县内原有的2家航运公司拥有的船舶全部转移至西江、珠江营运。公路运输横跨县境东西向的G324国道和纵向南北的S211省道构成容县的两大公路主干线。1990年，容县有国道、省道、县道、乡道以及简易公路96条，总里程780千米，其中有管养公路503千米，除国道324线为沥青路面外，其余基本为砂土路面。境内公路行车密度大，1992年在国道324线平坡点测值24小时通车量3450车次，是桂东南公路交通枢纽之一。1995—2000年，先后投资4.15亿元建成了国道容县段14千米玉林至容县一级公路和23.10千米的容县至岑溪一级公路。2003年，投资698.75万元完成县道容城经十里乡、浪水乡至自良镇四级公路42千米的沥青路面铺设。同年4月，绣江复航规划正式启动，县内航道78千米，计划建设白马枢纽和磨刀湾港口作业区及相关配套工程，预算总投资60亿元。2005年9月，容县投资2亿元完成省道S211容城至黎村、容县至平南二级公路容县段70.08千米的改建。1990—2005年，容县投资1009.95万元改铺乡村柏油路3条73.07千米；新建四级乡村公路111条，总长383.71千米，投入资金6841.90万元。2005年末，全县有国道、省道、县道、乡道以及简易公路188条，总里程1328.75千米。其中有管养公路799.05千米，包括国道1条37.10千米，省道1条70.08千米，县道11条195.25千米，乡道66条406.60千米，村道21条长56.49千米，专用公路9条33.53千米。2005年管养公路里程比1990年的503千米增加296.05千米，增长58.85%。同年10月，洛湛铁路容县段开工建设，全长37.94千米。

1990年，全县有公路客运企业2家，拥有客车46辆2030座位；社会个体客车183辆2846座位。全县16个乡（镇）均有客运班车通达。省际班线广州和广东信宜2条班线，日发2班（次）；市际和县际班线5条，日发班车16班（次）；县内通乡（镇）开行班线16条，日发206班（次）。1995年，全县开行班线27条，日发班车311班（次）。1998年，有客车207辆，5491座位。在此期间，大部分客车趋向大中型、豪华型空调客车，小型客车逐渐被淘汰。2000年，全县有客车223辆，开行班线48条。2002年，客运市场走向“公司化、豪华空调化和运输市场管理规范化”的模式，全县客车经营参加公司运营，运政管理部门不再核发个体客车经营资质。同年，个体企业“三名”客运公司整合其他3个客运企业，组成县内第一个股份制大型客运企业。2003年起，全县各乡（镇）内逐渐兴起班线不出乡（镇）的短途旅客营运，方便群众出行。2005年，全县有客运企业5家，客车176辆，开行班线65条，日发752班（次）；15个乡（镇）均成立中小型客运企业（公司），128个村开通了客运班线。同年，全县有货运企业8家，车辆1071辆，全年完成货运量179.40万吨，货运周转量1.03亿吨/千米。

第一节　机　构

容县交通局

成立于1960年春。1990年，是县政府管理交通的行政主管部门。属科级行政单位。办公地址设于容城镇西上街135号。内设办公室、公路组、民运组3个科室，行政编制5名，实有人数8人。1994年6月，迁至容城镇城西大道686号。1996年，局内设政秘股、综合股（挂行政审批股）、计划财务股3个股，核定行政编制17名，实有人数21人。2002年局内设办公室、政秘股、综合股、计划财务股，核定行政编制13名，实有人数15人。2005年，局机关内设股室及编制人数不变。

1990—2005年历任局长：马家驰（—1994.1）、李海文（1994.12—1997.2）、刘一池（1997.5—2000.9）、李贻冠（2000.12—2002.12）、李绍勇（2002.12—2004.7）、黄文标（2004.11—）。

2005年，容县交通局下属二层机构有：容县公路管理所、容县公路运输管理所、容县航务管理所、容县地

方交通规费征收所、容县城区过境公路管理所(简称“过境所”)、容县交通稽查大队、各乡(镇)交通管理站和容县国防动员委员会交通战备办公室。

容县公路局

前身为容县公路段,成立于 1960 年。1992 年 10 月,更名为容县公路局,办公地点设于容城镇城南大道 33 号。隶属玉林市公路局管辖,内设办公室、养路股、工程股、机务股、财务股,下辖厢南、合柳、冠堂、沙田、自良、熊胆、厢西、佳香、石头道班,核定编制人员 157 名。下属单位有:1992 年成立公路派出所,1992 年 3 月容县交通规费稽征站变更为容县交通征费稽查站,1993 年 10 月,再次更名为容县交通征费稽查所,属副科级事业单位,隶属容县公路局管理。1995 年成立容县路政大队,人员从局机关和公路公安派出所抽调,与公路派出所实行两块牌子,一套人马管理。1996 年 1 月,交通征费稽查机构和人事权收归自治区交通厅直接管理。1996 年 3 月,容县公路局下辖的道班更名为“公路养护管理站”。2001 年 11 月,容县征稽所重新划归容县公路局管理,业务上受玉林交通征费稽查处指导。2005 年,容县征稽所人员编制,隶属自治区交通厅直接下达容县公路局,行政级别不变。办公地点设于容城镇厢南街 15 号。内设办公室和财务、稽查 2 个股室,实有人数 10 人。至 2005 年,全县公路养护管理站 17 个,另增加国道 G324 线的厢西和厢南 2 个公路养护站。

2005 年,局机关内设办公室、政工股、养护与工程管理股、安全与国有资产管理股、财务股、公路公安派出所和路政管理大队 7 个股室。全局有养护人员 120 人,其中养护技术人员 30 人,一线养护工人 90 人。局下辖 10 个养护站,8 个养护组。局机关有行政管理人员 18 人。

1990—2005 年历任局长:唐景忠(1990.1—)。

第二节 管 理

容县是桂东南的交通枢纽之一,玉林、南宁、钦州、百色、柳州、河池等地、市往梧州、广州、深圳方向的车辆,以及梧州、藤县、平南、广东信宜等市县往玉林、南宁方向的车辆均过境容县,公路行车密度大。1992 年,国道 G324 平坡观测点测得的一昼夜通车流量为 3450 车次,其中客车 1428 车次,占 41.39%。在管理上对营运客车要求做到出车前必须经安全员检验合格才能出站,运行中不得超载、超速行驶,不准乘客携带危险物品、易燃易爆物品上车,特别是在每年的春运期间和节假日,加强安全检查,严格管理和控制客车的违章行为,防止群死群伤的重大交通事故发生。强调并落实汽车运输公司或车队的报班制度,发现车辆运行中出现故障,及时汇报和处理,严禁客车带病行驶、落实运输公司货车队的安全管理制度,做到专人负责,过好安全日活动。

公路客运管理

1990 年,容县有客车 150 辆,其中国营汽车运输企业县汽车站 38 辆,县汽车运输公司有客车 8 辆,其余 104 辆均为社会个体或民营企业客车。同年,交通局运政管理部门对客运车辆实行放开政策,只要客车符合公安交警部门的入户标准,凭有效行驶证即可参加社会旅客运输,行车班线自定,运管部门不作严格限制。这一时期的客运市场,以中小型客车为主,大多在县内班线行驶即县城至各乡(镇)往返,大型客车为国有企业所拥有。全县开行班线 18 条,日发班车 211 班(次),其中跨省班线 1 条,日发班车 1 辆,市际班线 2 条,日发班车 3 辆 6 班(次),县际班线 3 条,日发班车 5 辆 10 班(次),县内班线 12 条,日发班车 120 辆 206 班(次)。由于县城没有个体户的客运停车场,街头巷尾乱停乱放现象较严重,而且随时随地揽客。1991 年,交通运政管理部门除了加强行业管理外,对客运车辆进行整顿,租用“桃花源”旅社的停车场地作为城区中心停车点,供南片客车旅客上落。北片客车则设立在松山路口和县底路口作临时停车场。1992 年,运管部门推行公路客运班线经营资格有偿使用试点,根据各乡(镇)旅客流量多少,利用发放线路牌进行运力调控,克服了热线客运汽车“一哄而上”的混乱局面。1993 年,重点抓好客运市场整顿,严肃查处一批无证经营、偷漏税费的客车,全年追缴偷漏税费 12.50 万元。同年春运,运管部门组织投入客车 191 辆,5698 座位,到广东等地接送本县外出农民工和外地返乡旅客。在县内,做到不让一个旅客除夕晚滞留在车站过夜。对返乡旅客较多的杨村、黎村、灵山、县底和自良等乡(镇),则设置返程临时售票点 7 个,并取缔非法售票点 20 个,检查车辆 401 辆次,处理超载违章车辆61班次，收缴假冒、伪造跨省运输证(牌)36个，有力地保障春运期间的行车安全。1994年，加强对从事客运车辆资格审验，全年共审验客车202辆，占客运汽车的95.28%，核发招标线路牌202块(部分客车已转外县运输，不转户)。同年，县交通局在城区设立客运服务站1个，共签发行车路单1.35万张，回收行车路单1.30万张，回收率96.3%；进站客车完成客运量32.70万人次，客运周转量2970万人千米。

1995年，深入基层(公司、车队)，帮助客车业主解决实际问题。县城北部7个乡(镇)的客车没有一个停车场，过往的桂平、平南和本县县内班线的客车没有停车地点，只好在路边上落客。县交通局投资330万元，征地7亩，在城区城北路建成客运服务站，集售票、候车、停车，签发行车路单和车辆维修于一体的综合服务站，做到“车归站，人归点”，形成有序的客运市场。同年，运管部门扶持和鼓励社会车辆组建客车运输车队(公司)，并开展多种经营。年末，共有16家客车运输车队参加年度审验，年审率98%。全年完成客运量54.60万人次，客运周转量5898.80万人千米，签发行车路单1.37万张，回收1.34万张，回收率98.81%。

1996年，在客运市场开展“三优”(即站场环境优美、运输秩序优良、管理服务优质)，“三化”(服务质量标准化、服务管理规范化、服务过程制度化)竞赛活动。对客运量较多的班线，实行排班定时发车，对沿街揽客、拖客上车等不良行为，进行严肃处理。同年还开展对客运车辆的经营资格进行审验，合格率为100%，全县没有无证无牌的客车经营客运。

1997年，按照交通部和自治区交通厅的要求，对全县客运市场进行规范性整治。运管部门直属稽查队会同工商、交警等部门共检查营运客车1756辆次，专线客车1654辆次，城区客运三轮摩托车202辆次，纠正违章车辆137台，违章率7.80%，罚款1.08万元，补征各种规费7.80万元。同年，共组建客运车队3个，至年底，全县共拥有客运车队(公司)29个。1998年，运管部门鼓励各运输企业走集约化经营道路，组建客车运输集团，实行规模经营，在县城，客运企业主要有县汽车总站、汽车运输公司、城市公共汽车运输公司、城北客运服务站。16个乡(镇)均组建客车运输公司或协会。全县已没有个体客车独立经营旅客运输业务。

1999年，县汽车总站淘汰原来使用的普通客车30辆，全部更新为豪华型、全空调的大中型坐、卧两用客车。各乡(镇)客运公司的客车也进行更新换代，每个乡(镇)采用纯一色的、一种车型的中巴豪华、全空调客车代替原来和接近报废的普通客车。

2001年，抓好客运市场运输秩序整顿。加强新入户客车审批程序管理，对部分线路客车已饱和、又不愿意服从运力调控的业户不予审批；重新评定已有运输企业的资质审查，做到该并则并，该撤则撤，完成客运市场的整改任务。年内，开通县城至黎村、自良、灵山、石头和罗江等5个乡(镇)的客运专线；严肃查处客运市场的违法经营行为，全年共查处违章客车76辆，三轮摩托车65辆，教育法制观念淡薄的驾驶员。

2002年，重点抓好城区三轮摩托车载客和出租车试营运的管理工作。同年，全县拥有载客三轮摩托车515辆，比1992年的37辆净增478辆，增长13.92倍，远远超出城区短途客运的可容限度。为了“争食”，抢客、互相排挤、车辆乱停乱放、堵塞交通现象十分严重；交通部门抓好管理，打击无牌无证“黑车”冲击城区三摩客运市场，培育和发展城市出租小汽车代替“三摩”，以改变城区交通拥堵的运输市场。同年初，县东外汽车运输公司投入2辆出租车试运营，效果良好。年底，该公司再投入13辆出租车参加营运。同年8月，为整合客运市场，扩大企业运输能力，在上级交通主管部门和运管部门的共同协调下，县交通客运公司、县汽车运输公司、奔鹿客运公司、桂南汽运公司和安联汽运公司，共同组建容县通力三名客运有限责任公司，公司投放130辆豪华全空调的大型、中型客车参加客运，经营的省际班线7

1998年2月27日，在容县城区组织举行讲文明、树新风、共创良好交通秩序万人游行活动。图为游行活动情况 (余华炜 摄)

条、市际班线 9 条、县际班线 2 条，县内班线 20 条；年末，完成客运量 173.4 万人次，客运周转量 16894 万人千米，上缴各种税费 156.8 万元。是全县首家获准参加跨省旅客运输的民营企业。

2003 年，《广西壮族自治区交通运输管理条例》实施后，对不符合“条例”规定的运输车辆坚决予以取缔，对新车入户减少审批环节，并建立“谁主管、谁审批、谁负责”的运行机制，简化运输企业更新车辆进入运输市场的程序和手续，同年，新增客车 8 辆，更新客车 70 辆。2004 年，开展客运市场整治，不定期上路或到站、场开展严查等手段，强化管理，共查处无证营运小型面包车载客 21 辆、警告和教育 152 辆次。同年 10 月，城南客运服务站（二级客运站）建成投入使用。站房占地面积 30 亩，建筑面积 3256 平方米，内设候车厅、售票处、小型超市、停车场、修理车间等设施，总投资 1432 万元，为股份制企业。该站的建成，既解决县内南部的黎村、杨村、六王、灵山、杨梅、石寨 6 个乡（镇）的旅客集散点，也为途经本县的跨省（自治区）、跨市长途客车提供旅行方便。

2005 年，容县拥有营运客车 176 辆、5180 个座位。车辆数比上年减少 17 辆、座位减少 458 个。但中高档客车比例增大，豪华、全空调、视频、影像设备齐全的客车达 129 辆，占 73.3%。全年完成客运量 330.66 万人次，客运周转量 38692.9 万人千米，比上年增长 5.25% 和 4.87%。同年，春运共发送旅客车辆 2.49 万班次，完成客运量 36.9 万人次，是历年春运发送旅客量最多的一年。其中，节后发往广东方向的长途客车 1875 班次，运送农民工 5.95 万人次，比上年增长 14.4%。

公路货运管理

1990 年，容县货运企业 3 家，共有货运汽车 82 辆，369 吨位。同年，县交通局成立县货运服务站，通过货运服务站，签发货运路单和代开发票，协调承、托双方签订运输合同，明确双方责任。同年 1—10 月，签发货运路单 1.36 万份，回收路单 1.28 万份，回收率达 95.6%，既避免国家税费损失，又方便车主和承托方。站内全年上缴营业税和所得税 1.14 万元，盈利 2.91 万元。1992 年，运政管理部门引导个体运输车辆组建联营车队 7 个，参加车队货车共 280 辆，占货车总量的 35.44%。并在黎木乡、黎村镇、杨梅镇和自良镇客运站同时开设 4 个货运服务代办点，共签发行车路单 1.98 万张，回收 1.90 万张，完成货运量 24.7 万吨，周转量 4578 万吨千米，并为乡（镇）车队组货配载提供条件。1993 年，县汽车站和汽运公司淘汰了所有货运汽车，专营客运。1994 年，全县除边远山区浪水乡外，15 个乡（镇）均组建联营车队，入队货车 590 辆，1868 吨位，占乡（镇）社会车辆应入队的 82.1%。同年，运政管理部门共稽查货运车辆 1.91 万台次，查处违章和无运输许可证的社会车辆 1087 台次。1995 年，加强货运管理，派出人员深入货源量较大的运输企业，开设货源代办点 6 个，在县城中心车辆密集的大型停车场设立货运交易市场 1 个，全年货车营运年审率达 95% 以上。

1996 年，为加强货运管理，在原有 27 个联营车队的基础上，组建容县首家交通运输集团总公司，集全县的客、货联营车队（公司）、三轮车出租公司、维修厂家、搬运装卸等运输服务业为一体的大型企业。1998 年，在县城和各乡（镇）分别成立道路运输协会和分会，充分发挥“协会”在运输管理工作中的桥梁和纽带作用。同年，容县汽车检测站正式投入使用。同年 6 月，交通运输公司 11 辆货车已完成拍卖，退出货运市场。由于国有企业和集体企业不再经营货运，民营企业和个体运输业主随即占领货运市场。2000 年是交通部确定的运输市场管理年。以加强交通执法力度为重点，深入厂矿、站场和上路稽查，全年共检查车辆 3.20 万辆次，纠正违章车辆 3000 台，查扣严重违章车辆 2150 台次，其中，货运汽车 75 辆，处理违章罚款 28.02 万元，补交规费 62.5 万元。2002 年，运管部门把整顿和规范运输市场秩序作为重点抓，对汽车货运行业的从业人员（驾驶员）必须持证上岗，每季检验 1 次；对新增车辆坚持按行政审批程序办理，严把货运市场准入关。同年，经核准新增和更新车辆 78 台，全年核发货运汽车准许证 876 个。2004 年，筹建本县货运二级企业和物流中心，由交通管理行业投资 1432 万元建设城南客、货运输服务站。

2005 年，运管部门强化货运汽车驾驶员必须持运管部门发给的货运汽车准驾证持证上岗，持证上岗率达 95% 以上；规范和发展货运代理和配载市场的管理，为车主和货主提供信息资源和公平交易平台，提高运输效率。同年，共检查货运汽车 1.46 万辆，查处违章经营 1750 辆，违章率占 11.99%；查扣欠缴交通规费货车 129 辆，补缴规费 34 万元；查处自治区内外挂“大吨小标”车辆 63 辆，补交规费 7.89 万元。

公路养护管理

容县公路养护实行分级管理,干线公路(国、省道和重要县道)由县公路局负责管养;地方公路(农村公路)由容县交通局和各乡(镇)政府进行管理养护。

干线公路养护管理 1990,容县公路段(1992年10月更名容县公路局)负责管养境内的干线公路174.90千米,其路线为:国道G324线福州至昆明容县境内59.50千米、省道S211容县至太平里程28千米、干线县道绿荫至黎村(容信线)26.20千米、容县至藤县境内里程39.50千米、松山至罗秀境内里程21.70千米。下设养护道班17个,即容城、容厢、五一、冠堂、自良、石寨、绿荫、佳香、六王、六堡、熊胆、黎村、沙田、松山、黎木、立新和石头,有道班工人170人(国家固定工),管理人员14人。各道班均建有砖石结构的道班房17幢,拥有养路机具47台套。其中运料工程车5辆、压路机3台、回沙车18台、喷油机3台、碎石机18台。局设机械修配车间,负责本局养护机械的修理与技改。国道、省道、县道115.4千米于1990—2000年全部改铺沥青四级公路。1995年经自治区交通厅批准,同意将原国道G324线(公路三级)进行改线。新建国道由玉林至容县一级公路和容县至岑溪一级公路两路段组成,境内共长37.10千米,预算投资4.15亿元。新线于1996年5月1日动工,2000年9月全线竣工。国道的改线,比原路59.50千米缩短距离22.40千米。容县公路局在公路旁厢南村设立厢南养护站,负责该线的养护与管理。2003年12月,原省道容县至太平线和县道容县至信宜公路获批进行二级公路改建。两路段原长76.20千米,改线后长70.09千米,水泥路面,公路于2007年7月建成通车。公路局在该线设合柳养护站、沙田养护站和熊胆养护组进行管养。公路局落实生产责任制,坚持养护工作规范化管理,公路养护的路况质量年年有所上升。1990年路面养护好路率为42.6%,2005年达到82.38%,公路绿化覆盖率93%,晴雨通车里程达到100%。

1999年,容县至玉林一级公路
(据《容县解放50周年大事记》)

地方公路养护管理 地方公路亦称乡村公路或农村公路。由容县交通局负责管养。1990年,容县交通局管养的乡村道路共328.10千米,有干部职工23人,下辖公路养护道班37个,养护人员130人,配备锄铲等简单工具。设有安全生产管理人员2人,对公路施工现场、养护工地,桥梁建设等进行全面的检查和布置。公路养护形式采用合同制工人从当地吸收农民工担任,合同期2~3年,期满后,视本人表现可以续订。1996年,开始尝试改革公路养护体制,先后在部分公路推行定额管理、养护承包等形式,并一度聘请外县民工参与公路养护。2005年实行公路养护体制改革后,进一步建立健全以县级人民政府为主的农村公路管理养护体制。地方公路的养护模式,主要采用成立公路养护公司,面向社会,通过招投标方式确定中标公司,并签订养护合同,按照养护工程费制度执行,每月由业主按照养护定额和养护工程量核定金额,依照养护合同条款拨付养护经费。全县中标养护单位有容县公路工程建筑公司,全权负责地方公路的养护任务。2005年,有养路人员178人,设立道班51个,在养护管理中实行定额管理,每月“计件”核发工资。管养里程529.70千米,好路率达96%。全县绿化里程255.43千米,占可绿化里程265.55千米的96.19%。晴雨通车里程514.21千米,占总里程97.07%。

航道管理

绣江是容县水路交通的主航道。1980年起,由于绣江已断航,水上交通安全管理以横水渡口、码头作为管理工作的重点。筑坝后在江面上航行的船是民营短途旅游船和捞砂的船。1990年,全县有横水渡口27个,木质渡船27艘,分布在绣江及杨梅河沿岸。每年印发安全生产宣传资料分发给船工和当地群众,使之家喻户晓;在码头和渡船设置渡船渡运守则和安全警示牌;组织港航管理人员深入到基层进行安全大检查,并配合上级船监部门进行安全技术检验。2001年6月,在检查中发现石寨乡白花渡、水冲渡和十里乡流冲渡、龙颈渡渡船有渗漏现象,检查人员责令有关部门立即采取措施,及时对船舶进行维修,确保渡运安全。2002

年，县政府批准在绣江沿岸设置横水渡口21个。2003—2005年，县交通部门争取上级交通主管部门先后投资184.8万元对部分渡口和渡船进行标准化改造，将木质船改为钢制机动船，码头改建成水泥混凝土结构。1990—2005年，全县水上安全无事故发生。

交通安全管理

安全管理 1990年起，县交通、公路管理部门开展对行业安全工作整顿，加强对运输企业的安全生产目标管理，强调以安全生产促进企业生产效益的提高。自公路交通安全划归公安交警部门管理后，交通运输管理部门抓好企业行车、安全带动企业的安全管理工作，在全县全面铺开营运客车检验合格报班制度。1994年，通过设置县航务管理所，加强对乡（镇）运输船舶的安全管理。同时，加强春节、“五一”“十一”等重大节日假期期间的行业安全生产管理和监督。加强对危险物品运输车辆的安全管理。摸清全县生产特种物品的厂矿企业在装、卸环节中做好安全防范措施，有专车装运，并办理特种物品运输准许证才能放行。1995年，运管部门推行危险货物运输车辆和大型客车GPS进行运行监控。1998—2005年，对辖管公路沿线乱停、乱占、搭棚、违章建筑、违法开设道口、损坏公路和公路设施等违法违规行为进行整治，严格监控损坏公路行为和超限超载车辆行驶公路行为。加强汽车维修行业的管理。2005年全县有汽车一类维修厂1家、二类维修厂14家、三类维修厂106家。县交通运征管理部门严格把好修理行业准入关，凡不符合开业条件和跨类报批的，一律不予办理。每年进行一次维修市场大检查，对不符合分类标准的开业条件不符合规定的，进行调整或取缔。对二保出厂的客货运输车辆随时进行抽检，对有问题的维修厂家责令整改。

执法队伍建设 1990年，容县交通行政执法有县公安局交警大队、县交通规费稽征站。1998年增设县交通局交通稽查大队。同年11月，通过整合交通运政稽查、路政稽查和征费稽查业务，从运管部门、征费部门和公路部门抽调执法人员，试行交通综合执法。2002年，在全县交通行政执法人员中开展以“理想信念教育、为人民服务的宗旨教育、法制观念教育、职业道德教育”为主题的教育活动。2004年，《中华人民共和国道路运输条例》修订实施后由县公路运输管理所行使运政稽查职能。2005年，在加强执法队伍建设中，重视政治思想教育，学习政治理论是每个执法人员的必修课。利用交通局党校和党员学习室，每周对全体执法人员进行党的路线、方针、政策做深入细致的辅导，提高每一个执法人员的思想觉悟和政策理论水平。抓业务培训，以《中华人民共和国公路法》《中华人民共和国道路运输条例》《容县交通局文明执法制度》为重点，每月除集中学习外，还要求每个执法人员利用节假日和晚上自学，并做笔记，提高自身的工作能力和业务水平。加强职业道德教育、法制观念教育、理想信念教育，依法行政，拒腐倡廉，树立交通人的良好形象。

路政管理

1990年，容县交通局管养地方公路（乡村公路）304.80千米，有4人专职负责路政工作。1993年4月更名为县公路管理所，配备路政执勤车1辆，其任务仍为保护乡村公路的路产路权不受侵犯，设立必要的限载限宽标志，严禁超载车辆通行，维持正常的交通秩序，严肃查处各类侵占、破坏公路的违法行为。

1990年2月，容县公路段公路公安执勤室更名为县公路派出所，隶属容县公安局与公路段双重领导，人员7人，配备有执勤汽车2辆。1995年，县公路局设立路政管理大队，履行辖区干线公路的路政管理工作。其主要职责为加强和规范路政管理，维护公路路产路权，强化公路安全监督，查处各种违法行为和案件，确保道路安全畅通。

1996—2000年，全县查处各类公路路政案件342起，结案率100%，收取公路损坏补偿费1152.8万元，并全部上缴国库。2001—2005年，查处各类路政案件287起，立案287起，结案287起，结案率100%。收取路产补偿费626.7万元。其中，2005年，清理非交通标志牌202块，路肩堆积物168处1547平方米，全年无违章建筑案件和公路治安案件的发生。

交通规费征收

1990年，容县公路交通规费分2个部门征管。汽车运输部分的规费征管，由县公路局管辖的交通规费稽征站（1993年10月改为稽征所）负责。农业拖拉机、二三轮摩托车养路费则由县交通局负责征管。县公路局交通规费稽征站（所）的规费征收范围：汽车养路费、客运交通建设附加费、货运交通建设附加费、车辆交通建设基金、汽车运输管理费、车辆购置附加费。1992 年 1 月，容县地方交通规费征收办公室成立，有管理人员 7 人。地方交通规费征收贯彻执行“依法依规”“应征不漏、应免不征”的征费原则。在管理上加强宣传，提高车主缴费的自觉性。每年 1 月，把当年的征费《通告》2 万份分发到各乡（镇）、村张贴；利用宣传车，深入乡（镇）、圩市巡回宣传；悬挂横标、张贴小标语，并通过容县电视台，广为宣传缴费规定。强化稽查，以稽查促征费。征费人员不定期对偷漏规费的车辆进行查扣和处罚。因此，农拖和二轮摩托车欠费现象极少，而全年统缴车辆较多，约占 70%。以服务促征费，统缴期间（每年 1 月），征费人员利用节假日主动到机关学校、厂矿企业等单位上门服务，方便车主缴费。1992 年，全县征收地方养路费 138.94 万元。2000 年，地方养路费征收 1226.68 万元。2005 年，征收额达 2094.42 万元。稽征所完成的征费量逐年有所增长。

表 8-1　　**1992—2005 年容县公路局征稽所汽车交通规费征收情况表**

单位：万元

年　份	公路养路费	客运交通建设附加费	货运交通建设附加费	车辆交通建设基金	公路运输管理费	车辆购置附加费
1992	480.56	350.18	80.31	97.98	35.08	
1993	511.14	381.62	84.70	111.41	38.36	
1994	596.39	391.47	103.24	177.36	47.56	209.54
1995	655.48	386.22	116.45	195.14	62.19	330.79
1996	699.37	410.72	122.07	213.25	61.76	301.60
1997	778.38	416.48	117.15	246.45	60.83	421.09
1998	772	432.63	115.16	246.05	63.15	376.74
1999	689.20	413.45	83.52	205.26	54.63	316.93
2000	720.69	403.67	80.12		53.83	
2001	809.80	396.72	78.78		55.32	
2002	851.85	363.93	77.63		56.68	
2003	850.10	314.42	79.13		54.75	
2004	943.75	395.99	81.64		50.62	
2005	1127.77	351.26	102.21		57.10	

说明：1.1994 年车辆购置附加费由交通局移交容县交通征费稽查所征收

2.2000 年以后车购费划拨国税局，改为车购税，同时取消车辆交通建设基金

表 8-2　　**1990—2005 年容县三轮摩托车统计表**

单位：辆

年　份	车辆数	年　份	车辆数	年　份	车辆数
1990	32	1996	323	2002	515
1991	32	1997	327	2003	515
1992	37	1998	450	2004	515
1993	35	1999	515	2005	406
1994	205	2000	515		
1995	366	2001	515		

表 8-3　　1990—2005 年容县拖拉机拥有量统计表

单位：辆

年　份	车辆数	年　份	车辆数	年　份	车辆数
1990	2858	1996	1960	2002	1556
1991	1870	1997	1825	2003	1739
1992	2575	1998	1908	2004	2025
1993	1094	1999	2141	2005	2128
1994	1871	2000	2330		
1995	1979	2001	2335		

表 8-4　　1992—2005 年容县交通局摩托车农用拖拉机养路费征收情况表

单位：万元

年　份	征收额	年　份	征收额	年　份	征收额
1992	138.94	1997	666.59	2002	1581.89
1993	189.73	1998	811.89	2003	1771.52
1994	227.12	1999	952.22	2004	1985.03
1995	344.48	2000	1226.68	2005	2094.42
1996	415.07	2001	1415.34	总　计	13820.92

第三节　公　路

1990 年，容县有管养公路通车里程 503 千米。其中，属容县公路段（1992 年更名容县公路局）管养的公路 174.90 千米，分国道 59.50 千米、省道 28 千米、县道 3 条 87.40 千米；属县交通局管养的地方公路 328.10 千米、其中，县道 2 条 32 千米，乡道 37 条 296.10 千米。1996 年全县 16 个乡（镇）均铺设了沥青路，在全自治区率先实现“乡乡（镇镇）沥青路”的目标。全县 219 个建制村已有 192 个通了管养公路，占比 87.67%，建制村通班车率 58.44%。2005 年，全县共有公路通车里程 755.77 千米。其中，属县公路局管养的国、省、县道 212 千米；属交通局管养的地方公路共 543.77 千米。在交通局管养的地方公路中，县道 4 条 89.58 千米、乡道 66 条 406.60 千米、村道 21 条 47.59 千米。公路通车里程比 1990 年增加 252.77 千米，增比 50.25%。15 年间累计公路投资 6.93 亿元，完成改建和新建公路 563.93 千米。

国道

国道福昆线从福建省福州市起，经容县到达云南省昆明市，路线编号 G324。容县境内路段在民国时期分为容县至北流路和容县至苍梧路，中华人民共和国成立后两路段合并称玉林至梧州路一段，从六王乡古里村经容城至容西乡西山村，境内全长 59.50 千米。公路为四级。1971—1977 年 1 月，分四期铺设沥青，并不断改弯降坡，路基宽度从 6.50 米逐渐扩至 8~12 米，路基宽度基本达到三级公路技术标准。

1995 年，自治区交通厅同意，对原国道进行改线。工程分两期进行，先修筑容县至玉林（简称“玉容”，下同）一级公路，线路走向容县段从容西乡入境，不走原国道旧路，另辟新路，经容西乡、容厢镇、石寨乡至容城镇河南村大板桥，境内全长 14 千米，按平原微丘区一级公路技术标准设计，路基宽 22.50 米，水泥混凝土路面，行车速度 80 千米 / 小时，1996 年 5 月 1 日动工，1998 年 5 月 7 日建成通车，历时 2 年零 6 天。工程结算总投资 1.33 亿元，平均每千米造价 948.57 万元。

1997 年，第二期容县至岑溪（简称“容岑”，下同）一级公路经自治区计委立项，区交通厅下达基建任务，

1999 年 3 月，正在建设中的容县至岑溪一级公路容县路段 （覃伟图 摄）

工程于 1998 年 10 月 15 日正式动工兴建。该路连接玉容一级公路，途径容县容厢镇峤北、木井，十里乡大坡村委会，与岑溪市的界辽、昙容相连接，县境内路长 23.10 千米，按山岭重丘区一级公路技术标准设计，路基宽度 22.50 米，路面双向四车道，面宽 2 米 ×7.50 米，最小平曲线半径 200 米，最大纵坡 6%，沥青混凝土路面，设计行走时速 60 千米。该工程于 2000 年 9 月竣工，施工期两年，工程总投资 2.82 亿元，平均每千米造价 0.12 亿元。

玉容一级公路和容岑一级公路容县段全长 37.10 千米，比原路 59.50 千米缩短 22.40 千米。2001 年 1 月，该路正式移交县公路局管养，并改称国道 G324 新线，原国道玉梧公路容县段容城至容西乡段 14 千米、绿荫至六王段 23.50 千米降为县道，容城至绿荫 22 千米经 2003 年改建二级公路后降为省道，仍由县公路局管养。

省道

平南至黎村（路线编号 S211） 属南北走向，纵贯容县，全长 70.05 千米，是县内贯通南北唯一的主干道。该路由两路段组成：容太公路。容县至太平公路起于容县容城镇，途经松山、罗江，终点为平南县太平镇。1990 年，县境内路线长 28 千米，路基宽 6~8 米，砂土路面，定为省道四级公路。1991 年 9 月，县公路段经上级主管部门批准，同意在原砂土路面基础上铺设沥青路面，宽 6 米，全长 28 千米，总投资 216.72 万元。2004 年 2 月，自治区交通厅《关于容县至平南二级公路一阶段施工图设计及预算的批复》，批准该路拟建二级公路改建工程。路线全长 25.91 千米，路基宽 12 米，水泥混凝土路面宽 9 米，开挖路基土石方 85.19 万立方米，水泥混凝土路面 22.56 万平方米，改造中桥 173.84 米 /3 座，小桥 44.58 米 /2 座，涵洞 2086 米 /122 道，平面交叉 67 处，修建养护站 1 处，预算总投资 7355 万元，平均每千米造价 283.86 万元。工程于 2005 年 9 月 1 日开工，2007 年 7 月竣工，施工期 22 个月。

容县至藤县公路 容县段长 35.17 千米，1992 年开工建设，至 1993 年分段改建成沥青路。该路起于容县县城北郊福船岭泗登桥头，路线经容县容城镇、县底镇、自良镇，终点于容县和藤县交界处。

容县至黎村公路 容黎公路为容县至信宜公路的一段，1990 年前定为县道四级公路。分两段组成，一段为容城至绿荫，全长 22 千米，与原国道 G324 线重叠。一段为绿荫至黎村松岭，入广东信宜境。该路段长 26.2 千米，四级公路。2002 年自治区计委批复，同意按二级公路立项，2003 年 6 月，自治区交通厅下达基建计划。该路起于容县容城镇南郊公路大转盘处，途径容城镇、石寨镇、杨梅镇、杨村镇（部分地段）和黎村镇，在黎村镇松岭处与广东信宜市新建的二级公路（省道 S283 线）相接，路线全长 44.14 千米，沥青混凝土路面，设计行车时速 80 千米，山区路段 60 千米。全工程开挖土方 204.96 万立方米，石方 42.58 万立方米，桥梁 419 米 /8 座，涵洞 4301 米 /189 道，沥青混凝土面层 40.85 万平方米，养护站一处。全路预算总投资 1.27 亿元，结算投资 1.26 亿元，平均每千米造价 286.47 万元。

县道

1989 年，全县有县道 5 条，总长 119.40 千米。1990—2005 年，全县新增县道 8 条，全长 114.06 千米。

江口至自良 编号 X380。起于十里乡江口，经浪水乡至自良镇，路线全长 32.02 千米。1991 年 6 月，中共容县县委提出“乡乡（镇镇）通沥青路”目标，县交通局投资 60 万元、十里乡人民政府筹资 70 万元铺设

容城至江口 12 千米沥青路面。1996 年 10 月投资 120 万元铺设浪水乡至自良镇 10 千米沥青路面，至此，全县 16 个乡（镇）率先在全自治区实现了乡乡（镇镇）通沥青路目标。2003 年，县交通局对该路 8~16 千米、16~33.60 千米分两期进行等外公路改造，一期 8 千米投资 123.75 万元，二期 17.60 千米投资 365 万元，两期共 488.75 万元，于 2003 年 11 月竣工。

绿荫至十字铺公路 编号 X428。该路起于杨梅镇绿荫圩，经灵山镇往北流市十字铺，全长 42 千米，县境内长 20 千米，1989 年定为县道。1994 年，由交通部门投资 200 万元分 3 段对该路进行沥青路铺设，沥青路面宽 5.50 米，行车时速可提至 40 千米。

黎木至阳达山 路线编号 X381。起于罗江镇黎木村，经竹良、顶良、岑冲 3 个村民委员会至阳达山，公路全长 10.80 千米。1974 年 11 月，通过“民办公助、民工建勤”办法，修通黎木至岑冲 8 千米乡村四级公路。1995 年 7 月，由罗江镇政府与县底镇政府联合行动，投资 11.20 万元接通了岑冲至阳达山 2.80 千米四级公路。1996 年，交通部门投资 100 万元铺设该路沥青路面。

杨村至水汶路 路线编号 X382。起于杨村镇，途径踏田、当发、横山 3 个村民委员会至岑溪市水汶镇，全长 32.60 千米，县内公路全长 14.30 千米，四级乡村公路。1988 年 12 月，杨村圩至横山公路开通；两县（市）交界的村民极希望贯通横山至岑溪市水汶镇竹兰村两县（市）的断头路。1995 年初，经两县（市）有关部门协商，双方愿意各负责辖区内路段建设。容县段横山至分界长 3.38 千米，按山岭重丘区四级公路技术标准设计，路基宽 6.50 米，路面宽 4.50 米，沙土路面，由交通部门补助投资 28 万元。于 1996 年 12 月 18 日，经有关部门验收通车，列为乡村公路县道管养。

绿荫至六王路 路线编号 X203。该路建成于民国 17 年（1928 年），原为国道 G324 的一段，线路全长 23.50 千米。2000 年 10 月改线建成新国道后，此路降为县道。经多年改造，达到公路三级标准，沥青路面，由县公路局管养。

容城至西山 路线编号 X203。该路建成于民国 16 年（1927 年）12 月，原为国道 G324 的一段，长 14 千米，为三级公路，1971 年铺设沥青路面。1998 年 5 月建成玉容一级公路后，该路仍保留使用，路线降为县道，由县公路局管养。

大涛至平坡 路线编号 X379。该路起于玉容一级公路大涛（小地名），终点为平坡，接容城至容西乡西山村县道 3 千米处，路线全长 2.24 千米，为二级公路，水泥混凝土路面。此路为县道容西线和国道 G324 线的连接线，也是城区出口公路。

厢南至合柳路 路线编号 X426。该路为原国道 G324 线城区出口的一段。2003 年 12 月省道容县至黎村二级公路改线后，留下来的一段旧路，线路全长 3.04 千米，三级公路，沥青路面，仍由县公路局负责管养。

红梅至松岭 路线编号 X437。该路起于黎村镇红梅（小地名）处，往南接广西黎村与广东信宜市的交界处松岭。路线全长 1.69 千米。2003 年 12 月省道容县至黎村二级公路改建后，仍保留一段旧路。路线为四级，沥青路面，为县公路局管养。

乡道

1989 年，容县有乡道公路 37 条，总长 296.1 千米，这些公路，是新中国成立后由当地区、乡（公社）、村（大队）各级组织群众投工献料，由县交通、县财政或有关部门补助经费建成的。建成通车后，经上级交通部门派员验收合格，批准列入国家管养，由县交通部门组织养护。

1990—2005 年，全县新建乡道 86 条，总长 320.35 千米，这些公路多为乡与村、村与村之间的道路。由于国家对符合四级公路技术标准的公路有补助养护经费的政策，因此，在这些道路兴建时，均按四级公路技术标准，公路路基宽度 6.50 米，路面宽度 4.50 米，最小平曲线半径不小于 15 米，最大纵坡不大于 9%。这一时期兴筑的公路，多以国家投资为主，群众投工献料为辅，桥涵建筑以永久性为主，一般不设临时性桥涵。各路兴建情况见“1990—2005 年容县新建在养公路一览表”。

村道

1989 年以前，容县村道在公路开筑时，各项技术指标未臻完善，交通部门未予验收接管，多数是农村社队为发展农业机械化而投工投料建成的机耕路，亦称简易公路。同年年末，全县有简易公路 52 条，共长 277 千米。随着农村经济的发展，群众已不满足于现状，要求建成四级公路。在交通部门配合下，从 2001 年起，杨村镇率先开通了峡河至六青村级公路 6 千米，按四级公路技术标准兴建，同年 12 月建成通车，连通六王和杨村 2 个镇。1990—2005 年末，县交通部门共验收接管村道 21 条，长 56.49 千米。

表 8-5　**1990—2005 年容县新建在养公路一览表**

序号	分类（编号）	等级	线路名称	里程（千米）	建成年月	投资金额（万元）	说明
1	国道 G324	一级	福州至昆明	37.10	2000.9	41480	新建一级
2	省道 S211	二级	平南至黎村	70.05	2005.9	19985	改建二级
3	县道 X380	四级	容城至自良	42.27	2003	698.75	沥青改造
4	县道 X428	四级	绿荫至十字铺	20	1994.12	200	铺设沥青
5	县道 X381	四级	黎木至阳达山	10.80	1995.7	111.20	新建沥青
6	县道 X737	四级	浪水至佛子	2.10	1995.12	53.50	新建
7	县道 X382	四级	横山至分界	3.38	1995.2	28	新建
8	县道 X380	四级	容城至自良	1.39	1990	9.73	新建
9	乡道 Y035	四级	和睦至石岭	2.70	1992	27	新建
10	乡道 Y031	四级	罗权至山咀	12.06	1992	43.60	新建
11	乡道 Y032	四级	慈堂至寻阳	2.40	1994	17.20	新建
12	乡道 Y038	四级	妙阳至普济	1.30	1994	13.70	新建
13	乡道 Y033	四级	平洛至六吟	2.80	1996	25.60	新建
14	乡道 Y023	四级	登州至古松	3.30	1996	21.30	新建
15	乡道 Y035	四级	和睦至四端	1.40	1996.11	18	新建
16	乡道 Y036	四级	十里至杨外	3.10	1997.2	30.50	新建
17	乡道 Y037	四级	灵山至华埌	1.40	1997.2	27.82	新建
18	乡道 Y038	四级	妙阳至石圭	4.27	1997.5	115.02	新建
19	乡道 Y039	四级	石头至旺岗	3.40	1997.2	42.58	新建
20	乡道 Y040	四级	六王至思良	2.46	1997.11	52.94	新建
21	乡道 Y005	四级	双善至六青	2.60	1997.10	51.07	新建
22	乡道 Y028	四级	下河至文仰	2.90	1997.6	54.50	新建
23	乡道 Y042	四级	六王至六槐	3.60	1998.12	61.34	新建
24	乡道 Y023	四级	古松至三岸	1.90	1999.12	39.20	新建
25	乡道 Y044	四级	平埋至河儿	2.10	1999.12	12.30	新建
26	乡道 Y045	四级	守善至旺维	2	1999.1	27.60	新建
27	乡道 Y046	四级	下烟至庆寿岩	3.31	1999.8	175	新建
28	乡道 Y034	四级	浪水至泗河	3.23	1999.6	25	新建
29	乡道 Y047	四级	河口至和勃	1.80	1999.1	23.50	新建
30	乡道 Y048	四级	黎村至界牌	3.20	1999.12	42.40	新建
31	乡道 Y047	四级	浪水至扶昨	4.47	1999.1	68	新建

续表

序号	分类（编号）	等级	线路名称	里程（千米）	建成年月	投资金额（万元）	说明
32	乡道 Y002	四级	大桂至古练	2	1999.1	22.66	新建
33	乡道 C003	四级	县底至古长	7.50	1999.9	48.05	新建
34	乡道 C004	四级	县底至复联	3.25	1999.10	27.85	新建
35	乡道 Y036	四级	大荣至古兆	2	1999.10	107.50	新建
36	乡道 Y036	四级	古兆至华六	7.50	1999.11	123.55	新建
37	乡道 Y036	四级	石寨至山庄	2	1999.12	48	新建
38	乡道 Y062	四级	古兆至深柳	3.10	1999.10	27	新建
39	乡道 Y062	四级	平梨至上烟	2.20	1999.12	21.70	新建
40	乡道 Y009	四级	旺安至丹花	2.20	2000.10	32	新建
41	乡道 Y009	四级	十里至杨外	2.80	2000.5	20.50	新建
42	乡道 Y063	四级	六扬至六胜	6.30	2000.11	80	新建
43	村道 C012	四级	平洛至六旺	2.60	2000.12	23.80	新建
44	乡道 Y051	四级	佳香至谭和	5	2000.11	37.50	新建
45	乡道 Y052	四级	六王至谭螺	3.30	2000.11	36	新建
46	乡道 Y053	四级	大坡至古泉	2.10	2000.11	33.90	新建
47	乡道 Y053	四级	黎村至青枝	3.12	2000.8	40.20	新建
48	乡道 Y031	四级	六吟至山麻	3.50	2000.12	93.15	新建
49	乡道 Y057	四级	王枝塘至大榄	1.51	2000.12	10.10	新建
50	乡道 Y054	四级	大明至甘旺	1.70	2000.6	10.60	新建
51	乡道 Y055	四级	黎读至琼新	6.30	2000.6	39.40	新建
52	乡道 Y056	四级	五一至三和	2.90	2000.12	20	新建
53	乡道 Y071	四级	义合至四著	2.90	2000.11	112.20	新建
54	乡道 Y049	四级	容城至杨叶	4.25	2001.1	31.50	新建
55	乡道 Y050	四级	厢西至礼信	4.20	2001.1	26.55	新建
56	乡道 Y058	四级	王枝塘至宁冲	1.43	2001.10	140	新建（水泥路面）
57	乡道 Y059	四级	仁勇至大陆	7	2001.10	46.50	新建
58	乡道 Y061	四级	麻坡至满垌	2	2001.12	30	新建
59	乡道 Y023	四级	三岸至古松	1.10	2001.11	22.50	新建
60	村道 C002	四级	六青至峡河	6	2001.12	85	新建
61	村道 C018	四级	塘肚至旺广	2	2001.12	16	新建
62	村道 C010	四级	六王至温凤	2.30	2002.1	18.50	新建
63	乡道 Y072	四级	励志至千秋	6.20	2002.2	54.12	新建
64	村道 C016	四级	同古至渭龙	3	2002.11	83	新建
65	乡道 Y070	四级	灵山至六华	3	2002.12	36.50	新建
66	村道 C096	四级	靖北至冠田	2.20	2002	15	新建
67	乡道 Y007	四级	马良至双底	8.60	2002.6	123.10	新建

续表

序号	分类（编号）	等级	线路名称	里程（千米）	建成年月	投资金额（万元）	说明
68	乡道 Y025	四级	古燕至篁村	3.60	2003.5	40	新建
69	乡道 Y026	四级	水口至睦衷	5.60	2003.10	139.93	新建
70	乡道 Y024	四级	容城至华南	1.20	2003.10	44.70	新建
71	乡道 Y043	四级	江口至塘冲	9.80	2003.12	53	新建
72	村道 C031	四级	岭景至木威塘	3	2003.7	88.50	新建
73	乡道 Y074	四级	下烟至石城	11.20	2003.8	219.40	新建
74	乡道 Y072	四级	灵山至六肥	5.50	2003.7	90	新建
75	乡道 Y062	四级	古里至陈村	5	2003.5	56.50	新建
76	乡道 Y023	四级	六福至平贯	15.60	2003.12	630	新建
77	乡道 Y064	四级	山咀至新塘	3.40	2003.5	33.50	新建
78	村道 C025	四级	泗福至石塘	2.20	2003.5	22.28	新建
79	村道 C027	四级	睦衷至上垌	1.90	2003.10	96.90	新建
80	乡道 Y019	四级	石剑至大垌	5.70	2003.10	194.10	新建
81	乡道 Y066	四级	岑冲至河儿	8.60	2003.10	98.95	新建
82	乡道 Y062	四级	仙江至深柳	1.45	2003.4	65	新建
83	乡道 Y060	四级	六扬至杨明	2.90	2003.5	29.80	新建
84	村道 C072	四级	甲叉至虾塘	3.30	2003.8	25	新建
85	乡道 Y076	四级	六王至龙头	6	2003.12	92.50	新建
86	乡道 Y018	四级	陈黎至平车	5.15	2003.4	102	新建
87	乡道 Y003	四级	三责至古练	72.40	2004	72.40	新建
88	乡道 Y063	四级	六胜至旺将	43.27	2004.11	43.27	新建
89	乡道 Y033	四级	平洛至六旺	35	2004	35	新建
90	村道 C034	四级	簕竹围至大新	85.39	2004	85.39	新建
91	村道 C035	四级	峤北至步云	71.78	2004	71.78	新建
92	乡道 Y002	四级	木井至金库	110	2004	110	新建
93	村道 C027	四级	睦衷至新安	89.66	2004	89.66	新建
94	乡道 Y061	四级	杨明至满垌	24.47	2004.11	24.47	新建
95	村道 C038	四级	大板桥至大田头	56	2004	56	新建
96	村道 C042	四级	界牌至田心	15.90	2004	15.90	新建
97	乡道 Y062	四级	324 线至仙江	19.42	2004	19.42	新建
98	村道 C035	四级	324 线至峤北	123.25	2004	123.25	新建
99	村道 C024	四级	东光至华南	36.10	2004	36.10	新建
100	乡道 Y072	四级	励志至千秋	151.48	2004	151.48	新建
101	乡道 Y001	四级	324 线至大萃	26.99	2004	26.99	新建
102	乡道 Y005	四级	东华至峡河	240	2005	240	新建
103	乡道 Y028	四级	文仰至竹山	71.55	2005.12	71.55	新建

续表

序号	分类（编号）	等级	线路名称	里程（千米）	建成年月	投资金额（万元）	说明
104	乡道 Y043	四级	塘冲至六只	49	2005	49	新建
105	乡道 Y043	四级	良奇至松塘	105	2005	105	新建
106	村道 C037	四级	荣丰至柏林冲	59.42	2005	59.42	新建
107	乡道 Y002	四级	木井至金库	41.42	2005	41.42	新建
108	村道 C044	四级	容厢二中至大明	27	2005	27	新建
109	村道 C135	四级	和勃至山麻	78	2005	78	新建
110	村道 C091	四级	三宝至同古	1.50	2005	66.16	新建
111	乡道 Y036	四级	妙阳至石圭	2.90	2005	63.80	新建
112	乡道 Y034	四级	十里至杨外	2.40	2005	56	新建
113	乡道 Y053	四级	黎读至琼新	1.50	2005	31	新建
114	乡道 Y071	四级	下烟至石城	1.20	2005	28	新建
115	乡道 Y062	四级	仙江至深柳	1.45	2005	39.20	新建
116	乡道 Y009	四级	黎村至丹花	2.77	2005	57.80	新建
合　计				563.93		69293.80	

第四节　桥　梁

1989 年，容县有大小公路桥梁 130 座，总长 4065.48 米，其中，大桥 7 座，共长 991.60 米；中型桥梁 32 座，共长 1492.88 米；小型桥梁 91 座，共长 1581 米。1990—2005 年，全县建设桥梁 56 座，总长 1737.73 米，其中大桥 4 座，共长 539.84 米；中型桥梁 11 座，共长 463.05 米；小型桥梁 43 座，共长 734.84 米．这些桥梁均为永久性结构。在国道福州至昆明(G324 线）容县段中，建桥梁 11 座，总长 514.20 米，其中大桥 1 座，长 183.60 米，中桥 3 座长 130 米，小桥 7 座，长 200.60 米。省道平南至黎村 S211 线建桥梁 3 座，其中，中桥 1 座，长 48 米，小桥 2 座，长 44 米。县道公路 6 条，建桥梁 7 座，长 218.74 米，其中大桥 1 座，长 104 米，小型桥梁 6 座，长 114.74 米。乡道公路建桥梁 35 座，总长 833.70 米，其中大桥 2 座，长 252.20 米，中型桥梁 5 座，长 206 米，小型桥梁 27 座，长 343.8 米。在上部构造中，石拱桥 10 座，占总量 56 座的 17.85%；板梁 18 座，占总量 32.14%；板拱 7 座，占 12.50%；钢筋水泥混凝土空心板梁 17 座，占总量的 30.36%。其他桥型 4 座，占 7.14%。

容县绣江大桥夜景　　（2003 年 8 月，曾宪球　摄）

岑冲大桥：位于县道黎木至阳达山公路8千米加900米处，跨越岑冲河。投资42万元，由黎木乡政府组织岑冲、顶良、竹良3个村民工150人施工，县财政和交通局共补助资金30万元，不足部分由民工建勤、群众献工献料解决。该桥为石拱桥，全长104米，2跨孔，单跨径33米，桥宽9.50米，桥高9米。大桥于1989年10月1日动工，1990年11月建成通车。

大荣大桥：位于乡道Y016七圹口至新荣K4+980米处，跨越杨梅河。大桥全长120米，上构为现浇钢筋混凝土简支梁，下构为双圆柱墩现浇钢筋混凝土轻型桥，重力式基础。全桥设5孔，每孔净跨20米，桥面净宽9米，桥高12米。设计荷载为汽—20、挂—100，最大洪水频率1/50，抗震裂度0.05。大桥预算投资72.60万元，自治区交通厅补助12万元，玉林地区交通局补助20万元，乡财政和群众自筹40万元（含材料折款）。于1990年12月20日动工，1995年10月建成通车。

同古大桥：位于国道G324线福州至昆明K1385+199米处，跨越绣江，大桥全长183.64米，4孔，每孔跨径40米，桥面宽24.60米，桥高15.20米，为预应力T形梁式桥，设计荷载汽超—20、挂—120，为一级公路桥梁。设计洪水频率1/100，抗震裂度0.05，设计单位为广西交通勘察设计院。1996年5月1日开工，次年10月建成通车。大桥业主为容县新容公司（中外合资企业），施工单位为广西路桥工程总公司第二工程处承建。大桥预算总投资1725万元，结算投资1720万元。

深柳大桥：位于乡道Y062仙江至古兆1千米加500米处，跨越绣江。大桥全长132.20米，分3孔，每孔净跨35米，桥面宽9米，桥高8米，上构为钢筋水泥混凝土桁架拱桥，重力式墩台，由容县交通局工程师唐彩秀负责设计，全桥总造价120万元。自治区交通厅补助资金60万元，玉林地区交通局补助10万元，当地群众集资、投劳、献料折款价50万元。大桥于1995年11月开工，2000年12月建成通车，历时5年。

黄金冲中桥：位于国道G324福州至昆明K1363+391处，按一级公路桥梁标准设计，桥长50.50米，桥宽22.50米，桥高10.50米。桥梁上构为钢筋水泥混凝土空心板梁，下构为U形桥台，中为柱式桥墩。设计荷载汽超—20、挂—120。1998年10月15日开工，2000年10月建成通车，投资金额228万元。

六猛四桥：位于国道G324福州至昆明K1364+249处，桥梁全长34.30米，单孔、跨径13米，一级公路标准，桥面宽22.50米，桥高9.50米，设计荷载按汽超—20、挂—120，抗震裂度0.05，设计洪水频率1/100。上部构造采用钢筋水泥混凝土空心板梁，下部构造用U形桥台，设计投资280万元。1998年10月开工，2000年10月建成通车。

六猛二桥：位于国道G324线容县至岑溪一级公路K1364+939米处，桥梁全长46.50米，3孔，每孔跨径13米，按一级公路设计，桥面宽22.50米，桥高12米，上部构造为钢筋水泥混凝土空心板梁，下构为U形片石桥台，中间为柱式桥墩，设计荷载汽超—20、挂—120，抗震裂度0.05，设计洪水频率1/100。全桥投资350万元，1998年10月动工，2000年10月建成通车。

草鞋坡铁路立交桥：位于容西乡祖立村原国道G324线路段K78+012处。为了节约增设叉道口的开支，铁路部门与公路部门协商而增设该立交桥，全长51.55米，单孔跨径30米，桥宽13米，净宽9米，桥高8.50米，按二级公路桥设计，荷载汽—20、挂—100。2005年10月，由中国铁道部第六工程局负责施工。桥上构为钢筋水泥混凝土空心板梁，下构为U形片石台，全桥投资86万元。

浊水河中桥：位于省道S211线容县至黎村二级公路石寨镇独石村长湾处(K113+146)，跨越浊水河。该桥原建于民国19年(1930年)5月。1974年进行加宽。2003年12月，进行二级公路改建，故在原桥下游5米处另建新桥。新桥为2孔，每孔跨径16米，桥全长44米，桥面宽12米，桥高5.28米，桥上构为钢筋混凝土空心板梁，下构为U形片石桥台，荷载汽—超20、挂—120，投资76万元。

河口中桥：位于省道S211线平南至黎村二级公路杨梅镇河口村(K126+403)处。1968年1月建成单孔跨径为15米的钢筋水泥混凝土双曲拱桥，全长31.50米，为四级公路桥梁。2003年12月该路进行二级公路改建，新桥为单孔，孔跨30米，上构为钢筋混凝土空心板梁，下构为U形片石台，全长37米，桥面宽12米，桥高10.61米，设计荷载汽超—20、挂—120，投资58万元。

黎村中桥：位于省道S211线二级公路(K139+960)黎村镇振新村，跨越黎村河。1964年7月建成钢筋混

凝土板桥，全长 10.40 米。1997 年 9 月将该桥拆除重建。新建桥上构为钢筋混凝土空心板梁，下构为 U 形片石台双柱墩，桥全长 48 米，3 孔，每孔跨径 13 米，桥宽 12 米，桥高 4.10 米，设计荷载汽—20、挂—100，投资 39.80 万元。

合水桥：位于乡道 Y011450921 太平至太和公路 K7+100 米处，跨越六振河，桥长 36 米，6 孔，每孔跨径 6 米，桥面宽 8 米，桥高 5 米，上构为钢筋混凝土空板梁，下构为柱式桥台，设计荷载为汽—15、挂—80，设计抗震裂度 0.05，最高洪水频率 1/50。1995 年 10 月动工，次年 6 月建成通车。全桥总投资 32 万元。

古兆桥：位于乡道 Y016450921 七塘至新荣公路 K6+292 米处，跨越古兆河。桥梁全长 54 米，单孔，跨径 30 米，上构为片石拱圈，下构为 U 形桥台，桥面宽 9.50 米，桥高 7 米，设计荷载为汽—13、拖—60，抗震裂度 0.05，设计洪水频率 1/50。1998 年 6 月动工，1999 年 10 月建成通车。全桥投资 45 万元，桥头引道填土长 800 米，高 6 米，土方量约 8 万立方米。

六腩中桥：位于乡道 Y041 荣丰至旺将 K2+700 米处，跨越六腩河。全桥长 42 米，2 孔，单孔跨径 16 米，桥面宽 7.50 米，桥高 4.80 米，上构为钢筋混凝土板拱，下构为重力式墩台，设计荷载汽—13、拖—60。该桥建成于 2000 年 10 月，全桥总投资 28 万元。

杨叶桥：位于乡道 Y049 容城至杨叶公路 K1+400 米处，跨越七星河。桥梁按四级公路标准设计，上构为双孔石拱桥，下构为 U 形桥台，重力式桥墩，桥全长 34 米，单孔跨径 12.50 米，桥面宽 6 米，桥高 7.10 米，水泥混凝土桥面。1999 年 1 月建成通车，全桥投资 15 万元，不足部分由当地群众投工献料解决。全桥设计按汽—13、拖—60，抗震裂度 0.05，设计洪水频率 1/50。

表 8-6　　**1990—2005 年容县新建公路桥梁表**

路线名称	路线编号	桥梁名称	桩号（千米）	建成年月	桥长（米）	桥宽（米）	桥高（米）	孔数孔径（米）	桥梁分类	上构	下构
黎木至阳达山	X381	岑冲桥	8.90	1990.11	104	9.50	9	2×33	大桥	石拱	U 形台
罗权至珊萃	Y031	洛村桥	11.50	1991.4	8.80	6.50	2	1×6	小桥	板梁	一字台
水汶至杨村	X382	横山桥	21.50	1992.11	14.80	7.10	2.50	1×10	小桥	板拱	U 形台
太平至太和	Y011	平洛桥	1.80	1995.3	12	7	3.20	1×10	小桥	板梁	一字台
七塘至新荣	Y016	大荣桥	4.98	1995.10	120	7	13	5×20	大桥	简支梁	U 形台
荣丰至旺将	Y041	黄瑞桥	5.70	1995.10	7	7.80	3.80	1×5	小桥	板梁	一字台
石扶至大水	Y017	石扶桥	0.13	1995.12	18	5.10	2	1×12	小桥	板拱	U 形台
太平至太和	Y011	合水桥	7.10	1996.6	36	7	5	6×6	中桥	板梁	一字台
大坡村至罗红垌	Y028	下柳水面桥	12.10	1996.12	26	8	1	3×8	小桥	板梁	一字台
平洛至河口	Y033	六吟桥	2.90	1996.12	9	7	5	1×8	小桥	板梁	一字台
大村坡至罗红垌	Y028	望上桥	11.20	1997.5	11.50	5.70	2.80	1×8	小桥	板拱	U 形台
		上柳桥	10.52	1997.6	12	7.50	2.50	1×10	小桥	板梁	一字台
平南至黎村	S211	黎村中桥	139.96	1997.9	48	12	4.10	3×13	中桥	钢砼空心板	U 形台
福州至昆明	G324	大灯坡桥	1389.71	1997.10	32	24.60	5.10	2×8	小桥	钢砼空心板	U 形台
下烟至庆寿岩	Y046	保鸭桥	1.20	1997.10	14	5	4	1×10	小桥	肋拱	U 形台
大涛至平坡	X379	平坡二桥	2.01	1997.10	26.10	12.10	11.20	2×10.40	小桥	钢筋砼板	U 形台

续表

路线名称	路线编号	桥梁名称	桩号（千米）	建成年月	桥长（米）	桥宽（米）	桥高（米）	孔数孔径（米）	桥梁分类	上构	下构
福州至昆明	G324	永能桥	1380.20	1997.10	33	22.50	5.50	1×16	中桥	钢砼空心板	U 形台
		同古大桥	1385.08	1997.10	183.60	24.60	15.20	4×40	大桥	预制工梁	U 形台
		黄泥河桥	1393.7	1997.10	30	24.60	12.50	1×10	小桥	钢砼空心板	U 形台
岑溪至玉林	X203	六高桥	30.97	1997.10	21.64	9	3.40	1×15	小桥	钢砼空心板	组合式桥台
杨村至双善	Y005	深冲桥	23.76	1997.11	6.80	7	2.80	1×5	小桥	板拱	U 形台
六王至思良	Y040	思良桥	2.20	1997.11	18.20	7.80	3	1×12	小桥	板梁	U 形台
平南至黎村	S211	沙田桥	86.43	1998.9	22	12	3.82	1×16	小桥	钢筋砼空心板	组合式桥台
容城至杨叶	Y049	杨叶桥	1.40	1999.1	34	6	4.50	2×12	中桥	石拱	U 形台
七塘至新荣	Y016	古兆桥	6.29	1999.10	54	7.30	6	1×30	中桥	石拱	U 形台
福州至昆明	G324	石马桥	1361.60	2000.10	31.70	22.50	11.30	1×10	小桥	钢筋砼空心板	U 形台
		黄金冲立交桥	1363.20	2000.10	18.70	22.50	5.10	1×8	小桥	钢筋砼空心板	U 形台
		黄金冲中桥	1363.40	2000.10	50.50	22.50	10.50	2×16	中桥	钢筋砼空心板	U 形台
		六猛四桥	1364.20	2000.10	34.30	22.50	9.50	1×13	小桥	钢筋砼空心板	U 形台
		六猛三桥	1364.40	2000.10	31.90	22.50	9.70	1×13	小桥	钢筋砼空心板	U 形台
		六猛二桥	1364.90	2000.10	46.50	22.50	12	3×13	中桥	钢筋砼空心板	U 形台
		六猛一桥	1365.20	2000.10	38.20	22.50	12.80	1×13	小桥	钢筋砼空心板	U 形台
		木井立交桥	1371.80	2000.10	15.50	22.50	6.20	1×8	小桥	钢筋砼空心板	U 形台
黎村至丹花	Y009	旺安桥	20.70	2000.10	32.50	7	4	3×8	小桥	石拱	U 形台
荣丰至旺将	Y041	六腩桥	2.70	2000.10	42	7	4.80	2×16	中桥	石拱	U 形台
		龙湾桥	1.10	2000.11	19	7	5	1×10	小桥	板拱	U 形台
大坡至古泉	Y053	古泉一桥	0.80	2000.11	7.20		6	1×6	小桥	板梁	一字台
		古泉二桥	1.50	2000.11	6	7	5.60	1×5	小桥	板梁	一字台
仙江至古兆	Y062	深柳大桥	1.50	2000.12	132.20	9	8	3×35	大桥	钢架桥	U 形台
平南至黎村	S211	石扶桥	88.60	2001.5	22	12	4.40	1×15	小桥	钢筋砼空心板	U 形台
白土至古松	Y023	鲁塘桥	8.10	2002.11	12.50	7.50	4	1×8	小桥	石拱	U 形台

续表

路线名称	路线编号	桥梁名称	桩号（千米）	建成年月	桥长（米）	桥宽（米）	桥高（米）	孔数孔径（米）	桥梁分类	上构	下构
容城至自良	X380	黎读桥	4.80	2002.12	20	6	6.30	1×14	小桥	石拱	U 形台
石头至大垌	Y019	石剑桥	16.03	2003.10	16	8	4	1×10	小桥	石拱	U 形台
温泉至满垌	Y008	双底桥	10.24	2003.12	13.80	4.50	3.80	1×8	小桥	板拱	U 形台
水口至大扭	Y020	榕木桥	1.10	2003.12	8.50	4.50	1.60	1×6	小桥	板梁	一字台
水口至上垌	Y027	睦衷桥	5.64	2003.12	8.50	7.60	1	1×6	小桥	板梁	一字台
松山至罗秀	X378	万力桥	12.23	2004.2	8.20	7.80	2.90	1×5	小桥	钢筋砼	U 形台
大桂至三责	Y003	三责桥	2.40	2004.10	17	7	4.30	1×15	小桥	板梁	一字台
		古练桥	1.9	2004.11	6.50	6	4	1×5	小桥	石拱	U 形台
水口至大扭	Y020	水口桥	0.30	2004.12	14.50	4.60	1.80	1×12	小桥	板梁	一字台
旺将至六匀	Y063	大路桥	0.30	2004.12	16	6	5	1×14	桥	板梁	一字台
仙江至古兆	Y062	仙江桥	0.30	2005.4	8	7	5	1×7	小桥	板梁	一字台
杨村至双善	Y0005	木竹二桥	11.12	2005.10	8	8	4.80	1×7	小桥	板梁	一字台
		六垌桥	11.50	2005.11	6.50	9	4	1×5	小桥	板梁	一字台
		峡河桥	14	2005.12	40	7	4.50	1×30	中桥	石拱	U 形台
容城至自良	X380	十里桥	6.30	2005.12	24	6	6	1×18	小桥	板拱	U 形台

说明：1. 路线编号 G 代表国道、S 代表省道、X 代表县道、Y 代表乡道

2. “砼”代表水泥混凝土简称

第五节　铁　路

1990 年，容县没有铁路。2005 年，境内在建的铁路是洛湛铁路容县段，同年 10 月正式开工建设。洛湛铁路北起河南省洛阳市，途经河南、湖北、湖南、广西、广东等 5 省（自治区），南至广东省湛江市，全程 700 多千米，是国家“八纵八横”铁路干线之一，也是中国中西部省（自治区）通往华南地区和沿海地区深水港口的重要出海通道。洛湛铁路容县段自西向东从容县中部穿境而过，途径容西、容州、十里、六王 4 个乡（镇），全长 37.94 千米，是横贯容县东西的铁路交通大动脉。

洛湛铁路容县段建设规划

容县规划建设的铁路是洛阳至湛江铁路其中的一段。1991 年，国家铁道部编制的“八五”及中长期铁路建设规划，将洛湛铁路列入备选项目。1999 年 12 月 21 日，国务院办公会议正式批复同意国家计委上报的洛湛铁路立项请示。根据建设工程规划，洛湛铁路容县段自西向东从容县中部穿过，铁路的西端在北流市民乐镇高车村接轨，从容西乡西山村进入县境，一路向东延伸，途径 4 个乡（镇），东端从六王镇陈村出境，与岑溪市南渡镇西竹村铁道连接，县境内铁道全长 37.94 千米，工程建设计划总投资约 7 亿元。

容县铁路建设协调指挥机构

洛湛铁路建设项目获得国务院批准立项之后，柳州铁路局根据铁路建设施工方案要求，成立洛湛铁路建设指挥部，协调铁路沿线各市县（区）开展征地拆迁工作和施工前的各项准备工作。容县为配合洛湛铁路建设指挥部开展征地拆迁和工程队施工作业，保障容县段建设工程顺利进行，容县县委和县人民政府于 2004 年 7 月成立洛湛铁路容县段工程建设协调指挥部，容县县委书记、人大常委会主任张福文和县委副书记、县长杨家庆任总指挥长，县委副书记丘德奎任常务副指挥长，副县长浦秀川、丘玉树、余荣等领导任副指挥长。指挥部下设办公室，从容县国土资源局、县发展改革局、县财政局、县建设局、县水利局、县公安局、县交通局和电力、通信等部门以及铁路沿线4个乡（镇）抽调工作人员，配合洛湛铁路建设指挥部开展征地拆迁等工作，协调解决影响铁路建设施工中发生的各种涉农纠纷等问题。

工程建设

2004年10月，玉林市人民政府办公室转发《洛湛铁路玉林段征地拆迁工作实施方案》，容县根据该实施方案的要求，组织召开洛湛铁路容县段有关被征地拆迁乡（镇）、村、组的征地拆迁动员会议，利用广播、电视、标语、宣传车等各种形式广泛宣传发动，工作人员深入到被征地拆迁的农户家中做群众的思想工作，密切配合洛湛铁路建设指挥部和施工单位，共同完成征地拆迁的界址、放线、测量、补偿等工作，如期完成征地拆迁工作任务。2005年10月，洛湛铁路容县段正式开工建设，参与施工建设的工程队伍有中国铁道部第五铁路工程局（简称中铁五局）、中铁六局、中铁九局、中铁十二局等施工单位。根据工程设计方案，容县境内铁路全长37.94千米，在县城西北角距城区1.50千米处建火车站。洛湛铁路容县段建设大小铁路桥梁26座，总长度约6000米；铁路隧道10座，总长度约8000米。于2009年9月9日通车，2011年1月11日开始办理客运业务，3月1日开始办理货运业务。

第六节　公路运输

公路客运

1990年，容县16个乡（镇）均有客运班车通达，有客车150辆、座位4256个，开行班线18条，日发班车211班次，多以县内班线为主。1995年，全县开行班线27条，日发班车311班（次），其中县内班线16条，日发281班（次），县际班线5条，日发23班（次），市际班线4条，日发7班（次），省际班线2条，日发6班（次），同年，全县有客车199辆，座位5517个。随着二轮摩托车的社会拥有量不断增加，城乡居民短途出行客运发生较大变化，班车经营量逐年下降，小型客车运力渐被运输市场淘汰，客车类型渐向高靠背座位的中、高档改进，班线向市际、省际长途发展。1998年，全县有客车207辆，5491座位，车辆比1995年增长4%。县私营企业奔鹿客运公司首先开行容县至玉林火车站专线客运线路，实行车型、售票、排班、循环的高度统一运营模式。同时，农村客运出现专线车客运，形成县城至乡（镇）的石头、罗江、自良、六王、杨村、黎村、灵山等7个相对固定的专线车客运线路。2000年，全县开行班线48条，其中县内班线18条，日发230班（次），县际班线7条，日发80班（次），市际班线9条，日发19班（次），省际班线14条，日发20班（次）。同年，全县有客车223辆，座位5875个。2002年，全县各乡（镇）均开通客运专线车线路。2003年，由罗江镇新成立的容县龙兴乡村客运有限责任公司率先开行了镇内罗江至半月村、罗江至岑冲村、罗江至三岸村及相邻的石头镇的班线，从而启动了乡（镇）之间的村道客运专线车经营线路。2005年，全县开行

容县至岑溪一级公路

（2005年8月摄，容县爱卫办　提供）

班线 65 条，日发 752 班（次），其中县内班线 17 条，日发 523 班（次），县际班线 6 条，日发 76 班（次），市际班线 15 条，日发 26 班（次），省际班线 21 条，日发 38 班（次）。同年，全县有客车 176 辆，座位 5180 个，其中高级豪华型、全空调，高靠背客车 41 辆，中级客车 103 辆，普通客车 32 辆，高、中、普客车比例为 23.3%、58.5%、18.2%。容县 219 个建制村（街）中有 128 个建制村开通客运班车。全年道路客运量 330.66 万人次，客运周转量 3.96 亿人 / 千米。

表 8-7　　**1990—2005 年容县公路客运运力、客运量、客运周转量统计表**

年份	客车		客运量（万人）	客运周转量（万人千米）	年份	客车		客运量（万人）	客运周转量（万人千米）
	辆数	座位				辆数	座位		
1990	150	4256	260.48	14016.39	1998	207	5491	244.90	25803.80
1991	169	4943	286.80	14969.24	1999	224	5669	253.50	26070
1992	218	5696	297.63	15751.37	2000	223	5875	258	24610
1993	220	5740	338	21140	2001	196	5602	250	26610
1994	212	5589	302	18062	2002	187	4985	266	27027
1995	199	5517	212.90	18600.30	2003	182	4969	241	21576
1996	216	5567	232.30	19005.50	2004	193	5638	314.16	37848.40
1997	218	5638	238.50	22088.60	2005	176	5180	330.66	39645.62

主要客运企业简介

容县汽车总站　是广西运美运输集团有限公司驻容机构，以道路旅客运输为主要业务，公司地址在县城城北路 78 号。前身为县汽车站，是容县唯一一家国有运输企业。1997 年下半年，总公司投入巨资建立以玉林市为中心的“运美线巴”客运网络。2003 年，实行企业产权制度改革，变国有企业为股份制大型运输企业。2005 年，有员工 150 人，客车 65 辆，总资产 1200 万元，是二级客运资质企业，开设有省际班线 19 条，自治区内班线 13 条，县内班线 5 条。

广西容县通力三名客运有限责任公司　成立于 2002 年 8 月，具有道路旅客运输三级企业经营资质。该公司由县汽运公司、交运公司和奔鹿汽运公司重组而成，属民营股份制企业。公司位于县城城北路 7 号，其经营项目为专职汽车旅客运输业务。2002 年，公司首先开行容县至玉林火车站专线客车，实行统一车型，统一售票，统一管理，统一排班的运营模式。2003 年，摸索跨省和县内通乡（镇）班线旅客运输。2004 年，公司拥有营运客车 92 辆，2528 座位，年客运量 122.71 万人次。2005 年，公司有员工 438 人，其中驾驶员 247 人，营运客车 130 辆，3770 座位，客运净资产 1450 万元。经营的班线有省际班线 7 条，市际班线 9 条，县际班线 2 条，县内班线 20 条，全年客运量 173.40 万人次，客运周转量 1.69 亿人 / 千米。

客运出租车

三轮摩托车客运　1990 年前，容县城区的旅客运输主要靠装卸公司的 30 辆自行车和 4 辆改装的轻骑机动三轮车载客。1990 年县城开始出现机动三轮摩托车（简称“三摩”）载客，时有“三摩”32 辆，自行车载客现象逐渐消失。1993 年，机动“三摩”只有 35 辆。1994 年，由于城区往来人员和厂矿企业下岗人员增多，逐步以“三摩”载客为再就业机会；同年，三轮摩托车增至 205 辆，净增 170 辆。1995 年，“三摩”发展至 366 辆。1996—1997 年，车辆拥有数维持在 325 辆。1998 年，“三摩”营运猛增至 450 辆，净增 125 辆，城区“三摩”客运处于饱和状态。1999 年，交通运政管理部门核发的机动三轮摩托车准运证 515 辆。由于“三摩”增加速度快，远远超出城区短途客运的可容限度。由此而产生的抢客、互相排挤、乱停乱放、堵塞交通的现象十分严重。2000 年，外来三轮摩托车不断涌入县城，县政府责成交通运管部门以 1999 年拥有的机动“三摩”为基数，五年内不准再增加“三摩”营运。2005 年，城区“三摩”拥有量降至 406 辆，“三摩”客运市场混乱现象得到了有效整治。

出租车运输 1990—2000 年，容县城区没有出租车参加营运。2001 年 1 月，容县东外汽车运输有限公司投入 2 辆出租小汽车试运营，效益不错。2002 年，“东外汽运公司”再投入出租小汽车 13 辆。2003 年，容县云龙出租汽车有限责任公司成立，投放出租车 25 辆。同年末，全县共有出租车 40 辆，满足城乡旅客乘车高效、舒适的要求，此运营状况一直持续至 2005 年末。

公路货运

从 20 世纪 90 年代开始，容县公路货运经历了国有企业退出、集体企业转型、民营企业占主导的经营模式。

1990 年，容县只有县汽车站、县汽车运输公司和县交通运输公司 3 家货运企业，拥有货车 82 辆，369 吨位，负担着全县大宗货物和农副产品的内外运业务。运入物资以钢材、禽畜饲料和五金百货等货物为主。1993 年，县汽车站和县汽车运输公司淘汰了全部货运汽车，专一经营客运，县交通运输公司也退出公路货物运输市场。由于国有和集体企业不再经营货运，民营企业（个体）随即占领了全县的货运市场。同年，容县有民营货运企业 7 家，拥有车辆 210 辆，596 吨位。较大型的货运企业如东外、万源、永通等，东外车队以五十铃 7.50 吨车为主，有车 17 辆；万源汽车运输有限责任公司拥有车辆 128 台，永通货运公司 52 辆。1994 年，全县共完成货运量 97.70 万吨，货运周转量 6057 万吨 / 千米。

1995 年，容县（含乡、镇）有货运企业 18 家，共有车辆 401 辆、1208 吨位。加上没有加入货运企业的农村零散车辆和厂矿自用车，全县共有货运汽车 1155 辆，总吨位 3311 吨。全县完成货运量 173.50 万吨，货运周转量 6529.20 万吨 / 千米。1996—1998 年，全县货运汽车均维持在原有水平。1999 年，全县新增货运汽车 160 辆，比 1998 年的 1087 辆增长 14.72%，全县有货运汽车 1247 辆、3434 吨位。其中民营货运企业 17 家，拥有 402 辆货运汽车，1297 载货吨位。其他个体货车 845 辆、2137 吨位。全年完成货运量 160 万吨、货运周转量 1.01 亿吨 / 千米。

2000 年，新增汽车 111 辆，合计 1358 辆、3646 吨位。2001 年，新增货车 95 辆，共计 1453 辆、3877 吨位，全年完成货运量 168 万吨，货运周转量 1.01 亿吨 / 千米。2002 年，由于县内货运市场竞争激烈，县内运力渐趋饱和，不少货运企业亏本经营，全县货车骤减，同年，全县货车减为 828 辆、2126 吨位，货物运输市场出现疲软状态，有 2 家企业停产，5 家企业转为出租车行业。2004 年，一些民营企业实行重组或联营，全年新增货车 115 台，全县共有货运汽车 1060 台、3171 吨位。完成货运量 167.40 万吨，货运周转量 2.32 亿吨 / 千米。2005 年，全县拥有货车 1071 辆、3285 吨位，比 1999 年下降 14.11% 和 4.34%。其中有货运公司 26 家，车辆 825 台、2530 吨位。同年全县完成货运量 179.40 万吨，货运周转量 1.03 亿吨 / 千米。

主要货运企业简介

容县万源运输有限责任公司 成立于 2002 年 5 月，原挂靠县交通局货运服务管理站，2005 年企业改制重组，单独成立民营股份制有限公司。公司办公地点设于容城镇城北路 108 号，占地面积 150 平方米。内设办公室、经理室、驾驶员学习室，有办公设备，实行微机化管理。公司主营普通货物运输和危险物品运输。拥有车辆 128 台，其中危险物品运输车辆 36 台，普通货车 92 台，从业人员 168 人。

容县永通汽车运输有限责任公司 成立于 2004 年 3 月，公司地址设于容城镇城西路 689 号，为民营企业，拥有车辆 50 辆，225 吨位。公司经营以普通货物运输为主业，并得到县农村信用合作社低息贷款，公司业务不断扩大。

机动车维修业

1990 年，容县拥有维修业户 103 家，其中一类资质企业 1 家，二类汽车维修厂 11 家，汽车小修保养、专项维修和摩托车维修点 91 家。1992 年，由于公路运输市场竞争激烈，全县汽车小修保养维修企业减为 20 家，摩托车维修企业也缩减为 42 家。1994 年 178 家，其中汽车一、二类维修企业保持不变，三类维修企业增加 16 家，摩托车类增加 33 家。从这一时期开始，全县机动车维修企业以每年 10% 的速度增长。2000 年，全县共有维修业户 478 家，6 年净增 168.54%。全县机动车拥有量不断增加，维修点遍及城乡，特别是摩托车维

修点增速为144.35%。2005年,全县共有维修业户463个,其中一、二类维修企业15家,三类汽修企业106家,摩托车维修业户342家,从业人员727人。

随着维修行业的快速发展,全县维修网点分布不合理,无证经营现象严重,影响维修行业的健康发展。县交通运政管理部门根据交通部和自治区交通厅《关于机动车维修企业的开业条件》规定,严格审查申请企业的资质鉴定、维修网点的合理布局、从业场地、设备和维修人员的技术素质严格审核,对不符合开业条件的维修业户从严把关,不合格的不批准进入维修市场;每年组织一次维修市场大检查,对不符合分类标准和开业条件不符合要求的,给予调整或取缔;开展企业诚信考核,提高维修企业的管理水平和服务质量。

表 8-8 **1990—2005年容县机动车维修业户统计表**

单位:家

年份	一类	二类	三类	摩托车	合计
1990	1	11	30	61	103
1991	1	11	32	64	108
1992	1	11	20	42	74
1993	1	12	35	71	120
1994	1	12	51	104	178
1995	1	14	62	125	202
1996	1	10	108	217	336
1997	1	15	115	230	361
1998	1	13	134	211	359
1999	1	13	151	256	421
2000	1	14	160	303	478
2001	1	15	117	286	419
2002	1	15	123	321	460
2003	1	16	90	309	416
2004	1	15	99	328	443
2005	1	14	106	342	463

搬运装卸

1989年,容县搬运装卸社更名为容县交通运输公司。除经营货物运输外,兼营装卸、汽车管理、旅业等,有正式员工132人。

1990年,公司营业总收入93.40万元,其中装卸业收入44.30万元,占总收入47.43%。1992年,公司向银行贷款17万元新购东风牌汽车2辆,合计共11辆汽车,成为较有实力的运输车队。同年12月,公司在原简易修理车间原址拆除重建,新楼占地300平方米,建筑面积1600平方米的4层楼房,1、2楼作办公和对外出租,3、4楼开办交通招待所,既扩大公司收入,又可安排部分职工就业。1995年1月,公司引入承包机制,车辆全部承包给司机或个人经营。同年10月,由于部分车辆耗损严重,公司决定将所有车辆向社会公开拍卖,至1998年6月,11台车辆全部拍卖完成,共收入28.82万元,用于还银行借款。公司还处理了汽车修理厂的一些设备,总收入2.18万元。1998年11月,公司把原交通招待所的设施全部更新,内外墙重新装修,经营效益增长。

2000年以后,县城区农民进城自发组织小型的装卸队伍,县交通运政管理部门也给予办理经营许可证。

由于交通运输公司历史欠债较多，每年投入的固定资产投资数量较大，装卸工人工作效率低下，没有优势和市场竞争力，企业维持生存十分困难。2004年7月，《中华人民共和国道路运输条例》颁布后，县交通运输管理部门对全县装卸业采取完全放开，不再核发经营许可证，对原已发放的经营许可证也不再进行年审。2005年，全县已没有搬运装卸企业进行注册登记。

驾驶员培训机构

1990年，容县有机动车驾驶员培训学校3所：县农机学校、县运通驾校和县财源驾校。

容县农机学校 校址位于容厢乡平坡村，占地面积67.95亩，建筑面积1441.90平方米。县农机学校在编教职员工15人，其主要办学目的是为本县培训农用拖拉机驾驶员（简称农机手）。1990—2001年，共培训农机手1980人。其间也培训汽车驾驶员。2002年，自治区交通厅制定了《广西壮族自治区驾驶员培训管理规定》，机动车驾驶员培训的行业管理由交通部门负责，容县农机学校即停止招收汽车驾驶员培训。2002—2005年，农机学校共培训农机手527人。

容县运通交通设施有限公司驾驶学校 （简称运通驾校）为民营企业，成立于2003年10月，办公地址位于容城镇城南大道158号。有教练车75辆，其中大型汽车20辆，小型汽车55辆，有教练员80人，办公室及后勤人员10人。驾校具有自治区交通厅颁发的一级培训资质。有驾培教练场地2处，总面积150亩，总投资300万元。训练场地规范，设施完善；场内设有驾驶电子化设备。训练区各类道路、标志、标线、交通信号以及与考试科目相关的各种路形均设置齐全，建有模拟高速公路、隧道、湿滑路、坡道、S形路等各种标准训练道路。还在黎村、杨村、六王、杨梅、灵山等9个乡（镇）设立教学点，方便边远山区学员培训。2005年末共培训汽车驾驶员6725人，其中大客车45人，大货车1950人，小车4730人。

容县财源驾驶学校 成立于2005年，属民营企业，具有自治区交通厅颁发的一级培训资质。校址位于容州镇平坡村（县农机校场地）。有驾培车辆106辆，其中大型教练车24辆，小型教练车75辆。有职工187人，其中教练148人，（理论教练17人、操作教练131人），办公室及后勤管理人员39人。有驾培教练场地3处，总面积150亩，总投资1000万元，建有全科目考场，驾校训练场地规范，设施完善。建有无纸化考场、场内驾驶电子化、实际道路智能化考场、训练场各类道路标志、标线、交通信号与考试科目相关的各种路形均设置齐全，建有模拟高速公路、隧道、涵洞、湿滑路、坡道、Z形路、S形路、8字形路等各种标准训练道路。同年，共培训汽车驾驶员3298人，其中大客(A2)20人、大货(B2)950人、小型汽车(C1)2328人。

交通战备

容县交通战备办公室于1996年8月成立，办公地点设于容县交通局内。1999年12月，在容县交通局增挂容县国防动员委员会交通战备办公室牌子。2001年机构改革，其职责为负责交通战备办公室的国防交通归口管理工作，管理民兵应急分队，承办容县国防动员委员会交办的其他事项。2002年，核定行政编制2名，列入县交通局行政编制管理。交通战备办公室下设交通战备保障（也称应急）分队，下设公路保障、运输保障和后勤保障小分队，相对固定的成员25人，局机关2人。对全县公路、桥涵进行摸底调查，编制战时应急预案和抢修计划，确保道路安全畅通。对运输保障小分队，要求对全县国防交通运力情况进行调查，查清180辆客车、400辆货车的型号、车牌号、所属单位、产权性质、车辆运营状况进行立卡登记，并编制运力动员，做到战时“招之即来，来之能战，战之能胜”的目的。后勤保障小分队要求做好道路保障小分队在战时所需要的公路工程抢修机械（如挖掘机、推土机和装卸机），客、货车辆的紧急调用、战时物资供应及装备配套等。

运输企业

1990年，容县有容县汽车总站、容县汽车运输公司和容县交通运输公司3家公路客货运输企业。1993年，随着个体运输车辆的不断增加，在政府的倡导下，由交通部门引导各乡（镇）组建个体联营车队，走集约经营道路。1994年，全县16个乡（镇）除浪水乡外均组建个体联营货运车队。1996年后，个体联营车队在运管政策调整和运输市场变化中经历了解散、重组等调整方式，个体客、货车辆激增。1999年，县内运力渐趋饱和，运输市场竞争激烈，县交通运输公司退出汽车运输经营，保留搬运装卸和旅业经营业务。2002年8

月，容县汽车运输公司、容县交通客运公司、实力汽车运输公司等县内多家企业重组，成立广西容县通力三名客运有限责任公司，为客运三级企业。2005年，全县拥有道路运输企业13家，其中客运5家、货运8家，有客运车辆176辆，货运车辆1071辆。

汽车站场建设

1990年，容县有国营企业容县汽车站和绿荫汽车站。1991年，地方交通部门自筹资金23万元，建成具有四级客运站规模的黎木汽车站。1992年，容县汽车总站投资450万元建成5000平方米、具有二级客运站规模的新站房。1994年，县内自筹资金30万元，并向自治区运管局借款40万元，建成县底乡四级客运汽车站。1996年1月，投资330万元建成占地面积4611平方米、建筑面积2566平方米、具有三级客运站规模的容县城北客运服务站。1999年，容县汽车站投资40万元改造绿荫汽车站。由交通部门投资1432万元的容县城南客运服务站于2002年开工建设，2004年10月建成使用，占地面积2万平方米（约30亩），站房面积3256平方米，属二级客运站规模。2003年12月，县顺通客运有限公司投资150万元建成四级站标准的黎村客运站，站场停车面积1100平方米、办公用房面积400平方米。年内，民营企业投资60万元建成四级站标准的杨梅客运站。2004年12月，个体投资90万元建成四级站标准的杨村客运站。2005年末，全县共有二级客运站2个，三级站1个，四级站8个。具体为：二级站—县汽车站、城南客运服务站；三级站—城北客运服务站；四级站—黎木、县底、黎村、绿荫、杨村、杨梅、自良和石头乡（镇）区间站。

第七节　水路运输

渡口

1990年，容县有横水渡口27个，木质渡船27艘，分布在绣江及杨梅河沿岸。在绣江的横水渡有19个，包括容西的西江、深柳渡，石寨古兆、坡岭坪渡，容城的南门渡，容厢的华南渡，十里黎读、平山、独田、流冲渡，浪水涛门、沙腰、长河、白饭、泗河、勒竹塘、浪水渡，自良三洲、京洲渡。在杨梅河有杨梅的六美、三德、河口，石寨的上烟、白花、水冲、平垌、卓塘8个横水渡口。2002年，县政府批准在绣江设置横水渡口21个，渡船21艘，分布在绣江沿江的石寨、容厢、容城、十里、浪水、自良6个乡（镇）。在石寨镇有石寨村平垌、水冲、白花、上烟村长湾、古兆村幸福渡，容城镇有河南村南门渡，容厢镇有同古村渭龙渡，十里乡有黎读村龙颈，十里村平珊、大鹏渡，浪水乡有扶冲村七管、长河、沙腰、白饭、泗河、泗利村长冲、勒竹渡，自良镇有古旺村京洲、三洲、碰塘、大里村白坟渡。从2003年开始，县交通部门争取上级交通部门拨款，对绣江的渡口和渡船进行标准化改造建设，至2005年底，共投入资金184.80万元改建渡口码头和更换渡船，先后将白饭、泗河、长河、白坟、长湾等5个横水渡口的码头改建成水泥混凝土结构，将木质渡船更换成钢质机动船。

表8-9　　1990—2005年容县绣江渡口和渡船情况一览表

序号	渡口名称	改建时间	改建资金（万元）	渡船编号	造船投资（万元）	船质
1	自良白坟渡	2005年	21.80	容渡33	4.80	钢质
2	自良京洲渡			容渡46		木质
3	自良三洲渡			容渡36		木质
4	自良碰塘渡			容渡35		木质
5	浪水长冲渡			容渡37		木质
6	浪水勒竹渡			容渡51		木质

续表

序号	渡口名称	改建时间	改建资金（万元）	渡船编号	造船投资（万元）	船质
7	浪水泗河渡	2005 年	30	容渡 31	4.80	钢质
8	浪水白饭渡	2004 年	38	容渡 38	5.30	钢质
9	浪水七管渡			容渡 45		木质
10	浪水长河渡	2005 年	23.50	容渡 30	4.80	钢质
11	浪水沙腰渡			容渡 52		木质
12	十里大鹏渡			容渡 39		木质
13	十里平珊渡	2003 年	5	容渡 40		木质
14	十里龙颈渡			容渡 50		木质
15	容州南门渡			容渡 47		木质
16	容厢渭龙渡			容渡 41		木质
17	石寨平洞渡			容渡 43		木质
18	石寨水冲渡			容渡 48		木质
19	石寨白花渡			容渡 49		木质
20	石寨长湾渡	2005 年	42	容渡 32	4.80	钢质
21	石寨幸福渡			容渡 42		木质

码头

1990 年，容县共有横水渡口码头 27 个，均为河滩简易码头。分布在绣江两岸的横水渡口码头有 19 个，分布在绣江支流杨梅河两岸的横水渡口码头有 8 个。2002 年，县政府行文批准在绣江设置 21 个横水渡口及其码头，杨梅河两岸原有的 6 个横水渡口及其码头随之取消。从 2003 年开始，县交通部门争取上级交通部门拨款，加快对全县横水渡口码头的改造建设，改善码头的通行条件。2003—2005 年，投入资金 160.30 万元，将十里平珊渡、浪水白饭渡、泗河渡、长河渡、石寨长湾渡、自良白坟渡 6 个横水渡渡口码头改建成水泥混凝土结构。

表 8-10 **2003—2005 年容县绣江渡口码头建设一览表**

码头名称	开工时间	竣工时间	投资额（万元）	资金来源
十里平珊码头	2003 年	2003 年	5	上级拨款
浪水白饭码头	2004 年	2004 年	38	上级拨款
浪水泗河码头	2005 年 8 月	2005 年 12 月	30	上级拨款
浪水长河码头	2005 年 8 月	2005 年 11 月	23.50	上级拨款
石寨长湾码头	2005 年 8 月	2005 年 10 月	42	上级拨款
自良白坟码头	2005 年 9 月	2005 年 11 月	21.80	上级拨款

水上货物运输

1990 年前，由于绣江修建电站蓄水造成绣江航道全面断航，货船全部在贵港至广东的西江航道及其周边水道从事水上货运，同年，全县只有容县水上运输公司一家水运企业，共有货运船舶 143 艘、2813 吨位，货

运量 9.12 万吨，货运周转量 4791 万吨 / 千米。1993 年，个体水上运输企业容县华强航运公司成立。1995 年，全县有运输船舶 144 艘、1.66 万吨位，全年货物运输总量 34.80 万吨，货物周转量 1.74 亿吨 / 千米。2000 年，全县有运输船舶 143 艘、1.83 万吨位，全年货物运输总量 33.80 万吨，货物周转量 1.67 亿吨 / 千米。2005 年，全县共有营业性运输船舶 128 艘、3.13 万吨位，其中容县水上运输公司 103 艘、2.19 万吨位；容县华强航运公司 25 艘、9438 吨位。全年水上货物运输总量 71.10 万吨，货物周转量 2.76 亿吨 / 千米。绣江水道上另有 21 个横水渡口的渡船负责沿江两岸村民过江渡运。

表 8-11　**1990—2005 年容县水路运力、运输量完成情况一览表**

年份	运力（吨）	船舶数（艘）	功率（马力）	货运量（万吨）	货运周转量（万吨千米）
1990	4813	143	5060	9.12	4791
1991	12362	135	4827	13.80	4592
1992	12167	125	4728	30.50	9886
1993	14352	129	3774	31.90	15720
1994	16419	142	6310	34.50	18076
1995	16579	144	6576	34.80	17391
1996	16387	140	6579	33.70	17453
1997	16632	141	6373	33.10	16706
1998	16636	131	6267	32.20	16608
1999	17356	141	6610	30.80	17215
2000	18310	143	6488	33.80	16698
2001	21385	152	7486	45.70	23117
2002	25934	147	7632	46.80	21552
2003	29352	152	7977	79.30	27756
2004	29292	129	8244	67	27392
2005	31287	128	8671	71.10	27646

绣江复航工程规划

1990 年以前，绣江航道已经断航，自治区航务管理局曾经对绣江复航作出过规划，但是，由于绣江上游拦河蓄水修建水库和水电站，开山造地、森林过度砍伐造成水土流失，绣江下游电站过坝船闸设计失误及年久失修等种种原因而无法实现复航。1998 年 1 月，自治区人民政府批复自治区航道主管部门，同意将绣江航道定级为 5 类 4 级（Ⅴ—Ⅵ）内河航道规划，绣江复航工程建设正式启动。2003 年 4 月，玉林市与梧州市达成了加快推动绣江复航的共识，两市交通部门联合向自治区交通厅提出了《关于请求同意绣江复航的请示》，正式启动了绣江复航工程建设的立项申报工作。2004 年 10 月，自治区航务管理局委托广西交通规划勘察设计研究院编制完成《绣江复航工程预可性研究报告》。根据绣江复航工程建设规划设计方案，复航工程建设内容包括：新建容县容城港磨刀湾作业区、容县白马航运枢纽、藤县象棋航运枢纽，改造藤县金鸡航运枢纽船闸和藤县交口航运枢纽船闸，疏浚整治容县港区至浔江口 140 千米绣江航道等相关配套工程，整个绣江复航工程预算总投资约 60 亿元。2005 年，绣江复航工程建设仍然处在开展前期工作阶段。

第二章 邮 政

1990年，容县邮政主要业务有办理函件、包裹、汇兑、报刊发行、集邮、邮政储蓄等。1992年起，先后增加开办贺年明信片、特快专递、礼仪信函专递等种类及业务。1990—1996年，邮政业务量上升较快，函件投递量从1990年的172.52万件升至1996年的218万件，订销报纸期发量从1990年的3.46万份到1996年升至8.25万份，订销杂志期发量由1990年的3.20万份到1996年升至5.45万份；全县农村投递路线由自行车改为摩托车投递。1998年9月，邮政、电信业务正式分营。由于电子通信的持续发展，20世纪90年代后期函件、汇兑、报刊发行业务开始逐年减少。随着程控电话的迅速普及和移动电话等通信工具的应用扩展，电报业务也逐年减少，报刊发行2005年订销报纸期发量降至1.27万份，函件投递量只有51.98万件，杂志期发量降至2.04万份。

1998年2月，容县邮电局获'97邮电服务年先进集体称号 （容县邮政局 提供）

第一节 机 构

容县邮电局

1990年，容县邮电局办公地址设在容城镇新北街249号，隶属玉林市邮政局管理，实有人数192人。1992年迁至兴容街2号。1995年实施企业法人登记制度，逐步实行政企分开。内设综合办公室、计划财务部、邮政运营部、储汇经营部及车队、经警保卫班、营业班、封发班、发行班、投递班、营销班、储汇中心班、兴容储蓄班、储汇稽查班。1990—1992年，在县城设有营业网点，在杨梅、灵山、六王、黎村、杨村、县底、自良、松山、石头等乡（镇）设有邮电支局，在十里、石寨、江口、长河、荣塘设有邮电所，在西山设有邮政代办所。1993年，在浪水、黎木设邮电所，长河邮电所改为长河邮政代办所。1995年5月，西山邮政代办所改为容西邮电所。1998年9月11日，撤销容县邮电局。邮政、电信业务正式分营。

1990—1998年历任局长：莫国元（1990.1—1996.7）、简桂龙（1996.7—1998.9）。

容县邮政局

1998年9月11日，邮政、电信正式分营，设立容县邮政局，隶属玉林市邮政局管理，办公地址设在容

1992年12月建成的容县兴容街邮电大楼

（据《容县邮电志》）

城镇兴容街 2 号。内设综合办公室、计划财务部、邮政运营部、储汇经营部以及车队、经警保卫班、营业班、封发班、发行班、投递班、营销班、储汇中心班、兴容储蓄班、储汇稽查班。有职工人数 195 人。在县内各乡（镇）的原容县邮电局营业网点单独经营邮政业务。2000 年 12 月，办公地址搬迁到容城镇下沙路 2 号新邮政局大楼。2004 年 2 月机构改革后，邮政局下设综合办公室、市场部、监督检查室，原有班组保持不变。2005 年，有职工人数 196 人。

1998 年 9 月—2005 年历任局长：杨有祥(1998.9—2000.6)、陈孚懿(2000.7—2005.11)、陈树强(2005.12—)。

第二节　设施　设备

邮政基础设施建设

1990 年，办公地址设在位于新北街的综合办公楼占地面积 2231.38 平方米。为加速基层办公场地基础设施建设，1992 年，投资 250 万元在兴容街建成邮电大楼，主楼高 7 层，建筑面积 3692 平方米。同年建成杨梅、灵山、松山支局和浪水邮政所综合楼。1994 年建成罗江支局综合楼；1997 年，建成杨村、县底、自良、石头支局综合楼。1998 年，邮政与电信分营后，县邮政局在城西大道下沙路建设 1 幢 15 层综合办公大楼，大楼占地面积 2032 平方米，建筑面积 7800 平方米。同年建成黎村支局综合楼。2000 年 12 月建成县邮政局综合办公大楼，作为生产与办公使用。同年建成容西邮电支局综合楼。至 2005 年，邮政基础设施无变化。

邮政通信设备

自行车　1990 年，有自行车 62 辆，1993 年存量 65 辆。1994 年，随着农村投递深度和班期频次改变，投递自行车实行个人承包使用（新车使用期限 5 年），承包期满后，旧车归承包人所有，此后，邮政通信用自行车不再列为邮政通信设备统计。

1998 年 5 月建成的黎村邮电综合楼

（据《容县邮电志》）

容县邮政局大楼　（2005 年 9 月，吴植光　摄）

摩托车 1990 年，有两轮摩托车 1 辆，专用于自县汽车站至县邮政局接送邮件用，至 1998 年数量没有发生变化。1999—2005 年新增 1 辆摩托车用于机要投递。

汽车 1990 年，有汽车 2 辆，用于开办县城至石头、县城至黎村的汽车邮路专用。1991 年，增加邮政储蓄押款专用车 1 辆。其后，邮政专用汽车数量逐年增加，1998 年达到 8 辆，其中邮政储汇专用车 2 辆，特快专递邮政用车 1 辆。1999—2005 年达到 13 辆汽车，其中农资投送车 1 辆，宣传车 1 辆，其他为邮运车。

微型计算机 1990 年，容县邮电局没有微型计算机（以下简称“微机”）设备。1991 年购置微机 1 台，用于营业开发汇票。1994 年增至 4 台，用于邮政储蓄存取款。此后，微机陆续增加应用于其他业务。1998 年，全县邮政通信用微型计算机 15 台，1999—2005 年，全县邮政通信用微型计算机 45 台。

其他邮政机具 1990 年，仅有包裹收寄机 1 台。1991—1993 年，购置信函过戳机、邮件传输机各 1 台。1997 年，增设自动存取款“柜员机”1 台。1998 年，购置安装特快专递邮件查询系统设备 1 台（套）并与全国联网，2003 年新装 2 台取款机。

表 8-12 **1990—2005 年容县邮政通信主要设备统计表**

单位：辆、台

年份	汽车	自行车	摩托车	包裹收寄机	微型计算机	邮件传输机	函件过戳机	包裹捆扎机	特快专递邮件查询系统	自动存取款柜员机
1990	2	62	1	1	—	—	—	—	—	—
1991	3	62	1	1	1	—	1	—	—	—
1992	4	65	1	1	1	—	1	—	—	—
1993	3	65	1	1	1	1	1	—	—	—
1994	4	—	1	1	4	1	1	—	—	—
1995	6	—	1	1	4	1	1	—	—	—
1996	7	—	1	1	10	1	1	—	—	—
1997	7	—	1	1	12	1	1	—	—	1
1998	8	—	1	1	15	1	1	2	1	1
1999	8	—	1	0	15	1	1	2	1	0
2000	8	—	2	0	15	1	1	2	1	0
2001	10	—	2	0	15	1	1	2	1	0
2002	10	—	2	0	15	1	1	2	1	0
2003	11	—	2	0	37	1	1	2	1	3
2004	11	—	2	0	37	1	1	2	1	3
2005	13	—	2	0	45	1	1	2	1	3

第三节 邮路 邮件投递

邮路

汽车邮路 1990 年以前，县内自办有县城至石头、县城至黎村的汽车邮路 2 条，委托客运班车载运（简称委办）汽车邮路 4 条，另有藤县自办的经自良、县底到容县县城的汽车邮路 1 条。1990 年，县内 2 条自办汽车邮路因故停办，转为委办汽车邮路，同年委办汽车邮路 140 千米。1991 年，委办邮路增加到 162 千米。1992 年，因当时的国有运输部门客运班车改为个人承包后开行时刻不正常，严重影响邮件交换和安全，故停办县城至江口、长河、灵山、杨村的委办汽车邮路。1992—1994年，全县委办汽车邮路减为77千米。1995年，由于藤县停止藤县至容县的自办汽车邮路，故开设县城至自良委办汽车邮路。1996—1997年，委办汽车邮路增至108千米。1997—2005年，恢复自办汽车邮路3条，总里程143千米，即容县至县底至自良至浪水线，里程44千米，容县至石头至罗江线，里程43千米，容县至黎村至杨村线，里程56千米，可通达到县内所有邮电支局所。

自行车邮路 1990年，全县有自行车邮路3条，总里程83千米，其中县城至大坡23千米，长河至县底24千米，县底至荣塘36千米。1993年恢复了杨村至六祥、灵山至杨梅、松山至黎木的自行车邮路。1993—1996年，全县自行车邮路长度每年达108千米。1997—1998年，自行车邮路减为3条共83千米。1999年起，自行车邮路基本取消，邮路不变，投递员自行用摩托车取代自行车作为工具进行邮路投递。

农村投递路线 根据有邮件交换者称邮路，无邮件交换者为投递路线的统计口径，1990年，全县的农村投递路线全部为自行车投递路线。1999年后基本取消自行车邮路，为投递员自驾摩托车投递，原邮路总长度为1437千米。2005年增至1522千米。

邮件投递

1990年，容县市内邮件投递仅限于城区主要街道内。随着经济的迅速发展，县城区域不断扩大，市内投递也逐渐扩大到容州市场、福船岭、厢西、兴容街、旺岭街、桂南路、城东路、城西路和中环路等新开辟的经济开发区、居民住宅新区。1998年，设置专门投送市区中心投递路段、市农混合投递路段和农村投递路线。2005年，投递线路没有变化。

市区中心路段 1990年，高中路段（新北街→城北路→清景巷→看守所→容厢中学→林业局→容县师范→城根坡→城北停车场→容县高中）；容中路段（北大街→容一小→容县中学→县教育局→北门街→收容所→法院→县政府→太爷巷→大井巷→凤来巷→西大街→西上街→陈村巷）；金珠路段（金珠街→东外街→文化局→文化馆→县党校→城东路→南门街→南大街→沙井巷→新南街→卫生学校→河堤街）；城西路段（县委→县人民医院→检察院→公安局→桂南路→农械厂→工商银行→信用联社→瓷厂→气象局→黑五类食品集团公司→浪林酒家→县汽车站→黑马大酒店）；国中路段（兴容街→容州市场→燕塘街→中环路→农业技术中心→职业中学→福船岭住宅区→县酒厂→烟草公司→国中路）。市区中心路段每日出班投递。2005年，投递路段没有变化。

市农混合投递路段 红光路段每周6班，具体路线是：东光村→农科所→红光村→土产公司日杂仓→容城电站→厢南村→县摩托车厂→鸿南饲料厂→合柳生物化工厂→河南村。同古路段每周6班，具体路线是：新岭队→交通局→县松脂厂→厢西村公所→变电所→香精厂→容厢镇政府→石油公司→水泥电石厂→都峤瓷厂→三宝食品厂→配件厂→容州水泥厂→同古村→平坡甘水片。峤北路段每周6班，具体路线是：胶合板厂→公路局→粮食局→交警队→县造纸厂→华南村→励志村→千秋村→峤北村→木井村。五一路段每周6班，具体路线是：沙石岭→供销社加油站→周口农机厂→周口村→石扶村→大水村→三和村→五一村→容厢

1995年10月，容县邮电局机线员在杆上作业

（据《容县邮电志》）

第二中学→商业红砖厂。琼新路段每周3班，具体路线是：泗登供销社→泗登村→甘旺村→大明村→杨叶村。礼信路段每周3班，具体路线是：泗和小学→七里村→礼信村→宁冲村→大榄村→坡头校。

农村投递路线 1990年，容县农村投递路线1437千米，其后，农村投递路线及班期频增和调整，到1997年共有投递路线58条，总长度1522千米。其中逐日班投递路线2条，每周5班投递路线24条，每周3班投递路线32条。2000—2003年，投递路线有所增加。2004—2005年，全县农村投递路线共1550千米。

表8-13 **1990—2005年容县农村投递路线长度表**

年份	农村投递路线（千米）	年份	农村投递路线（千米）
1990	1437	1998	1522
1991	1542	1999	1522
1992	1542	2000	1598
1993	1477	2001	1598
1994	1477	2002	1610
1995	1477	2003	1610
1996	1597	2004	1550
1997	1522	2005	1550

邮政编码

1990年5月1日，容县全面推行邮政编码制度。寄件人在交寄邮件时，书写收、寄件人所在地的邮政编码。至2005年，全县各乡（镇）村的邮政编码不变。

表8-14 **容县投递区域、邮政编码一览表**

投递区域名称	邮政编码	备注	投递区域名称	邮政编码	备注	投递区域名称	邮政编码	备注
容城	537500	—	思贤	537507	含六胜村、六扬村	自良	537516	自良镇各村
容厢	537500	容厢镇各村	和联	537508	含满垌村、旺安村	浪水	537517	浪水镇各村
容西	537501	容西乡各村	杨村	537509	杨村镇各村	松山	537518	松山镇各村
石寨	537502	石寨乡各村	东华	537511	含平贯村、峡河村	石头	537519	石头镇各村
杨梅	537503	杨梅镇各村及六王镇的大公村、双善村、六青村	十里	537512	十里乡各村	水口	537521	含营垌村、大扭村、石剑村、上石村、上垌村、大垌村
灵山	537504	灵山镇各村	江口	537513	含大鹏村、流冲村、塘冲村、大苹村、大坡村	罗江	537522	罗江镇各村
六王	537505	六王镇各村	县底	537514	县底镇各村	—	—	—
黎村	537506	黎村镇各村	荣塘	537515	含金村村、河儿村、古例村、古燕村	—	—	—

第四节 业务种类

国内函件

1990 年，容县办理函件的业务种类有信函、明信片、新闻纸、印刷品、贸易契、商务传单、证件等，各类函件按处理手续及运递方式，又分为平常、挂号、特种挂号、航空、快递、保价和代收货价等，年内函件业务量 172.52 万件。1992 年，增加在元旦至春节期间，开办邮政贺年（有奖）明信片业务。1993 年，开办“礼仪信函”业务。1994 年，增加特快专递邮政业务。1998 年，增加礼仪专递（请柬、生日庆贺、鲜花、礼金等）业务。随着业务种类的不断增加，函件业务量也不断攀升，1996 年达到了 218 万件的顶峰时期，之后，因交通运输和电子通信工具的不断发展壮大，函件业务量逐年减少。2000 年，函件业务量为 134.68 万件。2005 年降至 51.98 万件。

国内包件

1990 年，容县办理包裹业务种类有民用包裹、商品包裹和纸质品包裹、大件商品包裹、图书包裹，包裹重量每件以 50 千克为限。当年，办理包裹业务 1.72 万件。1995 年，办理包裹业务与 1990 年持平。1996 年 8 月，对包裹一律实行保价交寄。同年 12 月，取消商品包裹和纸品包裹。至此，包裹种类仅为包裹 1 种。2000 年，办理包裹业务量为 1.11 万件。2001—2004 年，办理包裹业务数量为 0.99 万件、1.10 万件、1.11 万件和 1.14 万件。2005 年，包裹业务量为 1.20 万件。

容县邮电局邮件封发人员集中分拣

（据《容县邮电志》）

1990 年，容县开办汇兑种类包括普通汇票、定额汇票、普通汇款快递等业务，最高限额 5000 元。同年，开具发出汇票 4.04 万张。1996 年 6 月，邮政高额汇票每笔最低限额由 500 元调整为 1000 元，最高限额由 5000 元调整为 1 万元。1998 年 7 月，停办普通汇款快递业务。1998 年，开具发出汇票 4.06 万张。由于停办普通汇款快递业务后，业务量也逐年下降。1999 年，开具发出汇票 3.73 万张，2000 年为 3.44 万张。2001—2004 年，开具发出汇票为 3.31 万张、2.81 万张、2.61 万张和 2.28 万张。2005 年，开具发出汇票仅为 2.32 万张。

表 8-15　　1990—2005 年容县函件、包裹、汇兑业务情况表

年份	出口函件（件）	出口包裹（件）	出口汇票（张）
1990	1725197	17224	40470
1991	1820586	8322	35840
1992	1712388	8993	43545
1993	1844505	11147	48459
1994	2079153	11293	54453
1995	2172976	17204	73019
1996	2180202	18275	60668
1997	1526250	12806	44395
1998	1345195	19517	40617
1999	1135603	17730	37322

续表

年份	出口函件(件)	出口包裹(件)	出口汇票(张)
2000	1346800	11144	34398
2001	963415	9922	33067
2002	1086481	11013	28071
2003	1479082	11055	26080
2004	744518	11483	22821
2005	519777	12013	23163

报刊发行

1990年，容县报纸期发数3.46万份，杂志期发数3.20万份，报刊流转额96.75万元。1991年以后，县、乡（镇）两级党委、政府重视报刊发行工作，每年在年度报刊开始发行前，均层层召开会议部署，做好报刊征订工作。1995年，全县报纸期发数7.13万份，杂志期发数3.86万份，报刊流转额263.78万元。1999年达到高峰值，订销报纸期发数就达8.09万份，杂志期发数4.21万份，报刊流转额316.75万元。随着社会网络电子信息化迅速发展，对纸质信息的发行形成的冲击逐年增大；自办发行等发行形式也呈现多元化多渠道，报刊发行量逐年回落。2005年，县邮政部门订销报纸期发数1.27万份，杂志期发数2.04万份，报刊流转额255.19万元。

表8-16　1990—2005年容县报刊发行情况统计表

年份	订销报纸期发量（份）	订销报纸累计（份）	订销杂志期发量（份）	订销杂志累计（份）	报刊流转额（元）
1990	34623	4579702	31962	400371	967521
1991	42704	5157860	40251	484375	1169914
1992	43459	5149692	49032	591092	1368239
1993	67279	7308775	67471	776525	1787424
1994	38946	6709311	45645	682686	2443405
1995	71291	8084527	38624	704748	2637804
1996	82465	9992193	54456	768400	3359941
1997	76390	9589283	43537	631319	2948137
1998	73641	9601668	34735	539372	3111886
1999	80899	10633183	42121	583355	3167500
2000	66274	7942891	43299	577821	3366430
2001	23371	4125410	16117	230378	3692137
2002	24365	3962702	18231	264749	3820153
2003	27005	4152392	21773	308333	3889639
2004	22024	3747325	23548	316503	3224450
2005	12660	2022792	20360	288062	2551938

集邮汇兑

1988 年 9 月，容县第一届集邮协会成立，扩大宣传集邮知识，促进集邮业务发展。1990 年，县邮政局开办有集邮业务，主要经销自治区邮票公司配发邮电部近期发行的特邮票、明信片、邮折、卡和首日封等，同年出售邮票（品）数量 5.02 万枚（件），集邮业务收入 1.64 万元。1995 年，出售邮票（品）数量共 1.53 万枚（件），集邮业务收入 1.60 万元。1996 年 7 月 9 日，邮电部发行广西地方选题容县古建筑《经略台·真武阁》特种邮票及邮品，在容县人民公园内经略台真武阁前举行首发仪式。同年，出售邮票（品）数量和集邮业务收入达到最高峰，出售邮票（品）数量达到 15.65 万枚（件），集邮业务收入 2.95 万元。1998 年，全年出售集邮票（品）13.61 万枚（件），业务收入 20.30 万元。2000 年，出售集邮票（品）3.51 万枚（件），业务收入 20.50 万元。2003 年，出售集邮票（品）3.32 万枚（件），业务收入 21.20 万元。2005 年，全年出售集邮票（品）3.79 万枚（件），集邮业务收入 21.20 万元。

1996 年 7 月 9 日，容县真武阁特种邮票、信封、明信片在经略台真武阁原地发行 （吴植光 提供）

1996 年 7 月 9 日，《经略台 · 真武阁》特种邮票在容县人民公园内的经略台真武阁前举行首发式 （据《容县邮电志》）

表 8-17 **1990—2005 年容县集邮业务收入统计表**

年份	出售邮票（品）数量（枚、件）	集邮业务收入（元）	年份	出售邮票（品）数量（枚、件）	集邮业务收入（元）
1990	50225	16380	1998	136096	203029
1991	116077	52207	1999	33525	192102
1992	65213	39280	2000	35129	205021
1993	96360	68602	2001	35521	185740
1994	34666	25478	2002	34128	187420
1995	15327	15596	2003	33201	212025
1996	156523	29549	2004	37500	220155
1997	127815	216437	2005	37858	212028

邮政储蓄

1986 年 10 月 1 日，容县邮电局恢复办理邮政储蓄业务，为中国人民银行容县支行代办性质；行政上接受县邮政局领导和管理。1990 年，改由邮电部门自办，有储蓄点 3 个，年末邮政储蓄存款余额 163.97 万元。1991 年，增加储蓄点 6 个，全县有邮政储蓄点 9 个，年末存款余额 613.67 万元。1995 年，全县有邮政储蓄点 13 处，年末存款余额上升到 4341.53 万元。1998 年有储蓄点 13 个，年末存款余额 7660.1 万元。2000 年起，全县邮政储蓄点减少到 11 个，年末储蓄存款余额年年有所递增。2000 年为 2.15 亿元，2003 年 3.64 亿元。2005 年，全县邮政储蓄存款 4.49 亿元，比 1990 年增长 272.99%。

表 8-18 1990—2005 年容县邮政储蓄业务量统计表

年份	年末存款余额（万元）	储蓄点（个）	年份	年末存款余额（万元）	储蓄点（个）
1990	163.97	3	1998	7660.1	13
1991	613.67	9	1999	8132	11
1992	3071.29	11	2000	21522	11
1993	3101.29	11	2001	27521	11
1994	3596.95	13	2002	30102	11
1995	4341.53	13	2003	36392	11
1996	5500.14	13	2004	40435	11
1997	4658.68	13	2005	44927	11

第三章 通 信

1990 年，容县电信主要业务有电报和固定电话。1992 年 12 月，容县邮电局成为全广西第一个实现县、乡（镇）、村三级电话等位拨号进入全国自动电话网的县级邮电局，并开通无线寻呼通信网业务。1993 年 12 月，开通县城移动电话业务。1997 年 4 月，开通计算机互联网业务，给人们工作及学习带来极大的便利。1998 年 9 月，邮政、电信业务正式分营。1999 年 7 月—2000 年 5 月，电信、移动、联通先后独立经营。2001 年，开通无线市话（小灵通）业务。2005 年电信业务总量 6955.02 万元，移动业务总量 8600 万元。2005 年，全县实现村村通光缆、通宽带、通固定电话。

第一节 机 构

容县电信局

1998 年 9 月 11 日，容县邮政、电信正式分营，设立容县电信局，隶属广西玉林市电信局管理。办公地址设在容城镇兴容街 2 号，内设综合办公室、市场营销部、建设维护部、计划财务部和传输班、程控班、测量班、计费班、市话装机班、市话维修班、市话工程一班、市话工程二班、农话维修班、农话工程班、电力空调班、电缆维护班、营业班、报话班、营销班、数据通信班、司机班、后勤班，在县内各乡（镇）的原邮电营业网点单独经营电信业务；有职工人数 40 人。2000 年，中国电信集团公司正式挂牌。2001 年，中国电信再次重组。2002 年 5 月，中国电信集团公司重新挂牌，中国电信股份有限公司容县分公司是中国电信股份有限公司的全资子公司，隶属玉林市分公司管理，与容县电信局实行一套人马两个牌子。县电信局在县城设立营业网点，在容西、十里、石寨、杨梅、灵山、六王、黎村、杨村、县底、自良、浪水、松山、罗江、石头等乡（镇）设电信支局。2003 年，14 个乡（镇）电信支局更名为电信营业厅。

2000 年 8 月 18 日，位于县城兴容街的容县电信局及电信公司举行成立揭牌仪式 （据《容县报》）

2005 年，容县电信局办公地址及内设股室不变。有职工人数 74 人。

1998.9—2005 年历任局长（总经理）：简桂龙（1998.9—2005.3）、（2005.3—2005.11 缺）、梁明（2005.12— ）。

中国移动广西容县分公司

1999 年 7 月 9 日，由容县邮电局电信运营业务中分离出来的移动通信业务开始独立运营，正式挂牌成立中国移动通信集团广西有限公司容县分公司（简称中国移动广西容县分公司），隶属于中国移动通信集团广西有限公司玉林分公司，办公地址设在容县兴容街 76 号。内设办公室，运行维护部，市场经营部，客户服务部 4 个部门；有员工 25 人。2001—2002 年，按照上市公司深化体制改革和经营管理机制改革的需要，对公司内部机构进行调整改革。2005 年，公司办公地址不变。内设综合部，市场经营部，集团客户 / 高价值客户部，工程维护部 4 个部门；共有员工 76 人。全县内设自营渠道服务厅 17 个，其中县城 3 个、乡（镇）14 个。

1999.7—2005 年历任经理：谢德武（1999.7—2003.7）、朱明勤（2003.7— ）。

中国联通容县分公司

1998 年 7 月，无线寻呼业务、资产从县邮电局分离，单独成立广西国信通信有限公司容县经营部。1999 年 10 月，寻呼业务与邮电局分营，成立“广西国信无线寻呼公司容县经营部”简称（国信寻呼），隶属广西国信玉林无线寻呼分公司领导和管理，无线寻呼 126/127、198/199 业务归属国信寻呼；有员工 8 人。2000 年 5 月，中国联通容县经营部成立，国信寻呼业务与中国联通合并。2004 年 4 月，更名为中国联合网络通信有限公司容县分公司（简称中国联通容县分公司）。中国联通容县分公司办公地点设在容城镇城南街 29 号 2 楼，营业厅设在 1 楼。公司内设综合部、市场营销服务中心、集团客户中心及城区分部、黎村分部、杨梅分部、石头分部和自良分部 8 个部门，有营业厅 8 个，专营店 15 个，代理点 25 个。2005 年公司有员工 48 人。

1998.7—2005 年历任经理：苏英（1998.7—2002.2）、杨汉敏（2002.2—2003.6）、钟武寿（2003.6—2005.6）、苏英（2005.6— ）。

第二节 有线通信

电报

1990 年，容县电报业务分为国内公众电报、国际公众电报、用户电报、传真电报四大类，国内公众电报又分为天气、水情、公益、政务、新闻、普通、银行汇款、邮政汇兑业务汇款电报。特种业务有特急、加急业务，公众传真电报又分为相片传真、真迹传真等；县局及各乡（镇）支局均可办理电报业务；全年国内电报去报 7.31 万份，国际电报去报 205 份。1991 年，增加礼仪电报业务。1992 年业务量达到顶峰，国内电报去报 11.42 万份，国际电报去报 205 份。1993 年，增加公众传真业务和国际传真电报业务。1994 年以后，随着程控电话的迅速普及和移动电话等通信工具的应用扩展，电报业务逐年减少，2005 年呈基本停办状态。

表 8-19　**1990—2005 年容县电报业务统计表**

年份	去报份数（份）		年份	去报份数（份）	
	国内	国际		国内	国际
1990	73098	205	1998	15340	57
1991	83280	227	1999	12914	59
1992	114194	205	2000	13625	70
1993	100557	119	2001	8408	55
1994	67513	111	2002	1295	23
1995	43135	81	2003	1236	8
1996	24979	61	2004	666	0
1997	19443	34	2005	357	0

长途电话

1990年，容县拥有交换机4部130门，长途电话仍为人工接入；年内，安装JDD-3型长途电话半自动拨号设备1套，与玉林对开；全年国内外长话去话分别是9.37万张和911张。1992年，开通程控电话，进入全国长途电话自动网，用户"有权直拨"国际长途电话。1993年，开办公众直拨国际长话业务，国内外长话去话增长较快，分别是51.24万张和6080张。1995年10月，撤销"113"人工长途台，停办人工长途电话业务。1998年，增办电视会议电话业务；全年国内外长话去话分别达到428.27万张和1.17万张。2000年，国内长话去话402.36万张，国际及中国港澳台地区1.75万张。2005年，国内长话去话700.82万张，国际及中国港澳台地区3.40万张，是国内外长话去话的最高年份，是1990年的73.79倍和36.31倍。

表8-20　　**1990—2005年容县长途电话业务统计表**

年份	长途电话去话(张)		年份	长途电话去话(张)	
	国内	国际及中国港澳台		国内	国际及中国港澳台
1990	93739	911	1998	4282663	11698
1991	122791	1237	1999	4571744	17352
1992	159081	2583	2000	4023649	17504
1993	512426	6080	2001	2725329	21514
1994	1394037	8173	2002	2818457	16617
1995	2193199	7674	2003	2139316	35525
1996	2473729	7522	2004	6231129	33992
1997	3422368	27985	2005	7008265	33989

市内电话

1990年，容县市内电话交换机总容量2000门，安装用户846户；农村电话交换机总容量1160门，用户648户。同年，县政府通过向用户收取改制费以及由县财政拨款20万元（含外汇额度6.30万美元）支持，玉林地区邮电局拨款27.80万元，共筹资金61万多元，购进香港换下的二手设备JBJ史端乔步进制集装箱自动电话交换机2000门，于同年2月10日成功开通使用，电话号码升为5位。同年8月，装设JDD-3型长途电话半自动拨号设备1套与玉林邮电局对开，有效减轻话务员劳动强度，提高长话接通率。年内，黎村支局开通时分制自动交换机，在全县的乡（镇）中，率先甩掉"摇把子"，实现自动化。

1990年前，容县使用的手摇式电话机

（梁庆荣　提供）

1991年5月8日，自治区邮电管理局下达容县投资额度600万元（含外汇额度60万美元），县政府通过集资及财政拨款300万元，改制市内3000门程控自动电话工程。

1992年，筹资1062.90万元（含外汇额度33.28万美元），在各乡（镇）6个支局建成生产综合楼，在城区兴容街建成9层电信综合大楼1幢，建筑面积3692平方米，安装上海贝尔公司产S-1240型程控自动电话交换设备3072门，于12月20日零点开通使用，并在全县展开程控电话建设会战，在14个乡（镇）展开线路更新改造，完成与农村9个程控电话模块局交换点的连接工作，电话号码由5位升为6位。

1993年，城镇用户达2379户；1994年5月，扩容3072门，至1995年，市话用户8150户、农村电话用户2305户，1996年，市内电话再次扩容10000门，装机容量增至16384门，是1992年的4.33倍。

1998—2000年进行村级电话大会战，促使全县通信网络有了很大的提升，95%以上的建制村通了电话，解决了用户装机难的问题。2004年，电话总用户数10.47万户。

2005年，新建接入点197个，扩容120个，新增设备容量53376线，增加光缆355.87皮长千米，增加主干电缆4750对、配线电缆74840对；实现了村村通光缆，村村通电话，90%以上的自然村通电缆；在城区和14个乡（镇）（不包括容州镇）新增小灵通基站77个，替换基站52个，增配基站用UPS38套。年内，为配合固定电话“村村通”工程建设，新建了黎村、县底、石头、城区智能电话ETS基站4个，扩大了“户户通”电话覆盖范围。9月，割接开通全县最为偏僻的位于云开山脉深部山区的杨村镇平贯村接入点，安装固定电话，年内实现了全县建制村村村通固定电话的目标。同年，全县电话总用户数12.12万户。是1990年的71.54倍。

20世纪90年代使用的拨号电话机
（1996年8月，吴植光　摄）

表8-21　**1990—2005年容县电话业务统计表**

年份	市内电话（户）			农村电话（户）		
	安装合计	其中		安装合计	其中	
		住宅电话	公用电话		住宅电话	公用电话
1990	846	234	1	648	426	—
1991	1125	457	1	731	515	—
1992	1604	781	5	936	713	—
1993	2379	995	75	1148	914	—
1994	3629	1680	95	1478	1251	55
1995	8150	4339	264	2305	2099	—
1996	7183	4481	330	3270	3043	68
1997	8979	6574	433	4482	4255	68
1998	11089	8438	595	5734	5507	110
1999	14041	10851	730	8232	6306	—
2000	20884	16899	720	18855	16345	—
2001	25417	22500	692	28438	25338	403
2002	32923	29457	1314	33163	30515	728
2003	38041	22457	1439	43786	41347	976
2004	48323	23817	1917	56424	53620	1448
2005	48238	24405	1901	72925	69865	1607

说明：安装电话合计包括住宅电话、公用电话和机关企事业单位办公电话等

第三节　移动通信　互联网

无线寻呼

1992 年 10 月 28 日，容县无线寻呼通信网开始组建，安装无线寻呼系统设备、操作终端 1 台，开通第 1 频点“126”人工寻呼台，频点为 152.650Mhz，容量 10000 户，寻呼范围为容城周边 10 千米以内，年末装机用户 87 户。1993 年，通过光纤线路与玉林无线寻呼网联网，对无线寻呼台进行改造，开通“127”自动寻呼台；建立黎村基站，24 小时为用户服务，并开设定时留言等特种业务，寻呼用户发展到 737 户。1994 年，装机用户 2484 户。

20 世纪 90 年代，容县使用的无线寻呼机
（吴植光　提供）

1995 年，无线寻呼进入高速发展期，业务量以倍数增长，容县无线寻呼系统进入广西无线寻呼网，增建杨梅、石头、自良 3 个基站；开通第 2 频点，玉林地区五县市无线寻呼联网；“126”人工寻呼台并入玉林台，开通“BP”中文台，达到数字与中文兼容，既可显示数字，又可显示中文；年内装机用户 4573 户。1996 年 9 月，增加二频点 151.350Mhz 基站；开通黎村、杨梅、灵山、石头等支局的二频点基站；年内装机用户 6931 户。1997 年，增加罗江基站，是年，全县共有无线寻呼基站 14 个，全县各乡（镇）均开通无线寻呼信号，年内装机用户达 1.13 万户。1998 年 2 月，开通 198/199 全国寻呼网，信号覆盖全县 16 个乡（镇）大部分地区，并可漫游全国各地；6 月，县邮电局及各支局均增设无线寻呼三频点基站 150.725Mhz；9 月，增开四频点 156.275Mhz 基站；11 月，县城、黎村、杨梅开设全国联网 198.199 三个高速寻呼基站，频率为 279.9855Mhz；开办寻呼业务功能有显示传呼、普遍传呼、平时呼、振荡呼等，服务项目有正常呼、平时呼、复台呼、循环呼、优先呼、指定呼、群呼、漫游呼和留言与查询等；年内装机用户 15625 户。2000 年 1 月，全县寻呼用户 1.75 万户，达到历史最高峰。同年，随着移动电话的不断普及，无线寻呼业务开始缩量。2002 年，移动业务逐步代替传统寻呼，寻呼用户持续锐减，改用移动业务。2004 年 5 月起，寻呼用户每月以 30% 的速度流失。2005 年 7 月，国内寻呼业务全面封网，县内无线寻呼业务停办，产品服务淘汰。

表 8-22　**1993—2003 年容县寻呼机用户数量表**

年份	寻呼机（台）	寻呼机网号	年份	寻呼机（台）	寻呼机网号
1993	737	126	1998	15625	126/127
1994	2484	126	2000	17500	126/127，198/199
1995	4573	126/127	2001	13000	126/127，198/199
1996	6931	126/127	2002	9000	126/127，198/199
1997	11285	126/127	2003	3000	126/127，198/199

移动电话

1990 年，容县没有移动电话。1993 年 12 月 28 日，容县开通县城移动电话业务，有信道 24 个，成为广西第一批开通移动电话的 47 个地（市）县邮电局之一，年内装机用户 15 户。1994 年，进行信道、载频第一次扩容，利用玉林至梧州中继光缆和自筹资金开通了容县至六王光纤电路和架空电缆，并安装开通县城至松山、罗江光端机，成为广西乡（镇）通光缆之首；同年 5 月 29 日，容县电话网接入玉林电话网，电话号码由 6

2001 年，容县开始使用无线市话（小灵通） （吴植光 提供）

位升 7 位，同年 12 月，装机用户 410 户。移动电话和固定电话进入普通百姓家庭。1995—1996 年，进行信道、载频第二次扩容，扩容后信道增至 32 个；利用德国贷款引进 S1240 数字交换机、光传输设备、光缆替换各乡（镇）的模拟设备，于 1996 年上半年实现全县交换数字化、传输光缆化；1995 年 12 月 29 日，容县首次正式开办数字“全球通”移动电话业务，同年装机用户 1180 户。1996 年装机用户 1673 户，移动电话使用高速增长期开始启动。1997 年，全面开通各乡（镇）移动电话业务，全县装机用户增至 2838 户。1998 年，全县建成 900 兆模拟移动电话基站 13 个，数字移动电话基站 14 个，开通模拟信道 208 个，数字载频 232 个，信号覆盖全县 16 个乡（镇）大部分地区，装机用户增至 4631 户。

1999 年 7 月—2000 年 5 月，移动、电信、联通先后成立机构，开展独立经营。1999 年，玉林市 GSM 用户号码由 10 位升为 11 位。2001 年 5 月 1 日，广西移动通信有限责任公司容县分公司正式开始“模拟机转数字机”（简称模转数）工作。中国移动通信集团公司于 2001 年 6 月 30 日前，逐步停止模拟移动电话网客户的国际、国内漫游；并于 2001 年 12 月 31 日后关闭模拟移动电话网，停止经营模拟移动电话业务。同年，容县开始使用无线市话（又称小灵通）。2002 年，玉林建成城域移动电话数字网。工程竣工后，GPRS 网络提供 2.5 代的移动数据服务。所提供的业务有：接入互联网（个人电脑 +GPRS 手机），基于个人数字助力（PDA）的数据业务，基于手机终端安装的数据业务（分为 WAP 和互联网应用）。网络在全县各建制村以上和公路沿线覆盖率达到 90%，自然村覆盖率达到 95%，覆盖全县 96% 以上的人口。至 2005 年，容县有移动电话 10.92 万户。

2000 年 5 月 9 日，中国联通容县经营部正式开通移动电话网。2002 年 1 月 8 日，中国联通容县经营部推出 CDMA 移动电话网络并开始试运行，并于 4 月 8 日正式对外放号。2005 年，全县开设有移动通信自营服务厅 17 间，村级业务代办点 241 个，城区社会特许经营店达 29 个，乡（镇）社会特许经营店 25 个，网络覆盖率达到 95% 以上。

表 8-23 **2000—2005 年容县联通经营呼机及手机（移动电话）用户数量表**

年份	呼机（BB 机）用户数（户）	呼机网号	手机用户数（户）	手机网号	备注
2000	12000	126/127/189/199	1000	130	
2001	10000	126/127/189/199	3000	130/131	
2002	8600	126/127/189/199	8000	130/131/132/133	
2003	5800	126/127/189/199	10000	130/131/132/133	
2004	3000	126/127/189/199	18000	130/131/132/133	
2005	1000	126/127/189/199	22000	130/131/132/133/155	2005 年 6 月 30 日呼机停止使用

互联网

1990 年，容县没有互联网服务项目。1994 年，架设与开通使用县内 28 千米的光缆，安装开通数据通信分组交换网。1997 年 4 月，容县邮电局开通计算机互联网，互联网用户通过电话网拨打“163”即可上网，并开始办理计算机互联网业务，有互联网用户 9 户。1998 年，全县互联网用户增至 43 户。1999 年，互联网业务需求逐年增加，电信部门开始对互联网扩容，增加服务项目，机关事业单位、企业及居民由使用拨号上网

转为宽带接入，机关、企事业单位和个人利用互联网学习、工作及查找资料非常方便、快捷。2001 年，中国联通容县分公司开通互联网专线，同年发展 6 家网吧用互联网专线 6 条。2002 年，全县有宽带用户 4508 户。至 2004 年，有宽带用户 8469 户。2005 年，中国联通容县分公司累计发展网吧专线 7 条，单位用专线 15 条。同年，新增宽带端口 3 万个，实现了村村通光缆，村村通宽带。

第四节　通信资费

电报资费

1990 年，容县拍发国内电报每字 0.07 元，加急、特急电报加倍收费，汇款电报每份 1 元；附加费每份自治区内 0.30 元，自治区外 0.50 元。1991 年 11 月，开办礼仪电报业务，每份加收特别处理费 2 元。1992 年 12 月起，调整国内电报资费，每字 0.13 元，译电费每字 0.01 元，其他项目的资费也作了调整。1999 年，调整国内电报资费为每字 0.15 元，至 2005 年，容县电报资费基本呈停办状态。

传真电报资费

1990 年，开办有专线用户传真电报业务，每月收费标准为：市话专线电路费 27 元，长途报路费 120 元，固定通报费 60 元，每次通报按长途电话资费计收。1993 年，调整资费：专线用户线路租用费每部机每月 195 元，公众传真去报和来报（A4 规格纸）处理费每页 6 元，专线传真及公众传真通报时间按长途电话计收（按 3 分钟起算）。1995 年，增加收取用户传真机调测费每部机每次 200 元。1999—2005 年，资费没有变动。

国内长途电话资费

1990 年，国内长途电话资费基本收费依据是邮电部 1979 年 7 月 1 日执行的国内长途电话等级资费标准。1994 年 12 月 4 日，容县电话并入玉林电话本地网，容县至玉林电话按本地网电话资费标准每分钟 0.50 元收费，另加收 20% 通信建设附加费。1995 年 7 月 21 日，长话恢复分时段计费：每天 7~21 时通话按基本价目计算收费，其余时间以及法定节假日、休息日通话按电话分级基本价目减半收费。1996 年 12 月 1 日，执行新的长话资费标准，并由原规定的空间距离 13 级调整为 3 级计费。1997—2005 年，资费没有变动。

表 8-24　　**国内长途电话等级资费表**

（1979 年 7 月 1 日执行）

等级	空间距离（千米）	一分钟基本价目（元）	开始三分钟寻常电话价目（元）		销号费（元）
			叫号	叫人、传呼	
一级	25 千米以内	0.05	0.15	0.20	0.05
二级	25~50 千米	0.10	0.30	0.40	0.05
三级	50~100 千米	0.20	0.60	0.80	0.10
四级	100~150 千米	0.30	0.90	1.20	0.10
五级	150~200 千米	0.40	1.20	1.60	0.10
六级	200~300 千米	0.50	1.50	2.00	0.10
七级	300~400 千米	0.60	1.80	2.40	0.10
八级	400~600 千米	0.70	2.10	2.80	0.10
九级	600~800 千米	0.80	2.40	3.20	0.10
十级	800~1000 千米	0.90	2.70	3.60	0.10
十一级	1000~1500 千米	1.00	3.00	4.00	0.10
十二级	1500~2000 千米	1.10	3.30	4.40	0.10
十三级	2000 千米以上	1.20	3.60	4.80	0.10

表 8-25

国内长途电话等级资费表

（1996 年 12 月 1 日执行）

单位：元

<table>
<tr><td>级别</td><td colspan="2">空间距离（千米）</td><td>每分钟收取（元）</td><td>备 注</td></tr>
<tr><td>一级</td><td colspan="2">区内本地网之间通话</td><td>0.60</td><td rowspan="3">1. 本地网以地（市）级政府所在地为准。2. 计费级别距离按两地计费点空间直线距离量定。3. 附加费按原规定标准收取。</td></tr>
<tr><td>二级</td><td colspan="2">省际 800 千米以内</td><td>0.80</td></tr>
<tr><td>三级</td><td colspan="2">省际 800 千米以上</td><td>1.00</td></tr>
<tr><td colspan="5">容县至各地长话价目表（部分城市）</td></tr>
<tr><td>级别</td><td colspan="3">发往地名</td><td>每分钟收费（含附加费）</td></tr>
<tr><td>一级</td><td colspan="3">南宁 柳州 桂林 梧州 百色 钦州 河池 北海 防城港</td><td>0.72</td></tr>
<tr><td rowspan="2">二级</td><td colspan="3">广州 海口 长沙 贵阳 昆明 深圳 珠海 汕头 江门 韶关 惠州</td><td rowspan="2">0.96</td></tr>
<tr><td colspan="3">佛山 湛江 茂名 儋县 株洲 衡阳 三亚 遵义 都匀 东莞 顺德</td></tr>
<tr><td rowspan="5">三级</td><td colspan="3">南昌 重庆 福州 郑州 上海 南京 济南 合肥 北京 天津 太原</td><td rowspan="5">1.20</td></tr>
<tr><td colspan="3">长春 吉林 西安 兰州 拉萨 西宁 包头 石家庄 银川 成都 武汉</td></tr>
<tr><td colspan="3">乌鲁木齐 呼和浩特 哈尔滨 唐山 张家口 保定 延安 大庆</td></tr>
<tr><td colspan="3">大同 抚顺 锦州 本溪 牡丹江 大连 秦皇岛 丹东 黄山 营口</td></tr>
<tr><td colspan="3">天水 伊宁 佳木斯 石河子 苏州 开封 温州 南通 青岛</td></tr>
</table>

市内电话资费

1989 年 10 月 29 日，容县改制 2000 门自动电话工程竣工并投入使用，执行二级局(2000~9999 门）资费标准收费，普通电话月租每户：甲种用户 11 元，乙种用户 8 元。市内电话换装费资费也进行了相应的调整。

表 8-26

容县市内电话换装费资费表

单位：元

<table>
<tr><td rowspan="2">业务种类用户类别</td><td>正机</td><td>副机</td><td colspan="2">合用电话</td><td>中继线</td><td>专线</td></tr>
<tr><td>部</td><td>部</td><td>二户</td><td>三户</td><td>对</td><td>对</td></tr>
<tr><td>工矿企业（含有经营的事业单位）</td><td>2000</td><td>1000</td><td>1200</td><td>800</td><td>2000</td><td>1400</td></tr>
<tr><td>行政事业单位</td><td>1000</td><td>600</td><td>600</td><td>400</td><td>1000</td><td>700</td></tr>
<tr><td>私人（有经营）</td><td>1000</td><td>600</td><td>600</td><td>400</td><td>—</td><td>—</td></tr>
<tr><td>私人（无经营）</td><td>500</td><td>300</td><td>300</td><td>200</td><td>—</td><td>—</td></tr>
<tr><td>小学、幼儿园</td><td>300</td><td>180</td><td>180</td><td>120</td><td>—</td><td>—</td></tr>
</table>

1991 年 4 月，执行二级局市话包月制月租费标准：行政事业单位、住宅电话初装费 2000 元，改制费 1000 元；工商企业单位初装费 3000 元，改制费 1500 元。

1992 年 12 月 20 日，容县 3000 门程控自动电话投产运行，自 1993 年元月起，执行“复式计费”（月租费加通话费）办法收费标准：固定月租费甲种用户 7.60 元，乙种用户 12 元；通信建设附加费，按月租费上浮 20%；市话配套建设费 3 元；用户话机修理费 4 元；通话费每次 0.10 元 /3 分钟，另加收 20% 附加费。如需要开通农村电话的，另加收市通农月租费 15 元，市话用户与农村用户通话，通话费 0.40 元 /1 分钟，每次通话另收附加费 0.60 元。

1994年12月4日,容县市话并入玉林电话本地网,从1995年1月起,执行电话本地网三级计费方式资费标准:一级市区(容城、容厢)电话,按现行"复式计费"计算办法规定不变;二级为县城至各乡(镇),每分钟收取通话费0.50元,每次通话另加收取附加费0.40元,取消市通农月租费;三级为玉林电话本地网内各市县之间(含乡、镇),每分钟收取通话费0.50元,另外按通话费上浮20%加收附加费,停止收取农话过线费。

1996年12月,执行市话营业区内用户互相通话的通话费由原来每次(3分钟)0.10元调整为0.12元的新标准,附加费按原规定比例计算照收。同月,容县市话扩容,装机容量达1.64万门。

1997年1月,执行1万门以上"复式计费"资费标准:甲种用户月租费7.60元,乙种用户12元,通信建设附加费按月租费上浮20%,配套建设费3元;记账费2.50元,话机修理费2元;其他项目收费及电话本地网一、二、三级通话费,按原规定不变。

1998年4月,执行市内电话初装费标准每部机(含工料费)1300元。此后逐年递减,至2005年降至300元。2005年7月1日起,取消市话抄录清单、记账及业务查询等资费。

表 8-27

1990—1991年容县市内电话资费表

单位:元

业务种类		1990年执行标准		1991年4月起执行标准		业务种类		1990年执行标准	1991年4月起执行标准
		甲种用户	乙种用户	甲种用户	乙种用户			甲种用户	乙种用户
普通电话(正机)		11	18	16.50	27	普通专线		27	40.50
电话副机		3.50	6	5.50	9	专线电话		1	1.50
同线电话		9	14.50	13.5	22	电话附件	听筒	2	3
合用电话	二户	12.50		19			分铃、插扑、扳闸	1	1.50
	三户	11		16.50		界外月租费(千米)		5	7.50
	四户	9		13.50		营业区域外电路附加费(千米)		10	15
中继线		54		81		—			

说明:公用电话1991年3月以前每次(3分钟)0.04元;1991年4月起改为每次(3分钟)0.07元

表 8-28

容县市内电话复式计费资费表

(1995年1月起执行)

单位:元

项目		甲种用户	乙种用户	项目			甲种乙种用户
月租费	每月	7.60	12	电话本地网通话费	一级(市话营业区域内用户之间互相通话,每次3分钟)	每次	0.10
通信建设附加费		按月租费上浮20%计收				附加费	按通话费上浮20%计收
市话建设配套费	每月	3			二级(县城至各乡镇)	每分钟	0.50
记账费	每月	2.50				附加费每次	0.40
话机修理费	每月	2			三级(电话本地网内各县、市之间)	每分钟	0.50
						附加费	按通话费上浮20%计收

说明:电话本地网指玉林电话本地网。电话本地网通话费"三级"包括各县、市的乡(镇)在内

表 8-29 **容县市内电话初装资费表**

单位:元

执行年月	用户种类	市话初装费(元)							市话改制费(元)
		正机(部)	副机(部)	同线电话户(户)	合用电话 二户(户)	合用电话 三户(户)	专线(对)	中继线(对)	
1989 年 11 月	工矿企业	2000	1000	1400	1200	800	2000	2000	—
	行政事业单位及有经营的私人	1000	600	700	600	400	1000	1000	—
	无经营的私人	500	300	350	300	200	—	—	—
	中小学、幼儿园	按行政事业单位的 30% 收取							—
1993 年 1 月	工矿企业	3000							3000
	行政事业单位及私人	1500							900
1998 年 4 月	市内电话用户	1300							—

说明:执行时间是指容县市话改制装机总容量后,开始等级资费标准的时间

农村电话资费

1990 年,容县执行 1986 年 3 月自治区人民政府规定的农村电话资费标准,固定月租费:甲种用户 10 元,乙种用户一级 30 元,二级 20 元,三级 15 元,四级 12 元。普通叫号电话每分钟 0.15 元,前 3 分钟的基本收费时间 0.40 元。农村建设附加话费改按通话费上浮 30% 收取。1991—1995 年先后调整执行了新的资费标准。1999—2005 年,资费基本没有变动。

表 8-30 **1990—2005 年容县农村电话资费表**

(固定月租费部分)

单位:元

业务种类			1986 年 3 月起执行		1991 年 4 月起执行 自动电话 499 门以下	1991 年 4 月起执行 自动电话 500 门以上	1991 年 4 月起执行 人工电话	1992 年 12 月起执行 自动电话 499 门以下	1992 年 12 月起执行 自动电话 500 门以上	1992 年 12 月起执行 人工电话	1993 年 1 月起执行 自动电话 500 门以上
普通电话	甲种用户	部	10		12	12	10	12	12	10	12
	乙种用户	部	一级	30	32	35	30	32	35	30	35
			二级	20	25	28	20	25	28	20	28
			三级	15	20	22	15	20	22	15	22
			四级	12	15	17	12	15	17	12	17
合用电话	二户	户	按同类电话资费标准的 70% 计收								
	三户	户	按同类电话资费标准的 60% 计收								
	四户	户	按同类电话资费标准的 50% 计收								
电话副机		部	—	—	按同类普通电话资费标准的 50% 计收						
同线电话		部	—	—	按同类普通电话资费标准收取						
普通专线		对	—	—	按相应等级电话资费标准的 1.50 倍计收						
用户交换机中继线		回路	50		100						
界外月租费		千米	5		5			7.50			
加装数据终端机三类传真机使用费		部	—		党政机关 65 普通用户 130			390			

表 8-31

1990—2005 年容县农村电话资费表

（通话费部分）

单位：元

业务种类			计费单位	1986 年 3 月起执行	1991 年 3 月起执行				1992 年 12 月起执行			1995 年 1 月起执行
					自动电话	人工电话			自动电话	人工电话		自动电话
						25 千米以内	25 至 50 千米	51 千米以上		一级	二级	
										25 千米以内	25 千米以上	
普通叫号电话			分钟	0.15	0.30	0.20	0.30	0.40	0.40	0.30	0.40	—
加急电话			张	—	按基本价目加倍收费				—			—
叫人电话			张	0.10	按基本价目加收一分钟				—			—
传呼电话			张	0.20	按基本价目加收一分钟				—			—
查号电话			张	—	按基本价目加收一分钟				—			—
销号费			张	0.10					—			—
会议电话	通话费		—	每路每分钟 0.075	—				—			—
会议电话	预告费		每个受话点	0.10	0.10				0.20			—
会议电话	销号费		每个受话点	0.05	—				0.10			—
公用电话通话费	交换点（区）内通话费		次	0.10	0.15				0.20			
公用电话通话费	交换点（区）之间	通话费	分钟	—	—				—			0.50
公用电话通话费	交换点（区）之间	附加费	张（次）	—	—				—			0.40
长途电话、电报农话段过线费	长途电话		分钟	0.10	0.30				每次收 1			—
长途电话、电报农话段过线费	公众电报		份	0.30	—				0.60			—
长途电话、电报农话段过线费	水文气象电报		份	0.30	—				—			—
本地电话网各市、县之间通话费（含上浮 20% 附加费）			分钟	—	—				—			—

说明：1997 年 1 月起，农村建设附加话费改按通话费上浮 30% 收取

无线寻呼资费

1992 年 10 月，容县无线寻呼按月收费，用户开户费 100 元，建设费每部 400 元，服务费：数字机每月每户 20 元，中文机 50 元。1996 年 1 月调整为：开户费 100 元，省间联网费 10 元，省内联网费 10 元，本地服务费每月数字机 15 元、中文机 35 元。1998 年 11 月增加收费的项目有：改名费 30 元，改号费 30 元，过户费 30 元，停机留号费 15 元。2004 年 6 月 20 日调整寻呼服务费：126/127 数字机：15 元 / 月，服务期限不超过 2005 年 6 月 30 日；126/127 中文机：30 元 / 月，服务期限不超过 2005 年 6 月 30 日；停止收取 198/199 国网寻呼机服务费。

表 8-32　　**1993—2004 年容县寻呼机资费**

单位：元

年份	开户费	月租	呼叫费	年份	开户费	月租	呼叫费
1993	100	20	0.20	1999	—	15	0.20
1994	100	20	0.20	2000	—	15	0.20
1995	100	15	0.20	2001	—	15	0.20
1996	100	15	0.20	2002	—	15	0.20
1997	—	15	0.20	2003	—	15	0.20
1998	—	15	0.20	2004	—	—	—

移动电话资费

移动电话资费包括入网初装费、基本月租费，本业务区通话费，漫游费及长途电话费等。1993 年容县开办移动电话业务收费标准为：初装费 6000 元 / 户，基本月租费每户 150 元 / 月，本业务区内通话费每分钟 0.50 元（双向收费）；人工漫游费收费标准：登记费每次 50 元（每次以 12 个月为限），系统占用费 1 个月 80 元，6 个月 400 元，12 个月 760 元；系统服务功能使用登记费每项 10 元。1994 年 6 月执行电话资费标准：初装费每户 6000 元，基本月租费 50 元 / 月，本业务区内通话费每分钟 0.40 元，人工漫游登记费每次 50 元，人工 / 自动漫游通话费每分钟 0.60 元，其他项目按原规定不变。1997 年，入网费改为每户 2000 元标准。1998 年 4 月，变更入网费标准：数字移动电话每户 1500 元，模拟移动电话每户 1300 元。1998 年 7 月 1 日起，移动电话长途电话实行分时段收费：周一至周五（节假日除外）7~21 时按现行标准价收费，21~24 时减半收费，0~7 时按 30% 收费；周六、周日及节假日 7~24 时按现行标准价减半收费，0~7 时按 30% 收费。1998 年 11 月，增加收费项目：过户费 100 元，停机留号费 30 元，模拟机补机费 50 元，换机费 50 元 / 部，数字机来电显示使用费 10 元 / 月，模拟机呼出限制 5 元 / 月。1999 年 7 月—2000 年 5 月，移动、电信、联通先后成立机构独立经营，资费标准有所变化。电信和移动资费还是按原资费进行收取。

联通资费

2000 年 5 月 9 日，中国联通容县分公司首次开通县城 GSM130 移动电话网，资费按国家标准优惠 20%。2000 年调整资费：开户费 100 元，月租 40 元，主叫、被叫 0.32 元 / 分钟（享受国家优惠政策的 20%）。同年手机号码计费收入 35 万。2001 年，月租调整为 25 元，手机号码计费收入 185 万。2002 年，月租调整为 20 元，同年手机号码计费收入 240 万。2003 年 4 月 3 日，开放 2 种 GSM 资费："欢乐网" 收取资费标准为月租 20 元 / 月，本地通话费（含主叫、被叫）0.20 元 / 分钟，130、131 的本地通话 0.16 元 / 分钟，自治区内漫游通话费 0.48 元 / 分钟（即按八折计费）；"欢乐网 48" 收取资费标准为月租费 48 元 / 月，赠送本地通话费 158 分钟，超出赠送分钟数的本地通话费（主叫）0.36 元 / 分钟，被叫 0.05 元 / 分钟。同年 8 月 9 日，推出 "玉林轻松听" 新资费套餐，月租 25 元，本地主叫 0.20 元 / 分钟，本地被叫送 3000 分钟，超出赠送时长按 0.03 元 / 分钟。2003 年手机号码计费收入 380 万元。2004 年 4 月，开户费调整为 50 元；推出移动业务 "消费有奖" 活动，月使用话费 50 元以上，月赠 20 元；月使用话费 70 元以上，月赠 25 元；月消费 100 元话费以上，月赠 30 元话费；月话费 500 元以上，月赠 100 元话费。同月，推出新资费："轻松听" 收取标准为月租 25 元，本地主叫通话费 0.20 元 / 分钟，被叫送 3000 分钟，超出按 0.03 元 / 分钟收取，入网预存 100 元送 300 元本地通话费，每月赠 25 元。区内漫游 0.60 元 / 分钟；"乡（镇）通" 收取标准为月租 5 元，乡（镇）片区内 0.10 元 / 分钟，片区内联通网内被叫免费，网外 0.01 元 / 分钟。乡（镇）片区外主被叫 0.20 元 / 分钟，预存 100 元，60 元本地通话费，每月送 5 元。"欢乐卡" 收取标准为月租费 0 元，本地主叫 0.23 元 / 分钟，被叫 0.05 元 / 分钟，自治区内漫游八折：0.48 元 / 分钟。同年 5 月，推出新资费："乡情套餐" 收取标准为月租 0 元，本地主叫 0.20 元 / 分钟，被叫 0.06 元 / 分钟，自治区内漫游费 0.60 元，每月赠送本地通话费 100 分钟 / 月。"百姓通资费" 收取标准为月租 5 元，本地主叫分为联通网内 0.10 元 / 分钟，主叫网外 0.20 元 / 分钟，被叫 5 元 / 包月。2004 年联通手机号码计费收入 550 万元。2005 年，手机免收月租费。全年手机号码计费收入 780 万元。

互联网资费

1997 年 4 月，容县邮电局开通计算机互联网，开始办理计算机互联网业务，收取资费标准为：开户费（一次性收取）100 元，市话上网基本费：通信量月限 40 小时，每月收费 600 元，月限 20 小时，每月收费 300 元，月限 6 小时，每月收费 100 元，月限 3 小时，每月收费 50 元；超过限量部分按每小时 20 元收取。通信费：按电话网计费方式收取。通过分组交换网入网的基本费每月 600 元，通信费按分组交换网计费方式收取。通过数字数据专线入网的基本费：速率 1.92KBPS 及以下每月 1600 元，通信量每月限 50MB，64KBPS 每月 4800 元，通信量每月限 200MB；超过部分按 0.02 元 /KB 计收；通信费按数字数据电路资费标准计收。用户在邮电营业窗口使用计算机互联网业务，每分钟收取 0.80 元。2001 年，中国联通容县分公司开通互联网专线，单位和网吧资费每月 10M1000 元。2005 年，价格不变。

2001—2005 年，广西壮族自治区电信有限公司容县分公司资费标准调整为：公众用户开户费（一次性收取）100 元，月租费 0 元，通信费每分钟 1 次 0.02 元，网络使用费 CHINANET (163)每小时 3 元、CNINFO (169)每小时 1.8 元。单位用户开户费 0 元，月基本费有两档：一是每月 50 元，通信费每分钟 1 次 0.02 元，网络使用费 CHINANET (163) 每小时 2.5 元，CNINFO (169) 每小时 1.5 元；二是月基本费每月 100 元，通信费每分钟 1 次 0.02 元，网络使用费 CHINANET (163) 每小时 2 元，CNINFO (169) 每小时 1 元。网络使用费在法定节假日、休息日 0：00~24：00（全天），非节假日 23：00~ 次日 8：00 减半计收。国内漫游业务无优惠时段。

经营管理

1990 年，容县电信业务总量为 114.57 万元。随着经济改革的迅速发展和社会信息量的不断增加，1998 年，全县电信业务总量达到了 5013.54 万元，比 1990 年增长 42.76 倍。1999 年，电信业务总量 2345.85 万元。2000—2005 年是县内电信飞跃发展时期，全县实现村村通光缆、宽带到户，采取多种业务营销形式，推出不同的话费套餐，业务量连年递增。2000—2004 年电信业务总量分别是 3423.18 万元、3671.02 万元、4663.76 万元、4647.44 万元和 5941.54 万元。2005 年，电信业务总量 6955.02 万元，主营业务收入 5090.64 万元。移动公司 2000—2005 年业务总量分别是 5600 万元、6500 万元、7000 万元、7500 万元、8000 万元和 8600 万元。联通公司业务量少，2000—2005 年手机号码计费收入共 2170 万元。

第九篇

城乡建设　环境保护

1997 年，容县城区绣江北岸河堤街　　（李培森　摄）

1990 年 12 月，容县城区绣江大桥南岸西侧远景
（吴植光　提供）

1990 年，容县城乡建设规划、建设、管理水平相对滞后，县城城区规模较小。1991 年，城区有街道 19 条，巷道 14 条，道路全长 28.70 千米，路面面积 23.20 万平方米。1991—1995 年，城区建成沿江北岸河堤街、中环路等街道，开展城东旧区改造，拉直、拓宽和延伸城南街、北门街、新北街等 6 条街道，全长 2.28 千米。1992 年起，先后二次修改《容县城区总体规划(1994—2015)》，编制 14 个乡（镇）政府所在地集镇、18 个村建设规划，加快城乡建设力度，街道、集市以及房地产业快速发展；启动城区道路改造项目，铺设水泥混凝土路面。同年，全县实行住房公积金制度管理。1995 年，全面铺开出售公有住房工作。2000—2005 年，累计投资 71.58 亿元，先后完成侨乡广场、绣江公园、县人民会堂及会堂广场、龙泉街及北大街道路延伸、县侨乡经济开发区道路建设、城区污水处理、城区生活垃圾处理工程等建设项目。开展城区道路环境亮化工程建设，完成城南大道“样板街”建设以及城南街、太爷巷等城区街道的人行道方砖铺设、植树、路面修缮和灯饰、建筑立面改造等街道整治和绿化建设工程 77 项。至 2005 年，县城新开发建成河南小区、城东小区、城北住宅区、绣都苑、新都商贸城、绣江畔景等居住小区 14 个；县城城区面积 11.20 平方千米，城区人口 11.80 万人。参加自治区第五届城市市容环境综合整治“南珠杯”竞赛活动，容县获“A 类县城特等奖”。

1990 年，容县环境保护监测工作主要是协助玉林地区环境监测站进行，辖区内水环境质量均达到二类水质要求，大气环境质量维持在二级标准，噪声质量稳定达标。1991 年，县内环境保护工作重点是抓好工业生产和医疗行业的污染防治。1992 年，在全县开始推行环境保护目标责任制，级级落实和推行环境影响评价、“三同时”（污染防治设施与主体工程同时设计、同时施工建设、同时投入使用）等环境保护制度。1990—2005 年，全县共审批新、扩、改建设项目 906 项。加强环境监测，引导企业综合利用和治理废水、废气、废渣，关停取缔污染严重治理无望企业，排污费征收额由 1990 年的 20 多万元上升到 2005 年的 108 万元。全县环境保护工作取得实效。

第一章　城乡建设管理

第一节　机　构

1990 年，容县城乡建设委员会属县人民政府工作部门，正科级单位，主管全县城乡规划、建设、管理工作。核定行政编制 9 名，实有人员 17 人。办公地址设在容城镇城南街 54 号。直属事业单位有：容县城乡规划建设管理办公室、容县城区管理监察大队、容县建筑设计室、容县建筑施工管理办公室、容县建筑工程质量监督站。下属事业单位有：容县房产管理所、容县环境卫生管理站、容县园林管理所、容县住房制度改革办公室、容县自来水公司。1993 年 11 月容县建筑设计室更名为容县建筑设计院。1995 年 5 月，撤销县城区管理监察大队，成立县城区建设管理监察中队、县城区市容环境卫生管理监察中队、县城区园林绿化管理监察中队。1995 年 11 月，容县城乡建设委员会办公地址迁至燕塘街 25 号。1997 年，容县城乡建设委员会更名为容县建设局，属县人民政府综合管理全县建设工作的职能部门，内设秘书人事股、工程建设股、城乡规划建设股、市政公用事业股、财务股。核定行政编制 16 名，实有人数 21 人。1997 年 8 月，撤销县城乡规划建设管理办公室，成立容县规划局。1999 年 12 月，容县建设局增挂县国防动员委员会人民防空办公室牌子。2000 年 5 月，撤销县城区建设管理监察中队、县城区市容环境卫生管理监察中队、县城区园林绿化管理监察中队，组成容县城建监察大队。2001 年，容县建设局内设机构有办公室、城乡规划建设股（对外挂容县城市房屋拆迁管理办公室牌子）、工程建设股、市政公用事业股（对外挂容县燃气管理办公室牌子），核定行政编制 12 名，后勤服务事业编制 1 名，实有人数 14 人。12 月，成立直属单位县城市房屋拆迁管理办公室；县建筑工程质量监督站更名为县建设工程质量监督站。2005 年，容县建设局核定编制不变，实有人数 13 人。直属事业单位有：容县规划局、容县城建监察大队、容县建筑设计院、容县建设工程施工管理办公室、容县城市房屋拆迁管理办公室、容县建设工程质量监督站。下属事业单位有：容县房产管理所、容县环境卫生管理站、容县园林管理所、容县住房制度改革办公室、容县自来水公司。

1990—2005 年历任（主任）局长：赖延文（1986.7—1992.4）、（1992.5—1993.3 缺）、梁华南（1993.4—1993.12）、陈经淼（1993.12—1997.5）、杨克特（1997.5—1999.3）、蒙多生（1999.3— ）。

第二节　城乡规划

容县城区总体规划

1990 年，容县人民政府（简称容县政府）制定《容县城区总体规划》，规划到 2010 年县城城区建成区总面积 9.90 平方千米，居住人口为 10 万人。

1991 年，制定城区内需要及时解决问题的个别地段进行零星改造和小工程的小型建设方案。

1994 年，容县政府为配合申报容县“设市撤县”工作总体部署，开展调整和编修新的容县城区总体规划。9 月，聘请武汉市城市建设学院设计所帮助编修《容县城区总体规划（1994—2015）》，1995 年 8 月获自治区人民政府批准实施。新的总体规划：2015 年城区面积 23 平方千米，居住人口 25 万人。规划近期（2000 年）城区发展规模 12 万人，远期（2015 年）发展规模 25 万人（含 3 万常住流动人口）。城市用地方向为：以开发绣江南部新区为主，发展旧城西南、东北部为辅。规划中采用南北双中心城区布局，二环道路加放射的路网结构。从远期考虑到绣江水质污染趋势，解决城区供水的办法为：从城区

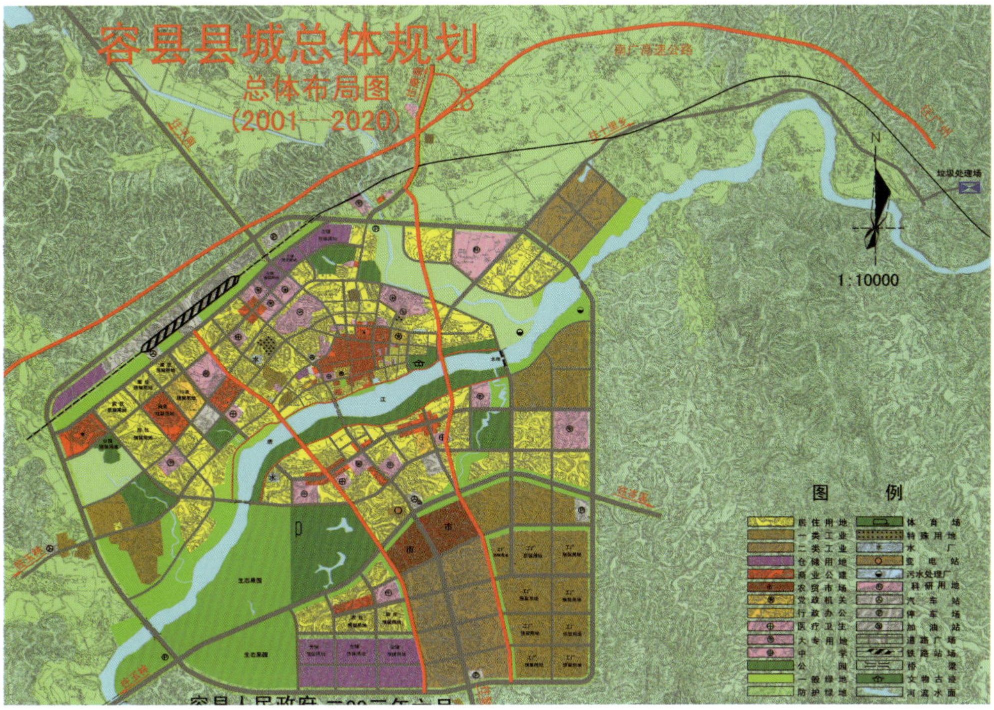

容县县城总体规划图（2001—2020）

绣江河道上游 5 公里处的杨梅河三角咀点，引杨梅河水供应；从城北的容厢乡宁冲村内的宁冲水库、城南的石寨乡辖区内的平梨水库取水供应。道路建设的规划有：配合拟建玉林至梧州高等级公路容县路段，按不封闭设计，并为立交用地及可能改造为道路全封闭状态建设预留条件。

2001 年，容县政府启动修编《容县县城总体规划(2001—2020)》，于 2003 年 10 月完成，经玉林市人民政府批准实施。2004 年 3 月，完成县城总体规划模型制作事项。城市规划区总面积 220 平方千米，辖区范围规划囊括容城镇的东光村、河南村、红光村、厢南村，容厢镇的平坡村、厢西村、华南村、励志村，十里乡的泗登村，石寨镇的大华村、合柳村等部分地域。城市性质规划为全县的政治、经济、文化教育中心，以发展农村土特产品加工为主的综合性侨乡旅游城市。城市规模规划为近期(2010 年)的县城人口规模 12 万人，县城建设用地 1.59 万亩；远期(2020 年)的县城人口规模 25 万人，县城建设用地 3.29 万亩。城市规划结构规划以绣江为纽带，真武阁为核心，采取“一江两岸三中心”的城市用地布局结构，以及方格和放射形相结合的路网骨架，形成相对集中的城市布局形态，与外围西北部（郊外）的沙田柚生态区、东南部都峤山风景区和自然山脉（绿色）、水系（蓝色）组成一个完整的城市景观环境生态区。城市功能区规划为“二片八区”布局，“二片”即以绣江为界的江北片、江南片；“八区”即江北片的旧城区、火车站新区、城西部工业园区、城东部工业园区，江南片的新城区、城南部工业园区、玉林至梧州一级公路南面工业园区，外围的仓储区。公共行政设施规划在位于江北的县委、县政府行政办公现址的基础上，在江南片增设 1 个行政办公小区。商业和金融服务业规划：改造江北片旧城区，布局火车站新区、江南新区的商市居住群建设。集市规划在玉林至梧州一级公路南面工业园区的北侧规划建设大型农副产品专业市场 1 个，在城区内各居住区设置不同等级的综合市场。

修建性详细规划

1991 年，容县政府制定《容县县城城西住宅小区规划》，规划居住区用地 199.65 亩，公共建设用地 32.55 亩，道路用地 63 亩，绿化用地 18.90 亩，其他用地 4.35 亩。

1993 年，县政府制定《容县县城城区旧城改造建设规划》。确定绣江二桥建设工程，规划在真武阁公园上游 100 米处的城东路南段（县灯光球场南侧临江位置）为绣江北岸桥头起点，沿城东路向北延伸至东光村委会的道路规划红线 40 米。北门街路段街道路面拓宽工程（自燕塘街东侧路口至东光村委会）的道路规划红线 20 米。北门街（容州市场东门口北侧）沿容城镇第一小学校舍西侧围墙至林屋村民小组新建街道向北连接中环路的道路规划红线 20 米。北门街（容州市场东门口南侧）至南大街原工商局办公楼（老榕树）位置的道路控制红线 20 米（暂不拆迁）；城北路全段保留 25 米红线。编制《容县河南小区建设规划》，规划区域为东起六眼根、南至松林塘、西至绣江大桥以西 600 米处、北临绣江，规划用地总面积 1236.90 亩，其中居住用地 521.10 亩，公共建设用地 164.40 亩，道路用地 234.90 亩，绿化用地 1159.75 亩，其他 156.90 亩。

1994 年，编制位于城南街县委办公大院隔街相对的《县委宿舍大院小区规划》，规划用地总面积 37.35 亩，其中居住用地 29.70 亩，公建用地 2.25 亩，道路用地 3.30 亩，公共绿地 2.10 亩。

1997 年，编制位于绣江大桥北侧城西路、南临沿江北街的《县政府原办公大院小区规划》，规划用地总面积 49.50 亩，容纳人口规模 1500 人。编制位于燕塘街林屋组北侧的水井垌小区建设用地规划，用地总面积 141.60 亩。1998 年，完成原县委大院改建工程等的编制，规划面积 371.55 亩；完成桂南路人行道铺设规划的编制，规划道路全长 837 米，两侧各 6 米宽，铺设面积 8941 平方米。1999 年，编制县城三类小型绿地环境、河南区的城南大道人行道、县粮食市场和县总工会灯光球场、容县师范学校运动场、容县高中的城区建设详细规划。编制都峤山庆寿岩景区的城区建设详细规划等。

2002 年，编制《容县中环路中段南侧小区规划》和《容县城区内工业园区控制性详细规划》。编制位于城区西北部、中环路中段南侧的《容县畜牧局鸡场北侧地块规划》，规划用地总面积 30.90 亩，小区容纳人口规模 625 人。编制位于新北街的《容厢镇政府原办公地址兴建中兴花园小区详细规划》，规划用地总面积 5.10 亩，建筑用地 1615 平方米，小区容纳人口规模 650 人。编制《容县沙田柚原产地保护区规划》。2003 年，编制《玉（林）贵（港）走廊的玉林“十点一线”、“三化”工程容县段规划》《容县行政办公小区规划》《容县城区水井垌小区规划》《容县城区中环路中段北侧小平原小区规划》《广西黑五类食品基地规划》《容县中环路国中路口往东延伸工程的详细规划》。编制《容县侨乡经济开发区控制性详细规划》,具体选址在位于河南村的容县至岑溪一级公路两侧,东至利背塘,南至石牛口,西至虾塘垌,北流至容县至岑溪一级公路,开发区地域东西向跨度1.50千米,南北向跨度2.50千米,规划总面积4995亩,定性为环保型工业园区。

2004年,编制《容县登高岭游龙花园住宅小区详细规划》,设计综合技术经济指标建筑密度36.14%,绿地率16.53%,容积率1.78%。

2005年,编制位于河南村的侨乡经济开发区新区道路及下水道等市政设施建设规划、玉林至容县一级公路位于河南大板桥处交叉环岛改造为交通指挥信号灯工程建设规划、玉林至容县一级公路容县段沿路的绿化工程、房屋建筑立面规划设计以及县水利局办公大院、县信用社、县香料集团公司等18个建设项目详细规划。完成城西大道北侧位于七里河东面开发区详细规划编制,确定各项技术经济指标,规划建筑密度26.25%,容积率0.89%,绿地率41.6%。完成真武阁景区详细规划编制,控制指标包括公园用地面积61.8亩,旅游购物区占地面积13.50亩,二期控制建设用地33.30亩。

专项规划

1998年,县政府编制《容县城区防洪排涝工程专项规划》,主要在位于绣江城区段沿岸布设,分城北区、城南区封闭设防,城北区又分为东段、西段设防,城北区防洪堤长度10.16千米,城南区3.65千米;设防洪排涝闸及泵站6座。一期工程建设城北区自五里河口至容城电站拦河坝首全段以及城南区全段,防洪堤总长7.21千米,建排涝闸及泵站4座。二期工程建设城北区容城电站拦河坝首至杨湾河口的两岸防洪堤,总长6.60千米,防洪排涝闸及泵站2座。2003年,县政府编制《容县燃气工程规划》,拟建液化石油气储站7个,其中城区3个,自良镇、黎村镇、杨梅镇、容厢镇各1个。至2005年,没有编制专项规划内容。

村镇规划

1996年以前,容县没有开展村镇建设规划工作。各乡(镇)、村根据自身经济发展和财力情况,因地制宜,制定和实施一些零星建设方案。1997年,容县开始编制村镇规划。同年,编制《十里乡大坡村的圩市小区详细规划》,规划用地总面积15亩;编制《黎村镇思贤村圩市小区详细规划》,规划用地总面积45亩;编制《灵山镇罗权村圩市小区详细规划》,规划用地总面积57亩。1998年,编制十里乡、容西乡、石寨乡、杨梅镇、灵山镇、六王镇、黎村镇、杨村镇、县底镇、自良镇、浪水乡、松山镇、罗江镇、石头镇等14个乡(镇)政府及集镇街道的绿化工程规划。1999年,编制《杨梅镇河口村大坪村民小组农村住宅建设试点规划》,编制《杨村镇马良村村尾村民小组生态村建设规划》。2001年,编制村庄集镇道路、小区以及村庄集镇详细规划,规划总面积687.90亩。2002年,修编黎村镇、杨梅镇、石头镇的总体规划初步方案。编制容厢镇峤北村、十里乡大坡村、石寨镇的石寨村石背自然村、杨梅镇四美生态旅游村、杨村镇马良村、县底镇荣塘村、石头镇水口村等村庄集镇详细规划。2003年,编制《十里乡小城镇总体规划》《容西乡仙江村小集镇规划》以及容厢镇同古村、木井村的文化生态家园规划。编制黎村镇圩尾垌、杨村镇六居垌、灵山镇罗权村的新村民居规划。2004年,修编《黎村镇总体规划》并完成报批程序,规划面积3.90平方千米,比增2倍。编制十里圩、杨梅镇绿荫圩集市总体规划,编修十里乡江口村、灵山镇罗权村等5个新村民居规划。2005年,完成修编《杨梅镇总体规划》,规划绿荫农民城为建材、制药、机械等工业为主,集农、工、商、贸为一体的农村小城镇。

灵山镇新建圩镇街道 (1999年10月,据《容县报》)

第二章 城乡建设

第一节 市政公共事业建设

1990年末,容县县城城区面积为3.60平方千米。2005年,县城城区面积达11.20平方千米,城区人口11.80万人。

街道

1989年以前,容县城区街道路面质量一般为铺筑砂土、混土路面或沥青混凝土路面。1989—1990年,先后改造铺筑路面面积12.60万平方米,其中部分路面铺筑水泥混凝土。1991年,县城城区有街道20条,具体是:金珠街、南门街、南大街、西大街、西上街、北门街、新北街、新南街、城东路、东外街、城西路、城北路、国中路、兴容街、燕塘街、普宁街、龙泉街、翠竹街、沿江北街、城南路;城区巷道14条,具体是:太爷巷、凤来巷、大井巷、十九巷、陈村巷、六吉巷、木路巷、沙井巷、银鹰巷、清景巷、安居巷、乐业巷、鱼花巷、新村巷。道路总长度28.70千米,路面面积23.20万平方米。

表9-1 **1991年容县城区主街道一览表**

单位:米

街道名称	起止	走向	长度	宽度	路面结构
金珠街	县工人俱乐部十字街口西向至华侨饭店十字街口	东西	415	12	旧混合
西大街	华侨饭店十字街口西向至百货公司商场十字街口	东西	280	12	旧混合
西上街	百货公司商场十字街口西向至登高饭店	东西	395	12	水泥
南门街	南门桥头(码头口)北向至金珠街县体委(体校)门前丁字街口	南北	350	11	水泥
北门街	华侨饭店十字街口北向沿食品公司东向至东光村公所	南北转东西	775	12	水泥
南大街	华侨饭店十字街口南向沿工商局至水运公司路口	南北转东西	560	13	旧混合290,水泥270
新南街	百货公司商场十字街口南向至沿江北街县卫生学校路口	南北	360	10	水泥300,旧混合60
新北街	百货公司商场十字街口北向至县供销联社(西)、新电影院(东)	南北转东西	865	南北向旧街8,东西向新街24	混土
城东路	县总工会灯光球场经县工人俱乐部街口北向县广播站、东光村公所路口	南北	190	16	混土
东外街	县总工会灯光球场经县工人俱乐部街口东向文化局、党校沿县土产仓至容城电站	东西	1250	9	沙土
城南路	城西路桂南路十字路口东向沿新南街十字街口至南大街	东西	305	西段20,东段24	混土
城西路	绣江大桥北侧县公安局门口北向至县汽车站西向至县种苗站	南北转东西	3000	25	混土
城北路	县汽车站北向沿县供销联社至坡景岭石场	南北	2000	24	混土
国中路	新北街旧街北街口北向沿县商业局至华侨职中	南北	1600	24	混土
沿江北街	绣江大桥北侧沿江东向至真武阁	东西	1200	26	混土

续表

街道名称	起止	走向	长度	宽度	路面结构
兴容街	新北街旧街北街口北向至刘屋	南北	750	30	混土
燕塘街	城北路丁字路口东向经兴容街口沿容州大市场北门至县食品公司	东西	550	25	混土 250 沙土 300
普宁街	燕塘街北向至旺岭底	南北	330	14	混土
龙泉街	城北路县服务公司宿舍对面路口东向经兴容街口至国中路县商业车队路口	东西	320	16	混土
翠竹街	包括竹蒿垌小区	南北	200	16	混土
太爷巷	县印刷厂至金珠街东段	南北	164	9	混土
凤来巷	县粮食局至金珠街东段	南北	160	8	混土
大井巷	大井至金珠街西段	南北	135	7	混土
十九巷	南门街北段财政局宿舍西向至南大街，中段南向至朱、李屋	东西	105	3	沙土
陈村巷	西上街中段至城北路南段	南北	150	3~7	混合
六吉巷	大井巷至北门街中段	东西	90	3	混土
木路巷	城南街东段医药公司至新南街百货大楼南侧	南北转东西	170	3~8	沙土
沙井巷	城南街东段财政局东侧至西大街东段饭店西侧	南北	140	4~6	沙土
银鹰巷	城西路南段容厢粮所南侧至停车场东侧巷口	东西转南北	205	14	混土
清景巷	城西路东段新建老干部住宅小区路口至全小区内	南北	400	7~8	沙土
安居巷	兴容街北段至普宁街	东西	110	12	混土
乐业巷	兴容街北段至国中路南段	东西	150	14	混土
鱼花巷	新北街旧街福致旅社至新北街新街东段县建设银行西侧	东西	150	4	沙土
新村巷	城北路中段迎宾楼北侧至县供销联社北侧	东西转南北转东西	200	4	混土 沙土

1991 年 3 月，容县在县城西路段的现有基础扩建铺设国道 324 线经过城区地段的容城过境公路，于 10 月建成通车。从城区西端县种苗站为起点的城西路全线经绣江大桥接城南大道南端终点大板桥，全长 5.20 千米，路宽 24~30 米，水泥路面，总投资 1390 万元。1992 年，改造城区道路 9.05 千米，绝大部分铺筑水泥混凝土路面。1993 年，城区街道总长 31.70 千米，绝大部分道路已经铺筑水泥混凝土路面。1994 年 5 月，启动城东旧区改造工程，涉及拆迁单位 23 个，住宅 121 户，拆迁面积 6 万多平方米。经过改造，拉直和拓宽城南街等 6 条街道，全长 2.28 千米。城南街东端与南大街交接处向东延伸至县总工会灯光球场南端，北门街向东延伸至城东路；新建成城东安置住宅小区，铺设完成小区内东起旧城基、西接城东路的东大街主街道。1997 年，铺筑普宁街路面，全段长 121 米，宽 14 米，面积 1695 平方米；铺筑安居巷路面，全段长 116 米，宽 12 米，面积 1392 平方米。改造性铺筑鱼花巷、沙井巷全段以及包括银鹰巷在内的二市场路面，总面积 1300 平方米。1998 年，建成城南大道与玉林至容县一级公路交叉环岛及其道路、沿江北街东段江堤道路及绿化景点，铺设桂南路全段人行道阶砖路面；维修城区道路 2500 平方米。2000 年，在城南街原县委宿舍大院位置建成侨乡广场。2001 年，完成县幼儿园至都峤中学门前道路及空地铺设水泥硬化、城南街“一街一树”植树、国中路道路改造一期工程等建设城区道路环境亮化工程项目。2002 年，完成国中路道路改造二期工程、城南大道“样板街”建设以及城西路路面维修项目。2004 年，完成城南街、太爷巷的人行道、灯饰、建筑立面改造，铺设花岗岩方砖 3580 平方米，安装路灯 109 盏，种植路树 85 株。2005 年，完成城东安置小区以及城区内小街小巷的水泥混凝土道路铺筑或修缮总面积 7500 平方米。完成城南大道全段至真武阁路段扩建、修缮项目以及沿江北街东段道路、县侨乡经济开发区道路、龙泉街及北大街延伸、双拥路以及位于城南的都峤

中学连接工业园区道路、登高路铺筑水泥混凝土道路及沿路附属设施等工程，完成城南大道、城南街、太爷巷、北门街的人行道及灯光改造。同年，县城建成城区面积 11.20 平方千米，城区人口 11.80 万人。城区主要街道有 30 条，具体是：金珠街、西大街、西上街、南门街、北门街、南大街、北大街、新南街、新北街、东外街、东大街、育才路、双拥路、城东路、城南街、城西路、城北路、国中路、兴容街、普宁街、燕塘街、龙泉街、旺岭街、沿江北街、桂南路、车站西路、中环中路、中环西路、城西大道、城南大道等。巷道仍没有变化，有：太爷巷、凤来巷、大井巷、十九巷、六吉巷、沙井巷、鱼花巷、木路巷、陈村巷、银鹰巷、清景巷、安居巷、乐业巷、新村巷。

桥、渡

1971 年，容县县城建成绣江大桥，横跨绣江，是沟通南北城区的主要通道。大桥南岸连接国道 324 线公路（即 1998 年建成的城南大道），北岸连接城西路起点，桥梁为双柱式柔性钢砼双曲拱桥，水泥混凝结构，分 7 跨孔，全长 267.70 米，桥面宽 8 米，高 15 米。1987 年在绣江城区段下游华丰滩处兴建容城电站，筑坝拦江蓄水，所建坝首兼建桥梁，可通车辆行人。南门桥渡是城区内古老而仍在使用的唯一桥渡，位于南门街南端临江处。1990 年，容城电站拦江坝建成后，城区江面形成一个长 10 千米、宽 250~300 米，深 4~5 米，蓄水量 504 万立方米的人工湖，原有简易桥梁及引道废弃，在原址配置铁渡船 1 艘，方便两岸群众往来搭乘过渡。2005 年，城区的桥、渡交通没有发生变化。

供水

1990 年，容县城区有供水企业 1 家，即容县自来水公司。供水厂房位于城西路，取水泵房位于绣江大桥上游北岸临江处，日供水能力 1.50 万立方米。1995 年，投入 360 万元对供水设施进行技术改造，日供水能力增至 2 万立方米。2001 年 2 月，投入 850 万元建设宁冲水库至容城的饮用水引水工程，引水管道长 6.70 千米，采用 DN800 的砼混凝供水管道以重力自流形式引至城西路的自来水厂生产车间，于 2001 年 12 月竣工使用，水源水质由原来的绣江三类水源水质标准（国家《地表水环境质量标准 GHBI-1999》）提高到二类水质标准。2004 年 8 月，容县宁冲水库至容县城区供水工程，由县自来水公司自筹资金和利用国债资金，工程规划投资 5200 万元，在县城中环西路建设城北新水厂和城区配水管网工程，厂房占地面积 33.55 亩，于 2005 年 8 月完成土地平整前期建设，城西路、新北街、城北路、西上街、西大街、北大街、城南街的城区配水管网改造竣工，安装 DN150~300 供水管道，全长 2.40 千米。2005 年，城区供水配套管网 DN75 管及以上总长度 5.50 万米，日供水能力 1.50 万吨，装表户数 1.50 万户，居民用水人口 4.49 万人，全年供水 392.51 万吨，其中居民生活用水 310.08 万吨，商业用水 31.40 万吨，工业用水 35.33 万吨。

2001 年 2 月 12 日，宁冲水库至容城供水引水工程一期工程开工　（据《容县报》）

排水

1990—2005 年，容县实施县城新区开发、旧区改造、市政道路改造和城市广场建设项目，完善一批县城防洪排水设施，累计建设县城防洪排水管道 73.80 千米，其中：旧城东区改造项目建设城市防洪排水管道 5.80 千米，侨乡经济开发区项目建设防洪排水管道 10.60 千米，侨乡广场项目建设防洪排水管道 1.60 千米，原县政府办公小区开发项目建设防洪排水管道 4.80 千米，河南开发新区项目建设防洪排水管道 13.80 千米；绣江公园项目建设防洪排水管道 1.80 千米；城区过境公路改造项目建设防洪排水管道 25.60 千米，城区城南街等 6 条道路拓宽拉直工程项目建设防洪排水管道 9.80 千米。

照明

1990—2005年，容县在县城新区开发、旧城改造、市政道路改造和城市广场建设项目实施过程中，配套建设完善一批城区照明设施，完成城南大道、城南街、太爷巷、北门街的灯光改造等。累计安装城市道路路灯3116盏。其中：旧城东区改造项目建设安装城市道路路灯290盏；侨乡经济开发区项目建设安装城市道路路灯530盏；侨乡广场项目建设安装城市道路路灯（含景观灯）26盏；原县政府办公小区开发项目建设安装城市道路路灯240盏；河南开发新区项目建设安装城市道路路灯690盏；绣江公园项目建设安装城市道路路灯（含景观灯）30盏；城区过境公路改造项目建设安装城市道路路灯820盏；城区城南街等6条道路拓宽拉直工程项目建设安装城市道路路灯490盏。

第二节　城区园林绿化

1990—1996年，容县城区园林绿化没有统一规划，仅有各部门单位及小区自定的零星绿化小项目。1997年，县政府制定《容县城区1997年度绿化规划》，投入146万元，其中绿化建设投资105.50万元，小品建筑、土建及其他投资40.43万元。全年完善风景区段绿化总面积62.70亩，其中增建绿化景点小区6个，面积23.01亩。街道两旁植树绿化52.20亩，其中在城南大道、城西大道、容厢开发区新种路树2900株，其他路段补种路树909株。街道两旁种植草皮灌木绿篱绿化带23.10亩，其中城南街1140平方米，北门街1409.50平方米，沿江北街西段1800平方米，太爷巷口北端180平方米，南大街南段老榕树地段950平方米，侨乡开发区沿江路段9912平方米。在中环路大转盘所属区域路段种植6亩台湾草皮，种植灌木绿篱71.25亩。完成城西收费亭前右侧绿化地段，面积108平方米。同年，县城建成区内绿化覆盖率23.70%，人均公共绿地5.41平方米。1998年，县政府在县城建成区内投入206.40万元，新增绿化面积1125亩，新植草皮15.60亩，新种乔木、灌木、绿篱、花卉4万株。其中绿化沿江北街东段5940平方米，城西大道收费亭区域2352平方米；铺设位于城西路东段原县政府办公大院所在地建成的住宅小区绿化2700平方米，城南大道狗虱岭住宅小区绿地4091平方米。1999年，县政府投入25万元，在育才路、北门街、东外街、沿江北街西段以及县公安局北面原县政府办公大院所在地开发建成的住宅小区完成绿化面积1585平方米。2000年，通过实施城区绿化亮化工程，城区公共绿化面积拓展到92.46万平方米，人均10.27平方米。2001年，县政府投入170万元，在城区内种植乔木、灌木4.67万株和草皮30亩，面积2.50万平方米。主要绿化区域有中环西路、城西大道、沿江北街等道路的补种和绣江公园绿化建设。2003年，县政府投入8.50万元，新种乔木95株、花卉灌木2.80万株、草皮660平方米，摆设花卉700盆。2004年，县政府投入80万元，修缮和增补街道绿地设施，维护绿化植物。对桂南路、城南街、东大街等街道进行新增行道树、绿地改造和改良绿化植物。2005年，县政府投入132万元，在城南街、兴容街、沿江北街补种绿化植物，改良城南大道绿化植被，新种乔木1200株、灌木1520株，绿化面积1000平方米。同年，县城建成区内绿化总面积4077亩，绿化覆盖率32.50%，人均公共绿地8.20平方米。

容县城区绣江两岸绿化情景　　（2005年，曾宪球　摄）

第三节　城区环境卫生

环卫设施

1990年，容县城区垃圾清运工具主要是人力木板车以及拖拉机2台、多功能垃圾运输车2辆。在汽车客运站、电影院、集贸市场等主要公共场所设有垃圾桶（池）及果皮箱80多个。1991年，投入78万元新建车队停车场大楼。1992—1995年，先后投入337万元，增加多功能垃圾车2辆、机动垃圾收集车1辆、手扶拖拉机6辆、人力清扫保洁车10辆、垃圾车斗箱8只、果皮箱120只等环卫设备。1996—1998年，投入208万元增加设备，其中洒水车2辆、三轮巡逻车1辆、垃圾桶500个。1999年，投入118万元，购置多功能垃圾运输车1辆。在城南街和城西路的县政府原办公旧址分别建成垃圾中转站，面积为141.80平方米、74.80平方米。2003年，扩建垃圾场地面积730平方米。2005年，投入环卫经费158万元，城区成立有环卫车队1个，垃圾清运工具主要有多功能垃圾运输车3辆、洒水车2辆、手扶拖拉机6辆、人力木板车50多辆。在客运车站、电影院、集贸、市场等主要公共场所均设有垃圾桶，城区道路公厕16座。

城区环境保洁

1990年，容县实施《容县市容环境卫生管理暂行规定》。县城城区的环境保洁范围东起东外街，西至城西路，南起绣江大桥，北至城北路街道，包括街道17条、巷道52条，清扫区域总面积23万平方米。垃圾清扫时间一般安排在午夜后，街道清扫、垃圾汇集基本靠人力完成，平均每日清运垃圾22吨，春节期间最高峰日清运垃圾41吨。1995年9月，县政府发布《关于加强城区市容和环境卫生管理的通告》，增加主干街道白天时段的清扫次数，其中城南街、金珠街、西大街、西上街、新北街、燕塘街等主干街道实行20小时保洁。1996年12月，县政府发布《关于加强城区垃圾管理的通告》。1999年6月修订《容县市容环境卫生管理暂行规定》。2005年，城区的环境保洁范围包括东起东大街，西至城西大道收费亭（龙晶花园前路段），南起城南大道收费亭（城南汽车站西门前路段），北至城北路收费亭（沙石岭前路段），有街道36条、巷道83条，清扫区域总面积62万平方米。主干街道每天实行3班清扫保洁，次要道路每天进行清扫保洁1次，小巷道每天上门收集垃圾1次，垃圾做到日产日清，确保城区环境清洁卫生。

垃圾处理

1990年，容县城区使用的垃圾处理场地为位于容城镇东光村甲根田的城区垃圾高温堆肥场，场地面积28.35亩，日处理垃圾能力60吨。年内，处理垃圾总量1.72万吨，平均日处理47吨。1994年，全年处理垃圾2万多吨，日均处理55吨，垃圾高温堆肥场值班室增建1层楼房。1999年，处理垃圾2.30万吨，日均处理63吨。2003年，处理垃圾2.70万吨。2005年，处理垃圾3.18万吨，日均处理87吨。

公厕

1990年，容县城区有公厕10座。具体位于县总工会球场临街、南大街县工商局旁临街、北门街旧市场临街、城西路黑马大酒店旁临街、县汽车总站、容城镇停车场、城北路城北客运站、容州大市场、县人民公园等。1996年，城区改造工程开工，拆除南大街县工商局旁临街公厕，新增西上街、桂南路凤凰阁、太爷巷、大井巷等公厕。1999年，新增城南街、城西路新建敞开式住宅小区（县政府原办公地址）、中环中路公厕。2004年，在绣江公园的东、西两侧各建公厕1座。2005年，城区有公厕16座，分别位于金珠街、县总工会球场道路、真武阁公园、城西路容州镇停车场、县汽车总站、城北路城北客运站、太爷巷南段、大井巷北段、北门街旧市场、西上街、城南街、城西路敞开式住宅小区（县政府原办公地址）、桂南路凤凰阁、中环中路、绣江公园东面及西面等。其中县总工会球场道路、太爷巷南段、大井巷北段、城南街、西上街、容州大市场、绣江公园东面及西面等公厕为收费公厕。安排有专人负责公厕保洁。

市容环境综合整治“南珠杯”竞赛

1994年9月，自治区人民政府办公厅发出《关于开展城市市容环境综合整治“南珠杯”竞赛活动的通知》后，容县于1996年7月，成立容县城区市容环境综合整治“南珠杯”竞赛活动领导小组。自此组织容县参加

自治区第一届至第五届城市市容环境综合整治“南珠杯”竞赛，获县城优秀奖4次，“A类县城特等奖”1次。杨梅镇获自治区第四届城市市容环境综合整治“南珠杯”竞赛乡（镇）优秀奖。

第四节　村镇建设

1990—2005年，容县村镇建设大发展，村容镇貌发生了可喜的变化。全县加快推进村镇规划编制工作，乡（镇）驻地圩镇总体规划覆盖率40%，县内村委驻地规划编制任务完成15%。农户新建、改建和扩建住房建筑面积250万平方米，农民人均居住面积10平方米，农民的住房水平有较大提高，居住环境有明显改善。杨梅镇于1994年12月被列为首批国家建设部小城镇建设试点镇。2001年9月，容城镇、杨梅镇、黎村镇被列为自治区重点镇。2004年2月，容城镇被列为首批全国重点镇。2004年，全县开展小城镇镇容镇貌“三名杯”竞赛活动，全县16个乡（镇）踊跃参加竞赛，全县小城镇人居环境质量有较大提高。2005年，全县圩镇街道硬化率80%，街道路灯安装率达45%，供水普及率75%，排水顺畅率90%。

第三章　建筑业　房地产业

第一节　建筑业

建筑施工

1990—1991年，容县有建筑施工企业9家，其中三级资质企业2家，四级资质企业7家，从业人员7200人。1995年，建筑施工企业从业人员增加到7400人。1996年，除原有的9家建筑施工企业外，县内的石寨、杨梅、六王、灵山、黎村、杨村、县底、自良、石头、罗江等乡（镇）均组建有建筑工程公司等注册企业，同时产生大量民间自发组织的施工组织。同年，有建筑施工企业（队）164个，从业人员5100人，拥有固定资产值1140万元，施工劳务总收入1.08亿元。1997年，随着经济企业实行体制改革，公有建筑施工项目减少，乡（镇）建筑工程企业或停办或转为民营企业。国家对建筑施工工程质量标准化管理走向常态性规范化和法制化，企业、团体持建筑行业资质参加竞标、上岗，小工程队组织或撤并或解散或挂靠有资质认证的建筑公司继续从事建筑施工。2005年，全县有民间建筑工程施工企业（队）88家，从业人员7200人，拥有工程技术人员240人。通过行业资质认证的建筑工程企业有8家，即县建筑工程公司、县建筑工程总公司、县教育建筑工程公司、县水电建筑总公司、县第四建筑工程公司、县运通设施有限公司、县公路工程建筑公司、黎村建筑工程公司，其中经认证为三级资质的建筑施工企业2家，四级资质企业4家，从业人员5800人，拥有固定资产值2690万元。全县工程总产值4.92亿元，施工劳务总收入1.13亿元。

主要建筑企业

容县建筑工程公司　成立于1956年，办公地址在容城镇金珠街太爷巷7号。2005年，公司有固定资产1595万元，有职工986人，其中高级职称5人，中级职称49人。有机械设备596台，总功率4403.50千瓦。具备房屋建筑施工总承包二级资质，土方工程、建筑装饰装修工程专业承包的二级资质，以及机电设备安装、市政公用工程专业承包三级资质企业。同年，荣获“广西建筑业先进施工企业”等称号。

容县建筑工程总公司　1979年成立。是具有工民建二级施工资质及市政工程、道路工程、通信工程三级资质的集体施工企业。2005年，有固定资产2396万元，净资产2843万元，注册资金2100万元，在工程技术管理人员队伍中，有高级工程师4人，工程师56人。自有主要机械设备551台。

容县公路工程建筑公司　1992年9月成立，办公地址在容城镇城西路686号。是公路工程施工总承包三级资质企业。2005年，有职工109人，注册资金1000万元，固定资产净值676万元，主要机械设备有挖掘机、推土机、铲车等 41 台。

容县教育建筑工程公司 1988 年成立，容县教育局勤工俭学企业。具有工民建三级施工企业资质。2005 年，公司有固定资产 725 万元，施工队伍 160 人，其中专业技术人员 57 人。有机械设备 230 台（套）。

第二节 房产管理

产权管理

1990 年，容县房产管理主要是对管辖范围内的房屋进行过户登记、产权登记、抵押登记等和房地产有关的工作，社会房产交易、租赁活动不多。同年，办证 1.20 万本（包括房产证、租赁证、出租证），其中发放房屋产权证 980 本。1991 年发放房产证、租赁证、出租证 2.60 万本。1996 年发放房产证 700 本，办理房地产买卖 67 宗，房地产抵押业务 260 宗。2001 年，容县房产增量，租赁、交易抵押、评估、鉴定、登记、建档等管理业务迅速增大，管理项目和措施也不断完善，全年发放房产证 3170 本，房地产评估 632 宗。2005 年，发放房产证 2611 本。

房屋安全鉴定

2002 年 4 月，容县房屋安全鉴定管理所成立。主要职能是贯彻执行国家房屋安全鉴定的有关政策法规，从事房屋安全鉴定并进行业务指导工作。同年，对房屋安全鉴定 16 宗。2003 年，对房屋安全鉴定 51 宗。2004 年，对房屋安全鉴定 22 宗。2005 年，对房屋安全鉴定 25 宗。

表 9-2 **1990—2005 年容县房产管理业务办理统计表**

年份	发放房屋权属证书（本）	房屋租赁许可证（本）	房地产交易业务（宗）	房屋安全鉴定业务（宗）	房地产评估业务（宗）	抵押交易业务（宗）	房地产测绘业务（宗）	白蚁防治业务（宗）	归档房产档案（宗）	接待外来咨询服务查阅档案（次）
1990	12000	包括房产证本、租赁证本、出租证本。								
1991	26000									
1992	450	—	—	—	—	120	—	—	—	—
1993	503	—	—	—	—	161	—	—	—	—
1994	550	—	—	—	—	200	—	—	—	—
1995	613	—	—	—	—	240	—	—	—	—
1996	700	—	—	—	—	260	—	—	—	—
1997	1020	—	—	—	—	500	—	—	—	—
1998	2300	—	—	—	—	890	—	—	—	—
1999	2750	—	—	—	—	970	—	—	—	—
2000	2970	—	—	—	—	1210	—	—	—	—
2001	3170	—	1334	—	632	—	—	—	—	—
2002	6120	480	250	16	—	—	—	22	2150	225
2003	2799	579	1894	51	893	—	130	85	—	—
2004	2791	389	1200	22	962	—	1138	100	—	—
2005	2611	—	2136	25	1032	—	92	86	—	—

直管公房管理

公有房产置业和转让 1991 年，容县政府为了加快所有公产旧房改造，发文收回县城南大街 17 号和 19 号原由南大街居委会免租使用的公产房。1999 年，出售新南街 45、46 号（占地面积 75.69 平方米、建筑面积 151.38 平方米）和金珠街 102 号（占地面积 85.21 平方米，筑面积 119.30 平方米）公产房，用以解决县政府有产借贷债务。2000 年，拍卖零星公产房 24 间。原由县工商局管理的县城北门街 25 号和北门街旧市场 1、2、23、24、25、26、30 号以及北大街 20 号、南大街 47 号公产房，收归县房管所管理。北门街 25 号、北门街

旧市场1、2号房地产与县建设银行位于城南街的容县宾馆门前临街宅基地予以对换。将旧市场40号面积1555.6平方米及周边小部分零星公产房出售，所收款项用于抵偿银行部分债务。将东外街、金珠街48号、60号、64号、108号、北大街1号、20号、南门11、13、65、71号，凤来巷9、17号共23间旧公产房公开招标拍卖出售，其中金珠街9号、11号公产房用以处置人武部兴建办公楼债务问题。2001年，为解决绣江公园的建设资金，西上街64号原水电仓库政府公产房房地产1175.51平方米总价值162万元抵偿建设绣江公园一标段工程款及城南街道路等市政铺设工程款。经县政府批复将位于西上街5号、12号的公有房地产给浪水乡政府抵偿由于建校、建柏油路而欠下的债务215.30万元。西大街83号、84号、85号、新北街91号以及东外街51号公产房进行公开招标并进行了拍卖。2002年4月，将位于金珠街大井巷4号、南大街47号、西大街102号的直管公房共占地1259.35平方米、建设面积2279.11平方米，直接以物抵债的方式抵顶给中行容县支行。

直管公房改造和租赁 1991年，容县计划委员会依申请同意对直管公房西上街16号、26号两处合计694.20平方米的危房进行拆除重建，重建商业、住宅面积为902平方米，投资16万元。新南街公产房危房建筑面积6932平方米，拆除重建仓库、住宅楼面积9000平方米，投资180万元。1994年，县政府投入资金150.80万元，拆除金珠街第7、9、77、80、82号的公产房危房面积5552.81平方米，重建面积5800平方米，作为居民住宅实行租赁。投入37.70万元，拆除西上街第69、118号危房，重建面积1450平方米，作为居民住宅实行租赁。投入52万元，拆除新北街第62、112号危房面积1486.49平方米，重建面积2000平方米，作为居民住宅实行租赁。投入93.57万元，拆除新北街鱼花巷77号危房，重建面积2674平方米，作为居民住宅实行租赁。拆除北门街用作农机仓库的公产房，改建为县房管所办公楼，占地面积959平方米，建筑面积2736平方米。1997年，对5万多平方米的直管公房进行1次全面彻底的检查，分阶段、有步骤地进行维修，共维修396户，修补瓦面523处，解决500多户居民的住房问题，缓解了容县城镇居民的住房困难。处置公产房屋建筑总面积4708.88平方米（其中土地使用权面积3470.50平方米）。

第三节 房地产开发

商品房建设

1990年，容县城区的商品房建设主要有绣江北岸的沿江北街沿线、城西大地村的侨乡开发区（今桂南路街区）、城北燕子垌开发区（现燕塘街至中环路一带街区）、福船岭小区等。商品房建设的特点，是购房人独立拥有宅基地土地使用权的整幢房屋建筑产权为主要形式，即以政府规划和开发单位通过征用或土地划拨方式取得土地使用权后，通过建成通水、通电、通路和平整宅基地项目内容（习惯称谓“三通一平”），或灌制好房屋地梁基础或建成1层主体建筑，即行出售，后续阶段的房屋建设由购房人负责。多层套间式商品房型销售市场很窄。1998年，在位于城西路县公安局北面的县政府原办公大院建成住宅小区。2004年，在城北水井垌兴建新都商贸城商住小区，建筑总面积12万平方米，总投资1.80亿元，有商住楼153幢、多层公寓7幢，有县内首座高层商住大厦1幢，16层，占地2500平方米，建筑面积2万平方米。以商业步行街为主题，欧式骑楼风格，配套设施有商场2个，休闲广场1个，大型地下停车场2个。至2005年，县城城区先后建成中兴花园、绣都苑、景江苑、绣江畔景、世纪广场、锦绣江南、文华苑、新都商贸城、游龙花苑、碧玉花园、天诚嘉园、福满地花苑、金满地商住楼等居住小区14个，建成商住房3000多套。

住宅结构

1990年，容县城区有各类房屋建筑面积131.98万平方米，人均7.67平方米。城区以青（泥）砖为主的2~3层砖木盖瓦结构旧式房屋随着停建、拆除改建，存量越来越少，水泥、红砖、钢材等建材被大量使用。2005年，新建的房屋以水泥钢混凝结构为主，个人产权住宅结构也以享有独立土地使用权、3~6层建筑为主，家庭住宅结构向一厅多房带厨房、卫生间、阳台的多层独立单元配套住宅户型发展阶段。

第四节　住房制度改革

1992 年，容县实施住房制度改革。经历了按原标准价出售公有住房部分产权和提高公有住房租金阶段；全面建立住房公积金制度、住房部分产权按成本价向住房全产权过渡阶段；停止住房实物分配、启动住房货币化分配阶段。

实施方案与办法

1996 年 8 月，容县政府制定《容县深化城镇住房制度改革实施方案》，主要内容包括：按原标准价出售部分产权住房改为按成本价出售全产权住房，已出售部分产权的住房明确产权比例，职工按成本补交房款后，部分产权住房可转为全产权住房；全面推行住房公积金制度，扩大覆盖面，提高缴存率，增大归集额度；加快住房建设，鼓励职工集资建房。1999 年 6 月，县政府制定《容县进一步深化城镇住房制度改革加快住房建设实施方案》，推出深化房改工作各项措施，包括停止住房实物分配，逐步实行住房分配货币化；建立和完善以经济适用住房为主的城镇住房供应体系；继续推进现有公有住房改革，培育和规范住房交易市场，全面建立住房公积金制度，加强住房资金管理和售后维修管理。2000 年 10 月，《容县已购公有住房上市交易实施细则》实施，规范已购公有住房上市交易行为，搞活住房二级市场，加快住房商品化进程。

住房分配货币制度

1990 年，容县的单位公有住房均以出租形式租给个人使用。1992 年，以出售公有住房为起步，推动全县的住房制度改革。1994 年 7 月，县政府出台住房制度改革方案，做好出售公有住房和售房政策衔接。1995 年，出售公有住房工作全面铺开。1998 年，县政府出台《住房补贴若干问题的意见》等文件，停止实物分配，逐步实行住房分配货币化制度，对 1998 年开工并于 1999 年底前竣工交付使用的公有住房，仍按规定的成本价计算办法向职工出售，其他公有住房价格一律实行成本价出售；鼓励职工按原标准价购买公有住房部分产权过渡到购买住房全部产权。住房分配货币化制度推动了以住房商品化、社会化为特征的住房新体制的顺利建立。

建立住房公积金

1992 年 10 月，容县实行住房公积金制度管理模式，行政事业单位（含乡、镇政府所在地的各单位）和企业以及在职人员交纳住房公积金，住房公积金缴存率以职工个人上年度月均工资为基数，单位和个人分别缴存 5%。1996 年，建立政策性个人住房抵押贷款制度。1997 年，住房资金实行电算化、规范化、制度化的微机管理。2005 年，住房公积金缴存标准提高到 5%~10%。

第四章　环境保护

第一节　机　构

1990 年 12 月，容县环境保护局从县城乡建设委员会分置成立，负责管理全县环境保护工作，核定事业编制 7 名，实有人员 4 人。办公地址设在容城镇新南街 54 号。1991 年 7 月，成立下属机构容县环境监测站。1993 年 6 月，县环境保护局办公地址迁至桂南路 36–1 号。1996 年 1 月，成立容县环境监理所。1996 年，县环境保护局属县人民政府工作机构，正科级，核定行政编制 12 名，实有人员 16 人。2000 年 8 月，容县环境监理所更名为容县环境监理大队。2001 年，容县环境保护局改属玉林市环境保护局的派出机构，是全县环境保护工作的行政主管部门，内设机构有政秘股、法制宣教财务股、监督管理股，机构、编制和人、财、物以县管理为主。2002 年，容县环境保护局核定行政编制 9 名，机关后勤服务 1 名，实有人员 11 人。2004 年 1 月，容县环境监理大队更名为容县环境监察大队。2005 年，容县环境保护局改属县政府工作部门，主管全县环境保护管理

监督工作，内设机构和核定编制数不变，实有人员9人。下属事业单位有：容县环境监测站、容县环境监察大队。

1990—2005年历任局长：曾国全(1990.11—1996.5)、陈广元(1996.5—1999.3)、李绍勇(1999.3—2002.12)、甘文忠(2002.12—)。

第二节 环境监测

空气环境质量监测

1990—1992年，容县不具备大气环境监测资质，没有启动空气环境监测项目，由玉林地区环境监测站每年在容县城区内进行抽样布点监测TSP（大气总悬浮颗粒物）项目。1993年，容县开展环境监测业务。由于县环境监测站没有取得资质，辖区内监测项目全部由玉林地区环境监测站负责，容县环保部门配合，在容县城区进行TSP监测。城区内空气环境质量监测内容为TSP（大气悬浮颗粒），监测点有风景区（真武阁）、交通干线（绣江大桥北岸）、居民区（金珠街）。企业大气环境监测内容是针对重点污染的水泥、陶瓷等企业进行监测。2002—2004年，增加二氧化碳监测项目内容，监测点分别为真武阁景区、南门街容县戏院、绣江大桥北岸，未出现超标。2005年，分别对风景区、居民区、城市交通干线3个监测点进行TSP监测，由玉林市环境监测站组织实施，容县环保部门予以配合，监测时间为4月27日，监测结果分别为0.06毫克/立方米、0.08毫克/立方米、0.16毫克/立方米。

水质监测

城区饮用水水源水质监测 1990—1994年，容县没有开展水质专项监测工作。1995年，在县城绣江河段的县水厂抽水点上游50米处设置监测点1个，主要监测项有水温、pH值、溶解氧、高锰酸盐指数、五日生化需氧量、氨氮、亚硝酸盐氮、硝酸盐氮、挥发酚、氰化物、总砷、总汞、六价铬、总铅、总镉、总铜、总锌等。全年监测8次。1996—1999年，对县城绣江河段的县水厂抽水点上游50米处的河流水质监测10次，监测项目与1995年度相同。容县城区饮用水源水质符合二类标准。2001年，容县绣江上游水质保持在地表水环境质量二类水平，下游水质在地表水环境质量三类水平，城区饮用水水源水质达标率100%，保持在1998年的水平。2005年，由玉林市环境监测站在容县设置河流水质监测点1个，监测点在位于城区饮用水水源的水库水进入县水厂的自来水处理前环节，主要监测项目为水温、pH值、溶解氧、高锰酸盐指数、五日生化需氧量、氨氮、亚硝酸盐氮、硝酸盐氮、挥发酚、氰化物、总砷、总汞、六价铬、总铅、总镉、总铜、总锌等，同年检测2次。监测结果为绣江水源水质基本达到地面水环境质量标准(GB3838-88)中的二类水质要求，县城饮用水源水质达标率100%，符合饮用水水质标准。

绣江水环境质量监测 1990—1991年，容县不具备河流水质监测资质，由玉林地区环境监测站负责监测。绣江水质监测点是对北流河流域流经容县境与藤县境交界处的市级断面自良码头的水质进行监测。在绣江十里乡河段设置监测点1个，开展采样监测。每年监测6次。主要监测项目有水温、pH值、悬浮物、总硬度、溶解氧、高锰酸盐指数、五日生化需氧量、氨氮、亚硝酸盐氮、硝酸盐氮、挥发酚、氰化物、总砷、总汞、六价铬、总铅、总镉、电导率、总铬、总铜、总锌、氟化物、硫化物等，其中高锰酸盐指数、总汞超出Ⅲ类水标准。1997年，进行6次监测，其中经调整后在绣江自良镇河段设置的监测点河流水质主要监测项目与1991年度相同，并增加浊度项目。1998年，在自良监测点监测6次，主要监测项目有水温、pH值、悬浮物、总硬度、溶解氧、高锰酸盐指数、氨氮、亚硝酸盐氮、硝酸盐氮、总砷、总汞、六价铬、电导率、总铬、总锌、浊度、氟化物等。1999年，在自良监测点监测7次，主要监测项目有pH值、CODMn、氨氮、DO、色度、溴味、水温等。2002年，北流江自良断面对pH值、高锰酸盐指数、六价铬、总铅、电导率等18项进行监测。2005年，没有对绣江水质进行监测。

污水污染物排放监测

1990年，容县开展对企业排污情况水质监测，重点对造纸等废水排放量大的重点排污企业所排放的废水进行监督性监测。监测频次每年至少1次。如对容县造纸厂的pH值、悬浮物、五日生化需氧量等项目进行监督性监测。1995 年，对容县造纸厂、容县人民医院、广西黑五类食品集团有限公司等企业的废水进行监测。2004 年，对容县万力造纸厂、容县香料集团公司、容县罗江红砖厂等 39 家企业进行监测。其中容县万力造纸厂是自治区重点监测单位，并实施远程监测。2005 年，对容县万力造纸厂、容县一方纸厂等 78 家企业进行监测。

城区环境噪声监测

1990 年，容县没有开展城区环境噪声监测工作。1992—1995 年，由玉林地区环境监测站启动对容县城区环境噪声监测，县环保部门予以配合，每年夏秋各监测 1 次，具体选点包括：商业集中区域监测选点为位于城北路县汽车总站旁的南方大酒店，工业区域监测选点为城西大道原水泥电石厂门口地段，交通道路监测选点为绣江大桥北岸，居民区域监测选点为南大街与城南街交叉地段，特殊区域监测选点为真武阁公园区域。1996 年，对功能区（即商业集中繁华区、中等工业区、主要交通道路两侧、居民区、特殊区）5 个监测点实施 1 次监测工作。1997—2000 年，对城区区域环境噪声（白天）每年实施 2 次监测。2001 年，对城区区域昼间、夜间环境噪声进行监测。2004 年，对城区区域环境噪声（白天）进行监测。2005 年，对商业集中区、工业区、交通道路两侧、居民区、文化区 5 个点进行城区环境噪声监测。

第三节　环境法制建设

建立环境保护目标责任制

1990 年，容县没有开展推行环境保护目标责任制度工作。1992 年，全县开始推行环境保护目标责任制，级级落实。由县政府与县经委、外经委、乡（镇）企业委、财委、农委、建委、公安局、卫生局以及县水泥电石厂、县造纸厂等 6 家企业签订责任书，包括“环境保护工作”和“办实事，解决突出环境问题”两大项内容，其中县经委线的容县造纸厂投资 400 万元，完成对碱回收车间黑夜提取工段进行技术改造；财委线的容城粮库大米厂投资 1.10 万元加高锅炉烟囱 12 米进行水膜除尘，投资 4 万元搞植树美化环境，减少粉尘污染。1995 年，县政府与经委、县造纸厂等 14 个部门和单位签订责任书，一签 3 年，由部门和企业分解落实和建立检查考核制度。1996 年，增加与全县 16 个乡（镇）签订环境保护目标责任书。1998 年，县政府与 16 个乡（镇）和有关部门、企业等 33 个单位签订 1998—2000 年环境保护目标责任书，制定实施方案和奖惩办法，设立考评领导小组组织监督落实。2001—2005 年，通过县政府与全县 16 个乡（镇）政府签订责任书，形成以责任制为核心，以行政制约为机制，把责、权、利和义务有机结合起来的环境保护管理机制。

环境保护宣传教育

1990 年，容县先后以多种形式开展环境保护宣传教育活动。年初，组织召开贯彻执行《中华人民共和国城市规划法》《中华人民共和国环境保护法》座谈会；6 月，组织纪念“六五”世界环境日座谈会；同时，由县环保局牵头，与县教育局、县科协共同组织全县中小学校 5 万名中小学生参加的《我爱环境美》演讲比赛活动。1992 年，在日常开展宣传工作的基础上，由建设、环保管理部门牵头，组织《中华人民共和国城市规划法》《中华人民共和国环境保护法》颁布实施 2 周年座谈会，宣传贯彻执行环保管理法规。1994 年，由县环保局、县教育局共同组织全县中小学校举办“一个地球、一个家庭”的环境小报竞赛活动，上选参赛优秀小报 83 份。1997 年，以街道、市场、闹市区为平台开展环保宣传咨询，制作节目在县广播电视台进行播放，开展《中华人民共和国环境噪声污染防治法》专题宣传月活动。1999 年 6 月，组织县内企事业单位举办环保法律法规知识竞赛文艺晚会，参加文艺演出和竞赛的企事业单位各 6 个，县电视台进行现场直播；发表电视专题讲话；在《容县报》开设环境保护专版；由县环保局、团县委、县教育局共同组织在全县开展青少年“绿我容州，美我容州”大行动。2001 年，由县委组织部、县环保局、团县委联合组织全县青少年开展“保护母亲河，服务西部开发——绿色大行动”系列活动。2005 年，举办“六五”世界环境日文艺晚会，发放宣传资料 3 万多份；在县直机关和企事业单位举办环保知识竞赛 2 次；在县统一组织文化、科技、卫生“三下乡”宣传活动 6 次以及宣传一条街 4 次活动中，均融入环保宣传知识普及内容。

建设项目环评审批

1990年，容县在实施建设项目环境影响报告书（表）审批制度的基础上，全县新、改、扩建5个项目中，有2个已竣工验收的项目均落实了污染防治设施与主体工程“三同时”（同时设计、同时施工建设、同时投入使用）。1994年，审批建设项目环境影响报告表37个，全部实施建设项目环境影响报告编报和执行污染防治设施与主体工程“三同时”，把好环境影响评价关，全年有90%以上竣工项目验收合格。2000年，审批项目30项，验收建设投产项目8项，全部执行“三同时”，验收合格。2003年，严格执行《中华人民共和国环境影响评价法》等国家有关建设项目环境管理的法律法规，严把建设项目选址和审批准入关，防止“两高一资”（即高耗能、高排放、资源型）项目进入县内，年内完成建设项目环境影响报告书（表）审查43项，环保竣工项目验收39项。2005年，严格落实建设项目环保审批，淘汰落后技术工艺，控制新污染源，削减老污染，逐步实行“三废”（废水、废气、废渣）排放总量控制和以新带老削减制度，从源头上防止新、重污染源的产生，防止国家严令禁止的、淘汰型、重污染型的产业转移进入县内。同年，完成审批建设项目环境影响报告表3个、登记表51个。

排污许可制度

1990年，容县执行排污申报登记制度。1993年，开始贯彻实施国家出台的排污许可证制度，对县内排污量大、污染严重并具代表性的县造纸厂、大南造纸厂、县油毡纸厂、县香料厂、县松脂厂、县石棉厂首批选择进行企业排污申报登记及发证工作。首批发证许可年排放废水量501.75万吨，占全县工业废水排放总量的57%；加强对建筑施工、加工行业、娱乐服务业等领域产生噪声的管理。同年，发放噪声排放许可证470个，其中建筑噪声排放许可证462个、加工业噪声排放许可证8个。1996年，在全县范围内开展排污申报、登记工作，参加申报和登记的有饮食娱乐服务企业198个、加工企业76个、施工建设单位380个。2001年，排污申报企业1100多家，发放排污许可证600多个。2005年，对全县排污单位进行规范化、制度化管理。同年，排污申报单位800多个，核发排污许可证782个。

排污费征收

1990年，容县超标排污费征收主要范围和项目有：以二氧化硫为主的废气超标排污收费，征收标准为40元/吨；以化学需氧量（COD）为主的废水超标排污收费，征收标准为浓度超标倍数5以内0.04~0.06元/吨；以其他工业废渣为主废渣排污收费，征收标准为向水体倾倒或排放5元/吨、无专设的堆放场所堆放0.30元/吨。同年，向县内8家企业征收排污费23.04万元。1991—1993年，征收超标排污费100万元。1993年，开始对部分排放污水企业征收排污费。1994年，开始征收噪声污染费项目。1997年，征收排污费73万元。1999年，扩大征收污水排污费和噪声排污费的范围，征收对象和范围包括餐饮、娱乐、服务业在内的全县所有排放污染物的企事业单位和个体工商户。2001年，征收排污费104万元。2003年，排污收费方式由浓度超标收费改为总量收费和浓度超标收费相结合，全年征收额140万元。2005年，征收排污费108万元。

污染源调查

1990年，容县开展企业排放污染源调查工作。调查对象涉及全县16个乡（镇）的135家企业，经资料汇总表明，全年排放工业废水33.04万吨，废气2.90亿标准立方米，废渣0.99万吨。污染源排放量严重的行业为造纸行业、水泥行业、香料加工行业等。1991年，完成对全县乡（镇）135个工业污染源调查总结和分类归档。1994年，开展全县放射性污染源调查，对全县22个放射性污染源单位和31个污染源实施建档管理。1997年，开展全国性的第二次乡（镇）企业污染源调查工作，调查对象涉及全县16个乡（镇）200多家乡（镇）企业，企业全年生产耗煤量36.23万吨，产值占全县乡（镇）企业产值的90%，废水排放量105万吨，废气排放量3.43亿标准立方米，产生工业固体废物4610.78吨。2000年，开展自治区生态环境现状调查和自治区规模化畜禽养殖污染情况调查，包括农村生产用能和生活用能项目在内的全县农村生态环境现状调查，推广节能灶和沼气。2005年，没有开展污染源调查活动。

执法监督

1990年，容县强化环境监督检查，监督检查企业环保设施的运转和“三废（废水、废气、废渣）”排放，重点督查5家县直企业的治污设施和排污情况，处理污染事故1起。1994年，对县城区1家米粉生产企业和县木材公司2家林产加工企业的噪声污染超标行为责令停产和行政处罚。1998年，对全县登记备案在册的70台(套)环保设施实施有效监督，其中对污染严重、群众反映强烈的杨村供销社化工厂和广西中环机械有限责任公司的排放污染物行为限期治理。1999年，对浪水乡泗河造纸厂、十里造纸厂、泰容工贸联造纸厂、大南造纸厂等企业弄虚作假、不执行国家规定取缔关停制浆车间的违法行为，依法予以行政处罚和责令限期拆除蒸球。2000年，基本完成"一控双达标"(污染总量控制、环境功能区达标、所有工业污染源排放污染物达标)工作任务，在全县实施达标排放管理68家工业企业的110个项目中，有66家的107个项目达标。强制关闭大南、十里、泰容、泗河等4家小造纸厂和容西乡境内擅自恢复生产黄板纸25家企业。2003年，开展专项整治，清理整顿小纸厂等排污企业，查处畜禽养殖业、采矿业等未批先建等违建行为。同年，立案查处违法案件97起，处理污染事故15件，挽回经济损失50多万元。2005年，对污染物排放量较大及贮存、使用危险化学品、使用放射性污染源的广西高峰容洲人造板有限公司、容县桂兴建设有限公司、容县容州水泥厂、容县康复医院等11家企业(单位)进行重点检查；对容城生活饮用水水源地环境状况、县城机动车维修、洗车业等环保设施运行情况、危险废物处置情况等进行全面安全检查；依法将3家企业已经闲置的5枚放射源移交给自治区放射源收贮库保存；责成广西高峰容洲人造板有限公司完成技改安装污水离心分离器和租用水田建成污水应急缓冲塘，解决厢南村区域内的河流及农田的污染问题；责成容县制动密封材料厂完成搬迁，暂缓解决废气和噪声污染环境问题。

第四节　环境质量

空气环境质量

1990年，容县城区空气中TSP(大气总悬浮颗粒物)浓度全部小于国家二级标准0.30毫克/立方米的标准，核定县城区域大气总悬浮颗粒保持在空气环境质量标准二级标准。容县大部分工业企业集中在县城规划区范围内，县城区域内大气环境基本可代表全县环境质量。1996年，侧重城区和企业烟尘防治以及县城空气中粉尘浓度控制在二级标准以上。1997年，县城城区空气中总悬浮微粒日平均值0.213毫克/立方米，达到空气环境质量二级标准。2001年，县城城区大气总悬浮微粒日平均值为0.17毫克/立方米，比1998年减少0.023毫克/立方米，县城烟尘控制区实现全覆盖，空气环境质量控制在二级标准。2004年，县城城区大气环境质量保持在空气环境质量二级标准，城区区域大气总悬浮微粒日平均值为0.09毫克/立方米。2005年，容县城区大气达到空气环境质量二级标准。

水环境质量

1990年，容县未开展水环境质量监测。1991年，由玉林地区环境监测站对容县绣江十里乡河段设置监测点进行监测，高锰酸盐指数、总汞超出Ⅲ类水标准。1994年，经取样监测显示，容城饮用水源水质达标率为100%，绣江上游水质符合地面水卫生要求，水环境质量达到二类标准。1997年，容城饮用水源水质比较稳定并有所改善，绣江下游水质明显好转。根据玉林市环境监测站3次抽样监测显示，测定容城饮用水源16项污染物指标全部符合饮用水源水质标准，水质达标率100%；绣江下游自良渡口河水23项污染物指标中，除总汞外，其余22项指标达到地面水环境质量标准Ⅲ类水质的要求。2001年，容城绣江上游水质保持在地表水环境质量二类水平，下游水质保持在地表水环境质量三类水平，城区饮用水源水质达标率100%，保持在1998年的水平。2005年，容城饮用水源水质达标率100%，杨梅河、泗罗河水质均达到国家地表水二类标准，绣江容城上游、下游十里江口村到自良镇梁屋渡口河段水质均达国家地表水环境质量三类水质标准。

声环境质量

1990年，容县没有开展功能区噪声监测。1992—1997年，由玉林地区环境监测站负责并和容县环境监测站共同进行功能区噪声监测，监测结果为县城城区区域环境噪声(白天)日平均值小于60分贝。1998—2001年，每年监测结果为县城城区区域昼夜环境噪声的日平均值为59.30分贝，控制在玉林市下达的指标

60 分贝以内。2004 年，县城城区区域环境噪声（白天）日平均值为 62.30 分贝，区域环境噪声达标覆盖率超过 50%。2005 年，对县城城区的商业集中区、工业区、交通道路两侧、居民区、特殊区 5 个监测点的城区噪声监测，白天环境噪声日平均值均小于 60 分贝，噪声环境质量基本保持稳定、达标。

农业生态环境质量

1991 年，容县开始建设生态示范林果场，大力发展生态农业，以综合利用能源、立体种养为主的农业开发得到快速发展。全县上规模的生态林果场大部分在果树间套种其他农作物，充分利用空间、资源发展猪、鸡、鸭、鱼饲养业，以猪、鸡粪便养鱼和发酵制沼气及果树的肥料。通过充分利用资源、能源，形成立体种养模式，减少环境污染。1994 年，容县实现自治区级绿化达标县。1994 年，县环保局与县林业、水利、矿产、土地、工商、交通、公安、城建等有关部门配合认真贯彻落实《中华人民共和国森林法》《中华人民共和国水土保持法》《中华人民共和国野生动物保护法》，多次组织打击乱捕、滥杀、贩卖珍稀野生动物活动；水利部门抓好以六王镇为试点的水土流失治理和水资源保护工作；土地部门上半年依法处理违法占地建房案件 36 起。1996—1997 年，全县新种果林 11.86 万亩，造林 12.06 万亩。1999 年，全县封山育林 1 万亩，植树造林 2.21 万亩，森林覆盖率达到 62.80%，营造生态“万元田”1.80 万亩。2000—2002 年，推行实施生态家园富民工程，全县累计建成户用沼气池 5.27 万座，占全县农户数 16.08 万户的 32.78%，初步形成猪—沼—沙田柚、猪—沼—龙眼（荔枝）、猪—沼—鱼等形式的生态农业模式。建立生态农业示范乡（镇）2 个、示范村 121 个、示范户 2.50 万户。2005 年，容厢镇平坡村被评为自治区生态农业建设示范村。

第五节 环境污染治理

污染物排放治理

1990 年，容县工业经济的持续发展，环境污染程度随之增大，排放污染物显现多样性，年内工业废水排放量 370.24 万吨，产生固体废物 68 万吨。1991—1993 年，补助治理污染企业（单位）的建设防治污染设施资金 80 万元。1999 年，工业废水排放 357.40 万吨，排放废气 4.41 万标准立方米，排放固体废物 10 吨。2000 年，容县实施“一控双达标”（污染总量控制、环境功能区达标、所有工业污染源排放污染物达标）行动，全县污染物排放总量基本上得到控制，烟尘、工业粉尘、二氧化硫、化学需氧量、石油类、氰化物、砷、汞、铅、镉、六价铬、工业固体废物 12 项主要污染物排放总量每年均控制在玉林市下达的指标以内。同年，投入资金 750 多万元治理污染，仅万力造纸厂就投入 650 多万元建设治污设施。2005 年，排放工业废水 789.42 万吨，达标排放量 786.60 万吨，达标排放率 99.64%。在工业废水排放中的主要污染物化学需氧量排放量 5529.05 吨，产生工业固体废物 0.73 吨，综合利用率为 99.30%，化学需氧量、二氧化硫、烟尘、工业粉尘、工业固体废弃物等主要污染物排放总量控制玉林市下达的指标以内。

表 9-3　　1990—2005 年容县工业污染物排放情况表

年份	废水（万吨）	废气（万标准立方米）	固体废物（吨）	年份	废水（万吨）	废气（万标准立方米）	固体废物（吨）
1990	370.24	48500	68	1998	86.90	63326.80	—
1991	500.02	45840	80	1999	357.40	44100	10
1992	671.20	47530.40	—	2000	562.70	154370	—
1993	541	66575	—	2001	622.60	187333.50	100
1994	364	65247	500	2002	345.39	187963	100
1995	549.10	154428.80	262	2003	404.17	342243	1200
1996	190	25810	—	2004	660.74	301298	200
1997	168.80	74476	—	2005	1052.6	259056	7300

水污染治理

1990年，容县投入工业废水和生活污水治理资金456万元。1992年，容州水泥厂粉尘治理、县造纸厂碱回收治理工程竣工，总投资400多万元。1991—1995年，关停容县河南造纸厂及容西乡不符合国家相关政策或治理无望的废水型黄板纸生产群体企业。1996年，县政府发出《关于排污企业到2000年污染治理达标计划的通知》，推动企业安排资金投入，逐步完善废水污染治理设施，达标排放废水。取缔、关停小型造纸企业38家。1997年，对广西中环机械有限责任公司和杨村化工厂2家重点水污染企业责令限期治理；划拨4万元环境保护补助资金到浪水乡政府，用于污染防治，解决饮用水问题。1999年，全县投入废水治理资金550万元，其中容县万力造纸厂投资近80万元，用于完善碱回收系统，增建消泡槽1个，加高喷放锅和增设废气回收设施1套，减少污染物排放量。2000年1月，县人民医院投资24.90万元建设医疗污水处理站建成使用，医院内的医疗废水全部经化学处理达标后排放。广西黑五类食品集团有限责任公司在2002—2005年先后投入200多万元，建成废水治理设施系统，生产废水中的化学需氧量平均值由处理前的293毫克/升下降为10毫克/升以下，实现达标排放。2005年，容县恒兴水泥厂投入污染治理资金10多万元；广西高峰容洲人造板有限公司投入20万元技改污水处理站、建污水应急缓冲储水场地。

空气污染治理

1990年，容县工业废气量排放4.85亿标准立方米，经处理后废气量排放1.72亿标准立方米；废气中排放二氧化硫3289.80吨、烟尘3254.26吨。县城西部5千米范围以内的水泥、红砖、陶瓷生产企业相对集中，是全县工业废气污染的重点区域。县造纸厂碱回收工程和县水泥电石厂建设窑沉降室获返还企业治理资金17.32万元。1991年，推行排污总量控制制度。主要措施为将污染物排放总量指标分解下达到各个有排污行为的生产经营企业，严格限定各类企业排放污物的浓度和数量，禁止无证、超标和超总量排污，实行重点污染源限期治理。1999年，县政府下达限期治理达标目标，治理水泥、陶瓷生产企业的环境污染，有效地减少粉尘及二氧化硫的排放量，降低煤炭含硫量，减少陶瓷、水泥、红砖、石灰窑等企业的二氧化硫排放量。全县排放工业废气4.41亿标准立方米，经处理后排放的废气4.40亿标准立方米；废气中排放二氧化硫835.90吨、烟尘471.70吨。2000年，规范整治废气排污企业15个。其中县水泥电石厂投资13.50万元搞立窑烟囱除尘，使烟尘达标排放；容州水泥厂投资5万多元安装立窑除尘设备，减少水泥粉尘对环境污染。2004年，工业废气量排放30.13亿标准立方米，其中二氧化硫排放量4494.35吨，达标率74.98%；烟尘排放量2120.79吨，达标率38.19%；工业粉尘排放量2403.32吨，达标率97.01%。2005年，工业废气量排放25.91亿标准立方米，经处理后废气中二氧化硫排放量4186.43吨、烟尘排放量4914.75吨、粉尘排放量7669.76吨。

噪声污染治理

1990—1993年，容县没有开展对噪声污染的系统性专项治理。1994年，针对越来越严重的县城城区噪声污染，县政府发出《关于加强环境噪声污染管理和划定容城城区生活环境区域的通知》，加强对噪声污染的整治和管理。同年，对县城1家米粉厂严重影响附近周围群众生活的噪声污染行为，依法予以行政处罚，责令工厂停产。1996年，建立县城区范围内的噪声控制区，对产生噪声污染的单位、建筑施工作业做出具体规定：在中午12时至14时30分和夜间22时至次日6时的时段内不得进行生产或作业，施工期间噪声达标排放；加强对噪声污染源监测和监督，限期整改噪声扰民行为；加强对生活、交通噪声的管理，禁止商业活动使用高音喇叭，高考、中考考试点周边路段实行噪声禁鸣等。1998年，县城区区域环境噪声达标率达到90%；责令位于容厢中学附近的5家碎石加工场搬迁到中环路外指定的地点生产，解决碎石场噪音严重影响师生教学以及周边住户正常休息的问题。2005年，责令容县制动密封材料厂完成生产厂房搬迁工作，解决废气及噪声污染问题。

第十篇

财政　税务　金融

位于容县县城兴容街的容县国家税务局综合办公楼

（2005 年 11 月摄，容县国税局　提供）

第一章 财 政

1990 年，容县财政预算收入 5762 万元，预算支出 5347.70 万元。1991 年，容县实现财政自给，摘掉财政补贴县的帽子。1992 年，持续推进基本建设，不断完善基础设施，发展多种经济成分并进，收入增长较快，财力逐年增大。1994 年，实施分税制改革，极大地促进了财政增长，财政收支完成情况良好。1995 年，容县组织财政收入 1.16 亿元，首次突破亿元大关，1991—1995 年全县组织财政收入累计 3.66 亿元。1996 年后，开拓旅游产业，引导企业转型，发展生产，培植税源，促进财政收入逐年增加，全县组织财政收入累计 8.02 亿元，比上一个五年计划增长 121.20%，年均增长 10.20%。财政一般预算支出也同步增长。2001 年后，通过逐步加大财政支持资金，承接东部产业转移项目，房地产业的迅速兴起，为财政收入稳定增长夯实良好基础。2001—2005 年，全县组织财政收入 9.66 亿元，年均增长 20.40%；财政支出年均增长 14.30%；收支基本同步增长，对促进地方经济和各项事业发展起到很好的推动作用。

第一节 机 构

1950年1月县人民政府设立财粮科。1956年8月成立容县财政局。1990年，容县财政局属正科级行政单位，内设秘书股、法制监察股、综合计划股、预算股、事财股、农财股、农税股、工财股、商财股、会计事务管理股；管理的机构有容县国库券推销委员会办公室、国债服务部、行政复议委员会、玉林信托投资公司容县代办处；核定行政编制 23 名，实有在编人员 35 人。办公地址设在容城镇城南街 4 号。下属机构有 1 个事业单位和 16 个乡（镇）财政所，共有事业编制 142 名，实有在编人员 137 人。全系统实有在编干部职工 172 人。1991 年 2 月，秘书股更名为政秘股，增设国有资产管理股。1992 年 3 月成立容县资金管理所；5 月成立容县资产评估委员会；12 月 29 日，办公地址迁至河堤街（沿江北街）87 号。1993 年 1 月，法制监察股更名为秘书监察股；增加事业编制 15 名，实有在编人员 33 人。1994 年成立容县预算外资金管理委员会；各乡（镇）也成立预算外资金管理站。1995 年 5 月，增设社会保障财务股，9 月成立容县国有资产管理局，与财政局合署办公。1997 年 3 月成立容县资金管理局，核定编制 8 人，不定级别，隶属财政局领导和管理；同年核定行政编制 35 名，实有人员 34 人。1999 年 1 月，撤销玉林信托投资公司容县代办处；6 月，成立容县财政稽查局，是容县财政局管理不定级别的事业单位；8 月，工财股和商财股合并更名为企业财务管理股，增设预算外资金管理股、票证管理股。2001 年，核定行政编制 30 名，机关后勤服务 2 名，实有人员 33 人。2003 年 4 月，增设国库股。2005 年 1 月，预算事财股和国库股重组并分设为预算国库股和行政事业股；同年，容县财政局内设办公室、财政稽查局、资金局、人教股、预算股、国库支付中心、财政信息中心、经济建设股、政府采购管理办公室、综合股、行政政法和教科文股、社会保障股预算国库股、行政事业股、农财股、农税股、企业财务管理股、会计管理股、票证室等股室；编制人数和实有人员不变。下辖 15 个乡（镇）财政所，核定编制 152 名，实有人员 136 人。1990—2005 年历任局长：钟维强（1990.1—1993.12）、梁明南（1993.12—1996.5）、程智伟（1996.5—1999.4）、余荣（1999.4—2004.4）、甘杰（2004.4— ）。

容县财政局办公楼位于县城沿江北街 87 号

（2005 年 1 月摄，容县财政局 提供）

第二节 财政管理体制

县级财政管理体制

1985年以来,容县持续实行中央制定的“划分税种,核定收支,分级包干”的财政管理体制。1990年,容县向自治区上解财政收入基数111.30万元,同时仍然接受自治区财政固定补助。1991年,自治区取消自1985年以来一直对容县的财政固定补助,自此容县摘掉财政补助县的帽子,同年,自治区核定容县财政上解基数调整为124.10万元。1992—1993年,自治区对容县财政上解基数都进行调整。1994年,贯彻实行分税制管理的财政体制,主要内容是在原包干体制确定的地方上解和上级补助格局基本不变的前提下,按照各级政府的“基本事权”,划分各级财政的支出范围;以1993年的地方上划数为基数,基数逐年递增,递增率按照增值税和消费税之和的平均增长率的1∶0.15系数确定,以此确定税收返还数额。容县以1993年上划数3609万元作为1994年的计算基数。1994年,容县上划中央“两税”(即增值税和消费税,下同)3610万元,取得税收返还2791万元。

1996年,国家批准容县为农业综合开发试点县。1999年,安排调整工资转移支付资金。2000年,容县推行县直行政、事业单位财政统一发放工资制度,以此减少工资发放的中间环节,并建立人员和工资计划与预算拨款相结合的制约机制,加强人员编制、工资和基金的管理。同年,通过区分“公益性”和“经营性”类型事业单位性质,核定律师事务所、公证处等11个自收自支单位与财政脱钩;对定额包干补助类型的单位实行一次性核定包干支出,新增支出部分由单位自行解决,落实调整和压缩全额拨款单位经费支出,实现缩减财政支出。9月,由劳动和社会保障部门管理的养老、失业保险基金全部纳入在财政部门设立的财政专户管理,实行收支两条线管理。

2002年,统一设置一般性转移支付科目核算。2003年,自治区对县(市)增设一般性转移支付,容县获得600万元。2005年,根据自治区人民政府2004年12月31日印发的《关于改革和完善自治区对下财政体制的决定》,开始实行新的税收分享制度,增设自治区对市、县(市)上划四税定额返还补助,即把原列入地方收入的增值税(25%部分)、营业税(不包括金融营业税)、企业所得税(40%部分)、个人所得税(40%部分)实行自治区与市、县(市)按比例分成,具体比例是:增值税自治区分享8%,市、县(市)分享17%;营业税自治区分享40%,市、县(市)分享60%;企业所得税自治区分享10%,市、县(市)分享30%;个人所得税自治区分享15%,市、县(市)分享25%。自治区通过建立规范性的专项转移支付体系,新增农村税费改革、天然林保护工程、社会保障制度建设等专项转移支付项目;实施对县、乡(镇)财政奖补转移支付制度。年内,容县获得一般性转移支付1469万元、其中300万元用于县乡困难专项补助。

乡(镇)财政管理体制

1986年,全县各乡(镇)均成立有财政所,负责乡(镇)财政的管理工作。1990年,县对乡(镇)实行“统收统支,超收分成,超支不补,结余留用”以及“一定4年”的财政管理方式,县财政核定各乡(镇)的基本支出,年底对超额完成当年任务部分按比例奖励给各乡(镇),工商税、农业税超过包干基数的按二八分成[即乡(镇)20%、县80%],农林特产税按三七分成;同年,全县乡(镇)财政收入2287万元。1993年,实行“明确事权、划分收支、核定基数、超收分成、欠收自补、分级管理、自求平衡”的乡(镇)财政体

2005年5月,容县财政局在各乡(镇)开展村级财务管理培训工作。图为在杨梅镇举办培训班

(容县财政局　提供)

制，充分调动各乡（镇）发展经济、组织收入的积极性；年内，全县乡（镇）财政收入 3093 万元，比 1990 年增长 35.20%。1998 年，在县内各乡（镇）统一实施分税制管理，核心内容是界定县、乡（镇）两级事权，明确收入范围，划分支出内容，核实收支基数，县乡（镇）分级管理，自求平衡。主要做法是按税种划分收入，以前三年的收支额的平均数为基数，核定各乡（镇）的上解或补助数额，一定三年不变。同年乡（镇）财政收入 6038 万元，比 1994 年增长 118.36%。1999 年，按原分税制体制计算，乡（镇）财政收支矛盾展现，超调资金比上年有所扩大，普遍存在财政资金运转困难，多数乡（镇）欠发工资；乡（镇）企业经济不断衰退。2000 年，全县乡（镇）财政收入总额下降到 4402 万元，乡（镇）财政基本陷入无力运转的地步。2001 年，对乡（镇）财政管理体制予以适当调整，把城市维护建设税划分为乡（镇）固定的专项收入，用于乡（镇）城市维护、街道环境卫生清理的专项支出；适当调降县对部分乡（镇）集中财力的比例；参照上级财政对县（市）财政转移支付补助的办法，按照标准收入能力、标准支出能力以及历史遗留的综合因素，调整个别困难乡（镇）的上解支出或支出基数，在一定程度上缓解乡（镇）财政困难现状。同年，乡（镇）财政收入 4731 万元。2005 年，县乡（镇）财政管理体制恢复实施统收统支的统包体制，乡（镇）财政收入 3421 万元。

农村税费改革

农业税征收调整 2003 年 4 月，根据自治区人民政府统一部署，容县开展农村税费改革，改革主要内容是落实“三取消、两调整、一改革”（即取消乡统筹费、农村教育集资等专门面向农民征收的行政事业性收费和政府性基金、集资，取消屠宰税，取消劳动积累工和义务工，调整农业税和农业特产税征收管理政策，改革农村提留征收使用办法），工作重点是以第二轮（即 1994 年）土地承包合同为基础，核定农户计税土地面积。经统计，全县有 16 个乡（镇），219 个村（街）委员会，5545 个村民小组，有农户 16.28 万户；2002 年末农业人口 67.97 万人；有农业税纳税单位 5559 个，纳税户 16.28 万户，1994 年全县第二轮承包土地面积 27.59 万亩，农民已签订土地承包耕地合同的实际面积为 26.27 万亩。经核实，全县减少计税土地面积 1.59 万亩（其中国家征用 2972 亩，农民建房占用 1561 亩，村镇道路 6760 亩，村级公益事业 526 亩，自然灾害 3156 亩，其他 911 亩），核定全县计税土地面积 26 万亩，计税稻谷总产量 1.82 亿千克，平均计税常年产量 700 千克 / 亩，最高常年产量 715 千克 / 亩，最低常年产量 660 千克 / 亩。按照自治区文件批复，容县农业税的计税常产为每亩 700 千克，执行正税税率 6.50%，农业税附加按正税的 20% 计算；农业税计税价格定为 90 元 / 百千克稻谷。农业税由财政征收机关统一实行常年征收，基本方式为统一征收代金，对缴纳代金有困难的农户，辅以征收实物。

税费改革前后农民总体负担情况 税费改革前的 1999 年，全县税费收入总额 4044 万元［其中农业税及附加 771 万元，屠宰税 125 万元，村提留收入 722 万元，乡（镇）统筹收入 1712 万元，农业特产税收入 714 万元］，农民人均负担 61.87 元。税费改革后的 2003 年，全县农业税及附加和农业特产税及附加收入总额 1687 万元（其中农业税附加 1277 万元，农业特产税及附加 410 万元），农民人均负担比改革前减少 36.06 元，减负率 58.28%。2004 年，贯彻执行“中央一号”文件精神，在落实农业税的征收税率总体上降低一个百分点的基础上（即由 2003 年税改前执行的税率 6.50% 降为 5.50%），进一步完善农业税征收管理办法，建立税收公示制度，确保农业税执法行为公开、公平、公正。同年农业税入库 989 万元。2005 年，按照自治区人民政府取消征收农业税的规定，容县实施全部免征农业税。

税费改革前后乡（镇）级及村级收入比较 税费改革前的 1999 年，容县各乡（镇）农业税及附加、乡统筹、农业特产税、屠宰税的年收入总额 3322 万元。税费改革后的 2003 年，各乡（镇）农业税、农业特产税的年收入总额 1406 万元，比税费改革前减少 1916 万元，减幅 57.68%。全县村级附加收入总额 281 万元，比 1999 年全县村提留总额 722 万元减少 441 万元，减幅 61.08%。

第三节 财政收入

财政总收入

1990 年，容县财政总收入主要有一般预算收入（1997 年 6 月财政部颁布《财政总预算会计制度》前称财政收入)、上级补助收入和其他收入。同年财政收入总额为5762万元,人均财政收入59元。1991年,容县财政总收入6343万元,同年摘掉自1985年起的自治区财政补贴县帽子,人均财政收入64元。1993年,随着乡(镇)企业经济发展,税源增加,调整农业特产税征收新标准,增加税收基数,全县财政总收入9212万元,人均财政收入107元。1995年,容县财政总收入1.27亿元,首次跨上亿元大关。1998年,将部分行政性收费纳入预算内管理范围,规范罚没收入按时足额入库工作措施,容县财政总收入1.52亿元。2000年,容县财政总收入2.06亿元,跨上2亿元台阶。2005年,随着上级加大财政转移支付力度,容县财政总收入3.70亿元。

在2002年4月税收宣传月活动中,容县财税人员采用多种形式开展税收宣传活动。图为在松山圩为群众提供纳税咨询 (余华炜 摄)

组织一般预算收入 1990年,容县组织财政收入3804万元。1993年,容县组织财政收入7287万元,比1992年增长50.31%,是财政收入增幅最高的年度。1995年,县级组织财政收入7407万元。1998年,县级一般预算收入1.06亿元,首次进入亿元行列。2000年,县级一般预算收入1.44亿元,比1995年增加7065万元。2005年,县级一般预算收入1.53亿元,比1990年增加1.15亿元。

上级补助收入 1990年,容县获上级补助收入1427万元。1993年,上级大幅削减容县的专项补助项目,全年仅有888万元。1994年,实行新税制核算,取得上级补助收入3776万元。1998年,上级补助收入4274万元。2000年,上级补助收入5960万元。从2002年起,每年获得上级补助收入超过1亿元。2005年,中央增大财政转移支付的力度,取得上级补助收入2.35亿元,是历年以来上级补助最多的一年。

其他收入 1990年,容县其他收入共531万元,来自于上年结余。1993年,其他收入总额1037万元,其中社会保险基金收入379万元,上年结余收入398万元,兑付有价证券本金收入5万元,国企职工保险基金结余255万元。1995年,其他收入总额1040万元,其中社会保险基金收入890万元,上年结余收入150万元。1998年,其他收入342万元。2000年,其他收入134万元。2002年,财政收支开始出现1307万元的缺口。2004年,仍然存在财政支出增大、收不抵支问题,其他收入负2449万元,为负数最多的一年。2005年,其他收入出现赤字1851万元。

表10-1 **1990—2005年容县财政总收入情况表**

单位:万元

年份	合计	一般预算收入	上级补助收入	其他收入	年份	合计	一般预算收入	上级补助收入	其他收入
1990	5762	3804	1427	531	1998	15242	10626	4274	342
1991	6343	4476	1453	414	1999	18776	13279	5100	397
1992	7408	4848	1498	1062	2000	20566	14472	5960	134
1993	9212	7287	888	1037	2001	21999	10592	9923	1484
1994	9669	4821	3776	1073	2002	21625	10227	12705	−1307
1995	12749	7407	4302	1040	2003	26219	11225	16427	−1433
1996	13958	8752	4196	1010	2004	28419	13331	17537	−2449
1997	13980	8743	4168	1069	2005	36968	15323	23496	−1851

组织财政收入

容县组织财政收入主要内容包括税务部门和财政部门组织的属于县级统计口径的各项财政收入（也称县政府在各年度下达指标任务所组织的财政收入情况）。1994 年实行分税制改革，县组织的财政收入分解为县级财政收入（1997 年改称一般预算收入）和上划中央收入，税务部门分为国家税务和地方税务。

县级一般预算收入 1990 年，容县组织财政收入 3804 万元。1994 年，随着乡（镇）企业经济发展，税源增长，县级财政收入实现额 4821 万元。1995 年，县内经济实体稳定发展，税源快步增长，组织县级财政收入 7407 万元。同年，自治区核定容县由自给县确定为上缴县。1998 年，县内乡（镇）企业经济发展趋势进入瓶颈，经营效益下降，国有工商企业经济实体处于改制重组的转型时期，民营私企财力不足，工商税源呈回落趋势，然而农业"四税"征收措施得到强化和完善，通过对部分行政事业性收费收入纳入预算内管理，加大行政执法机关的罚没收入缴交入库管理力度，全县组织财政收入仍然有所增长，同年组织县级一般预算收入 1.06 亿元。2000 年，扩大行政性收费纳入预算管理，加强国有资产经营收益入库管理，同年组织县级一般预算收入增长达到 1.45 亿元。2003 年，开展农村税费改革，增大对农业税历年欠交税款的追缴，迎接东部产业项目转移，带动县内建设性产业回暖，税源回升，进一步规范管理行政性收费和罚没收入。全年组织县级一般预算收入 1.12 亿元。2005 年，经济结构进一步优化，接纳东部产业转移项目和企业，扶持财源建设企业税收逐步体现到对财政的贡献上，生产性税收项目增长较快，与强化税收稽查清缴措施并举；进一步完善财政块税收、非税项目管理，同年组织县级一般预算收入 1.53 亿元。

上划中央收入 1994 年开始，容县为与实施分税制财政体制改革相适应，实行上划、返还税收制度。同年组织上划中央收入 3610 万元。1995 年，组织上划中央收入 4158 万元。1998 年，组织上划中央收入 5267 万元。1999 年，全县经济处于下行趋势，进入结构调整期，财政收入下降。2000 年，组织上划中央收入 4339 万元。2002 年，县内经济恢复增长，税源有所增加，全年组织上划中央收入 6181 万元。2005 年，县域经济好转，税源增加，全年组织上划中央收入 8727 万元，是历年以来上划中央收入最多的一年。

上划自治区分享收入 1990—2004 年，容县没有上划自治区分享收入的项目。2005 年，开始设置上划自治区分享收入项，全年组织上划收入 2160 万元。

表 10-2 **1990—2005 年容县组织财政收入情况表**

单位：万元

年份	合计	一般预算收入	上划中央收入	上划自治区分享收入	年份	合计	一般预算收入	上划中央收入	上划自治区分享收入
1990	3804	3804	—	—	1998	15893	10626	5267	—
1991	4476	4476	—	—	1999	17617	13279	4338	—
1992	4848	4848	—	—	2000	18811	14472	4339	—
1993	7287	7287	—	—	2001	14950	10592	4358	—
1994	8431	4821	3610	—	2002	16408	10227	6181	—
1995	11565	7407	4158	—	2003	18101	11225	6876	—
1996	13750	8752	4998	—	2004	20936	13331	7605	—
1997	14154	8743	5411	—	2005	26210	15323	8727	2160

说明：1994 年国家实行分税制，开始设置上划中央收入科目。2005 年，自治区开始设置上划自治区分享收入科目

一般预算收入

容县一般预算收入主要包括工商各税收入、农业"四税"［农业税、农（林）业特产税、耕地占用税和契税］

收入、国企(资)税利收益收入和其他收入。

1990 年,全县财政一般预算收入 3804 万元。1993 年,财政一般预算收入 7287 万元,比 1992 年增长 50.31%。1995 年,加强罚没收入追缴入库工作,财政一般预算收入 7407 万元。1998 年,一般预算收入 1.06 亿元,首次超过亿元大关。2000 年,各项税收平稳,一般预算收入 1.44 亿元。2005 年,财政一般预算收入 1.53 亿元,为 1990 年财政一般预算收入的 40.28 倍。

工商各税收入 1990 年,全县工商各税收入 3002 万元。1993 年,随着乡(镇)企业的兴起和发展,形成新的经济实体,带动税源,工商各税收入 6097 万元,比上一年度增长 48.67%。1995 年,开展国有企业改制工作,乡(镇)企业发展势头有所回落,工商各税收入增速出现减缓势头,全年收入 5034 万元。1998 年,工商各税收入 5385 万元,与 1995 年基本持平。2000 年,国企改制持续进行,全县经济进入结构调整期,工商各税收入下降,全年实现 4788 万元。2005 年,工商各税收入 5117 万元。

农业"四税"收入 1990 年,全县农业"四税"收入 505 万元。1993 年,调整农业特产税征收政策,税收增加,农业"四税"收入 755 万元。1997 年,完善农业特产税征收范围和标准相关措施,强化对历年欠缴耕地占用税的征收入库,税收增幅较大,农业"四税"收入 1636 万元,其中农业税 853 万元、农业特产税 371 万元、耕地占用税 400 万元、契税 12 万元。1999 年,全县加大对县内八角、桂皮、沙田柚等农业特产的征管措施,全县农业"四税"收入均有所增长,同年征收入库 1469 万元。2004 年,在执行免征农业特产税政策的同时,加强农业税尾欠征收入库,对耕地占用税、契税征收,税收入库 1508 万元。2005 年,执行免征农业税、农业特产税政策,持续对历年欠交耕地占用税征收工作,完善契税征收措施,税收入库 1634 万元。

1999 年夏收结束,容县农民踊跃运送公粮,上缴农业税 (据《容县报》)

国企(资)税利收益收入 1990 年,全县国企(资)税利收益收入 24 万元。1995 年,国企(资)税利收益收入 125 万元。1998 年,国企改制工作进入深化期,国资收益增加,全年国企(资)税利收益收入 1124 万元,与 1995 年相比呈大幅度增长趋势。2000 年,随着国有企业改制不断深入,国有资产收益成为主要增长因素,全年收入 5722 万元。2001 年,国企改制工作进入尾声,国有企业(资产)利润收益收入呈逐年回落趋势。2005 年,国有企业(资产)利润收益收入 3594 万元。

其他收入 1990 年,全县其他收入 273 万元。1995 年,通过进一步完善对罚没收入和行政性收费收入的规范管理,加强对罚没款和各种行政性收费进行监督、追缴入库,其他收入 1243 万元,比 1994 年收入 580 万元增加 1 倍多。1998 年,其他收入 2707 万元,收入增加的主要原因是加强罚没收入入库管理和扩大行政性收费列入预算管理。2000 年,其他收入 2604 万元。2005 年,其他收入 4978 万元,罚没收入和行政性收费收入仍然是主要增长因素,两项收入 2694 万元。2005 年收入为 1990 年其他收入的 18.23 倍。

表 10-3

1990—2005 年容县财政一般预算收入情况表

单位：万元

年份	合计	其中			
		工商各税收入	农业“四税”收入	国企（资）税利收益收入	其他收入
1990	3804	3002	505	24	273
1991	4476	3430	462	57	527
1992	4848	4101	546	49	152
1993	7287	6097	755	20	415
1994	4821	3133	1045	63	580
1995	7407	5034	1005	125	1243
1996	8752	5122	1183	195	2252
1997	8743	5502	1636	383	1222
1998	10626	5385	1410	1124	2707
1999	13279	4573	1469	4381	2856
2000	14472	4788	1358	5722	2604
2001	10592	6856	1465	213	2058
2002	10227	5407	1429	647	2744
2003	11225	5746	1606	9	3864
2004	13331	6578	1508	791	4454
2005	15323	5117	1634	3594	4978

表 10-4

附：1990—2005 年容县农业“四税”收入表

单位：万元

年份	合计	其中			
		农业税	农（林）业特产税	耕地占用税	契税
1990	505	348	129	19	9
1991	462	273	149	25	15
1992	546	312	142	78	14
1993	755	440	137	164	14
1994	1045	704	259	59	23
1995	1005	626	262	104	13
1996	1183	841	294	30	18
1997	1636	853	371	400	12
1998	1410	778	442	147	43
1999	1469	697	500	132	140
2000	1358	617	482	162	97
2001	1465	636	628	72	129
2002	1429	632	560	34	203
2003	1606	1054	335	32	185
2004	1508	989	—	266	253
2005	1634	—	—	1194	440

说明：2004 年，免征农业特产税。2005 年，免征农业税

第四节 财政支出

容县财政支出，坚持从改革、发展、稳定大局出发，坚持“保证重点，压缩一般”的原则，科学谋划、合理安排，有力地支持各项社会事业的发展。容县预算内财政支出主要有生产性支出、经济事业支出、城市维护支出、文教科卫支出、行政管理费支出、其他支出等。

财政总支出

1990 年，容县财政总支出 5347.70 万元。1993 年，全县财政总支出 8458.60 万元。同年，在上级相继出台一系列增支总量 661 万元措施对县财政形成相当压力的情况下，坚持量力而行，探讨一些文教事业单位由全额预算向差额预算、差额预算向自收自支管理过渡改革办法，全县有 14 个部门单位由财政拨款过渡到脱钩、半脱钩。1995 年，全县财政总支出 1.28 亿元，首次超过 1 亿元，比 1990 年增长 139.76%。2000 年，全县财政总支出增至 2.19 亿元，同年企业经济发展迟滞，财政收入减少，资金调度面临较大的压力。2003 年，全县财政总支出 3.06 亿元。2005 年，全县财政总支出 4.14 亿元。比 1990 年增长 673.51%。

表 10-5　　1990—2005 年容县财政总支出情况表

单位：万元

年份	财政总支出	年份	财政总支出	年份	财政总支出	年份	财政总支出
1990	5347.70	1994	9518.60	1998	16217	2002	24502
1991	5781	1995	12822	1999	19609	2003	30566
1992	7009.50	1996	13720	2000	21852	2004	33516
1993	8458.60	1997	14815	2001	27738	2005	41365

一般预算支出

容县一般预算支出为县财政的预算经费安排支出，主要包括生产性支出、经济事业支出、城市维护支出、文教科卫支出、行政管理支出以及其他支出。

1990 年，容县财政预算支出 5236.40 万元，其中：生产性支出 488.80 万元，经济事业支出 227 万元，城市维护支出 114.50 万元，文教科卫支出 2034.70 万元，行政管理支出 1276.10 万元，其他支出 1095.30 万元。1993 年，财政预算支出 7590.10 万元，其中：生产性支出 1641.20 万元，经济事业支出 206.90 万元，城市维护支出 173.80 万元，文教科卫支出 3059.50 万元，行政管理支出 1726.70 万元，其他支出 782 万元。年内，在支

1990 年，容县人民政府县长李汉全（第三排左起二十五）参加全国财政补贴县增强自给能力经验交流会议，受到国务院总理李鹏接见

出预算和资金调度压力较大的情况下，优先安排农业投入和教育事业经费支出，确保教师工资补贴发放；对单位支出经费实行包干制或定补基数，人员调动不追加公务费、业务费；严控公疗费过快增长。

1995 年，容县财政预算支出 1.12 亿元，其中生产性支出 632 万元，经济事业支出 383 万元，城市维护支出 271 万元，文教科卫支出类 4444 万元，行政管理支出 3446 万元，其他支出 2018 万元。同年，首次增加基本建设支出项目；由于财政支出增速过快，实际可用财力不足，财政拆借、担保的借款大部分逾期，造成资金调度困难。

1998 年，容县一般预算支出 1.39 亿元，其中：生产性支出 1142 万元，经济事业支出 475 万元，城市维护支出 209 万元，文教科卫支出 5235 万元，行政管理支出类 5495 万元，其他支出类 1388 万元。2000 年，一般预算支出 1.89 亿元，其中生产性支出 1123 万元，经济事业支出 608 万元，城市维护支出 407 万元，文教科卫支出 7736 万元，行政管理支出 5148 万元，其他支出 3877 万元。同年，通过合理调度资金，基本保证全县工资正常发放和机关工作正常运转；实行部门预算管理，对预算单位所有财政支出均列入预算，全程监管资金拨付和使用；清查核编，杜绝吃空饷；加快事业单位改革，对部分"经营性"事业单位执行与财政供养脱钩或一次性核定包干支出；推行机关单位办公设备实行政府集中统一采购措施，节约财政支出。

2005 年，容县一般预算支出 3.69 亿元，比 1990 年增长 7.05 倍，其中生产性支出 6272 万元，占一般预算支出的 16.99%，比 1990 年增长 11.83 倍；经济事业支出 1940 万元，占一般预算支出的 5.26%，比 1990 年增长 7.55 倍；城市维护支出 428 万元，占一般预算支出的 1.16%，比 1990 年增长 2.74 倍；文教科卫支出 1.49 亿元，占一般预算支出的 40.42%，比 1990 年增长 6.33 倍；行政管理支出 1.07 亿元，占一般预算支出的 28.96%，比 1990 年增长 7.38 倍；其他支出 2662 万元，占一般预算支出的 7.21%，比 1990 年增长 1.43 倍。同年，根据公共财政理念，财政支出重点为政府履行职能和社会公共需要，先后出台相关措施，加强财政工资统一发放管理，对经营性、竞争性的事业单位退出财政供养范围，走向市场，对有预算外资金收入的行政事业单位实行综合预算，统一使用预算内外财力，压缩、节减财政支出。

表 10-6　　**1990—2005 年容县财政一般预算支出情况表**

单位：万元

年份	合计	其中					
		生产性支出	经济事业支出	城市维护支出	文教科卫支出	行政管理支出	其他支出
1990	5236.40	488.80	227	114.50	2034.70	1276.10	1095.30
1991	5432.20	507.90	194.90	59.10	2239	1330.60	1100.70
1992	6236.70	685.50	225.60	131.10	2656.80	1353.60	1184.10
1993	7590.10	1641.20	206.90	173.80	3059.50	1726.70	782
1994	9114.90	581.20	350.90	253	4149.40	2637.30	1143.10
1995	11194	632	383	271	4444	3446	2018
1996	11974	493	392	215	4628	4738	1508
1997	11807	833	502	223	4891	4508	850
1998	13944	1142	475	209	5235	5495	1388
1999	17150	975	546	1231	5932	4872	3594
2000	18899	1123	608	407	7736	5148	3877
2001	20576	958	754	245	8150	8504	1965
2002	22026	1149	949	219	10474	7939	1296
2003	25765	1428	1621	305	11522	9711	1178
2004	28349	889	1608	371	14833	9662	986
2005	36906	6272	1940	428	14916	10688	2662

上解上级支出

1990 年，经自治区核定，容县财政上解上级支出 111.30 万元。1995 年，县级财政收入增速明显，财力增强，自治区核定容县由自给县确定为上缴县，当年县财政上解上级支出 738 万元，比 1990 年增长 5.63 倍。1997 年，县财政收入稳定增长，上解上级支出 1000 万元，开始进入跨千万元台阶。2000 年，上解上级支出 1546 万元。2001 年起，县内经济下行，组织县级财政收入处于不稳定状态，上解上级支出有升有降。2005 年，上解上级支出 1822 万元，比 1990 年增长 15.37 倍。

表 10-7　　**1990—2005 年容县财政上解上级支出情况表**

单位：万元

年份	支出金额	年份	支出金额	年份	支出金额	年份	支出金额
1990	111.30	1994	103.70	1998	1215	2002	1384
1991	124.10	1995	738	1999	1492	2003	1658
1992	161.60	1996	663	2000	1546	2004	1695
1993	234.90	1997	1000	2001	1395	2005	1822

财政基金支出

1991 年起，容县开始有财政基金支出。当年支出 224.70 万元。1995 年财政基金支出 890 万元，比 1991 年增长 2.96 倍。1997 年财政基金支出 2008 万元，其中文教部门基金支出 1551 万元，农业部门基金支出 185 万元，地方财政税务费附加支出 110 万元，工业交通部门基金支出 89 万元。2001 年财政基金支出 5767 万元，其中土地有偿使用支出 3714 万元，占 64.40%。2003 年财政基金支出 3143 万元，其中地方财政税务附加支出 1842 万元，占 58.61%。2005 年财政基金支出 2637 万元，比 1991 年增长 11.74 倍，其中土地有偿使用支出 1475 万元，占 55.93%，文化教育部门基金支出仅为 41 万元，是 1997 年的 2.64%。

表 10-8　　**1990—2005 年容县财政基金支出情况表**

单位：万元

年份	合计	其中					
		文教部门基金	农业部门基金	地方财政税务费附加	工业交通部门基金	其他部门基金	土地有偿使用
1990	—	—	—	—	—	—	—
1991	224.70	—	—	—	—	—	—
1992	611.20	—	—	—	—	—	—
1993	633.60	—	—	—	—	—	—
1994	300	—	—	—	—	—	—
1995	890	—	—	—	—	—	—
1996	1083	—	—	—	—	—	—
1997	2008	1551	185	110	73	89	—
1998	1058	735	227	96	—	—	—
1999	967	666	227	74	—	—	—
2000	1407	1141	134	72	60	—	—
2001	5767	1226	74	753	—	—	3714

续表

年份	合计	其中					
		文教部门基金	农业部门基金	地方财政税务费附加	工业交通部门基金	其他部门基金	土地有偿使用
2002	1092	720	182	57	—	—	133
2003	3143	205	460	1842	—	—	636
2004	3472	41	433	503	21	—	2474
2005	2637	41	575	512	34	—	1475

说明：1990年没有单独设置支出科目。1991—1996年不设置分项支出的财政报表科目。1997年实施《财政总预算会计制度》，分设项目支出核算，各项目支出栏空白（“—”）为没有发生支出数据

第五节　财源培植

农业生产培植

1990年，容县财政支持农业生产发展，用于农业生产支出类资金438.50万元，其中农业发展专项资金155万元；发放支农周转金150.30万元，收回到期周转金118.50万元，回收率为85.50%。1991年安排粮食生产、水利建设、抗旱救灾、推广杂优和发展林果业生产资金173万元。1992年，增加农业发展生产资金291万元，安排开发性农业贴息贷款50万元，扶持乡村农户及私营企业的果场、肉桂场种植业走上规模化生产。1993年，安排农林水资金453万元，开发性农业贴息贷款50万元，流动资金1093.30万元，用于农田基本建设和支持沙田柚、肉桂、八角开发性种植业以及生猪、霞烟鸡养殖的特色产业发展。通过连年持续投入培植，推动农业生产发展，税源增加，1995年，全县农业特产税收入262万元，比1990年增长1.03倍。

1996年，容县把林业、养殖业作为财源增长点，持续增加对农口周转金及生产扶持费的投入。1998年，累计投放农口周转金、生产扶持费和世界银行贷款450万元，其中投入50万元重点扶持发展种植水果、肉桂、八角等应税特产品和桂油生产加工业。通过资金扶持和政策引导，全县农业、林果和养殖业的税源增加，肉桂、八角、松脂以及水果成为农业税源增长的主要因素，年内农业税收入778万元，农业特产税收入442万元。

2000年，容县结合根据全县农业经济发展变化情况进行相应调整，有选择、有重点地支持重要基础性项目如农田水利和水土保持、农技推广和植保等，支持农村经济结构调整，侧重推进农业产业化、支柱性产业以及林业的发展。2005年，县财政农业预算支出1045万元，林业支出599万元，水利和气象支出287万元，分别投向农业综合开发、森林生态、水利建设等主要项目，对农业的扶持向产业更新调整，投入深加工技术，推动农业经济转型，提高农产品附加值，促进农民增收和财政收入增长。

企业经济培植

1990年，容县安排扶持企业挖潜资金28万元，并通过向上级借款206万元，帮助县造纸厂、兽药厂以及六王爆竹厂、县底爆竹厂、黎村饲料厂等乡（镇）企业解决生产流动资金不足问题，六王爆竹厂、县底爆竹厂实现税收130万元；通过对7个国营企业、2个二轻企业和17个其他企业的政策性及资金扶持，促进生产发展，年内全县工商税收3002万元。1991年，筹措资金1243万元配发给急需生产流动资金的县直工商企业和乡（镇）企业，六王爆竹厂同年上缴产品税96万元，比上年增加11万元，黎村化工厂和爆竹厂上缴税金60万元。1993年，投入扶持企业挖潜资金1092.70万元，同比上一年度增加15倍，拆借投放资金1.45亿元，多渠道筹集资金1490万元，帮助国有企业和乡（镇）企业解决流动资金不足的困难，有针对性地选择国营、集体及乡（镇）企业50家作为县财政税源培植的促产培植点，对已经形成生产规模的陶瓷、造纸、食品、石材加工等税收项目给予重点扶持，其中利用筹借资金590万元扶持的县三宝食品公司，当年实现产值、销售及税利分别同比上年增长94%、87%和125%；利用财政贷款（拆借资金）220万元扶持的容县南方化工厂建成投

产，年产值规模1000万元，成为黎村镇财政收入的支柱企业之一。通过重点扶持国有企业技改升级和发展壮大乡（镇）企业，当年国营工商业企业上缴财政税利1622.50万元，全县工商税收收入继1992年4101万元再创新高，达到6097万元，比1990年增长1.03倍，其中增值税2537万元，增长2.22倍，营业税2139万元，增长0.82倍。1995年，政府筹集引进资金6300万元，有针对性地倾斜扶持50家重点优势企业，这些企业上缴税金占全县税收的80%。广西黑五类食品集团股份有限公司扩大产品生产经营规模，拓展国内市场，开辟国外市场，实现税金1022万元，比上年增长55.08%；容县造纸厂、微型拖拉机厂、松脂厂和活塞环厂等国有企业提供的税收占经委口任务的72%。

1996年，容县县委、县政府作出《关于加强财源建设的决定》，把财政目标管理列为对财税部门和各乡（镇）党委、政府和财政税收部门考核的重要内容。1997年，县内国有企业进入深化改制转型时期，对已经改制转型并开发活塞环新型产品的中环公司（原县活塞环厂）和具有市场发展潜力的县松脂厂，通过县财政部门注入510万元流动资金予以扶持生产。2000年，实施重点财源建设工程，大力支持经济结构调整。对全县财源建设重点企业单位实行动态管理，重点扶持；实施扶强、扶优、扶新的“三扶”政策，招商引资，新办企业一批。

2001年，容县通过预算内外调度资金350万元，支持重点财源企业、行业和税收大户以及招商引资项目工作正常开展，全县税收收入1.27亿元，其中工商各税收入6856万元，比上年增长43.19%，在工商各税收入中，重点财源企业上缴税金2000万元，引进企业上缴税金500万元。2002—2003年，投入财源建设扶持和招商引项目资金500万元和调度流动资金300万元支持企业。通过相应调整，把年上缴税金30万元以上的30家企业列为县重点财源企业，新开办并年纳税额达到20万元以上以及高精尖技术的企业也列为重点财源建设管理范畴。广西黑五类食品集团股份有限公司容县分公司在2003年缴纳税金1756.64万元，成为名副其实的税收大户，占当年全县财政收入的9.70%。2003年，全县30家重点财源建设企业缴纳税金5556.73万元，比上年增长40.65%，其中县电力公司缴纳税金1005.84万元，占全县财政收入的19.42%。通过资金扶持，新达标的玉林市级重点财源建设单位有4家。2004年，容县把税源培植有重点地对全县重点企业和大型产业转移企业给予支持，培植后续财源。广开门路招商引资，仅引进省外资金的容县顺丰塑胶五金厂和容县红光电子厂2个企业投资额1850万元。2005年，容县经济开发区在县城区绣江南岸投入基础设施建设资金500万元，完善工业集中区基础设施建设，支持全县支柱产业调整产业结构，迎接东部产业转移，引进4个项目到县经济开发区落户投产。

第三产业培植

1990年，容县财政没有安排第三产业培植专项资金。随着县域经济发展规模不断扩大，支持发展第三产业事项逐渐提上议事日程，容县旅游资源优势吸纳外来资金投资旅游业，推动经济发展。容县名胜古迹众多，旅游资源丰富。从1998年起，容县县委、县政府作出开发全县旅游资源的重大决策；同年12月，由县财政局等单位筹集资金2000万元开发都峤山庆寿岩景区，开发面积4平方千米。1999年，筹集资金500万元开发贵妃园景区，面积1万平方米，12月开业。1999年11月，筹资110万元开发都峤山森林公园，2000年5月1日喜迎游客。这些旅游业产生了效益，带动第三产业的发展，收入也不断增加。2000—2005年第三产业增加值分别为7.08亿元、8.52亿元、9.20亿元、9.14亿元、10.01亿元、11.05亿元。

第六节　财政管理

预算管理

1990年，容县落实中央紧缩财政政策，压缩基建投资，严格控制社会集团购买力。安排财政资金以量力而行、量入为出为原则。1993年，实施各乡（镇）组织财税收入进度与县财政经费拨款挂钩，对单位支出经费实行包干或核定补助基数、超支不补、结余留用的办法。

1995年起，按照新实施的《中华人民共和国预算法》《中华人民共和国预算法实施条例》施行后，容县各行政事业单位、各乡（镇）财政所的部门预算编制工作，是根据《中华人民共和国预算法》《中华人民共和国预算法实施条例》的有关规定和容县县委、县政府对财政工作的决策部署进行编制。结合县内财政经济情况，保障重点支出（即保障人员经费、机关运转经费、民生支出和县委、县政府确定的重点支出），保工资，保增长，严格控制一般性支出。2000 年，制定定员定额标准，细化预算编制；全过程追踪监管财政资金拨付和使用。2001 年，对县公安局、检察院、法院、教育局、林业局、土地局、计生局、建设局 8 个部门共 15 个单位试行部门预算；根据机构改革相关要求，做好定编、定岗、定员工作；适当调整县对乡（镇）集中财力的比例，增加乡（镇）财力；开设工资资金专户，启动城镇基本医疗保险制度，对失业保险基金全面实行收支两条线管理。2002 年，扩大部门预算编制范围，将有预算外收入的单位都纳入部门预算编制范围，部门单位年度经费实行零基预算。

2003 年 3 月，成立县财政国库集中收付执行中心，全县各行政事业单位实行部门预算。部门预算的编制方法包括收入预算的编制和支出预算的编制。收入预算包括一般公共预算拨款、政府性基金拨款、纳入财政专户管理和未纳入财政专户管理的收入安排的资金、上年结余收入。支出预算编制分为基本支出预算和项目支出预算。在预算编制过程中坚持“量入为出，以收定支”的原则，支出规模与整个收入预算相匹配。

编制的程序：每年年底由县财政局统一下发部门预算文件通知，由部门根据预算编制指导意见编报预算建议数给财政局。财政局审核下达预算控制数。部门根据下达的控制数，上报预算草案。县财政局及时汇总上报县人民政府审查，呈县人大常委会审核批复后，县财政局按照县人大常委会批准的预算，以文件的形式批复下达到各部门。2005 年，全县有全额预算管理的单位 108 个，差额管理单位 0 个，定额管理单位 21 个。

预算内资金管理

1990 年，容县预算内资金管理执行以量力而行、量入为出为原则。同年财政预算内收入 3804 万元，预算内支出 5236.40 万元。1992 年，对乡（镇）实行“包死基数，超收全留，欠收自补”的目标管理办法，各乡（镇）经济主管部门落实财税承包任务。同年全县财政预算内收入 4848 万元，预算内支出 6236.70 万元。1993 年 5 月起，实施“收入进度与财政拨款挂钩”，即“收入几成就拨几成经费”的做法。年底，全县 16 个乡（镇）有 10 个乡（镇）超额完成财政任务，超收额 500 万元。同年，对县建设委员会、乡（镇）企业委员会、工商局、林业局、水电局、畜牧局、农机局、交通局、二轻局、商业局、药品检验所、科学实验所等部门的经费安排实行由全额预算向差额预算过渡，对律师事务所、公证处的经费安排实行由全额预算向自收自支过渡。1994 年，对拖欠应上交财政收入的进行重点检查清理，全县开展税收、财务、物价“三大”检查，查出违纪金额 1000 万元，其中工商税 738 万元，罚没收入和其他收入 200 万元，入库率均在 95.60% 以上，清理拖欠税上缴入库 552.43 万元。加强对个体和零散税收和管理，调整提高“双定”（定期定额）税额的 20% 以上，税收收入有较大幅度的增长。1998 年，针对全县预算收支差距增大现状，制定“三保”（保工资、保吃饭、保机关工作正常运转）“六控制”（控制会议费、接待费、车辆燃料费、公费医疗、滥发钱物、电话手机费）财政支出原则，以压缩经费，确保运转。1999 年，开展党政机关事业单位的离岗、停薪留职人员核编核减经费清理工作，实行部门单位之间财政经费转移支付，对有经费支付能力的单位实行停拨或核减财政拨款，缩减财政收支差距。

2001 年 4 月，县底镇政府组织财税干部到镇内各行政村开展第十个全国税收宣传月宣传　　（据《容县报》）

2002 年 8 月 26 日，成立容县会计核算中心和县财政统一发放工资管理中心，对县直行政事业单位和乡（镇）政府先后实行财政统发工资。2003 年 3 月 17 日，成立容县财政国库集中收付执行中心，监督执行国库管理制度和政府总预算会计制度，拟订相关的规章制度、实施办法等。2004 年，对全县 23 个单位的收支两条线和财务管理等方面进行检查，查处违纪金额 496 万元，下达处理决定案件 22 件，追缴应缴预算款入库 29 万元，应缴财政专户款 131 万元。处罚金额 61.90 万元，入库 47.70 万元。2005 年，执行乡（镇）行政事业单位财务“零户统管”的管理模式，7 月 1 日在松山镇、杨梅镇和十里乡实施试点，9 月 1 日在所有乡（镇）全面执行。2005 年 12 月，全县统发工资人数 0.83 万人；年工资发放总额 1.54 亿元。

预算外资金管理

1990 年 6 月 20 日，容县政府印发《县财政局关于对县直单位预算外资金实行财政集中专户储存的具体实施办法的通知》，部门和单位的预算外资金由过去只存收支后余额部分改为足额存入财政专户存储，在资金所有权不变和保证存储单位用款的情况下，通过建立财务报表，经审批有计划统筹安排资金调度和合理使用。1994 年 12 月 27 日，县政府成立预算外资金管理委员会，由县长兼任主任，下设办公室，办公室地点设在县财政局，由财政局局长兼任办公室主任，各乡（镇）成立预算外资金管理站；规定全县各部门和单位收取的行政性收费（不列入预算管理部分）、事业收费、政府性基金（包括企业代行收取）全部缴入在由财政部门在银行设立的预算外资金财政专户，实行先存后批、先批后用的收支两条线管理，专款专用；实行《收费许可证》制度，使用财政统一印制的收费票据。1995 年，全县有 243 个单位按规定集中储存到财政专户的预算外资金 7000 万元，比 1994 年 640 万元增长 10 倍；征集政府统一调控资金 200 万元，融资 477 万元，支持国有企业和乡（镇）企业发展。

1996 年，容县调整预算外资金会计核算科目，设置“应缴财政专户款”，各单位的预算外收入全部缴入财政专户，并按月向财政部门申请用款计划，经审批后拨付，单位收到财政部门拨给单位使用的预算外资金在会计核算中作为“预算外收入”或“事业收入”进行核算记账。在自治区内创建预算外资金财政专户管理和核拨支出的新型管理制度，成为自治区及各地市县重视和参考借鉴的有效管理模式。同年，加大财政监督力度，清理有预算外收入单位 262 个，追缴 50 个部门和单位应缴未缴的预算外资金 360 万元缴入财政专户。1997 年，在部分行政性收费和基金纳入预算管理的情况下，全县缴存财政专户预算外资金 7000 万元，清查追缴资金 735 万元缴入财政专户。1998 年，预算外资金管理逐渐向预算内管理过渡，预算外资金有所下降，全县缴存财政专户 7799 万元，划入政府统一调剂使用资金 858 万元。1999 年缴存 6686 万元，征集政府统一调控资金 710 万元，借调资金 360 万元，盘活调剂使用预算外资金。2000 年，全面取消各有关单位的银行过渡账户，部门和单位的预算外资金实行预算管理；逐步推行财政综合预算，统一单位支出预算、支出计划和财政统一拨款；全年预算外资金缴存财政专户 7379 万元，追缴应缴未缴资金 150 万元缴入专户；征集政府统一调控资金 548 万元，调剂资金使用累计 1000 万元。

2001 年起，容县制定“以缴核拨”和“先批后拨”的预算外资金管理制度。同时，加强财政票据领用、发放、核销管理，以票管钱，钱随票走，核票促存。当年有 157 个单位缴存财政专户 6800 万元，征集政府统一调控资金 850 万元。2002 年，在全县范围实施预算外资金收支计划预算管理制度，编制各单位和汇总全县预算外资金收支预算方案；建立定期核销、限量使用的票据管理制度，以核销收费票据追缴应缴未缴资金。全年有 128 个单位缴存财政专户 5190 万元；征集政府统一调控资金 500 万元。2003 年，预算外资金缴存财政专户的单位 152 个，缴存金额 4067 万元；征集政府统一调控资金 470 万元。当年清理和取消各部门单位开设的预算外资金银行账户，推行财政资金（包括罚没收入和行政性收费收入）银行代收制度和预算外资金综合预算管理。2004—2005 年，按照预算外资金实行县级预算、分级管理的原则，汇总编制容县预算外资金收支的年度预算方案，对预算外资金收缴和使用实行直接管理监督。2005 年，全县有 35 个单位缴存财政专户 1710 万元，征集政府统一调控资金 400 万元。

国有资产管理

产权登记 1993 年，容县开始对全县 89 个国有企业进行产权登记，国有资产登记总额 1.08 亿元。1994 年，应参加国有资产产权登记 90 家，实际参加登记 83 家。1996 年，全县 176 个企事业单位的国有资产进行

产权登记。1997 年，参加国有资产产权登记的国有工商企业 64 家、行政事业单位 138 个，占应登记的 100% 和 95%。经统计，1996 年末，全县国有资产总额 6.1 亿元，其中国有工商企业 3.17 亿元，行政事业单位 2.93 亿元。2000 年，开展国有资产年度审核检验工作。2001 年，审核 222 个机关行政事业单位资产存续情况。2005 年，全县有国有企业产权登记 57 家，国有资产存量总额 6.53 亿元。

清产核资 1990 年，容县国有资产存量由各机关和企事业单位填报、县财政部门汇总编报。1993 年，开展对县内 273 个行政事业单位财产进行清产核查，核实资产 2.74 亿元，比清查前账面资产 2.33 亿元增加 4062 万元；评估县水泥厂资产，为下一年度实施股份制尝试做准备工作。1994 年，清查核实国有企业县胶合板厂、县松脂厂、县水泥电石厂、县兽药厂、县瓷厂、县印刷厂的全部资产，总额 7.22 亿元。1995 年，制定和审查全县国有资产的处置、转让等事项，按评估机构评估价值进行处置、转让的行政管理相关措施，对全县 36 家（水电系统企业除外）国有企业进行清产核资。1997 年，开展城镇集体企业资产清产核资，核实企业资产总额 12.25 亿元，净资产 2.7 亿元，其中国家资本金 707 万元。1998 年，县政府出台财务总监派驻企业的措施，先后向县电力公司、路桥公司、松脂厂、微型拖拉机厂等 10 家国有企业派驻财务总监，确保国有资产的有效管理、保值和增值；制定对行政事业单位的非经营性转经营性国有资产（以下简称“非转经”）收取有偿使用费规定，有 30 个县直单位缴交有偿使用费 214 万元。1998 年，全县国有资产总额 13.23 亿元，负债 4.57 亿元；行政事业单位资产总额 6.44 亿元，负债 6900 万元。1999 年，全县国有企业 64 家，国有资产总额 2.9 亿元，有行政事业单位 141 个，国有资产总额 5.7 亿元；对全县供销社系统清产核资和评估审定，固定资产重估总额 3.26 亿元；由审计、财政部门联合对县侨乡开发公司、地产开发公司、房管所的资产存量开展审计核实。2000 年，完成行政事业单位产权资产 12.83 亿元的登记审检；审批国有资产产权项目抵押、转让和报废工作；收取行政事业单位的国有非经营性资产转为经营性资产简称“非转经”有偿使用费 9.08 万元，组织国有资产收益入库 4821 万元。2001 年，对 15 个单位国有资产进行抵押、转让、租赁和清产核资；组织国有资产收益入库 213 万元，收取“非转经”有偿使用费 7 万元。2002 年，完成县水泥石厂的资产接管、发包、租赁及初步清算；清查县粮食贸易公司国有资产，并通过归类、处置资产归还被法院判决执行的银行贷款；清理、处置广西都峤陶瓷有限公司釉面砖厂资产；对县松脂厂、石头联合电站、浪水电站和容城电站 3 个国有电站清产核资；继续完善县造纸厂、县沙田柚厂、县酒厂等破产企业的资产处置工作。2004 年，县政府出台《容县国有资产管理实施办法》，加强对全县国有资产的经营和管理；继续处理县农机总公司破产、县桂南制药厂债务协调以及县造纸厂、县沙田柚厂、县酒厂等破产企业的清算工作；清理县广播电视系统资产工作；处置国有资产 10 宗，收取资金 620 万元；国有资产收益入库 791 万元。2005 年，县政府印发《关于进一步规范和明确我县国有资产处置有关问题的通知》，做好改制企业资产处理工作，开展对县供销社系统企业改制和资产处置，接管县水泥电石厂资产工作；收取国有资产收益 3594 万元。

资产评估 1992 年起，容县成立玉林地区第一家县级资产评估事务所，接受委托对中外合资容县威达公司以及县三宝食品公司、微型拖拉机厂单项设备资产进行评估；参与房产改革部门进行的乡（镇）公产房评估，评估资产总值 1500 万元。1994 年，评估县水泥电石厂、木材公司、医药公司、汽车运输公司、容县宾馆等 10 家国有企业。1995 年，接受评估项目 11 项，其中整体评估 8 项，部分评估 3 项，经县国有资产管理机构确认 10 项，评估前资产总额 1.24 亿元，评估后资产总额 2.36 亿元，升值 89.79%。1997 年，对县造纸厂、县松脂厂、县都峤陶瓷公司、县兽药厂、县石棉厂、县印刷厂、县路桥公司、县饮食服务公司等单位进行资产评估，评估总额 3.30 亿元。1999 年，完成资产评估项目 30 个，评估总额 1.50 亿元。2002—2005 年，通过评估、拍卖、转让等形式，盘活国有企业资产 1.13 亿元。

会计事务管理

会计资格管理 1990 年，容县应办理会计达标确认单位 106 个，按照程序办理考核确认 9 个；审批会计师 22 人，助理会计师 14 人，会计员 51 人。1991 年，全县发放会计证 944 个，临时会计证 151 个；开展珠算定级，占参加定级 424 人的 89%。1993 年，实行会计证年检制度，年检会计证 874 个，占发放会计证 80%。1994 年，

建立会计人员档案，开展新会计制度和法规考试成为会计证年检必经程序。1997 年，对全县 230 个单位的会计基础工作进行检查验收，合格单位 198 个；10 月，玉林市会计基础管理工作现场会在容县召开。2000 年，实施机关行政和企事业单位财会人员统一管理。2001 年，开始对全县会计人员的会计证换发会计从业资格证。2003 年，全县在岗会计人员有 1586 人持有会计从业资格证，无证 144 人。2001—2005 年，全县换发会计从业资格证 2866 个。

会计人员培训 1990 年，容县财政局举办财会人员培训班 4 期，参培人员 120 人，中华会计函授站招收专科和全科 2 个班共 103 人。1993 年，开展会计人员岗位培训，先后组织开办外资和合资企业会计、新岗位会计人员基础知识、新会计制度、会计职称考试培训等 8 个班次，参加学习 340 人；函授教育设中专会计全科和大专共 6 个班，参加学习 360 人。1994 年，对新上岗会计人员 53 人、合资企业会计 32 人进行为期 3 个月的会计业务知识培训；对国有企业会计机构负责人及主管会计 172 人进行新的会计制度知识培训；对助理会计师 46 人、会计员 32 人进行职称考试前的培训；协同中高等院校举办财会大中专班，参加学习人员 144 人；同年，容县获“自治区级先进办学单位”称号。1995 年，举办会计培训班 2 期，参加培训人员 106 人；函授大、中专财会各 2 班，参加人员 162 人。1996—1999 年，县财政局对全县会计及财务负责人进行电算会计、会计基础知识、会计职称考试、会计岗位业务和新《中华人民共和国会计法》等内容培训班 8 期，4 年间培训人员 2601 人。参加函授教育 177 人。2000 年，对在岗会计人员 1000 人进行培训考核和报考会计资格的试前培训；有 67 人参加会计专业大专函授班学习。2001—2004 年，主要举办会计制度知识、会计电算化知识、会计纳税实务专项培训，参加培训人员 5136 人；有 104 人参加会计专业大专函授班学习。2005 年，开设预算会计实务操作、金融企业会计制度、小企业会计制度专业知识培训，参培人员 1630 人。

会计专业技术资格考试 1990 年，容县评审申报会计师获批会计师 22 人；评定助理会计师 30 人，会计员 51 人。1992 年，国家开展会计人员职称进行改革，实行以考代评制度，全县考取会计员 22 人，助理会计师 9 人。1996 年，组织参加会计专业技术资格考试；至 1998 年，取得会计师职称资格 16 人，助理会计师职称 52 人，会计员 35 人。1999 年，实施全国会计专业技术资格考试，参考人员 150 人。2001 年，有 233 人分别参加会计专业技术资格、会计从业资格考试，取得中级职称 3 人、初级职称 18 人。2002—2005 年，经考试取得会计中级职称资格 42 人，初级职称资格 81 人。

会计制度实施 1990 年，容县考核评审单位 48 个，验收达标 47 个。对考核评审中发现个别单位存在违反财务管理制度出现的账目混乱、乱提费用、乱摊成本、乱收乱支的问题，按照有关法规及时予以整改和处理，有效促进财务管理和监督工作。1993 年 7 月 1 日，县财政局进一步明确通过进行企业财务与会计制度的改革，建立容县新的企业财务管理体制，扩大企业的理财自主权，增强企业的自主财力，财政对企业的财务管理方式逐步实现从微观管理向宏观管理、从直接管理向间接管理的转变。改革事业单位的财务、会计制度，逐步建立新型的收支统管的事业财务管理体系。1997 年起，在全县行政事业单位推行新的会计工作管理体制。事业单位的预算管理实行核定收支、定额或定项补助的管理办法；实行“统收统支”，事业单位全部收入纳入单位预算，统一核算，统一管理，逐步建立能全面反映事业单位各项财务收支活动的新型财务管理体系。1998 年，县政府向县松脂厂等 10 家国有企业派驻财务总监。同年，对全县 230 个单位开展会计基础工作检查验收，合格单位 198 个，不合格、需整改的单位 32 个。1999 年，新修订的《中华人民共和国会计法》颁布，容县依法开展会计执法检查工作，推动新会计法贯彻实施。2002—2004 年，加强会计管理和监督，重点检查在岗会计人员是否具备会计从业资格，单位财务依法管理，会计科目核算是否规范、真实；财政票据的使用情况和预算收入是否按规定缴交国库、预算外资金是否足额上缴财政专户管理等情况。2005 年，容县政府出台《容县乡（镇）行政事业单位财务“零户统管”实施办法（试行）》，在全县统一实施财政国库管理制度和乡（镇）财务“零户统管”制度，同时出台财务管理相关配套措施，有效地调动各乡（镇）政府增收节支、开辟财源的积极性，规范乡（镇）财政的收支行为，有效地制止违纪违规和腐败现象的发生。

政府采购管理

1990年，容县各机关单位购置办公用品和物资均属自购解决。1999年12月，成立容县政府采购中心，办公地点设在县财政局内。2000年8月，县政府出台《容县政府采购管理暂行办法》和《容县政府采购目录》，各部门和单位的办公设备、计算机、小汽车、空调、救灾物资等15个项目列入政府采购范围。当年县广播电视局、民政局等15个单位办公设备实行政府采购，经过竞价选购，节约财政支出34万元，有效降低采购成本13.11%。2001年，实施询价招标、集中采购的措施，对33个采购单位的49个采购项目进行公开询价招标采购，节约财政支出22万元，并通过公开采购计划、过程和结果，接受社会监督。2002年，扩大政府采购范围和规模，采购项目68个，采购预算金额814万元，实际采购结算金额736万元。2003年，全县政府采购预算金额730万元，实际采购结算金额665万元。2004年，有53个部门和单位参与政府采购，预算金额1700万元，实际结算金额1554万元。2005年，建立政府采购预算、财政直拨采购资金制度，推进政府采购管理和实施的机构分离，全年政府采购预算金额1459万元，实际结算金额1322万元。节约资金137万元。

财政监督

1990年，容县财政监察工作由县审计局负责，通过对单位会计凭证、会计报表和经费开支实行逐月审核，及时纠正存在问题，纠正重复报销医药经费2147元；审核各单位报表和账表凭证，查出虚报医疗费用32万元；通过普查专项经费支出账目，核减经费10万元；剔除虚报人数3773人，节约财政支出20万元；开展“三乱”（乱摊派、乱收费、乱罚款）现象清理整顿，查出有违纪问题单位87个，违纪金额46.32万元，上缴入库24万元。1992年，重点检查农业“四税”征收和监督支农资金使用效果，查出并收缴偷漏农业特产税6万元。全年查出财政违纪金额178.61万元，处理入库118.56万元。1993年，开展行政事业性收费大清理，先后清理收费项目533项，取消收费118项，停止收费3项，清理收费标准369项，取消100项，清理收费金额7488万元，取消项目金额1160万元，取消收费文件76个；重点检查124个单位财务执行情况，查出违纪金额116.98万元，处理入库74.05万元。1995年，开展税收、财务、物价大检查，清理出各种违纪金额1501.16万元，上缴入库1072.32万元。

1997年，容县追缴耕地占用税历年积欠款，制定限期收缴入库、逾期罚款、拒不上缴、起诉执行的措施，全年耕地占用税入库409万元，比上年增加382万元。1998年，查处农业“四税”征收中的偷漏欠税和暴力抗税行为82起，违纪金额1285万元，追缴各种税费入库1015.80万元，罚没款1174.26万元，移交司法机关处理8人。1999年，实行执罚和缴款分离，确保罚没款全额入库；财政、土地部门及乡（镇）政府联合开展耕地占用税和契税的大清查，追缴耕地占用税和契税140万元、罚没收入和行政事业性收费收入1783万元入库；查处预算外资金收缴违纪案件16件，追缴入库307.45万元，查处电力、自来水国有企业3家的财经违纪行为，处罚金额7万元。2000年，主要开展清理行政事业单位“小金库”，查处违纪单位14个，追缴违纪金额50万元，处罚金额9万元。

2001年，县财政、物价、审计、纪检、检察等部门联合清查行政事业单位和国有企业私设“小金库”、多头开户、人员编制、预算外收支、国有资产收益、政府采购等情况，查处违纪案件19件，违纪金额950万元，处罚金额27万元；全面清查财政供养在编在岗人员，对吃空饷的31人予以辞退或暂停发放工资处理。2002—2003年，查处违纪单位25个，查处违纪案件36件，立案处理22件，违纪金额632万元，处罚金额57.70万元，追缴入库17万元；对12个单位23位没有会计从业资格的会计工作人员予以纠正。2004年，县财政局、监察局联合开展整顿统一制式着装问题，查纠违规着装人员1096人，收回制服2139套（件），收缴制式标志2416套、仿制服装34套（件）；清理拖欠公款人员33人，追还拖欠公款33.90万元；查处违反财经纪律单位23个，违纪金额496万元，责成纠正单位1个，立案处理22件，追缴入库29万元、应缴财政专户131万元，处罚金额61.90万元。2005年，开展财经执行情况专项检查，查处不执行收支两条线、违反财务管理和政府采购管理规定的单位17个，违纪金额263万元，追缴应缴财政专户62万元，处罚金额12.80万元。

第七节 国债券兑付

1990年6月，容县财政局成立国债服务部，办理国债的销售、兑付业务；9月开办国债转让业务。当年国库券销售量3.50万元，兑付27.82万元，其中本金18.74万元，利息9.08万元，推销国债218.79万元；转让国债券9.12万元，其中国库券8.30万元，保值公债8200元，到期兑付国库券180万元；县财政局与中国人民银行容县支行联合发出《关于坚决制止市面上自由买卖国库券等违法行为的通知》，打击和制止县内市面出现的贬价收购、商品套购、涂改国库券违法活动，维护正常的财经秩序。1991年，推销国库券183.70万元，特种国债17.50万元；在黎村、杨梅、自良等镇增设国债转让、兑付点，全年转让国库券18.52万元、特种国债9.13万元，兑付国库券44.62万元。1992年，兑付国债券本金116.90万元，推销国库券65万元。1993年，推销国库券628.20万元，兑付、转让国库券145.50万元。1994年，推销国债457万元，兑付国库券本息237.19万元。1995年，推销国库券25万元。1996年，推销国库券232万元，兑付到期国库券175万元。

1997年，县财政局国债服务部终止国债券推销和兑付业务，由中国人民银行容县支行指定相关银行负责办理推销和兑付业务。全年兑付国债85.50万元。1998—1999年，全县各商业银行共兑付国家债券本息合计98.21万元。2000年，到期还本息的国债品种包括(1995年特种定向债券；1997年无记名1期国债；1997年3年期凭证式国库券。无记名国债的现券兑付，由银行、邮政储蓄网点经营机构办理。3年期凭证式国债由购券者持“凭证式国库券收款凭证”到原购买网点办理，特种定向债券的总付由当地财政部门办理。逾期兑付均不计利息)。2000—2001年兑付国债12.70万元。2002—2004年没有兑付国家债券，2005年兑付国家债券本息为700元。

第二章 税 务

1990年，容县税收入库3597.50万元。1994年9月，国家实行税制改革，撤销容县税务局，成立容县国家税务局和容县地方税务局，按照国家税务和地方税务独立运作。1995—2005年，把税收层层分解落实，明确责任，强化考核；进行定期检查、监督，及时采取有针对性的措施，保证税款及时、足额入库。税收征管工作从过去的上门收税上升为计算机征管软件V1.1上线、电脑定税、银行代扣代缴税款，实现“税银一体化”，整合资源，优化流程，减轻工作负担，方便纳税人，大大提高征管质量和工作效率。2005年，县国家税务局组织收入1.04亿元、县地方税务局组织收入7423万元，税收的稳定增长，增强国家和地方的财力，促进全县的地方经济和社会发展。

第一节 机 构

容县税务局

1952年2月成立。1990年，容县税务局属正科级行政单位。办公地点设在容城镇城南街163号。内设人事教育股、监察股、稽查股、征管股、税政股、计会股、秘书股，下辖发票管理所、直属税务分局和13个乡(镇)税务所，共有干部职工275人(其中干部172人，聘用干部24人，工人34人，助征员45人)。1994年9月，撤销容县税务局，分设容县国家税务局和容县地方税务局。

1990—1994年历任局长：梁明(1990.1—1990.11)、胡维庭(1991.5—1994.9)。

容县国家税务局

1994年9月，成立容县国家税务局(简称县国税局)，属中央垂直管理，正科级行政单位。办公地点设在容城镇城南街 163 号。内设计会股、税政股、稽查股、人事教育股、办公室、征管股，下辖发票管理所；1995 年 1 月成立直属税务分局；1995 年 12 月，成立乡（镇）税务所 13 个，干部职工 283 人（其中干部 146 人，聘用干部 35 人，工人 1 人，助征员 46 人）。2001 年，内设办公室、人事教育股、监察室、计财股、征管股、税政股，下设稽查分局、信息管理中心、票证管理中心，下辖容城、杨梅、黎村、自良、松山税务征收分局 5 个，编制 129 名；全县国税系统共有人员 175 人（其中干部 128 人，工人 1 人，助征员 46 人）。2005 年，内设办公室、人事教育股、监察室、计划征收股、综合业务股、征管股，下设稽查局、信息中心，下辖容城、杨梅、自良 3 个税务征收分局（是年 6 月撤销黎村和松山税务征收分局），编制 129 名，全县国税系统有人员 165 人（其中干部 126 人，工人 1 人，助征员 38 人）。

1994 年 9 月—2005 年历任局长：胡维庭（1995.1—1999.2）、李盛雄（1999.2—2005.7）、黄强（2005.7— ）。

容县地方税务局

1994 年 9 月，成立容县地方税务局（简称县地税局），属自治区地方税务局垂直管理，正科级行政单位。办公地址设在容城镇城南街 3 号，内设立办公室、人事教育股、征收管理股、税政股、计划会计统计股，下设稽查局，下辖直属税务分局、容厢税务所、容城镇税务所。编制 24 名，在岗人员 24 人。1996 年 5 月，在广西率先成立地方税务分局辖所，全县共设立城区、杨梅、松山、自良、黎村共 5 个分局，为副科级单位。下辖容厢、容西、十里、石寨、六王、灵山、杨村、县底、浪水、罗江、石头 11 个税务所。全系统有干部职工 152 人。2002 年 3 月，内设办公室、税政股、征收管理股（计算机信息管理中心）、计划财务股、人事教育股、监察室，下设直属征收管理分局、稽查局，下辖容城、杨梅、松山、黎村、自良 5 个税务分局和县底、容厢、十里、石寨、灵山、六王、杨梅、石头税务所，容西、罗江、浪水税收征收站。局机关行政编制 20 名、事业编制 6 名，直属（派出）机构行政编制 71 名，事业编制 3 名，全系统共有干部职工 147 人。2005 年，内设机构及下属机构人员编制不变。

1994 年 9 月—2005 年历任局长：周丹（1994.9—2000.4）、粟强（2000.4— ）。

第二节 税制改革

分税制前税务

1990—1993 年，国家开征的税种 35 个。容县税务局主要征收的税种有外商投资企业和外国企业所得税、集体企业所得税、产品税、增值税、营业税、盐税、房产税、土地使用税、车船使用税、照税、资源税、城市建设维护税、私营企业所得税、建筑税、国营企业所得税、国营企业调节税等 15 个。1990 年，全县税收入库 3597.50 万元。1991 年税收入库 4357.90 万元，比上年增长 21.14%。1992 年，税收比上年增收 915.50 万元。1993 年，加强征收管理，大力追缴新旧欠款，深入开展税收大检查和专项税收检查，尤其是在 7 月起，对扶持性、困难性的减免税一律停止审批，税收有较大增长；全县税收入库 7452.50 万元，比上年增收 2179.10 万元，增长 41.32%，是 1990 年以来增收最多的一年。1994 年，因国家税制改革取消国有企业所得税、国有企业调节税后，税收收入小幅下降。

2003 年 4 月，容县国税局、地税局、财政局和团县委等部门单位组织开展税法宣传活动。图为向税法宣传志愿队授旗 （据《容县报》）

表 10-9　　　　1990—1994 年容县税务局税收收入统计表

单位：万元

年份	税收收入
1990	3597.50
1991	4357.90
1992	5273.40
1993	7452.50
1994	7395.20
合计	28076.50

说明：1990—1994 年的税收收入指国税与地税收入的合计，与财政统计口径不相同

分税制后税制

容县国税改革　1994 年 9 月，容县实施新税制后，取消、合并部分税种，开征部分新税种，原来税种 35 个，改为新的税种 22 个，其中属国家税务局系统征收的税种有：增值税、消费税、（国有）企业所得税、外商投资企业所得税等。1999 年 11 月 1 日，国家恢复征收个人利息所得税。2001 年 1 月 1 日，国家取消车辆购置费，开征车辆购置税，由容县国税局委托公路局交通规费稽征站（所）代征。2005 年，由国税局负责征收。

容县地税改革　1994 年 9 月起，容县执行新税制。1995 年，县地税局在辖区内，负责征收管理营业税、企业所得税、个人所得税、资源税、土地使用税、城市维护建设税、印花税、房产税、车船使用税、屠宰税、固定资产投资方向调节税、土地增值税等税种 12 个，以及教育费附加、文化事业建设、防洪保安费等收费项目 4 个。1997 年，调整土地使用税征税标准。2000 年 1 月 1 日起，停征固定资产投资方向调节税。2003 年 5 月 1 日起，停征屠宰税。2005 年起，代收地方教育附加，年底，辖内负责征收管理营业税、企业所得税、个人所得税、资源税、土地使用税、城市维护建设税、印花税、房产税、车船使用税、土地增值税等 10 个税种，以及教育费附加、地方教育附加、文化事业建设、防洪保安费等收费项目 4 个。

第三节　国家税收

税款征收

1995 年，容县工业企业税收收入下降，特别是造纸行业，重点企业增收少，减收多。1996 年，造纸、松脂生产、建筑材料、微型拖拉机、食品等行业减收幅度大，全县税收收入 6933 万元，比 1995 年减少 1237.90 万元。1998—2003 年，由于受厄尔尼诺气候现象，长江、嫩江、松花江流域发生特大洪水灾害，导致本地食品行业原来销往这些地方的食品直接减少销售；东南亚的金融风波未过，本地编织行业减收。2003 年受非典型性肺炎（简称“非典”）影响，对本地机械制造业、化学化工行业的正常生产和销售、出口越南的产品大幅下降；烟花行业受“非典”和浦北炮厂爆炸事件影响，大部分时间处于安全检查、停业整顿，所以出现产量、销量、入库税金同比下降。2004—2005 年，加强征管，强化稽查，大力挖掘税收收入。对逾期申报和逾期入库的，严格执行加收滞纳金和罚款制度，防止新欠税款，抓好旧欠税款入库，加强

在 2000 年 4 月的容县税收宣传月活动中，容县国税局组织人员上街设点开展税务宣传活动　（杨志光　摄）

税务稽查，双查促收。食品行业销售收入大幅增长；造纸行业新项目“丰漂纸”较受市场欢迎，销售收入和税收收入双增加。2004年税收收入9177万元，比上年增1164万元。2005年税收收入超亿元，比上年增1593万元，为历年收入最多的一年。

增值税 1984年10月1日开征。1994年国家实行“分税制”，国家税务局、地方税务局机构分设后，增值税属国家税务局征收。1995年，新税制实施后，增值税征收范围扩大到商业批发零售、服务业中的加工修理修配和进口货物，税率为17%和13%，全县增值税的主要税源是成品油、电力和商业。同年增值税收入7085.30万元。2000年，增值税收入6444万元。2005年，增值税入库9433万元。1995—2005年共征收增值税7.79亿元。

消费税 1994年1月1日开始实施。国家对烟、酒及酒精、化妆品、护肤护发品、贵重首饰及珠宝玉石、鞭炮及焰火、汽油、柴油、汽车轮胎、摩托车、小汽车等11类特殊消费品征收，税率从3%~50%共11档。全县消费税的主要税源为成品油、酒和摩托车。1995—2005年，县国税局共征收消费税1763.80万元。

企业所得税 1994年1月1日起开始实施，属国税部门征收的行业有工业、商业、运输业、旅游业、金融保险业、农业，税率为33%。1995年，企业所得税收入1039.4万元。1996年，企业所得税只有72.1万元，同比减少967.30万元。以后逐年下降，其主要是1997年全县14家国有企业体制改革和国有商业企业改制，全部推行国有民营经营。2005年涉及行业比1995年增加建筑施工房地产开发，邮电通信等企业所得税征收。1995—2005年，共征收企业所得税入库1355.10万元。

外商投资企业所得税 1991年7月1日施行《中华人民共和国外商投资企业和外国企业所得税法》，税率为30%。1994年，广西容县南方食品厂融入外资成为全县首家外商投资企业所得税首户纳税人，同年税收入28.20万元。2000年全县有9户外资企业缴交企业所得税，所得税收入401万元。2005年全县外资企业有16户符合政策要求，免征外资企业所得税。1995—2005年，共征收外商投资企业所得税1807.40万元。

出口退税 1994年，容县出口退税实行零税率。1995年，全年出口退税共148.30万元。2002年，容县外贸企业“退税”政策主要对生产企业实行“先征后退”政策，增值税小规模企业实行“免税”政策，共办理出口退（免）税91万元。2004年，国务院对现行出口退税机制进行改革，退税率平均下调3个百分点，全年办理出口退（免）税316万元。2005年共办理出口退（免）税442万元。1995—2005年，县国税局共办理出口退（免）税2613.40万元。

个人储蓄利息所得税 1999年11月1日征收（原免征）个人储蓄利息所得税，税率为20%。以结付利息的储蓄机构为扣缴义务人实行代扣代缴。同年征收个人储蓄利息所得税2万元。2000年征收348万元，2001—2005年所得税收入逐年增多。1999—2005年，共征收个人储蓄利息所得税3788万元。

车辆购置税 2001年1月1日起征，征收范围包括汽车、摩托车、电车、挂车、农用运输车，税率为10%。2001—2004年，由县公路局交通稽征部门代征。2005年1月1日起，车辆购置税由国税部门征收，入库361万元。

表10-10 **1995—2005年容县国家税务局税收收入情况表**

单位：万元

年份	增值税	消费税	企业所得税	外资企业所得税	个人利息所得税	车辆购置税	合计	出口退税
1995	7085.30	45.70	1039.40	0.50			8170.90	148.30
1996	6586	54.20	72.10	220.70			6933	281.90
1997	7329.80	61.60	28.30	300.20			7719.90	495
1998	7510	62.30	71.30	300			7943.60	612.20
1999	6435	71	44	129	2		6681	6

续表

年份	增值税	消费税	企业所得税	外资企业所得税	个人利息所得税	车辆购置税	合计	出口退税
2000	6444	48	12	401	348		7253	16
2001	5709	219	13	402	608		6951	99
2002	6338	422	30	5	647		7442	91
2003	6968	335	32	0	660		7998	106
2004	8123	241	8	49	756		9177	316
2005	9433	204	5	0	767	361	10770	442
合计	77961.10	1763.80	1355.10	1807.40	3788	361	87039.40	2613.40

说明：2003 年、2005 年外资企业符合政策要求，免征外资企业所得税

税务管理

税务登记 1994 年，容县国税局依照国家税法规定对纳税户进行税务登记，具体程序是申请人应当自领取营业执照之日起 30 日内，持营业执照或其他核准执业证件、有关合同、章程、协议书及负责人身份证明向所在地国税部门办理税务登记，国税部门应当在收到申请之日起 30 日内审核完毕，符合规定的予以登记，发给税务登记证件。1994 年全县领证的单位和个体工商户共 5879 户，其中国有企业 76 户、集体企业 462 户、其他企业 13 户、个体工商户 5228 户。1996 年 4 月—11 月，换发全国统一的税务登记证。1999 年，再次进行换发全国统一的税务登记证。2000 年税务登记管理工作按照《国家税务总局关于印发〈税务登记管理办法〉通知》要求执行，纳税人申报办理税务登记时，需出示银行账号证明、组织机构统一代码证书以及属于享受税收优惠政策的企业应提供的证明材料。2005 年，全县共有纳税业户 7605 户，其中国有企业 77 户、集体企业 153 户、其他企业 2855 户、个体工商户 4520 户。

纳税申报 1994 年，容县国税局运用“税务征收管理计算机管理系统”，纳税人在征收点通过电脑即可办理纳税申报手续。1999 年，推广使用防伪税控系统申报。全县实现纳税申报的多元化。2003 年，在全县一般纳税人中进行“一窗式”申报，即纳税人可以在办税大厅的一个服务窗口办理纳税申报和认证。2004 年、2005 年“一窗式”服务申报进一步拓展，纳税人可以在一个窗口办理纳税申报、防伪税控企业报税、专用发票抵扣联认证、票表比对稽查和开具缴款书等工作。

发票管理 1994 年，容县国税局对普通发票坚持“领、用、存”制度，做到验旧票换新票，并设立专职人员对发票进行检查。1995 年，加大发票的发售、稽核以及检查发票使用管理，对增值税专用发票实行按月结报办法。2001 年，加强对增值税专用发票管理，控制最大开票额，限制购票数量，对所有纳入防伪税控系统的企业最大开票额进行审批制。2005 年，按照《国家税务总局关于统一全国普通发票分类代码和发票号码的通知》要求，启用新版发票。

税务稽查 1995 年，容县国税局稽查分局加大涉税违法案件查处，对一般纳税人每半年检查 1 次，查账征收的小规模纳税人每年检查 1 次；稽核除每月对一般纳税人征前稽核 1 次外，征后半年内对每户企业检查 1 次。当年检查 2918 户，查补税款 1383.52 万元。实行集中征收、重点稽查、强化管理的征管模式，提高税收征管的质量和效率。推行税收管理员制度，把企业按年纳税额 1 万元、1 万 ~2 万元、2 万 ~5 万元、5 万元、10 万元以上进行分级分档分行业进行管理。创新征管方式，县国税局与房管、国土部门对商品房预售、国有土地转让实行“先税后证”工作联动机制，委托保险、交警部门代征车船税。2001—2005 年，开展打击偷逃抗税、发票制假售假等行为为重点的整顿和规范税收秩序专项工作，营造公开、公平、公正税收秩序，对摩托车、电子工业、胶合板、毛织、电力、医药、修理、五金、食品等行业进行检查，共检查业户 940 户，查补税款 499.19 万元，罚款 49.10 万元，加收滞纳金 72.80 万元。2005 年，税务稽查重点是查处虚开收购发票骗抵税款行为，全年检查户数 341 户，查补税款 195.79 万元。

税务宣传 1992年，国家规定此后每年4月为“税收宣传月”，围绕“依法诚信纳税，共建和谐社会”和“税收·发展·民生”为主题开展形式多样税收宣传活动。利用电台、电视台、报纸新闻媒体进行宣传，开展税法宣传一条街、税法宣传进校园、网上税收宣传、“税务杯”球类比赛、税法知识培训班、讲座、文艺晚会、摄影书画比赛、意见征询、税收支持农村建设和税收在我身边征文等一系列形式多样活动，向广大纳税人宣传税法或释疑解难。1992—2005年，悬挂宣传条幅1200条，张贴宣传画5200幅，发放宣传资料4万份，接受咨询4500人次，出版宣传板报150期。

信息化建设 2005年，县国税局税收征管软件V1.1上线，上接自治区国税局、玉林市国税局，下连容城、杨梅、自良税务征收分局信息，实现“银税一体化”(将普通商用收款机、税控装置、金融POS机进行有机融合，创新出既能实现税控和商务的功能、又能达到一卡消费和缴税的一体化的应用系统)，完善个体“双定”(由税务机关对纳税人一定经营时间核定其应纳税收入或所得额和应纳税额，分期征收税款的一种征收方式。这种征收方式适用于生产、经营规模小，确实没有建账能力，经过主管税务机关审核，报经县级以上税务机关批准，可以不设置账簿或者暂缓建账的个体工商户)户代扣代缴工作，简化征管过程中复杂的程序，减轻税务人员的工作负担，方便纳税人。推行“一窗多能”服务，整合“12366”纳税服务热线(国、地税实行整合之后，关于全国通行的国、地税政策，一位话务接线员就可以全部解答。对于纳税人咨询而话务接线员无法现场解答的一些疑难问题，呼叫中心会请教相关专家，并在限定工作日内答复纳税人)、国税网站、短信平台建设，提升咨询、分析能力，向广大纳税人提供更为方便、快捷、准确的电子化税务服务，对重点税源企业、重大工程项目实施“一对一”“一帮一”的宣传与辅导活动，跟踪落实，促进企业发展和税收经济发展。

第四节　地方税收

税收收入

1994年，容县地税局建立税收目标责任制，加强税收计划的落实和管理，加大税源监控，强化税收征收管理，开展税收专项检查、清缴欠税，堵塞税款漏洞，减少税款流失，当年，组织各项收入2146万元。1995年，共组织各项收入4048万元。1996年入库各项收入4072万元，比上年增收24万元，增长0.59%，主要原因是对税源开展“征收、管理、稽查”三分离征收管理模式，并加强日常征管力度和稽查力度，确保税款应收尽收、及时足额入库。1997年，共组织入库各项收入4419万元。2000年，共组织各项收入4372万元，比上年减收622万元，下降12.45%，减收原因是个人所得税减收455万元，因1999年组织开展个人所得税检查，查补收入330万元，2000年没有此项收入；受一次性税源影响，所得税比上年减收830万元；固定资产投资方向调节税停征，比上年减收135万元。2001年，共组织各项收入5468万元，比上年增收1096万元，增长25.07%，主要是加强税收征管。2002年，共组织各项收入5448万元，比上年减收20万元，下降0.37%，减收原因：一次性税源减收影响大，主要是2001年对容县至岑溪一级路、农网改造工程项目入库税款273万元，而2002年无此项目；个人所得税减收472万元，主要原因为2001年对水利部门个人所得税查补收入300多万元，2002年无此项目；建筑营业税减收140万元；金融保险营业税减收55万元，主要原因为58家企业申请退还营业税81万元，调整银行贷款利息收入营业税纳税义务的发生时间减收26万元。2005年，共组织各项收入7423万元，比1994年增长245.90%，1994—2005年，全县地税收入5.99亿元，年均增加337.50万元，年均增长6.70%。

1999年4月，容县税收宣传月活动中，杨梅镇采用多种形式开展税收宣传活动。图为活动现场（刘益民　摄）

表 10-11

1994—2005 年容县地方税收收入情况表

单位:万元

年份	各项收入	比上年 ± 额	± %	其中:县级收入	完成县政府考核 %	比上年 ± 额	± %
1994	2146			2146	85.84		
1995	4048			4048	144.57		
1996	4072	24	0.59	3612	80.27	1929	47.65
1997	4419	347	8.52	4052	101.30	440	12.18
1998	5006	587	13.28	4523	98.33	471	11.62
1999	4994	−12	−0.24	4588	99.74	65	1.44
2000	4372	−622	−12.45	3993	82.82	−595	−12.97
2001	5468	1096	25.07	5240	120.46	1247	31.23
2002	5448	−20	−0.37	5147	118.32	−1178	−22.48
2003	5925	477	8.76	5590	101.64	443	8.61
2004	6613	688	11.61	6201	93.20	611	10.93
2005	7423	810	12.24	6710	100.16	509	8.21
合计	59934			55850			

说明:1. 各项收入是指地税部门征收的各项税、费、代征收入总计

2. 县级收入是指地税部门征收的列入自治区人民政府任务考核口径的地税税收收入

表 10-12

1995—2005 年容县地税部门组织各项收入情况表

单位:万元

税种	1995 年	1996 年	1997 年	1998 年	1999 年	2000 年	2001 年	2002 年	2003 年	2004 年	2005 年
1. 营业税	1457	1907	1519	1339	1150	1724	1769	1950	2312	2908	3003
其中:金融保险	408	451	340	444	335	297	199	254	284	351	345
2. 个人所得税	44	1116	1525	1285	1655	1200	2016	1544	1325	1585	2000
3. 土地增值税	7	0	2	3	8	19	14	29	26	100	82
4. 城建税	32	215	200	209	178	182	235	310	356	410	457
5. 车船使用税	13	26	22	35	54	84	110	114	141	144	136
6. 房产税	174	227	241	200	154	267	305	342	393	420	467
7. 屠宰税	1	99	105	122	113	126	131	150	39		
8. 资源税	3	2	6	28	12	16	14	19	21	19	16
9. 土地使用税	13	19	60	58	43	63	73	89	87	85	97
10. 印花税	11	20	20	16	9	13	15	13	28	21	30
11. 固定资产投资方向税	89	74	77	534	136	1	2	0	0	0	0
12. 企业所得税	226	200	473	1000	1330	500	589	628	908	588	460
13. 教育费附加	25	145	155	173	106	125	162	212	238	271	307
14. 防洪保安费	0	0	0	0	43	38	20	35	41	50	61

续表

税种	1995年	1996年	1997年	1998年	1999年	2000年	2001年	2002年	2003年	2004年	2005年
15.文化事业费	0	0	0	4	3	5	9	11	11	12	13
16.其他收入	5	22	14	0	0	9	4	2	0	0	2
17.地方教育附加											293
合计	2100	4072	4419	5006	4994	4372	5468	5448	5925	6613	7424
其中县政府口径收入	1683	3612	4052	4523	4588	3993	5240	5147	5590	6201	6710
地税收入占比重	0.90	1.68	1.76	1.78	1.79	1.58	1.97	1.99	2.10	1.92	1.91

说明：1994年9月，国、地税机构正式分设，当时因地税部门机构刚设立，基层还没有设立征收点，对1994年、1995年的税种征收依然由国税部门统一征收，每月再按征收税种划拨收入。1996年，地税部门对所管税种正式征收管理

营业税 1993年12月13日开征，1994年国家实行“分税制”，营业税归地方税务局征收管理。1995年1月1日起，容县地方税务局正式接收管理，税目分别有交通运输业、建筑业、邮电通信业、文化体育业、适用税率为3%；金融保险业、服务业、转让无形资产、销售不动产，适用税率为5%；娱乐业税率为20%。同年，营业税入库1457万元。2000年，营业税入库1724万元，比上年增收574万元，增长49.91%。2005年，营业税入库3003万元，比上年增收95万元，增长3.27%。比1995年翻一番。

企业所得税 1983年1月1日，国家推行“利改税”，对国有大中型企业征收55%的企业所得税。1994年税制改革时，取消按企业所有制形式设置所得税的办法，将集体企业所得税与国有企业所得税、私营企业所得税合并，统一征收内资企业所得税。1994年，国家实行“分税制”，将地方各级国有企事业单位的所得税、集体企业所得税、私营企业的所得税划地方税务局征收管理。当年，企业所得税入库226万元。2000年，企业所得税入库500万元，比上年减收830万元，下降62.24%；减收原因主要是1999年全县开展个人所得税检查，查补入库330万元，2000年没有此项收入，受一次性税源影响所致。2002年1月1日以后新办的内资企业所得税划归国税部门征收。企业所得税适用税率为33%，有两档照顾性税率，对年应纳税所得额在3万元（含3万元）以下的企业，暂减按18%的税率征收所得税；对年应纳税所得额在10万元（含10万元）以下至3万元的企业，暂减按27%的税率征收所得税，同年，企业所得税入库628万元。2005年，企业所得税入库460万元，同比增收128万元。

个人所得税 1980年9月10日开征。1995年将个人工资、薪金所得，个体工商户的生产、经营所得，对企事业单位的承包经营、承租经营所得，劳务报酬所得，稿酬所得，特许权使用费所得，利息、股息、红利所得，财产租赁所得，财产转让所得，偶然所得，经国务院财政部门确定征税的其他所得等的个人所得税划归地方税局征收管理。其适用的税率有：工资、薪金所得，适用超额累进税率，税率为5%~45%超额累进税率；个体工商户的生产、经营所得和对企事业单位的承包经营、承租经营所得，适用5%~35%的超额累进税率；稿酬所得，适用20%的比例税率；劳务报酬所得，适用20%的比例税率，对劳务报酬所得一次收入畸高的，可以实行加成征收；特许权使用费所得，利息、股息、红利所得，财产租赁所得，财产转让所得，偶然所得和其他所得，适用20%的比例税率。当年，个人所得税入库44万元。1996年比上年增收1072万元，增长2436.36%。2000年，个人所得税入库1200万元，比上年减收455万元，减收27.49%。2005年，个人所得税入库2000万元，比上年增收415万元，增长26.16%，比1995年增长44倍。

资源税 1994年1月1日开征，1995年划归地方税务局征收管理，征收范围是石英矿等其他非金属矿原矿，适用税率为0.5~20元／吨或者立方米。同年，资源税入库3万元。1996年入库2万元，比上年减收1万元，下降33.33%。2000年，资源税入库16万元，比上年增收4万元，增长33.33%。2005年，资源税入库16万元，比上年减收3万元，下降15.79%。

土地使用税 1988年9月27日开征。1995年“分税制”后划归地税部门征收管理，按不同地段进行征

收。同年,容县出台土地使用税征税标准:县城区一级地段按每平方米0.50元/年、二级地段按每平方米0.30元/年、三级地段按每平方米0.14元/年;建制镇圩镇一级地段按每平方米0.2元/年、二级地段按每平方米0.14元/年。同年,土地使用税入库13万元。1996年比上年增收6万元,增长46.15%。1997年征税标准再次调整,调整后征税标准为县城区一级地段按每平方米3元/年、二级地段按每平方米2元/年、三级地段按每平方米1元/年、四级地段按每平方米0.50元/年;建制镇圩镇一级地段按每平方米1元/年、二级地段按每平方米0.40元/年。同年,土地使用税入库60万元。2000年入库63万元,比上年增收20万元,增长46.51%。2005年,土地使用税入库97万元。

城市维护建设税 1995年国家实行"分税制"后划归地税部门征收,分别随增值税、消费税、营业税税率带征,税率分别为:县城、镇税率5%;不在县城或镇税率1%。同年,城市维护建设税入库32万元。1996年比上年增收215万元,增长571.88%。2000年,城市维护建设税入库182万元,比上年增收4万元,增长2.45%。2005年,城市维护建设税入库457万元,比上年增收47万元,增长11.46%。

印花税 1988年8月6日开征。1995年后划归地税部门征收,根据应纳税凭证的性质,分别按比例税率或者按件定额计算应纳税额。按书立的合同、营业账簿生产经营用账册、产权转移书据,权利、许可证照进行贴花,税率分别有0.003%、0.005%、0.01%、0.0005%、0.0003%、5元/年。1995年,印花税入库10.70万元。1996年入库20万元,比上年增收5.80万元,增长54.20%。2000年,印花税入库12.90万元。2005年,印花税入库29.70万元,比上年增收8.80万元,增长41.96%。

土地增值税 1994年开征。实行四级超率累进税率,增值额未超过扣除项目金额50%的部分,税率30%;超过50%、未超过100%的部分,税率40%;超过100%~200%的部分,税率50%;超过200%部分,税率为60%。同年,土地增值税入库6万元。1996年,土地增值税无入库。2000年入库19.40万元,比上年增收11万元,增长130.40%。2005年,土地增值税入库81.40万元,比上年减收18.40万元,下降18.46%。2005年,全县土地增值税入库比1995年增长11.60倍。

房产税 1986年10月1日开征。1995年国家实行"分税制"后划归地税部门征收,自用房产的,依照房产余值计算缴纳,税率1.20%;出租房产的,依照房产租金收入计算缴纳,税率12%。同年,房地产入库174万元。1996年增收48.60万元,增长27.93%。2000年,房地产入库267万元,比上年增收112.50万元,增长72.92%。2005年,房产税入库467万元,比上年增收46.60万元,增长11.09%。

车船使用税 1986年9月3日开征。1995年后划归地税部门征收。按年征收、分期缴纳,按吨数计征。1995年,车船使用税入库12.70万元。1996年增收22万元,增长173.23%。2000年,车船使用税入库84万元,比上年增收30万元,增长56.34%。2005年,车船使用税入库136万元,比上年减收8.20万元,减少5.75%。

固定资产投资方向调节税 1991年4月16日开征。1994年国家实行"分税制"后划归地税部门征收,2000年1月1日起暂停征收。主要向固定资产投资的单位和个人征收,对国家鼓励发展但受能源、交通等制约的项目投资,税率5%;城乡个人修建住宅和职工住宅,税率5%;对单位用公款修建、购买高标准独院、别墅式住宅投资,税率3%;对楼堂馆所以及国家严格限制发展的项目投资,税率30%。1995年,固定资产投资方向调节税入库89万元。1996年入库比上年减少59.92%。1999年,固定资产投资方向调节税入库136万元,比上年减收398万元,减少74.55%。2000年后,固定资产投资方向调节税入库大幅度减少。2002—2005年没有此项收入。

屠宰税 1950年1月开征。1994年国家实行"分税制"后划归地税部门征收。按头征收,每头8元。1995年,屠宰税入库1.28万元。1996年比上年增收46.80万元,增长3656.25%。2000年,屠宰税入库126万元,比上年增收13.50万元,增长11.99%。2003年5月1日起,停征屠宰税。当年1月—4月入库39万元,比上年减收110万元,减少73.84%。

税务管理

征收管理 1994年,容县国、地税正式分设。地方税征收管理模式为"征收、管理、稽查"三分离征收管理模式。由地方税务机关征管、纳税人缴纳的地方税统一到当地主管地税部门办税大厅缴纳。企业纳税人多采取上门申报、电子申报等多种方式缴税，个体工商户多采取到银行存储税款，由银行在纳税期直接划缴税款方式缴税。对税源零星、分散、征管难度大的地方税收委托有关单位代收代扣代缴，由税务机关支付给一定的代收代扣代缴手续费，委托代征的税种有个人建筑营业税、工资薪金个人所得税、屠宰税、资源税。1995年，开展个人所得税专项检查和企业所得税汇算清缴，清欠入库税款120万元。1996年，实行“分开管理，统一稽核”的税收征管模式，临时业户（如建筑安装、投资方向调节税等业户）需到所属分局缴纳税款，由分局统一领用、发放、核销发票及作出违章处理权限；固定业户的税收缴纳、定期定额业户的税款核定工作、税务登记证的发、换及税法宣传、税务咨询均由当地税所负责办理。1997年，规范节能热水炉制造、胶合板加工、私人建房建筑等行业的税收管理，年增加税款60万元；完善委托代征、代扣代缴税款手续，地税、食品、交通、交警等部门联合建立代征代扣代缴制，共发放“委托代征证书”20本，代征屠宰税115万元、交通运输营业税170万元、车船使用税29.50万元、印花税17.50万元。1998—2000年，对营运三轮摩托车进行整顿，地税交通、公安等部门联合，抽调人员对夜市税收征管开展突击大检查，有效规范营运三轮摩托车、夜市的税收征管。2000年，对定期定额个体工商户推行最低定额线管理，公平税负，减少双定业户的偷逃税行为，年增加地方税款20万元。同年，对县底、石头、罗江、六王4个乡（镇）开始征收房产税，对杨村、灵山、松山3个新建制镇开始征收土地使用税，清理房产税业户475户，税款18万元；新开征城镇土地使用税业户382户，征收税款9万元。加强改制企业税收管理，入库税款106万元。2000年后，每年组织开展全县企事业单位税收专项检查。2001年，加强零散税收管理，对营运拖拉机、八角、沙田柚等行业涉及的个人所得税开展税收专项清理，共清理入库税款61万元。2005年，组织开展全县行政机关、企事业单位、机关团体清理欠税工作，共清缴入库欠税1433万元。

税务登记管理　1995年，容县根据国、地税分设机构后，征管范围划分规定，对辖区内纳税人进行调查、摸底，对已领取税务登记证的地方纳税人进行验证，至1995年6月底，共划分纯地税业户105户，其中交通运输业14户、建筑安装业15户、饮食服务业21户、文化娱乐业8户、金融保险业14户、邮电通讯业1户、其他地税业户32户；与国税共管户320户，其中工业112户，商业142户，物资供销6户，加工修理13户，其他行业45户。1996年，建立和健全征管档案管理制度，规范和完善征管户籍档案管理，做好征管范围重新调整好的户籍管理和税务登记户换证工作，共接管个体工商户7189户、“三资”企业137户，并完成所有管户的税务登记证换证工作。1997年，开展全县征管档案资料检查评比，对征管档案工作存在问题进行整改并完善有关管理制度，共抽查征管档案2300户，抽查面30%以上。2005年底，全县管理个体工商户、“三资”企业纳税人1万户。

发票管理　1995年，完成新版发票的印刷、启用和旧版发票的清缴销毁工作，试行企业注册发票管理员制度。1996年，全面实行企业注册发票管理员制度，地方税纳税人使用的普通发票一律由地税局统一印制、发放和管理，规范对发票的领购、企业发票的内部发放及发票领、用、存、报告表等流程；建立发票使用核销制度、保存制度；开展发票大检查，检查67户，发现问题4户，查补税款1258元。1997年，对全县发票用户256户发放《发票领购簿》，县地税局联合公安、检察、交通等部门，对客运发票使用情况进行突击检查，检查客车322户，查出7台车辆仍使用废旧发票，收回废旧发票696张，处以罚款2.15万元。2005年，加强发票管理，对货物运输业发票、通用发票、建筑业发票和销售不动的发票统一由县局发放和管理，同年，做好发票换版宣传和旧发票的回收、销毁工作。

税收优惠　2000年始，实施税收优惠政策，落实西部大开发、农业产业化龙头、财产损失税前扣除等税收优惠政策。2001—2005年共为7户企业减免企业所得税金额税款2869.40万元，其中广西容县水利电业有限责任公司减免所得税335万元、松山镇下河电站减免所得税46万元、广西中环机械有限公司减免所得税16万元、广西黑五类食品集团股份有限公司减免所得税1349万元、县种子公司减免所得税48万元、灵山联合电站减免所得税7.40万元、广西南方食品股份公司减免所得税1068万元。

税务稽查　1995年，配备稽查人员，建立稽查工作制度，采取交叉检查和集中检查相结合方式，开展税收大检查，共检查企业212户，查补税款407万元。与公安、检察部门联合成立地方税务检察室、地方税务公安执勤室，两室共受理案件 15 件，立案侦查 5 件，查处偷逃税税款 56.50 万元。1996—2005 年，税务稽查 1000 户，查补入库税款 6000 万元；受理各类涉税案件 212 户，立案侦查 65 户，查补入库税款 3000 万元。

信息化管理 1999 年，投资 100 万元，在广西地税系统率先开发税收征收管理软件，对全县 16 个基层分局、税所的办税大厅进行功能升级改造，配置一批电脑、打印机，实现微机联网征管模式。2004 年，推行“银税一体化”扣税工程，税务、纳税人、农村信用社三方签订《委托划扣存款缴纳税款协议书》，由信用社根据税务机关提供的纳税数据从纳税人账户划扣存款缴纳税款。同年，全县有 6262 户纳税人签订协议书，委托划扣税款 449.90 万元，占全县税收总收入的 10.90%，“银税一体化”扣税工程初显成效。

第三章 金 融

1990 年，容县有金融机构 10 家，其中银行性金融机构 8 家，非银行性金融机构 2 家。各项存款余额 1.95 亿元，各项贷款余额 1.99 亿元。此后随着改革开放、搞活经济方针的深入贯彻，城乡市场进一步繁荣，对货币需求量也大大增加。人民银行容县支行强化金融管理，维护金融秩序，防范和化解金融风险；支持地方经济发展，存贷款业务逐年增加。1995 年，全县各项存款余额达 11.46 亿元，首次突破 10 亿元。2001 年为 21.98 亿元。2005 年，全县金融机构共 10 家，其中银行性金融机构 7 家，非银行性金融机构 3 家。各项存款余额 36.07 亿元，各项贷款余额 13.63 亿元；存、贷款余额分别比 1990 年增长 17.52 倍和 5.85 倍。1990 年保险公司保费收入 632.60 万元，赔付 270.82 万元；此后，保险业务收入逐年增加，2000 年保费收入 4215 万元，赔付 687.66 万元。1990—2005 年，保险公司保费收入 3.40 亿元，赔付 1.17 亿元。

第一节 机 构

银行性金融机构

1990 年，容县有中国人民银行容县支行（简称“人民银行容县支行”）、中国工商银行容县支行（简称“县工商银行”）、中国农业银行容县支行（简称“县农业银行”）、中国银行容县支行（简称“县中国银行”）、中国人民建设银行容县支行（简称“县建设银行”）、容县农村信用合作联社（简称“县农村信用联社”）、容县城市信用社（1999 年撤销）和容城镇城区信用社（简称“县城区社”，2002 年改制并入农村信用联社）。2005 年，全县银行性金融机构 7 家。

人民银行容县支行 成立于 1950 年 2 月。1990 年，人民银行容县支行属正科级行政单位。行址设在容城镇西大街 56 号。内设办公室、计划股、会计股、货币发行股、保卫股，在职职工 33 人、退休职工 1 人。1992 年 1 月，搬迁到容城镇兴容街与燕塘街交叉路口新办公楼办公，面积 1.60 万平方米。同年 11 月计划股改为货币信贷股。1997 年 8 月增设国库股。1998 年 3 月增设合作金融机构监管股。2000 年 7 月会计股和国库股合并为会计国库股；12 月撤销发行库，不再办理货币发行业务。2001 年 3 月撤销货币发行股、保卫股，货币信贷股改称为货币信贷与统计股，支行内设办公室、货币信贷与统计股、会计国库股、合作金融机构监管股、金融机构监管股。2003 年底，银监分设。同时撤销合作金融机构监管股和金融机构监管股。2004 年 6 月会计国库股改称营业室。2005 年，内设办公室、货币信贷与统计股、营业室，在职员工 18 人，退休人员 12 人。

1990—2005 年历任行长：黎伟然（1990.1—1994.12）、窦业松（1995.1—2005.1）、（2005.2—2005.12 缺）。

玉林银监分局容县监管办事处 中国银行业监督管理委员会玉林监管分局容县监管组成立于 2003 年 12 月 29 日，设组长 1 人，监管员 3 人，人员全部由人民银行容县支行划转过去。办公地点设在人民银行容县支行大院内职工宿舍东楼 2 楼。2004 年 6 月成立中国银行业监督管理委员会玉林监管分局容县办事处（下称县银监办），设主任1人，监管人员3人，专门行使银行行业监管职能。2005年不变。

县银监办主任：杨董柱(2004.6—)。

容县工商银行 成立于1984年1月1日。1990年，县工商银行属国有商业银行。办公地址设在容城镇西大街49号。内设办公室、计划信贷股、储蓄股、会计出纳股、人事股、保卫股、工会。编制90名，在职员工90人。同年冬，将原新市、金珠、新南、新北、西大二所、西上二所和金兴储蓄所调整为代办所，共有储蓄所3个，代办所9个和城市信用社。有员工120人。1994年增设新区、金兴、游龙储蓄所。1996年调整为办公室、人事劳资科、储蓄科、信贷科、会计出纳科、经济民警小分队。1998年机构精简为办公室、业务部、营业部、经警大队；有储蓄所8个；同年1月起搬迁新址容城镇桂南路182号。1999—2003年陆续撤并，2003年底有西大、新区、北门储蓄所。2004年又分设为办公室、业务管理部、客户经理部、营业部。2005年10月改制成中国工商银行股份有限公司容县支行，内设综合管理部、客户经理部、营业部，储蓄所只有西大街分理处和营业部2个网点。有员工40人。

1990—2005年历任行长：李子炯(—1995.12)、刘钟军(1996.1—2002.3)、陈思远(2002.4—2005.7)、伏新新(2005.8—)。

位于容城镇城西路西段的工商银行容县支行综合办公楼 （吴植光　摄）

容县农业银行 1955年7月成立。1990年，县农业银行属国有商业银行。办公地址设在容城镇新北街259号。内设办公室、秘书股、人事股、纪检监察室、会计股、出纳股、信用合作股、农贷股、工商信贷股、计划股、存款股、稽核股、保卫股、工会办、营业室。有营业所13个，储蓄所16个。编制175名，在职员工172人。1996年，农村信用社与农业银行脱离行政隶属关系。2005年，内设综合管理部，经营核算部、客户部、信贷部、资产经营部、营业室共5部1室，下辖东风、燕塘、银湖、桂南分理处和杨梅、灵山、六王、黎村、杨村、自良、石头、县底、松山营业所13个营业网点，员工165人。

1990—2005年历任行长：申东健(—1994.12)、(1995.1—1997.3缺)、陆初(1997.4—2002.12)、覃胜才(2003.1—2005.6)、(2005.7—2005.12缺)。

中国银行容县支行 1989年5月29日正式挂牌成立。办公地址是租用容城镇南大街容县饮食服务公司场地办公（即东风大楼旁边）。属国有商业银行。内设行政组和业务组。1990年，内设办公室、存汇股、保卫股、财会股，有2个储蓄所，1个营业厅，在职员工34人。1991年，内设计划信贷、保卫、会计出纳、储蓄、电脑、办公室，设立3个储蓄所。1993年，辖属网点增加到5个。2001年9月，搬迁到容城镇兴容街新办公大楼办公、营业。2004年8月26日经国务院批准，改制为股份有限公司，中国银行容县支行改称为中国银行股份有限公司容县支行，隶属于中国银行股份有限公司玉林分行。2005年4月和9月份先后撤销西大分理处和西上分理处2个网点，业务分别并入南大分理处和营业厅。2005年底，内设办公室、业务发展部、营业部、南大分理处、北门分理处。经机构改革及减员（含内退、退休、调动及自愿离行），共有在职员工31人。

1990—2005年历任行长：陈俊志(—1997.4)、谭宝杰(1997.7—2000.8)、陈文(2000.8—2004.2)、俞汉华(2004.2—)。

容县建设银行 1978年成立办事处。1990年，县建设银行属国有商业银行。办公地址设在容城镇新北街 222 号。内设计划信贷股、建经股、筹资股、会计股、信用卡部、保卫部及办公室，下设四所一处（即储蓄专柜、东街所、南街口所、财会专柜及自良分理处）；编制 55 名，在职员工 48 人。1991 年，建行大厦在原址落成并启用。1996 年 3 月 26 日，更名为中国建设银行容县支行。1998 年底，支行内设 7 部 1 室（即筹资部、建经部、电脑部、财会部、信贷部、房地产信贷部、信用卡部及办公室），下属 6 所 3 处两专柜（即东街口、南街、绣江、城中、城北、容州储蓄所，自良办事处、城西办事处、侨乡分理处储蓄专柜、财会储蓄专柜）。1999—2004 年 6 月，根据商业银行的要求权和股份制改造的需要，对机构和部门进行了大规模改革和撤并，至年底，支行内设信贷部和办公室，下属新南街、城北储蓄所和支行营业部。2004 年 9 月 15 日，中国建设银行成为股份制商业银行，中国建设银行容县支行改称为中国建设银行股份有限公司容县支行。2005 年，内设综合部、营业部（含储蓄业务专柜）、新南街储蓄所。编制 25 名，在职员工 23 人。

1990—2005 年历任行长：莫家平（ —1996.1）、潘启祥(1996.2—2000.6)、(2000.7—2002.3 缺)、黄显生(2002.4—)。

容县信用合作联合社 1985 年 12 月成立。办公地址设在容县汽车站西斜对面新建楼房办公。1990 年，内设办公室、会计股、信贷计划股、保卫股、人事股等股室。新设信用分社 3 个，共有 87 个储蓄所（或营业网点）。编制 246 名，在职员工 246 人。1994 年 12 月，搬迁至容城镇桂南路 189 号新楼办公。1990—1996 年由县农业银行领导。1997—2004 年由县人民银行监管。2003 年 1 月 1 日起在城区以下乡（镇）营业网点实施不同期限、不同档次的存贷款浮动利率改革试点。此次利率改革试点在容县城区外的 14 个乡（镇）农信社共 53 个营业网点进行。2004—2005 年 9 月由中国银行业监督管理委员会监管，从 2005 年 9 月 28 日起由新成立的自治区农村信用社联合社领导管理。县联社内设办公室、人事监察科、会计出纳科、信贷管理科和保卫科，全辖区有 18 个基层信用社，47 个营业网点；编制 411 名，有员工 411 人。

1990—2005 年历任主任：王广文（ —1991.6）、刘家荣(1991.7—1997.6)、覃荫明(1997.7—2005.8，9 月起改制任理事长)。

容县城市信用社 1984 年 12 月，由中国人民银行容县支行组建成立容县城市信用部，是人民银行的组成部分。后划归工商银行领导和管理。办公地址设在容城镇西大街 49 号。属独立核算、自负盈亏单位。1990 年办公地址搬到西大街 67 号，内设政工、会计、信贷、出纳、储蓄 5 个组；代办工行储蓄所和自办北门街第一储蓄所。全社职工 30 人，代办员 11 人共 41 人。代办机构有营业厅、市场储蓄所、新南储蓄所、车站储蓄所、城西储蓄所、新市储蓄所。1999 年 11 月撤销，债权债务全部并入工商银行容县支行大账。

容县城区信用社 1988 年 11 月 6 日，由人民银行容县支行牵头组建，行政上隶属容城镇人民政府领导，业务上接受县人民银行领导、管理、协调、监督、稽核。实行自主经营、独立核算、自负盈亏。有职工 6 人。地址设在北门街 25 号营业办公。1990 年底，有职工 8 人。存款余额 100.70 万元，贷款余额 188.90 万元。2002 年，县城区社改制为农村信用社机构，由县信用合作联合社直接领导和管理。

非银行性金融机构

1990 年，容县非银行性金融机构有中国人民保险公司容县支公司（简称“县保险公司”）和容县邮政储蓄。1996 年 5 月 1 日，将县保险公司分设中保财产保险有限公司容县支公司（简称“财险容县支公司”）和中保人寿保险有限公司容县支公司（简称“寿险容县支公司”）。

中国人民财产保险股份有限公司容县支公司 1990 年，中国人民保险公司容县支公司办公地址设在容城镇城北路 47 号。内设办公室，城市业务股、农村业务股、人身险股和计财股。编制 28 名，在职员工 28 人。在全县除容城镇之外的 15 个乡（镇）设立保险代办所，每个保险代办所仍保持 2 名代办员。1991 年，增设保险所管理股。1994 年 1 月，设立办公室、人事、计财、财产险、运工险、人身险、保险所管理、农业保险 8 个股室。1995 年 2 月增设监察审计室，1996 年 5 月 1 日，将人保容县支公司分设“中保财产和中保人寿”2 个支公司。分业时容县保险公司人员和资产按产险公司占 60%，寿险公司占 40% 划分，由于各乡（镇）保险所业务大部分属于寿险业务，按上级规定人员资产全部划归人寿险公司。年底公司内设办公室、计财股、运工险股、财产险股。1999 年 1 月，中保财产保险有限公司容县支公司恢复为中国人民保险公司容县支公司。2003 年 7

月19日，更名为中国人民财产保险股份有限公司容县支公司。同年设立综合管理科，财产险科、运工险科和营销服务部。2004年，综合管理科更名为综合部，原财产险科和运工险科合并为业务部，负责赔案部分合并为理赔部。2005年，内设机构不变，编制14名，在职员工26人。

1990—2005年公司历任经理：彭熙和（—1993.12）、陆峰（1994.1—1996.6）、梁秀祥（1996.6—2005.1）、（2005.2—2005.12缺）。

中国人寿保险股份有限公司容县支公司 1996年5月从中国人民保险公司容县支公司分出，称中保人寿保险公司容县支公司。办公地址设在容城镇城北路58号。在职员工23人。1999年，更名为中国人寿保险公司容县支公司，2003年6月，变更为中国人寿保险股份有限公司容县支公司。2005年，编制11名。从业人员250人，其中在编员工11人，签订劳动合同聘用人员15人，代办员224人。公司内设综合办公室、个险销售部、团体业务部、银行保险部、客户服务中心。县城设立客户服务中心，办理全县新单业务、保全业务、理赔和收付费业务。在全县15个乡（镇）（除容州镇外）设立农村保险营销服务部。全县城区及各乡（镇）专业银行、邮政及信用社均有中国人寿保险业务代理销售网点，代理网点70个。

1996—2005年历任经理：覃明友（1996.5—2002.8）、庞上钦（2002.8—2003.1）、陈键（2003.8—）。

容县邮政储蓄 于1986年10月1日开办。县邮政储蓄业务工作，行政上接受县邮政局领导和管理，业务上接受县人民银行监督、稽核。1990年，县储蓄所设在容城镇新北街224号，有员工6人。业务有汇转储，储转汇，工资转存、代发工资、代交电话费。1991年，成立石头、六王、县底、自良、杨村、松山储蓄点。1992年，成立灵山、兴容街储蓄点。1994年，石寨、罗江储蓄点成立。1997年，邮政"绿卡工程"与全国41个城市的2000多个网点、800多台ATM正式联网，对外开通了邮政储蓄活期异地存取业务。1999年，撤销容县邮电局，分别成立容县邮政局和容县电信局，邮政储蓄业务划归容县邮政局经营管理。2004年，建成覆盖全国城乡直达乡（镇）的个人金融服务网络和业务处理系统。邮政储蓄网点13个均实现全国联网、通存通兑。2005年，全县有储蓄所13个，员工60人。

第二节 货币流通

发行

1987年4月27日，容县开始发行第四套人民币。首先流通的是50元券和5角券，100元券、2元券、1元券和2角纸币于1988年5月10日开始在容县流通，同年9月22日，面额10元、5元、1角纸币在容县流通。1990年版50元、100元纸币于1992年8月20日在全县流通。根据1992年5月8日第97号国务院令，为了提高人民币的防伪能力，中国人民银行发行了第四套人民币1元、5角、1角硬币，这套新币自1992年6月1日开始在容县流通。同年8月20日，人民银行又发行改版后的1990年版50元、100元券，增加安全线。1995年3月1日在全国发行1元纸币（1990年版）；1996年4月10日发行2元纸币（1990年版）。1997年4月1日发行1元纸币（1996年版）。第四套人民币共有1角、2角、5角、1元、2元、5元、10元、50元、100元9种面额，其中1角、5角、1元有纸币、硬币两种，与第三套人民币相比，增加50元、100元大面额人民币。

1999年10月1日，在中华人民共和国建国50周年之际，根据中华人民共和国国务院第268号令，中国人民银行陆续发行了第五套人民币，共有八种面额：100元、50元、20元、10元、5元、1元、5角、1角。第五套人民币根据市场流通中低面额主币实际起大量承担找零角色状况，增加了20元面额，取消了2元面额，使面额结构更加合理。第五套人民币采取"一次发布，分次发行"的方式发行。其中，1999年10月1日在容县首先流通100元纸币。2000年10月6日在全县开始流通20元纸币、1元和1角硬币。2001年9月1日开始流通50元、10元纸币。2002年11月18日流通5元纸币、5角硬币。2004年7月30日开始流通1元纸币。中国人民银行于2005年8月31日发行了第五套人民币2005年版100元、50元、20元、5元纸币和不锈钢材质1角硬币，这种新币当日在容县开始流通。

流通

1990—1991 年，容县的经济市场疲软，商品压库、企业产品积压、企业间货款互相拖欠的“三角债”严重，居民消费意识淡薄。全县的储蓄存款余额上升，商品销售收入占现金总收入的比例由 1989 年的 47% 降到 1990 年 42%，1991 年再降为 37%。1991 年容县物资流出，货币流入 1.18 亿元，比上年增加 1032 万元；其他原因货币流入 1570 万元，比 1990 年增加 362 万元；物资流入货币流出为 5695 万元，比 1990 年增加 1084 万元；其他原因货币流出 1030 万元，比 1990 年增加 210 万元；货币流出流入相抵，货币净流入容县 662 万元，比 1990 年增加 100 万元。

1992 年，容县掀起农转非买户口的热潮，全县农转非支付现金 1000 万元；计划生育大清理收罚款约 1000 万元。此两项费用支出，支付大量的储蓄存款，上半年曾 2 次出现储蓄存款余额下降的现象。同年储蓄存款现金收入 5.17 亿元，支出 5.07 亿元，从储蓄存款渠道净回笼现金 1084 万元，比上年少回笼 1404 万元。1993 年现金收入 18.56 亿元，增幅达 60%；现金支出 17.46 亿元，增幅达 55.75%。全年货币净回笼 1.10 亿元，比上年多回笼 7385 万元。

1996 年，城乡居民把钱储蓄到银行投入股市炒股，商品市场物价持续回落，全年从商品销售渠道流通回笼现金 8.88 亿元，比上年少回笼 6202 万元。年末，现金累计收入 48.30 亿元，现金累计支出 48.87 亿元，货币净投放 5672 万元，比上年多投放 1.18 亿元。1996 年市场货币流通量测算为 1.43 亿元，比上年减少 933 万元，下降 6.1%。具体分布为：集团单位库存现金 1600 万元，比上年减少 636 万元，下降 28.4%；城乡居民手持现金 1.27 亿元，比上年减少 297 万元，下降 2.2%。2000 年，国家采取扩大内需，启动市场政策，国内贸易活跃，消费市场趋旺。同年现金收入 62.86 亿元，现金支出 59.24 亿元，货币净回笼 3.62 亿元，比上年多回笼 1.86 亿元。2001 年，货币流通速度呈现出不断下降的趋势。2005 年，全县现金收入 106.48 亿元，现金支出 101.74 亿元，货币净回笼 4.74 亿元，比上年少回笼 1243 万元。

第三节　存　款

1990 年，容县金融机构储蓄存款余额 1.94 亿元。为实现信贷收支平衡，多存多贷，提高资金自给率，各金融机构狠抓存款业务，储蓄存款余额年年增加。1991—1995 年，各金融机构储蓄存款余额 31.96 亿元。其中 1995 年储蓄存款余额首次超过 10 亿元。1996—2000 年，储蓄存款余额 80.56 亿元。2001—2005 年，全县各金融机构储蓄存款余额 143.27 亿元。2005 年储蓄存款余额达 36.07 亿元，为历年存款余额最高年份。1990 年—2005 年各项存款余额增长 18.52 倍。

企业存款

1990 年，全县企业存款余额为 3022 万元。此后随着企业数量年年增多，企业存款增长较快。1994 年首次突破亿元大关，年末余额达到 1.29 亿元，其中农行企业存款年末余额达 1722 万元，比年初增加 1042 万元，比年初增 1.53 倍。主要原因是乡（镇）企业营业收入大，至 9 月营业收入在银行存款余额 719 万元，比年初增加 503 万元。1997 年年末企业存款余额 1.77 亿元，比年初增加 6043 万元。主要原因是建行发放玉林至容县一级公路建设贷款 4000 万元，产生的派生存款所致。同年容县经济委员会管理的 14 家国有企业体制改革，国有商业企业全部推行国有民营经营，承包经营后的货款大部分存入储蓄所转化成储蓄存款。因此，企业存款从 1998—2003 年间增减变化不大。2004 年，企业存款余额 2.13 亿元，比年初增加 5212 万元，主要原因是贷款形成派生存款所致，如农业银行 12 月向容县电力公司发放 1380 万元流动资金贷款产生派生存款 763 万元；其次是外引项目资金划入增加，如北京机翔地产开发公司划入投资款项 600 多万元；基础设施拨款也有增加，如容县至黎村、容县至平南二级公路工程款项存款增加 785 万元，容县农业综合开发办增加存款 417 万元。2005 年，企业存款余额 1.85 亿元。

储蓄存款

储蓄存款余额包括城镇存款和农村储蓄存款。1990 年，容县储蓄存款余额 1.53 亿元。至 1993 年初城乡储蓄存款平稳增长，余额 3.89 亿元，比 1990 年末增加 2.36 亿元。1994 年储蓄存款余额为 7.76 亿元，比年初增加 3614 万元，农村储蓄存款余额 4.03 亿元，比年初增加 3.51 亿元。1995 年，城乡储蓄存款余额增至 9.82 亿元。1996 年，全县各储蓄网点普遍实行储蓄记账电算化，大多数储蓄网点实行储蓄存款“免填单”业务，大大地减少储户存、取款时间，提高工作效率。2001 年末，城乡储蓄存款余额 19.58 亿元，比年初增加 2.45 亿元；农村存款余额首次突破 10 亿元，达 11.74 亿元。2003 年，各家商业银行均推行自动取款机(ATM)服务项目，简化取款排队的麻烦，方便客户取款。并开通全国储蓄通存通兑业务。2005 年，县农村信用联社实现全自治区联网。同年底全县各金融机构储蓄存款余额 32.42 亿元，是 1990 年的 20.22 倍。

其他存款

1990 年，容县金融机构其他存款余额 1181 万元。1991—1992 年，存款余额有所增加。1993—1995 年，存款余额为 8743 万元，存款有所回落，特别是 1993 年和 1995 年存款余额只有 1672 万元和 1739 万元，其原因是全县设立农村合作基金会和股金会，变相提高利率来吸收基金和股金，导致存款余额下降。1996—2000 年，全县金融机构其他存款余额共 3.21 亿元。2001—2002 年，存款余额超过亿元，分别为 1.02 亿元和 1.86 亿元；增加的原因是返还农村社员基金、股金款再存储所致。2003—2005 年，金融机构其他存款余额 4.54 亿元。特别是 2005 年，存款余额 1.80 亿元，为历年存款余额之最。比 1990 年的 1181 万元增加 1.69 亿元，增长 15 倍。

表 10-13　　**1990—2005 年容县金融机构存款余额情况表**

单位：万元

年份	企业存款	城镇存款	农村储蓄存款	其他存款	合计
1990	3022	12258	3014	1181	19475
1991	4259	18238	3469	1377	27343
1992	4627	26869	3844	2058	37398
1993	3851	33647	5212	1672	44382
1994	12943	37261	40332	5332	95868
1995	14710	45729	52450	1739	114628
1996	11689	51265	63061	8051	134066
1997	17732	51370	75106	5257	149465
1998	16579	61823	76634	5459	160495
1999	11279	74440	76766	6182	168667
2000	14644	77035	94188	7107	192974
2001	13809	78411	117347	10196	219763
2002	13507	82566	137174	18587	251834
2003	16114	93113	154970	15363	279560
2004	21326	124600	162881	12029	320836
2005	18489	157021	167144	18054	360708

第四节　贷　款

1990 年，容县金融机构各项贷款余额为 1.99 亿元。主要支持重点企业进行技术改造和地方经济开发项目。1991 年，贯彻执行“控制总量、调整结构、保证重点、压缩一般、适时调节、强化管理、提高效益”的货币信贷政策，坚持“限额管理、以存定贷”的原则，规范贷款管理，贷款稳步增长，各金融机构各项贷款 2.49

亿元。1992 年,金融机构调整信贷结构,加速资金周转,各项贷款余额 3.28 亿元。同年主要贷给县水泥厂、县造纸厂、县微拖厂、县松脂厂和县活塞环厂 5 家国有企业。1993 年,容县人民银行坚持“按季监控、按月考核”的办法,加大全县信贷的监管,保证信贷规模控制在上级下达的计划之内。年末金融机构各项贷款余额 3.92 亿元。

1994—1997 年,按照中国人民银行“总量控制、比例管理、分类指导、市场融通”的信贷资金管理原则,对商业银行实行贷款限额管理下的资产负债比例管理,按存款比例、资产流动性比例等监管指标进行考核。金融机构有选择地支持效益好的企业和项目。如 1996 年经济效益好的企业在工业方面:支持容县松脂厂购进松脂原料 1 万多吨,支持容县微拖厂购进齿轮、柴油机,支持广西桂南制药集团有限责任公司开发新产品的流动资金需要等,促进了企业生产发展,产量、销售、税利实现同步增长;商业方面,支持容县百货公司及县粮食部门所需资金;加大对农业投入,农业生产投入在上年基础上增长 19.8%。乡(镇)企业继续得到有效的支持。如广西永兴实业公司,广西黑五类食品集团有限公司等,使全县乡(镇)企业在经济环境比较恶劣的情况下,仍然保持着增长势头。同年固定资产贷款在国家严格固定资产投资规模情况下,比上年末增长 27.6%,主要是支持容县城南供水有限责任公司和县电力公司购进设备,使上述企业能够及时施工,竣工投产,收到预期的效益。1997 年末,各金融机构各项贷款余额 12.80 亿元。

1998 年后,取消对国有商业银行贷款限额控制,实行“计划指导、自求平衡、比例管理、间接调控”的信贷资金管理体制,从原来主要依靠行政干预的直接调控方式过渡到市场化间接调控方式。引导辖区信贷投向,加大信贷投入,拉动有效需求,全县贷款投放加快,结构继续调整,全面贯彻执行适度从紧的货币政策,推进金融体制和信贷资金经营方式的转变,各商业银行为支持地方经济发展,把一些效益好、讲信誉的企业作为重点扶持对象,争取得到上级银行的支持,四家商业银行年累计放出大额贷款 1.88 亿元;县农村信用社支持“三农”(农业、农村、农民)的力度进一步加大,在资金极其紧张的情况下,支持农业生产,全年累计发放支农贷款 1.89 亿元。年末各项贷款余额 13.15 亿元,比上年增加 3554 万元。

1999—2002 年,取消对国有商业银行贷款限额控制的管理体制,商业银行设有信贷规模,同时降低了准备金率。但是商业银行历史遗留问题较多,贷款质量较低,为加强风险防范,取消了县支行的贷款审批权,同时对不良资产进行剥离。所以连续几年贷款趋于下降。特别是 2000 年,贷款余额为 10.91 亿元,比上年减少 1.88 亿元,减幅较大。

2003—2005 年,各商业银行改善贷款结构,增加经营效益,加大对地方企业的贷款力度,对优质企业特别是重点扶持企业进行重点信贷扶持,信贷投入逐年增加。如 2003 年贷款余额 12.93 亿元,比上年增加 1.87 亿元;同年重点扶持广西黑五类食品集团有限责任公司,年末贷款余额达 1.20 亿元,新增贷款 3000 万元,年累计对该公司发放贷款 8180 万元。该公司同年至 11 月产值 5 亿多元,上缴税金 1408 万元,比上年增收 440 万元。2005 年末,全县各金融机构各项贷款余额 13.62 亿元。比上年增加 3806 万元。

工业贷款

1990 年,容县各金融机构发放工业贷款余额 4539 万元。1991 年,全年工业贷款 5137 万元,主要贷给容县造纸厂、县水泥厂、微拖厂、松脂厂和活塞环厂。1993 年,工业贷款 1.08 亿元,比上年增加 2515 万元,贷款增加较多的企业有县纸厂,活塞环厂,水泥电石厂,微拖厂,分别比年初增贷 583 万元、353 万元、138 万元和 92 万元。1994 年,发放贷款 1.61 亿元,帮助国有企业和乡(镇)企业解决流动资金不足的困难,重点发放对象是陶瓷、造纸、食品、石材加工等企业。1995 年,贷款 1.99 亿元给县造纸厂、微拖厂、松脂厂和活塞环厂 4 家国有企业,提高生产效益,这些企业提供的税收占了县经委口任务的 72%。同时对效益好的企业及基础设施也作了大力的支持,如对县烟草公司、广西桂南制药集团有限责任公司、电力公司、邮电局、松脂厂共贷款 3770 万元。1997 年发放工业贷款达到峰值 2.43 亿元,是最高峰的一年;同年,主要发放工业贷款的有县水泥厂、县造纸厂、县微拖厂、县松脂厂和县活塞环厂等 5 家企业。2000 年贷款 1.60 亿元,比上年减少 6989 万元。剔除不良资产后,国有企业增加新的贷款 1781 万元,支持中小企业发展生产贷款 1.27 亿元。2005 年工业贷款比上年减少 4822 万元。全辖区工业贷款余额 8589 万元。

商业贷款

1990年年末，容县商业贷款余额7071万元。1991—1993年，随着商业流通体制改革，个体私营经济逐步发展，国营、集体商业逐步转向民营，商业贷款开始转向个体户发放。贷款的增加幅度不大，其中1993年增幅比上两年增幅大些，主要是地方商业贷款2281万元，粮食贷款1496万元，比上年增加456万元，外资贷款余额695万元，比上年增加297万元。1994年，商业贷款余额9779万元，比上年减少1713万元。其原因是严格控制信贷规模，优化贷款结构，专业银行跨项目使用短期贷款指标，其主要是使资金规模双实现，从而采取了跨项目使用指标的办法。因而结构发生了变化，工业贷款有商业用款，也有乡（镇）企业用款，乡（镇）企业贷款有工业用款，因此出现商贷减少现象。1996年，商业贷款1.63亿元，比上年增加3636万元。原因是当年虽然继续执行货币适度从紧的措施，但金融部门努力争取在贷款增加的基础上重点支持一批产品有销路、经营有效益的企业。如县百货公司及县粮食部门收购粮食所需资金。粮食贷款增长58.9%，增幅比较大。2000年，商业贷款9370万元，比上年减少5490万元，减幅大的主要原因是银行加大对农业的投入，累计发放“三农”（农业、农村、农民）贷款总额6980万元；商业流通体制的改革，商业企业的解体，门店实行个人承包，因而商业贷款下降。2004年，商业贷款774万元，比上年减少3338万元。主要是一些企业到期贷款该回笼的收回，如县工商银行（简称“工行”）收回县医药公司、县制动密封材料厂等单位到期流动资金贷款275万元，中国银行收回广西高峰容州人造板责任有限公司贷款500万元，县种子公司100万元，农业银行（简称农行）收回广西容县鸿大绿色饲料有限公司到期贷款320万元等；其次是剔除政策性剥离及核销呆账以及工行、农行上划玉林不良贷款；再次是一些企业贷款归还后县级商业银行无权继续支持企业资金需要；造成贷款降幅较大。2005年，商业贷款只有144万元，比上年减少630万元。原因为随着商业流通体制改革，个体私营经济逐步发展，国有商业、供销社集体商业基本解体，门店大部分承包给个人经营，因而商业贷款连续呈下降趋势。与1990年相比减少6927万元。

农业贷款

1990年，各金融机构发放的农业贷款余额1585万元，是重点扶持农村种养业发展。1993年，发放农林水资金3750万元，加强农业和农田基本建设的改善。1994年，发放贷款9746万元用于全县发展种植水果、肉桂、八角等种养植业。1995年，农业贷款余额1.10亿元，比上年增加1260万元。主要是农行在11月份支持发放了日杂公司贷款170万元，供销社贸易公司贷款20万元及农行发行发放了粮食收购贷款比年初增加1052万元。1998年，农业贷款2.21亿元，比1997年增加8490万元，其中农行农业贷款4833万元，比上年增加625万元；农村信用社农业贷款1.73亿元，比上年增加7865万元。1999—2005年，随着国家对“三农”经济大力支持，金融机构信贷投向也向“三农”倾斜，农业贷款余额呈上升趋势。其中2003年农业贷款余额3.13亿元，比上年增加3338万元，主要是农行重点支持食品、电力、林化等企业发展和农村信用社大力扶持地方“三农”发展，利用人民银行再贷款累计发放农户贷款1.39万户、金额6844万元。2004年底止，人行容县支行对县农村信用联社发放支农再贷款4笔，累计发放金额5730万元；累计收回支农再贷款6笔，金额5570万元；县农信社充分利用人行再贷款累计发放农户贷款1.04万户、金额6769万元。2005年，全县各金融机构发放的农业贷款余额达3.57亿元，是1999年的1.66倍。

其他贷款

1990年，容县其他贷款余额6664万元。1991年8986万元。1992年贷款余额1.13亿元。比上年增加2340万元，主要原因是乡（镇）企业贷款、固定资产贷款和其他类贷款的增加，如对各乡（镇）企业和县乡（镇）企业长廊发展给予大力支持，对种植林、果、肉桂等经济作物发放贷款，年累计发放乡（镇）企业贷款3062万元。1994年，其他贷款余额4.91亿元，比上年增加3.60亿元，增幅大的原因是各专业银行为严格控制信贷规模、优化贷款结构、跨项目使用短期贷款指标，使资金规模双实现而采取了跨项目使用指标的办法，出现有工业贷款、商业贷款用乡（镇）企业贷款指标，造成在统计各项贷款时，没有正确反映出来，因而出现其他贷款增幅较大。1995—1997年，其他贷款呈增加势头，其中1997年贷款余额7.52亿元，比上年增加8269万元，其主要是乡（镇）企业贷款，其他短期贷款及私营企业、个体贷款的增加。2003年，其他贷款余额7.70

亿元，比上年增加 1.34 亿元，主要是增加短期、中期流动资金贷款、中长期贷款、私营企业贷款等共增 1.72 亿元，建筑、乡（镇）、“三资” 等企业共减少 3875 万元。抵减后增幅比较大。2004 年其他贷款 8.17 亿元，比上年增加 4624 万元。主要是增加中长期贷款及私营企业贷款 7312 万元，建筑企业、乡（镇）企业贷款、其他短期贷款共减 2688 万元，互相抵消后贷款增加。2005 年其他贷款余额 9.18 亿元，比上年增加 1.02 亿元。为历年贷款最多的年份。农村信用社贷款余额 8.25 亿元，比年初增加 1.76 亿元，对 “三农” 经济支持较大，在一定程度上缓解了农户贷款难的问题。其中支持农村农业、农户贷款余额为 7.17 亿元，比年初增加 9224 万元。当年新发放贷款 5.51 亿元。

表 10-14 **1990—2005 年容县金融机构贷款余额情况表**

单位：万元

年份	工业贷款	商业贷款	农业贷款	其他贷款	合计
1990	4539	7071	1585	6664	19859
1991	5137	8548	2223	8986	24894
1992	8330	9886	3253	11326	32795
1993	10845	11492	3750	13093	39180
1994	16091	9779	9746	49125	84741
1995	19857	12678	11006	56469	100010
1996	22372	16314	13447	66943	119076
1997	24334	14822	13640	75212	128008
1998	23385	14436	22130	71611	131562
1999	22997	14860	21549	68489	127895
2000	16008	9370	22019	61741	109138
2001	11908	6939	24069	62274	105190
2002	13248	5816	27913	63623	110600
2003	16922	4112	31251	77031	129316
2004	13411	774	36620	81655	132460
2005	8589	144	35718	91815	136266

第五节　债券发行

1990 年，玉林地区分配容县的债券发行任务为 199 万元，特种国债 19.80 万元，财政债券 6.60 万元。同年 8 月底完成债券发行业务。国债券兑付采取集体兑付和个人兑付 2 种形式。全年共兑付国债券（本息）100.78 万元，比上年增加 191.60 万元，增长 290.79%。兑付国家建设债券 20.50 万元。1991 年，继续做好到期国债的兑付工作。6 月中旬，人行容县支行组织召开县财政、各家银行领导会议，落实国债兑付的具体工作，下旬举办 2 期学习班，提高兑付人员的业务水平和反假能力，落实兑付网点。共兑付国债券、国家建设债券（本息）216.67 万元。代理发行国库券 188 万元，特种债券 7.50 万元。提前 4 个月完成债券发行任务。1992 年，共兑付国库券本息 205.80 万元，保值公债券本息 328.30 万元。

1993 年，完成国库券发行 628.20 万元任务。兑付国库券及债券本息 246.30 万元。1994 年，全年兑付国库券本金 106 万元。同年，发行的国库券为 1 年期国库券，从 1994 年 4 月 1 日起计息，年利率为 13%，偿还期 2 年，1996 年 4 月 1 日起一次偿还本息。当年的二期国库券发行期 2 个月，从 1994 年 4

月 1 日—5 月 31 日止。2 年期国库券面值分别为 100 元、500 元、1000 元人民币，为可上市债券。2 年期国库券继续推行承购包售的发行方式，由财政局组织银行、非银行金融机构，财政国债中介机构等承购包销。

1995 年，发行 3 年期国库券，全县发行国库券 940 万元。当年银行应办理还本付息的国债有：1981—1985 年向单位发行的国库债券 5 种；1981—1992 年向个人发行的国库券 12 种；1988 年 2 年期、5 年期财政债券；1987—1988 年国家建设债券，1989 年保值公债各 1 种，1990 年财政债券；共 12 个年度，23 个类别，兑付国债本息 23.74 万元。

1996 年，到期的国家债券有 7 种，发行国债券 85.50 万元。各国有商业银行兑付国债本息 198 万元。1997 年，国家财政部，人民银行总行发行的国债为凭证式国债，采用填制“国库券收款凭证”的方法发行，2 年期利率 8.64%，3 年期 9.81%，5 年期 10.17%；人民银行容县支行支库配合各商业银行做好发行工作。1997—2005 年，共兑付国债本息 196.48 万元。

第六节 基金会

1991 年 11 月，容县成立农村合作基金会，供销社股金办公室。1995 年 11 月底，全县设有农村合作基金会机构 31 个，股金余额 4300 万元，累计吸收股金 1.10 亿元。1996 年，根据玉林地委、行署的决定，原容县交通局成立的交通发展互助会于 1996 年 10 月撤销。同年 10 月 28 日，成立容县“两清一落实”工作领导小组。同年 11 月，根据群众举报，人行容县支行分别查证了容县黎村镇农村合作基金会大市场分会(60% 股金红利)和容县自良供销合作社股金办公室(股金红利 15‰)违反国家利率政策的违法行为。同年 12 月 20 日，容县人民政府召开联席会议，对违反国家金融政策的 2 个单位进行处理，各罚款人民币 5 万元，撤销 2 个单位负责人主任职务，并在容县电视台《容县报》上通报批评。1997 年，人行容县支行贯彻执行中共玉林地委、行署《关于整顿金融秩序、治理金融环境的决定》。县委、县政府积极支持人民银行查处辖内金融违法活动。当年年底，受亚洲金融风暴影响，一些基金会、股金会股民出现挤兑现象。1998 年 4 月起，供销社股金会、农村合作基金会出现股民挤兑股金增多，因融资困难不能及时兑付股金而造成股民出现恐慌心理，导致容县农村信用社也发生大规模的储户挤兑存款现象，为解决存款户挤兑的资金所需，经人民银行上级行批准，动用临时存款 2687 万元，准备金 1850 万元，人民银行累计发放再贷款 1.52 亿元，平息了这场挤兑风波。同年 4 月底，全县各农村合作基金会、股金会全部关停封账。1998 年，迅速取缔了恢复挂牌营业的“交通发展互助会”及新成立的“容城镇东光村救灾扶贫储金会”这 2 个变相办理金融业务的机构。对超经营范围办理金融业务的两家经济信息公司的活动进行了规范、纠正。同年，人民银行容县支行围绕“防范和化解金融风险”的金融方针，加强金融宏观调控，灵活调度资金，化解风险。1999 年 7 月，开始清理账目、资产及清退兑付股金。2001 年 1 月 8 日，县人民政府成立容县供销社社员股金首期兑付和转退工作领导小组；3 月 15 日，成立农村“两会一部”风险化解工作领导小组，进行兑付和转退工作，化解“两会一部”风险；同时，县人民政府采取通过法律手段追收贷款，处置抵押物和债务等措施逐年返还社员股金。至 2005 年，全部兑清全县股民的股金。

第七节 保 险

财产保险

1990 年，容县人保财险开办的险种主要有：机动车辆保险、企业财产保险、家庭财产保险、责任保险、货物运输保险、农业保险、人身意外伤害保险。1992 年，业务总收入完成年计划任务的 147.64%，比上年增长 62.79%。1993 年，开办各类险种 35 种，强化保险业务管理，增加保费收入。1996 年 5 月 1 日，中国人民保险公司容县支公司分设“中保财产和中保人寿”两个支公司。2000 年开办险种有：企业财产损失险、家庭财产损失险、机动车损失险、货物运输险、船舶险、责任险、农业险、人身意外伤害险。同年保费收入 1145 万元，理赔 502 万元。2005 年新开办险种有：机动车保险、责任险、工程险、信用保证保险；当年保费收入 1541 万元，理赔 597 万元。2005 年与 1990 年相比，保费收入增加 1330 万元，增长 631.02%。机动车辆保险包括汽车保险，摩托车保险和拖拉机保险。机动车辆一直成为公司的主要险种和业务，每年保费约占公司总保费的 70% 左右。特别是从 2004 年 5 月 10 日起实施《中华人民共和国道路交通安全法》后，车险业务得到增加。

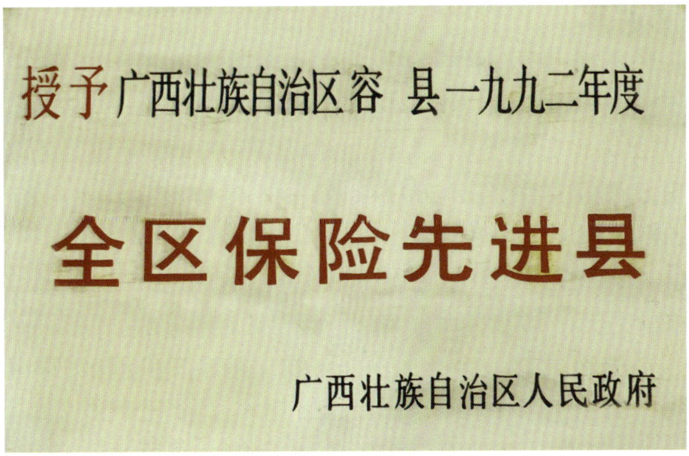

容县获得 1992 年度全区保险先进县称号
（中国人民保险公司容县支公司　提供）

汽车保险　1990 年，保费收入 47 万元，赔付 35 万元。1995 年承保 1028 辆，收保险费 408.30 万元，赔款 257.60 万元，赔付率 63%。2000 年承保 935 辆，收保险费 468.50 万，赔款 290 万元，赔付率 61.90%。2005 年保费收入 1092 万元，理赔 352 万元。2005 年与 1990 年相比，保费收入增加 1045 万元。

摩托车保险　1990 年，保费收入 4 万元，赔付 1.20 万元。1995 年保费收入为 57.60 万元。2000 年保费收入 338.40 万元。2005 年保费收入 360 万元，理赔 48 万元。

拖拉机保险　1990 年，保费收入 1 万元，赔付 0.80 万元。1995 收保费 5.20 万元，赔付 4.60 万元。2000 年收保费收入 11.70 万元，赔付 9.70 万元。2005 年保费收入 20 万元，理赔 9 万元。

企业财产险　包括综合险、基本险、财产一切险、机器损坏险、附加险、利损险、个体险、工商险等。约占公司保费的 20%~25% 左右。1990 年、1995 年、2000 年的保费收入分别是 57.50 万元、201.20 万元、244.30 万元；赔款金额分别为 43.50 万元、509.40 万元、111.90 万元；赔付率分别为 75.70%、253.20%、45.80%。1995 年赔付率最高，主要是 10 月 13 日容县遭受百年不遇特大洪灾，几十个企业财产受损，自治区分公司和玉林分公司派来查勘工作队，历时 15 天查勘处理案件。2005 年的保费收入 244 万元，理赔 12 万元。

家庭财产保险　家庭财产保险先后开办有普通家庭财产保险、农村房屋保险、长效家庭财产保险、金锁家庭财产综合保险和附加盗抢险、现金首饰盗抢险、家用电器安全险、管道破裂水渍险、个人法律责任险。1990 年保费收入 11.40 万元，赔款 53.80 万元，赔付率 471.90%。1992—1993 年在县人民政府和各乡（镇）宣传发动下全县实行了农房统保，按每个农户收储金 20 元，保险期限 5 年，满期后退回 20 元储金给农户。全县储金收入 258.60 万元。1995 年，家庭财产保险收入保费 28.60 万元，赔款 291.40 万元，赔付率 1018.90%。原因是当年 9 月 1 日，遭受第 9 号台风袭击，全县 16 个乡（镇）185 个村 24.60 万人受灾，倒塌房屋 677 间 8120 平方米，损坏房屋 2530 间 30360 平方米；10 月 12 日—14 日，第 16 号热带风暴影响全县，降大暴雨，全县 60% 农作物受灾，部分房屋倒塌。是赔付率最高的一年。农房统保储金从 1998 年后逐步退还农户。2005 年的家庭财产保险费收入 17.90 万元，理赔 3.30 万元，赔付率 18.44%。

责任保险　主要险种有公众责任险、产品责任险、雇主责任险、产品质量保证险、供电责任险、旅行社责任险、医疗责任险、校园方责任险等等。1990 年，保费收入 7.60 万元。2000 年，责任保险保费收入 50.50 万元，赔款 31.70 万元。2005 年保费收入 23.50 万元，赔款 9.80 万元，赔付率 41.70%。保费收入最少的年份是 1993 年，仅 10 万元；收入最多的年份是 2002 年，为 63.10 万元。

农业保险　1990 年，农业保险险种有种植业和养殖业保险。公司仅办过林木保险、养鸡、猪、牛保险。1992—1994 年，共收入保费 24.20 万元，赔款高达 172 万元，赔付率 710.74%。由于容县有些年份自然灾害发生频繁，加上缺乏国家政策性支持，业务经营一直处于亏损状态。1995 年起对高亏险种上级责令停办。

人身意外伤害保险 险种主要有人身意外伤害险、团体人身险、学生平安险。1990 年保费收入 52.40 万元，赔付 25.70 万元。1995 年收保费 361 万元，赔付 200.10 万元。1996 年人保公司分业后划归中保人寿保险公司，直到 2003 年经中国保险监督委员会核准，人保财产公司重新开办人身意外伤害保险和健康险业务。2003 年保费收入 107.70 万元。2005 年保费收入 61 万元，赔款 30.80 万元。赔付率 50.49%。

人身险业务（长期） 险种主要有简易人身险、养老金保险、福寿安康险等。1990 年保费和储金收入 324 万元。1995 年 411.80 万元。1996 年分出中保人寿公司后，从此该项业务划归中保人寿管理和建账。

保险理赔 容县是一个自然灾害多发的地区，常有台风、暴雨、洪涝灾害的灾情，查勘理赔就更显得繁忙。1991 年 7 月 24 日—25 日，第 8 号台风袭击容县，全县平均降雨 177 毫米，绣江容城段水位高达 77.59 米。全县 191 个村庄，4.50 万户，22 万人受灾，8 人死亡，163 人因灾受伤，倒塌房屋 989 间，牲畜、农作物被冲走，农田、厂矿被淹，公路、桥梁、电力设施等受损严重。赔付企业 39 个、灾户 1405 户，赔款金额 135 万元。1995 年 10 月 13 日，容县普降暴雨，造成外洪内涝，绣江容城段水位创历史纪录，达 79.41 米。沿江街道被水淹没，水深达 4 米；大批水利设施被冲毁，因灾死亡 22 人，全县经济损失惨重；自治区保险分公司、玉林中支分别派出查勘理赔工作组协助容县保险公司查勘定损。仅此次大灾，保险公司赔款金额 750 万元。2004 年 7 月 1 日，中国人民保险公司首先推出全国统一的保险服务专线电话——“95518”正式在容县运行，查勘理赔人员做到 24 小时全天候值班，容县或是全国其他省市车辆在容县范围内发生事故，是人民财险公司承保的，会得到及时的查勘理赔服务。2005 年公司开展“金牌服务工程”，理赔无忧——车险快捷服务承诺活动，即对查勘定损时限，结案时限作出承诺。2005 年这项服务的理赔金额是 125 万元。

1995 年 10 月，玉林地区保险公司上门向容县胶合板厂送洪灾损失赔付款

（1995 年 10 月摄，中国人民保险公司容县支公司　提供）

人寿保险

人寿保险主要开办的险种分为人寿保险、健康保险、意外伤害三大类寿险业务，1996—2005 年开办的主要险种有简易人身保险、个人养老金保险、独生子女两全保险、夫妻恩爱保险、福寿安康保险、少儿幸福综合保险、重大疾病终身保险、88 鸿利、99 鸿福、鸿寿年金、学生平安保险、人身意外伤害综合保险、意外伤害附加医疗保险、团体附加医疗保险及健康保险和分红保险等 42 种保险。1996 年 10 月成立城区营销部，在城区范围内开展销售个人寿险业务，主要推销险种有少儿幸福综合保险、66 鸿运、88 鸿利、99 鸿福、鸿寿年金等险种，当年个人营销险种保费收入 11.68 万元。全年组织保费收入共 888.69 万元。1997 年，保费收入 1072.05 万元，比上年增长 20.63%。1998 年，保费收入 1305.30 万元，比上年增长 21.75%。2000 年，保费收入 1690 万元，比上年增长 14.40%。2004 年，保费收入 3374 万元，完成年计划任务的 86.25%。2005 年，总保费收入由 1996 年的 888.69 万元增至 3727.26 万元，增幅 319.40%。县内寿险市场份额 95%，每年平均增长幅度 16%，总量在全区 80 个县域公司排名第七位。2004 年获广西中国人寿保险股份有限公司分公司授予“最佳潜力奖”和“最佳效益奖”奖项；2005 年获广西中国人寿保险股份有限公司分公司授予“先进基层党组织”，玉林分公司授予先进单位（集体）称号。

1996 年，中保人寿保险有限公司容县支公司，赔付金额 217.47 万元，短期赔付率 49%。1997 年，赔付金

额 301.47 万元，其中意外伤害医疗保险赔款支出 172.70 万元，健康医疗保险赔款支出 87.26 万元，死亡医疗保险赔付 41.51 万元。是赔付金额最多、赔付率最高的一年，短期赔付率 84.58%。

1998 年，赔付金额 203.59 万元，短期赔付率 53.77%。1999 年，中保人寿保险有限公司容县支公司更名为中国人寿保险公司容县支公司。同年，赔付金额 193.99 万元。2000 年，赔付金额 185.66 万元，短期赔付率 52.30%。2001 年，赔付金额 177.33 万元，短期赔付率 48.20%。2002 年，赔付金额 213.76 万元，短期赔付率 47.80%。

2003 年 6 月，中国人寿保险公司重组为中国人寿保险（集团）公司，并独家发起设立中国人寿保险股份有限公司，变更为中国人寿保险股份有限公司容县支公司。同年，保费收入 3659 万元，赔付金额 214.62 万元，短期赔付率为 49%。2004 年，赔付金额 198 万元，是历年来赔付率最低的一年，短期赔付率 42.97%。2005 年，赔付金额 210.38 万元，短期赔付率 44.99%。

1996—2005 年，累计赔付保险金额达 2116.27 万元。以上赔付金额是一年期以下的短期业务赔款，不含长期一年以上的寿险业务赔付金额。

2002 年 5 月—2005 年，累计承担企业财产保险、家庭财产保险、学生平安综合保险、农村保险等各种社会风险 9.69 亿元。赔付各种赔案 1330 件，支付各项赔款 400 万元。

公司历年来十分重视理赔服务，确定“优质理赔促业务发展”的工作方针，提倡优质服务，率先向社会推出“闪电赔付”“5000 元赔案，立等可取”“1000 元以下现场赔付”等特色的优质服务。

表 10-15

1990—2005 年容县保险业务一览表

单位：万元

年份	容县支公司				财险容县支公司				寿险容县支公司			
	保费收入	储金收入	赔付金额	短期赔付率 %	保费收入	储金收入	赔付金额	短期赔付率 %	保费收入	储金收入	赔付金额	短期赔付率 %
1990	416.80	215.80	190.27	80.55								
1991	519.66	346.36	292.67	104.26								
1992	947.99	542.99	634.52	90.42								
1993	1104.03	606.03	599.85	74.67								
1994	1305.16	620.16	950.57	96.97								
1995	1596.70	656.70	1387.40	114.49								
1996					830	271	517	62.29	888.69	492.42	217.47	49
1997					904	396	524	57.96	1072.05	764	301.47	84.58
1998					961	182	477	49.64	1305.26	1317	203.59	53.77
1999					1051	165	436	41.48	1477.27	1480	193.99	49.75
2000					1145	45	502	43.84	1690	1335	185.66	52.30
2001					1012	9	668	66.01	1819	1441	177.33	48.20
2002					1058	12	501	47.35	2786.50	2339.30	213.76	47.80
2003					1336	14.70	696	52.10	3659	3221	214.62	49
2004					1463	14	628	42.93	3374	2913.80	198	42.97
2005					1541	14	597	38.74	3727.26	3259.63	210.38	44.99
合计					15350.8	2270.20	9449.80	61.56	21799.03	18563.15	2116.27	522.36

说明：1990—1995 年是财险与寿险支公司没有分营的合计数

第八节 金融监管

规范金融秩序

1992年开始，容县出现个别金融机构擅自变相提高储蓄存款利率或者以发放协储费、揽储费和储蓄奖金等手段来吸收储蓄存款现象，以至出现“储蓄大战”和“利率大战”。人民银行容县支行为此责成各金融机构停发揽储费、协储费，并召开全县金融机构联席会议，签订《容县储蓄同业公约》，规范金融秩序。县支行经常派出人员调查摸底，一经发现有擅自变相提高储蓄存款利率的苗头立即制止，并在全县金融系统内开展以制止擅自提高利率、乱集资，严格控制信贷规模为重点的纠风工作。至1995年，全县的金融秩序基本恢复正常。1996年冬，黎村镇农村合作基金会大市场分会和容县自良供销合作社股金办公室违反国家利率政策，变相提高利率，对这两个单位分别进行处理。1998年4月起，出现股民挤兑基金会、股金会股金，供销社股金会、农村合作基金会出现支付困难，人民银行容县支行派出人员协助对“两会一部”的清理工作，重点清理供销社股金会和农村合作基金会；全县“两会”停止对外经营业务。调拨资金平息了挤兑风波。

从业资格审查

1990年，人民银行容县支行加强对全县机构网点审核审批和高级管理人员的资格审核工作，对辖内138个金融机构网点进行审查。1993年，人行容县支行加强金融机构管理，做好金融机构上报审批工作。共上报审批增设金融机构5个，完成对139个金融机构的年检和换证工作。1994年，上报审批新增机构10个，其中银行机构4个，城乡信用社6个。1995年，对160个机构进行年检登记，其中年检合格128个，年检基本合格32个。1996年，严格审批新增金融机构，经人民银行批准经营金融业务的金融机构共有196家进行年检，并对城区14个机构的负责人进行资格审查，对其中两个不符合任职条件的建议有关单位重新考虑新的人选。1999年，参检机构138个，年检合格96个，基本合格42个。同年审查核准高级管理人员任职资格2人，审查核准基层营业网点主要负责人任职资格11人。2002年，加强对农村信用社高级管理人员任职资格审核，共核准3人，备案27人。2003年，对农行容县支行开办金融超市进行了备案。加强对各商业银行业务准入的备案工作，完善有关备案手续。2004—2005年，银监办继续做好各金融机构从业资格审查的相关工作。

现场检查

1990—2000年，人民银行容县支行对全县金融机构的日常业务进行现场检查。2001年，把对农村信用社的监管重点由支付风险的监控转移到资产风险和财务风险监管检查，全年先后抽调47人次，投入工作日396天，分别对辖内的联社营业部，杨梅、灵山、杨村、容厢等6个信用社进行常规检查和经营状况进行年检，并对4个法人机构进行重点调查，通过对辖内农村信用社2000年度财务执行情况的非现场检查，针对各信用社的财务收支，盈亏成因以及费用管理等方面存在的问题，发出质询书4份，财务风险提示书8份，财务风险告诫书9份，另外在非现场监管中，共对备付率低于3%的农村信用社发出告诫书8份、预警书1份。分别对中国银行容县支行擅自任命4个储蓄所副主任的违规行为给予警告处罚；加强对《个人存款账户实名制规定》执行情况检查，对违反个人存款账户实名制规定行为的建设银行容县支行、容县邮政局分别给予警告，并各处罚款1000元，对工商银行容县支行、中国银行容县支行给予警告处罚；对部分容县农村信用社越权审批贷款，以贷收息，发放贷款未依法办理抵押担保手续的违规行为分别给予行政警告，通报批评和罚款等行政处罚。2002年，共投入65个工作日对不良贷款真实性等多项现场检查，并对全辖区信用社实行监管人员走访制度，对经营过程中存在有突出问题的信用社实行约见谈话制度，并建立跟踪监管台帐。全年共对辖内信用社发出质询书11份，警告书2份，对2个不良资产促降不力的信用社负责人进行约见谈话。对辖内商业银行开展六项专项现场检查，共撤销辖内国有独资商业银行营业网点5个，撤销农村信用社分社11个。至12月底，全辖内信用社各项存款余额达6.64亿元，比年初增加4750万元；各项贷款余额达4.57

亿元,比年初增加 4456 万元。不良贷款余额为 2.89 亿元,比上年末减少 2502 万元,下降 12.4 个百分点,完成玉林中心支行下达压降 5.66 任务的 219%。全县 18 个信用社中,不良贷款余额、不良贷款率全部双下降。2003 年,经查对不良贷款余额比年初未减反增的信用社共发出质询通知书 6 份;对备付金率低于 3%的信用社发出告诫书 4 份;对不良贷款连续 6 个月增加的 1 个信用社进行诫勉谈话。2004 年,在对调查中发现金融机构上级行存在下达贷款发放硬性任务的情况,即针对问题严重的容县农村信用社发出风险警告,使容县农村信用社新增贷款的比例由 9 月份的 97% 下降到年底的 84%。1990—2005 年,对辖区内金融机构开展重要现场检查 12 次,参加现场检查人员 84 人次。

金融机构资产监管

1990 年,人民银行容县支行认真审查金融机构的设置,严格报批手续,对所有金融机构的设置、撤并一律按照合理布局,方便存取,有利业务发展的原则及上级行规定的程序报批。对手续不完备的补办审批手续,先后报批搬迁、增设及补办手续的金融机构和证券转让点共 26 个,其中搬迁 2 个,设置的证券转让点 2 个,补办邮政储蓄网点 3 个,补办保险所审批手续 13 个。1991 年,围绕清理整顿金融秩序,加强对金融机构的增设和撤并工作,全年增加机构 9 个。其中农村信用社分社和中行本部搬迁后原储蓄专柜升级为储蓄所各 1 个,邮政储蓄网点 7 个属自治区分行批准的。1998 年 3 月,增设合作金融机构监管股,专司负责监督管理容县农村信用合作社的运营。6 月下旬成立农金管理股,进一步加强农村信用社的监管工作,维护金融秩序,防范、控制和化解农村信用社经营风险。通过检查,对高风险农村信用社发出支付风险警告书,对资不抵债的农村信用社实行综合治理。2000 年,对现场检查中发现的问题发出整改建议书,并给予相应的处罚。对各商业银行和农村信用社 1999 年末贷款质量的真实性、盈亏状况真实性、内控制度建立与执行情况进行检查,共抽调 16 人,历时 46 天,338 个工作日,抽查机构 8 家,抽查贷款 6096 笔,金额 8.31 亿元;对辖区内商业银行 2000 年 1 月—6 月新增不良贷款真实性进行检查,抽查贷款 1012 笔,金额 5.46 亿元。通过检查,基本摸清各商业银行和农村信用社经营状况的真实性程度,指出存在问题,提出整改建议及措施。2004—2005 年,容县监管办根据玉林市银监分局委托,对辖区内有关银行业金融机构申请设立、变更营业场所等进行实地察看,检查其营业场所是否适合经营,安全设施是否达到标准,人员配备是否符合要求;对辖区内有关银行业金融机构需要逐级开办的相关业务进行初审;并与被审核人员进行任前谈话;对辖区内农村商业银行、农村信用社、新型农村金融机构等法人机构非现场监管报表的收集审核、不定期走访、报告重大事项、提出现场检查立项建议、开展监管评级初评、编制机构概览、建立非现场监管档案。

开展反假币宣传及打击贩卖假币犯罪行为

1990 年 9 月 14 日,人民银行国家总行发出反假人民币通知,对假币收缴作出明确的管理规定。凡是查没的假人民币,除公安机关破案工作和司法部门要求分留作罪证(都要盖"假币"戳记编号登记)以外,所有假币都要集中交由当地人民银行造册登记,逐级上交省、自治区、直辖市分行统一管理。容县成立人民币反假工作小组,组织、部署开展反假币工作。

1992年,容县相继出现50元机印假币流通,县金融机构加大反假币宣传,召开会议将 50 元假币在会上展出观看,提高专业银行出纳人员的反假识别能力。1993 年共缴获假币 1240 张。1994 年,开展打击贩卖假币活动。1 月 16 日,松山派出所在平南县平山镇抓获贩运假人民币的犯罪分子 3 人,当场缴获假币 2500 元。6 月 23 日,松山派出所与石头派出所联合在松山乡

1999 年 3 月,容县各金融单位开展反假币宣传活动。图为工作人员向群众介绍假币鉴别方法 (余露萍 摄)

柴九岈路边饭店抓获贩假币案犯马某、陆某，当场收缴假人民币 9200 元。同年，容县公安机关共破获假币案件6件，查处犯罪嫌疑人20人，缴获50元面额假币202张共1.01万元，100元面额假币157张共1.57万元。

1996—1999 年，人民银行容县支行举办反假货币知识培训班 9 期，参加培训人员 550 人次，发放反假宣传资料 7 万份。公安部门破获贩卖假币案 11 件，查处犯罪嫌疑人 16 人，没收假币 1386 张，金额 7.40 万元；各金融机构收缴假币 600 张，金额 5.04 万元。

2000 年，全县各金融机构共出动 180 人次加大反假币宣传工作，印发资料 3.11 万份，制作横标、墙报、板报等，共收缴假币 15.56 万元。2001 年，收缴假币 11 万元。2004 年，全县金融机构做好柜面堵截假币防范和收缴假币工作，收缴假币 25.65 万元；公安机关破获假币案件 1 起，收缴假币 4.05 万元。向中国人民银行玉林分行上缴假币 29.60 万元，假美元 5200 元，假港币 1600 元。2005 年，全县各金融机构缴获假人民币 19.46 万元。人民银行容县支行为公安机关鉴定假币 9 次，鉴定假币 46 张共 3000 元。

第十一篇

综合经济管理

2001 年 11 月 1 日，在县城区侨乡广场举办广西容县沙田柚节开幕仪式

（曾宪球　摄）

第一章　计　划

1990年后，容县随着社会主义市场经济的逐渐建立和发展，全民经济和集体经济所有制成分逐渐缩小，个体经济成分逐渐增大。计划管理的职能由微观经济管理转向宏观经济管理，推行计划经济与市场调节相结合的“双轨制”和放宽价格管理，侧重编制中长期发展规划以及对各项经济指标的评估和分析。农业经济第一产业占据主导的地位长期不变。各种经济成分的工业产值比重也发生变化，由农民个体承包经营的产值占农业生产总值的90%以上。1990年，容县国有及国有控股、集体的工业总产值占全部工业总产值的比例分别为45.41%和33.22%；县内第一、第二、第三产业投资结构为0∶82.81∶17.19；投资主体呈现多元化格局，个体投资增速大于国有投资增速，投资比重达26.95%；固定资产投资0.19亿元；全县实现国内生产总值5.82亿元，人均国内生产总值927元，城镇居民人均可支配收入1347元，农民人均纯收入522元。1995年，实现国内生产总值为18.69亿元，固定资产投资为1.78亿元。1999年，容县国有及国有控股、集体的工业总产值占全部工业总产值的比例分别为8.20%和72.66%。2000年，全县实现国内生产总值25.34亿元，固定资产投资为3.41亿元。2005年，全县国有及国有控股、集体和非公有制的工业总产值占全部工业总产值分别为5.30%、3%和91.70%；县内第一、第二、第三产业投资结构变化为6.30∶59.65∶34.05；个体投资与国有投资的比重上升到69.95%；实现国内生产总值为35.13亿元；固定资产投资达13.16亿元；人均国内生产总值上升到4634.60元；城镇居民人均可支配收入增至6670元，农民人均纯收入增至2541元。

第一节　机　构

1990年，容县计划委员会为县人民政府工作机构，正科级行政单位，办公地址设在县政府办公大院内。核定行政编制8名，实有人员12人。负责管理容县物价局、容县粮食局、容县物资局等行政职能单位。同年，成立下属管理机构容县经济技术开发规划室、容县经济技术协作办公室。1992年，成立容县信息中心。1997年，容县计划委员会更名为容县计划局，内设政工秘书股、工业农经股、投资股、社会发展股，核定行政编制10名，实有人员17人。容县物资局转属企业性质，不再挂物资局牌子。2001年，容县计划局更名为容县发展计划局，内设政工秘书股、投资股、工业农经股、社会发展股。核定行政编制11名，机关后勤服务编制2名，实有人员13人。容县粮食局、容县物价局并入县发展计划局，在县发展计划局保留粮食局、物价局牌子；容县国防动员委员会国民经济动员办公室设在容县发展计划局，由容县发展计划局管理。2004年6月，容县发展计划局更名为容县发展和改革局，内设政工秘书股、发展规划股、综合股（挂行政审批股）、投资股、工业农经股。2005年，县发展和改革局编制数不变，实有人员16人；在县发展和改革局内保留县物价局的牌子及印章；县粮食局由原挂牌机构改为县政府工作部门；县国防动员委员会国民经济动员办公室设在县发展和改革局并由其管理。下属管理机构有容县经济技术开发规划室、容县经济技术协作办公室、容县信息中心。

1990—2005年历任（主任）局长：温国祯（—1990.12）、邱进勇（1990.12—1993.12）、林孟南（1993.12—1999.3）、莫郁荣（1999.3—1999.8）、（1999.9—2000.4缺）、何兴明（2000.5—2001.11）、张伟（2001.11—）。

第二节　计划体制改革

1990年，容县计划经济实行以指令性计划为主、指导性计划为辅的管理体制，企业的生产经营活动按照计划进行。县经济计划管理的职能随着国家政策的变化而变化。1991年，县委、县政府出台《关于容县乡镇企业二次创业的决定》《关于加快鼓励乡（镇）企业发展若干问题的规定》《关于引进科技、人才、资金、技术等有关奖励办法的规定》等，从调整政策环境入手，推动乡（镇）企业发展进入"黄金时代"。同年，对国有企业改革全面展开，主要是引入竞争机制，择优选任企业经营者，促进横向经济联合，发展企业集团，试行股份制，逐渐实行有条件的企业产权转让，形成出售、联合、兼并、重组、破产等多种改制形式，推动非公有制经济提速发展，加快县内工业发展步伐，年内全县实现国内生产总值 6.34 亿元。1998 年，县委、县政府制定《关于贯彻自治区党委、自治区人民政府〈企业改革整顿的总体方案〉的实施意见》《关于加快个体私营经济发展的决定》《关于进一步促进民营企业外来投资企业发展的有关规定》等政策文件，深化农村改革，推出实施农业产业化方案；加快国有企业改制，大力发展非公有制经济的工作思路，对容县密封材料厂、医药公司、微型拖拉机厂、印刷厂等 11 家国有企业进行改制；开展乡（镇）企业改制，乡村办集体企业通过组建有限责任公司、出售、兼并等方式，基本完成向个体私营企业和公司制企业过渡。1999—2000 年，制定《关于促进国有企业解困与发展的优惠办法》《关于促进国有企业下岗职工再就业的优惠办法》《关于加快容县经济发展优惠办法的通知》《关于招商引项目优惠办法的通知》等政策文件，落实各项激励措施，全面实施"农业强县、工业富县、科技兴县、依法治县"总体战略，促进容县非公经济迅猛发展。2000 年，实现生产总值 25.34 亿元，财政收入 1.46 亿元，比 1990 年增加 1.08 亿元。2001 年，容县十二届人大三次会议审议通过《容县国民经济和社会发展"十五"计划纲要》，提出"巩固提高第一产业、重点突破第二产业、加快发展第三产业"，优化升级产业结构，扩大招商引项目力度，扩大工业总量的要求。2002 年，全县非公有制经济进入创新发展阶段。县委、县政府相继提出"工业强县""大开放、大招商、大发展"的战略，为非公经济发展营造环境和平台，围绕电子信息、食品制药、林产化工、机械制造等重点产业，主动承接东部产业转移。2005 年，县内国民经济快速发展，较好地完成全县经济社会发展"十五"规划的目标任务。

第三节　计划编制与执行

1990 年，容县计划编制主要有年度计划编制和五年计划编制，均由县政府计划管理主管部门负责编制，并由县政府向县人民代表大会报告，经审议通过后实施。同年，对农业方面的粮食、油料等下达指令性计划，农户在保证完成国家收购任务后，有权自主安排生产，其他农产品均属指导性计划；工业以指导性计划为主，主要物资从统一分配更改为除国家计划调拨部分外，其余可自由购销，放宽价格管理。1990—1994 年，减少工农业生产和商业等计划内容，增加国民生产总值、国内生产总值、工农业总产值、乡（镇）企业总产值、全社会消费品零售总额、环境保护、利用外资、城镇登记失业率和乡（镇）主要经济指标计划。1995 年，实行以调控目标的形式下达国民经济和社会发展年度计划指标。2002 年，以预期目标的形式下达国民经济和社会发展年度计划指标，编制全县经济社会发展计划主要指标有：国内生产总值、全社会固定资产投资、工业总产值、农业总产值、财政收入、社会消费品零售总额、城镇居民人均可支配收入、农民人均纯收入、规模以上工业增加值单位能源消耗、城镇登记失业率、人口自然增长率、污染物排放总量控制指标等。2005 年，计划编制和下达形式不变。

年度计划编制与实施

1990 年国民经济和社会发展主要指标　容县国民生产总值 4.27 亿元，增长 5.69%；国民收入 3.15 亿元，增长 4.91%；全县工农业总产值 3.34 亿元，增长 5.37%。其中工业产值 1.55 亿元，比上年增长 7%；农业总产值增长 4%；力争做到财政收支基本平衡。

1991 年国民经济和社会发展主要指标　容县国民生产总值计划 4.86 亿元，比 1990 年增加 3389 万元，增长 7.50%，力争达到 8%；国民收入计划 3.04 亿元，比 1990 年增加 1990 万元，增长 7%，力争达到 7.50%；社会总产值计划 6 亿元，比 1990 年增加 4670 万元，增长 8.43%，力争达到 9%；农业总产值计划 1.96 亿元，比 1990 年增加 1111 万元，增长 6%，力争达到 6.50%；工业总产值计划 1.80 亿元，比 1990 年增加 1633 万元，增长10%；乡(镇)企业总收入计划3亿元，比1990年增加3915万元，增长15%；外贸收购出口总值力争达到1042万元，比1990年减少649万元，下降38.38%；社会商品零售总额计划3.34亿元，比1990年增加2185万元，增长7%；粮食总产量计划23.99万吨，比1990年增加8981吨，增长3.89%，其中稻谷23.56万吨，比1990年增加8820吨，增长4%，亩产由1990年的822千克增加到852千克，增加30千克；财政收入计划4108万元，比1990年增加304万元，增长8%；银行存款余额2.32亿元，比1990年增加3720万元，其中城镇存款1.51亿元，比1990年增加2800万元；银行贷款2.43亿万元，比1990年增加4343万元；固定资产投资计划安排3677.50万元，比1990年增加1797.50万元，增长95.60%；年末人口计划控制在64.96万人以内，比1990年自然增加数在7064人以内(不含机械增加)，人口自然增长率在10.94‰以内。文化科研、教育、卫生等领域也分别下达具体计划。

1992年国民经济和社会发展主要指标 容县国民生产总值6.09亿元，比1991年增加4514万元，增长8%；国民收入计划6.11亿元，比1991年增加4790万元，增长8.50%；社会总产值计划11.56亿元，比1991年增加9600万元，增长9.06%；农业总产值计划5.18亿元，比1991年增加2534万元，增长5%；工业总产值计划3.67亿元，比1991年增加4802万元，增长15%；乡(镇)企业总收入计划5.30亿元，比1991年增加1.25亿元，增长30.86%；外贸收购出口总额计划1475万元，比1991年增加99万元，增长7.19%；社会商品零售总额计划3.48亿元，比1991年增加2267万元，增长6.96%；粮食总产量计划24.72万吨，比1991年增加7200吨，增长3%。财政收入计划4329万元，比1991年增加186.40万元，增长4.50%。固定资产投资计划安排5613.50万元，比1991年增加691.60万元，增长14.03%；年末人口计划控制在65.58万人以内，比1991年自然增加数在6800人以内，人口自然增长率控制在10.42‰以内。文化科研、教育、卫生等领域也分别下达具体计划。

1993年国民经济和社会发展主要指标 容县国民生产总值8.50亿元，比1992年增长20%；国民收入计划8亿元，增长23.60%；社会总产值计划21.02亿元，增长36.10%；农业总产值计划5.50亿元，增长5%；工业总产值计划10亿元，增长55%；乡(镇)企业总收入计划15.52亿元，增长40%；外贸收购出口总额计划2960万元，增长10%；社会消费品零售总额计划6.60亿元，增长39.10%；粮食总产量24.54万吨，增长1.50%；财政收入计划5227万元，增长9.68%；固定资产投资计划安排1.69亿元，增长107.20%；农民人均纯收入争取达到1000元，增长21.50%；财政收入达到5227万元，增长9.68%；年末人口计划控制在67.74万人以内，人口自然增长率控制在10.40‰以内。

1994年国民经济和社会发展主要指标 容县工农业总产值25.72亿元，比上年增长30.96%；财政收入7700万元，比上年增长6%；人口自然增长率控制在10.57‰以内。

1995年国民经济和社会发展主要指标 容县国民生产总值16.10亿元，比上年增长22%；工业总产值突破30亿元，比上年增长43.50%以上；农业总产值7.20亿元，比上年增长10%；乡(镇)企业营业收入计划74.50亿元，增长40%；财政收入确保比上年增长15%以上，力争突破1亿元大关；全社会固定资产投资增长25%；外贸出口总额计划1000万美元，增长20.50%；全社会消费品零售总额8.85亿元，增长25%；农民人均纯收入1403元，比上年增加200元以上；人口自然增长率控制在12.60‰以下。

1996年国民经济和社会发展主要指标 容县国民生产总值计划20.30亿元，比1995年增长23%；工农业总产值计划50.60亿元，比1995年增长34.40%，其中工业总产值计划42.84亿元，比1995年增长40%；农业总产值计划7.76亿元，比1995年增长10%；粮食总产量计划24.73万吨(恢复到1994年总产水平)，比1995年增长7.90%；乡(镇)企业营业收入计划126.80亿元，比1995年增长45%；财政收入计划增长10%，力争达到1.27亿元；全社会固定资产2.30亿元，增长25%；全社会消费品零售额10.20亿元，增长20%；农民人均纯收入1902元，增长18.70%；水果总产量计划4万吨，增长33.30%；肉类总产量计划3.52万吨，增长15%；年末人口控制在71.24万人以内，人口自然增长率控制在12.52‰以内。

1997年国民经济和社会发展主要目标任务 容县国民生产总值23.05亿元，比1996年增长15%；国内生产总值21.77亿元，比1996年增长15%；工农业总产值31.61亿元，比1996年增长20%；乡(镇)企业营

业收入 118.76 亿元，增长 35%；财政收入 1.50 亿元，比 1996 年增长 10%；全社会固定资产投资增长 30%；农民人均纯收入 2315 元，比上年增长 17.80%；城镇居民人均生活费收入增长 5%；人口自然增长率控制在 13.65‰以内；粮食总产量 28.60 万吨，增长 1%；水果总产量 3.50 万吨，增长 27.30%；肉类总产量 3.40 万吨，增长 6.60%；水产品产量 0.41 万吨，增长 6.50%。

1998 年国民经济和社会发展主要指标 容县国内生产总值增长 11%；工业总产值增长 15%；农业总产值增长 8%；乡（镇）企业营业收入增长 20%；地方财政收入计划增长 10%；全社会固定资产投资增长 20%；社会消费品零售总额增长 7.90%；农民人均纯收入计划增长 9.30%；粮食总产量增长 0.20%；水果总产量计划达到 5.18 万吨，增长 15%；肉猪全年出栏增长 5%；肉类总产量增长 5%；水产品产量增长 10%；人口出生率控制在自治区下达的控制指标内。

1999 年国民经济和社会发展主要指标 容县国内生产总值增长 10%，工业总产值增长 15%，农业总产值增长 8%，地方财政收入增长 10%，农民人均纯收入增加 200 元，人口出生率控制在自治区下达的控制指标内。

2000 年国民经济和社会发展主要预期目标 容县国内生产总值增长 8% 左右，工业总产值增长 10%，农业总产值增长 5%，财政收入增长 9%，全社会固定资产投资增长 10%，外贸出口增长 10%，实际利用外资增长 12%，农民人均纯收入增加 200 元，全社会消费品零售总额增长 9%，粮食产量基本持平，人口出生率控制在自治区下达的控制指标内，城镇登记失业率控制在 3.50% 左右。

2001 年国民经济和社会发展主要预期目标 容县国内生产总值增长 8% 左右，其中：第一产业增加值增长 3%，第二产业增加值增长 15% 左右，第三产业增加值增长 10%；全社会固定资产投资增长 15%；中央和地方财政收入增长 9%；外贸出口总额增长 12%；实际利用外资增长 10%；全社会消费品零售总额增长 10%；农民人均纯收入增长 7.70%；人口出生率控制在自治区下达的控制指标以内。

2002 年国民经济和社会发展主要预期目标 容县国内生产总值增长 8% 左右，工业总产值增长 15%，农业总产值增长 4.70%，中央和地方财政收入增长 9% 以上，农民人均纯收入增长 6%，人口出生率控制在自治区下达的控制指标内。

2003 年国民经济和社会发展主要预期目标 容县国内生产总值增长 9%，工农业总产值增长 15%，农民人均纯收入与经济发展同步增长；中央和地方财政收入确保增长 9%；人口出生率控制在自治区下达的控制指标之内，其他事业全面发展。

2004 年国民经济和社会发展主要预期目标 容县国内生产总值增长 9%，工业总产值增长 15%，农业总产值增长 5%，中央和地方财政增长 12%，农民人均纯收入增长 6%。

2005 年国民经济和社会发展主要预期目标 容县生产总值增长 12%，工业总产值增长 20%，农业总产值增长 6%，财政收入确保增长 12% 以上。

五年计划编制与实施

1990 年，是容县实施第七个五年计划的最后一年，主要推行和完善各种经济承包责任制，发展工农业生产和商品经济。全年社会生产总值 10.25 亿元，工农业总产值 3.48 亿元，地方财政收入 3804 万元，粮食生产总量 23.09 万吨，社会商品零售总额 3.12 亿元，外贸进出口额 1691 万元，全民所有制固定资产投资总额 7177 万元。

1991—1995 年，是实施第八个五年计划时期。全县经济各行业飞速发展，粮食实现连续 5 年 9 糙增产，畜牧水产业成为农村经济发展新的重要支柱，工业产业调整和产品结构发展以及乡（镇）企业发展势头迅猛，信息服务、饮食、交通、邮电通信、房地产等第三产业以及保险事业取得新发展；县侨乡经济开发区成为广西第一个县级经济开发区；在广西县级建制中第一个同时开通县、乡（镇）、村三级程控电话；通过全国农村初级电气化达标县和全国农村能源建设达标县验收；有 13 个乡（镇）全线铺筑柏油公路；新建、扩建商贸农贸市场 30 个；建成城北住宅区、沿江北岸河堤街、中环路，开发河南住宅小区和城东住宅小区。期间，持续推进以“改、租、并、卖”为主要形式的企业产权制度以及国营商业、财税、金融、科技体制、医疗、劳动用工、社会保障、城镇住房制度的改革工作，完成延长农村集体土地承包期工作；组织实施“星火”“丰收”“燎原”和“火炬”等科技计划，取得地（市）级以上科技项目成果88项，获国家、自治区、地（市）级科技进步、星火奖58项；工业领域开发新产品360个。农业生产资料价格、食品价格没有得到有效控制，社会物价涨幅较大，企业效益欠佳，生产资金短缺等情况成为这一时期内经济运行中的主要问题。

表11-1　　　　　　　　　　　**容县“八五”计划时期计划执行情况表**

项目	计算单位	1990年实际数	1991年—1995年计划				年均增长%
			期末计划数	期末达到	占计划%	比1990年±%	
国内生产总值	万元	58152	—	186918	—	221.43	15.70
工业总产值	万元	23649	26382	184100	697.82	678.47	46.74
农林牧渔总产值	万元	52465	24942	137443	551.05	161.97	5.63
中央地方财政收入	万元	3804	5589	11565	206.92	204.02	24.91
粮食总产量	吨	230894	279400	229248	82.05	-0.71	-0.14
社会商品零售总额	万元	23864	43776	84799	193.71	255.34	28.86
外贸进出口总额	万美元	101	—	646	—	539.70	44.94
全社会固定资产投资总额	万元	1859	11000	17780	161.64	856.43	57.08
农民人均纯收入	元	522	766	1602	209.14	206.90	25.14
城镇居民人均可支配收入	元	1347	—	4776	—	254.57	28.81
期末人口数	万人	64.22	67.98	70.30	103.41	9.46	1.83

1996—2000年，是实施第九个五年计划时期。容县经营体制改革不断深化，社会主义市场经济体制初步形成，全县以经济建设为中心，全面实施“农业强县、工业富县、流通活县、科教兴县、旅游旺县、依法治县”的总体战略。全县经济总量快速增长，综合实力明显增强。国民经济持续稳定发展，基础设施不断完善，以国有企业改革为重点的各项改革取得重大进展，政府依法行政能力不断增强，对外经济持续发展，各项社会事业蓬勃发展，精神文明建设和民主法制建设迈出新的步伐，社会稳定。

表11-2　　　　　　　　　　　**容县“九五”计划时期计划执行情况表**

项目	计算单位	1995年实际数	1996年—2000年计划			年均增长%
			计划年均增长%	期末达到	比1995年±%	
国内生产总值	万元	186918	23	253421	35.58	8.47
工业总产值	万元	184100	25	236743	28.59	5.39
农林牧渔总产值	万元	137443	10	189846	38.13	7.04
财政收入	万元	7407	24.50	14604	97.16	14.54
粮食总产量	吨	229248	1.99	286528	24.99	4.56
社会商品零售总额	万元	84799	—	86917	2.50	0.50
外贸进出口总额	万美元	646	—	81	-87.46	-33.98
全社会固定资产投资总额	万元	17780	—	34115	91.87	13.92
农民人均纯收入	元	1602	13	1611	0.56	0.11
城镇居民人均可支配收入	元	4776	—	4480	-6.20	-1.30
期末人口数	万人	70.30	控制在76万以内	74.93	6.59	1.28

2001—2005 年，是实施第十个五年计划时期。容县全面实施“重点突破工业，调整优化农业，加快发展第三产业，大力推进各项社会事业”的工作思路。经过全县人民的共同努力，成功战胜“非典”（非典型肺炎）疫情和各种自然灾害的挑战，全县经济总量增加。随着改革开放的继续深入，社会主义市场经济的逐步建立，国民经济和社会发展的预期目标基本实现。

表 11-3　　**容县“十五”计划时期计划执行情况表**

项目	计算单位	2000 年实际数	2001 年—2005 年计划			年均增长 %
			计划年均增长 %	期末达到	比 2000 年 ±%	
国内生产总值	万元	253421	8	351255	38.60	9.90
工业总产值	万元	236743	—	302271	27.68	9.18
农林牧渔总产值	万元	189846	—	208204	9.67	7.02
地方财政收入	万元	14604	—	26210	79.47	12.41
粮食总产量	吨	286528	—	253356	-11.57	-2.40
社会商品零售总额	万元	86917	—	142019	63.40	10.32
外贸进出口总额	万美元	81	—	941	1061.73	63.31
全社会固定资产投资总额	万元	34115	—	131596	285.74	31
农民人均纯收入	元	1611	6	2541	57.73	9.54
城镇居民人均可支配收入	元	4480	6	6670	48.88	8.29
期末人口数	万人	74.93	—	75.16	0.30	0.06
人口自增率	‰	9.62	控制在 10.95‰	-0.92	—	—
城镇登记失业率	—	—	控制在 5% 以内	—	—	—

1990 年，容县实现地区生产总值 5.82 亿元。“八五”期间（1991—1995 年）年均增长 15.70%，“九五”期间（1996—2000 年）年均增长 8.47%，“十五”期间（2001—2005 年）年均增长 9.90%，至 2005 年，实现地区生产总值 35.13 亿元。1990 年，全县全社会固定资产投资 1859 万元，2005 年达到 13.16 亿元，是 1990 年的 70.79 倍，年均增长 32.20%。1990 年，全县人均国内生产总值 927 元，1999 年达到 3566 元，2005 年达到 4634.60 元。1990 年人均地方财政收入 60.61 元，1999 年为 188.10 元，2005 年达到 484.65 元，年均增长 12.24%。1990 年独立核算工业劳动生产率为 1.73 万元 / 人，2005 年为 3.37 万元 / 人。1990 年规模以上产品销售收入 1.52 亿元，2005 年达到 11.83 亿元。1990 年，全县农村居民人均纯收入 522 元，2005 年达到 2541 元，年均增长 11.20%。1990 年，城镇居民人均可支配收入 1347 元，1999 年为 4106 元，2005 年达到 6670 元，年均增长 11%。2004 年，城镇居民人均消费性支出 4540 元，2005 年达到 5102.85 元，年均增长 4%。

第四节　经济结构管理

所有制结构

农业所有制结构　容县农村实行家庭联产承包责任制后，农民个体承包经营的产值占农业生产总值的 90% 以上。1991 年，粮食生产取得连续第三年大丰收，水稻总产 1.16 亿千克，比上年增产 595 万千克，亩产 842 千克。总产亩产均创历史最高纪录。同年，县委、县政府做出开发容县（沙田）柚（肉）桂产业决策。1993 年，容县的粮食购销价格和经营管理全部放开。1998 年，县政府印发《容县粮食流通体制改革有关问题的通知》，明确容县粮食流通体制改革的具体细则。2003 年，县委、县政府制定《关于实施养殖业产业化和畜禽品种改良的决定》《关于加快容县特色养鸡业发展的实施方案》，把创建年饲养 2000 万羽霞烟鸡、三黄鸡生产基地项目列为全县实施 19 个重大项目之一，促进全县养鸡业大发展。同年，制定《容县农村税费改革试点工作实施方案》《关于农村税费改革农业税计税土地有关问题的通知》《关于农村税费改革试点工作中农业税若干问题的处理意见》，推行农村税费改革，对在农业税计税土地上生产农业特产品的只征收农业税，不征收农业特产税。2004 年，对农民实行"三项"补贴政策（对种粮农民的直接补贴、良种补贴和农机具购置补贴），促进农民增收。2005 年，取消征收农业税。

工业所有制结构 容县全民所有制（国有）和集体所有制产值比重下降，个体所有制工业逐年增长：1990 年，国有及国有控股工业总产值 1.07 亿元，占全部工业总产值 2.36 亿元的 45.41%；集体工业总产值 7857 万元，占全部工业总产值的 33.22%。1990—1999 年，国有及国有控股工业总产值占全部工业总产值比重逐年降低，到 1999 年，仅占全县工业总产值的 8.20%；集体所有制产值比重逐年提高，1998 年占全县工业总产值的 80.41%，1999 年占比重降至 72.66%。1998 年，县委出台《关于鼓励扶持个体私营经济发展的意见》，通过深化国有集体企业改革，转换企业内部经营机制，实行优惠政策支持多种经济成分、多种经营方式的发展，全县非公有制经济迅猛发展。至 2005 年，全县工业总产值 30.23 亿元，其中国有及国有控股工业总产值 1.59 亿元，占 5.30%，集体工业总产值 9133 万元，占 3%，非公有制工业总产值占 91.70%。

服务业所有制结构 容县金融、保险、邮政电信业仍以国营为主。以全民、集体、"三资"（中外合资经营、中外合作经营和独立外资）、个体非公有制多种经济成分所有制经营并存的建筑、交通运输、餐饮等行业发展，个体非公有制所创造的产值比重日益增大。2005 年，全县旅游总收入 9330 万元；货物周转量 3.8 亿吨 / 千米；客运 3.97 亿人次 / 千米；邮电业务总量 2.32 亿元；批发零售贸易业增加值 2.55 亿元；金融保险业增加值 4666 万元；其他服务业增加值 5.46 亿元。

"三资"企业 1990 年，容县累计批准成立"三资"企业 7 家。随着进一步扩大对外开放，利用外资步伐加速，1993 年全县累计批准成立"三资"企业 111 家。1994 年，中央对外商投资企业的各项政策进行适当调整，对国内实行宏观经济调控，全县利用外资速度随之减缓。个体工商户迅速发展，1990 年有个体工商户 8308 户，1999 年增至 1.26 万户，2005 年 1.15 万户。

产业结构

1990 年后，随着经济和社会各项事业的迅速发展，全县国民经济各产业的比例结构不断优化，第一产业所占的比重逐步缩小，第二、三产业所占的比重不断提高。1990 年，全县一、二、三产业增加值占国内生产总值比重为 56.43∶16.50∶26.92。2005 年，全县三次产业比重为 36.58∶31.35∶32.07，由于农业资源及生产条件有限，全县仍沿袭着农业经济第一产业占据主导的地位。

表 11-4 **1990—2005 年容县三次产业地区生产总值结构比重表**

单位：%

年份	GDP	第一产业	第二产业	第三产业
1990	100	56.43	16.65	26.92
1991	100	55.01	17.41	27.58
1992	100	50.07	24.73	25.20
1993	100	44.73	31.18	24.09
1994	100	49.17	25.78	25.06
1995	100	47.84	25.23	26.93
1996	100	48.60	25.20	26.20
1997	100	50.12	23.57	26.30
1998	100	49.20	24.51	26.29
1999	100	50.08	22.41	27.51

续表

年份	GDP	第一产业	第二产业	第三产业
2000	100	48.38	23.69	27.92
2001	100	42.88	24.13	32
2002	100	42.72	21.45	35.83
2003	100	37.39	28.34	34.27
2004	100	38.02	30.98	31
2005	100	36.58	31.35	32.07

第五节 项目投资管理

1990 年,容县从宏观调控入手,严格掌握工程项目审批,以规避出现盲目基建、摊子过大、重复建设和建设周期过长等现象,确保国民经济稳定协调发展,年内投资额 1859 万元。1991 年,根据国家产业政策要点和投资规模审批权限,对投资 5 万元以下的项目由县计划委员会下达计划,5 万元以上由县计划委员会上报上一级管理机关批准后下达。1993 年,开始建立市场经济框架,国民经济在全方位开放下步入快速发展时期,大批建设项目上马,全社会固定资产投资增多。1995 年增至 1.78 亿元。2000 年达到 3 亿多元。2005 年达到 13 亿元。

项目规模

1990 年起,随着经济的发展,大项目不断涌现。至 2005 年,容县建成的大项目主要有:广西黑五类食品集团有限公司、容县永兴集团、广西高峰容洲人造板有限公司、大清药业、方特药业、鸿博药业等企业。建成泗登 110 千伏变电站、大板桥 110 千伏变电站。建成的主要公路有国道 324 线位于县城区段的过境公路、城区中环路和容县至玉林一级公路、容县至岑溪一级公路、容县至平南二级公路、容县至信宜二级公路,广(州)昆(明)高速公路容县路段,铺设县城至全县 15 个乡(镇)的沥青公路,建设容县人民会堂等,洛阳至湛江铁路容县段开工建设。

投资类型结构

1990 年,容县投资侧重于工业生产最前沿的技术改造。全年基本建设投资 384 万元,更新改造投资 874 万元,比例为 30.52∶69.48。“八五”计划期间,基建、技改投资比例差有所缩小,分别为 1.19 亿元和 1.72 亿元,比例为 40.84∶59.16。“九五”计划期间,投资方向逐步转向道路建设、通信建设、工业投资、农业投资、旅游开发、电网改造、城镇建设以及兴建商业楼、办公楼、住宅楼等,直接拉动基本建设投资的快速增长。2005 年,基建投资 7.08 亿元、技改投资 675 万元,比例为 99.06∶0.94。

表 11-5 **1990—2005 年容县各时期按投资类型划分投资结构表**

单位:万元

年份 / 时期	全社会固定资产投资	基建技改投资					
		合计	基本建设		更新改造		占全社会固定资产投资比重 %
			绝对量	比重 %	绝对量	比重 %	
1990	1859	1258	384	30.52	874	69.48	67.67
1995	17780	3978	2341	58.85	1637	41.15	22.37
2000	34115	16874	16102	95.42	772	4.58	49.46
2005	131596	71431	70756	99.06	675	0.94	54.28

续表

年份／时期	全社会固定资产投资	基建技改投资					
		合计	基本建设		更新改造		占全社会固定资产投资比重％
			绝对量	比重％	绝对量	比重％	
“八五”期间	98285	29094	11882	40.84	17212	59.16	29.60
“九五”期间	138996	43684	36556	83.68	7128	16.32	31.43
“十五”期间	387496	184463	179627	97.38	4836	2.62	47.60

说明：每个期间的投资额为累计投资额

投资产业结构

1990年，容县第一、第二、第三产业投资结构为0∶82.81∶17.19。2005年，投资结构变化为6.30∶59.65∶34.05。1990—2005年第三产业投资的年均增速为38.90%，高于第二产业29.90%增速，成为投资的热点。

表11-6　**1990—2005年各时期容县城镇固定资产投资三次产业结构表**

单位：万元、%

年份／时期	投资额（万元）	第一产业		第二产业		第三产业	
		绝对量	比重	绝对量	比重	绝对量	比重
1990	1268	0	0.00	1050	82.81	218	17.19
1995	6606	87	1.32	1636	24.77	4883	73.92
2000	18639	2780	14.91	10140	54.40	5719	30.68
2005	88844	5597	6.30	52994	59.65	30253	34.05
“八五”期间	40599	285	0.70	22175	54.62	18139	44.68
“九五”期间	66864	4679	7	16172	24.19	46013	68.81
“十五”期间	236317	18014	7.62	134447	56.89	83856	35.49

投资主体结构

1990年，容县国有投资占绝对主体地位，全社会固定资产投资完成1859万元，其中国有单位1358万元，其他经济单位501万元；年内有集体投资和个体投资出现，但比重较小。从“八五”（1991—1995年）以来，联营、股份制、外商独资、中外合资和合作、中国港澳台与中国内地合资和合作、中国港澳台独资等多种投资形式迅猛发展，投资主体呈现多元化格局。2000年，民间投资占据主导地位，各类有限责任公司、股份有限公司、私营企业等成为投资主体，非国家投资比重及增长速度大大超过国有投资。2005年，个体投资增至9.21亿元，投资比重从1990年的26.95%上升到69.95%。

第二章　统　计

1990年，容县贯彻执行《中华人民共和国统计法》，统计工作逐步走上法制轨道。1992年，开始新的国民经济核算体系。1999年，实行新的国家统计报表制度。统计内容由初期的农业、林业、牧业、副业、渔业、人口等统计项目逐步扩大至2005年的18项内容50多个主要经济指标。开展各项社会经济统计和专项调查。至2005年，先后进行人口、工业、农业、第三产业、基本单位等重大县情普查工作。

第一节 机 构

1990年,容县统计局属容县人民政府工作部门,正科级行政单位,办公地址设在县政府大院内。核定行政编制9名,实有人员8人。1991年7月,成立容县农村社会经济调查队,隶属县统计局。1997年,容县统计局内设政工秘书股、工交财劳股、农村经济股、综合业务股,核定行政编制12名,实有人员9人。2001年,容县统计局内设政工秘书股、工业股、农业商贸股。2002年,核定行政编制10名,机关后勤服务1名,实有人员11人。至2005年,容县统计局内设机构及人员编制不变,实有人员10人。下属机构有容县农村社会经济调查队。

1990—2005年历任局长:许俊超(—1992.11)、黄美南(1992.11—1993.11)、李炜(1993.11—1999.4)、赵伯才(1999.4—2004.5)、许成胜(2004.5—)。

第二节 专业统计

综合统计

1990年,由容县统计局负责收集资料整理,以综合经济统计卡片的形式统计上报,"地(市)、县国民经济基本情况(卡片)"中有工交邮电、固定资产、劳动工资、财贸、文教卫生等项目,包括经济指标119个;同时各行业的数据由其行政职能主管部门统计垂直上报。1995年,增加"县(市)经济社会基本情况"综合统计年报表,项目有人口和土地面积、工业、农业、固定资产、城市公用事业和环境保护、国内商业、文教卫生、劳动工资、职工家庭调查基本情况、财政金融等,其中包括三次产业中的15个行业349个经济指标。2000年,执行自治区统计局制定的综合统计制度,年报表有"国民经济基本情况(卡片)"和"城市社会经济基本情况表",包括土地面积、人口和劳动力、国民经济综合指标、农村经济、工业、交通运输邮电通信业、商业和物资供应、对外经济贸易和旅游、教育科技卫生、市政公用事业、财政金融保险、人民生活等12个项目200个经济指标。2005年,执行2000年的综合统计报表制度,表式和种类基本没有变化,略为调整个别指标。

核算统计

1990年1月1日,容县统计局执行国民经济核算制度,对原有的社会总产值、国民收入按三次产业15个行业计算地区生产总值,核算年度为13年(1978—1990年)。1999年,根据自治区统计局的统一部署,调整和整理1993—1998年各年度地区生产总值,整理和计算1950—1977年的地区生产总值,以此得出自1950年以来容县地区生产总值这一重要经济指标有一个连续的、口径统一的法定数据。2005年,核算统计年报有"总产出""按当年价格计算的地区生产总值""地区生产总值构成项目""按可比价格计算的地区生产总值""按支出法计算的地区生产总值""按行业划分的资本形成总额""最终消费""居民消费水平""居民生活消费""农村居民生活消费""城镇居民生活消费""地区生产总值年报审核表"等各类报表共12个。季度报表有"季度地区生产总值""季度地区生产总值计算表""行业总产值、增加值及有关指标""地区生产总值核算中的有关价格指数"等报表共4个。

农业统计

容县农业统计的范围是行政区域内全部农、林、牧、渔业生产和经营活动。1990年,统计内容主要有农业总产值,农业净产值,农村现价社会总产值、农业总产值和农业商品产值,统计报表有"农村基层组织情况""农作物播种面积和产量""蚕茧、茶叶和水果生产情况""林业生产情况""牧业生产情况""渔业生产情况""主要农业机械年末拥有量""农村机械用电、化肥、水利情况""农村经济收入、分配和收益""农村固定资产结构"等。村及村以下办工业只保留家庭兼营工业。1999年,根据自治区统计局的部署,调整1993—1998年牧业产品产量和农业总产值。自2000年起,开展农村居民住户抽样调查,全县定点调查120

户，以此作为调查核算农民人均纯收入的综合基础资料。2005年，除农村居民住户调查外，年报目录有17个，定期报表7个。

工业统计

容县工业统计报表分为定期统计报表和年报统计报表。定期统计报表分为月报、季报。年报是在月报统计指标的基础上增加一些指标，使年度报表能更准确地反映企业生产和经济运行状态。1990年，工业统计年报项目有工业总产值、全民所有制独立核算工业企业主要财务成本指标、独立核算工业企业工业净产值、主要产品产量、主要工业产品单位成本等，村及村以下办工业列入工业统计。1999年，整理和调整1993—1998年工业总产值。2002年，执行自治区统计局制定的工业统计报表制度，年报有“主要工业产品产量”“规模以下工业主要产品产量”“工业企业生产、销售总值”“工业企业财务状况”等报表4个；季报有“主要工业产品销售量与库存量”；月报有“工业增加值”“工业产销总值及主要产品产量”“工业企业主要经济指标”等报表3个。交通运输邮电通信业统计年报有“独立核算运输企业财务状况表”“民用车辆拥有量”“全社会货物运输（吞吐）量”“民用运输船舶拥有量”等报表。能源统计年报表有“地区能源平衡表”“工业企业能源购进、消费及库存”“主要能源地区调拨情况”；季报表有“工业企业主要能源消费量与库存量”等报表。2005年，继续执行2002年制定的工业统计报表制度，基本没有变化。

建筑业统计

1990年，容县统计局执行自治区统计局制定的建筑业统计报表制度，主要统计指标有“城镇集体所有制建筑企业生产完成情况”“城镇集体所有制建筑企业净产值”“建筑业产值价格指数”。根据建设部资质管理办法，建筑业企业实行双轨过渡，考虑数据的衔接性和可比性，以2002年7月1日为界，2001年年报和2002年定期报表的统计范围为原有建筑业资质等级四级及四级以上的独立核算建筑业企业。2002年，建筑业统计开始执行自治区统计局制定的建筑业统计报表制度，主要统计报表包括“建筑企业生产经营情况”“房屋竣工面积及价值”“劳务分包建筑业企业生产经营情况”“财务状况”“从业人员及工资总额”等，至2005年不变。

固定资产投资统计

1990年，容县按照国家统计局制定的固定资产投资报表制度开展统计工作，年报目录为国家统计局1985年统一制定，包括“全民所有制单位零星固定资产投资”“城镇集体所有制单位固定资产投资”“本年基本建设施工规模和新增生产能力”“本年其他施工规模和新增生产能力（设备）”“本年其他施工规模和新增效益”“城镇集体所有制新增能力或效益”“农村集体所有制固定资产投资”“城镇和工矿区私人建房情况”等报表8个。2002年，执行自治区统计局制定的固定资产投资统计报表制度，有“农村集体固定资产投资”“城镇和工矿区私人建房情况”“固定资产投资统计基层标准表”“固定资产投资完成情况一览表”“房地产开发统计基层标准表”“房地产开发经营情况表”“固定资产投资构成调查表”等报表7个。至2005年不变。

批发零售贸易、餐饮业统计

容县商业统计的范围是具有法人资格的独立核算企业及其所属附营业务活动单位，含从事批发零售贸易业、餐饮业企业和个体户。1990年，统计报表包括“社会商品零售额”“商业部门商品流转购销存总值”“主要工业品纯销、库存”“农村社队货币收支与社员生产性货币收支”“粮食与油脂购销存总值”“粮食购销存统计”“食用油脂购销存统计”“对外贸易收购（销售）统计”“主要商品流转统计”等。1994年，取消“社会商品零售额”报表，增加“社会消费品零售总额”“社会农副产品收购总额和收购数量”报表。在“社会消费品零售总额”表中增加“农民对非农业居民零售”。2002年，年报表有“限额以上批发零售贸易业商品购进、销售、库存总额”“饮食业销售情况”“限额以上批发零售贸易企业财务状况”报表3个；季度报表有“限额以上批发零售贸易业商品购销、库存”；月报有“批发零售贸易业商品销售总额和分类销售额”“社会消费品零售总额”报表2个。至2005年不变。

劳动工资统计

容县劳动工资统计执行国家统计局职工人数和工资年报制度。1990年,劳动工资统计年报有"全民所有制单位全部职工人数与工资""全民所有制单位全部职工工资总额构成情况""全民所有制单位按职工工资水平分组的职工人数""全民所有制单位分民族全部职工人数""全民所有制工业企业建筑企业全部职工人数情况""全民所有制单位固定职工和合同制职工增加来源和减少去向变动情况""全民所有制单位职工劳保福利费用构成情况""城镇集体所有制单位全部职工人数、工资和个体劳动者人数""城乡劳动力资源与分配平衡表"等报表9个。2002年,服务业综合统计年报表有"财务状况表",劳动综合统计年报表有"单位从业人员和劳动报酬情况""单位从业人员变动情况""市、县从业人员和劳动报酬综合表""劳动情况"等报表4个。至2005年不变。

第三节 统计普查

1990—2005年,容县开展的全国性大型普查较多,其中影响较大的有第三产业普查、基本单位普查、农业普查、人口普查、旅游资源普查等。1994年,实行周期性普查制度。1998年开始,每年开展规模以下工业企业抽样调查。2000年开始,每年开展农村住户抽样调查。2003年,调整国家普查项目和普查周期,建立经济普查制度。2004—2005年,每年开展城镇住户抽样调查。

人口普查

1990年6月,容县开展第四次全国人口普查工作,普查登记的标准时间为1990年7月1日零时,同年11月结束,全县组织参加普查工作的人员1200人。普查登记的项目内容包括姓名、性别、年龄、民族、文化程度、职业、婚姻状况等基本资料。经普查统计,全县人口总数628495人,其中农业人口587364人,占93.46%,非农人口41131人,占6.54%。

2000年4月,容县开展第五次全国人口普查工作,普查登记的标准时间为2000年11月1日零时,次年6月基本结束,全县组织参加普查工作的人员1500人。普查登记的项目内容包括姓名、性别、年龄、民族、文化程度、职业、婚姻状况等基本资料。经普查统计,全县人口总数772727人,其中农村人口638054人,占82.57%,县城人口134673人,占17.43%。

农业普查

1997年,容县开展第一次全国农业普查,普查指标分为时点指标和时期指标,时点指标的标准时间是1996年12月31日,时期指标的标准时期是1996年1月1日—1996年12月31日。普查对象为全县范围内各种类型的农业生产经营单位、农村住户、乡(镇)企业、行政村和乡(镇)。每个调查单位按照所在地或所属系统的原则进行登记。农业普查表分为农村住户调查表、非农村住户类农业生产经营单位调查表、村委会调查表、乡(镇)调查表、非农乡(镇)企业基本情况卡片、农业用地卡片,共有调查项目38个。现场访问登记和复查工作时间为1997年1月1日—31日。通过以村民委员会所辖地域为普查区,以村民小组为普查小区直接访问普查对象,逐项询问、登记和事后复查进行。经普查统计,至1996年末,全县共有农村住户13.31万户,主要从事农业人员58.12万人,从事非农业人员2.94万人;有农业生产经营单位12.48万个,农业从业人员35.81万人,非农业从业人员7.58万人,平均每个单位农业从业人员2.26人、非农业从业人员0.61人;有非农乡(镇)企业302个,从业人员1.75万人,其中乡(镇)办企业186个,村办企业22个,联户办企业49个,户办企业45个;有乡(镇)16个,村委会219个;全县耕地面积47.88万亩,其中水田面积41.58万亩,旱地面积6.29万亩;林地总面积189.39万亩;渔业养殖面积5.98万亩;农作物种植面积57.50万亩,其中稻谷47.42万亩;猪年内饲养量53.28万头,其中能繁殖母猪6.51万头,年末存栏量39.83万头,年内出栏量13.45万头;鸡鸭鹅年内饲养量365.39万羽,年内出栏量179.12万羽,年末存栏量186.27万羽。

经济普查

2004年,容县开展第一次全国经济普查工作。普查的标准时点是2004年12月31日,时期资料为2004

年度。普查对象是在县境内从事第二产业和第三产业的全部法人单位、产业活动单位和个体工商户。具体范围包括：采矿业，制造业，电力、燃气及水的生产和供应业，建筑业，交通运输、仓储和邮政业，信息传输、计算机服务和软件业，批发和零售业，住宿和餐饮业，金融业，房地产业，租赁和商务服务业，科学研究、技术服务和地质勘查业，水利、环境和公共设施管理业，居民服务和其他服务业，教育、卫生、社会保障和社会福利业，文化、体育和娱乐业，以及公共管理和社会组织等。普查主要内容包括单位标志、从业人员、财务收支、资产状况，企业的主要生产经营活动和生产能力，主要原材料和能源消耗及科技开发的投入状况等。通过普查统计，至2004年末，全县有从事第二、三产业的法人单位1666个，从业人员5.49万人，其中企业法人单位655个，从业人员3.31万人；机关法人单位112个，从业人员1959人；事业法人单位594个，从业人员1.29万人；社会团体法人单位38个，从业人员5135人；其他法人单位267个，从业人员1875人。个体经营户1.75万户，从业人员4.08万人，其中第二产业2982户，从业人员1.70万人；第三产业1.45万户，从业人员2.38万人。

人口抽样调查

1995年，容县开展1%人口变动抽样调查。调查的标准时间为1995年10月1日零时，采取入户点查方法进行调查登记，抽样调查的内容是国民经济“八五”时期人口的总量、地区分布、基本结构和居住环境等方面的情况，为国家检查“八五”人口计划执行情况，制定20世纪末以及更长远的人口控制目标和社会经济发展战略目标，发展社会主义市场经济提供基础信息。

2005年，容县开展1%人口变动抽样调查。调查标准时间为2005年11月1日零时，现场登记时间为2005年11月1日—10日，调查范围涉及县内的杨梅镇、灵山镇、六王镇、黎村镇、杨村镇等5个镇、30个小区、2486户、1.14万人。采取入户调查询问、现场填报的方式进行调查采集登记。调查的内容主要有人口数量、人口密度、人口的基本情况、迁徙流动状况、人口素质情况、就业和社会保障情况、婚姻生育状况等项目，包括住户的基本情况和个人的年龄、性别、教育程度、职业、迁徙流动、生育、社会保障、住户情况等指标。查清有关的人口总量、地区分布、基本结构、居住环境，掌握人口的自然增长、教育、就业、迁移流动等情况和人口与经济、社会发展、环境保护的关系。

农村住户调查

2000年起，容县每年开展农村住户调查，根据国家统计局的工作方案，由县统计局统一组织实施，每年在县内各乡（镇）中随机抽选12个村120户农户为抽查点，以农户在统一制发的账本中做好日记账和访问调查相结合的方式，收集农村居民生产、收入、消费、积累和社会活动方面的各项数据，通过编码、计算机录入和审核，按季度录入国家统一程序汇总，推算出全县的农民人均纯收入等经济指标构成情况。

城镇住户调查

2004年起，容县进行城镇住户调查，由县统计局统一组织实施。主要调查内容为城镇居民家庭成员基本情况、家庭基本情况、现金收支、消费支出、非现金收入等，采用国际上通用的抽样调查方法和多阶段随机抽样的方式，在全县抽取80户城镇居民进行经常性日记账方法收集方式，个人基本情况、收入和社会保障支出等内容按家庭成员分别记账，消费支出以家庭为单位记账，以推算全县城镇居民可支配收入。每季度上报1次。每年年初，由县统计部门集中调查记录被抽中的80户调查户的家庭及成员的基本情况，发放日记账本，并负责每月收回一次账本进行数据整理、编码、初审、录入、汇总、再复审程序后，报送玉林市统计局。

第四节　统计管理

统计制度改革

1990年，容县在执行1985年制定的统计制度的基础上，工农业总产值指标按1980年不变价、1990年不变价和当年现价计算，工业年报首次用计算机汇总上报，工业产品产量按400种产品目录填报，农业报表

新增农村统计网络建设半年报，商业年报新增社会商业商品购、销、存总额及数量表，物资年报增加全民集体所有制单位物资消费与库存和供销机构物资购、销、存总额表。1999 年，实行统计制度改革，在工业统计中，统计范围由隶属关系统计改按规模统计，对规模以上工业企业的产值产量、经济效益等 5 种报表实行分企业报送制度，对规模以下工业实行抽样调查；工业发展速度改按以增加值来计算，淡化原使用的工业总产值指标概念。在农业统计中，农业净产值改为农业增加值，农村社会总产值改为农村非农行业总值；增加农业基本单位年报和农村小康监测报表。

资料汇编

1990 年，容县统计局编印《容县八十年代主要国民经济资料》。1990—1992 年，每年在上一年度的年报数据资料基础上，编印《容县国民经济统计资料》。2004 年，编写《容县历年统计资料(1949—2004)》。2005 年，编印《辉煌的“十五”——容县“十五”经济社会发展成就》图文资料。1990—2005 年，每年通过收集、整理、审核全县的各年度基本统计数据，为上级政府和相关部门编印《玉林市统计年鉴》《广西统计年鉴》和《广西要情手册》等提供资料。

资料管理

1990 年，容县完成工业、农业、商业、建筑投资、交通运输邮电、能源、劳动工资等专业的年报、月报、季报等统计资料的收集、整理、上报及原始资料的归档、保存和管理。2000 年，增加农村住房调查项目的资料整理归档。2004 年，增加城镇住户调查项目的资料整理归档。2005 年，统计资料分档管理的主要项目包括工业、农业、商业、建筑投资、交通运输邮电、能源、劳动工资、城镇住户调查、农村住户调查等专业的年报、月报、季报等统计资料的收集、整理、上报及原始资料的归档、保存和管理等。

统计教育培训与考试

1990 年，容县加强对统计人员的教育培训，抓好统计人员职称考试、上岗培训、统计继续教育培训等，提高统计人员业务素质。1995 年，统计职称评聘制度改为全国统一考试，全县组织 130 人参加全国考试，取得统计初级资格 7 人，中级资格 25 人。2001—2005 年，先后举办统计上岗(统计从业资格)考试考前培训班 5 期，有 165 人通过参加培训考试，取得统计上岗(统计从业资格)证。2004—2005 年，举办统计人员继续教育培训班 2 期，有 182 人次通过参加培训和考试，取得继续教育证书。

第三章 物价管理

1990 年起，容县围绕中央经济体制改革总体方针和政策，进一步深化价格改革，增强宏观调控能力，实行价格调整和价格放开相结合管理，除与群众关系密切的垄断性商品实行国家定价、国家指导价管理模式外，其余商品及劳务价格实行市场调节价管理。1993 年，县内物价上涨幅度为 16.69%，随后数年间物价上涨指数均在 5% 以内。规范行政事业性收费和劳动服务收费行为，建立收费项目及标准的审批和《收费许可证》年审制度，逐年清理、取消收费项目，降低收费标准，实行零售商品明码标价管理，查处价格违法行为。

第一节 机 构

1990 年，容县物价局属容县人民政府工作机构，正科级单位，办公地址设在县政府大院内。内设政工秘书股、业务股，核定编制 5 名，实有人数 7 人。下属机构有容县物价检查所、容县工农业产品成本调查队。1992 年 4 月，成立容县价格事务所。1997 年，容县物价局内设政工秘书股、业务股，核定行政编制 6 名，实有人数 8 人。2001 年，容县物价局并入容县发展计划局，在容县发展计划局保留容县物价局牌子，内设政工秘书股、业务股，核定行政编制 5 名，后勤服务事业编制 1 名，实有人数 12 人。2004 年 6 月，容县发展计划局更名为容县发展和改革局，在容县发展和改革局保留容县物价局的牌子及印章，内设政工秘书股、业务股，核定行政编制 5 名，实有人数 8 人。2005 年，容县物价局内设机构及编制人员不变。同年，容县价格事务所更名为容县价格认证中心。容县物价局下属机构有容县物价检查所、容县工农业产品成本调查队、容县价格认证中心。

1990—2005 年历任局长：(1990.1—1990.10 缺)、梁驰(1990.11—1993.11)、甘文忠(1993.11—1999.3)、林孟南(1999.3—2002.5)、伍高云(2002.5—)。

第二节 价格管理

价格管理政策法规实施

1990 年，容县贯彻国家物价方针政策，从严控制价格水平，适当调整价格结构，整顿价格秩序，加强物价检查，实施价格改革，调整部分商品价格，促进生产和流通。先后放开并降低 13 种名烟、名酒价格，提高部分一般烟酒价格，调整部分价格偏低的日用品价格，如白糖、食盐、火柴、洗衣粉、肥皂、铝锅、搪瓷制品、保温瓶等，整顿彩电市场零售价；对紧俏的日用工业品，如黑白电视机、电冰箱、名牌自行车等实行提价申报制度；对农业生产资料，如化肥、农药等实行差率控制、全县统一销售价格等办法；对获得自治区及以上优质产品，其销售价格允许企业在国家物价政策规定的范围内上浮；对大宗出口土特产，如松脂、桂皮、蚕茧等制定最高限价；对地方管理的商品价格，根据实际有升有降的调整，如调整“金牛 -3”微型系列拖拉机、县计划内水泥、兽药、自来水、电力出厂价格等，制定和调整部分商品的作价办法，如计划外棉花棉胎销售临时作价、计划内物资供应作价、饮食、饼干、糕点作价办法等。落实国家物价局《关于商品和收费实行明码标价制度的规定》中关于推行和完善国家定价、国家指导价和市场调节价 3 种价格管理模式的配套措施，在全县实行商品价格和服务性收费标准明码标价制度，公布自治区商品（产品）价格管理目录，对国家定价和国家指导价的商品（产品）实行统一领导、分级管理。随着价格体制的改革和物价政策的调整、修改和完善，形成新的价格管理目录。1997 年，执行国家计划委员会、最高人民法院、最高人民检察院、公安部印发的《扣押、追缴、没收物品估价管理办法》规定，由容县价格事务所作为法定价格鉴证机构，对国家机关依法扣押、追缴、没收物品予以估价，出具估价鉴定结论，为各级人民法院、人民检察院和公安机关确认并作为办理案件提供法定依据。1998 年 5 月 1 日，《中华人民共和国价格法》颁布实施，容县按照国家规定和统一部署，开始实行并逐步完善宏观经济调控下主要由市场形成价格机制管理决策，大多数商品和服务价格实行市场调节价管理模式；少部分商品和服务价格，由政府价格主管部门或者其他有关部门按照分级管理定价权限和范围，按照规定的基准价格及其浮动幅度、最高限价、最低保护价格等形式，实行指导经营者制定具体价格的政府指导价管理模式；对极少数商品和服务价格，仍然由政府价格主管部门或者其他有关部门按照国家规定分级管理价格制定权限范围，实行政府定价管理模式。2005 年，容县继续执行自 1998 年以来的商品价格和劳务收费管理模式，即政府定价管理、政府指导价管理和市场调节价管理。

物价调控

1990 年，国家进一步深化价格改革，规范政府定价行为，为保持市场物价稳定，增强宏观调控能力，实行物价控制目标责任制。自治区增强对物价的调节与控制能力，稳定 44 种必需产品和重要服务收费的价格，建立价格调节基金制度，确保零售物价上升幅度控制在 14.30% 以内。容县在具体实施中，出台从物价、工商罚没收入中提取 30% 作为价格调节基金的措施，年内，全县的物价总水平上涨幅度控制在 14.30% 之内。1991 年，县内物价指数上涨增速。1993 年，全县物价上涨幅度为 16.69%。1994 年起，全县物价水平均有所上涨，但上涨幅度每年不超过 5%。2005 年，运用价格调节基金，加强和改善价格调控。设立价格调节基金调控市场价格，保持市场价格基本稳定。

价格认证

1990年，容县物价管理部门的价格认证机构开始对所属行政区域内各级纪检监察、司法机关、行政执法机关、仲裁机构等工作过程中涉及的扣押、追缴、没收及纠纷等涉案财产价格进行鉴定。价格认定遵循依法、公正、科学、效率的原则。价格认定程序为：1. 由提出机关提出价格认定；2. 价格认定机构决定受理或者不予受理价格认定；3. 受理价格认定后，价格认定机构指派2名或者2名以上符合岗位条件的价格认定人员办理价格认定事项；4. 对价格认定标的进行实物查验、核实或者勘验，并记录查验或者勘验情况；5. 对认定标的物进行市场调查，作好调查记录，制定认定方法；6. 分析测算及作出价格认定结论；7. 对价格认定结论及相关资料进行内部审核，集体审议；8. 签发及制作价格认定结论书正式文本；9. 向提出机关送达价格认定结论报告书；10. 将反映价格认定全过程的各种资料、文件及电子文档进行归档整理。至1999年，共办理价格鉴定事项661宗，鉴定标的金额1.33亿元。2000年，办理价格鉴定、认证、评估438宗，涉及金额1666.50万元，其中道路交通事故车物损失鉴定83万元，涉案物品价格鉴定1571万元，资产评估12.50万元。2001年，价格鉴定、认证、评估284宗，估价金额560万元。2002年，价格鉴定144宗，鉴定金额350万元。2003年，评估涉案物品131宗，评估价值金额360万元。2004年，评估物品案件135宗，评估价值金额250万元。2005年，评估物品案件161宗，价格鉴定标的价值金额79.60万元。

第三节 主要商品价格

农产品价格

1990年，容县对稻谷实行保护价收购，议价粮保护价为每50千克早籼谷国标三等35元，杂优谷国标三等35.50元，晚籼谷国标三等36元。1991年5月1日起，容县执行适当提高粮食统销价格的规定，国标二等米每50千克由13.90元提到25元，早籼稻谷每50千克由9.50元提到17元。1992年4月1日起，调整粮食定购价格，在国家规定的定购价格基础上，分品种每50千克中等质量标准提价额为：早籼谷2.40元，提高10.60%；晚籼谷4元，提高16.70%；玉米3元，提高16%。同时调整原粮统销价格，每50千克中等早籼稻由17元调整为25元，中晚籼稻由17.50元调整为28元，玉米由15元调整为21元，标准面粉由28元调整为40元。1994年，容县执行提高国家定购的粮食购销价格以及棉花、蚕茧收购价格规定，松脂收购价最高限价：一级80元/50千克，二级78元/50千克，三级75元/50千克。蚕茧的收购价：鲜茧收购价按干壳量计价的中准级每50千克由440元调整为650元，按茧层率计价的中准级每50千克由430元调整为640元。

农业生产资料价格

1990年，容县对化肥、农药、农膜等重要生产资料实行差率控制、统一销售价格的专营价格管理模式，继续执行自治区物价局规定的各种化肥进销综合差率，在全县范围内对主要化肥实行统一销售价格：碳铵530元/吨，过磷酸钙（袋装）350元/吨，尿素1300元/吨，国产复合肥830元/吨。制定农药统一销售价格，如：乐果1.70万元/吨，敌百虫1.35万元/吨，敌敌畏2.07万元/吨。1991年，对化肥、农药、农膜等农业生产资料实行专营管理。1998年，改革化肥价格管理模式，化肥出厂价格实行政府指导价，放开化肥零售价格，实行市场调节价管理，保留在必要时对部分化肥品种实行最高限价的管理权限。同年，碳铵、过磷酸钙实行全县统一零售价，碳铵660元/吨，过磷酸钙560元/吨。对化肥、国产复合肥、钙镁磷肥、农药、农膜分级管理，由各经营单位按规定差率作价。2005年，对自治区内生产的尿素、磷酸二铵出厂价格仍实行政府指导价管理模式，尿素中准价每吨1620元，磷酸二铵中准价每吨2100元，最高上浮幅度不得超过15%，下浮不限。工厂直接销售给农民的化肥、农药、农膜执行综合差率：化肥不得超过6.50%，农药、农膜不得超过9.50%。

工业消费品价格

1990年，容县对与群众关系密切的商品实行计划管理，如棉纺织品包括纯棉、涤棉、维棉为原料的纱、线、布、毛巾被、床单等的价格（除32支90厘米普梳精漂圆领衫产地零售价4.78元/件，32支90厘米普梳精漂背心产地零售价 3.53 元 / 件，32 支 90 厘米浅色棉毛罗领男衫产地零售价 9.13 元 / 件，32 支 90 厘米浅色棉毛小开口男裤产地零售价 8.88 元 / 件这 4 个代表品种为中央管理外，其他针棉织品属自治区管理）实行国家指导价管理，允许生产企业在国家规定的出厂价格基础上上下浮动，浮动的幅度为：漂白、染色、色织布 15%，花布 20%，针织品 10%。对已经放开价格管理的电冰箱、洗衣机、电视机、自行车等商品实行调价申报制度。执行名牌自行车作价办法为批发价 =（进货价 + 运价费）×（1+3%），零售价 = 批发价 ×（1+14%）。如：28 英寸 16 型永久牌自行车的批发价 249 元 / 辆，零售价 284 元 / 辆；28 英寸 17 型永久牌自行车的批发价 261 元 / 辆，零售价 298 元 / 辆。1991 年，对彩色电视机实行专营、统一销售价格管理；对 13 种名烟、名酒价格实行放开管理，对一般酒类的部分品种提高价格；调整白糖、食盐、火柴、洗衣粉、肥皂等日用消费品价格，如自治区内生产一级白糖零售价格每吨由 2200 元调整为 3180 元。1992 年，对食糖、卷烟、陶瓷制品等 120 多种商品价格以及理发、照相、洗染价格和收费标准放开，实行市场调节价管理模式；粮食、白酒、绸缎等商品由国家定价改为国家指导价管理模式，取消对电冰箱、洗衣机、水产品等商品的提价申报制度和差率控制。1993 年，放开煤炭、冶金、机电等 23 种商品价格，棉纺织品、水泥等 10 多种商品由国家定价管理改为国家指导价管理。1994 年，下达新的计划外棉花、棉胎销售作价办法。1995 年，针对市场物价上涨指数过快增长的形势，对 18 种居民基本生活必需品和服务价格实行监测报表制度。1996 年，对 31 种居民生活必需品和服务项目建立企业提价申报和备案制度。1998 年，调整足金饰品价格，出厂价格每克最低限价 86 元，最高限价 90 元，执行自治区统一零售价每克 105 元。2001 年，调整食盐价格，县城以上食盐执行自治区统一零售价，食盐批零差率 17%，转批优待率 7%。县城以下食盐价格保持实际合理运杂费差价。

2003 年，容县制定政府价格干预措施，从严监控与“非典”（非典型肺炎）防治相关的药片、饮液、中草药、口罩、消毒用品、防疫服务等商品最高限价。2004—2005 年，对全县液化石油气销售实行提价申报制度和差率控制相结合的政府价格干预措施，由企业申报县价格主管部门批准后执行。液化石油气销售价格 =（进货地价格 + 运费）×（1+10%）。

药品价格

1990 年，容县药品价格执行 1989 年自治区物价部门制定的规定，进口药品实行全国统一销售价。1997 年，改进药品价格管理，适当放宽部分药品销售利润率，对列入国家新药管理范围的药品，在新药保护期不变的情况下，新药保护期结束后 5 年内按原新药分类利润率作价，部分普通药品实行优质优价。2005 年，执行《广西壮族自治区人民政府定价药品目录》，继续开展医疗价格的改革，降低药品价格 100 多种。

电力价格

1990 年，容县小水电电价执行国家定价管理规定，县电网供电价格由县政府制定和下达执行，各乡（镇）供电所以及其辖区的小水电站成本价格由县物价主管部门核定，并根据不同成本核定电价。1994 年，调整全县小水电上网价格和销售价格，农村照明用电价格每千瓦时：石寨 0.42 元，杨梅 0.52 元，六王 0.45 元，灵山 0.39 元，黎村 0.40 元，杨村 0.41 元，县底 0.50 元，自良 0.59 元，石头 0.37 元。1998 年，制定县内城乡用电同价方案，全面实行城乡用电分类电价，农村到户电价与城镇电价平均为 0.559 元 / 千瓦时。2002 年，改革和完善电价管理，城乡居民生活用电到户电价平均每千瓦时为 0.80 元。2005 年，执行上述价格不变。

非商品性服务收费

1990 年，容县对非商品收费的管理原则是对社会民生影响不大的一般非商品性服务收费则根据市场需求和可能，予以适当调整。列入政府管理范围的劳动服务收费主要项目有：公路客货运价格、公园景区门票价格、宾馆旅业客房住宿价格、公路客货运输价格、工商市场服务收费。除此外，其他劳动服务收费列为市场调节价管理模式。同年，整顿公路汽车货物运费，省际自治区内的汽车零担货物运价统一调整为：普通货物每吨 0.38 元 / 千米；特种货物每吨 50 元 / 千米。1996 年，制定县内生猪定点屠宰收费标准：自宰成本每头 10 元，服务管理费 4 元；代宰成本每头 14 元，服务管理费 6 元。屠宰生猪上市销售的，每头向销售经营者征收市场管理费 8 元，个体管理费 4 元。屠宰生猪每头收宰前检疫费 1 元，肉产品检验费 1.50 元，场地消毒费 1 元。1997 年，制定县城公共汽车票价标准，每人每票 1 元，一票到站，军人、学生减半，月票每人每月 30 元。1999 年，统一县内主要景区门票价格：真武阁、贵妃园景区改多票为一票制，每人 16 元，都峤山庆寿岩景区每人 16 元，学生票价减半。2000 年，制定都峤山森林公园门票价格 5 元 / 人，学生票价减半。2005 年，调整至 10 元 / 人次。

第四节　行政事业性收费管理

1990 年，容县根据自治区人民政府颁布的《广西壮族自治区行政事业性收费管理条例》以及实施细则规定，强化和完善行政事业性收费的管理，执行自治区、玉林地区下达的各项收费项目和标准。同时，根据分级管理原则，在上级规定的范围和权限内，审核、制定县内的相关收费项目和标准，主要有教育等收费。1993 年，按规定权限由县级核准制定收费项目 26 项。1998 年，对全县的收费秩序开展全面整顿，通过审核全县行政事业收费部门和单位的行政事业性收费的项目标准，取消收费项目 25 项；制止和取缔收费单位越权设立的行政事业性收费 25 项，降低收费标准 5 个。推行交费登记卡制度，规范收费行为。

教育收费

1990 年，容县按照分级管理办法调整中小学学杂费收费标准，在执行自治区教育、物价、财政等部门制定和调整全区中小学学费、杂费、内宿生费的收费标准基础上，由县物价、财政、教育部门会同制定全县中小学校的水电费、学前班收费标准。

2001 年，容县执行自治区教育、物价、财政等部门规定，调整县内城乡中小学收费项目和标准，应收费项目包括杂费、借读生费、学费、择校生费、内宿生费，代收费项目包括课本费、练习本费、水电费、微机使用费、工友费、校园安全管理费、自行车保管费、体检费。农村学校在义务教育阶段的代收费项目仅为课本费。借读生缴纳借读生费后，不再缴纳杂费。2002 年，确定执行县内城区（含建制镇政府所在地）学校收费标准：初中每生每期杂费 80 元，代收费 8 项合计 326 元，借读生费 550 元；小学每生每期杂费 55 元，代收费 6 项合计 151 元，借读生费 450 元。农村学校收费标准：初中每生每期杂费 70 元，借读生费 450 元，住宿生费 52 元，课本费 175 元；小学每生每期杂费 50 元，借读生费 350 元，课本费 95 元。2004 年，执行自治区教育、物价、财政等部门规定，全县中小学教育收费实行“一费制”收费制度，按学期一次性向学生收费，具体标准是：初中普通生杂费：城区 160 元，建制镇 140 元，农村 90 元；小学普通生杂费：城区 110 元，建制镇 90 元，农村 65 元。2005 年，义务教育阶段学校继续实行“一费制”收费办法。

《收费许可证》年审

1990 年，容县各部门和单位执行的行政事业性收费项目和标准，以及企业经营收取的由国家定价、国家指导价管理的劳务服务性收费项目和标准，均根据有关文件规定执行。1993 年，建立“行政事业性收费许可证”年度审核制度，加强收费执行期间和事后管理监督，由物价、财政、审计部门会同对全县所有行政事业性收费部门和单位在上一年度的收费项目和标准执行情况，以及规费收缴管理情况进行审核，同年审核许可证 822 个，换发“收费许可证”1225 个，其中新发许可证 51 个，审核各项规费收入总额 8000 万元；通过年审，清理、取消或停止执行的收费文件 79 份，清理收费项目 103 项，取消收费项目 38 项，降低收费标准 3 个。整顿劳动服务行业收费秩序，核发“文化经营收费许可证”150 个，“旅社客房收费许可证”800 个，“汽车、摩托车等劳务收费许可证”300 个。1999 年，审核收费单位 612 个，核发“收费许可证”11 个，发放收费员证 54 个，取消行政事业性收费项目 23 个。2000 年，审核收费单位 613 个，核发“收费许可证”613 个，收费员证 900 个，处理纠正 5 个，取消行政事业收费项目 2 个。2005 年，换发“收费许可证”805 个。

第五节　物价监督

价格执法检查

1990 年，容县物价监督检查工作的重点是教育收费、医疗收费以及药品、农业生产资料商品价格，共查处价格违法案件 132 起，其中重大价格违法案件 15 起，一般价格违法案件 44 起，一般价格违法行为 7 起，罚没总金额 59.60 万元。年内，开展“物价计量信得过”活动，指导经营者完善内部价格管理，经审查符合条件的，由县政府颁发“物价计量信得过单位”牌匾在经营门店和单位内悬挂。1993 年，查处价格违法案件 13 起，价格违法金额 14.62 万元，退还用户 9.88 万元，没收非法所得 2.64 万元，罚款 0.21 万元。1995 年，查处价格违法行为 8 起，价格违法金额 803.55 万元，罚没金额 70.55 万元。1997 年，受理群众投诉举报案件 26 起，查处价格违法案件 11 起，查出价格违法金额 32.50 万元，没收价格违法所得 1.10 万元。1999 年，重点检查行政事业性收费单位 37 个，查出价格违法金额 34.78 万元，退还用户 32.33 万元，没收违法所得 2.44 万元，罚款金额 2.26 万元。2000 年，查处价格违法行为 8 起，查出价格违法金额 31 万元，罚没金额 3.69 万元。2002 年，重点检查教育、林业、生猪屠宰等部门和单位的收费以及医药价格执行情况，查处价格违法金额 450 万元，清理退还给消费者金额 418 万，上缴国库 8 万元。2003 年，重点查处公安交通管理收费以及电力、食盐销售价格执行情况，查处价格违法金额 73.70 万元，没收违法所得 3.70 万元，上缴国库 51 万元。2005 年，重点检查单位 81 个，查处价格违法案件 21 起，查出违法金额 38.13 万元，退还用户 23.15 万元，没收价格违法所得 14.98 万元，罚款 0.60 万元，共计上缴县财政 15.58 万元。

明码标价

1991 年，容县开始在县城及各乡（镇）圩市内的国营、集体所有经营商店强制推行商品价格明码标价工作，商品标价签由县物价检查所统一印发，对商品价格实行的国家定价、国家指导价、市场调节价 3 种价格管理形式分别使用红、蓝、绿 3 种颜色标价签标价，并由县物价管理和监督职能部门对国营、集体、个体零售企业的商品（收费）明码标价进行监督检查。1994 年，取消红、蓝、绿 3 种颜色标价签的标价管理形式，在商品标价签填写内容上，统一定位产地、品名、货号、规格、单位、价格。1998 年，《中华人民共和国价格法》实施后，规定明码标价签必须注明商品的品名、产地、规格、等级、计价单位、价格或者服务的项目、收费标准等内容。2000 年 10 月后，凡收购、销售商品或提供服务的价格行为均实行明码标价。2005 年，执行以上规定不变。

第四章　工商行政管理

1990 年，容县工商行政管理依法行使市场经营主体的准入和市场监督管理的行政职能，依法履行对辖区内的各类企业登记注册、经济合同、商标、广告、动产抵押登记管理，对市场交易行为秩序开展执法检查监督，打击假冒伪劣产品，保护消费者合法权益，推动市场建设。1991 年，开展经济体制改革，国有、集体企业改制，私营企业和个体工商户快速发展。全县登记注册个体工商户由 1990 年的 8583 户、1.11 万人、注册资金 2928 万元，发展到 2002 年的 1.41 万户、2.13 万人、注册资金 1.53 亿元；私营企业由 1990 年的 12 户、从业人员 254 人、注册资金 312.60 万元，增至 2005 年的 523 户、从业人员 2121 人、注册资金 7315 万元。“三资”企业登记个数经历由低、高、低发展过程。1995 年，开始设立办理企业动产抵押物登记行政审批事项。1998 年，广西黑五类食品集团有限公司的“南方”商标被认定为“广西著名商标”。2005 年，向国家申报“容县沙田柚”地理商标；全县有集贸市场 35 个。

第一节　机　构

1990 年，容县工商行政管理局（以下简称“县工商局”）属县人民政府工作部门，正科级单位，办公地址设在容城镇南大街 96 号。内设人事股、市场管理股、企业登记管理股、法制合同股、个体私营经济登记管理股、政工秘书股、财会股、经济检查股和市场服务部，下辖乡（镇）工商行政管理所 16 个，在编人员 130

人。1994 年 5 月，办公地址迁至国中路 54 号。1997 年，内设政工秘书股、经济检查股、企业登记管理股、市场管理股、个体私营经济登记管理股、法制合同股和财务股。1998 年 10 月，增设市场巡查执法大队。1999 年，县工商局隶属自治区工商局垂直管理，在编公务员 137 人。2001 年 1 月，机构改革，内设办公室与法规股、政工股、公平交易商标广告与消费者权益保护股、市场与合同规范管理股、企业注册与个体私营经济管理股和财务股，在编公务员 151 人；12 月，市场服务部与县工商局“办管脱钩”。2002 年 12 月，县工商局在编公务员 105 人。2005 年，县工商局内设办公室、政工人事教育股、财会股、市场合同管理股、企业个体登记管理股、公平交易商标广告与消费者权益保护股，派出机构有经济检查大队，16 个乡（镇）有工商行政管理所。在编公务员 115 人。

1990 年，位于容城镇南大街老榕树旁的容县工商局办公地址　（容县工商局　提供）

1990—2005 年历任局长：刘希南（—1990.11）、甘耀棠（1990.11—1999.9）、廖永镇（1999.9— ）。

第二节　企业登记注册管理

1990 年，容县登记注册的国有企业 97 个，集体企业 475 个，“三资”企业（即中外合资经营企业、中外合作经营企业、外资企业）62 个，私营企业 12 个，个体工商户 8583 户。1991 年，开展经济体制改革，国有企业、集体企业改制，私营企业和个体工商户快速发展。1994 年，私营企业增至 65 个。1995 年，私营企业增至 77 个，是 1990 年的 5.40 倍，个体工商户突破万户。1997 年，全县登记国有企业 726 个，集体企业 1644 个。2002 年，全县私营企业 140 个，个体工商户 1.41 万户。2005 年，在容县登记注册的私营企业 523 个，个体工商户 1.13 万户，集体企业 801 个，国有企业 240 个，“三资”企业 45 个。

1990—2005 年，每年 1 月—3 月对全县企业与个体户的营业证照进行年检与验照，证照年审收费执行标准为企业每户 50 元，个体户每户 0.50 元。

表 11-7　**1990—2005 年容县个体工商户和企业登记情况表**

年份	个体工商户			企业									
				私营企业			国有企业		集体企业		“三资”企业		
	户数	注册资金（万元）	从业人员（人）	个数	注册资金（万元）	从业人员（人）	个数	注册资金（万元）	个数	注册资金（万元）	个数	注册资金（万元）
1990	8583	2928	11090	12	312.6	254	97	1502	475	950	62	14680
1991	8630	3121	12090	14	421.6	366	105	1871	491	1004	80	14830
1992	8701	3310	11422	19	600.6	412	128	1998	525	1108	91	14980
1993	8759	3519	11804	27	815	583	240	2050	697	1217	106	14841
1994	8820	4722	11910	65	1088	118	352	2145	797	1338	108	14990
1995	10627	5001	13530	77	1983	1046	410	2601	945	1680	105	14842
1996	10928	5444	14035	65	2776	1079	556	2977	1119	2848	101	14696

续表

年份	个体工商户			企业									
				私营企业			国有企业		集体企业		“三资”企业	
	户数	注册资金（万元）	从业人员（人）	个数	注册资金（万元）	从业人员（人）	个数	注册资金（万元）	个数	注册资金（万元）	个数	注册资金（万元）
1997	10676	7519	13877	74	3103	944	726	3121	1644	3144	82	14551
1998	11448	8726	14904	68	3443	1528	667	2918	1554	3041	70	14407
1999	12601	9599	16400	80	3708	1434	571	1990	1474	3001	66	14265
2000	12608	10146	16801	72	3925	1492	456	1758.9	1320	2655	69	14400
2001	13248	10655	17684	134	4131	1528	399	1681	1244	2547	72	14620
2002	14127	15342	21313	140	4358	1634	351	1521	1145	2411	69	144480
2003	12178	14175	15670	315	5221	1761	270	1460	1047	2364	67	14431
2004	11292	14640	15082	473	6527	1914	258	1341	920	2201	52	14149
2005	11296	15399	15448	523	7315	2121	240	1317	801	2135	45	14291

表 11-8　　**1990—2005 年容县企业及个体户年检户数统计表**

单位：家、户

年份	企业	个体户	年份	企业	个体户
1990	614	8154	1998	2241	10876
1991	656	8199	1999	2081	11971
1992	725	8266	2000	1821	11978
1993	1017	8321	2001	1757	12586
1994	1256	8379	2002	1620	13421
1995	1460	10096	2003	1614	11569
1996	1749	10382	2004	1618	10727
1997	2400	10142	2005	1529	10731

第三节　经济合同管理

1990 年，容县为规范市场秩序，县工商部门加强对合同管理人员和企业法人的培训工作，指导企业签订合同，先后举办合同培训班 6 期，以农业订单合同、买卖合同、服务合同为主要培训内容，参培企业 136 家，参培人员 387 人次。年内，开展“重合同守信用”活动。采取企业自愿参加、统一公告和年度审核的形式，对重合同守信用企业的状况和行为随时记录备查，对企业信誉状况和合同管理水平进行认定，全面推行合同管理制度。此后，每年都开展这项活动，推动诚信建设。1991 年，举办合同管理培训班 11 期，培训内容有农业订单合同、租赁合同、借款合同、承包合同等，参培企业 351 家、人员 788 人次。1993 年，举办农业订单合同和经济合同培训班 5 期，有 103 家企业的人员 351 人次参加培训。1996 年，举办以农业订单合同、委托合同为主要内容的合同培训班 8 期，参培企业 156 家、人员 423 人次。1999 年，推行使用农副产品、房屋租赁、建筑工程施工等 10 多种合同示范文本，发出空白全本文本约 2 万份，进一步规范合同管理，提高合同履约率，保护当事人的合法权益。2000 年，举办合同培训班 7 期，培训内容以融资合同、农业订单合同为主，有 163 家企业、人员 536 人次参加培训。2003 年，举办合同培训班 8 期，培训内容以经济合同、农业订单合同为主，177 家企业参加，培训人员 449 人次。2005 年，全县有 15 家企业获自治区工商行政管理局授予“重合同守信用企业”称号。

合同鉴证

1990年，容县开展实施合同鉴证工作，全年鉴证合同4份，标的金额16.80万元。1991年，鉴证合同506份，标的金额898.13万元。1993年，鉴证合同1006份，标的金额4000.10万元。1994年，鉴证合同784份，标的金额1368.53万元。1996年，鉴证合同1443份，标的金额4530.30万元。1997年，鉴证经济合同1537份，标的金额5782.82万元。1998年，鉴证合同1100份，标的金额3615万元。1999年，鉴证合同290份，标的金额452万元。2000年，鉴证合同719份，标的金额2561万元。2001年，鉴证拍卖合同38份，标的金额797.80万元，建筑合同25份，标的金额1732.80万元，其他鉴证合同631份，标的金额1.14亿元。2002年，鉴证合同578份，标的金额1.48亿元。2003年，停止办理合同鉴证项目。

合同监督

1990年，容县工商行政管理部门检查企业49家，检查合同签订200份，合同涉及金额2000万元。1993年，检查54家企业的合同680份，合同涉及金额3512万元。1997年，检查136家企业的合同89份，合同涉及金额1073万元，发现并及时纠正存在问题合同4份，为企业挽回经济损失102万元。1998年，检查410家企业的各类合同1200份，合同涉及金额4150万元，发现有3份合同存在问题，为企业挽回经济损失30万元。1999年，检查328家企业的各类合同328份，合同涉及金额2512万元，发现有2份合同存在问题，为企业挽回经济损失23万元。2000年，检查226家企业的各类合同173份，合同涉及金额688万元，发现有3份合同存在问题，为企业挽回经济损失164.30万元。2001年，检查183家企业签订的各类合同162份，发现有5份合同存在问题，为企业挽回经济损失200万元。开始对拍卖活动进行监管，全年监管拍卖活动13期，审查签订成交拍卖确认书63份，成交金额2530.60万元。2002年，检查276家企业的各类合同213份，发现1份合同存在问题，为企业挽回经济损失2.70万元。全年监管拍卖活动22期，审查签订成交拍卖确认书173份，成交金额579.12万元。2003年，检查264家企业的123份合同，合同涉及金额700万元。全年监管拍卖活动22期，审查签订成交拍卖确认书52份，成交金额674.10万元。2004年，检查301家企业的103份合同，合同涉及金额817万元。全年监管拍卖活动24期，审查签订成交拍卖确认书49份，成交金额2854.01万元。2005年，检查250家企业的各类合同131份，合同涉及金额591万元。全年监管拍卖活动10期，审查签订成交拍卖确认书27份，成交金额3643.63万元。

合同调解与仲裁

1990年，容县工商行政管理局经济仲裁委员会行使经济仲裁资格，受理各类经济合同纠纷案件，实行一次裁决制度，处理经济合同纠纷案件。1991年，处理合同纠纷案件40件，涉及金额29.50万元，争议金额7.60万元，为合同当事人挽回经济损失7.60万元。1993年，调解合同纠纷11件，涉及争议金额2.97万元，为合同当事人挽回经济损失2.97万元。1994年，调解合同纠纷4件，涉及争议金额1.02亿元，为合同当事人挽回经济损失1.02亿元。1995年，《中华人民共和国经济合同仲裁条例》废止，县工商局设立的经济仲裁委员会也同时撤销并停止行使仲裁资格。2000年，由县工商行政管理局调解合同纠纷3件，解决争议金额72万元，为企业挽回经济损失23万元。2001年，调解合同纠纷6件，为企业挽回经济损失78.50万元。

企业动产物抵押登记

1995年，容县开始设立办理企业动产抵押物登记行政审批事项。1997年，办理企业动产抵押物登记49件，抵押设备价值1.46亿元，主债权数额5700万元。1998年，办理企业动产抵押物登记68件，抵押设备价值1.70亿元，主债权数额9183万元。1999年，办理企业动产抵押物登记10件，抵押设备价值2347万元，主债权数额2075万元。2000年，办理企业动产抵押物登记33件，抵押设备价值1.01亿元，主债权数额8940万元。2001年，办理企业动产抵押物登记34件，抵押设备价值1.79亿元，主债权数额9794万元。2002年，办理企业动产抵押物登记 28 件，抵押设备价值 1.35 亿元，主债权数额 9717 万元。2003 年，办理企业动产抵押物登记 19 件，抵押设备价值 1.52 亿元，主债权数额 7009 万元。2004 年，办理企业动产抵押物登记 24 件，抵押设备价值 2.86 亿元，主债权数额 4988 万元。2005 年，办理企业动产抵押物登记 17 件，抵押设备价值 8162 万元，主债权数额 5136 万元。

第四节　商标注册　广告管理

商标注册

1990 年，容县工商局完善和创新"商标富农"模式，引导生产企业重视产品注册商标意识，扩大企业知名度。同年，容县文具厂"金杯"微尘粉笔、容县水泥厂"绣江"牌水泥、容县饮料厂"蜂翼"牌黑糯甜酒获得自治区"百花奖"荣誉，"金杯""绣江""蜂翼"商标成为自治区知名品牌。1993 年，县工商局设置商标代办站承办机构，推动和引导企业提高商标保护意识，为企业策划、申报商标，力创名牌产品，代理企业制作和上送商标申请 71 个，其中代办站为企业制作商标 25 个。全县有注册商标 54 个。1994 年，加强保护企业商标专用权，重点打击侵权行为，县工商、公安、法院等有关部门联合组成工作组，先后到荔浦县以及山东省滕州市等地，查实并捣毁制售广西黑五类食品集团有限公司"南方牌"系列产品的制假黑窝，查处假冒"南方牌"商标的侵权行为，间接为企业挽回损失 100 万元，维护市场公平竞争。1995 年，全县有注册商标 138 个，指定商标印刷企业 11 个。1998 年，举办全县性商标管理法规培训班 2 期，利用电视、广播、报刊等新闻媒体及宣传车、宣传印刷资料等，加大《中华人民共和国商标法》（简称《商标法》）的宣传，深化企业商标注册和使用及保护意识。同年，全县共有注册商标 180 个，广西黑五类食品集团有限公司的"南方"商标被自治区工商局认定为"广西著名商标"。1999 年，在各工商所设置专职商标管理人员，所有商标印刷企业均办理"商标印刷单位证书"的登记发证手续，规范对商标印刷单位的管理。2000 年，深入企业开展商标法律法规咨询服务，为广西黑五类食品集团有限公司举办商标法培训班 2 期。全县有注册商标 210 个，指定商标印制单位 12 个。2001 年，组织企业开展争创全国驰名商标和广西著名商标行动，广西黑五类食品集团有限公司争创全国驰名商标、容县灵山瓷厂争创广西著名商标。2003 年，查处商标侵权案 2 件，罚款 1000 元。2004 年，推动创建容县知名品牌，国家质量监督检验检疫总局（2004 年第 95 号公告）批准，自即日起对容县沙田柚实施原产地域保护（2005 年 7 月起改称为地理标志产品保护）。2005 年，向国家工商行政管理总局商标局申报"容县沙田柚"地理商标。同年，全县申请商标注册 8 个，提出续展、变更注册商标申请 4 个，获得注册商标证书企业（个人）5 个。

广告管理

1990 年，容县设置有广告专栏 11 处，总面积 102 平方米。1991—1994 年，在县城和各乡（镇）工商所均落实专职广告监督管理员，加强对户外广告监督，全年核准张贴广告 4541 张，处理违法违章广告 1607 张，罚款 780 元。1997 年，全县设有户外广告专栏 58 个，经核准广告经营单位 6 个，核准张贴广告人 1788 人次，张贴广告 2.89 万张，清查非法张贴广告 639 张。1998 年，县工商局发出《关于加强户外广告管理的通知》，通过容县电视台和派出流动宣传车在城区和各乡（镇）进行广告法律法规宣传。2000 年，建立广告监管新模式，将广告监管权限

2003 年 1 月，容县工商局参与行风热线接受群众监督活动
（容县工商局　提供）

下放到基层工商所，全年查处违法违章广告案 40 件，罚款 4000 元，清理违章广告 2 万多份，收缴销毁违法违章广告 3 万份，收缴未经登记的印刷品广告 1.45 万份。2003 年，查处广告违法案件 31 件，罚款 1.52 万元。2004 年，国家工商行政管理总局发出通知，取消“广告经营许可证”管理制度。年内全县有广告经营单位 14 家，针对当时社会上存在利用大众媒体宣传虚假广告的问题，通过加强对户外广告日常监督巡查以及对广播、电视台等媒体的监测，发现案源并立案查处 1 家企业违法发布广告行为。2005 年，继续加大对违法广告的查处力度，并规范户外广告登记行为，贯彻落实国家工商行政管理总局开展“打虚假、树诚信”广告专项整治行动，严厉打击食品、药品、医疗虚假违法广告，全年立案查处违法广告行为 18 起，罚没金额 1 万元，案件性质包括户外、医疗、药品广告，广告媒介有电视、印刷品、墙体，主要内容涉及招工、招生、药品疗效等。

第五节 市场管理

市场建设

1990 年，容县有集贸市场 29 个，其中城区有市场 3 个，16 个乡（镇）均有集贸市场，全县市场占地总面积 5.01 万平方米，建筑总面积 3.73 万平方米，集市通道面积 1.29 万平方米，市场设置有摊位 1023 个，门店 265 个。按照“乡（镇）、县城、城市三级文明集贸市场标准”要求，开展全县市场建设和规范文明市场秩序，合理设置县城最大的集贸市场容州市场中的饮食行、蛋品行、熟食行、肉类行、工业品行、干杂货行、蔬菜行、豆制品行、粮食行、工业品行以及卫生管理、治安管理、安全防火、用水用电、车辆管理等，县内其他城乡集贸市场则以此规范，因地制宜设置。容州市场获 1989—1990 年度“全国文明集贸市场”称号。1991 年，新建完成黎村市场、容城城西市场、浪水市场，全县市场面积扩大 3000 平方米。同年，对自良市场、杨村市场进行改造建设。1992—1994 年，六王集贸市场、容西集贸市场、容县建材市场以及黎村、黎木、杨梅、松山、石头、石头务底的猪苗专业市场投入使用，新建市场面积 9500 平方米。1994 年，全县市场面积扩大到 6.26 万平方米。1995 年，为了更好地管理全县市场，设有县市场服务中心 1 个，乡（镇）市场服务部 16 个，工作人员 400 多人，提供市场服务。1997 年，容州市场获“自治区级文明市场”称号，黎村、灵山、杨村、六王、自良、杨梅、松山等 7 个集贸市场获“地（市）级文明市场”称号，容州、城区、容西、石寨、杨梅、六王、灵山、黎村、杨村、县底、自良、松山、石头、罗江、浪水等 15 个市场均获“县级文明市场”称号。2001 年，全县有集贸市场 41 个，市场占地总面积 6.51 万平方米，建筑面积 4.51 万平方米，总价值 9570.65 万元。同年，容州市场获“自治区级文明市场”称号，黎村、灵山、杨村、六王、自良、杨梅、石头等 7 个市场获“市级文明市场”称号，容州、城区、容西、石寨、杨梅、六王、灵山、黎村、杨村、县底、自良、松山、石头、罗江等 14 个市场获“县级文明市场”称号。年底，市场管理实行管、办分离，隶属自治区管理的容县工商局将全县 41 个集贸市场建设管辖权由隶属于县政府的容县市场开发服务中心管理。2002—2004 年，对松山、石头、罗江等 3 个猪苗专业市场进行拍卖。2005 年，全县有集贸市场 38 个，市场占地总面积 5.57 万平方米，建筑总面积 3.26 万平方米，市场道路建设面积 4103 平方米，设置摊位 2026 个，门店 549 个。

经纪人管理

1990—1995 年，容县抓好经纪人的教育培训和登记管理，针对经纪人各项业务能力，组织学习经纪人管理规范以及合同法、商标法等内容，开展经验交流，组建和培植经纪人队伍，开办经纪人培训班，带动农民致富。1990 年，全县登记在册经纪人 15 人。2000 年，县工商局开始实施《经纪人资格证书》发放制度，首次向登记在册的 109 位经纪人颁发《经纪人资格证书》。2001 年，增加电子营销、农村电商等方面知识培训，提高农村党员经纪人驾驭市场能力和种养技术水平。2003 年 4 月，成立容县经纪人协会，县内 16 个乡（镇）均成立经纪人协会分会，协会成员由县内经纪人自愿参加组成。2005 年，全县登记在册经纪人 314 人。

表 11-9　　1990—2005 年容县经纪人管理情况表

年份	经纪人培训(期)	培训人数	当年新登记在册经纪人数	年内经纪人数合计	年份	经纪人培训(期)	培训人数	当年新登记在册经纪人数	年内经纪人数合计
1990	2	15	15	15	1998	1	11	11	88
1991	1	9	9	24	1999	1	12	12	100
1992	1	7	9	31	2000	1	9	9	109
1993	1	9	9	40	2001	3	107	71	180
1994	1	7	7	47	2002	2	105	62	242
1995	1	10	10	57	2003	3	126	31	273
1996	1	12	12	69	2004	2	87	20	293
1997	1	8	8	77	2005	1	57	21	314

市场执法检查

1990—1992 年，容县工商局以整治粮食市场秩序为重点。1991 年，查处销毁假冒商品共 102 种，商品价值 25 万元；立案查处农贸违法案件 17 起，处罚 17.20 万元，查获倒卖化肥 120 吨，征收蚕茧 2000 多千克。严厉打击违法收购、囤积居奇、欺行霸市、短斤少两、哄抬物价、掺杂使假以及利用合同进行欺诈、无照经营等违法经营行为，维护市场交易秩序。

1993 年，容县工商局查处不合格饮料 472 瓶、酒 172 瓶、食品 1871 包，“三无”（指无生产日期、无质量合格证、无生产厂家）产品一大批，捣毁制售伪劣品食品系列黑窝 1 个，协助企业挽回损失 100 多万元，立案查处违法案件 11 起，处罚 6.21 万元。

1998 年，容县工商局立案查处非法收购、贩运粮食案件 6 起，没收稻谷 1.51 万千克；检查食品市场销毁假冒伪劣啤酒饮料 3483 瓶，食品 350 千克；查处农资案件 7 起，收缴不合格种子 1150 千克，化肥 28.20 千克，农药 155 千克。收缴销毁鼠药 554 包，不合格服装 1000 多件。

1999 年，容县工商局整顿粮食市场秩序，立案查处案件 11 起，没收稻谷 3.30 万千克；检查食品市场销毁假冒伪劣啤酒 152 瓶，饮料一批，“三无”食品 30 多种。查处没收不合格种子 16 千克，教育处理 1780 多户。

2000—2003 年，容县工商局检查粮食市场，立案查处案件 9 起，没收稻谷 3.75 万千克；清理整顿娱乐场所网吧，立案 10 件，查扣电脑 56 台；整治机动车市场秩序，立案 92 件，查扣涉嫌假冒和拼装摩托车 229 辆，案值约 46 万元；查扣假冒名牌汽车配件 734 件(套)，案值约 2 万元，假冒名牌摩托车配件 3483 件(套)，总案值约 3.20 万元。

2005 年，容县工商局开展流通领域商品质量抽样送检工作，对涉嫌存在质量问题的化肥、建筑材料、汽油和手机等商品共 52 组进行抽样送检，其中 7 组合格，合格率 13.50%，立案查处案件 32 件，没收假冒认证标志手机 28 台；开展市场检查 42 次，检查集贸市场 42 个，查处未经检疫猪肉 467.50 千克，收缴不合格计量器具(秤)38 条，没收野生动物 5.5 千克(放生)；检查农资市场没收劣质化肥 8 吨，过期变质农药 846 包；开展保护驰名商标、涉外商标集中专项整治行动 5 次，出动执法人员 1041 人次，检查经营户 3576 家，检查商品交易市场 69 个(次)，查处注册商标权侵权违法行为 10 起，没收侵权商品 1900 件(包)，罚款 6850 元，对不建立商标印制档案的 2 个商标印制单位各处罚 1000 元。

1998 年 3 月 13 日，容县工商局当众销毁一批假冒伪劣商品　（据《容县报》）

打击非法传销

2000年，容县开始实施打击和整治各种非法传销的专项行动。2001年，由县工商、公安部门牵头组织力量开展专项行动3次，发放宣传资料7300份，打击非法传销及变相传销，捣毁非法传销窝点10个，清查涉案人员140人，对7个首要分子予以治安留置审查，收缴非法传销资料一批。2002—2003年，重点整治和打击出租屋内隐藏的非法传销行为，在出租屋密集点段张贴通告，在县电视台、广播电台播报宣传，同时组织职能部门执法人员开展3次专项行动，捣毁非法传销窝点8个，遣返非法传销人员316人，公安部门留置非法传销首要分子1人，铲除非法传销活动在容县范围内的立足点。2005年，组织出动执法人员207人次、51车次，检查出租屋345处，控制B级人物3名，遣返涉嫌非法传销和变相传销人员28人，收缴非法传销资料一批，办结由检察机关移交的非法传销案件1起，案值4.90万元，对当事人处罚2.46万元。

第六节　消费者权益保护

1987年6月27日，成立容县消费者协会，由容县工商行政管理局局长兼任会长，协会成员有63人，人员构成主要有政府部门、机关单位、企业、律师、工人等。1990年3月15日，容县消费者协会牵头组织举办"国际消费者权益日"活动。同年受理消费者投诉45件。1991年4月29日，召开容县消费者协会第二届理事会，全县16个乡（镇）先后成立消费者协会分会，分会长由乡（镇）工商所所长兼任，乡（镇）政府1名领导兼任名誉会长，成员7~9人不等，主要由乡（镇）政府、工商所、消费者代表等组成。同年，容县消费者协会、乡（镇）消费者协会分会组织举办"3·15国际消费者权益日"活动。此后，每年"3·15"期间，容县消费者协会、乡（镇）消费者协会分会都组织举办"国际消费者权益日"活动。1995年，全县受理投诉440件，挽回经济损失2.79万元。1999年7月起，容县工商行政管理局成立12315申诉举报中心，与容县消费者协会合署办公；乡（镇）工商所成立12315申诉举报站，开通12315专线申诉、举报电话，接受消费者投诉，保护消费者权益。容县消费者协会成立至2005年共召开5次理事会议。

2003年3月，容县工商局、容县消费者协会组织开展"3·15"国际消费者权益日咨询活动。图为工作人员指导群众识别假冒伪劣商品　　（潘玉佳　摄）

表11-10　　1990—2005年容县消费者协会受理消费者投诉情况表

年份	消费者投诉（件）	挽回经济损失（元）	年份	消费者投诉（件）	挽回经济损失（元）
1990	45	9743	1998	392	29773
1991	239	12863	1999	577	48129
1992	195	8664	2000	651	24531
1993	192	14423	2001	553	107300
1994	313	39390	2002	360	46000
1995	440	27922	2003	238	33400
1996	364	91924	2004	601	106500
1997	95	29231	2005	589	119716

第五章　国土资源管理

1990年,容县在加强土地使用登记和变更登记的审核发证、土地评级与评估、土地征用与补偿、宅基地拨用管理工作的基础上,重点推动农村集体土地建设用地的登记发证。矿产资源开采实行许可证制度,矿产品实行统一销售,黄金产品上交指定银行。1993年,在全县范围内推行国有土地有偿使用制度,将无偿、无期限、无流动转变为有偿、有期限、有流动。1994年,启动办理土地变更登记发证业务,以适应城镇国有土地转让、出租、抵押需要。1994—1998年,先后2次修编《容县土地利用总体规划》,分析全县土地利用现状以及制订土地利用总体规划。1998年,在全县16个乡(镇)中启动土地整理项目,提高土地使用效益。经过10年多次调整和完善基本农田保护区划定,于2001年划定的基本农田保护区有16个,总面积41.41万亩。同年,全县矿产资源开采推行部门联合审批发证管理机制。2005年,健全基本农田保护体系,完成全县土地评估定级工作。对县内砂场开采实行矿点整合管理。1990—2005年,充分利用土地资源,扎实开展耕地开垦工作;开展非农业建设用地专项清查和土地执法监察动态巡查相结合,持续开展清查违法用地和非农业建设用地工作,查处各类土地违法案件3338起。

第一节　机　构

容县土地管理局

1986年设立,属容县政府工作机构,正科级行政单位,办公地点设在县政府大院内。1990年,内设办公室、地籍股、规划股、财务股、监察股。行政编制20名,事业编制10名,实有在编干部16人,工人及日工4人。1994年4月,成立下属机构容县土地交易管理所。1995年3月,成立容县地价评估事务所。1997年,容县土地管理局内设办公室、地籍股、规划股、财务股、监察股等部门,核定行政编制17名,实有人数30人。1999年3月,撤销1987年成立的容县土地监察队,成立容县土地执法监察大队。2000年1月,办公地址迁至容城镇南大街57号。

1990—2001年历任局长:(1990.1—1992.2缺)、莫郁荣(1992.3—1999.3)、甘文忠(1999.3—2001.11)。

容县矿产资源管理局

1985年设立,属容县政府工作机构,办公地址设在容城镇沿江北街51号。1990年,内设矿产公司、矿山派出所,有人员10人。1997年,改为县政府直属事业单位。

1990—2001年历任局长:曾广昌(—1995.6)、曾昭佐(1995.6—2001.11)。

容县国土资源局办公大楼　　(据《容县土地志》)

容县国土资源局

2001 年 11 月机构改革，容县土地管理局和容县矿产资源管理局合并，组建容县国土资源局，为县政府工作部门，正科级行政单位，办公地址设在容城镇南大街 57 号。核定行政编制 15 名，机关后勤服务 1 名，内设办公室、规划利用股、地籍管理股、矿产资源股、执法监察股。2003 年 8 月，下属机构容县土地交易管理所更名为容县土地交易中心。2004 年，由县政府办公室代管的容县国土开发储备管理中心、容县土地开发整理中心、容县国土测绘队改由容县国土资源局主管。2005 年，容县土地执法监察大队更名为容县国土资源执法监察大队；15 个乡（镇）国土资源管理所列为容县国土资源局派出机构。容县国土资源局核定行政编制 15 名，机关后勤服务 2 名，实有人员 16 人，内设办公室、规划利用股、耕地保护股、地籍测绘管理股、地质环境储量管理股、执法监察股、信访调处股。下属机构有容县土地交易中心、容县地价评估事务所、容县土地执法监察大队、容县国土开发储备管理中心、容县土地开发整理中心、容县国土测绘队。

2001—2005 年历任局长：甘文忠(2001.11—2002.12)、曾宪业(2002.12—)。

第二节　土地规划与开发利用

土地利用总体规划

1990 年，容县没有进行土地利用总体规划的编制项目。1994 年，开始启动编制《容县土地利用总体规划》工作，规划基期年为 1994 年，目标年为 2010 年，展望年为 2020 年。1996 年，该规划通过自治区评审验收。1997 年 3 月，根据上级要求开展对规划的修编，规划以 1997 年为基期年，2000 年为近期阶段年，2010 年为规划目标年，主要内容是综合分析县城范围内土地利用现状和潜力，根据上级下达的耕地、居民点及工矿用地、交通用地等规划用地指标予以适当调整，对城区、乡（镇）土地利用方向和结构调整提出指导性意见。2000 年 2 月，规划获自治区人民政府批复实施。规划确定，1997 年全县农用土地面积 291.90 万亩，2000 年为 300.15 万亩，2005 年为 300 万亩，2010 年为 301.20 万亩。

表 11-11　　1997 年编制《容县土地利用总体规划》各项主要指标情况表

单位：万亩

项目	规划期			
	1997 年	2000 年	2005 年	2010 年
全县农用地	291.90	300.15	300	301.20
耕地	47.31	47.34	47.36	52.77
园地	10.70	22.11	27.62	33.12
林地	216.91	213.41	206.97	202.04
牧草地	10.55	10.91	11.34	11.78
水面	6.36	6.48	6.96	7.02
建设用地	15.49	16.54	17.73	18.21
居民点及独立工矿用地	12.42	12.97	13.45	13.67
交通用地	1.57	2	2.45	2.67
水利设施用地	1.50	1.57	1.83	1.86
未利用土地	30.67	21.25	20.22	18.66

土地划拨

1990 年 5 月 19 日，国务院发布《中华人民共和国城镇国有土地使用权出让和转让暂行条例》，改革城镇国有土地使用制度。1994 年，容县开展加强对县内土地使用的划拨管理，办理划拨土地 26 宗，划拨面积

1753.65 亩。1999 年，办理有偿划拨土地事项 29 宗，划拨面积 1956.15 亩，其中办理有偿划拨土地 12 宗，划拨面积 1467 亩。2003 年，办理划拨土地 34 宗，划拨面积 2294.70 亩，其中办理有偿划拨土地 15 宗，划拨面积 1836 亩。2004 年、2005 年，没有办理土地划拨事项。

表 11-12　**1994—2003 年容县划拨土地情况表**

年份	宗数	面积（亩）	其中：有偿划拨宗数	有偿划拨面积（亩）
1994	26	1753.65	0	0
1995	28	1888.65	0	0
1996	30	2023.50	0	0
1997	27	1821.15	0	0
1998	28	1888.65	0	0
1999	29	1956.15	12	1467
2000	25	1686.30	11	1344.75
2001	27	1821.35	12	1467
2002	29	1956.45	13	1589.25
2003	34	2294.70	15	1836

国有土地有偿使用

1992 年 8 月，《广西壮族自治区土地管理实施办法（修订）》颁布实施后，容县政府印发《关于加强城镇建设用地管理规定的通知》，在全县范围内实施土地有偿使用制度。1993 年，在全县范围内推行国有土地使用制度改革，土地使用权由无偿、无期限、无流动向有偿、有期限、有流动转变，可出让、租赁、作价出资或入股等，将原划拨土地使用权以补办出让手续的形式出让，进入市场，并相继为原划拨土地补办出让手续。同时，推行农村宅基地和乡（镇）企业用地有偿使用。1994 年 7 月，对未进入土地市场的其他国有土地（包括住宅用地）实行有偿使用，制定容县国有土地有偿使用费收取标准，每年 6 月—7 月收取土地受益金和国有土地使用费。1995 年，容县停止收取农村宅基地和乡（镇）企业用地有偿使用费、土地受益金和国有土地使用费。

表 11-13　**容县国有土地有偿使用费收取标准**

单位：元／平方米

等级	级别	国有土地有偿使用费		
		商业用地	工业用地	住宅用地
一	1	0.50	0.30	0.25
	2	0.40	0.25	0.20
	3	0.30	0.20	0.11
	4	0.20	0.11	0.12
二	1	0.30	0.20	0.13
	2	0.20	0.15	0.12
	3	0.15	0.12	0.10
三	1	0.25	0.18	0.15
	2	0.20	0.15	0.12
	3	0.14	0.12	0.10
四	1	0.20	0.15	0.12
	2	0.12	0.11	0.10

说明：1. “商业用地”包括商业、服务业、旅游业、金融保险业等用地；“工业用地”包括工业、仓储、交通用地；“住宅用地”包括供居住的各类房屋用地

2. 用地类别不在此列的，按同等级内的住宅用地的收取标准计收

土地整理与开垦

1990年，容县实行人均耕地目标责任制，层层分解到乡（镇）、村，完成耕地开发253.95亩。1991年，新开垦耕地600亩。1992年，复垦荒地173.55亩，土地开发427.05亩。1994年，坚持开源节流开发耕地，投入142.50万元开垦耕地6.93万亩（含果山地），其中耕地886.95亩。1995年，在严格控制建设用地数量的基础上，抓好耕地开垦工作，以保证耕地数量不减少，开发耕地712.65亩，复垦7102.35亩。1996年，开垦3124.95亩。1997年，开垦870亩；未利用土地3.01万亩，占全县土地总面积8.88%。1998年，开始在全县16个乡（镇）中进行土地整理工作，在除容城镇外的县内其他15个乡（镇）进行未利用土地开发工作。至2000年，先后进行土地整理2895亩，其中由零散居民点占用的土地整理成为耕地292.50亩，由园地和林地整理成为旱坡耕地2602.50亩；改造中低产耕地3.45万亩；土地复垦870亩，其中复垦灾毁耕地750亩，复垦工矿废弃土地成为耕地120亩；开发未利用土地4.69万亩，其中开发成为耕地867亩，林地4.64万亩，牧草地975亩。2001年，成立容县土地开发整理中心，统率全县土地开发整理工作的规划、实施和上报验收事项，在全县16个乡（镇）开展土地开发整理工作。容县第一个自治区级耕地开垦项目杨梅镇六美村高架垌耕地开垦项目，通过砌设长1800米、宽3米、高3米的防洪大堤，建设20条总长6710米的进排水灌渠，修筑5条总长3740米的机耕道路，新开垦耕地394.50亩，平整土地、改良土壤，形成田成片、渠相连、路相通、旱能灌、涝能排新型耕地。年内，经自治区国土资源厅批复，完成土地开垦面积1.12万亩，新增水田2451亩，新增旱地7038亩。2002年，新开垦耕地1992.15亩。2003年，完成土地开垦面积7500亩，新增耕地2970亩。2004年，完成土地开垦面积2955亩，新增水田630亩，开垦新增旱地2085亩。2005年，完成土地开垦面积7710亩，新增耕地面积7110亩。

土地征用

征地审批程序 1990年，容县按照1988年4月实施的《广西壮族自治区土地管理实施办法》规定程序办理，即建设用地单位持国家批准建设项目的有关文件向县土地管理局提出建设用地申请，在城镇规划区内进行建设需要用地的，还要向县城市建设局申请定点；由县土地管理局组织有关单位签订征用土地协议书，绘制征用土地地理位置图和征地平面图；用地单位持征用土地有关文件、材料、图纸，按照分级管理审批权限，逐级呈报县级以上人民政府审核批准；建设用地经县级以上人民政府审批后由县土地管理局给用地者划地，核发土地使用证书。依照国家土地管理局1989年6月制定实施的《关于国家建设用地审批工作暂行规定》，在全自治区范围内实行核发“建设用地许可证”（简称“许可证”），由用地单位或个人持县级以上人民政府批准的建设项目用地文件，向当地土地管理部门申请，经县土地管理局核准后填发“许可证”；工程竣工后，用地者凭“许可证”领取“土地使用证”。1999年，执行新的《中华人民共和国土地管理法》有关规定，县内的国家建设用地审查报批程序工作分为五个阶段，即申请阶段、拟订方案阶段、上报审批阶段、实施阶段、监督阶段。项目施工期间，建设单位应将《建设用地批准书》公示于施工现场。

征地数量 1990年，容县征地25宗，总面积88.95亩，其中耕地42.75亩，非耕地46.20亩。1991年，全县征地64宗，总面积222.75亩，其中耕地165.15亩，非耕地57.60亩。随着经济体制改革的不断深入，县、乡（镇）两级加快经济开发步伐，为满足发展需求，1992年征地增多，全县征地134宗，总面积1837.20亩，其中经自治区批准的容县侨乡经济开发区开发建设用地面积209.70亩；经玉林地区批准19宗，其中较大项目有河南开发区499.65亩，容厢乡经济开发区115.95亩，县底乡企业开发区51.75亩，容县恒兴水泥厂67.05亩，灵山综合经济开发区25.50亩，容县乡（镇）企业长廊建设用地172.35亩，石寨经济开发区50.10亩，黎村镇企业开发区51.60亩；经玉林地区批准补办容县水电安装公司建设电房用地37.50亩（其中耕地3亩，非耕地34.50亩），自良食品处建设猪、鸡场的山地31.35亩。1993年，共征地28宗，总面积155.55亩，其中耕地130.50亩，非耕地25.05亩。1994年，共征地14宗，总面积532.05亩，其中耕地331.50亩，非耕地200.55亩。1995年，共征地34宗，总面积511.05亩，其中耕地440.10亩，非耕地90.95亩。1996年，共征地8宗，总面积1139.70亩，其中玉林至容县一级公路容县段为年内最大宗征地项目，征用水田387.90亩，旱地177.30亩，荒地457.50亩。1997年，开展重点清理非农业生产建设用地，暂停一切征地工作，没有办理新的征地项

目。年内，补办征地手续 8 宗，总面积 5197.67 平方米，其中杨村农机站使用的旱地面积 162.96 平方米，容县公路局在位于城南大道东面原办公楼用地面积 782.74 平方米，十里江口医院门诊部使用的水田面积 567.36 平方米。松山供销社 5 个分销处的建设用地是 20 世纪 70—80 年代初与当地生产队签订有用地协议，一直未办理征用土地报批手续，鉴于当时的历史条件和既成事实，年内予以补办，其中沙田分销处位于河滩用地，面积 1451.54 平方米、顶良分销处 726.70 平方米、半月分销处 440.14 平方米、大水分销处 435.20 平方米、大山口供销百货大楼 631.03 平方米。1998 年，抓好重点项目建设用地的征地工作。征用容城镇厢南村和容厢镇励志村、千秋村、峤北村、木井村等 63 个村民小组的集体土地 1152.75 亩，其中水田 275.45 亩，旱地 133.35 亩，非耕地 643.50 亩，以满足容县至岑溪一级路容县段第一期工程建设用地需要。年内续征地 1336.65 亩，其他用地 660.60 亩，以解决容县至岑溪一级公路容县段二期工程建设用地问题。处理和补办黎村中学等 16 个单位在 1991—1996 年期间未经土地管理部门批准兴建的项目 26 宗、总面积 495 亩的征地手续。1999—2003 年，全县共征地 57 宗，总面积 603.75 亩，其中耕地 372 亩，非耕地 231.75 亩。2004—2005 年，全县共征地 26 宗，总面积 275.70 亩，其中耕地 136.35 亩，非耕地 139.35 亩。

征地补偿 1990 年，容县按照《广西壮族自治区土地管理实施办法》规定的土地补偿费标准执行。1992 年，容县对征用土地实行统一规划、统一征用、统一开发、统一出让和划拨、统一管理，对征地的土地补偿费、安置补助费和附着物及青苗补助费，按不同的土地级别、地类、不同区域划分补偿标准。具体标准是：一类地（城区规划范围内的土地）一级每亩不超过 2 万元，二级每亩不超过 1.60 万元，三级不超过 1 万元；二类地（圩镇规划范围内的土地）一级每亩不超过 1.80 万元，二级每亩不超过 1 万元，三级每亩不超过 0.80 万元；三类地（其他土地）一级每亩不超过 1.40 万元，二级每亩不超过 1 万元，三级每亩不超过 0.60 万元。1995 年 9 月，县政府制定以征地前 3 年亩产为标准的计产计价办法，具体内容有：县内粮食（稻谷）产量确定为 1992 年粮食（稻谷）年平均亩产 820 千克，1993 年平均亩产 832 千克，1994 年平均亩产 824 千克；粮食（稻谷）作价为 1992 年每 50 千克稻谷 39 元，1993 年为 34 元，1994 年为 49.50 元。在征用耕地时，不论在耕地上种植何种作物，都应以种植粮食（稻谷）的标准计算产量和作价；在耕地上种植的青苗补偿标准，按上年一糙粮食（稻谷）产量作价补偿。在鱼塘内放养各种鱼类，建设单位又急于施工需及时清塘的，可酌情补偿清塘人工费。年内制定全县林地补偿费执行标准：宜林荒地，按当地旱地被征用前 3 年平均年产值的 2 倍补偿；防护林地不得征用，确因特殊情况需要征、占用的，应报自治区人民政府批准，按当地旱地被征用前 3 年平均年产值的 4 倍补偿；林地安置补助费按照当地征用耕地的安置补助标准计算补偿；被征、占用林地地面附着物补偿费按《广西壮族自治区土地管理实施办法》第二十九条的规定执行。1996 年，全县的征地补偿费用总额 127.17 万元，均属于城区过境公路续建工程的征地和拆迁房屋等发生的土地补偿费、安置补偿费和青苗补偿费。1999 年 1 月，容县执行《中华人民共和国土地管理法》（修订）的补偿标准。土地补偿费：水田按被征用前 3 年平均年产值 9 倍补偿；菜地、鱼塘按征用前 3 年平均年产值 8 倍补偿；旱地按征用前 3 年平均年产值 7 倍补偿；园地、经济林地按征用前 3 年平均年产值 5~7 倍补偿；用材地、薪炭林地已有收获（收益）的，按征用前 3 年当地旱地平均年产值的 4~6 倍补偿，未有收获（收益）的，按征用前 3 年当地旱地平均年产值的 3~4 倍补偿；防护林、特种用途林地不得征用，确需要征用的，必须逐级上报经自治区人民政府批准，并按被征用前 3 年当地旱地平均年产值的 9 倍补偿；轮歇地、草地、荒地及其他土地按征用前 3 年当地旱地平均年产值的 2~3 倍补偿。安置补助费：征地前人均耕地在 0.45 亩（不含 0.45 亩）以上的，安置补助费总额为被征用耕地前 3 年平均年产值的 12 倍，人均耕地在 0.375~0.45 亩（含 0.45 亩）的，补助 13 倍，人均耕地在 0.30~0.37 亩（含 0.37 亩）的，补助 14 倍，人均耕地在 0.30 亩（含 0.30 亩）以下的，补助 15 倍。征用园地、林地等有收获的土地，安置补助费按被征用前 3 年当地旱地平均年产值的 3~5 倍补偿；征用鱼（藕）塘的，安置补助费按被征用前 3 年平均年产值的 4~6 倍补偿；轮歇地、草地的安置补助费按被征用前 3 年当地旱地平均年产值的 2 倍补偿；征用荒地及其他无收益的土地不支付安置补助费。建设占用国有耕地的，按该耕地被占用前 3 年平均年产值的 10 倍支付安置补助费；占用国有园地、林地等有收益土地的，视其质量按占用前 3 年当地旱地平均年产值的 3~5 倍支付安置补助费；占用无收益的国有土地不支付安置补助费。根据以

上规定，容县制定的具体规定有：执行被征用水田、旱地按3年平均产值基数补偿的标准，水田每亩1.20万元，旱地每亩9410元，菜地每亩3088元，园地每亩2878元，鱼塘每亩3616元。2000年3月，容县执行《广西壮族自治区人民政府关于高等级公路建设用地有关问题的通知》关于高等级公路建设占用耕地的有关规定，建设单位没有条件开垦耕地的，由建设单位按照水田每平方米2~3元、旱地每平方米1~2元的标准缴纳耕地开垦费，专款用于开垦新的耕地。开垦耕地的具体方案，由自治区土地行政管理部门与沿线各地区行署、各市、县人民政府拟订，报自治区人民政府批准后实施，并督促检查落实。

第三节　土地管理

耕地保护

1991年，容县启动基本农田保护区划定工作。1992年，全县划定基本农田保护区302个，保护区面积21.90万亩。1994年，根据新颁布实施的《基本农田保护条例》要求调整基本农田保护区，调整后的基本农田保护区为302个，总面积29.53万亩。1998年，经划定完善后的基本农田保护区16个，保护块219块，总面积41.60万亩。2000年，经调整后划定的基本农田保护区面积41.37万亩。2001年，再次调整划定的基本农田保护区面积41.41万亩，基本农田保护地块勘绘到图、表册，明确每个地块的保护责任人，完善相关的管理制度及制作保护区标志牌，以规范化、制度化的措施管理全县基本农田。

地籍管理

土地登记　1990年初，容县使用国有土地单位（户）2715个，宗地3526宗，同年完成权属调查3309宗，测量宗地2944宗，发出证书1741本。同时抓好国有土地建设用地登记，重点为农村集体土地建设用地登记发证项目。1991年，全县发放集体建设用地土地使用证书5.87万本，土地使用面积391.79万平方米；发放国有土地使用证书637本，土地使用面积31.97万平方米。1996—2005年，全县集体建设用地土地发证1.82万本，土地使用面积190.39万平方米；国有土地发证1.28万本，土地使用面积212.33万平方米。

表11-14　　1990—2005年容县土地登记发证一览表

单位：本、万平方米

年份	土地发证登记合计		其中			
			国有土地		集体建设用地土地	
	证书	土地面积	证书	土地面积	证书	土地面积
1990	72592	594.71	563	52.52	72029	542.19
1991	59305	423.76	637	31.97	58668	391.79
1992	4933	37.48	978	7.60	3955	29.88
1993	3105	26.14	1470	13.88	1635	12.26
1994	2063	27.38	1670	23.25	393	4.13
1995	2326	36.59	1396	27.86	930	8.73
1996	2573	20.84	1003	6.18	1570	14.66
1997	5819	71.50	1906	24.82	3913	46.68
1998	3264	43.06	1160	21.90	2104	21.16
1999	3326	34.53	967	10.28	2359	24.25
2000	2526	39.91	761	18.08	1765	21.83
2001	3019	36.02	988	14.89	2031	21.12
2002	2551	16.37	1148	2.04	1403	14.33

续表

年份	土地发证登记合计		其中			
			国有土地		集体建设用地土地	
	证书	土地面积	证书	土地面积	证书	土地面积
2003	2655	37.30	1485	25.71	1170	11.59
2004	2705	48.73	1912	42.63	793	6.10
2005	2572	54.47	1512	45.80	1060	8.67

土地变更登记 1990年，容县没有办理土地变更登记发证业务。1994年，根据国家政策规定，开始启动办理土地变更登记发证业务，以适应城镇国有土地转让、出租、抵押的需要，年内业务较少。1995年，土地变更登记60宗，土地变更面积480平方米。1997年，结合非农业建设用地全面清查，推动土地变更登记工作，全年办理变更288宗，变更面积2.19万平方米，变更登记工作步入常态化。此后，每年登记宗数均在200宗左右。2003年，办理变更306宗，变更面积2.14万平方米。2004—2005年，办理变更600宗，变更面积4.60万平方米。

表11-15 1995—2005年容县土地使用权变更登记情况表

年份	变更宗数（宗）	变更面积（平方米）	年份	变更宗数（宗）	变更面积（平方米）
1995	60	480	2000	156	12480
1996	300	2250	2001	180	12600
1997	288	21888	2002	216	15120
1998	242	19360	2003	306	21420
1999	192	15360	2004—2005	600	45974

土地证查验 1998年7月，容县对全县国有土地使用证进行查验，主要查验使用国有土地的单位和个人是否依法办理土地登记或变更土地登记手续，是否有无证用地、违法批地、闲置土地等违法用地行为。实行每2年查验1次，查验收费标准每证8元，年内查验证书6183本。1999—2005年，共查验证书1.74万本。历年证书查验未发现违法用地问题。

土地定级评估

2001年，容县开展土地评级工作，是以土壤为主，参考地形、气候、水利等其他条件对土地生产力进行综合评价，确定分为7个土地级别，各个等级评价标准是：一级地为土地利用方面基本没有限制因素，主要是肥力较好的水田，如杂沙泥肉田、沙泥肉田、潮泥田等。主要特征是地形平缓，排灌条件良好，土层深厚，无不良层次，肥力较高，质地适中，保水保肥性能与供肥力较强，宜种性广。二级地为土地具有某些有碍因素，即质地不适中，偏沙或偏粘，有轻度侵蚀或轻度潜育化现象，降雨不时需要有人排灌，对作物有选择性，如杂沙田、沙泥田、潮沙田等。三级地为土壤对作物的择性较强，土地利用有较多限制因素，即质地不良，保水保肥性差，排灌不善，或山高谷深、田小水冷，或地下水位高，或有旱涝威胁，轻度或中度育化，如中潜底田、淹育性水稻土等。四级地一般属于无水利灌溉条件，对农业生产有较大限制的土地，不太适合水稻种植，仅适宜杂粮、饲料、蔬菜等以及其他经济作物种植，县内的旱地多属此类型。五级地一般为林地及新开垦的茶园、果园、苗圃地等土地。六级地一般属于适宜牧业或林业用途的土地。七级地的土地因素比六级地更为强烈，改良困难，不太适宜造林，只能短期放牧。在以上七级土地分类中，一至三级为水田土壤，四级为旱地土壤，五至七级为山地土壤。2005年，容县完成土地定级工作，并通过自治区国土资源厅评审。根据评估定级分类,全县有一级地面积 10.11 万亩,占土地总面积 3%;二级地面积 11.21 万亩,占土地总面积 3.40%;三级地面积 8.76 万亩,占土地总面积 2.60%;四级地面积 4.14 万亩,占土地总面积 1.20%;五级地面积 249.74 万亩,占土地总面积 76.20%;六级地面积 265.86 万亩,占土地总面积 8.10%;七级地面积 17.18 万亩,占土地总面积 5.20%。

建设用地管理

集体单位建设用地审批 1990 年,容县乡(镇)建设用地批准拨地 2 宗,面积 2.10 亩。1992 年,全县乡(镇)建设用地批准拨地 24 宗,面积 111.75 亩。1994 年,批准乡(镇)村建设用地 5 宗,拨地面积 188.25 亩。1999 年,根据自治区人民政府《关于贯彻实施(中华人民共和国土地管理法)有关问题的通知》对县级人民政府审批土地的权限规定为:依法申请使用集体土地进行建设,涉及农用地转用的,先依法办理农用地转用审批手续。在已批准农用地转用范围内及依法申请使用集体建设用地的具体建设项目用地,按下列权限审批:总面积在 4.50 亩以下(含 4.50 亩)建设用地,经乡(镇)级人民政府审核,县政府审批,报玉林地区行署备案。

农民个人建房用地审批 1990 年,容县农村个人建房用地,由建房者向乡(镇)土地管理所提出书面申请,经审批后,填写一式 3 份村民使用耕地(或非耕地)建房申请表,经村民小组、村委会签署意见后,送乡(镇)土地管理所会同村镇建设规划人员勘绘宗地图,并根据用地性质,属非耕地的报乡(镇)政府批准后送县土地管理局备案,属耕地的呈报县土地局核实,送县政府审批。年内,全县审批农村村民住宅建房用地 1307 宗,面积 227.40 亩,其中耕地面积 127.50 亩,非耕地面积 99.90 亩。1992 年 4 月,县政府制定《关于加强农村宅基地管理的暂行规定》,规定农村居民申请建房用地,需经村民小组、村民委员会讨论通过,村公所核实;乡(镇)派员实地复核绘图。年内,农民建房量增加,在耕地上建房数也有所增长,审批建设用地 3405 宗,面积 630.75 亩,其中耕地面积 378.30 亩,非耕地面积 252.45 亩。1994 年 7 月,执行自治区人民政府制订的土地管理条例相关规定,即农民占用耕地建住宅,须经县人民政府批准。1995 年,在耕地上建房的比例有所增长,审批建房用地 2317 宗,面积 325.80 亩,其中耕地面积 240.15 亩,非耕地面积 85.65 亩。1996 年,审批建房用地 1211 宗,面积 391.80 亩,其中耕地面积 141.75 亩,非耕地面积 250.05 亩。1999 年 1 月,新的《中华人民共和国土地管理法》颁布实施,农村宅基地审批工作程序分为申请用地、审核选地、审查批准、核拨土地、登记发证等 5 个阶段。2002 年,经整治严控在耕地建房行为,审批建房用地 1179 宗,面积 1130.25 亩,其中耕地面积 27.75 亩,非耕地面积 1102.50 亩。2004—2005 年,审批建房用地 1984 宗,面积 465.60 亩,其中耕地面积 163.20 亩,非耕地面积 302.40 亩。

表 11-16 **1990—2005 年容县审批农村村民住宅建房用地一览表**

单位:亩

年份	审批用地(宗)	用地总面积	其中	
			耕地面积	非耕地面积
1990	1307	227.40	127.50	99.90
1991	1392	240	148.50	91.50
1992	3405	630.75	378.30	252.45
1993	1577	299.25	172.05	127.20
1994	922	105.15	105.15	—
1995	2317	325.80	240.15	85.65
1996	1211	391.80	141.75	250.05
1997	563	63.75	50.25	13.50
1998	166	150	150	—

续表

年份	审批用地(宗)	用地总面积	其中	
			耕地面积	非耕地面积
1999	794	130.80	85.80	45
2000	790	88.95	47.85	41.10
2001	914	90.75	53.85	36.90
2002	1179	1130.25	27.75	1102.50
2003	676	83.70	37.35	49.35
2004	1984	465.60	163.20	302.40
2005				

第四节　土地监察

队伍

1990 年，容县土地管理局设置土地监察机构，配备专职土地监察人员 4 人，并在各乡（镇）、行政村组建兼职的监察队伍，形成由县、乡（镇）、村、组组成的土地监察网络。1991 年后，逐渐完善和增强监察队伍力量，至 1998 年，县土地监察队有土地监察员 6~7 人，每个乡（镇）配专职土地监察员 3~5 人，每个行政村设兼职土地监察员 1~2 人；每个村民小组（生产队）聘请土地监察信息员 1~2 人。1999—2000 年，先后在容县土地管理局成立容县土地执法监察大队，在各乡（镇）成立土地执法监察队。2005 年，容县土地执法监察大队更名为容县国土资源执法监察大队，全县有专职土地监察员 65 人，兼职土地监察员 219 人，土地监察信息员 5594 人。

清查违法用地

1990 年，容县查处土地违法案件 346 起（件），罚款 38.91 万元，拆除违法占地建房 27 户 32 间，总面积 631 平方米，恢复生产用地 578 平方米。1991 年，查处违法占地建房案件 118 起，依法拆除违法占地建房 15 间，拆除面积 537.70 平方米，罚款 21.38 万元。1992 年，违法占地案件立案 95 起，查处 91 起，罚款 36 万元。1994 年，违法占地案件立案 96 起，查处结案 92 起。1995 年，违法占地建房立案 137 起，查处结案 132 起，办结率 96.35%。1996 年，违法占地案件立案 125 起，全部查处结案。1997 年，查处土地违法案件 90 起，其中拆屋 6 宗，拆屋还地面积 420 平方米。同年，在全县开展非农业建设用地大清查，清查范围为 1991 年 1 月—1997 年 4 月 15 日前批准使用或未经批准而占用的各类非农业建设用地，清查重点是各类开发区、工商业小区、房地产开发项目用地，城镇郊区、公路两侧用地，乡（镇）、村建设用地和农村宅基地，清查出各类非农业建设用地 2.68 万宗，总面积 9287.70 亩。1998 年，查处案件 95 起，其中拆除违法占地建房 3 宗，拆屋还地面积 210 平方米。1999 年，查处各类土地违法占地案件 625 起，拆除违法占地建房 4 间，面积 220 平方米，罚没款 68 万元。2000 年，查出土地违法案件 557 起，处理 551 起。2001 年，开展土地执法监察动态巡查，强化事前查纠监督，发现个人违法占地 14 起、单位土地违法案件 1 起，立案查处 5 起，及时纠正处于萌芽状态的 9 起，依法拆除违法占地建筑 5 处。2002 年，巡查发现并制止土地违法案件 15 起，查处土地违法案件 289 起，依法拆除违法占地建筑物 4 间，面积 423.64 平方米。2003—2005 年，进一步健全和完善县、乡（镇）、村三级土地执法监察网络，开展土地执法监察动态巡查，实施动态巡查，立案查处违法建房 779 起，罚没款及作价处理金额 273 万元。

法规宣传教育

1990 年，容县县、乡（镇）两级政府通过组织人员和企业，利用报告会、有奖知识竞赛、咨询服务、电视广播、电影、墙报、标语、简报等形式宣传《中华人民共和国土地管理法》。1999 年，开展《中华人民共和国土地管理法》《基本农田保护条例》等土地管理法律法规的宣传活动。2003—2005 年，结合“6·25 土地日”“12·4 全国宣传法制日”“科普宣传月”“安全生产活动日”“地球日”等开展宣传活动。

第五节 矿产资源管理

开采登记发证

1990 年，容县矿产资源管理局加强县内矿山（点）管理，核发登记采矿许可证 78 个。1995 年，杨梅镇萤石矿实行每个窿道各办理 1 个采矿许可证，铜矿开采许可证由玉林市矿产局发放。1997 年，规范采矿许可证登记发证程序，由采矿者（业主）提出书面申请，经村民小组、行政村和乡（镇）政府同意后，县矿产资源管理局派员实地考察无误，审核和办理采矿许可证，凭证开采。2001 年，推行矿山管理新机制，由国土、安监、水利、环保、工商等部门派员联合到矿山现场勘察，对符合设置条件的，共同在审批表签署意见或发函，联合审批发证，每个采矿许可证有效使用年限 1 年。2002 年，六王镇温风铜锌多金属矿获自治区矿产厅颁发探矿许可证。

矿业秩序整治

1990 年，容县矿产资源开采开发利用由县矿产资源管理局和县公安黄金派出所履行监督职责。日常管理和矿山巡视多由矿产公司的收购站点工作人员负责，发现违法开采或矿权纠纷，即报告县矿产资源管理局前往处理。接到群众举报的，由矿管员到实地勘查后汇报县矿产资源管理局处理。对违法开采案件进行严查处罚和监督管理，落实矿区采矿人先办证后开采，规范矿山秩序，违法采矿案件逐年减少。2002—2005 年，整顿县内矿山开采秩序，严厉打击各种非法开采行为，先后对杨梅镇萤石矿、灵山镇泉塘矿场、灵山镇华垠金矿等地的非法采矿行为实行多次打击和整治，每年对这些矿点进行现场督查 1~2 次，对灵山镇华垠金矿非法开采窿道、杨梅镇萤石矿非法开采窿道分别实施炸封 2 次，拆毁工棚设施和开采设备，驱散非法开采人员 50 多人次，维护矿产资源依法开采秩序。2005 年，针对县内砂场开采紊乱的现状，实行矿点整合，促使有序开采生产和依法管理。

第六章 质量技术监督

1990 年，容县标准计量局对全县的计量、标准化进行管理；容县劳动局对特种设备进行管理。1992 年，全县产品质量、计量管理职能转由新成立的容县技术监督局管理。2001 年 11 月，特种设备管理职能划归容县质量技术监督局管理。1990—2005 年，全县共查处质量、计量、标准化、特种设备等违法案件 1076 起。

在产品质量和标准化管理方面，组织和督促企业完善企业产品标准和登记，先后完成制订沙田柚、霞烟鸡地方标准。1993 年，在全县范围内建立和完善机构代码管理制度。1997 年，成为“全国消灭无标生产县”。2001 年，通过引导企业开展质量体系认证，先后取得免检产品 1 个、广西名牌产品 3 个、广西优质产品 2 个。2002 年，有 18 家企业获得“执行产品标准登记合格单位”。2004 年 7 月，容县沙田柚获“中华人民共和国原产地域产品保护”标志确认。2005 年，广西黑五类食品集团有限责任公司实行标准化良好行为管理。加强对县内企业的产（商）品开展质量监测，至 2005 年，共抽查检验产（商）品 3133 批（次）。

在计量管理方面，对市场及有关单位的计量器具和地秤、各类台案（杆）秤具、压力表、血压计等计量器具进行监督管理。1991 年，在全县范围内统一实行法定计量单位，县计量测试所于 2004 年成为全自治区第一个由自治区计量局授权的县级法定计量检定机构，血压计项目检定扩展至全县所有医院机构。

在特种设备管理方面，主要是对全县各单位使用的锅炉、压力容器、压力管道、电梯、起重机械、厂内机动车辆、客运架空索道、游乐设施及防爆电器等特种设备的安全监察监督，每年开展对特种设备进行专项执法检查。

第一节 机 构

1990年,容县标准计量局属县人民政府工作部门,办公地址设在县政府大院内。内设办公室、计量股,在编在职人员4人。1992年3月,撤销容县标准计量局,成立容县技术监督局,内设秘书股、标准质量股、计量股、执法检查队,行政编制5名,实有人数5人,办公地址设在县政府办公大院内。1992年,设立下属机构容县计量测试所、容县质量监督检验所。1999年10月,容县技术监督局更名为容县质量技术监督局,改属自治区垂直管理,核定行政编制12名,实有人数12人。容县质量监督检验所更名为容县产品质量监督检验所。2002年,容县质量技术监督局内设办公室、综合管理股、法规监督股,核定行政编制15名,后勤服务事业编制1名,实有人数14人。2005年,内设办公室、综合管理股、法规监督股(增挂稽查大队牌子)、食品生产安全监管股,在编在职人员不变。原由容县卫生局承担的生产加工环节食品卫生监管职能划归容县质量技术监督局。同年10月,办公地址迁至容州镇城西大道92号。下辖机构有容县计量测试所、容县产品质量监督检验所。

2005年,容县质量技术监督局迁至城西大道92号
(容县质监局 提供)

1990—2005年历任局长:(1990.1—1991.1缺)、徐超崇(1991.2—1993.12)、李爱南(1993.12—1999.3)、李程(1999.3—2000.10)、(2000.11—2002.12缺)、李程(2003.1—)。

第二节 标准化管理

企业标准管理

1990年,容县制订企业标准3个。1991年,全县开展无标生产整治,组织消灭无标生产企业,制订企业标准20个,推动县内23个企业标准备案;容县松脂厂的松香、松节油以及容县水泥电石厂的425#硅酸盐水泥、乙炔碳黑等9个产品标准值通过国际标准复查。1992—1993年,制订企业标准5个。1994—1996年,备案企业标准65个。1997年,备案企业标准14个,容县被列为“全国消灭无标生产试点县”。同年,增加电话计时计费器检定业务,10月,通过广西“消灭无标生产县”的验收,成为“全国消灭无标生产试点县”,推动全县标准化管理。

1999年,容县开展以消灭无标生产工作为突破口,全面加强标准化管理,帮助企业起草企业标准36个,备案产品标准45个,为216家企业的263个产品进行产品标准注册登记。全县企业标准化管理覆盖率由1991年开展消灭无标生产工作启动前的49%提高到98%,无标率从51%降为2%。2000年,企业起草标准13个,备案产品标准22个,备案食品标准18个,备案产品标识37个,完成标准注册登记86个,宣传贯彻国家强制性标准5个。2001年,制订产品标准15个,备案标准13个,登记注册企业执行产品标准186个,备案产品标识18个,备案食品标签15个。2002年,制定、修订企业标准30个,复审标准20个,备案企业标准22个、备案食品标签20个,注册登记企业产品标准128个。2003年,制定、修订企业产品标准15个,备案企业产品标准15个,产品标识备案175个,食品标准备案21个。2004年,制定、修订企业标准8个,产品标准备案6个,标准注册登记254个,备案产品标签13个。2005年,制定、修订企业产品标准20个,备案标准20个,标准注册登记30个,备案食品标签16个。全县不存在无标准生产企业。

地方标准管理

1990 年，容县没有开展制订地方标准工作。2002—2003 年，向国家申报“容县沙田柚”“容县霞烟鸡”农业标准化项目。2003 年，“容县沙田柚”和“容县霞烟鸡”标准化示范区列入第四批全国农业标准化示范项目。2004 年，开始编写《容县沙田柚品种标准》《容县沙田柚分级标准》《容县沙田柚苗木分级标准》以及“容县霞烟鸡”等企业标准。由县质监局、畜牧局、水果局等部门共同制订《容县霞烟鸡生产标准》《容县沙田柚生产技术规程》《容县沙田柚采收贮藏技术规程》等 11 项企业标准。7 月 20 日，容县沙田柚获得国家质量监督检验检疫总局确认为“国家原产地域产品保护”产品。12 月，自治区质量技术监局发布“原产地域产品——容县沙田柚”“容县霞烟鸡”的地方标准。2005 年，容县沙田柚通过第四批全国农业标准化示范区验收。

组织机构代码管理

1993 年 11 月，容县在全县范围内开始建立和完善机构代码管理制度，实施统一代码赋码建库工作，主要对象为全县范围内的党政机关、事业单位、社会团体和办理注册并取得营业执照的国有企业、集体企业、“三资”企业、私营企业。发出代码证书 1869 本。1994 年，实施组织机构代码证书年检制度，检验证书 1828 个，换证 35 个，新发证书 25 个。1997 年，换证 1772 个。2001 年，县质监、工商、税务、银行等部门联合出台措施，组织机构代码证作为县内的行政机关、企事业单位、社会团体办理银行开户、工商执照、税务登记的前置条件，推动办证进入正常轨道。同年，办理代码证书 2507 个，其中换证 1095 个，新发证书 107 个，年检 1305 个。此后，随着行政机构改革、企业改革优化等原因，组织机构有所减少，代码换发证数量有所下降。2005 年，办理代码证书 1419 个，其中换证 263 个，新发证书 264 个，年检 892 个。

表 11-17　　**1993—2005 年容县组织机构代码管理情况表**

年份	办理代码证书(本)	其中		
		换证(个)	发证(个)	年检(个)
1993	1869	0	1869	0
1994	1888	35	25	1828
1995	1887	41	38	1808
1996	1908	38	69	1801
1997	1916	1772	35	109
1998	1885	21	206	1658
1999	1823	32	202	1589
2000	1534	56	153	1325
2001	2507	1095	107	1305
2002	1119	198	135	786
2003	1061	265	107	689
2004	1183	365	137	681
2005	1419	263	264	892

第三节　产品质量监督

1990 年，容县产品质量监督工作的重点是对县内企业的产(商)品开展质量监测。至 1995 年，累计对 245 个企业的抽样检验包括食品、农资、建材行业等 34 类产(商)品 432 个批次，平均合格率 68.50%。

1996—2000 年，产品质量监督抽检 1521 批次，平均合格率 77.80%。2001—2002 年，监督抽查包括白酒、花生油、化肥、红砖，砂砖等产（商）品 297 个，检验合格 203 个，合格率 68.30%；责成 20 个产（商）品不合格企业开展整改工作；其间，县水泥电石厂通过生产许可证换证评审。2003 年，监督抽查产（商）品 239 批次，合格率 78%，整改不合格企业 23 家。2004 年，重点监督化肥、农药、饮料、酱油、大米、月饼、红砖、钢材、水泥、燃油等行业，抽查产（商）品 312 批（次），检验合格 297 批次，合格率 95.20%。2005 年，重点核查食品、建材、陶瓷、饲料、石油液化气、劳保用品、印刷品、瓦楞纸箱、编织袋、胶合板、机械零配件产品，对抽送的 332 个样品实行质量抽查定期监督，经抽查确定，有合格样品 249 个，不合格样品 22 个，合格率 75%，其中检验食品 204 批次，合格率 85%；机械零配件 2 批次，合格率 100%；建材产品 51 批次，合格率 51%；陶瓷产品 20 批次，合格率 90%；饲料产品 17 批次，合格率 88%；纸产品 4 批次，合格率 75%；液化气 3 批次，合格率 100%；劳保用品 4 批次，合格率 100%；印刷品 10 批次，合格率 50%；编织产品 4 批次，合格率 50%；其他产品 13 批次，合格率 62%。2003—2005 年，开展创名优产品活动，实施名牌战略，成功培育广西黑五类食品集团有限责任公司的"南方黑芝麻糊"为免检产品，广西南山瓷器有限公司"真武"牌日用陶瓷、容县沙田柚为广西名牌产品，广西挺佳节能锅炉总厂的"挺佳"牌新型反烧式环保节能锅炉为广西优质产品。

第四节　计量管理

1990 年，容县计量管理工作主要对全县辖区内与群众生活相关的地秤、台（案）秤、天平、压力表、血压计、加油机、标准砝码等计量器具的监督检查，检定项目主要对象和器具有企业和市场使用的台（案）秤、地秤、砝码、天平、压力表等。检定各种计量器具 1600 多台，强制检定率 92.70%。1991 年，在全县范围内统一实行法定重量计量单位为克、千克、吨等，原来日常流通使用的重量计量单位两、市斤、担等废止使用，停止制造、销售和使用市斤秤器具，并对列入强制检定目录的天平、砝码、非自行指示秤等工作计量器具实行强制检定工作。1992 年，增加检定燃油加油机及血压计（表）项目，检定各种计量器具 1846 台（件），计量器具的强制检定率为 93.60%，其中燃油加油机的强制检定率 100%。1993—1997 年，按照《中华人民共和国计量法》和 JJF1033-1992《计量标准考核规范》的要求，建立一等砝码标准、二等砝码标准、四等大砝码标准、压力表检定装置、标准金属量器检定装置和血压计标准装置计量标准以及相对应的社会计量公用标准，对辖区内各种计量器具实施量值传递，年均检定各种计量器具 1900 余件，强制检定率 93.90%，其中燃油加油机的强制检定率 100%。1998—2000 年，建立计量测试管理系统，增加电话计时计费器检定项目，建立电话计时计费器装置的计量标准和社会公用计量标准，可供开展工作计量器具的检定项目有台秤、案秤、电子秤、电子计价秤、电子汽车衡、税控燃油加油机、水银血压计、血压表、压力表、氧气表、分析天平、电子天平、架盘天平等 16 个，基本涵盖衡器、压力表、血压计、加油机、电话计时计费器等与群众日常生活相关的常用计量器具。检定各种计量器具 2400 多件，强制检定率 94.20%，其中燃油加油机的强制检定率 100%。2001 年，加强用于安全防护的计量器具（压力表）的项目检定，压力表的重点项目检定由以县纸厂为主要对象扩展到砂砖厂、医院等行业，检定压力表 260 多块（次）。2002 年，检定压力表 800 块（次），各种计量器具 2800 多件，强制检定率 94.80%，其中燃油加油机的强制检定率 100%。2003 年，检定燃油加油机 193 台，天平 92 台，血压计 377 台，压力表 890 块，衡器 2800 台（其中地秤 19 台、案秤 1688 台、台秤 1060 台、电子计价秤 24 台、配杆秤 9 台），各种计量器具 4300 多件，其中医疗卫生的计量器具（血压计）检定量 377 台，压力表 890 块（次），强制检定率 95.10%；燃油加油机强检率 100%。随着移动电话（手机）使用的逐渐普及，公用出租电话计时计费器开始锐减，年内检验量 52 台。2004 年，县质量技术监督管理机构对辖区内的一等克组和毫克组砝码标准、二等千克组砝码标准、四等大砝码标准、压力表检定装置、标准金属量器检定装置和血压计标准装置等 7 项标准和 21 个计量器具开展检定工作。对医疗卫生行业使用的计量器具（血压计）检定工作范围扩展至全县所有医院机构，检定量 469 台、压力表检定量 1234 块(次);各种计量器具检定量 4800 多件,强制检定率 95.7%,其中燃油加油的机强制检定率 100%。2005 年,健全强制检定资源信息平台,对重点民生强制检定的水电表、燃油加油机、农产品收购专用汽车衡、出租汽车计价器、医用“三源”(即医用辐射源、医用超声源、医用激光源)、眼镜配制用计量器具、城区主要集贸市场固定摊点结算用衡器等计量器具的强制检定率 96%。检修计量器具 4515 台,其中地秤 36 台,台(案)秤 1911 台,天平 75 台,砝码 469 个,加油机 274 台,血压计(表)435 台,压力表 1315 个。有 15 个企业通过计量确认,5 个企业完善计量检测体系。

第五节 特种设备安全监察

1990—1994 年,容县加强锅炉压力容器等特种设备安全监察,检验锅炉 17 台,超应检任务 10 台的 70%;应检验压力容器 16 台,检验 16 台。全县锅炉压力容器安全运行,未发生过爆炸事故。1996 年,重点加强对锅炉房的整治。购置一批“锅炉房安全制度”牌发给锅炉使用单位挂贴在锅炉房,确保司炉人员按规操作。对正常运行的 20 多台锅炉全部进行年检,对新移装的 8 台锅炉从场地设计到竣工使用等一系列环节,都进行严格审查,按要求发证投入运行。当年全县锅炉、压力器全部实现安全运行。2002 年,组织开展锅、容、管等特种设备普查登记。在重大节假日开展安全生产大检查,及时排除安全隐患。举办锅炉司炉工培训班 1 期,参加培训人员 86 人。无重大事故发生。2003 年,根据国务院《特种设备安全监察条例》相关规定,对锅炉、压力容器、压力管道、电梯、起重机械、厂内机动车辆、客运架空索道、游乐设施及防爆电器等特种设备全面实行行政许可和安全监察制度。重点普查整治气瓶、压力管道行业,责成 26 家违规企业单位限期整改,97 个单位完善登记管理;举办锅炉司炉人员培训班 2 期,参培人员 126 人。在“元旦”“春节”“五一”国际劳动节、“六一”国际儿童节、“十一”国庆节等节假日前后,组织开展特种设备安全生产大检查,监管电梯 45 家(次),把安全隐患消灭在萌芽之中。2004 年,健全特种设备安全工作责任制度,制定特种设备重特大安全事故应急处置预案,组织开展专项检查 8 次,重点整顿 105 家(次)生产经营企业、游乐场、宾馆、医院、燃气充装站等单位,核查锅、容、管等特种设备 137 台(件),发出特种设备安全监察指令书 31 份,提出整改意见 69 条,对不符合规程使用的 36 台(件)锅、容、管等特种设备限期整改,对存在严重安全隐患的 3 台(件)锅、容、管等特种设备责令停止使用。通过动态监管,普查并实行登记建档管理的燃气充装瓶 8100 个,有 35 家使用单位建立周期检验设备的申检档案。2005 年,组织安全生产大检查 5 次,检查锅炉、压力容器使用单位 90 家(台),发出《特种设备安全监察指令书》72 份。

第六节 行政执法监督

1990 年,容县标准计量局行使对全县计量、标准化、产品质量管理职责,包括受理涉及质量技术监督的投诉、举报以及相关行政案件的调查取证、实施现场处罚、执行行政处罚决定职权。查处计量器产品质量不合格事件 2 起,计量事件 3 起,没收不合格计量器具 620 件(台)。1991 年,处罚产品质量不合格事件 2 起,计量违法事件 3 起,没收不合格计量器具 456 件。1992 年,查处计量和质量违法违规事件 11 起,处罚经销假冒劣质计量、质量商品的经营户 65 户,没收不合格计量器具 1678 件。1993—1994 年,以打击假冒伪劣钢材、电线为重点内容,查处劣质钢材 25 吨,标值 45 万元;查处劣质电线 150 万米,标值 3.70 万元。端掉制假售假窝点 4 个。1995—1997 年,查处生产、销售假冒嘉陵、洛嘉摩托车窝点 3 个,没收车辆 25 辆,标值 8 万元。查获劣质饲料 8 吨,标值 2 万元。查处劣质饮料 1 万多瓶,标值 1.50 万元。查处洗涤用品 150 箱,标值 1 万元。查处劣质化肥 5 吨,劣质农药 2.50 吨,价值 1.20 万元。查处假冒美孚机油 2000 罐,标值 7 万元,处理不合格螺纹钢材 30 吨。1998 年,处理违规违章案件 55 起,处理过期食品 157 千克、假冒化妆品 282 件、其他物资 2.80 吨。1999 年,加大质量监管查处力度,以打击假冒伪劣产(商)品为重点,

容县加强中秋月饼生产、加工及销售的卫生管理和监督检查。图为县食品卫生监督检验人员作月饼质量检验
（李培森　摄）

检查生产、销售企业258家(次),处理计量、标准、质量等违法案件86起,没收、销毁一批不符合国家有关规定的瓶装酒、化妆品、食品。查处月饼生产厂家1家,处理不合格月饼3吨。查处无中文标识、无进网许可证号的手机、手机电池、电话机等终端通信设备,涉案产(商)品货值金额50多万元,为企业和消费者挽回经济损失100万元。2000年,查处质量、计量、标准化等违法案件62起,检查专业市场8个,检查企业209家(次),查封无生产许可证擅自生产的松脂230吨,查处不合格食品、农资、建材、生活用品等,涉案货值金额80万元,销毁假冒伪劣瓶装酒、化妆品、食品、生活用品一批,涉案货值金额5万元。2001年,重点检查农机、汽车零配件、摩托车、钢材、终端通信设备、花生油、燃气灶具等产品,查处质量、计量、标准化等违法案件87起,立案58起。其中检查肥料经营储藏点55个、农药经营25家、肥料农药生产厂家2家、建材生产企业26家、纤维制品生产单位16家,查获假冒伪劣农资产(商)品复混肥等20.50吨;取缔非法生产"地条钢"(指以废钢铁为原料,经熔化不能有效地进行成分和质量控制的钢)厂家8家、纤维制品生产企业5家,查获标识、标签不符的农机、汽车零配件等一批。2002年,开展农资、食品、化学危险品、建材、锅容管等专项执法打假活动,重点检查食品、饮料、一次性输液注射器、燃气、燃油、钢材、农机产品、手机、手机电池、电话机、摩托车、家用电器等产(商)品,共查处质量、计量、标准化、锅容管等违法案件135起,立案48起,为企业和消费者挽回经济损失20万元。2003年,开展农资、建材、食品、3C产品等专项打假活动,检查生产、销售单位549家(次),卫生医疗机构15家,查处计量、标准化、质量、锅容管等违法案件267起,产(商)品涉案货值金额158万元,为企业、消费者挽回经济损失30万元。2004年,开展打击假冒伪劣农资产品、"地条钢""黑心棉"(劣质生活用絮用纤维制品的俗称)、加油站、燃气充装站等专项整治,检查产销企业687家(次),查处质量、计量、标准化、锅容管等违法案件89起,其中水泥包装计量负偏差不符合标准的水泥生产企业案件3起,"地条钢"生产窝点案件8起,查处涉案产(商)品标值总额85.50万元。2005年,重点开展对食品、建材、农资等产品质量的检查,对非食品原料加工食品、假冒伪劣农资产品、"地条钢"、加油站、燃气充装站、桶装饮用水、建材等专项整治,检查产销企业283家(次),查处质量、计量、标准化、特种设备等违法案件156起,其中立案89起,现场处罚131起,受理群众投诉16起,为群众挽回经济损失8万多元;查处"地条钢"生产企业窝点8个、不合格化肥30吨、定量包装不合格水泥85吨,超期未检的在用医用"三源"器械59台(件)。

第七章　安全生产管理

1990—2000年,容县安全生产管理职能由县劳动、公安、交通、经委(经贸局)等部门履行。2001年机构改革,以上部门的大部分安全管理职能划归新成立的容县安全生产监督管理局。1990—2005年,县政府强化安全生产管理,实施常年监督和专项整治相结合管理形式,层层签订安全生产责任书,完善和落实安全生产考核体系,开展安全生产宣传、专项整治和监督,排查整改重大安全隐患,促进全县各项安全生产措施落实到位。

第一节　机　构

2001 年 11 月，设立容县安全生产监督管理局，属县政府议事协调机构的常设办事机构。在县经济贸易局挂牌，办公地点设在县经济贸易局内。内设办公室，核定事业编制 4 名，实有人数 4 人。2002 年，核定行政编制 11 名，实有人数 4 人。2004 年 6 月，改为县政府工作部门，办公地址设在县政府大院内。2005 年，内设综合股、培训教育股、监督管理股，编制不变，实有人数 8 人。

2001—2005 年历任局长：(2001.11—2004.5 缺)、陈章勇(2004.6—)。

第二节　安全生产监督管理

落实安全生产责任制

1990—1993 年，容县政府每年组织县劳动、公安、交通、经委等部门开展安全生产、交通安全工作，防止和减少事故发生，保证生产正常运转。1994 年，全县召开各种安全生产工作会议 4 次，落实安全生产工作责任。1996 年，深入贯彻“安全第一、预防为主”的方针，加强劳动安全卫生监察、锅炉和压力容器安全监察、矿山安全监察等工作，召开 2 次安全生产工作会议，在乡（镇）全部建立健全安全生产委员会，全面落实安全生产责任，全县乡（镇）企业形成安全管理网络体系。对乡（镇）安全生产委员会成员进行培训，提高乡（镇）企业安全管理干部的业务素质和安全生产责任意识。1999 年，县安全生产委员会 4 次下发文件，督促企业落实安全生产责任，开展各种形式的安全生产检查工作。2001 年，建立和健全防范重特大安全事故工作制度。县政府每季度召开 1 次防范重特大安全事故的工作会议，处理安全生产相关事项。2002 年，县、乡（镇）政府每季度召开防范重特大安全事故会议成为制度。县政府分别与各乡（镇）政府和县安监局、经贸局、旅游局、农业局、教育局、技监局、水利局、卫生局、国土资源局、工商局、气象局、文体局、广电局、公安局、交警大队、消防大队、交通局、公路局、林业局、建设局、环保局、农机局、供销社、财政局、水产畜牧局等 25 个县直经济管理行政机关签订安全生产目标管理责任书，把安全生产工作目标责任贯彻到基层和企业，对容易发生重大安全事故的单位和公众聚集场所检查 4 次。2003 年，县政府与各乡（镇）政府以及 25 个县直经济管理行政机关签订安全生产目标管理责任书。加强应急救援体系建设，实行“季度自查、阶段督查、年终考核”的考核方式，建立安全生产目标管理风险金制度。设立乡（镇）安全生产管理办公室，全县有 218 个村（社区）配备兼职安全员各 1 人，形成县、乡（镇）、村三级安全生产监管网络。2004 年，完善和落实县、乡（镇）两级政府以及各相关部门的安全生产工作目标管理责任，考核内容与年度“双文明”奖惩相挂钩。2005 年，县政府与各乡（镇）和县直有关部门分别签订水上交通、道路交通、消防安全、预防地质灾害等领域的专项安全生产工作目标管理责任书，把玉林市下达给容县的安全生产控制指标分解落实到企业经营决策和每个作业流程中。实施单位责任人负责的安全生产责任制风险抵押金和年度奖励制度，抵押金额度为奖励标准的 50%。责任单位经年终考核合格的，分级奖励。凡出现在管辖范围内的工矿商贸和建筑施工企业，年内发生 1 次死亡 3 人以上的责任事故、发生 2 起 1 次死亡 2 人的安全责任事故、发生 3 起 1 次死亡 1 人或

2003 年 1 月春节期间，在全县开展安全大检查行动。图为容县消防大队等部门检查烟花玩具生产安全情况

（据《容县报》）

事故死亡总人数达4人以上（含4人）、或事故重伤人数达10人以上（含10人）的安全责任事故以及负有管理职责或管辖范围年内发生2起1次死亡10人以上（含10人）、或6起1次死亡3人以上（含3人）的道路交通安全责任事故的，定为考核不合格，扣除责任单位全部责任人的风险抵押金。

安全生产检查

1990—1994年，容县先后进行安全生产检查62次，其中对5家爆竹厂、1家炸药厂和6座矿山进行安全生产检查，发出"安全生产整改指令书"16份。1995年，对85家乡（镇）企业、"三资"企业进行安全检查，对存在安全隐患的企业发出监察指令书18份，责令他们限期整改，有效地制止事故的发生。全县新装和移装锅炉各1台，对达到检验期的27台锅炉全部进行年检，超应检10台任务170%；检验压力容器16台，完成应检16台的任务。锅炉司炉工、压力容器操作工和锅炉、压力容器电焊工持证上岗率达100%。县劳动局与县矿产资源局开展《中华人民共和国矿山法》宣传贯彻工作，并对6座矿山进行2次安全大检查；布置各企业进行安全生产自检自查1次；组织4次安全生产大检查。1996年，扎实开展对建筑施工场地、易燃易爆场所和特种设备作业的安全监控工作，对140家企业和30个建筑场地以及县内61个液化石油供气站进行安全检查。县政府召开2次矿山安全工作会议，组织劳动、矿产等部门对全县矿山开展2次安全大检查。1997年，配合自治区、玉林市领导对容县所有生产热水炉厂家及县内70多个液化石油供气站进行专项安全检查；对建筑工地，易燃易爆场所，特种设备作业进行安全监控，对160多个企业和20多个建筑场地进行安全大检查。1999年，县政府组织劳动、经贸局、企业局、建设局、公安消防等单位对全县200多个企业单位进行现场安全检查，对检查出来的问题及时整改。2000年，协同企业主管部门开展各种形式的安全生产大检查，检查厂次累计60多次，对检查出来的问题及时指正并督促企业限期整政，整改项目达100多项。12月，县委、县政府统一组织有关人员在全县范围内开展烟花爆竹安全生产大检查，各乡（镇）组织人员做好本辖区安全生产大检查工作。2001年，全县召开安全生产会议2次，布置开展安全生产隐患排查、危旧房屋安全大检查、打火机企业安全管理等专项工作会议16次。2002年，组织开展春节期间专项安全大检查、矿山作业专项安全检查、交通安全大检查、加油站作业和氰化钠产品等危险化学品安全专项检查、公众聚集场所消防安全专项检查以及国庆节、中共第十六次全国代表大会会议期间的专项安全生产检查。2003年，县政府召开全县性安全生产工作会议8次，专项安全隐患整治工作会议13次，防范重特大事故工作会议4次。由县纪委、监察局、安监局等部门牵头组成督查组，对县公安交警、农机、交通、技监、教育、国土、旅游、建设等部门和各乡（镇）履行安全监督管理职责情况督促检查，经排查，在纳入全县重点监督整治范围的23项重大事故隐患中，有14项列为砂砖生产企业蒸压釜安全联锁装置不完善（已加装但尚未经有关部门验收合格），4项为烟花爆竹生产企业无安全防护围墙或安全管理制度不落实，其中包括杨梅镇远昌萤石采矿地矿山安全、县城城东土产仓工业区防火安全、自良镇京州渡口渡船安全、都峤山景区游船安全以及玉林至容县、容县至岑溪一级公路容县路段道口过多安全设施不完善等隐患。2004年，组织开展全县性安全生产大检查5次，专项安全检查12次。通过排查和整治，重新登记建档的重大危险源75处，均落实监控责任单位和负责人。组建应急救援组织58个。2005年，每个季度召开全县防范重特大安全事故工作会议。组织开展全县性安全生产大检查6次，实施非煤矿山、道路交通、水上交通、危险化学品、民爆物品和烟花爆竹、锅压容器、旅游、人员密集场所、建筑市场、学校等重点领域的专项安全检查10次，开展对烟花爆竹、危险化学品和矿山等高危行业企业的安全评价工作。

第三节 安全生产宣传与培训

安全生产宣传

1990—2000年，容县每年组织县劳动、公安、交通等部门开展"安全生产宣传周"活动，印发各种安全生产宣传资料，书写各种安全生产宣传标语，利用广播、宣传车开展安全生产宣传。2001年，全县加大"安

全生产宣传周”宣传力度，以“落实安全规章制度、强化安全防范措施”为主题，在县电视台播放安全生产宣传教育片《人命关天的事》，宣传安全生产法律、法规及国内国外典型安全事故案例；在各乡（镇）及企业办公室出版墙（板）报42版，贴出安全宣传大标语101条、小标语1500多条，发放宣传资料7800份。2002年，制作“安全生产月”宣传挂图280多套，安全生产教育光盘45个，编写《职工安全读本》《安全事故责任追究读本》等书4000多本，开展广播、报刊、电视、咨询宣传以及文艺演出活动，张挂“安全生产月”巨幅标语65条、小标语820多条，出墙报（板报）65版。2003年，容县安监局、总工会、团县委等部门单位组织有60多个单位参加的“安全生产月”板报宣传评比活动，组织38个部门和单位在侨乡广场举行“安全生产月”咨询活动，发放宣传资料8000多份，在城乡区域张挂“安全生产月”巨幅横标152条，小标语730多条，出版墙报116版，举办板报宣传栏、贴挂图、放录像光盘、有奖答题、文艺表演等。2004年，电力系统组织23个队参加安全生产知识大型竞赛，张挂“安全生产月”巨幅横标162条，小标语810条，出版墙报110版。2005年，组织企业职工500多人参加自治区安全生产知识有奖竞赛，38个单位在侨乡广场参与“安全生产月”咨询活动；组织对地质灾害重大事故应急预案演练。“安全生产月”活动期间，全县张挂巨幅横标48条，出版墙报65版。

安全生产教育培训

1994年，容县举办特种作业人员培训班17期共602人参加，其中电工班13期458人，司炉工班2期72人，焊工班1期45人，建筑登高架设班1期27人。1995年，全县举办特种作业人员培训班16期共728人参加培训，其中电工班13期594人，焊工班2期84人，司炉工班1期50人。同年特种作业人员复核换证82人。1996年，通过各种途径共举办焊工班1期35人，电工班12期720人，司炉工班1期18人；12月，对全县矿山矿长全部进行安全生产培训，规范矿山开采程序，确保矿山安全生产。1997年，全县举办焊工班、电工班共15期，培训人员613人。其中在乡（镇）举办电工班4期，人数120多人。1999年，容县企业局等有关单位联合举办各种安全技术培训班4期，培训人数250人。2001年，举办劳动生产安全培训班4期，参培人员748人，专门组织县内各烟花爆竹生产企业管理人员进行安全生产以及消防培训。2002年，举办厂（矿）长、经理及安全管理人员培训班5期，参培人员350人；利用社会办学力量组织举办电工、焊工、锅炉工、起重工、厂内车辆驾驶员等特种作业人员培训班14期，参培人员500多人；组织企业职工三级安全教育培训，参培人数1万多人。2003年，组织开办特殊工种作业人员培训班9期，参培人员602人；开办厂长（经理）、安全管理人员培训班3期，参培人员141人；企业职工三级安全教育1万多人。2004年，开展安全生产培训，培训特种作业人员372人、企业领导人员77人、安全管理人员205人。2005年，重点组织企业厂长经理、安全管理人员和特种作业人员参加安全培训，其中厂长、经理46人，企业安全管理人员46人，特种作业人员254人。

第四节　安全生产整治和事故处理

安全生产整治

1990—1995年，容县政府每年组织开展1次安全生产整治活动。1996—1997年，容县政府组织容县劳动局、容县矿产局对各矿山开采点进行2次安全检查整治，规范矿山开采程序，确保矿山安全生产。2001年，组织检查和整治企业生产安全，对查出的55项安全隐患全部进行整改。对易燃易爆等重大危险源生产企业开展专项检查3次，检查烟花爆竹企业9个、打火机企业1个、化工企业2个、加油站（库）54个、其他重点消防单位108个，对查出的131项安全隐患发出整改意见书47份，取缔无牌无证加油站3家。开展道路交通整治，检查各种车辆3.84万辆，暂扣车辆4338辆，暂扣号牌17副，暂扣证件1.48万本，拆除非法改装车56辆，取缔无牌无证排渡1个。开展矿山安全整治，检查有窿道的矿山7处，抽查部分露天石场，对矿井电源线路接头裸露、露天石场超高度开采、灵山镇石英矿无安全出口等安全隐患提出限期整改意见并予以监督验收。开展旅游景区点段检查，责成风景区管理所采取措施消除都峤山庆寿岩禅寺佛堂上方一岩洞顶上悬挂约1.50吨重大石块的安全隐患。2002年，开展以矿山安全、水上和道路交通安全、锅压容器安全、危化品安全和公众聚集场所安全为重点的专项整治，对存在重特大事故隐患的14个砂砖生产企业使用的30条蒸压釜和萤石矿开采、爆竹生产等23处重大危险源登记建档；取缔位于杨梅、灵山、六王等镇境内非法开采的金、银、铀矿点22处；责令停业整顿的砂砖厂13家、烟花爆竹企业4家；销毁位于浪水乡境内的无证渡船1条。2003年，投入70万多元完善容县至岑溪一级公路容县段的路牌路标和路面安全设施，封闭不安全道口59个；投入3万多元更换位于自良镇京州渡口的渡船。完成安全隐患整改的烟花爆竹生产企业5个、砂砖生产企业14个；迁移位于城东的容县土产仓工业区有火灾隐患而不符合安全生产条件的企业共12家。杨梅镇远昌萤石矿安全隐患经整治通过了容县、玉林市初步验收。都峤山庆寿岩风景区不符合安全要求的旅游项目渡船停航，炸封位于杨梅镇四茎村和六王镇大公村的非法开采萤石矿、金矿窿道2处，关闭经整改仍然不符合安全要求的采石场16个。2004年，投入3万多元完善容县至信宜二级公路施工期间的安全标志牌40多块、警示牌14块、防护警示桩950根、添置安全服80套。取缔存在安全隐患较大的白饭渡口车渡船，责成容县宾馆等5家宾馆饭店安装火灾自动报警器、疏通消防通道，完善安全出口指示灯和安全警示标志，消除重大火灾隐患；杨梅镇远昌萤石矿整治安全隐患通过自治区级验收，进行安全隐患整改的3家烟花爆竹生产企业通过玉林市级验收，关停爆竹生产企业1个。二次炸封取缔后的杨梅镇四茎村、灵山镇华垠村等处非法采矿点，捣毁非法采矿点9处，没收非法开采矿石800吨。2005年，开展重点领域专项安全整治，炸封、取缔非法采矿点2处，没收非法开采的矿石700吨，对26处重大危险源进行登记建档和监控，重点加强对全县烟花爆竹生产行业的监督，防范重大事故发生。针对灵山镇当中村潜在的山体滑坡地质灾害重大隐患，先后会同玉林市、自治区国土部门组织地质灾害应急预案大演练。

安全生产事故和处理

1993年，容县发生乡（镇）企业生产伤亡事故5起，死亡5人。1994年，发生生产伤亡事故3起，死亡3人。1995年，发生生产伤亡事故7起，死亡2人。1996年，发生生产伤亡事故1起，死亡1人。1997年，查处工伤事故4起。2000年，发生在容县油毡纸厂的生产伤亡事故1起。这些事故，全部能迅速会同有关部门及时进行处理。2001年12月29日，石寨乡平梨砂砖厂发生因压力容器激烈爆炸，导致死亡9人、受伤27人的重大安全生产事故。事故发生后，县委、县政府领导和有关部门迅速赶赴现场组织救援工作，严格按照国家规定程序和时限及时上报，从严从速处理和做好善后工作。事后，玉林市人民政府针对该项重大事故负有责任的玉林市劳动局、容县人民政府以及容县安监局、工商局、技监局、石寨乡人民政府等有关单位和责任人予以追究问责处理，处分、警告相关领导和干部6人。2002年，发生各类安全事故758起，事故死亡53人，直接经济损失164万元，其中：火灾事故34起，直接经济损失49.31万元；工矿企业事故1起（烟花爆竹企业火药爆炸事故），轻伤1人；交通事故722起，死亡53人，直接经济损失114.76万元，其中有1辆外地客车在杨梅镇境内的横江排路段坠入江中，造成死亡1人、重伤多人以及六王路段发生摩托车违章驾驶造成3名学生死亡的道路交通事故。2003年，发生各类事故652起，死亡48人，直接经济损失113.95万元，其中道路交通事故640起，死亡47人，直接经济损失89.02万元；火灾事故10起，直接经济损失17.94万元；工矿企业事故2起，死亡1人，直接经济损失7万元。2004年，发生各类事故740起，死亡41人，直接经济损失94.49万元，其中道路交通事故728起，死亡39人，直接经济损失69.76万元；火灾事故7起，直接经济损失3.03万元；工矿企业事故5起，死亡2人，直接经济损失21.70万元。同年2月10日，容县至岑溪一级公路容县境内发生1起危化品罐装槽车翻车事故，造成20多吨甲醛泄漏，经容县县委、容县人民政府紧急组织容县公安、安监、消防、环保、卫生、交通等有关部门进行援救，有效控制污染源，避免人员伤亡和环境污染。2005年，全县发生各类事故787起，死亡35人，直接经济损失188万元，其中道路交通事故771起，死亡34人，直接经济损失91.80万元；火灾事故15起，直接经济损失96.20万元；工矿商贸企业事故1起，死亡1人。

第八章　审　计

1990 年，容县审计局对全县辖区内的部门和单位、企业依法实施审计监督，审计内容包括财政收支审计、金融审计、国有企业审计、行政事业审计、固定资产投资审计等国家审计项目。1994 年，开始启动专项资金审计。1999 年，开始启动经济责任审计。2002 年，审计方式由事后监督的离任审计逐渐转向事中监督的任期中审计。1990—2005 年，全县共完成审计项目 301 个（不含固定资产投资审计、专项资金审计数）。

第一节　机　构

1990 年，容县审计局属县人民政府工作部门，正科级单位。办公地址在县政府大院内。内设政工秘书股、行政事业审计股、企业审计股，行政编制 7 名，事业编制 3 名，实有人数 10 人。1992 年 11 月，成立下属机构容县审计师事务所，属事业单位，核定事业编制 5 名，实有人数 2 人。1996 年，容县审计局核定行政编制 10 名，事业编制 5 名，实有人数 14 人。1999 年 12 月，撤销容县审计师事务所。2001 年机构改革，容县审计局为玉林市审计局派出机构，内设政工秘书股、行政事业审计股、企业审计股。2002 年，核定行政编制 9 名，机关后勤服务 1 名，实有人数 9 人。2005 年，容县审计局转列为容县政府工作部门，内设综合股、行政事业审计股、企业审计股、经济责任审计股，实有人数 8 人，其中注册会计师 1 人、会计师 4 人，审计师 2 人。

1990—2005 年历任局长：甘兆奋（—1993.6）、覃栋平（1993.6—2001.12）、石德云（2001.12— ）。

第二节　财政审计

财政收支审计

1990 年，容县开展抓重点、打基础的审计工作，以乡（镇）财政、企事业单位财政决算为主要审计内容。完成杨梅镇、灵山乡、六王乡、石头乡等 4 个乡（镇）财政收支的审计项目，查出违规金额 96.30 万元，应上缴县财政 49.52 万元。1991 年，由容县审计局独立行使财政监督权，对全县各行政事业单位、各乡（镇）的财政收支实施审计监督。按照年度审计工作计划，每个年度都抽取县内一定比例的乡（镇）政府财政收支决算和行政事业单位部门收支决算情况进行审计。当年完成对十里乡、石寨乡、县底乡的财政收支审计项目，查出违规金额 5.30 万元，应上缴县财政 7800 元。1992 年，以摸清全县税收潜力和财力为重点，有针对性地对容县税务局以及石寨乡、县底乡的财政税收执行情况予以审计，查出违规金额 2 万元，应上缴容县财政 5000 元。1993 年，分别对容西乡、黎村镇、黎木乡的财政经费收支情况予以审计。1994 年，完成对容厢乡政府的财政收支执行情况和经费使用情况以及容县税务局的财政税收及行政经费使用执行情况予以审计，查出违规金额 3 万元。1995 年，《中华人民共和国审计法》颁布实施后，县内财政审计工作以“账户入手，下审一级”的审计方式，运用内控制度测评、计算机辅助审计等方法，建立以综合财政预算为主线，以县财政局具体组织预算执行情况以及部门预算执行情况为基础，以其他财政收支和下级预算执行及决算审计为补充的预算执行审计体系，开始实施对每个年度的全县财政预算执行情况予以审计。至 1996 年，分别完成对容县 1995 年度财政预算执行情况的审计，灵山、石头 2 个乡（镇）1994 年度、1995 年度财政收支的审计，查出违规金额 476 万元，应上缴县财政 96 万元。1997 年，完成审计项目 3 个，分别为容县 1996 年度财政预算执行情况的审计，松山乡、杨梅镇 1995 年度和 1996 年度财政收支的审计，查出违规金额 41 万元，应上缴县财政 41 万元。1998 年，重点开展财政资金管理和使用效益情况审计工作，完成审计项目 3 个，分别为容县 1997 年度财政预算执行情况的审计，容城镇、容厢镇1996年度、1997年度财政收支的审计，查出违规金额25万元，应上缴县财政11万元。1999年，完成审计项目3个，分别为容县1998年度财政预算执行情况的审计，容城镇1998年度财政收支审计以及松山镇1997年度、1998年度财政收支的审计，查出违规金额907万元，应上缴县财政8万元。2000年，完成对容县1999年度财政预算执行情况的审计和对石寨乡1999年度财政收支的审计，查出违规金额982万元，应上缴县财政3万元。2001年，完成审计项目3个，分别为容县财政局、容县地方税务局2000年度财政预算执行情况的审计，容厢镇2000年度财政决算审计，容城镇1999—2000年度财政决算审计，查出违规金额404万元，应上缴县财政15万元。2002年，完成对容县2001年度财政预算执行情况的审计和容县地方税务局2001年度税收征管情况的审计，查出违规金额365万元。2003年，完成对容县2002年度财政预算执行情况的审计和容县地方税务局2002年度税收征管情况的审计，查出违规金额1257万元。2004年，财税体制改革，审计方法由收支审计并重向以支出审计为主逐步转变，由主要审计本级支出向本级与补助下级支出审计并重转变。通过审查部门预算编制、预算批复，财政转移支付资金和专项资金的分配、管理和使用，财政一般预算收入和政府性基金的征管，政府采购制度、"收支两条线"制度的执行情况等，反映和披露财政管理中的存在问题，规范县直预算管理和提高财政资金使用效益。分别完成容县2003年度财政预算执行情况和容县地方税务局2003年度税收征管情况的审计工作，查出违规金额290万元。2005年，完成容县2004年度财政预算执行情况审计和容县地方税务局2004年度税收征管情况审计，查出违规金额1277万元。

行政事业审计

1990年，容县行政事业审计的主要内容是对行政事业单位的财政、财务收支及其相关经济业务活动进行审查，以监督、评价其真实性、合法性和效益性，以及有关经济资料的真实性和公允性的独立经济监督活动。完成审计项目有容县林业局、土地局、公安局、工商局、民政局以及容县公安交警大队，查出违规金额96.30万元，应上缴县财政49.52万元。1991年，审计项目有容县物价局、农机局、药检所、农业局、乡（镇）企业管委会、城建委、林业局以及容县公安交警大队，查出违规金额12.70万元，应上缴县财政1.50万元。1992年，对容县畜牧水产养殖局进行审计。1993年，对容县教育局、工商局、公安局、房管所以及容县公安交警大队进行审计，查出违规金额36万元，应上缴县财政2万元。1994年，完成审计项目9个，分别为容县土地局、技术监督局、工商局、公安局、物资局、交通局、教育局、卫生局以及容县公安交警大队，查出违规金额15万元，应上缴县财政5万元。1995年，突出对重点部门、重点行业、重点资金和重点项目进行审计，并在坚持重点审计的基础上开展"两个延伸"审计，即是延伸检查和评价有关内部控制制度和经济效益；采取"账户入手，下审一级"等组织方式，以行业审计、专项审计以及财务收支审计与部门预算执行审计相结合，形成以部门预算执行情况审计为基础，强化重点部门、行业和专项资金审计为主线，审计与审计调查相结合的工作格局。当年完成审计项目8个，分别为容县畜牧局、林业局、教育委员会、环保局、广播电视局、劳动保险所、高山林场以及自良镇政府，查出违规金额22万元，应上缴财政18万元。1996年，对容县民政局、公路局、物价局和石头镇政府、灵山镇政府进行审计，查出违规金额74万元，应上缴县财政18万元。1997年，完成审计项目10个，分别为容县教委、环保局、计生局、粮食局、林业局、预算外资金管理委员会、过境公路管理所、住房制度改革办公室以及松山镇政府、杨梅镇政府，查出违规金额127万元，应上缴县财政14万元。1998年，对容县公安局、水电局、防疫站、县公安交警大队以及容城镇政府、容厢镇政府进行审计，查出违规金额107万元，应上缴县财政25万元。1999年，完成对容县财政局、水电局、交通局、检察院、法院、农业综合开发办公室、容县劳动保险所以及松山镇政府、容城镇政府的审计工作，查出违规金额669万元，应上缴县财政15万元。2000年，分别对容县环保局、工商局、房改办以及石寨乡政府进行审计，查出违规金额2094万元，应上缴县财政34万元。2001年，对容县建设局、农村社会养老保险所、劳动保险所、机关事业单位养老保险所以及容厢镇政府、容城镇政府进行审计，查出违规金额1210万元，应上缴县财政21万元。2002年，对容县民政局、水电局、农业综合开发办公室、劳动保险事业管理所、农村社会养老保险办、机关事业养老保险所以及县公安局交警大队予以审计，查出违规金额68万元，应上缴县财政11万元。2003年，对容县扶贫开发领导小组办公室、社会劳动保障事业管理所以及人饮水指挥部予以审计，查出违规金额105万元，资金管理不规范201万元，应上缴县财政21万元。2004年，完成审计项目25个，分别为容县民政局、教育局、旅游局、广播电视局、防疫站、容县报社、容县高中和杨村镇政府、杨梅镇政府以及容城镇、容厢镇、容西乡、十里乡、石寨镇、杨梅镇、灵山镇、六王镇、黎村镇、杨村镇、县底镇、自良镇、浪水乡、松山镇、罗江镇及石头镇的中心学校，查出违规金额1223万元，资金管理不规范103万元，应上缴县财政17万元。2005年，对容县公安局、农业综合开发办公室、骨伤科医院、容县中学以及容城镇政府、容厢镇政府、松山镇政府予以审计，查出违规金额599万元，资金管理不规范34万元，应上缴县财政8万元。

第三节　国有企业审计

金融企业审计

1990年，容县审计机关对县内的国有金融机构财务收支情况进行审计。完成对中国农业银行容县支行的审计，查出违规金额96.30万元，应上缴财政49.52万元。1991年，完成对中国建设银行容县支行的审计，查出违规金额25.30万元，违纪金额0.40万元。1992—1994年度未进行金融审计。1995年，《中华人民共和国审计法》颁布实施后，金融审计主要内容转向对国有金融机构资产、负债和损益的审计监督，并从宏观上提出完善政策法规、提高效益、深化改革的建议，以促进加强金融管理，推进金融体制改革，规范金融秩序，防范和化解金融风险。至1996年，完成对中国银行容县支行1995年度资产、负债、损益情况的审计工作，查出违规金额2万元。1997年，完成对中国农业银行容县支行、容县信用合作社联合社的1996年度资产、负债、损益情况审计工作，查出违规金额2万元。1998年，完成对中保人寿保险公司容县支公司、中保财产保险公司容县支公司的审计，查出违规金额3万元，应上缴财政1万元。1999年，完成对中国工商银行容县支行1998年度资产、负债、损益情况的审计，查出违规金额23万元。2001年，完成对中国人民保险公司容县支公司1999—2000年度资产、负债、损益情况的审计。2002—2005年，没有安排对金融行业的审计项目。

工商企业审计

1990年，容县审计机关以“一审、二帮、三促进”为原则，开展以商业、工业财务收支为主的企业审计，促进企业提高会计信息的真实性。完成5个审计项目，具体是容县石棉厂、兽药厂、燃料公司、金属材料公司、罐头食品厂，查出违规金额35.42万元。1991年，完成对容县印刷厂、农机厂、活塞环厂、兽药厂、饮食服务公司、食品公司、服务公司等7个审计项目，查出违规金额52.20万元，应上缴县财政11.60万元。1992年，对容县水泥电石厂、兽药厂、造纸厂、电力公司、浪水电站开展审计工作，共查出违规金额29.40万元，应上缴县财政16.90万元。1993年，对容县劳动服务公司、百货公司、糖烟公司、种子公司、石头联合水电站、胶合板厂、五金公司进行审计，查出违规金额44万元，应上缴县财政4万元。1994年，完成对容县水泥厂、石棉厂的审计项目，查出违规金额12万元，应上缴县财政10万元。1995年，完成的审计项目有容县自来水公司、容城电站、种子公司，查出违规金额2万元，应上缴财政2万元。1996年，逐渐推开以“摸家底、揭隐患、促发展”为目标的经济责任审计，以真实性审计为基础，以检查资产质量为重点，围绕深化国有企业改革，开展对粮食、交通、电力、物资等行业审计。对容县农业生产资料公司、石头联合水电站、浪水电站、烟草公司、矿产公司进行审计，查出违规金额74万元，应上缴县财政18万元。1997年，完成审计项目分别为容县电影公司、石油公司、松脂厂、邮电局，查出违规金额67万元，应上缴县财政7万元。1998年，完成对容县电力公司、石头联合水电站、浪水电站、容城电站等4个审计项目，查出违规金额235万元，应上缴县财政27万元。2002年，完成对容县电力公司的审计，查出违规金额68万元，应上缴县财政11万元。2003年，对容县电力公司、石头联合水电站、浪水电站、容城电站进行审计，查出违规金额1058万元，资金管理不规范447万元，应上缴县财政14万元。在审计过程中，注重加强对企业资产负债损益和国有资产保值增值情况的审计。2005年，重点审计接受财政补贴较多或者亏损数额较大的国有

企业和县人民政府指定的其他国有企业以及对国有资产占控股地位或者主导地位的企业，为县委、县政府及有关部门的宏观经济决策与管理提供真实可靠的依据，促进产业结构调整和推进国有企业改革，维护财经纪律和国家财经秩序。对容县微型手扶拖拉机厂进行审计，查出违规金额 39 万元，资金管理不规范 409 万元，应上缴县财政 39 万元。

第四节　专项资金审计

固定资产投资审计

1990 年，容县固定资产投资审计的重点开始从以工程管理、财务收支为主体的真实性和合法性审计为重点向以合理性、效益性审计为重点转变，审计方法由单纯的查错防弊向以项目审计为基础，将项目招投标、合同履行、工程价款结算等与投资的经济性相结合，将建设资金使用、损失浪费等与投资的效率性相结合，将投资决策、建设规模、资产利用等与投资的效果性相结合的对项目投资效益进行综合评价的审计方法推进。完成审计项目 4 个，分别为容县中医院门诊部、容县饮食服务公司登高饭店以及黎木乡企办室展销门市大楼、黎村供销社综合门市部，查出导致 3 个项目停建的原因为应落实的资金 97.77 万元没有到位。1991 年，再次对上一年度审计的 4 个单位项目实施情况追踪审计，查出违规金额 11.30 万元。1992—2003 年，没有安排对固定资产投资项目审计工作。2004 年，固定资产投资审计以加强工程建设项目审计监督，确保建设资金的安全、有效使用，节约建设资金，提高投资效益，预防和治理腐败为原则，拟定《容县国资投资建设项目实行开工前审计和竣工决算审计制度的通知》，开始固定资产投资审计工作。容县审计部门通过边审计、边摸索，推动县内固定资产投资审计工作逐步走向制度化、规范化、法制化的轨道。2005 年，没有安排对固定资产投资项目审计工作。

社会事业资金审计

1990 年，容县没有开展社会事业资金专项审计工作。1994 年，开始启动社会事业资金专项审计工作。开展社会保障基金审计，社会捐赠资（基）金审计，救灾款物审计，完成审计项目有：容县财政支农周转金审计调查、容县“三资”企业审计调查、容县税务局分税制调查、容县救灾款收支使用审计。1995—2002 年，没有安排专项资金审计项目的工作内容。2003 年，开展教育、科技、体育专项资（基）金审计以及对人民群众关心的热点难点项目进行行业或专项审计工作。对容县卫生局 2002 年度基础设施卫生建设项目专项资金以及容县扶贫开发领导小组办公室 2001—2002 年度扶贫专项资金管理予以审计，查出管理不规范金额 17 万元。2004 年，对全县 2001—2003 年度国土专项资金管理予以审计，查出管理不规范金额 39 万元。2005 年，完成对容县职工失业保险管理所管理的 2004 年度失业保险基金专项审计调查。

第五节　经济责任审计

1990 年，容县没有开展经济责任审计工作。1999 年，启动经济责任审计工作，审计工作方式为事后监督的离任审计，以分清经济责任人任职期间在本部门、本单位经济活动中应当负有的责任，为组织人事部门和纪检监察机关和其他有关部门考核使用干部或者兑现承包合同等提供参考依据。同年，对石寨乡政府主要领导人任职期间的经济责任审计。2000 年，完成审计项目 12 个，查出违规金额 1553 万元。分别是十里乡、杨梅镇、灵山镇、六王镇、黎村镇、杨村镇、县底镇、自良镇、罗江镇、石头镇的领导干部在 1996—1998 年任职期间的经济责任审计，容县能源办主任在 1995—1999 年 10 月任职期间的经济责任审计，容县房产管理所所长在 1997—1999 年任职期间的经济责任审计。2001 年，完成审计项目 4 个，查出违规金额 710 万元。分别是对容县卫生局、畜牧局、乡（镇）企业局、房产管理所的主要领导人在任职期间的经济责任审计。2002 年，建立由容县纪委书记为组长，容县纪委、组织部、人事局、财政局、审计局等部门为成员的经济责任审计联席会议制度，经济责任审计由事后监督的离任审计逐渐向事中监督的任期中审计过渡。完成审计项目 27 个，

查出应纠正金额 6 万元，移送纪检监察机关 1 人。分别对容县发展计划局、教育局、经贸局、物价局、粮食局、农业局、畜牧局、农机局、水果局、总工会的主要领导人以及容厢镇政府、石寨乡政府、黎村镇政府的乡（镇）长和容城镇、容西乡、十里乡、杨梅镇、灵山镇、六王镇、杨村镇、县底镇、自良镇、浪水乡、松山镇、罗江镇、石头镇的党委书记、乡（镇）长在任期内的经济责任审计。2003 年，对容县科技局、县环保局的局长在任期内的经济责任审计，查出违规金额 3 万元，资金管理不规范 31 万元。2004 年，对容县国土资源局、县林业局、县交通局、县文化和体育局以及容城镇政府、石寨镇政府、自良镇政府、石头镇政府的主要领导人在任期内的经济责任审计，查出违规金额 1126 万元，资金管理不规范 5 万元。2005 年，完成审计项目 29 个，查出违规金额 578 万元，资金管理不规范 415 万元。审计项目为容西乡、十里乡、石寨镇、杨梅镇、灵山镇、六王镇、黎村镇、杨村镇、自良镇、县底镇、浪水乡、松山镇、罗江镇、石头镇的党委书记、乡（镇）长以及容县微型手扶拖拉机厂厂长在任期内的经济责任审计。

第九章　食品药品监督管理

1990—2002 年，容县卫生、医药行政管理部门分别对全县药品、医疗器械的生产和经营实施监督管理。县内的容县人民医院等 5 家医疗机构有少量生产内部使用的大输液制剂药品，没有医疗器械生产企业。1993 年，广西桂南制药集团有限公司建成投产，产品有 9 类 78 种药品。1996 年，新增制药企业 1 家。2001 年，新增 3 家。2002 年，成立容县药品监督管理行政机构，统一履行药品监督管理职责。2004 年，增加食品监督管理职责。2005 年，全县有药品批发企业 3 家。

第一节　机　构

容县医药管理局

1990—2002 年，容县医药管理局是政企合一单位，与容县医药公司合署办公，实行一套人马，两块牌子，行使对全县医药行业的行政管理职能，履行对药品经营单位审核发放《药品经营企业合格证》和证件年审工作。办公地址设在城西路的容县医药公司内。内设办公室、行业质量管理股，实有人数 10 人。2002 年 5 月，其职能划归新设立的玉林市药品监督管理局容县分局。

1990—2002 年历任局长：黄盛烈（—1993.3）、陈福光（1993.3—2002.5）。

玉林市食品药品监督管理局容县分局

2002 年 5 月，设立玉林市药品监督管理局容县分局，属玉林市药品监督管理局派出机构，办公地址设在容城镇城南街 17 号，内设机构有办公室、综合业务股、市场监督股，核定行政编制 10 名，事业编制 2 名，实有人数 12 人。2004 年 11 月，更名为玉林市食品药品监督管理局容县分局，内设办公室、综合业务股、市场监督股、综合协调股。2005 年，办公地址迁至北门街 40 号，编制及在职人员不变。

2002—2005 年历任局长：（2002.5—2003.6 缺）、卢务高（2003.7—）。

第二节　食品安全监督

1990 年，容县按照《中华人民共和国食品卫生法（试行）》规定，由容县卫生防疫站具体负责食品卫生监督管理工作，主要监督管理内容包括对饮食、冷饮等食品生产经营单位的监督管理；对食品质量和餐具卫生的监测。负责对从业人员体检和培训，审核发证。全县有县人民政府任命的食品卫生监督员 27 人，各乡（镇）也有食品卫生检查员 70 人，负责全县的食品卫生监督管理。同年，全县有食品生产、经营单位

1801家，发放卫生许可证1758本，发证率97.60%。从业人员4224人，健康体检4169人；抽检食品795份，合格率78.20%；对食品经营单位现场监督8525次，处罚41项次。2005年1月，原由卫生部门负责的食品加工生产加工环节卫生监管职能划归质量技术监督部门行使。同年，开展酒类生产企业专项整治，实施食品质量安全市场准入制度。通过与100家企业食品加工单位签订质量安全承诺书，落实卫生安全责任追究和问题食品召回措施，承诺率100%。以监督抽查和定期监督检查相结合，推动食品生产加工企业遵循分级管理和事前保证、事后监管的质量安全工作原则，从源头抓食品质量安全。严格实施食品质量安全进入校园制度，有效控制进货检查验收、供货者验证《食品生产许可证》、产品质量安全"QS"标志和出厂检验、进货记录等环节，做到不采购无生产许可证和无市场准入标志的面粉、大米、食用植物油、酱油、食醋、肉制品、乳制品、饮料、调味品（糖、味精）、方便面、饼干、罐头、冷冻饮品、速冻面米食品、膨化食品等15类食品。全县有食品生产经营单位5035家（户），发放卫生许可证4885本，发证率97.10%。从业人员8998人，健康体检8826人；抽检食具5486份，合格率80.39%，抽检食品878份，合格率87%。年内，先后重点检查大型超市、批发商店9家，宾馆（饭店）24家，冰室5家，饮料生产企业2家，桶装饮用水生产企业2家，对存在产销商品卫生安全问题的企业单位和门店下达"责令改正通知书"42份。查处无证生产企业的违法行为，其中无证生产冰棍、雪条的产企业5家，无证生产"橙多多饮料"企业1家，无证生产桶装纯净水企业1家。对食品经营单位现场监督1.87万次，立案3家，处罚750元。

第三节　药品生产质量监管

1990年，容县人民医院、容县中医院、黎村中心卫生院、杨梅中心卫生院、容县中西医结合骨科医院生产仅供医院内自用大输液制剂以及少部分其他制剂，不外供外销。主要品种有0.90%氯化钠注射液、5%葡萄糖注射液、10%葡萄糖注射液等。容县卫生局负责对这些产品及生产流程的常年性监督管理，玉林地区药品检验所负责对制剂质量实施抽验。1993年，县内企业广西桂南制药集团有限责任公司建成投产，主要生产酊剂、颗粒剂、片剂、粉针剂、糖浆剂、胶囊剂、口服液等剂型，具体产品有救伤灵酊、肾力康片、抗菌消炎片等9类78种，全部产品由玉林地区药检所负责质量监管，进行质量抽检。1996年，广西元首制药厂建成投产，主要品种有元首口服液、白纸扇感冒颗粒等2类2种。2001年，新增药品生产企业有广西鸿博药业有限公司、广西玉林方特药业有限公司、广西大清制药有限公司，其中广西鸿博药业主要生产药品有片剂、颗粒剂、胶囊剂等3类71个品种，广西玉林方特药业主要生产药品有片剂、口服液等2类2个品种，广西大清制药只生产水丸1个品种。2004年，通过全面推行GMP（药品生产质量管理规范）制度管理，广西桂南制药集团有限责任公司、广西鸿博药业有限公司、广西玉林方特药业有限责任公司、广西大清制药有限责任公司均取得自治区药监局GMP认证证书。2005年，新增罗江镇三岸电站生产的医疗专用瓶装氧气项目。由容县药监局实施对上述药品生产企业实行季度检查监管，检查内容包括生产销售过程中的各个环节，对原辅料供应商资质审计、购进、检验及使用情况，是否按照国家局批准的处方和工艺组织生产，是否严格按照药品GMP组织生产，中间体检验，批生产记录、药包材使用和药品销售等进行全面检查；同时，抓好各个生产环节和时段的专项检查，确保药品生产质量。

第四节　药品经营和医疗器械监督

药品市场监督

1990—2002年4月，容县药品市场由容县卫生局下属机构容县药品检验所履行对全县的医疗机构、药品经营单位、药品生产单位和医院制剂室进行监督管理职责，开展常年性监督检查，每年对全县所有药品经营使用单位进行不少于1次药品抽检。2002年5月后，由玉林市药品监督局容县分局负责容县药品市场监督。当年，对全县药品经营展开全面检查整顿，向全县152家药品经营单位换发《药品经营许可证》，组织药品行业的从业人员1402人进行岗前培训。查处假醋酸泼尔松片等案件7起，涉案金额2.35万元，没收药品货值1.10万元，没收违法所得1.56万元，罚款5.18万元。2003年，检查药品经营企业257家、医疗机构663个，现场行政处罚50起，立案查处案件23起，没收违法所得3.46万元，罚款12.73万元。2004年，通过组织药品从业人员专业考试，有284人获得驻店药师资格。同年新增药品零售网点122个。建立药品经营协管联络网络，从县城和各乡（镇）、村的医药经营使用单位中聘请协管员38人、联络员151人，每季收集和上报乡（镇）、村药品经营使用及质量情况，监管网络覆盖县内所有建制村；检查涉药单位1036家（次），现场处罚133起，立案查处药品案件16起、医疗器械案件8起，罚没金额22万元。2005年，推动乡（镇）、村药品零售企业GSP认证和整改工作；检查涉药单位985家，查处药品案件16起、医疗器械案件8起，涉案金额8.53万元，罚没金20.32万元，取缔无证生产假药窝点1个。

2003年12月9日，容县公开销毁一批假冒伪劣药品和医疗器械 （据《容县报》）

医疗器械监督

1990年，容县没有医疗器械生产企业，医疗器械经营与药品经营不分家，药品批发公司均经营医疗器械，零售药店也经营部分常用的医疗器械，由容县药品监督部门对医疗器械进行检查监督。2002年，在全县范围内开展一次性使用医疗器械专项检查，对3家乡（镇）卫生院购进使用未注册的一次性使用注射器进行立案处理。2005年，根据国家食品药品监督管理局《医疗器械经营企业许可证管理办法》规定，广西一洲药业有限公司、广西桂玉医药有限责任公司容县分公司、广西玉林市三银药业有限责任公司、容县铭利医疗器械经营部分别领取“医疗器械经营企业许可证”，经营一、二、三类医疗器械；一般零售药店仍可经营一类医疗器械。在全县开展医疗器械无证经营专项整治以及体外诊断试剂和免费体验类医疗器械等专项检查，查处无证经营行为；对新成立的县内第一家医疗器械生产企业容县仕来义齿厂的口腔义齿产品原材料使用流程实施监管。

药品批发企业和批零网点

1990年，全县只有容县医药公司1家药品批发企业。2003年，药品批发企业增加广西桂玉医药有限责任公司容县分公司。2005年，广西一洲药业有限公司接管容县医药公司的经营业务。5月，广西玉林市三银药业有限责任公司开业。全县有药品批发企业共3家。

容县医药公司 1990年，容县医药公司是县内唯一一家从事药品批发业务的国有企业。为方便药品配送，在杨梅镇、黎村镇和自良镇设置经营下伸点，在城区设批零门市部2个，委托县内各乡（镇）供销社代理中西成药批发业务，主要供给县内药店和个体医疗机构药品，并供应岑溪、平南、藤县等县（市）的乡（镇）。1994年，增设容西乡下伸点。2005年，国有企业体制改革后，容县医药公司的经营业务转由新成立的广西一洲药业有限公司接管。

广西桂玉医药有限责任公司容县分公司 2003年，广西桂玉医药有限责任公司容县分公司开业，是广西桂玉医药有限责任公司旗下子公司，地址设在容城镇北门街容县幼儿园旁，经营销售中西成药、医疗器械和保健食品。

广西一洲药业有限公司 2005年5月成立，同时是广西一洲药业有限公司和广西海生医药有限公司的子公司，营业地址在容州镇城西路97号，属县内大型药品批发的医药连锁经营物流企业，注册资金600万元，仓库面积约2000平方米，有员工38名，其中药学专业人员16名。公司经营中药材及中西成药、医疗器械、保健食品等。供货配送主要市场为县内400多家商业公司、零售药店、诊所等，以及岑溪、平南、藤县等县（市）

的 300 多家药店。

广西玉林市三银药业有限责任公司 2005 年，广西玉林市三银药业有限责任公司开业，公司设在容州镇桂南路 137 号。公司占地 350 平方米，注册资金 164.50 万元，年营业额 2200 万元，有员工 57 人，其中药学专业技术人员 21 人，主要经营中、西成药和医疗器械批发、物流配送。

批零网点 1990 年，容县医药公司设有直属药品零售门市部 5 家，各乡（镇）供销社均设有药品零售门市部。此外，遍布全县城乡的个体零售药店数十家。1996 年，有个体药店 145 家，城区及乡（镇）所在地的个体药店基本以经营药品和保健食品为主，绝大多数乡村药店同时兼营药品、保健品等。

第十二篇

政党　群团

1999年，容县县委办公大楼　　（据《容县解放50周年大事记》）

第一章　中国共产党

1990—2005年，中国共产党容县委员会共进行4次换届选举，产生第八届至第十一届县委领导班子。各届县委领导班子贯彻落实党中央的路线、方针、政策，对全县党员干部先后进行"三严四自"（严格要求、严格管理、严格监督；自重、自省、自警、自励）工程、"三讲"（讲学习，讲政治，讲正气）、邓小平理论、"三个代表"（代表中国最广大人民的根本利益，代表中国最先进文化的前进方向，代表中国最先进生产力的发展方向）、共产党员先进性教育等学习教育活动，作出了一系列重大决策，带领全县人民深化改革开放，物质文明、精神文明建设都取得了较大的成果。

第一节　机构　组织

中国共产党容县委员会

1990—2005年，中国共产党容县委员会历经第八届至第十一届4次换届选举，产生第八届至第十一届县委领导班子。1991年9月25日—28日，中共容县第八次代表大会召开，会议选举县委常务委员（简称县委常委）11名，其中书记1名，副书记4名。1993年11月1日—2日，中共容县第九次代表大会召开，会议选举县委常委11名，其中书记1名，副书记3名。1998年9月27日—28日，中共容县第十次代表大会召开，会议选举县委常委11名，其中书记1名，副书记3名。2002年10月10日—11日，中共容县第十一次代表大会召开，会议选举县委常委11名，其中书记1名，副书记4名。

县委工作机构

1990年，中国共产党容县委员会（简称容县县委或县委）常设的工作机构有：县委办公室、组织部、宣传部、统战部、政法委、政策研究室、老干部局、党史办、直属机关党委、保密委员会办公室（保密局）、党校、侨办、台办、精神文明建设委员会办公室等14个部门。同年4月，县委办公室所属机要科改为县委机要局（正科级）。办公地址在容州镇城南街78号。1991年，成立县社会治安综合治理办公室和县人民政府台湾事务办公室。县人民政府台湾事务办公室与县委对台工作领导小组办公室合署办公，一套人马、两块牌子。成立县委督查室（正科级）。县信访办公室改称为中共容县委员会、容县人民政府信访局。1992年，县委对台工作领导小组办公室更名为"中共容县县委台湾工作办公室"，更名后仍和容县人民政府台湾事务办公室合署办公。1993年2月—1995年4月，县委办公楼拆除重建，县委机关（除县委办外）暂时搬迁至原县政府所在地（现公安局后面住宅小区）办公。1995年，成立容县外事办公室。1997年，直属机关党委更名为直属机关工委。撤销县委政策研究室。容县机构编制局更名为"容县机构编制委员会办公室"，列入县委工作部门序列。信访局更名为"信访办公室"。2004年，县侨务办公室与外事办公室合并更名为"容县外事侨务办公室"。2005年，县委常设的工作机构有：县委办公室、组织部、宣传部、统战部、政法委、直属机关工委、机构编制委员会办公室、老干部局、信访办公室、机要局、督查室、保密委员会办公室（保密局）、精神文明建设委员会办公室、外事侨务办公室、台湾工作办公室、社会治安综合治理办公室、党校、党史办等18个部门。办公地

1999年11月28日，容县领导与中共容县特别支部部分老党员欢聚共庆容县解放50周年

（杨步生　摄）

址在容州镇城南街 78 号县委大楼。

县委办公室 1990 年,中国共产党容县委员会办公室(简称县委办),属行政单位,办公地址设在原县委干部宿舍区内(现侨乡广场)的单独 3 层小楼。1995 年 4 月,城南街 78 号新县委办公大楼建成,即搬至县委大楼 3 楼办公。内设机构:秘书科(股)、综合科(股)、信息科(股)、财务科(股)、机要局、保密办、信访办(信访局)、政策研究室。核定行政编制 40 名,实有 45 人。2005 年,内设机构:政工秘书股、综合股、信息股、调研股、财务股、机要局、保密办公室(保密局)、信访办公室、督查办公室。核定行政编制 30 名(含县委领导),事业编制 3 名,实有 31 人。

1990—2005 年历任主任:余继平(—1990.4)、(1990.5—1990.7 缺)、罗家才(1990.8—1991.9)、王国坤(1991.10—1998.9)、(1998.10—2000.2 缺)、陈家勋(2000.3—2002.10)、封寅芳(2002.11—)。

县委组织部 1990 年,中国共产党容县委员会组织部(简称县委组织部),属行政单位,办公地址设在城南街县委办公大楼内。内设机构有办公室、组织科、干部科、干部调查审理科、知识分子工作科、老干部工作科 6 个科室,核定行政编制 21 名,实有人数 17 人。1997 年,县委组织部与县老干部局合署办公,在老干部工作股加挂老干部局牌子,编制不变,实有人数 19 人。2001 年 12 月,内设办公室、干部股、组织股、调研教育股、知识分子工作股、干部监督股 6 个股室,编制不变,实有人数 18 人。2005 年,内设股室不变,编制 15 名,后勤事业编制 2 名,实有人数 17 人。

1990—2005 年历任部长:唐绍荣(—1990.7)、李海祺(1990.7—1993.10)、陈志伟(1993.10—1998.8)、丘德奎(1998.8—2002.10)、莫薇(2002.10—)。

县委宣传部 1990 年,中国共产党容县委员会宣传部(简称县委宣传部),属行政单位,办公地址设在城南街县委办公大楼内。内设机构有秘书科、干部科、宣传科、理论教育科、党员教育科、精神文明办公室 6 个科室,核定行政编制 13 名,机关后勤服务事业编 2 名,实有人数 14 人。1997 年 3 月,内设政工秘书科、党员教育科、理论教育科、宣传科、精神文明办公室 5 个科室,核定行政编制 13 名,实有 14 人。1999 年,内设办公室、理论教育科、党员教育科、宣传科、对外宣传科、精神文明办公室 7 个科室,编制不变,实有 15 人。2001 年,内设办公室、宣传股、理论教育股、精神文明办公室,核定行政编制 13 名,实有人数 14 人。2002 年,核定行政编制 11 名,机关后勤服务编制 1 名,实有人数 12 人。2005 年,内设机构和编制不变,实有人数 13 人。下属机构:容县新闻中心,2004 年 1 月 5 日成立,全额拨款事业单位,核定事业编制 3 人。

1990—2005 年历任部长:徐高潮(—1991.12)、钟庆炎(1991.12—2001.11)、周鹏昌(2001.11—)。

县委统战部 1990 年,中共容县委员会统一战线工作部(简称县委统战部),属党政群机关,办公地址设在城南街县委办公大楼内。内设机构有办公室、民族宗教事务委员会,核定编制 5 名,实有 7 人。1992 年,原中共容县委员会对台湾工作领导小组办公室更名为中共容县委员会台湾工作办公室,与容县人民政府台湾事务办公室同一套人马,行政隶属县委统战部。1993 年成立容县民族事务委员会,与县委统战部实行一套人马,两块牌子。1996 年,容县民族事务委员会更名为容县民族宗教事务委员会。1997 年,民族宗教事务委员会改为民族宗教事务办公室。台湾工作办公室、侨务办公室以及民族宗教事务办公室设在统战部。2001 年,县民族宗教事务办公室、县委对台湾工作领导小组办公室(容县人民政府台湾事务办公室)在县委统战部挂牌,实行一个机构,三块牌子。县委统战部内设机构有办公室、台湾工作股、民族宗教股,核定编制 8 名,实有 13 人。2005 年,容县民族宗教事务办公室更名为容县民族宗教事务局,在统战部挂牌,不增编制和经费。核定编制 7 名,机关后勤服务编制 1 名,实有 13 人。

1990—2005 年历任部长:陈惠祥(—1993.3)、朱家荣(1993.3—2002.7)、陈松(2002.7—)。

县纪律检查委员会(简称县纪委) 县监察局 1990 年,属科级行政单位,办公地址设在中共容县委员会办公大院内。县纪委内设机构 4 个:办公室、信访科、纪检科、审理科,核定行政编制 15 名,实有人数 16 人。县监察局核定行政编制 4 名,事业编制 6 名,实有人数 10 人。1993 年 5 月,县纪律检查委员会与县监察局合署办公。内设机构:办公室、调研教育室、案件审理室、信访室、纪检监察一室、纪检监察二室、执法监察室、党风廉政建设室共 8 个科室,核定行政编制 15 名,事业编制 3 名,实有人数 19 人。2001 年,内设机构:办公室、信访室（同时挂监察局举报中心牌子）、纪检监察室、案件审理室、调研教育室、执法监察室、党风廉政建设室，核定行政编制24名，实有人员数19人。2005年，核定行政编制19名，事业编制2名，实有人数20人，其他不变。

1990—2005年历任纪委书记：韩广宗（—1991.9）、谭志才（1991.9—1994.11）、沈永忠（1994.11—1996.2）、赵世泉（1996.2—2000.4）、朱素霞（2000.4—2002.4）、陈家勋（2002.9—）。1990—2005年历任监察局局长：韦传庆（—1993.5）、李振宏（1993.5—1998.8）、黎剑平（1998.8—）。

县精神文明建设委员会办公室 1990年，容县社会主义精神文明建设领导小组办公室，属科级行政单位，办公地址设在城西路县政府大院办公楼。核定行政编制1名，实有人数1人。1995年，办公地点迁至城南街78号县委办公楼。1997年9月，撤销“容县社会主义精神文明建设领导小组”，成立“容县精神文明建设委员会”，下设办公室，即“容县精神文明建设委员会办公室”。2001年，机构改革，核定行政编制2名，实有人数2人。2005年，编制、人数不变。

1990—2005年历任主任：（1990.1—1994.2缺）、覃润生（1994.3—1998.11）、（1998.12—2000.2缺）、林宗义（2000.3—2002.2）、（2002.3—缺）。

县委老干部局 1990年，属科级行政单位，办公地址设在城南街县委办公大楼内，内设机构：办公室，安置保健股。核定行政编制4名，实有人数4人。1997年，县委老干部局与组织部合署办公，编制、人数不变。2001年，县委老干部局由组织部管理，内设机构：办公室，安置保健股。核定行政编制4名，实有人数7人，2005年，核定行政编制4名，机关后勤服务事业编制1名，实有人数5人。其他不变。

1990—2005年历任局长：覃世强（—1990.2）、（1990.3—1990.10缺）、陆汉培（1990.11—1993.4）、梁远礽（1993.4—2002.2）、陈谊（2002.2—）。

县委党史办公室 1981年10月，设立中共容县委员会党史资料征集领导小组办公室（简称“县委党史办”），1984年起属常设机构。1990年，县委党史办属县委直属事业单位，核定事业编制7名，实有人员6人，办公地点设在县委办公大楼，内设政工秘书股、征编股，是负责征集、研究、编写中共容县地方党史资料，宣传中共党史的职能部门，负责党史资料的征集、研究、编写、宣传工作；组织、协调各镇和县直机关、企事业单位搞好党史资料征集、宣传工作；党史征研协作。2001年，核定事业编制7名，实有人员4人，内设政工秘书股、征编股。2005年，核定编制、实有人员、内设机构不变。

1990—2005年历任主任：黄宣文（—1993.12）、邓定旭（1993.12—1999.2）、梁诣初（1999.2—）。

县委党校 1990年，属县委直属事业单位，办公地址设在容县容州镇东外街66号。内设机构有：教务科、教研室、行政科、总务室。核定事业编制19名，实有人数27人。1991年5月，成立容县行政学校，与县委党校一套人马，两块牌子合署办公。1997年，内设机构有：办公室、教务室、教研室、行政后勤室。核定事业编制19名，实有人数36人。2001年，内设机构：办公室、教务室、教研室、行政后勤室，核定事业编制19名，实有人数29人。2005年，县委党校内设机构：办公室、教务科、教研室、行政科，核定事业编制19名，实有人数23人，其中高级讲师2人，讲师8人，助理讲师8人。

1990—2005年历任党校校长：廖佳章（—1990.4）、李军（1990.4—1991.9）、吕坚（1991.9—1993.10）、岑小华（1993.10—1997.6）、沈永忠（1997.6—1998.3）、李文（1998.3—2002.10）、丘德奎（2002.10—）。

县直属机关党（工）委 1990年，属行政单位，核定行政编制5名，事业编制2名，实有人数8人，办公地点设在县委办公大楼。县直属机关党委与县委组织部合署办公。1997年3月更名为中共容县直属机关工作委员会（简称县直机关工委），列入县委工作机构，单位工作职能和人数不变。2001年，核定行政编制5名，实有人员数9人，2005年，内设综合股、机关武装部。核定行政编制4名，实有人数6人。

1990—2005年历任书记：李桂松（—1990.11）、梁业富（1990.11—1999.3）、肖文彬（1999.3—2001.5）、梁世喜（2001.5—）。

基层组织

1990年，中共容县县委下辖容城镇党委、自良镇党委、杨梅镇党委、黎村镇党委、十里乡党委、浪水乡党委、县底乡党委、松山乡党委、黎木乡党委、石头乡党委、容厢乡党委、容西乡党委、石寨乡党委、六王乡党委、灵山乡党委、杨村乡党委，共 16 个乡（镇）党委。

1995 年 5 月，六王乡、县底乡、石头乡、黎木乡撤乡建镇。六王、县底、石头三个乡撤销乡党委，分别设立镇党委。黎木乡改称罗江镇，同时撤销乡党委，设立镇党委，黎木乡党委改称罗江镇党委。

1996 年 12 月，容厢乡、灵山乡、杨村乡、松山乡撤乡建镇，同时撤销乡党委，分别设立镇党委。

2002 年 8 月，石寨乡撤乡建镇，同时撤销乡党委，设立镇党委。

2005 年 6 月，容城镇与容厢镇合并，成立容州镇。同时撤销容城镇党委、容厢镇党委，设立容州镇党委。年末，全县共设 12 个镇党委和 3 个乡党委。即：容州镇党委、杨梅镇党委、黎村镇党委、自良镇党委、县底镇党委、松山镇党委、罗江镇党委、石头镇党委、石寨镇党委、六王镇党委、灵山镇党委、杨村镇党委、容西乡党委、十里乡党委、浪水乡党委。

县直机关设立部分党委

1990—2005 年，县直机关设立党委 3 个：县直属机关党（工）委、县公安局党委、县经济开发区工委等。

第二节 县党代会

1991 年 9 月—2005 年 6 月，中共容县县委共举行 4 次代表大会，分别是第八次、第九次、第十次、第十一次代表大会。

中共容县第八次代表大会

中共容县第八次代表大会于 1991 年 9 月 25 日—28 日在容城召开，出席大会代表 240 人。

韩广宗代表第七届县委向大会作题为《全面贯彻党的基本路线，不断加强党的建设，努力开创我县政治、经济和社会发展新局面》的报告。报告总结三年来全县坚定不移地贯彻党的基本路线，坚持一个中心，两个基本点，坚持党的核心领导，在政治上经历了国际风云变幻和国内政治风波严峻考验，经济上克服了物价波动和小气候影响，以及自然灾害袭击造成的困难，全县上下团结，开拓进取，顺利完成第七次党代会提出的各项任务。经济持续发展，党的建设和领导不断加强；社会主义精神文明建设同步发展；各项工作得到不断发展。

2005 年 7 月，容州镇开展建党 84 周年红歌比赛活动（梁兴用 摄）

谭志才代表中共容县纪律检查委员会作工作报告。

大会选举产生中国共产党容县第八届委员会委员 25 名，候补委员 3 名，县委常务委员 11 名。县委书记韩广宗，副书记李军、吕坚、李立华、李耀贞。选举产生中国共产党容县纪律检查委员会委员 15 名。纪委书记谭志才，副书记 2 人。

中共容县第九次代表大会

中共容县第九次代表大会于 1993 年 11 月 1 日—2 日在容城召开，出席大会代表 200 名。

李军代表中国共产党容县第八届委员会向大会作《抓住机遇，推进改革开放，为在 20 世纪末全县实现小康水平而奋斗》的工作报告。报告总结中共容县第八届委员会两年多来的工作和经验。容县成为玉林地区第一个初级电气化达标县，广西第一个县乡（镇）村三级同步开通程控电话的县。大会确定今后五年全县社会、经济发展和党的建设的战略目标、任务和措施。

谭志才代表中国共产党容县纪律检查委员会作工作报告。

大会选举产生中国共产党容县第九届委员会委员 25 名，候补委员 3 名，县委常务委员 11 名。县委书记李军，副书记李耀贞、岑小华、李海祺。选举产生中国共产党容县纪律检查委员会委员15名。纪委书记谭志才，副书记2人。

中共容县第十次代表大会

中共容县第十次代表大会于1998年9月27日—28日在容城召开，出席大会代表250名。

杨柳岸代表中国共产党容县第九届委员会向大会作《高举邓小平理论伟大旗帜，创造辉煌业绩迈入新世纪》的工作报告。报告总结五年来全县经济、社会发展取得的成绩。确定今后五年全县经济、社会发展和党的建设的目标、任务。

赵世泉代表中国共产党容县纪律检查委员会作工作报告。

大会选举产生中国共产党容县第十届委员会委员25名，候补委员5名，县委常务委员11名。县委书记杨柳岸，副书记黄必贵、李文、陈瑞。选举产生中国共产党容县纪律检查委员会委员15名。纪委书记赵世泉，副书记2人。

中共容县第十一次代表大会

中共容县第十一次代表大会于2002年10月10日—11日在容城召开，出席大会代表252名。

张福文代表中国共产党容县第十届委员会向大会作《全面贯彻“三个代表”重要思想，与时俱进，开拓创新，为实现我县经济社会快速发展而努力奋斗》的工作报告。报告总结容县第十次党代会以来所取得的成绩和经验。经济持续快速发展，农业产业结构调整成效显著；被定为广西生态家园重点建设县和全国沼气建设示范县；工业发展步伐加快，全县累计新上大小项目279个；以旅游为重点的第三产业发展迅速；基础设施建设日臻完善；财政收入实现有效增长；精神文明建设取得新进展；民主法制建设、党的建设进一步加强。制定了今后五年全县工作的指导思想和奋斗目标。

陈家勋代表中国共产党容县第十届纪律检查委员会作工作报告。

大会选举产生中国共产党容县第十一届委员会委员25名，候补委员5名，县委常务委员11名。县委书记张福文，副书记杨家庆、丘德奎、黄高林、陈家勋。选举产生中国共产党容县纪律检查委员会委员15名。纪委书记陈家勋，副书记2人。

大会还选举产生出席中国共产党玉林市第二次代表大会代表。

表12-1　**中共容县第七届至第十一届委员会书记副书记常委表**

届　次		任职人	籍　贯	任职时间
中共容县第七届委员会（1988.11—1991.9）	书记	梁茂桓	广西岑溪	1988.11—1990.2
		龙观水	广东新丰	1990.2—1991.8
		韩广宗	广西容县	1991.8—1991.9
	副书记	马达忠	广西平南	1988.11—1990.2
		廖佳章	广西博白	1988.11—1990.4
		李汉全	广西容县	1988.11—1991.4
		韩广宗	广西容县	1990.4—1991.8
		李　军	广西北流	1990.4—1991.9
		李立华	广西北流	1991.9—1991.9
		吕　坚	广西平南	1991.9—1991.9
		李耀贞	广西容县	1991.9—1991.9
	常务委员	余继平	广西容县	1988.11—1990.4
		唐绍荣	广西容县	1988.11—1990.11
		吕　坚	广西平南	1988.11—1991.9

续表

届　次		任职人	籍　贯	任职时间
中共容县第七届委员会（1988.11—1991.9）	常务委员	韩广宗	广西容县	1988.1—1990.4
		徐高潮，女	辽宁盖州	1988.11—1991.9
		潘业贤	广西容县	1990.5—1991.9
		罗家才	广西容县	1990.8—1991.9
		李海祺	广西容县	1990.7—1991.9
		谭志才	广西容县	1991.9—1991.9
		王国坤	湖北秭归	1991.9—1991.9
		钟庆炎	广西容县	1991.9—1991.9
		陈志伟	广东遂溪	1991.9—1991.9
中共容县第八届委员会（1991.9—1993.11）	书记	韩广宗	广西容县	1991.9—1993.8
		李　军	广西北流	1993.8—1993.11
	副书记	李　军	广西北流	1991.9—1993.8
		吕　坚	广西平南	1991.9—1993.10
		李立华	广西北流	1991.9—1993.10
		李耀贞	广西容县	1991.9—1993.11
		李海祺	广西容县	1993.10—1993.11
		岑小华	广西桂平	1993.10—1993.11
	常务委员	谭志才	广西容县	1991.9—1993.11
		潘业贤	广西容县	1991.9—1992.10
		李海祺	广西容县	1991.9—1993.10
		王国坤	湖北秭归	1991.9—1993.11
		钟庆炎	广西容县	1991.9—1993.11
		陈志伟	广东遂溪	1991.9—1993.11
		钟维强	广西玉州区	1993.10—1993.11
		梁华南	广西容县	1993.10—1993.11
		覃志松，女	广西容县	1993.10—1993.11
中共容县第九届委员会（1993.11—1998.9）	书记	李　军	广西北流	1993.11—1997.2
		杨柳岸	广西贵港	1997.2—1998.9
	副书记	李耀贞	广西容县	1993.11—1996.5
		岑小华	广西桂平	1993.11—1997.6
		李海祺	广西容县	1993.11—1998.3
		沈永忠	广西宾阳	1994.11—1998.8
		黄文勇	广西田林	1995.3—1996.3 挂职
		何琨荣	广西容县	1996.5—1998.7
		温守荣	广西北流	1997.6—1998.7
		李　文	广西玉州区	1998.3—1998.9
		黄必贵	广西荔浦	1998.7—1998.9

续表

届　次		任职人	籍　贯	任职时间
中共容县第九届委员会(1993.11—1998.9)	副书记	陈　瑞	广西北流	1998.8—1998.9
	常务委员	钟维强	广西玉州区	1993.11—1997.6
		谭志才	广西容县	1993.11—1994.11
		陈志伟	广东遂溪	1993.11—1998.7
		钟庆炎	广西容县	1993.11—1998.9
		王国坤	湖北秭归	1993.11—1998.9
		梁华南	广西容县	1993.11—1996.3
		覃志松，女	广西容县	1993.11—1997.8
		赵世泉	广西博白	1996.2—1998.9
		罗寿金	广西贵港	1996.7—1998.6
		邹汉其	广西容县	1997.6—1998.9
		龙文培	广西藤县	1998.7—1998.9
		丘德奎	广西陆川	1998.7—1998.9
		莫振茂	广西博白	1998.7—1998.9
		何海光	广西容县	1998.7—1998.9
中共容县第十届委员会(1998.9—2002.10)	书记	杨柳岸	广西贵港	1998.9—1999.7
		黄必贵	广西荔浦	1999.8—2002.10
		张福文	广西平南	2002.10—2002.10
	副书记	黄必贵	广西荔浦	1998.9—1999.8
		李　文	广西玉州区	1998.9—2002.10
		陈　瑞	广西北流	1998.9—2002.10
		曹桂芬，女	广东三水	2000.3—2002.10
		张福文	广西平南	1999.12—2002.10
		杨家庆	广西富川	2002.3—2002.10
	常务委员	邹汉其	广西容县	1998.9—2002.10
		钟庆炎	广西容县	1998.9—2001.11
		赵世泉	广西博白	1998.9—2000.4
		龙文培	广西藤县	1998.9—2001.9
		丘德奎	广西陆川	1998.9—2002.10
		莫振茂	广西博白	1998.9—1999.7
		何海光	广西容县	1998.9—1999.6
		黄高林	广西福绵区	2000.3—2002.10
		陈家勋	广西贵港	2000.3—2002.10
		朱素霞，女	广西平南	2000.4—2002.10
		韦玉流	广西都安	2001.9—2002.10
		周鹏昌	广西博白	2001.12—2002.10
		杨业初	广西容县	2001.12—2002.10

续表

届　次		任职人	籍　贯	任职时间
中共容县第十届委员会（1998.9—2002.10）	常务委员	李松明	广西北流	2002.9—2002.10
		莫　薇，女	广西桂平	2002.9—2002.10
		陈　松	广西容县	2002.9—2002.10
中共容县第十一届委员会（2002.10—2006.8）	书记	张福文	广西平南	2002.10—2006.7
		杨家庆	广西富川	2006.7—2006.8
	副书记	杨家庆	广西富川	2002.10—2006.7
		丘德奎	广西陆川	2002.10—2006.8
		黄高林	广西福绵区	2002.10—2006.8
		陈家勋	广西贵港	2002.10—2006.8
		陆俊全	广西平果	2005.11—2006.8
		李玉振	广西兴业	2006.7—2006.8
	常务委员	李松明	广西北流	2002.10—2005.11
		韦玉流	广西都安	2002.10—2004.5
		周鹏昌	广西博白	2002.10—2006.8
		莫　薇，女	广西桂平	2002.10—2006.8
		封寅芳	广西容县	2002.10—2006.8
		陈　松	广西容县	2002.10—2006.8
		唐　斌	广西容县	2003.7—2006.8
		梁小平	广西北流	2003.7—2006.8
		李　静	广西博白	2004.5—2005.5
		何东秋	湖南衡阳	2005.5—2006.8
		冯克森	广西容县	2006.4—2006.8
		张盛全	广西玉州区	2006.7—2006.8
		杨　越	广西桂平	2006.7—2006.8
		黎植芳，女	广西容县	2006.7—2006.8
		梁　华	广西苍梧	2006.7—2006.8

第三节　重大决策

经济建设

1991年，容县县委、县政府作出《关于加快发展乡（镇）企业若干问题的决定》，对乡（镇）企业实行优惠的税收政策。县对原乡（镇）、村办集体企业减半征收所得税的规定，延长到1995年。新办乡（镇）、村集体企业（含老企业技术改造新增值），除国务院、自治区人民政府规定不能减免税的产品外，其余委托县税务部门审核后，免征产品税、营业税、增值税1年、所得税3年。凡外商、华侨、科研单位、大专院校和县外企业、单位、个人来容县独资或联营兴办乡（镇）集体企业的，除享受容县开发区的优惠政策外，免征3年所得税。切实减轻乡（镇）企业负担。除国务院、自治区政府和县政府规定向有关部门缴纳费用外，其他单位和个人不得以任何名目摊派、收费。有关部门对新办的乡（镇）企业简化手续，提供方便，尽快办理。多渠道解决乡（镇）企业的发展资金，引进技术人才。进一步明确新办企业的审批程序和生产许可证发放手续。统筹安排乡（镇）

企业的产供销，搞活流通。鼓励科技、管理人员、大中专毕业生到乡（镇）企业工作。建立发展乡（镇）企业的激励机制。强化乡（镇）企业的财务管理。同年，县委、县政府作出《关于进一步加快发展我县二轻集体工业的决定》：落实和完善对二轻工业发展的各项政策；深化二轻系统内部改革，增强企业活力；适度增加二轻工业投入，增强发展后劲；放宽政策，扶持“特困”企业；稳定二轻管理体制和职工干部队伍。县委、县政府作出《关于建设水田吨粮县的决定》：下大力气，抓好水利建设；加快低产田改造；加强绿肥生产；积极推广杂交水稻良种；努力恢复发展冬粮生产；建立与发展粮食生产相配套的各种服务体系，不断完善统分结合的双层经营体制；各行各业各部门要大力支持农业；把建设“吨粮县”（平均每亩水田每年产干稻谷 1 吨）列入双文明目标管理责任制内容。县委、县政府作出加速柚（沙田柚）桂（肉桂）产业发展的重要决定。大力发展沙田柚、肉桂产业，到 1997 年全县肉桂种植面积发展到 24 万亩（当年已有 9 万亩）。为实现这个目标，县委、县政府就如何解决发展肉桂、水果生产的土地问题、种苗问题、资金问题专门发了文件，作出具体的规定。要求机关、单位、学校和企事业单位联营或承包开发肉桂、水果生产。要求每个乡（镇）要分别抓 1 个 100 亩以上的肉桂、沙田柚生产示范点，推动肉桂、沙田柚生产发展。当年全县肉桂种植面积发展到 10 万亩，沙田柚为主的水果种植面积 14.30 万亩，水果产量 1.60 万吨。

1992 年，县委、县政府作出发展装饰瓷砖产业重要决定。同年 3 月 8 日，县国有企业广西都峤陶瓷有限公司奠基。1993 年 3 月 24 日建成投产。开始是公司经营，后来发包经营。

1994 年 6 月，县委贯彻中央农村工作会议精神，执行中共中央、国务院《关于当前农业和农村经济发展的若干政策措施》，作出稳定和完善农村集体土地承包经营体制的规定：耕地在原来承包期的基础上再延长 30 年，山地再延长 50 年；在承包期内土地经营使用权允许依法有偿转让、出租、抵押、入股等。

1996 年，县委、县政府作出《关于加快我县城镇市政基础设施建设步伐的决定》，要求在 1997 年春节前完成中环路西段续建工程；1997 年底完成河南开发区沿江大街建设工程、旺岭街至水井垌区域的道路工程；都峤山旅游开发区的规划工作，部分配套设施和道路铺设工程。黎村镇、自良镇、石头镇在 1997 年春节前完成圩镇进出口道路水泥硬化工程；灵山镇在 1997 年 6 月底完成灵山开发区的道路工程；在 1997 年底罗江镇完成拓宽过境公路工程，杨梅镇完成小城镇规划建设中的桂侨制药厂至脱谷机厂 30 米街接通工程。同年，县委、县政府作出《关于加快我县交通、通信基础设施建设的决定》，把国道、省道建设成一、二级公路。1996 年底完成玉林至容县一级公路容县段路基工程的 70% 工程量，争取 1997 年底竣工通车。1996 年底破土动工兴建容县至岑溪一级公路容县段，争取 1998 年 6 月底前建成通车。逐步建成容县至信宜、容县至平南、容县至藤县二级公路。争取 2000 年底前实现乡乡（镇镇）通柏油公路、建制村通四级公路的目标。加速程控电话网络建设步伐，争取 1997 年底县城、乡（镇）普遍使用程控电话，农村实现建制村通程控电话。巩固完善无线寻呼工程，保证无线寻呼覆盖全县各乡（镇）。加快无线通信工程建设，争取 1997 年手机覆盖全县各乡（镇）。

2002 年 1 月，县委、县政府出台《关于加快工业发展的若干意见》。加快工业发展工作重点：1. 做大做强传统优势工业。2. 积极培育发展新兴工业，大力发展民营工业。加快工业发展主要措施：1. 狠抓工业项目，增加工业投资。2. 用足用活优惠政策，加大政策扶持力度。完善容县招商引资和企业改革改组政策，在税收、土地、收费、出口退税和进口自用设备、原料、能源等方面给予尽可能的优惠。对在工业园区投资的企业给予优惠的税收政策。3. 改善投资环境，完善社会服务体系。抓好基础设施建设，坚持尽力而为、量力而行、适度超前的原则，继续抓好水、电、路、通信等基础设施建设。进一步加快城西、城东、城南、城北工业园区的规划和建设。

体制改革

1990 年 1 月，县委、县政府制订《中共容县县委关于贯彻党的十三届六中全会〈决定〉的实施细则》《容县县直党政机关双文明建设目标管理责任制》《容县各乡（镇）双文明建设目标管理责任制》。

1993 年 4 月，县委决定全县各级党政机关与所办的经济实体脱钩，党政机关今后不能再经营企业。

1997 年 12 月，中国共产党容县委员会第九届八次全体（扩大）会议审议通过《中共容县委员会关于认真贯彻落实十五大精神，加快改革与发展步伐的决定》，提出：鼓励国有企业改革形式多样化。可采取改组、联合、兼并、租赁、委托经营等不涉及产权变更的形式，鼓励采取收购、出售、股权转让、股份合作、拍卖等涉及产权变更的形式，特别鼓励推行出售的形式。大力推行股份制和股份合作制，促进企业投资主体的多元化，实现资产的流动和优化重组。特别鼓励推行股份合作制，提倡“劳者有其股”，实现按劳分配和按生产要素分配相结合的分配方式。加快建立和健全国有资产管理体制，促进国有企业改革。要全面建立国有资产管理、监督、营运机制和各项制度，制定规范的通过市场机制实现的国有资产流通和变更的各项配套政策。

2001年11月，县委、县政府出台《容县机关机构改革实施意见》。明确改革的原则：统一领导，分工负责；先合并，后分流；人随事走；统一要求，区别对待；既要积极又要稳妥。改革的顺序是：机构调整→撤并→转体。改革的实施步骤是：学习动员→制订上报审定“三定”方案→定岗定员→总结验收。各部门实行“三定”，即定机构、定职能、定编制。“三定”方案一经批准，必须严格按照规定组织实施。按照“三定”规定的领导职数、人员编制设置工作岗位。县委、县人大、县政府、县委组织部要按照规定的领导职数选任领导干部。人事部门要按核定的编制进行职位分类，推行公务员制。财政部门要按照核定的编制数额核拨经费。这次机构改革特点：1. 经过机构撤并，精简机构；2. 安排一部分接近退休年龄的人员提前离岗，享受在职同等待遇，到退休年龄再办理退休手续；3. 安排动员一批27年以上工龄的人员提前退休（经本人申请，组织批准，人事局办理正式退休手续）；4. 不符合提前离岗和提前退休条件的科员以下人员通过统一考试竞争上岗，优胜劣汰，超编人员分流到事业单位。这次机构改革主要成效：精减机构个数。县委由原来19个常设机构并为7个工作部门，精减63.20%；县政府工作部门由原来27个精减为20个，精减26%；乡（镇）党政机关内设机构精减为6个。精减人员编制。县直属党政群机关行政编制由原来603名精减为460名，精减23.70%；县公安、检察、法院、司法机关专项行政编制精减10%；乡（镇）党政群机关行政编制由原来520名精减为426名，精减18%。开展竞争上岗和人员分流尝试。有1318人参加竞争上岗，分流131人到事业单位。

2001年3月2日，在容县县委会堂召开“三个代表”重要思想学习教育活动报告会。图为大会会场

（据《容县报》）

社会发展

1990年，县委、县政府制定《容县（1990—2000年）发展总体规划》。总体目标是：到20世纪末，力争国民生产总值在1980年的基础上翻两番，人民生活基本达到小康水平。各项具体目标：1. 国民生产总值平均每年增长8%。其中“八五”（1991—1995年）期间平均每年增长7.50%，到1995年计划达到6.96亿元，比1990年增长43.56%；“九五”（1996—2000年）时期平均每年增长8.50%，到2000年计划达到10.47亿元，比1990年翻1.10番，比1980年翻3.05番。2. 国民收入平均每年增长7.50%。其中“八五”期间平均每年递增长7%，到1995年计划达到4.54亿元，比1990年增长40.26%；“九五”期间平均每年递增长8%，到2000年计划达到6.67亿元，比1990年翻1.04番，比1980年翻2.54番。3. 农业总产值平均每年增长6%。到1995年达到2.49亿元，比1990年增长33.80%，到2000年计划达到3.34亿元，比1990年翻0.84番，比1980年翻1.76番。4. 工业总产值平均每年增长11%。其中“八五”期间平均每年增长10%，到1995年计划达到2.64亿元，比1990年增长61.05%，“九五”期间平均每年递增长12%，到2000年计划达到4.65亿元，比1990年翻1.50番，比1980年翻3.92番。5. 乡（镇）企业总收入平均每年增长15%。到1995年计划达到5.25亿元，比1990年增长101%；到2000年计划达到10.56亿元，比1990年翻2.05番，比1980

年翻6.10番。6. 固定资产投资。“八五”期间基本维持“七五”期间1.10亿元的规模，到“九五”期间增至1.50亿元。重点增加工业、农业、能源、交通等技改和新建项目投入。7. 城镇居民实际消费水平每年增长4.50%。其中“八五”期间每年增长4%；农民人均纯收入1995年达到766元，年递增6.03%。2000年达到1074元，年递增7%。城乡居民居住、卫生条件有较大改善，文化生活更加丰富，社会服务设施不断完善。8. 全县年末人口总数控制。“八五”期间，平均每年自然增长率控制在10.94‰以内，到1995年末人口计划控制在67.98万人以内；“九五”期间，平均每年自然增长率控制在8.06‰以内，到2000年末人口计划控制在71.24万人以内。

1991年6月，县委、县政府决定把县政府办公地点搬迁至北门街太爷巷。当年动工兴建。1992年12月竣工搬入使用。办公大楼按“鸟飞”形状造型，共7层，总建筑面积9148平方米。原县政府大院于1998年开发成商品房住宅小区（县公安局后面小区）。

1993年4月，县委决定重建县委办公楼。当年4月8日破土动工。1995年4月建成使用，办公楼共7层，在办公楼西侧建有能容纳300多人的中型会堂。

1993年6月，县委、县政府表彰全县首批专业技术人才。对首批专业技术拔尖人才，每人给予1000元人民币的一次性奖励，并在规定管理期间内，每人每月发给特殊津贴费30元。

1999年11月，县委第十届三次会议研究制定《容县国企改革发展具体措施、实现改革和脱困三年目标及2010年的发展目标》。全会讨论通过《关于国有特困企业解困与发展的优惠办法》《关于促进国有企业下岗职工再就业的优惠办法》。

2000年12月，县委第十届五次全会审议通过《中共容县委员会关于制定国民经济和社会发展第十个五年计划的建议》，总体目标：国民经济有较大发展，经济质量和效益明显提高，经济总量明显增加；经济结构战略性调整迈出重大步伐，产业结构优化升级在主要领域取得重大进展，以旅游为重点的服务业形成具有较强竞争力的优势产业；各项改革进一步深化，非公有制经济成为最具活力的经济增长点，社会保障制度比较完善；城市功能进一步增强，城镇化水平明显提高；进一步参与国内外经济合作与竞争，开放型经济取得新的进展；就业渠道拓宽，城乡居民收入持续增加，人民的生活水平和质量不断提高；人口的管理和生态建设与环境保护的力度不断加强，可持续发展能力不断提高；初步形成富有活力的科技创新体系和现代教育体系，各项社会事业进一步发展；党的建设、社会主义精神文明建设和民主法制建设取得新成绩，经济、社会全面协调发展。

市政建设

1991年，县委、县政府决定在容城城西建立容城第四小学，解决城西片小学生入学难问题。同年1月动工兴建。1993年8月建成使用，总投资260万元，学校占地面积1万平方米，建筑面积4700平方米，可容纳1400个学生就读。

1991年，县委、县政府决定吸纳民间资金，在城南建设城南供水公司（私企）。同年10月动工兴建。1994年6月建成供水，总投资450万元，供水量1.50万立方米/日。解决了城南居民和机关、企事业单位、经济开发区的用水问题。

1991年，县委、县政府决定重建容县汽车客运总站。当年底动工兴建。1994年10月底建成使用，总投资1200万元，占地总面积1.32万平方米，停车场面积2000平方米，发车位面积600平方米，站房面积3450平方米，现日发车250班次（中长途为主）。

1994年，县委、县政府决定对容城城东区几条旧街道进行拉直加宽改造。即：1. 容城派出所—原粮食局—原县印刷厂—原县食品公司猪仓西侧环城路（现一级公路和高速公路连线）。2. 原县工商局—南门街—容城粮库—原县总工会灯光球场（现容州古城）。3. 原县印刷厂（县政府大门）—容城粮库—原县木材公司—河堤街。4. 原真武阁公园大门—城东小区。整个旧城改造共拆迁23个单位，121个住户，共6万多平方米，总投资2770万元。项目资金采取“以地换钱”的办法。即：用拉直加宽后街道两边各进深15米的土地卖出收入作为承包商的投资收入，土地由承包商出卖，承包商负责铺好街道、搞好排水设施和安装路灯。政府方

负责拆迁、设计、办证工作。当年5月动工,1995年1月竣工,仅用9个月时间。

1994年底,县委、县政府决定在城北建设城北客运站。1995年初动工兴建,当年10月建成使用。总投资352万元,占地总面积4781平方米,日发车120班次(短途为主)。

1995年,县委、县政府决定在城北片建立容城第五小学,解决城北片小学生入学难问题。当年1月动工兴建。1996年8月建成使用,总投资330万元,占地面积1.87万平方米,建筑面积5250平方米,可以容纳学生1200个就读。

1995年12月,县委、县政府决定在全县范围内恢复实施“定点屠宰,集中检疫,统一收费,控制批发,分散经营”的牲畜屠宰和肉食市场管理办法。

1996年,县委、县政府为解决都峤中学校舍狭窄和城南片初中生入学难的问题,决定把都峤中学从原址(现人民会堂广场西半部)搬迁至容城城南开发区(现都峤中学校址)。1997年1月举行奠基仪式。1999年12月建成使用。总投资1509.50万元,学校占地面积60亩,建筑面积2.87万平方米,可以容纳学生2240个就读。

1997年,县委、县政府决定在城北片建立第二幼儿园,解决城区北片幼儿入园难问题。当年1月动工兴建,12月建成使用。总投资611万元,占地面积8518平方米,建筑面积2800平方米,可以容纳650个幼儿入园。

1997年,县委、县政府酝酿建设宁冲水库引水工程,把宁冲水库农业灌溉后的富余水引到容城作自来水水源。2001年初开始动工。2002年末工程完成投入使用,总投资约800万元。从宁冲水库到达城西路水厂,全程约7千米。2006年,进行设计变更,项目建设规模为日供水5万立方米,主要建设内容为:建取水工程、净水厂、铺设DN150—800配水管2.44万米等,项目概算总投资为5387.88万元。

1999年,县委、县政府决定建设城南汽车客运站。2000年1月动工兴建。2004年11月建成使用。占地总面积1.70万多平方米,总投资600万元,日发车量300多班次(短途为主)。

2000年,县委、县政府为解决容城市民的悠闲、娱乐和活动场所,决定在县委原宿舍大院建设侨乡广场,在绣江南岸西段建设绣江公园。当年9月动工兴建侨乡广场,当年12月建成。总面积2580平方米,广场、绿化和喷池面积2400平方米,廊亭建筑面积180平方米。总投资351万元(不含土地价值)。当年8月动工兴建绣江公园。2001年6月建成,总面积8.99万平方米,第一期工程投资300万元,计划总投资592万元(不含土地价值)。

2001年,县委、县政府狠抓县城绿化美化,改善居民的生活环境。建设绣江公园二期绿化工程(绣江大桥至二桥桥头段),城南街“一街一树”工程,城南大道、城西大道绿化精品工程,抓好城区绿化、城区公共绿化植物查漏补缺工作,以及单位庭院、厂区、居民住宅小区的绿化美化工作。这次城区绿化美化实行“四定四包”(定地点、定任务、定时间、定责任,包投资“除县政府统筹资金的工程外”、包种植、包成活、包管理)责任制。

第四节　组织建设

领导班子建设

1991年,容县县委做好县、乡(镇)党委换届选举工作。4月26日,抽调34名干部分成8个考核组,对全县16个乡(镇)党委领导班子107名成员进行考核。共有955人参加民意测评,511人参加谈话了解。7月23日,县委研究确定调整方案,共调整书记7名、副书记17名、委员36名。9月16日,全县16个乡(镇)党委换届选举工作圆满结束,成为玉林地区最先完成乡(镇)党委换届选举任务的县份。

1995年,对部分乡(镇)、县直部分单位的领导班子进行跟踪考核,按照“德才兼备”原则任免领导干部397人。对全县16个乡(镇)财政所、工商所领导班子进行考核调整。为县公安局、司法局二层机构调整充实29人。

1996年，采取“五个强化”（强化大局观念、强化民主集中制建设、强化团结教育、强化艰苦创业精神、强化廉政勤政建设）加强全县各级领导班子建设。10月9日，全县完成乡（镇）党委、人大、政府三家班子的换届选举工作，成为玉林地区最早完成乡（镇）换届选举工作的县。12月中旬，对县直部委（办、局、社）88个单位的领导班子及其全体成员进行年度考察，选拔任用174人，降职免职51人，交流235人。

1998年，根据上年度县直单位各部委办局班子考核情况，对14个科局级班子的37名成员进行调整，其中提拔15人，降级使用5人。加强事业单位领导班子的管理，上半年对乡（镇）财政所、土管所、计生服务站、工商所、县直医院等25个事业单位班子成员进行调整，共调整班子成员32人（其中，提拔17人，降级使用12人）。注重培养和选拔优秀年轻干部进入领导班子，在全县乡科级党政领导班子中配备32岁以下领导143人，约占机构改革后全县乡科级领导总数的33%；143人中大学本科毕业34人、大学专科毕业92人，男125人、女18人。

2002年，乡（镇）换届。5月底至6月初，抽调48人组成考察组，采取述职、测评、评议和个别谈话等方式，分别对乡（镇）三家领导班子及其成员进行届终考察和县直部门领导班子及其成员进行机构改革后德能勤绩情况跟踪考察。换届后乡（镇）领导班子年龄结构以35岁为主体，平均年龄为33.1岁（其中30岁以下的46名，占24.50%），妇女干部28名，占14.90%，中专、大专以上文化（含在读）183名，占97.30%。深化跟班培训，加强乡村班子建设。按照“集中学习—跟班见习—在岗实践—跟踪指导”的步骤，对乡村干部分期分批进行跟班培训。着力抓好干部的源头建设，扩大并充实村后备干部人才库。在678名村后备干部中，有302人在村党支部“两推一选”和村委换届中当选为“两委”干部，其中当选村党支书和村主任、副主任166人。

2003年，推行竞争上岗制度。县公安局内设及下属科（室）、所、队的27个领导职位全部实行竞争上岗；县法院、县检察院和县委党校也分别通过竞争上岗的办法选拔了5名中层领导干部。以乡（镇）共青团和乡（镇）妇联换届为契机，调整充实了95名优秀年轻干部到乡（镇）共青团、妇联领导班子任职。

2004年，调整领导干部共272人次，其中党政正职8名、副职42名。在部分乡（镇）领导班子中配备计生专职副书记，调整充实16个乡（镇）的计生服务所所长。7月对政法系统领导班子和干部队伍进行调整充实，提拔县公安局副局长2名、县法院副院长1名、法院中层干部2名，调整充实公安局中层干部25名，在16个乡（镇）全部配备社会治安综合治理委员会专职副主任，调整充实各乡（镇）司法所所长。严格控制领导职数，在乡（镇）领导班子配备中逐步推行党政领导交叉任职。

2005年，共调整领导干部130人次。严格控制领导职数，在乡（镇）领导班子配备中进一步推进兼任职制，从总量上减少领导职数。除了纪委书记按规定由党委副书记兼任外，实行副镇长兼任党委委员、党委委员兼任团委书记或妇联主席等，共有兼任职60人。

干部交流和选拔任用

1991年3月15日，容县县委向全县各单位印发《干部管理的暂行规定》。全年共任免领导干部397人，对28名乡（镇）干部进行易地交流，先后为132人办理工作调动手续。

1995年，实施国家公务员制度，做好国家机构改革、干部分流前期工作。全年共确定干部职级95人，调配交流干部126人。同年，出台《容县培养选拔优秀青年干部三年计划》。从各乡（镇）、县直各单位挑选出680名30岁以下的年轻干部，经过民主推荐、民意测评，最后确定33名德才兼备的优秀年轻干部作为跨世纪人才放到基层培养锻炼。

1996年，做好9名县武装部收归部队实行军队建制后转业干部的安置工作。确定干部行政职级178人，调配干部185人。在单位内部之间、部门之间、县直与乡（镇）之间、党政与企事业之间共进行干部交流岗位轮换318人。在乡（镇）换届中，起用56名35岁以下德才兼备、符合“四化”（革命化、年轻化、知识化、专业化）标准的年轻干部充实到乡（镇）党政领导班子。年内，使全县35岁以下的乡局级党政正职领导达15人，超过《容县培养选拔优秀年轻干部三年计划纲要》的目标要求。

1998年，实行公开选拔领导干部。推荐7名领导干部参加自治区直副厅级干部的选拔。推荐34名领

导干部到市直单位参加副处级干部的选拔。组织发动100多名干部参加县副科(局)级的选拔。制订机关单位社会团体参照试行《国家公务员暂行条例》实施方案。4月开始组织培训推行(参照)国家公务员制度骨干180多人,组织780名党政机关干部参加过渡国家公务员考试,组织机关单位社会团体按照机构改革方案编写职位说明书等,按时完成参照试行国家公务员制度的各项工作。

2001年,加大干部人事工作的公开程度和透明度。采取单位推荐、领导推荐、群众推荐、个人推荐、组织部门到有关单位召开民主推荐会等多种形式进行民主推荐干部。严格执行干部任职前公示规定,对拟提拔为乡科级领导的61人全部实行任前公示。实行试用制,对新提拔的12名领导干部实行一年试用期,试用期满经考核全部正式任用。结合县乡(镇)机构改革工作,遵循"优者上、平者让、庸者下"的用人原则,大力推行能上能下制度。在县乡(镇)机构改革中共免去142名现职科级领导职务,其中19名改任非领导职务。全县在乡科级党政领导班子中配备32岁以下的领导143人,占全县乡科级领导总数的33%。

2002年,完善干部选拔任用制度。对专业技术要求较高的领导职位,在相关范围内进行公开推荐。4月,在县水电系统内召开122人参加的公开推荐电力公司副经理民主推荐会,自治区电业公司和县委组织部对推荐票数较为集中的3人进行考察,由自治区电业公司正式聘任县电力公司副经理2人。7月,容县高中与容县师范合并后,经公开推荐人选,正式任命容县高中班子领导4人。组织70多名具备条件的领导参加自治区、玉林市公开选拔厅、处级领导干部考试。会同政法部门抓好乡(镇)司法所干部选配考试工作,共选录乡(镇)站所干部20人。2003年,以科学化、民主化、制度化为目标,探索委任、考任等相结合的干部选拔任用和交流机制。将团县委副书记、县水利局副局长、县文化馆馆长、种子公司经理、卫生系统3个县直医院院长职位,分别在全县或相关系统内公开推荐,每个职位报名人数均达到1∶6以上,其中团县委副书记职位人数达到19人。做好干部交流工作,在全县范围公开招考用人单位的空缺职位,7个用人单位的15个职位共有126人参加报考,最后通过笔试、面试和组织考察等程序择优录用13人。加大干部交流锻炼、跟班锻炼力度,共派出挂职干部11人;科级领导干部到外地参加培训班学习23人;县委、县政府部门从乡(镇)、县直单位共抽调87人到机关进行跟班锻炼。

2004年,继续推行公开推荐、公开选拔和竞争上岗等制度。对13名在同一职位任职满10年的领导干部进行调整交流。其中,改任非领导职务的11人,交流到其他单位任职的2人。把选派干部到发达地区挂职锻炼、交流锻炼作为培养干部的重要途径。选派3名科级领导干部到外地挂职锻炼,新提拔的干部按照规定安排4人到信访部门挂职锻炼。结合实际情况,制订全委会、常委会投票决定领导干部人选制度。

2005年,坚持和完善干部监督联审制度。对新提拔任用的44名领导干部、试用期满正式任用的2名领导干部全部通过纪检监察、检察院联审。5月,在全县范围内公开招考8~10名乡(镇)团委书记和5名妇联主席。共有78人报考,经县委组织等部门联合考评,有7人提拔任用为乡(镇)团委书记,2人提拔任用为乡(镇)妇联主席。推进党政人才队伍建设和干部管理信息化建设,共收录了1900多人的数据。

党员教育

1990年,容县以县委党校为阵地,抓好各级干部的短期脱产培训教育。分批对村支书、主任和乡(镇)组织、宣传、纪检、统战委员以及县直事业单位支书进行培训。组织年龄在50岁、文化初中以下的干部进行中专学历培训。1991年,抓好党员干部教育阵地建设。全县19个党委、660个支部共购置680套地委组织部印制的《党员教育宣传资料》,每个党委党校和支部活动室均有1套。各党委重视党校建设,按照党校达标要求办好党校。全县19个党校共办班81期,培训党员干部6346人次。开办2期新干部入门培训班,共有370名干部参加培训学习。

1995—1999年,组织广大干部学习中共十四届四中全会《决定》、邓小平关于建设有中国特色社会主义理论、市场经济管理、科学技术和本职业务知识等。其间,全县各级党校共办班756期,培训党员、干部累计4.03万人次;选送22名副处级以上领导干部、45名科局级正职领导干部和53名中青年领导干部分别参加玉林地委党校处级领导干部、科局级正职领导和中青年领导干部进修班学习。协助自治区党委党校、地委党校做好在容县的招生工作，共发动385人参加考试，被录取大专班、本科班共312人。开展学党章、学理论的“双学”活动，组织编印“双学”辅导材料2万册，每位党员1册。

1996—1997年，在全县干部队伍中全面实施“三严四自”（严格要求、严格管理、严格监督，自重、自省、自警、自励）作风教育，大力整顿“三风”（用人风气、干部作风、机关作风）。县委成立“三严四自”教育活动领导小组，下设办公室。整个活动分宣传发动、学习提高；对照检查、自查自纠；动真格整改3个阶段进行。在学习、讨论阶段，组织党员深入学习党章、党的理论、党纪党规和革命领袖有关论述以及英模人物的先进事迹，进行正确的人生观、群众观和大局观的再教育；组织党员开展对人民群众态度、人生意义和大局观念3个问题的专题讨论。在评议阶段各参学单位结合年终民主评议党员工作，对“三严四自”工程进行评议、总结，制订出整改措施。在动真格整改阶段中，全县共清理出干部职工拖欠公款304.33万元，涉及335人；多占公房103间，3216平方米，涉及103人；拖占、不符合条件配备手机224台，摩托车31辆，多占其他公物264件。清退率100%。对乱收费、多收费、搭车收费、公路“三乱”、山林水利纠纷和市容环境等干部群众反映的热点问题进行严格整治，解决一批“热点”问题。

1996—1999年，开展“三讲”（讲学习、讲政治、讲正气）教育。1996年10月10日，中共十四届六中全会在作出的《中共中央关于加强社会主义精神文明建设若干问题的决定》，县委出台《容县四家班子领导、领导干部及县人民法院、县人民检察院领导班子、领导干部暨副处以上干部“三讲”教育实施方案》。实施步骤：分5个阶段进行。第一阶段：思想发动，学习提高。第二阶段：学习教育，打好思想基础。第三阶段：自我剖析，听取意见，查摆存在的突出问题。第四阶段：交流思想，开展批评与自我批评。第五阶段：认真整改，巩固成果。

1999年9月16日，中共容县委员会转发中共玉林市委《关于开展向梁远礽同志学习的决定》，号召全县各级党组织、共产党员、共青团员，全县干部学习梁远礽的先进事迹。

2000—2003年，开展“三个代表”（代表中国最广大人民的根本利益，代表中国最先进文化的前进方向，代表中国最先进生产力的发展方向）思想教育。2000年5月，县委召开“三个代表”重要思想报告会。2001年2月，县委召开部署“三个代表”学习教育活动动员大会，宣读县委《关于在全县开展“三个代表”重要思想学习教育活动的决定》，制定《容县开展“三个代表”重要思想学习教育活动的实施方案》。全县“三个代表”学习教育活动时间为2年左右，学习教育对象分二批进行，每批集中学习教育时间不少于3个月，分学习培训、对照检查、整改提高3个阶段进行。3月25日—28日为学习培训阶段。县直部门领导、干部进行集中学习培训。第二阶段领导班子、个人撰写分析材料进行对照检查，召开民主生活会开展批评和自我批评，深入基层与群众进行三同（同吃、同住、同劳动）。4月—5月为第三阶段即整改提高阶段。2002年7月1日，县委在容城召开庆祝中国共产党成立81周年暨“三个代表”学习教育活动总结表彰大会。玉林市委副书记韦克义到会指导。大会对开展“三个代表”重要思想学习教育活动进行总结。县委对40个农村“三个代表”重要思想学习教育活动先进集体和60位先进个人进行表彰。2003年，继续开展学习实践“三个代表”重要思想活动。

2001—2005年，按照“条块结合、分级管理”和“做什么学什么、缺什么补什么”原则制订全县干部教育计划。2001年，全县举办副乡（科）级以上干部培训28期6218人次参加，县直部门组织本单位（系统）干部培训98期1.35万人次参加，乡（镇）共举办乡村干部培训班76期1.09万人次参加，完成上级选调培训任务163人次，培训班次和人数居历年之首。2002年，共选送156名领导干部分别参加自治区党委、玉林市委的各类培训班。全县各级各部门共举办培训班158期1.39万人次参加。年内分别举办政法、土地、城建、交通等16个行业性培训班和乡村干部培训班。2003年，全年各部门共举办各类培训班218期8196多人次参加。县委举办了学习中共十六大精神培训班。各级干部有45人参加全国成人高考、216人参加高等院校函授学习。2004年，共有150名村干部、130名村级后备干部、108名乡（镇）直机关干部、45名乡（镇）后备干部跟班培训学习。有130多名县、乡、村干部到大、中专和职业院校学习。全年共举办各类培训班256期参训乡科级干部962人次，党政机关干部1687人次，事业单位干部3275人次，国有及国有控股企业经营管理人员和专业技术人员1081人次，村“两委”干部496人次。2005年，全县共举办各类培训班298期1.02万人次

参加。其中，党政机关干部 2981 人，事业单位干部 6618 人，企业经营管理人员和专业技术人员 556 人，村“两委”干部 266 人。培训科级党员领导干部 500 多人次。

2005 年，开展保持共产党员先进性教育活动，分二批进行。1 月，第一批保持共产党员先进性教育活动正式启动。全县共 1 个党委、4 个党总支部、132 个党支部，2599 名党员参加活动。活动分为学习动员、分析评议、整改提高 3 个阶段。县委成立领导小组，组成 8 个督查组，建立督查监督制度。在学习动员阶段，各党组织、党员共为群众办实事好事 2080 多件，帮扶资金 90 多万元，帮助群众新上养殖、种植、加工等项目 321 个。在分析评议阶段，各党组织、党员做到边议边改，共为群众办好事实事 4510 件，扶助各种资金含物资折款 38.73 万元。在整改提高阶段，广大党员干部深入基层，化解群众关心的“积案”、“积难”和“积怨”问题。全部处级党员领导干部深入农户开展“三同”活动，听民声、解难题。经测评，全县党员先进性教育活动总评价满意率 98.60% 以上。7 月，第二批保持共产党员先进性教育活动正式开始。在学习动员阶段，参加活动的单位有 352 个，党组织 279 个（其中，党委 16 个、党总支部 5 个、党支部 258 个），参学党员 4125 名（其中，在岗党员 2729 名，离退休及下岗党员等 1396 名）。县四家班子党员领导到各挂钩联系部门、乡（镇）做动员、上党课 67 次。各单位组织党员进行集中学习和专题辅导。经过党员提、支部议、群众评、上级审，全县参加第二批学习教育活动的 352 个单位根据征求的意见，提炼形成不同行业、不同单位、不同岗位、不同层次的保持共产党员先进性的具体要求。各参学单位党组织结合实际，边学边改，解决群众反映强烈的热点难点问题。8 月，转入分析评议阶段，各单位党组织和广大党员坚持开门纳谏，广泛征求党内外群众意见，共征集到意见 2270 条。在谈心活动中，各单位做到开展批评和自我批评、推进工作、送温暖、推动个人整改相结合，再次征求到意见 5631 条（其中，党员个人 3392 条、单位 2239 条），向困难党员群众送温暖，送慰问品、慰问金 20 多万元，送技术资料 3 万多份，提供致富及劳务输出信息 1200 多条。10 月，转入整改提高阶段，全县抓好整改重点、制定整改措施方案、落实整改责任等关键环节，推进整改工作。深入开展“三帮一创”（帮助农民推销农产品、帮助农民科技致富、帮助农民输出富余劳力，争创农民满意的党支部）、“四为四争”（为党旗增辉，争当先进党员；为业主分忧，争当优秀员工；为企业增效，争当科技能手；为职工代言，争当工友贴心人）、“树形象、促发展、比奉献”“树医德、正医风、解民忧”等活动。全县各乡（镇）共举办技术培训班 67 期，培训农民 5700 多人次，为农民推销价值 3500 多万元的农产品，为农民送去化肥、农药等农资产品，为下岗职工和农民提供就业岗位 2800 多个。全县各党组织共开展各种主题实践活动 714 次，参与党员达 3335 人，走访、帮扶、慰问困难群众 1841 人。

后备干部建设

1990—1998 年，容县县委组织部根据上级要求对县、乡（镇）、村三级后备干部进行考察了解。1991 年，全县建立县级后备干部 21 名、乡（镇）级 80 名、村级 573 名。1996 年，选拔各级后备干部 407 人。其中，乡（科）局级后备干部 193 人，村级后备干部 186 人，向地区推荐副处级后备干部 28 人。1998 年，选拔科局级后备干部 210 人，推荐处级后备干部 12 人。

2001 年，对后备干部进行调整充实，按行政、事业单位划分进行分类管理。在县乡（镇）行政机关后备干部队伍 119 人中，男 73 人，女 46 人，全部大专以上文化，其中年龄在 30 岁以下的 83 人。配备事业单位后备干部 63 人，教育系统后备干部 106 人，卫生系统后备干部 17 人。从县直部门和乡（镇）现任副职中选拔 16 人作为乡（镇）党政正职后备干部。有计划抽调优秀年轻干部参与县重点工作和中心工作，在全县“三个代表”重要思想学教活动中，共抽调 23 名后备干部参加督查组。在计生执法、“两金”（基金会、股金会）突击追收欠款等急、难、险、重的工作中抽调选用 100 多名后备干部参加。9 月—11 月，16 名乡（镇）党政正职后备干部按玉林市委组织部安排全部到百色、河池两地的基层挂职锻炼。拓宽年轻干部成长渠道，全年提拔上领导岗位的后备干部有 23 人，有 136 名后备干部在本单位担任中层领导岗位。

2002 年，在乡（镇）换届调整中，从乡（镇）和县直部门的各类后备干部中提拔 42 人到乡（镇）任职。

2003 年，组织推荐乡科级正职女后备干部 45 名，乡科级副职后备干部 139 名。举办以副科级后备干部

为主的县优秀中青年培训班，挑选60名后备干部进行集中培训。加大后备干部使用力度，给予后备干部上岗机会。对自治区党委组织部的选调生，及时安排合适的岗位进行使用，6名选调生中已有1名担任乡（镇）党委宣传委员，1名担任乡（镇）妇联主席，1名到乡（镇）不足半年就担任乡（镇）团委副书记。

2005年，通过召开民主推荐会推荐19名县处级副职后备干部人选，及时完善有关材料上报玉林市委组织部。做好干部外出挂职培训，派出挂职干部6人。县委、县政府部门从乡（镇）、县直单位抽调26人到机关进行跟班锻炼。进一步抓好选调生的理论培养和实践锻炼工作，接收10名广西选调生，全县选调生达到21名。先后选派5名选调生参加自治区党委组织部举办的选调生培训班，3名选调生到自治区直部门跟班学习，10名选调生参加玉林市委组织部举办的选调生培训班，6名选调生到县直部门跟班锻炼，调动1名选调生到县直部门工作。

干部档案管理

1991年，容县收集归档各种干部档案材料3494份。把150多份调往外地的干部材料用挂号信转送外地组织部门。严格干部档案查阅纪律，外单位、外地查阅档案200多人次，组织部内查阅132人次。清理好历史档案，全年清理归档干部档案25件，清理归档文件和来信98件，清理一批其他历史资料。

1995年，进行干部档案微机管理。全年接收干部档案349卷，各种档案资料5018份，按新要求整理装订1186卷；办理转递干部档案40卷，利用档案132卷（次）。1996年，按新标准装订干部档案1313卷，收集干部档案材料1.35万份，提供利用751人次。清理完毕中华人民共和国成立以来积压下来的大量历史资料，将有价值的档案资料重新整理归档，移交属于档案局保存的档案，按程序和合法手续销毁了大量的旧文件和旧资料。干部档案管理实现了微机管理。

2002年，按照三级档案室的要求对干部档案室进行上档升级。接待各部门、各单位查阅干部档案共1150卷次，组织部内干部工作提供查阅档案1500卷次。2003年，对干部任免审批表、学历、入党材料等重要材料及时入档，为369人次提供关于工资、工龄、年龄、学历等方面的情况。2004年，按照中央组织部颁布的干部人事档案管理标准，对全县干部人事档案进行大整理。至12月底，已重新整理装订完成干部人事档案4000份。

拔尖人才选拔工作

1991年，容县县委组织部对全县人才状况进行调查，写出《容县人才匮乏与浪费并存的原因及对策》调研报告。接待落实知识分子政策方面的群众来访7人次。1993年6月，全县评选出首批青年科技人才10人。实施对优秀青年科技人才实行专家带班制度，由县委知识分子领导小组会同有关部门单位为县第二批15名拔尖人才选定了15位优秀科技青年作为带班培养对象，并落实培养目标和带班措施。7月，组织召开全县实施“科教兴容”座谈会暨优秀科技人才颁奖大会。

1995年，抓好跨世纪学科带头人培养选拔和县第二批拔尖人才选拔工作，考察40多名各类专业技术优秀人员充实到知识分子人才库，向玉林地区推荐5名拔尖人才候选人和10名优秀青年科技人才候选人。完善拔尖人才管理工作制度，将知识分子工作经费列入财政预算，保证拔尖人才津贴按时发放和体检、疗养等工作的进行。1996年，通过考核，评选出容县第二批专业技术拔尖人才15人，向玉林地区推荐评上玉林地区第二批专业技术拔尖人才5人。

1998—1999年，继续抓好跨世纪科技人才的培养和做好玉林市第三批专业技术人才管理工作。在抓好原有的专家带班工作的基础上，突出抓农业科技人才工作，在农业部门推行专家带班培养人才。注重在社会急需的专业中培养选拔管理人才。

2003年，配合玉林市第三批专业技术拔尖人才考核、第四批专业技术人才推荐工作，经县委常委会研究向玉林市推荐5名人选。对各乡（镇）、部门推荐的31名专业技术拔尖人才进行汇总评比，选出10名作为县第四批专业技术拔尖人才。抓好人才的培训工作，全年共培训专业技术人才750名，企业经营管理人才105名，引进人才11人。2004年，做好玉林市第四批专业技术拔尖人才的专家带班工作。在县内继续实施专家带班制度，加快青年科技人才的成长。以项目为载体，积极参与人才培养、引进和输出，全年通过项目引进

和举办人才招聘会，为各经济行业引进各类人才3000多人。2005年，按照《容县各类专业技术拔尖人才选拔管理暂行条例》要求，做好第四批专业技术拔尖人才的培养考察工作。组织开展“广泛招贤＋专家联户＋跟踪考评”活动，带动知识分子投身经济建设主战场，为全方位实施“科教兴容”战略提供人才保证和智力支持。在县水产畜牧局、中西医结合骨科医院、人民医院、广播电视局、容县中学等知识分子较集中的单位经过动员，有100多名高级技术职称、表现突出的中级技术职称人员自愿报名投身到活动中。

党员队伍建设

1991年，容县各党委列册上报县委组织部备案的入党对象768名，发展新党员389名。1995年，发展党员重点放在乡（镇）企业、新型经济组织、非党村干部、经济能人和国有企业的科技人才、生产骨干，上半年共发展新党员179名。1996年初，下发《一九九六年度发展党员工作意见》，全县各级党组织按照要求，抓好入党积极分子的培养考察工作。全县各级党组织培养积极分子1036名，按照标准新发展党员604名，超过年初计划。1998年，坚持“深入实际，选准苗子，着重培养，加强发展”的总体思路，落实发展党员量化管理责任制，加强对积极分子和发展对象的教育。上半年共发展党员214名。其中，生产第一线80名占84%，女党员59名占28%。对全县1.80万多名党员的档案进行全面的清理，全县党员档案管理逐步走上正轨。1999年，实施“推优育苗”试点工程，重点做好在青年中发展党员工作，全年发展党员621名。

2001—2003年，按照“坚持标准，保证质量，改善机构，慎重发展”要求，落实党员发展工作责任制度。深入实施“推优育苗”工程，抓好入党积极分子的培养。推行党员发展公示制度，把好“入口关”，有计划发展党员。2001年，全县发展新党员685名。其中，生产一线514名占75.10%，高中以上文化565名占82.50%，35岁以下492名占71.80%，女党员201名占29.30%。2002年、2003年分别在生产、工作一线和青年中发展党员437名和589名。2004—2005年，大力培养优秀青年入党，不断探索其他领域优秀青年入党的途径和方法。继续大力推行“推优育苗”及入党前公示的办法，2004年、2005年分别发展党员543名和425名。

流动党员管理

1996年，容县有流动党员1049人。县委组织部建立流动党员登记制度，对外出半年以上的996名党员进行登记并发放《流动党员活动证》，占应领人数96%。建立党支部与外出党员联系制度，实行支委上门回访制度、信息反馈制度、教育培训制度等，加强与外出党员的联系，及时了解外出党员工作、生活、学习及思想情况，至2005年，外出党员98%能与组织保持联系，并按规定交纳党费。

党员电教工作

1990年，容县党员电化教育工作正常开展。1991年，重新调整充实县委党员电化教育领导小组，由县委副书记任组长，组织、宣传、纪委领导任副组长。下发党员电化教育工作意见，制订检查评比评分细则。与玉林地委组织部合作拍摄反映黎木乡党委为群众办实事的专题片《连心桥》；与县科委、供销社、水果办联合拍摄《沙田柚栽培技术讲座》等系列片2部；自行拍摄反映党员开展创先争优活动专题片《致富路上带头人》。抓好电教片的播放工作，各基层党委每季度巡回播放1次，全县共播放661场，党员观看3.39万人次，群众观看7.52万人次。同年3月，播放《沙田柚人工授粉技术讲座》后，全县有5721名党员投入沙田柚人工授粉工作，全县掀起沙田柚人工授粉的热潮。

1995年，县委组织部门成立电教科，落实专人负责电教工作。共拍摄电教新闻25条，其中4条在玉林电视台播放；组织拍摄《容县精神》《瘦肉型猪饲养管理技术》《肉桂病虫害防治技术》等专题片；翻印《容县精神》《领导干部的楷模—孔繁森》《来自亿元村的报告》《石头乡崛起的奇迹》等160多本录像带下发各基层党委。全县各级党组织共播放电教录像850场，受教人数5.26万人次，有1.22万党员掌握一门以上致富技术，占全部农村党员的90%。1996年，拍摄农村种养科技和先进党员事迹、致富经验等电教片在广大党员群众中播放宣传，全年拍摄2部科技专题片和3部党建专题片，组织《孔繁森》等专题片15部在党员中播放。全县各级电教点播放电教片2500场次，观看党员群众达15万人次，党员观看率95%，覆盖率98%。1998年，在县电视台、电台设立《党建园地》。在“七一”前拍摄制作反映基层党建工作的专题系列片《谈党建》。一批党务工作者分别在《谈党建》系列片谈党建工作的体会和建议。全年自拍并在县电视台播出党建新闻38条，下发39部党员电教片供各基层党委播放，配合玉林电视台拍摄反映县底镇上都村抓好农村基层组织建设的电视片。

2001年，做好“三个代表”重要思想的宣传教育和建党80周年电教宣传活动。在县电视台开办《实践“三个代表”建设新侨乡》栏目，共摄制播出47期。“七一”期间，县电视台开辟栏目摄制2个反映先进基层党组织和10名优秀共产党员先进事迹的专题片进行报道，播放10集政论片《第二次飞跃》和《地道战》等一批革命故事片共15部。全县电教片集中播放890次，党员观看电教片达3.45万人次，观看率97%，覆盖率93%以上。2002年，通过建设党员电化教育示范村，以点带面，构建和完善县、乡（镇）、村三级电教网络。全县已建好示范村32个，其他已建好的村有178个，全县村级播放网点96%。共制作、订购电教辅导教材片370部，运用三级电化教育播放网络，全县共组织集中播放收看160多场次，参加观看人数达15万多人次。2004—2005年，加大党员电化教育力度，以党员电教科技示范基地为龙头，推进标准化、规范化标准网点建设。2005年，进一步规范完善已建成网点，播放电教片70部，收看达1万多人次。

2005年2月，容县财政局开展先进性教育学习活动
（容县财政局 提供）

基层组织建设

农村基层组织建设 1991年，容县开展以村党支部为核心的村级组织建设，整顿后进村支部。全县村党支部、村公所219个，调整182人，对年老退休的村干部全部实行养老金保险，对村公所青年、妇女、民兵、治保等群众组织进行健全整顿。全县后进村党支部15个，经过思想整顿和组织整顿有2个转变为先进村党支部，其他13个村党支部都有明显的转变。建立党建目标管理责任制，按千分制进行检查评比。

1995年，完善《容县基层党委一九九五年党建工作目标管理责任制（千分制度）》，成立农村基层组织建设办公室，负责抓农村基层组织建设工作。先后制订《容县农村基层组织建设工作方案》《工作队组建和管理办法》《农村基层组织建设工作考核验收方案》等文件。结合撤所改委工作，全县共调整村支书25名、支委51名、村干部58名。1996年，采取“抓两头、促中间”的办法，加强农村基层组织建设。重点抓好57个二、三类村的达标升级和21个小康示范村。经过一年整改，12月检查验收，55个二类村有45个升为一类村，2个三类村达到二类村标准，全部消灭了三类村。全县有34个村共投资300万元新建村级办公楼。1998年，全面推动村级政务公开，完善村级民主管理和监督。把实施村务公开作为抓村班子建设和“实施村干部素质”工程的一个突破口来抓，在村务公开较规范的灵山镇进行试点并召开现场会。各乡（镇）也开展试点工作，村务公开逐步在全县推广。1999年，全面推开乡（镇）示范服务基地、重点村整顿、村民直接选举村委会等工作。强化扶持力量，整顿建设好20个重点整顿村，巩固提高前三年整顿建设基本合格的村。推进农村基层民主政治建设进程，上半年完成村委会换届选举工作。2001年，抓好村级干部跟班培训“四项制度”（即带班部门责任制、带班领导责任制、跟班对象汇报交流制、期末考核与跟踪指导制度），共培训跟班村级干部280多人。深化“双建双带”（建立农村党员经纪人队伍，带领农民闯市场；建立农村党员科技领头人队伍，带领农民奔小康）活动。把“双建双带”与实践“三个代表”、实用科技培训和市场经济知识培训、调整产业结构和“千名干部连千户”活动、创建农业生态村相结合。2002年，县委下发《2002—2005年容县农村基层组织建设工作规划》，实行县、乡（镇）、村一年一部署、一季一研究、一年两考评、一年一表彰。制定县委常委抓党建责任制及四家班子党员领导干部党建工作联系制度和蹲点调研制度，县四家班子领导每人分别联系一个先进村和一个后进村。县、乡（镇）直部门均包乡（镇）联

系村，挂村进组入户开展工作，全县形成全员抓农村基层组织建设的强大合力。在“三级联创”活动中，全县各级党组织通过采取提供致富信息、引进新技术、帮助搞活流通、建立示范基地（示范园）、结对帮扶等多种措施，帮助调整农业产业结构，增加农民收入。县委提出“靠山吃山、靠水吃水、借路生财、倚城兴贸、综合开发”的思路，指导各村发展村级集体经济，全县共上村级集体经济项目120多个。全县新建40座、翻新24座村级办公楼，村级办公楼全部实现危房重建、拆旧房翻新。2003年，下发《关于创建容县农村“四站五村六镇”建设示范站示范村示范镇的通知》，重点抓好乡（镇）、村两级示范点的建设。全县共确定示范站16个，示范村32个，示范乡（镇）2个。抓好以村务公开制度等为主要内容的“两规范”（村务公开规范、民主管理规范）建设，重点对村务公开、乡（镇）政务公开的情况进行检查督查。县四家班子领导每年到乡（镇）、村调研指导开展工作达20天以上。县委坚持每季度专题研究“三级联创”工作，半年一次总结。在“三级联创”活动中实施“三联三争”（目标联定、责任联负、效果联评，争当先进联创支部、争当先进致富党员、争当先进帮富党员）工作机制，县、乡（镇）、村三级的党建资源和力量得到整合。2004年，扎实开展“三级联创”活动，探索建立“三级联创”长效机制。落实领导挂点和部门包村责任，使基层组织建设与计生、支教等工作相一致。全县有副处以上党员领导干部联系26个村，有79个县直、自治区直、中央直驻容县单位挂点包68个村，共派出包村工作队员395人，进一步加强村级班子队伍和村级管理规范化建设。继续加强对村干部培训管理工作，全县举办村干部培训班102期2014人次。全面加强村级管理制度建设，全县218个村中全部建立村“两委”议事联席会议制度、村民代表议事制度、村务公开制度和建立村民理财监督小组，有216个村“两委”制定有明确任期责任目标，占总数99.10%，218个村党组织能坚持每年评议党员制度占总数100%，197个村建立村干部年度述职评议制度占总数90.30%。做好开展保持共产党员先进性教育活动的各项前期准备工作，对软弱涣散、发挥作用差、无力组织开展党员先进性教育活动的基层党组织进行分类指导、督促整顿，全县整顿党支部13个。2005年，继续深入开展“三级联创”活动。进一步整合县、乡（镇）、村三级党建资源。在“支部＋协会”党建方面，对各种协会因势利导，逐步形成“协会、党组织＋党员、专业户＋农户”的市场经济新模式，共组建各类农村专业协会27个发展会员4873名，带动面上6782户农户计2.13万多名农民发展农村经济。全年各级党组织共举办各种农业科技培训班176期，培训农民达1.50万多人（次），八成以上农民掌握1~2门农业科学技术。开展村“两委”换届选举工作，全面推行“两推一选一公示”，并试行“公推直选”。县委成立村“两委”换届选举工作领导小组和办公室指导村“两委”换届选举工作，到8月底，全县219个村（街）全部顺利选举产生村“两委”领导班子。

企业党建 1991年4月18日—19日，召开全县企业党建工作会议。传达自治区组织部长会议精神和地区企业党建工作座谈会精神，企业单位支部书记和党组书记100多人参加，会上有5个企业党支部作经验介绍，参会人员参观2个企业支部党员活动室建设。1995年，在国有企业开展“党政同心合拍创佳绩”活动。贯彻执行玉林地委《关于加强新型经济的党、工、团组织建设的通知》精神，强化新型经济组织的党建工作。6月底，全县有各类新型经济组织576家，具备建立党支部条件的197家，已建立党总支3家，党支部94家，党小组72个。县农业银行建立了党委。1996年，通过召开厂长（经理）、支部书记座谈会等形式，深入企业与干部职工座谈征求意见，调查了解掌握企业党建工作的现状，探索企业党建工作的思路。采取以“党政同心合拍创佳绩”和“重振国有企业雄风”等系列活动帮助企业理顺党政关系，指导国有企业和各类新型经济组织开展党建工作。2001—2002年，以行业、区域为依托抓好私营企业党组织的组建，共新增8个新经济组织党支部。县、乡（镇）两级成立非公经济组织党建工作协调指导小组，各级协调指导小组定时不定时组织工商、税务、公安、工青妇等单位上门开展法律法规宣传、证照办理、治安联防等志愿服务活动。实施访问制度，对新进来的党员及时访问，对困难党员及时探望慰问和帮助，增加非公经济组织党员对党组织的认同感和归属感。县委选派现职副科级以上的党员领导作为党的基层组织建设联络员，直接联系县直工委辖区非公企业，每季度均召开县直联络员工作会议，总结经验布置工作以及开展培训。各乡（镇）党委也对本辖区的企业选派联络员开展工作。县委在“结对子、交朋友”活动中，明确把非公经济组织列入各级党政机关、事业单位“结交”内容，要求结对子党支部和交朋友个人努力为非公经济组织提供各种力所能及的服务。针对非公经济组织党员流动性大的特点，在非公经济组织中举办“实践‘三个代表’，为党添光彩”“党在我心中”等主题教育活动，增强党员教育的实效。抓好党建带群建工作，在广西南山瓷器有限公司和广西黑五类食品集团有限公司分别开展“党建带工建”和“党建带团建”工作试点。2003 年，在国有企业党建工作中，专门设立领导小组加强组织领导，深入企业开展调研，探索“双向进入、交叉任职”，充分发挥企业党组织政治核心作用的有效途径。推进非公经济党建工作，县委和各乡（镇）党委继续选派党的基层组织建设指导员和联络员到各企业负责指导党建工作。围绕县委提出的“消除空白点，扩大覆盖面，增强有效性”的具体工作目标，充分发挥工、青、妇等群众组织的作用。继续抓好广西南山瓷器有限公司和广西黑五类食品集团有限公司的党建带工建、党建带团建试点工作。全年建立非公经济党组织 19 个、工会组织 68 个、共青团组织 56 个、妇联组织 23 个。对 127 家企业、149 个企业主进行积极引导，有 3 个企业主提交入党申请书，有 1 人获得玉林市审批成为入党积极分子。2004—2005 年，县委进一步加强对非公经济组织党建工作的领导，选派各级党员领导作为党的基层组织建设指导员、联络员负责联系和落实党的工作。全县选派 246 个党建指导员、28 名党建联络员，到各企业负责指导党建工作，同时注重发挥工、青、妇等群众组织的作用，形成党建带“群建”的工作合力。至 2005 年底，全县撤并 9 个企业党（总）支部，指导 21 个企业支部进行换届选举，共建非公经济党组织 28 个，非公经济团组织 82 个。

县直机关党建

代表大会 1991 年 10 月 8 日，在县城召开中共容县直属机关第六次代表大会，出席代表人数 201 人，会议听取和审议中共容县直属机关第六届代表大会工作报告；选举产生中共容县直属机关委员会第十三届委员会委员 11 人（其中专职 7 人，兼职 4 人），梁业富当选县直属机关委员会书记。

组织建设 1990 年，县直属机关委员会有党组织 201 个，党员 3191 人。2005 年，县直属机关委员会有党组织 216 个，党员 4250 人。1990—1995 年，培养入党积极分子 1139 名，发展党员 615 名，表彰先进支部 61 个、优秀党务工作者 51 名、优秀共产党员 320 名。1996—2000 年，培养入党积极分子 688 名、发展党员 490 名，表彰先进支部 114 个，优秀党务工作者 151 名、优秀共产党员 453 名。2001—2005 年，培养入党积极分子 543 名，发展党员 557 名，表彰先进支部 125 个、优秀党务工作者 155 名、优秀共产党员 359 名。

主要工作 1990—1992 年，开展“创先争优”“三爱四带头”竞赛及评选“公仆标兵”“经济效益十先锋”等活动。1993—1994 年，号召机关单位积极参与办实业，机关党委创办企业 1 家。1995 年，开展学习孔繁森、黄是勇先进事迹活动，举办“四为服务”竞赛活动。1996—1997 年，实施“三严四自”工程，在国有企业党组织中开展“党政同心合拍创佳绩”竞赛活动。1999—2000 年，学习贯彻中共十五大精神，开展“讲学习、讲政治、讲正气”的“三讲”活动，学习贯彻“三个代表”重要思想。2001 年，深入学习“三个代表”重要思想，组织开展“党员为民服务日”集中服务活动等。2002 年，创办《机关党建》信息刊物，开展“结对子、交朋友”“送温暖”和“道德建设年”活动，开展纪念中国共产党建党 81 周年有奖征文活动。2003—2005 年，全面贯彻“三个代表”重要思想，组织开展“三联三争”“三级联创”“党的十六大知识竞赛”“双建双带”等活动。

党史征集和研究、宣传

1990 年，中共容县县委党史资料征集领导小组办公室（简称县委党史办），编辑《中共容县党史资料选》第二辑，两辑共 15 万字，内部印发 1000 册。1993 年，会同县委组织部、县档案局编辑公开出版《中国共产党广西壮族自治区容县组织史资料》，35 万字，内部发行 1500 册。1997 年，编辑《容县模范人物录》，3 万字，内部印发 1000 册。2000 年，编辑《容县解放 50 年大事记 1949—1999》，全书 5 万字，内部印发 1000 册。2002 年，编辑《容县革命斗争史》，4 万字，内部印发 1000 册。2003 年，编辑《容县之最》，3 万字，内部印发 1000 册。2004 年，编辑《中国共产党容县历次代表大会简介》，10 万字，内部印发 1000 册。2005 年，编辑《容县历届人民代表大会简介》，12 万字，内部印发 1000 册。收集、整理《中国共产党容县历史》（第一卷）资料。每逢重大节日、纪念日，县委党史办通过专栏、板报、党史知识、党史有奖征文、党史报告会、党史知识学习考试等形式，开展党史宣传教育。清明节派人参加县委、县政府在容县革命烈士纪念碑举办的活动，并且回忆容县革命历史和革命烈士的英雄事迹，广大党员、干部和人民群众受到教育。

第五节 宣传教育

理论学习

1990年,容县县委在全县党员中开展马克思主义基本理论教育、党的基本路线教育和党的基本知识教育(简称"三基"教育),组织全县党员参加"三基"知识测验。以《农村社会主义思想教育读本》为主要教材,对广大农民群众进行社会主义思想教育。

1992年,组织全县党员干部学习邓小平同志视察南方的重要讲话,学习党的十四大精神。利用各种宣传阵地,在党员、干部、群众中进行"反和平演变"教育。组织党员干部学习中共党史,县委党校举办了2期骨干培训班,共培训400多名骨干,印发1000册党史辅导资料下发各乡(镇)和全县机关企事业单位。各乡(镇)党校举办党史、党建理论培训班共213期,1.04万人次参加;党员干部培训班642期,5.65万人次参加;入党积极分子培训班62期,3772人次参加。

1993年,在全县党员干部中开展社会主义市场经济大讨论。下发关于开展社会主义市场经济大讨论的文件和《社会主义市场经济理论知识问答》书籍2000本,编辑理论辅导资料4期1200份。4月,在县委党校举办2期乡(镇)及县直单位副乡(局)级领导干部学习班,102人参加学习。6月,举办各乡(镇)、县直各单位领导1.30万多人参加的学习班。各基层党校先后办班440多期,培训4.90万人次,进行电化教学宣传936次,参加收看的党员群众11.57万人次。1994年,组织学习中共十四届四中全会《决定》和学习《邓小平文选》第三卷,举办县直局级单位副职以上领导学习《决定》和《邓小平文选》培训班。

1995—1996年,在全县党员中开展"双学"(学理论、学党章)教育活动,开展"学《条例》、讲正气"活动,实施"三严四自"(严格要求、严格管理、严格监督;自重、自省、自警、自励)工程。抓好领导干部理论学习的"重点工程",抓好党员干部理论学习的"基础工程",抓好青少年理论学习的"希望工程"。

1996年8月,石头镇石头村组织全村党员开展学理论学党章奔小康活动 (据《容县报》)

1997—1998年,突出抓好"以科学的理论武装人""两个文明都要搞好才是中国特色社会主义""一国两制"理论等专题的理论学习。中共十五大召开后,在党员干部中掀起学习、宣传十五大精神热潮。

2000—2001年,结合"三讲"(讲学习,讲政治,讲正气)教育、经济结构调整和产业结构调整、西部大开发、加入世贸组织等重点和热点问题开展理论学习。组织开展"西部大开发,玉林怎么干,容县怎么办"理论大讨论。2001年,开展"三个代表"重要思想理论学习和教育,结合"解放思想再讨论"活动,抓好"学理论,重调研"活动的开展。2003年,重点抓四个专题的理论学习:全面贯彻"三个代表"重要思想,进一步增强贯彻落实"三个代表"重要思想的自觉性和坚定性;坚持解放思想,实事求是,与时俱进,实现改革开放新突破;全面建设小康社会,加快富民兴桂新跨越;加强和改善党的领导,全面推进党的建设新的伟大工程。2004年,主要抓四个专题的理论学习:把握"三个代表"重要思想的本质,坚持立党为公、执政为民;把握发展是党执政兴国的第一要务,树立科学的发展观;把握经济体制改革的总体要求,完善社会主义市场经济体制;把握对外开放政策要求,全面提高对外开放水平。还组织学习党的十六届四中全会精神,深入乡(镇)作学习《中国共产党党内监督条例(试行)》和《中国共产党纪律处分条例》宣讲报告。

2005年,主要抓五个专题的理论学习:实践"三个代表"重要思想,始终保持共产党员的先进性;全面落实科学发展观，不断提高驾驭社会主义市场经济的能力；巩固马克思主义在意识形态的指导地位，不断提高建设社会主义先进文化的能力；坚持以人为本，不断提高构建社会主义和谐社会的能力；推进社会主义政治文明，不断提高发展社会主义民主政治的能力。

社会宣传

1990年，中共第十三届六中全会《决定》发表后，编印《认真学习贯彻〈决定〉，加强和改善党群关系》等辅导材料600多份下发到各党支部。出版墙报、黑板报140多版，标语3500多条，广泛深入宣传《决定》精神。1991年，抓好“一支队伍，三个阵地”建设，全县16个乡（镇）均配齐宣委、宣干。聘请城乡宣传员510人，219个村均有1~3名宣传员。各乡（镇）均拨出一定经费，建立和配备必需的宣传设施和工具。1992年春节期间，组织全县性彩车大游行，参加彩车游行方块队60个。开展“我为容城添光彩”宣传活动。年初，联系接待中央电视台对外组来容县拍摄县内较具规模的外向型企业，后在亚洲电视台播放。协助选派10名“杨贵妃故乡美女”随同广西南方儿童食品厂代表到北京人民大会堂举办新闻发布会。1993年，开展纪念毛泽东诞辰100周年宣传活动。举行大型歌咏比赛、书画展览和座谈会。1994年，开展纪念中华人民共和国成立45周年宣传。开展贯彻教育法、征收教育附加费、计生达标县、绿化达标县、玉林地区城乡综合改革试验区和廉政、勤政教育宣传工作。

1995年，筹集40多万元拍摄《容县侨乡行》《容县精神》电视片。制作《容县投资》指南画册5000册。《容县侨乡行》在中央电视台“神州风采”和“中国报道”栏目播放。《容县精神》在广西电视台、玉林电视台播放。在《广西侨报》进行《容县人民政府祝贺广西同乡联谊会年会》专版宣传。在《大众侨报》开辟《容县将军名人后代》专栏宣传。举办自治区“黑五类杯”县市广播电视歌手大赛和“黑色之光”大型文艺晚会。

1996年，中共容县县委机关报《容县报》正式创刊，为内部报刊。利用《容县报》在全县进行广泛宣传。同年，重点做好十大宣传工作：“交通年”建设；“两基”（基本实施九年义务教育、基本扫除青壮年文盲）达标迎检；“吨谷田县”建设；“严打”斗争；撤县建市；乡（镇）换届选举；实施“三严四自”工程；“双学”奔小康；“三大会战”以及中共十四届六中全会精神学习贯彻等。筹资200万元，与广西电影制片厂合作拍摄《杨贵妃后传》彩色大型宽银幕电影。协助八一电影制片厂在容县拍摄电影《南线大追歼》。

1996年3月28日，中共容县县委机关报《容县报》报社成立暨创刊首发式大会在县委会堂召开

（据《容县报》）

1997年，开展“春耕备耕”“撤县建市”“引凤归巢”“三大会战”“南珠杯竞赛活动”“庆七一迎回归”，以及征兵、普法、计生、文化、卫生等一系列宣传工作。协助上级部门编写《广西招商投资指南》《广西博览—乡（镇）企业发展特辑》《广西八桂精神文明建设专辑》。协助搞好《香港回归与容县展望》特辑的组稿、审稿工作。开展纪念中国共产党成立76周年活动，举行大型“双学”歌咏比赛和演讲比赛。组织“双学”文艺队巡回演出。在县城开展“党员活动一条街”“图书服务一条街”“宣传服务一条街”活动。1998年，宣传中共十五大精神，开展“三严四自”工程宣传和“三讲”教育活动宣传。协助河北电影制片厂拍摄18集电视剧《爱在黎明》。举办玉林市1998年词曲创作笔会，共收集作品80多首。采茶剧《真情》在“美好家庭在玉林”晚会演出中获一等奖。1999年，开展纪念“五四运动”80周年系列活动。举办弘扬“五四”精神、共同迈向21世纪为主题的接力跑、文艺晚会、板报比赛、演讲和征文比赛。围绕庆祝建国50周年和澳门回归祖国开展宣传教育活动。编印《容县辉煌五十年》一书5000册，组织大型歌舞晚会《中华颂》。围绕县委、县政府“旅游旺县”战略宣传“三名”（名楼、名人、名山）旅游景点，编印《容县投资指南》。

2000年，全县各乡（镇）实施“八个一工程”，即1个广播电视站、1个宣传文化站、1个图书馆、1个电影院、

1个科技培训中心、1个圩日宣传点、1个宣传长廊、1个运动场馆。制作容县“三名”旅游胜景VCD光碟，带到新加坡、马来西亚、泰国等国家华侨聚居地区播放。在广西卫视的《旅游大篷车》《漫步广西》栏目制作并播出2个容县旅游宣传专题片，在广东卫视制作播出“阿兰游容州”专题宣传片。邀请中央电视台海外专题部到容县拍摄《广西精华历史名胜巴士风情自由行》，邀请新华社广西新华图片社为容县旅游业制作“八桂大地，走进新世纪”专题宣传图片。

1990年11月，广西师范大学出版社出版发行《可爱的侨乡容县》 （吴植光 提供）

2001年，宣传县委“巩固一个基础，打响两张牌，抓好重中重，坚持两手抓”的工作思路。举办党史知识竞赛、“为党旗增辉”演讲比赛、庆祝建党80周年文艺晚会。举办沙田柚节，自治区内外党政领导、海外侨领商贾和海内外旅行社团负责人、企业界知名人士、媒体记者等260多人参加。

2002年，开展“推进工业化，迎接十六大”“调整农业结构，增加农民收入”“创文明县城，做文明市民”“迎接十六大，再创新辉煌”四个宣传主题活动。组团参加广西“两面针”旅游经贸铁路大篷车赴东北宣传促销活动，宣传容县“三名”旅游景点。2003年，主要抓六大项舆论宣传工作：“发展是第一要务、人人是投资环境”的宣传；“调整农业结构、增加农民收入”的宣传；众志成城抗击“非典”的宣传；创建自治区级文明县城的宣传；学习贯彻中共十六大精神的宣传；“思想再解放、促进大发展”的宣传。

2004年1月，撤销《容县报》社，《容县报》停办。容县新闻中心成立，对接上级媒体记者来容县采访，同时采写新闻稿件向新闻媒体投稿，以及为容县的各项重大事件、活动拍摄并保存有重要意义的照片。同年，重点抓七项宣传工作：“振兴工业、服务农业”宣传；农业产业结构调整宣传；落实科学发展观、实施“三突破”宣传；农民增收宣传；服务南博会、协助办好中小企业商机博览（中国·玉林）和办好容县沙田柚节宣传；做大做强县城经济宣传；“玉贵走廊”容县段建设宣传和革命老区建设宣传。

2005年，重点抓五大宣传工作：宣传中共十六届四中全会精神，加大党的执政能力建设；宣传贯彻落实科学发展观，积极引导社会舆论，促进容县经济社会协调可持续发展工作；宣传容县保持共产党员先进性教育活动；宣传思想道德政治工作和群众性精神文明建设工作；宣传第二次全国农业普查、建设“平安容县”、世界反法西斯战争胜利60周年、全国抗洪救灾、中国—东盟博览会。

第六节 统一战线

统战宣传

1990—2005年，容县每年5月定为统战宣传月，主要宣传邓小平、江泽民、胡锦涛等中央领导关于新时期统一战线的重要思想和理论观点，党中央关于统一战线的理论、方针、政策，以及全县统战工作情况和最新动态。多篇有关容县统战理论文章在《广西统一战线》《台湾工作通信》《广西统战信息》等杂志刊登，其中《容县三大举措助推非公经济转型发展》在《广西统战信息》16期刊登，《侨乡容县挖掘文化资源推进港澳台及海外统战工作》在《广西统一战线》第3期刊登，《容县华侨华人新生代工作中的问题及对策》获自治区统战理论文章评比三等奖。

服务非公有制经济

1990—2005 年，中共容县县委统战部开展服务非公有制经济活动，邀请自治区党委统战部“专家百人团”到容县分别对沙田柚行业和旅游业的发展进行调研和指导，收到了良好效果。全县非公有制经济人士为“光彩事业”、抗冻(震)救灾、扶贫济困、修路建桥等社会公益事业共计捐款 1685.50 万元。2005 年，选派一批非公企业人士代表 26 人，到江浙等沿海一带参观学习非公人士参与新农村建设经验。建立非公有制经济人才库共 326 人，其中有高级职称 11 人。非公有制经济代表被选举为县级以上人大代表 6 人、推荐担任县级以上政协委员 51 人。

对台事务

1990 年，容县设立对台工作领导小组办公室，成立容县台胞台属联谊会。1992 年，成立台湾工作办公室。全县台胞台属联谊会有会员 1 万多人。平均每年全县赴台探亲 280 人，回容县探亲、旅游、观光、考察的台胞有 112 人。至 2005 年底，全县有台胞 4500 人，台属 3.70 万人；赴台定居 255 人；涉台婚姻 1860 例。共向岛内容县籍台胞、相关台商寄发贺年卡 1800 张；宣传推介容县小资料 1000 份；接待探亲、经商、考察、旅游等台胞、台属 862 人次；处理来信来访 1250 件(次)；为台胞台属办实事 15 件；为容县籍台胞找到家乡亲人 98 人(次)；协助处理涉台财产、坟山、祠堂纠纷 16 起；为涉台婚姻、涉台收养服务 29 人(次)。

民族工作

1990 年，容县有散居少数民族 14 个。其后容县少数民族不断增多，2005 年，全县有壮族、瑶族、苗族、侗族、仫佬族、毛南族、回族、彝族、水族、仡佬族、满族、蒙古族、高山族、土家族、黎族等 28 个少数民族。其中人口最多的少数民族为壮族，人口 5100 多人。少数民族人口主要是因经商、工作调动或婚嫁迁入以及他们的后代落户容县，主要散居在黎村、杨村、松山、石头、灵山、自良、浪水等乡(镇)。

1998—2005 年，容县争取到自治区少数民族发展项目 16 个，资金 97 万元(见下表)。2003—2005 年，为 17 位中考、高考特困少数民族优秀学生争取到 3.41 万元的入学专项补助金；为少数民族学生出具民族证明 39 人(次)，依政策享受少数民族中考、高考的加分优惠政策。

表 12-2　**1998—2005 年容县获自治区少数民族发展项目表**

年份	项目	资金(万元)	
1998	黎村六扬小学教学楼项目	5	12
	杨村高垌大桥工程项目	7	
1999	六王陈村道路项目	4	8
	黎村六吟人畜饮水工程项目	4	
2000	罗江三岸小学危房改造项目	7	10
	灵山守善村人畜饮水项目	3	
2001	自良河步村人畜饮水项目	5	16
	黎村六楠至六胜道路项目	6	
	石头甘冲村人畜饮水项目	5	
2002	六王陈村天堂人畜饮水项目	7	17
	黎村六胜村道项目	10	
2003	松山平车小学扩建项目	5	14
	罗江岑冲村道项目	5	
	县底旺黎人畜饮水项目	4	
2004	杨梅凤美村道项目	10	10
2005	容州镇河南村道项目	10	10

宗教事务

宗教管理 1990—2005 年，容县民族宗教事务（委员会、办公室）局在宗教界进行国务院《宗教事务条例》宣传，引导、帮助宗教活动场所建立和健全民主管理制度；开展创建“五好”宗教场所活动；依法制止和打击利用宗教进行违法犯罪活动和邪教活动，依法打击和取缔私设宗教活动聚会点；对宗教界人士进行爱国主义教育培训，保证宗教组织领导权掌握在爱国爱教的宗教人士手中；对信教群众进行宗教政策和法律法规宣传教育，提高广大信教群众对宗教的认识。2005 年，庆寿岩禅寺、云溪寺被评为自治区“五好”宗教场所。

宗教活动场所 1990 年，容县主要宗教有佛教、基督教、天主教。都峤山历来是道教圣地之一，有道教第“二十洞天”之称。2000 年 9 月，县人民政府把坐落在容城镇城南街 44 号（即中共容县委员会办公楼对面）的原天主教房地产所有地统一规划建设侨乡广场，无偿划拨位于容城旧市场的 6 间房屋（北门街 22 号、23 号、24 号、25 号、26 号、30 号）作为天主教养教基地；补偿人民币 50 万元，作为回建费及延期退还补偿费；在河南开发区绣江公园内无偿划拨 4000 平方米土地作为回建天主教堂使用。2001 年 11 月，广西天主教梧州教区委托黄杰良（玉林天主堂神父）办理有关回建天主教容县教堂手续，并组织筹建天主教堂工作。2005 年 2 月，容县天主教堂落成竣工，建筑面积教堂 248 平方米，附属楼二层，建筑面积 873 平方米，门牌为河南沿江街 1 号。1994—2005 年，县民族宗教事务局登记在册的宗教活动场所有庆寿岩禅寺、集福寺、云溪寺、城南天主教堂、城西基督教堂、松山基督教点等 6 个，其中佛教 3 个，天主教 1 个，基督教 2 个。

第七节 纪检监察

党风廉政建设

1990—1991 年，容县纪委运用《纪检监察工作政策法规选编》、上级党纪专题教育片和举办学习培训等多种形式，坚持对党员干部进行党风廉政宣传教育。1992 年，在全县党员干部中开展“廉政公仆”活动，促进各级党员干部勤政廉政意识，增强拒腐防变能力。1993 年，设立副乡（科）级以上领导干部廉政卡，对全县 800 多名领导干部的党风廉政勤政情况进行跟踪监督。1995 年，在全县党员干部中开展“两维护、三增强、四服从”反腐倡廉专题教育活动和“戒奢倡俭工程”。

1996 年，开展全县副乡（科）级以上领导干部住房情况的全面普查，没有发现领导干部住房存在违规违纪情况。1997 年，认真贯彻落实《中共中央、国务院关于党政机关厉行节约制止奢侈浪费行为的若干规定》，制定相应的规章制度 6 项，采取各项有效措施节约经费 890 万多元。组织开展《中国共产党纪律处分条例（试行）》《中国共产党党员领导干部廉洁从政若干准则（试行）》《中华人民共和国行政监察法》的宣传、学习，编印 3000 多份学习手册分发全县党员干部，印制 316 套廉政挂贴分发给各级党组织。

1998 年，开始实施党风廉政建设和反腐败“一把手”工程。县委、县政府对全县党风廉政建设和反腐败工作负全面领导责任，把反腐倡廉工作同经济发展、精神文明工作一起部署、一起检查、一起考核、同步推进。同年，对全县公费安装的住宅电话、配备的移动电话和寻呼机“三机”开展清理工作，共作价拍卖 2273 台，其中住宅电话 771 台，移动电话 368 台，寻呼机 1134 台，收回资金 68 万多元，并进一步规范公费通信工具的使用行为。1998—2005 年，每年年初组织协调全县各乡（镇）和 80 多个县直单位分别与县委、县政府签订了党风廉政建设和反腐败“一把手”工程责任书，将党风廉政建设责任根据部门的职能进行明确分工，明确各部门单位领导班子成员特别是党政一把手负起党风廉政建设责任。

1999—2002 年，全面贯彻落实党中央、国务院《关于实行党风廉政建设责任制的规定》《领导干部岗位失职责任追究制度》等规章制度，对领导干部职权行使、职务消费等方面做出限制性规定，全县各级领导干部通过“三讲”教育以及民主生活会等形式，及时检查纠正遵守廉洁自律规定方面存在的问题，同年，开始推行政务、村务、厂务三公开制度。严格执行自治区纪委《关于坚决刹住收受和赠送“红包”歪风的通知》，狠刹收受和赠送红包歪风，全县共清退红包 78 人次，金额 31.45 万元。

2001 年，加强党纪党规学习，印制《党纪政纪条规学习手册》2100 本，分发给全县各级领导干部学习。2002 年，落实对乡（镇）领导干部住乡（镇）的有关规定，要求乡（镇）领导每月在乡（镇）住宿、出勤、请假、下村入户的情况在下月 5 日前填写统一表格，经乡（镇）党委书记审查签字后报县纪委和县委组织部，县纪委和县委组织部每季度开展一次明察暗访活动，共检查出不按要求住勤领导干部 25 人。经教育，全部整改落实，刹住乡（镇）领导干部“走读”的歪风。

2002—2004 年，在全县开展以权力观为主要内容的“读书思廉”以及“学好党章，艰苦奋斗，正确行使党员民主权利”“学《条例》、守纪律”等一系列主题教育活动。2003 年，开始对全县共 489 位副科级以上领导干部建立廉政档案，档案内容包括领导干部收入申报、家庭、住房情况、党风廉政建设责任情况、违纪违法情况、检举信访情况、廉洁从政表彰情况等，全部进行了编号入柜归档。

2003—2005 年，根据廉洁自律工作要求，全县领导干部签订廉洁从政承诺书。在县电台开设“行风之声”节目，邀请县直各部门单位正职领导亲自进入直播间，直接接听全县广大群众对本部门本单位的工作作风的问题反映和意见建议，并马上做出表态回答。推行政务、村务、厂务三公开制度，要求在每季公示 1 次。

2005 年，印发《关于贯彻落实县委加强领导干部廉洁自律六项规定的实施意见》，要求各部门单位认真抓好学习贯彻，并组织督查组对各部门单位贯彻落实领导干部廉洁自律六项规定的情况进行了全面督查。全县 500 多位副科级以上领导干部向组织作出廉洁自律承诺。学习宣传中共中央《建立健全教育、制度、监督并重的惩治和预防腐败体系实施纲要》以及《中国共产党党内监督条例（试行）》《中国共产党纪律处分条例》《中华人民共和国行政监察法》等“三项法规”。加强廉政文化建设，制订《容县廉政文化建设实施方案》，开展廉政文化“十进”（进舆论阵地、进机关、进校园、进社区、进企业、进农村、进景区、进家庭、进警营、进医院）工作。出台下发《容县纪委负责人同乡（镇）、县直部门单位主要负责人廉政谈话制度的通知》，推行县纪委负责人同乡（镇）、县直部门单位主要负责人廉政谈话制度。县纪委正、副书记共对全县乡（镇）、县直部门单位共 93 名主要负责人进行了廉政谈话，起到了咬耳扯袖、红脸出汗的警醒作用。

干部监督

1990—1991 年，容县继续做好复查平反冤、假、错案工作，为中华人民共和国成立后历次政治运动中受错误处理的干部平反纠正。确定和更改中华人民共和国成立后部分干部的入伍时间，接待来访 32 人次，来信 15 件。对“文化大革命”犯错误开除公职人员和犯罪被判刑刑满释放人员给予生活出路，共安置 22 人（其中属开除公职 16 人、刑满释放 6 人），除 9 人安排适当工作外，其余作退休处理；接待来访 800 人次，收到来信 50 封，分门别类予以处理答复和转办。

1995 年，制订《一九九五年新时期干审工作实施意见》，及时做好干部建卡立档工作。年内入册（1987—1995 年 6 月）受党纪、政纪处分的干部 128 人，“文化大革命”中犯错误人员 131 人，大中专毕业生 1423 人；填写各乡（镇）党委、人大、政府成员和县直各部委办局副职以上领导《干部政历及现实表现审查登记表》457 份。起草《关于实行领导干部离任经济责任审计制度的决定》《关于实行领导干部诫勉制度的决定》。全年共接待上访 80 多人次，收到来信 24 件，办理 20 名出国（境）人员政审工作。

1998 年，贯彻《容县领导干部诫勉制度的决定》，对 1997 年度考核不胜任票达 30%以上的 7 名领导干部实行告诫（发出告诫通知书、告诫半年、责成整改），对不胜任票达 20%以上的 12 名领导干部进行劝诫。2001 年，对在 2000 年度考核中民意测评不称职票达 30%以上的领导干部进行组织诫勉，对不称职票数达 20%以上的进行谈话，限期改正。完成 30 名领导干部经济责任审计，对 2 名干部实行诫勉谈话。做好领导干部问题回复工作，对 2 名领导实行回复问题谈话，接待回复群众来信来访 48 人次。

2002 年，组织干部对县直单位和乡（镇）贯彻执行《党政领导干部选拔任用工作暂行条例》情况进行重点检查。实行任职前公示干部 70 人，在公示结束后对其中 2 人实行暂缓任用。全年实行经济责任审计 30 人，实行干部回复谈话 2 人（其中 1 人因问题严重、影响大而受到免职处理）。共收到处理群众来信 40 件。2003 年，实行任职前公示 58 人，收到处理群众来信 31 多件，接待群众来访 19 人次。2004 年，通过县电视台进行任

前公示 28 批次共 64 人，进行经济责任审计 7 人。2005 年，共收到群众来信 22 件，接待群众来访 13 人次。

查办违纪案件

1990 年，容县共查处贪污、违反计划生育政策、嫖娼等案件 7 件，处分 7 人，其中开除党籍 4 人，留党察看 1 人，严重警告 1 人，警告 1 人。

1991—1993 年，容县共查处经济问题、违反计生政策、赌博等方面问题的案件 51 件，处分 42 人，其中开除党籍 18 人，留党察看 5 人，党内严重警告 8 人，党内警告 10 人，撤销党内职务 1 人，取消预备党员资格 2 人。

1994—1998 年，容县共查处贪污、受贿、挪用公款、赌博、顶风违纪、违反计划生育政策等案件 205 件，给予党纪政纪处分 228 人（含双重处分），其中开除党籍 32 人，留党察看 15 人，撤销党内职务 2 人，严重警告 13 人，警告 17 人；行政上开除 38 人，留用察看 17 人，降级 11 人，撤职 12 人，记大过 26 人，记过 34 人，警告 11 人。

1999—2002 年，容县共查处贪污、受贿、违反金融政策法规、参加非法组织、失职、违反计划生育政策等案件 231 件，给予党纪政纪处分（含双重处分）及其他处理 228 人，其中开除党籍 40 人，留党察看 8 人，撤销党内职务 3 人，严重警告 32 人，警告 28 人；行政上开除 41 人，留用察看 4 人，撤职 7 人，降级 6 人，记大过 17 人，记过 30 人，警告 24 人。其他处理 4 人。

2003—2005 年，容县共查处贪污、违反金融政策法规、失职、违反计划生育政策、赌博等案件 97 件，给予党纪政纪处分（含双重处分）及其他处理 91 人，其中开除党籍 15 人，留党察看 2 人，撤销党内职务 1 人，严重警告 17 人，警告 17 人；行政上开除 5 人，撤职 2 人，降级 1 人，记大过 11 人，记过 11 人，警告 20 人。其他处理 2 人。

纠正部门和行业不正之风

清查农村乱收费行为 1990—1996 年，容县纪检部门会同县减负办等有关部门，监督检查农民负担“四项制度”落实情况，认真做好减轻农民负担工作。对限制村级订党报党刊金额，向村和村民搭车收费、乱摊派，乡（镇）级以上公务人员用村集体公款吃喝等行为进行清查，全面清理涉农负担文件项目 100 多项，取消收费 1040 万元。

1997—2001 年，落实减轻农民负担工作党政一把手负总责的措施，实行涉农收费公示制度，全县减轻农民负担 4335.90 万元。

2002—2005 年，全县各乡（镇）实行涉农税收、价格和收费公示制，乡（镇）、村级组织和农村中小学校公费订阅报刊实行“限额制”，落实涉农负担责任追究制。查处涉农负担案件 11 件，减轻农民负担 3260 万元。

治理公路“三乱” 1993—2000 年，容县对公路沿线乱设卡、乱收费、乱罚款（简称公路“三乱”）问题进行治理整顿。每年不定期进行检查，对发现“三乱”问题进行严肃处理，有效地实现和巩固辖区内公路基本无“三乱”目标。1998 年 10 月，向玉林市政府进行公路基本无“三乱”申报验收并获通过。2001 年，再次通过自治区、玉林市治理公路“三乱”检查验收组的检查验收。2005 年，聘请治理公路“三乱”监督员加强监督，实行公路“三乱”举报激励和责任追究制度。

治理中小学乱收费 1995—1998 年，容县开展对全县中小学、乡（镇）教委办收费进行监督检查，清退 403.70 万元，提出监察建议 6 条，协助建章立制 5 项。1999—2002 年，清退中小学代收费 225.70 万元，查处乱收费案件 4 件，撤职、停职 8 人。2003—2005 年，对全县义务教育阶段公办中小学校全部实行“一费制”，落实“两免一补”（免教科书费、免杂费、补助寄宿生生活费）政策，共减轻学生家长经济负担 1400 万元。

纠正医药购销不正之风 1999—2002 年，容县共取缔非法药品经营户 42 户，清理取缔非法私人诊所 34 个，检查销毁假劣和过期药品总价值 4.18 万元。降低虚高定价药品 198 种，减轻社会不合理医药费用负担 144.50 万元。2003 年—2005 年，实行集中招标采购的药品总金额达 3659 万元，减轻患者负担 724 万元。

开展行风评议 1998—2000 年，容县在县工商、地税、国税、公安、教育 5 个系统和卫生、电力、邮政、电信、劳动、建设、环保、技监、交通、民政等10个单位组织开展民主评议行风工作。2001年，对1998年以来开展行风评议的系统和单位进行“回头看”活动。2002年，在国土、建设2个系统和各乡（镇）教育辅导站、派出所、国土所、卫生院和供电所5个站所开展民主评议行风工作。2003年，对全县16个乡（镇）共80多个站所行风评议工作情况进行了认真的测评和检查验收，分别召开交通系统和旅游系统的行风面对面评议大会，完善相关制度措施，从制度上巩固和规范行风评议的成果。2004—2005年，在移动、联通、电信、广播电视等系统开展民主评议行风活动，进一步推进行业作风建设。

构建惩防腐败体系和行政执法监督

构建惩治和预防腐败体系 2004年6月，容县作为玉林市构建防治腐败体系工作试点县，开展建立健全教育、制度、监督并重的惩治和预防腐败体系的各项工作，成立构建防治腐败体系工作领导小组。县委以文件形式下发《容县贯彻玉林市构建防治腐败体系总体规划实施意见》和《容县构建防治腐败体系工作实施方案》，对构建防治腐败体系工作进行全面部署和要求。在权力制约、监督管理、教育预防、法纪约束、廉政激励、廉政预警机制等六大机制方面制订健全50多项廉洁从政制度。各乡（镇）、各部门单位相应成立构建防治腐败体系工作领导机构、制订工作方案，使构建防治腐败体系的各项工作有序推进。制订《容县构建防治腐败体系检查考核办法》，加强监督检查，使防治腐败相关制度得到有效落实。县财政部门对全县行政事业性收费全部实行“收支两条线”管理、乡（镇）资金管理财政零户统管制度，实行建筑市场招投标、国有土地使用权出让招投标管理，实施政府采购制度等，有效构建惩治和预防腐败体系。2005年，全县对照上级有关要求，相继开展各项工作，在原来基础上建立健全惩治和预防腐败方面的规章制度70多项。

清理行政审批项目 1999—2004年，容县推行行政审批制度改革，清理审批项目工作初见成效。全县各部门上报的审批（含核准、审核、备案）事项538项，经初审、复核，减少261项，减幅48.50%。2005年，贯彻实施《中华人民共和国行政许可法》，进一步清理、取消和规范行政审批事项，全县共清理行政许可项目494项，取消各类不符合现行法律法规的行政审批项目277项，占原审批项目57%，保留行政许可项目217项；经报上级审核认定，确定全县行政许可主体24个；不符合《中华人民共和国行政许可法》要求的行政审批项目被取消，行政单位的职责进一步明晰。

第八节 精神文明建设

思想道德教育

1990—1996年，容县加强公民道德建设。在广大干部群众中广泛开展“三德”（社会公德、职业道德、家庭伦理道德）教育，编写印发“三德”教育辅导材料5000多份，领导干部到20多个单位上辅导课，举办“三德”知识骨干培训班3期，培训骨干1875人。2001年，国家定每年9月20日为全国“公民道德宣传日”。县电台、县电视台开辟“文明在容州”和“树道德新风、创文明县城”专题报道；《容县报》开辟“文明在容州”“树道德新风、塑容县形象”道德建设论坛和“道德之光”等专栏；组织编排“倡道德文明、树校园新风”专题晚会到全县中小学校巡回演出。全县征订《公民道德建设实施纲要》（简称《纲要》）辅导读本7000册，挂图100多套；组织《纲要》读书答题活动进行学习宣传，全县有5000多名干部、职工、学生参加。全县以“道德建设年”活动为载体，开展“道德建设年”活动分4个阶段，即宣传发动阶段，学

1997年8月，在全县开展讲文明、树新风活动。图为县委、县政府召开活动动员大会会场 （余华炜 摄）

习教育阶段，实践阶段，总结表彰阶段，活动确定容县中学、县公安局、县人民医院、县建设局、容城西大街、容城镇和杨梅镇作为道德建设示范点。活动开展以来“政德”存在的问题得到很好解决，干部作风根本好转，为民服务意识明显增强，全县县、乡（镇）干部共走访群众2.36万多户，为群众办实事5860件。“道德建设年”活动共表彰先进集体93个、先进个人117个。至2005年，共举行三届“公民道德宣传日”知识竞赛、“美德格言”书法大赛。

精神文明创建活动

创建文明县城活动 1999年，容县开展创建文明县城活动。印发《容县1999年创建文明县城活动实施方案》《容县市民行为十要、十不准》《容县市民文明守则》。结合“创城”工作，开展“文明在容州、绿在容州、美在容州”系列活动。2000年春节期间，在县城开展喜庆新春城区门面装扮美化评优活动、创建文明庭院活动。同年，县精神文明建设委员会表彰容县城区第一、第二批文明庭院47个，获自治区表彰第一批至第四批自治区级文明庭院22个。2003—2005年，配合玉林市委开展“十点一线”“玉贵走廊”文化生态家园建设工作，重点抓好玉林至容县一级公路容县段沿线3个节点和15个村的建设，建成容西乡西山村青年文化广场、容城镇厢南村南光宣传文化中心、十里乡大坡村文化公园等一批文明建设示范点。2004年7月，容县县城文明建设通过自治区文明县城考评组考评验收，被自治区党委、自治区人民政府授予第四轮自治区文明县城称号。县委、县政府表彰了“创城”先进单位30个，先进个人66名。2005年，开展创建玉林市级文明县城工作，被玉林市精神文明建设委员会授予玉林市创建文明城市（城区、县城）工作先进单位。

创建文明行业活动 1990—1992年，容县文明办、容县工商局等部门在服务窗口开展百家优质服务竞赛活动。活动期间命名表彰优质服务单位97个。1993年，在全县范围内开展优质服务竞赛活动，188个单位参加优质服务竞赛，其中98个单位评为“优质服务”单位。1996年，在商业系统开展“百城万店无假货”活动，活动授予“百城万店无假货”门店牌匾60块。1997年，在饮食服务行业中开展“十佳饭店”评比活动，共表彰10个“最佳饭店（酒家）”。1999年，在全县10个窗口行业中开展“创文明窗口，树行业新风，建文明行业”的文明创建活动和“三优一满意”创文明机关活动。2000年，在城区开展创建“无假冒伪劣商品示范街”活动，容城西大街被定为“示范街”，西大街100多家个体户和私营企业参与创建活动，共授予“无假冒伪劣商品示范店”13家。2004年，县公安局交警大队在创建文明行业中被命名为玉林市首届“十佳窗口”。2005年8月，县交通征费稽查所被玉林市公路局、团玉林市委命名为“玉林市公路系统青年文明号”。

创建文明单位、文明村镇活动 1990年起，容县广泛开展创建文明单位、文明村镇活动。至2005年，6个单位获得自治区级文明单位称号：县人民法院（1994年）、农行容县支行（1998年）、容城镇第三小学（1999年）、容县高级中学（2002年）、电信玉林长途传输局容县分局（2001年）、县公安局交通警察大队（2004年）。1992—2005年，26个单位获得玉林市级文明单位称号。103个单位获得县级文明单位称号。10个村、2个镇被评为自治区级文明村镇：容厢镇木井村（1992年）、松山镇松山村（1992年）、容城镇厢南村（1996年）、容城镇红光村（1998年）、容西乡祖立村（1998年）、杨梅镇（1999年）、容城镇东光村（1999年）、灵山镇（2001年）、十里乡黎读村（2001年）、黎村镇珊萃村（2001年）、罗江镇竹良村（2002年）、十里乡大坡村（2004年）。25个村、镇获得玉林市级文明村镇称号。101个村被评为县级文明村。

创建“五好家庭”、“双文明户”活动 1990—1998年，容县开展“五好家庭”“双文明户”等文明创建活动。期间有198个村、3917户参与文明创建活动。被县命名为“五好家庭”1371户，“双文明户”788户，“文明个体工商户”167户，“遵纪守法户”1300户。

第九节 老干部工作

离休干部管理

离休干部基本情况 1990年，容县有离休干部131人，其中：厅级3人，处级64人，科级64人；属行政机关单位 43 人，事业单位 22 人，企业单位 58 人，集体单位 8 人。2005 年底，全县有离休干部 74 人，其中：厅级 2 人，处级 38 人，科级 34 人；属行政机关单位 37 人，事业单位 17 人，企业单位 20 人。

政治待遇 1990—2005 年，在县城清景巷老干部活动中心 1 楼设置离休干部阅览室 1 个。每月 18 日定为离休干部的政治学习和定期阅文时间，其余时间老干部需要可随时阅读；上级发至县团级的文件供离休干部传达阅读，使老干部离休后仍能熟知党和国家的大事和政策。每年邀请离休老干部代表列席县党代会、县人大会；每年春节、中秋节、重阳节等重大节日，县委、县政府召开老干部座谈会，县主要领导到会作形势报告，介绍全县经济发展和建设情况，征求老干部的意见和建议。

生活待遇 1990—2005 年，老干部离休后，参加第二次国内革命战争时期老红军老干部每年增发 2 个月工资、抗战前期参加革命的每年增发 1 个半月工资、抗战后期入伍的每年增发 1 个月的本人工资作为生活补贴。离休干部每两年组织 1 次健康疗养，每年组织 1 次健康体检。1991 年，县财政拨款 100 多万元购买地皮 24 亩，按级别分给老干部建房，并一次性发给建房补助款，实行私建公助解决离休老干部的住房问题。

2001 年 2 月，玉林市、容县两级领导看望梁远礽（左二）
（据《容县报》）

医疗待遇 1990 年，容县对离休干部实行医疗费包干，每人每月发给 8~20 元医疗费。平时门诊看病超出部分医药费有的单位自理，有的单位报销 90%~95%，住院医疗费实报实销。2005 年，离休干部的医疗费实行门诊包干（每年 4000 元），节余归个人的制度：年度内医药费超出个人账户的，仍按照政策规定实报实销；连续 2 年有结余的，除结余部分全部奖励给本人外，再奖励结余资金总额的 10% 给其本人保养身体使用。每当离休干部患病住院时，县老干部局的领导带着慰问品到医院看望，帮助解决住院医疗过程中出现的困难和问题。

老年大学

1991 年，“容县老年大学”暨“老干部活动中心”成立。活动中心设在县城清景巷，占地面积 350 平方米，建筑面积 500 平方米，建设占地面积 120 平方米的开放式水泥运动场 1 个。每年县财政作预算安排拨款给老年大学作为聘请老师和管理人员的费用，办学经费为每年 5000 元。2005 年，老年大学的学员已扩展到各行各业的老干部 150 多人，办学经费增至 2.50 万元。学员每期仅交 20 元学费作办公和活动经费。

关工委活动

2003 年 3 月，容县关心下一代工作委员会（简称“关工委”）在县老干部局挂牌成立。全县关工委基层组织 241 个，其中乡（镇）15 个，村（社区）226 个，形成县、乡（镇）、村、学校四级基层网络组织。关工委组织“五老”辅导员积极开展青少年爱国主义和革命传统教育。每年清明节前后，组织青少年到革命老区爱国社会主义教育基地及革命烈士纪念碑前缅怀烈士丰功伟绩，讲述烈士的英勇事迹。组织宣讲团每年在中小学开展爱国主义教育和普法教育，以诗歌朗诵、读书、演讲、红歌比赛、文艺晚会等形式开展教育活动，至 2005 年 12 月，参加开展文娱教育活动 1.50 万人次。关工委关注贫困失学儿童的现状，从各个渠道争取有关慈善团体及个人捐款资助贫困失学儿童读书，得到境内外社团及个人每年跟踪扶持资助贫困学生 1600 人，每人每年 300 元（从小学资助至初中毕业），大学新生入学每人 1500 元。2003—2005 年，充分利用侨乡优势争取中国香港、澳门慈善社团长期参与开展扶贫助学活动，资助贫困学生达 1.35 万人次。

第十节 党 校

校园建设

1990—2005年,中共容县县委党校位于容城镇东外街66号,校园占地面积7.10亩,建筑面积5032平方米。其中:教学楼1幢,建筑面积790平方米;学员宿舍楼1幢,建筑面积1040平方米;房改楼1幢,建筑面积384平方米;职工集资房2幢,建筑面积1898平方米;礼堂1座,建筑面积360平方米;食堂和旧瓦房建筑面积560平方米;运动场1个,750平方米。

主要工作

干部教育培训 1990—2005年,县党校共举办新录用干部培训班、优秀中青年干部培训班、乡(镇)副科级以上领导干部培训班、村两委干部培训班等137期,各部门培训班共375期,累计举办培训班512期,参训人数达3.16万人次。县党校共选派骨干教师52人次到自治区、地(市)级党校学习。

函授教育 1990—2005年,县党校招收中专班学员38人,毕业38人;招收干修班62人,毕业62人。1993年举办成人财会中专班,招收学员28人。举办1993级广西师范高等自考文秘公关辅导班,招收学员235人;广西教育学院法律自考辅导班,招收学员45人。

1994—2005年,自治区党委党校函授学院在县委党校设立函授辅导站,共招收行政管理函授大专班学员681人,经济管理函授大专班118人;招收行政管理函授本科班学员46人;招收公共政策与人口管理本科班学员4人。

1995—2005年,开办县党校附中(后改东成中学),开设全日制初中学历教育课程,招收初中生1260人。2003年增设高中(只办一年),招收高中生27人。

2001年4月,县党校与湖南大学签订协议,开办湖南大学远程教育辅导班,开设法学、金融、会计、科学管理、计算机科学共5个专业,招收学员188人。2003年湖南大学远程教育辅导班转归玉林商业干部学校辅导站管理。

2004年11月,县党校开通中央党校卫星远程教学C级接收网站。

科研咨政 1990—2005年,县党校组织教师230多人次到基层开展调研工作,撰写调研文章。论文《适应市场经济形势要求,大胆造就和选拔跨世纪领导人才》获1994年玉林地区"邓小平建设有中国特色社会主义理论研讨会"论文三等奖;《试论我国政府机构改革的重要性和必要性》获玉林市党校系统社科优秀成果二等奖;《试论旅游产业资源优势及发展思路》获玉林市党校系统论文研讨会二等奖;《旅游开发型小城镇建设初探》获玉林市小城镇建设理论研讨会二等奖。

第二章 民主党派 工商联

1990年,容县民主党派有中国国民党革命委员会广西区委直属容县支部委员会、中国民主促进会广西区委直属容县支部委员会、中国致公党容县委员会。1994年11月,成立中国民主促进会容县委员会。1997年3月,成立中国国民党革命委员会容县委员会。至2005年,全县各民主党派按照各自的章程,通过民主监督、参政议政、服务社会等活动参与县里的中心工作,成为推动全县经济建设和社会各项事业发展的重要力量。

1987年10月,恢复容县工商业联合会(简称县工商联)。1990—2005年,县工商联组织会员开展学习教育、参政议政、招商引资、服务会员、社会公益事业等活动,增强会员与政府之间的联系,为地方经济建设做出积极贡献。

第一节　中国国民党革命委员会容县委员会

机构

1984 年 10 月 1 日，成立中国国民党革命委员会广西区委直属容县支部委员会。1990 年，中国国民党革命委员会广西区委直属容县支部委员会有党员 13 人。1997 年 3 月 22 日，成立中国国民党革命委员会容县委员会（简称“民革容县委员会”），下设支部 3 个。2002 年，民革容县委员会核定行政编制 1 名，实有人数 1 人。2005 年，核定编制、实有人数不变，民革容县委员会下设 4 个支部，共有党员 51 人，办公地点设在县人民政府大楼。

1997—2005 年历任民革容县委员会主任委员：马家波（1997.9—2002.10）、李应钊（2002.10—2004.12）、罗奋松（2004.12—　）。

代表大会

1997 年 9 月 8 日，民革容县委员会第一次代表大会在容城召开，出席代表人数 30 人，大会选举产生了民革容县第一届委员会委员 7 人，马家波当选为主任委员。

2002 年 10 月 14 日，民革容县委员会第二次代表大会在容城召开。出席代表人数 33 人，大会选举产生了民革容县第二届委员会委员 7 人，李应钊当选为主任委员。

2004 年 12 月 12 日，民革容县二届委员会第三次代表大会在容城召开，出席代表人数 43 人。会议进行届中补选委员 1 名，主任委员 1 名，副主任委员 1 名。罗奋松当选为主任委员。

参政议政

2002—2004 年，民革容县委员会推荐党员当选为自治区人大代表 1 人、市人大代表 1 人、县人大代表 1 人；担任市政协委员 3 人、县政协委员 12 人（其中政协常委 3 人）；担任政府部门领导职务 2 人。1997—2002 年，共提出提案和议案 25 件，其中《关于国企改革与发展》《解决民主党派的编制及办公人员》的提案等，得到中共容县县委和县政府的高度重视。在 2003—2004 年的县人大、县政协两会上共递交提案和议案 32 件。

社会服务活动

2004 年 11 月，民革广西区委妇工委发出倡议书，号召全自治区民革女党员开展“春蕾计划”帮助贫困女童上学活动。全县民革党员捐款 2250 元。

第二节　中国民主促进会容县委员会

机构

1990 年，中国民主促进会广西区委直属容县支部，有会员 50 人，办公地址设在县工商业联合会办公楼。1994 年 11 月 13 日，成立中国民主促进会容县委员会（简称“民进容县县委”）。2001 年，核定行政编制 1 名，实有人数 1 人。2005 年，民进容县县委有支部 4 个，会员 85 人，办公地址设在县政府办公大楼 2 楼，核定编制、实有人数不变。

1990—2005 年历任主任委员：丘启芳（—2001.5）、潘华兴（2001.5—　）。

代表大会

1990 年 10 月 23 日，中国民主促进会容县支部第五次会员大会在容城召开，出席会员人数 50 人，大会选举产生新一届支部委员会，委员 5 人，丘启芳当选为主委，副主委 2 人。

1994 年 11 月 13 日，中国民主促进会容县支部第六次会员大会在容城召开，出席会员人数 57 人，选举产生民进容县第一届委员会，委员 9 人，丘启芳当选为主委，副主委 3 人。

2001 年 5 月 18 日，民进容县第二次代表大会在容城召开，出席会员人数 63 人，选举产生民进容县第二

届委员会,委员 9 人,潘华兴当选为主委,副主委 3 人。

组织建设

1990—2005 年,民进容县委员会由支部发展为县委会,建立了民进县级地方组织,会员发展到 85 人。会员中有高级职称 18 人,中级职称 60 人,本科学历 39 人,专科学历 38 人。其中任中小学、幼儿园领导职务 5 人,当选市人大代表 1 人,担任市政协委员 3 人,当选县人大代表 1 人,担任县政协委员 13 人(其中 1 人为常委),当选乡(镇)人大代表 1 人。民进容县县委各个支部,坚持每 2 个月过组织生活 1 次,做好发展新会员的工作,开展“一会员一建议,一支部一提案”活动,有时穿插在座谈会进行。

参政议政

1990—2005 年,民进容县委员会推荐会员当选为市人大代表 1 人,县人大代表 1 人;担任市政协委员 3 人,县政协委员 13 人。向市、县人大、政协“两会”提交议案、提案和建议有:1990 年 4 件,1991 年 4 件,1992 年 5 件,1993 年 5 件,1994 年 5 件,1995 年 5 件,1996 年 5 件,1997 年 6 件,1998 年 7 件,1999 年 8 件,2000 年 9 件,2001 年 11 件,2002 年 12 件,2003 年 13 件,2004 年 12 件,2005 年 13 件。在县政协会议上作大会议政发言 11 次。

社会服务活动

1990—2005 年,民进容县委员会每年组织会员到县底镇古例、古燕、河儿 3 所小学开展送温暖献爱心活动,资助这 3 所村校各 6 名贫困生;每年送给每名贫困生 200 元以上助学金,有 5 名会员资助 9 名贫困学生读书;组织有关会员开展送法、送医下乡活动,每年提供法律援助 5 件以上。

第三节 中国致公党容县委员会

机构

1990 年 1 月,中国致公党容县委员会有党员人数 49 名,办公地址设在容县城南街 43 号 2 楼,成立有容城、杨梅 2 个支部。1994 年 12 月,成立中国致公党容县委员会六王支部。1997 年,核定行政编制 2 名,实有人数 2 人。办公地址设在县人民政府办公大楼。2002 年,致公党容县委员会容城支部分为容城一支部、二支部。2005 年,致公党容县委员会有支部 4 个,有党员 83 人;核定编制、实有人数不变。

1990—2005 年历任主任委员:封祖暹(—1996.12)、石受莹(1996.12—)。

代表大会

1991 年 10 月 27 日,致公党容县第二次党员大会在容城召开,出席大会代表 46 人,会议选举产生致公党容县第二届委员会和常委会,委员 9 人,常委 5 人,封祖暹当选主任委员。

1996 年 12 月 30 日,致公党容县第三次党员大会在容城召开,出席大会代表 52 人,大会选举产生致公党容县第三届委员会和常务委员会,委员 9 人,常委 5 人,石受莹当选主任委员。

2002 年 10 月 13 日,致公党容县第四次党员大会在容城召开,出席大会代表 73 人,大会选举产生了致公党容县第四届委员会,委员 11 人(不再设常委),石受莹当选主任委员。

参政议政

1990—2005 年,致公党容县委员会推荐党员 3 人当选自治区人大代表、8 人当选县人大代表;1 人担任自治区政协委员,7 人担任市政协委员,28 人担任县政协委员。在各级人大、政协会议期间,致公党容县委员会委员提出提案、议案、建议共 215 件,意见 42 条,大会发言 18 次,调研报告 32 篇,内容涉及政治、经济、法律、科技、教育、文化、卫生、治安、交通等方面。主要提案有《加快发展我县人力资源能力建设,促进劳动力有序转移》。有关提案和建议,不少得到采纳,在加快容县经济建设、改善投资环境所作出的决策中发挥了积极作用。

1990 年以来,积极参与民主监督。共有 5 名致公党党员被县委政法委、县监察局、县人民检察院分别聘请为执法监督员、特邀监察员、人民监督员,参与有关案件的调查、讨论和审查工作。

社会服务活动

1990年—2005年，为纪念《中华人民共和国归侨侨眷权益保护法》颁布10周年，先后召开侨界人大代表、政协委员、侨界部门等座谈会，举办侨法知识讲座。在绿荫、六王、灵山、黎村、侨乡广场等进行一条街宣传活动，组织委员中的医学专家和科技人员到浪水、自良、石头、六王、杨梅等边远圩镇，为山区群众举行卫生知识、种养技术讲座、开展义诊、义检，先后开展各项活动20多次，参加卫生保健知识讲座1593人，为群众义检3369人，义诊2473人，送种植技术资料2万多份。2005年，开展捐资助学活动，致公党党员牵线搭桥联系侨属杨世岳、杨泽英共捐款17.50万元维修六王镇尤华小学和构置教师办公桌椅一批及道路水泥硬化1000多米。

第四节 容县工商联

机构

1990年，容县工商业联合会（简称“容县工商联”）属正科级行政单位，办公地点设在容城镇西大街48号。内设办公室，核定编制4名，实有人数4人。1997年6月19日，成立容县商会，属民间商业组织，在县工商联挂牌，合署办公。2005年，内设办公室，核定编制3名，实有人数2人。

1990—2005年历任会长：曾惠祥（—1996.4）、洪龙文（1996.4—2004.4）、郑柱强（2004.4—2005.4）、秦进庚（2005.4—）。

代表大会

第九届代表大会 1997年6月19日，容县工商联第九届会员代表大会在容城召开，出席代表88人，选举产生县工商联第九届执委会，执委29人，常委12人，洪龙文当选为工商联会长。

第十届代表大会 2002年3月19日，容县工商联第十届会员代表大会在容城召开，出席代表170人，选举产生县工商联第十届执委会，执委33人，常委13人，洪龙文当选为工商联会长。

组织建设

1997年，容县商会有会员12人，地址设在容城镇西大街48号，会长洪龙文。2000—2005年，成立乡（镇）商会：灵山镇商会，会员31人；自良镇商会，会员72人；松山镇商会，会员39人；石头镇商会，会员70人；六王镇商会，会员49人；黎村镇商会，会员119人。2005年共有商会会员447人。

参政议政

1990—1997年，容县工商联推荐非公经济人士担任县政协委员9人，其中政协常委3人。1999—2002年，推荐非公经济人士担任县政协委员9人，其中政协常委2人。2002—2005年，推荐非公经济人士担任县政协委员22人，其中政协常委7人；推荐非公经济人士担任市政协委员4人。

1990—2005年，容县工商联注重调查研究，写出提案、议案和调研文章180多篇，其中1篇提案得到县委、县政府的重视，县委、县政府和县农业银行、县信用联社联系并召开银企座谈会，12家企业共获得5000万元贷款。

社会服务活动

1990—2005年，容县工商联引导会员参与公益事业，在会员中开展“致富思源、富而思进”活动，会员捐资20万元修路、捐资100万元建校、捐资8万元助学、捐资22万元资助公益事业、捐资15万元扶持200多户贫困户等。

第三章 群众团体

1990—2005年，容县群众团体有容县总工会、共青团容县委员会、容县妇女联合会、容县科学技术协会、容县归国华侨联合会、容县残疾人联合会、容县文学艺术界联合会。各群众团体均按照各自的章程，配合县

委、县政府的中心工作，积极参政议政，结合实际开展各项活动，成为中共容县县委、县政府联系人民群众的桥梁、纽带。

第一节 工 会

机构

1990 年，容县总工会（简称县总工会）办公地点设在容城镇金珠街 96 号，属正科级单位，内设机构有办公室、组织部、宣传部、财务部、女工部、教育工会，核定行政编制 8 名，实有人数 11 人。下属机构有：容县工人文化宫。1997 年 5 月，县总工会与县工人文化宫实行合署办公，办公地点搬至东外街 1 号工人文化宫办公大楼。2001 年，县总工会内设机构有办公室、组织宣教文体部、法律保障生产保护部，核定行政编制 7 名，实有人数 8 人。2005 年，县总工会核定行政编制 6 名，事业编制 1 名，实有人数 7 人，其他不变。下属机构有：容县工人文化宫。

1990—2005 年历任县总工会主席：陈经森（1990.3—1994.3）、李进锋（1994.3—2002.3）、梁振西（2002.3— ）。

1990 年，全县有基层工会 210 个，职工 1.68 万人，会员 1.20 万人，专兼职工会干部 283 人。2005 年，基层工会增至 295 个，职工 2.19 万人，会员 1.28 万人，专兼职工会干部 538 人。

表 12-3　　1990—2005 年容县工会组织统计表

项目 年份	基层工会（个）	职工人数（人）	工会会员数（人）	基层工会		县总工会	
				专职干部	兼职干部	干部职工	下属事业单位工人文化宫职工
1990	210	16804	12004	3	283	11	8
1991	218	16982	12028	3	303	7	8
1992	220	17056	12088	3	315	7	8
1993	227	17430	12132	2	340	7	5
1994	231	17927	12182	2	368	7	8
1995	245	18432	12236	2	370	7	9
1996	258	19033	12269	2	382	8	8
1997	260	19605	12308	3	396	8	9
1998	264	19725	12343	3	409	8	9
1999	268	19963	12409	3	428	8	9
2000	272	20086	12523	3	439	8	7
2001	278	20199	12601	2	470	8	7
2002	283	20306	12638	2	481	7	6
2003	287	20890	12743	1	501	7	6
2004	290	21723	12806	1	522	7	6
2005	295	21900	12839	1	538	7	6

代表大会

1994 年 3 月 17 日—18 日，容县总工会第十次代表大会在容城召开。出席会议代表 168 人，大会选举产生县总工会第十届委员会委员，委员 21 人，常务委员 9 人，李进锋当选主席。

2000年3月14日—15日，容县总工会第十一次代表大会在容城召开。出席会议代表216人，大会选举产生县总工会第十一届委员会委员，委员21人，常务委员9人，李进锋当选主席。2002年3月，补选梁振西为主席。

主要活动

工会经费收缴与管理 根据经费独立原则，建立预算、决算和经费审查监督制度，各级工会经费收支情况由同级工会经费审查委员会审查，并且定期向会员大会或会员代表大会报告，接受监督。1990年，全县工会经费总收入20.60万元，经费总支出19.68万元。1990—2005年，全县工会经费总收入665.02万元，经费总支出663.50万元。

劳动竞赛 1992年，自治区总工会组织举办“经济效益杯”竞赛，容县水泥厂获自治区竞赛铜牌奖。1994—1997年，县总工会组织开展“双增双节”竞赛活动。县总工会女工委举行的“岗位立功”“双文明建功立业”“安康杯”（安全健康）等一系列的竞赛活动。1998—2005年，县总工会组织260家企业参加“当好主力军、建功‘十一五’、和谐奔小康”竞赛活动。

困难职工帮扶 1990年，县总工会在全县企事业基层工会建立困难职工档案。有14个单位建立困难职工档案，有困难职工210人。2005年，在困难企业工作的职工或者老弱病残在家的会员，生活有困难的，能领到工会筹措的荣誉津贴补助金一次性每人2000~3000元。全县19人获得补助。

送温暖工程 1990—2005年，每年元旦、春节期间开展帮困解难送温暖活动，共慰问困难职工110人，送上慰问金4.80万元；慰问特困企业102家次，慰问特困职工1730人，县总工会共发放特困送温暖资金52.80万元。

职工权益维护 1990—2005年，县总工会组织职代会开展全面评议企业领导干部，评议100多个企业的领导干部435人。帮助基层工会在企业单位建立有工会干部和女工主任参加的劳动争议调解委员会和劳动法律检查监督委员会，462个基层工会全部建立“两委”（劳动争议调解委员会、劳动法律检查监督委员会），组建率100%。2005年，全县58家国有企业中有56家建立职代会制度，建制率96%；181家正常生产私营企业建立职代会制度，建制率76%；125家公有制企业单位推行厂务公开民主管理，推行面95%；全县建立工会劳动保护监督组织119个，劳动保护监督检查员351人，建立劳动争议调解组织119个。

容县工人文化宫　（2005年12月，吴植光　摄）

集体合同制度 1990—2005年，县总工会在全县86个基层单位成立有工会干部和女工主任参加的企业劳动争议调解委员会和劳动法律检查监督委员会。全县国有企业和其他企业完善签订集体合同制度、工资集体协商制度、女职工权益保护专项集体合同。2005年，生产经营正常的国有企业集体合同建制率100%，其他企业集体合同建制率87.50%，签订集体合同的企业中女职工权益保护专项集体合同签订率达87%。

职工培训和再就业 1990—2005年，县总工会组织下岗职工和农民工进行职工技能培训，分别举办电工班1期、培训职工260人；电焊班1期、培训职工260人；电脑初级班15期、培训职工2000人，中级班4期，培训职工770人。合计培训职工2890人。通过培训和职业介绍，实现下岗失业人员再就业2600人。

职工文体活动 1990—2005年，县总工会每年利用春节、“三八”“五一”等重大节日开展丰富多彩的文娱体育活动，有篮球比赛10场次，气排球比赛12场次，拔河比赛参与人数1000多人，文艺晚会演出8场次；游艺活动有“袋鼠妈妈”接力赛、七彩转盘、周游列国、迎春锣声、浑水摸鱼、行运圈中等。每年参加活动人数3000多人次。

第一节　共青团

机构

1990年，共青团容县委员会（简称“团县委”），办公地址设在容城镇城南街43号，属正科级单位，内设机构有组织部、宣传部、学少部、办公室，核定行政编制7名，实有人数5人。下属单位：容县少年之家。1992年8月，容县少年之家更名为容县青少年宫。1997年，团县委核定行政编制6名，实有人数6人，内设机构有组织部、宣传部、学少部、办公室。2001年，团县委内设机构有宣传部、学少部、办公室。核定行政编制6名，实有人数4人，2004年，团县委核定行政编制5名，实有人数5人。2005年，团县委核定编制、实有人数、内设机构与2004年相同。下属单位：容县青少年宫。

1990—2005年历任团县委书记：钟雄（ —1994.11）、曾昉明（1994.11—1997.12）、卢瑞广（1997.12—2000.9）、关伟（2000.9—2003.8）、李耀（2003.8— ）。

代表大会

1991年11月29日—30日，共青团容县委员会第十三次代表大会在容城召开，出席会议代表280人。会议听取和审议共青团容县第十二届委员会工作报告；选举产生共青团容县委员会第十三届委员会委员27人，候补委员6人，常务委员8人，钟雄当选为团县委书记。

1994年11月25日—26日，共青团容县委员会第十四次代表大会在容城召开，出席会议代表273人。会议听取和审议共青团容县第十三届委员会工作报告；大会选举产生共青团容县委员会第十四届委员会委员27人，候补委员11人，常务委员7人，曾昉明当选为团县委书记。

1997年12月25日，共青团容县委员会第十五次代表大会在容城召开，出席会议代表238人。会议听取和审议共青团容县第十四届委员会工作报告；大会选举产生共青团容县委员会第十五届委员会委员27人，候补委员9人，常务委员9人，卢瑞广当选为团县委书记。

2000年9月27日—28日，共青团容县委员会第十六次代表大会在容城召开，出席会议代表180人。会议听取和审议共青团容县第十五届委员会工作报告；大会选举产生共青团容县委员会第十六届委员会委员27人，候补委员9人，常务委员7人，关伟当选为团县委书记。

2003年8月14日—15日，共青团容县委员会第十七次代表大会在容城召开，出席会议代表160人。会议听取和审议共青团容县第十六届委员会工作报告；大会选举产生共青团容县委员会第十七届委员会委员25人，候补委员12人，常务委员7人，李耀当选为团县委书记。

1997年5月4日，容县1000多名新团员在公园内经略台前参加入团宣誓　（李培森　摄）

主要活动

党建带团建工作　1990—1992年，团县委坚持“党建带团建，团建促党建”全面推进非公企业团建工作，抓好农村基层团组织整顿工作，共整顿健全团支部251个。1995年3月，成立县教育团工委，对全县松散、瘫痪的农村团支部进行健全、整顿，共整顿、健全村团支部

135 个，增、补、换团支书 80 个。1997 年，抓好县、乡（镇）两级团委集中换届选举工作。调整充实了县、乡（镇）两级团委的领导班子，共调整团县委委员 20 名，乡（镇）团委书记 7 名；全县共整顿、健全村级团支部 98 个，全年共发展新团员 1.32 万多人；推荐 416 名团员作为党的发展对象，光荣入党 213 名。1999 年，全年新发展团员 1.21 万人；培训团干部 292 人次，培训率达 100%；推荐 217 名优秀团员加入中国共产党。2000 年，全县 219 个村，只保留 49 名团支书，重新调整配备 170 名村团支书；调整 22 个学校团委和 12 个县直单位团组织的负责人。2005 年，组织开展“增强共青团员意识主题教育活动”，全县有 3 万多名团员参加。

青年就业创业 1990 年，团县委组织开展农村“青年星火带头人”“科学种田能手”和“以种养为主的多种经营”“为消灭宜林荒山绿化达标献青春”植树造林等活动。1993 年，开展青年科技工程建设活动，建立农村青年星火科技示范乡（镇）5 个，各乡（镇）均建立农村青年星火科技示范村 1 个以上。1994—1996 年，松山镇青年刘倍全先后获得共青团中央、国家科委授予“跨世纪人才工程全国青年科技标兵”“全国青年星火带头人”称号，共青团中央、国家绿委、林业部授予“全国青少年绿化祖国先进个人”，共青团中央、农业部授予其首届“中国十大杰出青年农民”称号。2000 年，开展青年“科技进村屯”活动，培养青年星火带头人 110 多人；全县 52 个机关单位团组织分别与农村团支部“结对子”，175 名机关、事业单位团干部、团员青年分别与农村团员青年“交朋友”，有 36 名优秀青年岗位能手、青年星火带头人分别与农村团支部“结对子”。2004—2005 年，举办各种就业指导讲座、座谈会、职业技能培训等 120 多期，发放就业信息资料 8 万份，举办企业用工现场招聘会 20 场。

青年文明号创建活动 1991 年，团县委组织开展“青春献‘八五’、奉献在本职、创业中成才”青工岗位成才活动；同年 8 月—1992 年底，在全县商业、粮食、供销社系统开展“文明经营、优质服务、争创效益”活动，建立“青年优质岗”90 多个，文明经营示范单位 3 个。1993 年，活动扩展到金融、邮电等服务行业，全县共建有“青年优质岗”150 个。同年，容县南方工艺厂获得“全国青年文明号”单位。2000 年，全县有 1 人获广西青年岗位能手称号，6 人获玉林市杰出（优秀）青年岗位能手称号。

希望工程 1990 年，成立县实施“希望工程”领导小组。1992 年，开始实施“希望工程”。1993 年，全县 2.40 万名团员青少年为“希望工程”捐款捐物价值 1.32 万元。1994 年 10 月，团县委与县工商银行在容城联合举办容县“希望工程爱心储蓄”首发式，在首发式上存储金额近万元。1995 年，成立容县实施“希望工程”指导委员会，为集合社会力量实施“希望工程”，救助容县因贫困而失学的少年儿童重返校园，共筹集资金 2.40 万元，安排救助 106 名贫困学生。1996 年，救助贫困失学少年儿童 235 名。1997 年，全县进行“希望工程”最后一轮劝募行动，共筹集资金 2.61 万元，救助贫困学生 120 名。1998 年，共筹资 9.20 万元，拨款 2.14 万元改善办学条件，救助贫困儿童 73 名、中学生 25 名。2000 年 8 月，发动社会各界捐款 2.15 万元救助容县师范 1 名患病学生；9 月，建成六王镇六高教育希望小学。2001 年，筹集“绿色希望工程基金”，截至 2002 年 6 月 15 日，全县共筹集资金 7.70 万元，所有资金上交广西“绿色希望工程基金”账户。2002 年 4 月，利用返还的“绿色希望工程基金”在绣江公园建设 4 亩多的“容县青少年纪念林”，种植 150 多棵绿化树。2003 年，划拨“绿色希望工程基金”支持容西乡建设西山村青年文化广场和十里乡大坡村文化公园建设。

青少年维权保护 1990—1992 年，容县征订《未成年人保护法》9 万多本，做到师生人手 1 册；通过黑板报、广播等大力宣传《中华人民共和国未成年人保护法》，举办保护法知识竞赛，邀请派出所警官、法院法官到学校上法制教育课，收到较好的法制宣传教育效果。1993 年 5 月—6 月，组织全县 9.60 万名青少年参加团自治区委、自治区教委联合举办的《中华人民共和国未成年人保护法》知识竞赛。2001 年，深入开展青少年揭批邪教“法轮功”和“校园拒绝邪教”活动，举行“反对邪教，破除迷信，崇尚科学，传播文明”万人签名活动。

青年志愿者行动 1991 年，团县委组织 407 支“青年突击队”，参加兴修农田水利、防汛抗洪、抢险救灾、救火、创建绿化达标工程、科技工程、效益工程、希望工程等活动。1994 年 6 月—7 月间，博白、贵港、桂平、平南等县(市)遭受解放以来最大的洪涝灾害。8月,团县委组织全县共青团员、少先队员开展"缴纳特殊团、队费支援灾区建设"活动,所得款项全部上交团自治区委用于灾区青少年事业。1995年10月中旬,容县遭受特大洪灾,全县各级团组织迅速组织带领"青年志愿者抗洪救灾突击队",战斗在抗洪救灾第一线,抢救群众的生命和财产,团县委组织团员、学生共计2.80万人开展募捐活动,为灾区人民募捐款6.30万多元,捐物3.02万件,为群众恢复生产和重建家园贡献力量。1996年3月初,团县委成立"容县青年志愿者协会",成立有500人的青年志愿者服务队,当年全县共成立青年志愿者服务队340支,参加青年志愿者活动达16万多人次,筹集资金2.40万元,救助贫困失学少年儿童235名。2004年12月,团县委、县教育局组织学校共青团员、少先队员带头开展救助吕沛岱同学行动,全县36个中学(中专)和10个乡(镇)中心学校共捐款3.60万元,全部款项上交汇入玉林市希望工程办公室账户。2005年9月—10月,在容县"创建国家卫生县城"工作中,有1万多人次的青年志愿者参加"创卫"工作。

少先队活动

1990年,容县216所小学有6万名少先队员。1992年,团县委联合县教育局在容城镇召开全县实施《少先队教育纲要》现场会,观摩3个学校的少先队活动和阵地,带动全县建立少先队队室239个,配备率达95%。1995年,继续开展"雏鹰行动",参加率在城镇学校和农村学校分别达到85%和45%。1996年,容城镇第三小学学生邓英荣获共青团中央、全国少工委颁发的"全国一级雏鹰奖章"。1999年6月1日,在县灯光球场举行少年军校阅兵式,城区4所少年军校参加了检阅。2000年,容城镇第三小学学生刘丹羽获全国少工委颁发的"五星雏鹰奖章"。

第三节 妇女联合会

机构

1990年,容县妇女联合会(简称"县妇联"),属正科级单位。办公地点设在县委大楼1楼,内设机构有儿童部、维权部、办公室3个职能部门,核定行政编制5名,实有人数6人。1991年4月,成立容县妇女儿童协调委员会。1994年,县、乡(镇)妇联主任、副主任改称主席、副主席。1995年,容县妇女儿童协调委员会改称容县妇女儿童工作委员会。1997年,县妇联内设3个部(室):办公室、组宣部、妇女儿童权益部。行政编制5名,实有人数8人。2001年,县妇联内设办公室、宣传部、妇女儿童权益部等3个职能部门,行政编制5名,实有人数5人。2005年,县妇联核定编制、实有人数、内设机构不变。

1990—2005年历任县妇联主席:陈宏芬(—1993.12)、黄华炎(1993.12—1998.12)、曾昭玲(1998.12—2004.3)、秦健萍(2004.3—)。

1990—2005年5月,全县乡(镇)妇联组织16个。2005年6月,容厢镇与容城镇合并成立容州镇后,乡(镇)妇联组织15个。2005年,全县有机关及事业单位妇委会35个,村(社区)妇代会229个,妇女之家256个,县、乡(镇)妇女儿童活动中心10个,妇女儿童维权服务站16个。

代表大会

第九次妇女代表大会 1994年11月28日—29日,容县第九次妇女代表大会在县城召开,出席会议代表249名。会议听取和审议县妇联第九届执行委员会的《积极参加双学双比、巾帼建功活动,为振兴我县经济再立新功》工作报告。大会选举产生容县妇联第九届执行委员会执委29人,执委常委9人,黄华炎当选主席。

第十次妇女代表大会 2000年6月8日—9日,容县第十次妇女代表大会在县城召开,出席会议代表262名。会议听取和审议县妇联第十届执行委员会的《团结拼搏 振奋精神 做出优异成绩迈入新世纪》工作报告。大会选举产生容县妇联第十届执行委员会执委31人,执委常委9人,曾昭玲当选主席。

主要活动

妇女儿童维权 1990—2005年,全县建立妇女儿童维权站16个,法律工作志愿者6人,为妇女群众提供法律咨询服务。1997 年，在全县开展“把知识送给家长”知识竞赛活动，有 1.50 万多名家长参赛。1998 年开始，在全县开展争做合格家长，育合格人才的“双合格”活动。共表彰优秀家长 980 多名。2000 年，从自治区妇女干部学校、广西大学、团中央等地请来家庭教育专家给家长作家庭教育讲座，先后参加听讲座的家长 3.60 万多人次。2003 年，开展“不让毒品进我家”活动。全县共挂宣传标语 800 多条，出版墙报 200 多版，发放资料 1.50 万份。1990—2005 年，群众来信、来访、来电共 4328 人次，解决 4216 件，处理率 97%；为 612 名离婚妇女争取利益，取得其应得的财产，1536 户家庭重归于好。

春蕾计划 1995 年，容县成立“春蕾计划”领导小组，由 18 个成员单位组成。1995—2005 年，县妇联在县国税局、地税局、交通局、公安交警大队、县医院、妇幼、移动公司、保险公司、建行、中行等机关企事业单位和全社会开展“春蕾计划”捐款扶持活动，扶持女童 1067 名，送去慰问金 6.36 万元。2000 年，开展“手拉手”“圆我读书梦”捐款活动，发动全县干部职工、学生和社会各界人士购买“圆我读书梦”明信片 2.46 万张。县妇联在争取上级妇联支持和发动各机关企事业单位、非公经济企业、社会各界人士为“春蕾计划”女童捐款捐物共 98 万元进行扶持，其中县级扶持 1950 人，市级扶持 426 人，自治区级扶持 36 人。

“双学双比”创建活动 1990 年，县妇联在农村妇女中开展“双学双比竞赛活动”，活动的重要内容是学习文化知识，掌握生产技能，开展劳动竞赛，提供有效服务。各级妇联配合有关部门每年都举办养猪、养鸡、种果、水稻、编织等各种科技培训班 68 期，受训妇女达 3.20 万人次，妇女们掌握种植、养殖、加工等 1~2 门实用技术。每年“三八”妇女节都表彰 100 名“双学双比”先进女能手和 6 个先进妇女组织。1990—1994 年，县妇联积极配合林业部门，开辟“三八绿色工程林”，全县共开辟“三八绿色工程林”83 个，面积超过 800 亩以上。1993 年，容厢乡杨叶村妇女主任覃佩芬 1990—1994 年度分别被评为自治区“双学双比”女能手和“三八红旗手”，1993 年、1995 年、1996 年、1998 年分别四次被评为玉林地区乡（镇）企业“双学双比女能手”和“双学双比”标兵。全县有 300 多名女能手分别获得表彰。2000 年，推广“千万农家女百项新技术”“巾帼科技扶贫工程”“巾帼素质工程”活动，在开展竞赛活动中，涌现出市级种养女能手 33 人、县级种养女能手 970 人，市级先进协调组织 5 个、县级先进协调组织 20 个，760 名妇女获得“绿色证书”。

2000 年 3 月 6 日，容县组织 90 人参加玉林市“心相印杯”新世纪女性风采大型集体健美操比赛，获一等奖（梁毕玄 摄）

“巾帼建功”活动 1991 年，县妇联组织城镇妇女开展“巾帼建功”活动。在县经委、金融、商业、供销、税务、邮电、教育、卫生、政法、个体 10 个行业开展“十行十佳”“巾帼建功”竞赛活动，参赛女工达 4.30 万人次，在活动中提合理化建议 1191 条，其中被采用 990 条。2000 年，发展到 44 个巾帼文明示范岗。2002 年后，由于金融业窗口合并比较多，全县的巾帼文明示范岗撤并为 22 个。2005 年，全国妇联将“巾帼文明示范岗”改称为“巾帼文明岗”，全县各行各业共有文明岗 22 个。1990—2005 年，被评为市级先进集体 58 个，先进个人 86 人，“三八”红旗手 32 人，“三八”红旗集体 30 个。开展“中华巾帼志愿者”活动。2004 年，组织城镇妇女参加县妇联举办 3 期电脑技术培训班，培训妇女干部 250 多人，举办 112 期各种科技培训班，1.58 万名农村妇女参加培训。2005 年，全县有 1350 名女能手与贫困户结对帮扶。各巾帼文明岗组织开展法律法规咨询、修理电器、清扫街道、卫生保健、给特困户送温暖等活动 2150 件。每年 3 月 5 日，“巾帼志愿者”参与为民服务一条街活动。

“五好文明家庭”创建活动 1990—1999 年，县妇联组织协调开展“五好文明家庭”创建活动。2000 年

5 月开始，在《容县报》开辟“家庭广角”专栏，让广大群众通过报纸畅谈人生观，价值观，家庭观，倡导尊老爱幼，男女平等，夫妻和睦，勤俭持家，邻里团结的家庭美德。还推出“五好文明家庭”系列报道，向全县宣传一批“五好文明家庭”典型，激发更多的家庭建立文明、科学健康的生活方式。2001 年，举办容县首届好媳妇评选活动，评选出 10 名“好媳妇”；2002 年、2003 年分别举办容县第一届、第二届“美好家庭趣味知识竞赛”活动。2004 年举办容县现代“好丈夫”“好妻子”评选比赛活动，评选出 10 名“好丈夫”、10 名“好妻子”。2005 年在全县科级领导干部配偶中开展“清廉之风进家庭、争当贤廉美内助”活动，组织 900 多人参加全国家庭助廉知识竞赛。

第四节 科学技术协会

机构

1978 年 11 月，容县科学技术协会成立。1990 年，容县科学技术协会（简称“县科协”），属正科级单位。办公地点设在容县城南街 47 号，内设机构有综合股 1 个，核定行政编制 5 名，实有人数 6 人。1990—2001 年，与容县科学技术委员会（简称县科委）合署办公。1993 年，核定事业编制 5 名，实有人数 8 人。2002 年 1 月，开始实行独立办公。2005 年，县科协内设机构有综合股 1 个，核定事业编制 4 名，实有人数 5 人。全县 16 个乡（镇）成立有科协组织，乡（镇）有兼职科协人员 106 人。全县 229 个村（街）设立科普分会，有 229 个兼职科普员。

1990—2005 年历任科协主席：杨经昌（ —1991.3）、罗金清（1991.3—1992.2）、曾泽海（1992.2—1999.3）、梁克难（1999.3— ）。

代表大会

2002 年 11 月 4 日，容县科学技术协会第三次代表大会在县城召开，出席会议代表 178 人。大会审议通过《容县科学技术协会第三次代表大会工作报告》和《容县科学技术协会章程》。选举产生容县科协第三届委员会，委员 9 人，常务委员 3 人，梁克难当选主席。

主要活动

科普示范 1990—2005 年，容县先后建立发展科普示范基地 52 个，科普示范学校 15 所，科普示范乡（镇）5 个，科普示范村 20 个，科普示范户 3814 户。1997 年 11 月，容县杂交水稻制种示范基地、杨村万亩水稻高产示范基地、容厢万亩水稻由低产变高产示范基地，永兴瘦肉型猪生产示范基地等 4 个基地顺利通过玉林市专家验收。1999 年 9 月，广西创建科技与经济结合科普示范基地现场会在容县召开，100 多名来自自治区各地市的代表出席会议。2000 年 4 月，容县被广西科学技术协会命名为“广西科普示范县”，授予“1998—2000 年全区科普示范县（市）”称号。同年 5 月，容县被中国科学技术协会命名为首批全国科普示范县，授予“1998—2000 年全国科普示范县”称号。2001 年 4 月，县科协批准成立容县鸿光养殖场基地、容县千秋村沙田柚科普示范基地、广西挺佳节能热水器厂基地、容西乡万亩荔枝生产示范基地、容县珍稀名优水果生产基地、容县三黄鸡养殖基地和容县大红八角生产基地共 7 个县级科普示范基地。年内，容县珍珠番石榴科普示范基地最早在广西范围内率先引进台湾优质番石榴品种试种成功。2002—2003 年，容县珍珠番石榴科普示范基地的产品荣获玉林市“名特优新稀”和广西第三届农业科技大集暨“玉贵走廊”科技大集“名特优新稀”种养产品评比优质品种奖和优质产品一等奖。2004 年 7 月，容县沙田柚基地的沙田柚产品，获得国家质量监督检验检疫总局批准实施原产地域保护，同年 10 月，获得自治区农业厅认定为水果无公害农产品产地。

科学技术普及 1990—2005 年，县科协通过“全国科普日”“全国科技活动周”“十月科普大行动”、科技培训、科普讲座、科技“三下乡”和派出科技特派员、科普志愿者、科普宣传员、新农村建设指导员等多种形式向群众普及科学知识，传授先进生产技术，提高全民科学素质。1993 年，编写科技培训教材《致富手册》2.50 万册，共 33 项实用技术；开设“科普园地”，加大科技宣传力度；在《容县报》、容县电视台、容县广播电台定期开设科普专栏,向全县推广普及农村实用技术知识的稿件130多篇。1990—2005年,举办各种科学技术培训班6435期,参加培训40.80万多人次;举办科普讲座182次,听众1.80万人次;举办科普展览8次,参观人数达12.30万人次;印发各种农业技术资料115.63万多份,出版科技专栏、墙报2269期,出动科普车宣传132辆次,放映科技电影、录像、宣传片925场次,观看者36.42万人次;科学技术咨询26万次,义务诊病1万人次,推广新技术200项。

科技大集活动 1997年11月,容县举办首届科技集市活动,有53家参展单位,展品500余种,接受技术咨询3万多人次,商品成交达126万元。1998—2005年,县内共举办科技集市活动4次,有1591个产品、参展,印发科技宣传资料4.74万份,放映科技录像2场,科技图片展览11场,发行图书620册,技术咨询5.69万人次,义诊1188人,义务修理家电63件。2002年,县科协组织企业参加自治区内的科技大集活动,组织沙田柚、香蕉、麻竹产品、茶叶、珍珠番石榴、双季龙眼、黑皮冬瓜、甘蔗、鸡骨草、红菌、葡萄、霞烟鸡、果子狸、节能热水器、陶瓷、木鞋等产品代表容县参加在玉林农校举办的玉林"名特优新稀"种养产品展示评比会。2003—2004年,共组织11家企业和种植示范户携带优质产品和技术参加在玉林市文化广场举行的大型科技成果、科普产品展示展销活动。2004年9月,组织2家企业携带科技产品参加广西、广东在梧州市举办的"两广科技大集暨西江走廊科技协作交流活动",在社会形成很好的科技效应。2005年4月,组织沙田柚品牌与技术介绍、珍珠番石榴、双季龙眼、鸡骨草甜凉茶、容县微耕机等技术产品代表容县科技特色的地方"名特优新稀"产品到南宁参加"第七届广西科技大集展销会"。

学会(协会、研究会)活动 1990年初,容县有县级学会26个,会员2071人,会员占全县科技人员人数的80%。1990年以来,县科协在巩固原有学会基础上,先后成立容县水利学会、容县电机工程学会、容县科学与技术政策研究会、容县沙田柚协会、容县畜牧兽医学会、容县智能气功研究会和容县气功研究会。至2005年,共有35个县级学会,会员5386人;各类农技协会81个,会员4983人。1997年11月,邀请电子专家、北京电力电子新金属研究开发中心副总工程师、北京电力电子学会副秘书长、高级工程师刘鹿生作"现代电力电子技术及其应用"的学术报告,县四家班子领导、各乡(镇)科委主任及有关部门工程技术人员、厂长、经理等150人参加了报告会。1998年4月,聘请外籍专家做"企业改革和股份制改革"的学术报告和"热水器行业的发展"作专题报告。1999年,县科协2次邀请容县籍在自治区外工作的专家学者35人次回容县参加在县城召开的容县经济讨论研究会,为家乡建设献技献策,提供近百条科技市场信息。同年,全县6500名科技人员参加"讲比"活动,共收到合理化建议35条,学术论文35篇,上送稿件12篇。农技协会组织在县科协指导下根据"民办、民管、民受益"的原则去开展活动,规范形成"协会+农户+基地+市场"的技术经济合作道路。2000年,容县黎村家禽协会被自治区科协授予"广西壮族自治区星级农村专业技术协会"称号,2002年被自治区农业厅定为自治区先进产业化经营组织。2003年,容县黎村家禽协会被认定为广西无公害农产品产地,2004年被自治区农业厅定为自治区农民专业合作经济组织示范点。2003年,容县千秋沙田柚协会的产品在自治区第三届农业科技大集暨"玉贵走廊"科技大集"名特优新稀"种养产品评比活动荣获一等奖。2005年,县科协组织和抓好沙田柚种植技术协会、霞烟鸡养殖技术协会、瘦肉型猪养殖技术协会、无公害奶牛业技术协会、八角生产技术协会、名优特产水果技术协会等培育发展、建设完善工作,拓宽农副产品进入市场渠道,激活农村经济,增加农民收入。

青少年科技教育 1990—1998年,由县科协牵头,会同县教育局、团县委、科技局组织开展青少年科技竞赛、科技作品展览、"智力七巧板""爱科学月"等科技活动。1999年,全县参加"爱科学月"活动的学生有10.80万人,数理化、天文、气象、航模、摄影、微机、小制作、小论文等科技活动小组,收到选送上来的科技小论文145篇,小发明作品180件。推荐参加市级评选的小论文、小发明18篇(件),其中获市级小发明一等奖3件,二等奖2件,获市级小论文、小发明三等奖共13篇(件)。2000年,组队参加玉林市青少年科技成果展览比赛,全县参展小作品156件,小论文182篇,其中获市以上奖励的小发明作品16件,小论文15篇,容县以433分总分获第二名。2002年10月,组队参加首届自治区中小学生四驱车、航空模型竞赛获团体总

分 12 名，获自治区优秀奖。2004 年 4 月，在县城举办由全县教育系统的科技辅导员教师参加的青少年科技教育培训班，邀请中国青少年科技活动中心和自治区青少年科技活动中心的专家到班授课。同年，组织全县中小学校约 4 万人参加 "智力七巧板" "我爱我家" 等青少年科技创新竞赛活动，收到良好效果。县科协和 5 所学校被自治区科协、自治区教育厅评为 "2004 年自治区青少年科技活动优秀组织单位"，24 名教师被评为自治区优秀科技辅导教师，获自治区科技活动一等奖学生 11 名、二等奖 20 名、三等奖 35 名。2005 年 4 月，组织 8 名优秀科技辅导员教师到南宁参加自治区青少年科技创新大赛活动。7 月—12 月，在全县范围内开展科技辅导员培训、"爱科学月" 活动讲座、"六小" 创作、科技创新等科技活动。同年，共培训科技辅导员 150 多人次，有 90% 的青少年参加了 "爱科学月" 活动，有 1.50 万多名学生参加科技创新 "六小" 制作活动，选送 32 个作品参加玉林市科技创新大赛评比。1999—2005 年，收集上送优秀的科技小作品、小论文等 "六小" 作品 3000 多件(篇)。

第五节　归国华侨联合会

机构

1990 年，容县归国华侨联合会(简称 "县侨联")，办公地址设在容县容城镇城南街县委大院(黄旭初别墅)。1993 年 10 月 21 日搬迁至县侨联办公楼，属正科级单位，内设机构有办公室、经济联络部，核定行政编制 3 名、事业编制 5 名，实有人数 8 人。2001 年，内设办公室，核定事业编制 6 名，实有人数 6 人。2005 年，设杨梅、六王、灵山、石头、十里、容西 6 个乡(镇)侨联和十里乡大坡村侨联小组，县侨联内设机构、核定编制、人数与 2001 年相同。

1990—2005 年历任侨联主席：封祖暹(—1995.7)、覃肇忠(1995.7—2000.4)、唐全深(2001.4—2002.9)、钟萍(2002.9—)。

代表大会

1995 年 7 月 4 日—5 日，容县第七次归侨侨眷代表大会在容城召开，出席大会代表 141 人。大会选举产生容县归国华侨联合会第七届委员会，委员 39 人，常委 9 人，覃肇忠为主席。

2001 年 4 月 4 日，容县第八次归侨侨眷代表大会在容城召开，出席大会代表 132 人。大会选举产生容县归国华侨联合会第八届委员会，委员 29 人，常委 11 人，唐全深为主席。

主要活动

服务经济建设　1990—2005 年，县侨联为县招商引资做好牵线搭桥工作，所开办的企业涉及电子、食品、饲料厂等。2005 年，全县共有固定资产规模逾千万元侨资侨属企业 18 家，总投资额逾 2 亿元。

公益事业　1990—2005 年，县侨联组织海外侨胞、港澳台同胞支持家乡建设，热心家乡公益事业。全县接受海外侨胞、港澳台同胞捐资共计 380 万元；利用海外侨胞、港澳台同胞捐赠兴办公益事业 16 多项。

服务好侨胞和港澳台同胞　1990—2005 年，县侨联共受理侨众来访 212 人次，来信 133 件，接待侨胞和港澳台同胞 3226 人次，帮助 166 户侨胞查找到国内失去联系多年亲人，联系有关部门处理涉侨案件 32 宗，慰问困难归侨侨眷 336 人，慰问品(金)12.53 万元。

参政议政　县侨联充分发挥参政议政职能，组织侨界政协委员深入基层，帮助侨界群众、了解侨情、为侨服务。199—2005 年，共推荐 67 名归侨侨眷，当选为自治区人大代表 6 人，提交议案 6 个；担任自治区政协委员 8 人，提交提案 7 个。当选市人大代表 9 人，提交议案 8 个；担任市政协委员 13 人，提交提案 12 个。当选县人大代表 13 人，提交议案 11 个；担任县政协委员 18 人，提交提案 19 个。1999 年 7 月，县侨联获得全国侨务工作先进集体称号。2004 年，县侨联获得全国侨联工作先进集体称号。

重大会议和联谊活动　1990—2005 年，县侨联派人参加世界各国各地区侨胞和港澳台胞举办的恳亲会、会馆社团和知名侨胞的重大庆典活动、代表大会、联谊会、同乡会、大型探亲团及青年舞蹈团莅容探亲观光和文艺演出、庆典活动等共 12 次，主动开展海内外联谊工作、广交朋友。

第六节　文学艺术界联合会

机构

1990 年，容县文学艺术界联合会（简称“县文联”），属正科级单位，核定机关行政编制 3 名，实有人数 2 人，内设办公室，办公地点设在县委大楼 7 楼。2005 年，县文联核定机关行政编制 3 名，实有人数 3 人，内设办公室，办公地点不变。下辖文学、戏剧（曲艺）、舞蹈、音乐、书法、美术、广播电视、摄影、诗词、民间文艺和文学理论协会等 10 个协会。全县有中国文联协会会员 9 人，自治区文联协会会员 47 人，玉林市文联协会会员 69 人。2005 年，全县各协会有会员 335 人。

1990—2005 年历任文联主席：黄超荫（1990.2—1991.2）、（1991.3—1999.5 缺）、彭楚兰（1999.6—2002.1）、（2002.1—2004.4 缺）、邓定旭（2004.5— ）。

代表大会

1999 年 8 月 5 日，容县文学艺术界联合会第五次代表大会在容城召开，参加会议代表 72 人，选举产生容县第五届文学艺术界联合会，委员 21 人，常委 9 人，彭楚兰当选为县文联主席。

主要活动

研讨活动　2001 年 6 月 18 日—19 日，由玉林市文联主办，容县文联承办，在容县召开容县籍女作家作品研讨会。2002 年 5 月 14 日—15 日，玉林各县（市、区）驻会主席、作家、艺术家暨容县旅游文化研讨会议在容县都峤山庆寿宾馆召开，容县 40 名文艺作者参加会议。2003 年，县文联和县诗词学会等单位组织举办本县作家诗人作品研讨会，共有 200 人参加。

参赛活动　1998 年，县文联组织参加中国少年儿童第三届美术书法大赛，美术类获二等奖 1 名，三等奖 14 名；书法类获一等奖 1 名，二等奖 6 名，三等奖 24 名。组织参加广西第二届“祖国在我心中”少儿书、画、摄影大赛，获一等奖 1 名，二等奖 1 名，三等奖 5 名。同年 8 月，组织参加中国少年儿童第四届书画大赛，获美术类一等奖 1 名，二等奖 11 名，三等奖 18 名；书法类一等奖 2 名，二等奖 3 名，三等奖 16 名。2000 年 8 月，会员陆筱波获共青团中央、农业部“蓝田杯”歌手大赛优秀奖。2002 年 4 月，会员曾宪球荣获“中国优秀摄影家”称号。

文娱活动　1990 年，县文联举办迎春团拜文艺晚会，有粤剧、山歌、采茶、原创歌曲，录音后由广西对外广播电台免费在春节期间向东南亚侨胞播出。1990—1996 年、1999 年，分别举办中秋歌咏联欢晚会。1998 年 12 月 2 日，由县文联、县戏曲协会、县电力公司共办的两广艺术交流联欢晚会，广东肇庆一条龙艺术团、县歌舞团、县戏曲协会进行同台演出。1999 年 2 月 25 日，组织业余曲艺队参加北流“三江之春”粤曲晚会。2000 年 4 月 27 日晚，组织会员参加岑溪市举办的粤桂两省（自治区）七县市明星歌手“五月的鲜花”演唱会；11 月 3 日，在县黑马大酒店举办“圭江长、绣水清”容县、北流两地文艺工作者联欢会，共同庆祝两地分别获得第三届全区文联系统先进单位称号。2001 年，举行元宵晚会。2002 年举行迎春演唱会和中秋节文艺界联欢晚会。

1999 年 8 月，容县召开文学艺术界联合会第五次代表大会。图为大会会场　（陈国龙　摄）

文学创作和出版

编辑出版《绣江》　1990—2005 年，县文联共编辑出版文艺刊物《绣江》杂志 20 期 3 万册。《绣江》杂志设置的栏目有小说、散文、诗歌、评论、民间文学、美术、音乐创作、书法等。

文学作品创作 1990—2005年,容县文学作品创作累计3268篇。其中:在中央及海外发表、展览、演出有63篇(次),地市级以上为142篇(次),县级为3063篇(次)。文学作品出版物累计34类(本、期、册),其中公开出版书籍16种(本),内部出版书籍18种(本)。

第七节 残疾人联合会

机构

1990年12月,成立容县残疾人联合会(简称“县残联”),由县民政局代管,核定事业编制3名,办公地点设在县政府大楼内。1992年10月,从县民政局分出,实行计划单列,属群众团体,定为正科级事业单位,核定事业编制3名,实有人数3人。1994年3月成立容县残疾人工作协调委员会(简称残工委),由31个成员单位组成,残工委主任由县政府分管副县长兼任。1995年3月,成立县残联下属机构容县残疾人劳动服务站。2001年,县残联内设办公室,核定事业编制4名,实有人数5人。2005年,县残联内设办公室,核定事业编制3名,实有人数4人。下属机构:容县残疾人劳动服务站;分别成立有县盲人协会、聋人协会、肢残人协会、智力残疾人及亲友协会、精神残疾人及亲友协会等残疾人协会。

1990—2005年历任残联理事长:马芳荣(1990.12—1998.2)、吴国德(1998.2—2004.3)、胡可富(2004.3—)。

1994年3月,全县16个乡(镇)成立残疾人工作协调委员会。1998年,全县16个乡(镇)均成立残疾人联合会,全县219个村(居)委会成立残疾人工作领导小组。

代表大会

1990年12月27日—29日,县残联第一届代表大会在容城召开,参加会议代表79人。选举产生县残联第一届代表大会主席团,主席团成员23人,张俊汉当选为主席,执行理事会理事长为马芳荣。

1996年5月9日,县残联第二届代表大会在容城召开,参加会议代表83人。选举产生县残联第二届代表大会主席团,主席团成员23人,杨大焜当选为主席,执行理事会理事长为马芳荣。

1998年6月23日,县残联第二届代表大会主席团第二次会议在容城召开,参加会议主席团成员14人。会议增补选举吴国德为县残疾人联合会执行理事会理事长。

2004年4月28日,县残联第三届代表大会在容城召开,参加会议代表83名。选举产生县残联第三届大表大会主席团,主席团成员23人,李松明当选为主席,执行理事会理事长为胡可富。

主要活动

残疾人康复 1990—1995年,县残联组织完成白内障复明手术461例,聋儿培训23人,小儿麻痹后遗症矫治手术17人。1996—2000年,完成白内障复明手术398例,低视力康复47名,聋儿康复77名,开展康复训练与服务35人,为各类残疾人供应服务用品用具400件。2001—2005年,完成白内障复明手术1090例,低视力康复30名,聋儿康复45名,麻风畸残康复5例,假肢装配26例,开展康复训练与服务65人,为各类残疾人供应服务用品用具1022件。

残疾人教育 1990—2005年,县残联组织开展“扶残助学”工作,全县共资助23名贫困失学残疾儿童重返校园,助学金1万元;资助9名贫困残疾人大学生,助学金1.50万元;资助100多名贫困残疾人子女大学生,助学金16万元,使100多名贫困学子圆了大学梦。

残疾人社会保障 1990—2005年,县残联组织采取多形式、多渠道、多专业、多途径的培训残疾人2000多人次,每月发给残疾人80元生活费。2005年,县残联争取到中国残联、自治区残联国债投资项目资金25万元。同年10月,在县城河南开发区动工兴建容县残疾人综合服务楼,占地面积105平方米,总建筑面积500平方米,造价60万元。

残疾人扶助 1990—2005年,县残联组织实施残疾人“温饱工程”,加强县、乡(镇)残疾人扶贫开发的领导、督查工作,建立残疾人扶贫基地,筹措资金30多万元扶持1000多户贫困残疾人,解决温饱问题。

2004—2005年底，共受理贫困残疾人援助案件11件，向贫困残疾人提供法律服务215人，出庭代理20多人，代写各种诉讼和非诉讼文书50多件。

残疾人文体活动 1990—1995年，县残联先后3次组织选派残疾人运动员10人次参加全国、自治区伤残人运动会，累计取得金牌6枚、银牌1枚、铜牌5枚。1999年11月，组织容县残疾人运动员参加广西第四届残疾人运动会并取得金牌2枚、银牌1枚。2002年11月，在广西第五届残疾人运动会上，容县残疾人运动员取得金牌2枚、银牌1枚、铜牌1枚。2004年7月，在县体育学校建立残疾人体育训练基地。

第十三篇

政权　政协

1992年12月，容县人民政府办公大楼落成启用　（容县人民政府办公室　提供）

第一章　人民代表大会

容县人民代表大会(简称“县人代会”)是容县最高权力机关。1990—2005年，容县召开第九届人民代表大会第四次会议和第十届至第十三届人民代表大会，选举产生第十届至第十三届人大常委会领导班子。根据《中华人民共和国宪法》《中华人民共和国地方组织法》《中华人民共和国全国人民代表大会和地方各级人民代表大会代表法》等法律法规的有关规定，容县人民代表大会及其常务委员会认真审议决定重大事项。1990年10月，容县十届人民代表大会第一次会议作出《关于把沙田柚作为容县县果的决议》。1994年4月，容县十一届人民代表大会第二次会议作出《关于容县设市撤县规划的决议》。1996年3月，容县十一届人民代表大会第四次会议作出《关于加快容县交通基础设施建设的决议》。1997年3月，容县十一届人民代表大会第六次会议作出《关于加强容县城镇规划、建设、绿化、管理的决议》。1998年3月，容县十一届人民代表大会第八次会议作出《关于依法治县的决议》。2000年3月，容县十二届人民代表大会第一次会议作出《关于进一步加强侨务工作的决议》。依法进行人事任免，共任命国家机关工作人员503名，同意接受辞职36名，免去职务276名，撤销职务4名。对“一府两院”依法履行法律监督和工作监督职责，组织开展执法检查。每年组织人民代表大会代表(简称“人大代表”)进行1~2次的视察活动，调查了解社情民意。办理代表提出的议案和建议批评意见，容县第十届至第十三届人民代表大会第五次会议以来共办理人大代表议案和建议批评意见1544件，受理群众来信4538件，接待群众来访7072人次，促进全县经济社会健康发展和社会和谐。

第一节　机　构

容县人民代表大会常务委员会

1980年12月，召开容县第七届人民代表大会，选举产生容县人民代表大会常务委员会(简称县人大常委会)。县人大常委会是人民代表大会的常设机构，对本届人民代表大会负责并报告工作。县人大常委会由人民代表大会在代表中选举主任1名，副主任、委员若干名组成，其任期与人民代表大会代表相同。县人大闭会期间，由常委会主任、副主任组成主任会议，处理常务委员会的日常工作。

1990—2005年，共经历第九届至第十三届常务委员会。除主任1名外，副主任人数从十一届至十三届呈递减态势。1990年，第九届有副主任6名。2005年，第十三届有副主任4名。

1990—2005年历届容县人大常委会主任：卢颖纲(—1990.10)、唐绍荣(1990.10—2002.10)、张福文(2002.10—)。

表13-1　第九届至第十三届容县人民代表大会常务委员会主任、副主任名录

届次	职务	任职人	籍贯	任职时间
容县第九届人大常委会(1987.11—1990.10)	主任	卢颖纲	容县容城镇	1987.11—1990.10
	副主任	庞为佐	博白县	1987.11—1990.10
		卢赋培	容县松山乡	1987.11—1990.10
		区嘉业	容县县底乡	1987.11—1990.10
		韦荫炎	容县十里乡	1987.11—1990.10
		封祖暹	容县杨梅镇	1987.11—1990.10
		陈群敏(女)	东兴市	1987.11—1990.10

续表

届次	职务	任职人	籍贯	任职时间
容县第十届人大常委会(1990.10—1993.11)	主任	唐绍荣	容县杨村乡	1990.10—1993.11
	副主任	彭开文	博白县	1990.10—1993.11
		区嘉业	容县县底乡	1990.10—1993.11
		王天培	陆川县	1990.10—1993.11
		封祖暹	容县杨梅镇	1990.10—1993.11
		朱素霞(女)	平南县	1990.10—1993.11
		刘振才	容县十里乡	1990.10—1992.1
容县第十一届人大常委会(1993.11—1999.1)	主任	唐绍荣	容县杨村镇	1993.11—1999.1
	副主任	王天培	陆川县	1993.11—1999.1
		殷发坚	北流市	1993.11—1998.4
		张俊汉(女)	容县容城镇	1993.11—1999.1
		郑振泉	容县容城镇	1993.11—1998.2
		覃志松(女)	容县灵山镇	1997.7—1999.1
容县第十二届人大常委会(1999.1—2002.10)	主任	唐绍荣	容县杨村镇	1999.1—2002.10
	副主任	王国坤	湖北秭归县	1999.1—2002.10
		覃志松(女)	容县灵山镇	1999.1—2002.10
		杨大焜	容县容西乡	1999.1—2002.10
		瞿志清	湖南湘阴县	1999.1—2002.10
容县第十三届人大常委会(2002.10—2006.10)	主任	张福文	平南县	2002.10—2006.3
	副主任	朱素霞(女)	平南县	2002.10—2006.10
		龙文培	藤县	2002.10—2006.10
		梁华南	容县六王镇	2002.10—2006.10
		黄昌权	容县杨村镇	2002.10—2006.10

容县人大常委会工作机构

1990年,容县人大常委会内设机构有办公室、法制工作委员会、教科文卫工作委员会、财政经济工作委员会、华侨工作委员会。核定行政编制12名,事业编制8名,实有人数24人。办公地址设在容城镇城西路。1992年,办公地址迁至北门街87号县政府大院内。1996年,核定行政编制18名,实有人数26人。2001年11月,第十二届人大常委会第二十五次会议决定,常委会日常工作机构设置改为:办公室、法制教科文卫工作委员会、财经农村华侨工作委员会。2002年,核定行政编制18名,机关后勤服务1名,实有人数18人。2005年,机构设置、编制核定以及实有人数与2002年相同。

第二节 人大代表选举

人民代表大会,简称人代会。

1987年11月,选举容县第九届人民代表大会代表307名,其中中共党员247名,非党人士60名;男247名,女60名;代表构成:干部81名,农民168名,归侨11名,知识分子47名。1990年,本届人代会有代表300名。

1990年8月,选举容县第十届人民代表大会代表306名,其中男代表占75.49%,女代表占24.51%。代表中有中共党员 214 名，占 69.93%。年龄结构：35 岁以下 41 名，占 13.40%；36 岁 ~55 岁 237 名，占 77.45%；56 岁以上 28 名，占 9.15%。文化程度：大专及以上学历 43 名，占 14.05%；初中、高中、中专学历 216 名，占 70.59%；小学以下学历 47 名，占 15.36%。代表构成：工人 8 名，占 2.61%；农民 186 名，占 60.78%；干部 105 名，占 34.31%；归侨 2 名，占 0.65%；其他 5 名，占 1.63%。这次选举，全县选民 39.19 万人，参加投票选举的有 38.68 万人，参选率 98.69%。代表变动情况：至 1993 年召开的第五次会议，共调出本行政区 8 名，外迁 1 名，已故 1 名；补选 3 名。1993 年，本届人代会尚有代表 299 名。

1993 年 11 月，选举容县第十一届人民代表大会代表 307 名。其中男代表 234 名，占 76.22%；女代表 73 名，占 23.78%。代表中有中共党员 214 名，占 69.71%。年龄结构：35 岁以下 42 名，占 13.68%；36 岁 ~55 岁 237 名，占 77.20%；56 岁以上 28 名，占 9.12%。文化程度：大专及以上学历 44 名，占 14.33%；初中、高中、中专学历 210 名，占 68.40%；小学以下学历 53 名，占 17.26%。代表构成：工人 8 名，占 2.60%；农民 187 名，占 60.91%；干部 105 名，占 34.20%；归侨 2 名，占 0.65%；其他 5 名，占 1.63%。这次选举，全县选民 42.27 万人，参加投票选举的有 41.80 万人，参选率 98.90%。代表变动情况：至 1998 年召开的第八次会议，共调出本行政区 10 名，已故 7 名，罢免 1 名。1999 年，本届人代会尚有代表 289 名。

1999 年 1 月，选举容县第十二届人民代表大会代表共 278 名。其中男代表 205 名，占 73.74%；女代表 73 名，占 26.26%。代表中有中共党员 185 名，占 66.55%。年龄结构：35 岁以下 50 名，占 18%；36 岁 ~55 岁 205 名，占 73.74%；56 岁以上 23 名，占 8.27%。文化程度：大学本科及以上学历 18 名，占 6.47%；大专学历 47 名，占 16.91%；中专、高中学历 105 名，占 37.77%；初中学历 90 名，占 32.37%；小学学历 18 名，占 6.47%。代表构成：工人 4 名，占 1.44%；农民 144 名，占 51.80%；干部 99 名，占 35.61%；知识分子 15 名，占 5.40%；归侨 3 名，占 1.08%；其他 13 名，占 4.68%。这次选举，全县选民 44.50 万人，参加投票选举的有 43.95 万人，参选率 98.77%。代表变动情况：至 2002 年召开的第四次会议，共调出本行政区 15 名，已故 1 名。2002 年，本届人代会尚有代表 262 名。

2002 年 10 月，选举容县第十三届人民代表大会代表共 285 名。其中男代表 204 名，占 71.58%；女代表 81 名，占 28.42%。代表中有中共党员 200 名，占 70.18%。年龄结构：35 岁以下 44 名，占 15.44%；36 岁 ~55 岁 225 名，占 78.95%；56 岁以上 16 名，占 5.61%。文化程度：大专及以上学历 103 名，占 36.14%；中专、高中学历 98 名，占 34.39%；初中学历 79 名，占 27.72%；小学学历 5 名，占 1.75%。代表构成：工人 5 名，占 1.75%；农民 145 名，占 50.88%；干部 116 名，占 40.70%；知识分子 10 名，占 3.51%；其他 9 名，占 3.16%。这次选举，全县选民 47.61 万人，参加投票选举的有 47.21 万人，参选率 99.16%。代表变动情况：至 2005 年召开的第四次会议，共调出本行政区 8 名，已故 1 名。2005 年 12 月，本届人代会尚有代表 276 名。

第三节　人民代表大会会议

容县第九届人民代表大会

第四次会议　1990 年 5 月 6 日—8 日在容城举行。出席会议代表 300 名。会议听取和审议、批准代县长李汉金作的《容县人民政府工作报告》；听取和审议县计划委员会主任温国祯作的《关于容县 1989 年国民经济和社会发展计划执行情况与 1990 年国民经济和社会发展计划（草案）的报告》，审查和批准容县 1989 年国民经济和社会发展计划执行情况与 1990 年国民经济和社会发展计划；听取和审议县财政局局长钟维强作的《关于容县 1989 年财政预算执行情况和 1990 年财政预算（草案）的报告》；听取和审议、批准县人大常委会副主任卢赋培作的《容县人民代表大会常务委员会工作报告》，审查和批准容县 1989 年财政预算执行情况和 1990 年财政预算；听取和审议、批准县人民法院院长陈业贵作的《容县人民法院工作报告》；听取和审议、批准县人民检察院检察长陈初友作的《容县人民检察院工作报告》。会议补选李汉金为县人民政府县长。

容县第十届人民代表大会

第一次会议 1990 年 10 月 8 日—10 日在容城举行。出席会议代表 306 名,列席人员 109 名。会议选举唐绍荣为容县第十届人民代表大会常务委员会主任,彭开文、区嘉业、王天培、封祖暹、朱素霞(女)、刘振才(任至 1992 年 1 月)为副主任,冯国华、石受梅(女)、李家芳、李振宏、杨创权、陈经森、周容珍(女)、茹奕荣、张武忠、黄华炎(女)、黄旭光、谭志才为委员;选举李汉金为容县人民政府县长,潘业贤、杨长朝、殷发坚、江瑞东、李耀贞、张俊汉(女)为副县长;陈业贵为容县人民法院院长;黄毓君为容县人民检察院检察长。会议作出《关于把沙田柚作为容县县果的决议》。

第二次会议 1991 年 5 月 4 日—7 日在容城举行。出席会议代表 305 名。会议听取和审议、批准县长李汉金作的关于《容县国民经济和社会发展十年规划和"八五"计划纲要》的报告,审查和批准容县国民经济和社会发展十年规划和"八五"计划纲要;听取、审议由县计划委员会主任邱进勇作的《关于容县 1990 年国民经济和社会发展计划执行情况与 1991 年国民经济和社会发展计划(草案)的报告》,批准容县 1990 年国民经济和社会发展计划执行情况与 1991 年国民经济和社会发展计划;听取、审议由县财政局局长钟维强作的《关于容县 1990 年财政预算执行情况和 1991 年财政预算(草案)的报告》,批准容县 1990 年财政预算执行情况和容县 1991 年财政预算;听取、审议并批准由县人大常委会主任唐绍荣作的《容县人民代表大会常务委员会工作报告》;审议、批准由县人民法院院长陈业贵作的《容县人民法院工作报告》(书面);审议、批准由县人民检察院检察长黄毓君作的《容县人民检察院工作报告》(书面)。

第三次会议 1992 年 1 月 11 日—13 日在容城举行。出席会议代表 302 名。会议听取、审议并批准代县长李军作的容县人民政府工作报告;听取和审议县计划委员会主任邱进勇作的《关于容县 1991 年国民经济和社会发展计划执行情况与 1992 年国民经济和社会发展计划(草案)的报告》,批准容县 1991 年国民经济和社会发展计划执行情况与 1992 年国民经济和社会发展计划;听取和审议县财政局局长钟维强作的《关于容县 1991 年财政预算执行情况和 1992 年财政预算(草案)的报告》,批准容县 1991 年财政预算执行情况与 1992 年财政预算;听取、审议并批准县人大常委会主任唐绍荣作的《容县人民代表大会常务委员会工作报告》;听取、审议并批准县人民法院院长陈业贵作的《容县人民法院工作报告》;听取、审议并批准县人民检察院检察长黄毓君作的《容县人民检察院工作报告》。会议补选李军为县人民政府县长,增选刘振才、卢伟为副县长。

第四次会议 1992 年 11 月 28 日—29 日在容城举行。出席会议代表 299 名。会议选举黎济武、管炳六、古鸿声、李军、唐绍荣、黄梅章、李琼华(女)、陈芝权、罗承期、陀济林等 10 人为出席自治区第八届人民代表大会代表。

第五次会议 1993 年 3 月 24 日—26 日在容城举行。出席会议代表 299 名,列席会议 99 名。会议听取和审议、批准县人民政府县长李军作的《容县人民政府工作报告》;听取和审议县计划委员会主任邱进勇作的《关于容县 1992 年国民经济和社会发展计划执行情况与 1993 年计划(草案)的报告》,批准容县 1992 年国民经济和社会发展计划执行情况与 1993 年国民经济和社会发展计划;听取和审议县财政局局长钟维强作的《关于容县 1992 年财政预算执行情况和 1993 年财政预算(草案)的报告》,审查和批准容县 1992 年财政预算执行情况和 1993 年财政预算;听取和审议、批准县人大常委会主任唐绍荣作的《容县人民代表大会常务委员会工作报告》;听取和审议、批准县人民法院院长陈业贵作的《容县人民法院工作报告》;听取和审议、批准县人民检察院检察长黄毓君作的《容县人民检察院工作报告》。

容县第十一届人民代表大会

第一次会议 1993 年 11 月 24 日—27 日在容城举行。出席会议代表 307 名。会议听取和审议、批准代县长李耀贞作的《容县人民政府工作报告》;听取和审议、批准县人大常委会主任唐绍荣作的《容县人民代表大会常务委员会工作报告》;审议、批准县人民法院院长陈业贵作的《容县人民法院工作报告》(书面);审议、批准县人民检察院检察长黄毓君作的《容县人民检察院工作报告》(书面)。会议选举容县第十一届人民代表大会常务委员会主任、副主任、委员和容县人民政府县长、副县长以及容县人民法院院长、容县

人民检察院检察长。选举结果为：唐绍荣为县人大常委会主任，王天培、殷发坚、张俊汉（女）、郑振泉（任至1998年2月）为副主任，邓启严、石受梅（女）、杨闯、张武忠、陈业功、陈经森、罗金清、周振光、周容珍（女）、莫标英、黄华炎（女）、覃绍月、曾昉明、赖炳南为人大常委会委员；李耀贞为容县人民政府县长，钟维强、莫乃林、何琨荣、杨大焜、邹汉其、曹桂芬（女）为副县长；梁新祥为容县人民法院院长，韦传庆为容县人民检察院检察长。

第二次会议 1994年4月16日—18日在容城举行。出席会议代表307名，列席会议103名。会议听取和审议、批准县长李耀贞作的《容县人民政府工作报告》；听取和审议、批准县计划委员会主任林孟南作的《关于容县1993年国民经济和社会发展计划执行情况与1994年计划（草案）的报告》，审查和批准容县1993年国民经济和社会发展计划执行情况与1994年国民经济和社会发展计划；听取和审议、批准县财政局局长梁明南作的《关于容县1993年财政预算执行情况和1994年财政预算（草案）的报告》，审查和批准容县1993年财政预算执行情况和1994年财政预算；听取和审议、批准县人大常委会主任唐绍荣作的《容县人民代表大会常务委员会工作报告》；听取和审议、批准县人民法院院长梁新祥作的《容县人民法院工作报告》；听取和审议、批准县人民检察院检察长韦传庆作的《容县人民检察院工作报告》。会议作出《关于容县设市撤县规划的决议》。

第三次会议 1995年3月23日—25日在容城举行。出席会议代表306名，列席会议110名。会议听取和审议、批准县长李耀贞作的《容县人民政府工作报告》；听取和审议、批准县计划委员会主任林孟南作的《关于容县1994年国民经济和社会发展计划执行情况与1995年计划（草案）的报告》，审查和批准容县1994年国民经济和社会发展计划执行情况与1995年国民经济和社会发展计划；听取和审议、批准县财政局局长梁明南作的《关于容县1994年财政预算执行情况和1995年财政预算（草案）的报告》，审查和批准容县1994年财政预算执行情况和1995年财政预算；听取和审议、批准县人大常委会主任唐绍荣作的《容县人民代表大会常务委员会工作报告》；听取和审议、批准县人民法院院长梁新祥作的《容县人民法院工作报告》；听取和审议、批准县人民检察院检察长韦传庆作的《容县人民检察院工作报告》。

第四次会议 1996年3月19日—21日在容城举行。出席会议代表303名，列席会议127名。会议听取和审议、批准县长李耀贞作的《关于容县国民经济和社会发展"九五"计划和2010年远景目标纲要的报告》，审查和批准《容县国民经济和社会发展"九五"计划和2010年远景目标纲要》；听取和审议、批准县计划委员会主任林孟南作的《关于容县1995年国民经济和社会发展计划执行情况与1996年计划（草案）的报告》，审查和批准容县1995年国民经济和社会发展计划执行情况与1996年国民经济和社会发展计划；听取和审议、批准县财政局局长梁明南作的《关于容县1995年财政预算执行情况和1996年财政预算（草案）的报告》，审查和批准容县1995年财政预算执行情况和1996年财政预算；听取和审议、批准县人大常委会主任唐绍荣作的《容县人民代表大会常务委员会工作报告》；听取和审议、批准县人民法院院长梁新祥作的《容县人民法院工作报告》；听取和审议、批准县人民检察院检察长韦传庆作的《容县人民检察院工作报告》。会议作出了《关于加快容县交通基础设施建设的决议》。

第五次会议 1996年6月18日在容城举行。出席会议代表300名，列席会议38名。会议补选岑小华为容县人民政府县长。

第六次会议 1997年3月30日—4月1日在容城举行。出席会议代表297人，列席会议149人。会议听取和审议、批准县长岑小华作的《容县人民政府工作报告》；听取和审议、批准县计划委员会主任林孟南作的《关于容县1996年国民经济和社会发展计划执行情况与1997年计划（草案）的报告》，审查和批准容县1996年国民经济和社会发展计划执行情况与1997年国民经济和社会发展计划；听取和审议、批准县财政局局长程智伟作的《关于容县1996年财政预算执行情况和1997年财政预算（草案）的报告》，审查和批准容县1996年财政预算执行情况和1997年财政预算；听取和审议、批准县人大常委会主任唐绍荣作的《容县人民代表大会常务委员会工作报告》；听取和审议、批准县人民法院院长梁新祥作的《容县人民法院工作报告》；听取和审议、批准县人民检察院检察长韦传庆作的《容县人民检察院工作报告》。会议作出《关于加强容县

城镇规划、建设、绿化、管理的决议》。

第七次会议 1997年7月24日—25日在容城举行。出席会议代表295名，列席会议43名。会议举行补选县人民政府县长、选举县第十一届人大常委会副主任、选举出席地级玉林市第一届人民代表大会代表等议程。选举结果：补选温守荣为容县人民政府县长，选举覃志松（女）为容县人民代表大会常务委员会副主任，选举产生容县出席地级玉林市第一届人民代表大会代表61人。

第八次会议 1998年3月18日—20日在容城举行。出席会议代表289名，列席会议179名。会议听取和审议、批准县长温守荣作的《容县人民政府工作报告》；听取和审议、批准县计划委员会主任林孟南作的《关于容县1997年国民经济和社会发展计划执行情况与1998年计划（草案）的报告》，审查和批准容县1997年国民经济和社会发展计划执行情况与1998年国民经济和社会发展计划；听取和审议、批准县财政局局长程智伟作的《关于容县1997年财政预算执行情况和1998年财政预算（草案）的报告》，审查和批准容县1997年财政预算执行情况和1998年财政预算；听取和审议、批准县人大常委会主任唐绍荣作的《容县人民代表大会常务委员会工作报告》；听取和审议、批准县人民法院代院长罗基龙作的《容县人民法院工作报告》；听取和审议、批准县人民检察院代检察长杨一林作的《容县人民检察院工作报告》。补选罗基龙为容县人民法院院长，补选杨一林为容县人民检察院检察长。会议作出《关于依法治县的决议》。

容县第十二届人民代表大会

第一次会议 1999年1月12日—15日在容城举行。出席会议代表278人，邀请、列席会议100人。会议听取和审议、批准代县长黄必贵作的《容县人民政府工作报告》；听取和审议、批准县计划委员会主任林孟南作的《关于容县1998年国民经济和社会发展计划执行情况与1999年计划（草案）的报告》，审查和批准容县1998年国民经济和社会发展计划执行情况与1999年国民经济和社会发展计划；听取和审议、批准县财政局局长程智伟作的《关于容县1998年财政预算执行情况和1999年财政预算（草案）的报告》，审查和批准容县1998年财政预算执行情况和1999年财政预算；听取和审议、批准县人大常委会主任唐绍荣作的《容县人民代表大会常务委员会工作报告》；听取和审议、批准县人民法院院长罗基龙作的《容县人民法院工作报告》；听取和审议、批准县人民检察院检察长杨一林作的《容县人民检察院工作报告》。会议举行选举容县第十二届人民代表大会常务委员会主任、副主任、委员，选举容县人民政府县长、副县长，选举容县人民法院院长，选举容县人民检察院检察长，选举玉林市第一届人民代表大会代表1人等议程。选举结果：选出唐绍荣为容县人民代表大会常务委员会主任，王国坤、覃志松（女）、杨大焜、瞿志清为副主任，覃华真、莫标英、陈益炎（女）、周振光、覃绍月、凌云勇、邓启严、曾世森、李大川、吴新光、李进锋、卢瑞广、曾昭玲（女）、李超文为委员；黄必贵为容县人民政府县长，邹汉其、黄汉生、苏长新、郑媛（女）为副县长；罗基龙为容县人民法院院长；杨一林为容县人民检察院检察长。选举黄必贵为玉林市第一届人民代表大会代表。

第二次会议 2000年3月7日—9日在容城举行。出席会议代表270名，邀请、列席会议142名。会议听取和审议、批准代县长张福文作的《容县人民政府工作报告》；听取和审议、批准县人民政府副县长黄汉生作的《关于容县1999年国民经济和社会发展计划执行情况及2000年国民经济和社会发展计划（草案）的报告》，审查、批准容县1999年国民经济和社会发展计划执行情况及2000年国民经济和社会发展计划；听取和审议、批准县财政局局长余荣作的《关于容县1999年预算执行情况和2000年预算（草案）的报告》，审查和批准容县1999年预算执行情况和2000年预算；听取和审议、批准县人大常委会主任唐绍荣作的《容县人民代表大会常务委员会工作报告》；听取和审议、批准县人民法院院长罗基龙作的《容县人民法院工作报告》；听取和审议批准县人民检察院检察长杨一林作的《容县人民检察院工作报告》；补选张福文为容县人民政府县长。会议作出《关于进一步加强侨务工作的决议》。

第三次会议 2001年2月13日—15日在容城举行。出席会议代表267名，邀请、列席会议145名。会议听取和审议、批准县长张福文作的关于容县国民经济和社会发展第十个五年计划纲要报告；听取和审议、批准县发展计划局局长何兴明作的《关于容县2000年国民经济和社会发展计划执行情况及2001年国民经济和社会发展计划（草案）的报告》；听取和审议、批准县财政局局长余荣作的《关于容县2000年预算执行情况和 2001 年预算（草案）的报告》；听取和审议、批准县人大常委会主任唐绍荣作的《容县人民代表大会常务委员会工作报告》；听取和审议、批准县人民法院院长罗基龙作的《容县人民法院工作报告》；听取和审议、批准县人民检察院检察长杨一林作的《容县人民检察院工作报告》；选举邹崇耀、满昌学为玉林市第一届人民代表大会代表。

第四次会议 2002 年 3 月 14 日—16 日在容城举行。出席会议代表 262 名，邀请、列席会议 143 名。会议听取和审议、批准县长张福文作的《容县人民政府工作报告》；听取和审议、批准县发展计划局局长张伟作的《关于容县 2001 年国民经济和社会发展计划执行情况及 2002 年国民经济和社会发展计划（草案）报告》；听取和审议、批准县财政局局长余荣作的《关于容县 2001 年预算执行情况和 2002 年预算（草案）报告》；听取和审议、批准县人大常委会主任唐绍荣作的《容县人民代表大会常务委员会工作报告》；听取和审议、批准县人民法院代院长陆敏平作的《容县人民法院工作报告》；听取和审议、批准县人民检察院检察长杨一林作的《容县人民检察院工作报告》；补选陆敏平为容县人民法院院长。

容县第十三届人民代表大会

第一次会议 2002 年 10 月 16 日—18 日在容城举行。出席会议代表 285 名，邀请、列席会议 71 名。会议听取和审议、批准代县长杨家庆作的《容县人民政府工作报告》；听取和审议、批准县人大常委会主任唐绍荣作的《容县人民代表大会常务委员会工作报告》；听取和审议、批准县人民法院院长陆敏平作的《容县人民法院工作报告》；听取和审议、批准县人民检察院检察长杨一林作的《容县人民检察院工作报告》。会议举行选举容县第十三届人民代表大会常务委员会主任、副主任、委员，选举容县人民政府县长、副县长，选举容县人民法院院长，选举容县人民检察院检察长，选举出席玉林市第二届人民代表大会代表等议程。选举结果：选出张福文为容县人民代表大会常务委员会主任，朱素霞（女）、龙文培、梁华南、黄昌权为副主任，韦用树、梁彬、李林、肖文彬、赖炳南、梁德宽、李小川、曾世森、黎远善、李桂龙、梁世喜、梁振西、李耀、曾昭玲（女）为委员；选举杨家庆为容县人民政府县长，李松明、郑媛（女）、丘玉树、浦秀川为副县长；陆敏平为容县人民法院院长；杨一林为容县人民检察院检察长。选举产生容县出席玉林市第二届人民代表大会代表 66 人。

第二次会议 2003 年 3 月 5 日—7 日在容城举行。出席会议代表 285 名，邀请、列席会议 79 名。会议听取和审议、批准县长杨家庆作的《容县人民政府工作报告》；听取和审议、批准县发展计划局局长张伟作的《关于容县 2002 年国民经济和社会发展计划执行情况及 2003 年国民经济和社会发展计划（草案）》的报告，审查和批准容县 2002 年国民经济和社会发展计划执行情况及 2003 年国民经济和社会发展计划；听取和审议、批准县财政局局长余荣作的《关于容县 2002 年预算执行情况和 2003 年预算（草案）》的报告，审查和批准容县 2002 年预算执行情况和 2003 年预算；听取和审议、批准县人大常委会副主任朱素霞作的《容县人民代表大会常务委员会工作报告》；听取和审议、批准县人民法院院长陆敏平作的《容县人民法院工作报告》；听取和审议、批准县人民检察院检察长杨一林作的《容县人民检察院工作报告》。

第三次会议 2004 年 2 月 25 日—27 日在容城举行。出席会议代表 283 名，邀请、列席会议 86 名。会议听取和审议、批准县长杨家庆作的《容县人民政府工作报告》；听取和审议、批准县发展计划局局长张伟作的《关于容县 2003 年国民经济和社会发展计划执行情况及 2004 年国民经济和社会发展计划（草案）的报告》；审查和批准容县 2003 年国民经济和社会发展计划执行情况的报告与 2004 年国民经济和社会发展计划；听取和审议、批准副县长、县财政局局长余荣作的《关于容县 2003 年预算执行情况和 2004 年预算（草案）的报告》，审查和批准容县 2003 年预算执行情况的报告与 2004 年预算；听取和审议、批准县人大常委会副主任朱素霞作的《容县人民代表大会常务委员会工作报告》；听取和审议、批准县人民法院院长陆敏平作的《容县人民法院工作报告》；听取和审议、批准县人民检察院检察长杨一林作的《容县人民检察院工作报告》。

第四次会议 2005 年 3 月 10 日—11 日在容城举行。出席会议代表 276 名，邀请、列席会议 92 名。会议听取和审议、批准县长杨家庆作的《容县人民政府工作报告》；审查和批准容县 2004 年国民经济和社会发展计划执行情况的报告与 2005 年国民经济和社会发展计划；听取和审议、批准县人大常委会副主任朱素霞作的《容县人民代表大会常务委员会工作报告》；听取和审议、批准县人民法院代院长张万龙作的《容县人

民法院工作报告》;听取和审议、批准县人民检察院代检察长覃广雄作的《容县人民检察院工作报告》;补选张万龙为容县人民法院院长,补选覃广雄为容县人民检察院检察长。

第四节 常务委员会主要会议

容县第十届人大常委会会议(1990年10月—1993年11月)

1991年3月4日—5日,县十届人大第二次常委会会议,作出《关于在全县公民中开展法制教育的第二个五年规划的决议》。1991年7月15日—17日,召开第四次常委会会议,作出《关于进一步加强社会治安综合治理的决定》。1991年10月30日—31日,召开第六次常委会会议,作出《关于依法治县工作五年规划的决议》。1992年10月29日—11月2日,召开第十二次常委会会议,接受潘业贤辞去县人民政府副县长职务的请求。1993年10月13日,召开第十九次常委会会议,接受李军辞去县人民政府县长职务的请求,任命李耀贞为县人民政府副县长,代理县长职务。

容县第十一届人大常委会会议(1993年11月—1999年1月)

1993年12月16日,召开县第十一届人大第一次常委会会议,通过《关于接受陈经森辞去县人大常委会委员职务的请求的决定》,对县经委主任黄梅章、县工商行政管理局局长甘耀棠的工作进行了评议。1994年5月6日—7日,召开第三次常委会会议,审议和通过容县人大常委会《人事任免办法》《主任会议制度》《容县人大常委会与乡镇主席团联系办法》《容县人大常委会与代表联系办法》。8月4日—5日,召开第五次常委会会议,听取和审议县农委主任梁志勇作的关于贯彻执行《农民负担费用和劳务管理条例》《自治区农民负担管理条例》的情况汇报,副县长邹汉其作的关于容县人民政府执行县第十一届人大二次会议《关于容县设市撤县规划的决议》中关于实施旧城改造建设的情况汇报,县财政局副局长覃绍明作的关于容县1994年上半年财政预算收支执行情况的汇报。1995年4月24日,召开第十次常委会会议,听取和审议副县长何琨荣作的《关于搬迁容县油毡纸厂的情况汇报》,县畜牧局副局长何柏华作的《关于畜牧生产工作情况汇报》。审议通过县人大常委会关于组织人大代表评议县人民政府副县长(部分)工作方案。1995年7月26日,召开第十二次常委会会议,作出《关于在全县开展检查统计法、自治区预算外资金管理条例及有关法律执行情况的决定》,并通过执法检查实施方案,在全县各级国家机关、企事业单位对《中华人民共和国统计法》《广西壮族自治区预算外资金管理条例》的执行情况进行大检查。1996年7月30日—31日,召开第二十四次常委会会议,听取和审议县政府办公室主任李绍勇作的《关于容县撤县建市情况汇报》,县财政局副局长覃绍明作的《关于容县1996年上半年财政预算执行情况的报告》和《容县1996年上半年预算外资金管理情况汇报》以及《关于容县国有资产管理工作情况的报告》,县教委主任卢步明作的《容县教育工作汇报》,县物价局局长甘文忠作的《加强物价调控工作,依法强化物价管理》的报告,县审计局局长覃栋平作的《关于我县1996年上半年审计工作情况汇报》,县监察局局长李振宏作的《关于我县1996年上半年行政监察工作情况汇报》,县科技局局长何兴明作的《关于容县科技工作的汇报》。10月30日,召开第二十六次常委会会议,研究将在12月对县农业局局长、县交通局局长、县教委主任双向述职评议的工作部署;决定接受覃春荣辞去县人民政府挂职副县长职务。1997年1月10日,召开第二十七次常委会会议,分别听取县农业局局长罗瑞贤、县教委主任卢步明作述职报告,并进行"双向述职评议"。10月29日,召开第三十三次常委会会议,听取和审议县财政局局长程智伟作的《关于容县1997年1—3季度财政预算执行情况的报告》《1997年1—3季度预算外资金管理工作情况汇报》《1997年容县国有资产管理情况汇报》,听取和审议县乡(镇)企业局局长覃海华作的《容县乡(镇)企业局1997年1月—9月份工作情况汇报》,听取和审议县经委副主任林政森作的《容县经委口国有企业1997年1月—9月份工作情况汇报》。1998年4月6日,召开第三十七次常委会会议,听取和审议县财委主任梁明南、县建设局局长杨克特分别对《容县人民政府禁止在县城城区燃放烟花爆竹的决定》《容县城区管理暂行办法》所作的说明,会议作出《关于禁止在县城城区燃放烟花爆竹的决议》《关于加强容县城区管理的决议》。

容县第十二届人大常委会会议(1999年1月—2002年10月)

1999年2月11日，召开县十二届第一次常委会会议，审议、通过县人大常委会1999年工作要点；通过关于设立代表资格审查委员会的决定。5月28日，召开第四次常委会会议，分别听取和审议县旅游局、县科技局、县卫生局、县监察局所作的关于旅游、科技、卫生、反腐败及廉政工作情况的汇报。2000年6月19日，召开第十二次常委会会议，听取和审议县水电局作的《容县农村电网改造情况汇报》，县人民法院作的《容县人民法院关于贯彻执行〈人民法院审判人员违法审判责任追究办法(试行)〉和〈人民法院审判纪律处分办法(试行)〉情况的汇报》，县人民检察院作的《容县人民检察院落实错案责任追究制工作情况汇报》。8月28日，召开第十三次常委会会议，审议、通过2000年人大常委会对“一府两院”人员述职评议名单。2001年10月25日—26日，召开第二十三次常委会会议，分别听取和审议县劳动局、县乡(镇)企业局所作的关于全县劳动保障工作、乡(镇)企业管理工作的情况汇报；听取、审议和讨论县人民政府向县人大常委会提出的《关于在公民中开展法制宣传教育的第四个五年规划的议案》以及由县司法局作的议案说明发言，作出《关于在公民中开展法制宣传教育第四个五年规划的决议》。2002年9月4日，召开第三十四次常委会会议，审议、通过县、乡(镇)人大换届选举工作方案；审议、通过《容县人大常委会关于设立容县选举委员会的决定》《容县人大常委会关于设立容厢等乡(镇)选举委员会的决定》《容县人大常委会关于全县乡(镇)人民代表大会代表名额的决定》。

容县第十三届人大常委会会议(2002年10月—2006年10月)

2002年11月21日，召开县十三届第一次常委会会议，审议和通过《容县第十三届人大常委会组成人员分工》《容县人大常委会关于设立代表资格审查委员会的决定》。2003年4月4日，召开第五次常委会会议，审查县人民政府组织编制的《容县县城总体规划(2001—2020)》，听取县建设局作的总体规划说明；分别听取县建设局、县工商局、县文化和体育局所作的关于创建自治区级文明县城工作情况汇报；会议作出《容县人大常委会关于同意〈容县县城总体规划(2001—2020)〉报请上级人民政府审批的决定》。2004年8月12日，召开第十六次常委会会议，听取和审议县人大常委会执法检查组关于对县卫生局、县文化和体育局、县工商行政管理局、县环境保护局行政执法情况的检查报告；会议分别对县卫生局等4个行政执法部门在行政执法过程中存在的问题提出具体整改意见；听取县人民政府办公室作的《关于容县十三届人大三次会议代表建议、批评和意见办理工作情况的报告》以及县教育局、县国土资源局对建议的办理情况经验介绍。9月29日，召开第十七次常委会会议，分别对县民政局、县水利局、县建设局、县司法局的工作进行述职评议，将综合归纳的评议意见和建议以面对面形式向述职人反馈，通过无记名投票测评并当场公布测评结果。2005年6月28日，召开第二十二次常委会会议，听取和审议县人大常委会副主任龙文培作的《关于对容县人民法院2004年民商事案件审判质量检查情况的报告》，作出《容县人大常委会关于进一步加强我县民商事案件审判工作的决议》。9月14日，召开第二十三次常委会会议，分别对县教育局、县人事劳动和社会保障局、县林业局的工作进行述职评议，将综合归纳的评议意见和整改建议以面对面形式向述职人反馈，通过无记名投票测评并当场公布测评结果。

第五节　监督工作

1990—2005年，县人大常委会根据《中华人民共和国宪法》和法律赋予地方人大常委会的职权，落实《广西壮族自治区各级人民代表大会常务委员会监督工作条例》，对本级人民政府、人民法院、人民检察院实施监督。围绕全县经济发展、社会稳定和人民群众关心关注的热点难点问题，不断加强和改进监督工作，推进县人民政府、县人民法院、县人民检察院各项工作的开展。县人大常委会把依法行使监督权作为每年工作的重点来研究部署，精心组织每一监督事项，积极探索监督工作的途径和方法，不断完善制度，规范工作，增强对县人民政府、县人民法院、县人民检察院监督工作的针对性和实效性，大力推进依法治县进程。每年定期听取和审议县人民政府、县人民法院、县人民检察院的工作报告和各方面工作的专题汇报，在肯定成绩的同时，指出存在问题，提出改进工作的建议和意见。

农林水电方面

听取和审议并展开监督工作的主要内容有：1990年关于林业情况的汇报；1991年关于贯彻落实中共中央、国务院关于1991年农业和农村工作的通知的情况汇报；1992年关于容县1993年实现绿化达标县的报告；1993年关于容县清理涉及农民负担的文件和项目的情况汇报，关于容县开发柚桂产业情况汇报；1995年关于容县电力基础设施建设的情况汇报；1997年关于农民负担监督管理的情况汇报；1998年关于容县农业产业化的发展情况汇报；2000年关于容县农村电网改造工作情况汇报；2003—2005年关于人畜饮水工程项目建设和专项资金使用情况汇报、关于解决“四路一铁”涉农问题专项报告。

工业交通方面

听取和审议并展开监督工作的主要内容有：1991年关于国有企业扭亏增盈的情况汇报；1994年关于国有工业企业转换经营机制工作汇报；1995年关于国有企业的技改扭亏增盈情况汇报，关于乡（镇）企业的发展情况汇报；1997年县经委辖管的国有企业1997年1月—9月份工作情况汇报、容县乡（镇）企业管理局1997年1月—9月份工作情况汇报；1998年关于非公有制经济发展情况和发展乡（镇）企业的工作情况汇报；2000年关于容县国有企业改革情况汇报；2001年关于容县工商行政管理工作情况汇报，关于乡（镇）企业管理工作情况汇报；2002年县交通局工作汇报；2003年上半年县交通局工作汇报。

财政经济方面

听取和审议并展开监督工作的主要内容有：1990—2005年，关于每年国民经济和社会发展计划执行情况和下一年计划（草案）的报告，每年财政预算、决算、预算执行情况、预算外资金管理以及调整预算方案的报告，地方税收工作情况报告，审计工作报告，人大常委会相关工作委员会的初审报告。

科教文卫方面

听取和审议并展开监督工作的主要内容有：1991年关于贯彻实施《中华人民共和国义务教育法》自查报告；1996年关于容县卫生工作情况汇报，关于县教育工作情况汇报，关于科技工作情况报告；1997年关于文化工作情况汇报；1999年关于科技工作情况汇报，关于卫生工作情况汇报；2000年关于文化工作情况汇报，关于容县广播电视工作情况汇报；2002年关于教育工作情况汇报，关于卫生工作情况汇报。

城建环保方面

听取和审议并展开监督工作的主要内容有：1990年关于容县城区规划控制区的报告；1994年关于实施旧城改造建设的情况汇报，关于抽查、视察容县油毡纸厂的报告；1997年县环保局工作情况汇报和关于容县城市规划建设管理的工作汇报；2000年关于环境保护工作情况汇报；2002年县建设局工作情况汇报。

政法工作方面

听取和审议并展开监督工作的主要内容有：1990年监察工作情况汇报；1991年关于容县五年普法规划完成情况汇报以及实施法制宣传教育第二个五年规划的意见的报告，社会治安综合治理工作情况汇报和下一步工作计划的报告，贯彻执行《中华人民共和国归侨侨眷权益保护法》的情况汇报，法院工作汇报，检察院工作汇报；1992年上半年依法治县工作汇报；1993年贯彻《中华人民共和国农业法》《自治区农民负担管理条例》和《实施办法》的情况汇报，贯彻实施《中华人民共和国矿产资源法》情况汇报，减轻农民负担等执法检查情况汇报，县十届人大代表 ××× 犯罪情况报告；1994年实施《中华人民共和国产品质量法》情况汇报，贯彻《中华人民共和国归侨侨眷权益保护法》情况汇报，贯彻执行《中华人民共和国土地管理法》情况汇报，贯彻实施《中华人民共和国环境保护法》情况汇报，贯彻执行《中华人民共和国农业法》和《农民负担费用和劳务管理条例》《自治区农民负担管理条例》情况汇报，治安情况及反腐败斗争党风廉政建设工作汇报，执行价格法规工作汇报，1994年度执法检查工作报告；1995年县公安工作情况汇报和关于实施“二五”普法、依法治县工作完成情况和实施“三五”普法、依法治县工作的意见汇报；1996年上半年行政监察工作情况汇报；1997年县法制局工作情况汇报；1999年县反腐败及廉政工作情况汇报，贯彻《中华人民共和国村民委员会组织法》和村民委员会换届选举工作的情况汇报；2000年贯彻执行《人民法院审判人员违法审判追究办法（试行）》和《人民法院审判纪律处分办法（试行）》情况汇报，县检察院落实错案责任追究制工作情况汇报，县公安局工作情况汇报，依法治县工作情况汇报；2001 年县司法行政工作报告，县监察局工作报告；2003 年容县人民法院民事审判第一庭 2002 年以来工作情况汇报，县公安局 2002 年以来工作情况汇报；2004 年检查县公安局 3 个基层派出所治安工作行政执法情况的报告，检查县卫生局、县文化和体育局、县工商局、县环保局执法情况的报告；2004 年县人民法院民商事案件审判质量检查情况的报告，检查县质量技术监督局、县经济贸易局行政执法情况报告，实施行政许可法及加强机关效能建设情况的报告。

第六节　执法检查

1990—2005 年，容县人大常委会先后对《中华人民共和国农业法》《中华人民共和国劳动法》《中华人民共和国义务教育法》《中华人民共和国环境保护法》《中华人民共和国预算法》《中华人民共和国归侨侨眷权益保护法》《中华人民共和国行政许可法》《中华人民共和国行政处罚法》等法律法规的贯彻实施情况开展了执法检查。在执法检查中，坚持做到突出重点，讲求实效。对执法检查中发现的问题和常委会审议执法检查报告时提出的意见和建议，及时转政府及有关部门办理，并做好跟踪监督检查，要求被检查单位对检查出来的存在问题认真整改，并在法定期限内向常委会报告整改情况。通过开展执法检查，提高执法部门依法行政的水平，促进法律法规在容县的贯彻落实，一些单位有法不依、执法不严、违法不究的现象得到解决。

1990 年 3 月，容县人大常委会会同县政府、法院、检察院召开联席会议研究，采取各部门组织本系统职工对口学习法律、层层自查自纠、进行整改等。对《中华人民共和国宪法》《中华人民共和国地方组织法》《中华人民共和国刑法》《中华人民共和国全民所有制工业企业法》《中华人民共和国土地管理法》《中华人民共和国森林法》《中华人民共和国义务教育法》《中华人民共和国村民委员会组织法（试行）》《中华人民共和国统计法》《关于严惩严重破坏经济的罪犯的决定》《关于惩治贪污罪、贿赂罪的补充规定》《自治区水利工程管理条例》《自治区计划生育条例》等法律、法规实施情况进行检查。

1991 年 10 月—1992 年 1 月，开展对全县各级国家机关贯彻实施《中华人民共和国宪法》《中华人民共和国民族区域自治法》《中华人民共和国刑法》《中华人民共和国刑事诉讼法》《中华人民共和国企业法》《中华人民共和国行政诉讼法》的执法检查，重点是公安、审判、检察、司法、工商、税务、土地管理等执法机关和执法人员的执法活动。整个执法检查分为工作准备、学习和宣传发动、自查自纠、重点抽查、总结和整改 5 个阶段。县法院抽出 9 人分 3 个组专门抓，指导各业务庭开展执法检查具体工作；县公安局 5 名领导干部分别带领检查组到各乡（镇）派出所进行检查。

1992 年，根据全国人大常委会执法检查统一部署和自治区人大的具体安排，对《中华人民共和国土地法》《中华人民共和国义务教育法》《中华人民共和国药品管理法》《中华人民共和国归侨侨眷权益保护法》《中华人民共和国食品卫生法》《中华人民共和国传染病防治法》《中华人民共和国企业法》《中华人民共和国民族区域自治法》等 8 个法律和全国人大常委会颁布的《关于加强社会治安综合治理的决定》《关于严禁卖淫嫖娼的决定》《关于严惩拐卖、绑架妇女、儿童犯罪分子的决定》以及自治区颁布的《自治区计划生育条例》的执行情况进行检查。上半年，由县人大常委会教科文卫工委召集有关部门分别组织开展检查贯彻执行《中华人民共和国药品管理法》，抽检 244 批次，发现不合格 21 批次；开展贯彻执行《中华人民共和国食品卫生法》《中华人民共和国传染病防治法》情况的检查。6 月，由财经工委配合玉林地区检查组对《中华人民共和国全民所有制工业企业法》执行情况进行检查。6 月—7 月，由法制工委组织政法部门对贯彻执行全国人大常委会《关于加强社会治安综合治理的决定》和自治区人大常委会《关于禁毒、严禁嫖娼和严惩拐卖、绑架妇女儿童犯罪分子的决定》的情况进行检查。9 月，由县人大常委会办公室、华侨工委配合玉林地区检查组对贯彻《中华人民共和国民族区域自治法》执行情况进行检查。11 月，县人大常委会教科文卫工委按自治区人大统一部署，组织计生、卫生、政法、妇联等部门机构对执行《自治区计划生育条例》进行检查评议。4 月和 10 月，先后协助全国人大侨委、自治区人大侨委进行《中华人民共和国归侨侨眷权益保护法》实施情况检查。同年，还先后组织有关部门和单位对全国人大常委会和自治区人大法制委员会制订的《中华人民

共和国监察条例(草案)》《广西壮族自治区实施〈中华人民共和国水法〉办法(草案)》《广西壮族自治区土地管理实施办法修改(草案)》《广西壮族自治区〈关于人民法院执行工作〉条例(草案)》征求意见提供修改意见。

1993 年,根据自治区八届人大常委会第三次会议《关于在全区开展检查有关减轻农民负担、全民所有制工业企业转换经营机制法规执行情况的决定》和玉林地区执法检查工作会议统一部署,于 7 月开展对执行减轻农民负担和《全民所有制工业企业转换经营机制条例》等法规情况的检查,经清理涉农负担文件 81 份,收费项目 101 个,由县委、县政府先后发文取消 82 项,停止执行 6 项,降低收费标准 6 项。经测算,全县农民一年可减轻不合理负担 920 万元,人均减负 15 元。经执法检查,进一步落实了全县国有企业的 14 项经营自主权。

1994 年,根据自治区八届人大常委会第九次会议和自治区人大常委会召开全区执法检查工作会议精神和玉林地区的工作部署,由县人大常委会组织部分人大代表、政府及有关部门组成视察组,开展对贯彻《中华人民共和国农业法》《中华人民共和国消费者权益保护法》《中华人民共和国环境保护法》的执法检查,先后重点抽查了县农业局、水电局、土地局、工商局、技术监督局、医药局、环保局、林业局、建委以及县底、十里、杨梅、容西、容城等乡(镇)政府。组织技术检查力量在集贸市场现场抽查计量器具,突击抽样检查县城及重点乡(镇)的 31 个农药销售门市部(仓库)100 多个品种农药,曝光一批假冒伪劣产品,查获假冒伪劣商品 156 种,当场烧毁假冒伪劣产品 6 种 200 件;受理消费者投诉 68 起;容城镇主动关闭环境污染严重的化工厂 1 个,动议搬迁治理严重污染环境的油毡生产车间。同年,开展对贯彻实施《中华人民共和国统计法》《中华人民共和国工会法》《中华人民共和国妇女权益保障法》《中华人民共和国传染病防治法》《中华人民共和国食品卫生法》《中华人民共和国教师法》等法律法规情况进行检查。

1995 年上半年,县人大常委会组织对《中华人民共和国科技进步法》《老年人权益保护规定》《中华人民共和国城市规划法》的实施情况进行检查。在全县开展对《中华人民共和国统计法》和《自治区预算外资金管理条例》的执行情况进行大检查,先后由县委、县人大常委会、县政府的 6 位领导率队到黎村镇、十里乡和永兴实业总公司、兴华包装厂、杨梅脱谷机厂、县底大江石材厂、广西黑五类食品集团有限公司以及 10 个个体企业,开展对《中华人民共和国统计法》执行情况的抽查;组织由县人大常委会执法检查人员和财政局专业人员,对 11 个乡(镇)的 18 个单位以及县检察院、法院、交警大队、教委、交通局、商业局、计生委、二轻局、农机局等部门执行预算外资金管理情况的抽查。据统计,全县有预算外资金收入的单位 243 个,设立账户 263 户,全部资金和收入均纳入财政专户储存管理。同年,分别开展《中华人民共和国劳动法》《中华人民共和国教师法》《中华人民共和国审计法》《中华人民共和国预算法》《中华人民共和国城市规划法》执行情况的检查工作。

1996 年 5 月—6 月,县人大常委会组织执法检查小组对县内贯彻实施《中华人民共和国矿产资源法》的情况进行检查,主要抽查点为灵山、杨梅、石寨的采矿点,重点检查采矿许可证、矿种、范围、人员、环保、安全、税费等内容。年内,先后开展《中华人民共和国劳动法》《中华人民共和国警察法》《中华人民共和国民族区域自治法》《中华人民共和国教育法》《中华人民共和国归侨侨眷权益保护法》《中华人民共和国渔业法》和《关于禁毒的决定》以及《中华人民共和国公司法》《自治区建设工程施工招标管理条例》等法律法规的执行情况进行检查。

1997 年,县人大常委会工作机构根据对口部门组织有关单位,对县、乡(镇)两级政府及有关部门执行减轻农民负担的有关法律、法规情况和贯彻《中华人民共和国科技进步法》《中华人民共和国食品卫生法》《中华人民共和国档案法》《中华人民共和国农业技术推广法》《中华人民共和国产品质量法》《产品质量监督管理条例》等开展检查工作。对县法院执行《中华人民共和国刑事诉讼法》《中华人民共和国民事诉讼法》的情况实施检查。

1999 年,县人大常委会组织有关部门和单位对《中华人民共和国城市规划法》《中华人民共和国归侨侨眷权益保护法》《中华人民共和国残疾人权益保护法》《中华人民共和国刑事诉讼法》等法律法规的执行情况进行检查。

2001年，县人大常委会组织有关部门和单位对《中华人民共和国城市房地产管理法》《中华人民共和国警察法》《中华人民共和国监狱管理法》《中华人民共和国文物保护法》《中华人民共和国水土保持法》《中华人民共和国预算法》《预算监督条例》等法律法规的执行情况实施抽查。

2004年4月—5月，县人大常委会会同玉林市人大常委会组成执法检查组，对容县公安局的容城、六王、松山派出所的治安行政案件执法情况展开检查，检查内容为派出所在2003年度办理的治安行政案件中的事实认定、证据、适用法律、程序是否合法完善，有无以罚代刑、非法行政拘留的执法违法行为，查阅了公民投诉案件、保证金收取及管理的情况。7月，由县人大常委会组成行政执法检查组2个，对县文化和体育局、环境保护局、卫生局、工商行政管理局开展行政执法检查，重点检查2002—2004年上半年行政执法案件执行情况，包括行政执法主体、适用法律、罚款额度是否准确，同类案件有否畸轻畸重，有无截留挪用罚没款，扣押、处理物品手续程序是否合法等。

2005年5月，县人大常委会组织有检察、司法机关业务人员参加的执法检查组，检查县法院的民商事经济案件审判质量。8月，组织力量对县经贸局、质量技术监督局的行政执法情况进行检查。10月，组织执法检查组对贯彻实施《中华人民共和国劳动法》情况开展专项检查，听取县人事劳动和社会保障局贯彻实施《中华人民共和国劳动法》执法情况汇报，进入县电力公司、县万力造纸厂、县鸿大饲料公司等单位，重点检查劳动合同签订和执行、落实和完善最低工资保障制度、解决拖欠职工工资、企业职工合法权益保障等内容。同年，还开展对《中华人民共和国归侨侨眷权益保护法》的执法检查。

第七节　代表视察

容县人大常委会组成人员和人大代表在人民代表大会闭会期间，进行视察，是联系人民群众，倾听群众意见和要求，了解情况，执行代表职务的一种方式；是法律赋予人大代表管理国家大事的一项职权；同时也是县人大及其常委会依法行使监督权的一项内容。视察的方式，采取听取汇报、现场察看、召开座谈会、走访人民群众等。通过视察，检查国家的法律、法规、法令、政策的贯彻落实情况，倾听人民群众心声，向被视察单位提出建议、批评和意见，使国家行政机关、审判机关、检察机关以及各职能部门置于国家权力机关以及人民群众的监督之下。

1990年3月，县人大常委会法制工委组织县公安、检察、法院、司法等单位的县人大代表、领导干部共12人到容县看守所现场视察，听取县公安局贯彻执行《中华人民共和国治安处罚条例》的情况汇报；组织县人大代表300多人在县内进行视察活动2天。11月，组织部分县人大代表和乡（镇）领导及法院负责人，到县法院民事庭和基层法庭进行视察。12月，组织乡（镇）代表组就地视察法院（法庭）、检察院（检察室）、司法局（司法室）等执法机关，专题了解执法机关执行法律、推动经济发展工作情况。

1991年12月23日—27日，第七届全国人大代表和自治区人大代表6人以及部分县人大代表在容县视察，主要内容包括听取县执法检查领导小组办公室对全县执法检查工作情况汇报，县公安局、法院、税务局、土地局执法自查自纠情况汇报，县政府及有关部门关于容县1991年度国民经济和社会发展和财政预算执行情况、深入开展法制宣传教育实施情况、国营企业扭亏增盈情况汇报等；现场视察侨乡经济开发区、城区过境公路、容城电站、容县师范、容县高中及容县中学。

1992年10月，县人大常委会组织全体委员以乡（镇）企业为重点开展视察工作。先后视察了杨村的石材厂，黎村的容县化工厂、造纸厂、涂料厂、淀粉厂、雅尔鞋厂、保健食品厂、饲料厂、实力公司、南方化工厂，石寨的港容方块糖厂，容县灵山瓷厂，杨梅的容县南方五金制品厂等新办的乡（镇）企业。11月，组织由计生、卫生、政法、妇女等方面的9位县人大代表组成的视察组，进行为期7天的视察活动。实地视察石头、松山、容厢、六王等乡（镇），听取乡（镇）计生工作情况汇报，查阅乡（镇）近年来的计生档案资料，召开有乡（镇）计生站、派出所、卫生院、共青团、妇联的代表和部分村党支书或村长、计生专干等参加的座谈会，然后进行评议。

1994年1月,县人大常委会组织容县选举产生的自治区八届人大代表和部分县人大代表开展视察活动期间,听取副县长钟维强关于1993年县政府工作汇报和县公安局、县检察院、县法院及县监察局关于打击经济犯罪、刑事犯罪和社会治安情况以及开展反腐败斗争情况汇报,听取有关部门关于1993年国民经济计划和财政预算执行情况、农业和减轻农民负担的情况、全民所有制工业企业转换经营机制条例执行情况;实地视察黎村镇的经济开发区、炸药工厂,松山乡的沙田柚示范场、抽丝厂,容西乡的包装公司、南洋食品厂、容西水泥厂;走访了部分人大代表。12月,组织在容县选举产生的自治区八届人大代表以及县十一届人大的部分代表开展4天视察活动。活动期间,听取县长李耀贞关于容县1994年国民经济计划执行情况的汇报以及常务副县长钟维强关于容县1994年抗洪救灾、灾后生产及群众生活安排情况和容县1994年1月—10月财政预算执行情况的汇报;听取县公安局长梁德焜关于容县1994年度社会治安综合治理情况汇报和县财委主任兼供销社主任范运生关于容县供销社发展情况与今后奋斗目标的汇报;听取县信访局副局长易振文关于容县1994年信访工作情况汇报。现场视察黎木乡市政建设、四通塑料制品有限公司、松山供销社黎木商场、松山乡蘑菇生产点、宁冲水库排洪道加固工程、容县沙田柚场、容州水泥厂、容县香料集团公司、广西桂南动物药品厂、容县桂侨制药厂、杨梅农民城。召开有县政协主席、县侨联副主席、县法院副院长、县建筑设计院院长、县桂南动物药品厂厂长、容县高中教师、容城镇街道居委会主任、厢南村村长、县个体劳动者协会副会长、个体私营企业经理等人员参加的座谈会。

1995年,县人大常委会组织代表视察活动3次。10月,组织常委会委员和部分县人大代表共20多人视察评议副县长的31条建议落实情况,视察容厢乡、杨梅镇的部分水果行业和经济开发进展情况,视察县油毡纸厂搬迁和县自来水厂吸水口的治理进展情况。11月,配合和协助玉林地区人大联络处开展视察活动工作,组织部分自治区、县人大代表对国道324线和南宁至梧州二级公路玉林地区辖区路段道路交通安全管理工作进行视察。12月,组织驻容(县)的自治区八届人大代表和县人大的部分代表共20多人开展视察活动,了解容县1995年国民经济和社会发展计划、财政预算有关执行情况和抗洪救灾、重建家园情况以及《中华人民共和国税收征收管理法》的实施执行情况,现场视察容厢乡五一村的水果种植点,县底镇康塘村、龙山村的水果连片种植带,石寨乡霄垌村、下烟村和杨梅镇六美村高架村民小组抗灾重建家园情况,视察杨梅镇绿荫中学校园建设及教学管理以及县城城东小区建设情况;跟踪视察宁冲水库排洪设施、县水厂吸水口治理、容城镇油毡纸厂拆迁情况。

1991年7月25日发生洪灾,容县干部群众抢救受灾财产　　（秦祖源　提供）

1996年11月,县人大常委会组织八届全国人大代表(陈诗禄、卢丽芬)和自治区人大代表11人、县人大代表9人以及容厢乡、灵山乡、杨梅镇人大主席一行共23人开展视察活动。活动期间,听取县政府关于1996年国民经济和社会发展计划执行情况和财政预算执行情况的汇报,听取关于加强精神文明建设、开展依法治理活动和今冬明春开展造林种果、冬季农业开发、基础设施建设的"三大会战"工作情况汇报,听取县劳动局贯彻实施《中华人民共和国劳动法》、维护劳动者合法权益、健全社会保障制度的情况汇报,听取县公安局实施社会治安综合治理,开展严打斗争的情况汇报。现场视察灵山乡的塘冲水果场、华埌村冬季农业开发、广西南山瓷器有限公司和杨梅镇的镇政府会堂、绿荫中学、绿荫农民城以及容厢乡的周口垌园田化工程、宁冲水库北干渠铺砌水泥硬化"三面光"工程、杨叶村至大明村铺设村级水泥道路建设、容厢二中及平坡小学的校园规模建设、城区中环路建设、容厢乡党政办公楼建设、水果经济村的开发等项目。

1997年12月16日—17日,县人大常委会组织在容县工作的自治区九届人大代表(包括市人大常委会安排的自治区人大代表）和市、县两级人大的部分代表，组成联合视察组进行视察。视察中，听取县政府关于 1997 年国民经济和社会发展计划执行情况、财政预算执行情况和今冬明春“三大会战”情况的汇报，现场视察玉林至容县一级公路容县路段、龟河水库渠道硬化“三面光”工程、祖立园田化工程的工作情况以及鸿南饲料有限公司、立大汽车维修有限公司、挺佳热水器总厂、广西金太阳热水设备集团公司、广西南方机器人热水设备有限公司、容西乡农技站、容城镇第五小学、容县第二幼儿园的生产和建设情况。

1998 年 12 月下旬，县人大常委会组织在容县工作的市、县人大部分代表共 34 人进行联合视察。现场视察玉林至岑溪一级公路容县段、龟河水库干渠道硬化“三面光”示范工程、容县瓷厂改革的情况和容西派出所规范化建设情况；听取县政府关于容县 1998 年经济社会发展情况汇报，县法院关于容县人民法院 1998 年执法情况汇报，县检察院关于容县人民检察院公正执法的情况汇报。

1999 年 12 月 27 日—28 日，县人大常委会组织在容县工作的自治区九届人大代表 4 人、市一届人大代表 6 人、县十二届人大代表 18 人进行联合视察。视察期间，听取县政府关于容县 1999 年国民经济和社会发展情况的报告，县法院的容县人民法院 1999 年工作总结、县检察院的容县人民检察院工作汇报；视察了容县至岑溪一级公路容县段、河南防洪堤工程建设工地、贵妃园及都峤山风景区建设情况以及县万力纸厂、县微拖厂、容城镇红光村畜牧场、松山镇冬季农业开发等情况。

2000 年 11 月 28 日—12 月 4 日，县人大常委会组织在容县工作的自治区九届人大代表 3 人、玉林市一届人大代表 9 人、县十二届人大代表 18 人以及北流市安排到容县进行交叉视察的自治区九届人大代表 1 人、北流市一届人大代表 39 人进行联合视察。视察期间，听取县政府关于容县经济社会发展基本情况汇报，县法院、县检察院 2000 年度的工作情况汇报。现场视察了容县都峤山庆寿岩、森林公园、真武阁、贵妃号游船等“三名”景区旅游景点发展情况，容县至岑溪一级公路容县段、城区内的新南街人行道铺设、绣江公园、锦绣街规划、侨乡广场、真武阁二期扩建基础设施建设工程进展情况以及石寨霞烟鸡场、鸿南饲料公司养殖场等畜牧业发展情况。召开有县委统战部、团县委和县档案局、扶贫办、老龄办、文联、工商联、残联、科协、侨联等部门负责人参加征求意见的座谈会，组织“一府两院”领导进行情况反馈。

2001 年 12 月 24 日—27 日，县人大常委会组织在容县工作的自治区九届人大代表 3 人、玉林市一届人大代表 4 人、县十二届人大代表 17 人和玉州区安排到容县进行交叉视察的自治区九届人大代表 3 人、玉林市一届人大代表 11 人以及由玉林市人大常委会组织到容县视察的市一届人大代表 6 人进行联合视察工作。视察期间，听取县政府关于容县 2001 年国民经济和社会发展情况的汇报以及县法院、县检察院关于 2001 年工作情况的汇报。现场视察容县都峤山庆寿岩风景区、真武阁、贵妃园等“三名”景点的旅游业发展情况，接纳东部产业转移和招商引项目的立大中港汽车装饰工程有限公司、广西高峰容洲人造板有限公司、容县万全烟花爆竹厂、容县嘉进毛织厂等企业生产运转情况，容西祖立村立垌生态园、县农科所现代农业示范园等农业发展情况以及中环机械有限责任公司的国有企业改革情况。组织“一府两院”领导进行情况反馈。

2003 年 4 月 3 日，县人大常委会组织驻容县的部分自治区十届人大代表、玉林市二届人大代表和县十三届人大代表共 19 人现场视察容州大市场、燕塘街、国中路、中环路、河堤街、城南街、西上街、城南大转盘、绣江公园、侨乡广场等，听取县建设局、工商局、文化和体育局关于创建自治区级文明县城的工作情况汇报。12 月 19 日—25 日，组织驻容县的部分自治区十届人大代表、玉林市二届人大代表和部分县十三届人大代表进行联合视察。视察期间，听取县政府关于容县招商引项目工作情况的汇报、县教育局关于容县民办教育发展情况的汇报、县水利局关于绣江河道采砂管理情况的汇报。分组到容厢大明鸡场、钜达瓷厂、祥荣针织厂、广西高峰容洲人造板有限公司以及县党校附中、绣江中学、侨乡中学、兴华中学等民办中学进行视察，还实地视察了从绣江桥头至北流河交界河段的河道采砂管理情况。召开有县经贸局、招商办、乡（镇）企业局、工商联、教育局、水利局、国土资源局、交通局、公安局等部门负责人以及容西、容厢、容城、石寨等乡（镇）有关领导和有关企业老板的座谈会，反馈视察情况。

2004 年 11 月 29 日—30 日，县人大常委会组织驻容县的自治区十届人大代表、玉林市二届人大代表和部分县人大代表进行联合视察。视察期间，听取县政府以及县农业局、水产畜牧局、水果局的工作汇报，分

组到909电子科技学校，容县（广东）科技学校和位于容厢镇厢西村金降冲的容县霞烟鸡、三黄鸡养殖基地，周口909现代农业发展基地，县底镇的旺黎古练大桂村新种果场，自良镇的河步村曾斌柚场、马塘柚场、容县沙田柚协会、中平果场及新种果场，石头镇的县鸿大绿色饲料有限公司石头种猪场等企业进行现场视察。

2005年，县人大常委会组织人大代表视察推进工业化、城镇化建设的有关项目，视察容县至信宜、容县至平南二级公路的容县段建设、县侨乡经济开发区规划和建设、县人民会堂建设、创建国家卫生县城以及旅游工作规划管理等情况。11月，组织部分市、县人大代表对县检察院工作进行视察。

第八节　代表议案和建议意见督办

容县人民代表大会在每次会议期间，均成立大会议案审查委员会，代表在会议期间提出的议案、建议、意见，交大会议案审查委员会审查，大会主席团会议通过，会后由常委会办事机构分别转到各有关部门办理，并负责答复代表。

1990—2005年，容县第十届至第十三届人民代表大会五次会议期间共办理人大代表议案和建议意见1544件（详见下表）。

表13-2　**容县人大常委会办理第十届至第十三届人民代表大会代表议案和建议意见一览表**

项目 \ 届次		单位	第十届	第十一届	第十二届	第十三届	合计
总数		件	285	436	364	459	1544
其中	农林水电方面	件	75	64	64	116	319
	工业交通方面	件	51	86	79	146	362
	财政经济方面	件	88	83	53	38	262
	城建环保方面	件	14	27	37	43	121
	科教文卫方面	件	39	90	44	59	232
	政法方面	件	9	20	23	11	63
	其他	件	9	66	64	46	185
已解决或基本解决		件	—	—	223	—	—
		占%	—	—	61.26	—	—
正在解决或逐步解决		件	—	—	77	—	—
		占%	—	—	21.15	—	—
无法解决		件	—	—	—	—	—
		占%	—	—	—	—	—
供有关部门参考		件	—	—	64	—	—
		占%	—	—	17.58	—	—

说明：本表数据为容县第十届人大一次会议至第十三届五次会议期间的统计数

1990年5月6日，召开县第九届四次人民代表大会，收到10名以上代表联名提出的议案64件，建议、意见57件。经大会议案审查委员会审查，大会主席团会议通过，64件议案均属工作意见、建议，全部转作建议、意见处理，两项共计121件。其中：属公安司法方面的10件，属财贸方面的36件，属文教、科技、卫生方面的19件，属经委方面的12件，属劳动人事、编制、民政、城建、侨务、计划方面的24件，属农林水方面的15件，其他5件。对这些建议、意见，县人大常委会办公室转交有关部门办理，年内全部办结并分别答复代表。

10月8日，召开县第十届一次人民代表大会，收到县人民政府和10名以上代表联名提出的议案88件。经大会议案审查委员会审查，大会主席团会议通过，将20件作为议案，列入本次大会议程1件，交县人大常委会审议19件，将68件列为建议和意见。另收到代表提出建议和意见51件，两项共119件。其中：属工业交通方面的24件，属财政经济方面的35件，属科教文卫方面的17件，属农林水方面的30件，属基本建设方面的7件，属政法方面的4件，其他2件。会后，交有关部门办理，年内全部办结并答复代表。县人民政府提出《关于把沙田柚定为容县县果的议案》，经大会主席团决定列为本次会议议程交全体代表审议。经审议，会议决定：把沙田柚定为容县“县果”。县人大常委会第三次会议听取、审议和通过县人民政府关于《把县人民政府迁到原第一招待所办公的建议》和《关于搬迁容县火葬场的建议》的办理情况。

1991年5月5日，召开县第十届二次人民代表大会，收到县人民政府和10名以上代表联名提出的议案82件。经大会议案审查委员会审查，大会主席团会议通过，议案是对各方面工作提出的建议和意见，作为建议和意见处理。另外，还收到代表提出建议和意见56件，两项共138件。其中：属政法方面的3件，属财政经济方面的47件，属工业交通方面的21件，属农林水方面的37件，属科教文卫方面的18件，属城市建设方面的5件，其他7件。对这些建议和意见，县人大常委会办公室转有关部门办理，年内全部办结并分别答复代表。如：代表提出“加强对预算外资金管理的建议”，县政府下发《容县预算外资金管理实施办法》，加强对容县预算外资金的管理。

1992年1月12日，召开县第十届三次人民代表大会，收到10名以上代表联名提出的议案6件。经大会议案审查委员会审查，大会主席团会议通过，议案是对各方面工作提出的建议和意见，不作为议案办理。其中：属财政经济方面的2件，属工业交通方面的3件，属城市建设方面的1件。会后，交有关部门办理，年内全部办结并分别答复代表。

1993年3月25日，召开县第十届五次人民代表大会，收到10名以上代表联名提出的议案22件。经大会议案审查委员会审查，大会主席团会议通过，议案是对各方面工作提出的建议和意见，不作为议案办理，作为建议和意见处理。其中：属财政经济方面的4件，属科教文卫方面的5件，属农林水方面的9件，属工业交通方面的3件，属城市建设方面的1件。大会闭会后，县人大常委会办公室转有关部门办理，年内全部办结并分别答复代表。

1993年11月24日，召开县第十一届一次人民代表大会，收到10名以上代表联名提出的议案118件。经大会议案审查委员会审查，大会主席团会议通过，议案全部是对各方面工作提出的建议和意见，不作为议案办理，列为建议和意见。另外，收到代表提出的建议和意见34件，两项合计152件。其中：属农林水电方面的29件，属工业交通方面的34件，属财政经济方面的34件，属科教文卫方面的33件，属城市建设方面的7件，属政法方面的9件，其他的6件。对代表提出的建议和意见，承办单位已于1994年3月18日全部办理完毕，并答复有关代表。如代表提出“请求人大常委会责成法院依法退回诉讼费”的建议，经查，关于六王乡金库村木磨队诉不服容县人民政府山林确权处理一案，法院已于1993年6月6日依法作出撤销容县人民政府山林确权决定的判决，并判决案件受理费人民币8000元由被告容县人民政府负担，鉴于此款原告木磨队已预交县人民法院，判令此款由被告容县人民政府直接补给原告木磨队。本案已发生法律效力。由于被告容县人民政府因故未把应承担的案件受理费交法院，法院无法转给原告木磨队。县人民政府办公室接到这项建议后，向有关领导汇报，领导表示于近日将此款转给县人民法院，由县人民法院转给原告木磨队。又如，代表提出“关于适当提高民办教师工资待遇问题”的建议，县教育局答复：从1994年起，从在校中小学生中收取代课教师统筹费（每生每期8元）；代课教师由县统一管理，其工资待遇由县统筹、支付；代课教师工资由原来人月平均80元提高到人月平均110元左右，并由县教育局具体执行实施，民办教师的工资由原来人月平均120元提高到人月平均155元左右。

1994年4月17日，召开县第十一届二次人民代表大会，收到10名以上代表联名提出的议案32件。其中，县人民政府提出《关于容县撤县建立容州市》的议案，经大会主席团审议决定，列入大会的议程，交由大会表决。其余31件，经议案审查委员会审查，大会主席团会议通过，都是对各方面工作提出的建议和意见，不作

为议案办理，列为建议和意见。另外，还收到代表提出的建议和意见13件，两项合计44件。其中：属农林水电方面的5件，属工业交通方面的6件，属财政经济方面的6件，属科教文卫方面的6件，属城市建设方面的1件，属政法方面的2件，其他的18件。县人民政府提出的《关于容县撤县建立容州市》的议案，经审议，会议决定：规划容县设市撤县。对代表提出的建议、批评和意见，最迟也于1995年3月9日前办理完毕。如代表提出"关于加强容城镇土地管理"的建议，县人民政府于1994年下发《关于加强容城镇土地管理的规定》，以容城镇为突破口，对擅自买卖，倒卖倒买，非法转让土地的，进行全面清理，达到清理土地市场的三条标准：一是理顺土地权属、土地经济、土地管理三个关系；二是疏通增量土地和存量土地两条渠道；三是建立依法运行的土地市场。如代表提出《建议今后政府报告增加法制工作内容》的建议，对此，县人民政府常务会议一致认为，决定遵循《国务院关于加强政府法制工作的决定》第九条规定，今后县人民政府在向上级政府和同级人大及其常委会做报告时，要增加法制工作的内容。如代表提出"关于恢复我县历史名人杨贵妃旧址"的建议，县政府常务会议决定：加强杨贵妃历史文化的宣传，扩建容县人民公园，兴建贵妃园，增加有关贵妃旧址的景点。

1995年3月24日，召开县第十一届三次人民代表大会，收到10名以上代表联名提出的议案45件。经大会议案审查委员会审查，大会主席团会议通过，议案均属于对各方面工作提出的建议和意见，不作为议案办理，列为建议和意见。另外，还收到代表提出的建议和意见18件，两项合计63件。其中：属农林水电方面的14件，属工业交通方面的18件，属财政经济方面的8件，属科教文卫方面的11件，属城市建设方面的8件，属政法方面的2件，其他的2件。对上述代表提出的建议和意见，县人大常委会办公室分别转交有关单位办理，至1996年3月初，已办理59件，并答复有关代表。如代表提出"请上级十分重视浪水乡中学建设"的建议，县教委及时派出人员进行选址，落实方案，拨出资金，又派出技术人员进行技术指导和质量检查。

1996年3月20日，召开县第十一届四次人民代表大会，收到县人民政府提出的议案2件，收到10名以上代表联名提出的议案28件，共计30件。县人民政府提出《关于确定1996年为容县加快交通基础设施建设年》和《关于进一步落实禁毒工作综合治理问题》，经大会主席团审议决定，列入大会议程，并通过形成决议。另28件议案经大会议案审查委员会审查，大会主席团会议通过，均属于对各方面工作提出的建议和意见，不作为议案办理，列为建议和意见。另外，还收到代表提出的建议和意见24件，两项合计52件。其中：属农林水电方面的6件，属工业交通方面的5件，属财政经济方面的17件，属科教文卫方面的12件，属城市建设方面的6件，属政法方面的1件，其他的5件。根据建议和意见的内容，县人大常委会办公室转交有关单位办理，并负责答复代表。如代表提出"关于生猪定点屠宰的有关问题"的建议，县财委答复：县牲畜屠宰的肉食市场管理领导小组召开了4次会议，县政府于1996年7月19日下发《关于加强牲畜定点屠宰管理的补充通知》，规范定点屠宰管理，降低收费标准。并于1996年7月23日召开关于加强生猪屠宰管理会议。

1996年6月18日，召开县第十一届五次人民代表大会，收到10名以上代表联名提出的议案1件。经大会议案审查委员会审查，大会主席团会议通过，该议案属于对各方面工作提出的建议和意见，不作为议案办理，列为建议和意见。代表提出的"关于杨梅至黎村公路桥梁问题"的建议，县公路局已采取措施，窄桥已修建加宽。

1997年3月31日，召开县第十一届六次人民代表大会，收到县人民政府提出的《关于确定1997年为"容县城镇规划、建设、绿化、管理年"》议案1件，收到10名以上代表联名提出的议案41件。经大会议案审查委员会审查，大会主席团会议通过县政府议案1件，代表提出的41件议案属对各方面工作提出的建议和意见，不作为议案办理，列为建议和意见。另外，还收到代表提出的建议和意见47件，两项合计88件。其中：属农林水电方面的7件，属工业交通方面的12件，属财政经济方面的13件，属科教文卫方面的24件，属城建环保方面的4件，属政法方面的4件，属其他方面的24件。这88件建议，县人民政府承办86件，年内全部办结并分别答复代表。如由县人民政府办公室办理代表提出"关于撤销容县人民政府容政函〔1996〕74号批复"的建议，县政府召开办公会议进行调查、了解、研究解决方案，于1997年5月25日下发《容县人民政府关于撤销容政函〔1996〕74号的决定》。如代表提出"应保持教师的医疗费兑现"的建议，县教育局答复：

教师医疗费问题，财政按人均120元（其中门诊90元，留医30元）划拨给各乡（镇），实行包干使用。由于教师中的重病号多，各乡（镇）的医疗费都不够留医的教师用，所以门诊的医药费无法报销。

1997年7月24日，召开县第十一届七次人民代表大会，收到10名以上代表联名提出的议案1件。经大会议案审查委员会审查，大会主席团会议通过，该议案属对各方面工作提出的建议、批评和意见，不作为议案办理，列为建议、批评和意见处理。

1998年3月18日，召开县第十一届八次人民代表大会，收到县人民政府提出的《实施依法治县工作规划》议案1件。该议案已经该次会议审议通过，作出了决议。收到10名以上代表联名提出的议案16件。经大会议案审查委员会审查，大会主席团会议通过，这些议案属对各方面工作提出的建议和意见，列为建议和意见处理。另外，还收到代表提出的建议和意见20件，两项合计36件。其中：属农林水电方面的2件，属工业交通方面的11件，属财政经济方面的5件，属科教文卫方面的4件，属城建环保方面的1件，属政法方面的2件，属其他方面的11件。根据不同内容，由县人民政府办理34件，年内全部办结并分别答复代表。如代表提出“参加市人大会代表的车费和差旅费应由县人大报销”的建议，根据《中华人民共和国全国人民代表大会和地方各级人民代表大会代表法》的有关规定，参加市人大会的教育战线代表的车费和差旅费由所在单位报销。又如代表提出“下届换届代表分布问题，即建议县代表换届时应按村分布代表名额，每个村分配1名”的建议，根据《中华人民共和国全国人民代表大会和地方各级人民代表大会代表法》《中华人民共和国地方组织法》的有关规定，由于受名额限制是无法安排的。

1999年1月12日，召开县第十二届一次人民代表大会，收到10名以上代表联名提出的议案63件。经大会议案审查委员会审查，大会主席团会议通过，这些议案均属对各方面工作提出的建议和意见，作为建议和意见处理。另外，还收到代表提出的建议和意见22件，两项合计85件。其中：属农林水电方面的13件，属工业交通方面的19件，属财政经济方面的26件，属科教文卫方面的9件，属城建环保方面的5件，属政法方面的3件，属其他方面的10件。对上述建议和意见，县人大常委会办公室和县人民政府办公室交有关部门办理，年内全部办结并分别答复代表。如代表提出“关于请求修复周口河崩”的建议，县长于1999年1月27日召集容厢镇、民政局和水电局等单位领导到现场办公，决定：水电局出资5000元，群众筹集木桩、蛇皮袋并投劳解决。如代表提出“关于整顿容县图书市场”的建议，县文化局配合县“扫黄办”，把整顿图书市场列入1999年“扫黄打非”工作重点之一，加大管理和稽查力度，全面整顿所有图书出租、零售摊点。

2000年3月7日，召开县第十二届二次人民代表大会，收到县人民政府提出的《关于进一步加强侨务工作的议案》，经大会主席团审议决定，列入大会议程，并表决通过。收到10名以上代表联名提出的议案72件。经大会议案审查委员会审查，大会主席团会议通过，这些议案均属对各方面工作提出的建议和意见，作为建议和意见处理。另外，还收到代表提出的建议和意见44件，两项合计116件。其中：属农林水电方面的17件，属工业交通方面的29件，属财政经济方面的12件，属科教文卫方面的10件，属城建环保方面的19件，属政法方面的9件，属其他方面的20件。会后，交有关部门办理，年内全部办结并分别答复代表。

2001年2月13日，召开县第十二届三次人民代表大会，收到10名以上代表联名提出的议案42件。这些议案均属对各方面工作提出的建议和意见，作为建议和意见处理。另外，还收到代表提出的建议和意见31件，两项合计73件。其中：属农林水电方面的15件，属工业交通方面的13件，属财政经济方面的8件，属科教文卫方面的13件，属城建环保方面的9件，属政法方面的8件，属其他方面的7件。大会闭会后，将这些建议和意见其中的3件交县人民法院、70件交县人民政府办理，年内全部办结并分别答复代表。如代表提出“莫把法律当儿戏”的建议，县法院接到此件后，深入到当事人所在地，在村委会干部的配合下，使俞××、俞××诉俞××、欧××损害赔偿、排除妨碍纠纷案依法得到执行。如代表提出“关于加强生猪屠宰收费监督”的建议，由县财贸金融工作办公室承办，通过对生猪屠宰中收费不服务问题进行专项整治，使一些企业只收费不服务的问题得以解决。

2002年3月14日，召开县第十二届四次人民代表大会，收到10名以上代表联名提出的议案58件。代表提出的《关于建设具有多功能的容县人民会堂的议案》《筹建容县人民会堂》《开发旧戏院，重新选址，筹建容县人民会堂》这 3 个议案，经大会主席团审议决定，交由县人大常委会审议，在县十二届人大常委会第三十次会议上，常委会组成人员对上述 3 个议案进行讨论、审议，作出了《关于建设容县人民会堂的决议》。其余 55 件议案，经议案审查委员会审查，大会主席团会议通过，均属对各方面工作提出的建议和意见，作为建议和意见处理。另外，还收到代表提出的建议和意见 35 件，两项合计 90 件。其中：属农林水电方面的 19 件，属工业交通方面的 18 件，属财政经济方面的 7 件，属科教文卫方面的 12 件，属城建环保方面的 4 件，属政法方面的 3 件，属其他方面的 27 件。大会闭会后，将这些建议和意见其中的 2 件交县人民法院办理，1 件交县检察院办理，87 件交县人民政府办理，年内全部办结并分别答复代表。如代表提出“村级腐败检察机关要管管”的建议，县检察院接到交办件后，抽调力量组成办案组对此案进行初查，该案已移送县公安局处理。如代表提出“关于绣江大桥加固或新建扩大”的建议，县公路局接到此件后，于 5 月 25 日向玉林市公路局上报“关于对绣江大桥进行技术检测加固”的请示，市、县公路局组成专家小组对绣江大桥进行检测定为三类桥，不属危桥，仍可使用，并建议禁止载重 5 吨以上车辆从绣江大桥通过。县人民政府根据专家意见，及时颁布禁止部分车辆通过绣江大桥的通告。

2002 年 10 月 16 日，召开县第十三届一次人民代表大会，收到 10 名以上代表联名提出的议案 28 件。经大会议案审查委员会审查，大会主席团会议通过，这些议案均属对各方面工作提出的建议和意见，作为建议和意见处理。另外，还收到代表提出的建议和意见 24 件，两项合计 52 件。其中：属农林水电方面的 11 件，属工业交通方面的 26 件，属科教文卫方面的 7 件，属城建环保方面的 4 件，属其他方面的 4 件。大会闭会后，县人大常委会办公室将这些建议和意见分别交有关机关办理。如代表提出“关于处理容县大新红砖厂环境污染”的建议，由县环保局承办。县环保局于 2002 年 11 月 26 日到大新红砖厂进行监督，发现该厂已处于半停产状态，2002 年 12 月该厂全面停产。经过县环保局与石寨镇政府调解，大新红砖厂对被污染的农作物进行相应赔偿。

2003 年 3 月 5 日，召开县第十三届二次人民代表大会，收到 10 名以上代表联名提出的议案 69 件。经大会议案审查委员会审查，大会主席团会议通过，这些议案均属对各方面工作提出的建议和意见，作为建议和意见处理。另外，还收到代表提出的建议和意见 35 件，两项合计 104 件。其中：属农林水电方面的 37 件，属工业交通方面的 29 件，属财政经济方面的 12 件，属科教文卫方面的 10 件，属城建环保方面的 11 件，属其他方面的 5 件。2003 年 3 月 9 日，县人大常委会办公室与县人民政府办公室联合召开交办会，将 104 件建议交给 23 个承办单位办理，年内全部办结并分别答复代表。如代表提出“农村建房拆旧翻新是否要等上级拨下的建房指标，土地部门收费是否可以公开？土地使用可以以罚代批吗？”的建议，县国土资源局已作出答复，但多位代表对答复表示不满意，要求重新答复。县人大常委会办公室把这些意见反馈到县国土资源局，该局表示给代表再次答复。如代表提出“梅江桥抢修，请县交通局给予关注，进行维修”的建议，县交通局已经答复，代表对答复表示满意，但未得到落实，要求交通局尽快实施。县人大常委会办公室把这个意见反馈到县交通局，该局再次明确答复代表，并筹集 8 万元资金，待上级批复，梅江桥已于 2003 年完成维修。如代表提出“关于解决绣江污染问题”的建议，县环保局承办；县环保局严把建设项目审批关，容西乡曾拟建 1 个酒精厂和 1 个洗麻厂，县环保局不予批准；杨梅镇引进 1 家电渡厂拟在梅江边建设，县环保局即通知杨梅镇政府停止引进该项目。

2004 年 2 月 26 日，召开县第十三届三次人民代表大会，收到 10 名以上代表联名提出的议案 62 件。经大会议案审查委员会审查，大会主席团会议通过，这些议案均属对各方面工作提出的建议和意见，作为建议和意见处理。另外，还收到代表提出的建议和意见 41 件，两项合计 103 件。其中：属农林水电方面的 20 件，属工业交通方面的 29 件，属财政经济方面的 8 件，属科教文卫方面的 17 件，属城建环保方面的 6 件，属政法方面的 4 件，属其他方面的 19 件。会后，交有关部门办理，年内全部办结并分别答复代表。

2005 年 3 月 10 日，召开县第十三届四次人民代表大会，收到 10 名以上代表联名提出的议案 54 件。经大会议案审查委员会审查，大会主席团会议通过，这些议案均属对各方面工作提出的建议和意见，作为建议和意见处理。另外，还收到代表提出的建议和意见 46 件，两项合计 100 件。其中：属农林水电方面的 25 件，属工业交通方面的 28 件，属财政经济方面的 10 件，属科教文卫方面的 10 件，属城建环保方面的 11 件，属政法方面的2件，属其他方面的14件。大会闭会后，县人大常委会办公室将这些建议和意见转县人民政府办公室办理。至2005年10月，已办理完毕并分别答复代表。如代表提出“应尽快处理容西乡祖立村立垌与岭嘴片水塘争议问题”的建议，这是一件争议达十年之久的案件，十年前双方因水塘权属不清而引起纠纷，县政府依法进行确权，对方不服向市政府申请行政复议，市政府以证据不足为由撤销县政府决定。后县人民政府组织有关部门重新调查取证，补充材料，发文重新确权。如代表提出“关于在玉林至容县一级公路厢南路段路口设置警示牌”的建议，县公安局交警大队落实了三项措施：在厢南收费亭周边以及沿线各路口上分别设置警示牌、黄闪灯、斑马线；专门购置固定测速器；对沿线村民、学生进行道路交通安全知识的宣传教育。

第九节　人事任免

容县人大常委会通过行使人事任免权，依法任免国家机关工作人员，保障国家机关的正常运行。县人大常委会依法行使下列职权：决定副县长个别任免；在县长和县人民法院院长、县人民检察院检察长因故不能担任职务的时候，从县人民政府、县人民法院、县人民检察院副职领导人中决定代理人选（决定代理检察长，须报上一级人民检察院和人民代表大会常务委员会备案）。根据县长提名，决定县人民政府委、办主任、局长的任免；任免县人民法院副院长、庭长、副庭长、审判委员会委员、审判员；任免县人民检察院副检察长、检察委员会委员、检察员；任免县人大常委会工作机构人员。决定接受县人大常委会组成人员、县人民政府领导人员、人民法院院长、人民检察院检察长提出的辞职。决定撤销个别副县长的职务；决定撤销由县人大常委会任命的县人大常委会工作机构人员，县人民政府委、办主任、局长，县人民法院副院长、庭长、副庭长、审判委员会委员、审判员，以及县人民检察院副检察长、检察委员会委员、检察员的职务。

1990年1月—2005年12月，县人大常委会共任命国家机关工作人员503名，同意接受辞职36名，免去职务276名，撤销职务4名（详见下表）。

表13-3　　1990—2005年容县人大常委会任免情况统计表

单位：人

项目 届次	起止时间	人大常委会			政府机关				人民法院				人民检察院				任命合计	辞职合计	免职合计	撤职合计	小计
		任命	辞职	免职	任命	辞职	免职	撤职	任命	辞职	免职	撤职	任命	辞职	免职	撤职					
九届	1990.1—10	1			2	1	1		4		3						7	1	4		12
十届	1990.11—1993.10	9	2	6	69	3	16	1	17		16		15		6		110	5	44	1	160
十一届	1993.12—1999.1	11	4	4	93	7	41		62	1	50	1	17	1	9		183	13	104	1	301
十二届	1999.3—2002.10	14		20	48	5	20	1	46	1	42		17		15		125	6	97	1	229
十三届	2002.11—2005.12	1	3	1	41	6	12		24	1	14		12	1		1	78	11	27	1	117

第十节　干部述职评议

根据《广西壮族自治区各级人民代表大会常务委员会监督工作条例》第17条规定，容县人大常务委员会可以组织常务委员会组成人员或者本级人民代表大会代表，对本级人民政府、人民法院、人民检察院的工作情况进行评议；对本级人民代表大会选举或者本级人民代表大会常务委员会任命的国家机关工作人员履行职责情况，进行述职评议。

1990 年 10 月—1993 年 11 月，县第十届人大闭会期间，于 1991 年开始启动述职评议工作。县人大常委会组织人大代表对“一府两院”以及任命干部的工作情况开展述职评议活动，先后组织 1 次对县人民政府的工作进行述职评议，组织 2 次对县人民法院、县人民检察院的工作进行述职评议。主要评议内容是被评议对象遵守和执行法律法规、执行上级和县人大及其常委会决议和决定、廉洁自律、履行职责、勤政为民、联系群众等情况。年内，选择松山乡作为试点，由县人大常委会组织人大代表评议乡政府工作；同年，组织各乡（镇）的部分人大代表和县人大常委会委员评议县法院、县检察院工作。1992 年，全县 16 个乡（镇）全面铺开由乡（镇）人大主席团组织人大代表开展评议工作。县人大常委会组织，开展评议县政府各部门工作以及系统单位（包括在乡、镇的七所八站）工作，对各局、委、办正职领导干部的述职报告进行评议。1993 年，开展对政府各部门整个系统工作进行评议，侧重对县人大常委会任命干部的工作情况评议；邀请部分县人大代表对县人大常委会 1992 年工作进行评议。

1993 年 11 月—1999 年 1 月，县第十一届人大闭会期间，县人大常委会开创了以组织代表对“一府两院”和县人大常委会工作进行评议监督的新形式：即一人一评、一事一评、大家复评的“双向述职评议”。先后组织对钟维强、邹汉其、何琨荣 3 位副县长，法院副院长，以及县交通局、县物价局、县农业局的局长，县教委主任和县交警大队大队长等进行述职评议。1994 年，县人大常委会要求县人民政府所属的有关工作部门和县法院、县检察院以及凡属容县人民代表大会常务委员会任命的“一府两院”的干部在年底递交本部门的工作汇报或个人贯彻执行有关法律、法规的自查自纠报告到县人大常委会，接受评议。1995 年，述职评议对象扩展至“一府二院”的任职领导，先后对县政府分管工业、农业和城建的3位副县长工作情况进行评议。1996年，推出“双向述职”评议模式，被评议人在向人大代表和人大常委会述职、接受代表和委员的评议之前，先在本部门（单位）和下属单位进行述职，接受干部职工的民主评议。1997 年年初，县人大常委会接受县长岑小华提出工作评议的请求。

1999 年 1 月—2002 年 10 月，县第十二届人大闭会期间，县人大常委会先后组织对县林业局局长以及县司法局、县监察局的工作情况进行评议。1999 年新春，开设“传达公仆心声，接受人民监督”人大工作电视宣传节目专栏，由“一府两院”的领导以及部分部门的局长在县电视台上作供职报告，通过荧屏向全县人民告知任职工作事项、年内指标和任务以及相应的措施和办法，接受人民监督。从县十二届人大常委会第二十三次会议开始，增设公民旁听席，有计划地邀请公民代表旁听常委会会议，让公民与常委会组成人员一起参政议政，广开监督渠道，推进“一府两院”工作。2000 年，推出“评议、整改、审议、再整改”评议模式，经县人大常委会组织的参评代表、委员评与议后，由评议对象根据评议意见进行整改，在规定时限内上报整改方案及整改情况，由县人大常委会进行审议并提出整改意见，向评议对象反馈并向其主管领导反映；在被评议对象继续整改期间，县人大常委会工作机构跟踪监督，直至整改完善。

在 2002 年 10 月—2005 年 12 月，县第十三届人大闭会期间，县人大常委会先后组织对浦秀川、丘玉树 2 位副县长和县计划生育局、县农业局、县文化和体育局、县建设局、县民政局、县司法局、县水利局、县教育局、县人事劳动和社会保障局、县林业局、县安全生产监督管理局、县卫生局的局长进行述职评议，听取县法院 6 位法官和县检察院 6 位检察官的述职报告。

第十一节 联系指导乡（镇）人大工作

1990—2005 年，容县人大常委会依据《中华人民共和国宪法》《中华人民共和国地方组织法》以及《广西壮族自治区乡、民族乡、镇人民代表大会工作条例》的有关规定，与乡（镇）人大形成了工作上联系、业务上指导、法律上监督的关系。1994 年 5 月 7 日，县第十一届人大常委会第三次会议通过《容县人大常委会与乡（镇）人大主席团联系办法》。2003 年 8 月 25 日，县第十三届人大常委会第九次会议对该《办法》加以修订完善。

县人大常委会与乡（镇）人大的联系和对乡（镇）人大工作的指导，主要采取以下几种方式：

一是对乡（镇）人大例会和人大换届选举的指导。首先是会前对乡（镇）人大主席进行培训，从准备工作、开会程序等进行指导；其次是做出大会的样板材料发到各乡（镇），供仿效使用；再则是在开会期间，常委会领导、机关干部全力以赴，分工负责，深入到各乡（镇）对会议召开进行现场指导。

二是对乡（镇）人大主席、副主席进行集中培训。县人大常委会先后举办选举法、代表法、乡（镇）人大工作条例、预算监督条例、自治区各级人大常委会监督工作条例等法律法规知识培训班，对各乡（镇）人大主席、副主席进行集中培训，以提高他们的工作能力和业务水平。

三是组织到外地学习考察。县人大常委会于1991年4月组织乡（镇）人大主席团专职主席到贵港市的贵城镇、桥圩镇参观学习。1992年又2次组织乡（镇）人大主席分批到广东和自治区内各县市等地考察学习。

四是有计划邀请乡（镇）人大主席列席县人大常委会会议和参加县人大常委会组织的考察活动。

五是加强与基层人大代表的联系。1994年5月7日，县第十一届人大常委会第三次会议通过《容县人民代表大会常务委员会与人大代表联系办法》，并于2003年8月25日由县第十三届人大常委会第九次会议修订。县人大常委会联系代表主要形式和内容有：成立以乡（镇）为单位的县人大代表活动小组，每季度开展小组活动1次；组织代表开展视察活动；办理代表提出的议案、建议和意见；办理代表来信，接待代表来访，在县人民代表大会闭会期间，县人大代表可通过来信、来访形式反映人民群众的意见和要求；召开人大代表民声反映会。1999年下半年，增设民情反馈制度，县人大常委会机关领导均持有民情体察笔记本1本，记录民情。2004年，先后召开2次人大代表民声反映会，参加会议的县、乡（镇）人大代表48人，收集包括交通、土地、农业、司法、教育等方面建议和意见共36条，并转县政府办理。

第十二节　人大宣传工作

1990—2005年，容县人大常委会坚持把人大宣传工作作为党的宣传工作的重要组成部分，把宣传民主法制建设和人民代表大会制度等工作作为一项重要日常工作抓紧抓好，专门成立县“人大宣传工作领导小组”，落实一名县人大常委会领导担任组长，县人大常委会办公室和各工委负责人为成员。每届人大换届后，及时调整充实人员和健全组织机构。

其间，每当县、乡（镇）人大换届时，县人大常委会领导都会向全县人民作电视广播讲话。在一段时间内，充分运用广播、电视、板报、宣传橱窗等形式，反复宣传《中华人民共和国宪法》《中华人民共和国全国人民代表大会和地方各级人民代表大会代表法》《中华人民共和国全国人民代表大会和地方各级人民代表大会选举法》《广西壮族自治区选举实施细则》等法律法规，宣传换届选举的有关规定，使之家喻户晓，动员选民参加换届选举活动。每年举行人民代表大会会议时，县广播电台、电视台、报纸等新闻媒体广泛宣传报道会议情况。从容县第七届人大一次会议起，县人大常委会办公室都把每次大会文件材料编印成大会文件汇编，发给各有关部门（单位）参阅；把历次人大常委会会议情况，编印成《公报》，至2005年12月30日止，共编印157期，在全县分发并寄送兄弟县（市、区）人大常委会。《广西人大》（月刊）是自治区人大常委会宣传民主法制和人民代表大会制度的主要刊物。县人大常委会办公室每年都把《广西人大》的征订和发行作为民主法制和人民代表大会制度宣传的重要工作，为县人大代表订阅，人手一份，并在全县加强发行工作，扩大人大宣传工作的覆盖面。《玉林人大》（季刊）作为玉林市人大常委会内部资料性刊物，及时分发给驻容县的市人大代表和有关部门参阅。

县人大常委会高度重视对民主法制和人民代表大会制度的新闻报道工作。每年都以县人大办公室和各工委的工作人员、各乡（镇）人大工作者作为人大宣传工作新闻报道的通讯员，定期组织进行人大新闻报道写作知识培训，建立和健全人大宣传工作网络。定期编印县人大机关内部刊物《人大工作简报》，为市级以上新闻媒体写稿投稿，加强对人大工作和人大代表履行职责的宣传报道。1995年以来，每年都有10篇以上人大工作稿件被市级以上刊物刊登。据统计，1991年起至2005年12月底止，《中国人大》《人民代表报》《广西日报》《广西人大》《玉林日报》《玉林人大》等中央和自治区、玉林市级报纸杂志，刊登宣传容县人大及其常委会工作和人大代表履行职责情况的新闻报道有 236 篇；编印容县人大常委会公报 108 期、人大工作简报 62 期。县人大常委会机关被评为《广西人大》1996 年—1997 年度优秀通讯员 2 人；1998—1999 年度、2002 年度、2003 年度、2004 年度优秀通讯员 1 人；被评为《人民代表报》1996 年、1999 年度优秀通讯员各 1 人。《毫不动摇地坚持和完善人民代表大会制度》被玉林市委评为 1999 年度“学理论，重调研”优秀论文；《一份特殊的报告》获自治区人大第五届“宣传人民代表大会制度好新闻”二等奖，《件件有着落，事事有回音》获自治区人大第六届宣传人民代表大会制度好新闻三等奖。

表 13-4　　**1991—2005 年度容县人大宣传工作有关情况统计表**

年份	市级以上刊物刊登稿件(篇)				编印内部资料刊物(期)	
	小计	国家级	省级	市级	容县人大常委会公报	人大工作简报
1991	7	0	5	2	6	4
1992	5	0	2	3	6	4
1993	5	0	3	2	8	4
1994	9	0	6	3	6	4
1995	15	4	7	4	7	4
1996	17	4	8	5	8	4
1997	16	3	7	6	8	6
1998	18	3	9	6	9	4
1999	14	2	7	5	8	4
2000	13	1	6	6	6	4
2001	19	1	9	9	6	4
2002	26	5	6	15	10	4
2003	23	4	6	13	6	4
2004	33	3	11	19	6	4
2005	16	2	4	10	8	4
合计	236	32	96	108	108	62

第十三节　信访工作

1990—2005 年，县人大常委会把做好信访工作作为了解民情、反映民意的渠道，成立信访工作领导小组和信访室，分工一名领导担任信访工作领导小组组长，各工委（室）负责人为成员，落实 2 名专职信访工作人员。领导小组定期或不定期听取信访工作人员的情况汇报，按照“分级负责、归口办理”的原则，检查、督促和协调各部门（单位）办理人大信访案件，妥善处理信访问题。建立和健全《容县人大常委会处理人民群众来信来访办法》和信访工作五项制度（即“信访登记制度”“及时汇报制度”“领导接访制度”“告知制度”和“跟踪办理制度”），使信访工作从组织和制度上落实工作责任。县人大常委会坚持从大局出发和对人民负责、维护人民群众合法权益的高度，认真处理人民群众来信来访。对人民群众每件来信、每次来访，都按照国务院《信访条例》的要求认真做好登记、呈批、交办、转办、督办，做到件件有着落、事事有回音。办公室每月编印《人大信访动态》报送县四家班子领导、县信访办和各乡（镇）党委、政府，通报重点信访情况。群众反映的重大案件，县人大常委会领导亲自过问或亲自阅批、提出处理意见。对一些社会影响大、涉及面广、阻碍经济发展、损害大多数人利益、对当地社会稳定构成严重威胁的信访案件，召开主任会议进行专题研究，列为重点督办案件，督促有关部门及时解决问题，切实维护人民群众的合法权益。其间，县人大常委会受理群众来信 4538 件，接待群众来访 7072 人次。

典型事例

1990 年 4 月 6 日，县人大常委会收到藤县大黎镇郭 ×× 等 4 人的来信，反映他们从玉林回来途径容县容西乡地段，被 ×× 派出所干警李 × 等 2 人乱罚款无正式收据等，请容县人大监督，纠正这些违法行为。接信后，唐绍荣主任批示迅速把来信转到县公安局办理。县公安局于 8 月 8 日把处理结果报县人大常委会：责成李 × 等 2 人作出深刻检讨，在干警大会上点名批评；通知当事人补办处罚裁决书、罚款发票，退还多罚款项 200 元。

1992 年，县日杂公司职工黄 ×× 把其祖父黄 ×（马来西亚华侨）给的 2 万元资金投入所在公司。因其父黄 ×× 与他人的劳务纠纷案，×× 法庭便以一纸便函冻结 2 年之久，经多次申诉无效。5 月，县侨联和黄 ×× 分别向县人大常委会投诉。县人大常委会主任会议研究决定由法制工委和华侨工委调查核实。听取县法院专题汇报，主任会议认为 ×× 法庭裁定和长期冻结黄 ×× 侨款是完全违背法律的，要求法院迅速纠正。县法院于 1992 年 7 月作出解冻的决定。

1992 年，县底乡荣塘村上陀队、下陀队与芝蔴队不服容县人民政府山林权属行政确权纠纷一案的处理，上诉容县人民法院。6 月 15 日，县人大常委会召开了有县法院、县法制局、县调处办、县政府办和有关律师参加的主任会议，听取县法院对该案的处理意见的汇报（法院认为应撤销县政府 114 号文件的决定），同时也听取了与会其他人员对案件的处理意见，认为县政府的处理意见是正确的，应坚决予以维护，后综合意见书面报告容县县委，并书面答复县人民法院。

1999 年 7 月 13 日，杨梅镇黄 × 来访控告某派出所。反映“7 月 8 日下午 3 时，被某派出所 2 名干警非法传讯押解到该所，无事扣禁失去人身自由达 31 小时(9 日晚上 10 时才被放回家）。扣禁期间该所没有通知家属，没有任何一个干警向他问话。”县人大常委会将此控告信转县公安局要求查明情况依法处理，并报告处理结果。县公安局调查处理后报告，由于计生问题，该所某副所长认为扣留黄 × 在派出所是计生部门的事。事后，该所正副所长主动向黄 × 赔礼道歉，承认错误，取得黄 × 的谅解。

1999 年，浪水乡扶昨村村民曾 ×× 来信反映其妻廖 ×× 于 7 月 22 日就诊于长河卫生院浪水门诊部在输液中猝死事件，认为是因直接诊治的医务人员邱 ×× 造成的医疗事故责任，要求县人大督促查处。县人大常委会唐绍荣主任阅后，即指示信访科速转县卫生局查明情况依法处理，并将处理结果报告。经县卫生局成立的调查组进行调查，结论为：廖 ×× 的死亡是因风湿性心脏病导致心力衰竭而长期未得到有效治疗所致，与邱 ×× 的诊治行为没有直接关系。

第二章　人民政府

1990—2005 年，容县人民政府围绕县委决策，以经济建设为中心，实施“八五”“九五”“十五”经济发展规划，经济体制改革不断深入推进，农业、工业、商业、交通运输、城乡建设快速发展，加强乡（镇）企业，开展招商引资，大力发展民营经济，发展旅游、通信，加快城镇化建设，改善和保障民生，推进和谐社会，全县经济社会和社会各项事业得到全面快速发展。2005 年，全县粮食播种面积 58.81 万亩，粮食产量 25.34 万吨，全县森林覆盖率 66.60%。全县地区生产总值 35.13 亿元，农业总产值 20.82 亿元，工业总产值 30.22 亿元，第三产业总产值 11.05 亿元，全社会固定资产投资 13.16 亿元，财政收入 2.62 亿元，城镇居民人均可支配收入 6670 元，农村居人均纯收入 2541 元；城乡居民存款余额 32.42 亿元。容县获得第五届自治区市容环境综合整治“南珠杯”竞赛“A 类县城特等奖”，广西第一个“国家卫生县城”。县城城区面积 11.20 平方千米，全县城镇人口 17.28 万人，城镇化率 26.47%。初步构建县、乡（镇）、村农村经济电子信息网络。推进依法治县工作，实行政务“一站式”服务。

第一节 机 构

领导机构

容县人民政府县长、副县长由县人民代表大会选举产生。容县人民代表大会闭会期间，因工作需要由容县人大常委会决定代理县长、副县长的个别任免。1990—2005 年，容县选举产生第九届至第十三届共五届容县人民政府，任命县长 9 人次，代县长 8 人次，副县长 57 人次，其中挂职副县长 7 人次。

表 13-5 **第九届至第十三届容县人民政府县长、副县长任职名录**

届次	职务	任职人	任职时间
容县第九届人民政府 (1987.11—1990.10)	县长	马达忠	1987.11—1990.2
		李汉金	(代)1990.2—1990.10
	副县长	杨长朝	1987.11—1990.10
		彭开文	1987.11—1990.10
		殷发坚	1987.11—1990.10
		江瑞东	1987.11—1990.10
		潘业贤	1987.11—1990.10
		李北溪	1989.2—1990.10
		李汉金	1990.2—1990.10
容县第十届人民政府 (1990.10—1993.11)	县长	李汉金	1990.10—1991.8
		李　军	(代)1991.8—1992.1 1992.1—1993.10
		李耀贞	(代)1993.10—1993.11
	副县长	李　军	1990.10—1991.8
		潘业贤	1990.10—1992.10
		杨长朝	1990.10—1993.11
		殷发坚	1990.10—1993.11
		江瑞东	1990.10—1993.11
		李耀贞	1990.10—1991.12 1993.10—1993.11
		张俊汉(女)	1990.10—1993.11
		莫乃林	1991.8—1993.11
		刘振才	1992.1—1993.11
		卢　伟	1992.1—1993.11
		曾放里	(挂职)1992.10—1993.11
		何琨荣	1993.2—1993.11
容县第十一届人民 (1993.11—1999.1)	县长	李耀贞	1993.11—1996.4
		岑小华	(代)1996.4—1996.6 1996.6—1997.7
		温守荣	(代)1997.7—1997.7 1997.7—1998.8
		黄必贵	(代)1998.8—1999.1

续表

届次	职务	任职人	任职时间
容县第十一届人民（1993.11—1999.1）	副县长	钟维强	1993.11—1999.1
		莫乃林	1993.11—1999.1
		何琨荣	1993.11—1999.1
		杨大焜	1993.11—1999.1
		邹汉其	1993.11—1996.5
		曹桂芬（女）	1993.11—1998.8
		曾放里	（挂职）1994.5—1994.10
		覃春荣	（挂职）1995.10—1996.10
		梁华南	1996.4—1999.1
		黄汉生	1996.5—1999.1
		李中陆	1997.7—1998.8
		满昌学	（挂职）1997.10—1999.1
		苏长新	1998.8—1999.1
		郑　媛（女）	1998.8—1999.1
		岑小华	1996.4—1996.6
		温守荣	1997.7—1997.7
		黄必贵	1998.8—1999.1
容县第十二届人民政府（1999.1—2002.10）	县长	黄必贵	1999.1—1999.12
		张福文	（代）1999.12—2000.3 2000.3—2002.9
		杨家庆	（代）2002.9—2002.10
	副县长	邹汉其	1999.1—2002.10
		黄汉生	1999.1—2002.10
		苏长新	1999.1—2002.8
		郑　媛（女）	1999.1—2002.10
		张福文	1999.12—2000.3
		宾能河	2002.2—2002.9
		丘玉树	2002.3—2002.10
		杨家庆	2002.9—2002.10
		李松明	2002.9—2002.10
		满昌学	（挂职）1999.1—2000.4
容县第十三届人民政府（2002.10—2005.12）	县长	杨家庆	2002.10—2006.7
	副县长	李松明	2002.10—2005.12
		郑　媛（女）	2002.10—2006.10
		丘玉树	2002.10—2005.12
		浦秀川	2002.10—2006.10
		梁正宁	（挂职）2003.6—2006.10
		刘丽珍（女）	2003.8—2006.10

续表

届次	职务	任职人	任职时间
容县第十三届人民政府（2002.10—2005.12）	副县长	余　荣	2003.12—2005.9
		罗关荣	（挂职）2004.2—2005.3
		赖永猛	2005.9—2006.10
		丘德奎	2005.12—2006.7

工作机构

1990 年，容县人民政府（简称县政府）工作机构设置共 50 个，主要有：县政府办公室、民政局、劳动局、人事局、文化局、公安局、粮食局、财政局、税务局、农业局、林业局、水电局、物资局、交通局、商业局、卫生局、统计局、工商行政管理局、农机局、畜牧水产养殖局、二轻工业管理局、物价局、审计局、档案局、广播电视局、司法局、矿产局、环境保护局、土地管理局、医药管理局、机关事务管理局、对外经济贸易局、调解处理土地山林水利纠纷办公室、爱国卫生运动委员会办公室、教育局、乡（镇）企业局、财贸委员会、城乡建设委员会、体育运动委员会、科学技术委员会、经济委员会、计划委员会、农业委员会、老龄委员会、计划生育委员会、农业区域办公室、经济技术协作办公室、贫困地区经济开发办公室、对外经济委员会、标准计量局。县经济体制改革委员会设在县经济委员会。

1991 年，设立法制局、旅游局，乡（镇）企业局更名为乡（镇）企业管理委员会。县政府工作机构设置共 52 个。

1992 年，设立技术监督局，撤销标准计量局。县政府工作机构设置共 52 个。

1994 年，分设畜牧局、水产局，贫困地区经济开发办公室更名为扶贫开发办公室，教育局更名为教育委员会。县政府工作机构设置共 53 个。

1995 年，设国有资产管理局。县政府工作机构设置共 54 个。

1996 年，设水果局。县政府工作机构设置共 55 个。

1997 年，机构改革。县政府工作机构设置 30 个，分别为：县政府办公室、计划局、教育局、公安局、民政局、财政局、农业局、卫生局、计划生育局、审计局、统计局、工商局、经贸局、人事局、劳动局、科技局、土地局、建设局、交通局、司法局、水利电力局、林业局、乡（镇）企业局、粮食局、文化局、物价局、技术监督局、环保局、农村工作办公室、地税局。赋予行政职能或服务职能，改为县委或县政府直属科（局）级的事业单位 10 个，分别为：体育局、机关服务中心、农机局、广播电视局、矿产资源管理局、旅游局、扶贫办、老龄办、畜牧局、水产局。县法制办公室、县调解处理土地山林水利纠纷办公室转为县政府办内设机构。县经济体制改革委员会改为县经济体制改革办公室，设在县经贸局内。

1998 年，县直属机关服务中心更名为容县机关事务管理局。县政府工作机构共 30 个，直属事业机构 10 个。

1999 年，设防震工作办公室，为直属事业机构。工商局改为垂直管理体制。县政府工作机构共 29 个，直属事业机构 11 个。

2000 年，设事业单位管理局，与机构编制委员会办公室实行一套人马，两块牌子。县政府工作机构共 29 个，直属事业机构 11 个。

2001 年，机构改革。县政府工作机构共 20 个，分别为：县政府办公室、发展计划局、经贸局、教育局、公安局、民政局、司法局、财政局、人社局、国土局、建设局、交通局、农业局、水利局、文体局、卫生局、计生局、林业局、统计局、科技局、监察局（与纪委合署办公，不计个数）、扶贫办（常设办事机构）。县直属事业单位共 9 个，分别为：旅游局、广电局、档案局、水产畜牧局、农机中心、直属机关后勤服务中心、乡（镇）企业管理局、接待办、水果局。新设立机构为接待办公室、安全生产监督管理局。撤销县经济体制改革办公室。

2003 年，设立对外贸易经济合作局，防震工作办公室更名为地震局，均为直属事业单位。县政府工作机构共20个,县直属事业单位共11个。

2004年,设立招商促进局,安全生产监督管理局由部门管理机构改为政府工作部门。撤销对外经济贸易合作局、乡(镇)企业管理局。侨务办公室更名为外事侨务办公室,发展计划局改为发展和改革局,计划生育局改为人口和计划生育局。县政府工作机构共21个,直属事业单位共10个。

2005年,设立人民防空办公室,审计局、环境保护局列为县政府工作部门,不再是玉林市政府工作的派出机构。县政府工作机构设置23个:县政府办公室、发展和改革局、经贸局、教育局、公安局、民政局、司法局、财政局、人社局、国土局、建设局、交通局、农业局、水利局、文体局、卫生局、人口计生局、林业局、统计局、科技局、安监局、审计局、环境保护局、监察局(与纪委合署办公,不计个数)、外事侨务办(不计个数)、粮食局(不计个数)、扶贫办(常设办事机构)。县直属事业单位11个:旅游局、广电局、档案局、水产畜牧局、农机中心、直属机关后勤服务中心、接待办、水果局、地震局、招商促进局、防空办(办事机构)。

县政府办公室 1990年,县人民政府办公室核定行政编制58名,实有人员60人,办公地址设在城西路。1992年11月,办公地址迁至北门街87号县政府大院内。1993年,核定行政编制45名,事业编制13名,实有人员77人。1996年,核定行政编制45名,实有人员48人。1997年机构改革,县法制办公室、县调解处理土地山林水利纠纷办公室设在县政府办公室,均为内设机构。1999年,核定行政编制51名,实有人员43人。2001年机构改革后,核定行政编制36名,机关后勤服务4名,实有人员37人。县住房制度改革委员会办公室设在县政府办公室,县法制办公室在县政府办公室挂牌,县调解处理土地山林水利纠纷办公室设在县政府办公室,由县政府办公室管理。2005年,县政府办公室核定编制不变,实有人员41人。

1990—2005年历任办公室主任:(1990.1—1990.10缺)、黄强(1990.11—1994.5)、陈耀芳(1994.5—1995.11)、(1995.12—1996.2缺)、李绍勇(1996.3—1998.2)、覃其勇(1998.2—2000.5)、(2000.6—2000.7缺)、梁明南(2000.8—2005.12)、黎植芳(2005.12—)。

表13-6 **容县人民政府办公室历年编制一览表**

单位:人

年份	行政编制	事业编制	机关后勤服务	实有人数	年份	行政编制	事业编制	机关后勤服务	实有人数
1990	58			60	1998	45			44
1991	58			64	1999	51			43
1992	58			64	2000	51			38
1993	45	13		77	2001	51			37
1994	45	13		84	2002	36		4	37
1995	45	13		86	2003	36		4	42
1996	45			48	2004	36		4	39
1997	45			49	2005	36		4	41

基层乡(镇)人民政府

1990年,容县人民政府下辖16个基层乡(镇)人民政府,其中4个镇12个乡,分别是:容城镇人民政府、杨梅镇人民政府、黎村镇人民政府、自良镇人民政府、容厢乡人民政府、容西乡人民政府、十里乡人民政府、石寨乡人民政府、灵山乡人民政府、六王乡人民政府、杨村乡人民政府、县底乡人民政府、浪水乡人民政府、松山乡人民政府、黎木乡人民政府和石头乡人民政府。各乡(镇)人民政府均内设办公室、民政办公室、司法办公室、统计站、经济管理站。乡(镇)政府直属单位有:农业技术推广站,农机技术推广站、畜牧兽医站、广播站、文化站、经销管理站、交通管理站、财政所、工商所、税务所、林业站、规划建设管理站、计划生育管理站、土地管理所、水电管理站、企业管理站、派出所、教育组等。

1995年5月,六王乡、县底乡、石头乡、黎木乡撤乡建镇,分别撤销乡人民政府,成立六王镇人民政府、县底镇人民政府、石头镇人民政府。黎木乡更名罗江镇,成立罗江镇人民政府。

1996年12月,容厢乡、灵山乡、杨村乡、松山乡撤乡建镇,分别撤销乡人民政府,成立容厢镇人民政府、灵山镇人民政府、杨村镇人民政府、松山镇人民政府。

1997年,机构改革。各乡(镇)人民政府内设农业办公室、财经办公室、社会事务办公室、村镇建设办公室等。

2002年8月,石寨乡撤乡建镇,撤销石寨乡人民政府,成立石寨镇人民政府。

2005年6月,容城镇和容厢镇合并,设立容州镇,分别撤销容城镇人民政府、容厢镇人民政府,成立容州镇人民政府。至2005年底,县政府下辖镇人民政府12个、乡人民政府3个,分别是:容州镇人民政府、石寨镇人民政府、杨梅镇人民政府、灵山镇人民政府、六王镇人民政府、黎村镇人民政府、杨村镇人民政府、县底镇人民政府、自良镇人民政府、罗江镇人民政府、松山镇人民政府、石头镇人民政府和容西乡人民政府、十里乡人民政府、浪水乡人民政府。各乡(镇)人民政府内设党政办公室,按规定设置乡(镇)司法办公室、综合治理办公室、民政救助办公室、派出所等机构。乡(镇)人民政府下属事业单位有:农业服务中心、文化广播电视站、财政所、人口和计划生育服务所(办公室)、村镇规划建设管理站、乡(镇)企业管理站、林业管理站、水产畜牧医站、教育辅导站等。

第二节 施政规则和重要会议

施政方式

容县人民政府施政方式实行县长、副县长分工负责制。县长负责县政府全面工作,副县长分线负责。重大事情集体讨论决定,一般事项由分工主管的副县长负责。县长、副县长每年都要用一定时间蹲点,带任务到点上实施,取得经验后在面上推广,从群众中来到群众中去。县政府年初定出各乡(镇)、各单位工作任务。如各乡(镇)本年内应实现人均有粮数,人均收入数,计划生育人口数,治安案件控制数等。年终总结评比,达到要求,完成任务的给予精神和物质奖励;达不到要求,完不成任务的找出原因,次年重点抓。召开县政府全体会议、县政府常务会议、县长办公会议,根据工作内容确定有关乡(镇)、单位领导参会,讨论研究上级指示和下级请示、报告,作出决定后由县政府办公室用会议纪要或文件形式往下贯彻执行。召开县、乡(镇)二级或县、乡(镇)、村三级干部会议,贯彻上级指示或布置中心工作。组织县机关单位与各乡(镇)挂钩支援,抽调机关干部下乡入企业支援中心工作。从政治、经济、人力各方面支持各单位、乡(镇)、村,举办公益事业和文体活动,加强物质文明和精神文明建设。施政方式还有颁布文告、调查研究、督促检查、民主协商、计划调节、审批管理、联系群众等。

民主决策

容县人民政府民主决策机制主要通过预定的程序、规则和方式,实现决策能广泛吸取各方意见、集中各方智慧、符合本地区实际,通过制度设计、程序设定、规则设立、机构设置有机构成一个完整体系。在实践中,拓宽民主渠道,落实人民群众在决策中的知情权、参与权和建议权,更好地接受人民群众的监督。通过建立健全决策机制,实现政府决策与群众参与、专家咨询相结合,集体决策与分工负责相结合,民主与集中相结合。县人民政府多次修订完善工作规则,把实行科学民主决策作为政府工作的一项基本准则。国民经济和社会发展计划、财政预算、土地利用总体规划和城市总体规划、重大改革方案和政策措施、重要行政和社会管理事务、重要资源配置和社会分配调节、重大政府投资项目和重大建设项目等关系全局的重大决策,以及出台规范性文件等,均通过县政府全体会议或县政府常务会议讨论决定。坚持在作出重大决策前,根据需要通过一定形式,听取人大代表、政协委员、民主党派、群众团体、专家学者、基层群众的意见和建议,推动决策的科学化、民主化。

调查研究

容县人民政府围绕全县经济社会发展中的重点、热点和难点问题，组织开展调查研究，为制定政策、开展工作奠定基础。突出对全县改革、发展、稳定中亟待解决的重大问题的调查研究，对全局性、战略性、前瞻性的重要问题的调查研究，以及对社情民意的调查研究。建立健全重要决策调研论证制度，对重大问题的决策，预先进行调查研究。建立健全调查研究制度，制定和落实调研计划，促进调研工作经常化、制度化、规范化和科学化。同时重视调研成果的转化和运用。

容县人民政府全体会议

容县人民政府全体会议由正副县长、调研员、助理调研员和县政府组成单位及工作机构有关负责人参加，会议由县长或县长委托常务副县长召集和主持，一般每年召开1~2次。会议的主要任务是学习贯彻上级党委、上级政府的重要指示精神，讨论决定县政府全年工作部署安排，讨论通过县人民代表大会的政府工作报告，总结检查政府各职能单位的工作实施情况，通报全县经济工作情况，协调部门工作，讨论并审议涉及县全面工作的重要事项等。召开县政府全体会议，主要是审议通过每年县政府工作报告、全县社会和经济发展“八五”“九五”“十五”规划。

容县人民政府常务会议

容县人民政府常务会议由县长、副县长、调研员、助理调研员、县政府办公室主任和议题相关部门的负责人参加，由县长或县长委托常务副县长召集和主持。会议视工作情况不定期召开，如遇紧急任务或需要及时发布的布告、通告、规定规章；讨论决定各乡（镇）、各部门向容县人民政府提交的重要请示事项；传达上级政府会议精神，研究决定本县的贯彻措施；讨论承办县人大常委会、县政协提交给县人民政府办理的代表建议和提案；分析全县经济形势，通报重要情况。会后印发《常务会议纪要》，冠以本届人民政府第某次常务会议纪要，下发贯彻执行。部分常务会议纪要主要内容如下：

1994年4月14日，容县人民政府常务会议研究讨论通过容县第十一届人代会二次会议《政府工作报告》。会议同意县经委关于在国有企业转换经营机制中实行大包干和县食品公司在登高岭集资建商品房的问题。4月21日，容县政府常务会议研究讨论工业企业在转换机制中的问题，如企业债权债务、资金回收、评估拍卖、工人社会保障等。

1996年3月13日，容县人民政府常务会议研究讨论在容县古建筑真武阁下河湾修建道路问题。同意在保护真武阁不受到影响下，修建6米宽的道路，只供游客徒步，不能停靠、通行车辆。

1998年4月6日，县长温守荣主持召开县政府常务会议。会议研究讨论容县《关于加快畜牧业发展的决定》《预算外资金收支计划审批方案》等7个议题。7月8日，县长温守荣主持召开县人民政府第六次常务会议，会议对《关于对国有企业实行财务总监委派办法实施方案》《关于容县农机总公司出卖房地产情况的调查报告》《关于修改容县城区中环西路道路规划的请示》等7个议题进行研究讨论。

1999年1月31日，容县人民政府召开第十二届一次常务会议，会议由县长黄必贵主持。会议就有关内容进行讨论并形成决议。一是讨论同意1999年全县计划生育工作计划，要求1999年计划生育工作要建立奖罚、考核制度。二是要及时完善乡（镇）财政管理体制。三是规范城乡药品经营，明确容县城乡药品经营主管部门由县医药管理局行使职能。四是关于解决容县中学抢修危房及县师范综合楼建设，维修建设工程要实行公开招标，工程造价要控制在每平方米450元以下。五是组织建立容县森林防火、防灾、防暴专业队，人员从现在编机关、行政事业单位抽调，工资、福利等经费从原单位调往专业队所属林业部门管理，抽调人员实行3年一轮换制度。12月30日，代县长张福文主持召开县人民政府第十二届十二次常务会议。会议对《关于申请供销合作社社员股金首期兑付专项资金贷款的请示》《关于县房管所有偿出让零星旧公房的请示》《关于安装市政公共消防栓的报告》《关于要求县财政拨给冬修水利配套工程建设资金的请示》等4个议题进行讨论研究并形成决议。

2001年2月12日，县长张福文主持召开容县人民政府常务会议。会议专门讨论研究抓好容县旅游景区景点美化、绿化及完善工作问题，决定由县旅游局、县文化局负责，重点抓好都峤山庆寿岩景区植物园建设，在庆寿岩景区新建1座桃花园，建成1座文化碑廊等。

2005年1月11日，县长杨家庆主持召开容县人民政府常务会议。会议同意容县河道采砂（采矿）权以一个整体进行拍卖，起拍价参考中介机构评估的评估价后再议定，参加竞拍的竞买人报名保证金50万元以上。3月18日，县长杨家庆主持召开县人民政府第十三届二十八次常务会议。会议同意县财政局意见，将各乡（镇）列入"零户统管"范围增加司法所、派出所、法庭、交通站等。同意县财政局关于下达2005年财税收入考核任务。成立领导小组对宁冲水库至容城供水一期工程计划进行修改。由县水利局做好容城绣江湖长期保洁工作。同意县财政局借30万元用于自良沙田柚开发经费，国债资金到位后即归还县财政。同意县建设局关于县人民会堂建设工程拆迁安置回建用地规划方案。同意县计划局关于《容县"十一五"经济和社会发展规划工作方案》，委托自治区人民政府发展研究中心负责编制等。4月8日，县长杨家庆召开县人民政府常务会议。会议同意从2005年教育三税附加费中安排10万元为县教育艺术团购买灯光音响设备经费。同意县宣传文化中心选址在旧电影院。同意从处置国资收益中安排10万元作为县安全监督局购置安全监察用车经费。同意对2004年度重点纳税企业和财税工作先进单位进行表彰等。

县长办公会议

容县人民政府县长办公会议由县长根据工作需要召集和主持。主要研究处理县人民政府日常工作中的重要事项。一般每月举行1次。会议由县长、副县长和县政府办公室主任组成，根据会议内容需要，县政府办室公室副主任及与议题相关的政府部门负责人可列席参加。会议由县长主持召开。会后根据需要印发容县人民政府专题会议纪要。部分会议纪要主要内容如下：

1990年6月22日，县长李汉金主持召开县长办公会议，讨论解决如下几个问题：一是进一步加强预算外资金管理；二是经济主管部门落实承包责任制；三是房改准备工作问题；四是有关城市建设规划问题；五是通报分析上半年经济情况等。

1994年6月21日，容县人民政府召开县长办公会议，讨论通过《容县人民政府关于征收农业特产税的通知》并下发执行，做好宣传工作。松脂收购，统一集中到县松脂厂进行加工处理。通过县教育局提交的全县初中设点布局的方案。同意县交通局关于在城北车站建设公交车停车场的方案等。

1994年11月19日，容县人民政府召开县长办公会议，讨论通过从粮食供应、提高补贴、搬迁户出路等方面解决石寨乡大荣村水利搬迁户的问题。从社会发展、人民生活、发展生产的高度，做好杂优种子兑换到农户手中的问题。讨论同意拆除原农机公司公产房扩建为县房管所业务用房。同意县人民法院按城市规划建立固定刑场。解决县档案局办公地点及收藏卷宗用房问题。解决容县印刷厂搬迁、拆搬问题。做好都峤中学搬迁工作。关于建造容县革命烈士纪念碑、建设县火车站问题等。

1994年11月29日，县长李耀贞主持召开县长办公会议。会议讨论县水泥电石厂拍卖的合同条款和建设黑色食品用地问题等。

2001年5月22日，县长张福文主持召开县长办公会议。会议传达玉林市工业化、城镇化建设工作会议精神，讨论研究容县工业化城镇化建设的实施方案，讨论出台容县招商引项目优惠办法等。

县、乡（镇）二级或县、乡（镇）、村三级干部会议

县、乡（镇）二级干部会议，是容县人民政府为贯彻上级指示或布置当前中心工作而召开，一般是根据工作需要由容县人民政府决定召开，每月召开次数不等。县、乡（镇）、村三级干部会议由容县人民政府每年视情况召开1~2次，也可不开。

第三节　施政纪略

农业经济

粮食生产　1990年，容县人民政府把粮食生产摆在农业经济首位，加强良种和科技推广，扩大杂优种植，全县粮食播种面积58.79万亩，平均亩产822千克，粮食总产量23.08万吨，比1949年增加2.10倍，广西排名第二，平均每人有粮食380千克。1992年，大力推广春播地膜育秧，确保种植面积，并连续扩种杂优，全县粮食播种面积58.83万亩，其中水稻实插面积55.18万亩（杂优种植面积52.06万亩），稻谷产量23.69万吨。1993年，加快土地承包经营制度改革，推广防寒育秧技术，粮食播种面积59.08万亩，总产量24.57万吨。1996年，实现“吨谷田”县，水稻亩产1009千克。1997年，推广旱育秧和抛秧新技术，粮食播种面积60.65万亩，总产量28.56万吨。1999年，水稻亩产1019千克，创历史最高水平。2002年，调整粮食种植面积，优化品种结构，种植优质谷11.45万亩，占水稻种植面积21.63%，粮食总产量27.79万吨。2005年，全县粮食播种面积58.81万亩，粮食产量25.34万吨，其中水稻播种面积51.57万亩，产量23.78万吨。

林业 1990年，容县人民政府通过封、管、造、节相结合，人工造林和飞播造林，封山育林，护林防火同时并举，林业得到迅速发展，林副产品日益增多。全县有林面积178.50万亩，林木积蓄量396.60万立方米，森林覆盖率51.60%，荣获广西壮族自治区绿化造林、封山育林一等奖，全年为国家提供建设木材114.90万立方米。1991年，容县成为广西首批2个消灭荒山县之一。1992年，全县人工造林2.56万亩，新封山育林13.50万亩，全县封山育林总面积达116万亩。1995年，成为全国林业站合格县，森林覆盖率59.20%。1998年，荣获全国造林绿化百佳县称号，森林覆盖率63.30%。2002年起，通过实行钱粮补助、种苗补助办法，连续实施退耕还林工程，调动农民造林护林的积极性，扩大林地面积。2005年，全县森林覆盖率66.60%。

畜牧业 1990年，容县养猪47.10万头，养鸡323万羽。肉猪、三黄鸡，外销广东、香港、澳门，畜禽业成为农民的重要经济收入来源。1991年，健全和完善畜牧业产业结构调整和产业化服务体系，确定生猪养殖和家禽养殖为县内重点优势产业，加强推广霞烟鸡、三黄鸡优良品种养殖。1993年，突出抓好饲料生产与供应、疫病防治和开拓市场3个环节，生猪存栏56万头，家禽存栏350万羽，畜牧业总产值3.90亿元。1996年，调整农业产业结构，注重生猪、霞烟鸡、三黄鸡等规模养殖，持续推广“公司+农户”的经营模式和饲养技术，生猪存栏69.32万头，饲养家禽1408.20万羽，畜牧业总产值7.56亿元。2001年，肉猪出栏30.28万头，家禽出栏915.28万羽，畜牧业总产值5.21亿元。至2005年末，有规模养殖户2839户，全县出栏肉猪47.95万头，出售仔猪147.72万头，肉鸡2222.79万羽，优质鸡苗1.20亿羽，渔牧业总产值14.48亿元。

2001年3月23日，自治区主席李兆焯（左二）到容县黎村镇考察永兴三黄种鸡场网上销售情况

（据《容县报》）

经济林果业 1990年，容县人民政府加强以沙田柚、肉桂为主的经济林果业开发，推广沙田柚人工授粉重大技术。1991年，容县种植肉桂9.20万亩、沙田柚5.10万亩。1992年，根据“成片开发、规模经营、讲求实效”的理念，种植肉桂16万亩、沙田柚5.63万亩；年内桂油产量98.20吨，占全自治区桂油总产量的30%，全国桂油产量的20%；各类水果种植16万亩，水果产量1.90万吨；容县名果沙田柚获得自治区沙田柚质量评比第一。1999年，加快全县农业产业化进程，巩固沙田柚、肉桂、八角、龙眼等优势产业，速丰林、麻竹成为新产业。2001年，种植速丰林5万多亩、麻竹总面积2万多亩，经济林总面积2.09万亩；水果总产量4.73万吨。2002年，推进农业企业化，黎村镇率先成立家禽协会，全县新成立和扩展各类模式的农业企业67家。2005年，全县有国家级农业龙头企业1家，自治区级3家，市级7家，农村经济合作组织47家，全县农业企业621家，从业人员6.32万人；建设电子信息网点25个，初步构建县、乡（镇）、村农村经济电子信息网络，网售农产品4575吨，总值2581万元。

工业经济

1990年起，容县有全民所有制工业40家，二轻系统集体所有制工厂12家，乡（镇）企业1.24万家，“三

资”（即中外合资经营、中外合作经营和独立外资）企业 10 家，全县工业总产值 2.35 亿元。1991 年，深入开展“质量、品种、效益年”活动，加强企业经营管理，抓好国营企业扭亏增盈，全县工业总产值 3.35 亿元；8 月，在城西路西侧建立的容县侨乡经济开发区，是经自治区批准的广西第一个县级经济开发区。1993 年，全县工业总产值 10.39 亿元，年内投资 3650 万元的都峤高级墙地砖厂建成投产。全县推动建立现代企业模式，工商企业开展经营机制改革，以县水泥电石厂为股份制试点，以县胶合板厂为国有民营试点，在全县实行私营承包责任制或股份合作制。1994 年，开展“练内功、转机制、增效益”活动，引导企业加强技术改造，全县工业总产值 14.33 亿元。1995 年，全县工业总产值 18.41 亿元。1996 年，国有企业资金周转困难，经济形势严峻；全县工业总产值 22.35 亿元。1997 年，进一步推进社会主义市场经济，国有企业管理体制和经营机制因不适应要求，同时受到亚洲金融危机影响，企业生产经营陷入困境，企业经济效益下滑，化工、建材、造纸等支柱产业所受冲击前所未有，制药、食品工业受到冲击较轻；全年工业总产值 24 亿元。1998 年，国有企业改革整顿列为全年经济工作重中之重，深化完善企业内部三项（劳动、人事、分配）制度改革，在全县 34 家国有企业中，开展企业制度改革的有 28 家；全县工业总产值 23.17 亿元。2000 年，以三项制度改革为重点的国有企业改革整顿向纵深发展，全县工业总产值 23.67 亿元；在亏损的规模工业企业中，亏损总额 2001 万元，比 1999 年减亏 2442 万元，下降 54.90%。2001 年，抓住国家西部大开发战略和东部（广东经济区域）产业转移的机遇，承接东部产业转移项目 77 个；全县工业总产值 25.68 亿元；推进县内国有企业的产权制度改革，先后对县造纸厂实行宣告破产拍卖，出让浪水电站，出让中环公司股份，兼并划转县汽车运输公司；有私营企业 115 家。2003 年，推进位于绣江南岸的容县经济开发区建设，广西高峰容洲人造板厂建成投产，投资 4.20 亿元的黑色食品基地落地奠基，承接东部产业转移项目 21 个，有私营企业 202 家，园区企业 10 家，总投资 3.42 亿元；全县工业总产值 24.93 亿元。2004 年，实施“外引、内兴、品牌、园区”四大策略，新注册企业 247 家，注册资金 1.39 亿元，工业总产值 33.21 亿元，规模工业企业亏损额 689 万元。2005 年，建立产业集群规模，探索新的工业房地产建设和管理模式，新建标准厂房 2 万平方米；全县形成电子信息、食品制药、机械制造、林产化工、建材陶瓷五大支柱产业；私营企业发展到 510 家；全县工业总产值 30.22 亿元，其中经济开发区实现生产总值 3.78 亿元，规模工业企业实现盈利 2224 万元。

第三产业

1990 年起，容县人民政府促进第三产业发展，当年全县社会消费品零售总额 2.39 亿元。1993 年，社会消费品零售总额 3.89 亿元。1994 年，加快房地产业、饮食业、服务行业发展，总收入 6.30 亿元，创税 1.03 亿元。1995 年，多渠道筹集资金 90 万元投入新建自良镇、杨梅镇、杨村镇、石头镇集贸市场，建设总面积 2 万平方米，完善六王、尤华等 5 处集市贸易点场地，兴建容州猪苗市场，全县第三产业增加值 5.06 亿元。1996 年，加强城乡市场物价监管，发挥价格调节基金平抑物价的作用，使物价上涨幅度回落 8.47 个百分点，年内价格上涨指数 5.33%，社会消费品零售总额 7.80 亿元；第三产业增加值 5.68 亿元。1997 年，国有商业占比降低，逐步失去“蓄水池”作用，集体、个体商业比重增大，个体经营户 1.06 万户，从业人员 1.39 万人，营业额 7.02 亿元，占社会销售总额 10.67 亿元的 65.80%；第三产业增加值 7.45 亿元。1998 年，治理金融行业“三乱”（乱批设金融机构、乱从事金融业务、乱集资）现象，营造宽松的经营环境，个体经营经济成为新的经济增长点，第三产业增加值 6.66 亿元。1999 年，坚持政府主导型旅游，培育和发展支柱产业旅游业，多渠道投入资金 3000 多万元建成都峤山庆寿岩景区、贵妃园景区，创建国家 AAAA 级景区和第一批“广西优秀旅游名县”，

1999 年 8 月 28 日，容县都峤山庆寿岩景区开业 （据《容县解放 50 周年大事记》）

“三名”（名山都峤山、名楼真武阁、名人杨贵妃）旅游开发取得突破，被列入自治区 15 个重点旅游县之一，成为玉林市旅游开发的“龙头县”。2001 年，获得“广西优秀旅游名县”称号，旅游业成为容县第三产业新的增长点，有效带动交通、房地产、餐饮服务业等行业发展，全年接待游客 51.82 万人次，旅游总收入 1.49 亿元，第三产业增加值 8.52 亿元。2002 年，“三名”景区被授予国家 AAAA 级旅游景区。2003 年，受“非典”（非典型肺炎）影响，旅游行业发展受困，全年接待游客 36.10 万人次，旅游收入 0.63 亿元，第三产业增加值 9.14 亿元。2004 年，举办容县沙田柚节。2005 年，全县旅游项目总投入 1.47 亿元，接待游客 58.20 万人次，实现旅游总收入 1.10 亿元，第三产业增加值 11.05 亿元。

社会事业

教育事业　1990 年，容县有幼儿园 10 所 20 个班，在园幼儿 746 人，小学附设幼儿园班（学前班）322 个，人数 1.05 万人；有幼师 230 人。有小学 214 所（不含教学点），在校小学生 7.46 万人。初中学校 52 所，在校初中学生 1.60 万人。公办高中 1 所，附设高中 6 所，学生 2108 人。有职业学校、农林学校 3 所，华侨职业技术学校 1 所，师范学校 1 所，卫生学校 1 所，在校学生 1891 人，教职员工 233 人。各类学校在校学生总人数 10.58 万人，小学、初中、高中教师学历达标率分别是 82%、53% 和 54%。1991 年，集资 639.64 万元，新建、修复教学楼和校舍共 21 幢。1993 年，容州镇第四小学建成使用。1994 年，全县全面实施小学阶段的六年义务教育。1995 年，全县有 8 个乡（镇）实施小学、初中阶段的九年义务教育，儿童入学率 96.05%，初中生毕业率 74.73%，小学、初中、高中教师学历达标率 97.70%、61.90% 和 62%。1996 年，容县被评为全国幼儿教育先进县；投入 4892 万元续建、新建 111 个校点，兴建教学楼 67 幢。有小学 217 所，在校学生 10.27 万人，小学入学率 99.60%、初中入学率 95.10%，容县“两基”（基本普及九年义务，基本扫除青壮年文盲县）建设经自治区人民政府评估验收，全部达标。至 1998 年，累计投入 1.90 亿元改善办学条件，成为全国基本普及九年义务教育、基本扫除青壮年文盲达标县。2000 年，小学适龄儿童入学率 99.90%，全县 16 个乡（镇）教育办公室均建立并安装有卫星地面接收站，全县有 30% 在校学生接受计算机教育，小学、初中教师及高中专任教师学历全部达标。2001 年，获评为自治区“两基”工作先进集体。2004 年，容县通过自治区“两基”复查。至 2005 年底，容县有公办幼儿园 5 所，在各小学设学前班 366 个；公办小学 219 所，教学点 201 个；公办初中 49 所，独立高中 1 所，完全中学 3 所，中等专业学校 2 所，中等师范学校 1 所；民办幼儿教育学校 106 所，中小学校 10 所，职业培训学校 21 所，文化补习学校 6 所。容县有在校小学生 7.38 万人，初中生 4.31 万人，高中学生 7988 人，中等专业学校在校学生 2600 人。

卫生计生事业　1990 年，容县有综合性医院、中医院、骨伤科医院、妇幼保健院、皮肤病防治院和精神病院各 1 间以及卫生防疫站，16 个乡（镇）设有卫生院，有医务员工 1195 人，其中医疗技术人员 836 人。鼠疫、霍乱、天花等恶性传染病已经绝迹，麻风病已基本消灭，白喉、破伤风、钩端、钩虫病等传染性疾病发病率相当低微。全县贯彻执行国家和自治区计划生育法律法规，提倡一对夫妻生育一个子女，符合法律、法规规定条件的可以要求安排生育第二个子女。1991 年，提前 10 年完成国家卫生部提出的每个乡（镇）村有 4~5 名医生的标准。1994 年，桂南制药集团有限责任公司成为广西卫生系统最大的制药集团公司。全县人口出生率控制在 13.80‰以内，是广西第一批计划生育达标县。1995 年，实行计划生育与群众的生产、生育、生活“三结合”，政府在做计划生育工作的同时，关心计划生育家庭的生产、生活、生殖健康等。1996 年，被评为全国妇幼卫生项目先进县、全国卫生协会工作先进县、广西东部疟疾联防先进县、广西计划免疫项目先进县。1999 年，县人民医院被评为广西“十佳医院”。全县开展计划生育“四清查、四落实”工作。2000 年，全县有卫生技术人员 1800 人。把计划生育工作纳入“双文明”考核内容；全县坚持计划生育“三为主”方针，开展“三好一满意”活动，推行计划生育村民自治。2004 年，全面实行人口和计划生育依法管理。2005 年，在全县实施新型农村合作医疗制度；有县直卫生医疗单位 10 家，乡（镇）卫生院 14 家，乡（镇）村基层有村卫生所、诊所、医疗点 121 个。计划生育工作逐步实现以处罚为主转变为奖罚相结合的模式，对计划生育家庭实行奖励扶助。

科技事业　1990 年，容县出台促进全县经济社会科技进步的政策文件，实施《25 万亩水稻高产技术》

项目于1991年获农业部农牧渔业丰收奖三等奖。1993年6月，表彰容县首批专业技术拔尖人才。1994年6月，容县召开第一次科教大会，确立“科教兴容”的战略。1996年，全县建立县、乡（镇）、村三级科技管理机构。1997年，开通计算机互联网，容县获国家科技部授予“全国科技先进县”荣誉称号，是广西首批15个科技先进县之一。1997年4月，气象预测实现自治区、市、县办公自动化三级联网，以计算机为核心的办公自动化技术应用于业务、行政管理等各项工作。1998年，容西乡和罗江镇进入广西科技工作先进乡（镇）行列。2000年4月，容县被广西科协命名为“广西科普示范县”。授予“1998—2000年全区科普示范县（市）”称号。同年5月，被中国科协命名为首批全国科普示范县，授予“1998—2000年全国科普示范县”称号。科技进步对经济增长的贡献率逐年增长。2005年，机关企事业单位进入办公现代化，部分居民使用宽带上网，科技进步对经济增长的贡献率达50.20%。1990—2005年，全县共育成农业新品种19个，推广农业新品种123个。全县共计实施科技项目122项，其中自治区计划项目29项，玉林市计划项目32项，县级61项。共创建科技示范企业29家，培育科技型企业33家，建立科普示范基地52个，科普示范乡（镇）5个，科普示范村20个，科普示范户3814户，科普示范学校15所，累计推广先进适用技术127项。全县获得国家级科研成果奖2项，自治区级20项，地（市）级科研成果奖60项。

文化事业 1990年，容县有县级文化馆1个，乡（镇）级文化站16个，正常开展各项文娱活动，群众文化活动活跃；有乡（镇）级图书馆（室）14个，藏书14.80万册，5个图书馆获玉林地区万册达标图书馆称号。1992年，获得自治区群众文化达标县称号。1993年，县文化馆获国家文化部授予全国标准文化馆称号；容县解放以来首部《容县志》出版，被评为自治区和全国地方志优秀成果二等奖。1995年，全县广播电视覆盖率95%。1996年，创办《容县报》，全县16个乡（镇）均建立卫星地面接收站和有线电视中心，全县室外广播信号覆盖率98%；与广西电影制片厂联合摄制《杨贵妃后传》，成功发行《经略台真武阁》邮票；获得自治区“知识工程”活动先进县称号。2000年，全县有卫星地面接收站138个，广播电视人口覆盖率85%，有线电视入户率15.10%。2004年，投入657.30万元在县、乡（镇）、村建设文化广场、农民公园、宣传文化中心等一批文化基础设施。2005年，全县有专业艺术表演团体1个，业余艺术团体25个；县级公共图书馆1个，学校图书馆5个，乡（镇）图书馆（室）15个，村级图书馆（室）9个；县级文化馆1个，乡（镇）级文化站15个；县级博物馆1个。

改革发展

1992年，容县重视环境保护工作，环保工作首次出现在《政府工作报告》。1993年，深入金融、财政、外贸为主的改革，实行分税制，鼓励发展个体、私营、股份合作制企业，商业、供销、粮食、外贸等部门继续推行集体风险抵押承包责任制，开展国有民营试点。1997年，经济工作的重点为国有工业企业、商业企业改革，以县兽药厂、造纸厂、印刷厂和饮食服务公司作为改革试点，以“一厂一策”方式推行企业股份制改造。2002年，推进科技教育卫生体制、城镇职工住房制度、粮食流通体制、土地使用权流转等领域改革。2003年，推进农村税费改革，全县征收农业税及附加1194.77万元，税后农民人均减负36元，下降58.28%；推进机关效能建设和政务公开，全县机关挂牌上岗，实行一次性告知、限时服务、首问责任制等制度，建立县级行政审批办证大厅。

综合经济

1990年，容县地区生产总值5.82亿元，农业总产值5.25亿元，工业总产值2.35亿元，全社会固定资产投资1.86亿元；财政收入3804万元；城镇职工平均工资1961元，农民人均纯收入522元；城乡居民存款余额1.53亿元；社会零售总额2.39亿元。1992年，全县工业总产值6.79亿元，农业总产值6.62亿元，工业总产值首次超过农业总产值；被评为广西农村经济综合实力十强县。1993年，全县个体、私营户发展到901户，工业总产值10.39亿元，突破十亿元大关。1994年，农村居民人均纯收入957元。1995年，全县地区生产总值18.72亿元，是1990年3.22倍；农业生产总值13.74亿元，是1990年2.62倍；工业总产值18.41亿元，是1990年7.83倍；第三产业总产值5.06亿元；全社会固定资产投资1.78亿元，是1990年0.96倍；财政收入为1.16亿元，首次超过亿元，是1990年3.75倍；城镇居民人均生活费收入3891元；农民人均纯收入984元，是1990年1.88倍；城乡居民存款余额9.82亿元，是1990年6.41倍；社会零售总额6.95亿元，是1990年2.90倍。1996年，全县社会零售总额7.80亿元，城乡居民存款余额11.43亿元。全县水果总产量2.75万吨，总产值1.38亿元，首次超过亿元。1997年，年平均从业人数3.84万人，个体私营经济成为新的经济增长点。2000年，全县地区生产总值25.92亿元，是1990年4.45倍；农业生产总值18.98亿元，是1990年3.62倍；工业总产值23.67亿元，是1990年10.07倍；第三产业总产值9.29亿元；全社会固定资产投资3.41亿元，是1990年1.83倍；财政收入为1.88亿元，是1990年4.95倍；城镇居民人均可支配收入4480元；农民人均纯收入1611元，是1990年3.08倍；城乡居民存款余额17.12亿元，是1990年11.18倍；社会零售总额8.69亿元，是1990年3.64倍。2004年，全县全社会固定资产投资11.02亿元，首次突破10亿元大关；县域经济竞争实力从2003年全自治区54位跃升至13位，获得广西县域经济发展进步奖称号。2005年，全县地区生产总值35.13亿元，是1990年6.03倍；农业总产值20.82亿元，是1990年3.97倍；工业总产值30.22亿元，是1990年12.86倍；第三产业总产值11.05亿元，首次突破10亿元大关；全社会固定资产投资13.16亿元，是1990年7.08倍；财政收入2.62亿元，是1990年6.89倍；城镇居民人均可支配收入6670元，农村居民人均纯收入2541元；城乡居民存款余额32.42亿元，是1990年21.19倍。社会零售总额14.28亿元，是1990年5.97倍。

廉政建设

1990年后，容县不断推进反腐倡廉工作，坚持对各级干部进行反腐倡廉和廉政宣传教育，抓好领导干部廉洁自律，加强审计、监察部门工作。1992年，开展“廉政公仆”活动，增强拒腐防变能力。1993年，推进廉政建设，实行乡（科）局级以上现职领导干部廉政建设工作制度，建立领导干部廉政卡。1996年，在全县干部队伍中全面实施“三严四自”（严格要求、严格管理、严格监督，自重、自省、自警、自励）作风教育，大力整顿“三风”（用人风气、干部作风、机关作风）。对乱收费、多收费、搭车收费、公路“三乱”、山林水利纠纷和市容环境等干部群众反映的热点问题进行严格整治，解决一批“热点”问题。1998年起，容县开始实施党风廉政建设和反腐败“一把手”工程，全县各乡（镇）、县直各单位部门与县委、县政府签订实施党风廉政建设和反腐败“一把手”工程责任书。抓领导干部廉洁自律，重点对领导干部不准收受有关单位和个人的现金、物品、有价证券及领导干部出国（境）管理、领导干部离职和离退休后的从业行业和领导干部配偶、子女从业情况等有关规定的落实情况进行检查。加大违纪违法案件查处，纠正部门和行业不正之风。推进农村税费改革，减轻农民负担；治理向企业乱收费乱摊派工作，查处部门乱收费行为，实行向企业收费明白卡制度，减轻企业负担。2003—2005年，全县领导干部签订廉洁从政承诺书。全面推进政府职能转变，建设服务型、学习型政府，在政府管理中推行精细化管理，提高政府的约束力、执行力、公信力；全面落实《关于贯彻落实容县县委加强领导干部廉洁自律六项规定的实施意见》，组织督查组对各部门单位贯彻落实领导干部廉洁自律六项规定的情况进行督查。全县副科级以上领导干部向组织作出廉洁自律承诺。

第四节　城镇化建设

县城建设

1990年，容县县城道路及基础设施建设发展缓慢，仅建成城西路、国中路，路段总长4.68千米。容县人民政府开始把城乡基础设施建设作为振兴容县的一件大事来抓落实。1991年，投资1390万元，铺设城区道路水泥路面，总长5.19千米；开工建设位于北门街的县政府新办公楼和城北住宅开发区、绣江人工湖水上公园、侨乡经济开发区等项目。1992年，开发建设河南小区。至1993年，河南开发区以及乡（镇）7个开发小区、都峤山旅游开发区、县城旧街道改扩建、玉林至容县一级公路等工程已陆续开工或筹建。县城城区面积4.44平方千米。1994年，县政府执行容县第十一届人民代表大会第二次会议作出的《关于容县设市撤县规划的决议》，开展城区旧城改造，铺设城区道路2.28千米，总面积2.26万平方米，完成容县城区1995—2015年总体规划修编工作；提出在3年内完成撤县设市建设目标。至1995年，城区有铺设水泥路

面道路 9.35 千米，建成沿江北岸的河堤街和中环路、开发河南小区和城东小区，先后建成电信大楼、汽车客货运站、华侨大厦、建设银行大厦、中国银行大楼、工商银行大厦、黑马大酒店、县政府大楼、县委大楼，城区面积 6 平方千米。1996 年，城西大道、城南大道竣工通车，总长 4.10 千米；中环西路竣工通车，长度 2.53 千米；建成位于城东小区的东大街，城区街道网络日趋完善；容城镇第五小学建成使用；容城钢材市场建成开业，启动绣江二桥建设工程和城北的沿江街东段；容县获第一届自治区市容环境综合整治"南珠杯"竞赛先进城市称号。1997 年，全县实施"路桥经济"战略，城区中环路西段竣工，容县第二幼儿园建成交付使用，县政府原大院开发顺利推进。1998 年，县城城区面积发展到 7.60 平方千米。被评为自治区"优秀城市"、自治区级卫生县城、自治区级灭鼠先进城区。2001 年，完成县城侨乡广场、绣江公园一期工程、城南街"一街一树"、绣江城区防洪一期工程、绣江两岸灯饰、国中路路面硬化、宁冲水库至容城输水管道铺设等项目。荣获广西"城市环境综合整治优秀城市"、广西"卫生城市"等荣誉称号，实现城区建设"一年一小变"目标。投入 8789 万元，完成全县农村电网一期改造。2002 年，完成投资 6660 万元的农网改造二期工程。完成绣江公园二期绿化工程、绣江公园喷泉及两岸灯饰安装工程、国中路二期改造工程等工程项目。2003 年，投资 500 多万元的城南客运站完成主体工程，建设首个时尚商住小区绣都苑及都峤山旅游线路亮化工程、城区绿化美化工程。2004 年，城南客运站建成投入使用。完成太爷巷和城南大转盘全段人行道、灯饰、建筑立面改造工程、宁冲水库供水工程和城区供水管网改造工程。全县城镇化水平 25%，提前一年完成"十五"计划目标。至 2005 年，城区内有中兴花园、绣都苑、景江苑、绣江畔景、世纪广场、锦绣江南、文华苑、新都商贸城、游龙花苑、碧玉花园、天诚嘉园、福满地花苑、金满地商住楼等 14 个县城居住小区，有商品房近 3000 套，其中新都商贸城规模较大，总建筑面积 12 万平方米，总投资 1.80 亿元，有商住楼 153 幢、多层公寓 7 幢、16 层商住大厦 1 幢，大型主题商场 2 个，休闲广场 1 个。容县获得第五届自治区市容环境综合整治"南珠杯"竞赛"A 类县城特等奖"，并成为广西第一个"国家卫生县城"。容县城区面积 11.20 平方千米，城区人口 11.80 万人，城镇化率 25.61%。全县城镇人口 17.28 万人，城镇化率 26.47%。

城乡交通建设

1990 年，容县共有国道、省道、县道、乡道以及简易公路 96 条，总里程 780 千米；16 个乡（镇）有 151 个村通行客运班车，全县 219 个村有 212 个村可以通行汽车或拖拉机；全县国营、集体企业以及个体户共有客运车辆 229 辆、座位 4876 个；货运车辆 753 辆，载货量 3120 吨位；中小型拖拉机 2940 台，3.53 万马力，载货量 1764 吨。1991 年，投入 400 万元建设容县客运站，投入 1390 万元铺设水泥混凝土道路 5.19 千米。1993 年，县政府通往各乡（镇）的柏油公路工程已铺设 110 千米。1995 年，全面推动县、乡（镇）道路建设，全县 16 个乡（镇）有 11 个乡（镇）通行柏油路；219 个村中，有管养公路通车的村 144 个；玉林至容县一级公路开工建设。1996 年，率先在广西内实现全部乡（镇）通行柏油路，全县有货运汽车 1307 辆，客运汽车 211 辆，年货运量 321 万吨，年客运量 241 万人次。1997 年，开工建设容县至岑溪一级路容县路段，该路段全长 22.10 千米。绣江复航前期工作启动。测设乡村四级公路 41 条，建成并通过验收的新建四级公路 8 条 22 千米；道路硬化完成 7 条 15.90 千米，松山镇率先实现村村通四级公路。1999 年，建成四级公路 15 条 51.90 千米，完成总投资 467 万元；全面贯通容县至岑溪一级路容县路段路基，实现村村通汽车的道路建设目标。2000 年，容县至岑溪一级公路全线通车。2002 年，投资 900 万元建设城南客运站。2001 年，完成容县至岑溪一级公路容县段等重点工程。投资 1754 万元，新建乡（镇）村四级道路 38 条共 137 千米，实现村村通汽车目标。2002 年，完成县、乡（镇）公路建设投资 6364 万元，新开工建设四级公路 10 条 42 千米，其中 7 条 23.70 千米的四级公路村道铺设完成，完成容县至广东信宜二级公路测量设计工作。2004 年，全县新（改）建乡（镇）村公路 49.09 千米，完成投资 1502 万元。2003 年，完成基础设施投资 4.28 亿元，新建乡（镇）村路网公路 14 条，总长 58.50 千米，村级公路 11 条，总长 64.50 千米。2005 年，洛阳至湛江铁路容县段开工建设；全县公路总里程 1328.75 千米；全县有货运汽车 1071 辆，客运汽车 176 辆，年货运量 1.03 亿吨，年客运量 538 万人次。

城乡通信建设

20 世纪 90 年代以来，容县通信建设进入快速发展阶段。1990 年，全县电话机用户 1579 户。容县邮电局使用电报设备，有电传打字机 6 台、四路插报机 1 台、无线电收发讯机 2 台。容县电信大楼和程控电话工程建设开工。1991 年，容县电信大楼竣工，投资 900 多万元。1992 年，组建容县无线寻呼通信网，在兴容街电信楼上建设基站，寻呼范围为容城周边 10 千米以内。容县长途电话进入全国长途电话指导网。1993 年，建设无线寻呼黎村基站，在兴容街电信楼内建立 900 兆移动电话基站。容县邮电局增办国际传真电报业务。1994 年，全县固定电话号码由 6 位升为 7 位。开通使用容城至松山等 5 个乡（镇）光纤通信系统以及移动电话大哥大，实现全国自动漫游。1995 年，市话扩容至 1.60 万门、农话 10 万门，全县 16 个乡（镇）开通使用光纤通信系统，兴建 5 个乡（镇）大哥大基站，程控交换机和大哥大交换机扩容至 72 门，实现广西县级第一个县、乡（镇）、村三级同时开通程控电话。无线寻呼增建杨梅、石头、自良 3 个基站。全县有本地固定电话用户 7923 户。容县邮电局的电报主要设备有全电子式电传打字机 4 台，传真机 16 台，四路插报机 1 台，无线电收发讯机 3 台。1997 年，新建 6 个移动电话基站、5 个无线寻呼发射台，安装移动电话开关及收费微机管理化，开办全国通存通兑邮政储蓄业务，全县邮电通信向规范化、现代化发展。1998 年，无线寻呼信号覆盖全县 16 个乡（镇）大部分地区，900 兆模拟移动电话基站 13 个、数字基站 14 个，开通模拟信道 208 个、数字载频 232 个，移动通信建设除浪水乡外覆盖全县，均可接收移动电话和 BP 机信号。2000 年，有计算机互联网用户 909 户，建成以电话交换程控化、传输数字化为基础，集固定电话、移动通信于一体的自动化、现代化通信网。全县有电话机用户 3.97 万户，移动电话用户 1.56 万户。2001 年，全县电话装机总容量达 7 万户，固定电话 5.50 万户，移动通信用户 2.61 万户，光缆通达全县 85% 的建制村，移动通信信号覆盖全县所有乡（镇）。2004 年互联网用户 8469 户。至 2005 年，全县电话机用户 12.11 万户，移动电话用户 10.92 万户；互联网用户继续发展。全县政府信息化取得阶段性成果，各类政府机构信息应用基础设施建设逐步完备，网络建设获得长足进展，部分政府职能部门能正常使用系统专网。

第五节　乡（镇）企业发展和招商引资

机构

1990 年，容县乡（镇）企业管理由容县经济委员会和容县乡（镇）企业局负责，招商引资工作由 1986 年成立的容县经济技术协作办公室负责。1997 年，县经济委员会与县财贸委员会合并，组建县经济贸易局，乡（镇）企业管理由县经济贸易局和乡（镇）企业局负责。2001 年，容县乡（镇）企业管理局在容县经济贸易局内挂牌。2004 年，容县经济技术协作办公室改组设立容县招商促进局，属县人民政府直属正科级事业单位，主管和承办对外对内招商引资、经济技术协作的具体工作。县招商促进局同时加挂容县投资投诉中心牌子，根据县人民政府授权受理投资者的投诉工作。

政策措施

1990 年，容县充分发挥乡（镇）企业机动灵活的市场经济机制，大力发展个体、联营和股份制企业。制订一系列有利于乡（镇）企业加速发展的优惠办法，采取相对集中开发等有力措施，依靠“玉贵走廊”，建立“乡（镇）企业长廊”，使乡（镇）企业加快发展。1993 年，容县推行乡（镇）企业经营机制转换，实行公有私营承包责任制或股份合作制。有的企业筹建各种企业集团，如供销系统的香料、贸易、农资三大集团公司，乡（镇）企业的日用化工集团公司等。全县采取走出去、请进来措施，改善能源、交通、通信等投资环境，制订内联外引优惠办法，吸引外资企业，促进外向型企业发展，外向型经济迅猛发展。1996 年，全县通过狠抓企业内部管理和技术改造，合理调整产品结构，实施名牌战略，组建企业集团，增加资金投入，企业获得稳步发展。全县外向型企业出口创汇能力进一步加强。一方面抓新企业的筹建，上马新项目；另一方面填平补齐在建项目，引导企业强化管理。1998 年，全县实施二次创业战略，采取企业转制、“1510 工程”“引凤归巢”等措施，促进乡（镇）企业上规模、上档次、上水平，发展黑五类、永兴、金太阳、中兴兽药等知名度较高的乡（镇）企业集团。2001 年，容县抓住国家实施西部大开发机遇，坚持以招商引项目为经济建设的主战场，积极接纳东部产业转移。出台和完善有关优惠扶持办法及激励措施，吸纳投资，鼓励各部门、各乡（镇）和社会各界人士积极主动参与招商引项目;实行招商引项目工作责任制,增强各乡(镇)和县直有关部门的责任意识;把握机遇,主动出击,派出县乡(镇)招商小分队到各地招商;加强服务,营造良好的投资环境;实行县领导季度招商负责制,对有关大项目,包括在建的、正在洽谈中的或有意向前来容县考察投资的,都落实县领导分工负责制度;在县财政比较困难的情况下,优先确保招商经费。招商引项目工作力度为历年所未有的。2005 年,县政府层层建立责任制,采取"走出去""请进来"的办法加大招商引资力度。组织由县主要领导带领的招商队伍奔赴广东、温州等地进行招商活动。在招商引项目工作中,招大商、招好商,大力实施品牌策略,大力宣传容县侨乡、旅游、地方特产、卫生县城等品牌。

工作成效

1990 年,容县有乡(镇)企业 1.24 万家,产业人员 3.44 万人,总收入 2.61 亿元,其中工业总产值 8403 万元。1993 年,全县乡(镇)企业达 1.61 万家,从业人员 5 万多人,总收入达 25 亿元,比 1990 年翻 3.26 番,其中工业总产值 9.50 亿元,比 1990 年翻 3.50 番。与 1990 年相比较,外向型企业由 6 家增加到 107 家,从业人数由 120 人增至 8860 人,投资总额达 8715.06 万美元。1994 年,全县狠抓企业经营机制的转换,乡(镇)企业营业收入突破 50 亿元大关,达 53.27 亿元,比上年增长 83%;总产值达到 50.85 亿元,比上年增长 68.80%。全县 16 个乡(镇)的乡(镇)企业营业收入均超过 1 亿元,其中黎村镇 8.60 亿元,容城镇、容厢乡、杨梅镇、十里乡等乡(镇)超过 5 亿元。黎村镇、容城镇被评为广西农村综合经济实力百强乡(镇)。全县新发展"三资"企业 11 家,"三资"企业发展到 122 家,投资总额 9445.28 万美元。全年"三资"企业总产值 2.50 亿元,比上年增长 147%,出口创汇 830 万美元,比上年增长 50.90%。1996 年,新组建广西永兴企业集团公司和广西金大阳企业集团公司,广西黑五类食品集团有限公司实现从董事会管理向总裁制管理的过渡。乡(镇)企业进一步上规模,上档次、上水平。乡(镇)企业总收入达 87.97 亿元,比上年增长 64%;总产值 80.58 亿元,比上年增长 49%;完成工业总产值 33.25 亿元,比上年增长 37%;实现利润 4.11 亿元,比上年增长 206%,实现税金 1.29 亿元,比上年增长 54%。全县"三资"企业累计达 130 家,其中新成立"三资"企业 3 家,合同投资总额 228.18 万美元,"三资"企业实现总产值 6.83 亿元,比上年增长 30%,产出口创汇 1564.52 万美元,比上年增长 15%。1997 年,全县实施"引凤归巢"战略,成功引进外资 1.42 亿元投入到基础设施建设当中,是全县历史引进外资最多的一年。全年乡(镇)企业营业收入 123.20 亿元,比上年增长 40%;总产值完成 110.23 亿元,比上年增长 78.95%;出口交货值 3.35 亿元,比上年增长 20%。1998 年,全县乡(镇)企业营业收入、总产值年均分别比上年增长 39.23%、35.55%。大力发展外向型经济,全县"三资"企业增加到 134 家,比 1993 年增加 23 家。1999 年,全县稳步推进乡(镇)企业和"三资"企业发展。乡(镇)企业通过二次创业获得新发展。继续实施"引凤归巢"战略,全年新上、技改项目 139 项,计划投资 1.42 亿元,已投资 8085 万元。抓好重点企业的改革整顿,全县 29 家年收入 500 万元以上的重点企业正常运转。落实"扶活"措施,促使自良纸厂、杨梅鸿运纸厂、六美水泥厂、容城油毡二厂等 20 多家停产半停产企业恢复生产。继续实施"十百千万"星火工程,建成自治区级的明星科技龙头企业 1 家,自治区级优秀科技型企业 2 家。全县乡(镇)企业总产值 40.40 亿元,比上年增长 14.80%。2001 年,全县新上大小项目 151 个,计划总投资 3.99 亿元。其中接纳东部产业转移项目 43 个,总投资 2.85 亿元。有 24 个项目建成投产。新项目实现税收 419 万元。引进的项目,主要是烟花爆竹、中密度板、汽车装饰等行业,较大的项目有广西高峰容洲人造板厂、

位于容县经济开发区的广西高峰容洲人造板厂厂房一角 (2005 年 12 月摄,容县经济开发区管委会 提供)

中港汽车装饰有限公司，以及几家大型烟花爆竹厂。2002 年，县政府把招商引项目作为重中之重来抓，大力整治经济环境，落实招商责任，招商引项目工作继续保持良好势头。新上项目 99 个，总投资 1.54 亿元。到位资金 9704 万元，投产 64 个，实现税金 477 万元。其中东部业转移项目 18 个，投资总额 7983 万元，实现投产 15 个。较大的新上项目有恒光瓷业有限责任公司、钜达瓷厂、华森制药有限公司、大清制药集团有限公司、方特药业有限公司等。烟花爆竹、针织服装，日用瓷等已成为容县新兴产业。全县企业改革整顿扎实有效推进，原有 34 家国有企业，已有 14 家通过破产、拍卖、兼并、招租、股份制等形式进行改革，县万历造纸厂、县瓷厂、县三宝食品公司等企业重现生机。2003 年，全县继续推进招商引项目工作，新上项目 86 个，总投资 3.79 亿元，其中接纳东部产业转移项目 21 个，投资 1.29 亿元。广西高峰容洲人造板厂建成投产。食品、机械、制药、林化、日用陶瓷等传统行业的支柱地位日益巩固，全县规模以上工业完成总产值 6.61 亿元，增长 12.30%。实施"园区招商"，进入开发区工业园企业达 10 家，总投资 3.42 亿元。推进投资总额 4.20 亿元的黑色食品基地前期工作。2004 年，"玉贵走廊"规划建设取得显著成效。沿线新建企业 86 家，完成投资 2.80 亿元，已建成投产 53 家。全县工业经济质量提高，速度加快，全面实施"外引、内兴、品牌、园区"四大战略，打好"振兴工业、服务工业"大会战。招商引项目工作取得新成效，全县签约、新上项目 142 个，总投资 14.70 亿元，其中投资超 1000 万元的项目 18 个。2005 年，全县签订、落实一批具有较大规模和较高技术水平的项目，推进一批新项目的陆续开工建设。一大批效益好、规模大的产业龙头企业不断壮大。如从江苏电子集团新引进的玉林容县晶辰电子科技有限公司、广西容县晶石科技有限公司等 10 多家电子企业集群，年总产值达到 6 亿多元，占全县工业总产值约 20%，安排就业人员 3000 多人。

第六节　政府法制

文件审查

容县人民政府根据国家法律、法规和经济社会发展需要，制定出台规范性文件，修改或废止不相适应的政策规定。容县法制办公室加强规范性文件审查，对没有法律依据或与法律、法规相抵触的不予出台，对某些条文不符合法律、法规规定的经修改后准予出台。制定与群众利益密切相关的规范性文件，都及时征求社会各界意见，并向社会公布；规范性文件实施后进行评估，发现问题及时完善。涉及法律、法规的重大决策和事务，都经县法制办公室进行合法性审查。推行行政执法情况报告制度，实行行政执法责任制和执法过错责任追究制，做到有法必依、违法必究，公正执法、文明执法。

行政审批事项清理

1993 年，容县开展纠正"乱收费、乱罚款、乱摊派"不正之风行动，清查涉及群众负担文件 269 份、项目 462 个，取消收费 177 项、停止收费 34 项、降低收费标准 12 项。2002 年 2 月，完成县乡（镇）机构改革，全县党群机关、直属事业单位由改革前的 312 个减为 216 个，精简率 44.40%，机关行政编制人员由改革前的 3091 人减为 2431 人，精简率 27.30%。改革行政审批制度，减少审批事项 261 项，减幅 48.50%，行政审批事项减少 174 项，减幅为 56.10%。2003 年，建立行政审批办证大厅，深入推进行政审批制度改革。2004 年，取消烟叶以外的农业特产税征收，农业税税率降低 1 个百分点，全县农民农业税和特产税负担减少 531.60 万元，减幅 32.90%；推行机关事业单位"凡进必考"制度和事业单位全员聘任制。2004 年 7 月 1 日《中华人民共和国行政许可法》颁布实施，县政府进行行政审批改革，对全县行政许可项目规定和实施主体、规范性文件进行全面的清理。经过清理并经县政府常务会议讨论通过，依法确定全县有权实施行政许可的主体为 42 个，行政许可项目 172 项。2005 年，取消农业税征收，为农民减负 1170 万元，中小学全面实行"一费制"；全县上报并经玉林市人民政府审核同意，实施行政许可项目共 217 项（其中县政府 21 项、县直各部门 195 项、各乡、镇人民政府 1 项），行政许可实施主体 44 个。

行政行为审查和案件应诉

容县法制办公室对县人民政府作出的具体行政行为进行审查，重点审查县人民政府作出的土地、山林、

水利等纠纷案件的确权处理。在审查中把好事实关、法律关和程序关，确保县人民政府作出的处理决定公正、合法、适当。如发生行政案件，做好案件应诉工作。

行政复议案件受理审查

容县法制办公室办理行政管理相对人因不服各乡（镇）人民政府及县人民政府行政部门作出的行政处理、行政处罚等具体行政行为，向县人民政府提出行政复议申请的案件，根据行政复议案件办理规定的程序办理。在审查中如发现行政机关作出的具体行政行为认定事实不清、证据不足，适用依据错误，程序违法、超越或者滥用职权，具体行政行为明显不当的，依法进行撤销或变更。

法治建设

1990—1993 年，容县在全县范围内开展发展生产力和社会主义市场经济为主要内容的社会主义思想教育、法制教育。1996 年，全县民主法制建设进一步加强。县、乡（镇）两级政府坚持和完善向县人大常委会报告工作的制度，重视向县人民政协通报情况和人民群众来信来访工作，办理人民代表和政协委员的议案、提案，政府机关工作人员自觉学法、守法，依法行政。1998 年，民主法制建设迈出新步伐。县政府坚持向县人大及其常委会报告工作，重视向县人民政协通报情况，认真办理人民代表和政协委员的议案、提案。广泛开展“二五”“三五”普法教育。1999 年，深入开展“三五”普法教育，全县参加“三五”普法学习 35 万人，参学率 100%，依法治理面达 100%。2000 年，县政府推进依法治县工作，强化执法监督，严格依法行政，结合“四五”普法，加强法制宣传教育，增强群众的法制观念。2001 年，县政府坚持推行依法治县和以德治县相结合，加强精神文明和民主法制建设。接受县人大的监督，办理人大代表提出的建议和意见，做到件件有着落，事事有回音。接受县政协的民主监管和群众的监督。贯彻“依法治县”和“以德治县”方略，深入开展形势政策教育和群众性文明创建活动，推进政府工作法制化建设，依法行政，提高机关的办事效率和工作质量，推进村民自治，推行政务公开、村务公开和厂务公开。结合“四五”普法，深入开展法制宣传教育。2002 年，全县民主法制和政府自身法制建设进一步加强。执行人大决议、决定，定期向县人大常委会报告工作，接受县人大依法监督和县政协民主监督。办理人大代表建议、议案和政协委员提案，共承办人大代表建设和议案 86 件，政协委员提案 72 件，全部办理完毕。认真组织行政执法检查，做好行政复议工作，促进依法行政。深入开展“四五”普法教育，增强干部群众的法律意识和依法办事的自觉性。2003 年，县政府推进依法治县工作，开展“四五”普法教育，增强群众的法律意识和法制观念。组织开展对 18 个部门的行风评议活动。2004 年，坚持定期向县人大常委会报告工作，向县政协通报情况。接受县人大及其常委会、县政协和社会各界人士的监督。全年办理县人大代表建议、批评和意见 103 件，办理县政协委员提案 58 件。执行《行政许可法》和政府工作规则，全面清理行攻许可项目，确立行政许可项目 109 项并上报玉林市法制办公室复审。实施政务公开、村务公开，推行首问责任制、服务承诺制、一次性告知制、限时办结制，实行“一站式”服务。2005 年，县政府继续推进依法治县工作，坚持定期向县人大常委会报告工作，向县政协通报情况，办理人大代表建议、批评和意见，以及政协委员提案件。坚持实行政务“一站式”服务。

第七节 机关事务管理

机构

县直属机关后勤服务中心 1991 年 1 月，由县委、县政府的行政科合并后组建县机关事务管理局，由县委办、县政府办直接领导。核定行政编制 2 名，事业编制 6 名，实有人数 10 人。1997 年改为县直属机关服务中心，为县政府直属科（局）级事业单位。实有人数 36 人。2001 年 11 月，更名为县直属机关后勤服务中心，对外保留县机关事务管理局牌子，是县政府直属事业单位。实有人数 64 人。2005 年，核定事业编制 48 名，实有人数 18 人。

县接待办公室 1992 年 3 月，成立会议、接待办公室，地点设在容县宾馆，全权负责会议和接待工作。2001 年 12 月，设立县接待办公室，列为县政府直属事业单位，负责县委、县人大、县政府、县政协规定范围的各项接待工作和任务。核定事业编制 4 名，实有 4 人。2005 年，核定事业编制 4 名、实有人数 4 人。

政府大院建设

1990 年，县政府办公地址设在城西路。1992 年 12 月，县政府办公地址迁至北门街 87 号。1994 年 12 月，县政府同意开发县委、县政府原办公大院，建设商品房，原住两院的干部、职工，尚无私房者，对开发出的商品房有优先购买权。1996 年 9 月，县政府同意从原政府大院国有土地中划拨 42 平方米给县公安局建设办公大楼。1997 年 7 月，县政府同意将城西路原政府大院国有土地面积 37 亩，出让给县侨乡经济开发总公司作为商品房建设用地，土地使用权出让年限为 70 年。8 月，县政府同意县建设局对原政府大院小区的规划，按规划建成方便生活、方便生产和环境优美的商住小区。

接待工作

1992 年，县政府出台关于对会议费和接待费管理的规定，明确县接待办公室负责管理五套班子召开的会议和接待工作，负责接待上级五套班子领导及办公厅（室）领导，负责管好用好县掌握的会议费和接待费；部门召开的会议，或部门通过以县政府召开的会议和上级相应有关部门领导，以及外地来容县参观访问相应部门的接待工作，其费用均由部门负责，接待办不予办理。从 20 世纪 90 年代后期起，随着对外开放力度不断加大，国内国外人员、各级领导干部到容县考察指导逐渐增多，接待工作也相对增多。接待地点主要在容县县城城区内的容州宾馆、华侨大厦饭店、黑马大酒店等。2001 年，设立县接待办公室后，由其负责中央、自治区、玉林市党政机关领导到容县检查指导工作及县外到容县参观考察的领导、专家、教授、学者、宾客的接待工作，配合有关单位、部门做好有关专项接待任务的组织实施，参与县内重大活动和重要会议的接待工作的组织实施。

第三章　人民政协

1990—2005 年，容县政协召开了第四届至第七届会议，选举产生县政协常务委员会和工作机构。通过围绕团结和民主两大主题，围绕县委、县政府的中心工作，发挥自身优势，履行政治协商、民主监督、参政议政职能，深入基层，广泛联络，开展调查研究、提案督办、服务社会、联谊牵线、文史资料征集等活动，促进全县社会稳定和谐和经济建设协调发展。其间，收到提案 981 件，立案 820 件。

第一节　机　构

容县政协常务委员会

容县政协常务委员会为县政协委员会大会闭会期间的常设机构，履行县政协委员会大会的职责。常务委员会委员由县政协委员会大会会议选举产生。

县政协第三届委员会设主席 1 名，副主席 6 名，常务委员 14 名。1990 年 5 月，本届委员会补选主席 1 名。增选副主席 1 名。

县政协第四届委员会设主席 1 名，副主席 5 名，常务委员 14 名。

县政协第五届委员会设主席 1 名，副主席 4 名，常务委员 19 名。1998 年 3 月，本届委员会补选主席 1 名。增选副主席 1 名。

县政协第六届委员会设主席 1 名，副主席 5 名，常务委员 21 名。2000 年 3 月，本届委员会增选副主席 1 名。

县政协第七届委员会设主席 1 名，副主席 4 名，常务委员 24 名。

1990—2005 年历届容县政协主席：李汉金（ —1990.2）、梁茂桓（1990.2—1998.3）、李海祺（1998.3—2002.10）、黄汉生（2002.10— ）。

表 13-7　　**政协容县第三届至第七届委员会主席、副主席名单**

届次	职务	任职人	籍贯	任职时间	备注
政协容县第三届委员会(1987.11—1990.10)	主席	李汉金	广西容县	1987.11—1990.2	
		梁茂桓	广西岑溪	1990.2—1990.10	
	副主席	车达才	广西容县	1987.11—1990.10	
		陈惠祥	广西容县	1987.11—1990.10	兼
		韦怀英(女)	广西容县	1987.11—1990.10	兼
		陈祖壮	广西容县	1987.11—1990.10	兼
		李维南	广西容县	1987.11—1990.10	兼
		马　南	广西容县	1987.11—1990.10	兼
		张郁维	广西容县	1988.3—1990.10	增选
政协容县第四届委员会(1990.10—1993.11)	主席	梁茂桓	广西岑溪	1990.10—1993.11	
	副主席	张郁维	广西容县	1990.10—1993.11	
		陈祖壮	广西容县	1990.10—1993.11	兼
		李维南	广西容县	1990.10—1993.11	兼
		朱汝荣(女)	广西博白	1990.10—1993.11	兼
		何浩深	广西容县	1990.10—1993.11	兼
政协容县第五届委员会(1993.11—1999.1)	主席	梁茂桓	广西岑溪	1993.11—1998.3	
		李海祺	广西容县	1998.3—1999.1	
	副主席	江瑞东	广西容县	1993.11—1999.1	
		卢肇信	广西容县	1993.11—1999.1	
		韦清文	广西容县	1993.11—1999.1	兼
		封祖暹	广西容县	1993.11—1999.1	兼
		张郁维	广西容县	1996.3—1999.1	增选
政协容县第六届委员会(1999.1—2002.10)	主席	李海祺	广西容县	1999.1—2002.10	
	副主席	梁华南	广西容县	1999.1—2002.10	
		莫乃林	广西容县	1999.1—2002.10	
		黄昌权	广西容县	1999.1—2002.10	
		韦清文	广西容县	1999.1—2002.10	兼
		石受莹	广西容县	1999.1—2002.10	兼
		韦传庆	广西容县	2000.3—2002.10	增选
政协容县第七届委员会(2002.10—2006.10)	主席	黄汉生	广西容县	2002.10—2006.10	
	副主席	邹汉其	广西容县	2002.10—2006.10	
		莫乃林	广西容县	2002.10—2006.10	
		韦清文	广西容县	2002.10—2006.10	兼
		石受莹	广西容县	2002.10—2006.10	兼

工作机构

1990 年,容县政协第三届(1987.11—1990.10)委员会设立的工作机构有:办公室、学习委员会、提案工作委员会、“三胞”联谊委员会、文史工作委员会。核定行政编制 8 名,实有人员 13 人。

1990 年,县政协第四届(1990.10—1993.11)委员会设立的工作机构有:办公室、提案法制工作委员会、经济科技工作委员会、文史文教体卫工作委员会、联谊工作委员会。核定行政编制 8 名,实有人员 14 人。

1993 年,县政协成立党组。县政协第五届(1993.11—1999.1)委员会设立的工作机构有“一室四委”:办公室、提案法制工作委员会、经济科技工作委员会、文史文教体卫工作委员会、联谊工作委员会。核定行政编制 8 名,事业编制 10 名,实有人员 16 人。1994 年,实有人员 18 人。1996 年,核定行政编制 14 名,实有人员 18 人。1997 年,县政协机关工作机构设置有:办公室、提案法制委员会、经济科技委员会、文教体卫联谊委员会,核定行政编制 14 名,实有人员 18 人。1998 年,实有人员 20 人。

1999 年,县政协第六届(1999.1—2002.10)委员会设立的工作机构有“一室三委”:办公室、提案法制委员会、经济科技委员会、文教体卫联谊委员会。核定行政编制 14 名,实有人员 18 人。2000 年,实有人员 20 人。2001 年,县政协机关工作机构设置有:办公室,提案法制委员会和经济科技委员会合并,更名为提案法制经济科技委员会,文教体卫联谊委员会更名为文教群卫宗教联谊委员会,核定行政编制 14 名,实有人员 22 人。

2002 年,县政协第七届(2002.10—2006.10)委员会设立的工作机构有“一室两委”:办公室、提案法制经济科技委员会、文教群卫宗教联谊委员会。2002 年,核定行政编制 14 名,机关后勤服务 1 名,实有人员 13 人。2003 年,实有人员 14 人。2005 年,工作机构和核定编制不变,实有人员 15 人。

委员构成

1987 年 11 月 13 日—17 日,召开中国人民政治协商会议容县委员会第三届委员会第一次会议;本届共有委员 108 人,其中新增选 72 人,女委员 17 人。1990 年 10 月 4 日—6 日,召开政协容县第四届委员会第一次会议;本届共有委员 126 人,其中新增选 50 人,女委员 21 人。1993 年 11 月 23 日—27 日,召开政协容县第五届委员会第一次会议;本届共有委员 166 人,其中新增选 108 人,女委员 24 人。1999 年 1 月 11 日—14 日,召开政协容县第六届委员会第一次会议;本届共有委员 177 人,其中新增选 111 人,女委员 38 人。2002 年 10 月 15 日—17 日,召开政协容县第七届委员会第一次会议;本届共有委员 198 人,其中新增选 111 人,女委员 41 人。

表 13-8　**政协容县第三届至第七届委员会委员结构一览表**

单位:人

届别	第三届	第四届	第五届	第六届	第七届
中国共产党党员	8	12	8	8	14
中国国民党革命委员会	3	3	5	7	7
中国民主促进会	4	4	6	9	10
中国致公党	9		10	10	11
总工会	2	1	2	2	2
共青团	3	3	3	3	3
妇联	3	4	4	4	5
工商联	7	9	4	12	21
科协	—	—	1	1	1
侨联界	—	—	17	17	16
归侨、侨眷	10	13	—	—	—
港澳台属	6	11	—	—	—
科技界	10	11	10	11	11
经济界	—	1	33	19	17

续表

届别	第三届	第四届	第五届	第六届	第七届
农林水牧界	8	10	10	11	—
教育界	15	14	13	12	13
体育界	4	4	3	3	—
文学艺术界	3	3	2	2	3
社科新闻界	6	4	3	4	4
医药卫生界	7	7	8	7	8
少数民族	—	—	—	1	1
宗教	—	—	—	1	2
特邀界	—	4	22	33	36
总数	108	126	166	177	198

政协委员工作组

1990年，容县政协第三届委员会根据各界委员具体情况，分别设立中学教育、小学教育、科技、医药卫生、农林、工商财贸、青工妇共7个工作组，将全体委员划分到各相关工作组，归口各工作委员会管理和组织开展调研讨论工作和视察学习等相关活动。同年10月，县政协第四届委员会根据各界委员具体情况，设立提案审查委员会、教育一组、教育二组、归侨侨眷组、港澳台属组、工商财贸组、文史组、科学技术组、农林组、医药卫生组、青工妇组共11个工作组，将全体委员划分到各相关工作组。1993年，县政协第五届委员会根据各界委员具体情况，设立群工组、民主党派、科技组、经济一组、经济二组、农林组、教育组、医卫组、侨联组、文艺和社科体育组、特邀组共11个工作组，将全体委员划分到各相关工作组。1999年，县政协第六届委员会根据各界委员具体情况，设立群工组、民主党派一组、民主党派二组、工商联组、科技组、经济组、农林水交通组、教育组、医卫组、侨联组、文艺体育社科民族宗教旅游组、特邀一组、特邀二组共13个工作组，将全体委员划分到各相关工作组。2002年，县政协第七届委员会根据各界委员具体情况，设立群工组、民主党派一组、民主党派二组、工商联组、科技组、经济组、农林水交通组、教育组、医卫组、侨联组、文艺体育民族宗教旅游组、特邀一组、特邀二组共13个工作组，将全体委员划分到各相关工作组，归口各工作委员会管理和组织开展调研讨论工作和视察学习等相关活动。2005年，本届各工作组设置不变。

第二节 容县政协委员会会议

政协容县第三届委员会会议(1987.11—1990.10)

第四次会议 1990年5月5日—8日在容城召开，出席会议委员96人。会议听取和审议副主席车达才作《政协容县委员会第三届第四次会议常委会工作报告》；听取和审议丘启芳作《政协容县委员会第三届常委会第三次会议以来提案工作报告》；列席县人大第九届第四次会议；补选梁茂桓为政协容县第三届委员会主席；通过会议有关决议。会议期间收到委员提案60件。

政协容县第四届委员会会议(1990.10—1993.11)

第一次会议 1990年10月4日—6日在容城召开，应到委员126人，实到委员108人。会议听取和审议主席梁茂桓作《政协容县委员会第四届第一次会议常委会工作报告》；听取和审议丘启芳作《政协容县委员会第三届常委会第四次会议以来提案工作报告》；通过会议有关决议；选举产生政协容县第四届委员会主席梁茂桓；副主席张郁维、陈祖壮(兼)、李维南(兼)、朱汝荣(女、兼)、何浩深(兼)，常务委员车达才、陈惠祥、韦怀英(女)、丘启芳、江崇山、何瑞敏、曾惠祥、叶超贤、李芬贤(女)、张世东、胡文婵(女)、林升庠、何林承、封德衍。

第二次会议　1991年5月3日—7日在容城召开，出席会议委员110人。会议听取和审议主席梁茂桓作《政协容县委员会第四届第二次会议常委会工作报告》；听取和审议何浩深作《政协容县委员会第四届常委会第一次会议以来提案工作报告》；列席县人大第十届第二次会议；讨论协商容县国民经济和社会发展“八五”计划和十年规划纲要（草案）；通过会议有关决议。会议期间收到委员提案24件。

第三次会议　1992年4月28日—29日在容城召开，出席会议委员111人。会议听取和审议主席梁茂桓作《政协容县委员会第四届第三次会议常委会工作报告》；听取和审议丘启芳作《政协容县委员会第四届常委会第二次会议以来提案工作报告》；大会专题发言；通过会议有关决议。会议期间收到委员提案35件。

第四次会议　1993年3月24日—26日在容城召开，出席会议委员107人。会议听取和审议主席梁茂桓作《政协容县委员会第四届第四次会议常委会工作报告》；听取和审议丘启芳作《政协容县委员会第四届常委会第三次会议以来提案工作报告》；列席县人大第十届第四次会议；视察城区经济建设情况；通过会议有关决议。会议期间收到委员提案35件。

政协容县第五届委员会会议(1993.11—1999.1)

第一次会议　1993年11月23日—27日在容城召开，本届暂定委员166名，其中新委员108名。会议听取和审议主席梁茂桓作《政协容县委员会第五届第一次会议常委会工作报告》；听取和审议丘启芳作《政协容县委员会第四届常委会第四次会议以来提案工作报告》；列席县人大第十一届第一次会议；通过会议有关决议；选举产生政协容县第五届委员会主席梁茂桓，副主席江瑞东、卢肇信、韦清文（兼）、封祖暹（兼），秘书长张郁维，常务委员张世东、何浩深、丘启芳、江崇山、李芬贤（女）、林升庠、何林承、何挺佳、曾国庆、李涛、梁毅坚（女）、陈旭荣、罗奋松、揭俊全、何玉兰（女）、李应钊、朱家荣、赵文瑞、陈祖壮。会议期间收到委员提案43件。

第二次会议　1994年4月15日—18日在容城召开，出席会议委员158人。会议听取和审议主席梁茂桓作《政协容县委员会第五届第二次会议常委会工作报告》；听取和审议丘启芳作《政协容县委员会第五届常委会第一次会议以来提案工作报告》；列席县人大第十一届第二次会议；大会专题发言；表决通过《关于加快容县撤县建立容州市的建议案》。会议期间收到提案31件。

第三次会议　1995年3月22日—25日在容城召开，出席会议委员130人。会议听取和审议主席梁茂桓作《政协容县委员会第五届第三次会议常委会工作报告》；听取和审议卢肇信作《政协容县委员会第五届常委会第二次会议以来提案工作报告》；列席县人大第十一届第三次会议；情况通报会；通过会议有关决议。会议增补香港同胞黄武良、陈启章、夏振南、蔡达祥为本届政协委员。通过《政协系统继续开展“四个一”活动的决定》，表彰在1994年度开展“四个一”（即为容县经济和社会发展献1条良策、提供1条重要经济信息、举荐1个人才、帮助解决1个技术攻关难题）活动中取得突出成绩的22名委员。会议期间收到委员提案46件。

第四次会议　1996年3月19日—21日在容城召开，出席会议委员125人。会议听取和审议主席梁茂桓作《政协容县委员会第五届第四次会议常委会工作报告》；听取和审议卢肇信作《政协容县委员会第五届常委会第三次会议以来提案工作报告》；列席县人大第十一届第四次会议；通过有关决议。会议增选张郁维为县政协副主席，增补陈经森、李海文、董俊仁、梁纪林、陆锋、蒙振荣为本届委员会委员。表彰在“四个一”活动中取得突出成绩的28名委员。会议期间收到委员提案48件。

第五次会议　1997年3月29日—4月1日在容城召开，出席会议委员168人。会议听取和审议主席梁茂桓作《政协容县委员会第五届第五次会议常委会工作报告》；听取和审议卢肇信作的《政协容县委员会第五届常委会第四次会议以来提案工作报告》；列席县人大第十一届第六次会议；大会专题发言；通过会议有关决议。会议增补中国香港同胞朱陵、梁达雄、郑国栋、黄清平、郑各辉、李镇权、罗益权、梁锦贤为本届政协委员。表彰在开展“四个一”活动中做出显著成绩的30名委员。会议期间收到委员提案55件。

第六次会议　1998年3月17日—20日在容城召开，出席会议委员182人。会议听取和审议李海祺作《政协容县委员会第五届第六次会议常委会工作报告》；听取和审议《政协容县委员会第五届常委会第五次会议以来提案工作报告》；大会专题发言；列席县人大第十一届第八次会议；通过会议有关决议。会议补选李海

祺为政协容县第五届委员会主席。表彰在“四个一”活动中做出显著成绩的28名委员。会议期间收到委员提案65件。

政协容县第六届委员会会议(1999.1—2002.10)

第一次会议 1999年1月11日—14日在容城召开,出席会议委员158人。会议听取和审议李海祺作《政协容县委员会第六届第一次会议常委会工作报告》;听取和审议黄昌权作《政协容县委员会第五届常委会第六次会议以来提案工作报告》;列席县人大第十二届第一次会议;通过会议有关决议;选举产生政协容县第六届委员会主席李海祺,副主席梁华南、莫乃林、黄昌权、韦清文(兼)、石受莹(兼),常务委员彭武文、龚镇飞、洪龙文、杨枝兴、丘启芳、何挺佳、李应钊、何浩深、李树英(女)、覃永年、罗奋松、秦丽炎(女)、封祖暹、肖清薇(女)、李光、梁海新、李良(女)、陈楚珍(女)、陈福文、曾昭忠、梁耀东。会议期间收到提案53件,建议案1件。

第二次会议 2000年3月6日—8日在容城召开,出席会议委员165人。会议听取和审议主席李海祺作《政协容县委员会第六届第二次会议常委会工作报告》;听取和审议黄昌权作《政协容县委员会第六届常委会第一次会议以来提案工作报告》;列席县人大第十二届第二次会议;通过会议有关决议。会议增选韦传庆为本届委员会副主席,朱家荣为常务委员。会议期间收到提案70件。

第三次会议 2001年2月13日—15日在容城召开,出席会议委员179人。会议听取和审议主席李海祺作《政协容县委员会第六届第三次会议常委会工作报告》;听取和审议黄昌权作《政协容县委员会第六届常委会第二次会议以来提案工作报告》;通过会议相关决议。会议增选中国香港同胞黄时良为常务委员。会议期间收到提案41件。

第四次会议 2002年3月13日—15日在容城召开,出席会议委员173人。会议听取和审议主席李海祺作《政协容县委员会第六届第四次会议常委会工作报告》;听取和审议莫乃林作《政协容县委员会第六届常委会第三次会议以来提案工作报告》;通过会议有关决议。会议增选曾宪记为常务委员。会议期间收到提案82件。

政协容县第七届委员会会议(2002.10—2006.10)

第一次会议 2002年10月15日—17日在容城召开,出席会议委员172人。会议听取和审议黄汉生作《政协容县委员会第七届第一次会议常委会工作报告》;听取和审议莫乃林作《政协容县委员会第六届常委会第四次会议以来提案工作报告》;列席县人大第十三届第一次会议;通过会议有关决议;选举产生政协容县第七届委员会主席黄汉生,副主席邹汉其、莫乃林、韦清文(兼)、石受莹(兼),常务委员郑柱强、曾宪记、温国永、龚镇飞、覃永年、曾昉明、钟萍(女)、陈楚珍(女)、肖清薇(女)、卢瑞雄、潘华兴、何国成、陈玉容(女)、黄宪南、李光、罗奋松、梁耀东、梁海新、陈海泉、黄时良、李应钊、夏燕萍(女)、何挺佳、杨毅坚(女)。会议期间收到提案39件。

第二次会议 2003年3月3日—6日在容城召开,出席会议委员168人。会议听取和审议主席黄汉生作《政协容县委员会第七届第二次会议常委会工作报告》;听取和审议邹汉其作《政协容县委员会第七届常委会第一次会议以来提案工作报告》;议政发言;列席县人大第十三届第二次会议;通过会议有关决议。会议期间收到提案49件。

第三次会议 2004年2月24日—27日在容城召开,出席会议委员171人。会议听取和审议主席黄汉生作《政协容县委员会第七届第三次会议常委会工作报告》;听取和审议邹汉其作《政协容县委员会第七届常委会第二次会议以来提案工作报告》;议政发言;列席县人大第十三届第三次会议;通过会议有关决议。会议期间收到提案52件。

第四次会议 2005年3月8日—10日在容城召开,出席会议委员166人。会议听取和审议主席黄汉生作《政协容县委员会第七届第四次会议常委会工作报告》;听取和审议邹汉其作《政协容县委员会第七届常委会第三次会议以来提案工作报告》;议政发言;列席县人大第十三届第四次会议;通过会议决议。会议期间收到提案46件。

第三节　参政议政

提案工作

1990年10月—1993年11月，容县政协第四届委员会会议期间，共收到委员提案128件，立案127件。在1990年第四届第一次会议期间，关于“水果生产管理部门应在全县范围内举办各种水果生产技术培训班”的提案，得到县政府的重视和采纳，在县城举办多期水果生产技术骨干培训班，培训279人次，在乡（镇）村举办水果技术培训班30期，参加培训7000人次。关于“职中毕业生使用问题”提案，县委、县政府下发《关于加速容县水果生产决定》，在全县水果发展重点村配备1名水果生产专干，录用并配备职中学生10名。在1991年第四届第二次会议期间，关于“解决容县中学、都峤中学学生行路难”提案，得到县建委的采纳，通过银行贷款筹集资金，解决容县中学至都峤中学之间的凤来巷水泥道路铺筑问题；关于“尽快审批让供销社经营钢材”提案，很快于9月25日取得县钢材市场整顿领导小组同意委托各乡（镇）供销社经营钢材的批复落实。在1992年第四届第三次会议期间，关于“容城的街道绿化差、清洁差”提案，得到县建委的采纳，组织人员在城区规划绿化带种植各种树木5623株，全部翻新和清理城区内的街巷道路排水沟；关于“容县卫校急需扩建”的提案，得到县委、县政府采纳，把原石油公司宿舍、原县矿产站房屋无偿划拨给县卫生学校，解决校舍不足问题。在1993年第四届第四次会议期间，关于“重视教育，加大教育结构改革力度”“搬迁都峤中学刻不容缓”“对中、小学生的不合理摊派应予制止”等提案，得到县政府采纳，组织相关职能部门开展调查研究，根据有关政策法规规定办理和落实，对部分学校存在的中、小学生乱摊派、乱收费问题予以有效制止；建成容厢第二中学、容城第四小学，缓解了容厢镇和容城镇初中生、小学生的就近入学问题；都峤中学迁址。1993年11月—1999年1月，县政协第五届委员会会议期间，收到提案314件，立案278件。在1994年第五届第二次会议期间，“关于罚没收入应全额上缴国库”提案引起县政府的重视，先后颁发《容县人民政府关于重申执法机关罚没收入必须全额上缴财政的通知》《关于启用新版罚没票证进一步加强对罚没款管理的通知》《关于对行政性收费，罚没收入实行预算管理的规定》《关于对行政性收费、罚没收入实行预算管理规定的补充通知》等一系列文件，对罚没款管理作出具体规定，推动各项罚没款管理逐步走上规范化、法律化、制度化。在1995年第五届第三次会议期间，16号提案“城区新北街交通阻塞问题”、17号提案“关于在城区街道实行强制交通管理提议”、18号提案“县汽车站前路和邮电大楼前交通管理问题”和22号提案“城区内碾米厂应搬到收费亭外，远离居民区”、27号提案“街容措施问题”、28号提案“建议整治燕塘街”，分别取得县政府以及县环保局、公安局、交通局、建委等职能部门的重视和采纳，由县政府组织相关部门成立专门管理机构，并于1995年8月期间先后发出交通、卫生、环境等法规性通告6个，全面实施容县城区环境综合整治工作。在1996年第五届第四次会议期间，“建议把预算外资金管理好”提案，得到县委、县政府的重视和采纳，由县政府制订《容县预算外资金管理实施办法》，对全县预算外资金进行深层次的强化管理。在1997年第五届第五次会议期间，“关于禁止在城区燃放烟花爆竹的提议”提案，经县政府反复论证后，向县人大提交“关于禁止在县城城区燃放烟花爆竹决定”草案并经审议通过后，于1998年5月1日起实施；“处理容西祖立毁林事件山权纠纷”提案，经提案委员会催办，县政府及有关职能部门的妥善办理，缓息纠纷事态，避免因事集体上访、打群架等问题出现，维护社会稳定。1999年1月—2002年10月，县政协第六届委员会会议期间，收到提案245件，立案211件。在1999年第六届第一次会议期间，6号提案“容县中学教学楼建设问题”、10号提案“为了容县师范学校的生存，应加大政府投入力度及由政府出面号召社会捐款”均被县政府采纳，拨出专款100万元建设容县中学教学楼，另拨专款用于容县师范学校建设。针对近年来频频发生山林火灾现状，经调查研究，写出“关于建立高效的山林灭火指挥系统和健全救火队伍的建议”，得到县委、县政府的采纳，迅速建立了有5000人组成、基本设施齐全的抗击自然灾害突击大队。在2000年第六届第二次会议期间，关于“迅速建设都峤中学新校舍教学楼副楼，确保初中新生入学就读问题”提案，得到较好落实。在2001年第六届第三次会议期间，“加强城区基础设施建设、营造侨乡新形象”“关于国中路修复和卫生”“建议县委、县政府责成工商及城规等部门尽快整治容州大市场菜行赃、乱、臭问题，为市民提供一个整洁卫生的买菜场所”等提案，均得到县委、县政府的采纳，多渠道筹集资金109万元，对国中路铺设水泥硬化道路，路段全长590米。2002年10月—2005年3月，县政协第七届委员会会议期间，收到提案294件，立案204件。在2002年第七届第一次会议期间，关于“解决绣江大桥交通安全问题”提案得到县公路管理局采纳；关于“整治城东区从县广播站到杨湾桥路段的环境卫生”提案，建设、交通等部门采纳后，对该路段路面铺设水泥硬化。在2003年第七届第二次会议期间，“关于我县工商企业在工商年检中，消防检测与工商年检不同步问题”“关于我县酒店企业在年检中急需解决的消防检测问题”提案在县政府的重视下，向玉林市政府提出请求协调解决的专题汇报；“关于汇鑫公司废气排放问题”提案内容，在县环保等部门责成督促下，汇鑫公司投入资金建造高27米的排气囱，临时减轻废气对周边民居的排放污染；“建议在中小学中加强法制宣传教育”提案得到司法局采纳，会同有关部门制订加强青少年法制教育的相应措施。在2004年第七届第三次会议期间，“建议县政府切实保护外来投资商利益”提案得到县政府及有关部门的采纳；县文化和体育局采纳了“关于加强我县城区网吧、游戏机室的管理，保证广大学生健康成长的建议”提案，加强从严整治全县网吧及游戏机室等场所。在2005年政协第七届第四次会议期间，县公安局采纳了“加强城区治安管理，保证人民安居乐业”“加大整治力度，严厉打击盗窃抢包犯罪活动”提案，在全县范围内开展“破案战役”和打击“两抢一盗”犯罪专项整治活动，破获案件82起，捣毁犯罪团伙7个，逮捕42人，缴获了一批赃款赃物。此外，“加强容县艾滋病防控体系工作，保护广大人民群众身体健康，确保容县社会稳定”“建立医疗救助资金，解决特殊人群的医疗救助，构建和谐的文明社会”“关注农民工身体健康，依法开展职业病防治工作，确保我县经济可持续发展”“解决项目配套经费，促进农村卫生工作健康发展”“依法依规投入公共卫生事业经费，减少农民因病致贫，因病返贫群体，构建和谐社会”等建议案中提出的问题均得到了县政府及有关职能部门的重视和采纳。

专题座谈会

1990年，县政协就群众最关心、多议论的社会治安、纠正乱收费等问题进行调查研究，并在此基础上分别召开专题座谈会深入讨论，形成建议案送交党政领导决策参考。

1991年3月，县政协邀请在城区的部分归侨、侨属和港、澳、台同胞以及多年从事统战、侨务工作等相关人员召开“侨情研讨会”，分析研究容县的侨情，整理成《侨情研讨会纪要》，主要建议内容有：把发展外向型经济作为一项事业来抓，成立专门领导机构，设置专门人员。制订具体的优惠政策和奖励措施，使对外能够吸引外商及外资，对内能够调动广大干部群众的积极性。论证一批既符合容县实际又适合外商投资的项目。抓紧投资环境的改造。有计划地选拔培养一批能够适应发展外向型经济需要的中方人才。由县政协主要领导率领组团走出去，前往岑溪、广东省罗定等县（市）考察学习外地经验。联系容县实际，参与草拟县政府制订的《关于鼓励华侨外商投资的优惠办法》和县委、县政府提出的《关于进一步发展外向型经济的意见》。参与论证设立容县侨乡经济开发区项目以及起草向自治区递交的《关于要求建立“容县华侨经济开发区”的报告》。先后印制《关于鼓励华侨外商投资的优惠办法》《关于进一步发展外向型经济的意见》《发展外向型经济有功人员奖励政策》等资料600多份，向部分“三胞”眷属和政协委员发放，宣传容县改革开放和发展外向型经济的政策、措施和办法，促进县内的外向型经济发展。

1992年8月，组织召开县政协常委和民主党派及各界人士座谈会，就苏联局势的变化进行座谈，统一思想，提高认识。

1994年，县政协先后组织召开3次经济工作专题座谈会，就如何转换国有工商企业经营机制、容县经济体制改革方面问题、容县经济发展情况提出意见和建议。

1995年，县政协就容县生猪定点屠宰后出现的问题和林果业开发问题进行专题座谈议政，收到良好的效果。

1996年，县政协邀请县水电局、交通局、旅游局、林业局、水运公司以及有关乡（镇）的领导、专业工程技术人员和玉林地区领导，先后召开探讨绣江复航问题的座谈会2次，就其必要性、可行性、困难和存在问题以及如何开发等展开充分的讨论，并与自治区政协玉林地区工委联合提出《关于对容县绣江以电促航、综合开发的建议》，送达县、地区、自治区有关领导和部门。

2000年，县政协召开经济科技座谈3次，委员们提出很多有益的意见和建议，组织有40多人参加的“西部大开发，容县怎么办”研讨会，探讨如何在西部大开发中推进容县的全面发展。

2002年，县政协召开机关及各专委有关协商座谈会6次，学习贯彻落实上级会议精神和县委工作部署，并就县内的经济结构调研、维护社会稳定、推进工业化建设、小城镇建设和城区综合整治、改善投资环境、招商引资等方面的内容开展协商讨论。

2003年，县政协召开机关及各专委有关协商座谈会5次，分别就维护社会稳定、改善投资环境、加快发展非公经济、预防“非典”（非典型肺炎）和发展经济两手抓等方面的内容开展座谈商讨。

2004年，县政协举办以“开拓东盟市场，促进容县经济发展”为主题的对接东盟研讨会。有10位政协委员结合调查研究内容，联系实际，分别就全县优势产品如何开拓东南亚市场和如何与自由贸易区寻求合作思路和对策等10个专题整理成为调查报告，在研讨会上重点发言，提出意见、建议和应对措施。

2005年，县政协创新议政方式，针对全县经济建设环境和创建卫生县城工作存在的有关问题，组织有关界别的委员，邀请相应的行政主管部门的领导，以及社区等社会各界代表，召开专题座谈会，进行面对面的协商议政，促进有关问题的解决。

考察调研

1990年，组织县政协委员及各民主党派负责人对县纸厂、水泥电石厂、松脂厂以及电站等基础建设工程进行参观视察。在参观视察正在兴建的容城电站以及河堤街后，委员们提出“容城一日游”设想。

1991年，县政协组织开展专题考察和调查，完成《关于失学青少年出路问题考察报告》和《赴浦北县参观考察职业技术教育的报告》，对失学青少年就业出路问题和应当重视职业技术教育、增强就业本领问题提出意见建议。

1992年，组织县政协委员到国有企业、乡（镇）企业和“三资”（中外合资经营、中外合作经营、外商独资经营）企业进行专题调查考察并写出调查考察报告，为自治区政协在玉林地区召开桂东南区域外向型经济发展战略研讨会上，提供了《玉林地区发展外向型经济的探讨》和《“三属”企业对吸引外资的作用》等论文。在对县内的乡（镇）企业开展专题调研后，整理出专题调查报告，向县委、县政府提出加快全县经济改革和发展的建议，主要内容有：立足发展方向；对产品结构进行战略性调整；抓投入，抓科技进步；抓管理、上等级，全面提高企业效益；抓人才培养，全面提高企业素质；理顺企业机制，克服短期行为；把股份制和承包制责任制引进乡（镇）企业，加速乡（镇）企业发展，使乡（镇）企业真正成为农村经济的强大支柱。

1993年，县政协开展农村经济调查，写出调查报告，形成“农民奔小康路在何方——建立绿色银行”和“农民奔小康路在何方——走向市场”等专题材料，提出的意见和建议主要有：加速水稻吨粮县建设，在稳定粮食种植面积的基础上，搞好农业深度开发，使农民手中既有粮又有钱，切实减轻农民负担，敲响耕地流失警钟等内容。

1994年，县政协进行法制工作、青少年犯罪情况、县内“三资”企业、县内乡（镇）企业等专题调查考察活动。

1995年，县政协开展“公司＋农户”的养殖模式调查，提出从政策上、资金上、技术上加以扶持的建议；开展社会力量办学调查，提出部门通力合作，县、地区、自治区增加召开社会力量办学工作会议，交流总结经验，促进办学发展等建议；针对牲畜实行定点集中屠宰后出现的问题开展专项调查，及时向县政府反馈和提出建议，尽快完善相关措施，以保护农民养猪的积极性。

1996年，县政协在国有工业企业普遍低迷的情况下，选择一些在同样条件下，生产、经营、管理、效益都比较好的企业进行调查研究和分析解剖，总结出经验做法，提供领导参考。针对养猪业滑坡现状，进行2次专项调查，完成题为《容县的养猪业在滑坡，前景令人担忧》的调查报告，引起县委、县政府领导的高度重视，于7月23日专门召开进一步加强全县牲畜定点屠宰管理工作的会议，由县政府印发《关于加强牲畜定点屠宰管理的补充通知》，完善管理措施。通过专题调查，在《政协之声》内部参考里提出减轻基层干部负担的意

见和建议。

1997 年，县政协通过开展专题调查、专题视察和考察活动，就加强全县预算外资金管理、加强新税源建设等重大问题提出意见和建议，得到县委、县政府的重视和采纳。

1998—1999 年，县政协开展教育工作专题调查研究，完成“关于对当前容县教育工作中存在问题和困难的考察意见”“关于确保我县师范在今年自治区对师范重新评估定点时能入围定点的意见”调查报告。围绕“万元田”建设、农业产业化经营、农业综合开发、农副产品流通等工作，开展农产品流通不畅专题调查，提出解决问题的调查报告。围绕旅游业开发专题，通过赴桂林市、临桂县以及浙江省奉化市、江苏省南京市等地考察，收集和汲取外地利用民国时期军政要人的历史资料搞活旅游业的经验，写出“考察浙江省奉化市溪口镇旅游业情况的汇报”。同时，组织实地考察县内民国时期军政要员黄绍竑、马晓军、黄旭初故居，提出开发民国将领马晓军故居旅游景点的可行性方案。

2000 年，县政协根据县委、县政府确定的旅游旺县决策，组织由 30 多人参与的专题视察团队，对容县城区的规划、建设和管理工作进行视察，写出《容县政协关于对城区规划建设管理工作的视察报告》。针对全县农业结构优化调整问题，组织 20 多人分成 4 个调查组，在全县 16 个乡（镇）开展调查研究，写出《容县政协关于加速形成我县沙田柚、肉桂、八角三大支柱产业的建议》。

2001 年，县政协根据县委、县政府关于在农业产业结构调整中要大力发展麻竹生产的决定，通过组织力量对全县现有麻竹生产情况开展调查研究和到广东考察，写出调查报告，提出适合县内实际的稳步发展、注重实效、确保可持续发展的意见。常委会组织调查组，在县内各有关学校调研并走出县外 9 个县（市、区）考察，对县内高中阶段教育相对滞后、水平下滑状况提出意见和建议。收集、调查和整理群众意见，提出为外商特别是境外客商开通香港电视转播和在庆寿岩景区建设新景点等建议。

2002 年，组织县政协委员和各专委分别确定议题，开展 4 次较大规模调研活动，编写出《改善容县投资环境，加快企业发展》《关于司法工作情况的调查及建议》《关于容城公共体育设施建设的建议》等调查报告，妥善解决兑现容厢镇横河炮竹厂建设土地的优惠政策承诺、落实县城顺德新联家私城门面招牌字号制挂等问题。

2003 年，县政协开展如何促进供销社系统今后发展、“非典”对县内经济影响、非公有制经济、发展民办高中教育、旅游资源管理与开发、工业园项目等 6 项专题调研活动，形成《关于减轻“非典”影响容县经济的建议》《关于我县异型板、热水器行业调查报告》《加大力度改善投资软环境，全力推进工业化进程》《发挥政协优势　推进非公有制经济发展》《关于加快发展民办高中教育的建议》《关于视察容县旅游资源管理与开发情况的报告》《加快我县旅游业发展的几点思考》等调研报告和建议案，提出意见和建议，有效配合和推动县委、县政府出台相关政策，优惠民办教育，鼓励招商引项目以及广西黑五类食品集团有限公司二次创业项目落户县境。

2004 年，县政协开展调研、视察活动 3 次。开展为缓解企业用电压力、改善发展环境的民营企业调研，向县委、县政府递交《关于民营企业的调研报告》，建言献策。开展高中入学率偏低现状为课题的教育调研，组织政协委员分别到信宜、平南、桂平、藤县、岑溪等县（市）考察，到县内有关学校调研，写出《关于提高我县高中入学率的调查报告》。组织玉林市政协驻容县委员和县政协委员 40 人对革命老区基础设施建设和工业大会战工作进行考察，提出相关意见和建议。

2005 年，县政协以招商引资和项目建设为委员视察专题内容，提出优化投资环境和跟踪服务，重点解决项目用地、用电、用工问题，以及搞好园区建设，做好招商引资工作，实现工业发展与环境保护双赢等建议。以创建国家卫生县城工作为委员视察专题内容，提出全力打好攻坚战，查漏补缺，发动群众参与，疏堵结合、标本兼治城区“三乱”（乱张贴、乱涂写、乱刻画），市容环境卫生保洁，建立城区卫生长效管理机制等整改意见和建议，并密切配合县委、县政府组织实施。由各界别政协委员自行组成调研小组，分别对容县“两抢一盗”情况、城区管理和创建国家卫生县城工作、加强公共防疫和预防传染疾病工作等专题进行调研，完成《关于容县“两抢一盗”犯罪情况的调研报告》《加强容城城市管理的建议》《加强公共防疫，预防传染疾病》等调研报告，提出意见和建议。

第四节　民主监督

1990年，容县政协坚持协商在前的原则，在县人大会议召开前，县政协常委及民主党派负责人，对“一府两院”（即县人民政府、人民法院、人民检察院）工作报告草案提出修改意见。会议期间，派出委员代表与县委、县政府协商对话，促进县委、县政府的决策科学化、民主化，更好地发挥民主监督作用。

1991年，县政协邀请县委、县政府领导及有关部门，以召开座谈会、情况通报会、意见听取会等形式，贯彻落实《中共中央关于坚持和完善中国共产党领导的多党合作和政治协商制度的意见》文件精神，就全县政治、经济以及关系到人民群众生活的重大问题进行协商讨论，履行政协机关的协商在决策之前、监督在实施之中的职责。

1992—1994年，县政协发挥政协委员代表性强、联系面广、知识经验比较丰富的优势，提出各项基础设施建设、改善投资环境、加速外向型经济发展、加速全县农村电气化达标、发展（沙田）柚（肉）桂产业等相关建议案。注重发挥政协全委会这个进行民主监督的主渠道作用，围绕县政府工作报告，对事关全县经济和社会发展的政策方针和重要事务，提出建议和意见，主要议题有：影响容县沙田柚品质的主要因素及对策；适应社会主义市场经济需要，加快全县个体私营经济发展的步伐；积极开拓市场，走自我积累，自我发展企业的经验和体会；目前社会治安形势及对策；利用经济能人，发展能人经济，壮大经济能人队伍；“三资”企业的现状，存在的问题及建议等。

1995年，县政协召集政协常委会、政协全委会、专题座谈会、迎春茶话会等各种会议，先后组织5次县内经济建设和社会发展及重大事项情况通报会，实现多层次民主监督。主要内容有：突出主题，结合县委中心工作、社会热点问题、与民主党派及人民团体的意见以及政协专委会活动内容，提出支持县内受灾群众恢复生产，重建家园议题，讨论全县20万亩林果业开发中的种苗、技术等问题，“加快撤县建市”的建议案，生猪定点集中屠宰实施中存在问题等。

1996年，县政协加强协商议政，提高民主监督质量。先后提出实现“水田亩产吨谷县”建议具体措施办法；召开“绣江复航”问题研讨，提出以电促航、以电养航、分级开发的绣江综合开发利用思路；通过调查县内情况和收集群众意见，向县政府提出抓社会稳定建议，主要涉及内容有：抓好经济建设，发展生产，对困难的企业要多兼并少关停，加强反腐倡廉，严禁乱收费；加强宣传教育，因势利导，把矛盾解决在萌芽状态等。落实委员提案，通过交办、督办、协办五届四次会议以来各委员的提案51件，促使委员意见和建议转化为促进经济和社会发展的动力。

1999年，县政协围绕经济建设中心，履行民主监督职能，先后完成调研报告12份，为县委、县政府提供决策参谋。写好“侨”字文章，为全县护林防火工作进言献策。组织力量开展专题调查摸底，弄清在县内干部队伍中的“法轮功”邪教组织及骨干分子的单位情况，书面向县委反映情况，及时反映社情民意，为县委开展与邪教“法轮功”做斗争提供确切参考依据。完善委员联系制度，部门对口联系制度，推动民主监督工作。

2000年，县政协组织委员开展以议政发言、撰写提案、会议发表意见、调查考察、通讯报道、信息反映等方法进行监督，扩大向部门选派监督员的范围，向工商、交通、公安等行政执法部门推荐政协委员作为监督员实施监督，反映社情民意，提出意见建议，促进有关部门改善服务。

2001—2003年，县政协组织政协委员参加部分行政执法部门的工作开展行风评议活动，推荐政协委员担任特邀监督员，反映社情民意，就开发利用国土资源、小城镇建设及城区综合治理等问题进行考察调研和编写《容县土地资源开发管理利用》等考察报告，提出建设性意见。

2004年，县政协先后召开主席办公会议7次、机关及各专委有关协商座谈会3次，委员界别召集人座谈会1次，民主党派、工商联等征求意见会4次，开展协商议政监督活动，结合贯彻落实中央一号文件精神，围绕转移农村富余劳动力的组织领导、劳动力培训、增加农民收入问题，进行面对面议政监督；就贯彻落实县委各项工作部署及发展县域经济、实现全县经济跨越式发展等方面的内容开展协商讨论。

2005年，县政协努力畅通民主渠道，发挥提案作用，反映社情民意，第七届第四次会议以来，收到委员提案48件，经审查立案30件，建立重点提案督办跟踪制度，选定“关于建设容县妇女培训、活动中心的建议”“关于加强我县城区治安管理，保证人民安居乐业的建议”“关于疏通自良桥头、永隆新街排水沟的意见”等11件提案作为重点跟踪落实的督办提案。特邀部分委员和电视台记者参与现场督办。组织政协委员到基层了解社情，编发《容县政协》简报4期，向上报送社情民意信息，获得自治区政协办公厅采用5条，玉林市政协、市政府采用13条。重视办理和妥善解决群众来信信件14件、来访26次。

第五节 联谊活动

1990年，县政协开展经济统战工作，促进引进资金、人才、先进技术和管理方法的工作开展。在统战系统工作的政协委员，开展“三胞”（即港澳同胞、台湾同胞、海外侨胞）联谊活动，联络乡情、友情，增进友谊，年内发动台湾同胞集资8万余元投资二轻局五金厂。

1991年，县政协派代表出席西江走廊市、地区、县政协横向联系座谈会。应南宁市政协的邀请，协助南宁市、武鸣县、邕宁县培训沙田柚栽培技术人员300多人，联系供应果苗3000株。

1992年，政协容县委员会向工作在全国各地具有高级职称的容县籍人士，发出慰问信400多封，通报家乡改革开放特别是近几年来的经济建设和社会发展变化情况，介绍县委、县政府所制订引进资金、技术、项目、人才以及发展外向型经济的各种优惠政策和措施。到钦州、防城、凭祥、平南、贵港等市、县政协实行对口出访，考察边境贸易和越南芒街等市场，出席桂东南区域经济开放开发战略研讨会和西江走廊市、地区、县政协横向联系座谈会，联系、接待、拜访上级及各市、县政协同行170多人。撰写《玉林地区发展外向型经济的探讨》和《“三属”企业对吸引外资的作用》论文，在桂东南区域经济开放战略研讨会上宣读。

1993年，县政协开展海外联谊工作，探索以“侨”引“侨”模式，为容县经济建设和社会发展服务。通过书信、电话联系等方法，沟通与中国港澳台同胞、海外侨胞的联系，巩固老朋友，结交新朋友；通过走出去、请进来方式，在深圳、珠海和中国香港、澳门、台湾等地区，以及新加坡、马来西亚、泰国等国家，推介容县经济投资环境和优惠政策，与“三胞”联系洽谈旅游、考察、投资办实业事宜；加强县政协与统战、侨联、侨办、台办等职能部门的联系和协作，共同接待回乡探亲、旅游、观光和考察组团2个、“三胞”120人次，其中台湾同胞80人次。

1994年春节前夕，县政协组织专题节目，通过广西对外广播电台，向东南亚国家侨胞拜年；和有关部门配合，接待回乡探亲的中国港澳台同胞220多人。同年，由县政协主要领导率队前往深圳，与民国时期广西省主席黄旭初先生之子黄武良等人洽谈，接纳黄武良、陈启章、夏振南、蔡达祥为容县政协委员，同时邀请他们回容县参观及考察投资项目。

1995年，县政协协助马晓军家属，从台湾移骨灰至松山乡慈堂村安葬。县政协副主席封祖暹利用出国、出境探亲机会开展加强联系和沟通“三胞”活动，先后拜会“三胞”150多人次，拜会和接待回乡探亲的“三胞”200多人次，发出函件60多封。

1996年，县政协领导率队以走出去形式，在深圳与香港同胞洽谈到容县参观考察事宜。按政协《章程》及有关规定，发展港澳界政协委员8人。

1999年，县政协在重大节假日，充分运用书信等形式与海外人士建立更为广泛的联系，全年接待港澳台同胞和海外侨胞团体12批、216人次。

2000—2002年，县政协利用参加有关会议或访问等形式，以及通过书信等各种通信手段，加强与各县（市、区）政协机构以及中国香港、澳门、台湾同胞和海外华人华侨的联系，在深圳先后举办2次有香港委员、港澳地区知名人士及广东较知名的工商界人士等几十人参加的恳谈会，融联谊推介为一体，介绍容县发展情况和招商引资优惠政策，征求意见，鼓励华侨和港澳同胞回容县观光考察。年内，有泰国华侨多次回容县考察选址，签订投资项目意向协议。促进海外侨胞和中国香港同胞不断扩大对县内帮扶贫困学生的范围，有马来西亚华侨发动筹集资金向县内乡村教育捐款；有香港特别行政区沙田区马鞍山扶苗之友会持续扶助县内教育事业，并建立友好关系。年内全县受到帮扶的贫困生 300 多人。

2003—2004 年，县政协通过在县城举办“迎春茶话会”和在深圳举行香港委员及中国港澳贵宾春节座谈会等，新结交海外朋友 120 人，在广西率先成立县级侨商会，增进各界人士之间的友谊。通过走出去形式，参加海口市等地举办的同学联谊会、乡亲联谊会，收集、整理和分析各方面项目投资信息。参加自治区 23 县（市、区）政协经济工作联席会议、西江走廊经济横向联系会议、环北部湾经济论坛和玉林市政协举办的有关活动，加强与兄弟县（市）政协的联系，交流经验，互相学习。

2005 年，县政协举办“迎春茶话会”、香港委员及港澳贵宾座谈会，增进各界人士之间的友谊。协助广西南山瓷器有限公司、万力造纸厂、挺佳锅炉有限公司、天虹锅炉有限公司等多家侨商企业向海外华侨华人推介产品、征询意见，开拓市场。

第六节　文史工作和社会慈善服务

文史资料征编

1990 年，县政协开展《容县文史拾零》第四辑资料收集征编，组织文史收编征集工作人员深入县内各乡（镇）、村，走访干部群众 1000 多人，广泛收集大量民国时期军政人员中县团级以上人士素材。1991 年为核实所征集的史料，外发函件 35 封，初步查实《容县文史拾零》第一辑遗漏的容县籍国民党将级军官 11 人，民国时期容县籍县长 11 人资料。在新征集整理到的容县籍国民党校级军官 173 人资料基础上，编辑出版《容县文史拾零》第四辑。1995 年，约请各界人士 80 多人举办座谈会，征集纪念抗日战争胜利 50 周年诗词 272 首，编辑出版《纪念抗日战争胜利五十周年诗词专辑》。1996—1997 年，县政协、县文联诗歌协会、县博物馆联合编印《容州历代诗词选》。出版《庆祝香港回归诗词专辑》。为自治区政协文史委出版《香港广西手足情》一书提供史料素材 4 篇。1999 年，出版《民国时期容县籍军政要员传略》，全书 15 万字。2000 年，抓住西部大开发历史性机遇，组织有 40 多人参加的“西部大开发，容县怎么办”研讨会，收集西部大开发有关资料，编印《西部淘金》、汇编《容县经济建言》等书籍。2001 年，收集容县农民运动领袖范亚音的文史资料并经整理完稿待印。2004 年，编印《容县农村改革人物记》一书。2005 年，编印《都峤山旅游资源探影录》《伍宣池回忆录》。

社会慈善服务

1994 年 6 月，容县遭受特大洪灾，县政协启动社会慈善服务渠道，通过向海外广西会馆容县籍侨领发函，介绍灾情，获得海外各地广西社团、会馆踊跃捐资 200 万元人民币支援灾后建设。1995 年，县政协接纳黄武良捐款 10 万元支援其家乡杨村乡东华村公路建设，接纳广东籍郑万桥为容县“希望工程”捐资 6000 港元。同年，容县遭受特大洪灾，县政协通过向海外 22 个国家和地区的广西会馆发函，获得捐资 9 万多元、大米 3.50 吨支援抗洪救灾。1996 年，邀请香港慈善事业协会负责人李聪德为广西容县慈善事业协会名誉会长，郑各辉（政协委员、香港盈帮集团总裁）为顾问，并接受 2 人所捐赠给容县慈善事业协会的善款人民币 14 万元。2002 年，8 位容县政协香港澳门地区委员共同承诺每年共同捐资 3 万元，在 6 年内帮扶 75 位农村贫困学生解决每人每年 400 元的学习费用。2003 年，组织机关干部职工为县底革命老区建设捐款 5000 元；多方筹集资金 1.80 万元帮助县底镇古燕村建成四级公路和灌渠各 1 条。发动政协委员先后捐款 17 万多元支持学校建设、助残扶贫、济困助学、革命老区建设和乡（镇）政府开展的公益活动，向学校捐赠价值 3000 多元的图书。协助玉林市政协开展香港福善教育基金助学项目跟踪，确保县内 89 名贫困初中生圆读书梦。2004 年，接受侨胞捐赠价值 20 万元的商务汽车 1 辆，马来西亚华侨柯来发捐资 40 万元、江文昌捐资 15 万元，修建“侨心小学”3 所。2005 年，接受法国华侨华人协会捐资 20 万元，建设十里中学侨心综合教学楼 1 幢；接受玉林市政协委员曹永牟和香港慈善事业协会对县内贫困学生 89 人的资助以及香港委员黄时良、吴炳南、吴少强合计捐款 1 万元资助农村贫困学生。

第十四篇

军　事

1997 年 7 月 1 日，预备役部队参加容县庆祝香港回归阅兵活动

（据《容县军事志》）

1990年，容县军事部门主要有容县人民武装部（属地方建制）、中国人民武装警察部队容县中队。1996年3月，县人民武装部由地方建制改为军队建制。同年8月28日，容县国防动员委员会成立，并先后成立容县人民防空办公室和国防教育领导小组，加强公民国防教育，增加国防观念。做好武装力量动员、国民经济动员、交通战备动员和人民防空动员等各项工作。坚持服务中心，不断强化后勤、装备保障，圆满完成上级赋予的各项任务。驻容县部队还坚持拥政爱民，巩固军民团结，协助容县县委、县政府做好安全维稳、扶贫帮困和抢险救灾各项工作，配合地方抓好经济建设和精神文明建设，促进经济社会发展。1990—2005年，容县军事部门在上级军事机关和县委、县政府的正确领导下，围绕强军目标，不断加强思想政治建设，始终保持正确的政治方向，紧贴使命任务，落实条令条例，严格管理，正规化建设水平不断提高；落实战备制度，加强军事训练，不断提高执行任务的能力；深化民兵调整改革，落实兵役制度，做好兵役登记、预备役登记和兵员征集工作；抓好民兵思想政治教育和军事训练，提高民兵军事素质。容县民兵由单一的步兵逐步发展为既有步兵分队，又有专业技术分队和应急分队的国防后备队伍。

1990—2005年，容县人武部不断加强正规化建设，做好民兵、预备役、战时动员和抢险救灾等工作，成绩显著。获得地（市）级、自治区（军）级和广州军区三级奖励30次。其中，1994年被自治区党委、自治区人民政府评为“抗洪救灾先进集体”，广西军区民兵考核获特等奖；2000年被广州军区评为“九五”计划生育工作先进单位，被广西军区评为保密工作先进单位；2003年被广西军区评为人武部全面建设先进单位；2005年被广西军区评为“十五”期间计划生育工作先进单位。

第一章　机构　驻军

第一节　人民武装部

容县人民武装部

容县人民武装部（简称容县人武部）为容县的军事领导指挥机关，是中共容县县委的军事部门，又是县人民政府的兵役机关。1986年6月15日，容县人武部由军队建制改为地方建制，由正团级单位改为副县级单位。“中国人民解放军广西容县人民武装部”改称为“广西壮族自治区容县人民武装部”，容县人民武装部受地方和军队双重领导，其职能不变，内设军事科、政工科、后勤处、办公室；有在编干部19人（其中部长1人，政委1人，副部长1人），职工9人。1996年3月，“广西壮族自治区容县人民武装部”改属军队建制，改称为“中国人民解放军广西容县人民武装部”，为正团级单位。内设军事科、政工科、后勤科。有干部编制若干人，编制员额中配现役军官部长1名，政委1名，副部长1名，职工12名；中共容县县委书记兼任容县人武部党委第一书记，容县人武部受地方和军队双重领导，体制及其职能不变。2004年4月，容县人武部编制体制调整后，按玉林军分区指示，暂不设副部长，保持军事、政工、后勤3个科不变。2005年4月，恢复副部长编制。有干部编制若干人，设部长、政委、副部长（兼军事科科长）各1名，设政工科、后勤科，军事科；职工编制12名。

乡（镇）人民武装部

容县人民武装部辖16个乡（镇）人民武装部。乡（镇）人民武装部受同级地方党委、人民政府和上级军事机关双重领导，1996年前配部长1名，干事2~3名。1997年后，配部长、干事各1名，部长为同级党委委员，为副科级。选配干部，主要从优秀退伍军人、民兵营长、人武学校毕业的学员中择优选聘，并参加从事部门统一组织的文化考试，经考试考核合格后，县人事部门审批聘用。2000年，落实编制人员，基层武装部全部入行政编制，容县乡（镇）专武干部32人。

第二节　中国人民武装警察部队容县中队

中国人民武装警察部队容县中队（简称武警容县中队）前身是广西省公安部队容县公安队，其领导体制、名称历经4次调整。1950年2月，以县武装大队为基础，编成中国人民解放军容县公安队，隶属广西省公安部队；1955年8月，整编为职业民警，称中国人民解放军容县中队；1975年，整编为中国人民武装警察容县中队；1983年，重新组建中国人民武装警察部队容县中队，隶属武警广西总队玉林地区支队；1997年4月，玉林撤地设市后，隶属武警广西总队玉林市支队。2005年，武警容县中队设队长和指导员各1名，根据编制编成若干个排和班。

1990—2005年，武警容县中队紧紧围绕“执勤保安全、处突有准备、反恐制胜有把握”的总体目标，按照“随时拉得出、用时上得去、战时打得赢”的要求，以《军事训练与考核大纲》为依据，坚持中心任务为牵引，以质量为核心，严格按纲施训，提高技能，增强体能；认真组织学习相关制度规定，加强战法研究，以抢险救灾、处置群体性突发事件、反劫持等重大临时勤务为重点进行演练，努力实现训练向战斗力的转变，不断提高官兵处突、反恐、反劫持的快速处置能力和部队在现代条件下完成执勤处突等多样化任务的能力；坚持依法从严、从重打击犯罪为原则，快速反应，上一线、打头阵，充分发挥武警部队在处置各类突发事件、反恐斗争中的“拳头”“尖刀”和突击队作用。

武警容县中队长期担负着容县看守所外围武装警戒任务；维护地方社会秩序，预防和制止违法和犯罪分子的破坏活动；打击刑事犯罪分子，保卫地方党政机关和人民生命财产安全；处置各种突发事件等。

1990—2005年，武警容县中队被武警广西总队授予“基层建设先进中队”称号10次，荣立集体三等功3次。其中2005年被武警广西总队授予“基层先进党支部”“先进团支部”，并荣立集体三等功。

第二章　民　兵

1990—2005年，容县人民武装部每年进行民兵组织整顿、兵役登记、兵员预征、预备役登记核对统计，组织民兵开展军事训练，参与地方经济建设，开展扶贫帮困、抢险救灾、捐款捐物等拥政爱民活动。县人民武装部多次获得民兵军事训练考核特等奖、抗洪救灾先进集体等县、地区（市）、自治区三级各项荣誉称号。

第一节　组织整顿

容县根据民兵组织整顿要求，民兵组织需与生产、学习、行政组织相适应；按民兵工作条例和审批手续吸收民兵；配齐各级民兵干部；清理登记武器；加强骨干队伍建设；搞好民兵出入转队工作。

1990年，民兵组织整顿重点放在对民兵的政治审查上。重申民兵的活动制度，以基层为单位，干部每月1次会议，基干民兵每季度上1次政治课，结合整顿对民兵进行1次检验。同年，将基干民兵编制进行调整。1991年1月1日，根据新《民兵工作条例》规定，公民依照《兵役法》的规定参加民兵组织，在建立民兵组织的单位，凡18~35岁符合服兵役条件的男性公民，除应征服现役的以外，编入民兵组织服预备役。同年，根据新《条例》精神进行民兵组织整顿工作。全县民兵总数比上年有所增加。1992年，抓好民兵骨干业务培训。全县各单位针对新营长多，业务不熟悉的突出问题，分别采取以会代训、组织人员集中时间专门培训和个别人员单个培训等办法开展培训。如黎村镇、杨村乡利用3天时间进行业务培训，在开训前进行摸底测试，在学习期间抓重点，因人施训，做到人人熟悉业务，人人会做具体工作。1993年，2次组织基层民兵组织建设验收工作组，对全县基层民兵组织整顿工作检查验收。全县16个乡（镇）、县直机关人武部建设全部达标。全县有村级民兵营、连达标81.7%。

1996年，调整落实县民兵应急分队人数，新吸收一批基干民兵和普通民兵，全县民兵总数比上年有所增加。1998年1月，组织3个调查小组深入到全县30多个“三资”企业、股份制企业、集体企业和国有企业，8所高级中学，17个交通运输、医疗卫生、邮电通信部门，5个个体企事业单位进行民兵组织改革摸底。1998—1999年，民兵整顿按照“减少数量，合理布局，突出重点，分类建设”的原则，重点做好向专业分队转移、向应急分队转移、向新型的重点单位转移工作。强调人员的在位率，确保有组织、有兵员；强调“统装、训、管、用”，确保招之即来，来之能战；强调民兵工作的连续性和平衡负担得到落实，民兵总数控制在人口总数的10%左右，基干民兵数控制在民兵总数的8%左右。经整顿，专业技术分队布局形成以县城为主要编建地，以交通、兵源等各种条件相对好的中心乡（镇）为辅助编建地；突出兵源条件好的电信（通讯）、医院（救护）、汽车运输公司（运输及修理）为对口专业分队，专业技术分队向高质量转变。1999年，民兵组织整顿工作经玉林军分区验收，被评为一等奖。

2001年，在全县民兵组织整顿工作中，通过开展查户口，摸清适龄公民数量，查民兵花名册，了解民兵年龄，掌握民兵出入、转队名单，查复退军人名册，了解复退军人服预备役编入民兵组织人员情况等，真实地掌握民兵组织工作第一手材料。6月底，对各乡（镇）整顿情况进行评比验收，检验容城、杨梅、六王3个乡（镇）的应急分队，到位率100%，抽检3个村的基干民兵，到位率也在90%以上。2003年，民兵组织整顿工作按照“巩固战果，合理调整，突出重点，全面提高”的工作思路，规范民兵整顿的内容、步骤、方法、标准和要求。2004年，全县民兵组织整顿人数与上年持平，组编完成基干民兵营、连、独立排、独立班，专业技术分队编为连，对口专业分队编为若干个连和独立排，民兵应急分队编连、独立排的数量也有所调整。干部配置按编制应配置33名专武干部，实配置24名。7月，调整1名超龄基层武装部长出队，选配录用10名年青素质好的地方党政干部、人武学校毕业学员，充实专武干部队伍，解决专武干部缺编问题；结合乡（镇）换届选举工作，对10名年龄偏大、任职时间长的基层武装部长、2名专武干事调整出队，提拔5名干事任部长，挑选4名年轻且素质好的乡（镇）党委委员任部长，从32名院校毕业选调生中挑选录用8名任专武干事。

2005年，容县继续进行民兵组织整顿工作。对民兵入队、出队人数（基干民兵出队人数），基干转普通人数都作出了调整，对全县应征公民进行兵役登记，落实预征对象，调整落实民兵应急分队人数，吸收新民兵，对2004年7月1日以后回乡的退伍军人进行服预备役登记统计、核对，提高民兵工作的地位和民兵预备役工作人员的整体素质，促进乡（镇）人武部、村民兵营的建设。

第二节　政治教育

容县民兵政治教育内容分二大部分：一部分是进行党的路线方针政策、共产主义理想、遵纪守法和做四有新人的教育，一部分是根据民兵的特点和担负的任务而单独进行战备形势、人民战争、民兵性质与任务、爱国主义和国际主义、革命英雄主义和光荣传统教育。教育的形式为集中教育与分散教育相结合，课堂教育与课外教育相结合，培训教育骨干与建立学习阵地相结合。

1990—1996年，开展“四种形式”教育，即开展集中教育：利用民兵大集中开展规范化教育；开展刊授教育和函授教育；发挥《中国民兵》《民兵生活》等刊物作用，编写简明的教育辅导资料，下发给各单位开展刊授和函授教育；开展随机教育：利用民兵整组和重大节日进行寓教于乐的教育；开展流动教育：结合开展各种活动，以宣传车、演讲团、图片巡回展览等形式进行教育。围绕党管武装的原则，以党的基本路线和坚持四项基本原则为重点，开展民兵性质、任务、优良传统、爱国主义、革命英雄主义、形势战备和政策法制教育等，基干民兵的教育每年不少于4次，普通民兵每年不少于2次，对每年参加军事训练的基干民兵用2天时间进行政治教育，下发刊授教材600余份。

1997—1998 年,开展以邓小平理论、社会主义市场经济、中共十五次代表大会精神、《民兵教育读本》《长城在我心中》为基本内容的学习教育活动。90% 以上的基干民兵和 80% 以上的普通民兵参加政治教育活动。1999 年,在广大民兵中开展“讲学习、讲政治、讲正气”的“三讲”教育,以及《民兵政治教育课本》《国防知识教材》《民兵工作条例》学习教育,对外出务工、经商的民兵分点抓好跟踪教育,保证接受教育人数达到 80% 以上。2000 年,通过国防教育室、青年民兵之家、文化活动室等文化活动阵地,开展致富思源、富而思进教育,组织民兵学习《江泽民国防和军队建设思想学习纲要》《江泽民国防和军队建设》,印发刊授教材 3800 份,内容包括国防知识、兵役法和先进民兵事迹等。

2001—2003 年,在全县民兵中开展学习和贯彻“三个代表”重要思想、中共十六次代表大会及十六届一中、二中全会精神活动,下发刊授教材 3000 份。探索实现国防教育训练的“三个转变”;在方法上,由过去的分散型教育向依托基地规范化教育转变;在内容上,由过去的零散、一般化教育向规范系统地学政治理论、学军事高科技知识转变;在组织形式上,由过去的指令性接受教育向主动自觉参与教育转变。以《民兵政治教育课本》《关于国防建设的论述》等为政治教育内容,下发刊授教材 3000 份。充分利用广播、墙报、黑板报,用丰富的政治史料教育广大民兵。

2004—2005 年,在全县开展基干民兵训练大集中教育,在整组、征兵及其他重大活动期间,利用青年民兵之家作为教育阵地,组织广大民兵学习中共十六届四中全会精神,开展保持共产党员先进性教育活动。继续在青年民兵外出打工、经商较集中的地方,建立民兵组织,设立民兵政治教育网点,定期不定期邮寄教材,进行异地函授。在全县青年民兵中大力倡导“学科技、苦读书”,引导他们学习科学技术,运用科学文化技术脱贫致富,民兵政治教育率达到 85% 以上。2005 年,重点开展《民兵的性质、任务和作用》《民兵的光荣传统》《民兵依法履行兵役义务》《关于国防建设的论述》4 个课程的学习教育,提高民兵的国防思想意识,增强民兵履行义务的光荣感。

第三节 军事训练

现役军官军事训练

1990 年起,容县人武部历届领导都十分重视部队的军事训练,把训练摆在重要位置,严格训练、严格要求,做到“内容、时间、人员、效果”四落实。训练内容主要包括学习毛泽东和邓小平同志关于人民战争、国防以及军队建设的论述,中外军事历史知识,世界各国高技术发展现状及军事应用知识,军兵种和外军知识,海湾战争的研究、民兵预备役业务、军用文书写作、兵员动员和微机操作等业务训练。

1996 年,为适应县人武部收归军队建制后干部队伍出现的新特点、新情况,加强人武部干部管理,选送人武干部到玉林军分区进行业务培训,培训内容包括民兵预备役理论学习、队列训练、轻武器实弹射击、军用公文写作、共同条令、兵员动员、武器装备和财务管理等内容。同年,对干部进行在职训练 32 天。

1997—1999 年,执行玉林军分区制定的《分区干部学习高科技知识三年规划》,重点精读军总部指定的《军事高技术知识教材》、中央党校出版的《现代科学基础知识》及相关参考书目。军事学习和训练时间安排,1997 年为 35 天,1998 年和 1999 年各 40 天。容县人武部干部全面达到上级提出的“3 个 100%”,即:100% 的干部完成规定的学习内容,并取得全军或军区统一命题考核的高科技知识学习合格证书;100% 的团以上首长机关、机关干部经过短期集训或函授教育;未经院校系统培养的干部,100% 经过分区教导队轮训。2000 年,容县人武部在职干部训练时间 32 天,内容有轻武器射击和队列动作、诸军兵种知识和参谋业务,“四会”(会讲、会做、会教、会做训练思想工作)教学和训练备课示教。

2001 年,容县人武部在职干部训练,内容为掌握军事高技术基础知识、高技术武器装备的种类与性能和对作战行动的影响,了解新“三打”“三防”基础知识和基本战法;熟悉掌握各种平、战军用文书的拟制,学会利用软件进行战役(战术)计算、图形处理和相关设备使用、软件接收和信息传递;熟记敌我双方的作战原则、特点和编制、装备等情况;学会平战转换的组织指挥内容、程序和方法。2002 年,容县人武部强化高

2005 年 8 月，容县专职武装干部进行战术基础训练
（据《容县军事志》）

科技知识和基本技能学习，狠抓在职训练和岗位练兵。训练时间 45 天，分 3 个阶段进行：共同训练阶段，25 天，包括计算机基础知识与使用，指挥自动化系统使用及网络操作应用技术，业务知识，军事高技术知识和新“三打”“三防”，军事理论和军兵种知识，美军和中国台湾地区军事知识，识图用图和战术标图；分类训练阶段，10 天，包括参谋训练、干事训练、助理员训练；应用训练阶段，10 天，包括快速动员室内演习、手枪射击、参谋等级参考评、各专业竞赛。6 月，广西军区对县人武部进行第二个“三年规划”达标检查，容县人武部代表玉林军分区接受广西军区的检查，得到广西军区检查组的好评。2004 年，容县人武部从严从细着手强化军事训练，每周制订军事训练计划周表，星期一、三、五出早操，每天下午进行 1 小时的体能训练。军事训练由部领导亲自组织，同时建立军官军事训练考勤登记制度，每周对出勤情况、训练情况进行讲评。

2005 年，容县人武部坚持在职军事演习，按照“班子会指挥，干部能打仗”的要求，积极开展岗位练兵活动。在急难险重任务中练组织练指挥，提高班子成员带兵打仗的能力，较好完成灵山镇抗击地质自然灾害应急演练、玉林市反恐维稳演练任务。7 月，在广西军区军事考核中取得优良成绩。

民兵军事训练

民兵干部军事训练 1990—1997 年，容县专职武装干部的军事学习训练由玉林军分区负责集训，每期 20~30 天；民兵营长、教导员、连长由容县人武部负责集训，每期 7~10 天。1991 年，民兵军事训练实行规范化训练，在民兵开训前，普遍组织教练员进行培训，培训时间 7~10 天，主要培训“四会”。1993 年，县人武部开始在“四会”教练员中每个专业选出 2~3 名教学水平较高、组织训练能力较强的教练员组成教学尖子力量进行培训，统一“四会”标准，研究“四会”教学的组织实施方法，1994 年，容县人武部对民兵训练骨干和小教员进行培训，时间 5~7 天。1995 年，军分区组织开展人民武装部干部、专职武装干部和民兵干部“四会”教练员尖子竞赛，竞赛项目有对抗射击、模拟比赛等。1996 年，容县人武部对人民武装部干部、专职武装干部、民兵干部、民兵教练员和各种专业的小教员进行集训，集训时间 8~12 天。1997 年，根据广西军区指示，民兵干部的训练对象是基干民兵连长、排长，主要进行本级指挥和教学法的训练，由容县人武部组织训练，每期 8~12 天。

2000 年，训练教练员 38 人，其中“四会”12 人。2001 年，训练的对象是专职武装干部和民兵干部，同年经军分区和容县人武部组织考核验收，全部取得较好的成绩。2002 年，训练民兵干部 74 人，教练员 33 人。2003—2004 年，共训练专职武装干部 66 人，民兵营长 438 人，教练员 72 人。2005 年，成立训练督查小组，由容县人武部部长、政委任组长，军事科成员任组员。每天对民兵干部训练进行跟踪检查，重点检查参训率、专职武装干部跟班训练和训练场组织管理情况，对训练中出现的问题及时纠正。同年，对挑选教练员作出要求，明确教练员

2005 年 8 月，容县专职武装干部进行迫击炮训练
（据《容县军事志》）

必须是退伍战士，专业必须与所训专业相符合。

步兵分队军事训练 1990年，容县将民兵中的步兵分队集中县城集训。开训前，容县成立训练团，团长、政委分别由县长和县委书记担任。训练团设司令部、政治处、后勤处，下设营、连、排、班，并成立临时党、团组织。挑选好教练员，并加强培训。当年，训练质量明显提高，参训率100%，合格率98%。1991年，训练时间22天，其中军事训练20天，政治教育2天。参加训练的新发展基干民兵494人（其中6人参加玉林军分区报务复训），占训练人数88.9%；女民兵人数占11.1%，各兵种的各项成绩总评在良好以上。1992年6月19日，是毛主席关于民兵工作“三落实”指示发表30周年纪念日，容县人武部组织民兵中的步兵分队进行大比武，内容包括基础射击、应用射击、对抗射击、投弹竞赛、评选优秀射手和投弹能手。1991—1992年，容县被玉林军分区评为“民兵军事训练考核一等奖”。1993年起，按总参谋部提出的要求，规范组织领导机构，成立由容县党政主要领导任团长、县人武部主要领导任副团长的民兵训练团，制定周密的训练计划，组建规范化的教学队伍，建立配套齐全的训练基地，制定严格的规章制度和完整的教学方案，实行严格的检查考核办法，制定严格的一日生活制度，严格选送参训对象的标准。是年，训练步兵分队人数占总训练人数44%。1994年，继续落实民兵规范化训练，训练步兵人数与上年相同，训练时间22天，民兵参训率、到考率、合格率100%。1994年12月，容县被玉林军分区评为“民兵军事训练考核特等奖”，容县民兵代表玉林地区接受广西军区民兵军事训练考核，成绩取得全自治区第一名。

1996年，全县参加军训的步兵（其中有高机、重机枪手、轻机枪手等）的参训率、到考率、合格率100%。县人武部对步兵分队的基础射击、应用射击、单兵战术、队列投弹、“四会”教学等科目进行考核，综合总评成绩均为优秀，军分区考核总评成绩为良好。12月，县人武部被玉林军分区评为“民兵军事训练考核一等奖”。1997年7月6日—7月21日，对全县步兵分队进行规范化军事训练，民兵的到课率、参训率、合格率100%。训练兵种包括：步枪手、轻机枪手、高射机枪手、侦察兵等。步兵重点进行轻武器练习及实弹射击、手中武器分解结合、投弹、爆破、单兵战术、战斗勤务训练。1999—2000年，参加民兵训练人员，包括基干民兵中的步兵和地方与军事专业对口单位组建的专业技术分队，编进民兵组织的经过军事训练的应届高中毕业生。1999年，容县人武部被玉林军分区评为民兵军事训练一等奖、民兵训练基地建设一等奖。

2001年，全县专武干部、民兵干部和步兵分队人员9个班，统一集中到容县职业中等专业学校，进行大集中封闭式训练。训练结束由玉林军分区和县人武部组织考核评比验收，全部取得较好的成绩。2002年，民兵军事训练组织机构健全，准备工作扎实充分。参训人员有步兵分队、民兵干部、教练员。这次集训，训练专业多，内容覆盖面广，既有立正、稍息、停止间转法、三大步伐、集合解散、整齐报数、战术基础、半自动步枪实弹射击等共同科目的训练，又有新“三打三防”、防（反）空袭作战等高科技知识的学习和训练。2003年，容县民兵军事训练围绕做好对台军事斗争准备和未来可能担负的“反空袭、补兵员、保畅通”任务，采取大集中封闭式训练，着重抓落实，打基础，求质量。训练于7月28日开始，8月

1993年8月，容县召开民兵规范化军事训练总结大会　　（据《容县军事志》）

11日结束。2004年，容县民兵军事训练仍然采取大集中封闭式训练，时间15天。按照训用一致、突出重点、分类施训、注重实效的原则，做到必训科目不粗训、选训科目不漏训。突出抓好技术、战术科目训练，提高综合技能水平。经玉林军分区考核，成绩均达良好以上。2005年，容县民兵军事训练从8月7日开始，8月24日结束。根据训练的内容、人员和专业情况，采取步兵分队在训练基地集中训，对口专业分队上门训的方法进行组训。以科学施训为重点，进行科学化、规范化训练，做到训练计划有周表，训练科目有示范，训练实施有讲评，训练过程有督促，训练阶段有考核。圆满完成民兵支前保障队伍快速集结课目训练。

专业技术分队军事训练 1990年，容县参加民兵专业技术分队军事训练人员，包括工兵、12.7高射机枪手、通信兵，主要进行单枪、单炮的技术训练和班际的协同动作训练。2月—5月，组织6名新报务员到玉林军分区集中培训3个月，1993—1996年，主要组织12.7高机手、报话员、有线电话员、侦察兵、工兵等专业技术人员进行训练。在县城区同时进行工兵、步兵、机炮手、侦察员、通信员等五种专业人员训练。专业兵种主要进行单枪、单炮技术、兵种技术训练。经过训练大队考核，各兵种的各项成绩总评优秀，参训率和及格率100%。1997—1998年，主要进行侦察、通信、地炮、工兵、防爆、战地运输等10个课目的训练，训练考核成绩总评优秀。1999年，专业兵种主要进行单枪单炮技术等兵种技术训练，2个通信连和无线电报话员、有线电话员若干人参加通信技术训练。

2000—2002年，继续加强2个通信连及无线电报话员、有线电话员，有无线电技工的训练，也进行侦察、通信、12.7高机、六〇迫击炮、四〇火箭筒、轻机枪等专业科目的训练。2003—2004年，参加训练的有侦察连、通信连、工兵连、防化连、军械修理分队、邮电通信、电子对抗、工程抢修等专业技术分队。2005年，参加军事训练的专业技术分队、对口专业分队、完成单个军人队列动作、轻武器操作、56式半自动步枪实弹射击、战术基础、卫生防护、分队专业课目训练。其中民兵支前保障队伍快速集结科目的汇报演练，是在下着大雨的恶劣天气条件下进行的，且能高标准完成演练任务，得到玉林军分区首长、机关、县领导和其他与会领导的高度赞扬。

应急分队军事训练 1989年，容县组建民兵应急分队。1990年，重在落实应急分队人员的数量。为保证民兵应急分队在突发事件中能拉得出、用得上、作用好，民兵应急分队于5月24日—27日分别在容城镇、县直机关、容厢乡开训。训练的主要内容有队列、擒拿格斗、战斗勤务、射击等军事技术和进行国防教育等。1991年1月1日，《民兵工作条例（修订）》开始施行，容县调整落实民兵应急分队人数，进行基础科目、射击、应用科目和军体拳、侦察兵擒拿格斗等科目的训练以及内务条令、纪律条令、队列条令等共同条令的学习。1997—1999年，容县对民兵军事训练进行调整改革。民兵训练实行分类施训，针对各类训练对象，确定训练内容和形式。民兵应急分队的训练从过去以基础训练为主，改为以应用训练为主，从过去以新入队人员训练为主，改变为以按建制训练为主。应急分队每年训练15天（含政治教育2天）。

2005年10月，容县民兵应急分队参加玉林市军警民反恐维稳科目汇报演练 （据《容县军事志》）

2000年，参加应急分队军事训练人员有各乡（镇）人武部的专武干部和民兵应急分队连1个，训练从6月30日开始，至7月19日结束。通过训练，拳术、警棍术、警棍盾牌术考核成绩及格率100%，优秀率56.30%。同年，容县被确认为全自治区应急分队建设最好的5个单位之一。2001—2004年，严格按照军分区下达的训练任务落实参训对象、时间和训练内容指标，其中2004年重点抓好广西黑五类食品集团有限

责任公司和容县林业局民兵应急分队的训练，使应急分队队员掌握盾牌操、警棍操、擒拿格斗及协同作战等技能。

2005 年，是反“台独”应急防卫作战准备、加强民兵预备役作战力量建设的第一年，民兵应急分队军事训练坚持高起点、高标准，树立真打真备的意识。在民兵训练基地进行容县应急分队担任民兵支前保障队伍快速集结科目演示。组织 1000 多人次参加在灵山镇举行的抗击地质自然灾害应急演练和反恐维护稳定实兵演练，提高快速反应能力。

第三章　兵　役

第一节　兵役制度

兵役分为现役和预备役。兵役制度是国家关于公民参加武装组织或在武装组织之外接受军事训练和承担军事任务的制度。根据《中华人民共和国兵役法》（简称《兵役法》）规定，1990—2005 年，国家实行义务兵与志愿兵相结合、民兵与预备役相结合的兵役制度。

志愿兵

志愿兵役制，是公民自愿参加军队并按规定服役的制度。容县于 1949—1954 年正式实行志愿兵役制。志愿兵的当兵条件是：家庭出身为雇农、贫农、中农、工人、革命知识分子、手工业者的 18~28 岁的男性公民，且要本人同意，家属同意，身体健康，历史清白，政治可靠。1953 年前为了抗美援朝、保家卫国，容县青年积极响应祖国号召，不计报酬，不畏牺牲，自愿报名，踊跃参军。1949—1954 年实行志愿兵役制期间，容县有 3078 人志愿入伍。

1979 年 1 月起，实行义务兵与志愿兵相结合的兵役制度。义务兵中服现役满 5 年的专业技术骨干，由本人申请，通过文化和专业考试以及身体检查合格，经师以上机关批准，改为志愿兵。士兵从改志愿兵之日算起，继续在部队服役 8~12 年。军队有特殊需要还可以延长。1989 年起，义务兵改为志愿兵后，即晋升为专业军士军衔。志愿兵除由国家负责供给伙食、衣服、被褥外，另按照 8 级工资制发给工资。服役年限由原来的 15 年改为 13 年，志愿兵服役期满后，转业到地方，由地方部门安排工作。

1988 年实行新的军衔制，根据士兵军衔等级设置的需要，将志愿兵的军衔称为士官。1999 年起，按照《兵役法（修订）》规定，志愿兵实行分期服役制度，现役分为 6 期。第一期、第二期各 3 年，第三期、第四期各 4 年，第五期 5 年，第六期 9 年以上。士官服现役满本期规定年限，根据部队需要和本人自愿，经过一定的选取程序，可进入下一期服役。士官军衔分为三等六级。士官选取的范围，按照工作性质，将士官分为专业技术士官和非专业技术士官两大类，各类士官的编配比例根据部队需要确定。

义务兵

义务兵役制，是公民依照法律规定在一定年龄内有服一定期限兵役义务的制度。通常包括现役和预备役。1955 年起，容县正式施行义务兵役制。

实行义务兵役制后，容县成立征集委员会。征集委员会设征兵办公室。容县征兵办公室主要负责征集兵员的具体工作。义务兵的征集工作，一般每年进行 1 次。每年征集人数、时间和具体要求，由国务院和中央军委发布命令。容县按命令部署县内的征兵工作。征集对象是当年 12 月 31 日以前满 18 周岁的男性公民。当年未被征集者，在 22 岁以前，仍可被征集服现役。根据军队需要和本人自愿，也可征集当年未满 18 岁的男女公民。每次征兵首先广泛深入宣传征兵的目的意义，然后发动适龄青年自愿报名。应征青年报名后，经过目测初选、体格检查、政审和定兵后，对每个应征青年的家长逐个征求意见，容县征集委员会再根据应征对象的各方面条件，择优批准发给入伍通知书。

义务兵服现役的年限，是根据国家和军队的需要及兵员的实际情况确定的。1950—1983 年，义务兵服现役的年限，先后有 4 次规定：1955 年颁布的《兵役法》规定陆军为 3 年，空军 4 年，海军 5 年；1965 年第三届全国人民代表大会决定陆军 4 年，空军 5 年，海军 6 年；1967 年，中共中央、国务院、中央军委、中央文革小组决定改为陆军 2 年，空军 3 年，海军 4 年；1978 年，根据第五届全国人大常委会第一次会议通过的《关于兵役制问题的决定》，又恢复 1955 年义务兵服现役的规定。1984 年颁布新的《兵役法》，将服役年限确定为陆军 3 年，空军、海军 4 年。同时还规定，服满现役期限的义务兵，一般应退出现役；根据军队对技术兵员和基层骨干的需要和本人自愿，少数人可以超期服现役 1~2 年。义务兵在服役期满前，因为军队编制员额缩减需要退出现役，或经军队医院诊断证明其健康状况不适应继续服现役，以及其他特殊原因需要退出现役的，经师以上机关批准，可以提前退出现役。

2000 年起，容县开始全面实行预征的征兵制度。规定预征对象的年龄为年满 18~20 岁，文化条件是初中毕业以上（城镇户口的要高中毕业），身高 160 厘米以上，体重 47 千克以上，视力左眼不低于 0.7、右眼 1.0 以上，并进行病史调查。预征对象必须政治历史清楚，拥护中国共产党，热爱社会主义，热爱劳动，遵纪守法，道德品质好。

第二节　兵役登记

1990—2005 年，容县按照《中华人民共和国兵役法》（简称《兵役法》）规定，实行兵役登记制度，以便掌握适龄公民的数量、质量和分布情况，并以此为依据确定应服兵役、缓服兵役、免服兵役和不得服兵役的人员。兵役登记机关设在县人武部。经过兵役登记和初步审查合格的当年征集对象为应服兵役人员；维持其家庭生活的唯一劳动力的青年和在全日制学校就读的学生称为缓服兵役人员；身体残废不适合服兵役的为免服兵役人员；依照法律被剥夺政治权利的为不得服兵役人员。经过兵役登记和体检、政审合格的应征人员，经县兵役机关批准，便被征集服现役；未被征集服现役的，则服民兵预备役。在兵役登记工作中，工作人员通过查户口簿和民兵名册，摸清登记对象的身体素质和政治表现等情况，填好兵役登记摸底表，然后在各乡（镇）设立登记处，对年满 18~22 岁的男性公民进行登记。

1990 年，把预备役的登记、统计、核对与民兵整顿工作结合起来，做到统一部署、统一训干、统一检查、统一验收，兵役登记工作走上规范化、制度化轨道。1991 年，进行兵役登记，其中男性适龄人员，包括应征、缓征、免征、不得征集的人数，在应征人员中有高中毕业生人数。2000 年，容县人武部及对全县适龄青年进行逐个摸底登记，重点弄清外出务工青年及当年高考落榜的高中毕业生的情况。同年，有众多适龄青年进行兵役登记，其中有部分是当年应届的高中毕业生。

2004 年，加强对当年高考落榜毕业生和务工经商的青年进行了解，派出工作人员到其住地走访，与当地有关部门和务工单位建立联系渠道。2004—2005 年，全县有一定数量的青年进行兵役登记。

第三节　预备役登记

容县预备役人员由退出现役的士兵、军官和未被征集服现役而又符合兵役条件的人员以及其他符合预备役条件的人员充任。他们平时在各自岗位上生产和工作，并接受军事训练，国家一旦需要，便应招到军队服现役。1990 年起，容县武装部按照全军统一的专业名称和专业号码进行预备役登记、统计、核对，并与民兵整顿相结合。充分利用每年接待安置回乡退伍军人的机会，进行预备役登记工作。对部队确定服预备役的退伍军人，填写“退伍军人预备役登记卡”，并在退伍军人证明书上盖“服预备役”专用章，若部队确定为免服预备役的退伍军人，则盖“免服预备役”专用章。非退伍军人预备役登记工作则利用每年的民兵训练和民兵整顿时进行。退出现役的军官或被授予预备役军官的士兵，同样由县武装部进行登记。1993 年起，加强对服预备役的退伍军人变动情况进行核查，通过登记、统计，掌握全县退伍军人和预备役人员的数量、质

量和分布情况，为拟订兵员动员计划提供可靠的依据。1999年起，根据《兵役法（修订）》规定，对参加士兵预备役的年龄作了调整。第一类士兵预备役人员包括经过登记服士兵预备役的35岁以下的退出现役的士兵，军事专业对口的技术人员，28岁以下的预备役士兵；第二类士兵预备役人员为除服第一类士兵预备役的人员外编入民兵组织的人员和其他经过士兵预备役登记的35岁以下的男性公民。2001年起，按照玉林军分区政治部下发的《关于认真做好预备役登记统计工作的通知》要求，进一步做好预备役登记工作的核查工作。对经过登记确定服预备役的人员，每年核对1次，对调出或调入本县的、超出服预备役年龄的、因身体原因不宜服预备役的、死亡的或被捕判刑的等等变动情况，都认真核对，作出准确登记。同年，统一使用《退伍军人预备役管理系统》，按照总参谋部颁发的《退伍军人专业名称和编码》，对全县2000年以前的退伍士兵进行重新登记和数据录入，完成新老专业编码套改工作。

第四节　兵员征集

1990年，容县按照兵役法规定和中央军委、国务院每年征兵的要求，严把征兵体检、政审关，给部队输送优质兵员。同年征集兵员服现役2次，其余年份均为每年征集1次。每次征兵均成立容县征兵领导小组。由党、政、军主要负责人任组长（主任）和副组长（副主任），成员有容县人武部1~2名副职领导以及宣传、组织、公安、民政、卫生、交通、工会、青年团、妇联等部门主要负责人。征兵领导小组下设办公室，工作人员从县人武部、宣传、公安、民政、交通、卫生等部门抽调。乡（镇）、村相应成立征兵领导小组，具体工作由专职武装干部和民兵营、连长负责。容县征兵办分成秘书、宣传、纪检、政审、体检、保障等6个组。同时，从卫生部门抽调医务人员、从公安、宣传、文化部门抽调干部参加征兵体检、政审工作。1990—2005年，没有出现过责任退兵。

征兵宣传

1990年起，在每年征兵期间，县征兵领导小组及各有关单位充分利用广播、电视、报刊等新闻媒体以及出版墙报、黑板报、张贴标语大力进行征兵宣传，也派出工作组走村入户，重点向那些经过兵役登记和初步审查合格的当年应征公民及其亲属做思想发动工作，积极报名应征。

1993年，针对青年外出多，就业机会多，“参军热”明显降温的实际，层层成立征兵宣传机构，运用多种形式和突出重点进行宣传。2001—2005年，在县城区开展征兵“宣传一条街”活动，宣传活动比以前形式更灵活，方式更多样，除出版板报、墙报和分发传单外，还专门在街头用VCD机连续播放近年部队及国防建设成果报道等。县主要领导赴现场检查征兵宣传工作，分发征兵宣传资料。2005年，全县适龄青年报名应征、预征对象报名率实现100%。

体检

1990年起，应征公民体检要经过村级目测，乡（镇）级初检，县级体检，最后复查四大程序。经过目测、乡（镇）初检的应征公民，按照容县征兵办公室的通知按时到指定的地点进行县级体检。1998—2005年，按照封闭式体检的要求，县级体检选择在一个环境相对封闭的独立院子或楼房进行，无关人员不准进入体检场所，体检医务人员和工作人员挂牌上岗。实行岗位责任制，谁检查谁签名谁负责。体检科目有14个，设置候检室及若干个体检室，每个体检室门口张贴有“内科”“外科”“五官科”“血压”“听嗅”“视力”“总检”等体检科目名称标志。2005年，体检内容增加艾滋病、吸毒检查和心理检测等项目。体检过程中，实行单科淘汰制，凡单科淘汰的，留下体检表和检验证后离场，不准复查。新兵换装时，还组织1次简单的外科检查，发现有问题的及时进行调换补救，防止有严重外科损伤的青年入伍。

政审

1990年，容县兵员政审执行公安、总参、总政治部颁布的《关于征集公民服现役的政治条件的规定》《政审十条补充规定》，坚持村、乡（镇）、县三级把关，严防把政治条件不合格的人征入部队。政审工作人员采取多渠道、全方位的内查外调和区域联审复查以及发动群众监督等方法，先由村、乡（镇）、派出所进行社会调查，查清应征公民的政治状况和现实表现，搞好初审，然后送县级公安保卫部门进行复审，最后由容县征兵办公室政审组作出合格与否的结论。1995 年，接受为驻港部队征集若干名新兵的任务。这些新兵政治条件高，政审难度大。公安、宣传等部门抽调精干人员 123 人，组成政审总组 9 个和小组 25 个，深入基层，对体检合格公民的政审实行村治保主任、乡（镇）派出所所长和专武干部、县公安局长三级负责制，层层包干，逐级负责。政审表上，要有治保主任、派出所所长和专武干部签字盖章，才能送县复审。当年，没有发生因政审原因而退兵的现象，得到国防部征兵办和广州军区、广西征兵办的充分肯定。1998—2005 年，政审工作做到"四不审"：无基层推荐合格意见和责任人签字及加盖公章的不审，乡（镇）体检不合格的不审，年龄及文化等条件不在征集范围之内的不审，已发现政治条件上有问题的不审。走访时做到"五查五见面"：查家庭情况、查社会关系、查本人现实表现、查年龄、查文化程度；与应征公民本人见面、与家长见面、与左邻右舍见面、与学校老师见面、与村干部及知情人见面，把政审工作的第一关放在最基层。

定兵

1990 年起，定兵前各单位将体检、政审双合格对象预定名单送到各派出所进行横向联审。征兵、接兵干部逐个进行家访；对特种兵进行逐个复查，对普通兵进行抽查。做到"八优先"（身体素质好、现实表现好、文化程度高、是预征对象、党团员、家庭劳力充裕、本人和家长要求强烈、多年不出兵的村屯优先），"六不定"（凡有嫌疑问题、群众有意见、有犯罪前科、户口不在本地或临时迁移户口的、家长或本人思想不通、征兵接兵双方意见分歧大的不定）。1991—1992 年，容县定兵坚持择优定兵的原则，好中选好。1993 年，容县执行玉林地区 1993 年制定的《定兵"十不准"》规定，在定兵中坚持做到集体定兵和择优定兵，按照"八优先四不定"的原则定兵，即身体甲等的优先，政治表现好优先，高中生、在职技术人员、职工优先，受过乡（镇）以上单位表彰的优先，父母、本人要求迫切的优先，参加过民兵军事训练和职工技术学校培训的优先，预征对象优先，空白村优先；三证（户口证、身份证、毕业证）不齐全的不定，身份边缘的不定，家长思想不统一的不定，被群众检举有问题没查清的不定。1995 年，容县征兵办成立廉洁征兵纪检监督小组，坚持搞好"十公开"，即：公开征兵工作人员岗位职责，公开廉洁征兵规定，公开预征对象名单，公开体检公民名单，公开体检标准，公开政审条件，公开双合格青年名单，公开入伍青年名单，公开优抚政策，公开军人退伍安置政策。在定兵的关键环节，县及乡（镇）两级征兵办负责人、政审负责人、体检队负责人及主检医生和接兵干部四方召开联席会议，共同把好定兵关。1998 年起，成立纪检监察小组取代 1995 年成立的纪检监督小组。2000—2005 年，容县坚持集体择优廉洁文明定兵，征兵部门、接兵部队、体检和政审负责人四方都到场，集体把关，择优定兵。县征兵领导小组的领导参加县的定兵会。办公室纪检人员，对群众反映的问题，做到及时认真查处。

兵员数质量

1990 年，容县进行春季和冬季 2 次征兵。春季征兵工作，从 1 月 22 日到 3 月 21 日止，历时 59 天，高中生占入伍人数的 37.40%。冬季征兵，从 10 月 26 日开始，到 12 月 13 日止，历时 48 天，高中生占入伍人数 36.3%，非农户口占新兵人数的 10.70%。

1991 年，容县征兵入伍的新兵中高中毕业生占 41.80%，非农户口占 10.96%，团员占 34.50%。当年征兵工作获地区行署征兵工作总分一等奖和政治质量单项一等奖。1993 年，容县征兵入伍的新兵中高中毕业生占 44.20%，非农户口占 14.40%，团员占 41.40%。1994 年，容县冬季征兵工作从 10 月 20 日开始，到 12 月 14 日结束，历时 44 天，入伍新兵中高中生占 46%，非农户口占 16%。玉林地区行政公署征兵办公室奖给容县征兵领导小组"一九九四年冬季征兵工作特等奖"。

1995 年，征兵时间比上年提前 10 天，且有驻港部队若干名新兵的征集任务。容县征兵办公室成立廉洁征兵纪检监督小组，坚持搞好"十公开"，为部队输送优质兵源。2000 年，容县冬季征兵工作从 10 月 20 日开始，至 12 月 14 日止，历时 54 天。该年是根据总部要求全部在预征对象中征兵的第一年。容县按照上级征兵要求进行。

2001 年，容县征兵工作从 10 月 18 日开始，至 12 月 18 日止，历时 62 天。全县适龄青年报名应征占 40.20%。其中有高中毕业以上外出青年返乡报名应征和预征对象报名应征。批准入伍新兵中高中以上文化程度占 46.10%，非农户口占 11.50%，党团员占 65%。2002 年，容县征兵工作从 10 月 18 日开始，至 12 月 12 日止，历时 56 天。全县到县体检站体检的预征对象，合格率 76.70%，政审合格率 100%。2005 年，容县征兵工作从 10 月 18 日起，到 12 月 18 日止。应征公民（全为预征对象）到县体检，合格率为 77.74%，政审合格率为 100%。

第四章　国防动员与国防教育

1996 年，容县成立国防动员委员会，贯彻积极防御军事战略方针，组织实施全县国防动员工作，协调国防动员工作中经济与军事、军队与政府、人力与物力财力之间的关系，增强国防实力，提高平战转换能力。1998 年 12 月，成立容县国防教育领导小组，有计划地组织公民学习国防理论知识和国防法规。2001 年，《中华人民共和国国防教育法》（简称《国防教育法》）颁布后，将国防教育纳入国防动员工作内容，强化公民国防观念，促进国防建设。

第一节　国防动员

1990—1995 年，容县国防动员的各项工作任务由容县县委的人民武装委员会承担。1996 年 8 月 28 日，容县国防动员委员会成立，县委书记任第一主任，县人民政府县长任主任，副主任由容县人武部的军政主官和政府常务副县长担任，委员 24~25 人，由县委办、政府办、组织部、宣传部、民政局、交通局、公安局、卫生局、电信局、粮食局等单位领导担任。容县国防动员委员会是在县人民政府、容县人武部的领导下主管全县国防战备工作的议事机构，与容县县委人民武装委员会实行“两个机构，一套班子”的建制形式。容县国防动员委员会下设国防动员委员会办公室和人民武装动员、国民经济动员、交通战备、人民防空 4 个专业办公室。在建立组织机构的同时，建立健全工作制度，明确各项工作职责，完善全县国防战备工作运行机制。

容县国防动员委员会的主要任务是贯彻积极防御的军事战略方针，组织实施全县国防动员工作；协调国防动员工作中经济与军事、军队与政府、人力与物力财力之间的关系，以增强国防实力，提高平战转换能力。建立县乡（镇）两级党委、政府对国防动员工作的“三、四、五”领导制度。“三”就是三管：党委对国防动员工作做到管方向、管大事、管解决问题；“四”就是实行四项制度：上级军事机关和当地党委、政府双重领导制度，党委议军制度，党委、政府领导研究国防动员工作的例会制度和现场办公制度；“五”就是五个纳入：把国防动员工作纳入县乡（镇）两级党委和政府议事日程，把国防动员建设经费纳入县乡（镇）政府和业务主管部门的建设资金计划，把国防动员机构设置和人才培养纳入政府的机构序列和干部培训渠道，把国防动员工作目标纳入有关部门的岗位目标管理责任制。县级财政按年度预算拨款解决容县国防动员委员会办公经费。贯彻上级有关国防动员工作指示精神，按照“组织巩固、政治合格、训练落实、集结快速、制度健全”的标准，扎实地打好基础。落实党管武装工作制度，即党委议军会制度、党政领导过军事日制度、国防动员委员会例会制度、党政领导或第一书记到军事机关办公制度、军事机关向同级党委政府报告工作制度。县每年召开不少于 3 次的议军会，每年国防动员委员会的领导多次到容县人武部现场办公，为武装工作排忧解难。

人民武装动员

容县人民武装动员办公室设在容县人武部军事科，办公室主任由容县人武部军事科科长担任，副主任由县人武部政工科科长、后勤科科长担任。容县人民武装动员办公室按照国防动员委员会的部署，抓好武装动员各项工作的落实。做好年度兵员动员潜力调查，掌握全县兵员动员潜力。做好民兵组织调整改革工作，将全县基干民兵编为若干个基干民兵营、若干个基干民兵连、独立排、独立班，民兵应急分队、专业技术分队、对口专业分队也分别编为若干个连、独立排、独立班。做好兵役登记、预备役登记和兵员征集等工作。完善国防后备力量训练体系，建设统一的民兵训练基地，强化军事训练，提高科技练兵水平。2000 年 7 月，广西军区验收容县民兵应急分队建设，所验收考核的项目获全优成绩，受广西军区通报表扬。2002 年 9 月 12 日—14 日，容县人武部参加广西军区和玉林军分区组织的快速动员室内演练。

2003 年，容县人武部投入资金 30 多万元，建成指挥自动化系统。同年 9 月 11 日—17 日，广西军区组织预备役部队快速动员转服现役演习，容县党政军领导参加演习。

2005 年 5 月 27 日容县人武部配合县政府组织军警民在灵山镇当中村山体滑坡群地域，进行应对突发性地质灾害预演。同年 6 月 7 日在灵山镇当中村山体滑坡群地域，正式进行应对突发性地质灾害大演练，容县人武部启用兵员快速动员机制，组织参演的民兵应急分队、专业分队、对口专业分队有 1000 多人（次）。

国民经济动员

国民经济动员办公室地址设在县计划局。国民经济动员办公室成立后，贯彻“军民结合，平战结合”的方针，把国民经济动员工作和经济建设有机结合起来，按军民兼容的要求落实国防项目，建立起适应作战需要的通用物资器材及医疗、运输修理等动员网络。对全县国民经济潜力进行全面的调查，摸清全县国民经济动员潜力的底数，初步拟制战备物资储备和供应方案。

2000—2005 年，根据国家国民经济动员办公室的要求，加强对“平战结合、军地联储”的研究，对工业企业、粮油、食糖、食盐、油库（罐）、加油站、医疗卫生、交通运输、邮电通信、机械修理、建筑施工、工程技术和专业维修人员等情况进行重点调查，并建立相应的数据库，拟制《容县通用物资征用计划》《容县经济动员预案》等计划和方案，完善各种物资及医疗卫生、通信保障队伍抽调方案。对县战备粮库容量进行摸底。搞好全县经济可供动员资源的品种、数量、存量、结构、分布等情况的调查，建立数据库，努力提高国民经济的平战转换能力。

交通战备动员

容县交通战备办公室办公地址设在县交通局，主任由容县交通局局长兼任。下设交通战备保障分队，由交通局局长、党组书记任队长，副局长任副队长，交通战备保障分队分设公路保障小分队、运输保障小分队、后勤保障小分队，小分队队员 25 人和办公室人员 2 人从交通局各所、站抽调。此后，每年对交通战备保障分队队员实行岗位培训和理论学习，每季度组织学习 1 次，请容县人武部领导上国防知识课。对队员实行 20 天的军事训练和不定期集结演练，提高队员的实际应变能力，随时应付突发事件。调查全县交通运输潜力情况，掌握全县运力动员潜力。加强国防交通工程建设，落实紧急运输、抢修、防护等各类交通保障措施，编制适应战时的运力征用方案和实施办法，确保应急时能及时、快速、有效地把交通保障潜力转化为战时保障实力。

2002 年，进一步健全交通战备机构，落实编制，配足人员。年初，组织交通战备办公室人员参加国防动员知识竞赛，下半年组织参加预备役部队快速动员演练，提高业务水平。2005 年组织人力对全县的国防交通运力情况进行调查，查清 180 多辆客车、400 多辆货车的型号、牌号、所属单位、产权性质等内容，基本摸清各种车辆的运力情况。根据调查情况，研究和编制容县运力动员计划和交通战备物资储备计划，建立容县运力动员潜力统计数据库。编制交通保障计划、应急预案和交通重点保障目标抢修方案，对现有的公路收费站进行调查，编制战时县城人口、党政机关疏散交通保障方案。交通战备保障分队做到人员与装备相配套，道路保障分队落实随时能调动的推土机 1 台、铲车 1 台。运输保障分队落实随时能使用的货车 10 辆、客车 10 辆。应急分队队员每人配手电筒、水壶各 1 只，锄、铲、刀各 1 把。

人民防空动员

1990年，容县拟制出防空袭预案和人口离城疏散的原则及办法。1996年8月，成立容县国防动员委员会人民防空办公室，制订了人民防空战备动员实施方案。1999年，制订反空袭作战组织指挥方案，确定成立反空袭作战指挥所。

2000年后，不断完善人防指挥和通信警报系统，修改完善人民防空动员方案，落实指挥、兵力编成、配置和重要目标的防护方案。

第二节 国防教育

1990年起，容县坚持把全民国防教育作为党的宣传思想工作和国民教育的重要组成部分，纳入党委政府重要议事日程，纳入公民思想道德建设体系，纳入党政干部、民兵学习培训范畴，纳入学校课堂教学内容。

机构

1990—1998年，容县国防教育工作主要由县委宣传部负责，县人武部具体组织实施。1998年12月28日，成立容县国防教育领导小组。组长由县委副书记担任，副组长由县委宣传部部长、县人大常委会副主任、县人民政府常务副县长、县人武部政工科科长担任，成员由县直17个单位的领导组成。国防教育领导小组下设办公室。办公室设在县委宣传部，主任由县委宣传部副部长或广播电视局局长担任。

宣传教育

1990年10月，县人民武装部、县委宣传部、县教育委员会等部门联合举办国防知识有奖竞赛活动，8万余人参加这个活动。1995年，结合纪念中国人民抗日战争和世界反法西斯战争胜利50周年，扎实开展国防教育活动。其中，在学校开展“纪念抗日战争胜利50周年读书活动”及观看百部爱国主义影（视）片活动。1996年8月，容县国防动员委员会成立后，逐步将国防教育纳入国防动员工作范围。1997年，结合迎香港回归和迎接党的十五大召开以及中国人民解放军建军70周年喜庆活动，进一步掀起国防教育热潮。

1990—2005年，容县国防教育主要是对公民进行加强和巩固国防的普及性教育，包括《中华人民共和国兵役法》（简称《兵役法》）《中华人民共和国国防法》（简称《国防法》）及其他国防、军事知识等方面的教育。在国防教育工作中，县国防教育领导小组办公室编印各种国防教育材料，大力宣传贯彻《国防法》《广西国防教育实施办法（试行）》《爱国主义教育实施纲要》等法制法规条例，逐步将国防教育活动纳入全民政治教育中。县和乡（镇）党委、政府在“八一”“十一”等纪念日，组织各级领导到驻地部队过“军事日”，通过参观、训练，增强领导干部的国防意识。县、乡（镇）、村三级都建立“国防教育室”“青年民兵之家”，有计划地组织干部和民兵系统学习国防理论知识和国防法规。县乡（镇）人武部利用整顿、训练、征兵时机，开展民兵预备役人员国防教育和全民国防教育。教育部门组织学生军训，对青少年学生进行国防教育、光荣传统教育和革命英雄主义教育，使同学们从小树立强烈的国防观念和高尚的革命情操。宣传部门落实《爱国主义教育实施纲要》，普及国防知识，激发爱国主义热情，表彰国防教育先进单位和个人，培养公民爱军习武精神。

1999年，县委、县政府把加强国防教育，提高全民国防观念作为党管武装的基础性工作，作为提高全民国防观念的一项战略任务来抓，列入组织、宣传、教育、民政和人武部门的工作计划，领导干部的国防教育列入各级党校的培训计划中，作为领导干部的必修课程。县国防教育领导小组和办公室每年把国防教育纳入思想教育体系，以电视、墙报、标语等形式抓好《国防法》《兵役法》《广西国防教育实施办法（试行）》的宣传，抓好对各级领导干部、在校青少年学生及民兵预备役人员和各级机关工作人员的国防教育。举办国防知识竞赛、演讲、书画展、文艺演出等活动。宣传表彰履行国防职责、权利和义务的先进单位、先进人物，充分发挥他们的典型示范引导作用。注意发挥学校的国防教育基础阵地作用，把国防教育渗透到课堂教育、课外教育、学生军训及对学生的日常行为教育之中；在容县职业中等专业学校设民兵预备役班，在容城的一小、二小、三小、四小、五小等学校创办少年军校，在容县高中、容县中学、容县职业中等专业学校等学校开展学生军训。在学生中开展国防教育和学习军事知识活动，全县接受军训的学生达19万多人。玉林军分区、县武装部领导每年也给民兵营、连、排干部作国防形势教育报告，使民兵干部对国防战备和台海局势有比较正确的了解。

2001年，容县开展宣传学习和贯彻落实《国防教育法》的有关活动，常务副县长发表电视讲话，各乡（镇）、县城分别举行"国防教育月"、"征兵宣传一条街"等宣传活动，2002—2005年，在民兵整组、民兵军事训练、征兵和"八一"建军节期间，充分利用电视台、电台、报刊、张贴标语、流动宣传等形式，有针对性地宣传《国防法》《兵役法》《民兵工作条例》《征兵工作条例》等国防法律法规。

学校军事训练

1990年起，容县人武部组织初中、高中学生进行军训，但参训人数不多。1996年县国防动员委员会成立后，县人武部进一步加强组织学生进行军事训练，学生军训步入正轨。全年有4所高中、13所初中的4200名学生参加军训，军训主要训练的内容有队列训练，包括单个军人队列动作训练，班队列训练，连、排队列动作训练；射击基础训练，包括56式半自动步枪操作与使用，56式半自动步枪实弹射击；战术基础训练，包括低姿、侧身训练；拳术训练，包括军体拳第一套训练等科目。2005年，有4所高中、16所初中的2800名学生参加军训。

容县人民武装部在每年暑假期间均从各中学选拔学生进行军训，加强国防后备力量建设工作。图为1998年军训情景　（黄建崇　摄）

表14-1　**1996—2005年容县学校参加军事训练情况统计表**

年份	参训学校（所）		参训学生数	训练结果
	高中	初中		
1996	4	13	4200	优秀
1997	没具体统计	没具体统计	5000	—
1998	4	14	3500	—
1999	没具体统计	没具体统计	4000	优秀
2000	没具体统计	没具体统计		
2001	4	13	3000	良好
2002	4	15	2000	优秀
2003	4	14	2500	—
2004	4	17	3000	优秀
2005	4	16	2800	优秀

第五章　人民防空

第一节　机　构

1964年，容县成立战备领导小组及其办公室。1996年8月，成立容县国防动员委员会人民防空办公室，简称"县人防办"，为国防动员的机构之一。县人防办设在县交通局，办公室主任由交通局长兼任。1999年6月3日，县人防办主任由县建设局（建委）局长（主任）兼任，办公室设在县建设局（建委）。2005年8月，县人防办单独设置，既是容县国防动员委员会常设办事机构，又是容县人民政府主管人民防空工作的职能部

门，定为正科级，核定行政编制 4 名，其中科级领导职数 1 名。办公地点开始设在县人武部，年底搬迁到县人民政府办公大楼 7 楼。有专职干部 2 人。

2005 年任主任：罗昌彪(2005.8—)

第二节 人防工程和保障

人防工程

1971 年前，组织群众清理防空壕洞、维修旧的防空壕洞，各级政府和企事业单位开始自筹部分资金修建防空掩体和构筑防空地道，并发动群众在房前屋后修建防空壕洞。玉林地区平南等县学习容县大挖防空地道经验。至 1970 年 1 月，容县城区共挖防空掩体 731 处(个)，地下室 4 个，防空战备地道 108 条，长达 7814 米。1971—2005 年，全县没有建设新的人防工程，原有部分人防工程也废弃。

联防

1971—1985 年，召开 5 次天堂山防区的容县、北流、信宜、高州四县联防工作会议，研究制订《天堂山作战方案》。根据形势需要，对反空降作战方案进行部分调整和修改。先后制订《浪水林场地区反空降防暴乱作战指挥方案》《天堂山、大容山反空投作战指挥方案》，土柱顶反空降、防暴乱联防指挥方案和指挥联络、通信联络、战勤、交通运输、抢修、物资、战地救护保障方案以及《容县城区防空袭疏散指挥方案》。

1990—1998 年，县人防办根据形势发展变化，不断修改完善人民防空战备动员实施方案和城区防空袭疏散指挥方案。1999 年，完成反空袭作战组织指挥方案，成立反空袭作战指挥所，县人武部部长任总指挥，县委书记、县长分任第一、二政委，县人武部领导任政委，副县长任副指挥，指挥所下设抗击作战群、交通保障群、地面防护群、综合保障群、空情报知分队、信息作战分队和伪装设障分队。完成民兵应急分队战备(参战支前)指挥方案，确定在本地区遭到空袭或核打击时的应急处理及各种保障方案。

2001 年，容县立足现有条件，抓好人防措施的落实。依法把人防建设纳入国民经济和社会发展计划，把人防工程纳入城市建设的总体规划，把人防经费纳入政府财政预算。加强人民防空机构的建设和人防工事建设。完善人防指挥、城市人口疏散和人防通信计划。加强对自来水公司、电力公司、石油公司以及粮食、卫生、电信等重要目标防护工作。2005 年，县人防办单独设置，具体履行人民防空的职责。加强人防办工作人员的业务学习，做好《中华人民共和国人民防空法》的学习宣传工作，探索全县人防工作发展计划，组建以消防为主的人防专业队伍，完善重要目标的防护方案。

经费与物资保障

县委、县政府依法把人防建设纳入国民经济和社会发展计划，把人防建设纳入城市建设的总体规划，把人防经费列入政府财政预算。其中在 2005 年县人防办单独设置后，县财政安排 2 万元办公经费，玉林市人防办下拨 4 万元业务经费。

第三节 人防教育 防空警报

防空教育

容县机关、团体、企业、事业单位和学校的人防教育，由县人防部门统一部署，以单位组织实施，通过各种形式对干部、民兵、群众进行教育，广泛宣传防空知识。2005 年县人民防空办公室单独设置后，根据《中华人民共和国防空法》，做好防空教育的各项工作。利用标语、板报和广播电视等开展宣传工作。在县城区的容县中学、容县都峤中学、容州镇第一中学的初中二年级各一个班开展人防知识教育。通过警报鸣放，教育广大群众居安思危，不忘国耻，进一步增强国防观念和人防意识。

通讯警报

1950—1963 年，县、乡普遍建立防空监视哨(站)，村设情报传递员。每个防空监视哨(站)配备 5~7 人，村情报传递员 3~5 人，白天由群众、夜间由民兵担任。

1964 年，玉林军分区在六万大山（玉林县成均坡心、樟木青鹅头）、大容山（北流县民乐摩天岭）、天堂山（容县黎村无垠岭）设 4 个长年民兵防空哨所。1968 年 8 月，容县安装有线警报单机，直接收听广州军区的警报信号。

1969 年，制订《关于容县人民防空几个问题的规定》对防空警报信号的接收、传递、发出、解除作出具体规定，此规定一直执行到 2005 年。

表 14-2　　**警报信号规定表**

区分信号 / 使用音响	预备警报	紧急警报	解除警报
警报器	两长声 ——	连续短声 ------	三长声 ———
大铜钟	单打声 …	密打声 …………	一单一双打声 —..—..—..
广播	讲明内容	讲明内容	讲明内容
电话	讲明内容	讲明内容	讲明内容

说明：1. 1968 年 11 月 8 日战备办公室发的信号规定（大铜钟）与此表信号规定有出入一律以此为准

2. 常有电源时，使用警报器、广播、电话；电源被切断时，使用大铜钟发出空袭信号

防空警报信号：

预先警报：鸣 36 秒，停 24 秒，反复三遍为 1 个周期，时间 3 分钟。

空袭警报：鸣 6 秒，停 6 秒，反复十五遍为 1 个周期，时间 3 分钟。

解除警报：连续鸣 3 分钟。

发放顺序：预先警报→空袭警报→解除警报。

发放方法：县人民防空办公室统一发放容县城区的防空警报信号。

预演疏散

1965 年，容县制订《人口和物资疏散方案》，人口疏散采取早期疏散、紧急疏散、临战疏散 3 种方法。机关、厂矿、学校、医院、企事业单位选好疏散地点；物资疏散在保证生产、保证军需、保证供应的情况下，有计划地适当疏散；同时，采取控制进货，提前出货，少集中储存，多下放基层单位的按计划适当提前供应的办法，以尽量减少物资过度集中。

1966 年上半年，县战备领导小组批准有关单位的疏散地域。试行发放“疏散证”，凭此证及有关证件办理户口、粮食转移、转学等手续。1970 年进行过 2 次防空演习。全城人员能够在 8 分钟内全部进入修筑的防空设施中。1971—1974 年，落实疏散计划，对临战疏散人员进行思想教育，结合野营，到疏散地点支农劳动。1990—2005 年，容县没有进行过防空演习和预演疏散。

第六章　拥政爱民

1990—1998 年，容县人武部和县武警中队官兵积极参加地方经济和社会建设。驻容部队广大官兵和全县专武干部及民兵营长一起，共建“希望小学”9 所，建立扶贫点 77 个。参加助学扶贫活动，救助失学儿童 84 名。2000—2002 年，开展军地携手共建双拥工作，在争创自治区和全国双拥模范城活动中，经常组织官兵开展学雷锋送温暖活动。1990—2005 年，在处理突发性事件、维护社会治安和抗洪抢险，灭火救灾等抢险救灾工作中，配合地方党委、政府开展工作，每次均完成任务。

第一节 执勤共建

执勤

容县人武部、容县武警中队以及民兵密切配合公安机关维护社会治安，开展打击违法犯罪活动。1990年，容县成立有民兵治安联防队和巡逻队100多个，巡逻队员上街进村巡逻，在城镇及重点乡（镇）巡视面达83%。从事三摩载客的民兵还担任义务治安员，维护一方平安。容县人武部组建的民兵应急分队在配合公安机关维护社会治安、打击违法犯罪分子起了重要作用。

1990—1991年，民兵配合公安机关破获刑事案件509起，查获犯罪嫌疑人1938人，收缴赃物折款57.40万元。1993年，组织民兵开展护厂、护店、护库、护街活动，协助公安机关破案612起，抓获犯罪嫌疑人285人。2001年，容县人武部组织民兵协助公安机关破案8起，抓获犯罪嫌疑人41人，收缴凶器12件，收缴赃款及赃物折款8.90万元。还组织十里乡民兵应急分队在该辖区内制止多起群众斗殴事件。2002年，容县人武部组织2个民兵应急分队共450人协助公安机关破案11起，抓获犯罪嫌疑人43人，收缴凶器9件，收缴赃款赃物价值9.40万元。2005年，突出抓好退役人员的稳定工作，先后对5次来访人员进行政策解释工作。

共建

1990年起，容县人武部发动和组织民兵参加经济建设和精神文明建设，包括科学种田、兴修水利、植树造林、修桥铺路、学雷锋做好事等。

科学种田 1993年，自良镇思旺村民兵营利用"青年民兵之家"给民兵和村民讲授种植水稻的科学知识，使该村早稻产量比上年同期增产30%。1999年，全县民兵改造低产田79.50亩。2002—2005年，县底、杨梅、杨村等乡（镇）民兵在开垦、复垦农田工作中发挥突击队作用，4年共开垦、复垦农田4586亩，改造低产田319.50亩。

兴修水利 1996年，5000多民兵参加冬修水利26千米。1997年，修筑三面光水渠500千米。2000年，全县民兵6000人次参加冬修水利24千米。2003—2005年，民兵1.20万人次参加龙河电站、将军滩电站和自良电站等水利电力工程建设。

植树造林 1992—1993年，县人武部组织民兵义务造林1125万亩，种下树苗41万多株。1996年组织民兵5300人次参加植树造林6500亩。1998—1999年，组织民兵清理山场444亩，挖树坑264万亩，种下果树面积159亩，八角面积49.50亩。2002—2005年，全县广大民兵奋战在退耕还林第一线，共退耕还林4万亩，种果树及其他经济林面积4.05万亩，其中2004年造林面积420亩，种下各种树苗5.24万株；2005年种下速丰林等经济林木面积154.50亩。

修桥铺路 1992—1993年，容县人武部组织民兵30万人次，参加修桥铺路38千米。1996年，有4500人次修建乡村道路65千米。1997年修建乡村道路20余条长达310千米。2005年，全县民兵10万人次参加修路18千米。

做好事 1992年，容县人武部组织民兵带头参加精神文明建设。全县有500多名基干民兵组成100多个学雷锋小组为群众做好事3万余件。1992年和1993年帮助烈军属及其他困难户耕种责任田2979亩。1993年，有400名基干民兵成立100多个学雷锋服务队，为群众做好事10万余件。1996年，县人武部组织青年民兵560人次参加容县市容环境综合整治"南珠杯"创建活动，整治街道及公共环境卫生。1998年，长江流域发生特大洪灾，县人武部向灾区人民捐款2000元，衣服24套；同年，向容县都峤山电视发射台建设捐款1000元，为县城区美化绿化捐款2000元。2000年组织民兵帮耕种责任田1449亩。2003年，有4000多人次为五保户、烈军属和其他困难户做好事、办实事。2005年帮助烈军属及其他困难户耕种责任田1519.50亩。

第二节 扶贫帮困

容县人武部、容县武警中队把扶贫帮困作为拥政爱民的一项重要任务来抓。首先开展以教育扶贫为主要内容的扶贫帮困工作，提出“以教育扶贫为主，在增强造血功能上下功夫，有贫扶贫，无贫帮困，贫一人帮一人，困一家帮一家，无贫无困抓示范”的工作思路。1991—1998 年，容县人武部和容县武警中队广大官兵共建“希望小学”9 所，建立扶贫点 77 个，有 130 位干部及其家属参加“1+1”助学扶贫活动，捐款捐物总价值 3.40 万元。其中 1997 年县人武部捐款 5000 元给六王镇温风小学建校舍；1998 年县人武部领导资助六王镇温风小学 3 位贫困生，每生每期各获资助 300 元。

1996 年，容县人武部在六王镇温风村设立扶贫帮困点，利用该村“青年民兵之家”和村文化技术分校，请农技部门技术人员讲授农技知识，推广农业科学技术，指导群众因地制宜开发本地资源。容县人武部干部与该村 10 户贫困户结成“一帮一”扶贫对子，即每位科以上领导干部帮 1 户贫困户、每二位普通干部帮 1 户贫困户脱贫致富。在民兵中开展“一帮二”活动，即每位专武干部、民兵营长联系帮扶 2 户贫困户，每位民兵富裕户帮助两户贫困户脱贫致富。容县人武部还帮助联系点建起一个为广西黑五类食品集团公司生产包装袋的工厂，又从各方面协调资金 10 万元，为温风村建设村委会办公楼和 2 幢小学教学楼。先后组织人武部干部职工和民兵 850 人次帮助群众清山挖树坑 159 亩，种下八角苗面积 49.50 亩，其他果树面积 79.50 亩，改造低产田 79.50 亩，修水渠 1.70 千米，修路 5.40 千米，为修路捐款购买雷管 30 枚、炸药 50 千克、水泥 2 吨。为特困户捐款 1500 元，送去化肥 2800 千克、良种果苗 200 株。通过帮扶活动，1998 年温风村由 1996 年人均收入 800 元、口粮 300 千克增加到 1250 元、口粮 400 千克；贫困户由 1997 年的 40 户减少到 30 户。2000 年后，容县人武部采取科技扶贫措施，向温风村赠送科技书籍 230 册，开设 3 期种养培训班，请农艺师及种养能手给民兵及村民上农技课。继续抓好温风村校舍建设，并捐赠一批书桌和 2000 册书籍。容县人武部每位领导负责资助一个失学儿童，每学期都为他们解决学习费用和购买学习用品。

第三节 抢险救灾

1991—2005 年，容县境内有 9 年发生较大的水灾、火灾、旱灾。灾害发生后，容县人武部积极组织民兵投入抢险救灾第一线。其中，1991 年容城、十里、石寨等乡（镇）遭到特大洪水袭击，容县人武部迅速组织民兵应急分队抢救被洪水围困的群众，搬运出价值数十万元的物品，抢修被洪水冲毁的桥梁和公路。1993 年 8 月，容县遭遇特大洪水灾害，容县人武部及时组织民兵 9 万人次参加抢险救灾，救出群众 8 人，转移被洪水围困的群众 1000 多人，为 518 个单位抢救物品 618 吨。1994 年 6 月 19 日，平南县发生特大洪灾，容县人武部在 2 小时内便组织 1406 位民兵，调动 58 辆汽车赴平南抢险。同年，容县人武部被自治区党委、自治区政府评为抗洪救灾先进集体。1995 年 10 月中旬，容县发生百年不遇的特大洪灾，容县人武部先后组织民兵 3.58 万人次转移被洪水围困的群众 5000 人，抢救物资 200 吨，抢修公路 85 千米，修复水毁工程 958 处。容县人武部领导冒雨划着小船到灾情最严重的红光村指挥抢险。容县武警中队官兵出动兵力 50 人次，战斗 3 天 3 夜，抢运物资 50 多吨，价值 2 万余元。在 1996 年的抗洪抢险救灾中，容县人武部组织民兵 3500 人次，救出被洪水围困群众 5000 多人，抢救物资 800 多吨。被评为自治区抗洪救灾先进单位。1998 年，县境内发生 18 次火灾，容县人武部共组织民兵应急分队 2500 人次扑灭山火，减少损失数百万元。2004 年，容县容厢镇发生山林火灾，容县人武部领导紧急带领干部职工和民兵前往事发点扑灭山火，出色地完成任务。容县人武部将扑灭山火的情况材料上报玉林军分区，被玉林军分区转发并获通报表彰。

第十五篇

政　　法

2005 年 5 月 23 日，容县公安局开展领导大接访活动　　（容县公安局　提供）

第一章　政法委员会与社会治安综合治理

1990—2005 年，容县县委政法委员会履行政法协调职能，组织和协调政法各部门依法严厉打击刑事犯罪分子（简称“严打”），开展禁毒、防范和惩治邪教活动等专项斗争，处置、平息突发事件。通过设置县、乡（镇）的社会综治小组和村级治安保卫委员会（简称治保会）与调解委员会，组建村街、企业治安联防队和专业治安队，形成群防群治网络，进行社会治安综合治理，维护公共秩序。建成县、乡（镇）司法办事机构和乡（镇）、村委会、村民小组三级调解网络，调处、化解各种社会矛盾。至 2005 年，全县公安、检察、审判、司法行政机关组织健全，设置有基层治保会 236 个、调解会 245 个，配备专（兼）职工作人员 998 人，有专职治安联防组织 20 个、义务治安联防组织 173 个，形成比较完善的社会治安综合治理网络。持续开展青少年法制教育和平安建设活动，营造良好的社会环境，加强政法队伍建设，塑造政法机关公正、文明执法的良好形象。

第一节　机　构

中共容县委员会政法委员会

中共容县委员会政法委员会（简称县委政法委）于 1980 年 7 月设立，为领导和管理全县政法工作的县委工作部门，正科级，内设办公室。1990 年，核定行政编制 2 名，事业编制 5 名，实有人数 1 人，1991 年增至 5 人。1997 年增设政工秘书股、综治股、调研督查股，核定行政编制 6 名，实有人员 8 人。2001 年，内设 3 个职能股室（办公室、政工股、执法监督室），与县委政法委合署办公的县综治办内设综合治理督导室、挂靠县委政法委办公的处理邪教问题办公室内设综合协调室；核定行政编制 8 名，机关后勤服务事业编制 1 名，实有人员 8 人。2005 年，核定编制不变，实有人员 10 人。

1990.8—2005 年历任县委政法委书记：韩广宗（1990.8—1992.6 任第一书记）、李耀贞（1992.6—1993.10 任第一书记）、浦章才（1992.8—1996.7）、李海祺（1993.10—1996.6 任第一书记）、何琨荣（1996.6—1998.8 任第一书记）、莫振茂（1998.8—1999.7）、黄高林（2000.3—2003.6）、梁小平（2003.7— ）。

容县社会治安综合治理委员会及办公室

1991 年 5 月，设置容县社会治安综合治理委员会（简称县综治委），属非常设机构，下设容县社会治安综合治理委员会办公室（简称县综治办），人员由公、检、法、司等部门抽人组成，办公地点设在容县公安局内。1997 年，在县委政法委内设综治股，对外挂县综治办牌子，核定行政编制 1 名，实有 1 人。2001 年，县综治办属县委议事协调机构的常设办事机构，未定级，与县委政法委合署办公，由县委政法委副书记兼主任，内设综合治理督导室，核定行政编制 1 名，实有 1 人。2005 年，编制和实有人员不变。

容县防范和处理邪教问题领导小组办公室

1999 年 7 月，成立容县处理邪教“法轮功”问题工作领导小组，下设办公室，属非常设机构，办公地址设在县委政法委。2001 年 2 月，成立容县处理邪教问题领导小组办公室，作为容县处理邪教问题领导小组的常设机构，同时组建容县防范和处理邪教问题办公室，实行“一个机构、两块牌子”，挂靠县委政法委。内设机构有秘书股和综合协调股，核定行政编制 5 名，与政法委编制一并管理，实有 1 人。2001 年，属县委议事协调机构的常设办事机构，未定级，设在县委政法委对外挂牌，内设综合协调室，核定行政编制 1 名，实有 1 人。2002 年 9 月，独立设置办公室，挂靠县政法委管理。核定行政编制 1 名，实有 1 人。2004 年 1 月，容县处理邪教问题领导小组办公室更名为容县防范和处理邪教问题领导小组办公室，由县委政法委副书记兼主任，核定行政编制 3 名，实有 1 人。2005 年，核定行政编制 2 名，实有 1 人。

第二节 政法协调

县委政法委履行政法协调职能，加强与公安、检察、审判、司法行政部门的联系，协调各部门妥善处理重大案件及其他有疑难、有争议的案件，组织和推动各部门落实社会治安整治措施，做好重大节庆活动的安全保卫，遏制黄赌毒等专项行动的协调工作。

突发性事件处置

1990年，石头乡相继发生摧毁石头中学围墙和围攻、谩骂、侮辱计生工作队的恶性事件。县委政法委整合公、检、法、司力量，组成联合工作组，进村入户教育广大群众，及时平息时态，拘捕违法犯罪嫌疑人，确保学校师生安全，维护学校正常教学秩序和社会稳定。协调政法机关各部门处置、平息突发事件9起。1992年，黎村、自良、松山等乡（镇）部分群众因执行计划生育政策问题而聚众闹事。县委政法委协调有关部门妥善处置这几个乡（镇）聚众闹事的突发性事件。县委政法委共协调政法机关各部门处置、平息突发性事件5起。1994年，妥善处置突发性事件2起。3月，黎木乡发生违法犯罪分子借计生问题煽动不明真相群众160多人围攻乡政府、威胁乡政府干部的群体性事件。县委政法委组织政法干警120多人到达现场，疏导教育群众，依法处理煽动闹事的违法犯罪分子，避免事态进一步恶化。1995年10月12日—14日，容县境内遭遇1949年以来的最大洪涝灾害。县委政法委迅速组织协调政法机关各部门出动干警340多人参与救灾，转移受灾群众5000多人，抢救遇险群众324人，抢运物资价值2000多万元。1990—2005年，容县境内先后发生9次较大的水灾、旱灾和火灾。县委政法委积极组织协调公、检、法干警投入抢险救灾第一线，与群众一起抢险救灾，共转移受灾群众1.10万多人，抢运物资1670余吨。1998年，县内基金会、股金会运转困难而出现各种不稳定因素，群众上访、股民闹事及其他重要疑难案件时有发生，县委政法委及时组织有关部门研究，妥善处理。同年6月，十里乡发生100多名群众（股民）到十里供销社强行以化肥抵股金的事件，县委政法委组织公安干警50多人到现场维护秩序，配合公安局、十里乡政府一起处置和平息这一事件及在该乡发生的几起群众斗殴事件。

群防群治

1990年起，县委政法委协调政法机关各部门紧紧依靠厂矿、机关、学校、乡村、城镇上下联动，组建群防群治网络组织，构建社会治安防控长效机制。1990年，全县成立有以民兵为主体的治安联防队和巡逻队100多个，一些从事三摩载客的群众还担任义务治安员，维护一方平安。1990年，按照重点打击突出犯罪活动，整顿治理安全秩序的“打防结合、标本兼治、重在治本”方针，在全县范围开展“严打”统一行动，全年刑事立案1841件，其中大案140起；破案790起，其中大案81起。逮捕犯罪嫌疑人234人，收容审查902人，治安拘留957人。缴获各种枪支17支，管制刀具45把，炸药15千克，雷管11枚，黄金765.60克，赃款及赃物拆款共54.38万元。其间，举办法制教育学习班25期，接受教育的违法和轻微犯罪人员576人；召开“严打”动员大会和公开处理违法犯罪分子大会20次，参会群众18万人次。1994年，组织开展以“破大案、打团伙、追逃犯”为主要内容的“严打”统一行动，以遏制刑事犯罪活动，稳定社会治安。1995年，协调政法机关组织力量，开展农村社会治安集中整治专项行动，重点整治治安较为混乱的场所38个。开展扫黄禁娼禁赌禁毒行动，遏制黄赌毒等社会丑恶现象在县内蔓延势头。1997年，县委政法委从政法机关各部门抽调人员组成了2个调查组，逐件排查和处理县机关以及各乡（镇）历年来比较突出的纠纷案件和问题。年内，通过下达任务到公安、司法和乡（镇）各部门及相关单位，分头做涉案群众思想工作，召集政法干警做好应对突发事件预案准备，顺利将浪水乡坟山纠纷案可能引发群体性闹事事件化解在萌芽状态。2000—2002年，根据上级统一部署，在全县范围内开展“打黑除恶”专项行动，严厉打击各种流氓黑恶势力和暴力犯罪的严打整治斗争。其间，群众大力协助公安机关，提供违法犯罪者的信息。公安机关先后组织集中统一行动27次，出动警力近1.80万人次，整治治安混乱的村屯、街道路段和重点部位48处，破获刑事案件1294件，查获治安案件1704起，摧毁各种违法犯罪团伙981个、成员5895人，抓获违法犯罪嫌疑人1.16万余人，其中刑事拘留900多人，逮捕545人，抓获负案在逃人员103人。缴获各种枪支460支，管制刀具439把，雷管535枚，炸药83.70千克，赃款及赃物拆款共300多万元。2001—2002年，利用《容县报》和容县电视台刊登、播放《敦促犯罪嫌疑人投案自首通告》，印发通缉令。仅2001年就开展追逃统一行动10次，上门动员在逃人员家属或亲戚朋友规劝在逃人员投案自首456次，抓获负案在逃犯29人，批捕在逃犯19人，其中网上批捕在逃犯10人，通过上门动员嫌疑人家属规劝犯罪嫌疑人投案自首32人。由自治区公安厅、玉林市公安局督办的县内6个黑恶势力团伙全部被打掉，抓获成员26人，逮捕17人。2002年开展追逃统一行动13次，组织警员进村入户开展对在逃人员家属或亲戚朋友规劝说服585次，抓获负案在逃人员26人，其中网上批捕在逃人员14人，有5个犯罪嫌疑人投案自首。2004年，以列入玉林市社会治安综合治理专项工程的4个乡（镇）、10个村以及“玉（林）贵（港）走廊”沿线的容城、容厢、容西、石寨、杨梅、六王等乡（镇）为重点，采取逐镇、逐村排查、找问题，开展有针对性整治，破获各种刑事案件196起，查处治安案件288起，解决矛盾纠纷28起，消除不稳定因素8起。为确保首届中小企业商机博览（中国·玉林）会期的社会稳定，由县委政法委牵头，组织相关部门开展矛盾纠纷大排查活动，对排查出来的纠纷实行县四家班子领导包案，负责疏理解决。协调政法机关各部门集中整治治安突出问题和治安复杂地区、路段、部位。协调有关部门清理整治学校周边治安环境，对游戏机室、网吧进行拉网式检查。2005年5月，县综治委印发《容县处理信访案件实行“阳光听证”的实施办法》，对老大难信访案件以“阳光听证会”形式公开调处化解，促进矛盾问题妥善解决。

第三节　社会治安综合治理

基层政法综治组织建设

1990年，容县社会治安综合治理的组织机构主要有县社会治安综合治理领导小组、乡（镇）社会治安综合治理领导小组、村公所治安保卫委员会和调解委员会。1991年，撤销容县社会治安综合治理领导小组，成立容县社会治安综合治理委员会（简称县综治委），下设办公室，办公地点设在县公安局内；全县16个乡（镇）也相应成立社会治安综合治理委员会及其办公室，在乡（镇）派出所内办公。1992年，在县、乡（镇）建立综治委专门工作机构的基础上，在县内所有村（街）均设立综治领导小组，由村（街）党支部组织牵头，治保、调解、妇联、共青团机构成员兼职，全县配备治安调解干部225人，建立治安联防队55个340人，护院护楼队10个60人，护厂护校护场队21个186人，在重点乡（镇）的村（街）成立联防联保小组2500个。通过进一步完善基层综治组织机构和队伍建设，基本形成群防群治网络。1994年，在全县225个村（街）各配备治安特派员1人，享受副村长同等待遇；县内各村（街）均设置有治安保卫委员会和调解委员会，有治保人员1604人，调解人员1265人；16个乡（镇）都建立有专业治安联防队，有队员117人。1997年，县综治委办公室在县委政法委内挂牌办公。全县专业治安队增至261个，有治安队员1568人；有义务治安队137个675人。推进公安派出所、人民法庭规范化建设，公安派出所达标11个、人民法庭达标4个。1999年，按规定编制足额配备乡（镇）派出所警员，审判机关基层人民法庭由5个整合为3个。2000年，调整和充实调解、治保组织481个，建成乡（镇）、村委会、村民小组三级调解治保网络，村级调委会、治保会主任分别由村党支部书记、村委会主任兼任。2002年，撤销各乡（镇）司法办公室，由县司法局在全县16个乡（镇）设立司法所，作为局派出机构。2005年，公安、审判、司法行政机关组织及力量不变，各村（街道、社区）设立的综治组织机构有治保会236个、调解会245个，专（兼）职工作人员998人；有专职治安联防组织20个、义务治安联防组织173个，形成全县社会治安防控体系和群防群治网络。

矛盾纠纷排查调处

1990年，容县发挥基层政法综治组织作用，调处各类纠纷案件1000多件，维护社会治安稳定。1994年，调解各类民间纠纷5766件，防止可能发生的恶性事件137件，防止民间纠纷转化为刑事案件374件。1996年，调处各类纠纷案件1400多件。重阳节期间，制止和化解大型联宗祭祖事件5件，疏散涉事人员1万多人，化解群众性械斗事件11件。1997—1999年，调处民间纠纷9000多件，调解成功率92%。2000年，推动上级统一部署的“化解纠纷年”行动，调处民间纠纷3672件，调解成功3597件；防止民间纠纷激化210件。

2001年，调处民间纠纷3562件，调结3298件，其中山林、土地、水利三大纠纷调解率83.03%。2002—2003年，调处民间纠纷1.14万件，调结1.08万件。2005年，化解和调处矛盾纠纷3098件，调结率96.50%，其中排查调处信访突出问题和上级交办案件29件，全部结案。

青少年法制教育

1990年，县委政法委、县综治委组织协调综治成员单位加强对青少年法制教育，重点宣传《中华人民共和国宪法》《中华人民共和国义务教育法》等法律法规，教育广大青少年遵纪守法，预防和减少青少年违法犯罪。深入中小学校开展法制宣传120多场次，发放宣传资料2万多份，出版法制宣传板报150多期。1991年，根据《中华人民共和国未成年人保护法》，开展青少年法制宣传教育，协调县内政法各部门组织力量到中小学校上法制课，至1998年，上法制课500多场次，发放宣传资料20万份，出版法制宣传板报1800多期，全县青少年自我保护意识不断提高。1999年，结合《中华人民共和国预防未成年人犯罪法》的颁布实施，政法各部门在全县中小学校上法制课60多场次，发放宣传资料4万多份。2000年，有71所中小学校聘任校外法制副校长，14万名青少年接受预防未成年人犯罪的法制教育，成立县青少年保护委员会作为专门工作机构，团县委与县检察院联合建立"青少年维权岗"，县法院设立少年法庭，年内审理未成年人案件17件26人。组织开展少年犯帮教工作，促使保护青少年合法权益落到实处。2004年，推动交通安全法律知识教育，在各中小学校重点宣传新实施的《道路交通安全法》，悬挂、张贴大小标语260多条，分发宣传小册子1万多本、宣传资料1.20万份，上法制宣传课80多次。2005年，组织政法机关分别与所在地中小学校结对，定期到学校上法制教育课，解决学校及学校周边的突出治安问题，重点抓好学生的思想道德教育和《中华人民共和国未成年人保护法》《中华人民共和国预防未成年人违法犯罪法》和《治安管理条例》等法律法规教育，协调做好法制副校长的调整和聘任工作。年内创建青少年维权岗17个、青少年教育基地1个、青少年维权热线2条、青少年维权服务站25个。

见义勇为奖励

1995年，县委、县政府成立容县见义勇为奖励资金会，建立募捐见义勇为奖励资金管理制度。1997年8月12日，县政府在县城召开维护社会治安见义勇为奖励基金动员大会，至1998年底，社会各界捐款总额7万余元。2002年8月，县综治委表彰奖励在"6·15"交通事故中见义勇为的20名杨梅镇河口村村民。2004年8月，县综治委对灵山镇当中村村民委员会成员、雅东村民小组长兼人民调解员陈政在调解民间纠纷时，为保护人民群众生命安全、制止歹徒行凶而牺牲的见义勇为行为进行表彰奖励5000元。12月，自治区综治委追授陈政为广西"八桂勇士"称号。至2005年，县综治委表彰奖励在维护社会治安工作中成绩突出的见义勇为者24人。

平安容县建设

2004年4月，县委、县政府启动建设"平安容县"活动，出台《开展建设"平安容县"活动实施方案》，2005年，县委、县政府作出关于深化建设平安容县活动的决定，先后召开4次会议部署平安建设活动，由县长与各乡（镇）、各部门单位签订综治责任状，把平安建设纳入年度综治考核目标；制订《关于深化建设平安容县活动的实施方案》以及《建设平安容县活动考评办法》《容县平安村（社区）评分标准》《容县综治委平安成员单位评分标准》，推动各部门和单位落实"平安容县"建设各项措施，年内没有发生重大的恶性刑事案、集体上访、邪教问题者聚闹等群体性事件。

第四节　专项斗争

组织"严打"行动

1990年，县委政法委制定《容县集中开展严厉打击严重刑事犯罪活动斗争的工作方案》，先后开展3个"严打"战役，出动1339人次，共计清查旅馆业72处、复杂场所重点单位和重点户206处、设卡点28处、治安巡逻30段，抓获违法犯罪嫌疑人333名。全年检察机关受理公安机关提请逮捕犯罪嫌疑人241人（案件

144件），批准逮捕235人（案件139件），提起公诉124件277人，移送分院提起公诉9件10人。法院受理各种刑事案件141件251人，审结141件251人，审结率100%，判处211人。司法行政机关选择典型案例编写宣传资料，利用黑板报、专栏和宣传车广泛开展宣传。在第二战役期间，县委政法委组织开展全县“严打”成果展览。1994年，针对各时期治安突出问题开展专项斗争。在元旦春节期间开展“破大案、追逃犯”战役；4月—6月开展打击盗窃、抢劫机动车辆、“车匪路霸”的专项斗争；8月，按照中央综治委统一部署，开展“严打”集中统一行动和农村社会治安整治，并结合县内具体情况和工作部署，于7月—8月份开展打击各种犯罪团伙、打击带黑社会性质的流氓帮派为主要目标的重点整治。全年发生大案320起，比上年下降10.10%，破获281起，比上年上升0.90%；摧毁各种犯罪团伙124个506人。1995年，开展春夏严打攻势集中行动和破大案、抓逃犯等专项斗争，组织公判大会6次，公开宣判42人，执行死刑4人。1996年，县委政法委及时组织协调公、检、法、司一起研究、部署，精心组织全县“严打”集中统一行动。公安机关共侦破刑事案件623件，捣毁各类违法犯罪团伙203个1018人；检察机关共受理批捕刑事案件106件182人，批捕92件148人，协调案件11件；法院共组织公审大会6次，公开宣判48人，执行死刑2人；司法行政机关开展法制宣传活动22次。1997—1998年，县委政法委继续开展严厉打击严重刑事犯罪和经济犯罪活动。3月—5月，开展“春季严打整治行动”，重点打击严重暴力性犯罪、车匪路霸、盗窃犯罪；4月—6月，开展对枪支、爆炸物的大清理行动及禁毒专项斗争；6月，开展打击流氓恶势力犯罪活动的专项斗争。2001年，县委政法委组织政法各部门，坚持“严打”整治斗争从重从快、“稳准狠”原则，共投入警力2935人次，开展“打黑除恶”“收枪治爆”“追捕逃犯”等集中统一行动10次，摧毁各种犯罪团伙291个、成员1529人，破获刑事案件494起，抓获违法犯罪嫌疑人4850人。法院受理各类刑事案件172件，审结165件。2003年，组织协调开展打黑除恶和破大案、抓现行、挖团伙、追逃犯专项斗争以及打击双抢双盗（即抢劫、抢夺，入室盗窃、盗窃机动车）专项行动，并以协查“3·17”特大贩婴案为突破口，打击侵害妇女、儿童合法权益的违法犯罪活动，破获贩卖婴儿案2起，抓获犯罪嫌疑人2人。2005年，强化“严打”整治工作，推进“平安容县”建设。全年组织开展以打击入室盗窃、盗抢机动车和抢劫、抢夺等多发性犯罪为重点的“破案战役”和打击“两抢一盗”犯罪专项行动，破获刑事案件323起，抓获刑事犯罪嫌疑人1798人，摧毁各类违法犯罪团伙199个，侦破命案9起。

防范和处理“法轮功”邪教组织

1999年，根据全国人大常委会于10月30日通过的《关于取缔邪教组织，防范和惩治邪教活动的决定》以及上级统一工作部署和要求，容县成立处理邪教“法轮功”问题工作领导小组及其办公室，协调相关部门和单位对县内曾参与练习邪教“法轮功”人员的基本情况开展调查摸底，开展取缔邪教组织和严惩邪教组织的各种犯罪活动的相关工作。2000年，制定和落实相关措施，采用“一帮一”“二帮一”等方法，凡有邪教“法轮功”练习人员的单位，均落实有1名中层以上领导为成员组成的帮教小组对邪教“法轮功”练习人员开展帮教工作，促使全县绝大多数“法轮功”在册人员脱离“法轮功”邪教组织。2001年，开展“创建无‘法轮功’练习者乡（镇）、单位”活动，处置邪教“法轮功”反弹活动10件10人次，侦破投寄、张贴、散发信件及宣传品案1起，收缴邪教“法轮功”资料89份，录像带51盒。先后举办修练邪教“法轮功”人员法制学习班12期，培训240人次，送市法制帮教两期40人，对邪教“法轮功”痴迷者开展教育转化工作，加强防范监控，年内没有发生修练邪教“法轮功”人员赴邕进京滋事现象。2002年，共侦破投递、散发、张贴、邮寄反动资料案3起，收缴邪教“法轮功”书籍、录音带、光碟和反动宣传资料一批。2003年，与6个乡（镇）、11个部门单位签订“教育转化三年攻坚目标责任书”，把具体任务落实到具体乡（镇）和单位，每个乡（镇）、单位对每一位转化对象制订一套具体实施方案、成立一个专门小组落实专门人员，在规定时间内完成攻坚转化任务。年内，侦破散发反动宣传资料案5件，摧毁团伙1个，收缴邪教“法轮功”书籍、录音带、光碟和反动宣传资料一批。依法查处县内各种有害气功（即“元极功”“香功”“中功”“东方闪电”“盘古神功”“圆顿法门”等）的各种宣传组织活动及相关人员。2004年，在乡村开展以“崇尚科学、关爱家庭、珍惜生命、反对邪教”为主题的反邪教警示宣传教育活动，同时强化对邪教“法轮功”练习者的帮教转化，转化率95.50%。全年查破邪教“法轮功”案件3起，收缴邪教“法轮功”书籍、录音带、光碟和反动宣传资料一批。

2005 年，加大防范监控的工作力度，防止出现反弹，全县邪教“法轮功”练习者转化率 97.10%，全县无赴邕进京上访闹事事件。

第五节 政法队伍建设

1993 年，容县政法机关进一步建立健全激励、约束、监督、决策、培训机制，培养造就一支政治坚定、作风过硬的政法队伍。1995 年，全县政法干警（干部）坚持每周至少半天学习制度，抓好党的建设和廉政建设，取得良好实效。县法院在人事制度改革方面和两庭建设方面取得了重大突破，受到了上级有关部门的嘉奖；1996 年，实施政法机关“三严四自”（三严即严格要求、严格管理、严格监督；四自即自重、自省、自警、自励）工程，从而带动和影响全体干警的工作作风转变。1997 年，结合香港回归这一重大事件，组织全体政法干警开展“庆七一迎回归”“政法杯”文娱体育活动，进一步增强政法队伍的凝聚力。1998 年，深入开展教育整顿和执法检查活动，共对 6 名违纪干警给予行政处分、党纪处分，并在全县教育整顿大会上通报，使全体政法干警（干部）思想上震动很大，思想教育整顿活动取得如期效果。1999 年，深入开展“三讲”教育活动“争创人民满意政法干警（单位）”活动及教育培训等狠抓政法队伍建设，在全县政法系统中，有 11 人次、单位 9 项次荣获自治区级表彰。1999—2002 年，县公安局连续三年被自治区公安厅评为“优秀公安局”，县检察院连续三年被评为自治区“五好”检察院和“十佳检察院”，2000 年县法院被评为全国人民满意的基层法院。2002—2003 年，深入开展“职业道德建设年”“公正执法树形象”和“争创人民满意政法干警（单位）”集中教育活动，着力解决政法队伍中存在的突出问题，塑造政法机关公正、文明执法的良好形象。

第二章 公 安

1990 年，容县农村户口由乡（镇）政府集体管理转为由县公安局统一管理，建立暂住人口登记管理制度。2003 年，流动人口纳入实有人口管理范围。2005 年，取消农业人口、非农业人口登记常住户口模式，开始换发二代居民身份证。落实安全防范措施，加强监所管理和特种行业、危险物品、出入境等公共安全管理。强化道路交通安全管理，不断配备完善消防设施，落实消防管理制度，营造公共安全环境。1990—2005 年，容县公安机关针对不同时期的治安形势集中开展反盗窃、围歼“车匪路霸”、打黑除恶、拐卖妇女儿童、经济犯罪等严打整治专项斗争，打击各种刑事犯罪，广泛开展“扫黄禁赌”“缉枪缉毒”活动。强化治安管理，建立完善村（街）、企业的治保及治安联防组织。

第一节 机 构

容县公安局是容县人民政府工作部门，正科级，1990 年，全局实有人员 94 人。办公地址设在容城镇城西路 1 号。工作机构有：办公室、政工科、党委纪检组、审计、一科、二科、三科、四科、五科、刑侦一队、刑侦二队、交警大队、看守所、行政拘留所、消防队。派出机构有：容城派出所、容厢派出所、容西派出所、十里派出所、石寨派出所、杨梅派出所、六王派出所、灵山派出所、黎村派出所、杨村派出所、县底派出所、自良派出所、浪水派出所、松山派出所、黎木派出所、石头派出所。1991 年，设置户政科。同年 3 月设立交通警察大队，由原交通警察队改制，下设业务办事机构 7 个和地方交通管理中队 5 个。1992 年，成立缉毒队。1997 年，内设办公室、行政科、政工科、机要通讯科、预审科、外事科、法制科、户政科、政保科、治安科、内保科、刑侦队、缉毒队、交通警察大队。附属机构有容县看守所、容县拘留所和容县强制戒毒所。核定全局行政编制 108 名，事业编制 249 名，实有人员 126 人。5 月，内保科更名为经济文化保卫大队（简称经文保大队）；治安科改为治安大队；刑侦队改为刑侦大队，下设中队7个，分别负责各类案件的侦查和技术业务工作；缉毒队改为缉毒大队；容县强制戒毒所设在石寨乡，主管吸毒人员的戒毒教育工作。1998年，设立警务督察队、110报警中心、巡警大队，撤销行政科。1999年，经文保大队改为经济犯罪侦察大队，政保科改为国内安全保卫科，预审科并入刑侦大队组成文秘中队。2000年，撤销预审科。2001年，内设办公室（挂行政审批股、外事办公室牌子）、政工科、纪律检查委员会、机要通讯科、外事科、法制科、户政科、国内安全保卫科、治安大队、经济犯罪侦察大队、刑事侦查大队、缉毒大队、交通警察大队、巡逻防控大队、警务督察队。附属机构有县看守所、县拘留所、县强制戒毒所。派出机构有全县16个乡（镇）派出所，核定行政编制106名，实有136人。2002年12月，政工科更名为政工股，法制科更名为法制股，户政科更名为户政管理股，外事科更名为出入境管理股，机要信息科更名为机要通讯和公安公共信息网络安全管理监察股，国内安全保卫科改制为国内安全保卫大队，缉毒大队更名为毒品犯罪侦查大队，警务督察队更名为警务督察大队。2003年12月，撤销县强制戒毒所。2005年，内设办公室（挂行政审批股牌子）、政工股、纪律检查委员会、机要通讯和公安公共信息网络安全管理监察股、法制股、户政管理股、出入境管理股、治安大队、国内安全保卫大队、经济犯罪侦察大队、刑事侦查大队、毒品犯罪侦查大队、交通警察大队、巡逻防控大队、警务督察大队。附属机构有容县看守所和容县拘留所。派出机构有：容城派出所、容厢派出所、容西派出所、十里派出所、石寨派出所、杨梅派出所、六王派出所、灵山派出所、黎村派出所、杨村派出所、县底派出所、自良派出所、浪水派出所、松山派出所、罗江派出所、石头派出所。核定行政编制100名，机关后勤服务9名，实有112人。

容县公安局大门

（2005年8月摄，容县公安局　提供）

1990—2005年历任局长：浦章才（—1993.12）、梁德焜（1993.12—1997.12）、江振芳（1997.12—2001.12）、谢军（2001.12—2003.8）、林明（2003.8—）。历任政委：吴容林（1991.8—1997.12）、谢军（1997.12—2001.12）、李强（2001.12—2005.9）、曾宏（2005.9—）。

第二节　治安管理

户政管理

常住户口管理　1990年，由县公安局全面接管全县城乡户口管理工作，结束由乡（镇）人民政府集体管理农村户口的历史；4月—6月，在全县范围开展户口整顿工作，经整顿后汇总，全县有常住户口13.25万户，首次为农村居民登记发放户口簿。11月12日，开展全国第四次人口普查登记工作，全县普查登记总人口62.85万人，其中常住本县户口人数62.54万人，常住本县1年以上、户口在外县市的人数2860人，人住本县不满1年、离开户口登记地1年以上的人数69人，人住本县、常住户口待定的人数154人，属本县登记户口、外出1年以上的人数2.19万人。年末，全县户籍登记12.13万户人口64.22万人。1991年3月，县公安局设立户政科，专管户籍业务，渐进推行居民身份证底卡归类建档管理，替代人口卡片档案管理模式。对年满16周岁以上的人口全部实现卡片式管理。1992年，全县登记总户数14.24万户总人口67.04万人，全年迁入1.19万人，迁出1.30万人。年内，在农村实行户口簿管理和在全县城乡范围以户为单位的居民住所门牌编制配挂制度，逐步实现农村人口城市化管理。经统计汇总，应发放户口簿14.05万本，编制门牌9.60万块。至1993年，全县完成户口簿发放和门牌安装悬挂工作。1995年，全县开始启用全国统一的“95”式户口迁移证。1996年，实施户籍管理新办法，主要内容包括换发新的常住人口登记表、居民户口簿，做到一人

一表,一户一簿,使用自治区统一刻制的户口专用章和条形章。年内,全县登记总户数 15.85 万户人口 71.10 万人;全年迁入 3.45 万人,迁出 3.55 万人。1997 年,换发居民户口簿,新的常住人口登记表中有户别、户主姓名、与户主关系、姓名、性别、出生日期、民族、出生地、住址、籍贯、公民身份证件编号、居民身份证签发日期、文化程度、婚姻状况、何时何因由何地迁来本市(县)等项目。年内,全县登记户数 17.39 万户人口 71.72 万人;全年迁入 5575 人,迁出 6387 人。2000 年,按照自治区第五次人口普查户口整顿工作要求,由县公安局牵头开展人口普查户口整顿专项工作,配合第五次全国人口普查工作正常开展。2002 年,根据上级推进小城镇户籍管理制度改革精神,进一步放宽有稳定收入和合法固定住所人员、外商投资企业、高校大学毕业生、城镇投靠、特殊人才等 7 类人员落户政策,开始放宽农村户口迁入城镇的条件,取消城镇自理口粮户口,取消"农转非"计划指标。年内,全县登记户数 21.11 万户人口 75.85 万人;全年迁入 3153 人,迁出 4438 人。2004 年,落实公安部户籍管理 7 项便民利民措施和广西户籍管理便民利民措施。主要内容是为西部建设人才流动提供便利,为各类企业聘用人员落户创造条件,大中专院校学生入学迁移户口可以选择,继续执行婴儿出生随父母落户自愿政策,简化落户手续,取消出国、出境 1 年以上人员注销户口的规定(在国外、境外定居除外),取消被逮捕、被判处徒刑、被决定劳动教养的人员注销户口的规定,取消公民对遗失居民身份证需向公安机关报失后 3 个月才能申报补领新证的规定,不搞针对流动人口的大规模清查。2005 年,建成人口信息管理系统;4 月,按照自治区统一部署,开展新一轮户籍制度改革,建立实施城乡统一的户籍管理制度,取消农业人口、非农业人口登记常住户口模式,实行在经常居住的地方登记为常住户口,统称"居民户口"。户口簿、常住人口登记表撤销农业户口、非农业户口加注内容,统一登记为家庭户、集体户;7 月 1 日,启用新版《出生医学证明》。年末,全县登记户数 24.69 万户人口 75.16 万人;全年迁入 3311 人,迁出 4375 人。

表 15-1　**1990—2005 年容县总户数、总人口一览表**

年份	总户数(户)	总人口数(人)	年份	总户数(户)	总人口数(人)
1990	121304	642225	1998	178060	724343
1991	137021	652287	1999	181285	730008
1992	142363	670373	2000	202446	749262
1993	144248	683781	2001	205795	754048
1994	149510	694061	2002	211079	758452
1995	153614	703008	2003	212866	760532
1996	158460	711042	2004	225167	764146
1997	173933	717179	2005	246872	751648

表 15-2　**1990—2005 年容县户籍管理人口迁移情况一览表**

单位:人

年份	迁入人数	迁出人数	年份	迁入人数	迁出人数
1990	(缺)	(缺)	1998	4322	4652
1991	(缺)	(缺)	1999	3389	4107
1992	11894	13003	2000	4357	5926
1993	6919	7547	2001	3151	4262
1994	10091	10763	2002	3153	4438
1995	6650	7141	2003	2771	3821
1996	34454	35496	2004	4104	4533
1997	5575	6387	2005	3311	4375

居民身份证管理 1990 年，是全国“五年颁发居民身份证计划”工作的最后一年，容县年满 16 周岁应发居民身份证人数 40.14 万人，年内完成制发证件 39.34 万个，占应发证人数的 98%。4—5 月，在全县范围开展户口整顿，对应当申领而尚未领到身份证或身份证丢失、毁损而尚未补领的居民采取发放有效期限 1 年的临时身份证的措施。1996 年，容县第一次发放有效期 10 年的居民身份证进入期满换证高峰，予以换发证。1999 年，开展对全县公民身份证号码由 15 位数组成改为 18 位数组成的编制；开展人口信息管理系统“百城联网工程”建设，应用推广数码摄像、人工扫描、人口信息计算机网络传输技术制作居民身份证。2000 年，对县内 50 万份居民身份证资料进行清理、核对、纠错；完成 0~15 岁公民赋码 12 万份。2003 年，为单位和个人提供查询人口信息服务步入规范化管理。进行换发第二代居民身份证前的户口核对，确保居民身份证无重复编号、错号和一人多号。收集 16 周岁以上人口的照片，户口登记信息全部存入自治区人口信息数据库。2005 年 12 月，在全县范围内对 16 周岁以上的人口开展统一换发第二代居民身份证。

暂住人口管理 1990 年，容县按照上级政策规定，建立以派出所辖区为单位，设立暂住人口管理站，以民警主管、协管员协助、分片包干的暂住人口登记管理工作制度，对进入县、镇暂住 3 日以上、3 个月以下的人员，在到达住地 3 日内由户主或本人到派出所申报暂住登记，离开前申报注销。1991 年 4 月，容城派出所成立全县首个暂住人口管理站，健全暂住人口档案管理制度。1993 年，取消超过 3 个月以上的暂住人口要办理迁移手续或动员其返回常住地的政策规定，允许农村富余劳动力到城镇务工经商。1995 年，暂住人口登记在册 6840 人，应办理暂住证 5762 人，已发证 5746 人。1996 年，实行新的暂住人口登记管理制度，加强重点人口、查获的现行犯或者重大嫌疑人、在流入地受过治安拘留或处罚的人等 5 种人员的管理。年末，全县暂住人口登记在册 3.20 万人，城镇列名管理 490 人，农村 1928 人。通过对暂住人口和重点人口的管理，从中发现案件线索 529 条，利用线索破获各类案件 427 起。2002 年 3 月，撤销暂住人口管理站。2003 年，流动人口管理内容纳入实有人口管理范围。2005 年，在全县开展户籍制度改革，实行以具有合法固定住所作为户口迁移基本条件，对在城镇居住一定期限的人员可以落户城镇的政策。对与用人单位签订劳动合同或租住房屋一定期限的外来务工人员也可在务工所在地（城镇）落户。年内，开展暂住人口、出租屋的清理整顿工作，实行“谁接纳、谁负责；谁容留、谁负责”的管理责任制，将辖区按照责任区划分，分片（段）包干，责任到人，任务到人。先后 3 次在全县组织开展流动人口和出租屋治安检查专项行动，清查宾馆饭店、建筑工地、危险物品场所、工厂企业、居民家中等处所 100 多处；清查出租屋 204 家，清理暂住人口 1336 人，其中已办证的 828 人，未办证的 508 人，对尚未办证的发出通知书 429 份。

群众治安组织

基层治保 1990 年，容县 229 个村（街）全部建立治安保卫委员会（简称治保会），由村（街）干部兼任主任，正常开展工作的村（街）治保会 187 个。各乡（镇）召开治保工作会议 1~2 次，部分乡（镇）还根据条件安排一定的村级治保活动经费。全年协助公安机关侦破刑事案件 390 件，查处治安案件 750 件，协助抓获违法犯罪嫌疑人 306 名；调解纠纷 6505 件，调解成功 5694 件，调结率 88%。1993 年，全县共有治保会 237 个，成员 796 人；有治保小组 518 个，成员 2132 人。1995 年，全县建有治保会 310 个，成员 1072 人；累计提供案件线索 426 条，协助破获案件 329 件。1996 年，全县有治保会 207 个，刑释解教人员帮助和教育小组 410 个，由县公安局及各乡（镇）派出所负责队伍建设和业务培训指导。1997 年，全县 16 个乡（镇）219 个村以及 10 个街道、47 个单位均设立治保会，有村（街）治保调解员 2869 人，全年调解民间纠纷 3148 件，其中防止民间纠纷转化为刑事案件 213 件。2005 年，全县共有治保组织 229 个，年内调解各类纠纷 3098 件。

治安联防 20 世纪 80 年代起，为了适应改革开放和经济建设及城市建设的发展，根据社会治安形式的需要，群众治安防范组织由过去的单一的治保会发展到多方面、多种类的组织形式，主要有：机关、团体、企事业单位组织领导的护厂、护院队；农村自然村及城镇居民住宅楼雇请组成的治安防范小组或守楼护院小组等。1991 年，根据中共中央、国务院《关于加强社会治安综合治理的决定》和自治区人民政府颁布实施的《广西壮族自治区治安联防组织暂行规定》精神，开始在全县 16 个乡（镇）组建由公安派出所管理的治

安联防队，共有队员 71 人，协助派出所开展辖区巡逻、治安联防工作。县底乡治安联防队在做好治安保卫工作的基础上，还在圩市制作法制宣传专栏 15 期，协助公安机关查案 43 起，抓获违法人员 50 人，获自治区公安厅表彰。1993 年，开展治安联防队伍的清理整顿，进一步理顺治安联防队伍的领导关系，明确公安派出所负责组建、领导、管理治安联防队伍，明确治安联防队的任务职责。1995 年，全县有治安联防组织 16 个。2004 年，根据公安部的部署和要求，对治安联防队伍进行专项清理整顿，在管理体制上，治安联防队伍逐步转为由党委、政府的综治部门管理，公安机关负责指导。2005 年，全县有治安联防队 20 个。

保安服务 1990 年，容县没有成立建制性的保安服务机构。1993 年 4 月，经县政府批准成立容县保安服务公司，是县内唯一从事保安服务的集体企业，由容县公安局主管，独立核算、自负盈亏。容县保安服务公司根据双方自愿的原则开展保安服务，以合同形式履行保安职责，向县直单位、厂矿企业保卫干部提供业务培训和服装、器械管理服务。服务方式有 3 种：派驻式，由容县保安服务公司根据与客户签订的合同，派出保安人员进驻客户单位，负责该单位的安全保卫工作；临时式，客户举办大型营业性展销、展览和文体活动时，应邀临时派保安人员前往实施安全保护；护送式，客户需要押送现金、贵重物品、危险物品时，指派专人专程护送。根据自治区公安厅开展 2000 式保安服装换发工作会议要求，容县保安服务公司从 2001 年 11 月—2002 年 4 月，对全县城镇内 100 多家公共娱乐场所 220 名保安人员完成换装工作。2005 年，公司向 38 家企业单位派驻保安员 180 人。

特种行业管理

1990 年，容县公安机关对申请开办旅馆业的单位和个人进行审核登记，核发《特种行业许可证》，并督促旅馆业建立健全各项内部安全管理制度，对出现的突出问题开展不间断的清理整治。年内，加大对旅栈业、废旧收购业、修理业、刻字铸印业等行业的清理整顿力度。凡不符合开业条件的，或有违章违法行为的，一律由工商行政管理部门吊销其营业执照，对有违法犯罪行为的从业人员，依法进行处理。共清理整顿旅栈业 42 家、收购业 74 家、印刷业 4 家、书店书摊 18 个、录像放映厅点 20 家，其中吊销金属收购站点的营业执照 25 个，责令停业 16 个。对违章收购站点的有关人员，根据情节轻重，分别进行相应处理。1993 年，全县共有旅馆 71 家，废旧收购 33 家，信托寄卖业 1 家，当铺 2 家，刻字业 6 家，印刷业 14 家。1995 年，为加强行业场所治安防范管理，结合全县各种综合性的娱乐场所主要集中在城区的特点，把城区的特种行业、场所作为整顿检查的重点，落实"谁主管，谁负责"的原则，抓好"安全许可证""特种行业许可证"的换发工作，需换发许可证单位、场所 374 家，实换发 374 家。通过换发证及治安整顿检查，消除行业、场所的治安隐患。年内，行业、场所发案 287 件均全部查破，其中刑事案件 21 件，治安案件 266 件。1997 年 1 月，依据自治区公安厅《关于立即暂停制作防伪印章的紧急通知》，暂停更换防伪印章的审批和制作。2005 年，进一步建立和健全行业场所、出租屋和流动人员的治安管理制度，定期或不定期组织各种专项整治行动，加强日常管理、检查和监督。

危险物品管理

枪支弹药管理 1990 年，容县加强枪支管理工作，强化干警对枪支佩带、验证和保管的程序及规章制度措施落实；严控社会存量的猎枪管理，通过办理持枪入户发证年审和追踪监管工作，迅速查处非法携带、使用列管枪支的行为。1992 年 9 月，根据公安部《关于收缴非法持有的枪支弹药的通知》和《关于收缴散存在社会上的枪支弹药、爆炸物品和管制刀具的通告》，在全县开展收枪治爆专项整治、收缴枪支弹药统一行动，捣毁非法修配火药枪窝点 3 个，收缴长短砂枪 197 支，钢珠枪 24 支，子弹 67 发，火药 18 千克，依法处理 80 名违法犯罪人员。1993 年 5 月 26 日，贯彻执行公安部关于机关团体、企业事业单位保卫组织枪支集中到公安机关保管有关规定，对依法不应该佩带枪支的党政干部以及"三资"企业、集体企业和私有企业中的保卫组织、事业单位保卫组织、保安机构的枪支暂时集中交由公安机关统一保管。1999 年，开展以收黑枪、打地痞、挖团伙为重点的收枪治爆统一行动，收缴各种枪支 1290 支，管制刀具 890 把，各式子弹 674 发，手榴弹、六〇炮弹、手雷、地雷 17 枚。按照上级统一规定标准审核各类公务用枪的配枪资格，完善枪支管理档案，收缴超范围配发的枪支。2001 年，查获涉枪涉爆案件 92 起，收缴各种枪支 475 支，子弹 334 发，手榴弹 34 枚，手雷3枚，管制刀具369把，抓获涉爆嫌疑人117人。2005年，根据公安部《全国枪支管理信息系统建设任务书和全国枪支管理信息系统实施方案的通知》和自治区公安厅《广西枪支管理信息系统建设实施方案》文件要求，开展枪支信息系统建设，进一步完善枪支管理。

易燃易爆物品管理 1990年，由县公安部门牵头、各职能部门配合开展安全大检查行动，重点对县内的爆炸物品仓库、城乡烟花爆竹销售点、各石场爆破点进行整治。在第十一届亚运会及国庆节期间，对全县所有涉及易燃易爆物品的单位进行检查，全面审查从业人员，坚持从严把关制度，严格办理购买、运输发证手续，取缔无证作业、经营、运输爆炸物品的人员和摊点。1999年，开展爆炸物品检查清理，收缴流散在社会上的炸药71.3千克，雷管581枚，导火索406.3米。2001年，收缴炸药160千克，雷管645枚，导火索781.5米。2002年，开展以雷管编号管理为基础，建立民用爆炸物品管理信息系统，对涉爆单位、人员以及爆破器材进行管理。2004年，为服务首届"中国—东盟博览会"，首届"中小企业商机博览（中国·玉林）（简称玉博会）"的举办期间，由县公安局牵头，安监、经贸、技监、工商等职能部门配合，对县内的烟花爆竹厂、化工厂、矿山等行业开展专项整治行动15次；依法对非法经营和不符合安全要求的杨梅镇四荖村黄石矿场、浪水乡三门石场予以查封和取缔；收缴和销毁非法经营的烟花爆竹，清除治安隐患。2005年，在城区南门街的原戏院、城西路的福满地住宅小区施工场地发现一批旧式弹药，其中子弹69发、手榴弹68枚、六〇炮弹188发、六〇炮弹引信138枚、爆破筒15根、迫击炮弹10发、山炮弹2发、高射炮弹2发、旧杂式弹头3枚，在自治区公安厅、市公安局危爆专家、技术人员指导下对这些旧式弹药进行集中销毁。年内，由县公安机关会同有关职能部门联合开展对县内的烟花爆竹厂、化工厂、矿山、石场等进行不定期治安及消防检查，共检查炸药厂、烟花爆竹厂、矿山等高危行业46家（处），烟花爆竹销售点683个；依法查封和取缔非法经营和不符合安全要求的矿场、石场7家，整改安全隐患205处，查处取缔无证销售烟花爆竹点69个，收缴烟花爆竹成品、半成品一大批，查处涉爆案件10起。

剧毒物品管理 1990年，县公安局对各种剧毒、放射性危险品的储存、运输、使用等流程予以严格管理和监督检查，没有发生大的事故和社会危害。2001年，以玉林市9月9日误售氰化钠案件（简称"9·9案件"）为契机，在县内组织开展6次对剧毒危险物品进行拉网式清查大行动，先后出动警力5294人次，车辆3198辆次，印发、张贴公告4900份，模拟相片3000份，氰化钠样品、纸箱等各种照片1000份，相关资料、材料6.90万份；清查和复核各种化工店、店铺392家，排查和复核从事食品加工销售行业的30~45岁男性业主及从业人员1976人并予以全部否定。经查核，在县内未发现与"9·9案件"相关联的剧毒物品。结合案件清查，收缴非法经营、储藏的氰化钠402.75千克，氰化钾2千克，砒霜0.50千克，鼠药47.53千克。2002年，根据国务院规定，由县公安部门全面负责全县的危险化学品安全管理，负责发放剧毒化学品购买凭证、准购证，审查核发剧毒化学品公路运输通行证。2003年，由县公安局牵头，与农业、工商、卫生等职能部门联合开展毒鼠强专项整治行动，收缴含毒鼠强成分的混合鼠药9589小包约50千克。2005年，通过专项行动，收缴鼠药164瓶。

扫黄禁赌

1989年11月—1990年3月，容县开展扫黄、禁赌整治统一行动。1990年，先后查处案件438件，抓获违法犯罪人员1805人，其中侮辱妇女案15件15人，流氓奸宿案30件41人，卖淫嫖娼案77件211人，赌博案304件1396人，贩黄、传黄、播黄案3件6人，迷信诈骗案2件2人；实施治安拘留611人，罚款967人。1991年5月—8月、1992年7月—9月分别再次开展全县性查禁和取缔卖淫嫖娼、赌博活动的专项斗争统一行动，重点整顿治理宾馆、饭店、旅店、招待所、按摩室、发廊、美容厅、路边店和歌舞厅、咖啡屋、酒吧、卡拉OK厅、录像放映点以及城乡接合部的出租房等行业和场所的卖淫嫖娼行为，重点打击对象是以强迫妇女卖淫或以牟利为目的引诱、容留妇女卖淫的犯罪分子、卖淫团伙的头子及窝主、屡教不改的卖淫嫖娼人员。1995年，在全县开展禁娼禁赌专项斗争，全年组织集中行动10次，出动警力200多人次，突击清查卡拉OK歌舞厅、录像厅等娱乐场所和酒楼、发廊、旅社等行业场所311家，清查整顿有赌博活动的娱乐场所31家，停业整顿播放淫秽录像的录像厅2家、出售淫秽物品的书摊2家、有卖淫嫖娼活动的卡拉OK厅1家，予以治安处罚 28 人次，其中出售淫秽物品 8 人、卖淫嫖娼 6 人、赌博 14 人。1999 年 1 月—6 月，开展“扫黄禁赌”专项治理，先后查处卖淫嫖娼案 91 起，赌博案 185 起，缴获淫秽出版物 114 件，铲除卖淫窝点 5 个，赌博窝点 20 个。2001 年 4 月—6 月，开展“扫黄禁赌”专项整治，对旅社、发廊、出租屋、电子游戏机室、网吧等重点场所进行拉网式的清理、整治，查处卖淫嫖娼窝点 5 个、卖淫嫖娼案件 55 起 163 人。查处赌博窝点 7 个、赌博案件 42 起 257 人，没收赌资 8 万多元。2003 年 3 月，以黎村、杨梅镇为重点，开展以“堵赌源、铲窝点、打赌头、查后台和‘保护伞’”为主要内容的打击“六合彩”专项整治行动，查获“六合彩”案件 5 起，抓获处理涉赌人员 27 人，其中劳动教养 6 人。2005 年，持续展开打击“六合彩”等各种形式的赌博违法犯罪专项行动和“扫黄打非”统一行动，全年查处黄赌案件 168 起，摧毁黄赌窝点 98 个、成员 595 人，抓获处理涉黄涉赌人员 1335 人，其中治安处罚 1320 人；没收赌资 31.01 万元，收缴赌博机 17 台；查处“六合彩”赌博案件 16 起，抓获参与“六合彩”赌博人员 82 人。

第三节　禁毒工作

禁毒教育和缉毒行动

1990 年，容县禁毒工作主要由公安机关组织实施。开展严打贩毒吸毒专项行动，查获鸦片 534 克，其他毒品 4 千克。1992 年，县公安局成立缉毒队，1995 年，成立容县禁毒领导小组，统率协调全县禁毒工作。1996 年，全县有各种帮教组织 38 个，帮教人员 223 人。年内，启动无毒单位建设工作，在学校、街道组织万人签名向毒品宣战，以板报、电视广播、标语、会议、进学校上禁毒课等形式开展禁毒宣传活动，全县悬挂巨幅标语 128 条，张贴大小标语 5250 条，出版墙报 380 版，印发宣传资料 5000 份。1997 年，县委、县政府成立容县禁毒专项斗争指挥部，各乡（镇）也成立相应组织，先后组织搜捕吸毒贩毒人员大行动 3 次，在新成立的强制戒毒所收治强制戒毒人员 26 人。1992—1997 年，全县破获毒品案件 351 件，抓获吸、贩毒人员 366 人次，缴获海洛因 825.90 克，鸦片 1546 克，劳教 14 人，经移交审判机关审理，因吸、贩毒被判刑 18 人，其中判处死刑 1 人。1998 年，加大禁毒宣传和侦查破案力度，破获毒品案件 31 件，捣毁吸毒窝点 3 个，抓获吸、贩毒人员 31 名，缴获毒品 17.30 克以及吸食和注射器工具。1999 年，开展“无毒小区（单位）”创建活动，按照自治区综治委、禁毒委制定的统一标准考评，经县人民政府决定，授予黎村镇等 10 个乡（镇）为无毒乡（镇），县委大院等 148 个单位为无毒小区（单位），罗江镇黎木村等 184 个村为无毒村，容县高中等 46 所学校为无毒学校、杨梅镇绿荫街等 3 个居委会为无毒居委会。同年，破获吸贩毒案件 76 起，抓获吸贩毒人员 77 人，缴获毒品海洛因 9.90 克，劳教 4 人，逮捕 2 人。2000 年，全县创建安全文明小区、无毒小区、无毒单位 391 个。是年，破获吸毒贩毒案件 47 起，抓获涉毒人员 81 人，缴获海洛因 12.2 克，劳动教养 4 人，逮捕贩毒人员 2 人。2001 年，持续开展创建“无毒社区”活动，禁毒重点主要是打击地下零包市场，遏制毒品蔓延，全年破获涉毒案件 89 起，其中贩毒案 18 起，吸毒案 71 起，缴获毒品海洛因 120.05 克，鸦片 1310 克，罂粟壳 2671.50 克，吸食与注射毒品工具一批，抓获涉毒人员 120 人（其中广东籍 6 人，自治区内其他县市 12 人），逮捕毒犯 13 人，劳教 8 人，强制戒毒 75 人。12 月 11 日，在六王镇莲塘村破获一起特大团伙贩毒案，当场缴获毒品鸦片 1310 克，抓获黄某某等犯罪嫌疑人 4 人。2002 年 6 月 26 日，召开涉毒人员公捕公判大会，发放《禁毒知识 100 问》宣

2003 年 9 月，容县公安机关及民兵应急分队开展技能演练　（据《容县报》）

传小册子4.50万本。年内，获得自治区综治委、禁毒委、公安厅、教育厅、总工会、团委评为广西“向毒品宣战”电视大奖赛暨全民禁毒普及教育优秀奖。2004年，强化专案侦查措施，严厉打击制、贩、吸毒违法犯罪，先后破获涉毒案件24起，缴获毒品海洛因3.02克，吸毒用具一批，抓获涉毒违法犯罪人员53人，其中逮捕4人，送劳动教养4人，强制戒毒11人。6月，在县城学校开展“珍爱生命，拒绝毒品”征文竞赛，参赛学生1682人；在7所中学组织万名学生参加广西百万学生“抵制毒品，参与禁毒”签名活动。2005年，破获涉毒案件23起，缴获毒品海洛因5.35克，抓获涉毒违法犯罪人员35人，其中逮捕10人，劳动教养5人，强制戒毒13人。

强制戒毒

1990年，容县没有实行强制戒毒行政措施。1991年8月，根据自治区禁毒工作会议和全国人大常委会颁布的禁毒决定，容县开展强制戒毒工作，由公安机关在拘留所对吸毒人员实施强制戒毒措施。1992—1997年，先后强制戒毒144人。其间，全县成立各种对贩毒人员帮教的组织38个，工作人员223人，对38名吸毒人员进行帮教。1997年5月，成立容县强制戒毒所，地址设在位于石寨乡的容县都峤山医院内，由县财政调拨禁毒专项经费30万元，设戒毒床位60多个，对查获的吸毒成瘾人员统一实行强制戒毒，按卫生部颁布的治疗指导原则，以心理治疗为主，药物治疗为辅，按脱瘾、康复、巩固循序阶段确保戒毒时间，对复吸者统一实行劳教戒毒。1999年，强制戒毒41人。2000年，强制戒毒59人。2003年12月，撤销容县强制戒毒所，所内的11名戒毒对象送往兴业县强制戒毒所继续进行戒毒。2005年，送强制戒毒所进行戒毒的吸毒人员13人。

第四节　刑事侦查

拐卖妇女儿童案件侦查

1990年，在容县公安局成立“打击拐卖妇女儿童办公室”，强化专项打击行动。年内，通过侦查、析别案情线索，解救被拐卖妇女53人，被拐儿童8人；协助外地解救被拐妇女15人，儿童2人回原籍。2000年，开展“打拐”专项行动，破获拐卖妇女儿童案件62起，解救被拐卖妇女103人，儿童9人（其中赴外省县市解救妇女12人，儿童4人），遣返7人，抓获拐卖妇女儿童犯罪嫌疑人60人，买主30人，摧毁拐卖妇女儿童团伙9个成员37人。2005年，没有此类案件发生。

盗窃抢劫案件侦查

1990年，容县连续发生机动车、自行车等被盗案件。县公安机关在加大对公民进行法制宣传教育的同时，在全县开展打击盗窃抢劫犯罪统一行动，对盗窃抢劫案件进行细致分析，缜密侦查。同年，破获盗窃自行车案件153起，打掉盗窃团伙5个成员14人，抓获犯罪嫌疑人74人，缴获自行车208辆，退还失主183辆。1999年，经侦查破获盗抢机动车案件96起，缴获摩托车90辆，货车、拖拉机各1辆，小客车1辆，赃车折款130万余元。捣毁盗抢机动车团伙15个，抓获案犯121人。2001年，在杨梅镇、黎村镇、容厢镇、松山镇的一些路段接连发生歹徒持枪持刀抢劫过路摩托车和乘客的恶性案件，县公安机关多次召开案件分析会，对案件进行侦查和周密部署，抓获嫌疑人符某某、封某某、符某某3人，并通过审讯深挖，再抓获同案犯罪嫌疑人10多人。侦破在容城、杨梅、灵山等地发生的一系列抢劫案10多起。2002年3月—4月，组织开展为期40天的城区及城郊接合部治安秩序重点整治行动。通过进行社情、民意调查，走访调查居民2268户、7400多人，掌握区域内近3年来曾参与爆炸、抢劫、抢夺、流氓打架斗殴、故意伤害、诈骗、入室盗窃、盗窃机动车辆的违法犯罪嫌疑人及在逃人员的重点人口112人，获取有价值线索43条，破获各种刑事案件42起（其中通过民调线索破案12起），治安案件78起，捣毁违法犯罪团伙5个（其中盗窃机动车团伙3个17人、麻醉抢劫团伙1个3人、寻衅滋事团伙1个6人），抓获违法犯罪嫌疑人142人，刑事拘留21人，逮捕11人，劳教7人，缴获各种非法枪支2支，管制刀具20把，被盗摩托车22辆及其他赃款赃物一批。2003年8月—9月，组织开展以县城城区为主战场的以打击“双抢”“双盗”多发性侵财案件为重点的破案战役，从县局机关抽调警

力组成工作组配合容城开展破案战役，侦破“8·30”城区绣江公园特大抢劫案、“9·16”容城特大盗窃案等“双抢”“双盗”案件25起，缴获被盗抢的机动车4辆、现金6万多元、赃物折款10万多元。2004—2005年继续开展打击“双盗”“双抢”专项行动。其中2004年破获各种刑事案件353起，破案率36.80%，其中破“两抢”案件34起，“两盗”案件89起。2005年，破获“两抢一盗”案件152起，捣毁犯罪团伙17个65人，逮捕82人，缴获赃款赃物一批，折价金额24.80万元。5月26日召开退赃大会，公开返还所缴获的群众被盗、被抢财物。6月3日，召开公捕大会，对15名犯罪嫌疑人宣布执行逮捕。同年还开展通信、电力设施盗窃案件侦查行动，摧毁由许某某、曾某某、黄某某等6人组成的盗窃电力通信设施流窜犯罪团伙，破获其在容县、北流、玉州、岑溪等县（市、区）盗窃电力设施案件36起（其中本县16起，周边县市20起），盗窃通信设施案件5起，涉案金额40多万元。

凶杀案件侦查

1997年6月，经过缜密侦查，获悉杀害公安干警的重大杀人嫌疑人韦某某已逃往云南省文山州，容县公安局抽调警力组成6个追捕组，前往云南省文山州将重大杀人嫌疑犯韦某某抓获归案。2000年，组织开展“打黑除恶”专项斗争，严厉打击各种带黑恶因素的团伙犯罪、流氓恶势力犯罪和爆炸、抢劫等严重暴力犯罪，破获各类刑事案件524起，其中杀人案4起，破重大案件208起，包括杀人案3起，抓获各类违法犯罪团伙623个成员2982人。2001年9月2日凌晨，容城镇河堤街某大排档发生一起死亡2人、重伤1人、轻伤3人的重大故意伤害致死案件。案件发生后，县公安局组织警力迅速到达现场，开展侦查布控，在玉林市公安局专案工作组密切协作下，仅2天便侦破案件，抓获张某和杨某某等8名犯罪嫌疑人，并在容厢镇杨叶村缴获涉案枪支1支、刀具7把。2003年，重点推进命案侦破工作，年内破获命案4起。1月20日，容城发生一起死亡、轻伤各1人的故意伤害案，当晚10时许，犯罪嫌疑人周某某与被害人在容城某歌厅发生摩擦，后周某某纠集同伙杨某某等5人，将被害人打伤打死后潜逃。接到报警后，县公安局局长、政委迅速率领刑侦大队、缉毒大队以及容城、容厢派出所的民警火速赶到现场，对案件展开侦查和对犯罪嫌疑人实施甄别和追捕布控工作。由于组织严密、行动迅速、指挥果断、措施有力，仅1个多小时就在容厢镇周口村将正准备外逃的周某某等3名主要犯罪嫌疑人抓获归案。2004年，继续开展命案侦破专项行动，侦破命案11起，其中抓获自治区公安厅督捕的1998年11月16日自良命案在逃犯1名。2005年，把优先推进侦破命案工作列为公安机关工作的重中之重，先后破获自良龙镇村“2·8”特大纵火杀人案、容城“5·28”故意伤害致死案、县底河儿村“6·13”特大杀人案、石寨镇“7·19”故意投毒杀人案等命案7起，破案率100%。

刑事科学技术应用

1990年，容县公安机关运用刑事科学技术勘查现场142个，捺印指纹卡4000张；检验尸体24具，活体60人，出具鉴定书98份。2000年，投入资金150多万元推进规范化的现代刑事科学技术建设，先后购置现场勘查车、多波段警用光源、数码相机、摄录像设备、立体比对显微镜、多媒体投影仪等刑事技术设备，建立指纹采集、现场物证等工作室，安装现场绘图、活体指纹采集、现场紫外照相观察、恒锐图像处理等技术软件系统。2003年，在玉林市内率先链接指纹远程终端查询系统；刑事科学技术室经公安部验收合格，定为全国一级刑事科学技术室，9月，玉林市公安局在容县公安局召开刑事技术工作现场会，总结推广经验做法。年内通过指纹比对认定破获刑事案件110起。2004年，通过运用新的刑侦技术设备，迅速侦破松山镇“9·3抢劫杀人案”、城区“12·28特大诈骗案”等重特大刑事案件。年内，县公安局刑事科学技术室被公安部评为全国公安机关“指纹破案会战成绩突出单位”。2005年，技术室设置分痕迹检验、法医检验、影像技术刑侦专业技术检测，有中级专业技术职称10人，初级技术职称3人。年内，应用科学技术勘查各种刑案现场226个，提取现场指纹380枚，采集违法人员指纹1800枚，利用指纹直接破获案件53起，带破44起，认定犯罪嫌疑人34人，抓获14人。

预审

1990年，容县公安机关预审程序审结逮捕234人，通过预审，增捕犯罪嫌疑人32名。1994—1996年，在预审中发现线索 62 条，通过所提供的线索破获刑事案件 27 起，增捕犯罪嫌疑人 33 人。1998 年，通过预审审结，抓获犯罪嫌疑人 759 人，逮捕 169 人，劳教少管 62 人。1999 年 3 月，实施刑侦体制改革，实行“侦审合一”，由刑事侦查大队负责刑事案件的侦审办案业务。2000 年 2 月，预审科正式撤销。

第五节 打击经济犯罪

1990 年，容县经济犯罪案件统归刑事犯罪查处。1995 年 4 月 5 日，自治区公安厅根据公安部下发的《关于调整经保局、刑侦局对经济犯罪案件管辖分工的通知》精神，将金融诈骗案件、财税方面的诈骗案件、伪造股票债券等有价证券案件和股票期货诈骗案件、伪造国家货币和贩运倒卖伪造的国家货币案件、各种形式的融资集资诈骗案件等 5 类经济犯罪案件划归经济文化保卫处管辖简称“经文保”。1999 年 3 月，容县公安局经文保大队改为经济犯罪侦察大队，主管经济案件和纠纷的侦查。

2001 年，县公安、工商、烟草、卫生防疫、技术监督等部门共同开展打击制售假冒伪劣产品违法犯罪活动和骗税、逃汇、合同诈骗的专项斗争，查处假冒伪劣商品案件 159 起，没收有毒物品吊白块 102 千克以及其他假冒伪劣卷烟、电缆、钢材、食品农药、化肥一大批。破获经济犯罪案件 26 起，涉案金额 580 多万元，挽回经济损失 170 多万元，追缴偷税款 44 万元。破获非法持有假币案件 11 起，涉案金额 2.20 万元，破获诈骗案件 51 起，涉案金额 15 万元。6 月 18 日，县公安局破获以合同折股开矿山为形式的特大诈骗案件 1 起，涉案金额 200 多万元，抓获涉案人员 6 人。10 月 16 日，县公安局在广州市公安局白云区分局的配合下，抓获潜逃在外长 7 年之久的案犯黄某某，破获在容县经营 3 年多的特大经济诈骗案。

2003 年，组织开展打击制售假冒伪劣商品、贩卖假币、非法传销等违法犯罪活动和整顿建筑市场、文化市场、集贸市场秩序等专项行动，侦破黄某某等 4 人虚开增值税票案、徐某某非法经营案、黄某某职务侵占案等经济犯罪案件 7 起，涉案金额 517.70 万元。其中特大案件 1 起，涉案金额 480 多万元，抓获犯罪嫌疑人 12 人，逮捕 8 人，为国家、集体和个人挽回经济损失 70 多万元。

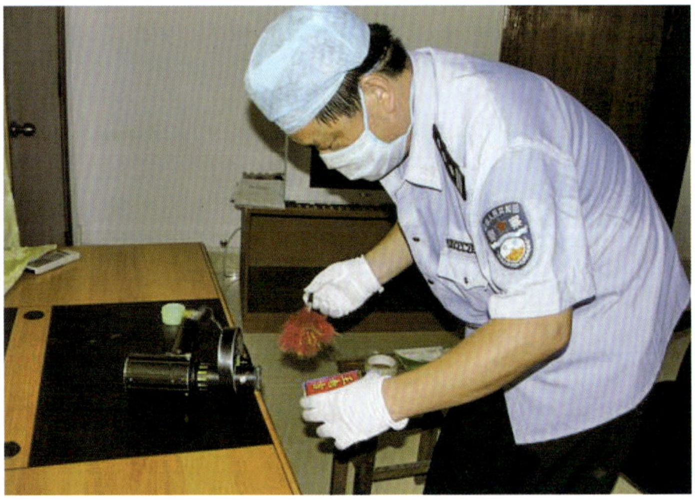
容县公安刑侦技术人员正在采集指纹
（容县公安局　提供）

2004 年，开展打击各种经济领域的犯罪，破获经济案件 3 起，涉案金额 185.25 万元，抓获违法犯罪嫌疑人 6 人，逮捕 6 人，挽回经济损失 52 万元。与工商部门联合开展打击非法传销专项整治行动 6 次，捣毁非法传销窝点 25 个，清理遣散非法传销人员 220 人次。2005 年，破获经济案件 4 起，涉案金额 103.50 万元，抓获违法犯罪嫌疑人 6 人，挽回经济损失 15.50 万元。组织公安、工商部门联合开展打击非法传销的“灭鼠”统一行动，捣毁非法传销窝点 14 个，清理遣散非法传销人员 25 人次。

第六节 监所管理

1990 年，容县公安机关连续开展多种类型的打击严重刑事犯罪、清查打击流窜犯等专项行动，刑事案件破获数量增加，容县看守所关押犯罪嫌疑人数量激增。针对监舍超员有可能引发监舍矛盾的各种违法行为，在监所内开展查纠违反监规、“牢头狱霸”以及其他违法犯罪行为的行动，整顿监所秩序，对在押犯罪嫌疑人开展宣讲监规等法制教育，号召犯罪嫌疑人坦白交代，检举揭发违反监规的行为，打击“牢头狱霸”。

1993 年，按照依法、严格、科学、文明管理，在重点环节、重点在押人员的管理教育、重点单位的整顿等方面工作，加强对看守所的安全管理。

1994 年，按照自治区公安厅《关于迅速采取措施，切实抓好"两所"在押人员的清理消化工作的紧急通知》要求，严控留所服刑人犯数量，对不符合留所服刑条件的人犯予以投送劳改农场；及时组织已决犯人投送劳改农场；对超期羁押人犯和收审人员抓紧催办；对久押不审和超期羁押的，及时与办案单位和上级公安机关协调解决。2000 年，看守所通过"三等级规范看守所"检查验收。

2002 年，改进监管场所勤务运作方式，完善在押人员台账建设，全部录入违法犯罪人员信息。县看守所投入 150 万元实施拆旧改造，建成新监舍 1390 平方米。2004 年，改进监管场所勤务运作方式，完善在押人员台账建设。在信息录入工作中，县看守所录入犯罪人员信息 245 条，犯罪人员信息录入工作走在玉林市前列。年内，投入 150 万元实施看守所续建工程，完善所内报警系统等基础设施。在容城镇中环路东划拨国有土地 7347 平方米作为治安拘留所办公、监舍、其他附属设施以及民警职工宿舍建设用地，规划建设总面积 2750 平方米。2005 年，到位建设资金 335 万元，县治安拘留所建设的前期所有准备事项已完成。

第七节　出入境管理

外国人出入境管理

1990 年，容县加强对外国人的住宿登记申报工作，特别是加强县城涉外宾馆、旅社接待境外人员的临时住宿登记管理工作。年内，入境到容县探亲访友、旅游观光、洽谈贸易的外国人（外籍华人）、华侨按规定办理临时住宿登记申报 157 人，其中外国人 7 人（日本 6 人、英国 1 人），外籍华人 146 人（马来西亚籍 83 人、泰国籍 50 人、美国籍 2 人、新加坡籍 9 人、加拿大籍 1 人、英国籍 1 人），华侨 4 人；申请来华定居的外国人（马来西亚籍华人）2 户 2 人。1995 年 6 月，自治区公安厅下发《关于〈公安派出所出入境管理主要工作职责〉的通知》，明确将外管工作任务落实到派出所。年内，进入县境内旅游、技术交流、洽谈贸易、探亲访友、办企业的境外人员 1092 人次，其中中国香港同胞 419 人次、澳门同胞 21 人次、台湾同胞 150 人次，华侨 13 人次，外国人及外籍华人 489 人次。2004 年，公安机关调整各业务部门开展外国人管理工作以及办理涉外案（事）件的职责分工，明确外国人非法入境、非法居留、非法就业以及非法采访的案（事）件，由公安出入境管理部门负责；外国人妨害国（边）境管理违法犯罪案件暂由刑侦部门按照现行案件管辖分工负责；外国人纳入实有人口管理，由辖区派出所负责住宿登记管理。年内，登记外国人、外籍华人 311 人次，其中加拿大 1 人、马来西亚 262 人、美国 1 人、越南 1 人、泰国 17 人、新加坡 2 人。2005 年，把外国人管理工作纳入派出所目标管理责任制，在派出所的安全防范、情报信息、案件办理等工作中明确外国人管理工作内容。派出所建立涉外信息报送制度，定期向县公安局出入境管理部门报告辖区外国人管理工作。

公民出入境管理

1990 年，容县受理申请出国 36 户 41 人，经审查上报 30 户 36 人，由自治区公安厅、玉林地区公安处批准发护照 25 户 31 人。在因私申请去中国香港、澳门、台湾地区的公民中，经受理、上报申请单程去香港的材料 25 户 46 人，双程去香港 95 户 131 人，单程去澳门 1 户 3 人。由玉林地区公安处、自治区公安厅批准单程去香港 24 户 42 人，双程去香港 67 户 107 人。在受理公民因私出境审核工作期间，向县人民检察院、法院和户籍所在地派出所及当地银行、信用社发函调共 183 份，未发现有违法犯罪行为和政治问题以及经济问题。1991 年，受理申请出国 40 户 60 人，受理申请前往港澳台 131 户 206 人，其中经审核上报获批准 107 户 167 人。1995 年，受理因私出境材料 285 户 405 人，经上级批准发证 302 户 429 人，其中包含 1994 年底受理部分户数和人员。2000 年，受理和呈批公民因私申请出境材料 933 份 933 人（次），发放批准出境证件 941 件 941 人（次）。2002 年，经登记住宿的临时入境人员有 1658 人，其中香港 483 人、台湾 600 人、华侨 575 人；共发出各种出境证件 1354 人件，其中香港探亲 672 人、定居 32 人、商务签注 25 人，台湾探亲313人，台湾同胞回来居住停留延期80人，出国探亲232人。共建立各类呈批档案2982份。2004年，共办理出国护照269本，港澳通行证1067本，大陆居民往来台湾通行证195本；台湾居民停留延期66人次。

清理遣送“三非”人员

1990年4月，根据自治区人民政府批转自治区公安厅、自治区外事办公室关于做好清理遣送非法入境越南人工作意见的通知及玉林地区行署《关于做好清理遣送非法入境越南人工作的通知》精神，容县成立清理遣送办公室，于4月—5月在全县范围内进行调查清理非法入境越南人的行动，全年查清核准非法入境的越南人18人，经收容后分4批送经凭祥边境遣送出境。1991—1995年，全县公安机关清理和遣送非法入境、非法居留、非法就业（婚姻）（简称“三非”）的越南人113名。1996年，根据上级机关的统一部署，在全县范围内开展清理和遣送“三非”外国人（主要是越南人），先后拘留审查和遣送“三非”外国人23名。

第八节　道路交通管理

1987年12月，成立容县交通警察队，履行道路交通管理职责，负责交通事故处理。其前身为容县交通监理站。1991年3月，更名为容县公安局交通警察大队，是县公安局管辖的事业编制部门，玉林地区公安处交警支队为业务指导单位。1992年，共有城区、绿荫、黎村、松山、自良5个交警中队。1998年3月，容县通过警务改革，保留城区、绿荫、松山3个基层中队。2001年，增设厢南中队，负责玉林至岑溪一级公路容县段的交通事故处理、交通秩序管理和交通安全宣传等工作。

交通秩序管理

1990年，全县在容城、六王、绿荫、容西设置公安检查站，履行交通秩序管理职责。1991年，在国道324线自六王乡至容西乡全段长59.50千米的路段开展“文明规范一条路”活动，整治并取缔无停车位置的路边饭店、维修店25个，与42个店铺订立不妨碍交通保证书。1992年，撤销容城、六王、绿荫、容西公安检查站，设置黎村、松山、自良交警中队，与1989年10月设置的容县交警大队绿荫交警分队（后改编为绿荫交警中队）和1991年10月设置的城区交警中队形成城乡一体的全县交通秩序管理网络。1993年，聘请县人大、纪检、监察、审计、政法委等单位的人员为执法监督员，行使交通管理执法工作的监督职责。1995年，实行交通违章处罚与罚款收缴分离机制，由公安交警部门依法处罚交通违章行为，财政部门负责罚款收缴，具体操作由自治区财政厅统一委托有关银行代收。年内，共出动警力1.30万人次，共扣车2476辆次，纠正违章3.35万人次，暂扣证件1.16万本，教育3612人次，处罚1.59万人次，行政拘留12人次。1996年，开展3次城乡道路交通秩序整治大行动，重点整治驾驶和乘坐二轮摩托车不戴安全头盔、无证驾驶等交通违法行为，纠正各种违章2.81万人次，暂扣车辆8880辆次，暂扣证件4095本，教育1.78万人次，行政拘留39人次；清理各种路障、摊点282处，快速疏导交通堵塞42次。负责各种事项和行动的开路警卫、护卫任务59次，护卫路程1.42万千米。2001年，组建公路巡警队，加强路面监控，打击车匪路霸。开展创建“平安大道”和“畅通工程”，整治假牌假证和超载超速等违法行为，检查车辆6.80万辆次，暂扣机动车辆9306辆次，拆除非法改装拼装车辆131辆，纠正违章3万多次。2002年，检查车辆7.59万辆，暂扣各种违章车辆8975辆，暂扣违章证件3.61万本，暂扣号牌27副，清理路障855平方米，其中治安拘留126人，吊扣驾驶证403本，教育处理5.66万人次，警告2007人次。查处公路治安案件25起，抓获犯罪嫌疑人4人，收缴假车牌2副，收缴假证件3本，查获被盗摩托车5辆，发出道路交通事故隐患整改通知书15份，为各级领导开路护卫34次。春运期间，在玉林至容县一级公路和容县至岑溪一级公路连接处的厢南路段设置“公安交警执勤点”，驻扎警力，对过往车辆实行24小时全天候巡逻检查，维护正常的交通秩序，并为春节期间返乡、返城务工的过往流动人口提供临时休息和茶水服务。2003年，检查车辆4.58万辆次，暂扣各种违章车辆6952辆，暂扣违章证件2.91万本，暂扣号牌7副，清理路障472平方米，处罚交通违法当事人3.67万人，其中治安拘留80人，吊扣驾驶证524本，教育处理7001人次，警告1667人次，紧急出警处警28次，收缴假牌5副，收缴假证7本，查获被盗摩托车4辆。在辖区道路内的各危险道口和

事故多发路段增设警示标志 51 块、标线 6100 米。在玉林至容县一级公路厢南点设立县内首个电子监控系统，对过往辖区车辆实行 24 小时监控。2004 年，加强乡村道路以及施工路段的巡逻监控，在玉林至容县一级公路厢南点对一级路段过往车辆进行测速，查处超限、超载交通违法。整治无牌无证上路行驶、无证驾驶、违法占道和逆向行驶、超速超限、驾乘二轮摩托车不戴安全头盔以及方拖、手扶、货车车厢载人等道路交通违法行为，全年检查车辆 6.22 万辆次，扣留各种交通违法车辆 5916 辆，扣留证件 1.76 万本，暂扣号牌 9 付，清理路障 2035 平方米，对 3.57 万人次进行处罚，其中治安拘留 46 人，吊扣驾驶证 112 本，教育处理 9328 人次，警告 1893 人次。2005 年，持续开展“平安大道”创建活动，以预防和减少重特大交通事故为目标，集中整治机动车“三超”违章行为、无牌三轮摩托车搭客等问题。加强道路危险地段、事故多发路段排查巡逻，消除交通事故隐患，年内发生重特大交通事故 26 起。

车辆管理

1990 年，容县有机动车 3180 辆，其中大型汽车 605 辆，小型汽车 318 辆，摩托车 1939 辆，拖拉机 318 辆；有自行车 18.33 万辆。年内，自行车审验由 1 年 1 次改为 2 年 1 次，全年审验 17.26 万辆。汽车类的审检入户相关事项在玉林办理，摩托车、自行车等车辆入户、审检业务在容县办理。1991 年，拖拉机及其驾驶员审检事项由交警部门委托县农机监理站管理。1993 年 5 月，在容县公安交警大队内设机动车辆检测站，实现机动车自动化检测管理，车辆年度审检业务在容县开始办理。年内，暂停自行车年审事项。1995 年，全县登记有机动车辆 1.59 万辆，办理新车入户 4108 辆，应参加年检审的各种机动车 1.18 万辆，已检 1.14 万辆，占应检数 96.2%。1997 年 6 月，机动车电脑化检测线投入使用，县内增加小型汽车车辆审检、入户业务。1999 年 5 月，建成车辆管理办证业务大厅，集中办理车辆审检、入户、转移办证等业务。2000 年，车辆管理业务实行电脑化录入管理。2002 年 7 月，自治区县级公安车辆管理工作规范化建设现场会在容县召开。2003 年 9 月，容县作为自治区 7 个试点单位之一，在县内即可办理汽车入户和领取牌证业务手续。2005 年，全县拥有机动车 4.96 万辆，其中大型汽车 887 辆，小型汽车 2302 辆，摩托车 4.64 万辆。

驾驶员管理

1990 年，摩托车驾驶证在容县进行年度审验，其他各类的驾驶证在玉林审验。加强驾驶员管理工作，由交警管理机关组织实行安全学习登记卡制度，驾驶员凭登记卡参加驾驶证年度审验。驾驶证跨年度不审验、被吊扣驾驶证的，通过学习安全驾驶常识和交通法规复试。1992 年，在各乡（镇）和企业单位建立有 142 个机动车驾驶员交通安全教育联合组（简称安联组），实行驾驶员学习考核卡制度。同年，全县共有机动车驾驶员 1.17 万人。1994 年，成立容县机动车驾驶员联合会（简称“驾联”），各乡（镇）成立分会。1995 年，全县有机动车辆驾驶员 1.54 万人。1996 年，停止实施安全学习卡管理制度。1999 年，撤销县驾联及各乡（镇）分会。2001 年，实行驾驶员违反交规记分制，驾驶员在一个年度内达到一定分值的，须重新参加相关交规科目考试。2004 年 5 月，由人工记分改为网络记分。2005 年，进行驾驶证审验改革，不同种类的驾驶证按照不同期限进行审验。

交通事故处理

1990 年，容县发生道路交通事故 290 起，受伤人数 162 人，死亡 38 人，直接经济损失 10.63 万元。事故处理程序分为现场勘查、调查取证、责任认定、损害赔偿调解、签订相关文书、处理违反交规责任人。1995 年，对道路交通事故处理工作进行改革：把“过去的一般以上道路交通事故由事故处理中队处理，各基层中队只处理轻微事故”改为“一般事故下放到各基层中队处理”；坚持每个星期一为事故讨论分析会，便于及时掌握各辖区的交通事故规律和特点，提高责任认定准确率。年内，全县共发生道路交通事故 523 起，死亡人数 52 人，受伤人数 384 人，直接经济损失 100.37 万元，四项指数分别上升 19.90%、下降 56%、上升 5.10%、上升 47.60%，万车死亡率 18.60%。1997 年，实行现场勘查与损害赔偿分离的办案制度，开设“122”交通事故报警电话。2002 年，发生道路交通事故 733 起，受伤人数 614 人，死亡 53 人，直接经济损失 44.56 万元。2005 年，发生道路交通事故 771 起，受伤人数 697 人，死亡 34 人，直接经济损失 91.95 万元。

表 15-3　　1990—2005 年容县道路交通事故统计表

年份	事故数量	受伤（人）	死亡（人）	直接经济损失（万元）	年份	事故数量	受伤（人）	死亡（人）	直接经济损失（万元）
1990	290	162	38	10.63	1998	634	550	56	68.75
1991	289	201	37	7.90	1999	569	554	49	51.96
1992	355	107	41	4.53	2000	715	627	48	33.00
1993	372	226	43	38.31	2001	711	664	49	38.70
1994	436	307	55	68.00	2002	733	614	53	44.56
1995	523	384	52	100.37	2003	810	581	74	78.35
1996	706	619	59	105.49	2004	801	677	41	79.61
1997	557	438	58	85.78	2005	771	697	34	91.95

交通安全宣传

1990 年，容县公安局交警部门在开展面上宣传的基础上，在六王乡古里村—容西乡西山村之间国道 324 线容县段沿线 19 个村设置重点宣传点，聘请村长或村支书担任农民交通安全员，协助开展宣传交通安全法律法规。1998 年，在全国各级新闻媒体上稿 532 篇，县级 95 篇，发表论文 8 篇，年内获评宣传报道先进集体。2002 年，在容西乡仙江村、容厢镇同古村创建“交通安全村”活动，加强对农村领域的交通安全教育。组织部分学校、单位、社区开展“交通安全学校（社区、单位）”活动，在县电视台、县广播电台协助下，开设“红绿灯下”和“交通三六传真”交通安全宣传栏目。2005 年，开展交通安全宣传“五进”（进农村、进社区、进企业、进家庭、进学校）活动，建成交通安全村 16 个，交通安全学校 8 个，交通安全社区 3 个，交通安全单位 2 个。年内，共开展各种大型专题宣传活动 22 次，悬挂宣传条幅 500 多幅，大小标语 2100 条，出版宣传专栏 58 版，出动宣传车巡回宣传 400 多个工作日（台次），宣传“五进”交通安全知识讲座 160 多课次，发放宣传资料 12 万份，在各级报纸杂志发表宣传报道资料 900 多篇，电台播出 500 多条，各级电视播出节目 280 多条。

第九节　消防管理

1974 年 2 月，成立容县公安局消防中队，1985 年 12 月撤销，同年成立容县专职消防队，归属县公安局消防科管辖，负责县内的消防工作。1991 年，撤销容县专业消防队，恢复容县消防中队建制，隶属中国人民武装警察部队，接管容县的消防工作。办公地址设在容城镇城西路。1992 年 8 月 20 日，成立容县公安消防大队，与中国人民武装警察部队容县消防大队两块牌子，一套人马，由广西武警消防总队管辖，业务由广西武警消防总队和容县公安局双重领导，不列入县公安局编制。

消防设施

1990 年，容县有消防营房面积 2500 多平方米，活动场地 2000 多平方米，有中型 2.50 立方米水罐消防车 1 辆。1991—1997 年，车辆及器材装备有斧头、铁铲以及安徽明光东风水罐消防车和水带、水枪等工具若干。随后，逐年加大和更新换代消防设备，至 2005 年，消防设备发展到有东风中型 2.50 立方米水罐消防车 3 辆，二节梯 4 把、单杠梯 5 把、水带 800 米（20 米 / 盘）、手动破拆工具 2 套、救援绳 50 米 /3 条、班安全绳 30 米 /2 条等救援装备。

消防检查监督

1990 年，容县通过常态督查检查进行消防安全治理。在元旦、春节和其他重大节假日期间联合公安、治安等部门开展错时检查，加大检查力度。年内，召开安全会议 2 次，开展安全大检查 5 次，检查单位 172 家次。1994 年，督查的重点对象主要为歌舞厅、酒店等娱乐场所。督查内容主要有单位是否落实消防安全责任、消

防设施是否能正常使用、安全疏散通道是否畅通等。至2001年，累计检查发现火灾隐患1.11万处，督促整改1.11万处，处罚单位和个人218人次，责令停产停业26家。

2002年，容县消防大队积极响应县政府工作安排开展消防安全联合大检查，在全县开展整治公共聚集场所、易燃易爆场所等30多家重点单位的消防安全严查整治活动。在重大节假日、重大活动、重点时段联合公安、治安、工商等部门开展联合大检查。至2005年，要求部门、企业和单位新增、更换消防器材5000余件，查处火灾隐患2.12万处，督促420家单位完善消防安全制度，营造全县消防安全环境。

2005年，深入开展火灾隐患大排查大整治，在元旦、春节期间，对易燃易爆场所、人员密集场所进行火灾隐患“大排查大整治”。在“五一”“国庆”节期间对商场市场、消防产品等进行9次消防安全专项治理活动，共检查152个单位，发现隐患253处，落实整改235处，下发《责令限期改正通知书》23份，《重大火灾隐患改正通知书》4份；行政处罚10起，罚款8000元，实施涉事单位“三停”5个、警告4人。

容县公安消防部门开展校园学生消防知识宣传教育活动。图为2001年6月举办的校园消防知识宣传图片展　　（李先辉　摄）

消防宣传

1990年，容县加大安全用火用电教育，普及扑火救灾知识常识，派员深入各单位进行宣传，发放消防宣传资料8期960份，上消防知识课15次，开展实地消防演练11次。

容县消防大队利用“119”消防宣传日、安全生产月、安全双百日及“五一”“国庆”“元旦”“春节”等重大节日，开展大型的群众性消防宣传活动。借助社会力量，最大限度地传播消防知识，提高群众的消防安全意识。至1998年，先后印制消防安全知识读本等消防安全知识资料10万余份，发放宣传资料6万余份，接受群众咨询3万多人，进一步提升群众的消防安全意识、防火意识，全面提升全社会防御火灾的能力。2005年，消防大队扩展宣传渠道，最大限度延伸宣传触角，加大宣传覆盖率，通过报刊、电台、电视台广泛传播消防安全知识。年内，在各媒体发表消防宣传稿件75篇。成立消防艺术团，深入乡（镇）举办消防安全知识传播文艺晚会，开展“五进”宣传活动，走进企业单位举办培训班、讲座，进一步提升单位从业人员消防安全意识，走进社区、农村、家庭、学校开展亲民宣传等形式进行消防宣传，增强居民、群众、学生的防火意识。年内，到全县13个中小学校及企业上消防安全教育课，2.60万名师生和职工参加听课。

容县消防官兵传授消防灭火知识
（2005年9月摄，容县公安消防大队　提供）

抢险灭火救援

1990年，容县发生单位、家庭火灾19起，直接经济损失19.54万元，火灾发生原因主要是用火用电不慎和人为因素造成。1990—1999年，接警出动记录421起，出动车辆689辆（次），出动警力5109人（次），抢救财产价值233.60万元。2000—2005年，接警出动记录

179 起，出动车辆 294 辆（次），出动警力 1868 人（次），抢救被困人员 22 人，疏散被困人员 230 人，抢救财产价值 231.60 万元。1990—2005 年，参加社会各类抢险救援、灭火救援 1025 次，其中灭火出动 349 次，抢险救援 676 次，出动车辆 2143 台次，出动警力 9892 人次，救出遇险人员 634 人，抢救财产 2.84 亿元，保护人民财产 7.54 亿元。

表 15-4 1990—2005 年容县抢险灭火救援一览表

年份	出警记录（次）	出动警力（人次）	出动车辆（辆次）	抢救被困人员（人）	抢救财产价值（万元）
1990	36	460	62	3	24.20
1991	40	521	68	2	30
1992	43	534	70	1	19.60
1993	30	406	50	1	9.70
1994	48	542	78	2	15.80
1995	32	452	58	1	7.90
1996	39	516	65	1	14.80
1997	42	529	69	2	31.40
1998	51	569	83	3	34.70
1999	60	580	86	4	35.30
2000	66	554	93	1	1.40
2001	29	339	43	1	7.70
2002	39	481	64	3	22.90
2003	12	10	2	1	12.10
2004	10	171	35	5	6.50
2005	23	313	57	11	181

第三章 检 察

1990 年，容县人民检察院依法履行刑事检察、经济检察、法纪检察、控告申诉检察、民事行政检察职能，对立案、侦查、审判行使法律监督，出庭支持公诉，强化刑罚执行监督的监所检察等检察工作。1992 年，推动建立检察室制度和开展民事行政检察工作，加强经济检察查办力度，受理公民、法人、社会团体的申诉。年内，监所检察科获自治区人民检察院评选为先进科室。1996 年，容县看守所监所检察工作突出，被自治区人民检察院评为先进单位，容县检察院监所科科长林务超获得最高人民检察院政治部授予的全国监所检察系统派驻检察先进个人称号。1999 年，把经济检察的查办重点放在“三机关一部门”，加大查办和预防职务犯罪工作，开展反腐败斗争。2001 年，开展清理和纠正超期羁押、违法取保候审、减刑及任意改变强制措施等问题专项治理。2002 年，推行民事行政申诉案件公开审查制度，监督民事、行政诉讼活动。广泛开展举报宣传和法律咨询、检察长接待日活动，受理群众来信来访。同年，控告申诉检察科获自治区人民检察院授予“文明接待室”称号。2000—2005 年，受理移送审查起诉各类刑事案件 1325 件 1965 人；向法院提起公诉 1134 件 1411 人。

第一节 机 构

1990 年，容县人民检察院核定行政编制 50 名，实有人数 41 人，办公地点设在容城镇城西路 26 号。内设秘书科、刑事检察科、法纪检察科、经济检察科、监所检察科。1991 年 11 月设控告申诉检察科。1992 年，设民事行政检察科。1994 年，核定行政编制 58 名，实有 53 人。1995 年设检察技术科。1996 年 4 月，撤销经济检察科，挂牌成立反贪污贿赂局。1996 年，刑事检察科分设为刑事检察一科、刑事检察二科。1997 年，内设办公室、政工科、刑事检察一科、刑事检察二科、反贪污贿赂局、法纪检察科、监所检察科、民事行政检察科、控告申诉检察科、检察技术科、行政装备科。核定行政编制 58 名，实有人数 58 人。1998 年 4 月，刑事检察一科更名为审查批捕科、刑事检察二科更名为审查起诉科。2001 年，内设办公室（挂法警大队牌子）、政工科（挂纪检监察室）、侦查监督科、公诉科、反贪污贿赂局、渎职侵权检察科、监所检察科、民事行政检察科、控告申诉检察科（与举报中心、刑事赔偿工作办公室一个机构三块牌子）。核定行政编制 53 名，机关后勤服务事业编制 5 名，实有人数 54 人。2003 年，核定行政编制 63 名，机关后勤服务 5 名，实有 52 人。2005 年 5 月，成立人民监督员办公室。12 月，内设机构和核定编制不变，实有人数 50 人。

1990—2005 年历任检察长：陈初友（—1990.11）、黄毓君(1990.11—1993.11)、韦传庆(1993.11—1998.3)、杨一林(1998.3—2005.3，其中 1998.3—1999.1 为代理检察长）、覃广雄(2005.3—）。

第二节 刑事检察

1990 年，容县人民检察院根据全国刑事工作要点以及中央关于扫除“六害”的打击对象总体部署要求，针对县内社会治安突出问题，配合公安机关做好各种严打专项斗争，按照从重从快的方针，充分发挥审查批捕、审查起诉职能作用，实行快捕快诉，提前介入公安机关重大、复杂疑难案件的侦查、预审活动，依法从重从快严厉打击严重刑事犯罪活动，重点打击抢劫、杀人、伤害、强奸、爆炸等恶性犯罪和重大盗窃犯罪活动。

1990—1993 年，先后受理公安机关和本院自侦部门移送审查批准（决定）逮捕案件 511 件 920 人，经审查后批准（决定）逮捕 486 件 855 人；受理移送审查起诉 497 件 893 人，经审查后向法院提起公诉 371 件 630 人。对重特大恶性案件共提前介入公安机关侦查、预审 49 件，其中 1992 年对发生故意杀人、故意伤害（致死）和重大抢劫的 11 起案件都通过提前介入，及时掌握案情，由公安机关提请逮捕，平均每件审结批捕时间为 2 天，及时、准确打击重型犯罪分子。

1994—1996 年，加强与公安机关查案的有机配合，实施提前介入重特大刑事案件，确保及时审查逮捕，先后提前介入公安机关侦查、预审 73 件；受理公安机关和本院自侦部门移送审查批准（决定）逮捕案件 453 件 772 人，经审查后批准（决定）逮捕 411 件 662 人，不批准逮捕 24 件 86 人；受理移送审查起诉 455 件 743 人；审查后向法院提起公诉 312 件 490 人，报送玉林地区检察分院起诉 24 件 78 人。1996 年 10 月发生的梁某某故意杀人一案，检察机关与公安机关于案发后共同到案发现场，提取和掌握第一手资料，在公安机关呈捕当天就实施批捕。

1997—1999 年，共受理公安机关和本院自侦部门移送审查批准（决定）逮捕案件 428 件 626 人，经审查后批准（决定）逮捕 384 件 545 人，不批准逮捕 43 件 80 人；受理移送审查起诉 365 件 503 人；审查后向法院提起公诉 236 件 335 人，不起诉 12 件 29 人，报送玉林市检察分院起诉 17 件 37 人。

2000 年，积极参与容县县委、县政府开展的打击“黄、赌、毒”“打拐”“收枪治爆”“打黑除恶”等严打整治斗争和专项治理行动，依法打击“法轮功”等邪教组织犯罪活动。2001 年先后 2 次联合组织召开公捕公判大会，公开逮捕 62 人，公开判决 21 人。至 2005 年，先后受理公安机关和本院自侦部门移送审查批准（决定）逮捕案件 1375 件 2086 人，经审查后批准（决定）逮捕 1253 件 1845 人；受理移送审查起诉各类刑事案件 1325 件 1965 人；审查后向法院提起公诉 1134 件 1411 人，报送玉林市人民检察院起诉 31 件 56 人。

第三节　经济检察

1990年，容县人民检察院受理经济检察案件23件23人，立案侦查10件10人，挽回经济损失36.75万元。1991年，贯彻为社会主义经济建设服务和保驾护航的指导思想及“打击、保护、促进”综合治理精神，继续深入开展打击贪污、贿赂等经济犯罪的斗争。

1992—1993年，先后建立检察室8个，通过加强检察室建设，受理经济案件19件，立案侦查或协助立案侦查16件，挽回经济损失58.19万元。至1993年，全院受理经济案件96件134人，立案侦查41件45人，挽回经济损失176.35万元。

2001年6月中旬，容县检察院在县城举办以“责任重于泰山，依法惩治渎职犯罪”为主题的举报宣传周活动

（王明全　摄）

1994—2001年，贯彻为市场经济建设服务的思想，坚持“严格执法、狠抓办案”方针，继续深入开展反腐败斗争，集中力量查办各种经济违法案件。其间，先后受理经济案件209件215人，立案侦查84件86人，挽回经济损失1251.98万元。查处案件类型以贪污、受贿、挪用公款案居多。1999年，把查办案件的重点放在“三机关一部门”（即党政领导机关、行政执法机关、司法机关和经济管理部门）发生的案件上。至2001年，共受理经济案件68件70人，立案侦查31件32人，挽回经济损失320.74万元。

2002年，按照自治区人民检察院提出的“稳定办案数量、提高办案质量、突出办案重点、规范办案行为”的总体要求，加大查办和预防职务犯罪工作力度。至2005年，先后受理经济案件76件82人，立案侦查50件54人，挽回经济损失389.92万元。

第四节　其他检察

法纪检察

1990年，容县人民检察院履行法纪检察职能，查办侵权、渎职案件，维护公民的民主权利、人身权利。至1991年，共受理法纪检察案件12件，立案侦查7件。开展法制宣传和检察建议工作，组织有关单位上法制课5次，听课人员950多人，提出书面检察建议3次。1992年，与有关部门密切协作，查处重大责任事故案，为社会主义市场经济服务。至1995年，先后受理法纪案件53件，立案侦查12件，立案查处案件中重大责任事故案7件，玩忽职守案4件，非法拘禁1件。1996年，贯彻“严格执法、狠抓办案”工作方针，坚持“一要坚决，二要慎重，务必搞准”办案原则，开展法纪检察工作，至2000年，共受理法纪案件53件，立案侦查7件，立案查处案件中玩忽职守案3件、假冒商标案1件、非法拘禁案1件、重大责任事故案1件、违法发放林木采伐许可证案1件。2001年，进一步加大查处发生在“两会一部”（农村合作基金会、救灾扶贫互助储金会、供销社股金服务部）的职务犯罪案件力度。至2005年，共受理法纪案件31件，立案侦查11件，立案查处案件中玩忽职守案9件，徇私舞弊1件，滥用职权1件。

控告申诉检察

1990年，容县人民检察院密切与人民群众的联系，为群众排忧解难，抓好来信来访工作，全年受理群众来信来访112件12人，及时疏理分流45件6人，转送有关单位办理37件6人。1991年11月，成立控告申

诉检察科，专门负责受理群众来信，接待群众来访，处理涉及刑事问题的控告、检举、申诉和自首，为群众提供法律咨询，调解和处理可能激化群众矛盾的控告申诉。1991—1993 年，收到举报来信 366 件，接待群众举报来访 109 件，收到申诉案件 59 件，提供法律咨询 501 人(次)，对群众来信来访均按信访“归口处理”原则处理。其间，设置检察长、副检察长接待日，在县电视台公布举报电话，取得良好效果，仅在 1993 年第四季度就收到群众举报线索 94 条。1994—1996 年，以深入开展举报宣传和法律咨询为重点，期间先后收到群众来信 436 件，有 313 件为案件举报，其中经济线索 161 件、刑事线索 80 件、其他线索 54 条、重复举报 18 件；有 116 件为申诉件，其中刑事申诉 59 件、民事申诉 17 件、行政申诉和其他申诉 33 件，重复申诉 7 件。其间，接待群众来访 690 人(次)，提供法律咨询 404 人(次)，对首次实名来信一律答复。按照管辖范围，对来信来访进行登记、存档和分流、归口、转办、不积压。1997—1998 年，共受理群众来信 159 件，受理举报线索 138 件。1997 年受理申诉案件 4 件，提供法律咨询 586 人(次)。1998 年接待群众来访 129 人(次)；7 月，在城乡设点开展举报工作宣传月活动，印发举报宣传资料 3500 份，接待群众咨询 584 人(次)。1999 年，开展争创文明接待室、举报宣传周等活动和落实信访、检察长接待日制度。至 2002 年，共受理群众来信来访 720 件 1027 人次，受理举报线索 368 件，评估举报线索 82 件，举报中心初查 51 件，移送自侦部门立案侦查 4 件，移送公安机关立案侦查 2 件；开展检察长接待 193 个工作日，接待来访群众 263 人(次)，处理群众集体上访 31 件、告急访 24 件；举办举报宣传周活动，接待群众咨询 1.25 万人(次)，发放宣传资料 2.18 万份，受理举报线索 23 件。2003 年，落实控告申诉案件首办责任制，受理举报线索 33 条，其中属检察机关管辖 25 条，实施初查 3 件；转县纪委办理 2 件，存查 6 件。2004 年，集中处理 2003 年以来涉法上访问题专项行动，排查、受理案件 32 件。2003—2004 年，共受理群众来信来访 303 件 539 人次，开展检察长接待 92 个工作日，接待来访群众 47 批 159 人，批办重要信件 37 件，妥善处理集体访 15 件。2005 年，受理群众来信来访 146 件。6 月，在城区设点 3 个，开展举报宣传周活动，发放宣传资料 2000 多份，组织检察干部到教育、工商、医药等部门结合典型案例上法制课，以案说法，接受群众咨询 32 人次，受理控告 2 件，民事申诉 1 件。

民事行政检察

1990—1991 年，容县人民检察院民事行政检察工作内容由各职能科室在开展检察业务中落实。1992 年，设立民事行政检察科，正式开展民事行政检察业务，通过受理公民、法人、社会团体的申诉，加强对民事、行政诉讼活动的监督。年内受理民事行政申诉案件 5 件，立案审查 1 件，根据核查结果，依照法定程序向玉林地区检察分院民事行政监察科提出纠正意见；不予立案 4 件，并对申诉人做息诉工作。1993—1995 年，受理民事行政申诉案件 34 件，其中群众来信 13 件，群众来访 21 件；属首次申诉 28 件，重复申诉 6 件。在首次申诉的 28 个案件中，有民事经济申诉 19 件，不服法院已生效判决 18 件。同期受理玉林地区检察分院交办的民事申诉案件 3 件。实施初查 7 件，立案审查 3 件，提请抗诉 2 件。接待法律咨询来访 27 件 39 人。1996 年，贯彻“严格执法，狠抓办案”工作方针和“敢抗、会抗、抗准”的民事行政检察办案原则，确保案件质量。至 1997 年，先后受理民事行政申诉案 30 件，其中来信 6 件，来访 24 件；属民事经济申诉 28 件，行政申诉 2 件。进行初查 5 件，立案审查 3 件。1998—2001 年，共受理民事行政申诉案 38 件，立案审查 15 件，建议玉林市人民检察院立案审查 5 件，提请抗诉 9 件，出庭支持抗诉 1 件，法院再审改判 2 件。协助玉林市人民检察院办理行政抗诉 2 件。向法院提出检察建议 2 件。2002 年，推行民事行政申诉案件公开审查制度，运用抗诉和检察建议手段，加强对民事、行政诉讼活动监督。至 2005 年，共受理民事行政申诉案件 43 件，其中玉林市人民检察院交办 4 件，立案审查 38 件，提请抗诉 15 件，建议提请抗诉 2 件，出庭支持抗诉 11 件，法院再审后改判 4 件，向法院提出检察建议 2 件。

第五节　执法监督

立案侦查和审判监督

1990 年，容县人民检察院通过行使法律监督职能，对侦查、审判实行监督，不漏捕漏诉，出庭支持公诉，进行审判监督，打击犯罪。至1994年，共追捕漏犯29人，改变侦查机关定性3件5人，提出抗诉3件。1995—1997年，共追捕追诉17人，口头或书面纠正违法7件（次），提出抗诉1件。其间，在办理卢某某奸淫幼女案过程中，发现还有多人奸淫过被害人，而在公安机关移送审查起诉案卷中没有反映，经及时向公安机关提出追诉建议，防止漏犯逃脱法律的惩处。1998年，集中精力解决群众反映强烈的司法不公问题，通过制订《加强立案监督和侦查活动监督的方案》，建立刑事批捕案件台账，对批捕、起诉和出庭公诉的审查突出监督重点，落实对刑事立案、侦查、审判活动的跟踪监督。至2000年，先后立案监督案件3件4人，要求公安机关说明不立案理由7件，追捕漏犯18人，追诉漏犯漏罪14件18人，改变侦查机关定性17件17人，口头或书面纠正违法63件（次），提出抗诉2件5人。2001—2002年，受理刑事立案监督案件12件，向公安机关发出《要求说明不立案理由通知书》10份，公安机关接通知书后立案侦查7件，改变侦查机关定性24件43人，追捕漏犯12人，追诉漏犯5件8人，追诉漏罪9件10人，口头或书面纠正违法31件（次）。向有关部门发出《检察建议书》3份，提请抗诉1件4人，提出抗诉2件3人。2003—2005年，共办理刑事立案监督案件37件41人，向公安机关发出《要求说明不立案理由通知书》15份，要求说明不立案理由15件16人，公安机关接到《要求说明不立案理由通知书》后，主动立案11件11人，追捕漏犯7人，追诉漏犯2件3人，追诉漏罪7件8人，改变定性7件7人，口头或书面提出检察建议27次，纠正违法1件2人，提出抗诉4件6人。

刑罚执行监督

1990年，容县人民检察院履行监所检察工作职责，依法对刑罚执行和监管活动实行监督，维护正常的监管秩序和监所安全。至1991年，进驻监所实施检察612天，参加联席会议、安全大检查36次，对人犯思想动态和防范措施实施分析24次，上法制课16次，进行个别谈心教育564人（次），提出检察建议45条，催办羁押期限将到期案件9件，纠正干警违法2次。1992—1994年，进驻监所检察979天，落实监所规范化管理制度，参加联席会议、分析人犯动态、评比监舍活动会议、安全防范工作会议等共134次，参加安全大检查42次，提出检察建议101条，催办羁押期限将到期案件68件，纠正违法7次。上法制课38次，受教育9073人（次），进行个别谈话教育769人（次）。发现事故苗头或不安全因素及时纠正21起，配合看守所开展打击"牢头狱霸"违法犯罪活动，先后处理26人。考核监外执行刑罚的"五种罪犯"共100人。1995—1998年，驻所检察1362天，打击"牢头狱霸"违法犯罪活动，处理36人，向法院提起公诉2件2人，办理人犯案4人（次），出庭支持公诉1次，办理再犯罪案件1件1人，办理、提起公诉在押人犯脱逃案1件1人。上法制课55次，受教育人犯1.51万人（次），进行个别谈话教育1151人（次），召开人犯座谈会8次。其间，人犯通过接受教育，提高思想认识，揭发犯罪线索77条，交代余罪60条。根据审理犯罪线索，增捕漏犯8人。考察监外执行"五种罪犯"123人（次），对监外执行的"五种罪犯"75人训话教育2次。协助有关单位追回拖欠款57万多元。参加联席会议、分析人犯动态、安全事故会议等共82次，参加安全大检查73次，发现及时纠正事故苗头27起，提出检察建议124条，纠正违法11人（次），催办羁押即将到期案件52件。1999—2000年，加强刑罚执行、保外就医、减刑、假释的监督，提出检察建议5项12次，纠正违法关押5件6人（次），纠正违法执行刑罚17人，纠正违法截留劳教人员26人，催办快到羁押期限案件37件（次）。做好人犯帮教工作，11人交代余罪或揭发他人犯罪线索4件（条），经主管部门查实1件，增捕漏犯2人。2001—2003年，通过强化刑罚执行监督，开展清理和纠正超期羁押专项治理，防止和杜绝超期羁押、违法取保候审、减刑及任意改变强制措施等问题。其间，驻所检察1007天，上法制课41次，受教育人员3799人（次），进行个别谈话教育1159人（次），催办案件308件（次），提出检察建议33条，纠正违法15次，参加安全大检查15次，出席安全联席会议3次。催送交付监狱及劳教场所执行刑罚287人，依法监督18名不符合减刑条件的罪犯，纠正违法保外就医1人。2004年，开展减刑、假释、保外就医专项检查活动中，共清查2002年以来减刑53人、保外就医17人，查出违反法定条件减刑18人，违反法定程序减刑2人，违反法定条件保外就医1人，对违反法定条件和法定程序减刑的作出书面纠正，违反法定条件保外就医的收监并送平南监狱服刑。2005年，对监管单位呈报减刑、留所服刑、保外就医等28名罪犯的材料进行检察，对不符合条件和程序的 4 名罪犯提出不报、缓报的检察建议，全部得到采纳，纠正违法释放案件 1 件 1 人。2004—2005 年，提前催办案件 136 件（次），催送交付监狱执行刑罚 174 人，不予批准不符合留所服刑条件 6 人。

第四章 法 院

1990 年，容县人民法院依法开展刑事、民事、经济、行政审判，民事审判工作开始试行加强当事人举证责任，推进审判公开。同年刑事审判结案 142 件，审结 251 人；民（商）事审结 1421 件；行政审判案件审结 6 件。受理执行案件执结 114 件。1995 年，改革审判方式，由“纠问式”诉讼模式向“控辩式”诉讼模式转变。坚持公开审判制度，允许公民到法庭旁听和新闻记者采访报道，以公开促公正。1998 年，民（商）事审结 3896 件，为期内最高值年份。1999 年 3 月 10 日，最高人民法院公布《关于严格执行公开审判制度的若干规定》，容县人民法院进一步落实《中华人民共和国宪法》和法律规定的公开审判制度，确保实现司法公正。2005 年，刑事判结案 182 件，判结人数 253 人；民（商）事审结 605 件；行政审判案件审结 35 件，是 1990 年以来立案受理最多的年度。同年，受理执行案件执结 415 件，审判监督审结 6 件。

第一节 机 构

1990 年，容县人民法院（以下简称县法院）办公地址设在容城镇北门街 54 号。内设职能机构有刑事审判庭、民事审判庭、经济审判庭、行政审判庭、执行庭、办公室、政工科、信访科；下设基层人民法庭有附城人民法庭、黎村人民法庭、杨梅人民法庭、县底人民法庭和松山人民法庭。核定行政编制 91 名，实有 83 人。1991 年 4 月增设少年法庭。1993 年 5 月增设告诉申诉庭。1994 年，设立法警队、司法行政科、立案庭、经济纠纷巡回法庭，成立经济纠纷调解中心。年内核定行政编制 105 名，实有 83 人。1996 年，设立经济审判第二庭、城区人民法庭。1997 年内设职能部门有刑事审判庭、民事审判庭、经济审判庭、行政审判庭、立案庭、审判监督庭、执行庭、办公室、政工科、监察室、研究室、司法警察大队。下设基层人民法庭有附城人民法庭、黎村人民法庭、杨梅人民法庭、县底人民法庭和松山人民法庭。核定行政编制 103 名，实有 70 人。1999 年办公地址迁至容城镇城西路下沙南街 80 号。2000 年，撤销杨梅人民法庭、松山人民法庭、城区人民法庭。2001 年机构改革，内设职能部门 11 个，下设基层人民法庭 3 个；核定行政编制 109 名，实有 84 人。2005 年，县法院内设职能机构有立案庭、刑事审判庭、民事审判第一庭、民事审判第二庭、行政审判庭、审判监督庭、执行庭、办公室、政工科、监察室、司法警察大队；下设基层人民法庭有附城人民法庭、黎村人民法庭、县底人民法庭；核定行政编制和机关后勤服务人员不变，实有干警 90 人。

1990—2005 年历任县法院院长：陈业贵（—1993.10）、梁新祥（1993.11—1998.3）、罗基龙（1998.3—2001.11）、陆敏平（2002.10—2005.2，其中 2001.12—2002.9 为代理院长）、张万龙（2005.3—）。

第二节 审判制度改革

1990 年，县法院在刑事审判和民事审判过程中，执行公开审判制度、辩护制度、回避制度、合议制度、两审终审制度等审判制度，诉讼模式为通常实施的“纠问式”，即由法官主导庭审，在审判过程中具有绝对地位和权威性。在刑事诉讼中，司法机关主动追究，被告人与法官质询、检察官辩论的诉讼权利趋于弱化，申述也难以得到采纳。在民事诉讼中，法官依照当事人诉状开展调查取证，由法官收集调取证据。1995 年，推行刑事“控辩式”诉讼模式；在民事诉讼中，重在当事人及案件代理人的举证责任，所有证据均在法庭上举证、质证、辩证、认证，进一步体现法官的中立位置。

1999年，推出审判长、独任审判员选任制度，明确审判长、独任审判员的职、权、利，并签发法律文书，对案件负责，年内任命审判长26名，独任审判员6名。2000年7月11日，最高人民法院审判委员会通过的《人民法院审判长选任办法（试行）》下发后，县法院进一步加大审判长、独任审判员选任的改革力度。

2000年，在自治区内率先启动"大立案"改革，在立案庭配置上分设立案组、外勤组、书记员组和执行标的物保管组，其中外勤组负责接待来访、外调取证、诉讼保全和送达等审理前期工作，不参加案件的审理；审判人员根据材料坐堂查证审案；完善立案公开、接待、廉政监督和保密等制度。2002年起，根据最高人民法院审判委员会通过的《最高人民法院关于法院合议庭工作的若干规定》，实行合议制审判第一审案件，由法官或者法官和人民陪审员组成合议庭进行；人民法院实行合议制审判第二审案件和其他应当组成合议庭审判的案件，由法官组成合议庭进行。

第三节　刑事审判

1990年，县法院先后组织召开公判大会9次，集中宣判案件49件、被告人86人，旁听人数近4万人次。年内审判结案142件，审结251人。1992年，召开宣判大会4次，宣判案件15件、被告人44人，旁听人数3万多人次；全年审判结案111件，审结人数207人；审结少年犯罪案件16件20人，其中判处有期徒刑缓刑7人；对缓刑假释犯实行风险抵押保证金制度，全年判处缓刑17人。1993年，全县审判收案件数有所下降，收结案均为82件。1994年，召开宣判大会7次，宣判案件43件、被告人76人，旁听人数5万多人次；年内判结案114件，判结人数163人。2001年，召开宣判大会3次，宣判案件24件、被告人35人，旁听人数2万多人次。2005年，判结案182件，判结人数253人。

2001年4月26日，容县法院、容县公安局在容县中学大操场举行公捕公判大会。图为大会会场

（梁毕玄　摄）

表15-5　**1990—2005年容县法院刑事审判收结案件一览表**

年份	收案		结案		年份	收案		结案	
	件	人	件	人		件	人	件	人
1990	142	251	142	251	1998	88	114	88	114
1991	147	189	147	189	1999	113	175	113	175
1992	111	207	111	207	2000	135	190	134	185
1993	82	127	82	127	2001	173	262	174	267
1994	114	163	114	163	2002	214	360	214	360
1995	159	280	159	280	2003	219	315	219	315
1996	130	234	130	234	2004	225	297	209	275
1997	128	232	128	232	2005	166	231	182	253

第四节 民(商)事审判

1990年,县法院民(商)事案件收案(含旧存)1475件,结案1421件,包括婚姻家庭、继承、相邻、债务纠纷、田边地角,争山林、争水、争土地房屋界址,还有夫妻间的矛盾以及各类经济纠纷等案件。年内,县法院组织巡回法庭到水利灌区依法受理拖欠水费案件,结合办案中发现的问题,向水利工程部门提出改善管理的司法建议,黎村人民法庭辖区的满垌双底水利管理所通过依法治水管水将追回的水费资金投入到维修水利工程中,疏通渠道4条,修复陂坝10座,增设电力抽水机1座,全部渠道的清淤工作完成快、质量高,在大旱之年保证了2个乡(镇)灌区内的农田灌溉用水。1991年,实施专项审判行动。1月,通过审理确认,为杨村乡马良村公所追回村内80户村民的欠款1.10万多元,清偿了所借信用社的贷款,并办成了一些村里的公益事业。3月,对松山乡合同村、平车村的村公所追收农户拖欠多年的钱物事项组织专项审判,追回欠款2万多元,及时解决了村公所组织春耕生产的资金缺口。在审理石寨乡政府与自然人李某某承包供电所合同纠纷一案期间,依法及时采取裁定,把石寨供电所及罗位电站先予交给石寨乡政府经营管理的先予执行措施,促使先予执行管理人主动筹集资金代偿电费11万多元,恢复县电力公司的供电,并修好罗位电站机组恢复发电,两电并用,迅速解决了辖区内生产生活正常用电。

1992年,受理贷款等经济纠纷案件995件,追回逾期贷款68.71万元。1993年,审结借款合同纠纷案1310件,诉讼标的350多万元。1995年,审结134件借款合同案件,诉讼标的1466万元。1996年7月16日,松山法庭受理松山信用社起诉覃某损害名誉案,并进行公开审理。经审理查明,被告覃某在没有真凭实据的情况下,张贴大字报,损害了原告的名誉权。在法院主持下,双方当事人自愿达成协议,由被告向原告赔礼道歉,张贴道歉书,一次性赔偿原告名誉损失费人民币2000元。

1998年,收案(含旧存)3971件,结案3896件。7月,县法院依法受理容县纸厂破产案,案件涉及厂内资产近亿元以及职工685人、退休人员102人的切身利益。10月6日通过审查立案,在依法定程序审理阶段,推动并促成厂房向外租赁,在同月12日裁定宣告破产之时,组建成立容县万力造纸厂,经融资150多万元进行技改和设备维修,企业短期内重新运转,恢复生产,近500名下岗职工实现重新上岗再就业。

1999年,县法院审结"两金会"(即股金会、基金会)案件304件,执结210件,执行标的金额510多万元。为防范金融风波、缓解"两金会"的兑付困难问题,确保春节期间全县社会稳定,县法院于2月上旬集中全院90%的干警参加全县"两金会"案件的审理、执行突击活动,先后受理案件29件,审结22件;执行案件239件,执行标的189万元。全年收案(含旧存)3161件,结案3091件。2001年,全县民商事审判收结案件有所下降,全年收案(含旧存)857件,结案840件。2005年,收案(含旧存)645件,结案605件。

表15-6　　1990—2005年容县法院民商事审判收结案件一览表

单位:件

年份	收案(含旧存)	审结	年份	收案(含旧存)	审结
1990	1475	1421	1998	3971	3896
1991	1621	1578	1999	3161	3091
1992	1955	1933	2000	1533	1511
1993	2651	2623	2001	857	840
1994	1526	1495	2002	944	917
1995	2975	2945	2003	772	751
1996	4108	4037	2004	737	708
1997	2604	2560	2005	645	605

第五节　行政审判与国家赔偿

1990年，县法院受理行政审判案件6件，审结6件。1991年，审理梁某某诉容县六王乡政府土地行政处罚一案，依法判决维持六王乡政府关于拆除原告违章所建房屋的决定，同时判决撤销六王乡政府对原告罚款的裁决。1992年，县法院先后在县交通规费稽征站、县房管所、县电力公司、县计生委和各乡（镇）计生站设立20个执行室。1995年8月，审理在《中华人民共和国劳动法》施行后的县内首例劳动行政案件，对原告容县永丰酒店经营人顾某某、黄某某不服容县劳动局劳动行政处理决定一案，依法判决维持被告容县劳动局针对原告招用工人10人未按规定报告劳动部门审批备案的行为，以及自1994年11月25日起违反《中华人民共和国劳动法》非法使用未满16周岁的女童工罗某长达101天的行为所作出通报批评和罚款4000元的处理决定。年内，受理行政审判案件12件，审结11件。县法院自1994年8月立案审理并于1996年12月作出判决的杨村农具厂、杨村铁锅厂诉杨村乡人民政府侵犯企业经营自主权一案，依法撤销被告方在1993年6月未经属手工业集体企业性质的原告方同意，任命非本厂工人为厂长、将厂发包给他人经营、政府收取承包金的侵犯企业经营自主权的行政行为。该案是县内首例侵犯企业经营自主权的行政案件，被告不服上诉，1997年，经玉林地区中级人民法院二审终结，判决维持原判。1999年，受理非诉行政案件276件，全部执结。所审查、执结的非诉申请执行的案件主要内容为“三提五统”［三提是农户上交给村级行政单位的三种提留费，包括公积金、公益金、管理费；五统是农民上交给乡（镇）政府的五项统筹，包括教育附加费、计划生育费、民兵训练费、民政优抚费、民办交通费］、教育费附加征收等。2000年，受理行政审判案件20件，审结20件。2005年，受理行政审判案件35件，审结35件，是1990年以来立案受理最多的年度。

1990—2005年，没有发生受理国家赔偿的案件。

表15-7　　1990—2005年容县法院行政审判案件一览表

单位：件

年份	收案（含旧存）	审结	年份	收案（含旧存）	审结
1990	6	6	1998	12	11
1991	11	9	1999	12	12
1992	13	11	2000	20	20
1993	11	10	2001	13	13
1994	10	9	2002	12	12
1995	12	11	2003	12	12
1996	11	11	2004	17	17
1997	11	11	2005	35	35

第六节　执　行

1990年，县法院按照“审执并重、审执配合”以及“说服教育执行为主，强制执行为辅”的原则，以开展执行会战和执行突击月活动相结合执结案件。年内受理执行案件142件，执结114件。2月18日—19日，县法院组织执行队伍，在县党政机关相关部门的密切配合下，对县土地局、县公路局申请执行拆除位于国道 324 线容县绣江大桥至六王乡路段沿线违反《中华人民共和国土地管理法》《公路管理条例》规定搭建的路边饭店的违章建筑案件 21 件,全部执行完毕,其中经交涉由当事人自行拆除路边饭店 3 幢(9 间),强制拆除 18 幢(60 间)。年内,在受理广东省顺德县某某实业公司申请执行容县刘某某的购销合同货款纠纷一案中,依法对被执行人在本县的小汽车、摩托车、高档电器等价值 9 万元的财产予以拍价变卖,将所得款项支付给申请执行人。1991 年,执结权利人为外地人的案件 5 件,追回款项 962 万元;协助和配合外地法院执行案件 4 件。1993 年,推动实施教育疏导执行方式,全年受理执行案件 1796 件,执结 1727 件,其中通过教育疏导为主要执行手段执结案件 1586 件。1995—1998 年,受理执行案件(不含旧存)3171 件,执结 3714 件。其中 1997 年受理执行案件(不含旧存)1577 件,执结 213 件,未结案件 1364 件。1999 年,是全国法院系统开展"执行年"活动的一年,其间,先后对拒不履行义务的债务人赵某依法进行司法拘留,对债务人刘某的财产依法进行强制处置。至 2002 年,受理执行案件每年都有 1000 多件。通过集中加大力度处理大量积案,以广泛宣传报道典型执行案例等形式,推动债务人主动履行义务。2003 年,执行案件数量回落至 739 件。2005 年,受理执行案件 233 件,执结 415 件。年内,在执结标的为 10 万多元的 1 起买卖合同货款纠纷案过程中,因被告谢某拒不履行法院判决归还原告余某货款的义务,根据原告申请,县法院组织干警前往梧州市对被告的住宅依法进行搜查,扣押小汽车 1 辆,并促成被告在小汽车被扣押后 3 天即全部归还所欠货款。

表 15-8　　1990—2005 年容县法院执行收结案件一览表

单位:件

年份	受理(不含旧存)	执结	未结	年份	受理(不含旧存)	执结	未结
1990	142	114	28	1998	463	1272	557
1991	693	669	24	1999	1291	1166	125
1992	1563	1511	52	2000	1697	1413	258
1993	1796	1727	69	2001	1845	1734	111
1994	73	69	4	2002	1213	1141	72
1995	471	465	6	2003	739	453	286
1996	660	625	35	2004	1276	1116	446
1997	1577	213	1364	2005	233	415	264

第七节　审判监督

1990 年,县法院的告诉申诉和审判监督工作先后由信访科、告诉申诉庭负责,年内受理审判监督案件 1 件,审结 1 件。1991 年 5 月,六王乡村民郑某某到县法院反映其女郑某被货车撞伤,虽入院治疗但无钱医治,请求肇事司机给钱医治未果。在反映情况时,郑某某露出绝望情绪,并产生要把其女抬到县政府示众的念头,经县法院及时对郑某某进行法制教育,调整情绪,同时向有关部门反映情况,经协调事情得圆满解决。1997 年机构改革,审判监督职能转由审判监督庭负责,年内受理审判监督案件 13 件,审结 13 件。2001 年,受理审判监督案件 24 件,审结 24 件,为 1990 年以来受理审判监督案件和审结案件最多年份。2002 年起,受理审判监督案件有所下降,2005 年收案 7 件,审结 6 件。

表 15-9　　1990—2005 年容县法院审判监督收结案件一览表

单位：件

年份	再审收案	再审结案	年份	再审收案	再审结案
1990	1	1	1998	9	7
1991	3	3	1999	11	11
1992	4	4	2000	9	9
1993	8	8	2001	24	24
1994	16	14	2002	4	3
1995	12	10	2003	3	2
1996	13	13	2004	4	6
1997	13	13	2005	7	6

第五章　司法行政

1990—2005 年，容县司法工作主要是负责法律普及、法律服务、律师服务工作和刑满释放、解除劳动教养人员的安置帮教工作。县司法局在各乡（镇）设置司法办事机构，在各村（社区）设置人民调解委员会 229 个，有人民调解员 1894 人。坚持“以防为主，调防结合”方针，调处民间纠纷 2.17 万件。其间，先后组织实施第二、第三、第四个五年普法教育活动，参加普法学习人员达 35 万人次，提高全民的学法用法、依法维权的法律意识。1999 年开通“148”法律服务专用电话，成立容县“148”协调指挥中心。做好法律服务工作，1990—2005 年，为 1049 家客户担任法律顾问，办理刑事、民事诉讼代理和非诉讼代理案件 3849 件，办理各类法律援助案件 96 件。公证机关主动为各单位提供司法建议，办理各种抵押、担保、借款等合同公证 5.52 万件。

第一节　机　构

容县司法局

1990 年，容县司法局是县人民政府工作部门，正科级。内设秘书科、法制宣传科、人民调解科、公证律师科，核定行政编制 14 名，实有人员 13 人。办公地址设在容城镇金珠街 92 号。1997 年，内设政工秘书股、法制宣传教育股、公证律师股、基层工作股，核定行政编制 30 名，实有人员 18 人。2001 年 3 月，设立“148”法律服务中心。2003 年，内设政工秘书股、法制宣传股（挂依法治县领导小组办公室牌子）、基层工作股、公证律师管理股，核定行政编制 17 名，机关后勤服务 1 名，实有 15 人。2004 年 1 月，成立容县法律援助中心，为司法局内设机构，与公证律师管理股合署办公。2005 年，内设机构有政工秘书股、法制宣传股（挂依法治县领导小组办公室牌子）、基层工作股、公证律师管理股（挂容县法律援助中心牌子），核定编制不变，实有人员 16 人。下属单位有容县公证处、广西五行律师事务所（属合伙制社会中介机构）和容县山林土地水利纠纷处理办公室。

1990—2005 年历任局长：曾宪汉（—1990.10）、梁有雄（1990.11—1993.7）、梁志全（1994.1—1998.1）、罗蔼东（1999.3—）。

乡（镇）司法所

1990 年，在全县 16 个乡（镇）设立有司法办公室，属乡（镇）事业单位，县司法局负责业务指导。2002 年机构改革，撤销各乡（镇）司法办公室，在 16 个乡（镇）设立司法所，属县司法局派出机构，核定行政编制 20 名，实有人员 16 人。2005 年，成立容县司法局容州司法所，撤销容城司法所、容厢司法所，核定行政编制不变，实有人员 18 人。

第二节　法制宣传教育

“一五”普法

1990年，是“一五”普法（即第一个五年计划普及法律常识）最后一年，容县围绕党中央提出的“稳定高于一切”和同年颁布实施的《中华人民共和国行政诉讼法》两大主题，以宣传《中华人民共和国宪法》《中华人民共和国集会游行法》和《中华人民共和国行政诉讼法》为重点，在全县各乡（镇）开展多层次法制宣传活动，共办黑板报160期，宣传专栏340期，宣传橱窗24期，上法制课150多次，受教育人数有4万多人。其间，在县经委系统各企业中成立基层普法教育领导小组28个，开展“以法育人，以法治厂”法律宣传，发放普法教育资料628份，出版墙报、板报、专栏62期，征订普法教材3812本，举行普法教育骨干培训班6期，参加普法学习人数98%以上。编印“严打”整治斗争专刊240多份到各乡（镇）及县直单位，出版宣传橱窗、专栏35期，出动宣传车150多辆次在县内城乡开展法律宣传，配合在全县范围开展的严厉打刑事犯罪统一行动。

“二五”普法

1991—1995年实施。容县通过制定《容县实施第二个五年法制宣传教育规划》《容县实施依法治县工作的五年规划》，成立县“二五”普法、依法治县领导小组及其办公室。开展以《中华人民共和国宪法》为核心，以专业法为重点的普法教育，把义务教育法、国旗法、国徽法、集会游行示威法等52个法律法规内容分解为5个单元，每年设学1个单元。全县发放和订阅各类普法读本14.20万册、专业法律法规32万余册，制挂横标和固定标语5780条，制作和播放电视广播普法节目4360次；出动宣传车8869辆次在乡（镇）开展巡回普法宣传和法律咨询。组建有法制宣传员、律师、公证员参加的法律咨询队伍和组织县歌舞团到各乡（镇）、村屯进行普法宣传，开展法律专业咨询212场次，文艺演出86场次，发放各种法律法规辅导材料、法制宣传资料38万份。

容县公安民警到校园开展法制宣传

（2005年5月摄，容县公安局　提供）

“三五”普法

1996—2000年实施。容县坚持“抓基层，打基础”方针，以治乡（镇）、治村为首位，普及宣传法律法规50多项，组织开展法制宣传月、宣传周活动127次，出动宣传车9970辆次，举办法律咨询1200场次，印发宣传资料120万份，出版法制橱窗板报1.12万期，举行电视讲座115场次，订阅和发放“三五”普法读本11.40万套。推进普法工作进校园，以教学为中心、以德育为首位、以法制为保障的依法治校方针，全县有70所中小学校聘任由公、检、法、司机关在职干部组建的校外法制副校长，形成学校、社会、家庭“三位一体”法制教育网络。通过开展军、警、民共建活动，以模拟法庭、军训、少年军校等多种形式注入基本法律常识教育内容，先后对全县530所中小学14.50万师生上专题法制教育课1120场次。

第三节　法律服务

律师事务机构

1990年，容县仅有县律师事务所属县司法局管辖的国资机构，有执业律师6人。年内，担任52家企业、单位法律顾问，办理刑事、民事诉讼代理和非诉讼代理案件186件。1993年，增设国资机构容县经济律师事务所，有执业律师4人。1994年，容县律师事务所更名为广西铁塔律师事务所，容县经济律师事务所更名为广西星河律师事务所。1995年，开展律师事务机构改革，将国资律师事务服务机构改制推向市场，广西星河律师事务所更名为广西五行律师事务所，转为合伙制服务企业。年内，全县有律师事务机构2个，担任81家企业、单位法律顾问，办理代理案件296件，其中刑事案件54件，民事诉讼代理案件118件，非诉讼代理案件124件。2001年，广西铁塔律师事务所因不具备存续条件被自治区司法厅注销。容县仅有广西五行律师事务所，有执业律师5人，担任47家企业、单位法律顾问，办理代理案件174件。2005年，容县只有律师事务机构1个，有执业律师5人，担任10家企业、单位法律顾问，办理代理案件237件。

表15-10　1990—2005年容县律师事务机构担任法律顾问和办理各类案件统计表

年份	担任法律顾问（家）	办理刑事、民事、经济、行政诉讼代理和非诉讼代理案件（件）	年份	担任法律顾问（家）	办理刑事、民事、经济、行政诉讼代理和非诉讼代理案件（件）
1990	52	186	1998	41	265
1991	373	209	1999	42	221
1992	65	207	2000	45	347
1993	71	231	2001	47	174
1994	74	258	2002	18	251
1995	81	296	2003	9	222
1996	65	220	2004	4	315
1997	52	210	2005	10	237

基层法律服务

1990年，容县有9个乡（镇）设立法律服务所，代理诉讼事务和非诉讼事务案件149件，受理法律咨询3987人次。1991年，全县未建所的7个乡（镇）全部建立了法律服务所。代理诉讼事务和非诉讼事务案件271件，受理法律咨询2043人次。2005年，服务机构数量不变，服务人员32人，代理诉讼事务和非诉讼事务案件375件。

表15-11　1990—2005年容县基层法律咨询服务统计表

年份	代理诉讼事务和非诉讼事务案件（件）	年份	代理诉讼事务和非诉讼事务案件（件）
1990	149	1998	623
1991	271	1999	700
1992	314	2000	660
1993	693	2001	201
1994	685	2002	572
1995	602	2003	352
1996	672	2004	1128
1997	851	2005	375

法律援助

1995年，成立容县司法局中心法律服务所，开展向社会提供法律援助服务工作。1997年，“容县司法局中心法律服务所”更名为“容县司法局法律事务中心”。1999年3月，开通“148”法律服务专用电话2个，成立容县“148”指挥协调中心。年内，接待群众来访800多人次，解决法律问题400多个，向律师所、法律服务所、公证处分流案件近百件。2000年，“148”法律服务专线接受群众来电、来访712人次，解决群众法律问题620个。2001年，司法局法律事务中心改制为“148”法律事务中心，全年服务专线接受群众来电、来访183人次；律师、法律工作者完成法律援助案件27件。2002年，“148”法律服务专线接受群众来电、来访265人次。2003年，办理法律援助案件27件。2004年1月，成立容县法律援助中心，专门负责受理、审查法律援助申请，指派或安排人员为经济困难或特殊案件的当事人免费提供法律帮助。全年接受法律援助咨询85人次，办理法律援助案件19件。2005年，县法律援助中心办理法律援助案件23件。

公证事务

1990年，容县公证处办理各类公证2410件，其中民事公证事项269件，经济公证事项2141件。主要公证内容有对全县800多辆汽车及拖拉机实行征缴养路费的合同公证以及林果生产、生猪定点屠宰的合同公证。1991年，办理各类公证6085件，主要公证内容有办理计划生育协议公证4350件。1992年，办理各类公证2.60万件，主要内容有宅基地有偿使用协议的公证2万件。2000年，办理各类公证3221件，主要内容有涉外公证221件、计划生育合同公证2500件，交通规费稽征合同公证500件。2005年，办理各类公证498件。

表15-12　**1990—2005年容县办理公证事务统计表**

年份	办理公证(件)	年份	办理公证(件)
1990	2410	1998	5118
1991	6085	1999	3168
1992	25955	2000	3221
1993	6406	2001	406
1994	230	2002	248
1995	108	2003	211
1996	258	2004	570
1997	251	2005	498

人民调解

1990年，容县有人民调解委员会230个，其中村级人民调解委员会220个，街道社区人民调解委员会10个，有人民调解员1169人，年内调处民间纠纷案6505件，调结5694件，主要内容有婚姻、继承、赡养抚养、家庭、房屋宅基地、债务、生产经营、邻里、赔偿等。调处办调解结案76件，其中土地纠纷10件、山林纠纷18件、水利纠纷48件。2001年，全县有人民调解委员会250个，有人民调解员1532人，全年调处民间纠纷3562件，调结3298件，其中山林纠纷426件、水利纠纷492件、土地纠纷893件、坟山纠纷209件。2002年，调处民间纠纷4312件，调结4226件，其中山林纠纷596件、水利纠纷271件、土地纠纷819件、坟山纠纷68件。2003年，全县有人民调解委员会253个，其中县级1个、乡（镇）级16个、村街级229个、厂矿企业7个，有人民调解员1964人。全年调处民间纠纷4350件，调结4263件，其中山林纠纷586件、水利纠纷261件、土地纠纷829件、坟山纠纷78件。2004年，全县有人民调解委员会245个，有人民调解员998人。全年调处民间纠纷3098件，调结3081件，其中婚姻家庭纠纷1084件、生产经营性纠纷607件、财产性纠纷611件、侵权性纠纷774件、坟山纠纷22件。2005年，全县调处民间纠纷3098件，调结2974件，其中邻里纠纷618件、婚姻家庭纠纷929件、房屋宅基地纠纷610件、合同纠纷154件、赔偿纠纷591件、土地承包纠纷78件、坟山纠纷21件。

表 15-13　　1990—2005 年容县调解处理民间纠纷案数统计表

年份	调处民间纠纷案(件)	年份	调处民间纠纷案(件)
1990	6505	1998	5433
1991	6798	1999	3000
1992	4548	2000	3597
1993	3506	2001	3562
1994	5750	2002	4312
1995	4658	2003	4350
1996	5560	2004	3098
1997	4360	2005	3098

安置帮教

1990 年，容县社会帮教工作主要为各村各社区街道根据各地实际情况组织开展，没有统一的方式。2000 年，各乡（镇）司法办成立“两劳”（劳动改造、劳动教养）人员安置帮教站，负责具体安置帮教工作。全年接受“两劳”人员档案 27 件 27 人，全部进行安置帮教工作。2001 年，在县司法局和各乡（镇）司法办均成立“两劳”人员安置帮教办公室，全县接收帮教刑释人员 34 人、劳动教养释放人员 13 人。2002 年安置帮教刑满释放解除劳动教养人员（简称刑释解教人员）37 人。2003 年帮教刑释解教人员 47 人。2004 年帮教刑释解教人员共 66 人。2005 年全县帮教刑释解教人员共 53 人。

第十六篇

教　　育

2004年12月建成的容县高中状元楼　（2005年12月摄，容县教育局　提供）

1986 年，容县全面实施九年义务教育。1990—2005 年，容县继续深化教育体制改革，加强教师队伍建设和教学科研工作，多渠道筹集教育经费，鼓励社会团体、集体和个人集资办学，改善办学条件，推动教育事业发展。其中，1992 年容县实现了普通初等教育；1996 年率先在全自治区通过“基本普及九年义务教育”和“基本扫除青壮年文盲”评估验收，还获得“全国幼儿教育先进县”称号。至 2005 年底，容县有公办幼儿园 5 所，各小学设学前班 366 个；公办小学 219 所，教学点 201 个；公办初中 49 所，独立高中 1 所，完全中学 3 所，中等专业学校 2 所，中等师范学校 1 所；民办幼儿教育学校 106 所，中小学校 10 所，职业培训学校 21 所，文化补习学校 6 所。容县有在校小学生 7.38 万人，初中生 4.31 万人，高中学生 7988 人，中等专业学校在校学生 2600 人；教职工 7048 人，其中公办教师 5534 人，工人 145 人，县核发工资的代课教师 1369 人；有校舍面积 106.32 万平方米，其中危房面积约 6.02 万平方米；教育设施不断完善，社会办学管理有序。

第一章　教育管理

第一节　管理机构

行政机构

容县教育局（教育委员会）是县人民政府主管全县教育的职能部门。1990 年，容县教育局内设办公室、人事股、计财基建股、基础教育股、成人教育与职业教育股 5 个股室，并负责容县招生考试办公室日常事务管理工作。同年，成立容县教育局党组，设书记 1 人。行政编制 12 名，事业编制 2 名，实有人数 12 人。1994 年 10 月，容县教育局更名为“容县教育委员会”，内设机构不变，各乡（镇）相应设置教育管理委员会，同时撤销乡（镇）教育辅导组，改设教育管理委员会办公室，主要职责是在县教育委员会和乡（镇）教育管理委员会的双重管理下，领导、组织本乡（镇）辖区学校开展教育教学各项工作。1997 年 4 月，容县教育委员会改为容县教育局，各乡（镇）教育管理委员会仍保留，直到 2002 年 3 月，各乡（镇）教育管理委员会撤销，改设乡（镇）教育辅导站，职责范围基本不变。2002 年 2 月，进行县级行政机构改革工作，容县教育局行政人员编制由原来的 14 名精简至 10 名，部分行政人员提前退休，留任和新任的公务员实行竞聘上岗。2005 年，县教育局内设机构有办公室、人事股、计财基建股、基础教育股、成人教育与职业教育股 5 个股室，继续负责容县招生考试委员会办公室和容县教育督导室日常事务。有行政编制 10 名，机关后勤服务编制 1 名，实有人员 10 人。

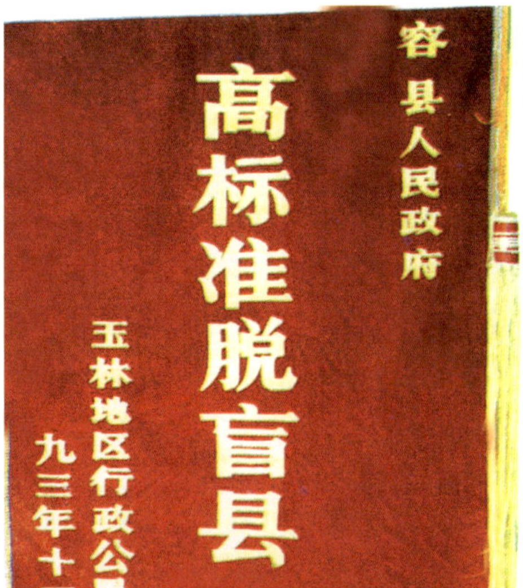

1993 年，容县获得玉林地区行政公署授予“高标准脱盲县”称号

（容县教育局　提供）

1990—2005 年历任局长（主任）、陈训裕（—1990.11）、赖绍信（1990.11—1992.4）、罗绍萍（1992.4—1993.12）、卢步明（1993.12—2001.11）、曾乾文（2001.11—）

事业机构

1990—2005 年，容县教育局的下属事业单位有容县教学研究室、电化教育馆（教学仪器站）和勤工俭学

公司。容县教学研究室，1990年实有人员61人，2005年实有人员52人。电化教育馆成立于1991年7月，1992年事业编制7名，实有人员7人。1992年11月设置“容县教育局教学仪器站”，负责全县中小学进行实验室建设和开展实验室教学工作。1983年10月容县勤工俭学公司成立，办公地址位于容县容城镇北大街134号，1990年实有人员14人，2005年有事业编制5名，实有人员2人。

第二节 教育体制

管理体制

1990—2005年，容县先后实行“地方负责、分级管理”和“以县为主”的管理体制。1991年12月7日，中共容县县委、县人民政府印发《中共容县委员会 容县人民政府关于容县教育发展与改革的决定》，容县教育改革全面启动。确立“科教兴容”战略目标，大力发展九年义务教育和职业技术教育，办好幼儿教育、基础教育和成人教育，加快人才培训建设，努力提高劳动者素质。此后，容县继续深入推进教育综合改革。1993年开始深化小学教育改革，小学推行教学目标管理；1994年9月开始推行素质教育和九年义务教育新课程；1995年1月，全面启动教育综合改革；1997年开始取消小学升初中的升学考试，全体小学毕业生免试进入初中读书。2000年9月，县委、县政府召开容县教育大会，部署全面推进素质教育工作，进一步深化教育改革，落实县、乡（镇）、村三级应履行的职责和建立教育经费投入保障机制。

2003年4月4日，容县人民政府召开完善农村义务教育管理体制工作会议。会议全面落实“以县为主”的农村义务教育管理体制，强化县政府义务教育的责任和统筹权，撤销乡（镇）教育辅导站，成立乡（镇）中心学校。城镇中学、职中和农村中学教育教学业务由县教育局负责，乡（镇）小学、农村小学和幼儿园的教育教学业务归乡（镇）中心学校负责，并接受县教育局指导。

学校领导人员的任免：容县高中、容县中学、容县职业中专、容县教师进修学校校长由县政府任免，副校长由县委组织部任免；乡（镇）中学、中心学校、示范性幼儿园的正副校（园）长由县教育局任免；村小学校长人选由中心学校推荐，经乡（镇）考核同意，由县教育局任免。教职工编制由县编制、财政部门核定，教育行政部门管理。县教育局对中小学教师的资格认定、招聘录用、职务评聘、培养培训、调配交流和考核进行管理。公办教师在县内范围的调动，自然减员的补充、代课教师的辞退，教师的晋级记过处分，由县教育部门按上级政策作出决定。

1990—2005年，容县民办教育学校归县教育局统一管理，由成人教育与职业教育股具体实施。1991年，县教育局对全县44个民办学校（班）进行检查验收，给28个达标的民办学校（班）颁发了合格证。责令12个办学条件不够完善的民办学校（班）进行整改。责令4个不符合办学条件的民办学校（班）停止招生。1992年，容县对社会力量办学进行全面治理整顿。1993年初，《中国教育改革和发展纲要》对社会力量办学提出“积极鼓励，大力支持，正确引导，加强管理”的方针。3月，容县按照玉林地区要求，对原来责令整改的12所民办学校（班）再次审核，有7所学校（班）重新获得办学许可证。

1997年10月，国务院颁布的《社会力量办学条例》实施后，容县于1998年对16所新申办的民办学校进行评估，停办非法办学学校4所和评估不合格的学校1所。

2003年9月1日《中华人民共和国民办教育促进法》实施，容县教育局对原有的社会力量办学单位重新审核，给62所符合条件的民办学校颁发办学许可证，对6所未经批准非法办学的学校作出停办决定。同时对2002年批准筹办的20所学校进行重新评估，给17所符合条件的新办学校核发筹办书。此后，容县教育局通过实地查看，依规对新申办的民办学校进行审核，对符合办学条件的颁发筹办通知书，支持鼓励民办教育发展。同时，对民办学校实行年检制度，责令存在问题的学校进行整改，不符合办学条件的学校一律停办。加强对民办学校管理，每年召开民办教育工作会议，按公办中小学要求落实民办学校常规管理，举办民办幼儿园教师培训班，提高民办学校办学水平。

2005 年，容县民办学校通过年审获得办学许可证 126 所，其中中小学校 10 所，职业培训学校 4 所，文化补习学校 6 所，幼儿园 106 所。其他未通过年审的学校按规定停办整改。

办学体制

1990—2005 年，容县实行人民政府办学（公办教育）和社会力量办学（民办教育）的办学体制，但人民政府办学（公办教育）仍是这个时期的主流。在人民政府办学过程中，有明确的县、乡（镇）、村三级教育职责，完善教育投入保障机制。容县公办中小学、幼儿园由县教育行政部门统一管理，教师由教育行政部门统一调配，教师工资由县财政统一预算筹措、发放，通过银行直达个人账户。

容县民办教育以基础教育为主，主要是民办中职学校、民办中小学和民办幼儿园。由于民办学校主要依靠收取学生学费维持运转，靠租用场地办学，成本高，发展空间受限，容县各级各类民办学校发展参差不齐。2000 年以前，民办职业学校和民办中小学发展较快。2000 年后，民办幼儿园办得较多。

1990 年，容县有社会力量开办的各种文化技术班 35 班 106 期，学员有 1014 人。至 1998 年，容县有民办中学 1 所、小学 2 所、幼儿园 8 所，其他家电、裁剪、财会、电脑等培训学校 25 所，学员（生）1590 人。发展规模较大的是绣江中学，设有初中部、高中部，还开设幼师等中专班，在校学生 1000 多人，成为这一时期容县最大的一所民办完全中学。2002 年，容县有民办学校 108 所，其中普通中小学 9 所，职业高中 1 所，幼儿园 68 所，其他职业技术培训学校 30 所。至 2005 年，容县民办学校达到 143 所，其中中小学校 10 所，职业培训学校 21 所，文化补习学校 6 所，幼儿园 106 所。容县乡（镇）中心地带全部办有民办幼儿园。

第二章　学前教育　小学教育

第一节　学前教育

学校设置

容县最早成立的公办幼儿园为容县幼儿园，始建于 1938 年；最早成立的民办幼儿园为容州慈善幼儿园，成立于 1989 年。1990 年，容县有幼儿园 10 所，其中民办幼儿园 6 所。规模较大的公办幼儿园是容县幼儿园。同年全县有幼儿班数 20 个，在园幼儿 746 人，学前班数 322 个，人数 1.05 万人。容县大部分小学附设有学前班，年满 6 岁的儿童基本能接受学前一年教育。1995 年容县教育委员会筹措资金 500 万元在城区中环路建第二幼儿园。该园为公办幼儿园，占地面积 2800.74 平方米，建筑面积 8099 平方米，户外活动场地 1500 平方米，1997 年秋正式招生。随着民办教育事业的发展，民办幼儿园逐渐增多。至 2005 年，全县有各级各类幼儿园 111 所，其中民办园 106 所；在公办小学 219 所中，有 210 所小学附设学前班，共 366 个班。同年容县适龄幼儿总数 3.44 万人，3~6

1995 年 11 月 5 日，自治区发展农村学前教育经验交流会在容县召开　（容县教育局　提供）

周岁在读幼儿1.76万人，入园(班)率51.10%，其中6周岁幼儿入园(班)率99.10%，基本形成以县公办幼儿园为骨干和示范点，以社会力量办幼儿园为主体的发展格局。

附：幼儿园选介

容县幼儿园

位于容州镇北门街53号，始建于民国27年(1938年)。占地面积8400平方米，建筑面积6920.19平方米，绿化面积2533平方米。为日托制幼儿园，设小班、中班、大班和学前班。1991—2005年有15~19个教学班，幼儿人数最多时900多人。每班配备2名教师和1名保育员。2005年撤销学前班，全园有在编在职教职工49人，其中小学高级教师21人，一级教师20人；本科学历5人，大专学历27人。1990—2002年，拆除一批危旧园舍，投入270万元改建幼儿食堂、幼儿园大门，新建教学大楼3幢、教职工宿舍1幢，配备多媒体室和音乐室。同时，购置电脑、电视机、影碟机、投影仪、钢琴等保教设备。1993年被玉林地区妇联、幼托办命名为“县示范幼儿园”，1995年被容县教育委员会确定为容县幼儿教师培训基地，1997年被评为自治区爱国卫生运动先进单位，2002年获评为玉林市示范幼儿园和绿色幼儿园，2003年被评为自治区卫生保健合格幼儿园和自治区绿色幼儿园。

2002年9月建成的容县幼儿园新教学大楼

(2005年7月摄，容县教育局 提供)

学制

1990—2005年，容县幼儿教育实行三年学制，分设小班、中班和大班。小班接纳3岁儿童就读，中班接纳4~5岁儿童就读，大班接纳5~6岁儿童就读。学前班实行一年学制，接纳6~7岁儿童就读。

课程

1990—2005年，容县幼儿园、学前班使用国家或自治区教育厅中小学教材审查委员会审定通过的教材和课程辅导资料，幼儿园根据幼儿的发展水平和需要确定课程目标，拟定课程实施计划，以主题(单元)活动的方式组织和实施教学。课程内容主要包括语言、科学、数学、音乐、美术、体育等。

教学

容县学前教育实行保育与教育相结合，将保育、教育渗透于一日活动的各个环节中，对幼儿实施体、智、德、美诸方面全面发展的教育。每周开展语言、科学、数学、音乐、美术、体育、社会等各学科集体教育教学活动各1~2次，其他集体教学活动小班5~8次，中班8~10次，大班10~15次。树立“幼儿一日生活”的观念，将幼儿从入园到离园盥洗、进餐、就寝、早操、游戏等活动均纳入幼儿园的课程范畴之内，有计划、有目的地运用符合幼儿年龄阶段特点的方式方法，培养幼儿良好的生活学习习惯、良好个性品质和基本能力，为幼儿的终身发展奠定基础。

容县学前教育工作得到上级的肯定。1995年广西发展农村学前教育经验交流会在容县召开。1996年容县被国家教委评为“全国幼儿教育先进县”。2000年容县幼儿园先后获评为市级、自治区级绿色幼儿园和自治区示范幼儿园；容县第二幼儿园获评为玉林市示范幼儿园。2001年黎村中心幼儿园获评为自治区百所乡(镇)示范性幼儿园。同年容县有40多名幼儿教师获县人民政府授予先进个人称号，其中9人获自治区教育部门授予先进个人称号，1人获国家级奖励。

表 16-1 1990—2005 年容县学前教育发展情况表

年份	学前教育				
	幼儿园数(所)	幼儿班数(个)	在园幼儿数(人)	学前班数(个)	学前班人数(人)
1990	10	20	746	322	10493
1991	10	29	1299	410	13547
1992	10	29	1226	443	16138
1993	10	23	978	489	23182
1994	12	47	1030	463	17784
1995	23	32	1227	504	17065
1996	28	32	792	491	17058
1997	32	43	1387	455	15706
1998	33	52	1669	428	13792
1999	33	59	3052	436	10734
2000	54	106	3134	385	10623
2001	54	106	2923	384	11164
2002	62	138	3611	404	11551
2003	71	157	3937	379	12575
2004	83	247	5600	394	12320
2005	111	250	6114	366	11446

第二节　小学教育

学校设置

容县最早成立的公办小学是县立附城小学堂，始建于清光绪三十年(1904 年)；最早成立的民办中小学校是侨乡中小学校，1995 年成立，为九年一贯制学校。1990 年，容县有小学 214 所(不含教学点)，在校小学生 7.46 万人。1993 年新建容城镇第四小学，1996 年建成容城镇第五小学，同年全县有小学 216 所，在校学生 10.27 万人，1997—1999 年，全县在校小学生人数保持 10 万人以上，2000 年开始出现下降趋势，至 2005 年全县有小学 219 所，在校小学生 7.38 万人。适龄儿童入学率 99.95%，适龄少年毛入学率 98.96%，残疾儿童、少年入学率 97.30%，在校小学生年辍学率 0.28%。

2005 年 7 月建成的杨梅镇妙阳小学荣宝昌教学楼(侨心工程项目)　　(容县侨办　提供)

附：学校选介

容州镇中心学校

位于县城育才路 1 号。创办于清光绪三十年(1904 年)，旧址在容城镇峤雅堂右侧(今容县幼儿园)，原为"县立附城小学堂"，公立性质。开办之时，只有 3 班，学生不满 100 人，教师 5、6 人。民国 16 年(1927 年)学校更名为"容县附城小学"，有高级班 4 班，初级班 8 班，学生 600 余人。民国 18 年(1929 年)在容城镇南大街水宫增设分校。民国 23 年(1934 年)明伦女子学校并入该校。民国 30 年(1941 年)在容城镇北门街桑园(现校址)建造以捐资人名字命名的教学楼 5 幢，有教室 20 间，教师宿舍 20 间，面积 2791.79 平方米。同年，

将校名更名为“容城镇表证中心国民学校”，有教学班20个，学生800余人。1949年12月、1952年、1957年、2003年分别称“容城镇中心小学”“容城小学”“容城镇第一小学”“容城镇中心学校”。2005年8月改称“容州镇中心学校”，担负管理本校和本镇小学的教育教学指导任务。同年有教学班40个，学生2500人，教职工100人。教师学历达标率100%，小学高级教师占80%以上。多媒体、电脑、宽带网及现代信息技术在教学之中得到广泛应用。乒乓球项目成为学校的体育强项，先后为自治区体工大队输送18名优秀体育人才，有1100多名学生获全国、省(自治区)、市、县体育比赛奖励。先后被确定为“国家基础教育课程改革实验学校”、国家教育科研基金“十一五”规划重点课题科研单位、“全国农村计算机实验学校”、广西小学创新教育实验学校、玉林市科普示范学校。

学制

1990—2005年，容县小学教育实行六年学制。

课程

1986年，国家推行九年义务教育，容县小学阶段开设10门课程：语文、数学、品德、自然、社会、体育、音乐、美术、劳动、科技。随着休息日从一天过渡到一天半再到两天，每周上课时数也跟着改成36节、33节、30节。1993年执行国家教委印发的《九年义务教育全日制小学、初级中学课程计划(试行)》和相应的教学大纲，小学阶段开设的课程有思想品德、语文、数学、社会、自然、体育、音乐、美术、劳动等9科。1997年，容县作为国家课改实验区，按照均衡性、综合性、选择性原则，课改实验小学开设了语文、数学、思想品德与生活(社会)、艺术、体育和健康、英语、科学、综合实践活动、地方课程等学科。至2005年，两种课程分别在课改与非课改学校、班级同时使用。

教学

容县小学教学大力倡导目标教学模式，运用情境教学法、导思点拨法、动像发现法、反馈教学法等先进教学方法，广泛应用多媒体、电脑、宽带网及现代信息技术。1997年，容县确定为国家课改实验区，容城镇第一小学等被确定为“国家基础教育课程改革实验学校”。为适应课改新形势，在教师中开展一系列课改学习培训、观摩研讨活动，探索适应课改的教学经验。推行课程问题教学法及自主、合作、探讨的学习方式，注重基础知识的落实和基础技能的训练，通过单元检测和段考、期考，了解学生掌握知识的程度，进而改进教学方法。

毕业考试

1990—2002年，容县小学毕业生毕业考试均由县教研室出题，试题称“小学毕业试题”，由各学校组织考试。2003年起，改为由玉林市教科所出题，试题称为“小学毕业调研检测题”。小学毕业考试科目为语文、数学两科，1990—2005年，容县小学生毕业率100%。

初考

1997年前，容县每年小学毕业生，均须参加小学升初中考试(简称“初考”)，才能进入初中学习。初考一般在7月上旬进行，时间1天。初考由地市统一命题，由县招生办统一组织考试，在各乡(镇)设考点。考试科目为语文、数学。每科赋分100分。初考监考教师实行乡(镇)间互调，主考员、巡视员由县招生办委派，评卷工作由县统一进行。初考评卷结束后，由各乡(镇)划定录取分数线，在乡(镇)党委、政府领导下开展初中招生工作。县教研室对初考单科平均分、双科及格率、双科优秀率、总积分等项进行统计。1997年起，容县停止小学毕业生升初中考试。

表16-2 **1990—2005年容县小学发展情况表**

年份	学校数(所)	在校学生数(人)
1990	214	74568
1991	214	75342
1992	214	78131
1993	215	81143

续表

年份	学校数(所)	在校学生数(人)
1994	215	85681
1995	215	92698
1996	216	102690
1997	217	108276
1998	217	108429
1999	219	101215
2000	219	91737
2001	217	93397
2002	233	87689
2003	221	82324
2004	220	76697
2005	219	73797

表 16-3 **2005 年末容县公办小学(教学点)情况表**

乡(镇)	类别	公办小学名称
容西乡	村小学	容西乡中心学校、祖立小学、思传小学、仙江小学
	分校	祖立小学龙头分校
石寨镇	村小学	石寨镇中心学校、合柳小学、霄垌小学、大荣中心小学、大华小学、大兆小学、古兆中心小学、华六小学、石城小学、上烟小学、下烟中心小学、独石小学
	分校	石寨镇中心学校平垌分校、华六小学华扬分校、华六小学大田分校、华六小学六吉分校、石城小学大河分校、上烟小学龙胆分校、上烟小学雅益分校、下烟中心小学平梨分校、下烟中心小学六毫分校
十里乡	村小学	泗登小学、琼新小学、甘旺中心小学、黎读小学、十里乡中心学校、杨外小学、大鹏小学、塘冲小学、流冲中心小学、江口中心小学、大萃小学、大坡小学
	分校	琼新分校、甘旺中心小学新村分校、大鹏小学石蛤分校、江口中心小学龙塘分校、大坡小学大琅分校
杨梅镇	村小学	熊胆小学、和勃小学、河口中心小学、六美小学、四美小学、杨梅镇中心学校、义合小学、六别小学、四荖小学、杨梅中心小学、红石小学、妙阳小学、凤美小学、三德小学、和睦小学、石岭小学、普济小学、四端小学
	分校	熊胆小学高栏分校、和勃小学朋冲分校、河口中心小学上龙分校、河口中心小学化龙分校、河口中心小学横江分校、杨梅镇中心学校六亩分校、杨梅中心小学南蛇分校、红石小学石莲分校、妙阳小学新文分校、凤美小学好冲分校、三德小学四龙分校、四端小学镇龙分校
灵山镇	村小学	灵山镇中心学校、仁勇中心小学、大陆小学、华埌小学、六良小学、六泉小学、旺维小学、罗杈中心小学、当中小学、天堂小学、六图小学、六华小学、六肥小学
	分校	大陆小学杨梅根分校、华埌小学河埌分校、华埌小学陈冲分校、华埌小学西冲分校、六良小学大六良分校、六泉小学分界分校、六泉小学泉塘分校、守善小学六南分校、守善小学大坡分校、守善小学石圭分校、罗杈中心小学田化分校、当中小学中采分校、当中小学山田分校、天堂小学水简分校、六肥小学山心分校
六王镇	村小学	六王镇中心学校、谭螺中心小学、温风小学、思良小学、古里小学、陈村中心小学、龙头小学、古泉小学、六槐小学、金库小学、塘垌中心小学、谭和小学、双善中心小学、六青小学、大公小学、佳香小学、尤华中心小学、莲塘小学
	分校	六王镇中心学校大塘分校、六王镇中心学校六高分校、六王镇中心学校竹山分校、温风小学印底分校、六槐小学美坪分校、双善中心小学双面分校、六青小学六青分校、六青小学河顶分校、大公小学六么分校、大公小学沙岭分校、大公小学双底分校、大公小学大山分校、莲塘小学维柱分校

续表

乡(镇)	类别	公办小学名称
黎村镇	村小学	黎村镇中心学校、振新小学、太平小学、珊萃中心小学、平洛小学、六旺小学、新塘小学、六吟小学、同和小学、太和小学、同心中心小学、六振小学、温泉中心小学、四维小学、和联小学、和睦小学、满垌中心小学、平石小学、旺安小学、荣丰小学、思贤中心小学、六扬小学、六胜小学
	分校	振新小学三道分校、振新小学青枝分校、振新小学良村分校、平洛小学平潭分校、六旺小学茅田分校、六旺小学林木分校、新塘小学上盆分校、新塘小学下盆分校、六吟小学六莪分校、六吟小学山麻分校、同和小学岭脚分校、同和小学林木分校、太和小学秀龙分校、同心中心小学六永分校、同心中心小学碰垌分校、六振小学下六分校、六振小学都发分校、六振小学荔竹分校、六振小学白花分校、温泉中心小学六偕分校、四维小学六文分校、和睦小学六五分校、和睦小学龙逸分校、平石小学六五分校、荣丰小学寿加分校、荣丰小学六荣分校、六扬小学扬名分校、六胜小学六楠分校、六胜小学六勿分校
杨村镇	村小学	杨村镇中心学校、高垌小学、界牌小学、踏田中心小学、当发小学、横山小学、坡亮小学、鱼产中心小学、马良小学、大军小学、六福小学、东华中心小学、峡河小学、平田小学
	分校	杨村镇中心学校山心分校、杨村镇中心学校石咀分校、高垌小学旺水分校、踏田中心小学六湖分校、踏田中心小学山塘分校、当发小学冲顶分校、横山小学关垌分校、横山小学黄泥分校、坡亮小学山口分校、马良小学六祥分校、马良小学六广分校、大军小学大坡分校、大军小学旺村分校、六福小学平台分校、东华中心小学十万分校、平田小学葛麻分校、平田小学新村分校、平田小学平贯分校、平田小学荔葵分校
县底镇	村小学	县底镇中心学校、复联中心小学、竹山小学、泗关小学、古燕中心小学、金村小学、古练小学、冠堂中心小学、上都小学、荣塘中心小学、古例小学、河儿小学、旺黎小学、古长小学、新光小学、平河小学、大坡中心小学、康塘小学、龙山中心小学
	分校	泗关金龙小学、旺黎旺求小学、古燕中心小学古麻分校、古练小学大桂分校、上都小学六含分校、荣塘中心小学龙塘分校
	教学点	旺黎旺求小学旺冲教学点、复联中心小学青皮教学点、复联中心小学百三教学点、竹山小学官田教学点、竹山小学山心教学点、古燕中心小学塘头教学点、金村小学久冲教学点、金村小学金村教学点、金村小学龙岭教学点、冠堂中心小学大冲教学点、古例小学波塘教学点、河儿小学平理教学点、河儿小学容塘教学点、河儿小学寻岸教学点、古长小学佛六教学点、古长小学水汶教学点
自良镇	村小学	自良镇中心学校、自良小学、大里小学、河步小学、古旺小学、龙镇小学、思旺小学、同江中心小学、朝塘小学、镇水小学、古济小学、塘表小学、司六小学、两江中心小学、中平小学、云松小学
	分校	同江中心小学百弓分校、思旺小学思上分校、云松小学大冲分校
浪水乡	村小学	浪水镇中心学校、长寿中心小学、白饭小学、泗河小学、泗利小学、扶昨小学
	分校	长寿中心小学涛门分校、长寿中心小学黄巢分校、白饭小学泗把分校、白饭小学余田分校、白饭小学直冲分校、泗河小学增子分校、泗利小学黎吟分校
松山镇	村小学	寻阳小学、慈堂中心小学、平车小学、三合小学、臣村小学、松山镇中心学校、下河小学、文仰小学、合同小学、大中小学、沙田中心小学、石扶小学、大水小学
	分校	寻阳分校、寻阳根竹分校、慈堂吉安分校、慈堂永丰分校、六安分校、三合六余分校、三合山呀分校、下河合水分校、下河下柳分校、文仰上柳分校、文仰冲允分校、文仰柳茶分校、大中大洋分校、沙田音桥分校、沙田塘立分校、石扶罗文分校、大水凤肚分校
罗江镇	村小学	罗江镇中心学校、大石小学、半月小学、三岸小学、竹良小学、顶良中心小学、岑冲小学
	分校	罗江镇中心学校旺华分校、罗江镇中心学校大塘分校、罗江镇中心学校龙马分校、半月小学新塘分校、竹良小学理村分校、顶良中心小学良判分校、顶良中心小学石寨分校、岑冲小学公平分校、岑冲小学巧村分校、岑冲小学水岸分校
石头镇	村小学	旺广小学、大良小学、务底中心小学、甘冲小学、石头镇中心学校、旺岗小学、螺北小学、和衷小学、泗福中心小学、石塘小学、登州小学、水口中心小学、营垌小学、大扭小学、睦衷小学、上垌小学、上石中心小学、石剑小学、大垌小学

续表

乡(镇)	类别	公办小学名称
石头镇	分校	大良小学良村分校、大良小学石龙分校、务底中心小学夹口分校、甘冲小学塘冲分校、甘冲小学沙路分校、旺岗小学芋苗分校、螺北小学螺冲分校、螺北小学六夏分校、石头镇中心学校石桥分校、石头镇中心学校独州分校、和衷小学泗竹分校、和衷小学平塘分校、泗福中心小学谢村分校、登州小学木律分校、登州小学登州分校、营垌小学长田分校、大扭小学大冲分校、水口中心小学水口分校、水口中心小学花篮分校、水口中心小学大虫分校、上石小学合水分校、上石小学高山分校、上石小学高安分校、上石小学威武分校、石剑小学红石分校、石剑小学里冲分校、石剑小学南茂分校、石剑小学剑冲分校、石剑小学小垌分校
容州镇	村(社区)小学	容州镇中心学校、容州镇第二小学、容州镇第三小学、容州镇第四小学、容州镇第五小学、东光小学、红光小学、河南小学、厢南小学、同古小学、平坡小学、厢西小学、礼信小学、宁冲小学、周口小学、大榄小学、杨叶小学、三和小学、五一小学、大明小学、华南小学、励志小学、峤北小学、千秋小学、木井小学
	分校	平坡小学甘水分校、木井小学竹发分校、厢西小学共和分校、厢西小学七里分校

第三章　中学教育

第一节　初中教育

学校设置

1990年，容县有公办初中学校52所，在校学生1.60万人。1992—1994年，对一些办学差、招生人数少的村小学附设初中进行撤并，停办不符合办学条件的学校，到1996年，全县初中由1995年的52所减少到32所，但初中在校学生人数始终保持上升趋势，同年初中在校学生2.85万人。1997年10月国务院颁布的《社会力量办学条例》实施，容县社会力量办学步入法制轨道，民办学校数量逐渐增加。2000年起，新建、改建、扩建了一批乡（镇）初中学校，至2005年，大部分乡（镇）有2所规模较大的定点中学，部分乡（镇）还有协管中学。同年，全县有公办初中49所，在校学生4.31万人。

2005年12月，容县黎村中学被评为“自治区绿色学校”。图为校园一角　　（容县教育局　提供）

附：学校选介

容县中学

位于容城城东，前身是“容县师范学堂”，清光绪三十三年(1907年)更名为“容县中学”，是广西创办最早的中学之一。民国期间，曾获“八桂名校”和“全国三百名校”称号。建校至2005年培养5万多人才。

1990—2005年，容县中学教学设施不断完善，先后建成教学大楼2幢，50个教室；学生公寓大楼2幢，共2000个床位；教工宿舍楼4幢，共60套；硬化校内球场和道路，装备2个多媒体教室和购置一大批先进教学设备。先后获得“广西现代技术教育实验学校”“广西绿色学校”“广西一级高级中学”“玉林市文明单位”等称号。至今仍保存着具有标志性的近代建筑、历史文物——法国哥特式建筑教学楼和容县最早的图书馆。

学制

1990—2005 年，容县初中教育实行三年学制。

课程

容县初中教育课程开设有语文、数学、英语、政治、物理、化学、生物、历史、地理、体育、音乐、美术、劳动。1997 年容县初中教育增设了综合实践活动，内容主要包括：信息技术教育、研究性学习、社区服务与社会实践以及劳动与技术教育等。农村普通中学达到九年义务教育基本要求后试行“绿色证书”教育。城市普通中学也逐步开设职业技术课程。每周教学课时由 6 天减少到 5 天半、5 天，每周上课节数也由 36 节减少到 33 节、30 节。

教学

容县初中学校按照国家教育部颁发的“课程标准”（课改前称“教学大纲”）的要求，通过平时考查、检测，段考、期考检查，了解学生理解掌握学习内容的情况。1990—2001 年在实施新课程改革之前，学校教学着力点放在培养学生理解和掌握知识的能力上。2002—2005 年，实施新课程改革后，学校教学除了要让学生具备理解和掌握知识的能力外，还注重培养学生在学习中形成的综合素质。教师乐于运用外地的“先学后教”“问题教学法”等先进教学方法，推广语文教学的“人格作文训练”“读写结合”教学法和初中英语“三位一体”教学法，广泛应用启发式教学。

毕业考试

1990—2001 年，容县实行初中毕业试与初中升高中文化考试（即中考）两试合一，由自治区统一命题；2002 年开始，实行初中毕业考试与升高中文化考试分离，容县的初中毕业试，由各中学自行命题和组织考试。初中毕业试考查科目按课程计划规定为语文、数学、英语、物理、化学、政治 6 个学科，初中生毕业率达到 95% 以上，结业人数在 3% 以下。

中考

初中升高中考试简称“中考”。2002 年起，容县中考文化考试由自治区统一命题改为玉林市统一命题。中考在玉林市招生办指导下，由县招生办统一组织进行。考试时间一般在每年 6 月下旬进行，时间 3 天。中考考点设在各乡（镇）中学，考生较少的乡（镇）如浪水乡、容西乡则分别合并到自良镇、容厢镇（后来与容城镇合并称容州镇）考点考试。考试科目包括语文、数学、英语、政史地（合科）、物理、化学 6 个科目和体育考试。语文、数学、英语、政史地每科满分 120 分，物理、化学每科满分 100 分。体育考试设 50 米跑、掷实心球、立定跳远 3 个项目，每项满分 10 分，共 30 分。中考评卷员集中玉林市统一进行评卷。2005 年起，考生卷面成绩从原来按原始分计算转为等级制，按一定的比例从高到低设 A+、A、B+、B、C+、C、D7 个等级。玉林高中录取分数线由市招生办按招生计划划定各县（市、区）录取分数线，并向社会公布。县内其他高中、职业中专、职业学校录取分数线则由各校根据招生计划人数自主划定，先由示范性高中录取，再由其他高中、职业学校录取。

表 16-4　　**2003—2005 年容县考生上示范性高中分数线部分情况**

时间	容县报考人数	学校	最低录取控制分数线	上线人数（人）
2003 年		玉林高中	592	48
		容县高中	560	375
2004 年		玉林高中	636	58
		容县高中	591	517
2005 年	9392	玉林高中	总分 A，5A+A	112
		容县高中	总分 A，2A+2A2B+	707

表 16-5　　1990—2005 年容县公办初中发展情况表

年份	学校数(所)	在校学生数(人)
1990	52	16010
1991	52	17222
1992	52	20335
1993	52	21135
1994	51	22624
1995	52	23819
1996	32	28494
1997	32	32693
1998	32	34205
1999	49	37894
2000	55	42541
2001	55	42831
2002	54	45237
2003	52	46080
2004	52	46357
2005	49	43085

表 16-6　　2005 年末容县公办初中情况表

乡(镇)	公办初中名称
容西乡	容西中学
石寨镇	石寨中学
十里乡	十里中学、甘旺联合初级中学、江口中学、大坡华侨中学
杨梅镇	杨梅中学、绿荫中学、杨梅华侨中学、河口初中
灵山镇	灵山中学、灵山守善中学、灵山华埌中学
六王镇	六王中学、六王镇第二中学、六王镇莲塘初中、六王镇双善初中、六王镇泗村初中、六王镇谭螺初中
黎村镇	珊萃中学、黎村同心初级中学、山咀初中、黎村中学、峤南初级中学、思贤初级中学、温泉初级中学
杨村镇	杨村中学、杨村二中
县底镇	县底中学、荣塘中学
自良镇	自良中学、龙镇初级中学、自良镇第二中学
浪水乡	浪水中学
松山镇	松山中学、沙田初中、慈堂初中
罗江镇	罗江中学、顶良初级中学
石头镇	石头中学、水口中学、务底初级中学、泗福初级中学
容州镇	容县中学、容州一中、容州二中、容州三中、容州四中、容州镇都峤中学

第二节　高中教育

学校设置

1990 年,容县有公办高中 1 所,即容县高中;附设高中 6 所,分别是珊萃中学、杨梅中学、容厢中学、松山中学、自良中学、容县中学附设有高中部。除容县中学有教学班30个以上之外,其他几所附设高中的教学班都在10个以内。1998年社会人士连信荣创办的容县绣江中学,设初中部、高中部和职业培训部,分别在容县武装部内和容县农业科学研究所内设教学点,是容县最早、规模最大的民办完全中学。

2000年秋季期,撤销珊萃中学、自良中学、松山中学3所学校的高中部,将学生分别并入杨梅中学、容县中学和容厢中学。同时,容县职业中等专业学校增设高中部,开始招收普通高中生;容县师范学校改制成普通高中,校名仍为“容县师范学校”,开始招收高中生。2001年,容县有公办独立高中2所,即容县高中、容县师范学校;有附设高中4所,即容县中学高中部、容厢中学高中部、杨梅中学高中部、容县职业中专学校高中部;有高中教学班78个,在校高中生4633人。2002年容县师范学校并入容县高中,在原师范学校校址成立游龙中学,招收高中新生,属社会力量办学性质。2005年绣江中学停办。容县有公办独立普通高中1所,附设普通高中4所,教学班136个,在校高中学生7988人。

附:学校选介

容县高级中学

前身是省立容州中学高中部,始建于民国30年(1941年)。民国35年(1946年)春,私立容县都峤中学高中部划入广西省立容州中学,同时把“广西省立容州中学”更名为“广西省立容州高级中学”。1951年,容县联合中学并入广西省立容州高级中学,同时更名为“广西省立容县中学”。1958年春,广西省立容县中学高中部划出独立办校,成立容县高级中学,并迁至容城游龙岭。

1959—1961年期间,容县高级中学被定为自治区重点高中。1970年10月下放到城厢公社(原容厢镇)办学,更名为“容县城厢公社高级中学”。1977年,从容县城厢高中划拨部分校产创办容县师范学校。1978年8月,容县高级中学恢复办学。2002年8月,容县师范学校大部分校产和人员合并入容县高级中学,组建新的容县高级中学。2005年春,容县高中被授予自治区示范性普通高中。

2005年,容县高中有52个教学班,在校学生3000人;有教职员工225人,其中特级教师2人,高、中级职称教师100人,研究生学历2人,在读研究生31人。校园面积13.34万平方米,总建筑面积7.05万平方米,绿化面积0.53万平方米,教学仪器设备总价值60万元,图书馆藏书15万册(含电子图书3.20万册)。

学制

1990—2005年,容县高中教育实行三年学制。

课程

容县高中课程设置主要按全国高等教育招生考试科目设置,主要课程有语文、数学、英语、政治、物理、化学、生物、历史、地理。一般到二年级开始分文科和理科,文科课程有:语文、数学、英语、政治、历史、地理;理科课程有:语文、数学、英语、政治、物理、化学、生物。在落实高考科目课程的基础上,各高中均设置思想品德、体育、音乐、艺术、劳动等课程,一些学校还根据实际开设一些地方特色课程,如1990年松山中学高中部曾开设收音机维修课程,1996年自良中学高中部曾开设果树种植技术课程。2002年,容县普通高中开设研究性学习课和信息技术课。

2004年,容县高中通过自治区示范性普通高中验收

(容县教育局 提供)

毕业考试

1990—1991年,高中毕业考试由各学校自行组织进行,1992年开始实行高中毕业会考制度,由自治区统一组织高中毕业会考。会考文化科目为:思想政治、语文、数学、外语、物理、化学、生物、历史、地理9科;考查科目为:物理、化学、生物的实验操作及劳动技能。学生的体育

成绩，由学校根据学生平时的学习锻炼及体育达标情况综合评定。考试科目的报告成绩分为 A、B、C、D 四个等级，考查科目的成绩只分及格、不及格两个等级。

高考

高中升学考试即普通高等学校招生考试，简称高考。1990 年取消高考预考制度，所有应、往届高中毕业生和同等学历人员都有资格参加高考。1996 年以前，高考科目为语文、数学、英语、政治、物理、化学、历史、地理、生物 9 个科。文理分开，文科考语文、数学、英语、政治、历史、地理 6 个学科；理科考语文、数学、英语、政治、物理、化学、生物 7 个学科。除语文、数学两个学科满分为 120 分，生物科满分为 70 分，其他学科满分均为 100 分。1996—2004 年，自治区调整高考方案，实行“标准分”，即把原始分转化为标准分，总分为 900 分。仍然是文、理分开。2005 年起又恢复实行原始分录取，总分为 750 分。

1990—2005 年，每年均在容县高中设置高考考点。一些专业学科如体育、美术、音乐、舞蹈等考生则要到南宁、桂林等地应考。2005 年，容县参加高考 2315 人，上本科录取分数线 709 人，连同专科、高职上录取分数线 2007 人，上录取分数线率达 86.70%。据统计，1990—2005 年，容县高考录取专科（含高职）以上达 1.15 万人。

表 16-7　　**1990—2005 年容县普通高考获录取人数情况统计表**

单位：人

年份	合计	专科以上				中专
		小计	重点	本科	专科／高职	
1990	259	209	20	78	111	50
1991	239	189	12	65	112	50
1992	269	219	26	60	133	50
1993	320	238	18	41	179	82
1994	604	527	36	98	393	77
1995	447	402	15	71	316	45
1996	520	488	14	137	337	32
1997	518	479	8	130	341	39
1998	500	475	18	185	272	25
1999	459	427	13	188	226	32
2000	747	747	15	261	471	
2001	802	802	23	252	527	
2002	1002	1002	51	388	563	
2003	1400	1400	46	376	978	
2004	1894	1894	109	481	1304	
2005	2007	2007	计在本科内	709	1298	
总计	11987	11505	424	3520	7561	482

说明：2000—2005 年，不再统计中专录取人数

体育人才培养

1990 年起，容县在坚持开展常规体育教学活动的基础上，注重对体育技能特长学生的培养，对在田径、篮球、乒乓球等方面有特长的学生加强训练。容县高中每年划出一定的名额招收体育特长生，作为考取高等体育院校人才培养对象。1990—2005 年，容县共向高等院校输送体育人才 447 名。

表 16-8 1990—2005 年容县高考体育考生被录取情况一览表

单位:人

年份	公费	计划委培	单位委培	预科	普通转成人	保送	合计
1990	6						6
1991	9						9
1992	10	5					15
1993	9	3	3	2	1	1	19
1994	11	3	1				15
1995	7	5			6		18
1996	2	7	10	1			20
1997		6	14	1	2		23
1998		6	11	2			19
1999		9	14				23
2000		18	15			1	34
2001		16	18				34
2002		33	11				44
2003		32	26				58
2004		34	28				62
2005	1	40	7				48

第四章 专业教育 特殊教育

第一节 中等专业教育

容县职业教育(专业教育)主要依托容县职业中等专业学校、容县卫生成人中等专业学校、容县师范学校、乡(镇)成人文化教育技术学校、民办职业技术学校以及临时成立的城乡职业培训机构开展职业教育培训活动。1992—1996 年,容县有各类中等职业学校 9 所,乡(镇)职业培训中心 16 所,农民文化技术学校 235 所,6 所普通高中都开设了职高班,建立 8 个实用技术培训基地。全日制普通中等专业技术教育,以职业技术教育为主,同时兼修高中课程。1990—2005 年,容县职业中等专业学校、容县卫生成人中等专业学校、容县九〇九电子科技学校、容县电子工业学校,均是容县职业教育的主要教育机构。

容县的职业技能培训有四种形式:第一种形式是全日制职业学校,如容县职业中等专业学校、容县九〇九电子工业学校等,在校内开设各种短期职业培训班。第二种是新涌现出一批职业技能短期培训机构,如金珠街服装裁剪培训学校、容县三 A 电脑培训学校、容县战马计算机培训学校等。第三种是由职能部门联合举办的职业技能培训班,如 1998 年,教育与农业、科协、妇联、团委、司法等部门联合举办的各类生产技术培训班,有 1.02 万人获岗位培训合格证或技术等级证;1999 年,教育局与劳动局、县职

容县职业中等专业学校学生在学习微机操作

(2005 年 11 月摄,容县教育局 提供)

业中专、农机校、九〇九电子科技学校等单位联合举办的各类职业技术培训班，有 5000 人获得等级证书或上岗证书；还有 25 所家电、财会、电脑培训机构联合对 1590 人进行的职业技能培训。第四种是农村初中对学生进行的现代农业技术教育。

2001 年，国家教育部、农业部印发《在农村普通初中试行“绿色证书”教育的指导意见》，容县进一步加大对初中生、高中生进行职业技术教育力度。2001—2003 年，全县有 1.39 万名初、高中毕业生通过参加职业技术培训获得种养技术结业证书；有 1542 名未参加升学考试的初、高中毕业生通过各种实用技术培训，初步掌握 1~2 种职业技能。2004 年，组织初中毕业生参加实用技术教育培训，共 1.29 万人获得“实用技术绿色证书”，其中 1600 名初中毕业学生分流参加电脑、电子、电工、家电、机电维修、摩托车维修、车床、电氧焊、毛织、电车等实用技术培训。大部分中学生通过接受平时劳动技能课实用技术教育，能掌握 1~2 门实用职业技术。同年，容县对 1.29 万人核发“实用技术绿色证书”培训结业证。

附：学校选介

容县师范学校

前身是清光绪三十一年（1905 年）成立的容县师范学堂，1959 年 7 月容县师范学校正式开办。1982 年，自治区人民政府将容县师范定为广西 28 所定点中等师范学校之一，随后连年拨款，建成教学楼 1 幢、学生宿舍楼 3 幢、教师宿舍楼 2 幢，艺术教学楼、学生食堂、教学实验楼、图书馆各 1 幢。容县师范学校属自治区、地区、县三级领导，面向玉林地区的容县、平南、北流、桂平、陆川等县招收学制三年的普通师范生，并负责开展容县小学教师、小学行政干部轮训和中等师范学历函授培训工作。同时，广西广播电视大学、玉林地区教育学院先后在该校开设容县电大班、卫星电视师专班，成为一所肩负培养、函授、轮训小学教师双重任务的中等师范学校。1998 年前入学的公费师范生毕业后统一由国家分配，主要从事中小学教育工作，1998 年起学校实行学生自费入学，毕业后自谋职业。

1993 年 1 月起，容县人民政府、容县教育局和容县师范学校努力改善办学条件，建设校门和文化长廊，征地扩建操场，建设综合办公楼。1998 年实行新生自费入学、毕业后自谋职业政策后，报考中师人数逐年减少。2002 年，为支持容县高中创建自治区示范性普通高中，容县人民政府把容县师范与容县高中合并办学，把容县师范一部分场地、设备并入容县高中。至此，容县普通中等师范教育结束。同年，容县在原容县师范师训部的基础上，成立“容县教师进修学校”。并挂牌成立“容县中小学教师继续教育培训中心”，继续承担容县的中小学教师继续教育、骨干教师培训和教育行政领导培训任务。

1999 年，容县师范校门

（据《容县解放 50 周年大事记》）

表 16-9　**1982—1999 年容县普通中等师范招生情况**

单位：人

级别	总数	容县	玉林	北流	平南	桂平	陆川	博白
82 级	126	22		33	71			
83 级	140	57			54	29		
84 级	184	74		53	57			

续表

级别	总数	容县	玉林	北流	平南	桂平	陆川	博白
85 级	187	74		41	1	46	25	
86 级	197	74		72		41		10
87 级	178	60		70	48			
88 级	253	94		92	67			
89 级	197	86		111				
90 级	195	78		34	23	17	43	
91 级	203	145		29	29			
92 级	223	101		49	73			
93 级	253	169		31	53			
94 级	322	224		29	69			
95 级	339	257		38	44			
96 级	348	272	12	60	4			
97 级	306	290	1	13			1	1
98 级	203	187	2	6	7	1		
99 级	181	164	8	9				

容县卫生成人中等专业学校

前身是建于1958年的“容县卫生学校”。1988年11月,改为容县卫生成人中等专业学校,按自治区计划统一招生考试,自费学习,学制三年,国家承认中专学历,不包分配。1991年被国家卫生部列为全国乡村医生教育机构建设示范学校(全国共3所学校)。1994年,被国家卫生部与世界卫生组织定为乡村医生教育机构建设示范及全科培训卫生技术合作项目示范学校。1999年7月,与广西中医学院成人教育学院达成协议,在校内设立广西中医学院成人教育学院容县教学部,开设中医、临床医学、护理、药学等专业成人大专、本科学历教育。由广西中医学院的专家教授上课,首届招收学生325人。同年8月,与广西机械高级技工学校合作,建立广西机械高级技工学校容县校区,引进机械加工教学设备和师资,开设数控车床操作、机械设备维修、模具设计制造专业。首届招生35人(女生3人)。2005年,学校设有护理、药剂、数控车床操作、机械设备维修、模具设计制造等5个中等职业教育专业和医学大专、本科学历教育班。中等职业教育在校生398人,大专及本科学历教育学员144人。

容县职业中等专业学校

前身是20世纪60年代建设在容厢镇大明村陈冲里的“容县农校”。容县职业中等专业学校简称“容县职中”,是一所县直属的公办全日制中等职业学校,创建于1984年秋,1985年秋搬迁到容城镇国中路300号[现容州镇国中路516号,即民国时期的国民初级中学(国中)]。校名初为“容县华侨职业技术学校”,1992年更名为“容县华侨职业高中”,1995年改为“容县中等职业技术学校”,1997年再次易名为“容县职业中等专业学校”。主要专业有畜牧兽医、果树栽培、家电维修。至2005年学校开设有数字电子电器应用、机电设备安装与维修、计算机技

容县职中机电专业学生进行车床操作

(容县教育局　提供)

术应用、电子商务、模具设计与制造、数控实用技术、财务会计、汽车运用与维修等8个专业。除开设全日制中专班外，还开设短期就业培训班。

2005年，学校占地面积8.67万平方米，校舍建筑面积3.30万平方米，生产实习基地面积17.34万平方米。有教学楼3幢，综合实训楼1幢，学生公寓楼4幢，教工宿舍楼3幢。学校实习功能室俱全，有彩色电视机实习室、家电实习室、电氧焊实习室、氩弧焊实习室、钳工实习室、空调制冷实习室、电动机实习室、发动机实习室、机械加工中心、数控加工中心、计算机室、计算机组装实习室、多媒体教室、电力拖动实习室、电子电工实习室、汽车运用与维修实习室等专业实训室17间，有价值600万元的专业实习设备，有5万册图书阅览资料。有教职工137人，其中专任教师128人；本科学历85人，大专学历36人，中专学历7人；中学高级教师21人，中学一级教师52人。教学班45个，学生2200多人。学校先后被授予全国“中学实践教育活动先进学校”、省级“重点职业高中”、自治区“爱国卫生先进单位”、自治区“全国学生回乡创业重点实施学校”、自治区“教育科技示范学校”、自治区“爱科学月先进集体”等荣誉称号，2004年被列为第三批自治区级“重点中等职业学校”。

容县九〇九电子科技学校

创办于1993年，为民办教育机构。开设模具设计与制造、数控技术应用、电子电器应用与维修、会计、计算机应用、彩色印刷技术等6个全日制教育专业和电脑技术、会计电算化、电工、焊工、车工、铣工、镗工、刨工等8个职业技术短期培训班。并与广西大学梧州分校、广西财经学院等高等院校合作，开设函授站。2001年，在容县畜牧局大院开设第二教学校区。

容县电子工业学校

创办于2002年，为民办教育机构。设工科校区（容县武装部内）、文科校区（原容县师范内），开设有模具设计与制造、数控技术应用、电子电器应用与维修、汽车运用与维修、计算机及应用、电脑会计、幼师等7个专业。学制三年，毕业学生主要推荐到广东等地工厂、企事业单位就业。一部分幼师毕业学生在县内幼儿园工作。

第二节　特殊教育

1990年，自治区人民政府颁发《自治区人民政府关于发展我区特殊教育的决定》后，容县正式把特殊教育工作列入容县教育工作计划，由教育局具体分管特殊教育工作。当年就有一批残疾儿童入学随班就读，其中视力残疾儿童7名，听力语言残疾儿童3名，智力残疾儿童142名。

1992年11月27日，容县特殊教育学校在容城镇第二小学挂牌成立，在玉林地区列为第二家。自治区教委拨给县特教建校款10万元。当年开办了聋童康复班1个，学生7人；弱智儿童班1个，学生12人。聋童康复班使用的课本和开设的课程与普通小学一致，弱智儿童使用全国统编的培智学校教材。

1993年，容县在自良镇、黎村镇、杨村乡、六王乡4个乡（镇）中心小学附设了弱智儿童特教班，共4个班，学生52人。1994年，容县16个乡（镇）均开办了小学附设弱智儿童班，共有41个班，学生337人。当年办附设特教班的学校各获自治区教委补助特教开班费3000元。1995年，完成“八五”期间特殊教育的任务，智力、听力语言、视力残疾儿童少年的入学率分别达到74.60%、64.90%、65.90%，7~15周岁残疾儿童少年总入学率71.90%。

1996年，由于办班经费不足，正常儿童入学人数增多，学校教室不够用及国家提倡残疾儿童少年回归主流教育等原因，容县所有学校附设的特教班和县儿童培智学校解散，原特教班学生和1996年后每年新入学的残疾学生均就近到普通小学随班就读。县特教学校撤销后，县财政拨款30万元，把规模过小的县儿童培智学校另搬新址。新特教学校和县第二幼儿园建在一起，1997年竣工。到2000年有39名视残儿童入学随班就读，入学率100%；有98名智力残疾儿童入学随班就读，入学率90.70%；有18名听力残疾儿童入学随班就读，入学率75%。

2001—2005年，在随班就读和“金钥匙工程”正常运转后，容县的特殊教育工作开始从教育教学管理向扶残助学迈进。在每年的全国助残日期间容县均以各种形式组织开展助残活动，如捐款捐物、走访慰问、一

帮一、我与残疾孩子交朋友等。通过大力倡导，形成了全社会都关心、关注、帮助残疾儿童的良好氛围，残疾儿童入学率得到稳步提高。

表 16-10　　1990—2005 年容县特殊教育发展情况表

数量类别 / 学年度	视残			听残			智残			三类合计		
	人数	入学人数	入学率 %	人数	入学人数	入学率 %	人数	入学人数	入学率 %	人数	入学人数	入学率 %
1990—1991	28	7	25	14	3	21.40	375	142	37.90	417	152	36.40
1991—1992	37	15	40.50	24	7	29.20	454	171	37.70	515	193	37.50
1992—1993	45	18	40	54	15	27.80	514	240	46.70	613	273	44.50
1993—1994	86	21	24.40	138	47	34	297	269	90.50	521	337	64.60
1994—1995	165	135	81.80	167	118	70.70	1344	988	73.50	1676	1244	74
1995—1996	85	56	65.90	97	63	64.90	449	335	74.60	631	454	71.90
1996—1997	8	8	100	16	10	62.50	229	174	76	253	192	75.90
1997—1998	20	19	95	13	9	69.20	244	226	92.60	277	254	91.70
1998—1999	29	28	96.20	18	18	100	123	109	88.60	170	155	91.20
1999—2000	29	29	100	15	10	66.70	90	85	94.40	134	123	91.80
2000—2001	39	39	100	24	18	75	108	98	90.70	171	155	90.60
2001—2002	73	69	94.50	22	15	68.10	159	150	94.30	254	234	92.10
2002—2003	65	63	96.90	45	35	78	229	210	91.70	339	308	90.90
2003—2004	92	91	98.90	34	32	94.10	229	222	96.90	355	345	97.20
2004—2005	30	29	96.70	18	15	83.30	63	62	98.40	111	106	95.50

第五章　成人教育

1990—2005 年，容县的成人教育主要有扫除青壮年文盲、成人文化技术教育和成人在职学历教育。容县师范举办中师函授学习班、脱产学习班，广西广播电视大学等高等院校也在容县师范开设函授教学点，教师通过学习考试，达到中师学历或大专学历。

成人高校招生考试一般在每年 10 月进行，在职教师、干部、职工以及社会无公职的成年人踊跃报名参加成人高校招生考试，接受成人教育。

第一节　农民业余文化教育

扫除青壮年文盲

1990 年前，容县曾经开展过扫除青壮年文盲工作。1990—1991 年，分别举办以成人为主的业余文化班、政论班以及技术讲座，每年培训 7 万多人次，取得了显著的成效。1991 年建成县底、杨梅、容厢、松山 4 个乡（镇）成人教育培训中心后，对扫除青壮年文盲工作起到极大的推进作用。1992 年 3 月，由县成人教育办公室组织人员编写《农民文化技术课本》，印刷 5000 册免费发给各乡（镇）的扫盲专干、教师、扫盲学员，作为扫盲专用教材。1993 年，容县获玉林地区行政公署授予“高标准脱盲县”称号。

1996 年，容县 16 个乡（镇）成立农村成人文化技术学校，226 个行政村（居委会）开办农民文化技术分校。县成人教育培训中心配备专职干部 8 人、专职教师 3 人，乡（镇）配备成人教育专职干部 1 人，各乡（镇）成人文化技术学校配备专职副校长 1 人、专职教师 2 人以上，村级农民文化技术分校也配备分管领导 1 人。全县有扫盲专职教师 76 人、兼职教师 948 人。形成县、乡（镇）、村三级扫盲组织网络。容县共扫除青壮年文盲、半文盲 5059 人。

此后，容县继续深入开展扫除青壮年文盲工作。其中 2000 年，容县开办 399 个扫盲班和 617 个脱盲学员巩固提高班，组织学校师生、社会青年、退休教师 1886 人次，组成扫盲包教队伍。县教育局筹集 3 万元，印刷《扫盲生字表》3000 份、《农村实用技术教材》6000 册免费发给扫盲学员。2004 年，容县组织 6000 人次挨家挨户对容县青壮年文化状况进行复查、核实，分户建立文化户口卡，对各村文盲、半文盲进行造册登记。通过调查核实，发现 2000 年第五次全国人口普查公布的 792 个文盲中，属于 1949 年 10 月 1 日以前出生的有 7 人，小学以上文化程度误登为非文盲的有 27 人。至 2005 年，容县 15~50 周岁青壮年人口非文盲率 100%，脱盲人员巩固率 100%。

农民技术培训

容县的成人文化技术教育与成人职业教育相结合，主要依托乡（镇）成人文化技术学校，以文化教育为基础，以实用技术教育为重点，通过集中授课、播放科技录像、举办科技讲座等方式进行。教育内容除组织开展各种农村实用技术培训外，还根据实际需要，开展政论班、党员学习班、计划生育班、青年学习班、民兵学习、妇女双学双比活动等多种形式的培训班。参加培训学习的学员，除农民外，还有部分初、高中毕业生和外出创业的回乡青年。随着广西“燎原计划”的实施，1991 年容县成立“燎原计划”办公室，以自良、浪水为“燎原计划”示范乡（镇），发展农村种养业。通过举办种养培训班，许多村民学到了不少知识，掌握了一定的技术，自良古济村冯瑞林成为种植沙田柚能手，此年获容县人民政府 1000 元的奖励。同年，推广应用容县华侨职业技术学校的科研成果，先后在容西祖立村举办荔枝种植技术班，在自良举办沙田柚保果技术培训班，在各乡（镇）兽医站举办母猪剖腹产以及公牛无血去势术培训班，全年为农村进行短期培训 5000 多人次，每个乡（镇）都有技术辐射点；有近 2 万人参加种植、饲养、维修、编织等农村实用技术培训。1992 年有 2.20 万多名农民和 1.50 万多名初中、高中毕业生参加农村实用技术知识培训。1993 年有 3.80 万多名农民参加农村实用技术培训。1994 年有 6000 人通过参加培训获得“绿色证书”，自良镇云松村农民谢世逸通过参加学习培训，摸索出沙田柚种植技术，并向全县推广。1995 年有 1.07 万多人通过参加培训并获得专业培训合格证。1996 年，县城 6 所职业教育培训基地开设 37 个培训项目，有 8100 人取得岗位培训或专业培训合格证。1997 年有近 2 万人参加政论班、党员学习班、计划生育班、青年学习班、民兵学习等培训班，有 8000 人参加职业技能培训并获得合格证。同年，灵山、石头 2 个乡（镇）成人文化技术学校成为自治区级示范性成人文化技术学校。1998 年有 4.27 万多人次参加农村实用技术培训，有 660 名不参加升学考试的初中、高中毕业生分流到培训学校接受实用技术培训，并取得岗位培训合格证。1999 年，有 5.60 万多人次参加各类生产技术培训班，有 4.90 万名农村青壮年和初中、高中毕业生参加“绿色证书”培训。2000 年，全县有 6.50 万人次参加实用技术培训，其中 7752 名初中毕业生通过参加职业技术培训获得种养技术结业证书；980 名不参加升学考试的初中、高中毕业生通过参加计算机、摩托车维修、家电维修、电工、机电、车床、电氧焊等技能培训获得职业资格证书。2001 年，石寨、石头 2 个乡（镇）成人文化技术学校通过自治区验收，分别被评为自治区示范乡（镇）成人文化技术学校，并获自治区奖励。2003 年后，平均每年有 2.12 万人次参加乡（镇）级成人文化技术学校培训，有 7.40 万人次参加村级农民文化技术学校培训。容县参加各项实用技术培训达 37.17 万人次。2005 年，容县把职业技术培训工作重心转移到推广农村实用技术上来，通过乡（镇）成人文化技术学校向农民推广养鸡、养猪、沙田柚种植等农村实用技术，指导农民发家致富，为发展农村经济服务。同年，容县实施“农村劳动力转移培训工程”和“农村实用技术培训工程”，6 万人次参加培训。1990—2005 年，容县参加各类实用技术培训的人数达 40 余万人次。

第二节 在职学历教育

容县教师、干部、职工或其他人员积极参加成人高校招生考试，以便能到高等院校学习到更多的文化知识。成人高校招生考试一般在每年 8 月开始报名，10 月中旬考试。由县招生考试办公室负责组织报名。县内设高中起点升专科考试点，高中或专科起点升本科考试则由地区（市）设置考点进行。符合免试进入各类成人高校学习条件的考生，在地（市）招生办报名。1990—2005 年，全县报名参加成人高考人数最多一年有 1200 人，年龄最大的 70 多岁。

1990 年起，容县积极鼓励、支持教师及其他干部、职工参加各类院校函授、脱产学习进修或自学考试。容县师范举办中师函授学习班、脱产学习班，广西广播电视大学等高等院校也在容县师范开设教学点，教师及其他干部、职工通过学习考试，达到中师学历或大专学历。1992—2000 年，玉林教育学院、玉林师专、广西教育学院、广西广播电视大学等高等院校先后在容县师范开设卫星电视师专班、广播电视大学大专函授教学点。1992 年、1994 年和 1996 年分别有 53 人、57 人和 85 人参加卫星电视师专班学习；1998 年和 2000 年分别有 493 人和 735 人参加广播电视大学大专函授学习。

1999 年，广西中医学院成人教育学院在容县卫生成人中等专业学校设立容县教学部，开设有中医、临床医学、护理专业大专学历教育。1999—2002 年，分别有 325 人、79 人、98 人、50 人参加中医自学考试大专班学习；2002 年、2004 年和 2005 年，分别有 33 人、62 人和 58 人参加临床医学专业学习；2002 年、2004 年和 2005 年，分别有 72 人、29 人和 61 人参加护理专业学习。

第三节 自学考试

1984 年起，容县开设高等教育自学考试。高教自学考试不需参加入学考试，不需取得学籍，只需报名参加专业规定的学科考试，成绩及格即可取得该科单科合格证书，不合格可参加下一次考试。所选专业规定的学科考试全部合格后，可获得国家高等教育毕业证书。不同专业规定考试学科不尽相同，一般要考 12 门科目。每年开考 2 次，考试时间安排在 4 月和 10 月。1984 年容县考生赴玉林考试，1985—2005 年，容县均在容城设置考点。其间，容县报名参加高教自学考试人数最多一年有 800 多人。但是由于难度大，取得高教自学考试毕业的人数不多。

表 16-11 1998—2005 年容县高等教育自学考试获毕业证书人数统计

年份	1998	1999	2000	2001	2002	2003	2004	2005
人数	24	19	18	89	88	87	127	132

第四节 老年人教育

1990 年起，容县各乡（镇）的成人文化技术学校以及村（街）的文化技术分校和容县老年大学为老年人学习教育提供一个老有所学的平台。这些学校用心用情创造良好的教学条件，以丰富的课程设置和活跃的社团活动，提升办学质量。老年人通过学习增长知识，丰富生活，陶冶情操，促进健康。农村老年人一般前往村中的文化技术分校学习一些种养和医疗保健知识。2003 年以来，平均每年有 7 万多农民参加农民文化技术学校培训，其中有近三分之一的人是 60 岁以上的老年人。离退休老同志则参加容县老年大学学习。容县老年大学成立于 1991 年 4 月，当时校名为“玉林地区老年大学容县分校”，1996 年更名为“容县老年大学”，隶属于容县县委老干部局主管，校址设在容县容城镇城西路清景巷。学校成立时有学员 80 多人，2005 年增加到 200 余人。容县老年大学上课时间分为春季、秋季 2 个学期，每期上课 20 周，周一至周五上午上课，下午自由活动。学校根据学员的需要开设有书法、绘画、音乐、舞蹈、诗词、保健、家电维修等科目，分别聘请了7位教师。在学科教学中，书法、绘画以写、画技巧指导和实践练习为主；音乐课以学习一般乐理知识和教唱歌曲为主；舞蹈课则给学员讲授一些健身舞步法，教跳一些适合老年人的舞蹈；保健课主要学习一些普通医学卫生常识、常见病中西医治疗及其他一些养生保健知识；家电维修则教会学员懂得家电的构造，识别主要零部件，掌握安装、检测、使用、维修等相关知识。诗词班的学员吟诗习文，以诗传情，以诗言志，写下了大量的诗词，2004年和2005年，学校先后编纂出版两期《清景吟》诗词小册子，内容以诗词班学员投送的诗词稿件为主。除进行文化科学知识教学外，每学期还安排两课时的形势教育课，或举行形势教育报告会，让学员了解县情，了解国情。开展跳棋、扑克、麻将、门球、柔力球等文娱体育活动，还组织学员到郊外或邻县名胜山川景区进行春游、秋游活动，开阔学员视野。容县老年大学社会文化活动活跃，1994年、1997年、1998年先后数次组织学员参加县有关部门组织的健身游行活动；1998年校舞蹈队参加玉林市电视台举办的第一届“常青杯”歌舞大赛，获得一等奖。

第六章　德育　体育教育

第一节　德育教育

1990—2005年，容县坚持“德育为首、五育并举”的方针，以培养“有理想、有道德、有文化、有纪律”的社会主义“四有新人”为目标，全面实施素质教育。把德育放在首位，加强中小学常规管理，加强对学生进行爱国主义教育、集体主义教育和理想前途教育，开展丰富多彩的第二课堂活动，培养学生审美观念、审美能力和实践能力，促进学生德、智、体、美、劳全面发展。教师除上好思想品德课、政治教育课外，还把德育的内容渗透在各学科教学之中，并在教育实践中不断创新，形成“德育队伍网络化、德育目标层次化、德育管理制度化、德育活动经常化、德育评估科学化”的德育教育体系。

1988年，容县以国家教委下发的《小学德育纲要》《中学德育大纲》为容县中小学的德育纲领。1992年秋季期，容县中学全部完成了新旧课程与教材的过渡，构建了包括《公民》《社会发展简史》《中国社会主义建设常识》《科学人生观》《经济常识》《政治常识》六门课程的思想政治课。1993年，容县中小学开展了“社会主义好”为主题的爱国主义读书教育活动，此后，每年一个主题，至2005年坚持13年。在小学思想品德课重点进行以“五爱”为中心的公民品德教育；在中学政治课中，初中重点进行健康心理品质、法律常识、社会发展常识和基本国情教育，高中进行以邓小平理论为中心的经济常识、哲学常识和政治常识教育。

2000年，中共中央颁布《关于适应新形势进一步加强和改进中小学德育工作的意见》，容县教育局把思想政治教育、品德教育、纪律教育、法制教育作为学校德育工作的重点。2002年，中共中央宣传部和国家教育部等6部委提出实施《中国“小公民”道德建设计划》，容县开展“爱国守法、明礼诚信、团结友善、勤俭自强、敬业奉献”20字的基本道德规范教育，进一步加强师生和广大人民群众道德教育。2004年，容县进一步加强未成年人思想教育工作，在容县青少年儿童中开展“民族精神代代传”主题教育活动。9月，在容县中小学开展“守则我遵守，规范我践行”的活动。

1989年4月，自治区副主席李振潜（右四）到容县视察教育工作　（容县教育局　提供）

此后，容县还不断加强学校德育队伍建设，

创新学生思想教育模式，构建德育网络，逐步建立了队伍网络化、目标层次化、管理制度化、活动经常化、评估科学化的思想教育模式，在青少年学生中广泛开展法制教育、感恩教育、励志教育。

第二节 体育教育

两课三操两活动

根据国家教委、国家体委 1990 年 5 月发布的《学校体育工作条例》和国家教委制订的《体育教学大纲》要求，容县中小学均妥善安排好每周的体育课、早操、课间操、眼保健操和课外体育活动，保证每个学生每天有 1 小时的体育锻炼时间。

体育课。1990—2001 年，容县中小学体育课每周安排 2 节。2002 年春季期起，初中体育课每周 3 节，小学、高中仍为 2 节。2005 年 5 月，根据教育部《关于保证中小学体育课时的通知》的要求，小学 1~3 年级体育课每周 4 节，小学 4~6 年级及初中每周 3 节，高中每周 2 节。

早操。中学的早操安排在早上 6 时后进行，小学的早操一般安排在上午第一节课之前进行，到时全校学生统一集中到操场，由体育老师指挥领做早操。

课间操。上午第二节课后，紧接着做课间操，中学一般按年级集中，由级长和体育老师组织，并由体育老师统一指挥领做课间操。

眼保健操。下午第一节下课后，学生紧接着做眼保健操，学校播放眼保健操录音片，由当节课的任课教师组织实施。

课外活动。每周 2 节课外体育活动主要开设篮球、排球、乒乓球、游泳、跳绳、田径及体育游戏等项目，学生根据自己的爱好和特长参加相关项目训练活动，由体育老师或班主任具体组织实施。

使用教材

20 世纪 90 年代，小学阶段没有统一的体育教材，由教师参照中学的一些简单易学的体育锻炼项目对学生进行体育教学。2002 年起，小学的体育课改称体育与健康，使用的教材是由广西课程教材发展中心编写的《九年义务教育全日制小学试用课本：体育与健康》。

初中阶段，1997 年起，使用的教材为《广西壮族自治区九年义务教育初级中学试用课本：体育》；2005 年使用的教材是由课程教材研究所、体育课程研究中心共同编写的《义务教育课程标准实验教科书：体育与健康》。

高中阶段，90 年代初使用的体育教材是《高级中学试用课本：体育》，后来体育教材书改称为《体育与健康》，2004 年起，开始使用新编教材《普通高中课程标准实验教科书：体育与健康》。

达标情况

1990—2005 年，容县执行国家体育运动委员会 1982 年颁布的《国家体育锻炼标准》进行课程教学，指导学生锻炼。体育锻炼按年龄将学生分为儿童组、少年乙组、少年甲组。测试项目分为五大类，测试成绩采用百分制，及格标准为 250~349 分，良好标准为 350~449 分，优秀标准为 450~500 分。

表 16-12　　部分年份容县学生体育达标情况表

单位：人

年份	儿童组			少年乙组			少年甲组		
	及格	良好	优秀	及格	良好	优秀	及格	良好	优秀
1990	9415	8912	3256	3929	4207	1423	738	684	234
1995	15927	23618	7852	6122	7356	2560	894	956	385
2000	24126	21510	9861	10586	12632	4965	2631	2527	786
2005	31207	29745	10549	15692	13628	6862	4056	5173	1812

体育竞赛

1990 年起，容县中小学一直开展篮球、排球、乒乓球及其他田径项目训练，注重对体育技能特长学生的培养，部分小学和大部分中学每年举办 1 次以田径为主的校运会，县里每年举行 1 次全县性的初中学生田径运动会，并组队参加地（市）中学生田径运动会。1994 年 3 月玉林地区体校命名灵山中学为中长跑传统体育训练基地，1996 年 10 月自治区体委、自治区教委命名容城镇第一小学为乒乓球传统体育项目学校。1997 年开始，容县每年还举行一次高中学生篮球运动会，至 2005 年，已连续举办 9 届。

表 16-13　**1990—2005 年容县初中学生田径运动会成绩一览表**

年份	设置项目	破纪录人次	团体总分		
			第一名	第二名	第三名
1990 年	20 项	9 人次 7 项	灵山中学	容县中学	县底中学
1991 年	20 项	11 人次（队）8 项	容县中学	灵山中学	杨村中学
1992 年	20 项	8 人次（队）7 项	容县中学	灵山中学	杨村中学
1993 年	20 项	7 人次（队）7 项	灵山中学	容县中学	石头中学
1994 年	20 项	4 人次（队）4 项	容县中学	灵山中学	都峤中学
1995 年	20 项	9 人次（队）6 项	容县中学	灵山中学	容厢中学
1996 年	24 项	5 人次 3 项	容县中学	容厢中学	灵山中学
1997 年	26 项	8 人次 3 项	容县中学	灵山中学	六王中学
1998 年	26 项	17 人次 6 项	灵山中学	容县中学	容厢中学
1999 年	26 项	1 人次 1 项	容县中学	灵山中学	容厢中学
2000 年	30 项	2 人次 1 项	都峤中学	容厢中学	容县中学
2001 年	30 项	18 人次 8 项	都峤中学	容县中学	容厢中学
2002 年	30 项	5 人次 5 项	都峤中学	容县中学	杨梅中学
2003 年	31 项	14 人次（队）11 项	都峤中学	灵山中学	容县中学
2004 年	31 项	13 人次（队）10 项	都峤中学	容县中学	灵山中学
2005 年	31 项	8 人次 5 项	容县中学	都峤中学	石头中学

表 16-14　**1990—2005 年容县参加玉林地区（市）中学生田径运动会成绩一览表**

年份	设置项目（项）			破纪录人数（人）			团体总分名次			金牌数（枚）		
	初中组	普高组	重高组	初中组	普高组	重高组	初中组	普高组	重高组	初中组	普高组	重高组
1990	25	27	27	5			二	六	六	4	2	2
1991	25	28	28				五	七	四	1	1	2
1992	26	28	28	3			六	七	三	1	1	1
1993	27	30	30	2			五	八	二	3		3
1994	31	31	31	1			三	八	二	5	2	4
1995	33	33	33	4			四	七	一	4		8
1996	33	33	33			1	二	四	一	5	1	14
1997	33	33	33				五	七	三	2	1	6
1998	33	33	33				四	六	二	3	3	10
1999	33	33	33				六	四	二	2	1	9
2000	33	33	33				七	六	二	1		2
2001	33	33	33				三	二	一	4	4	14
2002	33	33	33	2		3	二	五	二	7	2	8

续表

年份	设置项目(项)			破纪录人数(人)			团体总分名次			金牌数(枚)		
	初中组	普高组	重高组	初中组	普高组	重高组	初中组	普高组	重高组	初中组	普高组	重高组
2003	33	32	32	5		1	二	四	二	10	1	7
2004	33	33	33		1		三	三	一	3	4	12
2005	30	30	30	4	1	2	二	三	一	7	5	11

第七章　教　师

第一节　队　伍

队伍结构

1990—2005 年，容县中小学教师主要由 1978 年按政策召回“文化大革命”期间被精简下放的公办教师、民办教师和从大专院校毕业分配的毕业生以及一部分乡（镇）聘用的代课教师构成。至 2005 年，容县有中小学教师 6903 人，包括公办教师 5534 人、代课教师 1369 人。其中男教师 3626 人，女教师 3277 人；高级职称教师 216 人，中级职称教师 3050 人，初级职称教师 2620 人，其他不定级别职称 1017 人；中共党员 1802 人，民主党派 205 人，其他无党派教师 4896 人；幼儿教师 65 人，小学教师 3896 人，初中教师 2602 人，高中教师 208 人，职业中专教师 127 人，其他岗位教师 5 人；容县幼儿园、小学、初中教师学历均达国家规定标准。其中小学教师 50% 专科以上学历，初中教师 26% 达本科以上学历，高中教师 81% 达到本科学历。有部分优秀的教职工还被选为各级人大代表、政协代表，有的还被选拔为领导干部。

民办教师

民办教师的出现，始于“文化大革命”下放办学的 1968 年。1986 年，容县民办教师总数为 2543 人。自 1987 年起，容县不再吸收新的民办教师后，各乡（镇）陆续聘用部分缺额代课教师。1988 年容县有民办教师 2338 人。1991 年起，容县开始从民办教师中选招公办教师，当年选招 128 名，1993 年选招 126 名，1994 年选招 462 名，1995 年选招 357 名。到 2000 年，除因各种原因而被辞退外，其余合格的民办教师都获选招为公办教师。

代课教师

1994 年，玉林地区教育委员会专门下发了文件，将缺额代课教师定名为县编制代课教师，由县教育委员会统一聘用和管理。至 1999 年，容县编制代课教师达到 2529 人。2000 年，根据自治区统一部署，容县教育局对代课教师进行清理整顿。经过文化考试和政治业务考核，清减 843 人，继续留任 1686 人。根据《国务院基础教育改革与发展的决定》和自治区有关代课教师问题的指示，2002 年起，容县不再聘用新的代课教师。县教育部门对在岗的代课教师加强管理。基于教育事业发展需要和经地市人事部门审批，县政府逐年安排专项指标，从容县代课教师中择优选招公办教师，其中 2004 年选招 200 名，2005 年选招 130 名。至 2005 年，容县尚有在岗代课教师 1356 名。

2005 年 9 月 10 日，中国（容县）首届尊师爱兰大会在容县高中运动场举行　　（容县教育局　提供）

资格认定

1993年《中华人民共和国教师法》颁发实施，以国家法律形式，明确规定国家实行教师资格制度。容县从1997年起，采用过渡办法组织实施12批次中小学教师资格认定工作，认定中小学和幼儿园教师资格8365人。1999—2001年中止教师资格认定工作。2002年2月，自治区教育厅对教师资格认定的要求、标准、程序等问题进一步明确细化。容县按规定又进行8批次的教师资格认定工作，共发放教师资格证书1995本。至此，容县共认定1.04万人的教师资格。

职称评定

1988年6月，容县第一次职称改革工作结束。此后，每年10月县职称改革办公室都组织一次教师专业技术职务评定工作，并将评定材料送县、地区（市）、自治区职称改革部门审批。2005年，容县获评定为中学高级教师31人，中学一级教师144人，中学二级教师229人，中学三级教师50人；小学高级教师142人，小学一级教师169人，小学二级教师4人。

表16-15　　**1989—2005年容县教师晋升各级专业技术职务一览表**

单位：人

类别／数量／年份	中学高级（含小学中的中学高级）	中学一级	小学高级	中学二级	小学一级	中学三级	小学二级
1989	90	433	537	502	1244	202	214
1990	35	63	30	86	88	26	85
1991	18	62	35	78	79	45	83
1992	16	64	41	75	73	36	86
1993	13	70	80	78	72	46	68
1994	11	63	96	78	68	85	83
1995	21	78	123	54	84	96	158
1996	23	78	186	62	89	92	167
1997	35	75	133	39	83	98	243
1998	9	46	64	146	192	121	256
1999	15	74	162	173	357	81	117
2000	18	80	221	42	215	156	418
2001	22	49	204	129	293	108	252
2002	24	66	200	161	193	125	124
2003	14	66	106	177	189	95	35
2004	16	93	126	199	306	43	63
2005	31	144	142	229	169	50	4
合计	321	1181	1843	1806	2550	1313	2118

年度考核

容县对教师的年度考核，早在民国年间就有记载。1993年《中华人民共和国教师法》颁布后，容县中小学教师在接受平时考核的同时，每年都按规定接受县人事劳动和社会保障局组织的年度考核。考核遵照《公务员考核规定（试行）》的规定进行。考核以教师的职务职责和所承担的教育教学工作任务为基本依据，全面考核德、能、勤、绩、廉，重点考核工作实绩。考核结果分为优秀、称职、基本称职和不称职四个等次。对学校党政领导和县教育行政部门的党政领导，分别由县委组织部、县教育局组织考核，考核时还进行民主测评。

与此同时，每年还必须接受县人事劳动和社会保障局组织的专业技术人员年度考核。考核的内容、标准、等次、程序、方法基本与干部年度考核相同，不同的是被考核人填写的是《广西壮族自治区专业技术人员考核登记表》。登记表主要填写个人政治表现、工作态度、履行岗位职责，完成岗位任务情况；任期内创造发明、科研成果和业务工作受奖情况；任期内论文、著作；任期内培训进修及其他考核测验情况；任期内工作失误、失职情况。

表 16-16　　1993—2005 年容县（中小学）干部年度考核人数统计表

单位：人

年份	1993	1994	1995	1996	1997	1998	1999
考核人数	4339	4500	5017	5282	5522	5797	6027
年份	2000	2001	2002	2003	2004	2005	
考核人数	6052	5956	5903	5801	5665	5709	

第二节　待　遇

公办教师待遇

1993 年 11 月，国务院颁发《国务院关于机关和事业单位工作人员工资制度改革问题的通知》后，容县于 1994 年、1997 年、1999 年和 2001 年均按上级规定调整提高教育系统教师工资和离退休费。至此，容县的公办教师与当地党政机关工作人员享受同等的酬薪、医疗、退休、退职等经济待遇。公办教师工作满 10 年还增加 10% 教龄津贴。

民办教师及代课教师待遇

容县在公办学校中，民办教师和代课教师享有薪酬待遇，享有与公办教师一样休假待遇、职称评定。1990 年，容县中小学代课教师月工资为 60~65 元，民办教师月工资为 88.50~108.30 元。1995 年，代课教师月工资提高到 150~185 元，民办教师月工资提高到 181~251 元（其中国家补 112 元，统筹 58~88 元）。2000 年，代课教师月工资为 200~232 元。2005 年，容县代课教师工资由县财政拨款解决，列入年度预算。小学高级教师工资 340 元；小学一级教师工资 300 元；小学二级教师工资 260 元。容县代课教师月平均工资为 270 元。

第三节　培　训

学历达标培训

1990 年后，容县教师培训工作主要有：教材教法过关培训、学历提高培训、骨干教师培训、行政管理干部培训。在教师学历提高培训方面鼓励、支持教师参加各类院校函授、脱产学习或自学考试。

教师教材教法过关培训和中师学历提高培训主要集中在容县师范学校进行，玉林教育学院、玉林师专、广西教育学院、广西广播电视大学等高等院校还在容县师范开设卫电中师班，方便了容县教师参加培训学习。

表 16-17　　1992—2000 年参加容县师范学校学历提高班和全员培训班人数统计表

单位：人

年份	卫星电视中师班	初中教师全员培训班
1992		501
1993		500
1994	771	408

续表

年份	卫星电视中师班	初中教师全员培训班
1995	900	470
1996		353
1997	717	
1998	690	
1999	400	
2000	399	

说明：1997 年起不再招收全员培训班学员；2001 年起停止招收卫电中师班学员

1990 年，容县小学、初中、高中教师学历达标率分别是 82%、53%、54%。经过培训和学习进修，教师学历达标率不断提高，其中 1995 年小学、初中、高中教师学历达标率分别是 97.70%、61.90%、62%。到 2000 年，小学、初中教师以及高中专任教师学历全部达标。

非学历培训

骨干教师培训 主要是以学校、乡（镇）中心校以学科教研组、学区教研组为主要阵地，通过教研活动、课堂教学指导、以老带新等形式，培养学校骨干教师和乡（镇）级骨干教师；1999 年 1 月，广西启动“21 世纪园丁工程”，容县教育局和教研室负责对“21 世纪园丁工程”B 类（市级）培养对象、C 类（县级）培养对象的选拔。第一批次 1999—2003 年，容县有 10 名中小学骨干教师获选拔为 B 类（市级）培养对象，96 名中小学骨干教师获选拔为 C 类（县级）培养对象；第二批次 2005—2008 年，容县有 11 名中小学骨干教师获选拔为 B 类（市级）培训对象。

中小学校校长、教导主任培训 1990 年始，容县师范举办小学领导干部培训班，对容县小学正副校长、教导主任、教育专干进行轮训。根据《广西壮族自治区教育委员会关于对全区中小学校长实行“持证上岗”制度的通知》等文件精神，1996 年 8 月 20 日，容县教委印发《容县中小学校级干部“九五”期间培训规划》，容县中小学校级干部培训走上规范化轨道。小学校长岗位培训由容县师范(2002 年 8 月改制为容县教师进修学校）负责，中学校长岗位培训由市、自治区教育学院负责，县教师进修学校和县教育局还经常举办校长和其他管理干部的短期培训班、研讨会和讲座。1996 年，容县在职中小学校长全部参加过校长岗位培训，完成第一轮校长培训任务，并在市教育局组织的中小学校长岗位培训评估中获总分 96 分（满分 100 分），获评“优秀”等级。2001 年起，实行中小学校长《任职资格培训合格证书》上岗制度，实行中小学校长持证上岗。容县中小学校长在岗位培训的基础上，还参加校长提高培训。2000—2005 年，容县选派了 15 名优秀的中小学校长赴上海、北京等地先进学校挂职学习培训。

表 16-18 **2002—2005 年容县教师进修学校举办各类培训班统计表**

单位：人

年份	校长培训班	主任培训班	骨干教师培训班	新任教师培训班
2002	219		454	
2003	68	310	305	
2004	53	38	138	56
2005	59	45	/	/

继续教育 1990—1993 年，容县中小学教师继续教育主要是在骨干教师、行政管理干部和部分参加学历提高教育的教师中进行。随着广西中小学教师继续教育制度的实施，1994 年，容县首先在容西乡开展试点工作。1995 年在容县全面铺开。至 1998 年，容县完成第一轮中小学教师继续教育任务。1999 年，按照

自治区教育厅的部署，容县开展了新一轮的中小学教师继续教育，规定每个教师每年按时完成规定的集中学习和个人自学的学习时数任务，并填写由玉林市教育局下发的《中小学教师继续教育证书》登记栏目，上送县继续教育培训中心和县教育局验证年审。其中高中教师参加自治区继续教育指导中心开展的培训，继续教育证书则交市继续教育指导中心和市教育局验证年审。每个教师必须取得自学 30 学分、集中培训 15 学分才能年审合格。此项规定一直至 2005 年不改变。

容县中小学教师继续教育工作坚持多层次、多渠道、多形式，以及业余为主、短训为主、自学为主的原则，以促使每个教师思想政治、专业水平进一步提高。在县教育局统一领导管理下，由容县师范师训部负责开展集中培训，各学校负责组织校级培训。容县中小学教师继续教育的成绩得到了自治区教师培训中心和自治区教育厅的充分肯定。1996 年，容县中小学继续教育工作经验《抓好学练结合，不断提高教师素质》在广西中小学教师培训工作会议上介绍。

2002 年，容县教师进修学校成立，继续承担容县的中小学教师继续教育、骨干教师培训和教育行政领导培训任务。从 2002 年 8 月—2005 年秋季期，按照县教育局部署，开设小学校长岗位培训班、提高培训班共 4 期，培训学员 399 人；中小学教导主任、政教主任培训班 3 期，培训学员 393 人；培训中小学各学科骨干教师 897 人(次)，中小学新教师培训班学员 56 人。

2001—2005 年，分别有 4600 人、3290 人、3318 人、3336 人、3369 人参加容县教师进修学校举办的中小学教师继续教育培训班。

第四节　支教工作

容县的支教工作从 1996 年开始进行。同年 12 月，容县县委、县政府贯彻落实自治区、玉林地区关于从党政机关和事业单位选派人员支援基层教育工作的部署要求，从县直各机关和学校抽调 25 人组建容县第一期支教工作队，分别派驻容县 16 个农村薄弱中小学驻点支教。同时，确定 13 个县直党政机关和事业单位为后援单位开展支教后援工作。

1997 年以后，主要是从县城区学校抽调教师派驻到农村学校，并安排党政机关和事业单位作为后援单位，开展为期一年的支教工作。同时开展城区学校与受援学校结对子支教的活动。支教工作的主要任务是帮助受援学校加强“两基”工作、领导班子和教师队伍建设、校园文化建设，改善办学条件，提高教学质量等。参加支教工作的大多是城区学校领导、教学骨干。县每年对支教工作进行一次总结表彰，评选县、市级“先进支教队员”“先进联络员”“先进后援单位”。

在对全县农村薄弱中小学开展支教工作的同时，容县按照自治区、玉林市两级支教领导小组的部署要求，选派骨干教师参加自治区支教队到百色老区的田东、德保等县中小学开展对口支援支教工作，其中 2000—2001 年，覃广娟老师、黄健平老师被派驻德保县参加支教工作。覃广娟获评“全区学校对口支援工作先进个人”，黄健平获评“全国学校对口支援工作先进个人”。其间，玉林市支教工作领导小组也派出支教工作队到容县支教。

表 16-19　　**1997—2005 年容县支教工作情况统计表**

项目 年份	容县城区学校支援农村学校教育					玉林市支援容县学校教育		容县参加区支教队支援百色老区教育	
	支教人数	联络员人数	受援学校数	后援学校数	后援党政单位个数	支教人数	受援学校	支教人数	受援学校
1997	25	18	16	5	13	5	容西中学 县底中学		
1998	14	23	13	8	25	2	容西中学	1	田林县旧州中学
1999	8	35	8	8	30	2	容西中学	1	田林县旧州中学

续表

项目 年份	容县城区学校支援农村学校教育					玉林市支援容县学校教育		容县参加区支教队支援百色老区教育	
	支教人数	联络员人数	受援学校数	后援学校数	后援党政单位个数	支教人数	受援学校	支教人数	受援学校
2000	21	40	9	9	32	2	容西中学	2	德保县福林中学 田林县潞城中学
2001	33	36	9	9	36	2	容西中学	2	德保县云山小学 德保县民族中学
2002	15	20	14	9	64	2	容西中学	2	德保县城关镇中心小学 德保县民族中学
2003	15	20	14	10	62	2	容西中学 石寨中学	2	平果县耶圩中心小学 田东县思林中学
2004	15	20	13	11	74	2	杨梅中学 石寨中学	1	田东县思林中学
2005	15	20	15	11	75	2	杨梅中学 石寨中学		
合计	161	232	171	111	411	21		11	9

第八章　教学研究与督导

1990年以来，容县的教育教学研究工作紧紧围绕农村教育综合改革和基础教育改革去开展，在课堂教学和基础教育改革层面上进行深入研究。加强对县内学校和乡（镇）政府的教育教学工作进行监督、检查、评估和指导。

第一节　课堂教学研究

课堂教学研究是教育教学科研工作的主要内容。1990年以来，容县坚持“以研促改、以研带改”的原则，不断探索中小学课堂教学有效途径。

1990年，开始进行反馈教学法研究，推行反馈教学法教学。1991年，容县开展小学语文阅读教学研究和小学数学应用题教学研究。主张重视数学应用题数量关系分析，加强数学语言训练，提高学生思维能力。1993年玉林地区教研室推广“导思点拨”教学法，容县开始在容县中小学中开展“导思点拨”教学法研究和教学。到1994年，容县开始把教育科研工作纳入工作考评内容，建立教研工作考评制度和教学工作情况考评卡。在推广、使用反馈教学法、导思点拨法的基础上，开展普通话口语训练教学实验和“结合思想品德课开展小学生日常行为规范训练”实验项目研究。此年，容县和玉林地区“结合思想品德课开展小学生日常行为规范训练”现场经验交流会先后在容城镇第三小学召开。同年，容县举办了首届青年教师教学基本功大赛。

1995年，容县教研室中教组推行“坚持启发式教学原则，以‘三为主’为主要教学方法，综合运用各种教学方法，实行课堂目标教学，提出向45分钟要质量”的教学主张。小教组继续推行“导思点拨法”教学，要求各校进行集体备课。并在容城第一小学、第三小学、第四小学和杨村六居中心小学、自良中心小学、六王中心小学、石寨中心小学、容县中学、杨梅中学、华侨职高共10间学校进行了整体综合改革实验。10月，国家教委基础教育司中学一处（教材处）处长邓立言及国家教委、自治区教委有关领导到容县主持召开中小学教材研讨会，对容县教学改革工作起到了推动作用。1997年，容县制定和健全了中小学教研工作评估方

案，抓好学科带头人的培养，对50名中青年小学骨干教师进行培养。同年11月，广西教育科研规划领导小组办公室对容县《小学思想品德课系列录像优化教学》课题进行鉴定、验收。1998年3月，广西初中《几何》动象发现法教学课题论证会在容县召开。8月，自治区电教馆在容县中学召开初中几何动象教学研制投影片初审会议，容县中学在会上作了操作表演。1999年，开展以“优化教学过程，提高课堂教学质量”为目标的教学改革研究活动。

第二节 基础教育研究

2001年，国家教育部印发《基础教育课程改革纲要（试行）》等一系列政策文件，正式启动新一轮基础教育课程改革。容县围绕“育人为本”的教育思想，倡导“自主学习，合作学习，探究式学习”的课堂教学方式，改变“灌注式”的课堂教学，按照落实“知识和能力、过程和方法、情感态度价值观”三个维度要求，开始进入新一轮基础教育课程改革研究阶段。

2002年，容县人民政府出台《容县教育教学研究年活动实施方案》，并确定此年为“教育教学研究年”。按照“先立后破，先实验后推广”以及“整体规划、分层推进”的要求，通过抓点带面的办法，在容县中小学广泛开展集体备课、展示课、“下水”课、比赛课、公开课、研讨会、经验交流会、课改沙龙等形式多样、生动活泼的课改实验活动。

2003年，容县教研室制订《容县中小学教育科研工作考评方案》《2003年容县教研室中教组课改专题系列研讨活动方案》《关于建立容县农村小学课改实验示范学校的工作方案》，在容县各中小学全面开展课改活动。并把容厢周口小学、自良镇中心学校、黎村温泉小学定为容县第一批农村小学课改实验示范点，形成“典型引路，科学导航”的机制，促进农村课改工作的扎实开展。2005年，容县继续实施“优质课”工程，提出“转变教育观念，以推进素质教育为宗旨，向教育教学要质量，向师资建设要效益”，进一步深化教育改革，抓本务实，不断开拓新思路，营造发展新局面，取得满意成绩。同年，容县成功地承办了玉林市初中思想品德课应用新课程问题教学法教学比赛活动、玉林市中小学校本课程现场观摩经验交流会两项重大活动。

容县基础教育课程改革成效显著。2002—2005年，容县立项教育科学“十五”规划课题县级20个、市级56个、自治区级4个、全国级3个。2000—2004年连续获评为“全区基础教育课程改革工作先进集体”。容县“以研促改、以研带改”的课改经验获全自治区推广。高考成绩年年攀升，中考成绩持续稳步提高，居玉林市各县（市、区）前列。2004年，容县高中考生浦华全成为省（自治区）级化学科“高考状元”；容县中学的周仕杰取得玉林市“中考状元”称号。2005年，容县上重点大学人数比2004年增长59.60%，容县高中学生廖鹏名列广西理科第109名，邱益余名列广西文科第23名，两考生被列入广西高考红皮书；中考平均分、优秀率均高于玉林市平均水平，化学、物理、政史3个学科获A+等级的考生所占比例数居玉林市最高，容县中学黄舒乐中考成绩名列玉林市第一名。

第三节 教学督导

1995年5月17日，成立容县教育督导室，开始对容县各乡（镇）人民政府、各乡（镇）教育管理委员会和县内各级学校的工作进行监督、检查、评估、指导。办公地点设在县教育委员会（教育局）大院内，日常事务归县教育委员会（教育局）管理。

容县教育督导室成立后，重点对容县各乡（镇）义务教育、扫除青壮年文盲等项工作展开督导检查。1996年，由县教育督导室牵头，县教育委员会（教育局）基教股、人事股、职成教股、电教馆等科（股）室共同参与，对容县基本普及九年义务教育、基本扫除青壮年文盲（简称“两基”）工作进行督查指导。同年11月12日—16日，自治区人民政府评估验收团到容县进行“两基”评估。经过专家评估认定：容县“两基”工作达标。12月，被自治区人民政府授予容县人民政府“普及九年义务教育县，扫除青壮年文盲县”称号。2001

年自治区教育厅、自治区财政厅、自治区发展计划委员会授予容县教育督导室为“全区‘两基’工作先进单位。”

2001 年，容县教育督导室被授予自治区“两基”工作先进单位　　（容县教育局　提供）

1997 年起，容县教育督导室继续围绕全面实施素质教育、全面开展教育综合改革、全面依法治教、全面贯彻执行中小学常规管理等工作开展督查指导，督查视导容县中小学校落实课程计划、减轻学生课业负担以及学校管理、收费等情况，不断巩固“两基”工作成果。2002 年重点开展“教育研究年”督查视导活动；2003 年重点围绕容县新课程改革实验活动开展督查视导活动；2004 年，围绕“学习教育年”活动和机关效能建设活动开展督查视导工作，指导容县高中做好创建“自治区示范性普通高中”工作，促成容县高中通过自治区示范性普通高中的评估验收；2005 年，围绕中学校长学年度工作目标考评、中小学教学常规专项检查评比、学年度小学教育教学科研工作考评、容县中小学校安全工作检查评比等工作开展督查视导活动。

第九章　教育经费

第一节　经费来源

财政拨款

容县教育经费的主要来源是依靠国家财政划拨。国家对教育经费实行财政包干制度。依据国家教委、财政部 1988 年《关于加强普通教育经费管理的若干规定》等有关法规，县财政部门实行“定额加专项”的办法，按全年经费预算计划安排，向县教育行政部门划拨全年教育行政经费。

表 16-20　**1990—2005 年国家划拨教育经费情况**

类别 年份	教育经费数 （单位：万元）	每个中小学生占 （单位：元）	占容县财政支出比例 （%）	学生数 （人）
1990	1559.20	169.03	26.63	92245
1991	1849	197.14	34.04	93793
1992	2090.90	213.27	33.53	98040
1993	3691.70	287.53	40.50	128394
1994	2933.60	267.27	32.18	109761
1995	3537.40	311.82	32.34	113443
1996	3479	282.71	30.72	123061
1997	3706.30	281.19	23.20	131807
1998	4043.30	289.97	29	142818
1999	4167	287.63	24.30	140575

续表

类别 年份	教育经费数 （单位：万元）	每个中小学生占 （单位：元）	占容县财政支出比例 (%)	学生数 （人）
2000	6007.60	427.98	31.79	140372
2001	8215.60	590.83	39.88	139051
2002	8140.30	610.82	36.96	133269
2003	8632.90	625.06	33.51	138113
2004	12098.90	958.15	42.68	126274
2005	10897.70	898.21	29.53	121327

多渠道筹资

1991年12月，容县人民政府印发《关于多渠道筹措教育经费的暂行规定》，依法实施多渠道筹资办学。多渠道筹资办学包括三税教育费附加、农村教育费附加、财政转移支付、地方教育附加费、财政拨款、社会捐资、勤工俭学等。

表 16-21

1990—2005年容县多渠道筹资办学统计表

单位：万元

年份	合计	三税教育费附加	农村教育费附加	财政转移支付	地方教育附加费	财政拨款			捐资	勤工俭学
						国家	自治区	县		
1990	993.10				9.70			122.60	860.90	
1991	639.60				43			134.70	400.90	61.10
1992	1713	62.80	653.70		20.60		61	149.80	674.70	90.40
1993	1060.70	70	70		7.90		84.20	263.90	491.60	73.10
1994	1895.70	165.10	634.80		8		52	283	513.40	239.40
1995	2300.40	200	818		76.50			320	459.90	426
1996	3033.60	148	993.90		133.30			349.70	1037.60	371
1997	3708.50	154	1770.80		134.30			34	677.40	938
1998	2604.80	173	855.60		137			165.50	757.30	516.40
1999	2035.20	106	917.10		167				317.10	528
2000	1970.90	125	1140.50		153.80				307.20	244.50
2001	2377.40	149	1219.60		74	641	14	45	215.20	19.70
2002	2258.90	212	1053.70		115.90	40	330	130	333.50	43.80
2003	2018.40	238	0	1326.70	16	240	0	10	182.60	5.10
2004	2625.50	271	0	1326.70	60	605	0	196	150	16.80
2005	2579.70	306	0	1275.70	293	530	57	118		
总计	33815.40	2379.90	10127.60	3929.10	1450	2056	598	2322.20	7379.30	3573.20

农村教育费附加　1994年自治区人民政府办公厅《关于加强农村教育事业费附加征收和管理工作的通知》和玉林地区行署有关征收教育费附加的文件相继颁发，2月，容县人民政府印发《关于征收教育费附加的暂行规定的通知》，容县开始在全县范围内征收教育费附加，至2003年停止征收，同时开始实施财政转移支付资金。

学杂费 1990年，容县小学生和初中学生已全部免收学费。容县基础教育收费项目主要有普通高中、职业高中、学前班学费、幼儿园管理费和保育费，还有一部分根据实际需要收取的代收费和按有关文件规定收取的费用，如杂费、书本费、内宿生费、民办教师统筹费、水电费、电教设备费、计划外招生、选校生费等，收费项目和标准，按物价、财政等部门有关文件规定执行。所收取费用按照1992年自治区物价局、自治区财政厅、自治区教委颁发《关于印发教育系统行政事业性收费项目标准及管理办法的通知》以及其他有关文件精神，各学校建立健全各种收费管理制度，把学校收费收入纳入财政部门预算外统一管理，使用范围及开支标准均按规定执行。

捐资助学 容县民间素有崇文尚理的优良传统，乡贤能人和社会爱心团体热心捐资助学支持教育事业发展。容县又是广西最大的侨乡，旅居海外的侨胞和中国香港、澳门、台湾地区同胞不忘桑梓，支持家乡教育事业，为家乡教育事业捐资捐物。初步形成了“政府引导，社会支持，民间助学”办学氛围。其中1991年香港同胞李大江为建立容县李大江教育奖励基金会捐资30万港元；1993年，乡贤吴耀群为罗江中学校舍建设捐资16万元人民币；1996年和2003年，香港地区同胞邵逸夫为容城镇第三小学校舍建设和容城镇第一小学分别捐资50万港币；2004年马来西亚侨胞柯来发为杨梅镇妙阳小学和十里乡杨外小学校舍建设分别捐资20万元人民币；2004年，世界广西同乡联谊会永远名誉会长江文昌为自良镇镇水小学校舍建设捐资15万元人民币；2005年，澳门同胞李汉基、李燕馨为石头镇甘冲小学校舍建设捐资30万元人民币；2005年，法国华侨华人会为十里中学校舍建设捐资20万元人民币。

各界爱心人士参与到捐资助学活动，日渐成为容县的一种文化。以乡（镇）、村、企事业单位和姓氏为单位的奖学助学基金会不断呈现。至2005年，容县民间有60多家以姓氏为单位的教育助学基金会，70多家以镇、村、企业为单位的教育助学基金会。

杨佐时教育基金会是容县成立最早的民间教育助学基金会。基金会奖学助学的对象非常广，不仅给予大学新生和在读大学生奖励扶助，还给予品学兼优的高中生、初中生和小学生奖励扶助。对家庭经济特别困难的学生，基金会全部负责其在校的学习和生活费用。

广西黑五类食品集团有限公司是在此期间为容县捐资助学投入最大的企业集团。从1991—1993年，共投资120万元在容厢镇大榄村修建大榄小学教学楼及高平片侨贤分校、村公所和部分乡村道路，还给松山小学、杨梅中学、广西职业技术学院等多间学校建设捐款，并出资50万元建设南方希望小学。

香港马鞍山扶苗之友会是香港同胞自发成立的社会团体，2000年开始，每年派出助学探访团到容县考察山区学校教学环境、了解学生的家庭状况和学习情况并开展捐资助学活动。当年给容县贫困学生和薄弱学校建设捐助人民币7.88万元，其中获捐助学生197人；2004年，捐赠4万元建设罗江镇旺华小学教学楼。香港福善教育基金会从2002年起向容县初中贫困学生捐助，其中2002年向容县89位初中贫困学生资助人民币1.93万元。

勤工俭学 解放前，容县各中小学就开展有各种形式的勤工俭学活动。1966年5月—1976年10月“文化大革命”期间曾遭严重的破坏。1989年国务院批转国家教委等部门《关于进一步发展中小学勤工俭学若干问题的意见》，执行免征校办工农业所得税和能源交通重点建设基金，定期减免产品税、增值税、营业税，免征勤工俭学服务、劳务收入营业税等。1990年自治区人民政府批转自治区教委《关于加强我区农村学校勤工俭学基地建设的意见》。同年，容县80%的农村学校建立了种植基地，面积1235亩，种植柚树2880株，荔枝1958株，龙眼树3099株，柑树8466株，松杉14万株，八角树3590株，其他果树2631株。创税20多万元。1991年，容县教育局制定《容县勤工俭学“八五”发展规划》，实行全县统一领导，统筹规划，健全县、乡（镇）勤工俭学管理机构，实行校办企业所有权与经营权“两权分离”管理体制，严格财经纪律，规范财务管理，以劳动教育为主，结合教学计划，采取校办企业、服务行业、商业经营、生产经营等多种形式开展勤工俭学活动。1993年，容县人民政府出台《关于使用勤工俭学税收返还款的有关规定》，1994年印发《关于进一步巩固和发展我县勤工俭学若干问题的意见》，不断加强对容县勤工俭学管理。

1994年，容县劳动基地扩大到5000亩，种植柚树1万株，有校办工厂26间、校办商业网点210个。县教育局统一经销教育内部文化、办公及体育用品，各中小学订货款达60万元。

1995年，容县学校更新劣树1万多株，新种树5万多株。容县高中、容县中等职业技术学校各养猪300头。杨梅中学造纸厂投资70多万元搞技改，日产量从1吨提高到8吨。县勤工俭学办公室经销学校文化、办公、体育用品全年营业额突破230万元，图书、课本年营业额超过300万元。县教育建筑工程公司承包基建工程总造价1380万元。

2003年，容县勤工俭学公司设立下属企业容县彩虹印刷厂（后改为县教育建筑工程公司普宁印刷厂），作为自治区防近视作业簿定点印刷点，与容县中学印刷厂成为容县学校勤工俭学的两大龙头企业。

2004年4月，教育局在容西中学召开容县勤工俭学工作会议，推广容西中学的“种—养—沼气”、六王中学的“养—加工”模式。此后，一批学校抓好学校养猪场、沼气池、加工场的建设。100头以上养猪场有近20个，共建设沼气池30多个，大部分中学食堂都建了豆腐、米粉、包子等加工场。

表16-22　　**1990—2005年容县勤工俭学纯收入情况表**

单位：万元

年份	1990	1991	1992	1993	1994	1995	1996	1997
收入	205.20	80.30	112.40	868.90	420.10	1432	405.20	965.80
年份	1998	1999	2000	2001	2002	2003	2004	2005
收入	1480	581.30	580.40	270.20	182.40	188.10	210.90	98.50

容县根据国务院关于“中小学开展勤工俭学所得的经济收益，除留一部分用于发展生产外，其余用于补充教育经费，改善办学条件，增加师生集体福利及个人奖励”的规定，把勤工俭学收入的一部分按规定标准用于改善容县的办学条件。

表16-23　　**1990—2005年容县勤工俭学收入用于改善办学条件的情况表**

单位：万元

年份	1990	1991	1992	1993	1994	1995	1996	1997
金额	50	61.10	90.40	73.10	239.40	426	371	938
年份	1998	1999	2000	2001	2002	2003	2004	2005
金额	516.40	528	244.50	19.70	43.80	5.1	16.80	18.50

容县多渠道筹措教育经费的工作，得到了上级的充分肯定。1997年7月11日，玉林市在容县召开“玉林市多渠道筹措教育经费工作会议”，12月4日，玉林市委、市政府在容县召开全市“多渠道筹措教育经费现场会”，会议总结和推广容县“依法足额征收农村教育费附加，确保教育经费筹措到位”的经验。至2005年，容县多渠道筹集办学资金共3.50亿元。

第二节　经费支出

按照国家教委、财政部1988年《关于加强普通教育经费管理的若干规定》、国家财政部1992年《社会文教事业全额预算管理单位财务管理暂行办法》等有关教育经费的管理法规，容县实行“定额加专项”的办法安排教育经费预算。县财政部门按全年经费预算计划安排，向县教育行政部门划拨全年教育行政经费。对所属单位和学校实行“经费包干、结余留用、超支不补、自求平衡”的原则，给予学校统筹安排使用教育经费的权利。对专项补助费专款专用，加强监督检查，建立资金使用责任制和追踪反馈制度。当年未用完的部分，报经县财政部门同意后作结转处理，留单位使用。对预算资金实行专户储存，由财政统一管理，不将预算内资金转为预算外，也不把预算外支出挤入预算内开支。安排一定比例中小学基本建设投资、事业费和自筹资金用于校舍修建。

教育行政经费支付分三大部分；一是人员经费支出，包括基础工资、职务工资、教龄10%、保留补贴、教龄津贴等；二是公用经费支出，包括办公费、印刷费、水电费、差旅费、会议费、培训费、卫生室经费、专用设备购置费、图书资料购置费、交通费等；三是个人家庭补助支出，包括退休费、抚恤和生活补助等。1998年容县教育人员经费支出4336.10万元，公用经费支出1170.80万元；2003年人员经费支出9101.70万元，公用经费支出3642.40万元；2005年人员经费支出1.16亿元，公用经费支出4356.10万元。

专项划拨经费，专款专用，用于基本建设等专项支出。社会集资和捐资，专款专用，用于学校基本建设。学生学费杂费收入纳入财政部门预算外资金统一管理，使用范围及开支标准均按规定执行。

教育经费的支出，还包括购置教学仪器设备所需的经费。1990—1995年，购置仪器设备的经费，学校自筹20%~25%，其余由上级调拨。1996年以后，学校自筹40%~50%，其他部分由县教委（县教育局）从学校统筹上来的公用杂费中支出。1996年起“两基”验收工作中，连续几年投入120万元经费购置教学仪器设备。到2000年，仪器设备金额达到239万元，比20世纪90年代增加170万元。为实现普及实验教学（简称“普实”）的目标，2004年，容县又投入120万元购置教学仪器设备。至此，容县共有教学仪器设备金额约为351万元，其中，中学仪器金额为223万元，小学仪器金额为128万元。

第十章　教学设施

第一节　校　舍

1988年起，容县全面铺开抢修中小学危房工作。至1990年5月，全部完成中小学危房抢修任务，并通过自治区教育委员会验收鉴定，质量达到一类标准。同年，容县校舍面积87.46万平方米，其中危房面积约5.37万平方米，约占校舍面积的6.14%。此后，容县继续多渠道筹措资金，采取各种措施，加快校舍设施建设。

新建扩建中小学校舍

1991年12月，容县人民政府印发《关于多渠道筹措教育经费的暂行规定》，开拓了筹集建校经费渠道。1993年新建成容城镇第四小学、罗江中学、容厢第二中学；1995年新建成绿荫中学、容西中学；1996年新建成侨乡中学、浪水中学、黎村中学、江口中学、容城镇第五小学；1997年新建成容县第二幼儿园。1994—1998年容县多渠道筹措教育经费1.35亿元，新建、扩建校舍208座，面积24.25万平方米。

1996年3月，投资500多万元的容县高中教学大楼建成　（容县教育局　提供）

灾后校舍重建工程

1995年10月13日，容县遭受百年一遇特大洪水灾害，倒塌校舍1086间，面积约2.72万平方米，经济损失652.50万元。社会各界捐资459.90万元进行校舍维修及重建。2001年中央实施灾后恢复重建工程。容县有十里乡塘冲小学、琼新小学和杨梅镇石岭小学3所学校获得该项目，项目总投资45万元，其中中央投资31万元，自治区投资14万元，校舍建设面积890平方米。

表 16-24　　2001 年容县学校灾后恢复重建工程情况一览表

项目学校名称	学校数	建设内容	建设面积（平方米）	总投资（万元）	中央投资（万元）	自治区投资（万元）
容县十里乡塘冲小学	1	教学楼	310	16	16	
十里乡琼新小学	1	教学楼	300	15	15	
容县杨梅镇石岭小学	1	教学楼	280	14		14
合计	3		890	45	31	14

学生宿舍建设工程

2001 年，自治区党委、自治区人民政府颁发《关于加强基层公共基础设施建设的决定》，2002 年，容县有 7 所中学获得基层公共基础设施建设项目，总投资 420 万元，其中自治区投资 300 万元，县配套资金 120 万元，建设学生宿舍面积 1.15 万平方米。

表 16-25　　2002 年容县基层公共基础设施建设情况一览表

项目学校	建设内容	建设面积（平方米）	总投资（万元）	其中	
				自治区投资（万元）	县投资（万元）
广西容县都峤中学	学生宿舍	2550	60	50	10
容县珊萃中学	学生宿舍	1200	60	40	20
容县十里中学	学生宿舍	1200	60	40	20
容县石寨中学	学生宿舍	1257	60	40	20
容县松山中学	学生宿舍	1257	60	40	20
容县县底中学	学生宿舍	1676	60	40	20
容县杨梅中学	学生宿舍	2400	60	50	10
合计		11540	420	300	120

革命老区基础设施建设工程

2003 年，根据玉林市革命老区基础设施建设大会战动员会部署，容县投入资金 100 万元建设（维修）县底镇古练小学等 7 所小学教学楼，总面积 0.26 万平方米。

中小学危房改造工程

2001 年，容县获中央拨款 610 万元，用于中小学危房改造工程，全年续建、新建校舍 2.02 万平方米，改造、维修旧校舍 0.90 万平方米。此后，容县按照中央、自治区规划，每年都开展中小学危房改造工作。2001—2005 年，容县共获中小学危房改造工程项目 74 个，总投资 2046 万元，新建校舍面积 4.32 万平方米。

表 16-26　　2001—2005 年容县实施中小学校危房改造工程一览表

类别／年份	学校数	单项工程数	建设面积（平方米）	经费投入（万元）	其中		
					中央资金	自治区资金	县资金
2001	20	20	16104	655	610	0	45
2002	4	4	1600	80	40	30	10
2003	19	19	12520	626	370	60	196
2004	12	12	5600	280	280	0	0
2005	19	19	7354	405	330	57	18
合计	74	74	43178	2046	1630	147	269

容县推进校舍建设过程中，不仅得到上级党委、政府部门的大力支持，同时也得到社会各界爱心人士和中国香港、澳门、台湾地区同胞，海外华侨的热心帮助。

第二节　教学设备

图书

1990年以前，容县所有乡（镇）重点中学和乡（镇）中心小学都设有图书室，但藏书量都不多，并且图书结构不合理，复本量较多。按当时国家规定的中小学图书配置标准，农村小学需生均5册、中学需生均10册，县城区小学需生均15册、初中需生均20册。按此要求，县城区学校只有容县高级中学、容县中学、容县师范学校基本达到要求。农村学校只有杨梅中学、珊萃中学、松山中学、自良中学和容厢中学基本达到要求。其余大部分学校的藏书册数达不到配备标准的要求。容县中学生均约为4.10册，小学生均约为2.80册。

1994年9月1日，国家教育委员会颁发《关于在九十年代基本普及九年义务教育和基本扫除青壮年文盲的实施意见》，容县把基本普及九年义务教育和基本扫除青壮年文盲（简称“两基”）作为教育工作的“重中之重”，通过多渠道筹措资金，加大教育设施投入，包括图书室建设和图书购置。1996年，容县小学生均图书达到5.30册，中学生均图书达到10.10册，符合国家“基本普及九年义务教育”规定的农村小学生均图书数5册、初中生均图书数10册的标准。此后，容县继续加大投入，加强中小学图书室建设。至2005年，容县有28所中学和85所小学设有图书室。中学藏书量48万册，生均11.20册，小学藏书量42万册，生均5.60册，略高于国家“两基”规定的标准。图书室管理工作进一步规范化，容县中小学有图书室管理人员166人，全部经过县级图书业务知识培训。所有学校图书室设有总括登录和个别登录两种账目，并有借阅记录；能按《中国图书馆分类法》进行分类标记，分类排架并积极开展流通借阅。

教学仪器

容县教育技术信息化始于1986年前，以录音、录像初步进入课堂教学为起点。20世纪90年代中期，容县中学基本实现“两机一幕”进课堂，即录音机、投影机和投影幕在课堂教学中使用。一些条件较好的学校建有语音教学室，主要用于英语课堂教学。在此基础上，逐步推进以计算机多媒体技术和信息技术为主要手段用于教育教学。

1995年7月，开始在中小学配备计算机。同年，县教育局统一采购计算机200台（组装机）配备给16个乡（镇）中心小学和5所县城小学。

1995年10月中旬，国家教委计算机研究中心主任邓立言、副主任潘懋德、唐玲等领导，到容县中学、容城镇第三小学、杨村六居中心小学、六王中心小学、石寨中心小学指导计算机教学。1998年6月22日，容县被国家教委批准为首批“全国中小学计算机教育实验区”。1999年4月6日—7日，国家教育部基础教育司全国中小学计算机教育研究中心副主任潘懋德到容县检查指导中小学计算机教育实验区工作。

2002年，容县获国家教育部拨付中小学现代远程教育工程补助资金1760万元，使容县农村初中全部装备有计算机网络教室和多媒体教室，小学也配备卫星教学收视设备、教学光盘播放设备和成套教学光盘，极大提高了教学装备水平。2004年6月，容县教育局获评为“自治区中小学教育信息化建设先进集体”。

至2004年，容县各间学校按照国家规定足额配置教学仪器设备，以利于普及实验教学的实施。同年，容县“普实”工作通过自治区评估验收。

2005年，容县有中学物理实验室32间、化学实验室28间、生物实验室14间，小学自然实验室65间。实验室仪器配备种类和数量基本符合小学按每班45人、初中按每班50人、每组4~6人的标准分组开展实验。容县中小学理科仪器的配备率平均达95%以上，音乐、美术和体育器材的配备率达70%以上。实验室管理得到进一步规范，容县中小学共有实验人员164人，全部经过县级实验室管理业务知识培训。各实验室均能按要求规范化管理，建立健全各种规章制度，有仪器的总账和明细账登记。中学物理化学实验开出率95%以上，生物实验开出率80%以上，小学自然实验开出率50%。同年，实现容县481所公办中小学远程教育全覆盖。

第十七篇

文化　体育　科技

1999 年 10 月，玉林市第一届运动会开幕式，容县代表队走过主席台

（容县文体广电局　提供）

第一章　文化管理

1990 年，容县县城文化活动设施主要有县文化馆、县总工会综合活动楼、溜冰场，县总工会灯光球场和容县戏院等大型演出场所。各乡（镇）文化站有业务用房。1993 年，县文化馆获国家文化部授予全国标准文化馆称号。在这一时期，歌舞厅、卡拉 OK 厅、电子游戏室、网吧等文化娱乐场所兴起，文化娱乐活动向多元化发展，文化、宣传部门因势利导，加强文化市场管理工作，使全县的文化市场健康发展。2002 年，全县有自良、县底、六王、容厢、石寨、黎村、灵山、松山和罗江共 9 个乡（镇）文化站获得自治区拨款建成文化楼。至 2005 年，全县文化设施明显改善，文化市场管理规范。

第一节　机　构

容县文化和体育局前身为容县人民政府文教科，成立于 1950 年。1963 年成立容县文化局。1990 年，容县文化局属行政单位，核定行政编制 6 名，实有人数 7 人。办公地点设在东外街 37 号，1995 年办公地点改名为东门街 1 号。下属单位有县文化馆、县图书馆、县博物馆、县歌舞团、县电影发行放映公司、真武阁公园 6 个事业单位。1994 年，文化市场归口县文化局管理，在容县文化局增设文化市场管理股，对外称容县文化市场管理办公室。同年成立县文化市场稽查队，属自收自支事业单位。2001 年 11 月，县文化局与县体育局合并，组建容县文化和体育局（简称县文体局）。2002 年，核定行政编制 9 名、机关后勤服务 1 名，实有人数 10 人。办公地址设在容城镇东门街 1 号。内设秘书股、体育股、文化市场管理办公室。在文化市场管理办公室挂县新闻出版（版权）管理办公室、县“扫黄打非”工作小组办公室牌子。下属单位有县文化馆、县图书馆、县博物馆（1999 年与文物管理所合署办公，属两块牌子一套人马）、县歌舞团（2004 年后对外称教育艺术团）、县文化市场稽查队、县电影发行放映公司、真武阁公园、县业余体校。群众文化业务指导单位包括全县 16 个乡（镇）文化站和广播电视站。2005 年，机构及下属单位业务与 2002 年相同。1990—2005 年历任局长：董启福（—1993.3）、李大川（1993.10—1994.12）、曾宪记（1994.12—1999.3）、邓定旭（1999.3—2004.4）、黎远善（2004.4—）。

第二节　设　施

文化馆设施

1990 年，县文化馆有 1 幢砖瓦结构 300 平方米的办公业务用房、1 幢 500 平方米活动楼和 1000 平方米的室外活动场所。容县戏院有 1 座可容纳 1100 个座位的演出场所（当时归文化部门管理使用）。开设有录像厅、歌舞厅和溜冰场，业务培训用的画架、手风琴、脚踏风琴、音响、演出服装道具等设施。1995 年，文化馆搬迁到 100 平方米的砖瓦房办公。1996 年，利用拆迁补偿经费新建 500 平方米活动楼。至 2005 年，办公用房和业务设施不变。

容县杨梅镇中心文化站（1993 年摄，吴植光　提供）

乡（镇）文化站设施

1990 年，容县 16 个乡（镇）文化站的业务用

房均是利用财政的公产房办公，建筑面积2180平方米。有影剧场4个，露天影剧场3个，灯光球场3个，7个文化站有电视机，9个文化站有桌球台。1993年，杨梅镇建起1座3层630平方米集图书阅览、演出场所及办公业务的多功能文化站楼。2002年，全县有自良、县底、六王、容厢、石寨、黎村、灵山、松山和罗江等乡(镇)文化站获得自治区拨款10万元建设经费和3万元设备购置费，分别建起文化楼，并有活动场所。2005年，十里乡大坡村、容州镇厢南村、容西乡祖立村等村先后建设文化公园和表演舞台。

第三节　文化市场管理

文化市场

1990—1994年10月，容县的文化市场由容县社会文化管理委员会管理，办公地点设在县委宣传部。1994年11月—2005年，容县文化市场归口县文化局管理，成立县文化市场管理办公室和县文化市场稽查队，负责对全县文化市场管理工作。

录影音像　1990年，容县最早开设录影音像有容城广播录像厅、文化录像厅、华侨录像厅、音像站录像厅、花城录像厅、东洋影视厅、戏院大炮筒录影、科龙影院、影视茶座等，后来各乡(镇)文化站也有录像厅。到1992年登记注册录像厅、影视厅有34家；录像带出租单位有11家。1990—1995年是录像厅、影视厅发展的鼎盛时期。随着VCD、DVD、CD等音像制品、新文化产品的普及和电脑网络的兴起，自1997年起录像放映行业逐渐衰退，到1999年，容县录像放映厅只剩下5个，录像出租单位停业或转型，逐步被音像放映点、音像出租店、零售店所取代。1999年登记在册的音像放映点8个，音像制品出租店和音像制品零售店27个。此后，随着VCD、DVD碟机等新电子产品家庭普及化，2005年共有音像制品零售店30个，音像放映点全部歇业。

卡拉OK厅　1992年，容县县城兴起卡拉OK行业，同年登记注册共4家。1993—1994年发展到各乡(镇)、各酒店(宾馆)几乎都设有卡拉OK厅，1995年登记在册的有78家。卡拉OK娱乐成当时的主流，各酒店(宾馆)大堂及包房内都设有卡拉OK设备，集住宿、餐饮、舞厅、卡拉OK厅为一体，成为综合性多功能娱乐场所，当时的容县宾馆、华侨大厦、南方大酒店、黑马大酒店、供销大酒店都是这种经营形式的娱乐场所。1995—1996年文化娱乐业发展到鼎盛时期，1996年登记在册114家。同年5月，文化主管部门组织举办容县首届“兴容杯”卡拉OK大赛，全县文化娱乐业100家经营单位选送参赛歌手。县委组织举办全县城区“十佳”饭店竞赛活动，各酒店积极参与，以“笑迎天下客，满意在容州”为服务理念，改善店容店貌，提高文化娱乐服务质量。随着人们的物质生活水平不断提高，一些个人、家庭都购有卡拉OK设备，经营性的卡拉OK厅娱乐逐渐萎缩。2000年全县卡拉OK厅98家。2001年后，又逐渐出现限量版KTV，又称之为量贩式KTV娱乐。2005年共有卡拉OK娱乐场所80家。

歌舞厅　1993年起，容县登记注册的歌舞厅有12家。随后简易舞厅、露天舞厅逐渐增多起来并普及到各乡(镇)。1995—1996年，容县登记注册的营业歌舞厅27家。1998年起，由于广场舞、健身舞等群众性自娱自乐项目兴起，营业性歌舞厅逐渐衰退，1999年，营业性歌舞厅客源逐渐减少，登记注册的歌舞厅只有5家；社会群众普遍参与广场舞、健身舞等健身活动。到2005年，全县已没有登记注册的歌舞厅。

电子游戏室　20世纪80年代末，容县开始出现电子游戏室，经营的是普通游戏机。1990年，登记注册的电子游戏室有21家。同年起一些游戏机更新换代快，老虎机、麻雀机、拼盘退币等违禁机种(涉嫌赌博)的游戏机时有出现，文化、宣传部门加强对电子游戏室管理。2000年，全国对电子娱乐业开始清理整顿、压缩，按照“保护合法，打击违法，取缔非法”的原则，关停了部分整改不合格的经营店，同年9月，重新审核登记的电子游戏室有16家。2002年，再次压缩电子游戏室，对原有16家电子游戏室压减50%，保留经营秩序较好的8家。2005年，全县共有审核登记的电子游戏室8家。

网吧　1996年，容县城区开设“世纪电脑”服务店，这是容县最早出现的网吧，是网吧的雏形，随后逐年增多。由于当时电脑昂贵，电脑服务店规模小，只有2台电脑。1999年，经注册登记共有19家，电脑30台。随后电脑价格下降，网吧服务行业发展迅猛，到2002年全县共50家，电脑1000多台。2002年11月15日，国务院颁布《互联网上网服务营业场所管理条例》之后，依据该《条例》和文化部有关文件要求，对全县网吧进行合理布局、总量控制，清理压减不符合审批条件的网吧，2003年，全县网吧从50家压减至22家。2005年，全县共有网吧22家，电脑825台。

文印服务部 1990年，容县出现文印服务部。1992年登记注册的文印服务部（即打印、复印、影印）有12家，之后迅速发展，规模较大的有九〇九印务公司、三A电脑文印室。至2005年全县有打字、文印店32家，印刷厂30家。

文化市场稽查

1990年1月—1994年10月，容县文化市场由县委宣传部管理，每年组织开展稽查行动，抓好市场净化工作。1994年，容县文化市场稽查队成立后，联合县公安、县工商等10个部门集中行动18次，出动干警、文化稽查人员260人次，依法收缴淫秽录像带64盒，非法出版物274本。

1995—1999年，县文化市场稽查队开展清理整顿文化市场违法违规经营行动，与县公安、县工商等部门联合行动26次，单独行动56次，共出动2246人次，全县共收缴未经审查的录像带200盒，查缴非法音像制品2055盒，盗版LD唱碟、CD唱碟970张，VCD激光视盘357张，黄色、盗版出版物、封建迷信书刊1745本，收缴邪教类非法出版物140本。依法立案处理21件，查封非法经营点3家，取缔无证经营点3个，限期整改6家。在电子游戏机室、桌球娱乐场所全部挂上“谢绝中小学生入内”的警示牌。

2000年，国务院发布《文化市场费改税条例》，文化市场管理部门不再征收管理费。同年，容县县委、县政府成立“容县扫除黄色书刊、黄色音像制品以及歌舞娱乐场所、服务行业的色情服务”工作小组。在清理整顿中，对无证照或证照不全的娱乐场所一律予以取缔，录像放映厅从8家减到5家，歌舞厅从7家减到5家。对全县学校周边娱乐场所进行全面排查，取缔2家违规的游戏室。吊销2家违法经营电子游戏室许可证。全县电子游戏室从25家减至16家。开展“扫黄打非”行动96次，出动稽查人员495人次，收缴非法音像制品1263盒，色情刊物412本，封建迷信书籍126本，有政治问题刊物14本，查处案件8起，查处非法演出剧团2个，无证电影放映队1个。

2001—2003年，开展“扫黄打非”行动，组织集中行动130次，稽查2710人次，检查文化经营点310家（次），查缴非法音像制品8915盒，盗版录音带975盒，VCD、CD唱碟4320张，非法盗版计算机软件700张，黄色、非法出版物、封建迷信书刊5708本。依法收缴迷信活动道具一批，电脑算命机1台。查处无证经营音像制品游商2人，取缔无证经营音像制品摊点3个，取缔1家放映含有色情内容的录像放映厅，依法取缔以电脑培训为名的无证经营“黑网吧”1家，取缔无证经营音像点3个、书摊3个。对全县网吧进行整治，责令限期搬迁4家距离学校不足200米的网吧，对13家违规接纳未成年人网吧予以立案处理，查处松山、六王、黎村、杨梅等乡（镇）4个无证经营电子游戏室，收缴电路板31块。对全县22家网吧安装333个“守护神”游戏版网络文化过滤管理软件，以高科技手段封堵含有色情、赌博、暴力、愚昧迷信等不健康电脑游戏。

2004年，县人民政府办公室下发文件成立容县网吧等互联网上网服务营业场所专项整治工作领导小组，构建分工负责与齐抓共管、条块结合与以块为主、日常巡查与技术监管、宏观调控与市场机制、行业自律与社会监督相结合的长效管理机制，各部门齐抓共管，净化文化市场环境。2004—2005年，组织开展网吧、盗版书籍、印刷复制业专项整治、打击盗版及非法印刷发行教材教辅资料专项整治行动，开展集中行动16次，文化稽查队单独行动86次、人员2353人次，检查网吧、音像制品、书报刊经营单位、文印店、印刷企业等730家（次），依法查处在规定时间外超时营业的网吧9家（次），违规接纳未成年人网吧20家（次），取缔无证经营网吧3家，电子游戏室3家，收缴电脑及附属设备46台，依法收缴非法音像制品1.51万张，非法出版物6806本，电脑算命机1台，取缔非法书摊点4个。

第二章　文学艺术　群众文化

1990 年，容县文化局组织召开 2 次文艺创作座谈会，布置文艺创作工作，提高文艺创作水平。同年县文化馆创作歌曲 29 首，其中获得地级刊物发表 2 首、省级刊物发表 1 首、上送自治区广播电台 5 首。1991 年，全县业余作者共创作戏剧、舞蹈、小说、散文、美术、书法、摄影等 862 篇(件)，其中文化系统有 9 人在地区以上报刊发表各种形式的作品 60 篇(件)。1992 年，群众文化活动活跃，容县获得自治区文化厅、财政厅授予"自治区群众文化先进县"称号。1993 年，容县文化馆获文化部授予全国标准文化馆称号。1996 年，全县共发表(参展)文学、戏剧、书法、美术、音乐等作品 96 幅(篇)。2000 年，全县共创作戏剧、小品、词曲、书法、美术等作品 139 篇(件)。2005 年，县文化馆全年创作作品共计 91 篇(件)。其中，全国级文学作品 6 篇，省级 6 篇，市级 65 篇(件)，6 首(组)诗歌在《诗刊》发表，6 篇小说、散文和中篇小说在省(区)级刊物发表。全县群众文化活动丰富，主要有采茶、木偶、文艺演出、书画展览等，文化宣传部门每逢重大节日或大型活动均举办文艺会演。

第一节　文艺创作

容县文艺创作队伍中有专业和业余之分，多以业余创作为主。1990 年以来，县文化馆配备的创作人员占全馆人数的 50%。1990—2005 年先后有音乐、美术、摄影、书法、文学等省(自治区)级文艺协会会员 8 人。1990—2005 年，容县加入市级以上协会的会员共 335 人；文学作品累计发表 3268 篇(不包括摄影作品)。其中在中央及海外发表、展览、演出有 63 篇(次)，地(市)级以上为 142 篇(次)，县级为 3063 篇(次)。

文学

诗歌　容县诗歌创作活动长盛不衰。1990 年，成立有容县诗词学会。之后，玉林诗词学会容县分会和容州诗社成立；广西南方食品集团股份有限公司、容县挺佳锅炉厂、容县雅峤酒业有限公司、广西南山瓷器有限公司等企业和自良中学、灵山中学、容县中学等学校也成立诗社。广西南方食品集团股份有限公司组建的"南方诗社"，出版有社刊《南方诗报》。全县古体诗词创作吸引着众多的诗词作者或爱好者，也培育出一批诗词创作者，每年在各类报刊和诗社发表的作品众多。1991 年，容县创作诗集《爱的玫瑰》。1996—2005 年，县底镇石龙诗社，共编辑整理古体诗专辑共 11 本，其中《县底诗词集》6 本、个人诗词专辑 5 本，出版《石龙诗联报》20 期。1997 年，编辑出版《庆祝香港回归诗词专辑》，全国人大常委会副委员长程思远为该书题词；送给香港特首董建华及香港历史博物馆珍藏。同年，县委宣传部组织 1 次科学理论山歌创作活动。1998 年 6 月，容县承办玉林市 1998 年词曲创作笔会，创作词曲作品 10 首。2003 年，《北京行》诗歌 8 首入选《当代诗人档案》由作家出版社出版。1990—2005 年，全县发表于市、省(自治区)级刊物并获奖的有诗集 5 本、诗歌 13 篇。其中何浩深创作的诗歌《秋问》获 1992 年全国"长城杯"文学大赛诗歌一等奖。肖燕的组诗《周庄月色》获 2005 年《诗刊》"周庄"同题诗大赛一等奖。1998—2005 年，容县作者在《玉林日报》歌韵诗台栏目发表诗歌(民歌)约 500 首，平均每期发表 1 首以上。

小说(故事)　1991 年，容县作者创作的小说《宝猫传奇》发表于《广西文学》月刊，小小说《大年三十讲古》刊于《小小说选刊》；潘大林创作的中篇小说《南方的葬礼》1992 年获广西第二届文艺最高奖"铜鼓奖"。1995 年容县作者创作的文学评论《海洋文明的颂歌》刊于《广西文学》月刊及《羊城晚报》，同年被转载于北京的《作品与争鸣》月刊。1997 年，创作中篇小说《二诸葛信息与三仙姑美容霜》发表于广东《南叶》月刊。1998 年，创作《生命的感动》《一片孝心鉴日月》分别发表于《中国财经报》和《中国妇女报》，小说《老虎打武松》在广东《南叶》月刊发表。1999 年，容县作者创作的小小说《大年三十讲古》刊于《小说界》。(《大年三十讲古》2000年南开大学、南京大学、南昌大学、厦门大学选为硕士研究生试题，2004年选入中国人民大学硕士研究生入学试题库）。2000年，创作小说《第一笔私房钱》刊于《广西文艺》报，故事《阿灿》刊于《上海故事》月刊。2001年，小说《宝石的祝福》在《广西交通安全报》发表。2002年，创作小小说《轻轻一掐》入选《2002中国年度最佳小小说》。2004年，创作小说《到桂林去看雪》发表于《广西文学》，获广西青年文学三等奖。2005年，创作小说《这个季节的童话》《木头说话》发表于《广西文学》和《作品》。1990—2005年，容县作者发表于市、省（自治区）级刊物并获奖的小说有11篇。

散文 1990年，容县作者创作杂文《从哈巴狗胡子说起》由天津白花出版社载入《嫩草集》。1992年，创作的散文《建在沙盘上的奇楼》发表于《广西日报》。1994年，创作《我恋家》在《广西日报》上刊登。1995年，创作《生活》《端州砚·包公诗》在《广西日报》上发表；《小雯》在《广西文学》月刊上发表。1996年，《都峤山拾遗》《男人如酒》发表于《广西日报》。1999年，容县作者创作《小南洋走笔》在《广西交通安全报》发表并入选中国当代作家陈列馆收藏；《两个女人》《司机小胡》在《广西日报》上刊登。2000年，《醉在那道风景里》《梦里容州》《雨中南山行》发表于《广西日报》和《广西政协报》；《不想丈夫活得太累》《从我做起》在《广西文学》《广西支部生活》杂志上刊登。2001年，容县作者创作的《千纸鹤往事》《情感价值》《夜品唐诗（四篇）》发表于《广西文学》。2002年，《山谷遐思》发表于《作家报》。2003—2004年，创作《清风夜归人》《青春无悔》《守住文化家园》《秋游无憾》发表于《中国财经报》《人生与伴侣》杂志和《广西日报》。2005年，创作《有一种爱叫做半路给你加油》《家有烟夫》《品读容县博物馆》《山长水远念中华》分别发表于《广西日报》《婚姻与家庭》《传承与弘扬》杂志和《广西文史》第四期，其中《有一种爱叫作半路给你加油》获广西报刊副刊作品三等奖。1990—2005年，发表于市、省（自治区）级刊物并获奖散文共39篇。

报告文学 1990年，容县作者创作的文学评论《请评论家与文学家交朋友》在《广西文学》月刊发表。1991年，容县作者创作的《由天使变魔鬼》在《经贸时代报》发表。1992年，《南方魅力》发表于《广西日报》。1996年，《在突如其来的洪灾前》刊登于《监察之声》月刊。1998年，《从未公正走向审判台》发表于河南省《法制月刊》。2001年，容县作者创作的《酒饼王年创汇一亿美元》发表于《广西政法报》。2002年《南瓷少帅龚镇飞》获《人民文学》报告文学征文奖并结集出版。2003年，容县作者创作的《了不起，农民企业家何挺佳》《他扮美了灵山》入选《中国时代新闻人物》及《中流砥柱》一书并获征文奖。报告文学《农民发明家何挺佳》《手茧擦出新农庄》《他最大心愿是回报社会》《凝聚》《为了明天绚丽的曙光》获《中国作家》等6个单位举办的"新世纪之声中华颂歌"征文奖。2005年，创作《执旗"霞烟鸡"》荣获中国文学艺术基金会\中国爱国工程联合会举办的第三届中国时代新闻人物报告文学二等奖。1990—2005年，发表于省（自治区）级刊物并获奖的报告文学共有15篇。

艺术

美术　书法　篆刻 1990年，容县博物馆举办全国10省市名人书画展、王梦祥摄影作品展。1992年，容县选送作品参加全国首届"农业丰收杯"荣获青年组书法二等奖1名。1993年，县文化部门推荐国画《情歌》入选参加"广西国际民歌节"举办的少数民族风情画展。10月，作品《翠鸣》入选《20世纪国际美术精品荟萃》并获国际文化交流荣誉奖；国画《漓江畔》入选《全国名人书画展》获三等奖。1995年，中国画《渡江的早晨》参加全国人体科学研讨会书画艺术大展，获中年组铜奖。1998年，全年举办3次书法笔会，其中举办《玉林市首届少年儿童书法比赛》容县赛区比赛，报名人数200人，经选拔有65名选手参加比赛，在全市评比中有10人10件作品入选。2004—2005年，容县作者选送的书法作品分别获广西"八桂群星奖"三等奖和桂林、香港联合举办的"和谐中国杯"全国书画名家邀请赛一等奖各1名。2005年，参加在香港举办的"爱我中华"世界华人书法美术大展书法作品获银奖1名。在这一时期，容县作者的书法作品先后被毛主席纪念堂、中国革命博物馆、中国历史博物馆、李大钊纪念馆等展出和收藏，书法曾为河南郑州黄河碑林、巩县神墨碑林、开封翰园碑林刻石成碑。篆刻作品获"马年写马画马"大赛一等奖，"炎黄子孙与各国友好书画展"书法二等奖，全国"红军杯"书法大赛二等奖；编辑出版有《杨宇云书法篆刻》《中国老年大学书画系列教材—篆隶书教程》等。

摄影 1990年起，容县出现众多的摄影爱好者，宣传文化部门因势利导，每年组织摄影作品展览一次以上，并进行评奖。1995年，容县作者创作2件作品《容县真武阁》入选《祖国风光明信片》，由上海市邮电局和全国发行。《峤山绣水》《翠竹》《罗汉》等作品也分别获得省（自治区）级、国家级优秀摄影作品奖。1997年，有5幅容县名胜风光照片入选《中国旅游风光大全》一书。1998年，组织作品参加自治区《民族魂》摄影展；参加广西第二届“祖国在我心中”少儿书、画、摄影大赛，获摄影一等奖1名，二等奖1名，三等奖5名。2001年4月，县文化馆配合玉林市文化局举办全国第二届“蒲公英奖”容县点选拔赛活动，通过发现、选拔和辅导，摄影作品《真武阁》获得铜奖，获得国家文化部颁发的荣誉证书，同时获得自治区文化厅颁发的全区第二届“蒲公英”一等奖，《凌波桥》获得自治区二等奖。2002年，创作的《翠竹》获得《中国摄影家》杂志社举办的中国优秀摄影作品奖。同年4月，参加由中国艺术摄影学会和《中国摄影》杂志社联合举办的全国优秀摄影家选拔赛，曾宪球获“中国优秀摄影家”称号。2004年，作品《罗汉》入选广西区文联、民事委、摄影家协会联合举办的东盟摄影艺术交流展。2005年10月，创作的《渠洋湖》《德天瀑布》《都峤罗汉》在自治区举办的第二届《美丽神奇的广西》摄影大赛中均获优秀奖。1990—2005年，全县创作的摄影作品261幅（件），其中在地（市）、省（自治区）级以上展出并获奖的作品有42幅（件）。

专著

公开出版书籍 1990—1992年，容县公开出版书籍有《杨贵妃奇闻轶事》《可爱的侨乡容县》《神奇速算与数学魔方》《爱的玫瑰》《古今名人趣联趣事》。1993年，有《容县志》《容县教育志》出版发行。1994年，出版有《中国共产党广西壮族自治区容县组织史资料》。1995—2000年，出版《都峤山史话》《黄绍竑略传》和《容县名人传记》。2001年，《容县邮电志》出版发行。2003年，出版《容县名人故事》《养生长寿法宝》《古今名人趣联趣事续编》。2004—2005年，出版的作品有《海雁诗选》《处世镜鉴》《处世珍言》《杨妃故里行》。

内部出版物 1990年，容县机关单位出版的书籍或刊物有《容县医药志》。1993年出版《容县供销合作社志》。1996—1999年，有《容县水利电力志》《容州历代诗词选》（第一、二集）《军政要员传略》。2000年出版《容县解放50年》。2003—2005年，《容县之最》《汹涌澎湃的南方潮》《中国共产党容县历次代表大会》《容县历届人民代表大会简介》和《中国共产党容县历史》（第一卷）出版。1990—2005年，出版《容州诗报》26期，《绣江》60期，《古体诗专辑》5辑、《县底诗词选》6辑。个人获内部准印证号出版的有：《美丽我们的季节》《龙坡诗集》《学习与探索》《壮哉　热血男儿》《小溪清清》《红瓦学堂情思》《灵山诗词拾粹》《梁凤祥诗选》《泉韵集》等。

文艺研讨

1990年，容县文化馆、容县博物馆开展文艺研讨工作，有3篇论文获得“八桂群星奖”，有20篇发表在自治区内外的大学学报和专业刊物上。1991年1月，容县作者论文《〈徐霞客游记〉艺术特色散论》发表于《广西大学学报》。1995年10月，容县作者撰写的论文《容州白话特点谈》发表于《广西师院学报》；1996年8月，论文《贵港北岸壮族亲属称谓琐谈》发表于《广西民族学院学报》。1999年，《从昙花一现的书画神童谈起》分别发表于河南《青少年书法》杂志和黑龙江《书法赏评》杂志；《谈文化专干的素质》入选由文化部社图司编辑、中央文献出版社出版发行的《文化大视野——全国群众文化论文集》专集。出版有《潘大林论文集》等。2001年6月18日—19日，玉林市文联在容县召开容县籍女作家作者作品研讨会，广西文学社、玉林日报社、玉林电视报社和各县（市、区）文联主席等领导、专家到会指导。

第二节　民间文艺

戏剧曲艺

1990年，容县文化馆创作剧本3个、小品3个、小戏1个，录音上送自治区对外广播电台使用；歌舞团创作小戏及音乐、舞蹈节目12个。1991年，容县歌舞团排演的戏剧《送鸭花》代表玉林地区参加自治区文艺会演，获得“桂花奖”三等奖、舞台美术一等奖。1996年，容县排演的《忘不了童年那首牧歌》参加全区群众文化优秀节目调演，获得铜奖。1997年，容县作者创作的采茶戏《真情》被中央电视台文艺频道录制并播出。2001年，容县歌舞团参加玉林市“红土地”文艺晚会舞蹈《山村夜色》获得演出一等奖，参加玉林市政法线文艺晚会的小品《大年三十》获得一等奖，参加玉林市“五好文明家庭”表彰晚会的小品《奶奶的早餐》获得一等奖。

1998年春节期间，容县在真武阁公园举办迎春曲艺演唱会 （曾宪球 摄）

2002年，在玉林市第二届业余文艺演出比赛中，县文化馆创编导的2个节目《人间真情》（快板演唱）和《定情物》（采茶剧）分别获得业余组二、三等奖，容县歌舞团创编舞蹈《拓》获得专业组二等奖。2005年6月，县文化馆配合县纪委以反腐倡廉为主题创作的戏剧作品20件，其中《四大纪律八项要求》被上送自治区参加评比。

采茶地戏 采茶地戏源远流长，清光绪版《容县志》已有记载，至今已有300多年的历史。清康熙、雍正年间（1715—1735年），有梁用芹采茶地戏班上演高军保戏，这是目前容县发现最早和最详细的采茶地戏班。中共十一届三中全会后，采茶地戏队遍及全县各乡村。1990年，全县有剧队347个，队员4260人，上演285个剧目，一些农村办结婚喜事也请采茶剧队演出热闹一番，其中有传本《粉妆楼》《杨家将》《五虎平南》《罗通扫北》等。有传统戏《拜月记》《六月飞霜》《金钗记》等，有话本戏《倒乱鸳鸯》《杜十娘》《霍小玉》等，有民间传说的《看鸭妹》《梁祝》等。容县采茶地戏是群众喜闻乐见地方戏剧，主要唱腔是用本地的山歌、民间小调等。如“四平腔调”“牛娘”“牛歌”“木偶”“十二月采茶”及其他杂曲等唱腔，共有120多首，常用的有50首。唱腔根据剧情人物的喜怒哀乐的需要来用，而所上演的剧目又是群众较熟悉的古传，唱词多是七音韵句，五言韵句，比兴丰富，多用民间双关语、歇后语等，形象生动，情挚意贴，易于群众记忆、吟唱，同时用本地土白话演唱，通俗易懂，乡土气息浓郁，深受群众欢迎。特别是唱提纲戏，能根据群众喜爱的古传或传说等爱好来点戏，剧队能按群众所点的古传或传说，不用编成剧本，而是由本队的编导来讲戏安排人物角色，演员即戏中的角色去边编边唱边演，而唱词大多是群众所熟悉的民间语言（即噱头），如“八字煲汤你命水好”“日头出在对面岭、吉星高照你门庭”等。他们除了在本县城乡演出外，还经常应邀到外县演出。采茶地戏已由自治区音像公司拍摄制作成光碟发行，流传到东南亚一带。从清代到2000年，容县采茶戏代表性人物有：梁用芹、覃少清、罗洪文、覃伟堂、夏锦汉。由于社会发展，文化娱乐活动的多样性，1998年以后采茶地戏的演出逐渐减少。到2005年只剩下不到10个业余剧队，队员108人还在坚持到各地演出，其中容州镇采茶剧团坚持在县内外常年演出，每天一、二场不定。2005年，《容县采茶戏》经过县文化馆采访、普查、收集、整理和立项申报非物质文化遗产保护项目。

木偶戏 曾经是容县比较盛行的一种表演艺术。1990年，全县共有木偶表演团队19个，每年演出传统剧目30多个100多场次。1996年后，由于人们生活水平提高，文化活动的多样性，木偶戏的演出逐年减少，表演人员也面临青黄不接。除杨村镇马良村姚美盛木偶队和灵山镇莫德兰木偶队还在坚持不定期的演出外，其他的队随着主演人员相继去世，后继无人。1996—2000年，全县正常演出的木偶队2队，演员共有7人，演出500场。2001—2005年，全县正常演出的木偶队只有2队，演员7人，年演出50~80场不等。

杂技 杂技民间又称杂耍，在容县比较有市场，深受群众欢迎。虽然没有专门成立的杂技团，但杂耍表演人才却有之。石头镇有支业余魔术表演队演技好，兼顾传统和现代，技法娴熟，引人入胜，经常在广西和广东等地演出。十里乡老艺人从20世纪80—90年代开始从事文艺表演，所表演的口技惟妙惟肖，利用树

叶演奏曲子也达到一定的艺术水准，长期在广东等地演出。他们把杂技表演作为一种谋生手段，而且在长期的演出活动中传承了杂技技艺。

灯图舞　又叫跳大碗。传说唐太宗一次梦游地府，见许多冤鬼不得超生，梦游回朝后，便派唐僧去西天取经，取经回来就请道士设水陆道场，跳此灯图舞，追荐亡者。相传在清乾隆年间传入容县，并代代师徒相传下来。灯图舞属师公舞中的一部分内容，一般是在祭祀时使用。在群众做“平安醮”或者在去世的人下葬前作道场时跳此舞，意为放大豪光，照破幽冥地狱，使鬼魂得以超度，早升天界，不在地方作乱，使人畜得以安宁。在民间，凡打醮作斋，驱邪消灾，一般都跳此舞。表演时，6 个或者 8 个人头顶点亮的油灯碗，左右手各捧 1 盏油灯，围绕沙城起舞，舞者左挪右闪，灵动自如，而头顶上的油灯碗却不会掉下来。整个舞蹈主要以锣、鼓和长腰鼓作为伴奏。在欢乐中寄托生人对死者的哀思，也表达后人对未来生活的憧憬。该舞蹈已形成约定俗成的形式，群众喜闻乐见。颇具原生态风味和容县地方特色，是民间艺术的一朵奇葩，具有比较重要的研究、利用和观赏价值。

八音　是容县古老的民间音乐演奏形式，曾经盛行于广东广西一带。八音的演奏由 8 个乐手组合完成，因此而得名。八音有金石、丝竹、革工、萧、弦、笛、琴、锣、鼓、钹、人声，演奏还分硬场、软场，硬场有撑板、唢呐 2 人，大钹、大锣、苏锣、手锣 2 人；软场有撑板、唢呐、二弦、竹笛、扬琴、秦琴、直萧、喉管等。其中唢呐是八音中的主角，有时也会增加扬琴、二胡之类的乐器。这些看似平常的乐器，一经老乐师的巧妙组合，便成为一支小型交响乐队。曲调分为通用调、红事专用调、白事专用调几种。传统曲目有《八仙贺寿》《仙姬送子》《六国封相》《大开门》《醉东风》等一百多首。八音集打击乐和吹奏乐于一体，各种乐器协调分工，演奏起来有强烈的节奏感和音乐美感。整个场面气势磅礴，热闹气派，既有威严而又不失活泼，极具艺术感染力。杨梅镇红石村有一支以吹打乐为主的民间八音队，热心为附近村民服务，活动时间比较长。1998 年，县文化馆成立一支八音乐队，曾上门为城区群众服务一年多时间；后因人员调动或退休，人员面临青黄不接而停止演出。到 2005 年，只有杨梅镇红石村一支民间八音队在活动。

歌谣

容县的歌谣源远流长，不论男女老少，不论何时何地，早上上学、午间休息、夕阳牧归、上山打柴、下河捉鱼、田头地角，很多人都能随口即兴哼上几句，流传下不少耳熟能详的颇具艺术特色的容县歌谣。如：

○点脚斑斑，雾水南山，白马漂漂，独马行桥，有钱做狗，冇钱做贼佬。

○鸡公仔，尾弯弯，做人新妇确系难；清晨早起煮粥饭，吃了粥饭洗衣衫。

○点脚河儿扭，铜盘装烧酒，烧酒倒落河，南山娶老婆，老婆死嫁燕子，天花开地花发，敢啱撞着只乌龟老王八。

○磨谷除查，担塘扯锯，你来我去。

○伴枣子，伴沙梨，伴入山中做花猫，黑脚乌鸡白脚狗，十二龙君举起莲花手，的的打打，问你爱上是爱下，爱上有只金戒指，爱下有只死老鼠。

○日光光，照地堂。年卅晚，吃槟榔。槟榔香，嫁二娘。二娘头发唔曾长，记得两年两寸长。留长头发梳只髻，梳只头髻做新娘。

○挂姑姐，挂姑娘，请你落来走一场。来先就得清茶饮，来迟就得茶根尝。

对联　谜语

1990 年起，黎村、县底、灵山等乡（镇）文化站和诗社的征联竞赛活动盛行，每年都有征联活动，征联奖金也有不同程度递增，吸引众多爱好者参赛，好联佳句迭出。容县作者创作的一组对联荣获 2005 年度中国对联创作奖。1990—2005 年，仅县底镇石龙诗社举办的征联活动就达 8 次以上，参与征联活动的作者来自全国各行各业，十分踊跃。容县作者 1992 年 9 月和 2003 年 8 月编著《古今名人趣联趣事》和《古今名人趣联趣事续编》。

猜谜语是群众十分喜欢的老少皆宜的一种活动，县图书馆、县文化馆和各乡（镇）文化站每年举办的新春佳节免费有奖猜谜活动，常常围满爱好者参与竞猜，兴趣盎然，热闹非凡。

第三节 群众文化

文艺团体

专业文艺团体 1990年，容县有专业文艺团队县歌舞团1个，人员24人（含同年对外招收歌舞演员10人）。演出节目是现代歌舞为主，自编有歌曲《我爱侨乡柚子花》等节目。同年，举办迎春团拜文艺晚会，有粤剧、山歌、采茶、原创歌曲，录音后由广西对外广播电台在春节期间向东南亚侨胞播出。1995年，县歌舞团全年演出120场，经常在广东等地演出。2000年，编排专题节目《贵妃舞》，在容县真武阁景区、都峤山庆寿岩景区演出，年演出80多场。2001年，县歌舞团完成10个专题晚会演出任务，全年演出75场，观众达10万人次。2004—2005年，全县有专业剧团1个，人员25人，常年在本县及广东各地演出140场次。

2001年元旦，容县举行慰问塔山英雄部队文艺晚会 （曾宪球 摄）

业余文艺团队 1990年，容县有民间业余剧（团）队347个，正常演出有13个队，其中，在县城坚持演出的有容州采茶剧团、夏伍采茶队、容州民剧队，石寨乡有李旭湘采茶队，灵山乡有联合采茶队，黎村镇有平洛采茶队、文化站民剧队。其他业余剧（团）队是农闲演出，农忙务农。由于采茶、木偶演员人才青黄不接，演出数量不断减少，以及剧目老化，唱腔老化，表演程式老化，观众层次的变更，加上受到其他文娱形式的猛烈冲击，演出市场呈逐年萎缩之势。舞狮艺术在容县还有一定的舞台空间，在乡（镇）有5个醒狮队，在节日活动比较频繁。其他10多支舞狮队只有在春节才进行一两天上门贺新春活动。夏锦汉是表演容县采茶戏的活跃人物，多年从事民间采茶戏的演出；1991年成立容城镇采茶剧团并任团长。经县文化馆辅导，现代采茶戏《抢财神》荣获玉林市文艺会演二等奖。主要演出剧目有：古装戏《薛刚反唐》《薛仁贵征东》《封神演义》等，以及现代戏《嫁不出的姑娘》《抢财神》等等。1996年后，随着电视机、VCD、DVD影碟和家庭影院的兴起，传统的戏剧受到影响，演出一年比一年减少。2000年，全县有民间业余文艺团队32个，人员395人，年演出1500场。2005年，全县正常排戏演出的民间业余文艺团队有36个，其中，采茶队9个、木偶队4个、舞狮队5个，在民间中还有10多支舞狮队，他们的活动较少，只是在春节期间才有一些活动。其他文艺队、舞蹈队、娱乐队13个。文艺团队每队有10~30人，演员总数400余人，团队在本地演出，也有同邻省邻县间互相交流演出，全年演出2000多场，演出主要节目形式和内容，有采茶戏、现代歌舞、地方戏曲、历史典故、小品、腰鼓、山歌、秧歌舞、健身舞、乐曲演奏、舞狮、武术表演等。

艺术展览

1991年，容县宣传、文化部门组织“庆祝中国共产党成立70周年书法、美术、摄影展览”，共收到作品280幅（件），展出178幅（件）。

1995年，容县文化部门共组织书法、美术、摄影作品70件，其中挑选出38件在全国省（自治区）、市参展。县文化馆召开书法、美术、摄影业余作者座谈会，组织、举办以“爱在容州”为题材的书法、美术、摄影展览3次，收到创作作品600件，展出400件。1997年，文化系统举办以“迎春书画展”“迎香港回归书画展”“教师节艺术作品展”等为主题的书画摄影展览11次，展出作品820幅（件），观众10多万人次。

1999年，举办庆祝中华人民共和国建国50周年书法、美术、摄影、奇石展览，展出作品203幅（件）。2000年7月，县摄影协会在侨乡广场举办“八桂”采风摄影展，展出“八桂”美丽山水、风土人情照片150幅。

2001—2005 年，县宣传文化部门每年春节期间举办迎春书法、美术、摄影作品展览，年均展出作品 90~120 幅（件）。

艺术辅导

容县文化馆主要通过举办培训班方式开展艺术辅导工作，文艺培训活动呈现系列化。少儿电子琴班在 20 世纪 80 年代后期至 90 年代前期一度成为文化馆的保留节目，期间办班 20 期，受训少儿 500 人次。

1997 年，县文化馆分别在 3 月和 8 月举办少儿书画创作班和小书画家班共两期，受训少儿 90 人次，有 27 幅作品参加玉林市展览，其中 8 幅获奖。1998 年，组织辅导中小学生参加中国少年儿童第三届美术书法大赛，美术类获二等奖 1 名，三等奖 14 名。书法类获一等奖 1 名，二等奖 6 名，三等奖 24 名。组织参加广西第二届“祖国在我心中”少儿书、画、摄影大赛，获一等奖 1 名，二等奖 1 名，三等奖 5 名。同年参加玉林市美术书法作品比赛，获美术类一等奖 5 名，二等奖 8 名，三等奖 7 名。书法类二等奖 4 名，三等奖 6 名。1999 年 11 月，文化馆成立少儿蓓蕾艺术团，至 2005 年底止，开办少儿舞蹈班 90 期，接受训练少儿 9250 人次。平时对一些来访的业余文艺爱好者给予热心指导，或者切磋技艺，共同提高。特别是为参加中考和高考学生进行科学系统的辅导，使一些艺术类考生进入高一级学校深造。

2001 年 4 月，县文化馆配合玉林市文化局举办全国第二届“蒲公英奖”容县点选拔赛活动，辅导的电子琴演奏《金蛇狂舞》获得自治区二等奖；器乐演奏《放鸭姑娘》获优秀奖；文化馆获组织奖。2003 年，县文化馆少儿蓓蕾艺术团编排的少儿舞蹈节目《小女兵》，参加第三届全国电视“希望之星”大赛，有 5 名小演员获少儿舞蹈类“全国十佳”演员称号。2004 年，文化馆举办美术培训班小学员参加全国“星河杯”美术作品大赛，获二等奖 1 个，三等奖 3 个，优秀奖 5 个。

据统计，1990—2005 年，文化部门开办美术、书法、音乐、文学、摄影等各类文化艺术辅导班 130 期，开办文化站专干业务辅导培训班 11 期。

会演调演

1990 年，容县群众文化活动活跃，全县有民间业余团队 347 个常在县城及各乡村屯演出。县宣传文化部门逢重大节日或活动均组织举办文艺会演等活动，同年有 15 个团队参演，演出地点有县总工会和县文化馆露天剧场，并进行评奖。

1991 年，举办首届全县歌手大奖赛，评选出“十佳”歌手。同年，县财委、文化局在县戏院举行财贸系统文艺会演，共演出 2 晚 48 个节目，评选出一等奖 3 个节目。7 月 1 日，由县委组织部、宣传部、财委和文化局共同举办的“庆祝中国共产党成立 70 周年文艺晚会”，评出一等奖 4 个节目。1991—1996 年每年举办中秋歌咏联欢晚会；1996 年，文化馆创作的 7 首歌曲上送参加 1996 广西群众文艺优秀节目调演，有 2 首获得玉林市级二等奖；同年，排演的《忘不了童年那首牧歌》参加五年一次的广西群众文化优秀节目调演，获铜奖。1998 年 10 月参加玉林市中小学生文艺会演获小学组二等奖 1 名，中学组三等奖一名，高中组三等奖 1 名。同年，采茶剧《真情》在“美好家庭在玉林”晚会中获得演出一等奖。1999 年，参加玉林市第一届文艺调演，原创舞蹈《霓裳羽衣舞》获得二等奖，《迎宾舞》获得三等奖，有 3 人获得优秀演员奖、服装设计奖和创作奖。2000 年 5 月，参加由广西第七届儿童电子琴选拔赛获得一等奖 1 名。同年 8 月 26 日，陆筱波参加共青团中央、农业部组织的“蓝田杯”歌手大奖赛复赛，获优秀奖。同年，《柚花飘香》参加“八桂群星奖”业余文艺会演玉林点选拔赛，获演出三等奖。

1997 年，容县举办县直机关庆祝香港回归祖国歌咏比赛 （据《容县邮电志》）

2002 年，参加玉林市第二届文艺会演，舞蹈

《拓》获得比赛三等奖。2003年上半年，县文化馆和县歌舞团联合策划并承办县电信局“网络快车”文艺晚会，下半年策划并承办县人民医院“健康之夜”文艺晚会，并组织到各乡（镇）开展巡回演出活动，创作小品《奇迹》、表演唱《人间真情》、诗朗诵《献给十六大》和《敬礼！白衣天使》、歌曲《天使颂》等作品，晚会分别在侨乡广场和杨梅镇、黎村镇、县底镇、自良镇、石头镇等10个乡（镇）巡回演出，观众数万人。2004年，蓓蕾少儿艺术团大型舞蹈《沙田柚飘香》，参加玉林市农村文艺会演获得一等奖，并获自治区“八桂群星奖”舞蹈类银奖。

节庆文化

节日文化活动群众参与最多，影响最大。宣传文化单位做好每年元旦晚会、元宵节晚会、庆祝“六一”儿童节文艺晚会、敬老节文艺晚会、国庆文艺晚会、县群众文艺会演。其中，每年重点抓好一两项具有较大影响的盛大活动。每年正月初一，在公共文化场所或广场、公园开展趣味游园活动，游园知识有奖问答、有奖猜谜、有奖卡拉OK表演唱、有奖摸笑佛、水中取宝等活动，处处都欢声笑语，乐趣多多。在每年“七一”和春节，举办一系列群众文化活动。如1991年庆祝建党50周年，除举办全县性的演出活动外，县经济委员会专门组织1场各厂矿企业单位庆祝“七一”文艺晚会，参演单位32个，并进行评奖，促进了各单位文艺活动的开展。1991—1994年春节，举行城区文化彩车大游行，规模一次比一次盛大，彩车由40辆增加到60辆，舞狮队由4队增加到10队，仪仗方块队由10个增加到20个，集工、农、商、学、兵和文、科、体于一体，宣传全县名优产品和各行各业成就。自1991—2003年中秋节，县文化馆与文联等单位联合举办在真武阁公园赏月或者都峤山赏月活动，参加活动的人员有县内文艺爱好者和部分群众，参加人数几百至上千人不等。活动内容主要有品尝月饼、吟诗作对、即席挥毫书画表演、文艺表演、粤曲清唱和猜灯谜等。

2002年春节期间，容县城区举办烟花晚会

（曾宪球　摄）

2005年春节，举办侨乡广场文艺演唱会，组织业余文艺团体和爱好者自编自演各类节目18个；并在春节举行联欢文艺晚会。正月初一至初三，举办有奖问答、趣味猜谜、喜庆摸奖等娱乐活动，这些活动，增添节日的热闹喜庆气氛。

每逢重大节日，全县15个乡（镇）文化站都精心组织和安排群众文化活动，既有传统节目，又有新潮项目，如采茶木偶演出、山歌会、录像放映、斗鸡、舞龙、舞狮、武术、游园、龙船赛、文艺培训、橱窗墙报评比、知识竞赛、歌手大赛、文学比赛、书画展览、球类比赛、电影晚会、歌咏晚会等20多项。

文化交流

1989年2月—3月，容县籍香港影视明星刘志荣回乡探亲并带领“桂江综艺之夜”艺术团回容县演出。1992—1996年，容县粤剧团（歌舞团）一直活跃在广东信宜、高州粤西一带交流演出。1994年1月，艺术家蔡国庆、李春波等相继到容县演出。1998年12月，在容县戏院举办由县文联、戏曲协会、县电力公司共同举办的广东、广西艺术交流联欢晚会，广东肇庆一条龙艺术团、县歌舞团、戏曲协会进行了同台演出。1999年2月，组织业余曲艺队去北流参加“三江之春”粤曲晚会。2000年4月，组织会员参加在岑溪市举办的桂粤两省（自治区）7县（市）明星歌手“五月的鲜花”演唱会；11月，在县黑马大酒店举办“圭江长、绣水清”容县、北流两地文艺工作者联欢会，共同庆祝两地获得第三届广西壮族自治区文联系统先进单位称号。书画、诗歌、摄影、文物、民间艺术等赴外县、省市及国外展出。1990—2005年，县人民政府共接待来自新加坡、马来西亚、泰国、美国等国家及中国香港、澳门地区的华侨、华人及港澳同胞的代表团、访问团、文化交流团、旅游观光团等490批3.56万人次。开展侨务文化交流活动14批次。

第三章 广播电视电影 图书 报刊

1990年,容县有16个乡(镇)图书馆(室)。容县图书馆被评为自治区“一级图书馆”。1992年,容县电影院升格为自治区乙级电影院。1994年,容县图书馆获得“国家二级图书馆”。随着电视、歌舞厅、卡拉OK厅及网吧等娱乐场所的兴起,1996年后,电影放映受到很大冲击。1997年,更新旧网路,有线电视传输带宽提高到750兆,是广西率先建立光纤电视的县份。1998年,在容县都峤山宝盖岩建设1座大功率的无线广播电视发射台,1999年2月建成试播,电视发射功率、发射频率和覆盖半径均有提高。2000年,电视频道增加;有线电视节目套数传输增加到22套。2001年7月,增至28套。2004年,传输节目达到30套。2004—2005年,实施“村村通”广播电视工程建设,全县有7个乡(镇)与城区有线电视光纤联网,覆盖200多个村屯。除了新闻传媒广播、电视和图书发行、阅览外,还有报纸等。县广播电视局获得2004—2005年自治区村村通广播电视工作先进单位。

第一节 机构 体制改革

容县广播电视局

成立于1984年9月。1990年,属科级行政单位。行政编制4名,事业编制1名,实有人数5人。下属单位有容县人民广播电台、容县电视台、容县有线电视台、容县农村广播电视网管理站和容县广播电视服务公司5个事业单位。1997年容县广播电视局改为县政府直属科级事业单位,赋予行政职能;核定事业编制12名。1999年2月,成立执法稽查队。2000年8月,增设电视专题部。同年12月前,广播电视局办公地点在县政府大院;自2001年起,办公地点设在容城镇新北街65号容县广播电视中心大楼。当年定为参照公务员管理事业单位,核定事业编制8名,实有人数9人。2005年,定编7名,实有人数6人。内设2室8部1站(即办公室、总编室、财务部、新闻部、专题部、广播部、广告部、播出部、发射部、社管部和农网站)。下属单位有:容县人民广播电台、容县电视台、容县农村广播电视网管理站、容县广播电视服务公司,核定事业编制49名,实有人数58人。

1990—2005年历任局长:(1990.1—1990.10缺)、梁纪林(1990.11—1999.3)、彭俊(1999.3—2000.3)、区健(2000.3—)。

广西广播电视信息网络股份有限公司容县分公司

2004年6月18日成立,7月15日正式挂牌,属事业单位,实行企业管理。该公司是从容县广播电视局(台)分出,原主要从事有线电视维护、安装的人员平移过渡到该公司。总人数40人,设立办公室、财务和网络传输中心。2005年,公司人员和科室没有变动。公司经理:区健(2004.6—)兼任。

容县电影发行放映公司

1980年1月成立。1990年,公司有员工120人。1993年2月定为正科级事业单位,实行企业管理,经费自收自支。办公地点设在容城镇南大街33号。内设经理室、财务股、发行业务股、宣传股和技术股。电影发行放映公司负责县电影院、容州影院和黎村、杨村、六王、灵山、杨梅、县底、自良、石头、松山9个乡(镇)电影院(站)及13个乡(镇)民办电影队的影片管理发行放映工作。2005年,公司内设经理室、财务股、发行业务股,核定编制120名,实有人数53人。

容县图书馆

始建于1921年,旧馆址为现容县中学教务处办公楼。新馆址位于容城镇东外街58号。是财政全额拨款副科级事业单位。1990年核定编制11名,实有人员10人,内设办公室、采编组、业务组。2005年,有编制

12 名，实有人员 13 人，其中馆员 1 人、助理馆员 3 人，大专以上学历 3 人、中专学历 3 人。设馆长、副馆长各 1 名。

体制改革

容县广播电视局 1990—1994 年实行局、台、站分立的管理体制，即行政上县电台、县有线电视台、县农网站隶属于县广播电视局领导，各自独立管理及经营。1995 年，县广播电视局学习借鉴外地先进管理经验，结合县广播电视局的实际，在广西县（市）级广播电视系统内率先实行了局、台、站合一的管理体制。即县广播电视局、县电台、县有线电视台、县农网站等单位合并管理经营，内设办公室、计财室、总编室、社管室和广播编播部、电视编播部、广告部、安装部。2004 年 6 月，按照自治区广播电影电视局网络整合方案，按照“行政整合、市场动作、政策支持”的原则整合广播电视网络，成立广西广播电视信息网络股份有限公司容县分公司，该公司是从县广播电视局（台）分离出，主要从事有线电视维护、安装的人员过渡到该公司，实行台网（容县城区有线电视网）分开经营管理。其人、财、物归广西广播电视信息网络股份有限公司垂直管理。2005 年 7 月 1 日，建立以县城为中心、乡（镇）、村村通为依托，统一领导、统一规划、统一管理、统一运营的村村通广播电视管理长效机制，乡（镇）广播电视的人、财、物划归县广播电视局管理。

第二节　设　施

广播电视设施

1990 年 1 月，在容城镇登高岭建成由容县有线电视站、卫星地面接收站、电视差转三者合一的电视中心。1995 年 1 月，地址位于容城镇新北街 65 号县广播电视中心大楼建成，高 6 层共 3800 平方米。同年，乡（镇）建立广播调频台 2 座，电视差转台 6 座、地面卫星接收站 30 座、有线电视站 19 个。1997 年投资 190 多万元彻底更新了旧网路，建设高保真、大容量光纤电视网，光网干线长 12.50 千米，分设 9 个光点。1998 年，在容县都峤山宝盖岩兴建 1 座大功率无线广播电视发射台。2001 年 7 月，对电视前端设备进行维护改造，有线电视节目套数增至 28 套。2003 年对县城城区有线电视网络进行二次光纤网络改造，光纤由原有的 11 千米增至 55.70 千米，光点由原有 9 个增至 62 个，用户增至近 1.40 万户。2004—2005 年，实施 50 户以上自然村“村村通”广播电视工程建设，总投资 380 多万元，光缆杆路 94 千米，实现六王、黎村、杨村、灵山、杨梅、石寨、容西等 7 个乡（镇）与城区有线电视光纤联网，覆盖 200 多个村屯，使光纤联网的乡（镇）和沿途的村（屯）用户与城区同收看到 30 套电视节目。期间，除与城区有线电视光纤联网外，全县乡（镇）村屯还有有线电视站 120 个。

电影放映设施

1990 年，县城有容县电影公司经营的电影院 1 座，面积 1934 平方米，可容纳 1300 个座位。在县城还有容州影院、南方影院和影视厅，乡（镇）有黎村、杨村、杨梅、六王、灵山、县底、自良、石头等 8 座电影院。全县各乡（镇）、村均有露天放映场所，有 13 个民办放映队。电影放映网点遍及城乡。2000 年，除了县电影院、容州影院、黎村电影院外，其余放映单位均已停映。2005 年，全县仅有容州影院、黎村电影院和 10 个民办放映队。

图书馆（室）设施

1990 年，容县图书馆有 1 幢 500 平方米二层楼的砖瓦房和 1 幢 630 平方米三层藏书楼。全县 16 个乡（镇）文化站有图书馆（室），4 所学校有图书馆；乡（镇）文化站图书馆（室）舍均是财政公产房，免费使用。1992 年，县图书馆建成 1 幢 2 层 480 平方米阅览综合楼。1994 年，县底乡文化站争取得到美国科技教育协会会员、美籍华人吴章铨捐赠 6000 美元作为购书经费（连续 3 年），建立县底乡爱华图书馆，建馆时总藏书 1.90 万册。2005 年，容县图书馆馆舍面积共 1610 平方米。同年，全县各乡（镇）有图书馆［包括乡（镇）图书馆、学校图书馆等］18 个，图书室一批，总藏书量 60 万册，馆舍面积 6500 平方米。

新华书店设施

1990 年，容县新华书店有综合大楼 1 幢。2002 年新建 1 幢高 5 层，建筑面积达 2400 平方米新综合大楼，其中门市部营业面积 700 平方米。至 2005 年全县有书刊经营单位（个人）73 家。

第三节　广　播

传输覆盖

1990—1993 年，容县广播站采用有线传输和无线发射电磁波信号方式向全县广播。1990 年起，随着广播技术的发展提高，调频喇叭逐年增加，有线广播逐年减少。县城与乡（镇）之间广播传输方式由有线广播发展过渡到无线调频广播传输覆盖，1993 年，有 13 个乡（镇）采用调频广播信号传输，全县 16 个乡（镇）有 13 个乡（镇）建立了广播电视站，219 个村建立村级广播室，有线广播入户喇叭 1.65 万只。1994 年 2 月，容县人民广播电台成立。1995 年，乡（镇）已建立广播调频台 2 座，全县发展调频喇叭 4 万多个，有线喇叭 7000 个。1996 年后，随着调频收音机销售市场的繁荣，调频喇叭及收音器材已无法统计。1994—2000 年，通过都峤山发射台发射，发射功率 100 瓦，频率 100.1 兆赫。2001—2005 年，县电台发射功率由 100 瓦增至为 300 瓦，通过都峤山发射台发射，频率 101.2 兆赫。

节目设置

1990—1993 年，容县广播站除完整转播中央电视台、广西电视台第一套节目外，自办节目有新闻、广告、文艺、社教、专题等，先后自办有《容县新闻》《听众信箱》《市场行情》《种养致富》《信息之窗》《茶余饭后》《社会百态》和《社会热点》等栏目；其中，《容县新闻》以经济建设为中心，及时报道县委、县人民政府的中心工作，反映全县政治、经济和文化等方面的情况；其他节目内容多结合本地实际向群众宣传法律法规、科普知识、农村实用技术和提供文化生活娱乐等。1994 年后每年都进行节目的改版和新增节目，并保留优秀节目。改版和新增栏目名有《乡村风景线》《法制园地》《同享蓝天》《生活 ABC》《漫步黄昏》《天天故事会》《新鲜事听真 D》《经济航标》《经济快车》《中学生无忧岛》《爱上黄昏》《农家夜话》《缤纷都市》《共叹下午茶》《歌海流行风》《劲歌金曲流行榜》《彩色空间》《新闻互联网》《精彩无限》《共度好时光》和《娱乐新天地》等。同年，开通《空中律师事务所》《消费投诉热线》《容县事大家议》《名医咨询》《温馨浪漫倾心夜》5 个热线节目，全部节目实行主持人大版块形式播出，每天播出时间 14 小时。2002 年 5 月 1 日后，每天连续播出时间 17 小时 40 分钟，其中自办节目时间 16 小时 40 分钟（其中新闻节目 20 分钟，教育性节目 5 小时，文艺性节目 7 小时，服务性节目 4 小时 20 分钟）。是自治区广播时间最长的县级电台之一，播出时间也逐年增加，并且是在自治区、市内率先开办了广播热线节目的县级电台。

广播直播

1994—2002 年，容县人民广播电台先后对县内举行的“3·15”消费者权益活动日、社会治安综合治理、“三八”妇女节方块队游行、沙田柚节开幕式、主持人与听众见面会、台庆 8 周年晚会、“水晶男孩”歌友会、迎春烟花歌舞晚会、新春点歌台等许多重大活动和节目作现场直播报道。2003 年起，由于设备陈旧和安全问题，此项直播活动停止。

第四节　电视　电影

电视

传输覆盖　1990 年 1 月，容县电视中心传输中央一台、中央二台、广西台、广西二台、广东岭南台、珠江台等 8 套有线电视节目。1994 年 1 月，国家广播电影电视部批准成立容县有线电视台，总传输线路 390 千米，终端用户 1 万户。1995 年 1 月，县广播电视中心大楼建成后，集广播电视编、演、拍、播于一体。有线电视台增加中央、省级卫星电视四套节目，共传输 12 套节目。1996 年，县有线电视增加中央加密第 3、5、6、8 套等节目，传输节目增至 18 套。1997 年更新旧网路后，有线电视传输带宽由原来的 350 兆提高到 750 兆，是广西率先建立光纤电视的县份。1998 年建成大功率无线广播电视发射台并于 1999 年 2 月试播，电视发射功率为 3000 瓦，发射频率 17 频，覆盖半径为 37 千米。2000 年 3 月，增设上海卫视、湖南卫视等电视节目，

并把容县电视与山东卫视同一频道播出传输改为分开频道播出传输，使容县电视独立固定在完整的频道播出，有线电视节目套数传输增加到22套。2001年7月，有线电视节目套数增至28套，收视维护费从每月8元增至12元。2004年，传输节目达到30套。2005年，六王、黎村、杨村、灵山、杨梅、石寨、容西7个乡（镇）的有线电视光纤联网，覆盖200多个村屯，用户可看到30多套电视节目。

自办节目 自容县有线电视台成立之日起，县电视自办节目一套，除了按规定完整转播中央、省（区）、市电视新闻节目外，紧紧围绕县委、县政府的中心工作，对农业生产、农业产业化、工业化、城镇化、新农村建设、工交建设、国企改革、产业结构调整、社会综治、党建工作、文化事业等做大量的宣传报道，电视台自办了不少栏目，先后播出《容县新闻》《经济天地》《大众写真》《影视剧坛》《话说容县事》《新闻视线》等，其中《容县新闻》是县内收视率最高的节目之一。1995年，自办栏目有《容县新闻》《经济天地》《市场行情》《电视剧坛》《天气预告》。2005年，自办栏目有《容县新闻》《经济天地》《话说容县事》《电视剧坛》《天气预告》等。2000—2005年，县电视台年均制作播出电视专题片52期，在《话说容县事》电视栏目板块中播出。自办节目在1994—2000年，平均每日播出量为8小时；2001—2005年，平均每日播出量为12小时。同时，组织稿件上送中央、自治区、玉林市台播出，2000—2005年每年上送玉林台用稿量在350篇（条）左右。1993—2005年容县有30个节目获玉林市级一等奖，《致富快车》节目获自治区级一等奖，6个节目获自治区级二等奖，10个节目获自治区级三等奖。

电视直播 1990—1994年，容县电视台没有作过电视直播活动。1995—2002年，每年县电视台与县电台同步对县内许多重大活动和大型节目作现场直播。其中，1995年县电视台首先成功地直播了广西广播电视系统"黑五类杯"歌手大赛实况。1996年直播了容县乒乓球擂台赛实况。2003年起，由于设备陈旧无法更新，电视直播活动停止。

电影放映

1990年，容县电影院放映收入86万元，1991—1993年放映每年收入达90多万元，1992年容县电影院获自治区文化厅批准升格为自治区乙级电影院。1994年放映收入突破100万元，创历史以来最佳绩。至1995年，县电影院放映业务一直良好，县电影公司多次获得自治区和玉林地区级先进表彰，有1人被评为全国先进个人。1996年后，受VCD、DVD影碟和家庭影院影响，电影放映市场逐步走入低谷，城区、乡（镇）电影院放映业务萎缩，放映收入逐年减少。1990—1998年，全县年均放映电影5560多场，观众年均136万人次。1999年，在电影院放映业务难以为继情况下，电影公司通过发挥公司流动电影队、民办电影队的作用，送电影到各乡（镇）、村、屯、学校和社区开拓电影市场。到2000年，除了县电影院、容州影院、黎村电影院外，其余放映单位均已停映，发行和放映经济效益下滑。2003年6月，县电影院停映，场地转租改建为商场。1999—2005年，全县年均放映电影1300场次，观众年均17.70万人次。

容县影讯
广西容县电影发行放映公司1992年5月编印
请宣传 请张贴
西行平妖
喋血边缘
沧州绝招

1992年5月，由容县电影发行放映公司印发张贴的《容县影讯》宣传资料 （吴植光 提供）

第五节 图书 报刊

图书

1990年，容县图书发行的主要机构是县新华书店，以发行中小学课本为主。乡（镇）图书发行网点主要有各供销社，发行农村中小学课本及教学书籍。1993年，中小学课本及参考书籍由县新华书店委托教育部门管理的各乡（镇）教育书店征订及发行，乡（镇）供销社只经营一般图书；与县新华书店直接发生业务往来的社会发行力量售书点 20 处，其中供销社售书点 7 处，教育部门售书点 13 处。县新华书店获得自治区新闻出版局 1999 年度发行桂版图书先进单位；2000 年获得自治区新华书店教材、一般图书发行先进单位。2002 年 10 月，县新华书店综合大楼建成投入使用，营业面积增加，销售额得到很大的提高，单位效益也逐年提高。2004 年获第十四届全国书市农村图书大联展一等奖；连续十五届获全国青少年读书教育活动用书发行先进单位。至 2005 年，全县有个体书刊经营书店 73 家，其中规模大、种类多的有心雨书店和三缘书店。

1990 年，容县有 16 个乡（镇）文化站有图书馆（室），藏书 15 万册；每天向读者开放时间 5~8 小时不等，年均接待读者 16 万人次。同年，全县获得玉林地区万册达标图书馆的乡（镇）有自良、县底、杨村、容城、杨梅和灵山文化站；县图书馆获得自治区"一级图书馆"称号。1990—1993 年，全县成立村级图书馆有容城镇河南村和东光村图书馆。1994 年，容县图书馆获得"国家二级图书馆"称号。1990—1994 年，容县图书馆每年平均接待读者 17 万人次。随着"知识工程"在广西首先发起，组织开展全县读书活动，各乡（镇）文化站配合县图书馆组织参加"全自治区农民读书演讲比赛""广西优秀读书家庭""十佳农民读书致富标兵"等一系列活动，每年组织开展各种读书活动达 10 多次。推进县、乡（镇）、村三级图书馆网络建设，1995 年起，各乡（镇）文化站图书馆（室）每天向读者开放时间减少，年均接待读者人数也随之减少。同年，县图书馆帮助松山乡办起一家星火图书馆，有科技类图书 2000 多册。2001 年，全县建成十里乡黎读村、容厢镇同古村、黎村镇珊萃村、石头镇水口村、松山镇沙田村 5 个首批"广西村级示范图书馆"。组织开展"文化下乡"宣传活动，编印、发放一批适合地方经济发展的文献资料。2001—2004 年，县图书馆年均对外服务窗口流通 6 万人次，阅览 5 万人次，借书 2 万人次，外借图书 2 万余册次。2005 年，馆藏图书总量 18.20 万册，其中古籍 2.20 万册，年订报刊 250 种。馆内有读者座位 300 个，设有图书流通室，少儿阅览室，报刊阅览室，电子阅览室，地方文献室等多个服务窗口，各窗口均实行全开架、全免费借阅服务。年流通人次 12 万，其中电子阅览室年流通量达 6 万人次，外借图书 5 万多册次。同年，组织优秀图书到附城各中学进行优秀图书推介服务，送书 2000 多册，并抓好各项读书活动的开展。2005 年，全县 15 乡（镇）文化站图书馆（室）正常向读者开放，每天开放时间 3~7 小时不等，年接待读者 17 万人次。

容县图书馆位于县城东外街 58 号

（2005 年 11 月，吴植光 摄）

报刊

《绣江》 前身是民国 13 年(1924 年）10 月容县学生会主办的《绣江杂志》十六开报纸。1962 年 5 月《绣江文艺》创刊，20 世纪 70 年代中期改为《绣江》，16 开文艺刊物；初为文化馆出版，当时文联在文化馆的管辖之下不分家，80 年代为文化馆和文联联合出版，中间曾更名为《侨乡文艺》。1990 年起改由县文联单独出版。设置栏目有小说、散文、诗歌、评论、民间文学、美术、音乐创作、书法等。1990—2005 年，共编辑出版 60 期。每期编辑时都帮助作者修改作品，好的作品推荐给公开发行的上级报刊，如《广西日报》《广西文学》等。

《美在容州》 1991 年 1 月 20 日创刊。中共容县县委宣传部主办，铅印 4 开 4 版，不定期出版。内容是反映全县各战线的经验和新风尚，停刊时间不详。

《容县报》 是中共容县委员会机关报。其前身是《容县侨乡报》，由容县县委宣传部主办，1994 年 5 月 1 日创刊，4 开 4 版铅印，每期印数 2000 份，共出版 30 期后于 1996 年 1 月更名为《容县报》。《容县报》1996 年 1 月 25 日试刊，4 开 4 版，试刊 7 期后，于同年 3 月 28 日正式创刊，广西准印证 0265 号，对开 4 版大报。初时为旬报，1997 年改为周一报，1999 年改为周二报，2001 年 10 月 13 日改为小报，4 开 8 版，2002 年改为周三报，栏目主要有：时事、体育、县内要闻、医疗保健、法制道德、生活广场、市场纵横、农村天地、容州特稿、校园生活、社

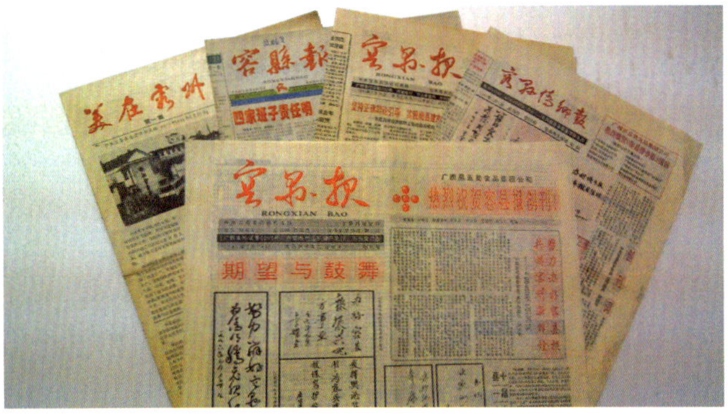

《容县报》及容县报的前身《容县侨乡报》
（2005 年 11 月，吴植光　摄）

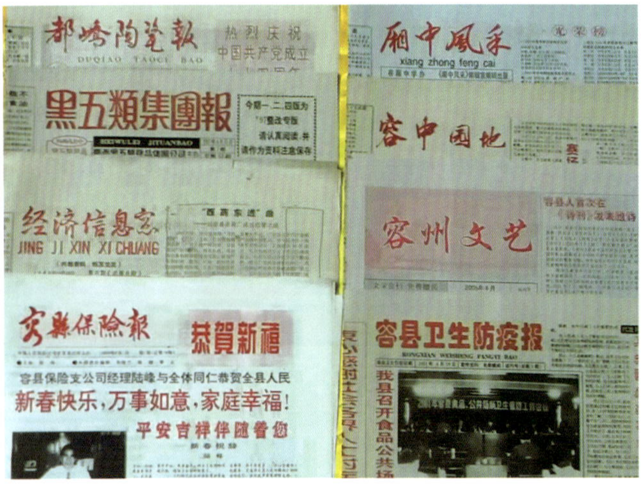

容县部分单位出版的内部资料报纸
（2005 年 12 月，吴植光　摄）

1999 年 8 月 25 日，《容县报》对都峤山风景名胜区庆寿岩景区建成开放进行报道　（吴植光　提供）

会人生、民情民意、文艺副刊等。《容县报》从黑白、套红报发展到彩色报，越办越有特色，报头也作了 4 次更换。2003 年 10 月，全国统一清理地方党报及行业报刊。同年《容县报》每期发行量 1.30 万多份，12 月底，共出版第 806 期。《容县报》于 2004 年 1 月 1 日停刊，是容县有史以来出版时间最长，发行量最大的一份地方党报。

另外，县内部分单位也自费创办了一些连续性内部资料出版物，免费赠送给各单位。

表 17-1　**容县连续性内部资料出版物统计表**

出版时间	名称	创办单位
1989 年 5 月 15 日	经济信息窗	容县文化馆
1989 年 5 月 20 日	容县保险报	容县保险公司、容县文化馆
1990 年	绣江	容县文联
1994 年 10 月 28 日	容中园地	容县中学
1995 年 1 月 15 日	黑五类集团报	广西黑五类食品集团有限公司
1995 年 4 月 8 日	都峤陶瓷报	广西都峤陶瓷有限公司
1996 年	县底石龙诗报	县底石龙诗社
1997 年 12 月	梅中天地	杨梅中学
1997 年 9 月	浪花	浪水中学
1998 年	容州诗报	容县诗词学会、容州诗社

续表

出版时间	名称	创办单位
1999 年 2 月 8 日	容县骨科医院院报	容县骨科医院
1999 年	厢中风采	容厢中学
2000 年	都中生活	都峤中学
2000 年 9 月	新良中	自良中学
2001 年 7 月 30 日	容县卫生防疫报	容县卫生防疫站
2002 年 5 月 12 日	容县中医院报	容县中医院
2002 年	大鷁山	灵山中学
2003 年 4 月	松涛	松山中学
2005 年 7 月 7 日	藜读书声回眸	《杨湾河畔》编辑小组

注:"黑五类集团报"于 2002 年 2 月 5 日更名为"黑五类集团通讯"

第四章　文物　档案　地方志

1990 年,容县有全国重点文物保护单位 1 处,自治区重点文物保护单位 4 处 8 个点,容县县级重点文物保护单位 4 处。《广西宋代容县窑研究》《从广西容县窑出土的宋代纪年陶瓷印模谈起》被分别收入上海 1992 和 1995 年古陶瓷科学技术国际研讨会论文集。1993 年,出版新中国成立后首部《容县志》。在搞好文物登记、管理、维修及保护的基础上,进行文物普查。1999 年公布容州古城遗址等 3 处文物点为县级重要文物保护单位。2004 年,公布罗奇旧故居、黄旭初故居等 10 处颇具历史、艺术、科学价值的文物点为第三批县级重要文物保护单位。2005 年,完成容县近代建筑(即民国将军黄绍竑别墅等 11 处)资料编写工作,向国家文物局申报全国重点文物保护单位。至 2005 年,县博物馆收藏有文物藏品 6659 件,其中一级文物 3 件、二级文物 36 件、三级文物 167 件。档案、地方志工作稳步发展。

第一节　机构　设施

机构

容县档案局(馆)　1958 年 11 月,成立容县档案馆。1985 年 11 月,成立容县档案局,局馆合署办公。容县档案馆为县级综合性档案馆,1990 年核定事业编制 6 名,实有人数 10 人,办公地址设在县委办公楼。1997 年,档案局与档案馆合并,称容县档案馆,对外挂县档案局牌子,为县委直属科(局)级事业单位,赋予行政职能。2000 年 8 月,办公地址迁至县政府大院东边。2001 年,由县委直属事业单位改为县政府直属科(局)级事业单位,没有赋予行政管理职能,内设政工秘书股、业务指导股、档案管理股。2005 年,核定编制 8 名,实有 9 人。

1990—2005 年历任局(馆)长:李杰中(—1992.12)、(1993.1—1993.11 缺)、胡可富(1993.12—2004.3)、陈德勇(2004.3—)。

容县县志编纂委员会办公室　容县县志编纂委员会成立于 1983 年 5 月 5 日,下设办公室,办公地址设在县人民政府大院内。1989 年 2 月 8 日,定为科(局)级事业单位。1990 年,核定事业编制 12 名,实有人数 9 人。内设办公室、编辑室和业务股。1995 年定编 5 名,实有人数 2 人。2005 年,办公地点不变。核定事业编制 5 名,实有人数 4 人。内设办公室,业务股。

1990—2005 年历任主任:陈业灏(1990.1—1992.3)、(1992.4—2005.12 缺)。

容县博物馆 是容县文化局管辖的下属事业单位。前身为文物管理所，成立于1979年。馆址位于容城镇东外街58号。1989年5月，县文物管理所更名县博物馆，是财政全额拨款副科级事业单位。核定编制6名，实有人员5人。1995年，被自治区人民政府公布为第一批自治区级爱国主义教育基地，基地以博物馆下辖的真武阁公园为长期对外开放。同年办公地点改为容城镇东门街26号。1999年6月，成立文物管理所，县博物馆与文物管理所合署办公，属两块牌子一套人马。2005年，核定编制6名，有干部职工12人。

设施

档案设施 1990年，容县档案局（馆）有砖木结构8间库房（兼办公用房），面积300平方米。2000年8月，县档案局（馆）从县委大院搬到北门街87号县人民政府大院东边，为2层砖混结构，有办公用房4间，档案库房8间，面积225平方米，其中一间设在县政府办公楼第9层（顶层）。库房内有铁质档案柜143套，铁皮档案箱52只，木质档案柜66套。有电脑5台和打印机、空调机、灭火器等设备。

博物馆设施 1990年，容县博物馆设施有1幢3层建筑面积600平方米的文物库房兼办公用房；1座建筑面积400平方米的仿古式文物展览馆（陈列馆），文物展览馆长期对外免费开放。2005年，设施没有新的变化。

第二节 文物工作

馆藏文物

1990—2005年，容县博物馆收藏有文物藏品6659件，其中一级文物3件，二级文物36件，三级文物167件。以容县地方历史文物为主，藏品类别及数量：瓷器1851件、书画62件、文献文书98件、铜器104件、石刻35件、玉器37件、印章21件、杂项19件、木器11件、织绣2件、漆器3件、石器21件、铝锡器11件、革命文物9件、证章31件、钱币4316件、铁器1件、牙器1件、银器24件、拓本2件。还收藏有一批有价值的地方文献，仅族谱就有200种400余册。

文物管理

1990年后，容县基本实现文物藏品管理规范化、科学化、制度化。1991—1992年，完成了馆藏钱币的鉴选登账和定级工作；在这一时期，文物藏品管理方面建立有二账（总账、分类账）、二卡（库藏卡、编目卡）、二证（入库凭证、出库凭证）、一表一档（藏品登记表、藏品档案）。至2000年，完善了一、二、三级馆藏文物藏品建档4558件。2001年起，将建档的文物资料输入计算机，不断整理、完善。至2005年，全部完成6659件馆藏文物的建档工作，规范文物的档案管理。2005年起，把各种文物数据重新整理，建立库藏文物数据库。同年，有2085件文物建立库藏数据库。做好全县文物保护，单位有保护范围、有保护标志、有记录档案、有保管机构（简称“四有”），确保文物安全。文物库房常年坚持24小时值班制度，确保文物藏品万无一失。

文物维修

容县文物维修主要是对经略台真武阁进行维修，1990—2005年共维修6次。

1990年秋冬，国家文物局2次拨款共3.40万元，用于真武阁瓦面翻修和安装护台阁铁门。1992年5月，国家文物局下拨维修经费50万元，对经略台真武阁进行一次大修，由自治区文物工作队负责施工。主要维修项目有：真武阁瓦面维修，真武阁前亭维修，重点解决木构件变形、大部分飞子朽烂后瓦面拉脱、变形造成严重漏雨问题；面面亭和真武阁东侧游廊落架维修，铜钟保护亭维修，加固经略台护坡墙；增建消防池和修复清代游廊。

1996—1997年，上级共拨款12万元，维修台阁被洪水冲毁的挡土墙。2000年12月，国家文物局拨款20万元对真武阁进行维修。该项目维修由自治区文物产业经营中心负责，于2001年9月14日开工，11月2日竣工。维修更换真武阁二、三层楼部分朽坏的楼板和修复真武阁二、三层楼的全部槅扇及木墙裙，校正如意斗栱，瓦面检修，对开裂不能使用的瓦件给予更换；对真武阁全部木构件进行刷桐油保养；对在维修中更换的新构件进行防虫防蚁处理；维修经略台台基四周墙体；维修真武阁前亭及西南面的六角亭。经验收，维修符合国家文物局审批的维修方案及文物法“不改变文物原状的原则”的要求。

2003年9月，容县人民政府拨款抢修经略台西南面崩塌的围墙。

2005年3月22日，经略台真武阁遭受了持续5分钟的12级大风暴雨袭击，每秒37米狂风将经略台真武阁前面直径0.8米粗的榕树拦腰吹断，倒下压到真武阁的前亭，前亭西南角的第一、第二层瓦面脊饰被树木压碎，亭子旁围墙被压塌；经略台台基出现断裂、下沉。县人民政府为此拨出2.50万元救灾款，博物馆做好现场清理等临时性抢救工作。并邀请广西文物保护研究中心和辽宁有色勘察研究院专家进行现场勘察，委托专家编制《广西容县经略台、前亭抢救加固方案》，上报国家文物局，申请经费及时修复。

文物征集

1990年，县博物馆深入各乡（镇）、村开展文物普查和民族（民俗）文物普查摸底工作，征集文物，征集到唐邢窑白釉盏托、宋影青葵瓣口碗等二级文物3件；征集3级文物宋青瓷褐彩碗、唐砖雕辟邪、唐青瓷划花莲瓣纹器盖、清德化窑梅鹿龙纹杯、唐长沙窑褐彩执壶、清“杨妃庙”铭文陶盘等6件；收集文件标本一批。

1991—1995年，征集到宋磁州窑白地黑花大罐二级文物1件，明“长命富贵”款青花缠枝莲罐、春秋铜斧、清乾隆青花人物盘、唐巩县空白期白釉碗、南朝青黄釉四耳莲瓣罐、宋影青折沿葵口碗、隋定窑青釉又耳罐、唐黑釉胆式瓶、宋青白釉印刻花莲瓣芒口碗、五代白釉葵口碗、明青花缠枝莲纹碗、元龙泉青瓷盘、宋影青刻花纹碗、唐黄釉大钵、清潮州窑长方形瓷枕、宋定窑弦纹罐、民国“抗日救国”款烟缸、民国礼陵窑青花釉里红瓶、庚申年款刻填山水纹紫砂瓶等三级文物19件。收集文件标本一批。

1996—2000年，征集到唐青黄釉荷叶碟、明万历青花花卉纹碗、元白釉印花盘、清莲花托八宝纹铜熨斗等三级文物4件，收集文件标本一批。2001—2005年，征集到三级文物五代定窑白釉花口盘、唐邢窑白釉碗2件。

文物保护

至2005年，容县有全国重点文物保护单位1处，自治区重点文物保护单位4处8个点，容县县级重点文物保护单位23处（其中，有11处地点是2006年从县级重点文物保护单位升级为全国重点文物保护单位）。

1981年，县人民政府公布南山古迹、海晏李公祠、唐容州古城址、杨叶古井、中共容县特别支部活动旧址、范亚音农民起义使用过的大铁炮、天后宫为容县重点文物保护单位。1999年，县人民政府公布东光下埌唐容州古城址、海晏李公祠、杨叶古井、黄绍竑别墅、黄旭初别墅、罗奇别墅、黄绍竑故居、夏威夏国璋旧居、韦云淞旧居为县级文物保护单位。2004年，容县人民政府下发关于公布民国名人故居及特色民居等单位为容县第三批县级重点文物保护单位及其保护范围的通知，公布中共容县临时委员会县底农民协会旧址、罗奇旧居、黄旭初故居、马晓军旧居、苏祖馨旧居、伍廷飏故居、容县中学旧教学楼、容县图书馆旧址、彭氏大屋、陵瑞庄等10个（处）颇具历史、艺术、科学价值的文物点为容县第三批县级重点文物保护单位，并建立档案，树立保护说明标志。2005年，完成容县近代建筑（即民国将军黄绍竑别墅、黄绍竑故居、黄旭初别墅、黄旭初故居、罗奇别墅、苏祖馨别墅、韦云淞别墅、夏威夏国璋别墅、马晓军别墅、容县图书馆旧址、容县中学旧教学楼等共11处）资料编写工作，向国家文物局申报。2006年5月25日，容县近代建筑被国务院公布为第六批全国重点文物保护单位。

经略台真武阁　位于容州镇东外街真武阁公园内。经略台建于唐代，相传为当时元结任容管经略使时所建。真武阁建于明万历元年（1573年），为一座3层楼阁的木结构建筑，通高13.20米，面宽13.80米，进深11.20米。用近3000条格木构件，利用杠杆结构原理，串联吻合，彼此扶持，互相制约，合理协调组成一个优美稳固的统一体，二层楼的四根大内柱，依靠杠杆作用，承受上层楼板，梁架配柱和阁瓦的沉重荷载，柱脚却悬空不落地，是全阁结构中最精巧、最奇特部分。整座建筑布局合理，技术高超，风格特异。1982年国务院公布经略台真武阁为第二批全国重点文物保护单位。

唐开元寺景子铜钟　位于容州镇东外街真武阁公园内。唐贞元十二年（796年）铸于容州开元寺，为青铜铸造，通高183厘米，身围325厘米，口径109厘米，壁厚5.80厘米，重1738千克，钟体呈圆形，顶部隆起，有龙形悬钮，下口平圆，造型浑厚庄重，通体铜色光润，熠熠生辉。背后阴刻有“开元寺常住钟”六字。是广西现存最大的铜钟之一。1963年被自治区人民政府公布为自治区重点文物保护单位。

城关窑址　位于容州镇东、西、南郊绣江两岸，烧制于宋代，共有五个窑区，窑灶型有马蹄窑和坡式龙窑。品种有碗、杯、碟、盘、钵、洗、盏、壶、瓶、尊、盅、罐、罈、香炉、腰鼓等，釉色有青白釉、黄釉、绿釉、黑酱釉、姜黄釉、翠绿釉、影青以及色彩斑斓的红釉。其绿釉器釉色翠绿晶莹，胎质细腻洁白，坚硬且薄。产品采用刻花、画花、印花、堆贴、镂空以及刻画、印画结合等多种技法进行装饰。纹饰有缠枝菊花、折枝花卉、缠枝卷叶、海水游鱼、戏婴等，以缠枝菊花、缠枝卷叶为常见。城关窑址规模较大，产品丰富，胎质大部分洁白坚薄，釉色光亮莹润，青白瓷影青效果颇佳，是上乘之作，可与景德镇同期产品相媲美，装饰技法娴熟，线条流畅，构图美观，工艺水平较高，最具特色是绿釉印花缠枝菊碗、碟，是一次烧成的高温釉器，这在中国宋代窑址中极为少见。1981年被自治区人民政府公布为自治区重点文物保护单位。

表17-2 **容县重点文物保护单位一览表**

级别	名称	公布文号（单位）	地址
全国重点文物保护单位（第二批）（共1处）	经略台真武阁	1982年2月23日《国务院关于公布第二批全国重点文物保护单位的通知》（国发〔1982〕34号）	容城镇东外街57号真武阁公园
广西壮族自治区文物保护单位（共4处8个点）	唐开元寺景子铜钟	1963年2月26日自治区人民委员会	真武阁公园内
	真武阁附属碑刻	1963年2月26日自治区人民委员会	真武阁公园内
	西山冶铜遗址	桂政发〔1981〕130号	容西乡西山村西山圩附近
	城关窑址（变电所窑区、松脂厂窑区、河南上垠窑区、东光下垠窑区、红光窑区等5个点）	桂政发〔1981〕130号	容城镇城郊绣江两岸
容县文物保护单位（共23处）	南山古迹	容政发〔1981〕101号	石寨乡都峤山风景区
	范亚音农民起义活动遗址——天后宫	容政发〔1981〕101号	容城镇西大街
	范亚音农民起义使用过的大铁炮	容政发〔1981〕101号	真武阁公园内
	中共容县特别支部活动旧址	容政发〔1981〕101号	容城镇金珠街
	东光下垠唐容州古城址	容政发〔1999〕85号	容城镇东光村下垠组
	海晏李公祠	容政发〔1999〕85号	杨梅镇杨梅村大人山脚
	杨叶古井	容政发〔1999〕85号	容城镇杨叶村塘肚组
	黄绍竑别墅	容政发〔1999〕85号	容城镇南门街36号(2006年升级为全国重点文物保护单位）
	黄旭初别墅	容政发〔1999〕85号	容城镇城南街78号(2006年升级为全国重点文物保护单位）
	罗奇别墅	容政发〔1999〕85号	容城镇育才路(2006年升级为全国重点文物保护单位）
	黄绍竑故居	容政发〔1999〕85号	黎村镇珊萃村(2006年升级为全国重点文物保护单位）
	夏威夏国璋旧居	容政发〔1999〕85号	松山镇大中村高塘队(2006年升级为全国重点文物保护单位）
	韦云淞旧居	容政发〔1999〕85号	松山镇政府内(2006年升级为全国重点文物保护单位）
	中共容县临时委员会、县底农民协会旧址	容政发〔2004〕23号	县底镇冠堂村冠堂中心小学
	罗奇旧居	容政发〔2004〕23号	十里乡大鹏村冲肚上屋一组
	伍廷飏故居	容政发〔2004〕23号	黎村镇温泉村高仰组
	彭氏大屋	容政发〔2004〕23号	灵山镇六良村上垌组
	陵瑞庄	容政发〔2004〕23号	县底镇古燕村古借组
	黄旭初故居	容政发〔2004〕23号	杨村镇东华村。(2006年升级为全国重点文物保护单位）
	马晓军旧居	容政发〔2004〕23号	松山镇慈堂村。(2006年升级为全国重点文物保护单位）

续表

级别	名称	公布文号(单位)	地址
容县文物保护单位(共23处)	苏祖馨旧居	容政发〔2004〕23号	杨梅镇政府内。(2006年升级为全国重点文物保护单位)
	容县图书馆旧址	容政发〔2004〕23号	容城镇容县中学内。(2006年升级为全国重点文物保护单位)
	容县中学旧教学楼	容政发〔2004〕23号	容城镇容县中学内。(2006年升级为全国重点文物保护单位)

第三节 档　案

档案收集

1990年,对于需移交档案进馆的材料,容县档案馆派员上门指导,对不合格档案进行整理和补充,确保质量后才接收进馆。是年原计划接收档案800卷进馆,实际接收进馆1158卷。1991—1995年,接收档案4256卷进馆。1996—2000年,接收党政机关、企事业单位档案进馆共4450卷。2001—2005年,共接收5546卷进馆。2003—2005年,全县改制的12家国有工业企业中,仅有2家企业进行文件材料收集、整理、归档和移交档案馆,其余10家工业企业档案仍然保存在原单位。

1990—2005年,共接收档案15410卷进馆。由于县档案馆库不足,每年仅接收部分县直单位的档案,仍有大部分档案留在机关单位保管。

表17-3　　1990—2005年接收档案情况表

单位:卷

项目＼年份	1990	1991	1992	1993	1994	1995	1996	1997
接收档案	1158	850	800	800	1000	806	2405	636
项目＼年份	1998	1999	2000	2001	2002	2003	2004	2005
接收档案	500	500	409	95	103	5106	176	66

档案保管

1990年,容县档案馆有库房使用面积300平方米。因库房不符合档案馆建筑规范要求,从1992年起,每年都安排一定的资金和人力对库房进行铺设地板胶、密封窗户等改造。2000年8月,档案局(馆)再次搬迁到县政府大院东边,有办公用房和档案库房12间,面积225平方米。库房内安装有铁质档案柜143套,铁皮档案箱52只,木质档案柜66套。有电脑和打印机、空调机、灭火器等。办公和库房条件大为改善,但仍然没有恒温、除湿设备,库房面积、档案柜设施等均达不到档案馆规范标准。由于库容狭小,每年基本只能接收县委办、县政府办及部分单位档案,大部分单位档案没法接收,只能通过指导有关单位自行保管。

至2005年12月,容县档案馆保管的馆藏档案资料共4.53万卷(册),88个全宗,其中馆藏档案3.86万卷,资料0.67万册。馆藏档案资料的历史跨度300年。其中珍藏属国家重点档案1924卷(册),主要有清代容县知县的田赋、职官、职级、法律、通志和部分广东府官方文书档案资料484卷(册);民国档案主要有民国政权官方文书、警察局和民国经济教育文化军事社会发展档案1440卷。

容县县直机关单位档案室大部分采用铁质档案柜,其中县工商局、县检察院、县电力公司、县国土局、县地税局、县公安局交警大队、县人民银行使用密集架保管。

表 17-4　　1990—2005 年馆藏档案、资料数明细表

单位：卷、册

年份 项目	1990	1991	1992	1993	1994	1995	1996	1997
档案（卷）	24339	25189	25989	26789	27789	28595	31000	31636
资料（册）	5818	5996	6230	6322	6402	6452	6482	6504
合计	30157	31185	32219	33111	34191	35047	37482	38140
年份 项目	1998	1999	2000	2001	2002	2003	2004	2005
档案（卷）	32136	32636	33045	33140	33243	38349	38525	38591
资料（册）	6519	6539	6569	6595	6615	6637	6657	6775
合计	38655	39175	39614	39635	39858	44986	45182	45366

编目管理

1990 以来，开展档案鉴定与编目工作，对馆藏所有案卷、资料进行鉴定，重新确定保管期限，编制全宗（指一个独立机关、组织或个人在社会活动中形成的档案有机整体，即一个全宗代表一个立档单位形成的全套档案。）号、目录号、案卷号、页号等工作。1990—1995 年，理顺档号 24200 卷；完成全宗介绍 5 个，专题汇编 2 个。1996—2000 年组织力量对馆藏土地证存根、档案清册目录进行编写，共完成 500 卷册，完成全宗介绍 10 个，完善档案检索工作。2001—2005 年，全县普及推广使用文书立卷归档工作。其中 2004 年，建立单位电脑局域网，安装档案 GD2003 软件、档案录入版软件，实现部分档案案卷级、文件级目录录入软件工作。2005 年，采用新立卷改革的机关单位 58 个，有 14 个单位使用 GD2000、GD2003 档案软件管理。

档案利用

1988 年 6 月起，容县档案馆向社会公布第一批《容县开放历史档案目录》，之后逐年对馆藏档案进行鉴定开放。为经济建设和广大群众维护合法权益，如解决土地、房产、山林纠纷和落实工龄等提供档案查阅服务。1990—1995 年，接待档案查阅 2276 人次，调阅档案 3876 卷。为县党史资料征集领导小组办公室编写《容县大事记》提供查阅有关档案资料 882 卷。这一时期查阅档案多数是各机关单位编史修志、工作查考、落实工龄等为主。1996—1999 年，接待档案查阅 1004 人次，调阅档案 1831 卷。灵山供销社原从六肥村委会合法购买村所有房屋 3 间共 68 平方米和宅基地 97.30 平方米，作为该供销社双代（代购代销）店使用，六肥村不承认有偿购买，供销社拿不出有效证据，通过查阅，找到县政府的批文和房屋转让契约，维护供销社的合法权益。杨村镇鱼产村派人到县档案馆查阅土改复查时山林档案，并复制有关材料，为妥善解决队与队之间山林纠纷提供有力证据，化解了矛盾。2000—2005 年，接待档案查阅 2259 人次，调阅档案 2919 卷。1990—2005 年，共开放 5248 卷，其中属中华人民共和国成立之前 1524 卷，中华人民共和国成立之后 3724 卷。

表 17-5　　1990—2005 年各年档案利用情况表

单位：人次、卷

年份 项目	1990	1991	1992	1993	1994	1995	1996	1997
档案查阅人次	363	197	118	596	349	608	194	506
利用档案卷数	746	364	525	596	415	1230	557	642

续表

项目＼年份	1998	1999	2000	2001	2002	2003	2004	2005
档案查阅人次	140	164	152	158	452	450	462	585
利用档案卷数	374	258	254	355	512	532	588	678

档案编研

1990 年，容县档案馆编写《乡（镇）档案的归档和整理》《婚姻登记档案的归档和整理》《会计档案的归档和整理》三种资料印发到各乡（镇）和县直各单位。《正确处理县档案馆史料编研中的 3 个关系提高史料编研质量》《谈如何走出开放利用档案工作的“低谷”》和《做好利用档案服务工作的管见》3 篇论文入选自治区档案学会论文集选目。1991—1995 年，编发 10 期档案简报。1994 年，编写 2 份档案利用分析材料。1995 年，撰写《培养跨世纪档案人才》等论文 8 篇和《工业企业档案工作调查》1 篇，并完成 2 篇提供利用分析文章。完成全宗介绍 5 个，专题目录（土地证存根）1 个，专题汇编 2 个（人代会、党代会）。1996—2000 年撰写 3 篇档案利用典型事例和分析文章，5 篇档案开发文章，编发 3 期档案业务简报。2001—2005 年，编发档案简报 4 期分发给有关单位。

档案抢救

由于历史问题和库房条件限制，馆藏的部分珍贵历史档案不同程度地存在发黄、破损、模糊等损害问题，需对这一部分档案进行抢救。1990 年，容县档案馆抢救历史档案 200 卷共 1200 页。1991—1995 年，抢救历史档案 1004 卷共 1 万页。1996—2000 年，完成抢救破损档案 1942 卷册。2001—2005 年，因经费原因，没有开展此项工作。

档案管理

宣传与业务指导　1990 年，容县档案局、馆人员分工负责，深入全县各乡（镇）和县直各单位宣传《中华人民共和国档案法》，提高档案意识，对文件资料收集，搞好档案整理和立卷归档工作进行指导。在搞好档案法宣传的同时，指导县水电局、县保险公司、县邮政局、县农业银行、容城镇等单位的档案室工作，创造条件达标。同年底，分别申请定为县二、三级机关档案室的有县水电局、县保险公司、容城镇，申报评为自治区企业档案管理先进单位有县邮电局、县农业银行。1992 年，容县中国银行、县畜牧局、县税务局、县人民银行、县石油公司 5 个单位档案管理达到县二级档案室标准。1993—1994 年，指导有关单位档案室完成定级升级工作，县建设银行、县工商银行、公安局、财政局、环境保护局、县公安局林业公安科和黎村镇政府档案室升级为县机关三级档案室，县法院定二级，县人民银行和县农业银行由二级升一级档案室。1995 年，对县委办、政府办、组织部等 21 个单位的文书立卷归档进行业务指导，检查并指导达标的案卷 2206 卷。并对 5 个档案室进行定级，其中县委组织部定为县机关一级档案室，县信用联社定为二级，交通局、土地局和容厢乡政府定为三级档案室。1996—2000 年，对各单位及档案工作人员进行业务辅导，指导 16 个乡（镇）、201 个村完成建档任务，有 11 个乡（镇）建立合格档案室。在这一时期，定为三级档案室有 6 个单位，二级档案室 2 个，三级升二级和二级升为一级档案室各 2 个单位。2001—2005 年，指导 16 个乡（镇）、219 个村（街）完成档案建档立卷归档任务，13 个乡（镇）完成文件材料立卷归档共 1500 卷；全县有 102 个机关、企事业单位完成文件材料归档工作；档案室定级单位 5 个，升级单位 8 个。在全县开展 2 次档案行政执法大检查，重点抽查 11 个乡（镇）和 22 个县直单位。

业务培训　1990—1995 年，容县档案馆通过以会代训、专题培训、选送人员参加上级档案培训班等形式，对全县从事档案工作人员进行培训，先后举办 9 期档案业务培训班，培训档案人员 364 人次；并选送 56 人参加玉林地区档案局档案专业知识学习班。其中在十里乡举办一期全县各乡（镇）林业工作站档案兼职人员培训班，培训档案人员 25 人，并为广西民族学院在玉林地区开办的文秘档案大专班输送学员 22 名；

1995 年采取讲课、实践操作等形式，举办 2 期业务培训班，参加人数 70 人。1996—2000 年，共举办全县档案专（兼）职档案人员培训班 3 期，以会代训 1 期，参加人员 424 人。通过培训，档案工作人员做好农业和农村建档工作，掌握村级建档标准，档案立卷方法、步骤和要求，文书立卷归档改革等。此外，还联合农业局举办各乡（镇）农技站和县直农技部门档案人员培训班，参训人员 24 人。2001 年，根据《广西壮族自治区归档文件整理实施细则》要求，举办 2 期文书立卷短期培训班，有 54 人参加。2002—2005 年，印发档案知识资料 300 份；举办全县档案业务培训班 18 期，培训 760 人。组织全县企事业单位档案人员参加自治区和玉林市培训班，其中南方食品公司、鸿大饲料公司等 23 位民营企业档案人员参加。组织全县专（兼）职档案人员参加持证上岗培训班学习，共有 51 人参加自治区档案人员持证上岗统一考试。

第四节　地方志

县志编纂

1983 年，成立容县县志编纂委员会后即开始容县中华人民共和国成立后第一轮《容县志》编纂工作。至 1989 年，收集《容县志》资料 3000 万字后，于 12 月根据制定的编纂方案正式进行编写；1990 年，编纂成《容县志》初稿。

1991 年 5 月，正式编写出第一轮《容县志》评议稿，共 105 万字。同年 6 月召开自治区、地区、县三级评审会议，对志稿进行评议，各专家充分肯定成绩并对志稿提出修改意见。1992 年 3 月总纂成 150 万字的送审稿，分别送县、地区、自治区地方志编纂委员会审查验收，审查定稿，后送出版社出版。

1993 年 6 月，中华人民共和国成立后编纂的第一部地方志《容县志》出版，全书 150 万字，下限截止于 1989 年，全书 34 篇，印数 5000 册。自治区组织地方志书评比，此部《容县志》获得“自治区地方志优秀成果二等奖”。1994 年参加全国地方志书评比，获得“全国新编地方志优秀成果二等奖”。

1993 年，出版发行《容县志》　（吴植光　摄）

部门志村志编纂

1990 年，容县一些单位也编纂出版部门志。容县县志编纂委员会办公室组织、协助、指导及配合各部门搞好部门志书的编纂工作。同年首部部门志《容县医药志》出版。1993 年，出版《容县供销合作社志》《容县教育志》。1994 年，由县委组织部、县党史办和县档案局编写的《中国共产党广西壮族自治区容县组织史资料》出版发行。1996 年，《容县水利电力志》出版。1998 年，首部村级志书《六福村志》出版。2001 年，《容县邮电志》出版发行。2003 年，黎村镇政府出版《黎村志》。同年 4 月，县志办公室派出人员协助县武装部编纂《容县军事志》。2004 年 8 月，县志办公室帮助县国土资源局收集资料、编纂《容县土地志》工作，2005 年 8 月完成《容县土地志》评议稿共 16 章 53 万字，送县、市、自治区三级评审。2007 年 3 月出版。

至 2005 年，容县部分乡（镇）、村及部门出版的志书　（吴植光　摄）

志鉴应用

容县名胜古迹众多，旅游资源丰富。都峤山 1988 年被定为自治区级风景名胜区后，1990 年，为发挥容县的旅游资源优势，县文化和旅游部门开始重视对都峤山旅游景点的开发，规划旅游线路，但没有形成规模。1998 年 12 月，县委、县政府根据清光绪二十三年版《容县志》卷三“与地志·山川”和 1993 年版《容县志》第三十二篇“风光名胜”，查阅有关全国道教第三十六洞天之二十洞天、著名宗教圣地、风景区及讲学场所都峤山的资料；利用 1993 年版《容县志》第三十二篇“风光名胜”古建筑经略台真武阁的神奇构造以及参考清光绪二十三年版《容县志》卷四“古迹”有关杨妃井、杨妃庙遗址和 1993 年版《容县志》第三十四篇“人物”有关杨贵妃等文字记载，作出开发容县旅游资源的重大决策，组织实施“旅游旺县”战略。同年 12 月，开发都峤山庆寿岩景区，面积 4 平方千米，设立都峤山景区管理所。1999 年 8 月，庆寿岩景区建成开放。同年 12 月，建成仿唐建筑的贵妃园景区开业剪彩，面积 1 万平方米（合 15 亩）。2000 年 4 月，都峤山森林公园开业接纳游客。真武阁、贵妃园、都峤山 3 个景区统称为“三名”（名楼、名人、名山），容县着力打造特色的“三名”旅游景区。2002 年 8 月，“三名”景区被评为国家 AAAA 级旅游区。

1990—2005 年，容县县志编纂委员会办公室提供志书利用，每年接待社会各界读者 80~150 人次查阅，为各部门各行业提供资料依据。

第五章 体　育

1990 年以来，容县体育活动活跃。机关、学校、厂矿、企事业单位广泛开展体育活动，逢重大节日，各机关单位、学校举办体育运动会及其他体育赛事。1995 年，随着《全民健身计划纲要》实施，体育运动从学校、机关、厂矿、企事业单位扩展到街道、农村等社会各阶层，体育项目涉及龙舟、球类、田径、太极拳、舞狮、体育健身舞蹈等，许多单位采取自办、联办、资助办等开展体育运动，各类体育赛事不断，全县职工体育、农民体育、老年人体育、社区体育、学校体育蓬勃发展，体育设施不断完善，竞技体育成绩显著，业余训练和人才输送队伍不断壮大，行业体育协会纷纷成立，群众性体育活动广泛开展；容县业余体育学校每年开办乒乓球和游泳等青少年训练班。1990—2005 年，全县共向自治区体工大队输送运动员 11 名，向大专院校输送体育后备人才 598 名；全县在体育方面被评为全国群众体育先进集体 1 个、被评为自治区级群众体育先进乡镇（单位）9 个。

第一节 机　构

容县体育局

1959 年设立容县体育运动委员会。1990 年，容县体育运动委员会（简称体委）属科级行政单位。办公地点设在容城镇金珠街 35 号。下属单位有容县业余体校，属副科级财政全额拨款事业单位。1997 年，容县体育运动委员会更名容县体育局并改为事业单位，赋予行政职能。2001 年 11 月，容县体育局与文化局合并，组建容县文化和体育局。办公地点设在容城镇东门街 1 号。管理二层机构有容县业余体校。

1990—2001 年历任主任（局长）：唐全深（—2000.3）、姚振文（2000.3—2001.11）。

体育协会

容县老年人体育协会于 20 世纪 80 年代末成立。1991 年后，在全县各乡（镇）建立体育协会机构和辅导站。2003 年，县羽毛球协会成立。至 2005 年，全县有体育协会机构 16 个，体育辅导站 16 个；有老年人体育协会 17 个，老年人健身辅导站 32 个。

第二节 设 施

1990 年，容县有篮球场 202 个，排球场 36 个，游泳池 2 个，乒乓球馆 1 个，运动会场 2 个，小运动场 4 个，其中，县体育运动委员会体育设施有 1 个建筑面积 400 平方米的乒乓球馆以及 2 个共 1880 平方米的游泳池。

2003 年，玉林市体育局拨款 2 万元，县政府拨款 3 万元，维修业余体校乒乓球馆，新建 70 平方米的乒乓球馆贮物室。同年，容城镇东光村引进老板投资 90 万元兴建 1 个占地面积 4000 平方米的羽毛球馆，设有 18 个羽毛球场地。2005 年，容州镇东光村投资 206 万元，建设篮球场 1 个和游泳池 3 个，这 3 个游泳池分别为标准池、儿童池和娃娃游泳池。

据第五次全国体育场地普查，至 2005 年，容县有体育场地面积 45.97 万平方米，每 1000 人有 590 平方米的体育活动场地。其中：篮球场 392 个（包括看台灯光球场 9 个）、排球场 31 个、田径场 3 个、小运动场 36 个，体育场 1 个，游泳池 4 个、乒乓球室 355 个、羽毛球场 31 个、小足球场 3 个、体操场 87 个、门球场 3 个、健身活动广场 2 个。

第三节 学校体育

体育教学

1990 年 5 月，国家教委、国家体委发布《学校体育工作条例》，国家教委印发《体育教学大纲》后，容县中小学自 1990—2001 年实行两课（每周两节体育课）三操（早操、课间操、眼保健操）两活动（每周 2 节课外体育活动），基本上保证了每个学生每天有 1 小时体育锻炼。2001 年 11 月，教育部印发《义务教育课程设置实验方案》，从 2002 年春季期开始，体育课改称体育与健康课，每周初中安排 3 节，小学、高中 2 节。2005 年 5 月，根据教育部《关于保证中小学体育课时的通知》，明确小学 1~3 年级每周 4 节、小学 4~6 年级及初中每周 3 节、高中每周 2 节体育课。1990—2005 年，中小学的体育教学主要是根据《体育教学大纲》，教学基本内容包括体育基础知识、田径、基本体操、球类、武术等。

1991 年 10 月，在全县中小学推广第七套广播体操。1998 年春季期在全县中小学推广第八套广播体操。2004 年春季期在全县小学推广《雏鹰起飞》广播体操，在中学推广《时代在召唤》广播体操。

全县通过自治区《学校体育工作条例》《学生卫生工作条例》验收的学校有：1993 年，容县高中；1994 年，容县中学；1996 年，容厢中学；1997 年，灵山中学、石头中学；1998 年，自良中学、松山中学、石寨中学、珊萃中学、杨村二中；2002 年，容西中学、县底中学、都峤中学、绿荫中学、六王中学。

1994 年 3 月，玉林地区体校命名灵山中学为中长跑训练基地传统项目学校；1996 年 10 月，自治区体委、自治区教委命名容城镇第一小学为乒乓球传统项目学校。

2005 年，全县共有专、兼职体育教师（每周上 8 节以上体育课）150 人，其中小学专职 11 人，兼职 8 人，中学专职 120 人，兼职 11 人。中学基本满足教学需要，小学专职体育教师严重不足，体育教学主要是其他学科的教师兼任。

体育设施

运动场地 1990 年，容县各学校没有标准的田径场。1998 年 11 月由当时的容县师范学校建成标准 400 米 8 道田径场（后并入容县高中）。2002 年 12 月，容县中学在原人民体育场的基础上改建成 400 米 8 道标准田径场。杨梅中学、灵山中学、珊萃中学、职业中专等 4 所学校先后建设有非标准 400 米环形跑道田径场。至 2005 年，全县各学校共有篮球场 333 个，排球场 30 个，气排球场 121 个，足球场 17 个，沙坑 246 个。

运动器械 1990 年，容县中小学各种体育器械基本齐备。篮球、排球、乒乓球、足球、羽毛球、起跑器、体操垫等器械基本能满足教学需要。据统计，2005 年全县中小学校有乒乓球台 709 张、单杠 170 副、双杠 137 副。

学生运动会

1990 年起，中小学每年举办一次以田径项目为主的校运会，全县每年举行一次初中学生田径运动会，每年均组队参加地(市)中学生田径运动会。在县举行的初中学生田径运动会中,容县中学、都峤中学、灵山中学、杨村中学等学校一直保持较好的成绩。1990 年、1993 年,灵山中学获得团体总分第一名。1994—1997 年,容县中学获得团体总分第一名。1998—1999 年,灵山中学和容县中学获得团体总分第一名。2000—2004 年,都峤中学包揽团体总分第一名。2005 年,容县中学获得团体总分第一名。

2000 年 8 月,容县容城镇第一小学运动员倪春晓、朱克健、刘彤聪和梁明霞参加在宜州市举行的自治区小学生乒乓球比赛,获女子团体第一名和女子双打第二名

(容县文体局 提供)

参加地、市中学生田径运动会

1990 年起,容县参加地、市中学生田径运动会也取得较好的成绩,同年,初中组获得团体总分第二名。自 1992 年后,重高组(高中乙组)团体总分一直保持前三名的好成绩。1995—1996 年、2001 年、2004—2005 年获得团体总分第一名。初中组自 2001 年以来,团体总分也一直保持前三名的成绩。

1997 年开始,容县每年举办 1 次高中学生篮球运动会,至 2005 年,已连续举办 9 届。

体育"达标"

1990 年,容县各学校体育教学执行 1982 年国家体委发布的《国家体育锻炼标准》,体育锻炼按年龄将学生分为儿童组、少年乙组、少年甲组。测试项目分为五大类,测试成绩采用百分制,及格级标准为 250~349 分;良好级标准为 350~449 分;优秀级标准为 450~500 分。坚持以提高学生素质、培养学生良好品质和健康心理为出发点,切实抓好体育教学工作。各学校体育教师从课堂教学要求出发,加强教育教学理论学习,并进行有目的、有计划的教学实践。1996 年,容县高级中学获自治区推行《国家体育锻炼标准施行办法》先进单位。2000 年后,根据各学校场地器材条件,认真备好课,组织开展娱乐游戏、体操、田径、球类、体育舞蹈等体育教学活动,抓好学生的体育常规教育,让学生掌握基本的运动技能。全县各中小学以每年举办全县中学生田径运动会,培养学生参与体育活动的积极性,全面提高学生的整体素质。

表 17-6 **1990—2005 年容县中小学体育达标情况一览表**

单位:%

年份	及格级以上	良好级以上	优秀率	年份	及格级以上	良好级以上	优秀率
1990—1991	84.36	61.17	24.92	1998—1999	90.13	63.27	29.71
1991—1992	84.67	62.82	25.36	1999—2000	89.90	64.13	29.14
1992—1993	84.42	63.01	26.04	2000—2001	89.54	63.93	29.20
1993—1994	85.96	63.28	26.83	2001—2002	89.18	63.97	29.23
1994—1995	87.21	63.26	28.03	2002—2003	89.07	64.05	29.21
1995—1996	88.76	64.10	29.40	2003—2004	89.32	64.28	29.06
1996—1997	89.31	62.38	29.49	2004—2005	89.21	64.67	28.44
1997—1998	89.52	63.20	29.61				

体育人才培养

学校体育人才培养 1990—2005 年,容县各级各类学校注重体育人才的选拔和培养,尤其是初中和高中阶段,每年都选拔在田径、篮球、乒乓球等方面有特长的学生,进行业余训练。每年都招收部分有体育特长的学生进行培养，向体育院校输送人才。1995年，容县高考体育录取公费生7人，计划委培生5人；2000年，容县高考体育录取计划委培生18人，单位委培15人；2005年，容县高考体育录取计划委培生40人，单位委培7人，录取公费生1人。1990—2005年，全县各学校共向大专院校输送了447名体育人才。

业余体校人才培训 1990年，容县业余体校培训体育苗子，提高少年儿童运动技术水平，开办的训练项目主要有游泳、乒乓球、篮球等，采取走训形式进行训练，长年参加培训的乒乓球队员、游泳队员50多人，训练时间为每天上午6时~7时，下午5时~6时30分。1995—2000年，开始在每年暑假期间开办乒乓球、游泳和篮球培训班，培训体育业余爱好者1280人，从中进行选才。2001—2004年，培训业余爱好者1021人，从中挑选有培养前途的体育人才利用早晚时间增加训练。由于容县体校训练场地有限，2005年起，采取与容州镇各小学合作的形式，先后设立容州镇中心小学、第二小学、第三小学、第四小学体校乒乓球训练点和篮球训练点，年参加培训人员500多人次，每天训练时间2.5小时。业余体校每年利用暑假期间开展选才工作，分别举办了乒乓球、游泳和篮球培训班，招收和训练学员200多名。1990—2005年，容县业余体校培训业余运动员3200人。

人才输送 1990—2005年，容县业余体校向自治区体工大队输送运动员11人，其中，乒乓球4人，游泳7人。另有4名游泳运动员输送到贵州省。

第四节 群众体育

传统体育

1990—2005年，容县传统体育包括舞狮、武术、赛龙舟等，多由农民自发组织进行。舞狮艺术在容县有一定的舞台空间，比较受群众欢迎。到2005年，在乡（镇）还有5个醒狮队，在节日中活动比较频繁。县城的舞狮队在重大项目开、竣工仪式和一些商场店铺开业剪彩活动中进行庆贺活动，其他数十支舞狮队只有在春节才进行一两天上门贺新春活动。

1991年6月，在容县县城绣江举行龙舟赛

（曾宪球　摄）

龙舟赛是群众喜欢的传统体育活动。夏、秋两季在容城绣江湖经常有3~7支龙舟队在训练。1991年6月，县人民政府组织举办端午节龙舟大赛，30个队参赛，10万多观众观看赛事。1993年6月，县人民政府举办端午节龙舟赛，共有15支男、女代表队参赛。1994年6月13日，县体育运动委员会举办端午节龙舟赛，男子队6队、女子队3队参加。2000年端午节，举办“三名”杯龙舟比赛。

农民体育

1990年，容县农民体育有较快的发展，尤其是篮球、乒乓球、拔河、象棋等体育项目有着较好的群众基础，各乡（镇）自发组织，自发开展，长久不衰。1991年，在全县各乡（镇）建立体育协会，同时建立有体育辅导站，各乡（镇）的宣传委员和文化站站长兼任体育辅导站或体育协会负责人，具体负责农民体育工作。节日的农民体育活动以各乡（镇）和各村为主自行开展，平时的农民体育活动以农民自发性活动为主。项目主要有篮球、乒乓球、拔河、象棋、斗鸡、登山等群众喜闻乐见的体育活动，各乡（镇）、村举办2~5次不等。同年9月，县工商局、个体劳动者协会举办容县个体劳动者第一届体育运动会，项目有男、女篮球赛，乒乓球男、女团体、单打，象棋男女团体、个人赛，共有79个队、396名运动员参加比赛。1994年，举办“农业丰收杯”农民篮球运动会。1997年元旦期间，由县体育运动委员会、县科委恒久热水炉设备总公司主办容县“恒久杯”羽毛球比赛。1998年，容城镇、县底镇、罗江镇、十里乡被评为广西第四批全区体育先进乡（镇）。1999年，杨村镇、容厢镇被评为广西第五批自治区体育先进乡（镇）；容城镇第一小学被评为自治区群众体育先进单位。

1990—2005 年，全县各乡（镇）、行政村在每年春节期间，自筹经费，纷纷举办篮球、乒乓球、拔河、象棋、斗鸡等活动，年参赛队伍 700 支，参加人数 8000~10000 人次，观众 30 万人次。

职工体育

容县部分单位为职工提供篮球、乒乓球、羽毛球场等锻炼场地和健身器材，部分单位实行工间操制度。县体育行政部门积极引导广大干部职工因地制宜开展体育健身活动。1990 年 9 月 16 日，在县总工会举行第十一届亚洲运动会“亚运之光”火炬接力传递仪式，各单位 1000 多名干部职工参加列队游行，进行健身运动。同年 11 月，举办容县第六届“流动杯”篮球赛，共有男、女代表队 20 队参加。1992 年 4 月，举办容县羽毛球赛。9 月，举行全县乡（镇）企业“兴容杯”首届篮球运动会，共有各乡（镇）、企业委直属企业等 36 支男女队参加。11 月，举办首届“流动杯”乒乓球比赛。12 月，举办乡（镇）领导“公仆杯”篮球运动会。1993 年 2 月，举办首届“粮食杯”钓鱼比赛。4 月，县商业局举办“商业杯”篮球赛。7 月，县委、县政府举办“双拥杯”篮球运动会。9 月，县卫生局举办卫生系统运动会。10 月，县交通警察大队举办“交通安全杯”首届篮球运动会。11 月，县公安局举办“公安杯”四省区篮球对抗赛。12 月，举办第二届“流动杯”乒乓球和第七届“流动杯”篮球赛。1994 年，举办“桂南杯”党员篮球运动会、第三届“流动杯”乒乓球和第七届篮球比赛。9 月举办全县首届“园丁杯”篮球运动会。12 月，举办首届“农业丰收杯”篮球运动会。

2001 年元旦，容县文化系统举行体育运动会。图为拔河比赛 （曾宪球 摄）

1995 年国务院颁布《全民健身计划纲要》，促进全县职工健身活动进一步开展。每年的元旦、“五一”“七一”、国庆及春节等重大节日，各部门、各单位和各行业均举办各种职工体育竞赛活动，项目主要有篮球、乒乓球、羽毛球、排球、象棋、扑克等。县体育局（文体局）、总工会、公安局、财政局、教育局、卫生局、林业局、妇联等部门单位，经常组织单位干部职工举办篮球赛、乒乓球、羽毛球、象棋、趣味体育等形式多样、丰富多彩体育赛事活动，许多乡（镇）也纷纷举办干部职工运动会，全县职工健身活动如火如荼开展。1997 年，由县体育局组织举办庆“七一”“迎回归”暨第二届“桂南杯”党、团员篮球运动会和万人健身跑活动。9 月，容县卫生局组织举办容县卫生系统第八届职工运动会。10 月，“水手酒吧”杯足球大赛在城区举行，并举办全县第 8 套广播体操比赛，来自各乡（镇）、县直单位、学校的 40 个代表队参加比赛。11 月，举办容县城区第六届“流动杯”乒乓球比赛。

1998—2001 年，举办的重大赛事有：每年一届城区“流动杯”乒乓球比赛，“公仆杯”乒乓球比赛，地税“贺岁杯”足球赛，财政系统、农业系统、税务系统篮球运动会，园丁杯、建设杯、人口杯、长城杯篮球运动会，金融系统“金融杯”篮球运动会、卫生系统第九至第十二届职工篮球运动会。2002 年春节期间，举办了篮球、羽毛球、乒乓球、象棋等比赛；4 月，举办全县“财税杯”篮球赛，24 支队伍参加，共 68 场比赛，吸引 2 万名观众观看。“五一”节期间，县林业局、县农业局、县公安局交警大队等单位举办各项体育运动会。

2003—2004 年，春节期间，举办每年一届“游龙贺岁杯”足球运动会，有 18 支队伍参加，共 30 场比赛，吸引 5 万多观众观看。期间，还举办乒乓球赛、羽毛球赛、象棋等赛事。县总工会举办“五一”篮球运动会，21 支队伍参加，运动员 220 人，观众 3 万人次。县文体局与县安监局举办“安全杯”羽毛球赛。“七一”期间，公安系统、建设系统和卫生系统举办篮球运动会，广西黑五类食品集团有限公司举办“品质杯”篮球赛，县教育局举办“团结杯”乒乓球赛。2005 年 5 月，县文体局与县水产畜牧局联合举办首届“兴牧杯”篮球运动会，第一名奖金 10800 元，各参赛队请来山西太原、广东茂名、湖南、南宁、桂林、玉林、平南等地篮球好手，比赛共七轮 35 场，吸引观众 10 万人次观看。同年，县卫生、教育、交警、工会、妇联、教育局、财政局均组织举办职工运

动会。2003—2005 年，县公安局交通警察大队和容城（州）镇人民政府分别被评为自治区群众体育先进集体。

老年人体育

1990—2005 年，容县老年人体育活动坚持以“身边组织、身边场地、身边活动”为切入点，每天早上、傍晚组织老年人在侨乡广场、会堂广场、河堤街、绣江公园、真武阁公园、体校游泳池门球场等场所，开展太极拳剑、门球、柔力球、健身球、体育健身舞蹈等健身活动，每年举办老年人门球、太极拳、剑、秧歌舞蹈、体育健身舞蹈等表演活动。2002 年 10 月 8 日，组织举办老年人门球比赛；在绣江公园举办老年人太极拳、剑比赛，200 名老年人参加比赛。2003 年县羽毛球协会成立后，积极组织羽毛球爱好者开展羽毛球健身运动，并每年举办 1 次羽毛球赛。2005 年县老体协举办老年人太极拳、剑、秧歌舞蹈表演 2 次，共 1500 人参加。同年 8 月，容县人民政府办公室下发《关于建立健全乡（镇）老年人体育协会的通知》后，全县共建立 32 个老年人健身辅导站，其中，城区建立 17 个，乡（镇）建立 15 个，共有会员 1.72 万人。除了平时活动外，还参加玉林市举办的柔力球、门球、健身操球、太极拳剑等赛事。

残疾人体育

1990—2005 年，容县不断开展残疾人体育活动，增强残疾人自强不息精神和平等参与社会能力，派出优秀教练专门负责残疾人运动员的训练工作，经过身残志坚的残疾人运动员们刻苦训练，顽强拼搏，参加残奥选拔赛和残联系统的各项运动会比赛。其间，参加各级赛事共夺得 6 枚金牌、5 枚银牌、7 枚铜牌，为全县 5 万多残疾人争得荣誉。

社区体育

1990 年，容城镇 10 个社区居民纷纷利用河堤街、真武阁公园等休闲、健身场所自发开展健身、锻炼活动，主要活动项目有太极拳剑、健身操、健身舞蹈、健身器械、跑步、散步等。1995 年后，活动场地增加老年活动中心。2000 年后，社区居民体育活动场地不断增加，先后建成侨乡广场、绣江公园、都峤山森林公园、人民会堂广场等。活动项目也增加门球、篮球、乒乓球、羽毛球、足球、游泳、登山等锻炼项目。

第五节　竞技体育

1990—2005 年，容县竞技体育发展快，竞技体育的综合实力也不断提高。以参加自治区、市体育竞赛争金夺银为目标，以建立体育后备人才培养基地和培养输送体育后备人才为手段，着力以打造乒乓球、游泳等精品项目，突出田径、篮球、羽毛球、排球等重点项目，组织运动员参加全国、自治区、玉林市运动会、锦标赛等各级体育赛事。全县运动员参加玉林市级比赛，获金牌 538 枚、银牌 394 枚、铜牌 287 枚；参加自治区级比赛，获金牌 19 枚、银牌 13 枚、铜牌 6 枚；参加全国比赛，获金牌 1 枚、银牌 3 枚，铜牌 1 枚。

参加玉林市级体育比赛

1990 年，参加玉林市级体育比赛，荣获金牌 51 枚、银牌 55 枚、铜牌 27 枚，为历年来参加比赛获得金牌最多的一年。同年组队参加玉林地区少年儿童田径锦标赛，夺得金牌 36 枚，银牌 13 枚，铜牌 22 枚，第四名 6 人次，第五名 11 人次，第六名 6 人次，并取得女子团体总分第三名、男子团体总分第四名。参加玉林地区少年儿童乒乓球锦标赛，夺得男子团体总分第一名，获流动奖杯一座；儿童男、女团体第一名，少年男、女团体第二名，少年男子二队第三名，共有 9 人获单打前三名。

1992 年，参加玉林地区少年儿童游泳锦标赛，容县共夺得金牌 36 枚，银牌 20 枚，铜牌 6 枚。有两人打破两项玉林地区游泳纪录，荣获男女团体总分双双第一，女子组夺得“三连冠”奖杯，此杯为容县永久保存，男子组首次捧杯。

1994 年，参加玉林地区少年儿童游泳锦标赛，共夺得金牌 48 枚，银牌 17 枚，铜牌 4 枚，打破两项地区记录，团体总分为 568 分。1997 年 11 月，由县人民政府办公室组织的羽毛球队参加玉林市“羽协杯”羽毛球比赛，其中女队获女子团体第一名，女子双打第一名。

1998 年，参加玉林市少年儿童游泳锦标赛，获团体总分第一名。同年，组团参加玉林市少年儿童乒乓球比赛，获女子、男子乙组团体第二名，男子丙组团体第二名。1996—2000 年，参加玉林市级体育比赛，共荣获金牌 143 枚、银牌 96 枚、铜牌 68 枚。

2003 年，参加玉林市青少年游泳锦标赛，获得金牌 33 枚、银牌 17 枚、铜牌 20 枚，荣获总分第一名。2004 年，参加玉林市青少年田径、游泳锦标赛，荣获金牌 21 枚、银牌 24 枚、铜牌 22 枚，其中，在游泳锦标赛中荣获总分第一名。2005 年，参加玉林市青少年游泳锦标赛，获金牌 27 枚。同年，在参加玉林市田径锦标赛中，参赛选手共获 4 块金牌。参加玉林市举重锦标赛中，选手打破一项玉林市青少年纪录。

2001—2005 年，容县选送参加玉林市级各项体育比赛赛事，共获金牌 124 枚、银牌 89 枚、铜牌 92 枚。

表 17-7　　1990—2005 年容县参加玉林市各项体育赛事荣获奖牌一览表

单位：枚

年份	金牌数	银牌数	铜牌数	年份	金牌数	银牌数	铜牌数
1990	51	55	27	1998	32	18	16
1991	46	14	27	1999	24	21	19
1992	49	58	39	2000	20	22	16
1993	46	39	18	2001	28	17	15
1994	48	17	4	2002	11	10	17
1995	31	26	12	2003	33	17	20
1996	27	13	8	2004	21	24	22
1997	40	22	9	2005	31	21	18

参加自治区级体育比赛

1990 年，参加广西少年儿童游泳锦标赛，获金牌 6 枚。1991 年 4 月，容县有 5 人参加玉林地区代表队参加全区少年田径分龄赛。1994 年，参加广西少年儿童游泳锦标赛，选手庄壮和唐宇各获金牌 3 枚，曾宇获金牌 2 枚，邝秀宁获银牌 2 枚。1996 年，在自治区第八届运动会上，获乒乓球金牌 1 枚，铜牌 2 枚，游泳项目获银牌 5 枚、铜牌 2 枚。同年，参加广西第三届农民运动会，荣获金牌 8 枚、银牌 7 枚、铜牌 4 枚；参加全区“三小球”（小学生专用的小篮球、小排球、小足球）通讯赛，容城一小和容城三小分别获得“女篮基层冠军队”和“男排冠军队”。2000 年，在自治区第九届运动会上，杨丽宁荣获女子乒乓球甲组团体第一名、甲组双打第二名、混双比赛第二名、单打第三名；莫筱芯荣获乒乓球女子甲组团体第一名；甲组双打第二名、混合双打第三名、单打第二名；黄静获得女子 4×100 米自游泳接力第 2 名、50 米自游泳第 7 名、100 米自游泳第 8 名；邓以乐、彭安荣获男子 4×100 米自游泳接力第 4 名。同年，参加广西小学生乒乓球赛，容城镇第一小学荣获女子团体第 1 名，朱克健、倪春晓荣获女子双打第 2 名。2003 年，参加自治区第十届运动会，莫筱芯获得乒乓球女子甲组第一名，莫筱芯、赵钰获得乒乓球女子甲组团体金牌。2004 年，梁家荣分别获得广西第十七届青少年乒乓球等级赛和自治区传统项目比赛男子单打两块金牌。梁家荣代表玉林市参加自治区青少年乒乓球锦标赛，获得团体第二名和单打第六名。2005 年，参加广西第十八届青少年乒乓球等级赛，梁家荣获得男子单打 D 组第一名。

1994 年，自治区儿童组蛙泳全能冠军、50 米和 100 米蛙泳冠军获得者——唐宇　（容县文体局　提供）

参加全国体育竞赛

1990—1997 年，选送参加全国体育竞赛没有获得名次。1998 年 8 月 30 日—9 月 1 日，在钦州市举办的全国少年儿童游泳分区赛中，黄静获自由泳全能第2名，50米自由泳第二名，100米自由泳第二名。2005年7月，梁家荣参加全国第四届"鲁能乒校杯"全国少年乒乓球比赛，获团体第一名，丙组单打第三名。

第六章　科　技

1990年起，容县县委、县人民政府重视科技工作，先后出台一系列促进全县经济社会科技进步的政策文件。1990年，容县承担的《25万亩水稻高产技术》项目于1991年获得农业部农牧渔业丰收奖三等奖。1993年6月，容县表彰首批专业技术拔尖人才。1994年6月，容县召开第一次科教大会，确立"科教兴容"战略。1996年，全县建立县、乡（镇）、村三级科技管理机构。1997年，容县获得国家科技部授予"全国科技先进县"荣誉称号，是广西首批15个科技先进县之一。1998年，容西乡和罗江镇进入广西科技工作先进乡（镇）行列。1999—2000年，容县通过国家县市（区）科技进步考核。2000年5月，容县被中国科协授予1998—2000年全国科普示范县。2004年7月20日，容县沙田柚基地的沙田柚产品，获得国家质量监督检验检疫总局批准实施原产地域保护。科技进步对经济增长的贡献率逐年增长，2005年科技进步对经济增长的贡献率达到50.2%。1990—2005年，大力推进农业科技创新，通过科学技术的发展，带动农村经济的发展。全县建立农技服务、种子服务、畜牧兽医服务等10个服务体系；形成县、乡、村三级科技服务网络。共育成农业新品种19个，推广农业新品种123个。全县共计实施科技项目122项，其中列入自治区级29项，玉林市级32项，县级61项。共创建科技示范企业29家，培育科技型企业33家，建立科普示范基地52个，科普示范乡（镇）5个，科普示范村20个，科普示范户3814户；科普示范学校15所；累计推广先进适用技术327项。至2005年，全县获得国家级科研成果奖2项，自治区级20项，地（市）级科研成果奖60项。2005年，全县15个乡（镇）成立有科协组织，乡（镇）有兼职科协人员106人，229个行政村（街）设立科普分会，兼职科普员229人。气象、水文工作稳步发展。

第一节　机　构

容县科技局

成立于1958年。1972年称容县科学技术委员会。1990年办公地点设在容城镇城南街47号。属科级行政单位。核定编制13名。下属事业单位有容县地震办公室、容县科学技术情报研究所，事业编制3名。县科学实验研究所，地址设在石寨大荣村，核定事业编制7名，实有人数28人。1997年容县科学技术委员会更名为容县科学技术局；同年和2001年机构改革，属保留政府职能机构，核定行政编制10名。2002年，内设政工秘书股、科学技术股和技术市场管理股，核定编制6名，机关后勤服务1名。设局长1名、副局长2名。下属单位2个，即县科学实验研究所、县科学技术情报研究所（县生产力促进中心）。2005年，办公地址、内设机构和人数与2002年相同，下属事业单位不变。

1990—2005年历任主任（局长）：钟庆炎（1990.7—1991.7）、（1991.7—1993.3正职缺）、何兴明（1993.3—2000.6）、黄美南（2000.6—2002.12）、李贻冠（2002.12—）。

容县气象局

1990年，容县气象局属中央直属正科级事业单位，实行部门和地方双重管理，以部门领导为主的管理体制。办公地址设在容城镇城西路383号，内设机构有办公室、监测预警中心和容县人工增雨作业指挥部；同年5月，成立容县防雷监测所，无编制，实有人数8人。2001年1月，县政府成立容县人工增雨指挥部，办公室设立在容县气象局。人员由容县气象局和成员单位有关人员组成，没有专职编制。同年12月，县防雷监测所更名为县防雷减灾管理中心。2005年，核定编制8名，实有人数7人。内设

股室不变。

1990—2005 年历任局长：肖旭（—2003.9）、何云燕（2003.9— ）。

容县地震局

1990 年，容县地震办公室没有级别，隶属于容县科学技术委员会。办公地点设在容城镇城东路 70 号，实有人数 1 人。1999 年 4 月，更名为容县防震工作办公室，级别、隶属关系和办公地点不变，核定事业编制 3 名，实有人数 1 人。2000 年 3 月，搬迁到容城镇城南街 47 号即容县科技局办公楼办公。2003 年 11 月更名为容县地震局，为县政府主管防震减灾工作的正科级直属事业单位。核定事业编制 3 名，实有人数 2 人。办公地址不变。2005 年 10 月，内设地震监测综合股和震害防御股，核定事业编制 3 名，实有人数 3 人。同年 10 月，办公地址变更为容州镇北门街 87 号县政府大楼 7 楼。2003—2005 年缺正局长。

科技推广机构

1990—2005 年，全县科技推广及研发机构主要有容县科学实验研究所、容县农业科学研究所、容县水果局、容县沙田柚研究所、容县科技情报研究所（容县生产力促进中心）、容县科技信息网络服务中心、农业技术推广中心、容县畜牧兽医推广站、林业科学技术推广站、容县农机化技术推广站和容县农业机械研究所，各乡（镇）农业技术推广站、畜牧兽医站、林业站等 59 个。主要负责全县工业、农业、林业、农机、畜牧水产等科研项目以及全县科学技术推广服务工作。

第二节　科技队伍

人才队伍

1990 年，容县共有自然科学专业技术人员 3303 人，占全县总人口的 0.51%。其中具有高级职称 78 人：高级工程师 3 人，高级农艺师 8 人，正、副主任医师 17 人，高级讲师、中学高级教师 48 人，其他 2 人；评为中级职称 868 人：工程师 51 人，农艺师 142 人，主治医师药师 197 人，讲师、中学一级教师、小学高级教师 425 人，其他 53 人；评为初级职称 2357 人：工程 235 人，农林水 259 人，卫生 528 人，教育 1315 人，其他 20 人。此后，初级、中级、高级职称专业技术人员逐年增加。

2000 年，全县共有自然科学专业技术人员 5079 人，其中具有高级职称 133 人：包括工程技术人员 3 人，农林水技术人员 9 人，卫生技术人员 18 人，理科教学人员 103 人；中级职称 1965 人：包括工程技术人员有 53 人，农林水技术人员 149 人，卫生技术人员 226 人，理科教学人员 1537 人；初级职称 2981 人。

2005 年，全县共有自然科学专业技术人员 5753 人。占全县人口的 0.77%。其中具有高级职称 189 人，中级职称 2187 人，初级职称 3377 人。在这些专业技术人员中，工程技术人员（包括高级、中级和初级职称，下同）有 306 人，占全县自然科学专业技术人员总数的 5.32%；农业技术人员 449 人，占总数的 7.80%；卫生技术人员 1099 人，占总数的 19.10%；理科教学人员 3899 人，占总数的 67.77%。

人才管理

1992 年，县委、县政府印发（下同）《关于成立容县知识分子综合评审委员会的通知》；同年，印发《容县各类专业技术拔尖人才选拔管理试行办法》的规定进行管理，享受有关待遇。1993 年 6 月，印发《关于表彰容县首批专业技术拔尖人才的决定》，全县有 10 人被评为容县首批专业技术拔尖人才。并按《容县各类专业技术拔尖人才选拔管理试行办法》的规定享受有关待遇。其中李涛、任建传经国务院批准享受政府特殊津贴。1996 年 5 月，容县召开科学技术大会，全面实施“科教兴容”战略，会上，县委、县政府对“八五”期间全县研制推广科技成果有功人员、重视科技工作优秀领导干部和优秀科技工作者共 99 人进行表彰奖励。同年 7 月，印发《关于表彰容县第二批专业技术拔尖人才的决定》，选拔出第二批专业技术拔尖人才，全县有 15 人获得表彰，每人一次性奖励人民币 1000 元，并按规定享受有关待遇。2000 年，印发《关于表彰容县第三批专业技术拔尖人才和首批优秀科技人才的决定》，分别有 12 人和 19 人获此表彰。

1990—2005 年，在重视全县科技人才培养的同时，搞活技术市场，敞开大门，容县从县外招聘引进科技人才和管理人才 395 人。做好培养、吸收、招聘科技人才工作，选派人员到大专院校深造和岗位培训，与大专院校签订为容县定向培养各种专业技术人才协议。

第三节　科技研究与开发

研究与开发项目

1990 年，容县承担 25 万亩粮食大面积增产综合技术开发项目，水稻种植面积覆盖全县 16 个乡（镇）219 个村，同年全县水稻播种面积 27.61 万亩，亩产 822 千克，总产 2.27 亿千克，亩增 54 千克，增产 7.3%；总产增 1594.4 万千克，增长 7.56%，亩产和单产超历史最高水平。经专家组织验收及鉴定，“25 万亩水稻高产技术”项目 1991 年获农业部农牧渔业丰收奖三等奖。

1991 年，容县松脂厂研究开发出新产品浅色松香 138 # 浅色松香甘油树脂和 422 # 浅色松香失水苹果酸树脂，填补广西的空白，产品远销日本及欧美国家。同年优级松节油获得全国行业评比总分第一名，并获得林业部优质产品奖。1993 年，挺佳热水器产品获国家科委授予新技术、新产品金奖，容县天虹热水器厂生产的高效节能热水器获“中国专利新技术新产品博览会金奖”。

1994 年，广西桂南制药集团有限责任公司聘请全国 10 多家科研单位、大专院校的医药专家、教授到公司组成新产品开发“智囊团”，开展技术攻关，其中有中国医学科学院中医研究室李泽琳教授等，至 1995 年，“智囊团”研制开发出新药“抗毒利咽口服液”“救伤灵酊”和“肾力康”片等 10 种新产品投放市场。

1996 年，容县种子公司研制特优 63-1 项目获得县科技成果一等奖。容县微型手扶拖拉机厂（容县农机修造厂）投资 124 万元搞技改和新产品开发，成功研制出“摆动差速坐耕滚田耙”和“坐耕犁”，结束国内微型拖拉机不能坐耕的历史，产品投放市场赢得了效益，微型拖拉机年销售收入 3350 万元，税利入库 262 万元。

1997 年，容县农业科学研究所研究的“吨粮田建设科研项目”获得农业部农牧渔业丰收奖三等奖。1998 年 3 月，广西挺佳锅炉有限公司研制开发的“挺佳环保锅炉”获得国家专利。同年 10 月，广西黑五类食品集团公司研制生产的“南方牌黑芝麻糊”被自治区技术监督局定为重点保护产品。同年自治区专家组成的晚稻产量验收组对“玉林吨粮田综合技术开发”项目进行实地验收。

1999—2000 年，广西黑五类食品集团公司研制开发的南方纯豆粉、黄豆奶、南方无糖黑豆奶、南方纯黑豆粉等 13 种新产品投放市场，其中“南方无糖黑豆奶”获 2001 年度广西优质产品称号。

2001 年，广西挺佳锅炉有限公司研制开发出以“煤”代“油”的“煤气发生炉”，广泛用于玻璃、陶瓷生产和铸造等行业。广西黑五类食品集团有限责任公司开发出“南方天然植物钙黑芝麻糊”等 3 项新产品。

2002 年，由容县农业局牵头承担自治区农业厅下达的《容县沙田柚优质高产技术研究与开发》项目，项目基地选择在浪水、自良、县底、十里、容厢、松山、六王 7 个乡（镇），沙田柚示范基地 3 万亩，2002 年验收统计，平均亩产 550 千克，亩增 193 千克，亩新增产值 608 元。商品率达 92%，比上年提高 7%。

2003—2004 年，承担自治区科技计划项目“容县霞烟鸡繁育与标准化养殖示范”“容县霞烟鸡抗马立克氏病品系繁育与应用”通过验收，通过推广应用霞烟鸡繁育新技术，促进全县霞烟鸡养殖发展。广西黑五类食品集团有限责任公司开发出“南方中老年黑芝麻糊”、豆乳粉等 5 个新产品投放市场。

至 2005 年，全县共实施科技项目 122 项，其中列入自治区计划项目 29 项，玉林地区（市）级 32 项，县级计划项目 61 项。其中工业项目 43 项，农业科技项目 79 项。农业项目中广西霞烟鸡优质品种开发研究，容县沙田柚高产栽培技术研究，农作物新品种培育、引进及栽培技术研究等项目取得可喜的成绩。工业项目中获得一批新产品和新成果，如广西黑五类食品集团有限公司研发的新产品黑八珍等，广西智达蓄电池厂开发的有阀控密封铅酸蓄电池，广西天虹锅炉有限公司开发的 E2 级锅炉，挺佳节能锅炉总厂研发的超级快速节能锅炉，容县桂南动物药品厂开发的“病毒杀”，广西永兴实业集团公司瘦肉型猪饲养技术开发等。全

县共培育以广西黑五类食品集团容县南方食品有限责任公司、广西南山瓷器有限公司和广西挺佳锅炉有限责任公司为代表的民营科技企业 29 家。

“星火计划”工程

1994 年 7 月，成立“十百千万”星火工程［用 3 年时间组建 10 个集科工贸于一体、年销售收入分别达到 5000 万元以上的科技型企业集团，100 个年销售收入 1000 万元以上的科技型龙头企业，为乡（镇）企业筛选推出 1000 项科技成果和先进实用技术，培训 1 万名掌握 1~2 门实用技术的乡（镇）企业技术人才和管理人才，组织 1 万名科技人员服务乡（镇）企业］实施项目协调小组。1995 年 8 月，松山乡大水村农民刘倍全被共青团中央、国家科委评为“全国青年星火带头人”。9 月，自治区人民政府实施“十百千万”星火工程现场会在容县召开。1999 年 7 月 13 日，自治区人民政府授予广西黑五类食品集团公司为“十百千万”星火工程优秀科技型企业集团；授予广西中兴实业有限公司、广西黑五类食品集团有限公司、广西南山瓷器有限公司和容县兴华塑料制品有限公司为“十百千万”工程优秀科技型龙头企业。至 2005 年，全县拥有自治区级科技型企业集团 3 家，自治区科技型龙头企业和科技型企业 12 家，地（市）级科技型企业 2 家和县级科技型企业 20 家。

第四节　科技成果

1990 年，容县兽药厂“开胃精饲料药物添加剂研究”获玉林地区科技成果二等奖。1991 年，容县松脂厂的“浅色松香新产品”获玉林地区科技成果二等奖；同年，容县畜牧水产局、容县畜牧兽医站实施的“大面积推广小猪综合培育技术”获自治区级科技进步成果三等奖。1993 年，“小型推进式热风烘茧机”由容县茧灶设备厂研制，获得自治区级科技进步成果三等奖。容县挺佳热水器厂“铝制高效节能热水器”和容县肥皂有机化肥厂生产的“有机氨磷钾复合肥生产技术”分别获得玉林地区科技成果一、二等奖。容县挺佳热水器厂研制“铝制高效节能热水器”获得 1994 年自治区科技进步成果二等奖。1994—1995 年，容县三宝食品有限公司研制的“大米低温膨化技术”，容县种子公司研制的杂交水稻新组合“特优桂 99”配制及推广应用和杂交水稻新组合“博优桂 845”配制及推广应用分别获得玉林地区科技成果二等奖。1998 年，由县农业局组织实施的“玉林吨粮田综合技术”项目获玉林市科技成果二等奖。

1996—2000 年，由容县人民医院组织实施的科技项目 10 项，其中“立体定向微创治疗颅内血肿疗效分析”项目获玉林市科技成果二等奖，“影响特重型颅脑损伤病人预后因素研究”和“硬膜外腔药物填充配合腰椎自动牵引治疗腰椎间盘脱出症的临床研究”等 9 个项目获玉林市科技成果三等奖。2001 年，容县土肥站研究的“蔬菜硝酸积累状况及施肥对硝酸盐影响”和容县农业局实施的“新品种粤引 1 号淮山示范推广”项目分别获玉林市科技成果三等奖。容县科技局组织实施的“万元田”千亩示范样板片建设项目于 2002 年获玉林市科技成果二等奖。2001—2005 年，由容县人民医院和容县中西医结合骨科医院等单位组织实施的“改良式鞘内全子宫切除术的研究”“中药熏洗加热敷治疗老年性膝关节炎的研究”等 8 个科技项目，其中获得玉林市科技成果二等奖 2 项，获得三等奖 6 项。

1990—2005 年，容县获得国家级科研成果奖 2 项，自治区级 20 项，地（市）级科研成果奖 60 项；有县科学实验所等 5 个单位获得国家级科技成果奖励，17 个单位获得自治区科技成果奖励，41 个单位获地（市）级科技成果奖励。

第五节　科技推广与普及

农业技术推广

水稻　1990 年，容县大面积推广种植高产杂交水稻“汕优广 12”“特优质 63”和“博优 64”，播种面积 27.61 万亩，该项目获自治区科技成果二等奖。李发松被自治区农业厅、自治区科协授予“广西农业科技推广普及竞赛活动先进工作者”称号。1991—1994年，进行早稻地膜覆盖防寒育秧技术研发、试验、示范、普及推广，到1995年应用面积达到早稻种植面积的95%以上。1995年，杂交水稻新组合“特优桂99”和“博优桂845”配制及推广应用在全县开展。“杂交水稻特优桂99选育与推广应用”获玉林市科技成果二等奖；获市科委《杂交水稻新组合大面积扩大试种示范》项目贡献奖一等奖。1996年，全县粮食种植面积60万亩，其中水稻种植面积55.04万亩，总产稻谷27.77万吨，年平均亩产1009千克。同年“创建20万亩吨粮田活动”实现“吨谷田县”目标，1997年获农业部农牧渔业丰收奖三等奖，获得广西农牧渔业丰收二等奖。1997年，农业、科技部门推广水稻塑盆育秧、抛秧技术示范普及，同时推广粮食增产综合技术，做到合理施肥、科学灌溉，加强中后期肥水管理，实行“一攻三喷”（即9月10日左右亩用尿素2.5千克攻胎肥，抽穗前3~5天喷施叶面肥，抽穗20%~30%时亩喷“九二〇”激素1~2克），加速抽穗齐穗，齐穗灌浆期再根外追肥，提高结实率和千粒重。1998年，早稻塑盆育秧抛秧推广到12个乡（镇），经测产，早稻加权平均亩产552.9千克，晚稻475.6千克，全年平均亩产1028.5千克。1999年，全县早稻塑盆育秧抛秧基本普及；“水稻旱育秧、抛秧及综合配套增产技术”获农业部农牧渔业丰收奖一等奖。2001年，引进试验水稻免耕抛秧技术，于2002年研发成功稻草还田免耕抛秧技术，示范推广获得良好的经济效益。2003年从广东农科院引进的杂交稻“博优998”“秋优998”、早造杂优新组合“丰优128”以及福建从引进“特优86”在全县推广。2004年，《水稻免耕抛秧技术开发》获得农业部农牧渔业丰收奖三等奖。2003—2005年，共引进和推广农业新技术87项。农技推广产生经济效益比较突出的有：推广稻草还田抛秧免耕技术、农业生态建设综合开发技术、沙田柚无公害标准化生产技术、利用红蜘蛛天敌捕食螨进行生物防治技术、液状微膜技术在沙田柚的应用、沙田柚套袋技术、霞烟鸡无公害标准化养殖技术、牛品改新技术、农村信息化应用系统建设、物理频振杀虫灯技术等。全县建立农技服务、种子服务、畜牧兽医服务、渔业服务、农机服务、水利服务、林业服务、水果服务、农经服务和农资服务等10个服务体系。为“三农”提供技术，资金等全方位的科技推广和科普宣传服务。

品种 2000年11月，参加“广西名特优农产品（西安）展销洽谈会”，会上推广成交各类果蔬产品3.10吨及广西黑五类集团食品0.33万件，合计金额52.6万元；签订正式合同3份，金额7293.10万元。这次洽谈会联系预约客户40家，签约容县名特优农产品金额9413.10万元。1999—2001年，由玉林市科委下达，容县农业局组织实施《容县“万元田”千亩示范样板片建设》项目，引进和推广黑麦草、台湾大青枣、香菇、黑皮冬瓜、麻竹、马铃薯和珍珠番石榴新品种和栽培技术，通过示范样板片建立800户科技示范户。1999—2001年，全县“万元田”建设面积共6.62万亩，总产量36.66万吨，总产值5.18亿元，平均亩产值7824.77元；3年实现农民人均纯收入分别为170.80元、188.40元和262.45元。2002年10月，示范基地的番石榴在玉林市举办的“名特优新稀”种养产品展示评比会中荣获优质品种奖和优质产品一等奖。同年10月，参加广西第三届农业科技大集暨玉贵走廊科技大集“名特优新稀”种养产品评比活动中，引种的马来西亚甜杨桃产品获优质产品奖。2001—2003年，引进新品种38个。2001—2005年，建设农业示范园，占地1200亩，设水果、蔬菜、经济林、水稻、花卉、麻竹、水产畜牧等9个区，对粮食作物、蔬菜、水稻、水果等150个品种进行科学种植推广、示范及研究，成效显著的有台湾珍珠番石榴引种技术、马铃薯高产种植技术等。其中台湾优质番石榴品种在自治区内率先引进试种成功，带动全县各乡村农户种植8000亩，并把品种（苗）及栽培技术推广到百色、河池、梧州、贺州、贵港以及广东韶关、信宜等市县。至2005年，全县共培育新品种19个：县农科所的杂交稻新组合特优172、鸿大饲料公司利用朗德猪与本地母猪杂交的二元杂瘦肉型猪新品种、约克猪同野猪杂交育成的新品系、县科学实验所选育霞烟鸡早熟新品种等。推广先进适用新技术，共引进、推广农业新品种123个。

沙田柚低产技术改造 1990年，全县开展“沙田柚低产园利用综合技术改造”，主要在沙田柚主产区的自良、浪水、县底、十里4个乡（镇）9个村进行，通过科学管理、增施肥料、树形修剪、人工授粉、防治病虫等综合技术措施，提高沙田柚的坐果率，增加单株产量和质量，提高商品率，通过综合技术改造，9个村沙田柚总产量达1119.26吨，增长11.93%。1992年，容县水果生产办公室李涛被自治区人民政府授予“全区有特出

贡献科技人员”称号。2001—2003 年，在十里、松山、自良、县底、浪水、容厢 5 个乡（镇）7.58 万亩的优质沙田柚推广 50 万只无公害套袋技术，使商品率从 70% 提高到 90%，产值 8400 万元。2003 年，全县农民种植名优品种的收入比 2002 年增收 1760 万元。2005 年，全县种植沙田柚面积 8.7 万亩，产量 3.21 万吨。

工业技术推广

1990 年，容县微型手扶拖拉机厂（县农机修造厂）生产的“腾乐牌 JN–31”“JN–41 微型手扶拖拉机”和“5TG—50 型人力脱粒机”获得农业机械推广许可证。同年获“七五”全国星火计划成果博览会金奖，被联合国粮农组织列为选用的农机具产品。

1991 年，容县松脂厂推广新产品“浅色松香 138# 浅色松香甘油树脂”和“422 # 浅色松香失水苹果酸树脂”。1993 年，产品销售总额首次突破最高纪录。连续 3 年被评为自治区级先进企业和自治区（省级）经济效益先进企业；同年获“93 质量万里行”全国产品质量优秀企业称号。1991—1993 年，年均产值 2100 万元，产量 7000 吨，税金 105 万元，利润 210 万元。

2002 年 11 月，容县政府举办科技、文化、卫生、法制“四下乡”活动 （据《容县报》）

1994 年，广西黑五类食品集团公司推广的“南方牌黑芝麻糊”“南方八珍糊”“黑八宝粥”“贵妃膳绿豆爽”食品系列产品获得中国医疗保健国际交流促进会推荐为中国医疗保健精品“推荐产品”称号。1995 年，“南方牌黑芝麻糊”被国家农业部评为中国乡（镇）企业名牌产品。同年，该产品获得第三届中国乡（镇）企业出口商品展览会金奖，中国保健食品协会推荐为名牌保健品。

1997 年 8 月，容县兽药厂转换机制成为广西桂南制药集团有限责任公司全资控股的下属企业，广西桂南集团向兽药厂投入巨资进行技改，同年 9 月底，产值 75 万元，高于技改前 1 月—6 月总产值，销售 58.60 万元。1998 年，县陶瓷厂进行技术改造和推广新技术，提高产品质量和生产能力，从原来年产量 100 万件提高到 3058 万件，产值 1954 万元，税金 228 万元，从业人员 650 人。

2000 年，全县机械、铸造工业迅速发展，微型手扶拖拉机一项年均生产销售 10 万台，县政府及科技部门因势利导，推广和兴办一批机械、铸造企业。2001—2003 年，全县引进新技术 109 项，推广新技术新品种 180 项。

民营科技企业广西黑五类食品集团容县公司子公司广西容县南方食品股份有限公司生产和推广的“南方牌黑芝麻糊”产品两度（1998 年和 2001 年）获得广西名牌产品称号。2003 年，该公司缴税 1756.64 万元，占当年全县财政收入 1.81 亿元的 9.70%。产品销往全国各地 150 个大中城市，部分产品销往东南亚、日本等国家，成为广西重点企业和国家及自治区农业产业龙头企业。2005 年广西黑五类食品集团有限责任公司工业总产值 3.20 亿元，产量 350 万件，税利 6200 万元，安排就业 1000 多人。成为容县工业重点骨干企业。

2005 年，全县机械、铸造工业成为五大支柱产业之一，共有企业 100 家，其中规模以上骨干企业 15 家。主要产品有：微型手扶拖拉机、耕整机系列产品、脱谷机、锅炉、汽油机、旋切机、发动机飞轮壳、活塞环、后驱农用车、各种汽车零配件等。同年，该行业实现工业总产值 3.70 亿元，税利 5000 万元，从业人员 4990 人。全县工业企业财税收入 1.51 亿元，比 1990 年翻 10 倍。企业利润 3.20 亿元，比 1990 年翻 11 倍，基本实现百元产值达到 15% 税利（除抵扣税后），百元资金达到 14% 税利。

科技培训

1990—1992 年，容县由宣传、科技部门牵头，组织农技部门、林业、水产畜牧部门和文化、医疗卫生等单位，开展“科学技术是第一生产力”宣传教育、科技下乡、技术讲座、技术培训及咨询等活动，举办以“破除封建迷信，普及科学知识”“弘扬科学精神，提高科技文化素质”为主要内容的大型公益宣传，并在县、乡（镇）、村举办各种技术培训班 1570 期，参加培训人数 15.60 万人次，印发各种科技资料 33.90 万份，科学技术咨询

28 万人次，放映科普宣传片 59 场。

1993—1995 年，全县共举办各类科技培训班 256 期，印发科技信息和科普资料 18 万份，出动科普宣传车辆 120 次，参加培训及咨询人数 3.60 万人次，放映科教电影及科教录像 347 场。

1996 年，全县开展旱育秧、抛秧专项技术培训，农业、科技部门全年出动宣传车 61 辆(次)，举办培训班 1380 期，参加培训人数 16 万人次，印发技术资料 20 万份。

1998 年，全县举办各类技术培训班共 2141 期，参加培训人数 20.21 万人次，印发科技信息和技术资料 22.30 万份，发行科技图书 620 册。其中举办示范基地培训班 41 期，示范户培训班 45 期，参加人数 3.13 万人次。1999 年 4 月 6 日，县委、县政府召开容县科技培训工程现场会暨动员大会，会上，县长黄必贵作动员报告，与会同志参观容西乡祖立村科技培训基地和灵山镇塘冲果场等科普示范基地，听取典型经验介绍；参加会议的各乡(镇)主要领导、县直涉农部门、科技部门、乡镇企业局和教育局等 10 个部门单位领导分别与县委、县政府签订科普培训工程责任书。

1999—2001 年，全县共举办麻竹技术培训班 240 期，培训人数 4.85 万人次，印发技术资料 5.32 万份；并在罗江、十里、石寨等乡(镇)建立 172 户麻竹科技示范户，在科技示范户的带动下，3 年容县共种植麻竹 2.21 万亩。

实施生态家园富民计划，至 2002 年 8 月，全县共举办沼气建设及使用技术培训班 76 期，发放技术宣传资料 10.50 万份，接受咨询 7.50 万人次，全县共建沼气池 5.13 万座，沼气入户数占全县农户数 31.32%，被国家农业部定为“全国沼气建设示范县”。

2001—2003 年，在全县范围内实施“科技进农家致富工程”，通过组织宣讲团进行巡回技术培训，建设科技示范场(园)、科技示范户，由县级农技讲师团举办技术培训班 61 期，培训 4155 人次，带动面上县、乡(镇)、村三级培训 10.72 万人次。2002 年，县职业中专、容城镇第一小学、第三小学、灵山守善小学被玉林市科协、市教育局和玉林市团委评为青、少年教育先进集体，被评为先进个人 6 人。2003 年，容县鸿大绿色饲料有限公司陈海泉被自治区科技厅评为年度“科技种养能手”。

2004—2005 年，全县 15 个乡(镇)218 个村有科普员，举办各类科学技术培训班 60 期，科技讲座 24 期，展出科普挂图 400 幅，培训乡村干部、农民种养殖骨干 9600 人次，印发科技信息和技术资料 4.10 万份，科技咨询 2.70 万人次。

科普示范基地

1996 年起，容县开始创建科普示范基地。1996 年全县有杨村万亩水稻高产示范基地、容厢万亩水稻高产示范基地、容县杂交水稻制种示范基地和永兴瘦肉型猪生产示范基地等 5 个。1997 年 11 月 8 日，容县杂交水稻制种示范基地、杨村万亩水稻高产示范基地、容厢万亩水稻由低产变高产示范基地，永兴瘦肉型猪生产示范基地通过玉林市专家组验收。

1999年9月，广西创建科技与经济结合科普示范基地现场会在容县召开，100多名来自全自治区及各地(市)的代表出席会议；代表们参观容西乡祖立村科普示范基地、松山镇科普示范基地、沙田柚科普示范基地、沙田苗木生产基地、容城镇鸿光养殖场及容县科技培训工程办公室。2000 年 4 月，容县被广西科协命名为“广西科普示范县”，同年 5 月，被中国科协命名为首批全国科普示范县，获得“1998—2000 年全国科普示范县”称号。

2000 年，容县沙田柚示范基地被定为自治区科普示范基地，容城镇第三小学被授予自治区首批科技教育示范学校和玉林市科技教育示范学校。2001 年 4 月，获容县科协批准的科普示范基地有：广西容县鸿光养殖场、广西千秋村沙田柚科普示范基地、广西挺佳节能热水器厂、容县珍稀名优水果生产基地等 7 个。同年，容县珍珠番石榴科普示范基地在广西率先引进台湾优质番石榴品种试种成功，带动周边乡村农户新发展种植 8000 亩，并把产品及技术传送到贵港、河池、百色、梧州、贺州以及广东韶关、信宜等市县。

2002 年，实施“科技进农家致富工程”，建立水稻优质高产栽培示范户 351 户，蚕桑高产示范户 24 户，蔬菜、食用菌优质高效示范户 130 户，通过示范户带动面上生产发展；如通过 100 户蔬菜示范户带动全县建立 1080 亩优质高产淮山示范片、50.10 亩韭菜和 50.10 亩枸杞菜芽示范点、300 亩黑皮冬瓜及 1000.05 亩蔬菜生产基地，带动农民致富。

至2005年，容县共建设科普示范村20个，具体村名是：祖立村、千秋村、三和村、江口村、石寨村、红石村、河口村、六槐村、守善村、珊萃村、太平村、鱼产村、泗关村、中平村、泗河村、石扶村、沙田村、大石村、石头村、东光村。科普示范乡（镇）为容西乡、杨梅镇、黎村镇、松山镇、容州镇5个；科普示范学校15所。建立科普示范基地52个（见下表）；对科技示范村（户）采取政策扶持、技术扶持、经济扶持。容西乡祖立村获自治区科技厅认定为自治区级科普实验示范村，容县沙田柚高产栽培示范基地等3个基地被列为玉林市科普示范基地。

表17-8

容县科普示范基地名册

（截止日期：2005年6月）

乡镇	基地名称	经营品种	面积或规模	负责人
容州镇	广西容县鸿光农牧有限公司	鸡鸭猪	60亩	李志南
	容县周义养殖有限公司	三黄鸡	70亩	周祖文
	广西挺佳节能锅炉厂	锅炉	年产2000台	何挺佳
	容县东光村无公害蔬菜生产协会	蔬菜	450亩	柳国朝
	容县厢南村水果生产基地	荔枝、龙眼、沙田柚、柑橙	1000亩	赵伯良
容州镇	容县周口番石榴生产基地	番石榴	200亩	梁朝森
	容县同古蚕桑生产基地	蚕桑	800亩	封上炎
	容县千秋沙田协会	沙田柚	2500亩	丁海荣
容西乡	容西乡万亩荔枝生产基地	荔枝	10000亩	吴志友
	容西乡千亩龙眼生产基地	龙眼	5000亩	吴志友
	容西乡西山兰花街	兰花	40户	刘祖拔
十里乡	十里乡种桑养蚕科技示范基地	桑蚕	450亩	陆汉初　马文彬
	十里乡千亩连片稻草还田免耕抛秧栽培示范基地	水稻	1200亩	汤支勤
	十里乡淮山种植技术示范基地	淮山	300亩	李国良
	十里乡麻竹生产示范基地	麻竹笋	3000亩	潘路云
石寨乡	容县石寨大华养殖场	种猪（长白猪、后备母猪）	300亩	陈忠洪
	容县石寨霞烟鸡场	霞烟鸡	30亩 200万元	何森尤
	容县石寨大荣蚕桑种养基地	蚕茧	391亩 20万元	李柱粟
杨梅镇	杨梅镇红石淮山基地	淮山、蔬菜	2500亩	杨树东
	杨梅镇政府沙田柚场	沙田柚	60亩	韦福绍
	杨梅镇三德水稻免耕抛秧示范片	水稻	200亩	杨树东
灵山镇	罗杈守善大肉姜基地	大肉姜	100亩	莫贻卫
	华埌蔬菜基地	甜玉米种	30亩	钟启迪
	灵山牛品改基地	牛品改	1300头/年	卢家国
六王镇	容县六旺鸿大种养协会	鸿福猪	1.2万头	韦桂深
	皇坟八角基地	八角	3000亩	吴家恩
	皇坟养鸡基地	养鸡	2万羽	吴海传
黎村镇	黎村三黄鸡养殖基地	肉鸡	800万羽	黄基武
	珊萃村荔枝基地	荔枝	3600亩	林荣昌

续表

乡镇	基地名称	经营品种	面积或规模	负责人
杨村镇	杨村辣椒生产基地	指天椒	650 亩	覃远林
	杨村生姜生产基地	生姜	1200 亩	郭兴忠
	杨村水稻免耕抛秧示范基地	优质稻	500 亩	李植超
县底镇	县底荣塘十万平方蘑菇生产基地	蘑菇	10 万平方米	梁启锋
	县底古练沙田柚基地	沙田柚	1000 亩	黄福文
自良镇	自良河步有机沙田柚水果生产基地	沙田柚	100 亩	曾斌
	自良镇生态家园示范基地	猪 沙田柚	8000 头 300 亩	黎时贵
	自良镇马塘柚场	沙田柚	100 亩	黄振生
浪水乡	广西容县鸡骨草甜茶种植基地	鸡骨草	20 亩	邱春胜
	浪水柯木沙田柚场	沙田柚	150 亩	梁锋
松山镇	容县珍稀名优水果繁育基地	番石榴	30 亩	夏秀崇
	容县松山镇科普示范园	巨峰葡萄 台湾大青枣 四季萝卜 吨产黄豆	2 亩 6 亩 3 亩 1 亩	韦玉敏
	容县科普示范基地石扶苗场	双季龙眼 中秋龙眼	15 亩	黄柱明
	容县沙田柚发源地名优果苗场	果苗	20 亩	夏栋良
	松山镇儒地番石榴基地	台湾番石榴	15 亩	黎成寅
	容县松山镇石扶村黑灵芝种植示范基地	黑灵芝	3 亩	黄建军
罗江镇	广西容县鸿大绿色饲料有限公司	种猪	5000 头	陈海泉
	容县平原农牧有限公司	三黄鸡	1500 亩	申仁全
	罗江楚乾猪场	二元杂母猪	210 头	李楚乾
石头镇	容县石头大红八角生产基地	八角	580 亩	伍祖乾
	容县石头养蜂场	蜂蜜	年收入 5 万元	陆兆光
县直	容县农业局农业科学研究所	红菇 沙田柚	年产 450 吨 8.7 万亩	韦永新
	广西容县沙田柚发展有限责任公司	沙田柚	6.65 万亩	水果局

科普宣传

1990—1991 年每年 3 月，在全县开展“科学技术是第一生产力”宣传教育月活动，印发资料 1800 份，放映科普宣传电影 48 场；1991 年 9 月，县科协组织科普宣传教育一条街活动，出动宣传车进行全日宣传，全县 38 家工厂 208 种产品参与新产品新技术展销，有 13 个单位派出技术人员开展技术咨询服务，印发各种农业技术科普宣传资料 30 万份分发给群众。1992—1994 年，全县出动科普宣传车辆 46 次，出版墙报、黑板报 1937 期，举办科普展览 8 次，参观人数 12.30 万人；播放科普宣传片 120 场次，观众 4.52 万人次；放映科技录像 65 场，观众 1.43 万人次。

1995 年，容县科技情报研究所和县图书馆合作，在容县图书馆设立科技阅览室，利用图书馆馆藏库存科技书籍、工具书以及适用技术期刊 6 万多册和自编的《科技信息》期刊，为群众提供科技服务；在各行政村设立科技文化图书室。同年容县图书馆帮助松山镇成立虎威庄科技图书馆，有科技图书 2000 册，为该镇农民提供种养技术书籍。容县科技部门配合县图书馆、县文化馆和县新华书店开展“知识工程”科技图书服务周

活动，采取多种形式传递科技信息，进行科技宣传。展出科普知识挂图 25 幅，科技书籍 850 册，现场发放科技资料 6800 份。

1997 年 11 月 5 日，容县举办首届科技集市活动，全县有 53 家单位参展，展出科技产品 500 余种，接受技术咨询 3 万人次，商品成交 126 万元。同年全县组织开展科普活动 6 次，共组织 1082 人下乡，开展技术咨询 3.50 万人次，发放科技资料 10 万份，出版科技墙报、专栏 1200 多期，放映科技电影、科技录像 178 场。

1998 年 10 月，容县科协联合县宣传、科技、文化、卫生等 11 个部门的 50 名科技人员组成科技咨询服务队，深入自良、石头、灵山、杨梅、黎村等乡（镇）开展“三下乡”服务活动，发放科技信息、种养殖资料 45 种 2.75 万份，咨询人数 3.22 万人次，发行各种科技图书 920 册，放映科技录像 8 场次，宣传教育 5.67 万人。同月，在县城举行科技集市，有 54 个单位的 43 项新产品、新技术参展，印发科技宣传资料 2.02 万份，放映科技录像 2 场，展出科技图片 11 幅，发行图书 620 册，技术咨询 3.25 万人次，群众入市 5.40 万人次。1999—2003 年，在《容县报》开设“科普园地”专栏，在县电视台、县广播电台定期开设科普宣传专栏，向全县推广宣传普及农村实用技术知识稿件 521 篇。

2000—2005 年，先后邀请广西大学、广西农科院、广西农校、广西医科大学，自治区党校以及自治区外有关专家学者到容县传授科学技术知识。同时，充分发挥容县讲师团成员和科技工作者以及“土专家”“土秀才”的作用，通过“全国科普日”、科普讲座、科技“三下乡”、科技特派员、科普志愿者、科普宣传员等多种形式进行宣传，普及科学知识及技术，全县出动宣传车共 979 台次，出版宣传专栏、板报 780 期，展出科普挂图 300 幅，分发各种科技资料 150 万份，放映科技录像 80 场，发放文化科技书刊 2600 册，科学技术宣传咨询 28 万人次。

第六节　科技合作与交流

技术合作

1990 年，容县兽药厂与北京农业大学、自治区畜牧研究所、自治区药检所建立长期的技术合作关系，研制出“家禽八卦丹”兽药和“开胃精、99 速长精”饲料添加剂等特色产品。容县中环公司得到上海内燃机研究所、自治区农机研究所、玉柴集团的技术合作支持，研制出 195S.6105Q、活塞环新产品。容县农机修造厂（后改为容县微拖厂）在洛阳拖拉机研究所、自治区农机研究所、自治区汽车拖拉机研究所的技术合作下，研制出坐耕机等新型产品，其中“金牛—3 微拖手扶拖拉机”1990 年被联合国粮农组织列为选用农机具产品。

1991 年，容县造纸厂、广西都峤陶瓷有限公司也分别与轻工部南宁设计院、自治区林业厅林纸公司、自治区造纸工业公司、广东佛山陶瓷厂等单位建立技术协作依托关系。同年，容县松脂厂与广西大学、南京林科院一起研制出高级松香新产品并获玉林地区科技成果二等奖。

1993 年，广西桂南制药厂改制药集团公司后，设立科研研究所，聘请中国预防医学科学院及广西中医药大学等有关药物研究专家合作，在片剂、冲剂、胶囊剂、酊剂的基础上，开发出新药“救伤灵酊”“肾力康”片、“脑脉康”片。“救伤灵酊”获全国卫生企业产业精品展示会金奖，“肾力康”片成为广西药学会、广西抗衰老协会向全区推荐的六大保健药品之一，获中国药学会和中国保健食品协会联合评为“延龄杯”金奖，集团公司获得国家卫生部评为“全国卫生产业企业先进单位”。同年，县石棉厂在建材部非金属矿产品研究院、西安石棉制品研究院的技术支持下，研制出石棉橡胶板，石棉橡胶刹车带等新产品。

1993 年，容县南方食品厂（后更名为广西黑五类食品集团）建立科研机构后，与江苏省无锡轻工大学（后改为江南大学）、广西大学和广东农科院等大专院校建立合作关系，研发出“南方牌八珍糊”“南方牌黑芝麻糊”等新产品，远销全国大中城市。1995 年，产量 3 万吨，产值 4.59 亿元，税利 5530 万元，成为广西最大的黑色食品生产厂家。

1997 年 11 月，邀请电子专家、北京电力电子学会副秘书长、高级工程师刘鹿生作“现代电力电子技术及其应用”学术报告。1998 年 4 月，聘请自治区劳动厅安全处锅炉专家到容县就“热水器行业的发展”作专题报告，以提高工程技术人员的技术水平。

2003—2004 年，县科学实验研究所与广西大学合作选育出早熟抗马立克氏优质霞烟鸡新系。

至 2005 年，全县与全国 32 个单位（院校）及科研机构建立技术合作关系，项目涉及农业、工业、医药卫生、食品、环保生态等领域。

科技交流

1990—1993 年，容县科协分别在容城、容西、自良等地设立技术信息交流会，有工作人员 29 人，召开 4 次有 120 人次参加的技术信息交流会。

容县松脂厂《防止松香结晶的措施及体会》论文于 1994 年 4 月上旬在无锡召开的“全国松香、松节油再加工学术交流会”上宣读并被《林产化学与工业》特刊登载。

1997 年 6 月，容县种子公司论文《加速实施种子产业化工程》获玉林市委特等奖。2003 年容县沙田柚获得广西区柚类质量评比一等奖；2004 年容县沙田柚获得质量评比一等奖 2 个，三等奖 1 个。同年 9 月，组织 2 家科普示范基地企业产品参加广西区、广东省在梧州市举办的“两广科技大集暨西江走廊科技协作交流活动”。2005 年在第二届中小企业商机博览（中国・玉林）上获沙田柚特等奖 1 个，一等奖 3 个。

1992—2005 年，每年组织厂长、经理、科技人员、种养专业户参加一年一度的广西科技活动周、广州交易会、深圳国际高新技术交流交易会、中国—东盟博览会和中小企业商机博览（中国・玉林）等科技交流活动，选择一批有代表性的新技术、新产品参加交易会，进行新产品展销和技术交流活动，先后共组织 69 家企业 150 种新技术、新产品参加广西科技活动周和全国新技术新产品交易会，组织各乡（镇）、企业领导和工程技术人员 358 人次参加技术推广和交流活动，其间，签订技术转让合同 33 项，产品销售合同额 2.26 亿元，容县多次获得“优秀组团奖”。

至 2005 年，容县举行科技学术交流活动 52 次、学术报告 20 次，发表论文 439 篇，获国家级奖 2 篇，自治区级奖 5 篇，地区级奖 124 篇，出版学术专著 8 本。组织出访科技团组 3 个 45 人次到东南亚各国及中国港澳地区考察学习和科技合作与交流；接待来容县考察交流的团组 28 个 3560 人次。

第七节　气象　水文

气象测报

设备　1990—1994 年，容县气象报文通过传真机、PC-1500 计算机和甚高频电话等设备作为气象信息传输工具。1995 年 3 月建成气象防灾减灾天气预警系统容县分系统，实现自治区、地区、县三级远程计算机气象业务通信网（电话拨号传输）的连接。1996 年 4 月，为开展防雷减灾科技服务需要，购置两部大阳牌两轮摩托。1997 年 4 月实现自治区、市、县办公自动化三级联网，以计算机为核心的办公自动化技术应用于业务、行政管理等方面。1999 年，建成 PC-VAST 单收站，用于接收中国气象卫星中心下发的各种气象资料。2000 年，通过 33.6kbps 的 PSTN 远程拨号网络进行信息传输。2001 年 3 月由自治区气象局人影统一调配，购置一辆庆铃牌轻型货车，主要用于开展人工影响天气作业。2005 年底，气象观测主要设备为气象地面观测场，场内仪器装备依据国家气象观测一般站的观测任务来设置，主要有电接风向风速计、百叶箱、干湿球温湿度计、自记温度计、虹吸雨量计、雨量器、蒸发专用雨量器、蒸发皿、日照计、地温表等。气象预报及服务方面主要的仪器设备有 PCVSAT 卫星接收系统、PC-VSAT“9210”卫星单收站系统、气象防灾减灾预警系统、人工增雨火箭作业系统、“121”气象信息系统等设备、气象业务宽带网络系统等。占地面积 8538.26 平方米。

网点　1990—2005 年，气象网点仅有城西葫芦岭山顶设立的气象观测站 1 个网点，位于容城镇城西路 383 号（原容城镇城西路 301 号）大院内。每个乡（镇）有自动气象站 1 个，共 15 个。

观测　1990 年，容县气象站属国家一般气象站，负责对全县境内的气象观测，每天北京时间 08、14、20 等时次进行定时地面观测，观测项目有云、能见度、天气现象、气压、气温、湿度、风向、风速、降水，雪深、日照、蒸发、地温等，配备有 PC-1500 计算机辅助查算数据，2001 年 4 月起采用计算机查算数据作为正式记录，并编发报。从建站至 2002 年 6 月，所有观测资料由本站保管，同年 7 月，开始向玉林市气象局移交台站观

测资料。至 2005 年没有变化。

预报 1990 年前期，容县气象局主要依靠传统的天气学方法制作天气预报，将同一时刻同一层次的气象数据填绘在一张特制的图上，这张图称为天气图。经过对天气图上的各种气象要素进行分析，预报员就可以了解当前天气系统（如台风等）的分布和结构，判断天气系统与具体天气（如雨、风、雾等）的联系及其未来演变情况，从而做出各地的天气预报。主要预报产品是 24 小时天气预报。传播天气预报的渠道以电话、电视台、广播电台为主，通信手段以气象传真机、高频无线电话为主。1992 年，国家气象局上马“9210”工程，建设以卫星通信为主，地面通信为辅的综合通信网。1995 年，容县气象局建成 PC-VSAT 接收站，利用卫星通信技术接入由国家气象中心、区域气象中心、自治区气象台和玉林地区气象台组成的一个广域网，至此，天气预报也逐渐从主观的、经验化的传统天气图分析方法向客观的、数值天气预报实用技术的转变。预报产品也逐渐精细化，在 24 小时天气预报的基础上，增加有短时临近意义的雷电、暴雨、大风、雾等灾害天气预警、未来 3 日天气预报、一周天气预测等。1997 年通过“9210”工程以及市、县两级预报人机交互处理系统(MICAPS)推广应用及本地化开发，接收各种实时气象信息和资料（如天气图、卫星云图、雷达回波、数值预报产品等)，形成以数值预报产品为基础，综合运用数理统计等先进技术方法的预报模式。2000 年以后，数值预报技术和产品得到广泛应用，短时临近天气预报业务和精细化天气预报业务逐步发展，天气预报的针对性、时效性明显提高。2005 年建设可视天气会商系统，实现与自治区气象台、兄弟市气象台天气会商联网声像电视化。2005 年 7 月开始发布突发气象灾害预警信号。至此，气象预报内容涵盖临近预报、短时预报、短期预报、中期预报、短期气候预测、农业气象产量预报、环境预报等。

服务 1990 年，容县利用气象专业广播电台和容县广播电台天气预报节目播报天气预报、警报，通过容县电视转播台以电视字幕发布重大天气预报、警报。1995 年受 16 号台风影响，出现大暴雨天气，造成建站以来最大的洪涝灾害，容县气象局及时发出准确的天气预报和建议，避免或降低了重大损失。1999 年开通“121”天气预报自动气象信息电话(2005 年升位为“12121”)。2000 年，以防灾减灾气象服务、决策气象服务、公众气象服务和气象科技服务成为服务工作的重点，服务内容从天气预报、气象情报拓展到天气预报预警、气象情报、气候预测与分析应用、农业气象与生态、人工影响天气、防雷减灾、环境气象预报、森林防火、地质气象灾害等，同时通过广播站向乡（镇）、农村发布天气预报。做好台风、暴雨、低温冷害、大风等灾害性天气预报服务。2004 年开设容县兴农网，为广西兴农网的县级分站。2005 年 5 月，新增月份信息，执行自治区气象局《广西突发气象灾害预警信号发布实施办法（试行）》，开始发布暴雨、高温等预警信号。

人工增雨 1990 年，容县人工降雨办公室挂靠在容县水利局，容县气象局作为成员单位与县水利局、县武装部联合进行用三七高炮发射碘化银炮弹的人工增雨作业。1999 年春，发生严重春旱，全县受旱水田 9.95 万亩，一些村屯人畜饮水困难。容县县委、县政府决定进行人工增雨，从 3 月 20 日—4 月 17 日，共实施高炮增雨作业 5 次，发射增雨炮弹 140 发。增雨作业期间，全县南北各代表点的降雨量分别为:城区 151.70 毫米，宁冲水库 147.20 毫米，木井水库 220.0 毫米，平梨水库 175.60 毫米，杨梅水文站 131.0 毫米，杨村双底水利所 118.70 毫米，满垌水库 150.60 毫米，百三水库 140.30 毫米；实现全县普降大雨，缓解了旱情。2001 年 1 月 15 日，容县人民政府成立容县人工增雨作业指挥部，办公室设在容县气象局。同年 3 月，自治区和容县人民政府共同投入资金，配备作业专用皮卡车 1 辆，WR98 车载式发射架、WR9801 地面发射架各 1 套，开展以发射 WR98 型火箭为主的人工增雨作业。

防雷 1990 年 5 月，容县人民政府下发《关于建立避雷装置安全检测制度的意见》，成立容县防雷监测所，开展避雷设施的检测、设计和安装工作。1990—1994 年，共为新建的容县政府办公楼和容县图书馆等 25 个机关单位、60 所学校、40 个易燃易爆场所、60 个水电单位进行避雷设施的检测、设计和安装工作。1995—2000 年，共为容县县直机关单位 25 个、学校 65 所、易燃易爆场所 45 个、水利电力设施 60 个和其他部门 10 个进行避雷设施的检测、设计和安装工作。2001 年，自治区出台《广西壮族自治区防御雷电灾害管理办法》，更加明确了气象部门的防雷管理主导地位。同年 12 月，容县防雷监测所更名为容县防雷减灾管理中心。2001—2005 年，共为全县 50 个机关企事业单位、280 所学校、130 个易燃易爆场所、150 个水利电力设施和45个其他场所实行防雷装置性能检测和防雷工程的设计、安装、雷灾调查鉴定等工作。

水文测报

设施仪器 1990—2001年，容县水文站主要观测设施有站房、自记水位观测台、自记水位计、观测水位用的水尺、雨量计、自记雨量计、雨量固态存储器、E601蒸发器。防汛报汛设备有电话、高频电台。2002—2005年，安装西江中下游洪水预警预报自动测报系统；设立国家防汛抗旱指挥系统玉林分中心容县站、杨梅站；安装水文智能缆道测流系统。

监测 1990—2005年，容县水文站监测项目有：水位、降水、蒸发、岸温、水温、水质。采用珠江基面作为水位高程起算面，测得北流河绣江较大的洪水水位有：1991年7月24日，水位77.59米；1995年10月14日，水位79.41米（实测历史以来最高水位）；2002年7月18日，水位74.13米；2004年7月12日，水位74.09米。

第八节 地震测报

设施

容县建设有地震监测预报观测站9个，其中微观观测站4个，宏观观测站5个。具体是1982年，在黎村公社温泉大队建立水温微观观测站。1986年5月，在容厢镇同古村建立水氡微观观测站；同年8月，在容城镇东光村城东路建立气压微观观测站。1992年，在黎村镇满垌水库建立宏观观测站，在容城镇红光村红光鸡场、容厢镇宁冲水库、石寨乡宵垌村水井队和大荣村鸡场建立宏观观测站。2002年11月，建立石寨镇独石村二氧化碳分子式微观观测站。地震监测预报观测站担负着全县地震监测预报工作，微观观测站具有中短期地震预测作用，宏观观测站具有短期临时地震预测作用。

容厢镇同古村水氡观测站由于观测仪器损坏，无法修复，也无法更新，于1999年7月停止运行；容城镇东光村城东路气压微观观测站2004年12月停止运行。2005年，地震监测预报观测站没有变化。

预报

容县各地震观测站都聘请1名观测员（日工），黎村镇温泉村水温观测站观测手段是利用高精度水温计，每天定时早、中、晚观测1次水温变化情况，同时记录测水温时的天气情况。容厢镇同古村水氡观测站观测手段是每天从同古村提取水到城东观测站，通过设备进行观测水氡数据变化情况，一天观测1次。容城镇城东路气压观测站的观测手段是通过高精度测气压仪器进行观测，每天定时早、中、晚观测1次，同时记录当天天气情况。石寨乡独石村二氧化碳观测站的观测手段是在大断裂上深挖10多米的深井，每天早上定时将有刻度的二氧化碳试管和温度计用绳子放进10多米的深井内，经24小时后，于次日查看二氧化碳试管数值和地温数值，同时记录当天天气情况。地震宏观观测点是通过观测事物、动物异常情况，比如平时清澈的井水忽然变浊，水库的鱼跳出水面，往常乖巧的小狗却一直狂叫不止，冬眠的蛇顽强地爬出洞以及地声、地光等等众多现象，区别这些宏观异常现象是否与地震有关。各观测站按照观测规范进行观测和监测。有关信息数据坚持每7天一报，特殊时期和应急期一天一报，在重要节假日、重要时段实行24小时值班观测。有关信息数据由观测员向县地震局报送，再由县地震局向玉林地区（市）、自治区地震局报送。

抗震设防管理

2000年10月开始，容县对辖区内新建、扩建、改建的建设工程进行办理抗震设防要求行政许可审批手续。2000—2005年，共办理197件抗震设防要求行政许可审批业务。

地震监测

据监测，容县辖区发生的地震有：1990年2月27日发生有感地震，震级2.0，震中在松山乡。1990年3月8日发生有感地震，震级2.7，震中在石寨乡。1992年11月30日发生有感地震，震级4.0，震中位于石寨乡，县城有较强震感。2002年12月4日发生有感地震，震级2.9，震中在石头镇，由于震源较浅，石头圩有较强震感，曾引起人们恐慌。2004年10月8日发生有感地震，震级2.8，震中在十里乡。2005年5月9日发生有感地震，震级2.2，震中在松山镇。以上地震均没有造成房屋倒塌和人员伤亡。

第十八篇

卫　　生

容县组织医疗卫生人员在社区开展义诊活动

（2005 年 6 月摄，容县爱卫办　提供）

1990—1992 年，容县医疗卫生机构的设置有了大幅度的调整，相继成立了县骨伤科医院、县肿瘤医院、县都峤山（精神病）医院等专科医院。按照农村医疗卫生的需求，自治区卫生厅重新确认黎村、杨梅、罗江、自良、石头 5 所为中心卫生院。按乡（镇）行政区域增设容西卫生院、浪水乡长河卫生院。扩大疾病分类专科医院，成立县传染病医院。1995 年开始，全面推行卫生综合目标管理责任制。1996 年，县农村卫生协会被国家卫生部评为“全国先进卫生协会”。1997 年，县红十字会被中国红十字会总会评为“全国先进单位”。2002 年 5 月，自治区人民政府在容县召开全区公共卫生突发事件“三网”（容县公共卫生突发事件重大伤亡事故处理信息报告网、紧急救护网和重大伤亡事故处理责任网）建设现场会。2003 年在全县范围内推行乡（镇）卫生院院长聘任制，实行乡（镇）卫生院院长任期目标管理。同年，全县无“非典”（非典型性肺炎）病例报告。2004 年，容县卫生局获得国家卫生部、人事部、国家中医药管理局颁发“全国卫生系统先进集体”和广西“非典”防治先进集体、爱国卫生先进集体称号。全县区域内的急性传染病得到有效控制。2005 年，卫生系统共有医疗卫生单位 24 家，其中县直单位 10 家，乡（镇）卫生院 14 家，县直单位的县肿瘤医院、县中西医结合骨科医院继续履行辖区的卫生院职能。县乡（镇）村三级医疗卫生保健网络建设功能完善，正常运转。全系统的危房在 2002 年得到全部翻新和改建。逐步淘汰陈旧和落后的医疗设备，添置 CT、彩色 B 超等先进医疗设备。2005 年，全系统有工作人员 2246 人，其中在编职工 1611 人，在编人员中卫生技术人员 1577 人，正高职称 5 人，副高职称 35 人，中级职称 315 人。

1990—2005 年，容县达到基本消灭麻风病、疟疾标准。甲乙类传染病得到有效控制，全县无甲类传染病报告，传染病发病率从 1990 年的 632.65/10 万，下降到 2005 年的 300.53/10 万。连续保持 36 年没有脊髓灰质炎野毒株病例发生。推行“四苗”（卡介苗、百白破混合制剂、脊髓灰质炎疫苗、麻疹减毒活疫苗）防七病预防接种。传染病纳入预警预测监测体系。搞好爱国卫生及灭鼠灭蟑工作，2001 年，容县获得“自治区卫生县城”和“灭鼠达标先进城区”；全县有 2 个镇、13 个建制村、54 家企事业单位被评为自治区爱国卫生先进单位。2005 年，容县县城获得“自治区灭蟑达标先进城区”和“国家卫生县城”称号。

2002 年 5 月，全区防控突发公共卫生事件“三网”建设现场会在容县召开。图为与会代表参观石寨宵垌村卫生室

（容县卫生局　提供）

第一章　卫生行政管理

第一节　管理机构

容县卫生局

1952 年，容县人民政府设立卫生科。1972 年改为容县卫生局。1990 年，容县卫生局属科级行政单位。办公地点在县政府大院内。内设办公室、公费医疗办、业务股、财务股。核定行政编制 11 名，实有人数 10 人。

全县有医疗卫生单位18家，其中卫生院15家。县初级卫生保健委员会办公室、县农村卫生协会挂靠县卫生局办公。2001年，县爱国卫生运动委员会办公室合并至县卫生局。2005年，县卫生局内设政秘股、业务股（行政审批股）、爱国卫生运动委员会办公室。挂靠在县卫生局的事业单位和社团组织有县初级卫生保健委员会办公室、县红十字会、县农村卫生协会。核定行政编制10名，机关后勤服务1名，实有在编人员11人。1990—2005年历任局长：陈超石（—1990.10）、董俊仁（1990.11—2001.5）、何烈琪（2001.5— ）。

容县爱国卫生运动委员会办公室

1980年容县爱国卫生运动委员会成立，属科级行政单位，办公地址设在容县卫生防疫站内。1990年后搬迁到国中路36号。有编制5名，在职5人。2001年并入卫生局管理，对外仍挂容县爱国卫生运动委员会办公室牌子。编制2名，实有人数2人。2005年编制、人数不变。

第二节 医政管理

医疗机构管理

1990年，容县卫生局统一管理县内各类医疗机构。各乡（镇）卫生院由县卫生局和各乡（镇）政府双重领导，人事、财务和业务工作以县卫生局领导为主。1996年，全国实施医疗机构执业许可证制度后，县卫生局定期或不定期对各类医疗机构实行评审校验，监督执业情况，对校验中发现问题限期整改，对限期整改后再不合格的取消其执业资格。2000年，县卫生局在全县开展从事助产技术服务工作检查，严禁未取得执业许可的医疗机构和个人从事助产技术服务、出具相关医学证明和胎儿性别鉴定，违者给予处罚。同年，县卫生局先后制定下发《容县社会医疗机构管理办法》和《容县村级医疗机构规范化建设基本标准》。至2005年，全县国有医疗机构24家，门诊部11家，门诊部均为国有医疗机构设立，无私人门诊部。同年，严格对县内公立的各类医疗机构执业许可证查验，没有发现违规情况。全县共有社会医疗机构606家，其中学校卫生站5个，村卫生所和医疗点481家，口腔诊所40家，诊所56家，中医诊所22家，医务室和卫生所2家，无民营医院。对县内各类医疗机构执业许可证查验，没有发现违规情况。

医疗质量管理

1990年，容县医疗事故由县卫生局统一处理，通过容县医疗事故委员会对县内各医疗机构及个体医生在经营中出现的医疗事故进行技术鉴定，并根据鉴定结果追究相应责任机构和责任人的责任。2000年后，每年对辖区内的医疗服务质量进行检查，加强药事管理，特别是对抗生素的合理使用监管，按要求上报药品使用情况，规范药品管理。2002年9月，国家实施医疗事故处理条例，全县的医疗事故鉴定由玉林市医学会负责。2005年，县卫生局对国有医疗机构和社会医疗机构的医务人员分层次进行“医疗事故处理条例”学习和培训，共培训医疗机构管理人员和医务人员78人次。

医院分级管理

1994年，容县根据医院分级管理要求和上级部署，开展医院分级管理的前期工作，健全机构，制订规划措施，对县级及乡（镇）卫生院进行规范化、标准化管理，1995年6月在杨梅中心卫生院召开乡（镇）卫生院医院分级管理工作现场会。1997年，县人民医院通过自治区评审获得“二级甲等”医院，县妇幼保健院、黎村中心卫生院、杨梅中心卫生院、石头中心卫生院通过玉林市评审获得“一级甲等”医院。1998年，自良、罗江中心卫生院、容城镇、容厢、灵山、杨村、六王卫生院通过玉林市卫生局组织的“一级甲等”评审验收，成为广西通过等级医院评审最多的县。2001年，县中西医结合骨科医院通过自治区评审，获得“二级甲等”医院。

第三节 卫生经费

1990年，容县卫生事业经费主要由县财政局划拨，卫生事业经费包括医院经费、中医经费、防疫经费、妇幼保健经费、基层卫生院经费、中等卫生学校经费、科研经费、公费医疗经费等。各医疗卫生机构业务工作性质不同,收支情况也不一样,其中县卫生防疫站、县皮肤病防治院、县卫校、县妇幼保健院和各乡(镇)防保所属于财政全额拨款单位;县人民医院、县中医院及各乡(镇)卫生院实行定额拨款。同年,全县卫生事业经费373.40万元。卫生事业经费逐年增长。1991—1995年,全县卫生事业经费2590.80万元,其中公费医疗经费835.80万元。1994年,县妇幼保健院、皮肤病防治院由财政全额拨款改为财政定额拨款单位。1996—2000年,全县卫生事业经费3587万元,其中公费医疗经费(又称行政事业单位医疗经费)1319万元,中医事业费107万元,卫生事业费2151万元,药品监督管理事业费10万元。

2001—2005年,全县医疗卫生经费支出共4107万元。其中卫生事业费1752万元,中医事业费83万元,食品药品监督管理21万元,行政事业单位医疗经费2251万元。

2005年医疗卫生经费支出928万元,比1990年373.40万元增加554.60万元,增长248.52%。

第四节　执业管理

1990年起,容县加大对社会行医的管理力度,严格医疗服务的准入许可管理。对医疗技术人员执业标准、医疗机构的资质审批,从业人员的执业准入、医疗机构校验、执业医师、执业护士考试初审等严格把关,建立、健全和严格执行医疗执业管理的规章制度。对不符合条件行医的,视情节严重予以警告处理、责令停业整顿、限期整改、吊销执照、罚款立案查处等处罚。1990—1998年,每年进行1~2次常规医疗执业工作检查,对符合条件的医疗机构、单位及人员,经申请、审核合格后发给相应的证照,还要求其建立、健全和严格执行医疗执业管理的规章制度。对不符合条件者,不得开业行医。1999年,《中华人民共和国执业医师法》颁布实施后,对全县取得执业医师或执业助理医师资格的人员登记注册,进一步规范全县医疗市场。2005年,全县共审查批准121家社会医疗机构,并办理医疗机构执业许可证。取缔3家无证行医医疗所以及非法药店行医5人次。

1990年,对全县医生实行职称管理。对社会医疗机构的管理是分阶段按以下法律法规管理。1994年8月31日前,以卫生部《医师、中医师个体开业暂行管理办法》《广西壮族自治区行政村卫生所管理暂行办法》《广西壮族自治区个体开业医务人员和联合医疗机构管理暂行规定》管理。1994年9月1日—1999年4月30日,以国务院《医疗机构管理条例》管理。1999年,容县卫生局按照《中华人民共和国执业医师法》进行管理,进行培训和组织参加全国统一的执业医师资格或执业助理医师资格考试,成绩及格者,可取得执业医师资格或执业助理医师资格,并向县卫生局申请注册。没有经过医师注册取得执业证书者,不能从事医师执业活动。同年培训2期共268人,并组织参加考试。至2000年,全县共有执业医师385人,执业助理医师208人,执业护士309人。医师分为执业医师和执业助理医师两类,临床、中医、口腔、公共卫生4个类别。护士须取得"护士执业证书",并经注册后,方可从事护理工作。乡村医生取得乡村医生资格证书或执业助理医师资格证书,可从事村级医疗业务工作,医师、护士变更执业地点、执业类别、执业范围的,需到原注册部门办理变更手续。县级医疗卫生单位的执业助理医师在执业医师的指导下,在医疗、预防、保健机构中执业类别执业。在乡(镇)的医疗、预防保健机构中工作的执业助理医师,可以根据医疗诊治的情况和需要,独立从事一般的执业活动。至2005年,全县有注册执业医师566人,执业助理医师297人,乡村医生976人,执业护士584人。

第五节　血液管理

1990年,容县各医院临床用血,主要由献血者有偿供血,血液经临床检验和交叉配血合格后输给患者,同年全县临床用血25万毫升。1991年前临床输血管理由检验科的一个实验室负责管理日常工作与检测,实行自采自供,检验科实验室负责定血型与交叉配血,在临床科室采集献血员血液后输注。临床病人的用血全部是全血,无成分输血。1992—1996年玉林血站供血能力提高,容县人民医院的临床用血由自采自供

自给，逐步过渡到由玉林血站供应，此时期，成分输血率为15%左右，玉林血站提供品种有悬浮RBC、冰冻血浆、血小板、洗涤RBC、冷沉淀。1996年全县临床用血38万毫升。

1996年，容县人民医院成立血库，负责县人民医院以及全县其他医院的临床用血供应。并设定专人负责管理，杜绝自采自供，保证临床用血的安全。此时，全血、成分输血并全，但血液全部来自玉林中心血站。成分率40%。

1998年10月1日《中华人民共和国献血法》实施，国家实行无偿献血制度，全县广泛宣传献血的意义，普及献血的科学知识，开展预防和控制血液途径传播疾病的教育。医疗单位用血均为血站提供的血液，鼓励成分输血，随着临床输血技术的规范落实，输注全血的逐步减少，成分输血逐步提高，2000年，全县临床用血50万毫升。2001年成分输血率80%，2005年成分输血率达到100%，全县有21家医疗单位临床用血130万毫升。

第六节　药品和医疗器械管理

药品耗材采购管理

1990年，容县卫生局成立容县医药采购供应站，打破了由国营医药公司独家经营药品、医疗材料的格局；但因县卫生局医药采购供应站的人员少，资金有限，能采购供应品种数量较少，因此全县医疗机构绝大多数药品、医疗材料都是从国营医药公司采购。1993年，容县中药材贸易中心成立（隶属容县卫生局，广西桂南制药集团有限公司），从卫生系统中抽调人员、加上银行贷款，资金充足，业务扩大，品种齐全，价格合理，全县医疗药品及医疗耗材大部分都是从县中药材贸易中心采购，不足部分到其他国营医药公司采购。1997年12月，该中心自行停止运行。1998—2000年，县人民医院等县级医疗单位自行从国营医药公司采购药品及医疗耗材。1998—2005年，各乡（镇）卫生院及村卫生所，自行从国营医药公司采购药品及医疗耗材。2001—2005年，各医疗单位参与玉林市及县级药品医疗器械集中招标采购，对不足部分自行采购。逐步规范了药品、医疗器械的采购行为，相对降低了部分药品、医疗器械价格。

药品生产监督管理

1990年，全县仅有4家医疗机构生产大输液及少部分市场无供应的医院用制剂，除了县卫生局的日常监管外，每年由玉林市药检所对其所生产的制剂进行不定期抽验。1992年，成立容县桂南制药厂。1993年，容县桂南制药厂组建广西桂南制药集团有限公司。1994年，成立元首制药厂。2001年，新增鸿博药业有限公司、方特药业有限公司及大清药业有限公司，全县药品生产企业增到5家。县人民医院、县中医院、县中西医结合骨科医院、黎村中心卫生院、杨梅中心卫生院均继续保持有制剂室，属本单位使用。2004年，这些制药厂全面进行GMP（药品生产质量管理规范）改造，通过自治区药监局GMP认证。2005年，容县仕来义齿厂成立后，加强医疗器械生产监管，要求严格按照注册批准的内容生产、加工定制义齿。同年新增罗江三岸电站，专门生产医用氧气。

容县药检所（食品药品监督管理分局）实行每年4次的季度例行检查，内容包括生产销售过程中的各个环节，从原辅料供应商资质审计、购进、检验及使用情况，是否按照国家批准的处方和工艺组织生产，是否严格按照药品GMP组织生产和药品销售等进行全面检查，还抓好各个时段的专项检查。2005年，全面抓好乡村药品零售业GSP认证工作，督促乡村药店抓紧进行GSP整改，全年共出动487车（次），1220人（次），检查985家（次）涉药单位，立案查处药品案件16起、医疗器械案件8起，涉案金额8.53万元、罚没款20.32万元，取缔无证生产假药窝点1个。

药品经营管理

1990年，容县药品行业管理机构是容县医药管理局，监督管理机构为容县卫生局，局内设立药政股，由于工作人员关系，县卫生局则委托下属单位容县药检所每年对全县药品经营使用单位进行全面的药品监督检查和药品抽验。同年，全县药品经营单位主要有国有医疗机构药房、国有医药公司、村卫生所（室）、个体医生和企事业单位医务室、个体药店等，县卫生局对上述机构进行行业管理，不定期对各类药品经营机构进行质量检查，并举办相关培训班。1995 年，县卫生局对全县药品进行抽检 699 批次，合格率 96.40%，查出假劣药品 25 批次、13 个品种价值 1.10 万元，处以罚款 3.20 万元。1999 年 4 月，撤销药政股，改由业务股具体负责管理，履行药政管理职责，县药品检验所负责进行药品质量管理和质量检验。

2002 年，全县国有医疗机构的药房均达到医疗机构药房规范化建设标准。同年 5 月起，容县食品药品监督管理分局成立后，药品的监督管理由玉林市食品药品监督管理局容县分局进行管理。对全县原有的 152 家药品经营单位换发新的"药品经营许可证"，并对全县药品从业人员进行上岗培训，共培训人员 1402 人。当年对假醋酸泼尔松片等 7 起案件进行查处，涉案金额 2.35 万元，没收药品价值 1.10 万元，没收违法所得 1.56 万元，罚款 5.18 万元。2003 年出动 433 车次，1152 人次，检查药品经营企业 257 家、医疗机构 663 家，查处案件 23 起，行政处罚 50 起，处以罚款 12.73 万元，没收违法所得 3.46 万元。2005 年，组织符合条件的药品从业人员参加驻店药师资格考试，全县共有 284 人通过考试获得驻店药师资格。开展农村药品"两网"(药品监督网、药品供应网)建设，鼓励乡村开设药品零售网点，方便群众用药，聘请药品协管员、信息员，负责收集上报所在乡村药品经营使用及质量情况，监管网络覆盖全县所有行政村。全年检查涉药单位 1036 家(次)，当场行政处罚 133 起，立案查处药品案件 16 起，罚款 22 万元。

医疗器械管理

1990—2003 年，容县医疗器械经营与药品经营不分家，药品批发公司均经营医疗器械，零售药店也经营部分常用的医疗器械，容县食品药品监督管理局在监管药品的同时也进行医疗器械检查。2004 年 8 月《医疗器械经营企业许可证管理办法》实施以后，全县有 4 家企业领取"医疗器械经营企业许可证"，一、二、三类医疗器械都有经营，且零售药店仍可经营一类医疗器械。同年，对全县医疗器械经营企业进行 2 次全面监督检查，并开展专项整治，开展体外诊断试剂、口腔义齿和免费体验类医疗器械等专项检查，并对无证经营进行查处。2005 年，加强医疗器械生产监管，对容县仕来义齿厂生产原材料进行监控，按照注册批准的内容生产，不得使用未经注册的义齿材料加工定制义齿；同年查处医疗器械案件 8 起。

特殊药品管理

1990 年起，容县各公立卫生医疗机构根据《中华人民共和国药品管理法》《麻醉药品和精神药品管理条例》《医疗机构麻醉药品、第一类精神药品管理规定》《处方管理办法》等法律法规对各医疗机构进行管理，对使用特殊药品的各医疗机构配备工作责任心强、业务熟悉的药学专业技术人员负责特殊药品的采购、储存保管、调配使用及管理工作，人员相对稳定，对特殊药品实行专人、专柜、专账、专门立册保管。建立特殊药品采购、验收、储存、保管、发放、调配、使用、残损、销毁、丢失及被盗案件报告，实行值班巡查等制度，制定各岗位人员职责，日常工作由药剂科承担。2005 年，全县医疗单位加强麻醉药品、一类精神药品做到专人管理，对特殊药品的使用管理规范，监督考评到位，全县没有特殊药品丢失、被盗、滥用等事件发生。

医疗废物管理

1990 年，容县各公立医疗单位对医疗废物实行分类存放，设立焚烧炉对医疗废弃物进行焚烧处理，输液瓶由药品生产厂家回收处理。1998 年，县人民医院设立污水处理站和医疗固废焚烧站，处理污水 5.72 万吨、医疗固废焚烧 164 吨。2005 年，创建国家卫生县城后，县肿瘤医院负责收集容厢镇各卫生诊所医疗废物，县中西医结合骨科医院负责收集容城镇各卫生诊所医疗废物，并统一集中处理。

各乡(镇)卫生院建立有医疗废物管理制度及应急方案，落实专人负责医疗废物管理，有相应的培训考核内容，个别医院内能建立医疗废物暂存间和独立的医疗废物焚烧炉，村级诊所和医疗点大部分能将医疗废物统一交至乡(镇)卫生院处理，部分边远山区的诊所和医疗点所产生的医疗废物在确保不污染环境前提下自行销毁(焚烧)处置。

第二章 医疗队伍 医疗设施

第一节 医疗卫生机构

容县人民医院

1990年，容县人民医院地址设在容城镇城南街1号。行政隶属于容县卫生局管理。属正科级事业单位。开设有内科、外科等科室。经费来源为财政定额补贴。实有人数326人，其中高级职称7人(包括正高2人和副高5人)，中级职称89人；有病床261张，全年门诊量29.74万人次。1995年通过国家“爱婴医院”评估。1996年成立急救中心，是卫生部国际紧急救援中心网络医院。1997年5月，通过国家综合“二级甲等”医院验收，是广西县级第三家“二级甲等”医院，核定病床362张。1999年10月，被评为广西“十佳”医院。2000年，有执业医师108人，执业护士160人。2005年，一级学科临床科室有：内科、外科、儿科、妇产科、五官科、口腔科、皮肤科、传染科、中医科、急诊科；二级学科临床科室有：心血管呼吸内科、神经内科、消化内分泌科、普外科、泌尿外科、神经外科、骨科、产科、妇科等；医技科室有：功能科、放射科、病理科、检验科、药剂科、手术室、消毒供应室。核定编制342名，实有职工625人，其中副高级职称以上27人，中级职称164人；实际开放病床340张；全年门诊病人33.46万人次，急诊病人3.59万人次，收治住院病人8617人次，其中手术病人1865人次。医院占地面积2.70万平方米，建筑面积2.20万平方米。

容县人民医院医护人员抢救食物中毒病人

(2001年2月，余华炜 摄)

容县妇幼保健院

1990年，容县妇幼保健院地址设在容城镇新南街43号。行政隶属于容县卫生局管理。属正科级事业单位。经费来源为财政定额补贴。事业编制19名，实有人数40人。开设妇幼保健门诊。1992年，县妇幼保健院搬迁新址容城镇国中路65号，开设妇科、产科、儿科留医部和妇科、儿科、产前检查、婚前医学检查、更年期保健、乳房保健、优生优育咨询，0~3岁儿童保健门诊。1994年，获国家“爱婴医院”称号。1997年，定为自治区“一级甲等”妇幼保健院。2005年，核定编制60名，实有人数124人。内设妇科、产科、儿科、新生儿科、小儿外科、妇女保健科、儿童保健科、生殖健康科、信息科、宣教科、医学检验科、放射科、功能科、麻醉科、手术室、消毒供应室、门诊注射室、药剂科等临床保健业务科室及辅助科室。年内门诊病人5.98万人次，住院病人2654人次。

容县中医院

1979年11月成立，地址设在容城镇新南街22号。1990年，属正科级事业单位。行政隶属于容县卫生局管理。经费来源为财政定额补贴。编制105名，实有人数103人。内设门诊部、住院部(综合内科)、医技科、药剂科。同年门诊病人11.84万人次，住院病人435人次。2001年获国家“爱婴医院”称号。2005年，核定编制105名，实有人数144人。其中卫生技术人员120人，包括副高级职称2人，中级职称35人。内设急诊科、痛症科，内科、内儿科、外科、妇产科、中风康复科等临床科室和2个专科科室。另设有检验、放射等医技科室。实际开放病床72张。门诊病人11.01万人次，住院病人2035人次。医院占地面积7486平方米，建筑面积1.94万平方米。

图为容县中医院大门

（2005年12月摄，容县中医院　提供）

容县卫生防疫站

成立于1956年，属县直卫生事业单位。办公地址设在容城镇西上街123号。1990年，行政隶属于容县卫生局管理。在编人员50名，实有人数52人。内设食品科、流行病科、计划免疫科、公共卫生科、寄生虫科、检验科、宣教科。1997年通过计量认证，开展各种检验196项。1998年，以广西总分第一名成绩通过自治区“县级一等”卫生防疫站评审。职工人数126人。2005年，容县卫生防疫站撤销，分设容县疾病预防控制中心和容县卫生监督所。

容县疾病预防控制中心

2005年5月成立。属县卫生局管理的事业单位。办公地址设在容城镇西上街97号。核定编制45名，实有人数96人。原防疫站债权债务由县疾病防控中心承担，人员由原卫生防疫站分流。设立有传染病防治科、免疫预防科、性病、结核病防治科、健康教育慢性病防治科、环境职业医学科、质量管理科、微生物检验科、理化检验科、体检科。同年门诊病人1.60万人次。

容县卫生监督所

2005年5月成立，是县卫生局管理的事业单位。办公地点是借用县疾病预防控制中心办公室。在原卫生防疫站食品卫生科、环境公卫科和学校卫生科的基础上组建而成。原先与县卫生防疫站实行两块牌子一套班子体制开展工作。内设信息稽查科、综合卫生监督科、公共卫生监督科、总务后勤科、办公室等科室。编制25名，实有人数25人。

容县皮肤病防治院

成立于1968年，原址设在黎村镇六表冲，主要收治麻风病人。占地面积38.07万平方米，建筑面积1188平方米。该院于1982年迁移到县城新北街，开设门诊治疗各种皮肤病，同时按规定进行定向性的麻风病线索调查工作和对现症病人的治疗管理。1990年，核定事业编制12名，实有人数14人。1993年定为相当区（科）级事业单位。行政隶属于容县卫生局管理。经费来源为财政定额补贴。2005年，内设门诊部、检验科、财务科、院办公室等科室。有编制12名，实有人数21人，其中专业卫技人员17人，包括副高职称1人，中级职称3人。1990—2005年共线查2.17万人次，发现麻风病人13人，管理治疗13人次，治愈12人。同年门诊病人1.57万人次。

容县中西医结合骨科医院

原为容城镇卫生院，1988年10月建制为容县骨伤科医院，地址位于容城镇金珠街27号，属不定级别的事业单位。1990年，内设院办公室、住院部、门诊部、医技科、药剂科、骨科、财务科、总务科。1997年更名为容县中西医结合骨科医院（简称县骨科医院）。2001年6月通过国家综合“二级甲等”中西医结合医院评审验收，同年县卫生局授权托管十里乡卫生院。核定编制92名，实有人数154人，其中卫生技术人员115人，包括副高级职称4人，中级职称38人。实际开放病床168张。设有内科、外科、妇产科、口腔五官科、急诊医疗科、康复理疗科、骨科等临床科室及药剂、检验、放射、B超、CT等医技科室。2005年，内设机构、编制与2001年相同，实有人数170人。门（急）诊病人8.81万人次，住院病人5027人次。院占地面积3452平方米，建筑面积1.18万平方米。

容县肿瘤医院

原为容厢卫生院，地址位于容城镇城北路22号，1992年8月建制为容县肿瘤医院，属不定级别的事业单位，实有人数49人。有业务用房2100平方米，设病床20张。内设公共卫生部、住院部、门诊部及防保所。2003年，县卫生局授权托管容西乡卫生院。医院占地面积4065平方米，建筑面积6759平方米，实有人数112人，其中卫生技术人员95人，包括副高职称1人，中级职称31人，核定病床50张，实际开放病床90张。设有内儿科、外科、妇产科、中医科等临床科室及药剂、检验、放射、B超室等医技科室共14个科室。2005年，开设外科，内儿科，妇产科，化疗科，放射科等科室；核准编制37名，实有人数123人，其中有高级职称1人，中级职称32人，年门诊7.10万人次，住院1862人次，业务用房面积3309平方米。实际开放病床60张。门（急）诊病人7.13万人次，住院病人1862人次。

容县都峤山（精神病）医院

原为石寨卫生院，1988年3月改建成立容县都峤山（精神病）医院，同时保留石寨卫生院名称，即两块牌子一套人马。地址设在县城南郊9千米的容信公路旁。属不定级别的事业单位。1990年设内科，妇产科等科室。编制41名，实有人数36人。1991年内设精神病科、内科、妇产科等临床科室及药剂、检验、放射、B超等医技科室。2005年，增设公共卫生部、门诊部。占地面积5693平方米，建筑面积4596平方米，其中精神病专科用房2264平方米。编制人数17名，实有人数35人，其中卫技人员28人，包括副高级职称1人，中级职称6人。核定专科病床90张，实际开放病床120张，其他病床10张。门诊病人2.64万人次，其中精神病人6114人次；住院病人786人次，其中精神病人631人次。

容县传染病医院

1993年5月成立，原名容县康复医院，地址位于容城镇城南大道53号。属县卫生局下属事业单位，编制30名，实有人数21人。同时保留容县康复医院名称，即两块牌子一套人马。设内科、妇产科、儿科、外科、医学影像科及医学检验科科目，并设有乙肝专科、结石病专科。是容县首家医学美容和手法治疗专科门诊。同年门诊病人1.15万人次，其中乙肝病人85人，结石病人134人次，美容673人次，手法治疗973人次。1998年3月经县卫生局批准开设“核医学碘131放射治疗甲亢专科门诊”，同年9月获自治区卫生厅核发《放射性同位素工作许可证》，是容县唯一一家开展此项业务的专科医院。2005年，核定编制29名，实有人数34人。其中卫技人员27人，包括中级职称5人。开设内科、外科、妇产科、检验科、医学影像科等科室，年门诊病人3877人次。1998—2005年使用放射性同位素碘131治疗甲亢3625人次。

乡（镇）卫生院

1990年，全县共有14个乡（镇）卫生院，全部是事业编制单位。不定级别。除长河卫生院位于浪水乡长河村外，其他卫生院均位于乡（镇）政府所在地。黎村、杨梅、自良、罗江、松山、石头为中心卫生院。1990年全县乡（镇）卫生院有卫生技术人员350人。病床270张；年门诊病人33.24万人次，住院病人0.87万人次。1988年，容县都峤山（精神病）医院挂牌（原为石寨卫生院）；1992年，成立容西卫生院，容厢卫生院更名为县肿瘤医院；1995年浪水卫生院成立，1997年，县骨伤科医院更名为容县中西医结合骨科医院（简称骨科医院），均为一个单位挂两块牌子。同年黎村、杨梅、石头卫生院通过“一级甲等医院”评审。1999年，六王、灵山通过“一级甲等医院”评审；2000年，自良、县底、松山被评为“一级甲等医院”。2001年在全县开展规范乡（镇）卫生保健所建设，全县16家乡（镇）卫生保健所有15家达到规范化建设标准，自治区卫生厅向全自治区推广容县卫生保健所规范化建设工作经验。2005年，全县有乡（镇）卫生院16个，占地面积7.35万平方米，业务用房建筑面积4.38万平方米；有卫生技术人员917人。同年门（急）诊病人64.56万人次，住院病人1.94万人次。

村（个体）卫生诊所

1990年，容县有村级卫生所（室）335所，由县卫生局发放个体行医执照开展诊疗服务活动，共有村医786人，其中女村医136人。1999年，全县乡（镇）村医生95%取得中专学历，并且达到年轻化。2001年，全县610个村卫生所、诊所，除113个中医诊所外，全部达到甲级卫生所标准。至2005年底，全县乡（镇）村医生经统一考试取得助理执业医师资格证书174人，共有村卫生室（含医疗点）、诊所606所，每个建制村均设有卫生室，乡（镇）村医生1092人。个体医疗诊所121所，医生185人。个体诊所医生主要从事牙科、中医、内儿科等业务。

第二节 医疗卫生队伍

人员结构

1990年，容县卫生系统共有医技人员905人，其中副高职称以上15人，中级职称75人。此后，通过学历培养和继续教育、学科带头人培养、住院医师导师制培养、人才引进等措施，提高医技队伍整体素质。2005年，全县卫生系统共有工作人员2246人，在编人员中，医技人员1577人，其中正高级职称5人，副高职称35人，中级职称315人。其中县人民医院正高职称5人，副高职称22人，中级职称164人，其他卫生技术人员434人；县中医院有副高职称2人，中级职称35人，其他卫生技术人员107人；乡（镇）卫生院有卫生技术人员917人；其中副高职称4人，中级职称56人。

业务培训

1990—1998年，容县的医疗卫生业务培训工作，以各医疗卫生单位自行组织医疗、护理等卫生基础业务培训为主，并根据需要派送各类医务人员到县级以上各级医院进行进修培训学习。1995年11月，全国乡村医生教育工作会议在容县召开，卫生部副部长张文康出席会议并到容县卫校视察后题词“培养乡村医生，输送合格人才”。1999—2005年，县卫生局每年均组织开展业务培训，按照医师、护士、医技人员、药剂等分专业进行培训，每年举办4~7期培训班不等，参加培训人员200~290人，每年聘请上级专家3~5人上课。县内各医疗卫生单位基本形成定期业务学习制度，每年业务学习4~6次，科内业务学习每周1次。

1990—2005年，容县卫生成人中等专业学校面向本县及周边县（市）招收三年制中专学历教育的医士、护士、妇幼医士、药剂士等专业学生，共培训医士3769人，护士1207人，妇幼医士577人，药剂士432人。

医学科研

1990—2005年，容县公办医疗单位在自治区内外卫生专业刊物上发表论文884篇，其中评为优秀论文35篇。1999年，《容县降低孕产妇及婴儿死亡率的方法和措施》项目获得玉林市科技成果二等奖。1997—2005年，《广西玉林地区实现以乡为单位儿童免疫接种率达85%目标方法和措施研究》《影响特重型颅脑损伤病人预后因素的研究》等17项医学科研成果获玉林市科技进步三等奖。2002—2005年，实施的《脊髓灰质炎（小儿麻痹）控制和消灭现场的研究》《超早期锁孔显微镜手术治疗高血压脑出血》项目获得玉林市科技成果二等奖。有9人（次）被玉林市和容县授予专业技术拔尖人才。

2005年，儿科学术科研获得突破发展，论文《急性肠套叠空气灌肠复位简易装置的应用体会》在《华夏医学》杂志2005年第1期上发表，《小儿肺炎支原体感染78例临床分析》在《广西中医学报》杂志2005年第4期上发表，《晚发性维生素K缺乏症所致颅内出血的临床分析》在《广西医学》杂志上发表，《小儿脑性瘫痪20例临床分析》在《华夏医学》杂志上发表。

第三节 医疗卫生设施

医疗用房

1990年，容县医疗业务用房6.35万平方米，至2002年业务用房全部翻新和改建，在全自治区率先完成乡（镇）各卫生院的业务用房危房改造工作。2002—2004年，实施基层公共基础设施卫生建设项目，共投入661万元加强乡（镇）卫生院防保所的基础设施建设，各乡（镇）卫生院全部完成防保所危房拆除和返建重建工作。

1990—2005 年，全县卫生系统、改建医疗用房 11.92 万平方米，全县医疗业务用房从 1990 年 6.35 万平方米增至 2005 年 13.92 万平方米。

县级单位医疗设备

20 世纪 90 年代，县级医疗单位普遍配备有黑白 B 超机、心电图机、X 光拍片机、XT-21 三分类血细胞分析仪、XT-1800i 五分类血细胞分析仪、AU-400 全自动生化分析仪、罗氏尿液干式化学分析仪、SA-5600 血液流变分析仪、238 血气分析仪、201 电化学免疫发光分析仪胎心监护仪、低负压吸引器、电动离心机等。全县有住院病床 916 张；救护车 6 辆。2000 年后，县级公立医院引进了 CT 机、诊断仪、麻醉机、生化仪、分析仪、胎儿监护仪、动态心电图仪、阴道镜、颅脑多普勒、胎心监护仪、腹腔镜、DR、C 臂等。至 2005 年底，全县已拥有日产螺旋滑环式 CT 机、电子肠镜、胃镜、纤维喉镜、全自动生化仪、彩色 B 超、心超、心电多导联同步自动仪、全自动呼吸机等一批较为先进的医疗仪器设备。全县卫生系统购置万元以上的医疗仪器 500 件（套）。其中县人民医院有日立螺旋滑环式 CT 机，800MA 法国西门子 X 线诊断仪，美国产多功能麻醉机，日本产全自动生化仪、美国产 B 超、血液分析仪、24 小时动态心电图仪、颅脑多普勒、美国产腹腔镜、红外线电脑乳房诊断仪、体外反搏器、电子胃肠镜、肺功能测定仪、血透机、CT 数字影像系统等大型仪器、设备；救护车 5 辆，全院医疗器械价值总额 3802 万元。县中医院配备有日本产电子胃镜、数字化 X 光机（CR）、彩色劲颅多普勒诊断仪、多参数监护仪、全自动生化分析仪、血液生化平衡治疗仪、血液流变等医疗仪器设备，价值总额 700 万元。县妇幼保健院购置有日本本田 B 超、美国全自动生化分析仪、红外线乳腺诊断仪、全自动血球仪、微量元素分析低度多功能治疗仪、胎儿监护仪、阴道镜、心电图机、呼吸机、早产儿培养箱、蓝光箱等医疗保健设备。2005 年，全县有住院病床 1135 张；救护车 50 辆。

乡（镇）卫生院医疗设备

1990 年，全县各乡（镇）卫生院医疗设备还比较落后，常用的医疗设备为 X 光机、心电图机、黑白 B 超。杨梅中心卫生院配备救护车 1 辆。2000—2005 年，乡（镇）卫生院加大医疗设备的投入，对医疗设备进行更新换代，购置了 DR、彩色 B 超、自动生化分析仪、全自动血液细胞分析仪、微量元素分析仪、监护仪、新生儿听力筛查仪、吸痰机、洗胃机、人流负压吸引机、婴儿培养箱、胎儿监护仪、多普勒胎心监护仪，建立 B 超工作站。

第三章　医　疗

第一节　中　医

1990 年，容县县级医院和各中心卫生院均开设有中医科，主要是用传统手段医治患者。1991 年以后，原来的师承中医学徒，通过学历教育和进修学习，中医理论基础和临床诊断经验不断提高。县中医院在临床诊疗上以现代医学诊疗技术和中医药辨证治疗相结合优势互补，对心脑血管疾病、糖尿病、各种肾脏疾病和消化系统疾病的中医特色治疗有较显著的疗效；县中医院中医内科，应用中药煎剂结合饮食疗法治疗糖尿病效果良好，结合治疗中风心机梗死、休克等也取得比较理想的效果。1990 年 11 月，县中医院医师出席在天津召开的全国首届中西医结合防治糖尿病学术会议，在会上交流并在会刊上登载了总结论文：《中药“降糖基本方”结合饮食疗治糖尿病 23 例》。痛症针灸推拿科突出中医特色，运用推拿、按摩、牵引针灸、穴位注射、拔火罐、刮痧和中药热敷等治疗肩周炎、颈椎病、急慢性腰肌劳损、中风偏瘫后遗症、腰腿痛等痛症、软组织损伤，具有独特疗效。以中医中药为主中西医结合是中医院治疗肛肠疾病的特色专科。卒中后遗症康复治疗是该院运用中医中药治疗独到的治疗特色，在县内率先开展中风康复治疗的重点专科，运用脑梗死治疗新技术——准介入治疗"三高"（血脂、血黏、血压）新技术——特微疗法和脑出血治疗新技术——微创术。中医痔疮科以中医中药为主治疗肛肠疾病的特色专科。

至2005年，县城各医院和部分乡（镇）卫生院设有中医科；县人民医院、县中医院和杨梅中心卫生院的药剂科生产有瓶装中草药制剂，县中西医结合骨科医院自制有骨科贴药膏。

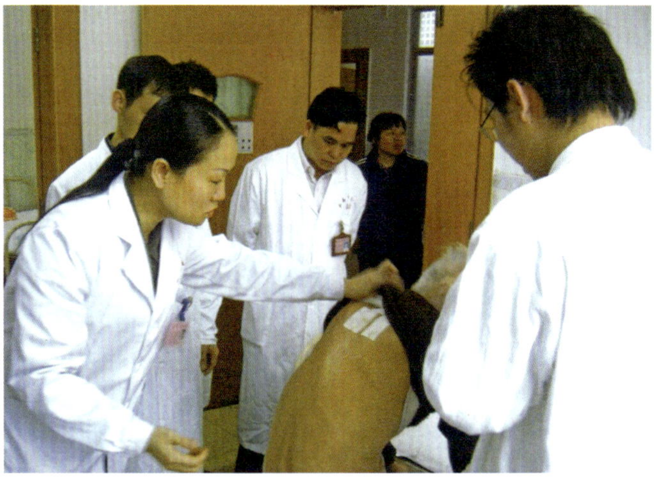

容县中医院开展中医中药穴位敷贴
（2005年8月摄，容县中医院　提供）

第二节　西　医

1990年，容县16个乡（镇）卫生院有治疗心脑血管、呼吸消化系统、泌尿系统等常见病多发病的能力，对清创缝合、顺产分娩接生、人工流产等能在当地医院解决。黎村、杨梅、松山、县底等中心卫生院可以开展骨折复位、阑尾炎、剖宫产外科手术。村级诊所禁止开展临床输液治疗。对于急危重患者，乡（镇）中心卫生院具有一定的救治能力，无法救治的则转送至县级医院做进一步的治疗。县中西医结合骨科医院以骨科为龙头，治疗各类骨折、骨病、脊椎畸形矫治、人工关节置换以及颈肩腰腿痛疾病。能开展"肱骨带锁髓内针内固定术""销骨运端骨折切开复位销肖钩钢板内固定术""腰椎爆裂骨折切开减压复位RSSCD系统内固定术""肾盂、输尿管切开取术""腰椎间盘突出症手术治疗"等13项技术。2003—2005年，县人民医院以西医为主要手段的手术治疗有138项，手术治疗项目包括：胃大部分切除术、甲状腺部分切除术、胃癌、食道癌根治术、肺叶切除术、脑肿瘤切除术、子宫全切术、肾输尿管切开取石术、膀胱癌根治术、巨结肠根治术、脊柱骨折切开复位固定术、骨盆骨折切开复位固定术、白内障摘除人工晶体植入术等。与此同时，县人民医院、县骨科医院均聘请上级三级甲等医院专家开设专家门诊，开展高难度手术，提高整体医疗水平，推动全县医疗技术的发展。

外科

1990年，容县各医院均设有外科，县级医院能诊断和处理外科常见病和多发病，能开展胃大部分切除术，结肠癌、直肠癌、乳腺癌根治术、甲状腺大部分切除术、外伤性脾破裂修补术等普通外科手术，开胸肺叶切除手术、纵隔肿瘤切除术，尿道狭窄疤痕切除吻合术、肾结石、膀胱结石取出术等泌尿外科手术。1992年，县人民医院开展胰头癌根治术、肝癌根治切除术、肝硬化并胃底静脉曲张破裂出血食道胃底静脉断流术。1993年，开展膀胱癌根治、膀胱全切除术、结肠代膀胱术。1994年，县人民医院神经外科成立，开展人工晶体植入术；开展低位肠癌保留肛门根治术。1995年，开展食管癌根治术，脑肿瘤切除术。2001年6月开展双全髋关节置换术。2002年，开展经尿道前列腺气化电切术、膀胱肿瘤电切术、经尿道输尿管镜气压弹道碎石术、膀胱大力钳碎石术；开展使用椎弓根螺钉系统治疗腰椎滑脱症。2004年，开展腹腔镜微创手术。2005年，腹腔镜微伤手术广泛应用于临床治疗。

内科

1990年起，容县各医院均设有内科，县级医院能诊断与治疗内科常见病，开展冠心病、高血压病、糖尿病、脑梗死等内科疾病诊治。同年，县人民医院开展急性心肌梗死院前急救技术。1993年，县人民医院心脏病诊断的心脏彩超投入使用。1995年，开展脑脊液置换术治疗脑出血、蛛网膜下腔出血。1996年，开展"血管内弱激光照射疗法""光量子照射充氧自体血回输疗法"治疗缺血性脑血管病，高黏滞血症，高脂血症，病毒性脑炎等。1999年，开展尿激酶静脉溶栓治疗超急性期脑梗死。2000年，开展"血稀疗法"治疗高脂血症。开展血液透析治疗肾功能衰竭。2001年，引进无创呼吸机应用于肺性脑病治疗，抢救呼吸衰竭病人。2003年，开展微量血糖监测临床应用技术，胰岛素泵在糖尿病病人中的应用，开展纤维支气管镜检查及镜下治疗。2004 年，开展"神经肌电促通治疗仪"对脑梗死偏瘫的康复治疗及电子胃镜镜下介入治疗。2005 年，开展高压氧治疗各种中毒（如一氧化碳中毒等）、脑血栓形成、脑栓塞、脑萎缩、脑供血不全、脑挫伤、脑外伤后综合症、骨髓炎、截瘫、周围神经损伤等疾病治疗。

五官科

1990 年，容县县级各医院的五官科能治疗相关常见病、多发病。1991 年，县人民医院五官科开展白内障囊内摘除术，翼状胬肉切除术，扁桃体摘除术。1996 年，开展白内障摘除 + 人工晶状体植入术，斜视矫正术，上睑下垂矫正术，青光眼手术，鼻腔泪囊吻合术。2005 年，引进纤维鼻咽喉镜、纤维鼻窦镜检查及治疗新项目。

口腔科

1990 年，容县人民医院、县中医院、县骨伤科医院均设有牙科，开展常见牙病诊疗业务。1993 年，县卫生防疫站成立牙病防治中心，为广西医科大学口腔医院技术协作支持单位，开展窝沟封闭、牙龈炎、牙周病等口腔常见病防治业务。1996 年，县人民医院口腔科开展义齿修复、固定义齿修复。1998 年，县人民医院开展离体牙再植术，根管治疗术。2005 年开展口腔正畸术。

妇产科

1990年，容县县级各医院能治疗妇产科常见病。县人民医院妇产科开展子宫全切术。1991 年，开展激光、光谱治疗慢性宫颈炎，输卵管通液术。1994 年，开展冷强光透视检查乳腺疾病。1998 年开展新式剖宫产术。1999 年，开展阴式全宫切除术，阴式子宫肌瘤剔除术，开展无痛分娩术、无痛人流术。2000 年开展广泛子宫切除术，使用盆腔炎治疗仪治疗慢性盆腔炎。2001 年，实施电子阴道镜项目。2003 年，开展 LEEP 刀治疗慢性宫颈炎。2005 年，开展妇科腹腔镜微创手术治疗。

儿科

1990 年，容县县级各医院一般能诊断和治疗儿科常见病、多发病。县人民医院儿科开展新生儿培养箱、蓝光疗法治疗早产儿、新生儿黄疸，开展小儿支气管肺炎、脑炎、肠炎等儿科常见病的诊治，开展儿科急重症抢救。1998 年，开展空气灌肠复位治疗肠套叠。2001 年，设立新生儿病室（无陪护病房），开展微量胆红素测定仪、微量血糖仪、多参数监护仪监护、高压氧舱治疗新生儿及小儿脑损伤性疾病，如缺氧性脑病、脑炎、脑积水等；引进微量输液泵、微量推注泵应用。2003—2005 年，开展静脉留置针的使用。

第三节　医疗急救　护理

急救

1980 年，容县人民医院设立急诊科，有救护车 2 辆。1990 年，全县各医疗机构有救护车 6 辆，医疗急救由各个医院根据病人呼叫出诊。1996 年，成立急救中心，设急救电话 120，是卫生部国际紧急救援中心网络，急救中心有专门医生、护士负责出诊，同年，急救中心有救护车 2 辆。2001 年 4 月，县中医院设立急诊科。2002 年 5 月自治区人民政府在容县召开全区公共卫生突发事件"三网"（容县公共卫生突发事件重大伤亡事故处理信息报告网、紧急救护网和重大伤亡事故处理责任网）建设现场会，自治区副主席吴恒重点推介容县"三网"建设

2002 年 5 月，自治区公共卫生突发事件"三网"建设现场会在容县召开　　（容县卫生局　提供）

经验。至2005年，全县医疗机构设立急诊室的有17家，成立急救队伍21支，人员95人。县人民医院、县中医院、县骨科医院、县肿瘤医院开设的急诊科与各乡（镇）卫生院的救护车辆和救护设备一起，起到快速接诊、快速救护、快速转院的“三快”作用，有效地保障急危病人的抢救效果。形成覆盖县、乡（镇）、村的医疗卫生急救网络。2005年，全县23家国有医疗机构除十里乡卫生院、浪水乡卫生院、县底镇荣塘卫生院、容西乡卫生院、浪水乡长河卫生院、县都峤山医院未设立急救手术室外，17家机构均设立有手术室。

护理

1990年，容县县城、乡（镇）两级医院设立有护理部，科室设立护士长，实行护理部、科室二级管理，建立有相关工作制度，质量检查和评分标准；各临床科室实行责任制护理，对病人的入院接待、功能护理、病情观察负责，要求从入院到出院写护理病历，以对病人护理负责。县卫生主管部门将护理工作纳入每年县、乡（镇）两级医院单位考核，半年抽查一次，年终总评。1991—1993年，护士培训提高是依靠在岗技能培训或卫生主管部门组织培训。开展输血、输液等26个项目的岗位训练和鼻导管吸氧等12项护理技术操作考试。1994—2005年，护士培训提高转入到学历培训，主要途径为通过高等教育自学考试提高自己的学历；容县卫生成人中等专业学校开设三年制中专学历教育护士专业，至2005年，县卫生成人中等专业学校培训护士1207人。

第四章　妇幼保健

1990年，容县开展定期妇科病普查，发现疾病及时建档，及时确诊，及时治疗。婴幼儿计划免疫坚持“双卡制”，对0~6岁儿童病防治实行系统管理和对幼托所的卫生保健指导，有效地防治婴幼儿疾病的发生。1994年3月开始按全球创建“爱婴医院”标准创建县内爱婴医院。2000年全县首批获得“母婴保健员”资格213人。2001年，全县有16家医院（卫生院）通过自治区爱婴医院评审，占84.21%。容县成为广西爱婴医院最多的县份，被评为自治区创建爱婴医院先进县。在坚持优生优育计划生育方面，县卫生系统在全县开展婚前医学检查工作。1998—2003年，婚前检查共4.76万人，发现患病人2995人，不宜结婚0人，暂缓结婚269人，不宜生育9人。2004年，容县被列为广西“降低孕产妇死亡率和消除新生儿破伤风”项目县。2005年，全县儿童系统保健管理率为59.16%。同年6月，容县疾病预防控制中心通过自治区技术监督局、自治区卫生厅“计量认证”审查验收，200个检测项目获“认证证书”，能向社会提供科学、准确、公平、公正公共卫生检测数据。

第一节　妇女保健

围产期保健

1990年起，容县加强孕产妇保健工作，主要抓孕产妇的孕12周建卡，产前检查要求达至5次以上，新法接生、住院分娩、产后访视要求3次，减少因分娩引起的疾病和孕产妇死亡和婴儿死亡。全县孕产妇死亡率从1990年的106.61/10万下降到2005年的7.85/10万，婴儿死亡率从1990年的26.16/10万下降到2005年的20.83/10万。住院分娩率从1990年的21.11%上升至2005年的99.40%。

妇女病普查

1985年，容县开始妇科病普查及防治工作，全县每隔3~5年组织开展妇科疾病筛查。1990年起，执行规范性普查制度，对妇女常见病做到早发现、早诊断、早治疗。同年，全县共普查9295人，查出患病人数2901人，患病率31.21%。1995年加强宣传妇女病普查的意义，增强自我保护意识，同年共普查妇女1.12万人，查出患病人数2217人，患病率19.75%。1998年，根据《中华人民共和国母婴保健法》规定，婚前健康体检由县妇幼保健院承担。1998—2003 年,接受婚前检查 4.76 万人,查出患病者 2295 人,患病率 4.82%。2005 年,共普查妇女 1.58 万人,普查率 11.39%,查出患病人数 2079 人,患病率 13.19%。1990—2005 年,开展妇女病普查,普查范围是已婚育龄妇女,对象是各单位女干部职工,共计普查人数 20.97 万人,发现患病人数 3.89 万人。

表 18-1　　1990—2005 年容县妇女病普查情况表

单位:人

年份	普查人数	普查率 %	患病人数	患病率 %
1990	9295	10.75	2901	31.21
1991	9817	11.07	2680	27.30
1992	11946	12.15	2850	23.86
1993	10949	10.94	3756	34.30
1994	10833	10.84	2327	23.33
1995	11226	11.23	2217	19.75
1996	13258	12.81	2289	17.27
1997	13143	11.19	2212	16.83
1998	14635	11.65	2277	15.56
1999	15702	12.90	2479	15.79
2000	15736	12.70	2364	15.02
2001	14259	11.27	2054	14.40
2002	14182	10.91	2161	15.54
2003	14199	10.73	2426	17.09
2004	14728	11.28	1810	12.29
2005	15767	11.39	2079	13.19

第二节　儿童保健

儿童疾病防治

1990 年,容县进一步加强对 0~6 岁儿童系统管理,及时发现儿童的常见病、多发病,调查分析发病因素,掌握发病规律,制订防治措施,降低发病率。对发现的疾病,予以积极治疗,提高治愈率。同年,全县儿童 7.14 万人,系统管理率 1.03%,佝偻病发生率为 0.49%,中度营养不良发生率 56.01%。1995 年,全县儿童 6.90 万人,系统管理率 7.77%,佝偻病患病率为 0.02%,中度营养不良率下降至 3.06%。2000 年,全县儿童 6.04 万人,系统管理率 13.93%,佝偻病患病率为 0.07%,中度营养不良下降至 2.91%。2005 年,全县儿童 6.95 万人,系统管理率占 71.12%,佝偻病患病率为 0.02%,中度营养不良发生率 3.17%。

对儿童疾病防治,重点抓 0~2 岁儿童营养不良、贫血及佝偻病这“三病”的检查和治疗,做到早发现、早诊断、早治疗,加强对预防接种的宣传教育。其次是 1994 年 3 月开始在全县开展创建“爱婴医院”标准创建县内爱婴医院。至 2001 年,通过自治区爱婴医院评审通过的医院(卫生院)占全县医院总数的 84.21%。

表 18-2 1990—2005 年容县 0~6 岁儿童健康情况表

单位：人

年份	儿童数	系统管理率(%)	佝偻病患病率 %	中度营养不良率 %	贫血率 %
1990	71374	1.03	0.49	56.01	4.32
1991	67997	1.95	0.31	60.50	1.34
1992	87218	7.90	0.23	66.22	3.13
1993	84083	3.13	0.10	20.78	8.27
1994	73533	2.38	0.10	7.50	3.49
1995	69041	7.77	0.02	3.06	5.20
1996	61451	10.54	0.02	2.70	0.19
1997	57216	10.78	0.11	3.56	0.13
1998	55733	14.35	0.04	4.11	0.07
1999	57564	15.33	0.04	2.25	0.03
2000	60442	13.93	0.07	2.91	0.91
2001	61525	14.55	0.02	1.98	1.19
2002	64310	59.30	0.02	2.78	0.44
2003	66272	59.50	0.02	3.79	9.27
2004	67625	66.58	0.05	3.55	5.95
2005	69537	71.12	0.02	3.17	1.90

儿童保健检查

1990 年，容县各乡（镇）防保所配备专职妇幼保健人员 15 人，对 0~6 岁儿童定期进行体格检查。1 岁以内每年检查 4 次，1~3 岁每半年检查 1 次，4~6 岁每年“六一”儿童节前后检查 1 次。1990 年，婴儿死亡率为 26.16‰，新生儿死亡率 31.83‰，儿童缺铁性贫血的发生率 4.32%。2005 年，婴儿死亡率下降到 7.85‰，新生儿死亡率下降到 5.69‰，儿童缺铁性贫血的发生率下降到 1.90%。1990—2005 年，做到对儿童的健康早检查、早干预，儿童的体格发育水平逐年提高，体重小于平均值减 2 个标准差发生率。儿童“三病”中的佝偻病和营养不良的发生率控制在较低水平。

第五章 卫生防疫

1990 年，容县重大传染病得到有效控制，先后达到基本消灭麻风病、疟疾病标准。甲乙类传染病得到有效控制，全县无甲类传染病报告，传染病发病报告较多的为肝炎、结核病、麻风病、梅毒、钩体病，发病率从 1990 年的 632.65/10 万，下降到 2005 年的 300.53/10 万。推行“四苗”防“七病”预防接种，1994 年达到第三个 85% 目标。同时先后建立 AFP、麻疹新生儿破伤风、霍乱、疟疾、艾滋病、SARS 等专病监测体系。传染病纳入预警预测监测体系。对城区开展“脏、乱、差”治理行动，搞好灭鼠灭蟑工作。2005 年，通过自治区“灭鼠达标”复审、“灭蟑达标”考核和“国家卫生县城”专家组评审。容县县城获得“自治区灭蟑达标先进城区”和全国爱国卫生运动委员会授予“国家卫生县城”。

第一节 预防接种

计划免疫

1985 年，容县全面开展预防接种计划免疫，实行一人一卡和接种证的“双卡制”。按免疫程序进行卡介苗、百白破、脊髓灰质炎、麻疹活疫菌接种，以预防结核病、百日咳、白喉、破伤风、脊髓灰质炎、麻疹等七病，俗称“四苗”防七病。1990 年，县卫生防疫站成立计划免疫科，由防疫、妇幼两部门组成计划免疫工作组，同时组成预防接种事故处理小组。县城免疫接种主要由县卫生防疫站负责；乡（镇）及农村免疫接种工作由乡（镇）卫生院及乡村医生负责。1993 年乙肝疫苗纳入儿童预防接种保偿范围。1990—1996 年，儿童预防接种采取巡回上门接种为主的预防接种方式，每年上下半年各开展 1 次查漏补种提高接种率，实行凭证入学制度，儿童入学入托均需检查预防接种证，未种漏种儿童在入学前或入学后补种相应未接种疫苗。1996 年逐步推行定点接种，设置定点接种处，从预防接种方式过渡至定点加巡回接种，有效地保证预防接种质量。同年，容县成为自治区第一批顺利通过自治区级儿童计划免疫接种率以乡（镇）为单位达 85% 以上目标的县份。1997 年 12 月县卫生防疫站通过自治区计量认证，开展各种检验。2001 年，全面铺开儿童预防接种门诊规范化建设。与此同时，加强各乡（镇）冷链管理，配备冷藏设备。全县已拥有低温冰箱 27 台，普通冰箱 79 台，冷藏背包 371 只，取暖器 2 只，保证疫苗质量。2004 年，县人民政府在自治区免疫规划工作会议上介绍经验。1990—2005 年，容县无小儿麻痹病例发生。至 2005 年，凡报告疫苗可免性传染病发生，如麻疹、乙脑等均对周围儿童实行应急预防接种，提高人群免疫保障。

表 18-3　　1990—2005 年国家免疫规划疫苗的免疫程序表

单位：剂

疫苗	年（月）龄										
	出生时	1 月	2 月	3 月	4 月	5 月	6 月	8 月	18~24 月	4 岁	6 岁
乙肝疫苗	第 1 剂	第 2 剂					第 3 剂				
卡介苗	1 剂		第 1 剂	第 2 剂	第 3 剂					第 4 剂 ★	
百白破疫苗				第 1 剂	第 2 剂	第 3 剂			第 4 剂 ★		
百破疫苗											1 剂 ★
麻疹疫苗								第 1 剂	第 2 剂 ★★		

说明：★ 加强免疫；★★ 复种

计划免疫工作的开展，从最初的卫生防疫工作者逐家逐户上门宣传、发动、接种，到群众接受认识，积极配合。2005 年，全县“四苗”接种率为 98.07%。

新生儿乙肝疫苗接种

1990 年，容县新生儿乙肝疫苗接种条件还未成熟，大规模接种工作还未开始。1996 年，开始对新生儿实施乙肝疫苗接种工作，同年，全县接种乙肝疫苗人数 2.35 万人，全程接种率 70.05%。2000 年，全县新生儿接种乙肝疫苗 2.79 万人，全程接种率 94.68%。2003 年，全县新生儿接种 3.50 万人，全程接种率 96.20%。2005 年，全县新生儿接种乙肝疫苗人数 4 万人，全程接种率 97.92%。

容县卫生部门组织开展健康知识宣传

（2004 年 9 月摄，容县爱卫办　提供）

表 18-4　1996—2005 年容县新生儿乙肝疫苗接种情况表

单位：人

年份	接种人数	全程接种率(%)
1996	23515	70.05
1997	25494	96.73
1998	26565	94.02
1999	26818	96.40
2000	27903	94.68
2001	28807	96.44
2002	30840	96.15
2003	35046	96.20
2004	33209	97.57
2005	40002	97.92

第二节　传染病防治

传染病报告

1990 年，容县完善县、乡（镇）、村三级网络传染病报告制度。传染病报告制度从村卫生所乡村医生、乡（镇）卫生院临床医师、防保人员到县卫生防疫站防疫人员及县直医疗单位，三级防治网络日臻完善。乡村医生发现疑似病人，及时向所在地乡（镇）卫生院及县防疫站汇报并转诊，乡（镇）卫生院或县医院诊断后，甲类传染病疑似病人在 12 小时内报告，乙类传染病在 24 小时内报告，做到早发现、早诊断、早报告。对重大疫情，县卫生防疫部门进行分析和流行病学调查，及时上报卫生行政部门，作出科学处置，控制疾病蔓延。为完善传染病报告制度，防疫部门每年对传染病报告质量进行考核检查，减少漏报，及时补报。传染病报告及时率 95%~99%，传染病报告完整率 98%~100%。2002 年，容县被评为广西传染病疫情报告管理先进单位。2003 年，在抗击“非典型肺炎”工作中，发现疑似病人及时报告，县、乡（镇）、村三级网络报告制度发挥作用。1990—2005 年，全县共报告法定传染病 3.99 万例，死亡 201 例，年平均发病率为 347.35/10 万，死亡率为 1.75/10 万。发病率最低为 1997 年(212.53/10 万），最高为 2003 年(618.93/10 万）。

结核病防治

1990 年，容县结核病发病率居高不下，该病排在全县传染病发病率的第二位，结核病防治由各医疗单位分散治疗。1995 年，容县被列为自治区结核病控制项目试点县，全面实施结核病归口管理，成立容县结核病防治所，全县报告的结核病患者统一集中县卫生防疫站进行确诊和全程足量规范诊疗。2003 年，全县启动世界银行贷款 / 英国赠款和日本无偿援助中国结核病控制项目，全面实施 DOTS 策略，加强结核病人管理。至 2005 年底，全县结核病防治门诊共登记可疑结核病人 1.49 万例，拍胸片 1.96 万人次，查痰 6389 人次。共确诊 3256 人，其中肺结核病 3193 人，肺外结核 63 人，接受项目治疗 3256 人。

狂犬病防治

1990 年，容县报告狂犬病 3 例，死亡率 100%。全县养犬密度高，且多为放养，狂犬病发病率高。由于部分犬伤者防治意识差，犬伤后未能及时接种狂犬疫苗，以至发病死亡率历年居高不下。1995 年，发现狂犬病 1 例，死亡率 100%。2000 年，全县报告狂犬病 1 例，死亡率 100%。2002 年，全县狂犬病报告病例 23 例，发病率 3.03/10 万，为发病率最高的年份。2005 年，全县犬只伤人 5554 人次，使用狂犬疫苗 4375 份，2.19 万人次接种。在县人民政府重视下，进行广播、电视宣传，张贴圈养公告，多个部门联合对疫点采取灭犬和加强犬只免疫等综合防控措施，发病率下降40%。

艾滋病防治

1990年，容县开展艾滋病防治知识宣传工作，在公众场所设有固定的艾滋病防治知识公益宣传橱窗。2001年，全县报告首例艾滋病感染者。2005年，共设立固定性艾滋病防治知识公益宣传牌30块，在县内各宾馆酒店分别设置防艾滋病知识公益宣传牌，各乡（镇）卫生院设立永久性标语40条，宣传专栏18版，村级永久性标语277条，宣传专栏251版。在“容县之窗”信息专栏宣传20期。发放宣传画2万张，宣传年历6万张，宣传小册子5万份，资料17万份。建立和健全艾滋病初筛实验室和咨询门诊，免费为社会人群提供防治服务。至2005年止，共接受HIV感染初筛检测4.32万人次，咨询3万人次。实行艾滋病疫情信息专网疫报，共报告HIV感染57例，艾滋病人35例。

疟疾防治

疟疾是容县常见的多发寄生虫病之一，流行的疟疾主要为间日疟，由雌性按蚊叮咬传播引起。1990年起，容县开展防疟监控各项工作。1994年容县获卫生部评为“消灭疟疾”标准县后，坚持采取防疟监控各项综合措施，多次在广西东部灭疟联防工作中获得先进联防称号。1995—2005年，对本县定居群众血检监测，未发现疟原虫阳性者，流动人口血检监测发现病例较多。由于监测措施到位和对阳性者的及时进行三疗程服药治疗，有效地阻断输入性疟疾第二代病例发生。

寄生虫病防治。寄生虫病主要是疟疾，引起疟疾发生和流行的主要虫种是间日疟原虫。1990—2000年，容县居民血检发现疟疾320例，其中间日疟307例，占95.93%，恶性疟13例，占4.06%。传播媒介为中华按蚊、微小按蚊、日月潭按蚊等，以中华按蚊为主。发生病例后，主要做好传染源检测和疫情报告，各乡（镇）加强发热病人的血检工作，及时发现传染源。根据卫生部门关于传染病疫情报告的要求，加强疫情报告和管理，提高报告的及时性和准确性。加强对“三热”（即发热在38.5℃以上的临床诊断为疟疾、疑似疟疾、不明发热原因者）病人血检，全年血检率达到3%以上，每年5月—10月完成血检任务的80%，血检村屯覆盖面达90%。对流动人口频繁的边远山区居民进行疟疾间接荧光抗体测定。根据具体情况对疫点居民进行采血镜检。每年4月前对上年患疟者，进行抗复发根治1次。流动人口监测是采取村医上门采血和门诊采血相结合原则，对流动人口及时采血镜检，发现疟疾病人及时进行系统治疗和管理。对各乡（镇）疟防专干、化验员进行疟疾防治知识培训，在全县各乡（镇）进行疟疾防治知识宣传工作。提高群众疟疾防治知识水平。2005年，卫生部将容县定为全国寄生虫病综合防治示范区之一，开展全民服药驱虫行动，服药率89.10%。

2005年4月30日，容县在县总工会灯光球场举行健康教育文艺晚会　　（容县爱卫办　提供）

表18-5　　**1990—2000年容县疟疾病例统计表**

单位：人

年份	总病例	间日疟	恶性疟	外出感染	外来感染
1990	38	34	4	38	0
1991	94	88	6	94	0
1992	75	75	0	73	2

续表

年份	总病例	间日疟	恶性疟	外出感染	外来感染
1993	47	46	1	47	0
1994	30	28	2	29	1
1995	18	18	0	18	0
1996	5	5	0	5	0
1997	1	1	0	1	0
1998	5	5	0	5	0
1999	6	6	0	6	0
2000	1	1	0	1	0
合计	320	307	13	317	3

乙脑防治

1990 年，容县报告乙脑 5 例；1991 年 10 例。1992 年 3 例。容县乙脑病例均分布在农村，夏秋季是高发期，呈散发流行。1990—1993 年，疫情出现后，对出现病例的村屯，立即启动疫情处理应急预案，出动专业人员对疫点进行处理，并指导疫点村群众开展灭蚊工作，使用高效灭蚊药氯氟氰菊酯，累计喷洒人房及周边环境 10 万多平方米，猪栏 2 万平方米，粪池 4500 平方米，清理污水沟 50 米。1993—1998 年，无病例报告。1999 年发现 3 例。2000 年 1 例。2005 年全县报告乙脑 9 例，是近年来发病率较高的年份。在此情况下，全县铺开了对 8 月龄 ~10 岁无乙脑疫苗接种史儿童进行预防接种，同时对疫点儿童进行应急接种，接种率达到 99% 以上，并在全县开展灭蚊突击月活动，有效地控制了乙脑疫情发生。

非典型性肺炎防治

2003 年上半年，全国局部地区发生由冠状引起的肺部感染病症疫情（简称“非典”）。容县 2003 年 3 月成立“非典”工作指挥部，地点设在县卫生局。当月，全县“非典”三级防治网络建立，由县直医疗卫生单位组成 30 人的联络员队伍，负责对各乡（镇）进行业务指导和培训，同年 6 月，共培训 1.35 万人次，专项督查 187 次。乡（镇）、村相应组织 400 名指导员，负责乡（镇）、村两级防治工作，全县组成或指派 1 万名信息员负责各单位、学校、社区、村民小组、私营企业等信息收集。实行 24 小时值班，“非典”疫情零报告制度，县、乡（镇）各医疗卫生单位逐级上报，每天一报。利用各种形式进行宣传，发放“非典防治知识”宣传资料 10 万份，做到防治“非典”知识覆盖率 100%，群众知晓率 100%。县财政拨出 400 万元专款，用于防控“非典”应急。医疗单位专门开设发热门诊、预检处、发热病人专科诊室和输液室。医疗单位诊疗场所实行严格的消毒制度，设立清洁区、半污染区、污染区。每天对不同场所和物品分别采用紫外线照射消毒，过氧乙酸喷雾和含氯消毒剂化学消毒，定期进行消毒监测，保证消毒效果。全县开设集中观察点 11 个、隔离观察室 1 间，指定县人民医院为定点医院。至全国“非典”疫情解除，全县范围内共接收医学观察病人 7 人，未发现“非典”病人。

第三节　卫生监督

食品卫生

1990 年，容县食品卫生监督管理由县卫生防疫站具体负责。全县有经县人民政府任命的食品卫生监督员 27 人，另有各乡（镇）食品卫生检查员 70 人。全县有食品生产、经营单位 1801 家，发放卫生许可证 1758 家，发证率 97.60%。从业人员 4224 人，健康体检 4169 人。抽检食品 795 份，合格率 78.20%。对食品经营单位现场监督 8525 次，处罚 41 项次。1995 年全县有食品生产经营单位 2558 家，发放卫生许可证 2540 家，发证率99.30%。从业人员6011人，健康体检5993人。抽检食具共2230份，合格率81.50%，抽检食品1155份，合格率84.30%。对食品经营单位现场监督14次，立案19家，处罚6400元。

2000年，全县有食品生产经营单位3211家，发放卫生许可证3166家，发证率98.60%。从业人员6536人，健康体检6536人。抽检食具共6200份，合格率85.30%，抽检食品758份，合格率85.10%。对食品经营单位现场监督26次，立案9家，处罚1500元。

2004年12月，容县开办城区食品行业卫生法规知识培训班　（容县爱卫办　提供）

2005年，由县卫生部门承担的食品生产加工环节的监管职责划归县质量技术监督部门管理，餐饮环节监管职责划归县食品药品监督管理部门管理，流通环节监管职责划归县工商部门管理，县卫生部门负责食品安全风险监测和餐饮具集中消毒的监管职责。全县有食品生产经营单位5035家，发放卫生许可证4885家，发证率97.10%。从业人员8998人，健康体检8826人。抽检食具共5486份，合格率80.39%，抽检食品878份，合格率87%。对食品经营单位现场监督1.87万次，立案3家，处罚750元。

公共场所卫生

1990年，容县对40家公共场所进行茶具检测，大肠杆菌阳性6例，阳性率15%。监督检查中发现不合格的单位，均下达卫生监督意见书，限期整改。全县没有发生由公共场所卫生引发的安全事故。1995年，对公共场所进行茶具检测，监督检查中发现不合格的单位6家，对其下达卫生监督意见书，责令限期整改。

2004年10月，容县爱卫办举办灭蟑技术培训班　（容县爱卫办　提供）

2000年，对容县城区公共场所进行卫生执法大检查2次，对219家公共场所进行茶具检测，大肠杆菌阳性28例，阳性率12.90%；监督检查中发现不合格的单位28家，限期整改24家，责令停业整改4家。

1990—2005年，县卫生部门对辖区内宾馆、旅店、理发店、美容店等7类28种公共场所开展卫生监督工作，每年巡回监督2次以上，重点检查经营单位卫生许可证持证情况，从业人员持证情况，床上用品、茶杯具、理发工具等卫生情况和清洗消毒是否符合相应的卫生要求，每年不定期抽检采样监测1次以上。累计发放公共场所卫生许可证950户次，从业人员健康检查3770人次，检出传染性肝炎、痢疾、活动性肺结核、伤寒、皮肤病等“五病”人员7人次，监测抽检样品1.05万份，合格9077份，合格率86.60%。

学校卫生

1990年，容县完成283间学校的基本情况建档工作。对部分学生进行生长发育调查及体检，对容城镇第二小学学生457人进行肠道寄生虫感染普查和驱虫服药。1998年，全县学生预防性健康体检3.67万人，影响学生健康的主要疾病为视力不良、龋齿、营养不良和贫血。2003年“非典”期间，对全县学生实行每天晨检制度。2005年，全县完成6.50万名学生体检，小学生患龋率较高，达到51.60%，中学生视减率随年龄增大而上升。

生活饮用水卫生

1990年，容县对生活饮用水情况进行调查，全县生活饮用水主要为自来水、井水、管引水、山泉水、溪河水。容县卫生防疫站对城镇集中式供水和农村分散式给水进行水质监测，集中式供水抽检、水源水、出厂水，近端末梢水和远端末梢水，常规检测指标15项，全分析指标40项，农村分散式给水送检常规分析指标15项，合格率47.66%。2000年全县检测生活饮用水72份，合格率48.60%。2005年全县收检水样67份，合格率47.76%。

职业卫生

1990年，县卫生防疫站对存在职业危害因素的水泥、陶瓷、鞋厂进行基本情况调查，协调用人单位开展卫生知识宣传培训，对接尘接毒工人逐步建立健康档案。对接尘工人进行尘肺检查拍片136人，发现O^{+}尘肺5人，未发现新尘肺可疑患者。2002—2005年，根据《中华人民共和国职业病防治法》，开展职业病危害因素评价和工作环境监测，对全县从事放射工作人员进行健康体检和个人剂量监测。2005年，全县依法申报职业病危害因素用人单位36家，20家用人单位接尘接毒工人健康体检114人，检出职业禁忌15人，全部调离原工作岗位。全县有放射装置医疗单位19家，从事放射工作人员72人全都参加体检。

卫生消毒

1990年，容县医疗卫生机构一般使用化学消毒法和物理消毒法对医疗器械及相关医疗用品进行消毒灭菌。全县共有351家医疗卫生机构的医疗器械及相关医疗用品都进行消毒灭菌。1992年8月，卫生部《消毒管理办法》实施，医疗卫生机构建立消毒管理组织，制定消毒管理制度，执行国家标准和规定，定期开展消毒与灭菌效果检测工作。1995年，对51个单位进行消毒与灭菌效果检测，监测样品599份，合格率为95.16%。2000年，对512个单位进行消毒与灭菌效果检测，监测样品2391份，合格率为90.67%。2002年7月以后，按《消毒管理办法（修订）》要求，对全县医疗机构工作人员进行消毒技术培训，掌握消毒知识，严格执行消毒隔离制度，县卫生防疫站负责对国家医疗机构和村卫生室的消毒效果进行卫生监测和评价。2005年，医疗机构对消毒效果质量监测样品2989份进行检测，合格率86.70%。

食物中毒

1990年，容县报告食物中毒87人，为食用受污染的中秋月饼引起，无死病例。2004年，容西乡小学学生22人误食桐油果仁中毒，经抢救全部痊愈；石头镇石剑村3名儿童误食毒鼠强引起急性中毒，死亡2人。2005年，全县未报告有食物中毒事件。

第四节　爱国卫生运动

环境卫生整治

1990—1992年，容县对城区老居民区开展“脏、乱、差”治理行动，整治环境卫生，共清理水沟3千米，清理垃圾92吨，清理卫生死角160处。1997年，县人民政府组织开展3次毒鼠强专项整治，防止中毒事件发生。1998年春秋两季，县政府部署开展鼠药市场专项整治活动。1999年，开展“城区灭鼠达标”活动。通过全县协作努力，容县县城获得自治区“灭鼠达标先进城区”。1990—2000年，灭鼠药物用杀鼠迷，灭蟑用凯素灵。2001年后灭鼠用敌鼠钠盐，灭蟑用扦飞，灭蚊灭蝇用卫友等药物。2002年在容西乡祖立村立垌屯开展农村爱国卫生综合试点活动，同年10月，自治区爱国卫生运动委员会办公室组织100多名厅局级领导到立垌屯参观。

2004年11月，容县组织举办除“四害”达标工作暨技术培训班　　（容县爱卫办　提供）

2004—2005 年，县委、县政府决定用 2 年时间开展“灭鼠灭蟑两项达标”活动。开展环境卫生清扫经常性工作，除了县环卫站保洁人员的常规性保洁外，每逢周二和周五早上，县城内所有干部、职工、学校师生、城镇居民到所辖社区地段进行清洁大扫除；加强消除“四害”工作，除了县级除“四害”专业队伍外，城区每个单位安排有固定的除“四害”卫生员，对老鼠、蟑螂等“四害”进行有效扑杀。还把县城区划分为 7 大责任区，对责任区内的环境卫生秩序进行综合整治，城区机关单位门前“三包”（包卫生、包绿化、包秩序），定期开展环境卫生大扫除，落实“门前三包”和“门内达标”工作，整治占道经营、乱停乱放、乱搭乱盖、乱贴乱画等不良现象。先后关停和搬迁位于县城中心的容县沙砖厂，容县河南纸厂等一批严重污染环境的企业。2005 年 10 月底通过自治区“灭鼠达标”复审“灭蟑达标”考核和专家组评审，容县县城获得“自治区灭蟑达标先进城区”。

创建国家卫生县城

1996 年以来，容县开展创建“自治区卫生县城”活动，县城面貌逐年改观，先后获“自治区卫生县城”“自治区文明县城”和“自治区城市市容环境综合整治南珠杯竞赛优秀城市”等称号。2004 年 8 月，中共容县委员会、容县人民政府发出《关于创建国家卫生县城的决定》《创建国家卫生县城实施方案》《关于成立容县创建国家卫生县城领导小组的通知》3 个文件。同年 9 月，在县委会堂召开容县创建国家卫生县城动员大会，就目标、任务、保障措施等方面进行部署。并成立以县委书记、县长任组长。县党政领导任副组长，县直 27 个部门正职领导为成员的创建国家卫生县城领导小组，下设办公室，负责组织、协调创建国家卫生县城工作。县政府与县直各单位、容城镇签订责任状，明确创建任务、标准及完成时限，将各项考核指标分解到 27 个责任部门，明确责任，细化分工。各单位实施周检查月评比制度，社区实施月检季评制度，每月督查 1 次，每季检评 1 次，“创卫”办公室每月将督查情况在全县通报；层层签订责任状，与部门和个人岗位目标责任制挂钩考核。建立“党政领导，部门配合，县委办公室、县政府办公室督查，社区管理，居民参与”的五级创卫网络，将容城镇城区划为 10 个社区、140 个小区，单位包小区。所有单位“创卫”工作都由所辖社区进行检查考核，实施“月检季评”制度。在居民区、公共场所等地方设立固定的健康教育宣传专栏。2004—2005 年，印发健康教育宣传单 15 万份，发放健康教育知识读本 3 万册，城区居民基本每户 1 册。完善市政环卫设施，投资 230.34 万元在城区安装果皮箱（垃圾箱）478 个，新建公厕 7 座，建成 2 座垃圾中转站，购置垃圾运输车 5（辆）、人力三轮垃圾运输车 20 辆；至 2005 年，县城区有垃圾中转站 4 个，配备有多功能垃圾运输汽车 8 辆，洒水车 1 辆，基本满足城区日清运 110 吨垃圾量的需要。城区有环卫清洁工 101 人，聘请专职保洁员 68 人，环境卫生保洁做到定人员、定时间、定岗位、定路段，垃圾日产日清，清运率 100%，并进行定点填埋卫生处理。城区各单位门前落实“三包”（包卫生、包绿化、包秩序）责任制，门内卫生达标成为县城单位和居民的共识，自觉养成良好的卫生习惯。城区生活垃圾无害化处理率达 100%。县城区清扫保洁面积 65 万平方米，街道清扫率 100%。

2004 年 11 月，容县召开创建国家卫生县城工作现场会暨创建“灭蟑”先进县城活动动员大会　（容县爱卫办　提供）

2005 年 10 月底，容县“创卫”通过国家爱国卫生运动委员会专家组考核。12 月 27 日，容县被国家爱国卫生运动委员会授予“国家卫生县城”称号。

农村改水改厕

1990年，容县没有开展农村改水改厕，村民去河边挑河水或挑浅井水（地表水）吃，或引山泉水、山涧水进行过滤后使用，有些村民打井用手压泵抽水用。1991—1995年，开始农村改水。1996年农村开始改厕，引导农村居民建卫生厕所和沼气式卫生厕所。1999年自治区改水改厕现场会在容县召开并作为参观现场，在会上进行经验介绍。2001—2005年，全县用于农村改水资金投入681.35万元，其中国家级114.60万元，个人566.75万元，累计受益人口67.45万人。农村改厕资金投入1.45亿元，其中国家323.32万元，集体72.50万元，个人1.41亿元，累计改造卫生厕所户数9.89万户，卫生厕所普及率61.48%。

第十九篇

机构编制
人事劳动和社会保险

2000年春节前夕，容县文化工作者下乡为群众免费写春联　　（曾宪球　摄）

第一章　机构编制

容县编制管理工作主要是负责各级行政、事业单位机构编制核定、人员管理，通过管政策、管总量、管结构、管监督，促进“三定”（定机构、定职责、定编制）、“一支笔”审批等工作制度的具体落实，推进《机构编制证》管理制度，机构设置和人员编制控制在指标规定范围内。1990年，有县委工作机构8个，县政府工作机构有50个，全县实有行政编制人员1888人；有事业单位322个，实有人员9217人。1994年，开展事业单位法人登记管理。1997年机构改革后，县委工作机构有7个，县政府工作机构30个，核定县直党政群机构编制641名；乡（镇）16个党政机关不变，行政编制520名；有事业单位435个，实有人员1.12万人。1997年和2001年先后进行较大规模的机构改革，理顺全县党政群机关的关系，制定“三定”方案，形成既有分工又有合作、协调运转的新格局；规范机构名称和内设机构；核定领导职数和人员编制。2001年机构改革后，有县委工作机构8个，政府工作机构20个，乡（镇）16个党政机关不变；县直党政群机关编制603名，乡（镇）党政机关行政编制426名；有事业单位463个，实有人员1.08万人。2005年，有县委工作机构8个，县政府工作机构23个，事业单位643个；县直党政群机关实有人员578人，乡（镇）党政群机关433人，事业单位1.04万人。

第一节　机构编制管理机关

容县机构编制委员会

1984年10月，恢复成立容县编制委员会。1993年3月，县编制委员会更名为县机构编制委员会。县编制（机构编制）委员会成员一般实行兼职制，由县长任主任，一名县委副书记以及常务副县长任副主任，委员由组织部部长或副部长、县委办主任、县政府办主任、编办主任（机构编制局局长）、人事局局长（副局长）、财政局局长（副局长）组成。

1990—2005年历任编委主任：马达忠（—1990.3）、李汉金（1990.3—1993.3）、李军（1993.3—1993.12）、李耀贞（1993.12—1996.6）、岑小华（1996.6—1997.8）、温守荣（1997.8—1998.8）、黄必贵（1998.8—2000.8）、张福文（2000.8—2002.11）、杨家庆（2002.11—）。

容县机构编制委员会办公室

1984年恢复成立容县编制（机构编制）委员会的同时，下设容县编制委员会办公室，负责机构设置和编制日常管理工作。核定编制5名，实有4人。办公地址设在县政府办公大院内。1993年3月，更名为容县机构编制局。1997年3月，更名为容县机构编制委员会办公室（以下简称县编制办），属县机构编制委员会的常设办事机构，既是县委的机构，又是县政府的机构，行政编制6名，实有6人。内设政秘股、行政股、事业股。1998年5月，增挂县机构编制局牌子。2000年9月，在县编制办内设立县事业单位登记管理局，与办公室实行一套人马，两块牌子。2001年重新核定行政编制6名，后勤服务人员编制1名，实有7人。1998—2005年内设机构与1997年相同。

1990—2005年历任（编制局）主任（局长）：李绍章（—1993.3）、徐德森（1993.4—1999.5）、韩信平（1999.6—）。

第二节　行政机关机构及人员编制管理

行政机关机构

中共容县委员会工作机构　1990年，中共容县委员会工作机构有：办公室、组织部、宣传部、统战部、纪

律检查委员会、政法委员会、党史资料征集领导小组及其办公室、老干部局。1997 年机构改革后，县委工作机构有：办公室、组织部、宣传部、统战部、政法委员会、纪律检查委员会、机构编制委员会办公室。直属事业单位有：档案馆、党校、党史办。机构调整有：纪律检查委员会机关与监察局合署办公；老干部局与组织部合署。

1998 年，原在组织部挂牌的县直机关工委更改为县委工作机构；落实知识分子政策领导小组办公室设在组织部；国防教育领导小组办公室、对外宣传工作领导小组办公室设在宣传部；县处理邪教问题领导小组办公室设在政法委；档案馆由县委直属事业单位改为县政府直属事业单位。2005 年，县委工作机构有：办公室、组织部、宣传部、统战部、政法委员会、纪委机关、机构编制委员会办公室、县直机关工委。直属事业单位有党校、党史办。

容县人民代表大会常务委员会工作机构 1990 年，容县人民代表大会常务委员会工作机构有：办公室、法制工作委员会、财政经济工作委员会、华侨工作委员会、教育科学文化卫生工作委员会。2001 年 11 月，法制工作委员会、教育科学文化卫生工作委员会合并，设为法制教科文卫工作委员会；财政经济工作委员会、华侨工作委员会合并，设为财经农村华侨工作委员会。2002—2005 年，县人民代表大会常务委员会工作机构设置与 2001 年相同。

容县人民政府工作机构 1990 年，县政府工作机构有 50 个。1997 年，机构改革后，县政府工作机构为 30 个，直属事业单位 10 个。2001 年，机构改革后，设置政府工作机构 20 个。政府直属事业单位 9 个。2005 年，县政府工作机构有 23 个，直属事业单位有 11 个。

中国人民政治协商会议容县委员会工作机构 1990 年，工作机构设置有：办公室和中学教育、小学教育、侨务、对台、工商、文史、科技、妇工、卫生等工作组。1997 年机构改革，设立提案法制委员会、经济科技委员会、文教体卫联谊委员会。2001 年，提案法制委员会、经济科技委员会合并，更名为提案法制经济科技委员会；文教体卫联谊委员会更名为文教群卫宗教联谊委员会。2005 年，有工作机构：办公室、提案法制经济科技委员会、文教群卫宗教联谊委员会。

民主党派机构 1990 年，民主党派机构有：中国国民党革命委员会（简称民革）容县支部，中国民主促进会（简称民进）容县支部，中国致公党容县委员会。1994 年 11 月，民进容县支部改为民进容县委员会；1997 年 3 月，民革容县支部改为民革容县委员会。1997 年 3 月—2005 年机构个数不变。

人民团体机构 1990 年，人民团体机构列入使用行政编制管理的有：总工会、共青团委员会、妇女联合会、工商业联合会；列入使用事业编制管理的有归国华侨联合会、文学艺术界联合会、科学技术协会（与科学技术委员会合署办公）；同年 12 月，成立残疾人联合会。1991 年 12 月，成立容县计划生育协会，与县计划生育委员会合署办公。2002 年 1 月，科学技术协会从科学技术委员会分出独立办公。2002 年 1 月—2005 年机构个数不变。

乡（镇）党政机构 1990 年，容县有 16 个乡（镇），其中，镇 4 个：容城镇、杨梅镇、黎村镇、自良镇；乡 12 个：容厢、容西、十里、石寨、灵山、六王、杨村、县底、浪水、松山、黎木、石头。1995 年 5 月，六王乡、县底乡、石头乡、黎木乡撤乡建镇，其中黎木乡更名为罗江镇。1996 年 12 月，容厢乡、灵山乡、杨村乡、松山乡撤乡建镇。2002 年 8 月，石寨乡撤乡建镇。2005 年 6 月，容城镇与容厢镇合并，更名为容州镇。至 2005 年 12 月，全县乡（镇）行政区域共辖 12 个镇 3 个乡，具体是容州镇、容西乡、十里乡、石寨镇、杨梅镇、灵山镇、六王镇、黎村镇、杨村镇、县底镇、自良镇、浪水乡、松山镇、罗江镇和石头镇。

行政机关人员编制

1990 年，容县核定行政编制 1670 名，年末实有 1888 人。其中县直党政群机关编制 610 名，实有 843 人；政法系统编制 376 名，实有 362 人；乡（镇）党政群机关编制 684 名，实有 683 人。容县是玉林地区县直党政群机关超编人数最多的县。

1997 年机构改革前，县直党政群机关实有人数 1025 人，乡（镇）党政群机关实有人数 666 人。根据改革方案要求，核定县直党政群机关行政编制 641 名，年内完成人员分流 172 人；核定乡（镇）党政群机关行政编制 520 名。

1997 年机构改革前，党政机构行政编制在编人员 1025 人，方案核定机构编制 641 名，需减少 384 名，精简率 37.46%。机构改革后，县委、县政府和其他机关的编制分配比例为：县委机关 96 名，占总编制数的 14.98%；县政府机关 500 名，占总编制数的 78%；其他机关（人大、政协、群团）45 名，占总编制数的 7.02%。县公安、司法机关专项行政编制按玉林地区批复方案核定执行。

机构改革后，党政机关领导职数核定为：县委书记 1 名、副书记 2~3 名；县政府县长 1 名，副县长 2~4 名；部、委、办、局领导职数一般为 2~3 名，业务量较大的部门，正副职最多不得超过 4 名；部门内设科、股、室领导职数为 1~2 名。

机构改革期间，党政机关已完成人员分流 172 人（含 3 个单位转为经济实体或企业实体建制的 24 人），占分流任务的 44.71%。

人大、政协、法院、检察院、社团机关也是机构改革的重要组成部分，具体改革工作推进及事项将根据相关法律规定和章程设定，按照中央、自治区、地区统一部署另行组织实施。

乡（镇）党政机构机构改革前，实有人数 666 人，机构改革后，核定行政编制总数为 520 名，精简幅度 21.92%。各乡（镇）行政编制按乡（镇）类别核定为：容城镇 40 名，容厢镇 40 名，容西乡 20 名，十里乡 30 名，石寨乡 27 名，杨梅镇 35 名，六王镇 40 名，灵山镇 30 名，黎村镇 43 名，杨村镇 39 名，县底镇 39 名，自良镇 27 名，浪水乡 22 名，松山镇 28 名，罗江镇 20 名，石头镇 40 名。编制使用范围包括乡（镇）党委、人大、政府的领导，各委员，各办公室以及共青团、妇联、武装部的领导和工作人员等。领导职数设置核定为：一类乡（镇）党委成员设置 9 名，其中设书记 1 名，副书记 1~2 名；政府设置乡（镇）长 1 名，副乡（镇）长 2~3 名。二、三类乡（镇）党委成员设置 7 名，其中设书记 1 名，副书记 1 名；政府设置乡（镇）长 1 名，副乡（镇）长 1~2 名。各办公室设主任 1 名，副主任 1~2 名。除乡（镇）党委书记和乡（镇）长外，其他委员和副乡（镇）长可兼任各办公室的正、副主任。乡（镇）机关富余人员分流的重点是安排到乡（镇）站所事业单位。

2001 年机构改革后，县直党政群机关行政编制由改革前的 641 名核定为 603 名（不含工商联 3 名、致公党 2 名），公检法司机关专项行政编制精减 10%，乡（镇）党政群机关行政编制由改革前的 520 名核定为 426 名。全县有 1318 人参加竞争上岗，分流 131 人。

2005 年，县直党政群机关核定行政编制 573 名，实有人数 578 人；公检法司机关专项行政核定编制 570 名，实有人数 483 人；乡（镇）党政群机关核定行政编制 432 名，实有人数 433 人。

机构编制管理

1990 年，容县推进《机构编制证》管理制度，建立调配人员程序，凡调进人员，须经编委会确定，编委主要领导“一支笔”审批。1991 年，建立机构成立和编制设置申报审批制度，实施列编申请表、调进人员申报表、工资基金申请审批表申报制度，由编制部门核编，组织、人事劳动部门办理调配手续，人员结构调整在编制范围内进行。1993 年，制定《容县县级机构改革工作方案》，对部分单位由财政全额拨款转为差额拨款，其中与财政全脱钩的有律师事务所 2 个、公证处 1 个；严控企业、非财政拨款单位及县外人员调入县财政拨款单位。1996 年，严控机关单位超编进人，清退借调人员。1997 年，开展党政机关机构改革，坚持“三个一”管理制度和审批权限和审批程序，在全县机关、事业单位中统一实行《机构编制证》模式，建立机构编制管理约束机制。2001 年，启动县、乡（镇）两级机构改革。2003 年，按照“三定”（定机构、定职责、定编制）方案设立机构，实行政企分开，解除政府主管部门与国有企业的行政隶属关系，撤销工商业专业经济管理机构，行政性公司改为经济实体，政府机关与经济实体的人、财、物彻底脱钩；由乡（镇）党委对乡（镇）站所领导行使任免权。2005 年，开通容县机构编制互联网页，实行公考录取制度，凡进入机关单位人员逢进必考；向全县机关工作人员核发编制证书。

第三节　事业单位机构及人员编制管理

事业单位机构

1990 年，容县逐步推进事业单位编制个数的核定工作，建立《事业单位编制证》管理模式，参照行政机

关管理制度,调入人员由编制部门核准,财政按编制划拨经费。年内,全县有事业单位 322 个,其中完善定编单位 99 个。

1991 年,由按编进人的编制总额管理转向人员结构管理,实行编制增长指标数控制。年末,全县有事业单位 349 个。

2001—2002 年,按照容县县委、县政府《容县直属机关机构改革实施意见》和《关于容城镇等 16 个乡(镇)机构改革方案的通知》,容县事业单位机构改革与行政机构改革同步进行。2002 年机构改革后,全县有事业单位 463 个;2005 年有 643 个。

事业单位人员编制

1990 年,容县有事业单位 322 个,实有人员 9217 人。1991 年末,编制控制数 8950 人,实有人数 9106 人。此外,还有代课教师 1095 人,工作满 2 年以上的日工 181 人。

1994 年,在全县开展事业单位法人和非法人登记工作,重点改革事业单位内部管理体制,解决吃大锅饭问题。制定事业单位富余人员的分流方案。年末,全县有事业单位 367 个,实有人数 9873 人。

1997 年,全县有事业单位 435 个,实有人数 1.12 万人。

2000 年,对全县教育系统进行初次核定编制,清退代课教师 1000 多人。

2001 年机构改革,2002 年容县乡(镇)事业单位编制由原来 1218 名精减为 846 名。全县事业单位实有人数 1.08 万人。2005 年实有人数 1.04 万人。

事业单位机构编制管理

1990 年,容县事业单位机构参照行政机关的管理制度,进人要经县编制部门的同意,财政按编制定的人员划拨经费。当年已完善定编的单位 99 个,未定编的 223 个。1999 年,根据中央和自治区关于事业单位法人登记管理要求,开展事业单位法人登记工作,全县事业单位法人登记、年审工作达 98%。

2004 年,事业单位进人实施逢进必考原则,对县艺术团、县水库安全管理站以及招聘中小学教师开展公开招考。做好单位法人年审和变更工作,年内年审和变更 648 个,占 98%。

2005 年,向全县事业单位发放《机构编制管理手册》,向事业单位工作人员核发《编制证书》。试行事业单位网上登记。当年年审率 99% 以上。

第四节　行政机关机构改革

改革政策

根据中央、自治区有关文件的规定和要求,以及玉林地委、玉林地区行署的部署和安排,相继制定《关于容县县直党政机关机构设置方案》《关于容县县直党政机关机构改革的实施意见》《关于严明纪律保证机构改革顺利进行的通知》《关于机构改革中人员分流工作有关问题的通知》《关于在机构改革中加强国有资产管理的通知》《关于容县县直党政机关与其他机关使用行政编制的方案》,确定"三定"(即定机构、定职责、定编制)工作任务。行政机构改革于 1997 年开始实施。改革前全县有党政机构 70 个,玉林地区批准的方案核定机构设置 37 个,需减少 33 个,精减率 47%;改革前全县有党政机构行政编制在编人员 1025 名,方案核定机构编制 641 名,需减少 384 名,精减率 37.50%。2001 年机构改革,根据桂发〔2001〕21 号文件规定执行。

县委工作机构改革

1997 年,县委工作机构改革的主要任务是理顺党政关系,调整结构,精简内设机构和人员,进一步改善干部结构和提高干部素质,提高工作效率。具体机构调整情况如下:(一)机要局设在县委办公室,对外挂机要局牌子,由县委办管理;撤销政策研究室,职能归县委办公室;保密局改为保密办公室,设在县委办公室,对外挂保密办公室牌子;信访局改为信访办公室,设在县委办公室,对外挂信访办公室牌子;督查办公室设在县委办公室。以上单位均为县委办公室的内设机构。(二)老干部局与组织部合署,一个机构,两块牌子;

县直属机关委员会改为县直属机关工作委员会，在组织部挂牌。（三）精神文明办公室设在宣传部，为宣传部内设机构，对外挂精神文明建设委员会办公室牌子。（四）纪律检查委员会与监察局合署办公，一个机构，两块牌子。（五）民族宗教事务委员会改为民族宗教事务办公室，设在统战部，对外挂民族宗教事务办公室牌子；侨务办公室设在统战部，对外挂侨务办公室牌子；台湾工作办公室设在统战部，对外挂台湾事务办公室牌子。以上单位均为统战部内设机构。（六）县机构编制局改为机构编制委员会办公室，为机构编制委员会常设办事机构，是县委、县政府管理编制和机构改革工作的职能部门，既是县委的机构，又是县政府的机构。（七）档案局与档案馆合并，称档案馆，为县委直属科（局）级事业单位，赋予行政职能，对外挂档案局牌子。（八）社会治安综合治理委员会办公室设在政法委，对外挂社会治安综合治理委员会办公室牌子。改革后，县委工作机构设置有7个：办公室、组织部、宣传部、统一战线工作部、政法委员会、纪律检查委员会（监察局与其合署办公）、机构编制办公室。2001年，机构改革后，县委工作机构有：办公室、组织部、宣传部、统一战线工作部、政法委员会、纪律检查委员会（与县监察局合署办公）、机构编制委员会办公室（保留县事业单位登记管理局牌子）、直属机关工作委员会。

县政府工作机构改革和调整

1991年，容县在原县政府工作机构设置的基础上增设旅游局、法制局；乡（镇）企业局更名为乡（镇）企业管理委员会。1992年，设置技术监督局，撤销标准计量局。1993年3月，编制局更名为机构编制局。1994年，畜牧水产养殖局分设为畜牧局、水产局；贫困地区经济开发办公室更名为扶贫开发办公室、教育局更名为教育委员会。1995年，设置国有资产管理局。1996年，设置水果局和国防动员委员会人民防空办公室，人防办在县交通局挂牌。年内有机构55个。1997年，县政府工作机构改革的重点放在转变职能，理顺关系，精简机构和人员。转变对企事业单位的管理职能，理顺政企、政事关系，调整部门的职能配置，有利于加强对农业和农村工作的领导，加强农村基层建设，有利于坚持联产承包责任制，加强和完善农业社会服务体系，促进农村经济和社会的全面发展。按照“小机构、大服务”的方向逐步将专业经济部门改为经济实体或服务实体，其行政职能集中到有关部门实行综合管理，真正建立起相互协调的行政运行机制。机构调整具体情况如下：（一）经济委员会与财贸委员会合并，组建经济贸易局；经济体制改革委员会改为经济体制改革办公室，设在经济贸易局，为内设机构；撤销对外经济工作委员会，其行政职能由经济贸易局承担。（二）商业局成建制转为经济实体，由经济贸易局协助组建商业总公司，为县政府直属企业，原商业局的行政管理职能由经济贸易局承担。（三）医药管理局属企业性质，不再挂医药管理局牌子，其行政职能由经济贸易局承担。（四）对外经济贸易局属企业性质，不再挂对外经济贸易局牌子，其行政职能由经济贸易局承担。（五）物资局属企业性质，不再挂物资局牌子，其行政职能由计划局承担。（六）撤销二轻局，由经济贸易局协助组建二轻工业公司，其行业管理职能由二轻工业联社承担。（七）经济技术协作办公室成建制转为经济实体，由计划局协助组建经济技术协作公司，其行政职能由计划局承担。（八）农业委员会改为农村工作办公室；农业区域办公室设在农村工作办公室，为内设机构。（九）调解处理土地山林水利纠纷办公室设在县政府办公室，为内设机构，对外挂调解处理土地山林水利纠纷办公室牌子。（十）法制局改为法制办公室，设在县政府办公室，为内设机构，对外挂法制办公室牌子。（十一）爱国卫生运动委员会办公室设在卫生局，为卫生局内设机构，对外挂爱国卫生运动委员会办公室牌子。（十二）机关事务管理局改为直属机关服务中心，为县政府直属科（局）级事业单位。（十三）国有资产管理局设在财政局，对外挂国有资产管理局牌子。（十四）体育运动委员会改为体育局，并与农业机械化管理局、广播电视局、矿产资源管理局、旅游局、扶贫开发办公室、老龄工作委员会办公室、畜牧局、水产局等9个机构改为县政府直属科（局）级事业单位，赋予行政职能或行业管理职能。各单位原所属的事业单位的隶属关系不变。（十五）计划委员会更名为计划局；计划生育委员会更名为计划生育局；城乡建设委员会更名为建设局；科学技术委员会更名为科学技术局；乡（镇）企业管理委员会更名为乡（镇）企业管理局；教育委员会更名为教育局。（十六）县供销合作社联合社是农民的合作经济组织，属集体所有制性质，不列入政府行政序列。1997年机构改革后，县政府机构设置有30个。1998年，直属机关服务中心更名为机关事务管理局。1999年，设置防震工作办公室，为直属事业机构；工商局改为自治区垂直管理体制。2000 年，设置事业单位管理局。

2001 年，机构改革后，容县人民政府设置县政府工作机构 20 个，其中监察局（与纪律检查委员会合署办公，不计政府机构个数）、侨务办公室（不计政府机构个数）以及由计划局更名的发展计划局，由水利电力局更名的水利局和由土地管理局与矿产资源管理局合并组建的国土资源局，由人事局与劳动局合并组建的人事劳动和社会保障局，由文化局与体育局合并组建的文化和体育局。政府直属事业单位 9 个，具体是：档案馆（局）、旅游局、广播电视局、水果局、接待办公室、水产畜牧局、农业机械化管理中心、直属机关后勤服务中心、经济技术协作办公室。物价局、粮食局并入发展计划局，保留牌子。设立安全生产监督管理局，并与乡（镇）企业管理局在经济贸易局挂牌，安全生产管理委员会办公室在安全生产监督管理局挂牌；老龄工作委员会办公室设在民政局挂牌。设置议事协调机构的常设办事机构 19 个，具体是：扶贫开发办公室更名为扶贫开发领导小组办公室；住房制度改革委员会办公室、调解处理土地山林水利纠纷办公室设在县政府办公室，财政稽查局设在财政局，国防动员委员会国民经济动员办公室设在发展计划局，国防动员委员会人民防空办公室设在建设局，国防动员委员会交通战备办公室设在交通局，农业区划办公室设在农业局，森林防火指挥部办公室、绿化委员会办公室设在林业局，农村能源办公室由林业局管理，防汛抗旱指挥部办公室设在水利局；生产救灾工作领导小组办公室、退伍军人和军队离退休干部安置工作领导小组办公室设在民政局，普及法律常识领导小组办公室设在司法局，爱国卫生运动委员会办公室设在卫生局，军队转业干部安置工作领导小组办公室、职称改革工作领导小组办公室设在人事劳动和社会保障局，“扫黄”工作领导小组办公室设在文化和体育局。改变隶属关系机构 6 个，具体是：工商行政管理局、地税局、质量技术监督局、药品监督管理局实行自治区以下垂直管理体制；审计局为玉林市审计局派出机构，环境保护局为玉林市环保局派出机构。

2001 年 11 月，容县国土资源局成立

（据《容县土地志》）

2003 年，设置对外贸易经济合作局。防震工作办公室更名为地震局。2004 年，设立招商促进局，安全生产监督管理局由部门管理机构改为政府工作部门，粮食局改为政府工作部门（不计机构个数）。侨务办公室更名为外事侨务办公室，发展计划局更名为发展和改革局，计划生育局更名为人口和计划生育局。撤销对外经济贸易合作局、乡（镇）企业管理局。

2005 年，设置人民防空办公室。审计局、环保局由玉林市政府工作部门派出机构改为县政府工作部门。年内，县政府工作机构有 23 个。机构改革后，县级党政机关的部、委、办、局属于平行机构，均为正局（科）级建制，工作部门内设的科、股、室均不定级。

乡（镇）党政机构改革

乡（镇）的机构改革主要是加强对农村工作和基层政权建设的领导，加强和完善乡（镇）运转功能和农业社会化服务体系，发展乡（镇）企业和第三产业，减轻财政负担和农民负担，促进农村经济和社会事业的全面发展。使乡（镇）能够成为统一管理本行政区域内各项事务，全心全意为人民群众服务，有权威、高效能的基层政权组织。2001 年，机构改革过程如下：（一）确定乡（镇）分类。按照中央和自治区确定的分类标准，将全县 16 个乡（镇）分为三类：一类乡（镇）4 个，分别是容厢镇、六王镇、黎村镇、石头镇。二类乡（镇）9 个，分别是：容城镇、十里乡、石寨乡、杨梅镇、灵山镇、杨村镇、县底镇、自良镇、松山镇。三类乡（镇）3 个，分别是：容西乡、浪水乡、罗江镇。（二）乡（镇）党委政府内部机构设置。根据中央和自治区文件精神，结合县内的实际情况，确定全县各乡（镇）党政内部机构统一设置 6 个综合性办公室，即党政办公室、财经办公室、农业办公室、社会事务办公室、乡村建设办公室、文教卫生计划生育办公室。综合性办公室均不定级别。乡(镇)不再设置助理员职务。(三)乡(镇)人员编制和领导职数。根据自治区下达给容县乡(镇)的行政编制总额,确定各乡(镇)人员编制。各乡(镇)行政编制的使用范围包括乡(镇)党委、人大、政府领导,各委员,各办公室、共青团、妇联、武装部领导和工作人员等。为了增强综合管理能力,除乡(镇)党委书记和乡(镇)长外,其他委员和副乡(镇)长都可以兼任各办公室正副主任。(四)乡(镇)机关富余人员的分流。机构改革前乡(镇)机关实有人数620人,需分流100人,分流幅度为19.23%。根据乡(镇)的现实情况,各乡(镇)分流的人员重点分流安排到农业技术服务站、计划生育服务所、农村养老保险所、农业合作经济经营管理站、农业机械化管理服务站、广播电视站、文化站等事业单位。

机构改革成效

1997年和2001年,县、乡(镇)党政机关机构改革使政府职能有了较大的转变,全县党政群机关单位的职能配置从无到有,从不完善到完善,配置较科学、合理、完整。党政之间、部门之间的关系基本上得到理顺,初步形成既有分工又有合作、协调运转的新格局。机构名称和内设机构得到规范,领导职数和人员编制得到进一步完善和加强。机关干部素质和工作效率得到进一步提高,为推行公务员制度打下基础。

第五节　事业单位机构改革

1997年,容县就着手进行事业单位机构改革的各项准备工作,根据各个事业单位不同的特点、经费来源、生产经营方式、区域布局和人员结构比例等状况,分门别类地进行调查研究和分析,以取得第一手材料,为推进改革做好前期准备工作。

1998年,容县制定事业单位机构改革方案,按照“先易后难,逐步推进”的原则,循序渐进推动全县事业单位机构改革工作。对财政经费预算较大、涉及面较广的农业、林业、教育、卫生等9个系统开展调查工作,收集和整理相关资料。2000年5月,对全县教育系统进行初次核定编制,开展教育事业单位定编后减员工作。

县直属事业单位机构改革

2001年,根据《中共玉林市委员会、玉林市人民政府关于容县党政机构改革方案的通知》以及《容县直属机关机构改革实施意见》,容县事业单位机构改革与行政机构改革同步进行。县直属机关事业单位进行如下改革调整:保留旅游局、广播电视局、水果局;县档案馆(局)由县委直属事业单位改为政府直属事业单位;畜牧局、水产局合并为水产畜牧局;农业机械化管理局更名为农业机械化管理中心;直属机关服务中心更名为直属机关后勤服务中心,暂保留机关事务管理局牌子;县老龄工作委员会办公室由政府直属事业单位改为议事协调机构的常设办事机构,仍为事业单位,设在民政局对外挂牌,由民政局管理;设立接待办公室为县政府直属事业单位;经济技术协作办公室为县政府直属事业单位;扶贫开发办公室更名为扶贫开发领导小组办公室,为扶贫开发领导小组的常设办事机构;住房制度改革委员会办公室设在县政府办公室,仍为事业单位,由县政府办公室管理。农村能源办公室仍为事业单位,由林业局管理;森林防火指挥部办公室、绿化委员会办公室设在林业局,仍为事业单位,由林业局管理;防汛抗旱指挥部办公室设在水利局,仍为事业单位,由水利局管理。

2003年,在事业单位机构改革中,对个别县直事业单位进行调整,将县防震工作办公室更名为县地震局,为县政府直属正区(科)级事业单位,成立县对外贸易经济合作局,为县政府直属事业单位。

2004年,根据《容县党政机构改革方案》,组建县招商促进局,为县政府直属相当正科级事业单位,加挂县投资投诉中心牌子;撤销县对外贸易经济合作局和县乡(镇)企业管理局。

2005年,对个别事业单位进行适当调整,1999年在县建设局挂牌的县国防动员委员会人民防空办公室撤销挂牌,单独设立县人民防空办公室,既是县国防动员委员会常设办事机构,又是县政府主管人民防空工作的职能部门。根据自治区卫生厅、发改委、财政厅、编委办联文下发的文件精神,组建容县疾病防治控制中心和容县卫生监督所,同时撤销县卫生防疫站、县结核病防治所、县卫生局食品卫生监督所。

乡(镇)事业单位机构改革及管理

2001年乡(镇)事业单位改革按《中共容县委员会、容县人民政府关于容城镇等16个乡(镇)机构改革方案的通知》执行,按照精简机构、完善综合服务功能、提高规模效益的要求,对现有的乡(镇)事业单位分别进行了改革和适当调整:(一)保留。保留财政所、交通管理站和计划生育服务所(挂计划生育办公室牌子)。(二)合并。将农业技术服务站和农业机械化技术推广站、农村合作经济经营管理站、水利站等涉农站所合并为农业服务中心;将文化站、广播电视站合并为文化广播电视站,(三)更名。土地管理所更名为国土资源管理所;规划建设管理所更名为村镇规划建设管理站;乡(镇)企业管理办公室更名为乡(镇)企业管理站,实行自收自支;教育管理委员会办公室更名为教育辅导站;畜牧兽医站更名为水产畜牧兽医站,并实行自收自支;林业工作站更名为林业管理站。(四)维持原状。中小学校、卫生院、卫生保健所按现行设置。通过改革,对财政拨款、各类规费和行政事业性收费作为经费来源的乡(镇)事业单位实行总量控制,全县此类事业单位(不含教育辅导站、中小学、卫生院、卫生保健所、自收自支事业单位)由平均每个乡(镇)13.70个压缩到9个以内,其中大乡(镇)9个,中小乡(镇)8个。年内,完善全县中小学教职工机构编制的核定工作,做好全县卫生系统改革调研工作。乡(镇)水产畜牧兽医站由乡(镇)政府管理为主改为由县水产畜牧兽医局管理为主,党群关系仍由乡(镇)管理。

2005年推进广播电视体制改革,乡(镇)文化广播电视站更名为乡(镇)文化站,原乡(镇)文化广播电视站的广播电视职能划给县农村广播电视网管理站。理顺县、乡(镇)国土资源行政管理体制,乡(镇)国土资源管理所更改为县国土资源局的派出机构,人员实行公务员管理。通过机构改革和调整,由乡(镇)管理的站所有:农业服务中心、文化站、林业管理站、村镇规划建设管理站、水产畜牧兽医站、交通管理站、乡(镇)企业管理站。实行乡(镇)和主管部门双重领导,以乡(镇)管理为主的站所有:计划生育服务所。实行主管部门和乡(镇)双重领导,以主管部门管理为主的站所有:财政所、教育辅导站、中小学、卫生院、卫生保健所。对由乡(镇)管理和以乡(镇)管理为主的单位,人、财、物均为乡(镇)管理,县业务主管部门承担业务指导、行业服务和经济信息引导工作的责任,加强行业管理和监督。

事业单位机构改革成效

1997年机构改革,由行政改为事业并赋予行政职能的单位10个,由行政机构改为事业单位1个,更改名称的事业单位2个。2001年机构改革,改为政府直属事业单位1个,合并并新组建成1个单位的2个,更改名称的单位2个,由县委直属改为县政府直属的单位1个,新成立的单位1个;乡(镇)管辖的站所由平均13.70个压缩为9个以内,所有涉农的站所均并入农业服务中心,有5个乡(镇)站所更改名称,经费来源改为自收自支的站所1个。2004年机构改革,新组建直属事业单位1个,撤销单位2个。2005年机构改革,新成立办公室1个,卫生系统撤销站所3个,新组建中心1个、所1个。

第二章　人　事

1990年,容县人事局从容县劳动人事局分设后,主要履行干部管理职能,开展干部招聘录用、调配交流,干部培训、考核、奖惩,工资、福利管理,办理离退休退职等业务。干部主要来源有录(聘)用、军转安置以及大中专毕业生接收安置等渠道,以计划调配为主。1994年,实施干部人事制度改革,建立机关、事业单位工作人员年度考核并与工资晋级挂钩制度。1997年,开始对事业单位核准编制以及对专业技术人员的职称评定管理。1998年,实施国家公务员制度,不再从工人中招录(聘)用国家干部。2000年后,推行机关事业单位工作人员"凡进必考",面向社会公开招录制度,启动事业单位人事制度改革,持续加强对新录用干部岗前培训和对国家公务员、专业技术人员的培训,不断完善专业技术资格考试、专业技术人员继续教育登记制度,规范管理,提高干部队伍综合素质。2005年,全县有干部1.23万人,其中:中专以上文化程度 7105 人；有专业技术职称 9952 人，其中高级职称 253 人，中级职称 3828 人，初级职称 5871 人。

第一节 机 构

1984 年，容县劳动局与人事局合并称为容县劳动人事局。1990 年 11 月，容县劳动人事局分设为容县人事局和容县劳动局。县人事局属县政府工作部门，内设秘书股、干部调配股、工资改革办公室（人事、劳动各 2 名管理工资同志组成），核定编制 8 名，实有人员 8 人。办公地址设在旧县政府大院内（县公安局后背）。1991 年 5 月，成立容县人才交流服务中心，核定编制 3 名，实有人员 3 人，为财政全额拨款副科级事业单位。1993 年 3 月迁到新政府大楼（容城镇北门街 55 号，2005 年改为容州镇北门街 87 号）办公。1995 年 3 月，成立容县机关事业单位职工养老保险基金管理所，核定编制 5 名，实有人员 5 人，属自收自支事业单位，2000 年 8 月，转为财政全额拨款单位。1997 年 3 月，原由县科学技术委员会承担的专业技术人员的职称评定、管理和智力引进的行政职能划归县人事局。1999 年，县人事局内设秘书股、干部调配股、工资福利股、退休管理股、奖惩股、专业技术人员管理股，核定编制 15 名，实有人员 15 人。2000 年 6 月，成立容县人才市场，与容县人才交流服务中心实行两块牌子一套人马。2001 年，县人事局和县劳动局合并组建人事劳动和社会保障局。同年 11 月，容县农村社会养老保险管理办公室由县民政局划归人事劳动和社会保障局管理。2002 年 1 月，局内设办公室、奖惩监察股、仲裁股、综合调配股、职称职业技能培训股、工资福利股、社会保险股，编制 20 名，其中工勤人员 2 名，实有人员 20 人。2003 年 4 月，容县劳动服务公司更名为容县就业服务中心，核定编制 6 名，实有人员 6 人。2004 年 4 月，成立容县职工失业保险管理所，核定编制 5 名，实有人员 5 人。2005 年，容县人事劳动和社会保障局内设机构和 2002 年一样。下属单位有容县社会劳动保险事业管理所、容县城镇职工医疗保险管理中心、容县机关事业单位职工养老保险基金管理所、容县农村社会养老保险管理办公室、容县人才交流服务中心、容县就业服务中心、容县职工失业保险管理所。全局有干部职工 61 人。

1990—2001 年容县人事局历任局长：陈志伟（1990.11—1992.3）、覃世强（1992.3—1999.3）、林家祥（1999.3—2001.11）。

2001—2005 年容县人事劳动和社会保障局局长：林家祥（2001.11— ）。

第二节 人事制度改革

推行公务员制度

1998 年，容县县委、县政府出台《容县推行国家公务员制度实施方案》《容县国家行政机关工作人员向国家公务员过度实施办法》。2001 年，启动县（乡）机构改革，制定《容县机构改革中层以下竞争上岗办法》，采取竞争上岗，竞争不到岗位人员则辞退或分流。严格执行机关的定编、定岗、定员制度，坚持“凡进必考”原则。2002—2004 年，按照上级下达的机关单位职工人数计划配备，控制机关、单位人员的增长。对机关补充工作人员进行考试考核，通过实施“凡进必考”，录用国家公务员 35 人。2005 年，录用国家公务员 14 人。

事业单位人事制度改革

1990—2000 年，容县事业单位呈现机构臃肿、人浮于事、缺乏活力、人员结构不合理和财政负担过重的状况。2001 年 6 月，根据玉林市委组织部、玉林市人事局下发《关于印发〈玉林市事业单位人事制度改革实施意见〉的通知》，容县事业单位人事制度改革正式启动。通过改革，逐步实行公开招聘，竞争上岗、合同管理，严格考核，形成一个人员能进能出，职务能上能下，待遇能升能降，优秀人才能够脱颖而出，充满生机与活力的用人机制。2001 年 11 月选定教育系统的容县中学，卫生系统的容县防疫站、容县中医院和杨梅卫生

院作为事业单位人事制度改革的试点单位。对试点单位进行核编清理，人员竞聘上岗、签订聘用合同，2002年完成了试点单位的改革工作任务并取得一定成效。

2003年，县委办公室、县人民政府办公室印发《容县2003年事业单位人事制度改革工作方案》，在全县事业单位全面实施人事制度改革。对事业单位在岗工作人员全部实行聘用制，对拟聘用人员实行聘约管理，聘用期限3年，合同期满后，由聘用单位根据本人实绩与考核结果，确定续聘或解聘。

事业单位人事制度改革后，新增人员必须在取得编制部门的用编通知和人事部门的增人计划的许可下，通过公开招聘聘用。2002年首次在师范类大中专毕业生中公开招聘中小学教师160名；2003年招聘教师60名；2004年招聘教师200名，其中初中教师35名、小学教师165名；2005年在全县中小学代课教师及师范类大中专毕业生中招聘教师133名，其中初中教师41名、小学教师92名。

第三节　干部管理

干部队伍结构

1990年，容县有干部7820人，其中女性1763人，少数民族37人；在文化程度构成方面，大专以上文化1625人，中专文化3201人；在年龄构成方面，30岁以下1914人，31~40岁1912人，41~50岁2049人，51岁以上1945人。

1991年，全县有干部8187人，其中女性2044人，少数民族36人；在文化程度构成方面，大专以上文化1882人，中专文化3480人；在年龄构成方面，30岁以下2277人，31~40岁1970人，41~50岁2020人，51岁以上1920人。20世纪90年代末期，干部队伍增长较快，文化素质也有所提高。2000年，全县公务员1475人，其中女性305人，少数民族9人；在文化程度构成方面，大学本科108人，大专文化527人，中专文化357人，高中文化387人，初中及以下文化96人；在年龄构成方面，30岁以下231人，31~40岁579人，41~50岁495人，51岁以上170人。2005年，全县干部总数1.23万人，具备中专以上文化程度7105人；有专业技术职称人员9952人，其中高级职称253人，中级职称3828人。

干部来源

干部招聘录用　1990年，容县干部招聘录用方式，一是通过考试从社会上公开招录35岁以下优秀青年，通过德、能、勤、绩考核录用；二是推荐35岁以下优秀村干部，通过德、能、勤考核录用；三是从应届优秀大中专毕业生择优分配录用；四是从军队专业干部中安置录用。1991年，招收聘用制干部27人，从乡（镇）聘用制干部中录用为国家干部34人，从工人中录用干部185名，由民办教师转为公办教师128名；晋升科员248人，确定办事员114人，接收安排军队转业干部6人。1992年，招收乡（镇）企业聘用制干部385人，从乡（镇）聘用制干部中录用为国家干部40人，由民办教师转为公办教师133人；晋升科员63人，确定办事员36人，安排军队转业干部2人。1993年，招收聘用合同制干部24人，从机关事业、企业以工代干人员中录用为国家干部155人，由民办教师转为公办教师340人。1994年，接收安置城镇退伍军人、退伍志愿兵和伤、残退伍军人86人，安置技工学校毕业生70人。1996年试行从优秀的村支书、村主任中招聘乡（镇）内聘干部40名，这是对拓宽干部招录的新尝试。自1998年起，不再从工人中招录（聘）用国家干部；同时，取消了大中专毕业生的计划分配及干部录用指标。1998年，实行从大中专毕业生中通过考试择优录取20名毕业生到村一级任村干部，任期2年，期满后通过考核合格，正式入编录用。2000年，推行机关事业单位"凡进必考"制度，实行公开招考和择优录用，落实事业单位全员聘任制，逐步形成"公开、平等、竞争、择优"的用人机制，当年从高校大中专毕业生中通过考试择优录（聘）用98人任村干部（其中30名为纯村干部，68名期满后分配到事业单位）。2004年，报名参加考录国家公务员39人，录取10人。同年，面向社会公开招考聘用中小学教师140人，定向培养60人。2004—2005年，共招考中小学教师330人，其中初中教师73人、小学教师257人。

大中专毕业生接收分配　县人事局对大中专毕业生的接收、分配工作坚持"从工作需要出发、专业对口、面向基层、为生产服务”的方针，统筹兼顾，合理安排。1991年，按国家分配计划接收分配大中专毕业生289名，办理大中专毕业生转正264人。1992年，办理大中专毕业生转正定级285人。1994年，接收大中专毕业生266名，引导到基层单位工作233名。组织13个单位到南宁、玉林等地参加“双向选择”选拔人才工作，聘用80名外地人才，对274名大中专毕业分配生进行考核和转正定级。1995年，组织10多个单位参加“双向选择”会，满足用人单位的急需要求。对到期定级的大中专毕业生265人和聘用合同制干部进行考核评定转正定级。完成了408名大中专毕业生的分配工作，其中机关28人，事业297人，企业83人。1998年，接受大中专毕业生档案材料104份。2003年，接收大中专毕业生档案材料1163份。2004年，接收大中专毕业生档案776份。2005年，接收大中专毕业生档案817份。

部队转业干部安置　对部队团级以下转业的干部，原则上由原籍或入伍所在地负责安置。2001年，政府开始推行鼓励军转干部自主择业、予以政策上扶持，每月发给退役金措施，至2005年，由地方安置军转干部12人中选择自主择业的有3人。对自主择业的军转干部统一参加基本医疗保险，经费由县财政拨款解决。1991—2005年，全县共安置军转干部43人，随调家属5人，主要安置在党政机关、政法、工商、税务和国有企业等单位。其中1990年，安置梁明南到容县财委，2000年，分别安置少校级干部吴建成、黄国生到容县公安局和容县调处办，安置中校级干部李世松、余超尤到容县信访局和容县爱卫办，上尉级干部李一荣、韩国林分别安置到容县环卫站和容县工商局。2005年，安置张家念到容县公安局。

表19-1　**1991—2005年容县转业干部安置一览表**

年份	人数	年份	人数	年份	人数	年份	人数
1990	1	1994	1	1998	2	2002	2
1991	3	1995	4	1999	2	2003	2
1992	2	1996	3	2000	6	2004	4
1993	3	1997	2	2001	5	2005	1

干部培训

1990年，县人事部门对新录用的590名干部进行岗前培训，学习基础知识和进行技能培训，并颁发岗前培训合格证书590本。1993—1999年，举办了15期新录用干部培训班，培训干部1300多人。2000年，共举办新录用干部培训班15期，培训人数2282人。2001年，开始对全县国家公务员和专业技术人员分期分批进行《计算机基本知识与技能》培训。2002年，共举办10期国家公务员《世界贸易组织基本知识》培训，参加培训人数1667人。2003—2004年，组织国家公务员、机关工作人员和参照国家公务员管理的事业单位及具有行政执法权的事业单位工作人员参加依法行政培训考试，共有3652人参加。2005年，组织国家公务员事业单位及专业技术人员共1万多人参加公共课程《中国—东盟知识》学习及考试。

干部考核奖惩

1994年开始，容县人事局与县委组织部每年对机关、事业单位工作人员进行年度考核，为干部的任免、晋升提供可靠的依据。县委组织部负责机关事业单位副科级以上工作人员的考核；县人事局负责机关、事业单位科员及其以下工作人员的考核。考核内容为年度内德、能、勤、绩4个方面的表现。经考核，连续3年获优秀者和2年合格者分别获晋升一个工资档次的奖励；对连续2年不称职者进行辞退。1994年，共考核干部职工1.01万人，其中评为优秀等次1543人，称职（合格）等次8574人，不称职6人。2003年，考核单位393个，其中机关单位84个，事业单位309个；参加考核人数1.24万人，其中党政机关1642人、称职（合格）以上1625人、不称职2人，不定等次15人；事业单位10739人，称职（合格）以上10729人、不称职10人。2005年，考核机关事业单位干部11491人，其中称职（合格）以上11480人，不称职（不合格）11人。

第四节　干部调配

1990年，容县干部调配以计划调配为主。对国家机关按编制逐步配备干部，对满编制单位控制干部调进。同时，控制从企业调入行政事业单位、从事业单位调入行政单位、从集体单位调入国营单位的人员。干部调动的主要形式有：个人申请调出（调入），经单位同意，报组织（人事）部门审核批准；根据工作需要，由调入（调出）单位申请报组织（人事）部门讨论决定。1990年国家统一分配293人，从自治区外调进干部15人，调出自治区外干部16人。1992年，调配干部329人，其中调出县外干部13人；县内调配干部316人；推荐安排自费大中专毕业生45人，为企业推荐引进专业技术和管理人才11人。1994年从外地调进干部20名。

2001年以后，干部调动先由个人提出申请，经所在单位同意，报组织人事部门审批，最后经县机构编制委员会讨论决定后方能调动。当年县人事局共办理干部调动228人。2004年机关、事业单位交流调动139人。2005年，调出县外29人，县内调动58人，无县外调入。

第五节　专业技术队伍管理

专业技术队伍

1990—2005年，容县专业技术人员主要分布在教育、卫生、工程、农业、图书文博、新闻出版、体育、档案、会计、统计等系列的事业单位中。1990年，全县共有专业技术人员7561人，其中初级职称5557人，中级职称1879人，高级职称125人。1991—1999年，各级别专业技术人员队伍不断发展壮大。2000年，全县共有专业技术人员9320人，其中初级职称5720人，中级职称3362人，高级职称238人。以后呈逐年增加的趋势。到2005年，全县有专业技术人员9952人，其中初级职称5871人，中级职称3828人，高级职称253人。年内，参加全国经济、会计、统计等专业考试并取得中级专业技术资格的共有117人，其中经济类60人、会计类39人、统计类18人；取得初级专业技术资格的共有271人，其中经济类141人、会计类120人、统计类10人。

表19-2　　1990—2005年容县专业技术人员一览表

单位：人

年份	总数	其中				
		高级	中级	初级	其中	
					助师	技术员
1990	7561	125	1879	5557	3721	1836
1991	7836	125	1879	5832	3927	1905
1992	8317	160	2884	5273	3953	1320
1993	8625	185	2895	5545	4216	1329
1994	8719	192	2928	5599	4314	1285
1995	8824	202	2976	5646	4325	1321
1996	8916	210	3023	5683	4365	1318
1997	8985	217	3109	5659	4323	1336
1998	9012	225	3145	5642	4325	1317
1999	9170	231	3243	5696	4353	1343
2000	9320	238	3362	5720	4368	1352

续表

年份	总数	其中				
		高级	中级	初级	其中	
					助师	技术员
2001	9480	241	3428	5811	4437	1374
2002	9580	243	3561	5776	4429	1347
2003	9692	246	3623	5823	4432	1391
2004	9830	248	3752	5830	4437	1393
2005	9952	253	3828	5871	4502	1369

专业技术职务评聘

1986年，容县成立职称改革工作领导小组，下设办公室（简称“职改办”），办公地点设在容县科委的科技干部科，具体负责职称改革的日常工作。1986年后陆续成立容县中专、中小学教师系列，出版系列，会计系列，经济系列，图书文博档案资料和艺术系列，新闻、播音、体育系列，二轻系统、工程系列，农业系列、乡（镇）企业等系列职称改革工作领导小组。同时成立工程系列、农业系列、会计系列、中专教师系列、中学教师、小学教师、乡（镇）企业等系列初级评审委员会。在全县范围内开展职称评审工作。

1990年起，国家逐步推行专业技术资格考试制度，实行以考代评。1990年11月，首次开展统计员资格考试。考试工作由人事部和国家统计局组织命题，自治区人事职称改革部门和统计局负责报名、资格审查、组织考试、评卷和发证工作。地（市）、县统计局协助自治区考试办公室做好考试的有关工作。

1991年，开展经济员资格考试。1992年，开展会计员（审计）资格考试。同年始，职称外语考试语种由英语扩大到日语、俄语，也开考古汉语、医古文。考试由自治区职称考试指导中心统一组织，玉林地区职称改革领导小组办公室具体组织实施。

1993年，专业技术职务实行评聘分开的双轨制。评审专业技术职务任职资格，主要是对专业技术人员学术水平的评价认定，不受岗位和名额的限制。按规定程序和标准条件评价，认定相应的专业技术职务任职资格。根据岗位数额，工作需要和个人德、才表现择优聘任专业技术职务，实行评定资格与聘任分开进行。同年，经济专业资格考试实行全国统一考试制度。资格考试设置初级资格和中级资格2个级别。实行全国统一考试之后，不再进行经济专业相应级别资格的评审。

1995年起，专业技术人员申报晋升中、高级专业技术职务，必须通过微型计算机考试合格。微型计算机考试由县内组织，玉林地区发放合格证书。同年，统计、会计（审计）专业技术资格实行全国统一考试制度。此后，房地产评估师、监理工程师、注册建筑师、注册资产评估师、执业药师、执业中药师、执业医师、造价工程师、注册会计师、注册审计师、注册税务师等特殊行业实行执业资格准入制度，必须通过全国统一组织的资格考试合格后，方可取得相应的职务资格。

根据国务院职称工作统一划归人事部门管理的规定，从1996年起职改办归容县人事局管理。

1998年开始，职称外语实行全国统一考试，考试等级分为A、B、C三等，分别适用申报正高级、副高级、中级专业技术职务。考试语种有英语、日语、俄语、德语、法语、西班牙语，其中英语划分为综合与人文、理工、卫生、财经4个专业类别，其他语种不分专业类别。考试工作由人事部人事考试中心组织，自治区、玉林市具体实施。考场设在玉林市。

2000—2001年，卫生临床医学和预防医学、全科医学、药学、护理及其他卫生专业技术资格先后实行全国统一考试制度。

2001年起，推行全国专业技术人员计算机应用能力考试。考试成绩作为评聘专业技术职务条件之一。考试工作由人事部人事考试中心负责。自治区人事厅负责考试的组织和管理工作。考试采取科目模块化

设计，每一科目（模块）单独考试，考试科目（模块）暂定7类。每个科目（模块）考试合格，由人事部发给全国统一的考试科目（模块）合格证书。考试地点设在玉林市。同年，职称评聘实行专业技术职务结构比例管理，主要是根据行业专业技术职务结构比例标准，科学、合理地设置专业技术岗位，按岗聘任。对现已超过核定专业技术职务结构比例的单位，通过自然减员，调出，低聘或解聘等方法，逐步达到规定的结构比例。从此职称改革工作走入正常化、规范化管理的轨道。

2004年，开展专业技术人员计算机职称考试培训3期，培训336人次；报名参加全国职称外语考试209人、经济类职称考试57人、全国专业技术人员计算机应用能力考试514人；核发专业技术资格证书1000多本；专业技术人员资格证书注册验证2000本；审核上报高级职称材料52人次、中级350人次，审核申报初级职称材料600人次。2005年审核上报高级职称材料63人次，中级430人次，审核申报初级职称材料411人次，重新确认5人次，定职103人次。

专业技术人员继续教育

1991年起，容县实行专业技术人员继续教育登记制度。每年年底对专业技术人员继续教育完成任务情况进行登记、验证1次。针对不同对象，继续教育的内容各有侧重。学习方式坚持因需因地制宜，讲求实效，灵活多样的原则。专业技术人员每年接受继续教育的脱产学习时间累计不少于12天，每5年为1周期，1个周期内的学习时间可集中使用，也可分散使用；但在1个周期内，最少有1次连续脱产10天以上进行较系统的学习。2002年起，将世界贸易知识、东盟知识、知识产权等作为专业技术人员公共科目全员培训及考试内容，也作为专业技术人员申报晋升职称的重要依据。同年，县人事部门共组织8700多人参加世界贸易知识的培训和考试。2005年，组织1万多人参加中国—东盟知识培训考试。

第六节　工资　福利

干部职工工资

1990年，容县行政、事业单位继续执行1985年的结构工资制度，由基础工资、职务工资、工龄津贴、奖励工资构成，其中奖励工资不按月发放；中小学、幼儿园教师增加教龄津贴，卫生系统增加护龄津贴。工龄津贴按每工作一年每月发给0.50元，最高发给20元。根据《广西壮族自治区工资改革领导小组贯彻执行劳动人事部、国家教育委员会关于〈提高中小学教师工资标准的实施办法〉的通知》精神，提高中小学、幼儿园教师标准工资的10%，从1987年10月起执行并保留；贯彻《广西壮族自治区工资改革领导小组贯彻执行劳动人事部〈关于一九八七年解决部分中年专业技术人员工资问题的通知〉的通知》，对部分专业技术人员、工资偏低人员以及尚未开展职称评定的行政单位部分工作人员的工资提高一级工资。同年，企业单位在岗职工平均工资为1852元，机关、事业单位为1986元。

1990—1992年，针对国家机关和事业单位中部分职工工资偏低情况先后进行5次较大的工资调整。1992年1月，机关、事业单位的正式在职工作人员，工龄津贴由0.50元调整为1元。1993年2月，调整部分工作人员的工资，共办理2.22万人次的调资手续，月增资17.78万元。

1993年，机关、事业单位实行工资制度改革。机关单位除工勤人员以外的工作人员实行职务级别工资制。实施新工资制度后，取消工资区类别制度，机关工作人员的基本工资由基础工资、级别工资、职务工资和工龄工资组成。技术工人执行岗位技术等级（职务）工资制，岗位技术等级（职务）工资由岗位工资、技术等级（职务）工资和奖金组成。普通工人执行岗位工资制，工资由岗位工资和奖金组成。建立正常的增资制度。工作人员在现职务的任期内连续2年考核为优秀或称职的，在本职务工资标准内提高1个工资档次，并从下一考核年度的第一个月起兑现工资。技术工人、普通工人年度考核连续2年为合格以上的，晋升1个岗位工资档次，并从下一考核年度的第一个月起兑现工资。事业单位专业技术人员实行专业技术职务工资制，管理人员实行职员职务工资制。专业技术人员的基本工资由专业技术职务工资和津贴构成，专业技术职务工资是专业技术人员新工资构成中的固定部分，津贴是新工资构成中活的部分，与固定部分同时实施；管理人员的基本工资由职员职务工资和津贴构成，职员职务工资是管理人员新工资构成中的固定部分，津贴是新工资构成中活的部分，与固定部分同时实施。全额拨款事业单位，津贴总额按照在工资构成中占30%的比例核定；差额拨款事业单位，津贴总额按照在工资构成中占40%的比例核定；自收自支事业单位，津贴总额根据本单位的经济效益情况核定，一般不超过50%。事业单位技术工人实行技术等级（职务）工资制，基本工资由技术等级工资和岗位津贴构成；普通工人实行等级工资制，基本工资由等级工资和作业津贴构成。津贴总额在基本工资中所占比例与专业技术人员、管理人员相一致。

事业单位在工资改革后，同样建立起正常的增资制度。凡连续2年考核为合格以上的人员，可晋升1个职务工资档次。考核升级增加的工资，从下一考核年度的第一个月起发给。

1994年初，在工资改革工作中共审批274个单位，其中机关单位101个，事业单位173个；参加工资改革总人数1.16万人（不含离退休），其中机关单位0.14万人，事业单位1.02万人。全县月工资总额547.04万元，其中机关单位166.88万元，人均366.09元；事业单位中，全额拨款单位76个272.78万元，人均371.89元；差额拨款单位64个63.77万元，人均370.53元；自收自支单位33个43.62万元，人均382.93元。全县月增资总额96.49万元，其中机关单位28.78万元，人均增资64.57元；全额拨款事业单位40.78万元，人均增资40.79元；差额拨款事业单位14.76万元，人均增资85.75元；自收自支事业单位12.18万元，人均增资106.96元。从1993年10月1日起执行。

1997年9月30日，机关行政人员的基础工资标准每人每月由90元提高到110元，事业单位人员的工资标准参照机关行政人员的增资幅度也相应提高，离（退）休、退职人员按每人每月20元增加离（退）休费和退职生活费。从1997年7月1日起执行，全县在职人员1.16万人、离（退）休、退职人员0.38万人进行工资调整。

1999年1月1日起，增加适当补贴。1.17万名在职工作人员人均月增资150元，0.39万名离（退）休人员人均月增资155元。同年7月1日，调整机关、事业单位工作人员的工资。在职工作人员人均月增资120元，离（退）休人员人均月增资110元。

2001年1月，全县有1.18万名在职工作人员人均月增资90元，0.42万名离（退）休人员人均月增资100元。同年10月，在职工作人员人均月增资82元，离（退）休人员人均月增资80元。

2003年7月1日，1.19万名在职工作人员人均月增资55元，0.44万名离（退）休人员名人均月增资50元。

2003年10月1日，1.20万名在职工作人员人均月增资30元，0.44万名离退休人员月增资20元。

2005年10月1日，1.20万名在职工作人员人均月增资30元，0.44万名离退休人员月增资20元。当年，事业单位职工年平均工资为1.09万元，机关单位职工年平均工资为1.55万元。

福利

休假　干部职工每年享受国家法定节假日（元旦、春节、劳动节、中秋节、国庆节等）休息待遇。实行每周5天工作日后，星期六、星期日为干部职工的公休日。根据自治区关于机关单位实行年休假（带薪休假）制度规定，从1991年起，干部职工工作年限满5年不满10年的，休假7天；满10年不满15年的，休假10天；满15年以上的，休假14天。干部职工夫妻分居两地（县外）的，每年可享受1次探亲假，假期为30天。男25周岁、女23周岁以上初婚的职工，除国家规定的1~3天假期外，另增加晚婚假12天，女职工产假为90天，如女职工在24周岁以上生育第一胎的，增加产假14天，在产假期间领取独生子女父母光荣证的，另增加产假20天。休假期间工资照发，各种保险、福利待遇不改变。

生活补贴　1990—1993年工资制度改革前，机关事业单位每人每月增加生活性补贴，主要有：粮价补贴6元，同时取消油价补贴1.50元；粮食补贴5元，肉食补贴3.70元；书报费19元，洗理费15元（其中女职工17元）。由于不是财政统发工资，各单位执行上述标准不一，每人每月得到的补贴总额约60元。1993年，机关、事业单位工作人员工资制度改革后，取消上述津贴，保留52元物价福利性补贴，但不列入财政预算，由各单位、各部门视自身财力情况自行解决。2004年11月，县财政对全额拨款单位的职工统一发放52元物价福利性补贴。2005年10月，参照执行自治区发放适当补贴的做法，全额拨款单位由县财政发给适当补贴，具体标准为：正处级165元，副处级160元，主任科员级155元，副主任科员级150元，科员、办事员、工人 145 元;教授级 185 元,副教授级 165 元,讲师级 155 元,助教级 150 元,技术员级 145 元。

警衔津贴 1995 年 1 月,根据人事部、财政部《关于人民警察执行警衔津贴问题的通知》发放警衔津贴。每人每月标准为:二级警员 64 元,一级警员 68 元;三级警司 72 元,二级警司 76 元,一级警司 80 元;三级警督 85 元,二级警督 90 元,一级警督 95 元。1999 年、2001 年 1 月和 10 月及 2003 年,先后 4 次调整警衔津贴标准,每次调整涉及人员分别有 214 人、235 人、276 人、293 人。2005 年执行警衔津贴标准为:二级警员 113 元,一级警员 121 元;三级警司 129 元,二级警司 138 元,一级警司 147 元;三级警督 156 元,二级警督 165 元,一级警督 174 元。

遗属生活困难补助

1990 年,遗属生活困难补助执行民政部、财政部《国家机关、事业单位工作人员死亡后遗属生活困难补助暂行规定》,当年给 29 人发放遗属生活困难补助。1991 年,根据自治区人民政府《关于机关事业单位工作人员死亡后遗属生活困难补助暂行规定的通知》精神,对遗属生活困难补助发放标准进行调整,补助标准为每人每月 30~40 元。1994 年,根据自治区人民政府《关于调整机关事业单位工作人员死亡后遗属生活困难补助标准意见》,再次提高遗属困难补助标准,标准为每人每月 60~70 元。至 2005 年,补助标准一直未变。同年,办理干部遗属生活困难补助 56 户 72 人。1990—2005 年,全县共有 709 人享受遗属生活困难补助。

特殊贡献待遇

1993 年、1996 年、2000 年,容县县委、县政府先后下发关于表彰容县专业技术拔尖人才的决定,对 56 位同志授予容县专业技术拔尖人才(优秀科技人才)称号,每人获一次性奖励 1000 元,还享受其他有关待遇。1998 年 11 月,根据上级有关部门规定,对解放后获得市级以上(含市级)劳动模范称号的可享受特殊贡献待遇。其中获全国劳动模范的每月享受奖励津贴 40 元;获得自治区劳动模范(全国"五一劳动奖章")的每月享受奖励津贴 30 元;获得玉林市级劳动模范(广西"五一劳动奖章")的每月享受津贴 20 元。另在住房、医疗、生活保障、学习、就业等方面享受一定的优待。至 2005 年,待遇标准一直未变。1990—2005 年,全县被评为全国优秀教师 7 人,评为广西特级教师的有 6 人。被评为全国优秀教师的,其退休后享受增加 5% 退休金待遇;评为广西特级教师的,每人每月获 80 元的特殊津贴补贴,2005 年提高到每人每月 300 元。

第七节 离休 退休 退职 辞职 辞退

离休

1990 年,容县执行国家《关于干部离职休养制度的有关规定》,凡在新中国成立前参加中国共产党领导的革命战争,脱产享受供给制度待遇和从事地下革命工作的老干部,达到离职休养年龄(男满 60 岁、女满 55 岁)的,可办理离休手续。当年全县共有离休干部 119 人,其中抗日战争时期参加革命的 28 人,解放战争时期参加革命的 91 人。在离休干部中,享受地(厅)级政治待遇的 5 人,享受县(处)级政治待遇的 70 人(不含自治区直单位的离休干部)。2005 年,有离休干部 54 人,其中抗日战争时期参加革命的 6 人,解放战争时期参加革命的 48 人。

1999 年,根据《关于我区镇南关解放之日前参加革命工作的退休人员增加退休费问题的复函》有关规定,1949 年 10 月 1 日至 12 月 11 日镇南关解放之日以前参加革命工作的机关企事业单位退休人员可参照享受离休干部工资待遇。1990—2005 年,全县在机关事业单位岗位上退下来的参照享受离休干部待遇有 231 人,其中行政机关 5 人,事业单位 226 人。

退休

1990 年,容县机关事业单位人员退休执行国务院《关于工人退休、退职的暂行办法》中的男满 60 周岁,女满 55 周岁的规定,当年办理退休 96 人。全县共有退休人员 1249 人,约占干部总数的 15%,其中国家机关118人，事业单位1131人。2002年，总体退休年龄规定不变，但在县、乡（镇）党政机关执行提前退休制度。凡符合国务院《关于安置老弱病残干部的暂行办法》和《关于工人退休、退职的暂行办法》的规定的县乡（镇）党政机关人员和乡（镇）事业单位人员，在未达到退休年龄，但2002年年底前工作年限满30年的，或2001年12月31日前男年满55周岁、女年满50周岁，且工作年限满20年以上（含20年）的，本人愿意，经任免机关批准，可办理提前退休。当年共审批566人退休。

2005年，共审批254人退休。同年底止，全县机关事业单位共有退休人员0.44万人，其中机关单位0.10万人，事业单位0.34万人。

退职

1990年，容县仍执行国务院1978年《关于工人退休、退职的暂行办法》的有关规定，对完全丧失工作能力，又不具备退休条件的干部职工，可办理退职。1990年退职人员3人，2005年退职人员1人。1998—2005年，共审批机关、事业单位退职人员9人。

辞职

2000年，容县被处分的干部26人，辞职34人。2005年无辞职人员。

辞退

2001年，容县被处分的干部34人，其中开除7人，降级2人，记过14人，警告7人，开除党籍4人。2002年被处分的干部26人，其中开除7人，辞退19人。2005年无辞退人员。

第三章　劳动管理

1990年，容县的劳动就业由国家计划指标安置逐渐向企业和个人“双向选择”自主择业转变。1997年以后，开展国有企业改革，劳动力再就业、劳务输出等社会就业结构以及就业服务体系发生变化。县政府逐年推出就业优惠政策、开展职业技能培训、拓宽岗位领域和劳务输出渠道等公共服务，先后培训2.48万人次，安置3.65万人就业。2000—2005年，全县劳务输出达12万多人。落实工资管理制度，做好离退休工作。加强劳动监察、劳动争议仲裁管理，先后处理各类劳动争议案件121起，涉及金额128.55万元，鉴证劳动合同4.10万份，调解劳动争议案件515件，涉及金额312.50万元。

2003年，容县拓宽劳动就业渠道，组织农村劳动力开发芒编织品

第一节　机　构

1990年11月，容县劳动局从容县劳动人事局中分出，属县政府工作部门，办公地址设在县政府大院内。1993年，容县劳动局内设机构有秘书股、计划调配股、工资福利股、劳动争议仲裁股、安全监察股、培训股，核定编制15名，实有职工21人。1995年2月，增设劳动监察股，与原劳动监察大队合署办公，全局不增加人员编制，所需5个工作人员从局各单位抽调。2000年12月，撤销原设在容县卫生局的容县公费医疗管理委员会办公室，成立容县城镇职工基本医疗保险管理中心，隶属容县劳动局管理，核定编制8名，实有人员8

人,办公地址在容城镇燕塘街33号。2001年4月,隶属容县民政局管理的容县农村社会养老保险办公室划归容县人事劳动和社会保障局管理,原劳动局的锅炉压力容器等特种设备检验管理职能划归县质量技术监督局管理。到2001年11月,县劳动局下属单位有容县社会劳动保险事业管理所、容县城镇职工医疗保险管理中心、容县劳动服务公司。全局系统职工67人。2001年11月机构改革,容县劳动局与容县人事局合并组建容县人事劳动和社会保障局,局长由县委组织部副部长林家祥兼任,党组书记由杨克特担任。

1990—2001年容县劳动局历任局长:赵子芳(—1990.11)、梁华南(1990.11—1993.3)、叶志庭(1993.3—1999.3)、杨克特(1999.3—2001.11)。

第二节 劳动力资源

1990年,容县总人口64.22万人,其中男33.66万人,女30.56万人;非农人口4.57万人,从业人数2.32万人,农村户口近60万人,劳动力35万人;2003年容县总人口76.05万人,其中男40.17万人,女35.88万人,非农人口近8万人,从业人数2.55万人;农村户口68万人,劳动力40万人。2005年,全县总人口75.16万人,其中非农人口7.92万人,从业人员2.48万人。

表19-3 1990—2005年部分年份容县劳动力资源一览表

单位:万人

年份	总人口	其中		非农人口		农业户口	
		男	女	人口	从业人数	人口	劳动力
1990	64.22	33.66	30.56	4.57	2.32	59.65	35
1992	67.04	35.31	31.73	5.39	2.88	61.64	37
1995	70.30	36.86	33.44	6.55	3.02	63.75	37.50
1997	71.72	37.70	34.02	7.45	3.84	64.27	38
1998	72.43	38.08	34.35	7.53	3.46	64.90	38
1999	73	38.37	34.63	7.63	3.37	65.37	39
2000	74.93	39.07	35.86	7.73	2.95	67.20	39
2001	75.40	39.48	35.92	0.78	2.82	67.60	39
2002	75.85	39.79	36.06	7.86	2.61	67.99	40
2003	76.05	40.17	35.88	7.98	2.55	68.07	40
2005	75.16	39.72	35.44	7.92	2.48	67.24	40.50

第三节 劳动就业

招工安置

1990年,容县招工安置管理坚持劳动部门介绍就业、自愿组织起来就业和自谋职业相结合的“三结合”就业方针。其后,劳动就业逐渐由国家计划指标安置就业转变为企业和个人“双向选择”自主择业。除国有企业实行招工安置外,还采取个人集资一点,国家扶持一点的办法筹集资金,兴办劳动服务企业,或利用经济能人办实业,街道、乡(镇)办企业,发展第三产业安置待业人员,多渠道解决就业问题。1992—1996年安置就业1.16万人,其中,国有企业安置就业3290人,街道办企业2552人,私营企业4180人,劳动服务企业1580人。1994年招收全民所有制合同制工人129人(包括农民合同制工人54名、集体所有制工人75名),招收1957年底前参加工作而退休的老工人子女11名。1997—2002年,发挥县劳动服务公司协调职能作用，以介绍就业、培植和发展劳动服务企业、组织集体经济扩大就业、向用人单位输送临时工等形式，累计安置城镇劳动力1.85万人。2003年，成立容县就业服务中心和向乡（镇）劳动保障事务所，开展就业和再就业的公共就业服务，服务项目包括职业介绍、就业培训、农村劳动力的开发就业、组织劳务输出和派遣、建立劳动力市场信息网络以及城镇劳动力新增就业的统计和失业登记等。2003—2005年，城镇新增就业6386人，城镇登记失业率为3.80%。

1998年8月20日，容县劳动局劳动力市场服务中心挂牌运转，同日举行用工招聘洽谈会。图为招聘现场

（据《容县报》）

下岗职工再就业

1997年以后，容县国有企业改革先后出现一些企业关、停、转、并或破产，大部分工人下岗失业。1998年末，全县仍有下岗职工1597人。1999年3月，县政府出台《国有企业下岗职工基本生活保障和再就业工作实施办法》，在企业成立再就业服务中心，鼓励企业吸纳、安置下岗职工，制定和落实享受税费减免优惠政策；下岗职工自谋职业可享受免收3年工商管理费和减免其他行政性收费以及优先安排市场摊位等扶持政策。2001年12月，对生活困难的下岗失业人员进行再就业援助，实现再就业1025人，下岗职工进入国有企业再就业服务中心480人。2003年，再就业1935人，发放《再就业优惠证》1838本。2004年，县政府推出社会管理、社区服务等临时聘用制公益性岗位，通过公开报考录用形式，重点安置原关闭破产（含停产，半停产）的国有企业的女满40岁、男满50岁以上（简称“4050”）的大龄下岗职工再就业或生活特别困难的下岗失业人员，不入编不入册，当年聘用14人，月工资500元（含应缴纳养老保险）。2005年，下岗失业人员再就业787人，安置“4050”下岗失业人员公益性岗位29人，申领《再就业优惠证》223人，落实减免相关税费43.41万元。

劳务输出

容县劳务输出主要去向是广东省珠江三角洲经济发达地区，1990年前有1.37万人，前往广东打工。劳务输出以自发外出为主，也有社会培训机构和政府服务机构组织劳务输出。1991年起，县政府劳动管理部门和就业服务机构通过收集主要劳务输入地的劳动力需求结构、数量信息，在劳动力市场发布，指导县内务工人员外出，或与用人单位签订劳务合作协议，组织培训和输出。通过在县劳动服务公司办理《劳务输出登记卡》，对外出务工人员进行跟踪服务，推动劳务输出逐年增加，到2000年，全县劳务输出人数12.90万人。2002年，县政府实施“农村富余劳动力转移就业工程”，对农民进行引导性和示范性培训，取消农民外出务工办理证件手续的各项事业性收费项目。2004—2005年，实施农村富余劳动力转移培训“阳光工程”项目，组织人员到广东省、福建省、江苏省开展劳务合作交流活动。2004年容县农村劳动力转移就业新增6500人，其中自治区内跨县转移就业新增1600人，向广东劳务输出新增4900人。2005年容县劳动力转移就业新增6580人，其中自治区内跨县转移就业新增1600人，向广东劳务输出新增4980人。2005年11月输送容达制球公司新员工40人赴江苏培训，与江苏容达制球公司联合技能交流，进一步拓宽劳务输出渠道。收集企业劳务供求信息，进行订单式培训输出，组织和利用社会力量进行农村劳动力转移就业职业技能培训。调整劳务输出结构，2005年12月在县职业中专举行校企合作现场招聘会，对各类院校毕业生、有技术专长的下岗失业人员予以重点推介，实现劳务输出6800人，成功介绍1395人就业，农村劳动力转移就业职业技能培训3546人，新增城镇就业人数2129人，下岗失业人员再就业657人，城镇登记失业率3.80%。2005年末，外出务工人数达12.16万人，劳务输出经济收入7.30亿元，年内获得广西“农村劳动力转移就业工作示范县”称号。

就业服务体系建设

2003年，成立容县就业服务中心，进一步完善县内的公共就业服务体系，规范化管理劳动力市场。2004年，在县城建成劳动力市场，完善服务台、劳务洽谈室等功能场地设施。2005年，实行全县一盘棋就业服务管理，在为县城劳动力市场完善网络、增配计算机及相关办公设施、改善办公条件的基础上，建立县、乡（镇）两级公共就业服务系统，向全县15个乡（镇）劳动保障事务所延伸，配备计算机、档案柜等办公设备，使用计算机办公软件系统，提高工作效率。

用工制度

1990—1992年，容县国有、集体企业用工仍由县劳动部门统一审批管理。1993年，全县开展用工制度改革，企业在国家法律和政策的规定范围内，自行决定招工、用工，只需报劳动行政部门备案，年内企业自主招工备案人数1.27万人。1995年，贯彻执行《中华人民共和国劳动法》，全县企业用工实行全员合同制，打破干部与工人、固定工与合同工的身份界限，统称为企业员工，员工均与企业签订劳动合同，明确合同双方的责任权利、义务和合同期限。1997年，进一步改革用工制度，用人单位（包括国营、集体、民营企业及个体户）和劳动者在统一、公开、平等规范的条件下，通过劳动力市场实行双向选择，确立劳动关系，职工（雇工）与企业（业主）签订劳动合同。2003—2005年，全县用人单位与2.89万位员工签订劳动合同。

第四节　职业技能培训

2002年12月4日，容县劳动局组织开展职业技能培训　（余华炜　摄）

1990年以来，以公办和社会民办职业培训机构相结合的模式开展职业技能培训，公办主要培训机构有容县职业中等专业学校、容县农业机械化技术学校，社会民办职业培训机构主要有容县九〇九电子科技学校、容县电子工业学校、广东（容县）科技学校、容县新奥发型美容美发学校等。以开展短期职业技能培训为主，培训内容包括计算机操作、电工知识、家电维修、电焊、车床、汽车及摩托车维修、汽车驾驶、毛织、美容、美发、餐厅服务等职业技能培训以及农业、畜牧业、经营管理等方面的技能培训。作为行使政府公共服务职能的容县劳动就业训练中心则对城镇待业青年开设法律知识、就业指导、职业道德、生产安全知识4门培训必修课，兼顾开设短期技能培训班，1990—1995年，容县劳动就业训练中心培训学员5300人。其中1995年，容县农业机械化技术学校举办农用车驾驶员培训班3期共3班150人；容县新奥发型美容美发学校举办美容美发班3期共3班148人。1998年开展技能培训，共培训400人，其中容县新奥发型美容美发学校举办美容美发班4期共4班200人，容县农业机械化技术学校举办农用车驾驶员培训班4期共4班200人。2005年容县九〇九电子科技学校共培训2103人，其中计算机操作员5期19班913人；电工5期12班600人；车床4期12班590人。同年，容县农业机械化技术学校举办农用车驾驶员培训班3期共3班150人。2005年，公办、民办职业培训机构通过各种形式培训学员1.21万人，其中下岗职工2259人；参加培训并取得职业资格证书9799人，其中初级技能人员占48%，中级技能人员占44%，高级技能人员占8%。

第五节 企业职工工资

1990年,国有企业实行的工资制度主要有等级工资制、岗位工资制、结构工资制、岗位技能工资制和企业职工的增资制度。企业在工资分配中经常使用的工资形式有:计时工资、计件工资、浮动工资、定额工资、奖励工资和津贴等。当年推行工资总额与经济效益挂钩(简称"工效挂钩")办法,有16个国营工商企业实行工效挂钩,工资总额比上年增长27.80%。

1994年,对企业工资进行套改。从当年1月1日起执行。全县企业参加套改人数1.16万人,统一按广西二类地区国有企业职工工资标准执行,月增资总额73.89万元。

从1995年4月20日起,全自治区实行最低工资保障制度,容县月最低工资标准为190元。

1997年9月1日,月最低工资标准调整为200元。当年全县52家国有工商企业执行工资总额包干;实行定额分配的有5家,计件工资的5家,承包者支付工资的7家;有13家国有企业进行工效挂钩结算,获工资升级763人;26家集体企业实行工效挂钩,获工资升级的有11家。

1998年,许多国有企业经济滑坡,有的破产倒闭,相当多的企业职工下岗或待业,部分企业名存实亡。在县兽药厂推行厂长年薪制,非生产一线人员实行以原基本工资与产品销售收入及货款回笼率相挂钩的浮动分配法,生产一线职工实行工资定额计件、按质计酬的分配办法。县化肥厂采用多结构工资和产量、销售相挂钩的分配形式。全县有26家企业219人实行工效挂钩,分别占企业总数和人数的23.20%、25.20%,1583人获得效益升级。

2001年5月,月最低工资标准提高到260元,同年9月再次提至335元。

至2003年,仅剩下容县自来水厂实行工效挂钩计发工资,参加挂钩人数216人,获工资晋级169人,月共增资2840元。2005年,审批企业效益工资升级173人。

2005年,国有控股企业在岗职工年平均工资为1.04万元,个体、私营企业属私有制经济实体,其员工工资福利由业主自主决定。不纳入劳动部门直接管理审批范围。

第六节 企业离休 退休 退职

离休

1999年,根据《关于我区镇南关解放之日前参加革命工作的退休人员增加退休费问题的复函》的有关规定,1949年10月1日至12月11日镇南关解放之日以前参加革命工作的机关企事业单位退休人员可参照享受离休干部工资待遇。1990—2005年,全县在企业单位岗位上退下来的参照享受离休干部工资待遇的有23人。

退休

1990年,容县企业单位人员退休年龄执行国务院《关于工人退休、退职的暂行办法》规定:男满60周岁,女满55周岁,女工人满50周岁可办理退休,当年企业退休人员有1379人。2002年,退休年龄规定不变,并执行提前退休制度,2001年12月31日前男满55周岁、女工人满45周岁,且工作年限满20年以上(含20年),或2002年年底前工作年限满30年的,本人愿意,经任免机关批准,可办理提前退休,当年企业有17人办理提前退休手续。2005年,全县企业有离(退)休人员3918人。

退职

1990年,容县仍执行1978年国务院颁发的《关于工人退休、退职的暂行办法》的有关规定,对完全丧失工作能力,又不具备退休条件的职工,可办理退职。其中1990年企业退职职工3人,2005年企业退职职工8人。

第七节 劳动执法

劳动保障监察

1995年始，容县劳动监察机构设有编制3名，实有人员3人。容县劳动监察机构依法行使劳动监察职能，开展打击非法使用童工、小企业用工整治、劳动薪金支付等多项专项监察活动。1997年起，对全县国家机关、企事业单位和社会团体依法执行劳动监察年审制度，主要审查订立劳动合同、支付劳动者工资、参加社会保险和缴交社会保险费等情况。1997年年审用人单位475个，涉及劳动者8014人，对年审合格的458个企业发放了“劳动监察年审合格证”；发出责令改正通知书26份，责令26个用人单位补办用工审批手续，涉及人数299人；责令94家单位补签劳动合同，涉及人数1584人。开展日常巡查和专项监察，共接受投诉案件17件，立案1件，调解15件，不符合受理条件案1件，帮助386名劳动者追回用人单位拖欠、克扣的工资57万元，责令用人单位退回向330名职工收取的个人押金3.50万元，清退童工6人。2001年，审查用人单位148家，处理投诉案件79件，为179名工人追回工资21.40万元。截至2005年止，共审查用人单位3307家(次)，处理投诉、拖欠工资和社会保险费案件121起，立案86起，调解结案35起，为961位农民工追回工资98.31万元，责令用人单位退回向个人收取的押金30.24万元，清退童工74人。

劳动争议仲裁

1987年5月，容县劳动行政部门、县总工会和县经贸部门联合成立容县劳动争议仲裁委员会，办公地点设在县劳动局，劳动争议仲裁委员会负责处理全县劳动争议案件。1990年起，通过规范、指导各用工单位成立劳动争议调解委员会，逐步加强劳动争议仲裁员、调解员队伍的建设。调解仲裁工作开始逐步进入规范化轨道。1990年，全县设专职仲裁员1名，兼职仲裁员2名，调解员1名；累计鉴证劳动合同0.56万份；1997年，全县专职仲裁员2名，兼职仲裁员2名，调解员2名，累计鉴证劳动合同0.70万份；2005年，全县有专职仲裁员3名，兼职仲裁员3名，调解员6名，累计处理各类劳动争议案件65件。按照“重调解、慎裁决”的原则，调解仲裁机构依法做好企事业单位劳动纠纷处理工作，成效明显。1990—2005年调解劳动争议案件515件(其中1999年365件，占70.87%)，因企业开除、除名、辞退、辞职和自动离职发生的争议254件；因执行国家有关工资、保险、福利、培训、劳动保护的规定发生的争议123件；因履行劳动合同发生的争议138件。正式立案受理198件，结案198件。劳动争议涉及职工1650人，金额312.50万元。

劳动保护

为贯彻劳动法律法规关于禁止使用童工、保护未成年工和女职工的规定，劳动监察职能部门，采取到企业普法、企业年审、对未成年工登记备案、专项检查和设点咨询等方式宣传禁止使用童工、保护未成年工和女职工的规定。1995—2005年，累计进入企业宣传1200余次，接受咨询8000余人次，发放宣传资料10万余份，责令用人单位清退童工74人，责令用人单位补缴社会保险、退回所收取的劳动者押金等。加班必须经过劳动者本人同意且不违背劳动法关于加班时间的硬性规定等。

第四章 社会保险

社会保险是社会保障的重要组成部分。社会保险包括医疗保险、养老保险、失业保险、工伤保险和生育保险。1986年，容县实行劳动合同制工人养老保险制度。1990年，容县进行公费医疗制度改革，实行公费医疗管理责任制；开始办理待业保险业务。1991年起，实行企业职工个人缴纳基本养老保险制度，并逐步对这一保险制度进行改革和完善；1994年，成立容县农村社会养老保险办公室，并开始办理农村社会养老保险业务，至2002年，暂停办理这一保险业务。1993年和1995年，先后实施工伤保险和生育保险制度。1995年起，实行机关事业单位职工养老保险制度。1997年，再次对公费医疗制度进行改革；2000年，取消公费医疗制度，实施城镇职工基本医疗保险制度。1999年全面推行城镇企事业单位职工参加失业保险制度；2004年4月成立容县职工失业保险管理所，核实编制5名，实有5人。

第一节　医疗保险

1987年，容县行政、事业单位干部职工享受公费医疗待遇，实行公费医疗定额管理责任制，每年财政按84元/人标准核定公疗费，定额包干给享受公费医疗单位，由单位自行管理包干使用。

1990年，对公费医疗制度进行改革，实行公费医疗与单位、个人利益挂钩的卫生部门负责管理的“公费治疗管理责任制”。县成立公费医疗办公室，负责全县日常公费医疗的管理。实行定点医疗，享受公疗人员凭“公费医疗病历”到定点医院诊治。公费医疗经费(以下简称“公疗费”)按90元/人.年(其中，门诊费60元，留医费30元)预算，包干给卫生部门进行管理。公疗费用分工龄段按比例报销：工龄未满10年的，门诊报销60%，留医报销80%；工龄满10年未满20年的，门诊报销70%，留医报销80%；工龄满20年未满30年的，门诊报销80%，留医报销85%；工龄满30年及以上的人员和退休人员，门诊报销90%，留医报销90%；离休人员报销95%；红军、享受厅级待遇及二等乙级以上残废军人报销100%。每个公疗年度结束后，定点医院作为公疗费用支出核算单位按90元/人.年分别与各个享受公疗单位结算。在定点辖区内，公疗费年度核算，人均年低于90元的，结余部分留作下年度公疗费使用；人均年超过90元的，门诊医疗费(60元/人·年)超支的，由超支单位自行解决，留医(30元/人·年)超支的，定点医院负担20%，享受公疗单位负担40%，财政负担40%。

1997年，对公费医疗制度再次进行改革。通过“三个一点”(即：县财政出一点、单位出一点、个人出一点)的方式统筹医疗费，具体是：县财政按享受公费医疗的在职人员和退休人员工资总额的5%划拨医疗费(其中，1%计入个人医疗账户，3%作为住院留医费用，1%作为机动金)；从各单位预算外资金集中财政专储的总额中提取1%作为医疗费统筹使用；享受公费医疗的在职人员和退休人员按工资总额的1%缴纳医疗基金并计入个人医疗账户，同时每年每人缴纳20元医疗基金作为住院保障统筹经费。公费医疗经费由县公费医疗办公室管理，账务实行微机管理。年度门诊医疗费以个人医疗账户总金额为额度，实行全额报销定额包干，超支部分个人负担，当年结余结转下年使用。住院医疗费用分工龄段按比例报销：10年工龄以下(含10年)报销50%；20年工龄以下(含20年)报销60%；30年工龄以下(含30年)报销70%；31年工龄以上的在职人员及退休人员报销80%；离休人员、在乡二等乙级以上残废军人、领取国务院特殊津贴人员、获地级以上先进人员、科技拔尖人员等报销100%。

2000年12月，取消公费医疗制度，实施城镇职工基本医疗保险制度。撤销容县公费医疗办公室，成立容县城镇职工基本医疗保险管理中心。容县劳动局负责城镇职工基本医疗保险制度的实施，容县城镇职工基本医疗保险管理中心经办具体业务。城镇职工基本医疗保险实施范围和对象包括：辖区内企业(国有企业、集体企业、股份制企业、外商投资企业、租赁制企业、私营企业)、机关、事业单位、社会团体、民办非企业单位及其职工。基本医疗保险费由参保单位和职工本人共同缴纳，参保单位按参保职工上年度工资总额的6%缴纳，在职职工个人按本人上年度工资总额的2%缴纳；当年内按规定办理退休(职)人员，从正式办理退休(职)手续的次年起不再缴纳医疗保险费并相应享受退休(职)人员基本医疗保险待遇。大病救助基金由参保单位按每人每年30元缴纳。基本医疗保险基金实行社会统筹和个人账户相结合，社会统筹用于支付参保人员的住院医疗费用，个人账户用于支付参保人员门诊医疗费用。个人账户配置，一年一定，以参保人员上年度工资收入为基数，分年龄段按比例记入个人账户：35周岁以下0.70%，36~49周岁1%，50周岁以上1.10%，退休(职)人员1.20%。职工医疗保险实行定点医疗，参保人员持《医疗保险证》、医疗保险IC卡到定点医疗机构治疗按规定报销医疗费。参保人员在定点医疗机构和定点药店发生的门诊医药费，从个人账户支付，超支自理。住院医疗费报销设置起付标准和最高报销限额。参保人员在县内定点医疗机构住院符合医保政策规定的医疗费，先自付起付值后基本医疗保险基金报销 80%，经批准到县外就医治疗的，报销比例 75%，年度最高报销限额为上年度全县职工平均工资的 4 倍，2001 年大约 2.10 万元。超出基本医疗报销最高限额的进入大病救助基金报销，报销比例 90%，经批准到县外就医治疗的，报销比例 85%，大病救助年度最高报销 10 万元。2001 年，全县参保人数 1.99 万人，基金收入 767 万元，支出 424 万元。

2004 年 9 月，调整财政全额拨款单位参保人员个人医疗账户配置比例，取消分年龄段按比例配置的方法，在职人员统一按参保职工个人上年工资总额的 2.80% 配置，退休人员由原来按上年度工资总额的 3.20% 降低到 2.80%。大病救助基金的统筹标准由原来的每人每年 30 元提高到每人每年 50 元，其中单位负责 25 元，个人负责 25 元；统筹范围由在职职工扩大到全部参保人员。

至 2005 年年底，全县参保人数 2.05 万人，基金收入 1004 万元，支出 1008 万元，累计结余 82 万元。全县定点医疗机构 21 家，定点零售药店 3 家。

第二节　养老保险

企业职工养老保险

1986 年 11 月，执行玉林地区行政公署《关于合同制工人缴纳退休养老基金的通知》，容县开始实行劳动合同制工人养老保险制度，劳动合同制工人按月工资总额的 18% 缴纳养老基金(其中，用工单位缴纳 15%，个人缴纳 3%)，当年，全县共有 800 名合同制工人参加了养老保险。这种养老保险制度，一直执行到 1990 年 4 月。

1990 年 5 月，制订《容县企业职工退休费用实行社会统筹的暂行办法》，县全民所有制企业职工退休养老费用实行全县统筹，统筹项目包括离退休退职人员的生活费、困难补助费、生活补贴、物价及副食品补贴、民族补贴、粮油补贴等，统筹基金按“以支定筹，略有结余”的原则确定。同年，参保人数 6530 人，离退休人数 963 人，基金征缴 86 万元，支出 51 万元。

1991 年 11 月，执行自治区劳动厅《关于职工个人缴纳基本养老保险费的规定》，在全民所有制企业、企业化管理的事业单位和城镇集体所有制企业的职工以及已建立养老保险制度的外商投资企业中方职工和城镇私营企业职工中实行职工个人缴纳基本养老保险费制度，职工按月标准工资的 3% 缴纳基本养老保险费。同年，参保人数 7832 人，离退休人数 1193 人，基金征缴 103 万元，支出 56 万元。

1992 年 1 月，退休费用社会统筹扩展到集体企业供销系统职工，企业职工养老保险制度覆盖到了国营、大集体企业固定职工和劳动合同制工人(包括机关、事业单位和社会团体的劳动合同制工人)。同年，参保人数 8214 人，离退休人数 1302 人，基金征缴 472 万元，支出 351 万元。

1994 年 6 月，执行《自治区人民政府关于调整我区离退休人员离退休金的通知》，劳动合同制工人养老保险金和固定职工退休费用统筹基金“两金”合并调剂使用，实行基本养老金计发办法改革。基本养老金组成部分包括以自治区上年社会平均工资的 20%~25% 计发的社会性养老金和以本人指数化月平均工资为基数计发的缴费性养老金。各项补贴，根据缴费年限分别为 72 元、67 元、62 元 3 个档次。同年，参保人数 1.09 万人，离退休人数 2018 人，基金征缴 689 万元，支出 563 万元。

1995 年 7 月，全县企业离(退)休人员每人月增加离(退)休费 30 元。建立离(退)休金自动调节机制，以自治区上年社会平均工资增长指数的 50% 增加离(退)休金，每年 7 月 1 日调整 1 次。

1996 年，企业离休人员离休金按行政机关同级同类离休人员予以调整，从当年 5 月起执行。7 月，执行国务院下发关于建立统一的企业职工基本养老保险制度的通知，企业职工基本养老保险实行社会统筹与个人缴费相结合的制度，按职工缴费基数 11% 划入个人账户。基本养老金计发开始增加个人账户养老金。

1997 年 12 月，执行自治区人民政府《关于贯彻落实国务院建立统一的企业职工基本养老保险制度的决定的通知》，实行统一的社会统筹与个人账户相结合的养老保险制度。统一的养老保险制度的范围和对象覆盖到城镇各类企业和企业化管理的事业单位的全部职工，包括国有、集体、股份制、合营、私营企业的全部职工，外商投资企业的中方职工、华侨和台港澳商投资企业的大陆方职工以及城镇个体工商户。企业按职工工资总额的20%缴费，职工个人以全部工资收入的4.50%缴费。从1996年7月起建立基本养老保险个人账户，按职工缴费工资的11%划入，个人缴费全部划入个人账户，其余部分从企业缴费中划入。1997年参保人数1.12万人，离退休人数2190人，基金征缴781.80万元，支出816.40万元。

1998年7月，改革基本养老金计发办法，由基础养老金、个人账户养老金、过渡性养老金、过渡性调节金组成。实行个人账户管理后参加工作的，退休时的基本养老金构成内容为基础养老金、个人账户养老金。9月，贯彻自治区人民政府《关于基本养老保险中央行业统筹移交地方管理和实行自治区级统筹的通知》，企业职工基本养老保险实行自治区级统筹，取消地（市）级统筹，养老保险统一缴费比例、统一待遇标准以及统一管理使用和调剂基金。同年，容县参保人数1.10万人，离退休人数2278人，基金征缴762.50万元，支出974.60万元。

1999年1月，国务院发布施行《社会保险费征缴暂行条例》，强化和规范社会保险费征缴工作，促进社会保险事业的发展。同年，参保人数1.04万人，离退休人数2246人，基金征缴699万元，支出1055万元。

2000年，全县实行养老金全额拨付、社会化发放模式。

至2005年，全县参保企业有国有、集体、私营、股份制和外资企业共157个，参保职工1.38万人（其中：个体工商户从业人员2820人），离退休人员3215人；养老保险征缴基金收入2129万元，基本养老金支出2307万元。

机关事业单位职工养老保险

1995年3月，容县人民政府印发《容县机关、事业单位工作人员养老保险暂行办法》，全县开始实行机关事业单位职工养老保险制度，只征收机关事业单位职工个人养老保险费，单位缴交部分暂不征收，离退休人员的离退休费仍按原渠道发放。个人养老保险费缴费按在职人员月工资总额的2%收取。当年，全县有459个单位1.56万人参加机关事业单位职工养老保险，参保率100%，基金征缴106万元。

1997年7月，容县人民政府印发《关于开展机关、事业单位职工养老保险基金统筹工作有关问题的通知》，容县开始统筹征收全县财政差额（定额）拨款和自收自支事业单位职工养老保险基金，财政全额拨款单位暂不统筹征收。基金征收分为单位、个人两部分，单位部分，财政差额（定额）拨款事业单位和自收自支事业单位征收比例分别按在职人员工资总额和离退休（职）费之和的18%、20.50%逐月征收；个人部分，按在职人员工资总额的3%征收。基金收支按"差额结算、差额拨付"征收和支付。当年，全县有422个单位1.54万人参加了机关事业单位职工养老保险，其中，在职参保人数1.27万人，离退休人数2751人，参保率100%，基金征缴350万元，支出82.20万元，基金滚存结余545万元。

2001年7月，容县人民政府印发《关于机关、事业单位职工养老保险基金统筹工作的补充通知》，开始统筹征收财政全额拨款单位养老保险基金，并调整了财政差额（定额）拨款事业单位和自收自支事业单位的征收比例。养老基金征收依然分为单位、个人两部分。单位部分，财政全额拨款单位、财政差额（定额）拨款事业单位和自收自支事业单位分别按在职人员工资总额和离退休（职）人员离退休费之和的26%、20%、22%逐月征收；个人部分，按在职人员工资总额的3%征收。当年，全县有383个单位1.69万人参加了机关事业单位职工养老保险，其中，在职参保人数1.28万人，离退休人数4079人，参保率100%，基金征缴1930万元，支出1943万元，基金滚存结余1252.40万元。

2002年4月，容县暂停机关、事业单位养老保险基金收缴工作，经县审计、财政等有关部门审核，积累基金全部转入财政专户，由财政统一管理，实行收支2条线。截至2002年4月，容县机关事业单位养老保险基金滚存结余1390.73万元。

2004年12月，容县人民政府印发《关于恢复财政差额（定额）供给经费和自收自支事业单位职工养老保险制度的通知》，容县恢复全县财政差额（定额）拨款和自收自支事业单位职工养老保险业务，同时调整统筹比例。单位部分，统一按参保在职人员工资总额（不包括适当补贴、生活补贴）和退休人员生活费之和的

23% 计征;个人部分,按本人档案工资总额(不包括适当补贴、生活补贴)的 2% 征收。基金收支按“全额征收、全额拨付”原则管理。当年,容县恢复参加机关事业单位职工养老保险的单位共 45 个(有部分单位未及时申报),参保在职职工 3026 人,退休人员 844 人,累计结余 1548 万元。

2005 年底,全县参加机关事业单位养老保险的单位[即财政差额(定额)和自收自支单位,财政全额拨款单位暂停参保]共 87 个,参保在职人数 3969 人,退休人员 900 人,年基金征缴 1296.70 万元,年支出 899.90 万元,基金滚存结余 1945 万元。

农村社会养老保险

1994 年 11 月,在原容厢乡开展农村社会养老保险试点工作。1994 年 12 月,成立容县农村社会养老保险办公室,归容县民政局管理;县内各乡(镇)成立农村社会养老保险所,归乡(镇)政府管理。试点工作结束后,县政府制定了《容县农村社会养老保险暂行办法》,在全县范围内铺开。全年农村社会养老保险收入 134 万元。1995—1997 年,县委、县政府持续推进农村社会养老保险工作,农保基金收入分别是 270 万元、310 万元、510 万元。1998 年 3 月后,农村社会养老保险业务逐步停止。1998 年,全县农村社会养老保险收入 80 万元。2001 年乡(镇)机构改革,县内的农村社会养老保险经办机构划归新成立的容县人事劳动和社会保障局管理。2002 年 4 月,贯彻自治区政府决定,暂停开展农村社会养老保险投保业务,整顿和规范农村社会养老保险业务;但投保人达到领取养老保险金条件或是死亡的,均按时办理给付或退保手续。

第三节 失业保险

1987 年,国务院颁布《国营企业待业保险暂行规定》后,容县开始办理待业保险,经办机构为容县社会劳动保险事业管理所。1988 年起,经办机构转到容县劳动服务公司,参保对象为全县国有企业职工和机关事业单位的合同制工人,缴费时间从 1986 年 10 月起。缴费标准为单位职工工资总额的 1%。1993 年,国务院颁布《国有企业职工待业保险规定》,参保范围扩大到县级集体企业,当年参保人数 1.08 万人,基金征缴 36 万元。1999 年,国务院颁布《失业保险条例》,待业保险更名为失业保险,参保对象扩大到城镇企业事业单位和职工,缴费标准调整为:单位按职工工资总额的 2% 缴交,个人按本人工资总额的 1% 缴交。同年,参保人数 1.86 万人,基金征缴 137 万元,支出 30 万元。2004 年,成立容县职工失业保险管理所,自此,县职工失业保险管理工作由该所具体负责。2005 年,全县有 313 个企事业单位、1.89 万名职工参保。基金征缴 244 万元,支出 209 万元,基金历年滚存结余 747 万元。

第四节 工伤保险

1993 年,容县人民政府印发《企业职工工伤保险暂行办法》。同年,容县开始在国有企业和实行企业化管理的事业单位及其所属全部职工中实施工伤保险制度。工伤保险基金按照“以支定收,略有储备”的原则进行征集。工伤保险基金全部由单位负担,个人不缴纳。缴费比例按不同企业和不同行业发生工伤事故频率并兼顾社会互助的原则按 0.80%~1.20% 确定。职工因工负伤按规定享受工伤保险待遇。同年,全县参加工伤保险人数 1.10 万人,收上工伤保险基金 10 万元,支出 3 万元。

1995 年 1 月 1 日,《广西壮族自治区企业职工工伤保险暂行办法》实施后,工伤保险参保范围覆盖到国有企业、城镇集体所有制企业、股份制企业、私营企业和实行企业化管理的事业单位。工伤保险费收费调整为企业职工年工资总额的 0.50%~1.30%。同年,全县参加工伤保险人数 1.11 万人,收上工伤保险基金 24.90 万元,支出 6.90 万元。

2004 年,国家《工伤保险条例》颁布施行后,容县工伤保险参保范围扩大到各类企业以及有雇工的个体工商户。同年,全县参加工伤保险人数 1.10 万人,收上工伤保险基金 23 万元,支出 5 万元。

2005 年,全县参加工伤保险人数 8376 人,收上工伤保险基金 149 万元,支出 13 万元。

第五节　生育保险

1995 年 7 月，《容县企业职工生育保险基金社会统筹暂行办法》出台，在全县范围内参加社会养老保险的企业及其职工开始参加生育保险。生育保险根据“以支定收，收支基本平衡”的原则筹集资金，由企业按单位职工个人缴费工资之和的 1% 逐月缴交。同年，参保人数 1.09 万人，基金征缴 18.70 万元，支出 4.40 万元。2004 年，由于容县微拖厂、容县石棉厂、容县医药公司等改制，职工置换身份，因此参保人员减少。同时又抓紧追缴一些企业历年欠费。到 2005 年，全县参加生育保险 8419 人，基金征缴 147 万元，同年，享受生育保险待遇的人数增加，待遇标准也有所提高，因此当年支出 34 万元。

第二十篇

民族　语言　民俗　宗教

晚霞中的容县绣江公园北侧　　　　（2005 年 9 月摄，容县爱卫办　提供）

第一章 民族 语言

容县人口绝大多数为汉族人口。1990年,全县有少数民族14个,人口3121人。2005年,少数民族有壮族、瑶族、苗族、侗族、仫佬族、毛南族、黎族、布依族、仡佬族、京族、佤族、土家族、哈尼族、傣族、彝族、水族、拉祜族、畲族、普米族、满族、朝鲜族、鄂温克族、回族、蒙古族、维吾尔族、塔吉克族、藏族、高山族等28个,共8521人。少数民族主要来源于婚嫁迁入、工作调动、投资经商、投靠亲友生活等,居住分散。居民语言交流主要使用容县白话、普通话、粤语。容县白话是人们日常交际的主要方言。

第一节 民 族

容县历史上曾是壮瑶少数民族先民骆越、西瓯的杂居地,县城自唐至今一直是县、州、府、管的政治、经济、文化中心,秦汉之后有中原汉民族陆续南迁,尤其在宋朝后"闽越江浙人"避地容州;近代有广东来客迁徙经商等。

1990年人口普查,容县共有15个民族成分,总人口628421人。其中,汉族人口625300人,占全县总人口的99.5%;少数民族14个,人口3121人,占0.5%。其中壮族2621人,瑶族115人,苗族45人,侗族202人,仫佬族38人,毛南族18人,黎族17人,布依族35人,土家族1人,彝族3人,水族11人,满族9人,回族4人,蒙古族2人。

2000年人口普查,全县共有28个民族成分,总人口639926人。其中汉族人口633798人,占总人口的99.04%;少数民族27个,人口6128人,占0.96%。其中壮族4029人,瑶族364人,苗族443人,侗族333人,仫佬族38人,毛南族34人,黎族28人,布依族521人,仡佬族2人,京族2人,佤族2人,土家族18人,哈尼族3人,傣族3人,彝族32人,水族30人,拉祜族1人,畲族1人,普米族2人,满族50人,朝鲜族23人,鄂温克族2人,回族36人,蒙古族99人,维吾尔族8人,塔吉克族1人,藏族23人。

2005年,全县有29个民族成分,总人口751648人。其中汉族人口743127人,占总人口的98.87%;壮族、瑶族、苗族、侗族、仫佬族、毛南族、黎族、布依族、仡佬族、京族、佤族、土家族、哈尼族、傣族、彝族、水族、拉祜族、畲族、普米族、满族、朝鲜族、鄂温克族、回族、蒙古族、维吾尔族、塔吉克族、藏族、高山族等28个少数民族,共有人口8521人,其中人口最多的少数民族为壮族,人口5100人,具体分布在浪水、自良、石头、黎村、杨村等乡(镇)。

县内各少数民族人口最大来源于婚嫁迁入以及他们的后代落户,其余为工作调动、投资经商、投靠亲友生活等,居住分散,壮族、瑶族、苗族、侗族等主要散居在黎村、杨村、松山、石头、灵山、自良、浪水等边远乡(镇)。

第二节 容县白话

由于历史与地域等原因,形成较有特点的容县白话。容县白话归属广东粤语系,但与广东省的粤语及容县周边毗邻的县(市)的白话略有不同。与周边县(市)语音比较,容县白话较为音轻语平,以县城居民所操的方言为代表,郊区的方言与县城白话差别不大,边远的乡(镇)白话夹杂有毗邻县(市)方言。

容县白话的声母、韵母、声调

声母(19个含零声母)

表 20-1 **容县白话声母表**

	p^h	ɓ	m	f	
t	t^h	ɗ	n	θ	l
tʃ	$tʃ^h$		ȵ	ʃ	
k	k^h		ŋ	h	
∅					

声母例字:

		ɗ	多东	l	老蓝连路	k	高九
ɓ	八兵	t	资早租酒	tʃ	张竹	kh	权
ph	派片	th	讨天	tʃh	抽拆	ŋ	熬
m	麦明	n	脑南年泥	ʃ	事床	h	开轻
f	飞风	ȵ	热软月	θ	字贼坐全	∅	灰

说明:

1. 帮母、並母仄声部分字读内爆音 ɓ,端母、定母仄声部分字读内爆音 ɗ。精母读 t,与 ɗ 形成对立。
2. 泥来不混。
3. 精组声母精母读 t、清母读 th。从、心、邪三母读齿间擦音 θ。
4. 知照组合流,只有一组舌叶音 tʃ、tʃh、ʃ。

韵母(73个)

表 20-2 **容县白话韵母表**

i	u	y	a		ɛ	ɔ	œ	
					iɛ			
	ua					uɔ		
	ui		ai	ɐi		ɔi		
				iɐi				
			uai	uɐi				
iu			au	ɐu	ɛu			
				iɐu				
im			am	ɐm	ɛm			
				iɐm				
in	un	yn	an	ɐn	ɛn	ɔn	œn	
				iɐn				
			uan	uɐn				
			aŋ	ɐŋ	eŋ	oŋ		
			iaŋ		ieŋ	ioŋ		
					ueŋ	uɔŋ		ŋ
ip			ap	ɐp	ɛp			
			iap					
it	ut	yt	at	ɐt	ɛt	ɔt	œt	
				iɐt				
			uat	uɐt				
			ak	ɐk	ek	ok		
			iak		iek	iok		
			uak			uɔk		

韵母例字

u	苦	iɐu	油	aŋ	朋	ɛt	别
i	师丝试戏二飞	ɛu	猫庙	iaŋ	响	œt	# 尖 # 淡
y	猪雨	iu	笑桥	ɐŋ	灯	ɔt	渴割
a	茶牙瓦	am	南	eŋ	升	ut	活
ua	瓜花	ɐm	心深	ueŋ	横	it	热节
ɛ	写	iɐm	音	ieŋ	赢	yt	月
iɛ	爷野夜	im	盐	uɔŋ	糖床王	ak	客
œ	坐靴	ɛm	钳	oŋ	东	iak	药
ɔ	歌过	an	山	ioŋ	用	uak	划
uɔ	火	in	年	ap	塔鸭	ɐk	北
ai	排鞋	uan	关	iap	眨	ek	直色
uai	快	ɐn	根新春	ɐp	盒	iek	翼
ɐi	米	uɐn	滚云	ɛp	夹	uɔk	托郭
iɐi	呭	iɐn	引	ip	接贴	ok	谷六绿局
uɐi	鬼	œn	#	at	法	iok	育
ɔi	开	ɛn	扁	uat	刮	ŋ	五
ui	赔对	ɔn	安	ɐt	七出橘		
au	饱	un	半官	uɐt	骨		
ɐu	宝	yn	短权	iɐt	一		

说明：

1. 舌叶音 ʃ 与 a-、o- 等元音相拼时，衍生出 i 介音。如：沙 ʃia^{55}、柴 ʃiai^{231}、世 ʃiɐi^{53}、深 ʃiɐm^{55}、十 ʃiɐp^{2}、竹 tʃiok^{5}、触 tʃhiok^{45}。
2. 宕摄开口一等字增生合口介音。如帮 ɓuɔŋ^{55}、康 huɔŋ^{45}、各 kuɔk^{53}、恶 Øuɔk^{53}。
3. 效摄开口一等字与流摄合流，读［ɐu］。

声调

表 20-3

容县白话声调表

古调类	今调类		调值	例字
平	阴平	不送气	55	东该灯风
		送气	45	通开天春
	阳平		231	门龙牛油铜皮糖红
上	阴上		33	懂古鬼九统苦讨草
	阳上		24	买老五有动罪近
去	阴去		53	冻怪半四痛快寸去
	阳去		31	卖路硬乱洞地饭树
入	上阴入	不送气	5	谷急
		送气	45	哭刻
	下阴入		53	拍塔
	阳入		2	六麦叶月毒白盒罚

说明：

1. 阴平字有送气分调，全清声母不送气调值为 ^{55}，次清声母送气调值为 ^{45}。如：多 ɗɔ^{55}—拖 thɔ^{45}、遮 tʃɛ^{55}—车 tʃhɛ^{45}。
2. 送气分调在上阴入的字有所表现，不送气记作上阴入 ^{1}，声调调值为 ^{5}；送气记作阴入 ^{2}，调值略升，读 ^{45}。如：谷稻 ~kok^{5}–哭 hok^{45}/ 曲 khok^{45}、击 kek^{5}– 吃 hek^{45}、壁 ɓek^{5}– 劈 phek^{45}。

语音特点

在容县白话中，所有的词或词组的最后一个字的后面都带有一个“r”尾音的特点。“r”只用作韵母的“尾音”，与普通话的用作韵尾时相似，与广州话拼音方案中没有用“r”作韵母尾音现象。容县白话尾音“r”是附加在词或词组末音的最后，舌根稍微向上隆起，与普通话的“儿”区别在于不是舌尖顶到上颚，更没有发出明显的“儿”声音，“尾音”总是跟韵母融合在一起进行，时而隆起，时而降下。如：“万里长江有许多轮船停泊在江边”中的“江”字，前者念为“长江”的(kuɔŋ^{1})，后者讲成“长江一部分”的(kuɔŋ^{1})+r。后者发音到韵母(kuɔŋ^{1})+r时，舌根抬起且紧，有上升的趋势，是一种特殊的变音现象。带“r”的单韵母如“O”（柯音）、“u”（乌音）、“(œ)”（靴音）；复韵母如“(i)”（飞音）、“ai”（挨音）、“(au)”（拗音）、“(y)”（去音）；鼻音韵母的“(on)”（安音）、“oi”（哀音）、“(ɐn)”（恩音）、(aŋ)（罂音）、“(ieŋ)”（英音）、“un”（冤音）、(oŋ)（（瓮音）、(eŋ)（莺音）、“(uɔŋ)”（康音）、“(iaŋ)”（香音）等。

由于发音时力的作用，使入声字的塞音韵尾变成鼻音韵尾。因此，凡是有入声韵母的字，都变成带鼻音“r”这个尾音，没有例外。如：(ap)（鸭）、(it)（热）、(ek)（益）、(ok)（屋）、(ek)（尺）、(ak)（客）、(ip)（叶）等词的韵母，表示“小”“一部分”时，发音为amr（小鸭）、inr（一点热）、(eŋr)（一点利益）、(oŋr)（一间小房子）、(eŋr)（小尺子）、(aŋr)（一些客人）、imr（小叶子）等等。这些入声韵母的共同特点是，都有一个塞音辅音作韵尾，发音短且促，舌尖无机会卷起来，只能用相同部位的鼻音代替。

跟特殊“r”尾音相关联的声调变调。容县白话的声调，分为本调与变调，本调是单词静止时的基本声调，变调是单词在交际时动态的特殊声调。这种特殊声调暂时用向上升的箭头“↗”表示。具体地说，容县白话既有广东粤语的阴平、阳平、阴上、阳上、阴去、阳去6个声调，又有这6个声调的特殊声调“↗”。如果把容县白话的阴平、阳平、阴上、阳上、阴去、阳去的顺序分别用1、2、3、4、5、6作为声调的符号，那么，凡带有“r”尾音的字，都可以带有“↗”的特殊声调。这种特殊声调与带“r”尾音的字结合，表示“小”“一点”“一些”“一部分”“喜爱”，“亲昵”等意义。因此，一个字，除了本意，还增加了附加意义，从而产生了1个顶2个的双倍作用。例如4个人打扑克。甲说：“我出只2↗（方块）。”乙说：“我出只2（梅花）压你。”丙说：“我出只2（红桃）压你。”丁说：“我出只2（黑桃）压你。”结果是丁胜，因为黑桃2最大；甲负，因为方块2最小。又因为它最小，所以它不能用本音本调，只能用变音变调，即尾音特殊声调。反之，甲说：“我出只黑桃6”，那么乙丙丁只能说“我出(tʃeŋ)↗红桃(loŋ)↗”“我出(tʃeŋ)↗梅花(loŋ)↗”。“我出(tʃeŋ)↗方块(loŋ)↗”

语音差异

与毗邻县市语音的差异 主要是县内各乡（镇）的语音比较。受到岑溪话的影响，如与其毗邻的六王镇及与六王镇交界的十里乡、浪水乡的部分区域把在容县白话中单韵母“[0]”的“出席”“寂寞”“光线”“新鲜”“神仙”，“钱财”“优秀”“搜查”以及“三、四、习、心”等不是唇齿音的发音字，读成了唇齿声母“f”的发音字。

县内边远乡镇语音差异 容县白话中的“了”“籽”念为(ti^{1})，与藤县毗邻的自良镇读成“死”字音，与北流市交界的容西乡讲成“纸”字音相同。容县白话中的“蕉”，自良镇发字音为“小”，六王镇发音为“飞—腰”。普通话的“这里”“那里”，县城白话是“果嘀”“亚嘀”，石头镇说是“果的”“亚的”，与广东省信宜市毗邻的黎村镇、杨村镇说“个捏”“亚捏”或“个窿”“亚窿”，与北流市毗邻的灵山镇说“果蓬”“亚蓬”，而与松山镇、县底镇说“个里”“亚里”。普通话“什么东西”，县城白话是“乜嘢”，与桂平市毗邻的石头镇、罗江镇讲“乜西”，自良镇与六王镇说是“时乜”（乜念mct）。普通话的“锅”，容县白话称“煲”，北片乡（镇）称“锅”，石头镇称“鼎锅”、称“镬”为“昌”，等等。

与广东粤语的差异 广东粤语韵母(eŋ)、(ak)与容县白话韵母ing (eŋ)、(ek)有明显的差别，同字不同音的发音差异，构成地方语言又一特色。

特色一：字相同声母不同

字词	广东粤语	容县白话
精神	眼睛(jiŋ^{1})	(teŋ^{1})念如“晶”音
蜻蜓	清水(qiŋ^{1})	(theŋ^{1})念如“厅”音
增产	憎恨　姓曾(tʃeŋ^{1})	(tɐŋ^{1})念如“曾”音

以上广东粤语中的声母“j”“q”“z”“c”“h”，分别与容县白话的t、th、d、y相对应。如“水井”的“井”“增产”的“增”，声母是“d”（ɗ）浊音，而广东粤语的声母“j”清音。

特色二：同字，不同韵母

字词	广东粤语	容县白话
彭祖　澎湃	pang^{1} ping^{1}	(p^{h}eŋ^{2})念如“平”音
革新　方格　隔离	(kak)	(kek^{8})念如“激”音
生活　牺牲　外甥	(ʃeŋ^{1})	(ʃeŋ^{1})念如“升”音

词汇特点

容县白话有许多词汇，具有地方话的特点。不讲本义字，而讲反义字音称“厕所”为“屎馨”，“馨”喻温和芳香。称韭菜为“快菜”，韭菜的“韭”与“久”同音。

称谓有别　称“伯父”为“伯爷”，“伯母”为“伯娘”；称“岳父”为“外父佬”，岳母为“外母娘”，“姑丈”为“姑公”，称“家公”为“君爷公”；未婚男子称“仔”，已婚男子称“佬”，未婚女子称“妹”，已婚女子称“妇娘”，已育妇女称“妇娘乸”（乸，念na^{3}）。自称母亲叫“老母”或“老乸”。凡雌性动物也统称乸。

对人体一些部位称谓　头部叫“头壳”，鼻子叫“鼻公”“鼻示”或“鼻窿”，管耳朵叫“耳鬼”或“耳鬼窿”，头发叫“头毛”，舌头叫作“利”，腹部叫“屎肚”，手指叫“手儿”等等。

量词“只”的使用　不但使用范围广，频率也相当高。自然现象如太阳、月亮的量词不说“个”，家庭用具如凳、椅不说“张（把）”，牲畜如牛、猪、狗不说“一头（条）”，均用“只”为量词。厨具如锅镬碗勺，大都使用“只”量词；甚至称人也不说“个”而称为“只”的等，不胜枚举。“只”在口语中早已习以为常，用于表示人的量词，无半点不尊重之意。

其他特有词汇　如“洗东西”说“揩牙野（或挖牙野）”，“洗衣服”说“揩衫裤”，洗手称“揩手”。“揩”（念hai^{1}），在容县白话里指广义的洗，包括用手摸、拭及用其他东西来洗。“搙”（念no^{1}），是用手轻轻揉搓之意。办事无把握或对他人没有掌握要害的事实时称“冇抓捉”，“抓捉”即把（掌）握的意思。“奸狡而欺诈”说“嬲计”。“嬲”（nou^{1}），意为用心不良，将曲的可以拗成直的，直的可拗成曲的。“计谋多”说“计教多”或“计水多”。喋喋不休称“重重赘赘”，不愿意接受别人的帮忙，会说“冇使敢忱蔗”；言人窃窃私语说“支支蔗蔗”。石头、松山、罗江一带把“哑巴”称为“喑果”。吃早饭、午饭、晚饭称“吃朝”“吃晏”“吃夜”。称“太阳”为“热头”，“太阳出来了”说“出热了”；“晒太阳”说“晒热”；乘凉称“浪凉”。平时聊天称“吹牛皮”“倾大胜”或“车大炮”；不懂事理的说是“冇识事”，懵懂称“乌座座”，去玩耍说“去荡”。称人或动物的乳房为“奶”（念nɛn^{6}）。妇女哺乳叫作“吃奶”，腹部胀大说屎肚“膨脝”（念pong^{5}、hong^{3}），一间房子叫“一井屋”。“我们”“你们”在县城白话称“我地”“你地”，北片乡镇则有称为“你队”“我队”，“这么好”说“敢好”，“很好”说“好哎好”，“相似”说“足”，“熄灯”或“关灯”说“黑灯”。“冷”叫“扔”，“冷水”“冷饭”“天冷”叫“扔水”“扔饭”“扔天”。以刀斧砍木说“斩”或“斫”（念zam^{3}或dou^{3}）。茶壶称“茶提”，蚯蚓称“虫犬”或“蛆纫”，呼狗叫“屡屡”，呼鸡叫“啾过”，呼鸭叫“籁籁”，呼猪叫“余余”，呼牛叫“爱爱”，呼马叫“都都”等等。

拗话　“拗”指反切，即把一个字、两个字词语和原来的意思，经“顺反”与“倒反”得出新的一个词语和意思。容县拗话先“凑”而后“拗”。此种拗话，在“容县戏”唱词中运用更多，如“火烧衫领讲你听”，“火烧衫领”就是颈着烫，由“颈烫”再拗出“讲听”2个字来。

第三节　普通话推广

1990年，容县教育局教学研究室把推广普通话工作纳入学校教学工作，由4名中小学语文教研员担任推普员，全县中小学推普工作全面铺开。全县239所小学使用《普通话口语训练》教材，29所初中使用《普通话口语交际》教材，每周开设两节普通话口语课，全县12万中小学生进行普通话口语交际训练。每年举办中小学生普通话演讲比赛、教师普通话口语课比赛。

1995 年,容城镇第三小学被玉林地区定为整体改革实验学校,容县教学研究室积极发挥容城三小的窗口示范作用,开展普通话口语实验,举办教学研讨会和教学观摩活动,让普通话成为校园语言。

2000—2005 年,容县教学研究室组织本县省级普通话测试员对全县 6903 名中小学教师进行普通话培训;容县教育局组织全县中小学教师参加国家普通话水平测试,共 10 批次。获一级乙等 27 人,二级甲等 589 人,二级乙等 2986 人,三级甲等 2820 人,三级乙等 131 人。教师持普通话等级证书上岗的制度得到进一步落实,全县逐步形成“学说普通话,说好普通话”的社会氛围。

第二章　传统习俗

第一节　传统节日习俗

容县传统节日习俗与周边县市大同小异。在清明、重阳节,容县人有扫墓祭拜祖先的习俗。县内的传统节日习俗一直以来变化不大,除传统节日外,人们还过上一些现代节日,较有影响的有元旦(1 月 1 日)、“三八”妇女节(3 月 8 日)、“五一”劳动节(5 月 1 日)、“五四”青年节(5 月 4 日)、“六一”儿童节(6 月 1 日)、“七一”党的诞生日(7 月 1 日)、“八一”建军节(8 月 1 日)、教师节(9 月 10 日)、“十一”国庆节(10 月 1 日),除按国务院规定放假外,县内的机关、单位、企业、乡村还聚集、组织和举办一些聚会、联欢、慰问、体育、娱乐等活动来庆祝节日。此外,“情人节”(2 月 14 日)等节日也在青年一族中逐渐盛行。

春节

农历正月初一,俗称“新年”,或称“大年初一”,自古沿袭至今。晨起,家家户户燃放鞭炮,以寓除旧迎新。家人集于厅堂,团拜欢声洋溢,晚辈向长辈贺年、祝福时,长辈赏以红包利是,名为“发新年彩”,同辈人互道恭贺新禧吉利话。是日,白天人们出外游乐玩耍,俗叫“行大运”,人们首次见面,都相互庆贺恭祝“新年好”“恭喜发财”,称为“拜年”。新年伊始,要说吉利话,忌讳“死”“病”“冇”等不吉利的字眼。从初一日起,城镇、乡村开展文娱、游园、体育等喜庆活动,还有采茶、木偶戏和舞狮等演出。人们早餐以米粽、年糕、发糕为主,午、晚餐饮以吃青(菜)素(清淡)食及上年剩菜(意为“有余”上年结余下的)为主,以长叶生菜(谐音生财)首选,不杀生。

开年

农历正月初二,俗称“开年”。家家户户备办丰盛酒菜,合家团聚宴饮。此日至正月十六日,民间习惯专备年糕、糖果、糯米粽,利用节日出门探亲访友、互相馈赠礼物,以加强情谊联系;民间舞狮队开始到工厂企业单位、商店、私宅醒狮庆贺,习俗日盛不衰。初二或初四,妻子偕同丈夫携带孩子,备上丰富礼物回娘家探望亲人,俗称“去村”。

元宵节

农历正月十五为元宵节,县内松山、石头等北片乡(镇)多过此节,称为“元宵”。是夜,民间多煮汤圆,全家老幼团坐进食,取团圆之意。

散节

县城附近及南片乡(镇)和自良等乡(镇)则多过正月十六,称为“散节”,家家户户备上丰富酒肴,祭拜祖先神祇。自此,新年时节结束,农村投入春耕。

社日

农历二月初二,称为“社日”或“二月社”。在农村中,按古俗一般每个自然村都会设有一个“社公”,每年逢此日,人们或集体宰猪或各户自备祭品,在“社公”上祭祀“土地神”,乞“神灵”保丰收,称为“拜社祭土地”“作社”。家里有上年新葬死者,亦于此日前往祭扫,称为“拦社”。

清明节

为农历 24 个节气之一,一般在公历 4 月 5 日左右。县内民间以此日为扫墓节,备上糯米饭团、鸡、肉、香烛等上坟祭扫祖坟，以祀先人，称为“拜发”。政府也组织各方人士于此日为革命烈士扫墓，缅怀先烈功绩。

端午节

农历五月初五为端午节，民间此日插桃枝、艾叶于门口和厅堂，并以雄黄水遍洒庭院，或以硫磺粉末散洒于屋前屋后周边，清除虫害。家有小孩者，或以桃枝、艾叶等鲜草药浴，或以雄黄末纳入三角小布囊予其佩戴，意为除秽、避疫、驱邪。民间有龙舟竞赛活动。1991 年，县城绣江人工湖建成后，以县政府文体部门牵头，组织社会各界多次举行龙舟竞赛。时值苦瓜成熟，家庭置办酒肴从简，多作容县特色菜肴“肉末酿苦瓜”，故有“苦瓜节”之称。

十四节

农历七月十四，俗称“十四节”或“鬼节”，为追荐祖先节日，源于农历七月十五的“中元节”。是日，正值农事夏收夏种大忙刚过，家家户户趁过节备办酒肴，拜祭祖先后家庭欢宴成为习惯，而祭祀祖先掺入迷信色彩内容仍存在。县内部分村镇将此节日与“冬至”“大年晚”并列，曾有“冬大过年，十四大过冬”之谓。

中秋节

农历八月十五是中秋节。此日，民间以酒肴祭祀祖先，拜“月亮神”，在亲友间馈送月饼。入夜，明月当空，一家人齐聚于庭院，布上台案，品月饼、尝月圆，称为赏月，一些人家兼放烟花、焰火。县城常于此夜在公园举行文艺活动和诗歌晚会。1999 年后，都峤山庆寿岩景区建成，入夜后，多有青年结伙、情侣相拥前往景区游园赏月，更有带上御寒用品于岩洞过夜。

重阳节

农历九月初九为重阳节。家家户户在重阳节前后进行扫墓，拿酒、糖果等登山祭祀，通常为单家独户祭扫，也有联房、联宗祭扫，称“拜山”。

冬至节

农历 24 个节气之一，一般在元旦前 10 天左右。时正值秋收已过，稻谷归仓，实有庆丰收之意，极为隆重，俗有“冬大过年”之说。是日，家家户户备办丰盛酒肴，祭祀祖先后合家宴饮。

小年晚

农历十二月二十三（俗称“小年晚”）即灶君上天日，当天人们以茶、酒、全鸡、整块熟猪肉、菜蔬、供果摆案，点烛焚香祭拜，谓之送灶公（君）上天。然后，人们开始清扫房屋，购买年货。

大年晚

农历十二月三十（小月为二十九）为“除夕”，俗称过年或大年晚。是日，屋舍内外早已打扫清洁，家家户户、老老幼幼聚集一处，包米粽、蒸年糕，打理好菜好饭。各家在门头上张贴春联或有图案有吉言的长方形利事（或红）纸 3、5 张（单数），其他门、窗头均贴 1 张，连装鸡鸭屋、猪牛栏以及家中主要机械、大件工具也贴上 1 张，以图来年吉利好运。开晚饭前在厅屋，以茶、酒、全鸡、整块熟猪肉、菜蔬、供果摆案祭祀，点烛焚香，众家人先后一一祷告天神、祖先，鸣放鞭炮。然后齐聚晚餐，酒肴最为丰盛，其中必有鱼，寓“年年有余”之意。入夜，家人聚集厅堂，摆上糖饼果品、特产零食、茶水点心，边观看电视节目，边欢谈叙事，尽享亲情。新年零时交接时刻，以鞭炮焰火辞旧迎新。2000 年 2 月 1 日，县人民政府禁止居民在县城区内燃放烟花爆竹，在指定的地点统一举办烟花燃放活动。街坊居民多改为门前挂上红灯笼庆贺新年。

第二节 礼仪习俗

称谓

长辈尊称 容县对长辈的称呼以祖、公、爸、婆、母、姨、姑等为主。

曾祖父母（父亲的祖父、祖母）俗称公祖、婆祖，自称曾孙、曾孙女。

祖父母（父亲的父亲、母亲）俗称阿公、阿婆或爷爷，奶奶，自称孙、孙女。

父亲。儿女称父亲为阿爸、爸爸、老爸。农村因忌讳（迷信的人认为父亲的命格与子女不合相克）也有称为阿伯、阿叔、阿哥、阿舍（意指邻居）。

母亲。儿女称母亲为阿妈、妈妈、阿母、老妈,农村因忌讳也称阿嫂、阿咩、叔母或伯母等。

对父亲的兄、嫂和弟、弟媳分别称为伯爷、伯娘和阿叔、阿婶。也有按排序称的,如二伯爷、二伯娘,三叔、三婶;自称阿侄、侄女。

称父亲的姐、姐夫和妹、妹夫分别称为大姑、大姑爷,二姑、二姑爷,三姑,三姑爷,也有称为姑母、姑父、姑丈、姑公的,自称内侄、内侄女。

母亲的祖父(母)称外太祖父(母),俗称外祖公(婆)或外公祖、外婆祖,自称外曾孙子(女)。

母亲的父(母)称外祖父(母),俗称外公、外婆或祖公、祖婆。自称外孙子(女)。

母亲的兄(嫂)、弟(弟媳)俗称大舅父(大舅母)、舅公(舅婆)。自称外甥(外甥女)。

母亲的姐(姐夫)、妹(妹夫)俗称大姨、大姨婆(姨夫、姨公)、小姨(姨丈)。

丈夫的父、母亲,俗称家公(君爷公)、家婆娘或按辈序称如:二叔,二婶;三伯、三伯娘等。也有不少与丈夫一同叫阿爸、阿妈的,自称媳妇(新妇)。

妻子的父、母称岳父、岳母,俗称外父佬、外母娘或按辈序称如:二叔,二娘;三伯、三伯娘等。多与妻子一同叫阿爸、阿妈,自称女婿,妻子的父、母俗称女婿为阿郎,或直接叫姓名。

同辈称呼 容县各地民间同辈的称呼按辈序相互称呼或直呼名字。

夫妻之间称呼有:老公、老婆,男人、女人,伙记、爱人,老伴等。

婶嫂间称呼有:按辈序称大嫂、二嫂、细婶娘等,后多相互直称名字。

连襟间有称兄弟、老襟的,后多相互直称名字。

堂兄妹间一般称哥、姐、弟、妹,也有相互直称名字的。

表兄妹间一般称表哥、表姐、表弟、表妹,也有相互直称名字的。

朋友同事间称呼有:伙计、兄弟、老友、同志等。同年出生的称老同。

社交活动中称呼有按职务、学位称,如:李局长、局长、黄博士、博士等。通称有先生、小姐、老总、老板、老世、大哥、大姐等。

特殊称谓 容县称谓中有习惯加“佬”字的,阉鸡佬、理发佬、师公佬等,也有加“婆”“妹”的,如“三八婆”“戏班妹”等,有加“仔”字的,如后生仔等,原多为贬称,为中性谓称,有时作贬称,民间有时为表示亲切、亲热也称“佬”字,如男子佬,妇娘婆(妇女)、靓妹、细妹等。

交际礼节

容县的交际礼节方面,在公共场所,习惯要给老年人让座,走路要让老者、长者先行,吃饭按辈分年纪请长者、老者坐“上位”(饭桌正对门口正中位)。“入庙拜神,入屋问人”,见到年长者要主动热情问候打招呼,遇丧报孝及请人帮忙料理丧事,借别人东西办丧事等要给“彩头”“利市”。以前行礼形式有下跪、鞠躬、作揖等,现在多为握手,少先队员敬队礼,军人和警察敬军礼等等。

容县人热情好客,如预先知道有亲朋好友来访,必先将家中打扫干净,摆整齐相应物品,家中所有人穿着整洁衣服迎客,以示对客人的尊重。客人临到时,有的主人要到车站或附近三岔路口,至少出到门口相迎,帮提东西或接担,以示对客人热烈欢迎。客人到来后,必定热情款待,带客至厅,请坐,端茶,敬烟敬茶水,拿出家中最好的茶点果品来招待客人,然后才和客人谈事拉家常。若客人留下吃饭,主人会用最好的酒菜来招待,席间请客人坐上位,且主人亲陪,勤劝酒,并频频将客人喜吃或最好的菜夹到客人碗中,随时给客人添酒夹菜添饭。有些主人,为想留客人多玩些时间,除好言相劝,拉手不放外,还有事先将客人携带物品:如袋子、车锁钥匙等物品藏起来,让客人不得不多待些时间。对客人送来的礼物,一般只领一半,另一半配上主人家给客人准备的礼物一同给客人带回,叫作“有来有回”,来而有往。当客人走时,主人会拿着礼物相送到门口或送到路口、车站,并向客人发出邀请“得闲再来玩”,客人上车离去后,还送上祝福,祝客人一路平安或一帆风顺。

宴饮

婚庆酒 容县按一般习惯结婚时所办酒宴。一般有自家请厨师做或直接到酒店开办2种,客人多用钱封红包作贺仪。农村一般在自家做,自做的一般有全鸡、全鸭、全鱼、海味(一般为鱿鱼)、扣肉、瘦猪肉炒粉丝、汤、虾仁、花生、竹笋猪脚、青菜等。县城的多在酒店办，到酒店办按价格分档次。一般酒桌配有一碟瓜子、花生、糖果、烟、瓶装白酒、啤酒、饮料等。婚宴喜酒一般用喜帖请客，写清入席时间、地点，届时新郎、新娘要在门口迎客人，设“柜收”负责收贺仪。席间新郎、新娘要到各桌宾客前去敬酒、敬茶、敬糖果，以表谢意，宾客要给一个封包作贺仪。

入（新）屋酒 新居落成，择吉日乔迁，俗称“进人”或“入火”。请亲朋好友前来庆贺饮酒，俗称为“饮入（新）屋酒”。主家要准备发包（面包）、发糕、糖果等食品发给亲友吃并带回家，过往行人经过门前可进屋吃发糕、糖果等，可拿点发糕、糖果回家，俗称“一同发”。客人一般送镜屏、挂钟、喜炮、家具、红包等。

“生日”酒 传统的讲法男、女逢61岁、71岁、81岁，俗称“出一”，都要设宴祝寿，不是“出一”就简单办“生日”酒，儿女、亲戚朋友等送的贺礼一般有面条、米粉、衣服鞋袜、鸡鸭及猪肉、封包等。主人家将来饮酒的客人回一个红包。

出生习俗

对血缘关系的延续非常传统和重视，对生育孩子的礼仪颇为讲究。孩子出生有做三朝、十二朝、满月等风俗。

出生 婴儿出生，俗称“出世”，这一天要杀鸡祭祖，告诉祖先自己家添丁了。儿女出生后一般在10天内，应到丈母娘家报喜，丈母娘家接到喜后，在这个月内一般送鸡蛋数十只、生鸡2只、小孩衣服、鞋、帽、被子到女婿家看女儿和外甥，称“探月”。

三朝 孩子出生的第三天，做三朝酒，请邻居叔伯兄弟饮酒，同时也要烧香敬祖先，亲朋好友送上鸡、猪肉、酒作为礼物，主人家一般领取一半，另一半作回礼给饮完三朝酒亲友带回家。

坐月 亦称作月。妇女生育孩子为坐月，称为“月婆”，是指妇女从生下孩子那天起，一个月内均卧床休息。外出要戴头巾、帽子，以防风吹，不能接触冷水，不参加任何劳动。其间还每天要用姜、酒和猪脚、生鸡、项鸡煲给坐月的妇女吃。刚生下孩子的前几天，要找草药煮水给月婆和婴儿洗身。给药水月婆洗身称之为祛风，给婴儿洗身称之为祛胎毒。在婴儿出生后“月婆”一般不吃青菜，每天是煮“月婆鸡汤”给月婆吃，满一个月后才可以随便吃。

定花根 婴儿出生后，无论男女，一般通称为“狗儿”，民间认为命贱如狗易养活、命贵则易死，故有的男要叫“亚狗”“狗儿”，女的叫“亚妹”“狗妹”。几个儿子的分别叫“大狗”“二狗”“三狗”；几个女儿的分别叫“大妹”“二妹”“三妹”。也有不论男女按出生顺序分叫“阿一”“阿二”“阿三”“阿四”。婴儿出生后不久，一般要请算命先生为儿女算命，称之为定花根。定花根的目的，一是算孩子能否顺利养大，如果算命先生说此孩是什么什么花，是哪一祖宗托花来的，便称之为花根正，根基固，能养大；二是算孩子“金、木、水、火、土”五行是否齐全，然后据此取名；三是养育孩子的过程中要注意些什么，如孩子的命格与父母的命格是否相克；孩子如常哭则有弓箭、白虎，要如何如何除去等。

满月 孩子出生满一个月，俗称“满月”，也称“出月”了。当天一般要杀鸡祭祖，办酒席，请亲朋好友饮酒庆贺，称之为“饮满（出）月酒”。娘家人通常送的礼物有小儿背带一条，被二张，小儿裙布二幅、抱被一张、帽子及小儿饰物等；一般亲戚送布料几尺，或儿童服装一两套，或封个红包。

挂灯 挂灯是传统民间习俗。每年农历正月初十，前一年有出生已满月男孩的家庭都要“挂灯”。在农历正月初九下午，孩子父亲必须将花灯盏（七彩纸扎成，呈圆形或八角形，里面挂一盏小油灯）悬挂于当地的“社公”处。初十早上，进行祭祖仪式，再抱着小孩“游行”，把小孩抱到当地“社公”前，告诉“社公”某家生了儿子，祈求“社公”保佑孩子健康成长，聪明伶俐，五子登科，仪式结束后开始饮挂灯酒，亲朋好友买孩子衣服、礼物或封包庆贺。中部有容城，北片有松山、浪水，南片有六王等乡镇时兴该传统习俗。

过继领养 受“无后为大”等旧思想影响，对血缘延续极为重视。很多无法生育的，要领一个兄弟或亲戚的儿子过养，以续香火，俗称“过继”或领养。个别结婚数年不生育的，则领养一个女孩，称为“花墩女”，希望通过“花墩女”能让夫妇怀孕、生育孩子。

婚嫁习俗

旧俗婚嫁多由“父母之命、媒妁之言”，个人少有自由。男家得到女方的出生年月日时辰后，请算命先生占卜，论男女之命，相合的放在“厅屋”供三天，若平安无事，则同意订婚。解放后，提倡婚姻自由，现在是男女青年经自由恋爱交往一段时间后（也有通过媒人介绍认识后相爱的），双方感觉良好，情投意合，便相互看

望对方父母及家庭成员，更进一步了解对方家庭情况，称之为相亲。农村的相亲，男家称之为“睇老婆”，“相睇”，女家称之为“睇门口”。“睇门口”一般女方有亲属陪同，男家会热情接待，设宴款待，要给女方和女方亲属、媒人打发“封包”，负责往返费用。男方到女家则没有此讲究。有的相亲以前还有“偷看”，即一方不公开露面，到另一方经常出现的地方看上一眼，觉得可以才正式相亲。也有些本是自由恋爱的男女青年，在婚前也托个媒人走一走“相亲”形式，求取吉利。

订婚 即相亲成功，主要是通过媒人传达相互的意见，男女双方共同达成嫁娶意愿，双方同意，到民政部门领取结婚证，称为“订婚”。领取结婚证后一般由男方请算命先生择好吉日，写成贴式，内容列明举行婚礼日期及安床、装灯、出门、登轿（上车）的时辰等。备好礼物后送女家，女家同意后便确定该吉日举行婚礼。

过礼 即男家在确定吉日举行婚礼前的3~5天，送女方家一定数额现金，即所谓送女方的“身价钱”，即聘金，同时送槟榔、榄子、瓜子、烟、酒、糖果等礼物到女家，女家结婚当天办酒使用。

迎亲 即结婚庆典之日。是操办婚事最隆重的日子。当日双方家庭张灯结彩贴联，办酒席宴请亲朋好友。不少青年废旧习，树新风，不收彩礼，不拘形式，文明结婚，流行的有旅游结婚。婚后第二天，农村习俗往往要搞“拜堂朝”，新婚夫妇要在屋厅祭拜祖先。新娘婚后第三天回娘家，称“回门”。新郎、新娘在新婚后第一次回女家探亲，新娘父母要给新婚女儿、女婿每人一个红包，送一对生鸡、母鸡（称“扒路鸡”）带回，祝福新婚夫妇生活美满，万事如意。

探村 新郎、新娘在婚后的第一个春节（正月初二），备好礼品回娘家探亲，俗称“探村”。有些不举行婚礼的新婚夫妇则就此机会敬请女家亲戚吃一餐。此后每年春节夫妇都要去娘家探村1次。

丧葬风俗

老人将临终时，其亲属一般争取在咽气前将老人移至“厅屋”（祭祖厅）一侧，日夜派人守候，据说这一是祈求祖先庇佑，多延些时日；二是能让老人死后迅速归入宗社。如在外面死的，要入“厅屋”，要先做“法事”然后才能入“厅屋”。人过世后，死者移至“厅屋”，并架设蚊帐，设香案“告祖”，给死者净身，用水抹身后穿上“寿衣”，黑面白底鞋，男的有些还给其剃头发，女的给其梳头。亲属日夜守护奠堂，即守孝。男性死者入棺时要用黄麻缚手、脚、肩臂，传说是因为原来是由官府绑着迁来的，死了不绑，怕祖宗认不得。也可理解为固定尸体，以免触电炸及在棺中倾侧反扑。入棺在黄昏时分，尸头垫瓦，棺底垫草纸，再用麻布或白布垫尸，把一枚铜钱或硬币放入尸口，俗称“含金”。尸面盖红布。并择时日做道场（做法事），俗称“作斋”，为死者超度亡魂。“作斋”有“一夜”“一午”或作几夜的。“作斋”时，亲属要披麻戴孝，游拜社庙，由师公佬（道公）用铜锣、牛角、喇叭等乐器边奏乐边唱，歌颂死者业绩、美德。出殡时子孙亲人列队撑旗送葬，一路撒香纸钱（买路钱）、放鞭炮。送葬的由新路返回，并要折生树枝带回，取“生机转来”之意。改革开放后，政府提倡火葬和简办丧事，部分乡村有简办丧事，城镇逐渐实行火葬简办丧事。死后亲人要为死人作七，从死去之日起，七天为“头七”，每“七”必去新坟拜祭，“三七”最为隆重，“七七”之后，丧事才算结束。“作七”之后，要给死者办理“上座”，择取吉日，由道公作法超度死者亡灵，通过“搭桥”方式将死者引渡回家中祖屋神坛供奉，俗称“上座”。

捡骨一般在土葬三年后进行，选好日子挖坟启棺，捡取骨骸，用干布擦干净，把骨骸按照人体结构的顺序叠放在金罂中，另再择地而葬。择吉地吉时再入葬，称“二次葬”。人们认为子孙祸福与祖先葬地有关，葬地好、风水好，子孙才能显贵。在迁葬时，如见土色金黄干燥，骨无朽糜，则可葬在原地或迁往更好的“吉地”，如土黑而湿，骨糜朽，则认为大凶，要迁其他“吉地”安葬。

第三节　生产习俗

农事季节

春季雨多，利于抢种番薯、木薯、芋头、花生等旱坡地作物，开展植树造林，兴修水利和播种水稻。按农历分，主要农事季节有：

农历正月立春、雨水：柳怀胎，茶牙折，荔枝吐花，农民治耕具，整理田地，兴修水利，准备秧地。

农历二月惊蛰、春分：草木青、竹笋盛，寒蝉鸣，燕鸟至，春分浸种插秧，抢种薯类、花生等坡地作物。

农历三月清明、谷雨：杨梅熟，杜鹃啼，农民插秧，种姜、芋，旱坡地中耕，造林。

农历四月立夏、小满：桃李盛，耘田中耕，收旱坡地作物。

农历五月芒种、夏至：荔枝熟，割早熟禾，播晚造种。

农历六月小暑、大暑：割早造禾，晒谷，犁耙田，农事忙。

农历七月立秋、处暑：龙眼熟，黄花菜茂，暑气逼人，云争秋熟，农民插晚造种，抢种旱坡地作物。

农历八月白露、秋分：梨栗熟，燕子去，农民耘田中耕，旱坡地作物中耕。

农历九月寒露、霜降：菊花黄，朝夕薄雾，鸿雁来，农民收秋作物。

农历十月立冬、小雪：柑红橘黄，芥菜盛，农民割晚稻，积蓄牛畜饲料，晒谷，冬种。

农历十一月大雪、冬至：薄霜无雪，叶落草枯，农民收藏作物种子，犁霜田，冬种管理。

农历十二月小寒、大寒：桃李盛开，雨多笋萌芽，农民忙，冬种管理或收获，犁田晒冬，修水利。

耕作习俗

犁耙 人力、畜力耕作有犁和耙，早造一犁三耙，晚造两犁三耙。一般在晚稻收获后，农田开始“犁晒”。2000 年后，机耕逐渐取代牛畜耕，用农机一次将田整好，生产效率大大提高。

播种插秧 种水稻播种，先犁耙好田，然后浸种、播种。早造种和大冬种不能混用。旧社会浸播种要选择吉时，播种时不准讲话，由有经验的男人完成，女人不能参与，认为女人参与种子不发芽。这种迷信的做法，在解放后已消除，不少妇女熟练掌握播种技术，成为耕种能手。1996 年后推行抛秧技术，劳动力大大减少。秧苗下插前要施秧根肥。秧苗插下后要立即放水浸根，称之“回秧根水”。

耘田 耘田是重要的田间管理工作，用人工在每行禾间开一条水路，增加秧根泥。每耘一次均施农家肥或化肥。一耘叫正耕，二耘叫番耘。番耘施肥根据秧苗的长势施混合肥。1996 年起，全县推广抛秧技术，耘田工作逐渐减少。

禾秆棚 收割晚稻时，脱谷后把禾秆扎成一把把禾秆子，晒干后收回给牛作过冬粮食。在空地用四根木桩或长条方石柱埋入地里，稳固后露出 1.6~2 米作架脚，再和木料一起搭成禾秆棚架，中间立一条 4 米左右高的木杆作杆棚心，然后把禾秆子撒开一层层堆上去成圆锥形，顶上再扎一个大禾秆子以防水，俗称“上禾秆棚”，禾秆棚成为农村一道独特的风景。为防北风冻伤牛，人们特地在禾秆棚四周围上篱笆，上禾秆棚当天家里要煮糯米饭，意为让禾秆棚“粘”得牢固。20 世纪 90 年代后，随着农业机械化发展，养牛耕作越来越少，上禾秆棚也随之减少。

箪箩

传统生产生活器具

箪箩 容县民间编织箪箩常用比较粗的竹篾片编织成方形箪箩底座后，再用较小的竹篾条沿箪箩的底座往上编织成高圆形状，并在箪箩的上方边筐平分四点各编织一个提手，以便装系绳索。箪箩呈圆形状，直径大约四五十厘米，可编大编小，高约 50 厘米。多用来装稻谷等农作物，也可盛装别的东西，用途很广。

簸箕 呈平圆形，用削得小而薄竹篾片编织而成，主要用于盛各种各样的物品。

菜篮

筛 呈平圆形，用削得小而薄竹篾片编织而成，筛内平面呈空心的网状，可用来筛米、筛粉、筛糠，亦可用来盛其他东西。

泥箕 民间常用竹子削成薄一点的篾片，再用弯成圆弧状的小木条作为畚箕的框架，然后沿着这个框架编制，形状为半圆状，再用粗一点的竹片编成畚箕的挑手，可以用来挑菜，挑禾苗、挑沙子、挑砖等，用处广泛。农村普遍使用。

插箕 形状呈开口半圆形，用削得小而薄竹篾片编织而成，与竹畚箕很相像，只是少了2条畚箕耳(挑手)。

菜篮 为农村常用一种竹制器具。用中粗不等的竹篾片编制而成，呈四方状或圆形状，篮子可根据个人的喜好编大编小。在篮子两头用粗一点的篾片扭在一起编成提手。现多使用塑料制品。

笼 用来装鸡、鸭、鹅或其他动物的用具。笼子用竹篾片编织而成，形状呈圆形，笼子装有一根弯曲的提手，以便拿用。

笼

笠帽

动物罩 是农村各地用来罩住鸡、鸭、鹅等动物的一种器具。用竹片编制而成的，呈半圆网形状，上面是1个小口子，下面是大口子，以便罩住动物，不让动物逃走。

牛轭 是套在牛的脖子上用来拉犁、拉耙的一种木制工具。用木头削成，呈弓形弯状，两边各钻1个孔或修整成凹型状，以便穿或扎绳子。

火笼

瓜滤

笠帽 用削得小而薄竹篾片编织而成，笠帽编成圆形的框架后，里面再用包粽子的叶子镶嵌在中间，最后再在外面编些竹片。笠帽主要用于遮阴、挡雨。有的竹笠帽还增加竹笠帽箍，笠帽箍是用竹子编成的，呈圆形，两头空，套在笠帽上，使帽子升高，戴着凉爽，也让帽子戴得更稳、更舒适。整个笠帽呈圆形或圆锥形。

火笼 是民间人们冬天里取暖的工具。常用竹篾编织成一个圆形的竹罩底座后，放入一个瓦盆做底盘，沿着底盘编成圆形网状的笼子，再用硬一点的竹片在火笼的两旁编一个提手作拿用。用时先放一些火炼作垫底，再把烧着的火炭放进火笼的瓦盆里，或再加盖上一层没有烧着的火炭在上面，火笼便慢慢地升温，便可以用来暖手，暖脚。天冷时人们还把火笼放进被窝里暖和睡觉，但存在安全隐患。天气潮湿的时候还用来烘干衣服、被子等。

水烟筒 是流行在民间的一种吸烟工具，为竹制品，长约50~60厘米，把老一点的竹子砍下来后，割成段，再用烧红的铁棍在竹节里面烧穿孔，以便装水，再在竹筒的外侧中央挖个洞装上一个铜(或铁)的烟嘴。后来，也有用铝合金或易拉罐焊接成的水烟筒。水烟筒装上水后便可抽烟丝，因经过水的过滤，可以阻隔大部分的尼古丁而减少对人体的伤害。有众人共用水烟筒习惯，但存在卫生问题。

扁挑 即扁担。扁担是扁圆长条形挑、抬物品的一种工具，扁担有用木制的，也有用竹做的。扁担是生产生活中的用具之一，尤其是山区交通不便的地方，是搬运货物的便捷有效的工具。

脚踏 即梯子的俗称。爬高、上楼的工具，高数米，用竹、木制造，中间间隙有横栏。

扫把 是家庭、办公场所中最为常见的打扫卫生清洁、清除垃圾的工具，用竹枝、扫秆枝条等制成。

瓜滤 是洗碗、碟、锅的专用工具，用成熟的水瓜经晒干去壳制作而成。

竹枝扫把

第四节　生活习俗

饮食习俗

容县人基本是一日3餐，早餐称“吃朝”，午餐称“吃晏”，晚餐称“吃夜”。晚上加餐称“吃宵夜”或“吃夜宵”。

容县传统饮食以稻米为主粮，番薯、木薯、芋头、玉米、南瓜、甜薯、大薯、山薯、果子、大豆、黄豆、绿豆、饭豆、花生等为杂粮。蔬菜主要有蕹菜、唛菜、白菜、芥菜、青瓜、苦瓜、黄瓜、毛瓜、丝瓜等。肉食以猪、牛、鸡、鹅、鸭、鱼肉为主。传统品种水果以当地沙田柚、荔枝、龙眼、菠萝、沙梨、番桃、黄皮、香蕉、甘蔗、杨梅等。

容县人喜欢吃清淡的，爱吃白切鸡、白切鹅、白切鸭等食物。改革开放后，人们的饮食变化很大，饮食由吃饱逐渐向吃好发展。20世纪90年代后，人们转向食少量米饭，多食菜，菜肴呈多样化。在菜肴呈多样化的基础上，转向定期吃一两餐杂粮，讲究食品的科学搭配，追求健康、保健、科学的饮食习惯。随着人们生活水平的提高，牛奶、糖果、保健品、羊肉、狗肉也逐渐成为人们喜爱的食品。吃夜宵逐成一种习惯，城区、圩镇的夜宵摊点增多，尤其节假日期间，学生放假、外出务工人员回乡后，夜宵摊点热闹非凡，夜宵食物主要有鱼粥、肉粥、煮粉、炒粉、炒田螺、鸡鸭翼(翅)脚、鸭舌以及水饺、云吞、烧烤等；冬天则多吃羊肉、狗肉、鱼等生料火锅等。饮茶逐渐普及，早晚烫一壶茶，吃点心、瓜子，听音乐看电视，或与家人、朋友、客户到茶楼坐坐，聊聊天，谈点事，逐成时尚。快餐店受到很多青少年朋友的青睐。

民间小吃

米粽　又叫包米粽。包米粽的叶叫包糊叶，每张巴掌般大小，长30厘米左右。米粽所用的主料是糯米。糯米洗净晾半干后配适量灰水(苏打粉)搅匀，再用糊叶包糯米，内馅配有饭豆或绿豆和大拇指般粗细长短的五香肉块，包好后用包糊藤或绳子绑实，扎得渗水不入，防止味外跑。将包扎好的米粽放在大锅内连续煮4~5个钟头，直至糯米熟透。这种米粽刚柔适度，有光泽，芬芳，不淡水(淡味)。县内的米粽，品种多样，内馅还配有绿豆、板栗、排骨等。春节、端午节人们都爱包米粽，米粽是过大年过大节的象征。

簸箕炊　用米粉制成。簸箕炊要分层制作，用米粉调成稠糊状后，再放到一个大托盘里，然后用旺火蒸上十分钟左右，蒸熟一层又要从笼孔灌入配料和米浆，直至满簸为止。将蒸成的簸箕炊切成薄块，配以香油、酱油、葱花一同食用。可以根据个人的喜好放上调味品，甜、咸均可。簸箕炊香润软滑，口味独特，老少皆宜，一般在农历四月至九月食用。

发糕　用米粉、黄糖调成稠状后，按比例配放泡打粉，待发酵后再放入一个圆盆蒸熟，或放到一个个圆形的小瓦盆里，然后用旺火蒸半个小时即可。发糕味道甜美，人们乔迁新居或扫墓祭祖等活动常用发糕，意为大发大旺。

凉粉草　用凉粉草和粘米粉做成的墨绿色糕点，将干凉粉草煮烂用布袋去渣，再加入粘米粉和适量的冷开水搅均匀，倒入锅里用文火煮至锅边微滞，舀起放入盆中冷却即成，捣碎后加入糖水即可食用。凉粉草软滑爽口，生津解渴，清热消暑。

咸卜干　用新鲜的萝卜切成小块，用盐腌出水分，然后晒干即成，可炒，可加辣椒腌，味道根据个人的喜好调制。

菜干　用芥菜、萝卜苗等制作。先把菜、萝卜苗洗净，放进烧开的水中捎一分钟，马上拧出锅，晒一天后放适量的盐搓柔软放在瓦埕里，第二天再连续性晒几天，菜晒干水分后一层层放进瓦埕里，一年四季可以随时拿来作菜吃。

咸菜瓜酸　用芥菜、萝卜、芋苗、黄瓜等蔬菜，用盐加工腌制而成酸菜，为四季常食调味佐菜。酸菜的制作：将蔬菜洗净，晒半天，就用盆放盐把菜搓柔软，柔软了就直接把菜放在瓦埕里，用力压紧，封好埕口，埕口的周围埕托要放水，水少要加水，有水就没漏气，约半个月后，瓦埕里的菜全腌制成黄颜色，带点咸酸殊，即成酸菜。

黑榄角　容县石头和黎村等乡(镇)盛产。每年农历七月、八月是黑榄丰收的季节，很多农家就开始制作黑榄角，把黑榄子洗干净后，用热水泡上五分钟左右，待黑榄子肉柔软能脱核，从中间用线截断去核，再将

榄角酿盐入去，存放在瓦埕里，一年四季可以随时拿来作菜吃。

豉油膏 容县石头镇和袁村山英塘自然屯是手工制作豉油膏产地。制作原料主要是用黑（黄）豆为主，经过发酵后，再用大铁锅来煮，加上盐、黄糖等煮成稠状，再用纱布包好，做成固态的豉油膏。豉油膏呈黄褐色，味道鲜美，用作佐料。

特色菜肴

扣肉 扣肉是容县人民逢年过节最常用的菜，招待客人、办酒席更不能缺扣肉。扣肉选用猪的五花肉或后臀肉，洗干净切成正方形的一大块，放入已烧开水的锅里煮至用筷子能插入即取出，用竹签或叉子在肉皮表面上扎密密麻麻的小孔，再摸上盐、酒、酱油待用。在锅里放入猪油或花生油（约半锅）烧至七八成热（油面上的青烟向四面扩散，油面平静），把整块肉的皮朝下放入锅中炸至金黄色捞出沥干油，凉却后把整块肉皮朝下放入水中浸泡，泡至皮软取出沥干水分。将扣肉切成 7 厘米长、1 厘米厚的大片，配以酱油、碎砂姜、生蒜头、生葱头等佐料，下锅蒸至闻香，取出扣在盘里。做酸菜扣肉时，将酸菜铺在肉面上续蒸约 5 分钟后拿起来扣在盘上即可。做香芋扣肉，即将芋头切片后与每块扣肉片相隔，如蒸扣肉一样配上佐料一起下锅蒸熟香芋即可。

烤乳猪 原料一般为 5 千克以内重的乳猪。制作方法：将宰杀后的小乳猪清洗干净、沥净水，用花椒与精盐用文火炒香待凉后反复抹擦小乳猪四周腌渍 1 个小时。沥干吹燥后再次腌渍，用乳腐卤、豆酱加上黄酒调开，加上姜末、葱末、蒜茸、五香粉、精盐、白糖、胡椒粉调成糊，涂抹在乳猪上再腌渍 1 小时。尔后抹去乳猪肉上酱糊，将其放入沸水中汆至皮发硬，捞起沥干涂上白蜡，再涂上麦芽糖，在通风处吹干后用 200~250 度温度进行烤制，也有用火炭烤制。直到肉皮起泡、焦黄，取出涂上芝麻油即成。切片上桌，配上烧烤酱、甜面酱、花椒酱或蘸糠食用，皮脆肉嫩，清香可口。烤乳猪色泽金黄，美观大气。烤乳猪历史悠久，以前多是大姓大族祭祖才用。20 世纪 90 年代后逐渐成为年节礼品。

白切鸡（鸭） 将宰杀后的鸡（鸭）放入沸水中煮熟捞出，切块装盘，然后用花生香油、酱油、香菜、葱丝、姜丝、花生米等佐料一同食用。白切鸡（鸭）香口滑嫩，多吃不腻。也有人吃卤鸡（鸭）的吃法。

狗肉 制作方法：将狗宰杀除毛清理干净后用禾秆把表皮烧至金黄，开膛破肚后清洗干净，然后起狗骨，将狗肉切成 20 厘米的块件，放入已烧开锅中，加入香料煮 20 分钟后起锅；花生油下锅烧至 80℃加入适量的腐乳，炸香腐乳，然后放入狗肉件，放米酒及适量酱油一起爆炒，放水适量，盖好慢火炖，闻香 10 分钟即可起锅切小件。容县人逐渐兴起吃清水狗肉火锅、干炆狗肉等。

柚皮酿 用刀将柚子皮黄色的表层削掉，将削好表层的柚子皮切割成 3 个成人手指大的块儿，并在柚子皮块边上划一道口子，将皮块做成一个“囊”。将处理过的柚子皮，放入沸水中，趁着水热，反复将柚子皮揉搓，把柚子皮搓得如同海绵般。然后换清水，再搓再泡，反复三四次后，等泡不出黄水或者试舔没有苦味，即可待用。常做的馅是猪肉、韭菜和捣碎的炒花生米等。用馅填满处理好的柚皮后，放进锅里，加少许水，盖上锅盖蒸煮，沸腾 5~8 分钟，等到锅内香味飘散出来时，柚皮酿即可完成。

肉丸 肉丸弹性好，入口韧性脆牙，主要是在本地销售，平时喜庆宴席都少不了肉丸等传统的菜色，其制作的过程主要是选用新鲜的猪腰肉，切成 2 厘米的方块，放在砧板用木槌捶打成肉浆，在捶打过程中加入适量的味精等配料，把捶打好的肉浆用手掐出圆形的肉丸放入 80 度的温水中至肉丸熟透为止。

居住习俗

普通房屋有一进、二进、三进的模式。一进是一字形，三间过，中为厅，两侧为寝室，正房两侧建附屋作火房、杂物房及养家畜。人睡松木床，挂蚊帐防蚊虫，正屋头座不开背窗，夏日用葵扇纳凉，冬日用火笼御寒。二进分上下两进，两进中间均为厅，两侧为寝室，两侧厢房为火房、杂物屋，也有住人的。三进分上、中、下三进，每进格局与前两进一样。头座中厅摆设神坛和祖宗牌位，供年节祭祀祖宗，因此又被称为祭祀厅，三种房屋中间空地均做天井或用石灰打成晒场。民居大门前多有半月塘。房屋一般坐北朝南，冬暖夏凉，整体布局严谨，讲究“风水”择向。依山傍水，顺势而筑。讲究中轴线对称以厅为中，两侧对称建厢房。人喜聚族面居，并以此为中心形成聚集区。

抽烟习俗

容县各乡(镇)居民均有抽水烟筒习惯。用水烟筒抽食烟丝,又称“抽水鸡筒”,此习流传已久,一般男多女少,也有妇女抽水烟筒。在农村抽水烟筒较多,主要原因一是花费小,二是抽水烟筒经过了水的过滤比抽纸烟的危害要小。抽水烟筒还有一定的礼仪,给长辈、地位高的人递烟,要在水烟筒上装一口烟再双手递上,并给予点火。自己抽完再将水烟筒递给别人时,要留一口烟在烟筒嘴上再递给别人,以示尊敬。抽水烟筒的人以农村上年纪的人为主,年轻人不多。

民间娱乐活动

放陀螺 用一段拳头大的硬木修削成鹅蛋的形状,底下装一枚铁钉即成陀螺。用一条绳索缠在陀螺身上,迅速甩出即可使陀螺旋转几分钟之久。如果陀螺将要停转时,可拿手中的绳索抽打陀螺,这时陀螺又会转个不停。年轻人一般多在春节和农闲时放陀螺比赛,陀螺转得时间久者为优胜。

抛石子 一般是少年儿童玩的游戏,在地上取数十个拇指大的小石子,2 人对玩比赛。用一个手把石子抛高后再整理地面的石子,再用抛石子的手去接掉下来的石子。谁的技巧好,谁就取胜。

第五节 社会陋习

算命

有神卜和算八字。神卜,由仙公仙婆请神,问卜者设香烧纸,仙公仙婆请神时自说有神仙附于身上,然后仙公仙婆与问卜人一问一答。算八字,根据命主的出生年、月、日、时的天干地支排成四柱八字,然后按这个字推算命主一生的大运、小运、命宫、六亲等命局内容,推测命主的吉凶。问卜、算八字能满足人们祈求把握、了解自己命运,争取逢凶化吉追求幸福生活的心理愿望,因此在农村此陋习一直流传。

认契

俗称“认契爷”。婴儿出生后不久,一般要请算命先生为婴儿算命,称之为定花根,算婴儿的八字,金、木、水、火、土五行不齐,命与父母相克的,花根不正难养的,体弱多病、经常哭叫的等等都要认契,认契爷、契娘(母)。契爷、契娘可以是人,一般是寡公佬、道公或神棍,也有认观音、伯公、太阳贵人等星神或竹子、树木、池塘等为契爷、契娘。如认人作契爷、契娘的,一般在春节要去探望,给点食品钱物;如认神作契爷、契娘的,春节期间也要祭契神。一般所谓认神作契爷、契娘的也是通过神棍、道公操作,要送礼物、金钱给道公、神棍,直到孩子结婚后脱契为止。

捞魂

在养育孩子方面有捞魂习俗。小孩夜间经常哭闹或梦中惊恐,常做梦,人们便认为是孩子的魂魄飘在外面,需要把孩子的魂魄引回来。捞魂的一般做法是:傍晚时分阿婆手拿麻篮,篮内装一块布、一小包米,烧三炷香,游走于小村的村头村尾几个交叉路口,来回高呼:“亚妹转屋喔,亚妹转屋喔,归家来喽!”。回家将麻篮搁在婴儿床头,表示婴儿的魂魄已引回,俗称“捞魂”。婴儿晚上哭闹不肯睡觉,用纸写上“天皇皇,地皇皇,我家有个夜哭郎,行人君子念三遍,一觉睡到大天光”,贴在路头路尾,让过路行人帮忙捞魂。

第六节 民间信仰

容县民间相传认为人间祸福有神灵存在并主宰,因而信奉神灵。常信奉的神祇有:

关帝圣爷

关云长是历史人物,民间敬其为人,尊之为神。解放前,在城镇乡村多建有关帝庙。其中容城、灵山、杨梅、黎村等处的关帝庙香火较盛,逢年过节,前往顶礼膜拜的“信男信女”较多。

观音娘娘

观世音是佛教的菩萨,相传为大慈大悲,能送子嗣,有家庭供奉观音坐像,或悬挂其面像以供奉。

土地、灶神

民间信仰土地神，村落中立社坛，农家中设神龛供奉，祈求四境安宁、人畜平安；有在厨房中供奉灶神，俗称灶公，农历十二月二十三俗称“小年晚”，传说此日是“灶公上天向玉皇大帝汇报”的日子，各家各户习惯略备酒肴祭祀，祈祷“灶公”上天说好话，回来后“赐福”本家。

牛王

民间认为天上有“牛王”，专司人间牛的繁殖兴旺。农村中，村民在村边垒石为“牛社”。设农历四月初八称为“牛王诞”，常有祭祀活动。

雷神

认为闪电、雷鸣是“雷公”发威，人、畜被雷击认为是“雷公”对为非作歹者惩罚。人受雷击至死时，家人还得以牲醴致祭“雷公”，称为“谢雷”。

天狗

发生日食、月蚀食，认为是“天狗”食日、食月，村民常鸣锣驱“天狗”，说是日、月被食完，会给人们灾难。

大石、大树神灵

农村中有恐小孩病痛多、难于长成，家长于大石或大树前焚香许愿，认木石为父母，俗称为“拜契”。到孩子长大婚嫁时拜谢，称为“脱契”。

随着科学文化发展，民间信仰神灵的习俗逐渐淡化，有的已破除。

第三章　宗　教

容县有佛教、基督教、天主教和道教。容县都峤山是我国古代道教发源地之一，道书称之为二十洞天。新中国成立后，由于各种原因先后停止活动。1990—2005年，容县恢复佛教、基督教等活动，2005年新建成天主教堂建筑。2005年，全县正式登记的宗教活动场所共6个。

第一节　佛　教

容县佛教活动始于唐代，贞观年间(627—649年)在县治东建开元寺。乾封年间(666—667年)在县城北建景星寺，并先后建成都峤山诸佛寺。民国期间(1912—1949年)，都峤山的云溪寺、灵景寺、庆寿岩、福寿岩、菩提岩、娑婆岩、莲花岩和宝盖岩等处，均有僧尼进行宗教活动。信奉者常到寺院拜佛许愿，民间登山进寺院对佛像顶礼膜拜者更众。1949年，都峤山有僧尼各9人。解放后，都峤山寺院的僧尼，有的还俗参加劳动，有的移居香港，至1989年有老尼姑2人居住于莲花岩，粮食由国家供应。1994年，容县逐渐恢复佛教活动。2005年，正式登记的佛教活动场所有3个。

庆寿岩禅寺

坐落在都峤山中的石寨石背自然村地域，为香港圣一大和尚祖庭。创建于宋代，解放后多次被毁，1954年停止宗教活动。1994年4月，开始重修和扩建，并更名为“庆寿岩禅寺”。1994年11月登记，庆寿岩禅寺恢复正常的宗教活动，主修禅宗。每逢初一、十五，诸佛诞期，信徒拜祭，香火旺盛。2005年有教徒1637人，常住人员15人，主持韦基恒(居士)。

集福寺

坐落在石头镇和衷村坪山垌。1950年前，为泗镇庙原址，始建于清朝年间。1958年弃用，停止宗教活动。1998年，在泗镇庙原址上重建庙宇，建立集福寺。2000年11月，重修寺内佛像。2001年9月登记，集福寺恢复正常的宗教活动。2002年5月，佛像开光法会。2005年有教徒253人，常住3人，主持莫阳钊(居士)。

云溪寺

坐落在都峤山中的石寨石背自然村地域，与庆寿岩禅寺遥相呼应。约唐垂拱年间(685—688年)，高僧伏伦、惠云大师搭棚。宋代蔡铤建寺，清代融末大师修缮。民国时期，高僧茂芬大师、清凉大师、意昭大师等居此弘扬佛法，广度众生。文化大革命时期，寺庙被毁，僧侣海外行生。1999年，重新修复庙宇。2001年8月，开始重建工程。2002年2月登记，云溪寺恢复正常的宗教活动，主修禅宗。一般在四月初八佛诞日、二月十九、六月十九、九月十九观音菩萨诞开展三皈五戒法会活动。2005年有教徒1329人，常住人员9人，主持释成开（比丘）。

第二节 基督教

基督教于民国7年(1918年)传入容县，开始是在容城镇东门街林家铺屋成立“中国基督教华南宣道会容县分会”。民国22年(1933年)又于容城镇金珠街设立“基督福音安息日会”。民国26年(1937年)后，宣道会迁至容城新北街教徒李焕章家。“宣道会”为基督教活动场所，主教初为钟祯堂，后为玉林人杨典章。其主要活动是：每逢星期天（基督教称为礼拜日）和圣诞节（公历12月25日）、复活节，主教进行传播福音、讲道、唱诗等，教徒分布于县城附近。思传、荣塘也有信奉基督教者。解放后，基督教仍有活动，1950年有教徒56人。1966年基督教活动停止。1999年10月，松山基督教堂恢复宗教活动。2003年4月，建立城西大道基督教点。2004年9月，基督教2个活动场所进行正式登记。2005年有基督教传教士1人，教堂管理人员2人，接受洗礼教徒850人，信教群众120人。

位于容县城西大道的基督教会
（2005年12月，吴植光 摄）

第三节 天主教

天主教于民国18年(1929年)传入容县。先是美籍教士毛威林在容城马五塘进行传教活动。民国19年(1930年)在容城新码头建立教堂，活动点以容城的天主教堂为主，后陆续在松山、自良、县底和杨梅设立分教堂，以扩大其活动范围，教徒分布较广。解放初期，该教因阻碍新政权政令推行，曾受到取缔，天主教活动停止，教堂无人管理，后为人民政府改修作会议礼堂用。2000年9月，县政府把坐落在容城镇城南街（即县委宿舍区大院内）的原天主教堂建筑物及用地统一规划建设侨乡广场，无偿划拨位于容城北门街旧市场的6间房屋（北门街22号、23号、24号、25号、26号、30号）作为天主教养教基地；补偿人民币50万元，作为重建费及延期退还补偿费；在河南开发区绣江公园内无偿划拨4000平方米土地作为重建天主教堂使用。2001年11月，广西天主教梧州教区委托黄杰良（玉林天主堂神父）办理有关重建天主教容县教堂手续并组织筹建。2005年2月，位于河南沿江街1号的天主教堂落成竣工，建筑面积教堂248平方米，附属楼2层，建筑面积873平方米。

坐落在容县城南绣江公园西侧的天主教堂
（2005年12月，吴植光 摄）

第二十一篇

民政　扶贫　信访

容县扶贫办举办农民实用技术培训　　（2005 年 11 月摄，容县扶贫办　提供）

第一章　民　政

容县民政局是县人民政府主管优抚安置、救灾救济、拥军优属、基层群众自治组织、民间组织、社会事务、老龄事业等的工作部门。通过下拨优待金、抚恤金、困难补助款，对义务兵家属，因战、因公负伤致残军人、人民警察、工作人员，在农村的老复退军人，带病回乡军人，烈军属、病属、因公牺牲的家属，分别发给优待金、困难补助金、伤残抚恤金和死亡抚恤金。执行城镇居民最低生活保障制度，发放最低生活保障金。对农村五保户应保尽保，按标施保。通过发行福利彩票，筹集社会救助金，下拨救灾救济款，对因灾、因病或其他问题成为特别困难户、特殊困难群众发给救灾救济款。1990—2005 年，容县人民政府共拨付救灾救济款 1891 万元。加强基层群众自治组织建设和管理，实行村（居）民自治。至 2005 年，全县有村委会 218 个、街委会 1 个和社区居委会 10 个，进行了四届村民委员会换届选举、两届社区居民委员会换届选举。加强民间组织、收养登记、殡葬管理和婚姻登记管理。1990—2003 年乡（镇）政府办理结婚登记 6.58 万对，离婚登记 2501 对；2004—2005 年，县民政局办理结婚登记 1.06 万对，离婚登记 809 对。做好复退、转业军人和离退休军人安置工作。开展经常性的拥军优属活动，支持国防和军队现代化建设。至 2005 年，全县共接收复退军人 3022 人，安置回乡劳动 2241 人，安置到国家机关、企事业单位 700 人。加强地名管理，进行地名普查和补查工作以及街道命名工作。核实地名 4596 个，废弃地名 116 个，更改地名 640 个，增补地名 283 个。

第一节　机　构

容县民政局

容县民政局正式成立于1980年。1990年，容县民政局内设民政股、优抚安置股、农救股、计财股、秘书股，行政编制 20 名，实有 14 人。1994 年 12 月，成立农村社会养老保险办公室，归县民政局管理。2001 年将农村社会养老保险职能划归新成立的县人事劳动和社会保障局管理；县老龄工作委员会办公室划归县民政局管理，核定编制 3 名，实有 3 人；县退伍军人和离退休干部安置工作领导小组办公室、县生产救灾工作领导小组办公室也设在县民政局，由县民政局管理；同年，局内设办公室、优抚安置股（县退伍军人和军队离退休干部安置工作领导小组办公室）、救灾救济股（县生产救灾领导小组办公室）、基层政权和区划地名股、社会福利和社会事务股、计划财务股 6 个股室，行政编制 12 名，实有 12 人，事业编制 3 名，实有 3 人。2004 年 1 月，成立容县婚姻登记处，核定行政编制 3 名，实有 3 人。2005 年，局内设机构与 2001 年相同，行政编制 15 名，实有 15 人，事业编制 2 名，实有 2 人。

1990—2005 年历任容县民政局局长：陈惠南（1990—1998）、张勇（1999— ）。

1990 年，在容县民政招待所内设立容县社会福利院，2002 年，容县社会福利院迁至容城镇清景巷新址，是容县民政局下属事业单位，核定事业编制 6 名，实有 6 人；同年 4 月，成立容县城市居民最低生活保障管理所，核定事业编制 3 名，实有 3 人。2005 年 5 月，成立容县殡葬管理所，核定事业编制 10 名，实有 10 人；同年，容县民政局共有事业编制 23 名（其中局后勤服务事业编制 1 名、容县老龄办 3 名、容县社会福利院 6 名、容县城市最低生活保障管理所 3 名、容县殡葬管理所 10 名）。

乡（镇）民政办公室

1986 年，各乡（镇）人民政府设立民政办公室，配备人员 2~3 人。2001 年，撤销各乡（镇）民政办公室，设兼职民政助理。2005 年，各乡（镇）配备兼职民政助理人员 1~2 人。

第二节 优抚 安置 拥军优属

优抚

义务兵家属优待 1988年，容县人民政府把义务兵家属优待金统筹任务分解到乡（镇），由各乡（镇）人民政府从群众统筹中收取，然后上交县优待金储金会专户管理，最后由乡（镇）人民政府统一发放给义务兵家属，到2003年，才由县民政局统一发放。1990年向240位义务兵家属发放优待金14.40万元，平均每位家属获600元。其后，优待金标准逐年提高。1995年向208位义务兵家属发放优待金14.56万元，平均每位家属获700元；2000年向221位义务兵家属发放优待金29.17万元，人均1320元；2003年义务兵优待金发放标准为每年1372元，2005年，根据国务院、中央军委重新颁发的《军人抚恤优待条例》中的义务兵家属优待金不低于当地平均生活水平的规定，义务兵优待金发放标准提高为每年1400元，全县向198位义务兵家属发放优待金27.72万元。

伤残军人、在农村的老复退军人、带病回乡军人、伤残工作人员优待 对伤残军人（包括伤残人民警察）、伤残工作人员（包括国家机关、民主党派、人民团体的在编行政人员、部队无军籍的在编人员）、在农村的老复退军人和带病回乡的军人给予困难补助。其中，1995年给上述人员中的555位生活困难人员补助1.87万元；1997年，对5人给予医疗救助，对320人给予生活困难补助，对15人给予住房困难补助，这三类人员共获困难补助金40万元；1999年给350位生活困难人员和136位住房困难人员发放困难补助金共38.10万元；2004年，180位生活困难人员获补助金共16万元；2005年对30人予以医疗救助，对168人给予生活困难补助，两类补助金额共25万元。

军属、烈属、病属、因公牺牲家属优待 1990—2005年，对军属、革命烈士家属、病故军人家属和因公牺牲人员家属（简称四属）发放优待金。1992年给564户四属户发放优待金28.95万元；1995年给450户发放优待金21.56万元，平均每户获479元；1997年给468户发放优待金40万元，平均每户获854元；2004年给250户发放优待金87.60万元，平均每户获3504元；2005年给250户发放优待金87万元，平均每户获3480元。

伤残抚恤 1990年起，对因战、因公负伤致残的军人、人民警察、工作人员（包括国家机关、民主党派、人民团体的在编行政人员、部队无军籍的在编人员等）以及因病军人（总称伤残人员）发给伤残抚恤金，根据其伤残轻重程度和失去劳动能力大小确定伤残等级，再按等级标准发给伤残抚恤金。1990—2004年，伤残等级分为6级，即“特级、一级、二级甲等、二级乙等、三级甲等、三级乙等”，每个等级又大体分出“因战、因公、因病”三类人员，对这三类人员又再分出“在乡”和“在职”两类。不同等级、不同类别人员获得伤残抚恤金均有所不同。2004年10月起，把原来的伤残等级全部套改为一至十级，其中一至六级分因战、因公、因病三类；七至十级每级只分因战、因公两类人员，同一等级的在乡、在职伤残人员所获得抚恤金也相同。伤残抚恤金标准视县财政收入情况而定，但总体上是一年比一年提高。1990年向170位伤残人员发放抚恤金5.60万元；1995年向83位伤残人员发放抚恤金9.16万元，其中给在乡的因战、因公伤残的65人发放抚恤金8.26万元，给在职的伤残人员18人发放抚恤金0.90万元；2000年向98位伤残人员发放抚恤金15.80万元，人均1612元，其中在乡的76位伤残人员获得抚恤金14.06万元，在职的22位伤残人员获得抚恤金1.74万元；2005年向102位伤残人员发放抚恤金24.92万元，人均2443元，比2000年人均增加831元。

死亡抚恤 根据国家的死亡抚恤政策，对革命烈士家属、因公牺牲和病故军人家属以及因公牺牲和病故的国家机关工作人员家属、人民警察家属采取物质抚慰，实行1次性抚恤或定期抚恤。死亡性质主要依据死亡时的情节及有关规定，由相应机关审批认定，分为烈士、因公牺牲和病故3种。1990—2000年，给每位病故军人家属、因公牺牲军人家属发放1次性抚恤金0.18万元和2.20万元；2005年给1位革命烈士家属发放1次性抚恤金2.60万元。1990年向80位革命烈士家属、因公牺牲和病故军人家属及4位因公牺牲的人民警察、国家机关工作人员发放定期抚恤金2.16万元和0.11万元；1995年向74位革命烈士家属、因公牺

牲和病故军人家属及3位因公牺牲的人民警察发放定期抚恤金2.08万元和0.09万元;2000年向58位革命烈士家属、因公牺牲和病故军人家属及3位因公牺牲的人民警察、国家机关工作人员家属发放定期抚恤金2.32万元和0.12万元;2005年向57位革命烈士家属、因公牺牲和病故军人家属及3位因公牺牲的人民警察、国家机关工作人员家属发放定期抚恤金3.20万元和0.17万元。

安置

复员退伍、转业军人安置 士兵服现役期满,一般应退出现役。义务兵超期服役期满未被选取为志愿兵的,必须退出现役。志愿兵服现役满17年或者年满35周岁,除个别具有特殊专长,经批准继续服现役的外,一律退出现役。

对退伍士兵的安置,具体做法是:义务兵退出现役后,按照“从哪里来、回哪里去”的原则,由县政府接收安置。家居农村的,由乡(镇)政府妥善安排他们的生产和生活,机关、团体、企业事业单位在农村招收职工时,给予适当照顾,在同等条件下,优先招收这些农村退伍士兵。家居城镇的,由县政府安排工作;入伍前是机关、团体、企业事业单位正式职工的,允许复工、复职;报考高等院校和中等专业学校的,在和其他考生同等条件下,优先录取。服现役期间,因参战或者因公致残,积劳成疾基本丧失工作能力的,作退休处理,由县政府安置。退出现役的特等、一等革命残废军人,由国家供养终身。二等、三等革命残废军人,由县政府安排力所能及的工作。家居农村的,其所在地区有条件的,安排适当工作,不能安排的,按照规定增发残废抚恤金,保障他们的生活。志愿兵退出现役后,由容县人民政府安排工作。自愿回乡参加农业生产的,给予鼓励,增发安家补助费。2001年起,军转干部自主择业的,在政策上予以扶持,每月发给退役金。2004年,对城镇的退役士兵安置工作进行改革,由县政府筹集城镇退役士兵自谋职业一次性安置补助金,实行城镇退役士兵自谋职业的安置办法,从制度上解决城镇退役士兵安置难的问题。

表21-1 **1990—2005年度容县复员、退伍军人接收、安置情况表**

单位:人

年份	接收人数	安置情况			备注
		回原籍劳动	国家机关及企事业单位	自谋职业	
1990	230	152	78	0	安置在国家单位工作的为非农村或志愿兵
1991	105	73	32	0	
1992	107	72	35	0	安置在国家单位工作的为非农村或志愿兵
1993	330	202	128	0	安置在国家单位工作的为非农村或志愿兵
1994	228	112	116	0	安置在国家单位工作的为非农村或志愿兵
1995	228	189	39	0	安置在国家单位工作的为非农村或志愿兵
1996	284	227	57	0	安置在国家单位工作的为非农村或志愿兵(转业士官)
1997	242	164	78	0	安置在国家单位工作的为非农村或志愿兵(转业士官)
1998	268	207	61	0	安置在国家单位工作的为非农村或志愿兵(转业士官)
1999	318	249	69	0	安置在国家单位工作的为非农村或志愿兵(转业士官)
2000	216	173	43	0	安置在国家单位工作的为非农村或志愿兵(转业士官)
2001	219	176	43	0	安置在国家单位工作的为非农村或志愿兵(转业士官)
2002	252	198	54	0	安置在国家单位工作的为非农村或志愿兵(转业士官)
2003	297	260	37	0	安置在国家单位工作的为非农村或志愿兵(转业士官)
2004	250	208	1	41	安置在国家机关工作的为重点安置对象
2005	250	208	2	40	安置在国家机关工作的为重点安置对象

表 21-2　　1990—2005 年容县转业军官安置一览表

单位：人

年份	人数	备注	年份	人数	备注
1990	1		1998	2	
1991	3		1999	2	
1992	2		2000	6	
1993	3		2001	5	1 人未落实单位，1 人自主择业
1994	1		2002	2	
1995	4		2003	2	
1996	3		2004	4	
1997	2		2005	1	

部队离退休人员安置　容县共有 3 名部队退休人员，其中 2 人是 1989 年前接收的副营级和正连级退休干部，2001 年 3 月接收三级退休士官 1 人，这 3 名部队退休人员均安置在容城镇定居。

烈士褒扬

2005 年前，容县有革命烈士纪念设施 23 座，分布在县境内的容州、杨梅、灵山、六王、黎村、杨村、县底、松山、罗江、石头等 10 个乡(镇)。其中建成烈士纪念碑规模的有 3 座，第 1 座是容州镇杨叶村佛子冲百足山的"容县革命烈士纪念碑"，为纪念中国人民解放军 43 军 129 师和 49 军 135 师官兵于 1949—1950 年南下解放容县清匪反霸牺牲的烈士而建。该碑始建于 1986 年，占地面积 780 平方米，碑高 8.41 米，宽 3.50 米，厚 2.36 米，碑主体用混凝土浇筑而成，表面用白色花岗岩石板粘贴，碑正面写着"革命烈士永垂不朽"。此碑安葬有 22 位革命烈士，其中甘进邦、崔金培牺牲前为部队指导员，曾云飞牺牲前是干部，其余 19 位是解放军战士，他们是韦柱辉、叶启瑞、黄辉昌、黄容生、陈义东、罗光辉、庞新高、林荣德、周积喜、潘耀廷、李志深、吴瑞修、封奇直、陆汉宗、庞桂章、陀旭华、黄平、卢乃余(曾荣立三等功 1 次)、彭耀南(曾荣立三等功 1 次)。第 2 座是"夏国璋革命烈士纪念碑"，建在容州镇杨叶村佛子冲百足山"容县革命烈士纪念碑"旁边。夏国璋原是容县松山镇沙田村人，1937 年 11 月任第七军 172 师副师长，11 月 21 日在江苏省吴兴县城郊八里店桥升山一带阻击日军，在前沿阵地指挥作战时被日军空袭牺牲。1938 年国民政府追认其为陆军中将。1987 年 4 月 17 日自治区人民政府追认抗日将领夏国璋为革命烈士。第 3 座是杨梅镇和丰村栗子山"革命烈士纪念碑"，建于 1993 年，占地面积 70 平方米，碑高 4 米，该碑安葬有 15 位革命烈士，他们是：姜洪轩，吉林省榆林县前进乡姜家人，生前任中国人民解放军 43 军 387 团 2 营参谋，1949 年 11 月 28 日在解放容县杨梅乡战斗中牺牲；陆本炎，容县杨梅熊胆村人，生前是解放军 47 军 141 师 423 团战士，1953 年在朝鲜战场牺牲；张振华，容县杨梅和睦村人，生前是 38 军 114 师 340 团战士，1952 年在朝鲜战场牺牲；张维柱，容县杨梅四端村人，生前是中国人民志愿军 117 师 351 团战士，1952 年在朝鲜战场上失踪；黄福亮、叶金林是容县杨梅镇杨梅村人，凌兆文是杨梅镇杨梅圩人，3 人生前都是志愿军 40 军 119 师 355 团战士，都牺牲在朝鲜战场上，其中叶金林 1950 年 10 月牺牲，黄福亮 1951 年牺牲，凌兆文牺牲时间不详；覃志华，容县杨梅镇杨梅村人，生前是志愿军 29 师 85 团战士，在朝鲜战场上失踪，时间不详；玉乃英，容县杨梅石岭村人，生前是志愿军 195 师 584 团战士，1952 年 8 月在朝鲜上甘岭牺牲；申永华，容县杨梅熊胆村人，生前是志愿军 582 团战士，1952 年 7 月在朝鲜战场牺牲；陆义东，容县杨梅河口村人，生前所在部队不详，1950 年 9 月在山东省牺牲；封奕江，容县杨梅熊胆村人，生前是解放军 4771 部队战士，1967 年 10 月在援越抗美战场上牺牲；李绍深，容县杨梅镇熊胆村人，生前是解放军 53014 部队 86 分队战士，梁培余，容县杨梅和睦村人，生前是解放军 41 军 121 师通讯营战士，这两人都是 1979 年 2 月在对越自卫反击战前线牺牲；另有一位烈士史料缺失，不知姓名。

其他20座革命烈士墓是：位于容州镇同古村的“彭方革命烈士墓”，位于容州镇礼信村累塘背的“周壁春革命烈士墓”，位于灵山镇六华村勒竹冲的“周耀东革命烈士墓”，位于灵山镇灵山村六垌队的“封尚君革命烈士墓”，位于灵山镇六图村山冈上的“盘中宝革命烈士墓”，位于灵山镇六图村石琅队山冈上的“谭士富革命烈士墓”，位于灵山镇当中村大塘城山坡上的“陈政革命烈士墓”，位于六王镇六王村酞厂冈的“陈竟筠革命烈士墓”，位于黎村镇太平村饲料厂背的“黄坤芳革命烈士墓”，位于黎村镇平石村的“黎华佳革命烈士墓”，位于黎村镇和联村牛赖山的“王玉革命烈士墓”，位于杨村镇横山村黄泥一队大化冈的“吴家宜革命烈士墓”，位于县底镇冠堂村中心小学旁的“陈孟武革命烈士墓”，位于县底镇荣塘木夹水库旁的“李亚堂革命烈士墓”和“李亚豪革命烈士墓”，位于松山镇儒地村的“周明正革命烈士墓”和“无名氏革命烈士墓”，位于罗江镇竹良村理村的“吴进群革命烈士墓”，罗江镇半月村新塘的“无名氏革命烈士墓”（此墓安葬5位革命烈士），位于石头镇水口村的“邓佐革命烈士墓”。

容县人民政府将3座纪念碑定为“爱国主义教育基地”，在清明节、“七一”建党节，县直机关、学校、企事业单位经常组织党员、干部、师生、工人前往革命烈士纪念碑进行瞻仰、扫祭，缅怀革命烈士丰功伟绩和进行爱国主义、革命传统教育活动。其他革命烈士墓的烈士亲属也都在清明节、重阳节到烈士墓地进行扫祭。

拥军优属

1990—2005年，每年春节、“八一”建军节，容县县委、县政府都组织相关部门对驻军部队进行慰问，并赠送纪念品、慰问品和慰问金，召开革命伤残军人、复退军人代表座谈会等。县政府每年都拨付一定的经费，用于开展拥军优属活动。其中，1990年支出1.50万元，1992年支出2.50万元，1996年支出4万元，1997年支出4.60万元，2002年支出5.70万元，2005年支出6.50万元。1996年6月初，中国人民解放军53019部队协助八一电影制片厂到容县拍摄《南线大追歼》有关片段镜头，县委、县政府领导带领民政、工商、教育等部门人员，给部队送去慰问金和大米、蔬菜及其他慰问品折款1.70万元。同年，县四家班子领导组成慰问团，对在容县进行光缆施工的53015部队进行慰问，各企事业单位和学校也都派出代表前往慰问。1997年，县委、县政府给中国人民解放军容县武装部（简称县人武部）配备1辆上海“桑塔纳”小轿车。1998年，县政府拨款60万元给县人武部建造新办公大楼；县城建局派车免费运走地基清出的废土3000多立方米，电力部门免费拆迁变压器，为新建办公大楼安装线路，仅此几项，就为县人武部节约资金6万余元。县政府还为县人武部划拨“菜篮子”用地4.95亩，让人武部官兵、职工种菜；为县人武部购买电脑，构建自动化指挥网，为军械仓库安装脉冲电网，配置无线报警器，加上营房维修共拨款100多万元。2004年，拨款30多万元支持县人武部指挥自动化网络建设，并将县人武部干部职工宿舍楼建设纳入规划进行财政预算；拨款28万元支持县消防大队购置消防车1辆；拨款7.14万元解决武警中队“四配套”建设及哨兵上哨路线经费问题。2005年，拨款8万元支持消防大队购置个人防护装备和破拆器材装备，提升消防装备水平。

县民政部门除落实优抚政策外，还想方设法帮助革命伤残军人、在乡老复员军人、带病回乡军人、“三属”解决“生活难、治病难、住房难”等“三难”问题。1999年3月，经核查，全县在农村老复员军人无房29户，需维修危房107户。通过争取市财政拨付、县财政调度等多方筹集的办法，筹集资金37万元，分阶段下拨到各乡（镇）建房账户，开展对在农村老复员军人的危房进行全面彻底维修改造和对无房户进行动工兴建工作，同年5月底全部竣工并通过验收，保证在乡老复员军人住房困难户有20平方米以上砖瓦或混合结构的住房，解决了在农村老复员军人住房难的问题。在每年春节、“八一”建军节，县委、县政府除组团慰问驻军部队外，对军烈属还进行走访慰问，关心他们的生活、生产情况，并送去慰问品和慰问金。

第三节　救灾救济　社会救济

救灾救济

容县每年均有自然灾害发生，主要是强降雨导致的洪涝灾害和火灾。灾害发生后，县委、县政府能迅速组织人员深入灾区开展抢险救灾工作，拨款帮助灾民恢复生产，重建家园，发动社会各界人士捐款捐物，

确保灾民有饭吃、有房住、有衣穿、有医疗保障。1992年，容县遭遇特大洪水灾害，县委、县政府及时组织9万人参加抢险救灾；同年，受灾人口37.20万人，倒塌民房478间，死亡12人；县政府拨付救灾款69万元。1995年10月12日—14日，容县发生百年不遇的特大洪灾，县委、县政府迅速组织10多万人参加抢险救灾；同年，受灾人口43万人次，倒塌民房2.13万间，22人在洪水中丧生；县政府发放救灾款362.80万元。1999年发生水灾，受灾人口39.5万人，县政府发放救灾款40.40万元。2002年发生2次较大洪水灾害，受灾人口45.70万人，倒塌民房1208间，县政府发放救灾款118.60万元。1990—2005年，自然灾害累计造成467.70万人受灾，农作物受灾面积200.03万亩，倒塌民房3.28万间，死亡82人，全县共拨付救灾款1891万元。

表21-3　　**1990—2005年容县受灾和救灾款支出情况表**

年份	受灾人口（万人）	农作物受灾面积（万亩）	倒塌民房（间）	死亡人口（人）	救灾款支出（万元）	其中(单位:万元)			
						灾民口粮救济	灾民住房救济	灾民穿盖救济	其他
1990	8.40	1.46	442	5	35	13.90	0	6.10	15
1991	17	8.32	989	8	40	9.20	0	2.80	28
1992	37.20	18.89	478	12	69	12.90	0	0	56.10
1993	13.10	3.39	445	6	62.80	10.60	0	0	52.20
1994	36.10	4.03	4305	6	186.50	23.30	2.4	0	160.80
1995	43	22.80	21278	22	362.80	80.60	148.40	12	141.80
1996	25	17.28	182	3	266.40	35	55	12	164.40
1997	20.50	10.89	1019	4	65.90	11.50	21	0	33.40
1998	27.40	13.32	345	3	67.70	22.50	14	0	31.20
1999	39.50	18.41	18	0	40.40	36.40	1	0	3
2000	42.50	16.97	0	0	28.40	19	0	0	9.40
2001	32.10	23.63	838	4	104.40	50.50	47.50	0	6.40
2002	45.70	18.02	1208	2	118.60	53.50	46.70	18.40	0
2003	19.40	4.68	409	4	174	99.70	43.60	24	6.70
2004	28.30	10.90	676	0	94.30	49.60	20.70	24	0
2005	32.20	7.05	187	3	154.80	79.80	9	54	12
合计	467.70	200.03	32819	82	1891	608	409.30	153.30	720.40

社会救济

最低生活保障　1998年，容县开始执行《城市居民最低生活保障制度》（农村居民最低生活保障制度2006年才开始施行），全县享受城市居民最低生活保障救济有38户64人。最低生活保障标准为每人每月120元。2002年，容县成立城市居民最低生活保障管理所，同年城市低保对象3563人，2005年低保对象为3612人，保障标准为每人每月153元。

农村五保供养　容县执行国务院《农村五保供养工作条例》，对老年、残疾或者未满16周岁的农村村民，无劳动能力、无生活来源又无法定赡养、抚养、扶养义务人，或者其法定赡养、抚养、扶养义务人无赡养、抚养、扶养能力的人，在吃、穿、住、医、葬方面给予生活照顾和物质帮助。1999年5月和2003年9月，对全县五保对象进行全面普查核实，农村五保对象分别有3497户3733人、6265户6732人。2004年11月，经普查核实，全县五保户为6300户6550人，五保供养标准为每人每月30元。2005年，全县有五保户6512户6858人，实现五保供养“应保尽保”和“按标施保”的目标。

表 21-4　　1998—2005 年容县城市居民最低生活保障、农村五保供养情况表

年份	城市居民最低生活保障			农村五保供养		
	户数	人数	标准	户数	人数	标准
1998	38	64	120 元 / 月	2655	2946	25~30 元 / 月
1999	47	74	120 元 / 月	3497	3733	30 元 / 月
2000	57	91	120 元 / 月	3513	3824	30 元 / 月
2001	95	175	153 元 / 月	3673	3985	30 元 / 月
2002	1533	3563	153 元 / 月	5551	6104	30 元 / 月
2003	2142	4935	153 元 / 月	6265	6732	30 元 / 月
2004	2708	2917	153 元 / 月	6300	6550	30 元 / 月
2005	2915	3612	153 元 / 月	6512	6858	30 元 / 月

第四节　社会福利

容县社会福利院

1990 年，容县在容城镇新北街 192 号县民政局招待所内设立容县社会福利院。1992 年，在容城镇清景巷建设新的社会福利院。新的社会福利院占地 8426 平方米，建筑面积 4472 平方米，绿化面积 1200 平方米，于 2002 年 6 月建成，县社会福利院得以迁至新址。全院有干部职工 40 人，其中护理人员 26 人。全院设老人床位 80 张，儿童床位 20 张。福利院以接收社会自费养老老人为主，同时接收社会弃婴和孤儿入住，是一所集收养、康复、医疗服务为一体的综合性福利机构。

表 21-5　　2002—2005 年容县社会福利院接收老人和弃婴孤儿入住情况表

年份	入住老人	弃婴孤儿	年末在院人数
2002	18	18	36
2003	24	32	56
2004	31	35	66
2005	45	22	67

敬老院建设

容县争取自治区民政厅的“星光计划”建设项目 7 个，其中 2002 年完成灵山镇敬老院、容厢镇敬老院的建设；2003 年完成石头镇敬老院、杨梅镇敬老院的建设；2004—2005 年完成容西乡敬老院、十里乡敬老院、石寨镇敬老院的建设。2003—2005 年，上级安排建设五保村共计 79 个，其中 2003 年安排 13 个、2004 年安排 36 个、2005 年安排 30 个，为集中供养的农村五保对象提供便利、安全的居住条件。

容县建设五保村、敬老院，完善农村养老环境。图为容西乡思传五保村　（2005 年 10 月摄，容县民政局　提供）

福利彩票

1990 年 10 月，容县开始销售全国统一发行的中国社会福利奖券。1991 年，容县成立社会福利奖券有奖募捐委员会，委员会下设办公室。1990—1995 年，奖券销售地点设在华侨饭店门前一条街，分别在每年的元旦、春节、“五一”“十一”等重要

节日前后组织销售。1996—1997 年，销售地点改为建设银行门前一条街进行大奖组销售。在 2000 年和 2005 年的“十一”节日期间，县民政局在县人民会堂前组织销售赈灾彩票。2000 年 5 月，中国社会福利彩票“广西风彩”电脑彩票登陆容县，当年在县城设立投注站 9 个，以后逐年扩展，到 2003 年已扩展到全县各乡（镇）。2005 年容县共设立投注站 24 个。

社会福利工程

从 2002 年起，容县实施“唇腭裂免费手术”，由美国慈善组织“微笑列车”出资，中华慈善总会组织实施，民政部门具体安排，为 3 个月 ~40 周岁的唇腭裂患者提供免费手术矫治。2004 年，实施“明天计划”，为福利机构内收养的孤残儿童进行手术康复治疗。2005 年 7 月，实施“复明救助工程”，为白内障患者中具有手术适应征的患者提供免费手术治疗。

第五节　基层自治组织建设

村委会沿革

1984 年前，容县农村基层组织是生产大队，1984 年 9 月起，原大队管理委员会改为村民委员会（街设居民委员会），村委会（居委会）成员由村（居）民代表选举产生。1987 年 7 月起，将村民委员会改为村公所，作为乡（镇）政府的派出机构。各自然村设村民委员会。1994 年 12 月底，全县有村公所 219 个，其中容厢 16 个，容西 5 个，十里 12 个，石寨 12 个，杨梅 21 个，灵山 14 个，六王 18 个，黎村 24 个，杨村 14 个，县底 20 个，自良 12 个，浪水 8 个，松山 13 个，黎木 7 个，石头 19 个，容城 4 个；有村民委员会 648 个，村民小组 5546 个，总户数为 14.95 万户。1995 年，容县将村公所改为村民委员会，原村公所以下的村民委员会同时撤销。

村民自治

1987 年 11 月，《中华人民共和国村民委员会组织法》颁发后，村民自治组织纳入法制化轨道，依法办理辖区内的公共事业和公益事业，调解民间纠纷，维护社会治安，向乡（镇）政府反映村民意见、建议以及应履行的其他职责。1996 年，进行“撤所改委”后第一届村委会选举，通过组织发动、民主协商，由村民代表以无记名投票方式，选举产生第一届村委会。每个村委会成员由主任、副主任和委员 3~7 人组成，每届任期 3 年，届满及时举行换届选举。1997 年起，依照《中华人民共和国村民委员会组织法》和《广西壮族自治区实施〈中华人民共和国村民委员会组织法〉办法》的规定，容县开展村民自治组织示范活动，在村委会一级实行民主选举、民主决策、民主管理、民主监督。各村委会建立议事制度和村民代表会议制度，凡是重大事务均提交村民会议或村民代表会议讨论决定。1998 年起，全县 16 个乡（镇），219 个村（街）委会实行乡（镇）政务、村（街）务公开民主管理，自觉接受群众监督。1999 年，实行第二届村委会第一次直选，由全村选民直接投票选举产生村委会成员；2002 年，进行第三届村委会换届选举；2005 年，进行第四届村委会换届选举，全县有村民（街）委员会 219 个，生产队（村民小组）5546 个。

社区居委会建设

1990 年，容县有街道居委会 10 个，其中容城镇 7 个，杨梅、黎村、自良各 1 个。2002 年，经县人民政府第十三届二次常务会议研究，决定撤销容城镇东光、红光、河南、厢南 4 个行政村以及金珠街、新北街、新南街、南大街、西大街、西上街、北门街 7 个街道居委会，对原 4 个村和 7 个街道居委会区划进行统一调整，改设为 10 个社区，即城西、西上、新北、新南、南大、城东、北门、城北、福船岭、城南社区。

第六节　民间组织管理

社会团体管理

1991 年 4 月，容县民政局成立社团股，负责社会团体登记管理工作，同年 10 月开始，依据《社会团体登记管理暂行条例》规定，对县内原有社会团体进行复查登记，当年核准登记社会团体 20 个。1998 年，国务院颁布实施新的《社会团体登记条例》后，县民政局对1997年登记的35个社会团体进行清理整顿，对那些在政治方向、业务活动、财务管理、组织人事、遵纪守法等方面不合规范的社会团体不再登记而解散，当年重新登记后全县社会团体为8个。2003年，自治区民政厅等六厅局联合下发《关于加强农村经济协会登记管理和培育发展工作的通知》，当年容县登记农村经济协会18家，主要分布在种植、养殖、服务、加工行业中。到2005年12月，全县注册登记的社会团体33个。

民办非企业单位管理

1998年，容县执行国务院颁布的《民办非企业单位登记管理暂行条例》，把民办非企业单位归属县民政局社团股登记。2001年4月起，对全县的民办非企业单位进行复查登记，当年登记发证33家。主要登记对象是民办幼儿园、民办中小学、民办诊所等社会非企业单位。至2005年底，全县依法登记的民办非企业单位有31家。

表21-6　　1991—2005年容县民间组织统计表

年份	社会团体（个）	民办非企业单位（家）	合计
1991	20	/	20
1992	24	/	24
1993	27	/	27
1994	28	/	28
1995	30	/	30
1996	31	/	31
1997	35	/	35
1998	8	/	8
1999	8	12	20
2000	11	18	29
2001	11	33	44
2002	14	33	47
2003	18	33	51
2004	34	29	63
2005	33	31	64

第七节　社会事务管理

婚姻管理

结婚管理　1990—2003年，容县居民达到法定结婚年龄、自愿结婚的男女双方，必须持双方单位或村（居）委会开具的证明以及本人的身份证、户口本同时到其中一方户口所在地的乡（镇）人民政府办理结婚登记手续。涉外及中国港、澳、台地区同胞的结婚登记则在县民政局办理。1990年各乡（镇）人民政府共办理结婚登记人数3566对。1999年起，要求办理结婚登记手续的男女双方需进行婚前体检，没有婚检证明不予登记；1999年各乡（镇）政府共办理结婚登记人数4904对。2003年新的《婚姻登记条例》颁布后，男女双方不需再到单位或村（居）委会开具证明，只需提供本人身份证、户口本以及本人无配偶的签字声明即可办理结婚登记，不强制要求进行婚前检查，同年全县办理结婚登记人数为4365对。2004年1月5日，县民政局设立容县婚姻登记处，负责全县辖区范围内的婚姻法律法规宣传和婚姻登记工作，各乡（镇）不再办理婚姻登记事务，这一改革利于依法办事和信息化管理，提高办理效率，也可解决借婚姻登记搞“搭车”收费、增加

群众负担问题；同年办理结婚登记人数为5175对。2005年办理结婚登记人数5454对。

离婚管理 1990—2003年，要办理离婚手续的男女双方需持双方单位或村（居）委会开具证明及调解书和本人身份证、户口本同时到一方的乡（镇）政府办理离婚登记手续。1991年各乡（镇）共办理离婚登记人数31对。2003年底起，根据新的《婚姻登记条例》，申请离婚登记不再需要双方单位或村（居）委会开具证明及调解书，只持本人身份证、户口本、结婚证、离婚协议书便可到乡（镇）人民政府办理离婚手续。当年办理离婚手续的有357对。2004年起，申请离婚登记的，需到县民政局婚姻登记处办理。2005年，全县办理离婚登记手续的有679对。

表21-7

1990—2005年容县婚姻登记情况表

单位：对、人

年份	结婚对数	其中				离婚对数
		初婚人数		再婚人数		
		男	女	男	女	
1990	3566					23
1991	3778	3724	3695	54	83	31
1992	4435	4391	4355	44	80	64
1993	4750	4696	4664	54	86	108
1994	5841	5776	5748	65	93	123
1995	5718	5671	5661	47	57	167
1996	5171	5125	5131	46	40	196
1997	4410	4386	4381	24	29	190
1998	4700	4614	4636	86	64	167
1999	4904	4864	4858	40	46	258
2000	4723	4678	4681	45	42	273
2001	4949	4861	4875	88	74	319
2002	4447	4368	4372	79	75	325
2003	4365	4280	4293	85	72	357
2004	5175	4932	4968	243	207	130
2005	5454	5285	5286	169	168	679

收养登记

1992年4月1日，容县开始实施收养法，实行收养登记管理，社会公民收养登记由市级民政部门负责。1999年4月1日起，收养登记权限由市级下放到县级民政部门。2000年，县民政局设立收养登记股，负责全县的收养登记业务，当年办理收养登记3件。至2005年12月，全县共办理收养登记50件。收养登记对象全部是儿童。

表21-8

2000—2005年容县儿童收养登记情况表

年份	收养登记证（件）
2000	3
2001	/

续表

年份	收养登记证(件)
2002	2
2003	13
2004	15
2005	17

殡葬管理

2005年5月,容县人民政府成立容县殡葬管理所,核定全额事业编制10名。具体负责全县殡葬事业管理,推行火化、移风易俗宣传工作。

第八节　地名管理

地名普查

1982年,容县开展第一次地名普查,收集归类了行政区域类、非行政区域类、单位、学校、医院、企业、居住区域类、山脉、风景名胜古迹、道路交通、水库水利电力设施共11类地名资料。其中行政区域名14个,包括县名1个、镇名1个和公社名12个;非行政区域名37个,包括林场29个、茶场、牧场、沙田柚场8个;事业单位3个,即容县农科所、玉林地区林科所、容县科学研究所;容县高中、杨梅中学等学校名15个;医院名2个,即杨梅医院、石头医院;容县酒厂等企业名16个;居住区域名3994个,包括容城镇62个、城厢公社359个、十里公社273个、石寨公社172个、杨梅公社248个、灵山公社214个、六王公社338个、黎村公社380个、杨村公社293个、县底公社423个、自良公社378个、石头公社400个、松山公社454个;山脉名170个;风景名胜古迹2个,即容县文化公园和容县真武阁;道路交通名15个,包括容县汽车总站和14条街道;水库水利电力设施名43个,包括水库名26个、水利电力设施名9个、河流名7个以及黎村温泉。1990—2005年,没有进行过地名普查。

地名补查

2004年,根据自治区人民政府办公厅《关于开展全区地名补查和资料更新工作的通知》要求,成立容县地名补查和资料更新工作领导小组,开展地名补查和地名资料更新工作。由县政府办、民政局、国土资源局、林业局、交通局、档案局、建设局等部门组成的小组成员及有关技术人员一起外出调查、收集资料,并加以审核、考证、更正错误、补充遗漏信息。此项工作从2004年开始,至2006年底结束。

这次地名补查共核实地名4596个。按地名类别统计,行政区域类有18个,其中三级行政区域(县级)1个,四级行政区域[乡(镇)级]15个,历史地名2个;非行政区域类(全是林场名)5个;居民地类3985个,其中城镇居民点10个、街道63条,农村居民点3798个,历史地名114个;单位组织类415个,其中机关单位51个,事业单位101个,企业34个,村民委员会219个,社区居民委员会10个;交通运输设施类9个,其中汽车站3个,火车站1个,桥梁名5个;水利电力设施类(水库)18个;建筑物类4个,包括城南市场、容州市场、侨乡广场、容县人民会堂;风景名胜古迹类5个,包括绣江公园、容县文化公园、容县都峤山森林公园、容县都峤山风景区和名胜古迹容县经略台真武阁;陆地水系类3个,即绣江、杨梅河、杨村河;陆地地形类134个,其中山脉131个,山口关隘3个。

这次地名补查,共废弃地名116个,均属历史地名,包括容城镇、容厢镇以及乡村中的114个地名在内。在现有的4596个标准地名中,属更正地名的有640个。在核查时,以现有地名为基础,追溯核查其原用地名或曾用地名,然后进行两者比较,作出标准化处理意见。现地名与原用地名或曾用名比较,均属于文字改变,不是增加文字就是减少文字,或是改用其他文字,原名全改。农村居民点更改地名较多,有584个。容厢镇励志村有一居民点曾用名"勒竹",现标准名"勒竹围",属增加文字;容西乡仙江村一居民点曾用名"学

堂山”,现标准名为“学山”,属减少文字;十里乡流冲村一居民点曾用名“公得垌”,现标准地名为“公德垌”,杨梅镇杨梅村一居民点曾用名“窜窿塘”,现标准名为“旱冲”,杨村镇横山村一居民点曾用名“两继”,现标准名为“良计”,这些属于文字改变或整个名字更换。有的原用地名未能显示出其所属辖区范围,在补查时,在该地名中加上县名或乡(镇)名。如曾用名“自良中学”,现标准名为“容县自良中学”,“石头电站”改名为“容县石头电站”,“平梨水库”现改为“容县平梨水库”,“天堂山林场”改为“容县天堂山林场”,“真武阁”改为“容县经略台真武阁”,“六王公社卫生院”改为“六王镇卫生院”,“容县大桥”更名为“绣江大桥”。另外,在186个机关企事业单位中,曾用名22个;131座山名中,曾用名19座;18个水库中,曾用名有8个;5个林场名中,曾用名就有3个。随着历史的变迁,形势的发展,新地名不断出现,在地名补查时,补充新地名283个。

街道命名

容城城区街道命名、更名 1990年2月20日,容县人民政府下发文件,对容城旧城区街道进行理顺,对新建街道及在建街道命名。理顺旧城区街道名称,主要是重新界定各条街道的起址地段及命名,理顺后的旧城区街道名称有金珠街、南门街、南大街、西大街、西上街、北门街、新北街、新南街、东外街。对新建街道及在建街道命名的有城西路、登高岭、城北路、国中路、兴容街、燕塘街、普宁街、龙泉街、旺岭街、翠竹街、容州市场、福船岭、沿江北街。1990年4月10日,对原城区部分街道区域范围进一步理顺并重新命名或更名。新命名或更名的街道有:原新南街分出城南街,原北门街分出北大街,原东外街分出城东路,原北站路更名为城北路,五里桥以西容城城区规划范围统称为容城西郊,绣江桥南端一带容城城区规划范围统称为容城南郊。1994年7月27日,对容县侨乡经济开发区的街道命名的有:侨城路、沿江西路、锦绣街、侨城东街、侨城西街、侨城中街、新城街、凤凰街,1996年1月31日将侨城路更名为桂南路,与此路相关的侨城东街、侨城西街、侨城中街也相应更名为桂南东街、桂南西街、桂南中街。1996年11月14日,对容城部分街道作了命名,其中有部分是原有街道名。原有街道名为城南街、北门街、太爷巷、北大街;新命名的街道有:东大街、东安街、东门街、育才路、城南大道、城西大道、中环中路、中环西路、横石街、龙怡园。2000年4月25日对容县河南、容厢开发区等街道命名的有:河南大道、河南中路、江南路、沿江南街、新荣路、新荣巷、上安路、下安路、南安巷、南门路、上南一巷、上南二巷、上南三巷、上南中巷、下沙路、下沙北街、下沙中街、下沙南街、下沙东街、下沙西街、新安路、新安北街、新安东街、新安西街、峤北路、厢南路、新岭路、新岭中街、新岭一巷、新岭二巷。2005年12月30日对容州镇部分街道命名的有:东站西路、河口巷、登高岭东路、登高岭中路、登高岭西路、五里巷、广场街、兴容一巷、兴容二巷、水井垌一区、水井垌二区、水井垌三区、水井垌四区、游龙巷、平原安置小区、兴国巷、龚屋巷。

乡(镇)圩镇街道命名 1997年和2005年,县人民政府对黎村镇等乡(镇)的圩镇街道作了命名,并确定各条街道的起止地段。1997年10月22日对黎村镇城区街道命名的有:佳山路、峤南路、新兴路、电林路、人民路、永安街、桂东路、天泉街、永发街、朝阳街、新华大街、南环路。2005年12月30日对灵山镇圩镇街道命名的有:灵瓷街、灵泉街、灵城街、旧城街、新城街;对杨村镇圩镇街道命名的有:兴扬路、兴扬中街、民生街、永安街、兴扬北街;对杨梅镇绿荫城新街道命名的有:绿城街、银丰街、金丰街、成美街、绿荫大道、旺塘街;对容西乡圩镇街道命名的有:西山大街、文明街、兰花街;对石寨镇街道命名的有:石寨街、石寨一街、石寨二街。

第九节　老年工作

人口老龄化状况

1990年,容县普查总人口为62.85万人,其中60岁以上老年人为5.56万人,占全县总人口的8.45%。1999年,容县总人口为73万人,其中60岁以上老年人为7.30万人。占全县总人口10%。2000年,容县总人口为74.93万人,其中60岁以上老年人为7.64万人。占全县总人口10.20%。2005年,容县总人口为

75.17 万人，其中 60 岁以上老年人为 9.18 万人，占全县总人口 12.21%。1990—2005 年，老年人口在总人口数中的比例逐年增加，已进入人口老龄化社会。

优待敬老

1986 年，广西定每年农历九月初九为全自治区敬老节。1990—2005 年，容县有的党政机关、企事业单位多数在敬老节前后带上慰问品、慰问金对老年人进行走访慰问，了解老年人的情况，关心老年人的生活。县老龄办也对部分百岁老年人进行慰问。每年春节前夕，县委组织人员对困难老党员进行慰问，县民政局对“两属两户”（军属、烈属、低保户、五保户）中 60 岁以上有特殊困难的老年人进行慰问。1998 年，容县进一步完善优待政策，惠及城乡广大老年人。其中，实行农村持证老年人免交村提留、乡（镇）统筹及其他集资，也不用参加义务工及劳动积累工等，单此一项，为农村高龄老年人每人每年平均减轻负担 80 元。1996 年，容县开始发放百岁老人补贴，标准是每人每月 20 元。1999 年，容县百岁老人补贴标准调整为每人每月 30 元，2002 年增加到每人每月 40 元，2003 年后按每人每月 100 元的标准发放。2005 年全县有百岁老人 64 人，每月共发放百岁老人补贴 6400 元。容县各行各业都在自己的服务能力范围内开展敬老活动，收费公厕、公园景区免费为老年人开放，有些个体理发店免费为老年人理发，机关、厂矿、学校、社区居民组成志愿者开展为困难老年人服务，到福利院、敬老院为入院老人服务。

杨梅镇敬老院

（2004 年 11 月摄，容县民政局　提供）

维护老年人合法权益

1996—2005 年，容县执行《中华人民共和国老年人权益保障法》，接待老年人来信来访来电 1800 多人次，做到件件有结果，事事有回音。司法部门对老年人案件做到优先立案、优先审理、优先执行的“三优”政策。新闻媒体对尊老敬老先进典型进行宣传报道，对打骂、虐待老年人社会丑恶现象及时给予曝光，以正反典型事例教育民众。全县离退休人员离退休金能按时足额发放，医药费按有关规定及时给予核销。容县农村五保老年人实现应保尽保。

第二章　扶贫　信访

第一节　机　构

容县扶贫开发领导小组办公室

容县扶贫办公室成立于 1986 年 10 月。核定事业编制 2 名，实有 2 人，是县人民政府办公室直属事业单位。1989 年 8 月改为容县人民政府贫困地区经济开发办公室。1994 年 3 月 23 日，容县贫困地区经济开发办公室更名为容县扶贫开发办公室。2001 年 12 月，容县扶贫开发办公室更名为容县扶贫开发领导小组办公室，为县直属行政单位。内设综合股 1 个（加挂容县革命老区建设委员会办公室牌子），核定行政编制 4 名，实有 4 人，其中：办公室主任 1 名，副主任 2 名，股长 1 名。至 2005 年，编制、机构级别和人员一直未变。

1990—2005 年历任主任：韩立凤（—1990.12）、梁汉耀（1991.8—1999.3）、岑永江（1999.6—）。

中共容县委员会容县人民政府信访办公室

1980 年成立信访科。1989 年 11 月，县委、县政府信访办公室共配备干部 7 人。1992 年，中共容县委员

会容县人民政府信访办公室更名为中共容县委员会容县人民政府信访局，配行政编制干部 7 人，其中局长 1 名，副局长 2 名。2001 年，中共容县委员会容县人民政府信访局更名为中共容县委员会容县人民政府信访办公室，列入县委办事机构，由县委办公室管理，至 2005 年机构名称、编制和人员一直未变。配行政编制干部 4 人，其中主任 1 名，副主任 1 名。

1990—2005 年历任主任（局长）：潘瑞文（—1993.9）、封世初（1993.10—2000.11）、邓喜军（2000.12—）。

第二节 扶 贫

1990 年起，容县扶贫开发的重点是贫困地区村屯道路、人畜饮水、沼气池等基础设施建设和种养产业的开发。扶贫资金的来源主要通过上级财政拨款、社会捐赠和群众自筹等渠道。1990—2005 年，共投入财政扶贫资金 2307 万元，其中 1990—2002 年 1168.80 万元，2003—2005 年 1138.20 万元；革命老区建设资金 1145.70 万元。新建四级公路 5 条共 31.30 千米，修建四级公路 8 条 33.50 千米，改建、新建村屯道路 226 条 825.20 千米，其中 1990—2002 年修建 125 条 396.90 千米，2003—2005 年修建 101 条 428.30 千米，新建桥梁 5 座，解决 18.2 万人交通难问题；修复电灌站 2 处，建造水利工程 40 处，灌溉面积 2.57 万亩；建造人畜饮水工程 25 个，解决 4 万多名群众和 5 万多头牲畜饮水困难问题；完成坡地改梯田项目 37 个；2002 年新建沼气池 680 座，2003—2005 年新建 1000 座，解决 7776 人燃料难问题；建设村卫生室 21 个，解决 2.50 万农村群众就医难问题；修建学校 10 所；建造村办公楼 10 幢；推广特色产业种植，种植面积达到 2.30 万亩；为贫困地区农民举办实用技术培训班 229 期，培训农民 2.83 万人次，其中 1990—2000 年举办 125 期，培训农民 1.84 万人次，2001—2005 年举办 104 期，培训农民 9890 人次，培训致富带头人 155 人；营造以肉桂、八角、沙田柚、荔枝、龙眼、麻竹、甘蔗和优质茶叶为主的产业基地。实现了由“输血型”向“造血型”的转变。2005 年，全县贫困人口由 2001 年的 6.80 万人下降到 4.19 万人。

贫困人口

容县贫困人口主要分布在容县北部山区的石头、浪水，南部的黎村、杨村、灵山，中部的石寨及县底等乡（镇）。根据 1987 年 11 月调查，全县有贫困人口（指年人均纯收入在 200 元以下，人均口粮 200 千克以下的农村人口）7.03 万人；1996 年容县上报石寨乡华六村为贫困村；1997 年，开展农村贫困村、贫困户的调查摸底，人均纯收入 850 元以下的贫困人口为 3.06 万人；1999 年，人均纯收入 900 元以下的贫困人口 1.44 万人。由于各阶段确定的贫困标准不同，贫困人口的数量也有所波动。2001 年，全县有贫困人口（年人均纯收入在 625 元以下）6.80 万人。2002 年，容厢镇三和村、容西乡深柳村、十里乡杨外村、石寨镇石城村、杨梅镇和勃村、六王镇陈村村和龙头村、杨村镇平贯村、灵山镇天堂村、黎村镇太和村、县底镇竹山村和复联村、自良镇古旺村、浪水乡扶昨村、松山镇文仰村、罗江镇岑冲村、石头镇大垌村等 17 个村被自治区确定为重点扶持的贫困村。2005 年，全县仍有贫困人口（指年人均纯收入在 924 元以下）4.19 万人。

扶贫与开发

容县扶贫的主要对象是革命老区、边远山区、高寒地区的贫困人口。扶贫开发资金主要依靠财政拨款、社会力量捐赠、群众自筹等渠道筹集。扶贫开发措施包括加强基础设施建设、产业开发扶贫、科技扶贫和结对帮扶。

基础设施建设 容县贫困地区基础设施建设主要包括修建四级公路和村屯道路，实施水利、水电和人畜饮水工程，修建学校、办公楼和卫生室。1991—1993 年，县投入以工代赈资金 336 万元，先后新建杨村横山至岑溪竹兰四级公路 3.80 千米、浪水至佛子四级公路 12.50 千米、县底镇古长村四级公路 4.50 千米、黎村镇六胜村四级公路 6 千米和石头镇大垌村四级公路 4.50 千米，修建黎村镇同心村四级公路 4 千米和容厢大卫坡四级公路 2.50 千米；新建石寨大荣桥；修建十里平山电灌站和浪水寿门电灌站；修建杨村龙河水渠和黎木公平坝水利工程；修复杨梅水毁仓库和黎村水利工程；新建石寨霄垌人饮工程和黎木人饮工程。1994—2000 年，以解决相对集中贫困人口的温饱问题为目标，开展以村屯道路、水利设施等为重点的基础设施建设。1998年,开展农村贫困人口人畜饮水工程建设大会战,投入财政扶贫资金31万元,建设人饮工程11处,打井17口,开引水渠45.80千米,解决9792人和9044头牲畜饮水难问题。1999年,继续开展村级道路和人畜饮水工程建设大会战,全县共投入财政扶贫资金195万元,修建村屯道路36条104.60千米,缓解10.20万人行路难问题;修建人饮工程8处,建造蓄水池8个共530立方米,铺设引水管3.40万米,解决0.75万人饮水难问题;建设农田水利工程18处,解决9436.95亩田地灌溉问题,受益群众3.18万人。2000年,共投入财政扶贫资金130万元,建设村屯道路43条71.10千米,受益群众7.10万人;修建小型水利工程8处,灌溉面积6780亩;2001年,获得自治区和玉林市扶贫部门给县内35个贫困村屯和革命老区建设项目37个,总投入资金435万元,其中国家扶贫补助资金133万元。建设项目包括村屯道路项目27条99.30千米,人畜饮水工程项目4个,农田水利建设项目6个,解决10余万人的饮水难和交通难问题。2002年,自治区下拨扶贫资金198.30万元,群众集资484.50万元,用于17个贫困村和6个插花自然村道路建设及沼气池建设。全县利用扶贫资金及群众筹资款,投工投劳,修建村屯道路19条87.90千米,建造沼气池680座,受益群众1.23万户5.85万人。2003—2005年,财政部门下拨扶贫资金1138.20万元,群众自筹资金873.90万元,修建贫困村和面上乡村道路101条428.30千米,修建四级公路3条9千米,新建桥梁4座,建造沼气池1000座,受益农户1.67万户7.97万人。

产业开发扶贫 1990—1993年,容县获得上级扶贫开发资金145.50万元,自治区支边低息贷款462.20万元,主要用于贫困地区发展种养业和兴办乡(镇)企业、安排贫困人口就业,扶贫资金的使用坚持资金随项目走的原则。在此期间,贫困户饲养霞烟鸡、三黄鸡2.50万只、肉猪1500头;种植苎麻1200亩,甘蔗2000亩,沙田柚树1233.30亩,龙眼树1600.05亩,荔枝树4750.05亩,护理茶园1000.05亩。通过大规模产业扶持,全县有3.90万人解决了温饱问题。还利用部分以工代赈资金,续建松山柚园喷灌场和容城沙石岭果场,在十里和自良种植沙田柚苗1200亩。1994—2000年,在县底、六王、石寨等乡(镇)实施37个坡地改梯田项目,开荒造田,改良土壤,扩大水田面积。对400.05亩沙田柚进行种植技术改革,使其由低产变高产,受益群众5400人。2001年,把扶贫重点转移到特色产业扶贫上来。在十里杨外村和石头大垌村建成麻竹育苗场,面积21亩,育苗60万株;在石寨乡下烟村和杨梅镇妙阳村建成501亩的麻竹连片种植基地;建成红光麻竹种植示范场,面积501亩。同年,全县新种麻竹面积4009.95亩。至2002年底,全县共种植麻竹面积1.99万亩,其中有面积为6000亩的麻竹已进入盛产期,产量较高,罗江竹良村的麻竹每亩收入3000元,十里杨外、流冲等麻竹场和石寨华六村的麻竹亩收入均在1500~2000元,一般麻竹亩收入也有500~1000元。2003年,新种麻竹面积8400亩,至该年底,全县种植麻竹面积2.88万亩。同年,产业扶贫重点放在抓好贫困地区农业结构调整上来。主要抓好贫困村麻竹示范基地建设;抓好种苗场的育种指导工作,保证种苗供应,其中石头镇大垌村灯草育苗养殖场选育优质麻竹种苗100万株;抓好技术指导服务工作,对全县种下的麻竹实施全程跟踪服务;抓好麻竹笋的加工销售工作,办起以和味食品厂为主的3个小型麻竹加工厂,指导十里杨外加工场将麻竹笋加工成贵妃笋丝销往国内东北市场,扩大麻竹销路,增加竹农收入。2004年,实施杨梅高架垌选育优质麻竹种苗及推广续建项目,该项目占地面积45亩,投资73万元,其中上级财政扶贫资金30万元,群众自筹资金43万元。2005年,进一步搞好麻竹、沙田柚、八角低改基地建设,其中麻竹基地2330.1亩,沙田柚基地600亩,八角基地200.10亩,扶贫部门无偿发放肥料212吨,优质种苗12.25万株。

科技培训扶贫 1999年,容县对400户贫困户进行沙田柚、麻竹、龙眼等高产技术培训,共举办培训班29期。2000年,在罗江半月村等5个乡(镇)10个村建成优质麻竹示范基地3个,面积3000亩;八角示范基地1个,面积900亩;泰国杂交木瓜示范基地1个,面积499.95亩。广大贫困户从示范基地中学到了不少种植技术。同年,还举办麻竹种植培训班57期,1.20万人次参加培训;举办八角种植技术培训班39期,有6000人次参加培训。2002年,举办麻竹、沙田柚、八角等种植技术培训班27期,有2300人次参加培训,发放科技资料3500多份。抓好十里杨外村和容厢三和村2个沙田柚种植基地以及红光麻竹示范园、十里麻竹示范场、沙田柚种植基地、石头八角种植基地的土质改良和种植技术改革,聘请专家到现场进行技术指导,发挥示范园、场、基地的示范带动和技术辐射作用。2003年,组织17个

贫困村党支部书记、村委会主任到广东英德学习麻竹种植、麻竹笋加工技术，让贫困村干部开阔视野，增加带领村民脱贫致富的信心。同年，还举办麻竹、沙田柚、八角等技术培训班 21 期，培训贫困地区农民 1850 人，其中科技致富带头人 40 人，发放科技资料 3.50 万份。2004 年，进一步加大科技扶贫力度。根据容县《贫困地区科技扶贫培训实施方案》，对贫困村和面上贫困自然村农民进行科学技术培训，举办培训班 19 期，培训农民 1050 人，其中科技致富带头人 30 人。组织科技人员下乡宣传科技致富知识，传授科学技术，发放科技资料 2.50 万份。2005 年，举办贫困地区农民实用技术培训班 37 期，培训农民 4690 人次，其中科技致富带头人 85 人。

结对帮扶 2003 年，容县抓好以结对帮扶为主体的社会扶贫工作，全县参加帮扶单位有 151 个，帮扶干部 2659 人，组成 37 个工作队，帮扶 16 个乡（镇）35 个贫困村和革命老区村，扶持 2868 户贫困户。投入帮扶资金 352 万元，帮助农民获得扶贫贷款 425 万元，扶持 3850 户开发种养项目，修建村级道路 18 条 72 千米，修建人饮工程 4 处，修建学校 2 所、村级卫生室 4 个，解决了 1857 户 7428 人的温饱问题。

革命老区基础设施建设大会战 2001 年，容县把改变革命老区贫穷落后面貌作为扶贫工作的重点，由县扶贫开发办公室牵头，组织乡村干部对县底镇革命老区的 20 个村基本情况进行调查摸底。2002 年，根据中共玉林市委、市人民政府的决定，从 2003—2004 年，用两年时间开展革命老区基础设施建设大会战，集中人力、物力、财力，重点为老区群众办好“道路、水利、电力、学校、卫生室、沼气池、办公室”7 件大事以及新开发一批带动农民增收的企业项目来加快革命老区的发展。全县投入革命老区基础设施建设资金 1145.70 万元，修建竹山、古燕、河儿等 3 条四级公路 18 千米，修建村屯道路 10 条 34 千米，修建水渠 4 处 10.80 千米，修建排灌站 8 个，修建复联村、旺黎村、新光村、荣塘村、古练村、平河村、上都村、河儿村等 8 所小学，建造荣塘、复联等村办公楼 10 幢，村卫生室 17 个，建造沼气池 24 座。

第三节 信 访

1990 年起，县委、县政府逐步建立和完善信访工作机制，健全县、乡（镇）、村三级信访工作机构，落实领导接访日制度，认真接待群众来信来访。深入实际，排查和化解社会各种不稳定因素，把信访工作做到基层。加大对初信初访的立案、查办力度，提高办结率，减少越级访、重复访和集体访，妥善调处各种矛盾纠纷，化解信访积案和督查督办，追责问责等。根据群众信访反映的问题，按照“分级负责，归口办理”的原则，及时转办、交办，保证信访渠道畅通。及时向县委、县政府提供有价值的信访信息，为领导科学决策服务。2005 年县信访办受理群众来信 254 件，接待群众来访 545 人次，办理信访案件 65 件，办结 65 件；领导阅批群众来信 108 件，接待来访群众 119 人次，受理群众反映热点问题 15 件，办结 15 件。

信访处理

群众来信来访反映的问题主要集中在山林、土地、水利、房屋权属纠纷以及工资福利劳保、优抚救济、拆迁征地补偿、两会一部（即农村合作基金会、农村互助储金会、供销社股金服务部）、民办教师转公办等方面。1990 年，共收到来信 299 件，接待来访 267 人次。共立案 46 件，查结案 46 件。其中房屋 4 件，经济纠纷 1 件，要求恢复户口、粮食、公职 13 件，山林、水利、责任田、果树纠纷 7 件，反映不正之风 2 件，婚姻、计生、家庭问题 5 件，处理不服申诉 1 件，解决五保户生活问题 2 件，搬迁遗留问题 2 件，林业生产 2 件，其他问题 7 件。立案率占年收受理初信初访案件总数 9.70%，结案率占立案的 100%。全年向群众来信来访复信 44 封，其中通气信 22 封，解释信 11 封，结案信 7 封，鼓励信 4 封，复信率占初信率的 17.80%。在接待来信来访中，对重大问题、重要信件，信访办公室能及时转送县主要领导审阅批示共 98 件，占办公室全年收信接访 566 件的 17.21%。1991 年山林、土地、水利等纠纷问题较多，当年收到群众来信 537 件，接待群众来访 276 人次。由于信访部门及时办理信访案件，并协助县领导及相关部门妥善解决群众反映的问题，往后的几年，群众的信访量有所减少。1996—2004 年，因企业改制或破产，企业职工下岗增多，山林、土地、房屋纠纷及拆迁征地补偿、工资福利待遇、优抚救济、民办教师转公办教师以及代课教师被辞退等方面的问题仍然突出，群众来信来访较多，其中1996年收到群众来信328件，接待群众来访571人次；2004年，收到群众来信259件，接待群众来访1547人次。2005年群众来访数为545人，与2004年相比，差不多少三分之二。县信访办通过直接查办、协办、督办、发函交办等形式，认真调查处理解决群众信访问题。对上级部门、领导批办、交办的信访案件亲自查办或协调有关部门查办。对本办立案、交办或转办的信访案件进行跟踪督办。

表21-9　　1990—2005年容县信访办（局）接待群众来信来访及办理信访案件统计表

年份	接待群众来信来访			办理信访案件（件）				
	总数	来信（件）	来访（人次）	立案总数	上级交办案	结案率%	本级立案	结案率%
1990	506	285	221	63	5	100	58	100
1991	813	537	276	86	8	100	78	100
1992	328	232	96	25	7	100	18	100
1993	354	198	156	19	7	100	12	100
1994	639	208	431	36	3	100	33	100
1995	476	193	283	38	3	100	35	100
1996	899	328	571	56	3	100	53	100
1997	516	186	330	33	2	100	31	100
1998	722	251	471	25	1	100	24	100
1999	583	310	273	26	7	100	19	100
2000	528	213	315	18	4	100	14	100
2001	572	199	373	40	6	100	34	100
2002	774	185	589	9	4	100	5	100
2003	867	272	595	57	7	100	50	100
2004	1806	259	1547	41	12	100	29	100
2005	799	254	545	65	8	100	57	100
合计	11182	4110	7072	637	87	100	550	100

县委、县政府建立和完善信访工作机制，规范接待来访和信访事项督查督办工作，制定领导接待群众来访日制度和阅批群众信件制度。1990—2005年，县领导共阅批来信1745件，接待来访群众1547人次，受理群众信访反映的热点、难点问题194件，办结194件。1990年，县委书记龙观水每次阅信和接访后，带领相关同志到有关单位、部门了解情况，听取意见，并亲自到现场察看。先后为容城油毡厂解决该厂污水沟被堵塞问题，为县人民医院和县中医院解决地产房产纠纷问题，为黎木乡里村拨款建造好该村的一座钢筋水泥混合桥，为容县高中和容县师范解决用电问题。

表21-10　　1990—2005年容县领导阅批群众来信接待群众来访和受理情况统计表

年份	阅批群众来信（件）	接待来访群众（人次）	受理群众反映的热点、难点问题情况	
			受理件数	办结件数
1990	115	52	5	5
1991	229	60	8	8
1992	99	21	3	3

续表

年份	阅批群众来信(件)	接待来访群众(人次)	受理群众反映的热点、难点问题情况	
			受理件数	办结件数
1993	84	34	4	4
1994	89	94	12	12
1995	82	62	8	8
1996	140	125	16	16
1997	79	72	9	9
1998	107	103	13	13
1999	132	60	8	8
2000	91	69	9	9
2001	85	81	10	10
2002	79	129	16	16
2003	115	130	15	15
2004	111	336	43	43
2005	108	119	15	15
合计	1745	1547	194	194

信访联席会议制度

2004年,容县建立处理信访突出问题及群体性事件联席会议制度(简称联席会议),主要负责了解、掌握信访突出问题及群体性事件的情况和动态;分析、研判社会稳定形势,针对信访突出问题及群体性事件提出对策建议;组织协调有关方面处理跨部门、跨行业、跨地区的信访突出问题及群体性事件;总结交流有关方面处理信访突出问题及群体性事件的成功经验,推广相关工作的有效开展;督促检查有关部门处理信访突出问题及群体性事件各项措施的落实。按照“属地管理、分级负责、归口办理”和“谁主管、谁负责”的原则,落实工作责任制;加强对基层基础工作的指导,做到标本兼治、综合治理,力求从源头上解决问题,把矛盾化解在基层、化解在萌芽状态;严格依照法律和政策办事,把处理信访突出问题及群体性事件纳入法制化轨道;做好深入细致的思想政治工作,在解决信访问题的同时解决好思想问题;加强对有关地方和部门的协调,开展处理信访突出问题及群体性事件的整体合力。

附:典型案例

1990年,黎木乡里村群众来信反映,里村同黎木村之间有一条河宽水急的河道,村里的群众耕田种地、出圩入市、走亲访友和学生往返学校都必须从这条河经过,存在着严重的安全隐患,村民盼望在这里修建一条100多米长的钢筋水泥混合桥。后经全村群众齐心协力,集得资金2万余元动工建桥,但也仅完成桥梁的支架工程。写信请求县里拨付一些资金,把这座桥建成。县委书记龙观水看了群众的来信,认为这是为民办实事的公益事业,应该支持。于是在5月6日来到当地,同村民一起商量,又和县政府有关领导及水电局、交通局等单位研究后,决定县里拨付资金1万元,将这座桥建成。

1992年,松山乡儒地村村尾队的梁某等人联名来信反映松山乡修建儒地至山底的公路占用大量土地不办清手续、不给补偿,开路的土方倒入培垌河影响灌溉和降低下游的抗洪能力等问题,要求处理,并要求在问题未解决之前下令停止施工。县信访局接到此信后,立即向县分管领导汇报,随后进行了调查核实,制定了处理方案:为了不影响生产,根据儒地村四个村民小组组长提出给予经济补助的要求,经与乡农业助理何汉华(工程指挥部成员)、社教工作队马仲强研究决定,从修路经费中补助200元给儒地片的四个村民小组,由他们自己组织力量,指定在7月10日前将灌溉水渠开通。

2005年，石寨镇大荣村坡岭等7个村民小组的李某等35人集体到玉林市上访，反映石寨镇大荣村坡岭等7个村民小组与旺田村民小组因蓬备塘土地权属问题发生纠纷，旺田村民小组的村民用推土机破坏蓬备塘原形，不让坡岭等7个村民小组从水塘引水灌溉农田，造成坡岭等7个村民小组共约52.5亩水田无水灌溉，为此双方发生冲突。来访群众强烈要求尽快解决水田用水问题，并对争议地维持原状，声称如不尽快解决，将会再次发生冲突甚至械斗。县政府非常重视，分管领导作了批示，多次召开专门会议，成立专案工作组，进行深入调查。根据《中华人民共和国土地管理法》第十六条、《广西壮族自治区土地山林水利权属纠纷调解处理条例》第五条、第十条、第十一条和《确定土地所有权和使用权的若干规定》第二十条规定作出如下处理决定：将争议的蓬备塘面积5824.24平方米土地的所有权确认归旺田村民小组和坡岭等7个村民小组共有，允许坡岭等7个村民小组从蓬备塘引水灌溉农田，有效化解群众之间的土地纠纷。

第二十二篇

人口与计划生育　居民生活

2002年，容县举办学习贯彻《中华人民共和国人口与计划生育法》培训班

（容县人口和计划生育局　提供）

第一章　人　口

1990年后，容县经济社会不断发展，城市化进程加快，人口总量和城镇人口逐年增加。2000年后，全县人口整体上保持着男性人口比女性人口多，老年人口所占比例增加，人口变动比1990年明显，人口文化素质进一步提高。2005年，全县总人口75.16万人，比1990年增长17%。

第一节　人口数量、密度与流动趋势

人口数量

据统计，1990年末容县户籍总人口为13.38万户64.22万人，1995年末为15.24万户70.30万人，2000年末为20.24万户74.93万人，2005年末为24.69万户75.16万人。

人口分布

据统计，1990年，全县农业人口为59.65万人，占全县人口的92.88%，每平方千米264.24人；非农人口为4.57万人，占全县人口的7.12%，每平方千米20.24人。1995年，全县农业人口为63.75万人，占全县人口的90.68%，每平方千米282.41人；非农人口6.55万人，占全县人口的9.32%，每平方千米29.02人。2000年，全县农业人口达到67.20万人，占全县人口的89.68%，每平方千米297.70人；非农人口7.73万人，占全县人口的10.30%，每平方千米34.24人。2005年，全县农业人口为67.24万人，占全县人口的89.46%，每平方千米297.87人；非农人口7.92万人，占全县人口的10.54%，每平方千米35.09人。

人口流动趋势

从总体来看，全县人口呈现逐渐向县城集中的趋势，其原因主要是受县城经济生活、文化生活、教育质量的吸引力、凝聚力影响，人们向县城搬迁、定居。同时，随着各项事业的发展和机构的扩增，陆续调入、分配、安置的各方面人才也逐渐集中在县城。一些农民尤其是青年农民到县城寻求职业和婚姻，并逐渐落户县城定居，成为非农业人口。

2003年，容县举办纪念"7·11"世界人口日"人口与计生法"知识竞赛

（容县人口和计划生育局　提供）

第二节　人口变动

自然变动

1990年起，容县贯彻执行国家有关政策规定，开展计划生育宣传、教育工作，采取措施控制生育，控制人口数量。1991—2004年，人口自然增长率平均为8.28‰，2005年出现负增长。

表 22-1　　1990—2005 年容县人口自然增长情况表

年份	出生人数	死亡人数	自然增加人数	自然增长率(‰)
1990	7626	3281	4345	6.60
1991	8276	3190	5086	7.86
1992	11016	3805	7211	10.84
1993	9674	3561	6113	9.03
1994	9672	3357	6315	9.17
1995	10479	3737	6742	9.65
1996	11292	3155	8137	11.51
1997	10380	3783	6597	9.24
1998	9732	3290	6442	8.94
1999	9615	3151	6464	7.08
2000	10079	3647	6432	9.62
2001	6837	1826	5011	6.65
2002	7857	2148	5709	7.55
2003	5725	1865	3860	5.08
2004	8713	5925	2788	3.66
2005	9204	9907	−703	−0.93

迁移变动

容县人口迁移变动包括婚嫁、升学、学生毕业分配、工作调动、外出经商等原因在县内乡(镇)之间的互迁及与县外交往迁移。1990 年,全县迁移变动 6263 人,其中婚姻迁入 3034 人,学习培训 857 人,工作调动 611 人,随迁家属 495 人,务工经商 381 人,分配录用 337 人,投靠亲友 205 人,退休退职 158 人,其他 185 人。1990—2005 年,人口迁入最多的是 1996 年,为 3.45 万人;人口迁入最少的是 2003 年,为 2771 人。人口迁出最多的是 1996 年,为 3.55 万人;人口迁出最少的是 2003 年,为 3821 人。

表 22-2　　1993—2005 年容县人口迁移情况表

年份	迁入人数	迁出人数	年份	迁入人数	迁出人数
1993	6919	7547	2000	4357	5926
1994	10091	10763	2001	3151	4262
1995	6650	7141	2002	3153	4438
1996	34454	35496	2003	2771	3821
1997	5575	6387	2004	4104	4533
1998	4322	4652	2005	3311	4375
1999	3389	4107			

第三节　人口构成

性别构成

容县人口性别构成,男性人口比女性人口多。据容县统计局统计,1990 年,全县总人口中男性 33.66 万人,占总人口的 52.41%,女性 30.57 万人,占总人口的 47.59%,男女性别比例为 110.12 : 100。1995 年,全县总人口中男性 36.86 万人,占总人口的 52.43%,女性 33.44 万人,占总人口的 47.57%,性别比例为 110.22 : 100。2000 年,全县总人口中男性 39.07 万人,占总人口的 52.15%,女性 35.85 万人,占总人口的 47.85%,性别比例为 108.97 : 100。2005 年,全县总人口中男性 39.73 万人,占总人口的 52.85%,女性 35.44 万人,占总人口的 47.15%,性别比例为 112.1 : 100。

年龄构成

1990 年人口普查,全县有人口 62.85 万人,最高年龄为 104 岁,人口年龄中位数为 18.89 岁,平均年龄为 26.77 岁,其中男性为 26.76 岁,女性为 26.96 岁。婴儿(0~6 岁)11.35 万人,占总人口 18.06%;学龄少年(7~15 岁)11.15 万人,占总人口 17.74%;成年人口(16~59 岁)34.79 万人,占总人口 55.35%;老年人(60 岁以上)5.56 万人,占总人口 8.85%。2000 年人口普查,全县登记人口为 63.99 万人,75 岁以下基本上是男性人数多于女性,75 岁以上则是女性人数多于男性。100 岁以上人口 51 人,其中男性 11 人,女性 40 人。

年龄总趋势是:青壮年人口在总人口中的比例有所增加,老年人口在总人口中的比例也略有增加,老龄人口呈上升趋势。

表 22-3　**第四次、第五次全国人口普查容县分级年龄统计表**

年份 / 人数 / 年龄	1990 年	2000 年		
	人数	人数	男	女
0~4 岁	83052	51718	28782	22936
5~9 岁	69164	58070	31614	26456
10~14 岁	59959	95869	49966	45903
15~19 岁	62590	51118	29041	22077
20~24 岁	65312	31990	16458	15532
25~29 岁	51237	44570	21483	23087
30~34 岁	39100	55064	26970	28094
35~39 岁	39736	48012	24136	23876
40~44 岁	27459	35135	18704	16431
45~49 岁	26709	38022	20465	17557
50~54 岁	25013	27188	14790	12398
55~59 岁	23571	24615	13419	11196
60~99 岁	55578	78504	40106	38398
100 岁以上	15	51	11	40
合计	628495	639926	335945	303981

民族构成

1990 年全国第四次人口普查,容县共有 15 个民族的人口,其中汉族人口占总人口的 99.50%,少数民族人口占总人口的0.50%,其中壮族2621人,占总人口0.42%。2000年全国第五次人口普查,容县共有28个民族,其中汉族人口占总人口的99.04%,少数民族人口占总人口的0.96%。

表22-4 **第四、第五次全国人口普查容县各民族人口数**

单位:人

年份 民族	1990年	2000年
合计	628495	639926
汉族	625300	633798
蒙古族	2	99
回族	4	36
藏族	0	23
维吾尔族	0	8
苗族	45	443
彝族	3	32
壮族	2621	4029
布依族	35	521
朝鲜族	0	23
满族	9	50
侗族	202	333
瑶族	115	364
土家族	1	18
哈尼族	0	3
傣族	0	3
黎族	91	28
佤族	0	2
畲族	0	1
拉祜族	0	1
水族	11	30
仫佬族	38	38
毛南族	18	34
仡佬族	0	2
普米族	0	2
塔吉克族	0	1
鄂温克族	0	2
京族	0	2
民族个数	15	28
少数民族总人口	3195	6128
占总人口%	0.5	0.96

职业构成

1990 年，容县各行业共有从业人员 32.28 万人，其中从事第一产业人员 26.11 万人；从事第二产业人员 3.57 万人；从事第三产业人员 2.6 万人。第三产业中，从事交通运输邮电业 0.28 万人，批发零售、住宿餐饮业 1.23 万人，金融保险业 0.09 万人，其它服务业 1 万人。

1995 年，容县各行业有从业人员 36.25 万人，其中从事第一产业人员 24.45 万人；从事第二产业人员 5.48 万人；从事第三产业人员 6.32 万人。第三产业中，从事交通运输邮电业 0.63 万人，批发零售、住宿餐饮业 2.6 万人，金融保险业 0.18 万人，房地产业 0.02 万人，其它服务业 2.89 万人。

2000 年，容县各行业有从业人员 38.66 万人，其中从事第一产业人员 24.82 万人；从事第二产业人员 4.14 万人；从事第三产业人员 9.70 万人。第三产业中，从事交通运输邮电业 0.96 万人，批发零售、住宿餐饮业 3.74 万人，金融保险业 0.11 万人，房地产业 0.01 万人，其它服务业 4.88 万人。

2005 年，容县各行业有从业人员 32.48 万人，其中从事第一产业人员 23.52 万人；从事第二产业人员 4.18 万人；从事第三产业人员 4.78 万人。第三产业中，从事交通运输邮电业 0.54 万人，批发零售、住宿餐饮业 1.94 万人，金融保险业 0.12 万人，房地产业 0.02 万人，其它服务业 2.16 万人。

文化构成

根据第四次、第五次全国人口普查，2000 年与 1990 年相比较，容县具备大学本科文化、大专文化、中专文化、初中文化的人数增加很多，而且还增加了研究生。1990 年，第四次全国人口普查中容县具备大学学历有 1846 人，中专学历有 5352 人，高中学历有 4.18 万人，初中学历有 15.49 万人，小学学历有 27.51 万人，文盲人口占总人口 5.32%。2000 年，第五次全国人口普查中容县研究生学历有 18 人，大学本科学历有 1175 人，大专学历有 6413 人，中专学历有 1.57 万人，高中学历有 3.67 万人，初中学历有 20.69 万人，小学学历有 28.16 万人，文盲人口占总人口 2.30%，比 1990 年减少 3.02%。

表 22-5　　**1990 和 2000 年容县人口文化构成表**

学历 / 人数 / 年份	大学文化		高中文化		初中文化		小学文化	
	人数	每万人占有人数	人数	每万人占有人数	人数	每万人占有人数	人数	每万人占有人数
1990 年	1846	29.37	41795	665	154940	2465.25	275148	4377.88
2000 年	7588	118.86	52475	820.02	206863	3232.61	281641	4401.15

农业人口与非农人口构成

据统计，1990 年，全县农业人口为 12.25 万户 59.65 万人，非农业人口为 4.57 万人。1995 年，全县农业人口为 13.21 万户 63.75 万人，非农业人口为 6.55 万人。2000 年，全县农业人口为 17 万户 67.20 万人，非农业人口为 7.73 万人。2005 年，全县农业人口为 67.24 万人，非农业人口为 7.92 万人。

表 22-6　　**1990—2005 年容县农业人口和非农业人口统计表**

单位：人

年份	总人口	农业人口	非农业人口
1990	642225	596548	45677
1991	652287	604008	48279
1992	670373	616432	53941
1993	683781	625373	58408
1994	694061	628568	65493

续表

年份	总人口	农业人口	非农业人口
1995	703008	637508	65500
1996	711042	642942	68100
1997	717179	642729	74450
1998	724343	649002	75341
1999	730008	653698	76310
2000	749262	672034	77228
2001	754048	676031	78017
2002	758452	679831	78621
2003	760532	680700	79832
2004	764146	682928	81218
2005	751648	672440	79208

第四节　百岁老人

1990年，第四次全国人口普查，全县共有百岁老人15人。2000年，容县第五次全国人口普查，全县共有百岁老人51人。2005年，容县共有百岁老人63人，年龄最大的老人达114岁。全县15个乡（镇），只有容西乡无百岁老人。其中，容州镇5人，十里乡4人，石寨镇3人，杨梅镇1人，灵山镇1人，黎村镇14人，杨村镇6人，六王镇5人，县底镇1人，自良镇4人，浪水乡1人，松山镇3人，罗江镇5人，石头镇10人。

2000年9月敬老节前夕，广西老年基金会的领导到容县慰问容县百岁老人　　（梁兴用　摄）

表22-7　**2005年容县百岁以上老人一览表**

序号	姓　名	民族	性别	年龄	出生年月	家庭住址
1	麦秀芳	汉	女	114	1891.1	县底镇金村大圩队
2	梁明英	汉	女	106	1899.2	石头镇上垌村下山队
3	梁月英	汉	女	105	1990.3	六王镇龙头村勒根队
4	韦洪芳	汉	女	105	1900.4	十里乡大苹村垌尾队
5	叶凤清	汉	女	105	1900.4	容州镇周口村
6	杨庆华	汉	女	105	1900.8	六王镇温凤村
7	徐静奎	汉	女	104	1901.1	石头镇大良村四灵队
8	罗桂英	汉	女	104	1901.5	六王镇六槐村西一队
9	卢国英	汉	女	104	1901.7	容州镇三和村中坡队
10	刘良贤	汉	女	104	1901.9	黎村镇振新村青垌队
11	廖洪广	汉	男	104	1901.10	杨梅镇河口村利旺队
12	何惠贞	汉	女	104	1901.10	黎村镇温泉村

续表

序号	姓　名	民族	性别	年龄	出生年月	家庭住址
13	覃彩容	汉	女	104	1901.10	石头镇睦冲村平二队
14	韦国英	汉	女	104	1901.11	罗江镇黎木村黎木队
15	卢世超	汉	女	103	1902.2	自良镇云松村水冲队
16	凌仲芳	汉	女	103	1902.5	石头镇大良村丹竹三队
17	苏汉琼	汉	女	103	1902.7	容州镇东光村温屋队
18	黄成芳	汉	女	103	1902.8	黎村镇温泉村
19	张春芳	汉	男	103	1902.12	黎村镇四维村六文队
20	钟淑贵	汉	女	102	1903.1	十里乡流冲村金村队
21	陈柱金	汉	女	102	1903.3	罗江镇岑冲村公平九队
22	杨惠华	汉	女	102	1903.3	容州镇城西路五里巷23号
23	马逢英	汉	女	102	1903.3	石头镇务底村头四队
24	林常芳	汉	女	102	1903.5	杨村镇杨村村双底队
25	黄忠英	汉	女	102	1903.7	杨村镇峡河村茅田队
26	黄惠芝	汉	女	102	1903.8	罗江镇顶良村老屋队
27	韦惠华	汉	女	102	1903.10	石寨镇古兆村
28	黄琼芳	汉	女	102	1903.11	杨村镇平贯村河坳队
29	牟永东	汉	女	102	1903.12	石头镇四福村谢村5队
30	韦容珍	汉	女	101	1904.1	松山镇慈堂村旱角队
31	潘旭娟	汉	女	101	1904.1	十里乡大革村水口队
32	覃瑞连	汉	女	101	1904.2	六王镇陈村李三队
33	覃伯珍	汉	女	101	1904.2	十里乡泗登村
34	梁进群	汉	女	101	1904.2	自良镇中平村南拱队
35	李崇华	汉	男	101	1904.3	松山镇松山村村尾队
36	唐济初	汉	男	101	1904.4	黎村镇荣丰村寿加二队
37	梁佐芳	汉	女	101	1904.4	黎村镇太和村丹竹队
38	朱振芳	汉	女	101	1904.5	黎村镇四维村根竹队
39	程振华	汉	女	101	1904.9	黎村镇温泉村坡尾队
40	覃清奎	汉	女	101	1904.9	杨村镇界牌村
41	苏树英	汉	女	101	1904.9	浪水乡白饭村平二队
42	徐桂兰	汉	女	101	1904.10	杨村镇平贯村老屋队
43	庞秀芳	汉	女	101	1904.10	杨村镇鱼产村塘口队
44	陆祝英	汉	女	101	1904.12	黎村镇振新村青垌队
45	李合利	汉	女	101	1904.12	石头镇大扭村大冲队
46	张春椿	汉	男	100	1905.1	容州镇五一村云龙队
47	凌海周	汉	女	100	1905.2	石头镇石头村大平队
48	黄志荣	汉	女	100	1905.2	黎村镇平洛村新田队
49	杨进奎	汉	女	100	1905.3	松山镇大水村寻启九队

续表

序号	姓　名	民族	性别	年龄	出生年月	家庭住址
50	谢业英	汉	女	100	1905.3	六王镇思良村六振队
51	李秀珍	汉	女	100	1905.7	黎村镇温泉村上大坪
52	黄静珍	汉	女	100	1905.8	黎村镇六吟村凤门二队
53	马秀芳	汉	女	100	1905.8	罗江镇半月村马路队
54	黄世芳	汉	女	100	1905.8	灵山镇天堂村耕田队
55	潘绍华	汉	女	100	1905.8	石寨镇石寨村塘排队
56	江　贵	汉	男	100	1905.8	石寨镇石寨村石背一队
57	曾旭华	汉	女	100	1905.11	自良镇自良街桥三队
58	雷静奎	汉	女	100	1905.11	黎村镇温泉村石头坪
59	吴秀珍	汉	女	100	1905.11	黎村镇黎村街塘合队 58 号
60	梁桂芬	汉	女	100	1905.11	罗江镇顶良村塘背队
61	李文芳	汉	女	100	1905.11	石头镇上石村春菜二队
62	黄成才	汉	女	100	1905.12	自良镇云松村
63	凌延坤	汉	女	100	1905.12	石头镇泗福村角村三队

第二章　计划生育

1990—2005 年，容县贯彻执行国家和自治区计划生育法律法规，提倡一对夫妻生育一个子女，符合法律、法规规定条件的可以要求安排生育第二个子女。1990 年起，计划生育工作进入重要发展阶段，实行凭证生育。容县贯彻执行《广西壮族自治区计划生育条例》，每年 3~5 次组成县乡（镇）计生工作队，采取“突击月”“集中宣传活动月”和经常性抓等方式开展计生工作，实行思想动员和强制措施相结合，生育一孩采取短期避孕节育措施，生育二孩及以上采取长效避孕节育措施，超计划生育罚款，人口过快增长的势头得到有效控制。计划生育工作方式经历了“三为主”（以宣传教育为主，避孕为主，经常性工作为主）、实行计划生育合同管理、人口与计划生育目标管理责任制、计划生育村民自治等阶段，计划生育工作逐步走上法制化规范化轨道。2005 年起，实行计划生育奖励扶助和违法生育处罚的双向模式开展工作。

第一节　机　构

1990—2005 年，容县有县、乡（镇）、村三级计划生育机构。县级有计划生育行政机构、计划生育协会，县级计划生育行政机构下设二层机构有容县计划生育服务站、容县流动人口计划生育管理服务队。乡（镇）有计划生育服务（站）所、计划生育协会。各村（街、居）都配备有 1 名计划生育专干，协助村两委开展计划生育工作。

容县人口和计划生育局

1990 年，容县计划生育委员会有编制 12 名，其中行政编制 10 名，工人编制 2 名，实有工作人员 10 人，全为行政干部。1997 年 8 月，容县计划生育委员会改名为容县计划生育局，编制人员不变。2001 年，核定编制 14 名，其中行政编制公务员 12 名，事业编制工勤人员 2 名，实有人数 14 人，其中行政编制公务员 12 人，事业编制工勤人员 1 人，日工 1 人。由于计划生育职能的变化，2004 年 7 月改名为容县人口和计划生育局，编制人员不变。2005 年，容县人口和计划生育局在编在岗职工 14 人。办公地点在县政府办公楼。

1990—2005 年历任主任（局长）：曹桂芬（1990.10—1993.12）、黎坚（1993.12—1999.3）、曾庆新（1999.3— ）

容县计划生育服务站 县计划生育局下属副科级事业单位。1990 年，容县计划生育技术指导站核定编制 15 名，在岗 15 人。1996 年 7 月，改名为容县计划生育服务站，核定事业编制 20 名。2005 年，在编在岗 19 人，日工 1 人，共 20 人，其中卫生技术人员 18 人。

容县流动人口计划生育管理服务队 县计划生育局下属事业单位，不定级别。1991 年 8 月，成立容县计划生育巡检队，核定事业编制 4 名。1996 年 7 月，更名为容县计划生育依法管理服务队。2000 年 8 月，更名为容县流动人口计划生育管理服务队。2005 年，在编在岗 4 人。主要职责是进行流动人口的计划生育管理和服务。

容县计划生育协会

1991 年 12 月，容县计划生育协会成立，属副科级事业单位，核定事业编制 3 名，未落实人员。1999—2005 年，落实人员 3 人，其中设秘书长 1 人，为协会负责人，无行政级别。县计划生育协会一直与县计划生育局（计划生育委员会）合署办公。

乡（镇）人口和计划生育服务所

1990 年，全县 16 个乡（镇）计划生育管理站，共有 207 人，后来逐年增加。1996 年 12 月，更名为乡（镇）计划生育服务所，为县计划生育局下属副科级事业单位。2001 年机构改革后，核定事业编制全县共 119 名，改由乡（镇）政府管理，县计划生育局只作业务指导。2004 年，更名为人口和计划生育服务所。2005 年，全县各乡（镇）人口和计划生育服务所共有工作人员 220 人，其中在编 149 人，日工 71 人，其中有计生技术人员 24 人。

乡（镇）计划生育协会

1992 年，各乡（镇）、村成立计划生育协会，但无法定机构无专职人员。乡（镇）计划生育协会工作由乡（镇）计划生育服务站（所）负责，人员由站（所）人员兼。村级计划生育协会组织，没有专职人员，工作由村委会负责。2005 年不变。

第二节　生育调节

生育政策

1990—2005 年，容县贯彻执行国家和自治区计划生育法律、法规，提倡一对夫妻生育一个子女，符合法律、法规规定条件的可以要求安排生育第二个子女。按照《广西壮族自治区计划生育条例》《广西壮族自治区人口与计划生育条例》规定，符合下列条件的可申请安排生育第二个子女：

1. 夫妻双方均是一千万人口以下的少数民族的；

2. 第一个子女经设区的市（地区）计划生育行政部门组织医学专家进行医学鉴定确诊为非遗传性疾病致残，不能成长为正常劳动力的；

3. 夫妻一方为二等甲级以上或者夫妻双方属二等乙级革命残废军人的；

4. 夫妻双方均为独生子女的；

5. 夫妻一方为烈士的独生子女的；

6. 再婚夫妻一方只生育一个子女，另一方未生育的；

7. 夫妻中，女方属农业人口只生育一个女孩的；

8. 夫妻中，女方属农业人口，男到有女无儿家结婚落户的（多女户招婿，只安排其中一个）；

9. 夫妻中，女方属农业人口经当地县级以上计划生育行政部门组织医学专家进行医学鉴定并确诊，同胞兄弟中只有一个有生育能力的；

10. 夫妻中，女方属农业人口定居在靠国境线五千米以内的乡村，持有边境居民证且连续居住 10 年以上的；

11. 婚后不育，并经当地县级以上计划生育行政部门组织医学专家进行医学鉴定并确诊为患不育症，依法收养一个子女后又怀孕并要求生育的。

但是，如果夫妻中女方属农业人口，已脱离农业生产，在城镇连续工作、生活五年以上，并有固定的住所和经济收入的；持有二孩生育证，尚未怀孕，自办理农业户口转为非农业户口之日起满三年的，不符合生育二孩条件。

节育措施

1989 年下半年起，容县执行以下节育措施：已生育 1 个子女的已婚育龄妇女落实短期避孕节育措施；生育 2 个及以上子女的夫妻一方落实长效避孕节育措施。2002 年 9 月起，执行已生育 1 个子女的已婚育龄妇女首选落实药具等避孕节育措施，生育 2 个及以上子女的夫妻一方首选落实长效避孕节育措施。1990—2005 年，容县每年均成立县、乡（镇）计生工作队，抓节育措施落实。

第三节　计划生育宣传与服务

计划生育宣传

1990 年后，容县建立县、乡（镇）、村三级计划生育服务网络，县级服务机构 1 个，每个乡（镇）有一个服务机构，每个建制村建立计划生育服务室。开展计划生育宣传服务，以贯彻执行《广西壮族自治区计划生育条例》和《广西壮族自治区计划生育条例实施细则》，围绕“生育一孩采取短期避孕节育措施，生育二孩采取长效避孕节育措施，超计划生育，征收超生罚款”为主要内容的计划生育大宣传。

1995—2000 年，计划生育宣教工作围绕计划生育“三结合”（即计划生育与育龄群众的生产、生活、生育相结合），三为主（即宣传教育为主，避孕为主，经常性工作为主）的工作方针，把引导育龄群众“少生育，快致富”作为工作目标，宣传“少生孩子快致富，计划生育丈夫有责”等方面内容。县委、县政府出台《容县婚育新风进万家实施方案》《容县开展千村万户树新风活动实施方案》《容县关于开展创建“五好家庭”活动实施方案》等，宣传弘扬文明进步的婚育新风。1998 年，在容西乡祖立村、罗江镇大石村召开婚育新风进万家现场会，推广祖立村、大石村先进经验，以点带面，在全县全面铺开婚育新风进万家工作。在全县树 100 户少生快富计生典型示范户，各乡（镇）组织育龄群众参观学习。开展结对子帮扶计生困难户脱贫致富活动，以自良镇种植沙田柚、容西乡种植龙眼、荔枝，黎村镇饲养三黄鸡为致富示范基地，辐射全县，带动全县计生困难群众脱贫致富。开展评选“五好家庭”“模范丈夫”活动，促进育龄群众的生育观念的转变，少生快富的生育观念逐步形成。

2000—2005 年，容县人口和计划生育工作进入新的历史阶段，根据人口和计划生育法律、法规、规章，逐步建立人口计生新机制，统筹解决人口问题，实行计划生育家庭奖励扶助，围绕诚信计生以及人口出生性别比综合治理等方面进行广泛宣传。

2000 年，容县计划生育部门在杨梅镇绿荫街摆摊设点，为育龄群众提供计划生育服务

（容县人口和计划生育局　提供）

计划生育服务

2002 年 9 月 1 日，《中华人民共和国人口与计划生育法》颁布实施后，容县规范乡（镇）、村级的计划生育管理服务，建立宣传阵地和技术服务阵地，完善乡村计划生育服务网络，

落实孕情跟踪管理责任制，提供避孕节育等优质服务。一年四季开展计划生育优质服务活动，经常巡回到乡村为广大育龄群众进行妇检、康检、查环查孕、生殖健康咨询、发放避孕药具和落实避孕节育措施等，对计划生育手术全免费。开展节育手术术后随访和出生随访工作，并协助卫生部门做好“出生缺陷干预工程”等工作。避孕节育措施主要在容县计划生育服务站、容县人民医院、容县妇幼保健院和容县骨科医院落实。

2005年，县级计划生育服务站配备19名技术人员，各乡（镇）计划生育服务机构配备2至5名技术人员，219个村委会配备1名以上计生专干，达到上级有关计划生育服务机构技术人员的配备要求。

第四节　计划生育管理

计划生育依法管理

1990年起，容县计划生育工作进入重要发展阶段，开始实行凭证生育。容县贯彻落实《广西壮族自治区计划生育条例》，每年3~5次组成县乡工作队，采取“突击月”“集中宣传活动月”等方式抓计划生育工作，实行思想动员和强制措施相结合，生育一孩落实药具等避孕节育措施，生育二孩及以上落实长效避孕节育措施，计划外怀孕采取补救措施，违法生育罚款，以物抵交违法生育罚款，控制人口过快增长的势头。1991年，计划生育工作纳入法制化轨道，各部门履行职责，依法齐抓共管。1992年4月，县委、县政府下发了《关于征收计划生育管理费的有关规定》，明确违反计划生育法律法规应依法依规处理。1994年起，实行计划生育与群众的生产、生育、生活“三结合”，政府在做计生工作的同时，关心计生户的生产、生活、生殖健康等。1995年起，开展计划生育合格村建设活动。1997年起，在推行“三结合”的同时，实行宣传教育为主、避孕为主、经常性工作为主的“三为主”方针。1998年起，全县实行计划生育工作各部门、各单位党政一把手负总责制度，落实计划生育目标管理责任制，进行定期考核，根据工作优劣，予以奖惩。县政府下发了《关于贯彻执行〈广西壮族自治区计划生育条例〉〈广西壮族自治区计划生育条例实施细则〉的通知》，对违反计划生育法律法规的行为处理进行了规定。对违反计划生育法律法规的，计划生育行政部门作出《处罚决定书》，当事人对处罚决定不服的，可以向县人民政府申请复议。当事人不申请复议、不起诉，又不履行的，由计划生育行政部门申请人民法院强制执行。1999年3月，开展计划生育“四清查、四落实”工作，主要清查1990年1月1日至1998年12月31日期间人口出生漏报及落实避孕节育措施，党员、干部职工计划生育及落实措施情况，流动人口、下岗人员计划外生育情况。2000年，把计划生育工作纳入“双文明”考核内容。全县各乡（镇）开展计划生育“三好一满意”活动，同时推行计划生育村民自治。2002年，把依法管理、文明执法纳入乡（镇）计划生育目标管理责任考核，县每半年组织一次对各乡（镇）计划生育行政执法工作进行检查考核。依法管理计划生育，依靠法院抓计划外生育费的征收。对要求生育一孩的夫妇，办理“计划生育服务手册”，代替“一孩生育证”。2004年，县政府下发《关于贯彻执行〈中华人民共和国人口与计划生育法〉〈社会抚养费征收管理办法〉〈广西壮族自治区人口与计划生育条例〉和〈广西壮族自治区人口与计划生育管理办法〉的通知》，强化人口与计划生育管理。2005年，逐步实现以处罚为主转变为奖罚并举的模式，对计划生育家庭实行奖励扶助。

1998年5月，召开容县一九九八年计生工作暨五月集中宣传服务活动动员大会

（容县人口和计划生育局　提供）

综合治理出生人口性别比偏高问题

1990—2004年，随着形势的发展和计划生育工作的推进，人口发展中的一些结构性矛盾逐渐暴露出来，特别是出生人口性别比偏高给优化人口结构带来的影响日益突出。2005年起，容县以“关爱女孩行动”为载体，联合计生、卫生、药监、工商、公安等部门，组成综合治理执法工作队深入各乡（镇）、各有关单位进行专项检查，严厉打击贩卖、溺弃、虐待女婴，非医学需要进行胎儿性别鉴定和非医学需要选择性别人工终止妊娠的行为，对全县5个县级医疗机构、14个乡（镇）级医疗机构和16个计划生育服务机构，B超购置和使用情况、终止妊娠的药品销售和使用情况、接生情况、节育手术实施情况以及相关制度的落实情况进行全面检查登记，遏制出生人口性别比升高势头。

流动人口计划生育管理

1992年起，外出务工、经商、从业、居住的流动人口（女性16~49周岁，男性16周岁以上），必须持有“计划生育证”或“未婚证”（学生除外）。1994年起，使用自治区统一印制的“流动人口计划生育证”和“流动人口未婚证”。1996年1月1日起，使用全国统一的“流动人口计划生育证明”。1999年1月1日起，执行国家计划生育委员会下发的《流动人口计划生育工作管理办法》，建立以现居住地管理为主，户籍地与现居住地共同管理的流动人口计划生育机制，将流动人口计划生育工作纳入计划生育日常管理。2000年1月1日起，流动人口外出务工、经商等统一使用国家计划生育委员会印制的“流动人口婚育证明”。2005年11月，容县人口和计划生育局将“流动人口婚育证明”下放到乡（镇）办理。

违法违规生育处罚

1990年起，容县根据《广西壮族自治区计划生育条例》及其“实施细则”，对违法违规生育的家庭征收计划外生育管理费。具体征收标准由县人民政府制定。

2002年9月1日，《中华人民共和国人口与计划生育法》实施，将“计划外生育费”规范称为“社会抚养费”。2002年9月至2005年，容县对违法生育子女的当事人，按全县城镇居民年人均可支配收入或者农村居民人均纯收入为计征基数计算，依法计征社会抚养费。

计划生育奖励

1990—2005年，容县执行《广西壮族自治区计划生育条例》《广西壮族自治区人口与计划生育条例》的奖励政策。继续提倡和鼓励晚婚晚育。男性25周岁、女性23周岁初婚的为晚婚，已婚妇女在24周岁以上生育第一胎的为晚育。职工（包括全民所有制和集体单位）符合晚婚条件的，增加婚假12天，一方符合，一方享受，双方符合，双方享受；符合晚育条件的，增加产假14天。在产假期间领取独生子女证的，另增加产假30天。上述假期工资照发，不影响评奖评优。

夫妻终身只生育1个子女，并领取“独生子女父母光荣证”的，1990年至2002年8月，每年发给独生子女保健费60元至年满18周岁止；2002年起，每年发给独生子女保健费120元至年满18周岁止。终身只生育1个子女或者婚后终身无孩的职工，退休时提高退休金计发比例的5%；符合生育二孩条件，自愿终身只生育1个子女的职工，退休时提高退休金计发比例的10%。

2005年，对农村1933年1月1日以后出生的夫妇年满60周岁，曾生育子女，现存1个子女或2个女孩，或子女死亡现无子女的家庭，按每人每年600元标准发放奖励扶助金。对农业人口中，已落实绝育措施的纯二女户，一次性发放奖励扶助金2000元；对独生子女发生意外伤残、死亡，其父母不再生育和收养子女的计划生育特困家庭一次性扶助3000元。

第三章 居民生活

20世纪90年代至21世纪初期，容县城乡居民生活水平逐渐提高，人民生活从温饱型逐步步入小康型。

2005年与1990年相比，容县城镇居民人均可支配收入增长了4倍，农村居民纯收入翻了两番以上。全县居民消费水平全面提高，消费领域不断扩大，消费结构日趋合理。

1997年，在容县总工会球场举行全县职工广播操演出比赛 （覃 正 提供）

第一节　城镇居民生活

收入

1990年后，容县从计划经济转化为市场经济的步伐逐步加快，随着产业结构升级和国有企业改革的深化，城镇居民开始转变就业观念，多种形式就业和自谋职业已被越来越多的城镇居民所接受。收入来源多元化，城镇居民家庭收入增加。根据抽样调查显示，2005年，容县城镇居民人均可支配收入6670元，比1990年增加了5323元，增长4倍，年均增长率达到11.30%。

表22-8　**1989—2005年城镇居民人均可支配收入及增长速度**

年份	1989	1990	1991	1992	1993	1994	1995	1996	1997
城镇居民人均可支配收入（元）	1253	1347	1559	1581	1745	3178	3891	3320	3784
与上年同比增长（%）	1.90	7.50	15.70	1.40	10.40	82.10	22.40	−14.70	14

续表

年份	1998	1999	2000	2001	2002	2003	2004	2005
城镇居民人均可支配收入（元）	3938	4106	4480	4803	5293	5441	5686	6670
与上年同比增长（%）	4.10	4.30	9.10	7.20	10.20	2.80	4.50	17.31

消费

20世纪90年代初期，容县城镇居民收入主要用于食品类消费，家庭耐用消费品主要是自行车、电视机、录音机、手表、缝纫机等。单位职工住房以租用单位宿舍为主，少部分人建有私房。20世纪90年代中后期，城镇居民耐用品消费主要有彩色电视机、电冰箱、音响、洗衣机、热水器、摩托车等，电话开始进入普通百姓家，购地私建房屋成为城镇居民解决住房问题的首选，也是居民的主要消费渠道。随着收入增长，城镇居民已由温饱型消费逐步向小康型消费过渡。到2005年，容县城镇居民人均生活消费支出5103元，消费结构发生明显变化。

2003年春节期间，容县市场繁荣，商品供应充足

食品　20世纪90年代末，容县城镇居民食品消费由简单的吃饱吃好，逐步转变为品种更加丰富，营养更加全面。2000年后，随着市场经济的迅速发展，以及科学技术的进一步提高，可供城镇居民消费的鲜菜和鲜瓜果品种繁多、跨越了地域和季节的限制，一年四季鲜菜、鲜瓜果不断，大棚蔬菜、水果包括北方果蔬、国

外水果等都容易在市场上买到。2004 年、2005 年，城镇居民人均购买食品支出分别为 1768 元、2097 元，各占消费支出的 38.90%、41%。其中，2005 年人均购买鲜菜 123 千克、新鲜瓜果 27 千克、食用植物油 11 千克、猪牛羊肉 29 千克、家禽 15 千克、鲜蛋 6 千克、鲜奶及奶制品 6 千克、鱼及其他水产品 8 千克。由于食品消费品种的日益丰富，粮食消费比重变小，2005 年城镇居民人均购买粮食支出 227 元，仅占食品支出的 10.80%。食品消费中各种食物的成品半成品购买量不断增加，大大减轻了居民的家务劳动负担。许多家庭在过年过节以及宴请亲朋好友时，选择到饭馆就餐，城镇居民在外饮食费用支出逐年增加，2005 年达到人均 278 元。城镇住户抽样调查资料表明，2004 年、2005 年恩格尔系数（食品消费比重）分别是 38.90%、41.10%，标志着容县城镇居民已经解决了温饱问题。

衣着 城镇居民的温饱问题得到解决之后，开始注重自身外在形象。20 世纪 90 年代，容县城镇居民的衣着逐步从朴素实用型向美化型转变，穿着打扮逐步与国际接轨，成衣化倾向成为主流，到 90 年代末期衣着消费时尚化、名牌化、个性化倾向更加明显。2000 年后，每年衣着消费支出大幅增长。2004 年城镇居民人均购买服装支出 170 元，购买衣着材料支出 3 元，购买鞋类支出 46 元。2005 年人均购买服装支出 224 元，购买衣着材料支出 4 元，购买鞋类支出 55 元。

家用电器 1990 年后，随着城镇居民家庭经济收入增加，消费能力增强，容县城镇居民家庭购置家用电器的数量逐年上升。2000 年后，各种家用电器的拥有量已基本满足城镇居民家庭的自身需求。2004 年，城镇居民家庭平均每百户拥有洗衣机 75 台，电冰箱 45 台，彩色电视机 137.50 台，家用电脑 26.25 台，组合音响 30 套，照相机 17.50 架，微波炉 38.75 台，空调器 33.75 台，淋浴热水器 102.50 台，消毒碗柜 66.25 台。2005 年，城镇居民家庭平均每百户拥有洗衣机 76.25 台，电冰箱 50 台，彩色电视机 135 台，家用电脑 35 台，组合音响 31.25 套，照相机 22.50 架，微波炉 41.25 台，空调器 42.50 台，淋浴热水器 111.25 台，消毒碗柜 62.50 台。

交通和通信 20 世纪 90 年代初期，城镇居民日常生活的交通工具以自行车为主，90 年代后期，逐步发展到以摩托车为主，通信方式以固定电话和寻呼机为主。2000 年后，家用汽车开始进入先富起来的一部分居民家庭，固定电话、移动电话以及互联网成为城镇居民的通信工具。至 2005 年末，城镇居民家庭平均每百户拥有摩托车 90 辆，助力车 5 辆，家用汽车 2.50 辆，固定电话 77.50 部，移动电话 117.50 部。2005 年，城镇居民人均交通费支出 443 元，其中购买家庭交通工具费支出 222 元，车辆用燃料和零配件费支出 106 元，交通费支出 50 元；人均通信支出 291 元。

第二节 农村居民生活

收入

1990 年，容县农民人均纯收入为 522 元，1995 年为 984 元，2000 年达到 1611 元，到 2005 年提高到了 2541 元，比 1990 年收入翻了两番以上，年均增长 11%。

表 22-9 **1989—2005 年容县农民人均纯收入情况表**

年份	1989	1990	1991	1992	1993	1994	1995	1996	1997
农民人均纯收入(元)	463	522	574	746	930	957	984	1231	1360
与上年同比增长(%)	12.10	12.70	10	30	24.70	2.90	2.80	25.10	10.50

续表

年份	1998	1999	2000	2001	2002	2003	2004	2005
农民人均纯收入(元)	1464	1537	1611	1703	1801	1895	2192	2541
与上年同比增长(%)	7.60	5	4.80	5.70	5.80	5.20	15.70	15.90

消费

20世纪90年代，容县农村居民用于生活性支出在总支出中的比例不断提高，开始逐渐建造钢筋混凝土结构住房，家庭耐用品主要有木制家具、电风扇、彩色电视机、自行车、缝纫机等。90年代后期，部分家庭购买了摩托车。大部分农村居民逐步摆脱贫困，消费水平全面提高，消费领域不断扩大，消费结构日趋合理。至2005年末，农村居民人均生活消费支出达到2207.61元，其中食品消费支出1111.94元，衣着消费支出58.30元，居住消费支出293.60元，家庭设备、用品消费支出86.66元，交通、通信消费支出101.96元，文化教育、娱乐消费支出249.50元，医疗消费支出157.12元，其他商品、服务性支出48.59元。消费结构优化，享受性和高档消费支出比重普遍提高。

耐用消费品逐步进入普通农村居民家庭。1990年，部分农村家庭拥有电视机、缝纫机等。2000年后，彩色电视机、冰箱、摩托车、洗衣机、电话机、寻呼机等进入普通农村居民家庭。到2005年末，每百户农民家庭拥有彩电108台、摩托车100辆，固定电话85部、移动电话95部，电脑、电冰箱、洗衣机、空调机等更为高档、时尚的耐用消费品也逐步进入农民家庭。

农村居民的生活条件、生存环境逐步改善。1990年后，容县农村开始兴建钢筋水泥楼房，逐步取代原来的泥砖瓦房或砖木结构房屋。到2000年前后，钢筋混凝土结构住房在农村很是普遍。2005年末，农村居民人均居住消费支出293.60元，人均住房面积23.70平方米，其中人均砖木结构和钢筋混凝土结构住房面积达到23.10平方米。

2004年9月，容县杨梅镇绿荫农民新城新貌

第二十三篇

人　　物

1991年4月，中国香港同胞李大江（右六）向容县教育捐款30万元，成立李大江教育奖励基金会

本志人物篇设人物传略、人物简介及人物名录共三章。其中“人物传略”收录13人（按出生年份先后排序），收录1990—2005年断限内去世的容县籍重要人物，包括对国家和社会有重大贡献并经国务院批准享受政府特殊津贴专家、科技拔尖人才，全国劳动模范，烈士；“人物简介”收录18人（按出生年份先后为序），对断限内涌现出对文化发展、经济繁荣、科技进步做出贡献和取得显著成绩的各界先进、名人、英模、著名华侨或有重大影响等在世人物分别记述；“人物名录”收录67人次，名录中分为获省（自治区）部级以上奖励先进个人（劳动模范）58人次（分别按获得批准年份排序）、获正高级以上专业技术职称人员5人（以职称取得时间先后为排序）、烈士名录(4人）共3部分记述。

为广泛征集《容县志》人物篇的资料内容，容县地方志工作部门在2014年4月21日和4月25日发布征稿启事于《广西日报》《玉林日报》和容县人民政府网站，但收效不明显。因资料所限，难免存在有符合入志人物未收录到的情况。

第一章　人物传略

人物传略依据“生不立传”原则，收录1990—2005年去世的重要人物13人（按出生年份先后排序），包括对国家和社会有重大贡献并经国务院批准享受政府特殊津贴专家、科技拔尖人才，全国劳动模范，烈士及民国时期中将1人、少将1人。在该章附录设置民国时期人物纠错、补缺，以简介形式补记民国时期中将1人、少将10人。

冯　璜(1900.10—1994.2)　字璧如，黎村镇振新村人，国民党陆军中将军衔。先后毕业于广西陆军讲武堂、日本陆军步兵学校、中央陆军大学将官班乙级第一期。北伐时，历任营长、旅副官。1935年调任陆军第十五军上校团长，1936年冬任第四集团军教导总队少将总队长。抗日战争爆发后，任陆军第三十一军一三一师三九一旅少将旅长。1939年4月任陆军第四十六军少将参谋长，第三十一军一三一师副师长，后任一七五师师长。1943年1月升任第三十一军中将副军长。1945—1946年9月调任军委会军训部中将参议，同年10月至1948年调任湖南湘东师管区中将司令。广西解放后先后在中共广西省委统战部、广西第二图书馆和自治区政协工作，曾任自治区政协第五届委员会委员、政协文史委员会委员。1984年退休。1994年2月19日在南宁病逝。

冯　璜

徐松石(1900.11—1999.6)　又名徐仲石，浪水乡白饭村人。1916年考入沪江大学预科，1918年升本科，就读社会教育系，任校刊《天籁》主笔。五四运动后被推荐为上海学生会书记。1921年，写出第一部著作《新教育理论》。1922年毕业于上海沪江大学，任浸信会印书局上海编辑部主任，翻译过作为教会师范课本的《实用儿童教育学》一书，参与组织成立中国第一个基督教文社，担任上海广东浸信会执事。1927—1952年聘任教会学校上海崇德女子中学校长。后应聘任沪江大学、之江大学、华东大学教授。其间赴美国留学，就读于田纳西大学，获历史学硕士学位。还赴印尼苏门答腊，为华侨总商会创立苏东中学，并任该校首任校长。1957年赴中国香港定居。1975年移居美国旧金山。在教学、传道之余潜心研究民族历史，重视田野考察、社会调查。20世纪20—40年代，多次深入广东、广西、湖南、贵州等省的少数民族地区进行社会调查。80年代又到墨西哥等国进

徐松石

行田野考察。撰有《粤江流域人民史》《泰族僮族粤族考》《东南亚民族的中国血缘》等著作，其中《粤江流域人民史》于1938年在上海正式出版后，即被日本的学者译成日文在日本发行。开拓对岭南民族历史文化特别是壮族史的研究，运用"地名研究考证历史法"研究岭南民族史。率先提出要将记载少数民族名称汉字的反犬旁一律换写成人字旁的建议。论文主要有《"尔雅"里的泰国语言》《泰族与岭南的关系》《透视东南亚民族》等。1999年6月逝世。

李大江

李大江(1901—1998.9) 原名李海玑，县底镇龙山村(新光村)人，国民党陆军少将军衔。早年进广州农民讲习所学习，后毕业于黄埔军校第六期。服役于第五军。参加北伐，先后任连长、营长、缉私舰舰长。抗战期间，曾任田东特训班上校教官、第九十三师补充团团长、肇庆专区保安副司令，少将军衔。抗战胜利后离开军职回乡闲居。1949年定居中国香港，为香港新界广西同乡会发起人之一。1991年4月捐资30万元(港币)给家乡容县，设立"李大江教育奖励基金会"，用于奖励品学兼优的学生和教育界有突出贡献的人员。1998年9月逝世于香港。

封凤子

封凤子(1912.8—1996) 女，原名季壬，艺名和笔名凤子，曾用笔名禾子，杨梅镇石岭(现四端)村人。生于武汉，早年在汉口女子中学读书。1932年就读上海复旦大学中文系，参加复旦剧社并出演欧阳予倩执导的话剧《雷雨》等，因扮演女主角四凤而名声大振。1936年毕业后任上海《女子月刊》主编。参加戏剧工作社，首演曹禺话剧《日出》女主角陈白露。不久到日本参加在东京留学生组织的《日出》演出，因中国驻日本使馆馆员干涉而停演。1938年春到桂林参加国防艺术社，参与欧阳予倩任导演的阳翰笙话剧《前夜》的演出。1939年在昆明演出曹禺编导的《原野》，首演女主角金子。1941年赴中国香港，出演宋之的《雾重庆》和曹禺的《北京人》。至此，封凤子成为包揽曹禺四大名剧中四位女主角的首演者。后返桂林，任广西省立艺术馆研究员。1943年参加慰问团赴衡阳慰问前线抗日将士。后参加电影《白云故乡》《关不住的春光》拍摄，并与华籍美国进步作家沙博理结婚。20世纪40年代出版散文集《废墟上的花朵》、长篇小说《无声的歌女》、短篇小说《飞来的臭虫》等。曾任《中央日报》副刊和桂林《人世间》月刊编辑，重庆《新民晚报》特约撰稿人，上海《人世间》月刊主编。中华人民共和国成立后，任北京市文联《北京文艺》《说说唱唱》编委，北京人民艺术剧院艺术处副处长兼文学组组长。1952年加入中国作家协会。1956年任中国戏剧家协会《剧本》月刊编委、副主编。1979年任《剧本》主编、中国戏剧家协会书记处书记，发表有散文《记忆》《人间"海市"》等。1984—1985年，出版散文、短篇小说集《画像》，散文评论集《旅途的宿站》《台上台下》。1996年逝世于北京。

容启龙(1917.10—1997.2) 原名容壮夫。杨梅镇石岭村人。1937年就读于梧州高中。1938年11月在梧州高中考进广西学生军。1940年6月，容启龙由容县老乡、同学、学生军地下共产党员吴家宜介绍加入中国共产党。1941年7月，广西学生军遣散后，容启龙被安排到广西合作人员训练班学习，培训结束后，被分配在鬱林县政府合作室任见习指导员。同年11月，根据中共鬱林区特委宣传委员吴家宜的指示，辞职回容县，一面筹划做生意赚钱解决部分革命活动经费，一面选择新码头"黄盛记木栏"作落脚点。容启龙持吴家宜(鬱林区地下党负责人之一)的组织介绍信，找到黎运晖和朱克光(均是共产党员)，在容城南门桥头沙街口李屋的铺里会面，传达吴家宜代表上级党组织的指示，说明回容县的工作任务。1942年2月，吴家宜到容县检查指导工作时对容启龙说："成立中共容县特别支部，由你任书记。特支的任务主要是抓住有利时机，做好生意，多赚钱作革命活动经费和在容城培养一些骨干，宣传我党的抗日救国主张和方针政策，作为以后建党的后备力量，加强自学。"容启龙向党员传达了

容启龙

吴家宜的指示，在容城南门桥头街口李屋宣布成立“中共容县特别支部”，并就工作分工问题和如何开展工作进行讨论。决定容启龙负责做生意赚钱；黎运晖主要负责容城的宣传教育工作，培养骨干；朱克光主要任务是读书，团结教育同学，投身抗日斗争。中共容县特别支部成立后，容启龙、黎运晖把金珠街杨益炤作为重点培养入党对象。读书会教育培养了一批思想进步的群众骨干。容启龙在筹集经费过程中先是动员其父亲和亚叔从南洋寄回3万元作为本钱，以容城“黄盛记木栏”作落脚点，先后在容城、黎村圩各开1间杂货店，经营米酒、白糖、米、油、盐、粉之类，聘请同学黄定炎父亲帮打理黎村圩的杂货店。后在杨梅圩开设“信昌隆”店铺。并来往于藤县、梧州、鬱林、广东信宜等邻县（市）做跑江湖生意，贩卖木茹干、沙田柚等土特产。把经营所得和利润80%，约1.50万市斤稻谷的钱交给吴家宜，再转交上级党组织。1942年夏天，桂林发生中共广西省委被破坏的“七九事件”之后，广西各地中共党组织受到牵连。1943年2月，黎运晖在桂林“广西地方干部训练团”被捕后，办了自首手续。1943年6月，容启龙的政治身份被暴露，被迫向国民党容县政府自首。至此，中共容县特支被破坏，党组织因之解体。1944年秋，容启龙在吴家宜、张祖贵的鼓励鞭策下，继续做生意筹集资金，暗地里支持革命。1949年下半年，在杨益炤为书记的中共容县特支领导下，重新参加革命工作。1950年3月起，先后任容县政府科员、城厢区代区长、区长、县政府工商科科长兼贸易公司经理。1980年12月在容县糖烟公司退休，1982年4月改为离休，1986年10月重新入党，1997年2月病故。

卢　达

卢　达（1918.11—1999.1）　又名卢廷彪。罗江镇竹良村人。高级工程师。1954年加入中国共产党。曾为中国内燃机学会理事、广西省人民代表大会代表、自治区第一届人民代表大会代表、第五届全国政协委员等。负责改装简易高速钻床，完成化油器试制，由此使柳州机械厂于1954年制成轻型高速汽油机，被评为省第一届工业特等劳模。1955年，解决榨油机活塞研磨和汽油机调速器通用化等关键技术。1956年在071型新产品试制过程中自行设计制造专门用于车、磨凸轮轴的加工装置。1959年率技术人员仿制美国CAV公司独家生产的高压分配式油泵、螺旋扇齿轮，保障了全厂57天试制出“红河”牌35型水田拖拉机，并在全国8家工厂试制的拖拉机比赛中获第一名。1970年，任试制127型大马力操舟机项目总指挥，采用新工艺研磨发动机缸孔，使样机通过耐久试验和国家级鉴定，填补国内空白。1978年获全国科学大会奖。同年获全国劳动模范称号。1980年，投入270Q发动机的研制和开发，次年获生产立项，成为国内首先通过部级鉴定的微型汽车发动机。获广西科技成果一等奖和国家经委颁发的重大贡献奖。参加30余种内燃机和配套产品的研制、投产，被誉为“动力机构专家”。1993年，经国务院批准享受政府特殊津贴。卒于1999年1月。

杨益炤（1920.10—2003.10）　容城镇金珠街人，高小文化。其家庭在金珠街开设有饭店和药铺各1间。1938年春，就读于容县都峤中学，同时参加“容县救亡歌剧社”的抗日宣传活动。同年11月，投考广西学生军，被分配在第二团第三大队第九中队，从事抗日救亡宣传工作，在开展活动中认识了容县籍共产党员吴家宜，受到革命熏陶，吴家宜等经常找其谈心，影响深远，认识到只有中国共产党才是领导人民翻身解放的党。在进步思想的指引下，走上了革命道路。1942—1943年，千方百计筹集物资，支援党的活动，先后筹得价值百余担稻谷的钱及价值五六担稻谷的成药和20多件旧衣服交给革命组织。1945—1946年，利用忠正校和广珍饭店（自己有股份的店）为据点，开展革命活动。1946年7月21日，加入中国共产党；1947年2月，杨益炤任中共容县特别支部书记。为了筹集革命经费，把自家的金珠街1号铺屋1间、“就珍栈”铺1间和农田1亩卖掉，所得经费交给党组织。1949年春，奉命建立“天山交通站”（地址设在灵山六良山头村）。天山交通站通过北流六麻点（北流地下党交通站）到陆川，密切地同粤桂边区党组织取得联系。6月，主持召开中共容县特别支部灵山会议，做好情报、统战及支前工作，先后成立灵山的六楂、斗塘、茅车，石寨的深柳、佛子、上烟和杨梅的中央垌，六王的油麻、

杨益炤

土柱、小莲塘等10多个联络点，加紧宣传发动和组织群众，为迎接容县解放做好各方面准备。下半年，特支书记杨益炤组织党员在全县群众基础比较好的冠堂、金龙、康塘等村发动群众，组织建立一支100多人的武装队伍，配合南下解放军为迎接容县解放做好各方面的准备工作。根据上级指示，成立中共容县工作委员会，杨益炤是该委员会成员之一。在县军政委员会之下设立支前司令部，杨益炤任支前司令部副司令，参加支前与政权接收工作。1950年1月任容城镇（城厢区）镇长。8月任城厢区区委书记。1980年12月任容县政协常委、副主席、自治区第五届政协委员。1985年12月离休，2003年10月31日病故。

李　竑

李　竑(1931—2002)　笔名郁琅、水北，容城镇红光村人，中共党员。1950年毕业于广西省立容州高中。1951年参加中国人民解放军，历任部队报社记者，广西文联《漓江》编辑部负责人，《广西文学》编辑、编辑组长、副主编，编审。广西作协第二、第三届理事。1951年开始发表作品。1985年加入中国作家协会。著有长篇小说《海神祭》《生意佬和女人》，小说集《陈二跳出火坑》《保卫翻身坝》《回社》《茶山夜火》（合作），译著《旅伴》，主编《广西文坛三思录》，另发表短篇小说、散文、评论100余篇。《九折魂归》（原题为《还是拓荒者》）获广西首届文艺创作铜鼓奖，《忘却的爱情》获1995年《广西日报》优秀作品奖。获中国作协颁发的编辑荣誉证书。卒于2002年。

韦加宁

韦加宁(1938.4—2003.4)　松山镇松山村人，中共党员。1961年毕业于武汉同济医学院医疗系。同年被分配到北京积水潭医院从事手外科工作，历任主任医师、教授、研究生导师。1972年1月10日与李良平大夫合作，在北京同仁医院成功地完成全国第一例同体拇指移植手术。1974年5月9日，在协和医院为一名南斯拉夫海员接活了断腿。1975年12月28日又完成1台同体拇指移植手术。1978年《周围神经损伤的束间神经移植》获北京科技成果奖；《手部支具的临床研究》获卫生部科技成果二等奖。1982年当选为中共十二大代表，第五、第六届北京市人大代表。1983年和1990年在美国密执安州立大学医学院手外科研究室和肯塔基州路易斯威尔手外科中心任客座研究员，并在国内多家医学院担任技术顾问和客座教授。帮美国密执安州立一家医院完成了该院第一例断肢再植手术。从医42年，撰写论文40多篇；参加编写骨科、手外科专著23部，在书稿和病历中绘制数以万计的手术图谱。长期从事手外科临床工作，施行手术5万多例。被卫生部部长张文康誉为中国手术例数最多、成功率最高、疗效最好的手外科专家。韦加宁先后被授予全国科技大会奖，国家级有突出贡献的专家，北京市白求恩式医务工作者，北京市劳动模范，优秀共产党员和先进工作者等称号。2003年3月25日，获国家人事部、卫生部授予医务界最高荣誉奖“白求恩奖章”，并号召全国广大卫生工作者向韦加宁学习。随后卫生部下发《开展向韦加宁同志学习活动的决定》，并在人民大会堂召开“韦加宁同志先进事迹报告会”。《人民日报》当天刊发通讯《“中国第一手”——韦加宁》，介绍其从医42年来全心全意为人民服务的典型事迹。4月8日北京市委、市政府授予他“人民好医生”荣誉称号；4月12日中国医学基金会授予他“医德风范特别奖”，全国总工会和北京市工会分别授予“全国五一劳动奖章”和“首都五一劳动奖章”。2002年5月被诊断为晚期胃癌后，在重病期间仍用顽强的毅力绘制《韦加宁手外科手术图谱》，直至2003年4月9日画完最后一幅图谱。2003年4月13日病故。

梁远礽

梁远礽(1944.11—2002.8)　黎村镇同心村人，高中文化，1965年6月参加工作，1975年9月加入中国共产党。长期在基层工作，曾当过黎村公社新华书店发行员、黎村公社办公室资料员、水利助理、公社管委会主任、副镇长，1987年任杨村乡乡长。无论在什么岗位，他都干一行，爱一行，做好每一行。1983年担任黎村公社企业领导期间，他的亲属找他帮安排到公社企业工作，但梁远礿坚持原则，不谋私利，没有利用手中的权力安排一个亲属的子女到企业工作。1985年，黎村汽车站至镇菜市路段高低不平，晴天尘土飞扬，雨天泥泞难走，群众建议政府修好这段路。镇党委、政府决定对这一路段进行水泥硬化，并修建环城公路，副镇长梁远礿主动承担这一任务，和有关人员一起订规划、绘图纸，挨家挨户宣传其意义，发动群众集资，先后筹得资金1万多元。经过艰苦努力，将300米长街道全部铺设水泥，修建完成环城公路，得到当地群众好评。1993年4月，党组织任梁远礿为容县老干部局局长。从那以后，他在自己的岗位上倾尽全力为老干部排忧解难，把热心、爱心、诚心、细心作为搞好工作的座右铭，真心实意为老干部做好事、办实事，一直干到病倒在岗位上，在平凡的岗位上做出了不平凡的贡献。玉林市委、容县县委作出向梁远礿学习的决定，县委组织宣讲团到各乡（镇）各部门巡回宣讲，在全县掀起学习梁远礿的热潮。学习其一身正气、两袖清风、大公无私的精神。新华社、中央电视台、《人民日报》《广西日报》《玉林日报》等多家新闻媒体对梁远礿事迹进行报道。1985年起，梁远礿先后获得容县县委、玉林市委老干部局、自治区老干部局等单位授予优秀共产党员、先进工作者、先进个人等光荣称号23次。1999年和2001年，被评为自治区优秀党务工作者；2001年7月1日，被中共中央组织部授予全国优秀党务工作者称号。2002年8月25日，因病医治无效不幸逝世，终年58岁。

李　涛

李　涛（1949.2—2003.6）　曾用名李振球。六王镇六王村人，高中文化，高级农艺师。1971年2月参加工作，1979年12月加入中国共产党。1992年1月调到县人民政府水果生产办公室（县水果局）工作。1992年2月3日—1999年10月任副主任（副局长）。还兼任全国果树专业委员会委员、容县沙田柚研究会会长、政协容县委员会常委。李涛无论是在容县供销联社或是在水果生产办公室（县水果局）工作，都一直从事水果生产和科研工作，先后完成沙田柚栽培技术改革5项、承担科委科研课题12项，通过技术鉴定10项。培育出柚类新品种1个。编著《沙田柚栽培技术》丛书一套共6册，其中1983年广西人民出版社出版该书获中南五省（自治区）优秀科技图书奖，载入《中国优秀科技图书要览》。在省级以上报刊发表学术论文30多篇。主持果树栽培技术培训班210期，培训技术骨干5.32万人次。编著出版《沙田柚》（1989年）、《沙田柚栽培综合标准化手册》（1989年）等，录制《沙田柚》科普片及电视讲座5部。1986年获广西首届职工“自学成才”称号，1990年获自治区科委、自治区团委授予“全区青年星火带头人”称号，1991年获“全国自学成才优秀人物”称号，获自治区人民政府授予“1992年度有突出贡献科技人员”称号，1992　1998年获容县和玉林地区（市）授予第一、第二批“专业技术拔尖人才”称号。1993年10月，经国务院批准享受政府特殊津贴。2002年1月因病提前退休，2003年6月10日在南宁病逝。享年54岁。

李发松

李发松（1957.11—2003.2）　黎村镇荣丰村人。1981年毕业于玉林农校农学专业。1985年5月开始从事杂交水稻育种工作，1991—2003年任容县种子公司经理。在杂交水稻育种，特别是在调整花期方面，总结并独创了五个方面的调整花期技术，主持引进和选育成功推广的特优桂99、特优63-1、特优多系1号、特优70、特优3550选、特优晚3等组合，先后通过广西农作物品种审定委员会审定，分别获县、地区科技成果进步奖。为杂交水稻育种工作做出了贡献。1990年，被自治区农业厅、自治区科协授予广西农业科技推广普及竞赛活动先进工作者。1991年，自治区种子公司授予全区杂交水稻制种先进工作者、全区先进种子公司经理。同年，被农业部授予全国“振兴农业”先进工作者。1992年，玉林地区授予其优秀科技人才称号。1995—1998年获玉林地区行署授予“有特出贡献专业技术人员”和第二批“专业技术拔尖人才”称号。1995年4月，被自治区人民政府授予先进工作者称号；1997年，被全国总工会授予“全国五一劳动奖章”。2003年2月去世。

李发松主持容县种子公司工作期间，种子公司在1991年和1997年获农业部授予创建25万亩水稻综合增产技术项目和20万亩吨粮田活动项目全国农牧渔业丰收奖三等奖（第三完成单位）。1997年，获自治区人民政府授予杂交水稻特优系列组合开发项目贡献二等奖。

覃志武

覃志武(1974.9—1997.6) 原籍广西北流市。1994年9月，覃志武考取广西人民警察学校。1996年7月毕业，分配到容县公安局石头镇派出所工作。在工作中，他大胆负责，严格执法，先后参与查破刑事案件26起，查处治安案件32起，处理各种违法人员117人。1997年春节期间，石头镇发生撬门盗窃案4起。覃志武毅然放弃与家人团聚欢度佳节的机会，与同志们投入紧张的侦破战斗中。经过一个多星期的调查取证，终于一举破获盗窃案4起。通过审讯和深挖，又破获2起重大积案。1997年6月3日下午3时，覃志武正在审理一起盗窃案，接到报告：负案在逃的石头村古达组韦某某和大平组陈某某在石头圩持刀敲诈群众的钱财后企图潜逃外地。当时在派出所值班的只有他和1名治安联防队员、1名自行车管理员，所领导和其他民警已外出办案。覃志武知道，韦相荣因敲诈勒索、盗窃摩托车被公安机关列为打击对象，但此人生性凶残，曾流窜贵州、广州、云南、武汉、海南等地，因斗殴被公安机关处理过，石头派出所民警多次围捕未果。1997年5月31日，韦某某从公安干警的合围中逃脱，并从外地打电话给石头派出所，扬言要报复杀害民警及家属，气焰极其嚣张。此刻，保护人民利益的高度责任感驱使覃志武果断地带领治安队员和前往派出所报信的镇干部一起赶到现场。这时，陈、韦二人已逃离现场。覃志武即与同志们在以现场为中心的附近街道、村庄和山岭进行分头搜捕，当搜捕至大路岭周围时，面对韦相荣这个手持尖刀的歹徒，覃志武临危不惧，舍生忘死，在与歹徒展开殊死的搏斗中壮烈牺牲，年仅23岁。1997年6月6日上午九时，容县县委、县人民政府在石头镇人民政府会堂隆重举行覃志武追悼大会。国家公安部政治部、自治区公安厅、广西人民警察学校发来唁电，地区公安局机关代表以及社会群众数千人参加追悼大会。

1997年6月13日，《容县报》头版以《热血铸警魂——记勇擒歹徒壮烈牺牲的石头派出所民警覃志武》，记述青年民警覃志武在与歹徒搏斗中壮烈牺牲的过程以及英雄成长的足迹，歌颂人民警察爱人民的崇高品德。并被《玉林日报》《广西日报》《人民公安报》等多家报刊刊出。中共容县县委和中共玉林市委分别作出向覃志武同志学习的决定，学习他爱岗敬业、忠于职守、积极进取、严格自律的崇高敬业精神和顾全大局、艰苦奋斗、不怕牺牲的无私奉献精神。

1997年7月30日，玉林市中级人民法院在石头镇召开公判大会，杀害覃志武的凶手韦某某依法处决。同年9月25日，自治区民政厅追认覃志武为革命烈士；11月20日，国家公安部追认其为全国公安系统二级英雄模范。

附：

对1993年6月出版的《容县志》民国人物纠错、补缺

上将 1993年版《容县志》第1043页录入国民党军苏祖馨是上将，经查证，苏祖馨不是上将，是中将。

中将 1993年版《容县志》（第1103页）第六节民国时期将官及厅级以上人员的列表中，杜时宗为中将。经核查，不是中将，是少校。另补入中将黄剑鸣简介（1993年版《容县志》没有他的简介）。

少将 经有关资料考查，1993年版《容县志》（第1103~1105页）第六节民国时期将官及厅级以上人员的列表中，第1104页的李江与第1065页的李大江是同一人；第1104页的黎慧军不是少将，而是上校科长，特此纠正。

经查找有关资料及核对，本志共补民国人物11人，具体是：黄剑鸣、陈杰熺、夏越、李汉军、凌龙玟、马伟新、李明芳、梁学基、崔履栋、伍达欧、胡振广。其简介如下（按出生年份先后为序）：

黄剑鸣(1892—1953) 字绍璟，国民党陆军中将军衔，黎村镇珊萃村人。先后毕业于湖北法政大学、清河陆军军官预备学校、保定陆军军官学校、南京中央陆军军官学校。辛亥革命时期，在武昌起义总司令部任参谋。1927年先后任国民党广西省党部政训班主任、第七军政治部主任、第十五军政治部主任。1936年2月4日获少将军衔，抗日战争时期获中将军衔。解放前夕寓居中国香港，1953年病逝。

马伟新(1898.9—？) 松山镇慈堂村人，国民党陆军少将军衔。马伟新在南宁军校毕业后，投靠族兄马晓军，加入广西陆军模范营训练。后追随黄绍竑，在统一广西的作战中屡立战功，得到黄绍竑、李宗仁、白崇禧的赏识，升任营长。后参加北伐。1942年后先后任第一七六师副师长、二十一集团军总司令部高级参谋、安徽省安庆蚌埠江防司令。1947年7月获少将军衔。同年年底退役。解放战争时期回桂林定居。中华人民共和国成立后，与有关被俘国民党军官一起统一在广西教导总队集训改造思想。1951年集训结束后回桂林自谋职业。后病逝于桂林。

陈杰熺(1905—1942.5) 松山镇三合村人，黄埔军校第六期毕业，国民党陆军少将军衔。先后任国民革命军排长、连长。1937年任苏浙边区司令部中校参谋。1939年11月参加昆仑关战役。1942年任中国远征军陆军辎重兵暂编汽车团第三营上校营长、代理团长。1942年5月在缅甸曼德勒被日军包围，后突出重围在距印度20千米的大罗遭日飞机袭击不幸牺牲。后国民政府追赠其为陆军少将。1984年1月3日，被民政部门批准为革命烈士。

陈杰熺

梁学基(1910.6—1982) 杨村镇马良村人，国民党陆军少将军衔。1923年先后毕业于梧州师范、广西大学。后来担任广西省主席黄旭初的机要秘书，历任第四集团军新编第一师政训处处长，第四集团军第二十二师政训委员。1938年，国民党“中统局”成立后，担任广西省党部调查统计室主任至1949年。广西解放前夕去中国香港，后到中国台湾。1982年卒于中国台湾。

凌龙玟(1913—1998) 字桂芊，号容生，杨梅镇和勃村人，国民党陆军少将军衔。早年毕业于容县都峤中学、桂林高中。毕业后任《广西日报》新闻记者。后考入黄埔军校十七期，毕业后参加抗日战争。中华人民共和国成立前夕赴中国台湾，任台湾地区陆军野战师炮兵指挥官，获得少将军衔。曾著有《凌龙玟军旅诗文集》《峤山诗集》和《锦绣江山忆旧游》等。1998年于台湾病逝。

李明芳(1913.2—1947.10) 字克敏，容州镇千秋村人，国民党陆军少将军衔。1935年考入黄埔军校燕塘分校炮兵特训班。毕业后历任排长、连长、副营长及少校营长。抗日战争胜利后，任中校副团长，卫戍广州市。1947年春，奉令率部开赴山东战场。同年10月，在山东省平度县范家集三户山阵亡。后来国民政府追赠其为陆军少将。

李汉军(1916—？) 县底镇古燕村人，国民党陆军少将军衔。毕业于黄埔军校第六期。先后任排长、连长、营长、第三十七军独立团团长。参加抗日战争。1947年6月—11月任河北省徐水县县长。1948年4月任北平市平谷县县长。后任唐山市少将卫戍司令。中华人民共和国成立后，为南宁市政协委员、民革成员。1987年为梧州市政协委员。

胡振广(1925—2003) 别名胡椒，六王镇温风村人，国民党陆军少将军衔。毕业于黄埔军校第十九期。曾参加抗日战争。1949年随国民党军去台湾。1951年先后任师团处长、主任，台湾国防部乌丘守备区政治作战部主任，少将军衔。1985年退休。

伍达欧(？—1951.1) 黎村镇荣丰村人，国民党陆军少将军衔。1938年2月任第三十一军一三五师八〇六团团长，8月，随三十一军参加广济县城争夺战，打击日军。后参加昆仑关战役和收复龙州之战。后升任少将参议。1946年退役。后于1951年1月23日在黎村满垌罗略自然村附近被中国人民解放军击毙。

夏　越(？—1951) 又名世英、鹏程，松山镇大水村人，国民党陆军少将军衔。抗日战争时期，历任中校课长、中校副团长、上校团长等职。参加桂南会战、桂柳会战。1947年后任第八绥靖区第二处代处长，第十兵团高参，第一七六师少将副师长。1949年4月，参加阻击中国人民解放军渡江防御战。后组织反共救

国军。1951 年被判处死刑。

崔履栋(？—1956) 原名履方，号少端，六王镇古泉村人，国民党陆军少将。曾在容县中学学习，后入南宁军校第三期经理科。毕业后任国民革命军第十五军司令部军需处科长，1930 年任第四集团军总部经理处科长，第十五军四十四师经理处上校处长。参加抗日战争。1946 年任第十兵站总监部处长，第十一兵团总部经理处少将处长。解放战争后期回家（古泉村），1956 年在家病逝。

第二章　人物简介

本章共收录人物 18 人（按出生年份先后为序），分别记述在 1990—2005 年间对文化发展、经济繁荣、科技进步做出贡献和取得显著成绩的著名华侨、名人、英模、著名企业家、各界先进或有重大影响等在世人物。以记述其简历及业绩情况，尤以记业绩为主，不记人物的完整生平。

成立超(1927—) 祖籍十里乡大坡村。出生于马来西亚霹雳州玲珑。新加坡籍华人。1946 年回容县都峤中学读书，1948 年返回马来西亚玲珑，经营烟叶生意。1960 年定居新加坡。曾办鞋厂、衣厂，合股开设锡矿公司等。热心于华侨公益事业，曾发起组织新加坡广西会馆，任新加坡广西暨高州会馆会长，马来西亚成氏宗亲会会长、马来西亚广西总会名誉顾问、南洋客属总会名誉会长，世界广西同乡联谊会第六届主席(1993—1994 年)、第十届监察协调委员会主席和永远名誉会长，容县归国华侨联合会名誉主席(1995.7—2001.4)、永远名誉会长(2004.5—)；新加坡东盟投资集团有限公司董事会主席(2002—2003 年)。同时还兼任 40 个团体的永久名誉顾问、会长或主席等职务。

成立超

陈茂森

陈茂森(1930.1—) 祖籍石寨镇下烟村，出生于马来西亚霹雳州王城江沙埠。先后在江沙埠崇华小学、槟城钟灵中学读书，1949 年中止学业。1972 年，创办东升贸易公司。1981 年创办东升制衣有限公司、东兴有限公司及美达企业有限公司，分别任公司董事主席及董事经理等，成为霹雳州制衣界及华侨社界知名人士。1996 年合创桂青发展有限公司并任公司董事主席。曾任马来西亚广西总会会长（两届 4 年）、世界广西同乡联谊会副主席（两届 4 年）、霹雳广西会馆会长（四届 8 年）。后任世界广西同乡联谊会名誉会长、马来西亚广西总会名誉会长及多个侨界社团顾问；容县归国华侨联合会名誉主席(1995.7—2001.4)、永远名誉会长(2004.5—)。

江文昌(1932—) 祖籍自良镇同江村，出生于马来西亚吉隆坡。少年丧父，13 岁起当铁匠和割胶工。1954 年转为经营建筑业、锡矿开采业、药材加工业等，并兼营酒店餐馆。拥有利雅矿业建筑公司、国都公司、江文昌父子公司。1969—1985 年任雪兰莪广西会馆会长。1973—1989 年任马来西亚广西总会会长。1993 年与友人合资 300 万美元在南宁市开设宏邦建设发展公司，任董事、副总经理。是世界广西同乡联谊会创始人之一和名誉会长。1995 年 7 月至 2001 年 4 月任容县归国华侨联合会名誉主席。热心社会公益事业，2005 年 2 月捐款 25 万元援建家乡自良镇镇水侨心小学教学楼。

江文昌

许日初(1933.1—) 汉族，祖籍杨村镇东华村，出生于马来西亚霹雳州。1954 年高中毕业，考获英国九号班文凭。曾任皇家警察翻译。1966 年开始从事实业，建立首家工厂。1974

许日初

年建立山打塑胶工业,为槟城自由贸易区内的跨国公司供应塑胶组件;1991年获吉隆坡股票交易所批准在第二板挂牌上市。1993年在奥地利及匈牙利设厂专事承包制造收音电唱机、电视机、录影机、传真机、电脑及电话等。1997年与FLEXTRONICS国际有限公司合并在美国的NASDAQ股票交易所上市交易。2000年1月在苏州枫桥工业园注册成立苏州技泰精密部件有限公司,总投资额1700万美元,为汽车、移动通信、电视机显示器等行业提供金属、塑料、金属与塑料组合件及喷涂、组装的配套生产服务。2004年在苏州枫桥工业园投资建立倍雅电子护理制品(苏州)有限公司。

封君晓

封君晓(1938—) 祖籍灵山镇灵山村,生于泰国也拉府匀洞县。受中、英、泰文教育。1964年泰国国立法政大学毕业,获经济学学士和法律学士学位。大学毕业后,在曼谷安顺保险有限公司任职近20年。后开设律师事务楼,任泰国匀洞八桂堂、匀洞广西会馆法律顾问。是泰国广西会馆主要创办人之一和第一至第四届理事长、名誉理事长,世界广西同乡联谊会名誉会长。1991年主办世界广西同乡联谊会第五届第一次大会和泰国广西会馆成立10周年庆典。2000年起,该会多次组团回乡寻根祭祖、考察、联络乡谊,共谋发展,并推动泰国外交部部长、泰华九属会馆领导及泰国华文报纸领导访问广西,宣传及推介广西,为促进广西与泰国的经贸合作和友好交往做出了努力。

覃武振

覃武振(1939—) 祖籍六王镇大公村,生于马来西亚彭哼州。先后就读于文冬启文中学初中、怡保育才中学高中、新加坡南洋大学。1964年在马来西亚广西总会任执行秘书,后从商,经营皮革和鞋业。1990年当选马来西亚广西总会会长。为雪兰莪中华大会堂董事、雪兰莪广西会馆会长(1990—1996年)、世界广西同乡联谊会第八届主席(1997—1998年),南宁市政协海外顾问,容县归国华侨联合会名誉主席(1995.7—2001.4)。

黄兑芳

黄兑芳(1939—) 女,黎村镇珊萃村人。广州中山医院(今中山医科大学)毕业,旅居美国。是美国新世纪企业主席,世界广西同乡联谊会第十二届代表大会主席(2005—2006年)、美国广西同乡会会长、中国国际贸易促进委员会副理事长。容县归国华侨联合会永远名誉会长(2004.5—)。

潘炜初

潘炜初(1940—) 汉族,祖籍十里乡大坡村,马来西亚籍华人。马来西亚大学前数学系教授,原子物理学家;马来西亚科学院院士。为英国皇家物理学会会员,维也纳国际原子能机构顾问。在原子物理研究方面取得重要成果,推进原子碰撞激发、光致电离、自电离激发和形成及衰变共鸣等方面的研究进程。1996年获马来西亚东丽科学基金科技奖,1997年获马来西亚国家科学奖。2000年被玉林市聘任为科技顾问,是容县归国华侨联合会名誉主席(2001.4—)。

李德才

李德才(1940—) 男,祖籍黎村镇同心村。出生于马来西亚彭亨州,毕业于怡保育才中学和商学院,马来西亚华人企业家。热心于华侨社团事业,曾任世界广西同乡联谊会第三届主席和第四至第十三届名誉会长,马来西亚广西总会第 8 任会长，立克控股有限公司、立克屋业发展有限公司、丽嘉实业有限公司董事主席。1990 年定居加拿大。

封明光

封明光(1943—) 祖籍黎村镇温泉村，生于泰国也拉府匆洞县，泰国侨领封东初长子。先后在马来西亚槟城中华小学、钟灵中学受中英文教育。1964 年到马来西亚霹雳州高乌林国隆宝号任书记。1967 年返泰国任曼谷英商保险公司统计部主任。1970 年再往马来西亚北马高乌打昔管理橡胶园。1972 年回泰国办橡胶园等实业，任曼谷威马旅运社有限公司、香港威马旅行社、威马旅运车有限公司董事经理。被泰国政府授予国家安全自卫团特级上校军衔。是泰国广西会馆第二届至第四届副理事长，第五届、第六届理事长(1989—1992 年)、永远名誉主席，世界广西同乡联谊会第五届主席(1991—1992 年)，泰国介寿堂慈善会执行委员，广西八桂侨史名誉顾问，容县归国华侨联合会名誉主席(1995.7—2001.4)、永远名誉会长(2004.5—)。

饶培中

饶培中(1947—) 祖籍十里乡江口村，生于泰国也拉府匆洞县。就读于台湾大学国际贸易专业。毕业后返泰国曼谷开创泛泰企业两合公司、暹罗制鞋工业有限公司，任董事长、总经理；创建北揽鞋屋花园及鞋业展览馆。是泰京鸿建企业两合公司经理，友联海产养殖有限公司董事、总经理。热心从事华人社团工作，任泰国中华会馆副理事长、泰国广西会馆副理事长、世界广西同乡联谊会名誉会长。曾任泰国中华会馆理事长、世界留台校友联谊会理事长，泰国广西会馆第七届、第八届理事长(1995—1998 年)、世界广西同乡联谊会永远名誉会长，玉林市人民政府经济顾问。

封家正

封家正(1949.4—) 祖籍灵山镇仁勇村，生于泰国也拉府匆洞县。1968 年高中毕业。1970 年转入建筑业，成为新华建筑有限公司股东董事，负责多项重要工程。1982 年与中国建筑驻泰总公司成立暹中建筑有限公司。1987 年创办隆发盛企业有限公司和隆发财国际贸易有限公司，任 2 家公司董事长兼总经理。经营建筑承包行业及代理建筑机械材料，向泰国市场推荐广西建筑机械产品。还先后成立 4 家子公司并投资房地产。1997 年与广西建工集团联合在泰国成立隆桂建筑有限公司，承接泰国特种工程。热心社会公益事业。1988—1998 年任泰国广西会馆副理事长，1998—2002 年任理事长。2001 年任世界广西同乡联谊会主席(第十届)。2002 年起任泰国广西总会永远名誉主席。1994—1999 年受聘为泰国外交部部长顾问和广西壮族自治区开放办公室顾问。容县归国华侨联合会名誉主席(2001.4—)。

封祖超

封祖超(1951.6—) 祖籍杨梅镇四端村，出生于泰国。为均辉空运(泰国)有限公司董事长、安运旅行社有限公司及安运旅游发展有限公司董事长，广西商会有限公司董事长。任泰国皇家御林军第二军队二等军司令顾问。长期从事旅游业，1984 年任泰国旅游协会副理事长，协助泰国政府旅游局开发新景点，获泰国总理乃丙上将器重。访问广西时，对广西旅游业发展提出建议，被聘为广西壮族自治区旅游局顾问。获泰国皇御赐慈善金勋章。为第十二届世界广西同乡联谊会署理主席、名誉会长(2005 年)，第十一届至十三届泰国广西总会主席(2001—2006 年)、永远名誉主席，泰京也拉府协会会长、自治区政协海外顾问等。

刘志荣

刘志荣(1951.11—) 祖籍容州镇西大街。出生于香港。从事演艺工作 20

多年，曾主演《大地恩情》（饰演杨九斤）、《变色龙》（饰演贺升）、《新变色龙》《浴血太平山》（饰演周阿瑞）、《浮生六劫》（饰演赵振鹏）等多部经典电视剧，参演的亚视剧集《霍东阁》（饰演陈公哲）；曾五度荣获香港十大电视明星金球奖。20 世纪 90 年代开始经商、从政，90 年代末期当选为香港佐敦地区议员。其间也曾参演多部亚视剧集，如《精武门》《亲亲亲人》《与狼共枕》等。2000 年拍完《电视风云》之后离开亚视，此后未有再参演剧集。是华南电影工作者联合会副理事长；香港中华国际电影电视有限公司总经理；1999 年和 2003 年香港区议会选举，同在油尖旺区佐敦选区，当选区议员。

潘大林

潘大林（1954— ） 笔名黑马。杨梅镇红石村人。先后毕业于玉林师范、广西民族学院，1987 年下半年到鲁迅文学院进修。曾任容县师范教师、文化馆创作员，玉林地区《金田》杂志主编，玉林地区文联副主席，县级贵港市副市长，《贵港日报》社长、总编辑；系中国作家协会会员，自治区文联委员。在《中国作家》《小说家》等文学报刊发表小说、散文、报告文学、评论等作品 300 余篇，百余万字。著有中篇小说集《南方的葬礼》，短篇小说集《教我如何不想他》，中短篇小说集《岁月无声》，散文随笔集《牧野之风》，传记文学《天国一柱李秀成》。其小说、散文、报告文学等作品有 20 多篇分别获得各种奖励，其中中篇小说《南方的葬礼》1992 年获自治区人民政府颁发的第二届广西文艺创作“铜鼓奖”。《南方的葬礼》《教我如何不想他》1995 年 12 月获中国作家协会、中华文学基金会主办的“1995 年度庄重文文学奖”。1998 年 12 月被评为广西首届“德艺双馨”五十杰中青年文艺家。1992—2004 年连续 4 次获玉林地区（市）、贵港市“专业技术拔尖人才”称号。

廖春图

廖春图（1957.9— ） 杨梅镇河口村人。中共党员。1982 年中南矿冶学院毕业，在大厂矿务局、来宾冶炼厂等工作。2002 年 7 月起任柳州华锡集团有限责任公司副总经理。教授级高级工程师。主持大厂高铟锌精矿锌铟冶炼新工艺及铟高新技术产品的开发研究，将离心萃取技术应用到来宾冶炼厂锌铟的工业生产流程中，创新国内锌铟冶炼技术，解决大厂难处理锌精矿高效综合回收问题，铟回收率比常规流程提高 30%，获国家科技进步奖二等奖（2002 年）。主持来宾冶炼厂锡冶炼填平补齐工程，使来宾冶炼厂锡年生产能力从 8000 吨提高到 1.30 万吨。发表《铟锌化炉生产实践》等论文。2002 年，经国务院批准享受政府特殊津贴。

崔运武

崔运武（1959.12— ） 回族。六王镇人。1988 年毕业于上海华东师范大学，获学士、硕士学位，留校任教。1993 年作为引进人才到云南大学工作，获民族学博士学位。后任云南大学公共管理学院副院长，1996 年破格晋升教授。2004 年，作为课程负责人的“公共事业管理概论”入选国家精品课程。2005 年，负责的“新世纪公共事业管理人才培养模式的研究与实践”教学成果获云南省教学成果一等奖、国家教学成果二等奖。为云南大学公共行政管理（MPA）和行政管理博士点等学位点的获得起到重要支撑作用。

韦清文

韦清文（1960.12— ） 松山镇儒地村人，无党派人士。曾在中国人民大学、郑州大学、海南大学学习。高级经济师。1984 年与归侨李汉朝、李汉荣创办广西黑五类食品集团有限公司的前身——广西南方儿童食品厂。1989 年带领企业推出“南方”牌黑芝麻糊系列产品，“黑旋风”刮遍全国，后行销美国、日本等国家和地区。21 世纪初推出黑芝麻糊“精品工程”和“糊类第一”战略措施，在全国食品工业全面下滑境况中，企业销售额却每年以 30% 左右速度递升，2000 年黑五类“百姓食品”股票正式在香港主板挂牌上市，成为国内首家进入香港主板融资平台的民营企业。获自治区优秀乡（镇）企业家、劳动模范(1993年)，全国优秀乡（镇）企业家(1994年、1998年)荣誉；1995—1998年获玉林地区（市）授予第二批“专业技术拔尖人才”称号。是第九届、第十届全国人大代表(1998.1—2008.1)。

第三章　人物名录

本章“人物名录”收录1990年至2005年间获自治区级以上荣誉人物（先进个人、劳动模范）（分别按获得批准年份排序），获得正高级专业技术职称人员（以职称取得时间先后为排序）和革命烈士共67人次。全章按3部分记述。

第一节　获自治区级以上荣誉人物名录

根据县地方志编纂委员会办公室资料收集和各单位提供的资料及调查，1990—2005年，全县获自治区级以上先进生产（工作）者、劳动模范人员有58人次。

表23-1　　1990—2005年容县获自治区级以上先进生产（工作）者、劳动模范名录

姓　名	性别	职务	所在单位	荣誉名称	授予单位	授予时间
和一德	男	干部	县农委经管科	全国劳动模范	人事部、农业部	1990
梁启树	男	教师	县底教育组	全国扫盲先进工作者	国家教委	1990
潘祖富	男	教师	县教育局	全国扫盲先进工作者	国家教委	1990
曾绍华	男	教师	自良教育组	全国扫盲先进工作者	国家教委	1990
王祥庆	男	干部	农业局	民族地区先进工作者	国家民委	1990
黄京猷	男	教师	容县华侨职业高中	全国优秀教师	国家教委、人事部	1991.9
李　涛	男	干部	县水果办公室	全国自学成才优秀人物	全国自学成才优秀人物评委会	1991
李发松	男	干部	县种子公司	全国农牧渔丰收三等奖	农业部	1991.9
梁兴煜	男	教师	六王中心学校	全国优秀教师	国家教委、人事部	1991.9
冯以农	男	教师	自良中心学校	特级教师	自治区人民政府	1991.9
李发松	男	干部	县种子公司	全国“振兴农业”先进个人	农业部	1992.1
李　涛	男	干部	县水果办公室	自治区有突出贡献科技人员	自治区人民政府	1992
冯瑞林	男	农民	自良古济村	自治区劳动模范	自治区人民政府	1992.9
杜奋仁	男	干部	自治区卫生厅	全国卫生防疫防治先进工作者	卫生部	1993
董俊仁	男	干部	县卫生局	全国卫生产业先进个人	卫生部	1993
陈小玲	女	教师	容县中学	全国优秀教师	国家教委、人事部	1993.9
马志朝	男	干部	县防疫站	全国卫生防疫防治先进工作者	卫生部	1993
莫家平	男	干部	县建设银行	全国金融系统劳动模范	人民银行总行	1993
何挺佳	男	农民	广西挺佳节能热水器总厂	全国省柴节煤先进工作者	国家计委、农业部	1993

续表

姓　名	性别	职务	所在单位	荣誉名称	授予单位	授予时间
朱锦荣	男	教师	容县高中	全国优秀教师	国家教委、人事部	1993.9
韦清文	男	农民	广西南方儿童食品厂	自治区优秀乡镇企业家、劳动模范	自治区人民政府	1993.12
吴耀群	男	农民	容县永兴实业总公司	自治区优秀乡镇企业家、劳动模范	自治区人民政府	1994.5
曹桂芬	女	干部	县人民政府	计划生育万例手术无事故先进个人	国家计生委、卫生部	1994
黄京猷	男	教师	容县华侨职业高中	自治区先进工作者	自治区人民政府	1995.2
植桂湘	男	工人	县电力公司	自治区劳动模范	自治区人民政府	1995.4
李发松	男	干部	县农业局	自治区先进工作者	自治区人民政府	1995.4
杨垂柱	男	农民	容西祖立村	自治区劳动模范	自治区人民政府	1995.4
封远林	男	农民	灵山旺维村	自治区劳动模范	自治区人民政府	1995.4
刘倍全	男	农民	松山大水村	全国青年星火带头人	共青团中央、国家科委	1995.8
苏次容	女	教师	石寨中心学校	全国优秀教师	国家教委、人事部	1995.9
马文杨	男	教师	石头登州小学	全国优秀教师	人事部、教育部	1995.9
林务超	男	干部	县检察院	全国监所检察系统派驻检察先进个人	最高人民检察院政治部	1996
梁灿江	男	农民	石头大良村	自治区劳动模范	自治区人民政府	1996.4
刘倍全	男	农民	松山大水村	全国青少年绿化祖国先进个人	共青团中央、全国绿委、林业部	1996.3
刘倍全	男	农民	松山大水村	全国十大杰出青年农民	共青团中央、农业部、林业部、水利部、财政部、全国青联	1996.10
李发松	男	干部	县种子公司	全国五一劳动奖章	全国总工会	1997
龚增森	男	农民	灵山守善村	自治区劳动模范	自治区人民政府	1997.4
郑德麟	男	教师	广西右江民族师专	全国优秀教师	教育部	1998
吕秀梅	女	工人	容县瓷厂	自治区劳动模范	自治区人民政府	1998.4
陈小玲	女	教师	容县中学	特级教师	自治区人民政府	1998.9
朱锦荣	男	教师	容县高中	特级教师	自治区人民政府	1998.9
梁国钊	男	干部	广西大学社科部	全国归侨侨眷先进个人	全国归侨联合会	1999
梁远礽	男	干部	县老干部局	自治区先进工作者	自治区人民政府	2000.4
陈维民	男	教师	容县高中	特级教师	自治区人民政府	2000.9
梁远礽	男	干部	县老干部局	全国优秀党务工作者	中央组织部	2001.7
甘静芳	女	教师	容城镇中心学校	全国优秀教师	教育部	2001.9
韦加宁	男	干部	北京积水潭医院	学习雷锋志愿服务先进个人	北京市委、市共青团	2002.2
韦加宁	男	干部	北京积水潭医院	白求恩奖章	人事部、卫生部	2003.3
黄健平	女	教师	容城镇中心学校	全国学校对口支援工作先进个人	教育部	2003.2
韦加宁	男	干部	北京积水潭医院	人民好医生	北京市委、市人民政府	2003.4
韦加宁	男	干部	北京积水潭医院	全国五一劳动奖章	全国总工会	2003.4.
黄郁奎	女	教师	容县中学	特级教师	自治区人民政府	2003.9

续表

姓 名	性别	职务	所在单位	荣誉名称	授予单位	授予时间
陈海球	男	教师	县底中心学校	自治区优秀共产党员	自治区党委	2004.6
封祖亮	男	干部	百色地区林科所	全国老干部先进个人	中央组织部	2004.10
陆建国	男	干部	县公安局	自治区先进工作者	自治区人民政府	2005
黎 裕	男	农民	容西西山村	自治区先进工作者	自治区人民政府	2005
田 克	女	干部	广西科学技术协会	中国人民抗日战争胜利60周年纪念章	中共中央、国务院、中央军委	2005.7
肖 孟	男	干部	贵港市人大	第一次全国经济普查先进个人	国务院第一次全国经济普查领导小组	2005

注:1. 含外籍在容县工作和在外地工作的容县籍人士
2. 因资料所限,或许有符合入编而未收录的情况

第二节 容县获得正高级专业技术职称人员名录

根据容县职称改革工作领导小组办公室提供及容县地方志编纂委员会办公室资料收集,1990—2005年,全县获得正高级专业技术职称人员共5人,以职称取得时间先后排序。。

表23-2 容县获得正高级专业技术职称人员名录

姓 名	性别	民族	籍贯	取得职称时所在单位	专业技术职称	取得时间
何林承	男	汉族	杨梅镇	容县人民医院	内科主任医师	1993.12
梁渭周	男	汉族	松山镇	容县人民医院	内科主任医师	1994.12
陆义贞	女	汉族	桂平市桂平镇	容县人民医院	内科主任医师	1995.12
李钧才	男	汉族	县底镇	容县人民医院	外科主任医师	2002.12
杨昭坚	男	汉族	黎村镇	容县人民医院	外科主任医师	2005.12

注:1. 本表包括外地籍在容县工作获得职称人员
2. 因资料不全,或许有符合入编而未收录的情况

第三节 革命烈士名录

本节收录1990—2005年容县籍或外地在容县工作因故牺牲人员,且收录的对象是被国家公安部追认为英模称号、自治区民政厅追认为革命烈士,以及抢险救灾、见义勇为影响较大的烈士等。因资料收集难度大,或许会有一些符合条件而未收录或记述不完整的情况。本节补录超上限1人。按牺牲时间先后为序。

表23-3 1990—2005年革命烈士名录

姓名	性别	出生年月	籍贯	参加工作时间	党、团	牺牲年月	牺牲地点原因	牺牲时所在单位	牺牲时职务	追认年月
杨国婵	女	1942.5	容县			1988.12	被歹徒杀害	701矿职工医院	院长	
覃志武	男	1974.9	北流市	1996.7		1997.6	在执行任务时与歹徒搏斗牺牲	容县公安局石头派出所	民警	1997.9

续表

姓名	性别	出生年月	籍贯	参加工作时间	党、团	牺牲年月	牺牲地点原因	牺牲时所在单位	牺牲时职务	追认年月
盘汉福	男	1966.6	容县			1997.10	在抢险救灾中殉职	东罗矿务局五联矿掘进二工区	三班班长	
赖文光	男	1976	北流市	2001.11	团员	2003.12	容县六王。在灭火中殉职	容县六王镇法律服务所	法律服务工作者	2005.6

注:杨国婵、盘汉福摘自《广西通志·人物志》(1979—2005 年版),查不到追认年月

附　　录

容县绣江公园南侧　　（2001 年 10 月摄，容县爱卫办　提供）

文件选录

容县人民政府关于容县侨乡经济开发区街道命名的批复

容政函〔1994〕64号

容城镇人民政府：

你镇《关于容县侨乡经济开发区街道命名的请示》收悉，经研究，同意你镇对县侨乡经济开发区的街道命名，即：

侨城路(25米路宽)：东起旧县政府大院门前城西路，连接城南街往西方向，与城西路成十字交叉路口，往西转弯向北至县工商银行大楼门前城西路相通，与城西路成T字交叉路口。

江北西路(16米路宽)：东起旧县政府大院西南角围墙，沿绣江畔西上转弯向北至侨城路转弯处与侨城路接通。

锦绣街(18米路宽)：南起江北西路，向北经县药检所西侧至城西路相通，与城西路成T字交叉路口。

侨城东街(12米路宽)：南起江北西路，向北至侨城路。

侨城西街(12米路宽)：南起江北西路，北至侨城路。

侨城中街(12米路宽)：东起侨城东街，西至侨城西街。

新城街(12米路宽)：东起侨城路西头转弯处，往西转弯向北至城西路。

凤凰街(12米路宽)：南起侨城路，往北经凤凰阁西侧至城西路。

此复

容县人民政府

一九九四年七月二十七日

容县人民政府关于容城镇人民政府容城部分街道命名请示的批复

容政函〔1996〕97号

容城镇人民政府：

你镇《关于容城部分街道命名的请示》收悉。经县政府办公会议讨论，同意以下街道的命名：

城南街(原有街名，现往东新建延伸路段也称城南街)。新建延伸路段：电力公司街口往东——城东路(二桥桥头)。

北门街(原有街名，现往东新建延伸路段也称北门街)。新建延伸路段：县政府门前往东——城东路。

东大街。城东路(往西接北门街)往东——蚕茧仓北侧。

东安街。城东路(广播电台宿舍街口)往东——往容城电站原路。

东门街。公园门口往北——育才路(往十里公路)。

太爷巷(原有街名，现往南新建延伸路段也称太爷巷)。新建延伸路段：金珠街再往南新建——沿江北街。

育才路。食品公司门前东经一小、教委——城东路(原名北大街，现更名)；广播电台宿舍沿十里公路往

东经大路铺——杨湾桥(原名城东路,现更名)。

北大街(原有街名,现将规划往北——中环路路段也称北门街)。规划往北经一小西侧、酒厂垌——中环路(近期开发建设)。

城南大道。容县大桥往南——大板桥,即城南过境路。

城西大道。城西路(五里桥、松脂厂)往西——都峤陶瓷公司西侧,即城西新增延伸扩建的过境路。

中环中路。畜牧局大楼大转盘往西——城北路。

中环西路。城北路(接中环中路)往西南经东光村人造平原——城西大道(风柜岭脚)。

横石街。中环中路西段往北——东光村砂石岭。

龙怡园。容县高中南侧教职工住宅区。此园属城北路辖区。

此复

容县人民政府

一九九六年十一月十四日

容县人民政府关于容县河南、容厢开发区等街道命名的批复

容政函〔2000〕57号

容城、容厢镇人民政府:

你们《关于容县河南、容厢开发区等街道命名的请示》及有关材料收悉。经研究,同意你们对河南、容厢开发区的街道命名:

1. 河南大道(50米宽)。位于河南开发区,东起六眼根,往西经康复医院至新荣路。

2. 河南中路(25米宽)。位于河南开发区中部,东起江南路,往西经公路局大楼南面、河南工商市场至新荣路。

3. 江南路(24米宽)。位于河南开发区,东起绣江二桥,往西经公路局大楼北面、金桥大酒店至上南三巷。

4. 沿江南街(12米宽)。位于河南开发区,东接江南路,沿绣江往西延伸。

5. 新荣路(25米宽)。位于河南开发区工商市场西面,南起河南大道,北至沿江南街。

6. 新荣巷(12米宽)。位于河南开发区建行大楼北面,东起城南大道,西至新荣路。

7. 上安路(25米宽)。位于河南开发区东面第一纵街,南起河南大道,北至沿江南街。

8. 下安路(25米宽)。位于河南开发区东面第二纵街,北起江南路,往南经河南大道向南延伸。

9. 南安巷(12米宽)。位于河南开发区,东起下安路,西至上安路。

10. 南门路(40米宽)。位于河南开发区原南门桥头,北起绣江江边,往南经江南路、河南大道向南延伸。

11. 上南一巷(12米宽)。位于河南开发区西边,南起江南路,北至沿江南街。

12. 上南二巷(18米宽)。位于河南开发区西边,南起江南路,北至沿江南街。

13. 上南三巷(12米宽)。位于河南开发区西边,南起江南路,北至沿江南街。

14. 上南中巷(12米宽)。位于河南开发区西边,东起上南一巷,往西经上南二巷至上南三巷。

15. 下沙路(18米宽)。位于容厢开发区,南起下沙南街,往北经邮政大楼西面至下沙东街。

16. 下沙北街(12米宽)。位于容厢开发区,东起下沙东街,往西经下沙路至中环路。

17. 下沙中街(12米宽)。位于容厢开发区,东起下沙东街,往西经下沙路至中环路。

18. 下沙南街(12米宽)。位于容厢开发区,北起城西路,往南转弯向西至下沙西街。

19. 下沙东街(10米宽)。位于容厢开发区,东起城西路,西至中环路。

20. 下沙西街(18 米宽)。位于容厢开发区,南起下沙南街,北至城西路。
21. 新安路(16 米宽)。位于公安局大楼北面第一条街,东起城西路,西至江北西路。
22. 新安北街(12 米宽)。位于公安局大楼北面第二条街,东起城西路,西至桂南东街。
23. 新安东街(12 米宽)。位于公安局大楼西面第一条街,南起江北西路,北至新安北街。
24. 新安西街(12 米宽)。位于公安局大楼西面第二条街,南起江北西路,北至新安北街。
25. 峤北路(40 米宽)。西起厢南街,往东延伸。
26. 厢南路(12 米宽)。峤北路口花带往南经加油站,接城南大道。
27. 新岭路(25 米宽)。位于狗蚤岭开发区,北起峤北路口对面,往南经新岭一巷向南延伸。
28. 新岭中街(14 米宽)。位于狗蚤岭开发区,与新岭路平行,北起城南大道,往南经新岭一巷向南延伸。
29. 新岭一巷(12 米宽)。位于狗蚤岭开发区,东起城南大道,西至新岭路。
30. 新岭二巷(12 米宽)。位于狗蚤岭开发区,东起城南大道,西至新岭中街。

此复

容县人民政府
二〇〇〇年四月二十五日

中共容县委员会　容县人民政府关于稳定和完善农村集体土地承包经营体制规定的实施细则

容发〔1994〕22 号

为了把农村延长土地承包期工作和依法有偿转让等工作做细做好,现根据《中共容县委员会、容县人民政府关于稳定和完善农村集体土地承包经营体制的规定》精神,特制定此实施细则。

一、延长土地承包期,稳定承包关系

第一条　延长土地承包期,是指在现在承包的面积、位置等不变的基础上,对承包年限的延长,不作其他调整。

第二条　这次签订承包合同书中的承包年限,是原来承包年限中未满的年限加上延长的年限,耕地加上 30 年,山地加上 50 年。

第三条　原承包期未满的年限,已加入这次延长承包期内,因此,在办理延长承包期后,按中发〔1993〕11 号文件精神办;对未发包的土地,按新的规定发包。

第四条　五保户承包经营的土地的经营使用权由供养户继承和经营管理。

二、承包期内土地使用权允许依法有偿转让、出租、抵押、入股

第五条　土地经营使用权及土地上有价附着物的转让、出租、抵押、入股,应以有转让人本人(承包户、联户的,须承包户中各成年人或各联户代表)签名的书面申请书,先征得发包方的同意,并持有原承包合同书,向村一级农村集体经济承包合同管理小组领取统一格式的土地使用权转让合同书,依规定与受让方协议签字,报经乡(镇)农村合作经济经营管理部门签证后方可有效。

第六条　转让、出租、抵押、入股合同书及相关材料须在发包方及村级农村集体经济承包合同管理小组和乡(镇)农经管理部门存档备案。

三、规范土地承包经营管理

第七条　在林业“三定”时已确定了山林权属,并领取了山林权属证书的,及以后经有关方面协商或者经政府批准作了调整的,一律有效。

第八条 对有争议的土地应在明确权属后，方可由所有权人发包。

第九条 承包合同书中的承包方是指发包方经济组织的成员(含农户、联户和专业队组)；在特殊情况下或经发包、承包双方协商议定的情况下，承包方亦可是发包经济组织以外的个人、农户、联户、专业队组或单位组织等。

第十条 各经济合作组织的法定代表人，必须在这次延长土地承包期工作中加以明确并报村公所备案，以便确认自身的法定代表人资格，并行使发包权利。

第十一条 发包方法定代表人和承包方代表人订立承包合同须采用书面形式一式四份，发包方、承包方、村级集体经济承包合同管理小组、乡(镇)农经站依法签字、盖章后生效。

第十二条 承包合同及转让、出租、抵押、入股合同的规范格式由县人民政府农村合作经济管理部门统一印制。“合同书”和土地经营使用证可收取工本费。

第十三条 集体经济组织法定代表人的报酬标准，由该农村合作经济组织根据实际情况拟定，并由该经济组织落实解决。

第十四条 土地承包费的管理部门是各乡(镇)农村合作经济经营管理部门，该部门须按《广西壮族自治区农村集体经济承包合同管理办法》及相关法律、政策切实履行自身之职责。

中共容县委员会
容县人民政府
一九九四年六月十三日

中共容县委员会　容县人民政府关于村公所改为村民委员会的通知

容发〔1995〕14号

各乡(镇)党委、政府，县直各部、委、办、局、行、社，各人民团体：

我县农村村(街)公所和村公所以下的村民委员会，自一九八七年设立以来，在贯彻党的路线、方针、政策和带领人民群众进行两个文明建设等方面，发挥了重要作用。但是，随着农村经济的发展和社会主义市场经济体制的建立，原来两个层次的村(街)公所、村委会已不适应农村生产力发展的需要。现贯彻执行《中共中央关于党政机构改革的方案》(中发〔1993〕7号文件)和《中华人民共和国村民委员会组织法(试行)》，使我县与全国各地村级行政区域称谓统一，利于工作联系，县委、县人民政府决定撤销全县原219个村(街)公所及其以下的村委会，改为设立219个村民委员会。为把这项工作做好，特作如下通知。

一、撤销村(街)公所，改设村民委员会。

1. 撤销村(街)公所和撤销原村公所以下的村民委员会，改在原村(街)公所管理区域设立村民委员会(村民委员会名称仍按原村公所地名不变)；原村委会下设的村民小组，仍按原规模不变，称谓不变。原村民委员会的经济合作组织，仍由原管理人员继续管理。

2. 新村民委员会由3~7人组成，设主任、副主任和委员。村民委员会成员一般由村民大会或村民代表会议选举产生。村民委员会每届任期三年，其成员可连选连任。

各村民委员会享受定额补助的干部职数，按原村公所干部职数不变，其待遇也不变。

3. 撤销村(街)公所改设村民委员会后，要完善以村党支部为核心的村民委员会和村级经济组织、共青团、妇女、民兵等村级配套组织建设。村民委员会根据需要设人民调解、治安保卫、公共卫生、社会福利、计划生育等委员会。人口少的村的村民委员会可以不设下属的委员会，由村民委员会成员分工负责。

4. 撤销村(街)公所改设村民委员会工作，要在村党支部的领导下进行。新村民委员会的班子未选出之前，村公所的工作要照常运行，村公所的干部要履行职责，积极做好各项工作。

5. 原村（街）公所的集体企业和所有财产，要维持现状，全部转移给新建的村民委员会。各乡（镇）党委、各村党支部要加强领导，认真监督实施，认真组织清点、监交工作，任何单位和个人不得破坏和私占、私分。原有的债权债务，由新建的村民委员会承担。村（街）公所的文书档案、资料，要全部移交给新建的村民委员会保管使用，村（街）公所的印章停止使用后，截角上交各乡（镇）政府保管。

6. 对没有选上村民委员会继续任职的原村公所干部，各乡（镇）要根据各人情况，妥善安排。

二、成立撤销村（街）公所、改设村民委员会的领导机构。

撤销村（街）公所设立村民委员会，是一项涉及面广、政策法律性强的工作。为了加强我县撤销村（街）公所改设村民委员会工作的领导，经研究决定，成立容县村级组织建设领导小组。组长：岑小华（县委副书记）。副组长：殷发坚（县人大常委会副主任）、杨大焜（县人民政府副县长）。成员：梁华南（县委常委、县人武部政委）、李桂龙（县委办副主任）、周振光（县人大法制工委主任）、周朝生（县政府办副主任）、邓启炎（县委组织部副部长）、张武忠（县委宣传部副部长）、覃华真（县委政研室主任）、全容生（县体改委副主任）、陈惠南（县民政局局长）、黄华炎（县妇联主席）、梁志勇（县农委主任）、梁纪林（县广播电视局局长）、何桂炎（县人事局副局长）、覃绍明（县财政局副局长）、林家柱（县司法局副局长）、苏镇靖（县公安局副政委）、梁广彰（团县委副书记）、陈琼芬（县民政局副局长）。

领导小组下设办公室、宣传组、组织组和选举组。

办公室主要负责日常工作。办公室主任由杨大焜同志兼任，副主任由陈惠南、李桂龙、周朝生同志兼任。办公地点设在县民政局，电话：5322057。

宣传组主要负责宣传教育撤销村（街）公所改设村民委员会的目的、意义、方法和措施。宣传组组长由张武忠同志兼任，副组长由梁纪林同志兼任。

组织组主要负责对村民委员会组成人员的考核、选拔、推荐等组织指导工作。组长由邓启炎同志兼任，副组长由林家柱、梁广彰同志兼任。

选举组主要负责选民登记、制定选举办法和组织选举工作。组长由周振光同志兼任，副组长由陈琼芬同志兼任。

各乡（镇）要成立相应的领导小组，加强领导，统一部署，具体组织实施撤销村（街）公所改设村民委员会的各项工作。领导小组成员名单，请于三月二十日前报县村级组织建设领导小组办公室。

三、抓好撤销村（街）公所、改设村民委员会工作的试点。

为了取得经验，稳妥地全面开展工作，县委、县政府决定于三月中旬在容厢乡先进行试点工作。试点乡的具体工作方案，由县村级组织建设领导小组与容厢乡党委、人大、政府共同研究组织实施。

全县各乡（镇）的撤销村（街）公所改设村民委员会铺开工作，待容厢乡试点工作结束后另行部署。

中共容县委员会

容县人民政府

一九九五年三月十三日

中共容县委员会　容县人民政府关于加快发展我县旅游业若干问题的决定

容发〔1998〕52号

旅游业是一项朝阳产业，是推动地方经济发展的新兴产业，为加快我县旅游业开发，促进全县经济发展。根据自治区党委、自治区人民政府有关加快发展旅游业的政策、条例和规定，结合我县实际情况，特作

如下决定。

一、指导思想和奋斗目标

我县旅游业总的指导思想是坚持以邓小平理论为指导，以名楼、名人、名山开发为龙头，带动其他景点开发建设，全面推动容县旅游业的发展。通过五年的努力，到2003年，旅游业收入占国内生产总值5%以上，容县成为具有浓郁地方特色的辐射玉林、梧州、贵港、粤西的旅游大县。

二、具体措施

（一）统一思想、提高认识。各乡（镇）、各部门、各单位和社会各界人士都必须把思想统一到县委、县政府发展旅游业的大局上来，积极参与、密切配合、大力支持旅游业的开发建设，各级政府要把旅游业提高到经济发展战略地位，纳入国民经济和社会发展规划，摆到工作议事日程上来切实抓好。

（二）加强领导、统一规划、合理开发。要切实加强旅游开发工作的领导。县成立旅游开发机构，强化对旅游业的开发和管理，搞好旅游的开发规划工作。根据我县旅游资源分布情况进行详细分类、分级规划。特别是要把那些特色强、品味高的资源进行详细的、局部的规划，保证资源可持续利用。根据旅游市场的需要和人们的旅游消费心理特点，我县的旅游开发要树立“新”“奇”“特”的意识、精品意识，以“新”“奇”“特”吸引客人，发展旅游市场，具体是要先抓真武阁、贵妃园、都峤山等特色强的资源开发。其次，抓小“特色”景点开发以辅助特色景区，形成特色旅游网，达到占领旅游市场的目的。

（三）抓住重点，分期开发，搞活面上。旅游开发必须抓住重点，以点带面，开发一处，成功一处，出效益一处。我县的旅游开发分两期进行。第一期重点抓住真武阁、贵妃园、历史文化游览区和都峤山庆寿岩风景区的开发建设，新建、扩建景点13个，1998年8月开始到1999年8月底建成并投入使用。接着进行第二期开发，全方位开展招商引资活动，增加第一期开发两大景区的景点，进一步完善配套基础设施，加快对白鹤塘景区、黎村温泉、大容山景区、黄绍竑故居等景区景点的开发。使全县旅游景点连成一片，旅游市场得到深度开发，旅游产业形成规模，旅游经济快速发展。

（四）创造良好投资环境，加快旅游业的开发进程。为了加大旅游业的开发力度，解决开发资金不足等问题，要相应配套出台有关鼓励客商投资办旅游的政策。使旅游业的开发和管理走上规范化的轨道。旅游开发需办理的一切证照，有关部门都必须大开绿灯，提高办理效率。各部门一定要密切配合，共同为旅游业的开发营造一个宽松的投资环境，以吸引客商到容县投资置业，搞旅游开发。

（五）实行旅游开发、旅游市场、综合景区统一管理。杜绝政出多门、各自为政、扰乱旅游业健康发展的不良现象发生。

（六）加大宣传促销力度，开拓客源市场。坚持一手抓玉、贵、梧三市以外国内客源市场。同时，积极开拓国际旅游市场。采取主动外联与横向外联并举的促销方法，充分发挥报刊、广播、电视等各种新闻媒介的作用，实施各种有效的促销优惠政策，努力实现旅游业总收入连续三年翻番的奋斗目标。

（七）强化旅游大环境建设。县城的建设、绿化、改造、卫生，要按照旅游城的特点加以规划构筑和管理，把创建全国文明卫生城和创建桂东南一流旅游大县相结合，努力提高知名度和吸引力。

中共容县委员会
容县人民政府
1998年12月31日

容县直属机关机构改革实施意见

容发〔2001〕39 号

根据《中共玉林市委员会、玉林市人民政府关于容县党政机构改革方案的通知》（玉委会〔2001〕37 号）的精神，为切实做好容县直属机关的机构改革工作，特制定如下实施意见：

一、组织实施的指导思想和原则

（一）指导思想

按照市委、市人民政府批复的容县党政机构改革方案以及对这次机构改革的要求，统一思想，提高认识，加强领导，坚定目标，精心组织，果断实施，做到思想不散，秩序不乱，工作正常运转，人员妥善安排，国有资产不流失，确保机构改革的顺利完成。

（二）原则

——坚持统一领导、分工负责的原则。在县委、县政府和县机构改革工作领导小组的领导下，由县委、县政府分管领导和各部门领导班子（党组）具体负责组织实施。

——坚持先合并、后分流的原则。撤并的机构实行机构、人员先合并，然后再进行分流。

——坚持人随事走的原则。除转体机构的人员外，撤并的编制和人员跟随职能转移到并入的机构。

——坚持统一要求、区别对待的原则。各部门编制和内设机构的精简比例，主要依据职能多少、工作量等实际，通盘考虑，既有统一的基本要求，又要根据实际情况区别对待，不搞“一刀切”。

——坚持既要积极又要稳妥的原则。按照中央、自治区、玉林市和县委、县政府的统一部署，周密准备，一步到位，避免矛盾集中和出现大的震动，确保改革达到预期目标。

二、做好机构调整、撤并、转体的组织实施工作

（一）县委机构的调整实施

1. 工作机构的调整

保留县委纪律检查委员会机关（与县监察局合署办公，一个机构、两块牌子）、办公室、组织部、宣传部、统一战线工作部、政法委员会。

保留县机构编制委员会办公室，为县机构编制委员会的常设办事机构，列入县委工作机构序列，既是县委工作机构，又是县政府工作机构。保留县事业单位登记管理局牌子，取消县机构编制局牌子。

县直属机关工作委员会由挂牌机构改为县委派出机构，列入县委工作机构序列。

2. 办事机构的调整

县委、县政府信访局更名为县委、县政府信访办公室，由县委办公室管理。

保留县委老干部局，由县委组织部管理。

3. 挂牌机构的调整

县民族事务办公室，在县委统一战线工作部挂牌，实行一个机构、两块牌子。

县委机要局、督查室，在县委办公室挂牌。

4. 议事协调机构的常设办事机构的调整

县委保密委员会办公室（县国家保密局）在县委办公室挂牌。

县委对台湾工作领导小组办公室（县人民政府台湾事务办公室）在县委统一战线工作部挂牌，实行一个机构、两块牌子。

县委精神文明建设委员会办公室、县国防教育领导小组办公室、县委对外宣传工作领导小组办公室设在县委宣传部对外挂牌。

县社会治安综合治理委员会办公室、县处理“法轮功”问题领导小组办公室设在县委政法委对外挂牌。

县委落实知识分子政策领导小组办公室设在县委组织部对外挂牌。

除上述提及的县委议事协调机构的常设办事机构外，其他非常设的办事机构，工作任务完成后，一律自行撤销。

（二）县政府机构的调整

县政府工作机构调整的重点是加强综合经济和执法监管部门，精简撤并专业经济管理部门，适当调整社会管理和政务部门。

1. 工作部门的调整

保留县政府办公室、经济贸易局（按容发〔1997〕21 号文件组建到位）、教育局、计划生育局、民政局、交通局、财政局、公安局、司法局、建设局、农业局、统计局、卫生局、监察局（与纪律检查委员会机关合署办公，不计政府机构个数）、林业局、科学技术局。

县计划局更名为县发展计划局。

县水利电力局更名为县水利局。

县土地管理局与县矿产资源管理局合并，组建国土资源局，原县土地管理局和县矿产局的职能、编制、人员（包括离退休人员）并入县国土资源局。县国土资源局在具体实施“三定”方案时统筹考虑原两个单位人员的使用与分流。

县人事局和劳动局合并，组建县人事劳动和社会保障局，把分别在县人事局、劳动局、民政局、卫生局承担的机关事业单位社会保险、城镇职工社会保险、卫生医疗保险、农村社会保险及行业部门统筹的社会保险等职能，统一划归县人事劳动和社会保障局管理。原县人事局、劳动局的职能、编制、人员（包括离退休人员）并入县人事劳动和社会保障局。县人事劳动和社会保障局在具体实施“三定”方案时统筹考虑原两个单位人员的使用与分流。

县文化局与县体育局合并，组建县文化和体育局，原县文化局、体育局的职能、编制、人员（包括离退休人员）并入县文化和体育局。县文化和体育局在具体实施“三定”方案时统筹考虑原两个单位人员的使用与分流。

县侨务办公室由挂牌机构改为县政府工作机构，增挂外事办公室牌子。

保留县审计局，为玉林市审计局派出机构，机构、编制和人、财、物以县管理为主。

保留县环境保护局，为玉林市环境保护局派出机构，机构、编制和人、财、物以县管理为主。

县乡镇企业管理局在县经济贸易局挂牌。

县粮食局、县物价局并入县发展计划局，在县发展计划局保留粮食局、物价局牌子。

不再保留县国有资产管理局，其职能划归县财政局。

不再保留县经济体制改革办公室，其国有企业改革职能交由经贸局承担，小城镇综合改革试点工作交由建设局承担。

不再保留县农村工作办公室，其管理职能划归农业局等部门，编制、人员（含离退休人员）并入县农业局。县农业局在具体实施“三定”方案时统筹考虑原农村工作办公室人员的使用与分流。

县地方税务局、工商行政管理局、质量技术监督局、药品监督管理局实行自治区以下垂直管理体制，不再列入县政府工作机构序列。

2. 直属事业单位的调整

保留县旅游局、广播电视局、水果局，仍为政府直属事业单位。

县档案馆（局）由县委直属事业单位改为政府直属事业单位。

县畜牧局、水产局合并为水产畜牧局，仍为政府直属事业单位。

县农业机械化管理局更名为县农业机械化管理中心，仍为政府直属事业单位。

县直属机关服务中心更名为县直属机关后勤服务中心，仍为政府直属事业单位，暂保留县机关事务管

理局牌子。

县老龄工作委员会办公室由县政府直属事业单位改为议事协调机构的常设办事机构，仍为事业单位，设在县民政局对外挂牌，由县民政局管理。

设立接待办公室，为县政府直属事业单位。

县经济技术协作办公室，为县政府直属事业单位。

3. 挂牌机构的调整

县法制局改为县法制办公室，在县政府办公室挂牌。

4. 议事协调机构的常设办事机构的调整

县扶贫开发办公室更名为县扶贫开发领导小组办公室，为县扶贫开发领导小组的常设办事机构。

县住房制度改革委员会办公室设在县政府办公室，仍为事业单位，由县政府办公室管理。

设立县安全生产监督管理局，在县经济贸易局挂牌。撤销原设在县劳动局的县安全生产委员会办公室和设在县交通局的交通安全生产委员会办公室，其职能划归县安全生产监督管理局。县安全生产委员会办公室在县安全生产监督管理局挂牌，与县安全生产监督管理局一套人马，两块牌子。

县国防动员委员会人民防空办公室，设在县建设局，由县建设局管理。

县国防动员委员会交通战备办公室设在县交通局，由县交通局管理。

县国防动员委员会国民经济动员办公室设在县发展计划局，由县发展计划局管理。

县调解处理土地山林水利纠纷办公室设在县政府办公室，由县政府办公室管理。

县财政稽查局设在县财政局，仍为事业单位，由县财政局管理。

县农业区划办公室设在县农业局，由县农业局管理。

县生产救灾工作领导小组办公室改设在县民政局，由县民政局管理。

县农村能源办公室，仍为事业单位，由县林业局管理。

县森林防火指挥部办公室、县绿化委员会办公室设在县林业局，仍为事业单位，由林业局管理。

县防汛抗旱指挥部办公室设在县水利局，仍为事业单位，由县水利局管理。

县普及法律常识领导小组办公室设在县司法局，由县司法局管理。

县爱国卫生委员会办公室设在县卫生局，由县卫生局管理。

县军队转业干部安置工作领导小组办公室、县职称改革工作领导小组办公室设在县人事劳动和社会保障局，由县人事劳动和社会保障局管理。

县退伍军人和军队离退休干部安置工作领导小组办公室设在县民政局，由县民政局管理。

县“扫黄”工作领导小组办公室设在县文化和体育局，由县文化和体育局管理。

撤销设在县财政局的县控制社会集团购买力办公室，职能划归县政府采购中心。

撤销设在县卫生局的县公费医疗管理委员会办公室，职能划归县城镇职工基本医疗保险管理中心。

除上述提及的县政府议事机构的常设办事机构外，其他非常设办事机构，工作任务完成后，一律自行撤销。

（三）县人大、政协、群团机关和法院、检察院的机构调整实施。

县人大、政协、群团机关和法院、检察院的机构调整实施按有关规定和要求进行，原则上与县委、县政府机关同步组织实施。

（四）部门下属单位的调整实施

原县经济委员会、财贸委员会、对外经济委员会、经济体制改革委员会办公室的下属单位划归县经济贸易局管理。

原县土地管理局和县矿产资源管理局的下属单位划归县国土资源局管理。

原县人事局、劳动局的下属单位和原在县民政局、卫生局下属的社会保障机构划归县人事劳动和社会保障局管理。

原县文化局、体育局的下属单位划归县文化和体育局管理。

原县畜牧局、水产局的下属单位划归县水产畜牧局管理。

原县农村工作办公室的下属单位划归县农业局管理。

上述单位的编制、人员(包括离退休人员)、资产、债权、债务统一划归接受部门管理。凡未提及的其他保留、更名、改设、转制部门的下属单位,仍归原部门管理。

(五)具体组织实施的责任领导

县直属机关机构改革在县委、县政府和县机构改革工作领导小组的领导下,由县委、县政府分管领导负责分管部门的协调、组织实施工作。各部门的领导班子(党组)负责本部门机构改革的具体实施。属于撤并部门,在县委、县政府分管领导的领导下,由新组建部门领导班子(党组)具体办理合并部门的人(包括离退休人员)、财、物的移交和拟定"三定"方案,并组织实施。

三、做好职能的调整、交接和交叉的理顺工作

各部门特别是职能变动的部门要按照市场经济的要求,以中央、自治区、玉林市对应部门的职能、行政审批事项清理的决定以及县委、县政府明确的有关职能为依据,重新确定部门职能,切实将应转出去的职能,转给企、事业单位和社会中介服务机构或下放给乡(镇)管理,防止出现管理职能交叉、重复。在理顺职能过程中,有交叉职能的各方要进行协商,协商不下的提交县编制部门进行协调、裁定。县委、县政府的挂牌机构的职能,暂按原管理的职能进行管理。县委、县政府的议事协调机构的职能,由设在的部门进行"三定"。

四、明确和规范机构级别

根据中央和自治区有关文件精神,县委、县政府工作机构之间不设中间层次的机构;工作机构与内设机构之间,一般不设副科级机构。县委工作机构,县政府工作部门,人大、政协的工作机构及其各工作委员会,法院,检察院,政府直属事业单位,群众团体和民主党派机关等,均为科级;其内设的机构,均为股级。

议事协调机构的常设办事机构,除县扶贫开发领导小组办公室、安全生产监督管理局为正科级,县农村能源办公室暂维持现状不变外,其余均为股级机构。

县委、县政府的挂牌机构的级别维持现状不变,可根据实际高配领导。

五、切实做好编制的精简及重新核定工作

根据《中共玉林市委员会、玉林市人民政府关于容县党政机构改革方案的通知》(玉委会〔2001〕37号)的精神,县委、县人大、县政府、县政协、县群团机关各部门的行政编制精简23.7%,县政府直属事业单位的事业编制同时精简,县司法机关、公安机关政法专项编制精简10%,县法院政法专项编制精简9%,县检察院政法专项编制精简9%。基层公安和基层司法政法专项编制以及民主党派机关行政编制不精简。县委、县政府根据以上精简比例和部门职能大小、工作量多少的实际,重新确定各部门的具体编制。各部门要严格按规定进行编制精简。

县委工作机构,县政府工作部门,人大、政协、群团(工青妇)、民主党派机关使用行政编制。机关后勤服务事业编制按重新核定的行政编制总数的10%核定使用,超出的要精简。

政法机关使用政法专项编制。

六、切实做好撤并机构国有资产的交接管理工作

撤并部门先自行对物资、房地产等资产进行清查登记,然后办理移交、划转等手续,未经县政府批准,不得擅自处理单位的国有资产。同时,要做好财务清算工作,编制有关财务报表,分清债权、债务,提供资产目录以及应缴款和暂存款清单,对暂存款和暂付款,要及时足额偿还或积极追收。审计部门对撤并部门要进行一次审计。各部门要切实做好国有资产的交接工作,防止国有资产流失。要坚决杜绝私分和侵吞公有财产,严禁借改革之机突击花钱和转移钱物,一经发现,要严肃查处,并追究责任人和部门领导的责任。

七、做好各部门"三定"方案的制定上报和审批工作

(一)进行"三定"方案制定

"三定"即定机构、定职能、定编制。按规定,县委、县人大、县政府、县政协各工作机构,议事协调机构的常设办事机构（即县扶贫开发领导小组办公室、安全生产监督管理局、农村能源办公室），挂牌机构，群团机关，法院，检察院，县政府直属事业单位等分别进行“三定”。合署部门，保留牌子和印章的部门，人大、政协各工作委员会，县委、县政府议事协调机构、部门派出机构等不单独进行“三定”，由所在部门负责“三定”工作。

（二）“三定”工作的步骤

各部门在进行职能分解的基础上，制定、上报转变职能、理顺关系，精简内设机构和人员编制的方案，经县机构编制委员会办公室审核，报县委或县政府审定，然后，分别以县委办公室、县政府办公室、县机构编制委员会名义行文印发。各部门的“三定”方案一经批准，立即组织实施。

（三）“三定”方案的主要内容

本部门的职能调整（下放的职能、转变和划出的职能、减少的审批事项、增加和划入的职能）和主要职责；内设股室数量、名称与主要职能；人员编制总额（核定到股室）及股以上领导干部职数。

（四）“三定”工作的要求

认真做好各部门的“三定”工作，重点是做好各部门的职能转变和职能界定工作。

1. 按照社会主义市场经济和社会发展的要求，转变政府职能，实现政企、政事、政社分开。把政府职能切实转变到经济调节、社会管理和公共服务等方面来，把企业生产经营权真正交给企业，把社会可以自我调节与管理的职能交给社会中介组织。

2. 改革行政审批制度，减少审批事项，规范审批程序。运用好清理行政审批事项工作成果，对依法保留的审批事项要在“三定”方案中明确。建立审批责任追究制度和审批检查监督制度，加强对审批行为的监管。

3. 理顺各部门之间的关系。将目前由两个部门或多个部门分管相同或相近的职能交由一个单位承担，克服多头管理，政出多门的弊端。

4. 精简内设机构，规定领导职数。

(1) 各部门要在定职能的基础上，精简和调整内设机构。各部门内设股室原则上少于玉林市对应部门内设机构个数，个别特殊的也不得超过玉林市对应部门的内设机构个数，现少于玉林市对应部门内设机构数的也不能增加。内设机构职能有交叉的，要进行撤并，职能相同或相近的要归并到一个机构承担，职能较少、工作量不大的，应综合设置。各部门内设机构原则上只设股（室）一级。县委、县政府部门内设机构精简幅度总体上要分别达到 15%、20% 左右。

(2) 领导职数配备。

县委、县政府各设办公室主任 1 名、副主任 3~5 名。

部门领导职数：正职 1 名，副职 1~2 名，工作任务重、人员编制多的政府工作部门，可增配副职 1 名；部门设党组（党委）的，党组（党委）领导和行政领导不分设，党组（党委）书记和副书记、成员分别由部门党员主要领导干部和其他党员领导干部担任；各部门一律不配领导助理。

股室领导职数：2 名编制以下的原则上不设股（室），确因工作需要，经批准设股（室）的，只配股长（主任）1 名；3~5 名编制的股（室），配股长（主任）、副股长（副主任）各 1 名；6 名编制以上的，可配股长（主任）1 名、副股长（副主任）2 名。

(3) 非领导职务配备。

各部门的非领导职务，要在领导职务确定后，根据规定的职数比例、工作需要和个人条件进行配备。在一些综合经济部门和县委、县政府的重要部门，可以配备副科级的技术职务和非领导职务。

5. 各部门的“三定”方案一经批准，必须严格按照规定组织落实。按照“三定”规定的领导职数、人员编制设置工作岗位。县委、县人大、县政府、组织部门要按照规定的领导职数选任领导干部。人事部门要按核定的编制进行职位分类，推行公务员制。财政部门要按照核定的编制数额核拨经费。

（五）其他问题

1. 新机构使用印章问题。县委、县政府新设立、新组建和改变名称的机构，行政印章由县政府统一制发，

党的印章由县委统一制发。在新印章启用前，因工作必须使用印章的，可用原机构印章代替。新印章启用后，原印章作废，并分别交县委办公室、县政府办公室集中处理。

2. 机构衔牌问题。县委、县政府新设立、新组建和改名称的机构衔牌，按规定的标准，由县委、县政府办公室统一制作，内设机构衔牌由各部门自行制作。县机构改革方案公布后，即可挂牌，但不搞挂牌仪式。新机构挂牌运转后，原机构牌子不得再挂。

3. 县委、县政府下文的有关公文直接发给进行“三定”的部门。

4. 设在有关部门的仪式协调机构的常设办事机构，在设在部门领导下开展工作，根据实际需要，可独立对外行文，行文时应同时抄报设在部门。

5. 撤并、改设、更名、保留部门的干部级别保留原级别不变。并按干部管理权限，由县委和有关部门党组（党委）统筹安排使用。

6. 各部门要按照政企分开的要求，改革企业的监管方式，确保所属企业的国有资产不流失，抓好企业的改革整顿，进一步扭亏增盈。合并部门的所属企业由合并后新组建的部门监管，转体部门的所属企业由转入的部门监管，不再保留部门的所属企业由其职能接收的部门监管。

八、各部门要做好定岗定员和富余人员安置分流工作

定岗定员的基本要求是：工作需要，群众参与，综合考评，组织决定。各部门在进行定编定岗定员时，要坚持干部“四化”方针，注重德才兼备，保留业务骨干，注意老中青搭配得当，知识结构、专业结构优化组合，发挥个人专长，建设一支精干、链接、办事高效、高素质的专业化公务员队伍。

坚持人随事走的原则，撤并的部门实行人随职能走，其人员（含离退休人员）统一由接收职能的部门负责接收安置使用与分流。各部门现有人员除县委管理的干部、到期退休和可提前退休及脱产学习培训人员外，其余人员要严格按照国家公务员条件进行公开竞争，择优录用上岗。各部门要坚决清退机关和下属事业单位各类借用人员和临时人员，空出岗位安置机关分流人员。

县直机关的人员分流实行分级分部门负责制。要严格执行《自治区党委办公厅、自治区人民政府办公厅关于印发〈市（地）县乡机关和乡镇事业单位人员分流安排办法〉和〈市（地）县乡机关定编定岗定员办法〉的通知》（桂办发〔2001〕40 号）的规定，各部门的人员分流由各部门负责。人员分流的基本原则是：带职分流，定向培训，加强企业，优化结构。各部门的人员分流工作，要与优化人员结构，全面提高干部队伍素质相结合；与干部人事制度改革相结合；与从严治政，加强机关建设和法制建设相结合。同时要做好分流人员的思想政治工作，保证机关和社会的稳定。分流工作从实施机构改革时算起，3 年内完成。

九、机构改革的具体实施步骤

县直机关的机构改革和组织实施工作，力争用一个月左右的时间基本完成。具体分四步进行：

（一）动员学习阶段

召开全县机构改革动员大会，宣布市委、市政府批复的容县党政机构改革方案并作思想动员。各部门要组织干部职工学习讨论，领会精神，统一思想。同时，举办机构改革培训班，对制定“三定”方案进行具体指导。

（二）草拟上报审定“三定”方案阶段

各部门草拟“三定”方案，修改完善后送达县编委办审核再报县委、县政府审批。

（三）定岗定员阶段

各部门领导班子特别是“一把手”要负责组织实施本部门的“三定”方案，抓好职能转变、内设机构设置及职能配置、定编、定岗、定员，以及竞争上岗、分流人员等工作的落实。

（四）总结验收阶段

对各部门的机构改革进行检查验收，总结经验，协调和处理好遗留问题。召开县直机关机构改革总结大会，巩固改革成果。

十、加强领导，严格纪律，确保机构改革任务顺利完成

机构改革是一项艰巨的任务，为确保改革方案的顺利实施，特作如下要求：

（一）以江总书记“七一”重要讲话精神为指导，积极稳妥地推进机构改革

这次机构改革是改革开放以来机构变化较大、人员调整较多的一次。各部门在组织实施过程中，要结合贯彻落实“三个代表”的重要思想，把机构改革同推进经济社会发展，保持社会政治稳定结合起来，按照县委、县政府的统一部署，精心组织，稳步实施，努力实现机构改革与经济社会发展双丰收。

（二）切实加强领导，“一把手”要亲自抓

这次机构改革实行机构调整与领导班子建设同时进行。县委、县政府的领导对分管的部门、特别是撤并部门要加强改革工作的领导。各部门的领导班子要切实抓好对机构改革的组织实施，“一把手”要切实负起责任，组织专门力量制定本部门的改革方案和措施。“三定”方案一经批准，各部门要抓紧完成具体实施工作，对本部门的干部职工要耐心细致做好思想工作，保证工作的正常运转和改革的顺利进行。

（三）严守纪律，服从改革大局

机构改革事关发展和稳定的大局，涉及部门权力和干部的切身利益，各部门的领导要分工负责，统筹安排改革和机关日常工作。要严格行政纪律，自觉服从改革大局需要。各级干部特别是领导干部，必须正确对待个人的升迁去留，听从组织安排，确保机构改革和人员分流任务的顺利完成。

（四）加强机构编制和人员的监管，巩固机构改革成果

这次机构改革进行“三定”的部门，职能、机构、编制等一律以这次批准的“三定”为准，过去核定的职能、机构、编制等不再有效。各部门要严格执行这次批准的“三定”规定，切实履行职能，合理设置内设机构和配备人员。凡违反规定擅自设立机构，自行将机构升格，超出职责范围行事，自行增加编制，自行超编进人，自行借用（聘用）人员，自行超配领导职数的，要从严处理。

本实施意见自发文之日起施行。

中共容县委员会
容县人民政府
2001年11月19日

古赋碑记选录

登经略台怀古赋

（清）王维新

独镇江关，半依林薄。都峤矗于南端，大容翔于西郭；水东去而潆洄，城右连而峠崿。有高台焉，故老相传旧名经略，盖有唐元子之所作也。忆昔府开都督，郡曰普宁，分贵妃之素里，预公主之徽称。高门植夫大纛，甲第表以朱甍。伊贞观之二年，置节镇于边地，迄天宝之末载，领雄州之十四。当至德而犹升，洎干元而增使。彼陈、李与侯、耿，谁能按其临莅，惟次山之缔造历千年而不替。夫其春陵黾勉，合浦来投，虎节纷其下降，霓旌颢以嬉游；编氓从以乐教，使司为之请留。此杜佑、戴叔伦所欲为继美，而阳旻、严公素所难与匹俦者也。外若王少尹之殄寇复地，李常侍之刊石垂休，何鼎说降于峒贼，宋涯捕斩夫虞侯，全绪侨治于广信，张茵兼理夫交州，崔焯升同于元琇，要曾宏化而宣猷。加以李复、韦丹继为招讨，臧获还于所亲，屯田去夫茂草，朝旨自宣于窦群，黎庶实活于谢肇，吴内史而惟席是参，蔡押衙则妖巢克扫。皆附经略而有声，足着功勋于西道，是以垂二百载边徼，风恢碑兀。大云之寺人熙，龙巷之台城围百雉。市夹两涯，桥骆驼以利济，舟青雀以往来。面面之亭早建，采采之花尽开；弦歌闻于西驿，罗绮艳于南街。洲则蘅兰郁郁，家则橘

柚累累。

延及有宋，尚仍唐代，不改宁远之军，犹崇节度之使。开商务而来设，贡真珠而赐冠带，世文人鸾经鹤。至苏轼还廉而乘筏，秦观饮酒而留廨。元美记十洞于宝圭，高登谈天下之大计。于时思贤有堂，望野有阁；西临陵渭之故圩；南眺窦仪之聚落。藜火降于灯檠，书声起于都泊，凭高而气盖九州岛岛，览胜而情周六合。洵五筦之名都，属岭南之极乐也。自明降县渐至不尊，北宋之帅府已易，有元之总管不存。然犹展筑谯橹，宏开四门，南曰镇远，北曰拱宸，西曰宁远，东曰日新。缘流贼之见毁，东退就于永安，至北门之填塞，遂棘茂而榛繁。犹是百尺舆梁柱础散矣，四周睥睨，基址泯矣。伽蓝之记难寻，池榭之名半隐。听笋簴之灵钟，念故国于无尽。能勿对风景而叹，长目河山而气短也哉？

然而版图无恙，建置犹传。有斯台之突兀，枕江浒而孤骞；上增置夫土木，形离楼而刺天；创飞龙之变化，穷舞凤之蹁跹。兰房邃而窅窱，桂殿肃而森连；为玉虚之仙观，丽太乙之星躔。取坎离之交济，成水木之澄鲜；作容江之锁钥，称边邑之巨观。轶化檐以引睇，随竟日以盘桓。当夫曙鼓停桴，晨暾耀景，飞鸟出林，炊烟万井；浣女婷婷以临水，蜑子招招而棹艇；锁二桥于杨湾，回双虹之远影。彩霓欲淡，暮雨初晴；江纹凌乱，沙碛分明；翼苍厓于石上，有濯缨之孤亭。樯挂帆以溯远，筒收钓而歌行。至若春水波生，凤洲草嫩。东郊之务农将兴，南浦之行人不断。白芷渺兮浮天，绿芜深兮幛岸。约旧雨兮未来，对罘罳兮意乱。酒旗扬山郭之风，榆柳报清明之信。南熏气应，暑月谁同。雀声喧而出瓦，花气杂以当空。目莲塘兮叶碧，见荔子兮枝红。奏瑶琴于木末，吹铁笛于云中。覆茶尊而不倦，展清簟而无庸。时惟秋也，浊潦消淫，澄潭肃镜，神龙晏眠，锦鳞夕泳。伫璧月兮光浮，干觚棱兮影正。鸟出树而惊看，鹤横江而动听。渔灯荧钓客之矶，兰露湿柑园之径。未几野积新稼，村飞暮舂，烟寒别绪，雪霁遥峰。渺川原兮何极，呀阛阓兮相通。散一群兮鸦点，息万径兮人踪。剩蓑衣之老叟，倚三尺兮孤蓬。坐文疏而谁伴，对十里之青松。其或北阙书除，南溟风转，负弩从军；长官秩满，拥青盖于东门，张盛筵于祖饯。俯厓下兮方舟，倾别酒兮千盏；庆弹冠兮有时，同养翮兮先展，期万里兮封侯，眷清风兮接轸。山横绕以情多，云晚浮而意远。对徒御以无言，凭阑干而缱绻。又有骚人迁客，踯躅夷犹，隐抱离乡之感，深怀去国之愁。关塞阻兮历历，鸿雁至兮悠悠。盼音书于天末，闻砧杵兮江头。揽木根兮结茝，念昔日兮灵修。奋天衢兮无力，泛海曲兮无舟。聊临轩兮写臆，因逆旅以消忧。

仆乃邑人，务谈当世，登临无怀土之思，观览有澄清之志。始击楫以曾殷，继乘风而莫济。日月忽其不淹，美人远而如弃。岂大力之难齐，抑良时之未至。夫气无剥而不复，道以废而当兴。即方隅之隆替，可密会于神明。流峙效灵而未已，风云郁久而终生。有回天之巨手，从古管以标名。固予心之所喜，深属望于后英。

［注：王维新(1785—1848)，容县石寨人，字景文，号竹一，别号都峤山人］

重修容县城东真武阁记

城东有杰阁三层，以祀真武，而祝万寿，即于是焉。阁高冠南山，绣水环其趾，窗牖四壁，旷览数十里，容邑之巨观也。相传唐次山元公经略容管，即此地建经略台，阁仍其旧，迄今千有余载矣。容虽蕞尔，胜迹多有而荒圩野蔓间，求其遗趾不可得，独斯台岿然尚存。将毋人藉斯台以着，抑亦台赖斯人以传欤？《传》曰："天子经略，以天子经营天下，略有四海，故曰经略。"乃其建官也，则自唐始。方大历间，元公以道州刺史进容管经略使，奉天子命，绥定八州，台以官名，盖将使后之人顾名思义毋忝厥职。议者或比之三归，疑公矜而自伐。余尝考公居瀼溪时，谷曰"退谷"，湖曰"杯湖"，其意常抑然自下，一旦擢在高位，何遽效器小者所为耶？矧公为经略使而以经略名台，是所谓君子思不出其位者也。或者又疑其僭僭于何有特是？经者道之常，略者治也。君子以人治人，率其常道已矣。元公为经略则思尽经略之职。然以推诸郡守下而邑长以及编户之氓，由家而国而天下，彝伦秩叙，莫不有其可经略者在。孟子曰："经正则庶民兴。"又与滕君言仁政而曰："此其大略乎，非人人所宜，自励而不可以禄秩崇卑较者哉！"登斯阁者，知昔之为台而仰元公之流风余韵，因台名而推衍其意咸思尽职，固不必有如元公者，数十辈分布天下，为万物吐气治平，已可立而待。若夫吞山光，挹江濑，饮酒赋诗以自恣，此骚人逸士所为，其于元公之命台奚当乎？况今天子盛德大业，无远弗届，经略所及，海隅率俾，以视元公中兴作颂其间，相去殆不可以数计。邑之人遥瞻北极，咫尺天威，岁时稽拜其下，即真武神灵犹隐隐焉，翼戴拥护，阅亿万世，榱桷常新，又何元公遗构之足云？余为邑人士之新斯阁也，为申经略之义，爰记之如此。

署容县知县兼署岑溪事，加五级、纪录五次，山东郡陶山张潾顿首拜撰。

索　　引

20 世纪 90 年代初，建设中的容县城区兴容街　　　　（据《发展中的容县》）

索引说明

一、本索引采用主题分析索引方法。正文（包括篇、章、节、目、子目、文献、资料、图片和表格）中凡具有独立检索意义的完整资料，均可通过本索引进行检索。少数目名、子目名因语言环境需要，在名称前或者名称后酌加修饰词；有的目名、子目名动词置后。

二、索引按汉语拼音字母（同声字按声调）顺序排列。篇、章、节作索引款目用黑体字排印，其余款目用宋体字排印。表格、图片在其款目后分别注明“表”“图”。

三、索引款目后的数字表示内容所在的页码。

四、空两字位起排的款目为上一主题的“附见”。同一主题的“参见”只标页码。为便于读者检索，内容有交叉的款目，在本索引中重复出现。

五、索引一个标目在志书中出现多处页码的，依次排在同一个标目之处，用“，”号将不同的页码分开。

六、序、概述、大事记等不作索引，阿拉伯数字开头的款目排在索引的前面。

1918 年种植的肉桂树（图） 106
1993 年 6 月出版的《容县志》民国人物纠错补缺 701
19 世纪容县人赴东南亚国家及香港地区线路（图） 70
“3·15”国际消费者权益日咨询活动（图） 317

A

艾滋病防治 607
爱国卫生运动 610
安全生产管理 332
安全生产管理机构 333
安全生产监督管理 333
安全生产检查 334
安全生产教育培训 335
安全生产事故和处理 336
安全生产宣传 334
安全生产宣传与培训 334
安全生产责任制 333
安全生产整治 335
安全生产整治和事故处理 335
安置帮教 504
案件预审 483
暗山顶 38
奥陶系地层 34

B

八叠峰 39
八角 102
八角病虫害防治 105
八角林（图） 98，102
八音 551
拔尖人才选拔 362
白垩系地层 34
白饭河 43
白露 93
白切鸡（鸭） 655
百货购销 158
百岁老人 685
搬运装卸 201
办学体制 508
包装业 138
保安服务 479
保健食品 134
保险 284
保险理赔 286
报告文学 548
报刊 559
报刊发行 212
北部 24
北山景区 59
编后记 755
编制《容县土地利用总体规划》各项主要指标情况（1997 年）（表） 319
扁挑 653
变电站建设 119
标准化管理 328
殡葬管理 670
兵役 457
兵役登记 458
兵役制度 457
兵员数质量 460
兵员征集 459
病虫测报 94
病虫危害及防治 94
拨号电话机（图） 217
播种插秧 652
博物馆设施 562
簸箕 652
簸箕炊 654
部队扶贫帮困 468
部队离退休人员安置 663
部队抢险救灾 468
部队转业干部安置 624
部分年份容县劳动力资源一览（1990—2005 年）（表） 631
部分年份容县学生体育达标情况（表） 527
部分年份中石化容县分公司专营专卖一览（1990—2005 年）（表） 171
部门和行业不正之风纠正 373
部门志村志编纂 568

C

财产保险 284
财源培植 258
财政 248

财政　税务　金融　247
财政拨款教育经费　536
财政管理　259
财政管理体制　249
财政机构　248
财政基金支出　255
财政监督　264
财政审计　337
财政收入　250
财政收入组织　252
财政收支审计　337
财政支出　255
财政总收入　250
财政总支出　255
采茶地戏　550
菜干　654
菜篮　653,（图）　652
参加地、市中学生田径运动会　571
参加全国体育竞赛　575
参加容县师范学校学历提高班和全员培训班人数统计(1992—2000 年)(表)　531
参加玉林市级体育比赛　574
参加自治区级体育比赛　575
餐饮业　174
残疾人扶助　391
残疾人教育　391
残疾人康复　391
残疾人联合会　391
残疾人社会保障　391
残疾人体育　574
残疾人文体活动　392
残联代表大会　391
残联机构　391
残联主要活动　391
蚕桑　90
草鞋坡铁路立交桥　194
岑冲大桥　194
插箕　652
茶叶　90
蟾蜍脊　37
产品质量监督　329
产权登记　261
产权管理　238
产业结构　298
产业开发扶贫　674
长辈尊称　648
长蛇界　38
长途电话　216
常住户口管理　476
车船使用税　273
车辆购置税　268
车辆管理　487
沉积岩　35
陈杰熺　702,（图）　702
陈茂森　703,（图）　703
称谓　648
成立超　703,（图）　703
成品粮定购价调整(1992 年)(表)　167
成品粮统销价格调整(1992 年)（表）　168
成人教育　523
城关窑址　63,563
城区防洪堤工程　112
城区供水工程　113
城区环境保洁　236
城区环境卫生　236
城区环境噪声监测　242
城区饮用水水源水质监测　241
城区园林绿化　235
城市维护建设税　273
城乡规划　229
城乡建设　232
城乡建设　环境保护　227
城乡建设管理　228
城乡建设管理机构　228
城乡交通建设　431
城乡通信建设　431
城镇化建设　430
城镇集体商业改革　155
城镇居民家用电器　693
城镇居民交通和通信　693
城镇居民人均可支配收入及增长速度(1989—2005 年)(表)　692
城镇居民生活　692
城镇居民收入　692
城镇居民消费　692
城镇居民衣着　693
城镇住户调查　304
惩治和预防腐败体系构建　374
池塘养鱼　110
豉油膏　655
冲积土　45
重阳节　648
抽烟习俗　656
出口贸易　176
出口退税　268
出米寺　55
出入境管理　485
出生　650
出生人口性别比偏高问题综合治理　691
出生习俗　650
出租车运输　200
初考　511
初中毕业考试　515
初中教学　515
初中教育　514
初中课程　515
初中学校设置　514
初中学校选介　514
初中学制　515
储蓄存款　279
处暑　93
传染病报告　606
传染病防治　606
传统节日习俗　647
传统生产生活器具　652
传统体育　572
传统习俗　647
传真电报资费　220
春分　93
春节　647
春节期间市场繁荣商品供应充足（图）　692
春蕾计划　386
辞退　630
辞职　630
崔履栋　703
崔运武　706,（图）　706

村（个体）卫生诊所 597
村道 189
村民自治 667
村委会沿革 667
村镇规划 231
村镇建设 237
存款 279

D

打击非法传销 317
打击经济犯罪 484
大钵肚 39
大车化重晶石矿 48
大冲头 37
大公铅矿 48
大寒 93
大吉金矿 48
大辣滑石矿 48
大辣金矿 48
大米加工业 136
大年晚 648
大人山顶 38
大荣大桥 194
大容山 55
大容山及其主要山峰 37
大容山山地水稻、玉米、杂粮区 87
大社岭顶 38
大石、大树神灵 657
大事记 7
大暑 93
大水瀑布 57
大涛至平坡 189
大雪 93
大中专毕业生接收分配 623
代课教师 529
贷款 280
丹灶峰 39
党风廉政建设 371
党建带团建 383
党史征集和研究、宣传 366
党校 377
党校干部教育培训 377
党校函授教育 377
党校科研咨政 377
党校校园建设 377
党校主要工作 377
党员电教 363
党员队伍建设 363
党员教育 359
档案 565
档案保管 565
档案编目管理 566
档案编研 567
档案管理 567
档案利用 566
档案抢救 567
档案设施 562
档案收集 565
档案宣传与业务指导 567
档案业务培训 567
盗窃抢劫案件侦查 482
道路交通管理 486
道知河 43
道知河谷地水稻、柚子、蚕豆、桑蚕区 87
稻田养鱼 110
稻瘿蚊 94
德育　体育教育 526
德育教育 526
灯图舞 551
登经略台怀古赋 724
低丘陵 36
低山 36
地层 34
地方标准管理 329
地方公路养护管理 184
地方税收 270
地方志 568
地籍管理 323
地貌 35
地名补查 670
地名管理 670
地名普查 670
地膜覆盖防寒育秧技术 94
地税发票管理 274
地税税收优惠 274
地税税务登记管理 274
地税税务管理 273
地税税务稽查 274
地税信息化管理 275
地税征收管理 273
地震测报 588
地震测报设施 588
地震监测 588
地震预报 588
地质 34
地质　地貌 34
地质构造 35
第九届至第十三届容县人民代表大会常务委员会主任、副主任名录（表） 394
第九届至第十三届容县人民政府县长、副县长任职名录（表） 419
第三产业 427
第三产业培植 259
第三系地层 34
第十个全国税收宣传月活动（图） 260
第四、第五次全国人口普查容县各民族人口数（表） 683
第四、第五次全国人口普查容县分级年龄统计（表） 682
第四系地层 34
电报 215
电报资费 220
电价 123
电力 119
电力管理 122
电力机构 119
电力价格 308
电力设施建设 119
电力销售 122
电力综合附加费收取 122
电视 557
电视　电影 557
电视传输覆盖 557
电视节目自办 558
电视直播 558
电网改造 121
电信经营管理 226
电影放映 558

电影放映设施　556
电子、机电业　139
电子产业园　144
电子工业　139
箽箩　652,(图)　652
钓鱼台　57
顶岭　37
订婚　651
定兵　460
定花根　650
东北部　23
东部　23
东峡河　42
冬至　93
冬至节　648
动物物候　41
动物罩　653
都泊河　43
都峤山　54
都峤山白鹤塘景区　59
都峤山及其主要山峰　39
都峤山兰谷　59
都峤山南山肚景区　59
都峤山庆寿岩景区　58,(图)　59
都峤山森林公园　59
兜子峰　39
豆类作物　89
读书台　56
独居石锆英石　48
渡口　203
端午节　648
断裂　35
堆积平原　35
对联　谜语　551
对台事务　370
对外经济贸易　经济技术合作　175
对外贸易　176
多渠道筹资办学　537

E

儿科　601
儿童保健　603
儿童保健检查　604
儿童疾病防治　603
二轻工业管理机构　127
二轻工业管理企业　128
二轻工业联合社及管理企业　127

F

发糕　654
发票管理　269
法纪检察　492
法律服务　501
法律援助　502
"法轮功"邪教组织防范和处理　474
法院　495
法院机构　495
法院执法监督　493
法制宣传教育　501
法治建设　435
反假币宣传及打击贩卖假币犯罪行为　289
防护林　100
防空教育　465
防空通讯警报　465
防空预演疏散　466
防雷　587
防汛　114
防汛抗旱　114
房产管理　238
房产税　273
房地产开发　239
房改实施方案与办法　240
房屋安全鉴定　238
纺织、日用品业　142
纺织业　143
放陀螺　656
飞播造林　100
飞蝗　94
非典型性肺炎防治　608
非公有制经济服务　370
非金属类矿产　48
非商品性服务收费　308
非银行新金融机构　277
分界丫　38
分税制后税制　267
分税制前税务　266
风　41
封凤子　697,(图)　697
封家正　705,(图)　705
封君晓　704,(图)　704
封明光　705,(图)　705
封祖超　705,(图)　705
峰都岭　38
冯璜　696,(图)　696
佛教　657
扶贫　673
扶贫　信访　672
扶贫和信访机构　672
扶贫与开发　673
服务业　173
服务业所有制结构　298
服务业与集市贸易　173
福利　628
福利彩票　666
妇产科　601
妇联机构　385
妇联主要活动　385
妇女保健　602
妇女病普查　602
妇女代表大会
　　第九次代表大会　385
　　第十次代表大会　385
妇女儿童维权　385
妇女联合会　385
妇幼保健　602
附录　711
复员退伍、转业军人安置　662

G

改革发展　429
甘水河　43
甘蔗　90
概述　1
干部档案管理　362
干部调配　625

干部队伍机构　623
干部管理　623
干部监督　372
干部交流和选拔任用　358
干部考核奖惩　624
干部来源　623
干部培训　624
干部招聘录用　623
干部职工工资　627
干线公路养护管理　184
高考　518
高岭土　48
高丘陵　36
高山堡　39
高山林场　97
高田莹石矿　48
高头岭　38
高中教育　516
高中课程　517
高中学校设置　516
高中学制　517
歌舞厅　545
歌谣　551
革命老区基础设施建设大会战　675
革命老区基础设施建设工程　541
革命烈士名录　709,（表）　709
格木古树　106
个人储蓄利息所得税　268
个人所得税　272
个体工商户　私营企业　153
各年档案利用情况（1990—2005年）（表）　566
各时期容县城镇固定资产投资三次产业结构（1990—2005年）（表）　300
耕地　86
耕地保护　323
耕地区域划分　87
耕作方式　92
耕作习俗　652
工会　381
工会机构　381
工会经费收缴与管理　382
工会主要活动　382
工会组织统计（1990—2005年）（表）　381
工伤保险　639
工商各税收入　253
工商联参政议政　380
工商联社会服务活动
工商联组织建设　380
工商企业审计　339
工商行政管理　310
工商行政管理机构　310
工商银行容县支行综合办公楼（图）　276
工业　125
工业产值与税利　131
工业贷款　281
工业管理　126
工业管理机构　126
工业技术改造　129
工业技术推广　581
工业建设　128
工业建设与技术改造　128
工业经济　426
工业所有制结构　298
工业统计　302
工业投入与产出　128
工业消费品价格　307
工业行业构成　133
工业园区　143
工业园区产业聚集　144
工业园区规划、基础设施建设　143
工业园区规划建设　143
工业园区机构　143
工业园区基础设施建设　144
工业园区品牌创建　144
工业园区品牌创建、产业集聚　144
工业园区其他企业　146
工业园区企业选介　145
工资　福利　627
公安　475
公安机构　475
公安专项斗争　473
公办教师待遇　531
公厕　236
公共场所卫生监督　609
公开出版书籍　549
公路　187
公路“三乱”治理　373
公路货运　200
公路货运管理　183
公路客运　198
公路客运管理　181
公路养护管理　184
公路运输　198
公民出入境管理　485
公务员制度推行　622
公益事业和发展经济　76
公有房产置业和转让　238
公证事务　503
供水　234
供销社系统企业改革　155
共青团　383
共青团代表大会　383
共青团机构　383
共青团主要活动　383
勾髻顶　38
狗肉　655
古城墙遗址　64
古赋碑记选录　724
古迹　遗址　62
古泉古藤　57
古树分级　106
古樟树（图）　105
古兆河　43
古兆桥　195
谷雨　93
骨干教师培训　532
钴　48
固定资产投资方向调节税　273
固定资产投资审计　340
固定资产投资统计　302
瓜滤　653,（图）　653
挂榜山　38
挂榜山重晶石矿　48
挂灯　650

拐卖妇女儿童案件侦查　482
关帝圣爷　656
关工委活动　376
观音娘娘　656
冠塘重晶石矿　48
馆藏档案、资料数明细(1990—2005年)(表)　566
馆藏文物　562
琯溪蜜柚　92
罐头食品　135
广播　557
广播传输覆盖　557
广播电视电影　图书　报刊　555
广播电视电影设施　556
广播电视设施　556
广播节目设置　557
广播直播　557
广电机构　体制改革　555
广电体制改革　556
广告管理　314
广西都峤陶瓷有限公司　177
广西高峰容洲人造板厂厂房(图)　433
广西高峰容洲人造板有限公司　145,178
广西广播电视信息网络股份有限公司容县分公司　555
广西桂南动物药品厂　152
广西桂玉医药有限责任公司容县分公司　343
广西黑五类食品股份有限公司(图)　145
广西鸿博药业有限公司　146
广西老年基金会的领导到容县慰问容县百岁老人(图)　685
广西南方食品股份有限公司　145
广西南山瓷器有限公司　146,177
广西容县嘉美食品工业有限公司　178
广西容县金泰涞瓷业有限公司　177
广西容县南方食品股份有限公司　177
广西容县通力三名客运有限责任公司　199
广西容县祥荣针织制衣有限公司　178
广西容县雄飞机械制造有限责任公司　146
广西三宝食品有限公司　177
广西挺佳锅炉有限公司　146
广西新桥微型手扶拖拉机制造有限公司　145
广西一洲药业有限公司　343
广西玉林大清药业有限责任公司　146
广西玉林市三银药业有限责任公司　344
归国华侨联合会　389
归侨侨眷代表大会　389
归侨与侨眷　72
归侨与侨眷回国原因　72
规模以上工业　131
贵妃霓裳羽衣舞　65
贵妃园景区　58,(图)　58
贵金属类矿产　48
桂皮　102
桂油　103
国道　187
国防动员　461
国防动员与国防教育　461
国防教育　463
国防教育机构　463
国防宣传教育　463
国家划拨教育经费情况(1990—2005年)(表)　536
国家免疫规划疫苗的免疫程序(1990—2005年)(表)　605
国家税收　267
国家卫生县城创建　611
国民经济动员　462
国民经济和社会发展主要指标
　1990年国民经济和社会发展主要指标　293
　1991年国民经济和社会发展主要指标　294
　1992年国民经济和社会发展主要指标　294
　1993年国民经济和社会发展主要指标　294
　1994年国民经济和社会发展主要指标　294
　1995年国民经济和社会发展主要指标　294
　1996年国民经济和社会发展主要指标　294
　1997年国民经济和社会发展主要指标　294
　1998年国民经济和社会发展主要指标　295
　1999年国民经济和社会发展主要指标　295
　2000年国民经济和社会发展主要指标　295
　2001年国民经济和社会发展主要指标　295
　2002年国民经济和社会发展主要指标　295
　2003年国民经济和社会发展主要指标　295
　2004年国民经济和社会发展主要指标　295
　2005年国民经济和社会发展主要指标　295
国内包件　211
国内长途电话资费　220,(表)　220
国内函件　211
国企(资)税利收益收入　253
国土资源管理　318
国土资源管理机构　318
国有林场　97
国有企业审计　339
国有商业　151
国有商业体制改革　154
国有土地有偿使用　320
国有资产管理　261

国债券兑付 265
果树类作物 90
过继领养 650
过礼 651

H

海外华侨华人、中国港澳台同胞乐善公益事业部分捐款捐物（1990—2005年）（表） 77
海晏李公祠 62
寒潮与霜冻 41
寒露 93
寒武系地层 34
旱田 93
旱育稀植栽培技术 94
旱灾 51
航道管理 184
行风评议 373
禾秆棚 652
合理施肥 93
合水桥 195
合同调解与仲裁 313
合同监督 313
合同鉴证 313
河道执法管理 119
河口中桥 194
核算统计 301
黑榄角 654
黑色金属矿产 47
黑蚱蝉 94
红岭顶 37
红岭岗 37
红梅至松岭 189
红壤 45
红肉蜜柚 92
红石河 42
红田水库配套工程 113
洪峰通过绣江桥底（图） 11
后备干部建设 361
胡振广 702
虎茶岭 37
互联网 219
互联网资费 226
户政管理 476
护林防火 104
花卉 98
花生 89
华埌金矿 48
华六金矿 48
华六铁矿 47
华侨创业园 145
华侨华人和港澳台同胞发展地方经济 81
华侨华人和港澳台同胞公益善事 76
华侨信访 73
华侨政策落实 73
滑竹顶 39
化肥工业 141
化学工业 141
淮山定向结薯栽培技术 94
环保执法监督 243
环境保护 240
环境保护机构 240
环境保护目标责任制 242
环境保护宣传教育 242
环境法制建设 242
环境监测 241
环境卫生整治 610
环境污染治理 245
环境质量 244
环卫设施 236
黄兑芳 704，（图） 704
黄剑鸣 702
黄金冲中桥 194
黄壤 45
黄绍竑别墅 60
黄绍竑故居 60
黄旭初别墅 60
黄旭初故居 60
会演调演 553
婚嫁习俗 650
婚庆酒 649
婚姻管理 668
火笼 653，（图） 653
货币发行 279
货币流通 278
货币流通 279
获正高级专业技术职称人员名录 709
获自治区级以上荣誉人物名录 707

J

机电业 139
机动车维修业 200
机构编制 614
机构编制 人事劳动和社会保险 613
机构编制管理 616
机构编制管理机关 614
机构改革成效 620
机关事务管理 435
机关事业单位职工养老保险 638
机械、铸造工业 138
机械工业 138
机械工业园 144
鸡冠岭 38
鸡笼顶 39
基层法律服务 502
基层乡（镇）人民政府 422
基层政法综治组织建设 472
基层治保 478
基层自治组织建设 667
基层组织建设 364
基础教育研究 535
基础设施建设扶贫 673
基督教 658
基督教会（图） 658
基金会 284
极端气温 40
集福寺 657
集市贸易 175
集市设施建设 175
集体单位建设用地审批 325
集体合同制度 382
集体商业 152
集体商业体制改革 155
集邮汇兑 213

计划 292
计划编制与执行 293
计划机构 292
计划免疫 605
计划生育 687
计划生育服务 689
计划生育管理 690
计划生育机构 687
计划生育奖励 691
计划生育宣传 689
计划生育宣传与服务 689
计划生育依法管理 690
计划体制改革 292
计量管理 330
计量行政执法监督 331
纪检监察 371
技术合作 585
技术设备引进 178
继续教育 532
寄生虫病防治 607
加厚堂 63
家庭财产保险 285
家畜屠宰 175
价格管理 306
价格管理政策法规实施 306
价格认证 307
驾驶员管理 487
驾驶员培训机构 202
假非私烟叶卷烟集中销毁现场（图） 170
尖峰岭 37
监所管理 484
检察 490
检察机构 491
见义勇为奖励 473
建材、有色金属工业 140
建立住房公积金 240
建设项目环评审批 243
建设用地管理 325
建置 18
建筑施工 237
建筑业 237
建筑业 房地产业 237
建筑业统计 302
江口河 43
江口至自良 188
江文昌 703,（图） 703
江文昌、陈为兰夫妇捐资援建自良镇镇水侨心小学教学楼（图） 76
降雨 41
酱料食品 136
交际礼节 649
交通安全管理 185
交通安全宣传 488
交通规费征收 185
交通事故处理 487
交通运输 180
交通运输 邮政通信 179
交通运输管理 181
交通运输管理机构 180
交通战备 202
交通战备动员 462
交通执法队伍建设 185
交通秩序管理 486
蛟湾大屋 62
脚踏 653
教师 529
教师待遇 531
教师队伍 529
教师队伍机构 529
教师非学历培训 532
教师年度考核 530
教师培训 531
教师学历达标培训 531
教师职称评定 530
教师资格认定 530
教学督导 535
教学设备 542
教学设施 540
教学研究与督导 534
教学仪器 542
教育 505
教育管理 506
教育管理机构 506
教育经费 536
教育经费来源 653
教育经费支出 539
教育事业 428
教育事业机构 506
教育收费 309
教育体制 507
教育体制 507
教育行政机构 506
接收档案情况（1990—2005 年）（表） 565
街道 232
街道命名 671
节庆文化 554
节育措施 689
结对帮扶 675
结核病防治 606
结婚管理 668
离婚管理 669
“巾帼建功”活动 386
金融 275
金融从业资格审查 288
金融机构 275
金融机构现场检查 288
金融机构资产监管 289
金融监管 288
金融企业审计 339
金融秩序规范 288
进口贸易 176
禁毒工作 481
禁毒教育和缉毒行动 481
经纪人管理 316
经济合同管理 312
经济技术合作 176
经济检察 492
经济建设 353
经济结构管理 297
经济林 98
经济林果业 426
经济普查 303
经济责任审计 340
经济作物 89
《经略台·真武阁》特种邮票首发式（图） 213
经略台真武阁 563,（图） 53
惊蛰 93
精神文明创建活动 375

精神文明建设 374
景区景点 58
警报信号规定（表） 466
警衔津贴 629
竞技体育 574
敬老院建设 666
境外社团 70
救灾救济 664
救灾救济 社会救济 664
就业服务体系建设 633
居民服务业 173
居民身份证管理 478
居民生活 691
居住习俗 655
桔小实蝇 94
剧毒物品管理 480
锯材 103
捐资助学 538
卷烟销售 170
军民共建 467
军民执勤 467
军民执勤共建 467
军事 449
军事机构 驻军 450
军属、烈属、病属、因公牺牲家属优待 661
君杰崔公祠 62

K

卡拉 OK 厅 545
开年 647
抗旱工作 114
抗震设防管理 588
烤乳猪 655
柯来发捐建的容县杨外侨心小学荣宝昌教学楼落成（图） 27
柯来发捐资援建的杨梅镇妙阳侨心小学荣宝昌教学楼（图） 75
科技 576
科技成果 579
科技大集活动 388
科技队伍 577
科技合作与交流 585
科技机构 576
科技交流 586
科技培训 581
科技培训扶贫 674
科技人才队伍 577
科技人才管理 577
科技事业 428
科技推广机构 577
科技推广与普及 579
科技研究与开发 578
科技研究与开发项目 578
科普示范 387
科普示范基地 582
科普宣传 584
科协代表大会 387
科协机构 387
科协主要活动 387
科学技术普及 387
科学技术协会 387
科学排灌 93
《可爱的侨乡容县》出版发行（图） 369
客运出租车 199
课堂教学研究 534
空气环境质量 244
空气环境质量监测 241
空气污染治理 246
控告申诉检察 492
口腔科 601
扣肉 655
库区移民安置 116
库区移民安置问题处理 118
库区移民安置遗留问题 118
库区移民安置政策 117
库区移民房屋建设 118
库区移民扶持搬迁户发展生产 118
库区移民交通建设 118
库区移民解决人畜饮水困难 118
库区移民纠纷 118
库区移民口粮及资费补助 118
库区移民水利电力建设 118
会计人员培训 263
会计事务管理 262
会计制度实施 263
会计专业技术资格考试 263
会计资格管理 262
狂犬病防治 606
矿产开采登记发证 327
矿产资源 47
矿产资源管理 327
矿毒性水稻土 44
矿业秩序整治 327
葵扇岭 37
困难职工帮扶 382

L

垃圾处理 236
览圩铁矿 47
浪水林场 97
浪水乡 31
捞魂 656
劳动保护 635
劳动保障监察 635
劳动工资统计 303
劳动管理 630
劳动管理机构 630
劳动竞赛 382
劳动就业 631
劳动力资源 631
劳动争议仲裁 635
劳动执法 635
劳务输出 632
老干部工作 375
老干部生活待遇 376
老干部医疗待遇 376
老干部政治待遇 376
老年大学 376
老年工作 671
老年人合法权益维护 672
老年人教育 525
老年人体育 574
老鸦巢 39
雷神 657
离休 629
离休 退休 退职 辞职 辞退 629

离休干部管理　375
离休干部基本情况　375
犁耙　652
黎村河　42
黎村温泉　57
黎村邮电综合楼(图)　207
黎村镇　29
黎村镇温泉村温泉浴池(图)　30
黎村中桥　194
黎读河　43
黎木至阳达山　189
礼仪习俗　648
李大江　697,(图)　697
李大江教育奖励基金会成立(图)　695
李德才　704,(图)　704
李发松　700,(图)　700
李汉金参加全国财政补贴县增强自给能力经验交流会议受到李鹏总理接见(图)　255
李汉军　702
李竑　699,(图)　699
李明芳　702
李涛　700,(图)　700
李兆焯到容县黎村镇考察永兴三黄种鸡场网上销售情况(图)　426
李振潜到容县视察教育工作(图)　526
理发美容理疗　173
理论学习　369
鲤鱼顶　38
立案侦查和审判监督　493
立春　93
立冬　93
立垌国兰生产基地　59
立秋　93
立夏　93
笠帽　653,(图)　653
莲花岩　55
联通资费　225
廉政建设　430
良种猪　108
凉粉草　654
梁学基　702
梁远礽　699,(图)　699
粮食　160
粮食保管　166
粮食储藏加工　163
粮食调拨　169
粮食调拨与食油销售　169
粮食定购　161
粮食附营企业(各基层粮贸公司、饲料公司)　160
粮食计划供应　161
粮食价格　167
粮食企业　160
粮食企业经营体制改革　160
粮食生产　425
粮食市场供应　162
粮食收储企业(粮所)　160
粮食销售　161
粮食作物　89
粮油供应网点　169
两课三操两活动　527
廖春图　706,(图)　706
烈士褒扬　663
林产化工产品　102
林产化学工业　141
林产品生产　101
林地　97
林副产品生产　102
林化产业园　144
林木　98
林木采种　99
林木采种育苗　99
林木育苗　99
林业　426
林业　96
林业机构　96
林业生产　99
林政管理　106
林种　98
灵景岩　55
灵山河　42
灵山铁矿　47
灵山镇　29
灵山镇新建圩镇街道(图)　232
凌龙玟　702
陵瑞庄　62
领导班子建设　357
刘崛故居　63
刘志荣　705,(图)　705
流动党员管理　363
流动人口计划生育管理　691
六良铅矿　48
六猛二桥　194
六猛四桥　194
六腩中桥　195
六青河　42
六王镇　29
六五顶　38
六息、守善硫磺矿　48
六祥堡　39
六要铁矿　47
六吟河　42
龙胆铁矿　47
龙河　42
龙虎头　37
龙母坟　57,(图)　57
龙舟赛(图)　572
笼　653,(图)　653
卢达　698,(图)　698
录影音像　545
路政管理　185
旅行社　65
旅游　53
旅游购物　66
旅游管理机构　64
旅游管理与服务　64
旅游商品　66
旅游宣传与服务　65
旅游住宿　65
旅游资源　54
律师事务机构　501
绿荫至六王路　189
绿荫至十字铺公路　189
罗鼓坪　39
罗江镇　32
洛湛铁路容县段建设规划　197

M

麻类作物　90
马鞍峰　39
马来西亚文冬广西会馆　71,（图）71
马来西亚雪兰莪暨吉隆坡广西会馆（图）　71
马铃薯免耕种植技术　94
马庆生到广西黑五类食品集团有限公司考察（图）　133
马伟新　702
马晓军故居　60
犸猫头　38
码头　204
满垌水库除险加固　112
满月　650
芒种　93
矛盾纠纷排查调处　472
美术　书法　篆刻　548
《美在容州》　559
蒙同顶　38
锰矿　47
米粽　654
免耕抛秧技术　94
民（商）事审判　497
民办非企业单位管理　668
民办教师　529
民办教师及代课教师待遇　531
民兵　451
民兵步兵分队军事训练　455
民兵干部军事训练　454
民兵军事训练　454
民兵科学种田　467
民兵兴修水利　467
民兵修桥铺路　467
民兵应急分队军事训练　456
民兵政治教育　452
民兵植树造林　467
民兵专业技术分队军事训练　456
民兵组织整顿　451
民兵做好事　467
民革参政议政　378
民革党员代表大会　378
民革容县机构　378
民革社会服务活动　378
民国21—32年（1932—1943年）容县行政区域数统计（表）　21
民间文艺　549
民间小吃　654
民间信仰　656
民间娱乐活动　656
民间组织管理　667
民进参政议政　379
民进党员代表大会　378
民进容县机构　378
民进社会服务活动　379
民进组织建设　379
民事行政检察　493
民政　660
民政　扶贫　信访　659
民政机构　660
民主党派　工商联　377
民主党派机构　615
民族　642
民族　语言　642
民族　语言　民俗　宗教　641
民族工作　370
名山　54
名树名木保护　106
明码标价　210
明清古碑刻　64
摩托车保险　285
母鸡寨　37
木材加工　103
木偶戏　550
木器与家具　103
木质造纸　102

N

内部出版物　549
内科　600
纳税申报　269
南部　23
能源建设　107
泥箕　652
泥盆系地层　34
倪春晓、朱克健、刘彤聪和梁明霞获自治区小学生乒乓球比赛女子团体第一名和女子双打第二名（图）　571
年度计划编制与实施　293
宁冲水库除险加固　112
宁冲水库至容城供水引水工程一期工程开工（图）　234
宁冲铁矿　47
牛轭　653
牛骨顶　39
牛颈岭　37
牛王　657
农产品价格　307
农村初级电气化县建设　121
农村电话资费　223
农村费税改革　86
农村改水改厕　612
农村合作经济组织　85
农村基层组织建设　364
农村集体财务规范化管理　85
农村家庭联产承包责任制　85
农村教育费附加　537
农村居民生活　693
农村居民收入　693
农村居民消费　694
农村劳动力　87
农村乱收费行为清查　373
农村社会养老保险　639
农村税费改革　250
农村投递线路　209
农村五保供养　665
农村饮水工程　113
农村住户调查　304
农副产品收购　159
农机管理　95
农林牧渔业　水利电力　83
农民负担监督管理　86
农民个人建房用地审批　325
农民技术培训　524
农民体育　572
农民业余文化教育　523

农事季节　651
农业　84
农业“四税”收入　253
农业保险　285
农业病虫害防治　94
农业贷款　282
农业机构　84
农业机械　95
农业机械化推广　95
农业技术推广　88,579
农业经济　425
农业科技　88
农业科技成果　88
农业科技培训　89
农业龙头企业培育　86
农业普查　303
农业区划　87
农业区域开发总体规划　87
农业人口与非农人口构成　684
农业生产财源培植　258
农业生产资料购销　157
农业生产资料价格　307
农业生态环境质量　245
农业税征收调整　250
农业所有制结构　297
农业体制改革　85
农业统计　301
农业新技术应用推广　94
农业信息服务　89
农业专项开发战略研究　88
农业资源与区划　86
农作物品种技术推广　580
农作物种植　89
疟疾防治　607

P

排水　234
排污费征收　243
排污许可制度　243
潘大林　706,（图）　706
潘炜初　704,（图）　704
抛石子　656
彭氏大屋　62,（图）　62
批发零售贸易、餐饮业统计　302
贫困人口　673
平安容县建设　473
平贯山地水稻、杂粮、豆类、茶叶区　99
平均气温　40
平南至黎村省道　188
平天岭　38
坡亮石棉矿　48
普法
　“一五”普法　501
　“二五”普法　501
　“三五”普法　501
普通话推广　646

Q

七里河　43
七星岭　37
其他病虫害防治　105
其他财政收入　251
其他存款　280
其他贷款　282
其他化学工业　142
其他检察　492
其他居民服务业　173
其他收入　253
其他邮政机具　208
其他柚　92
其他作物　90
奇石　56
企业标准管理　328
企业财产险　285
企业存款　279
企业党建　365
企业登记注册管理　311
企业动产物抵押登记　313
企业管理　126
企业经济财源培植　258
企业离休　634
企业离休　退休　退职　634
企业所得税　268,272
企业退休　634
企业退职　634
企业职工工资　634
企业职工养老保险　637
气候　40
气候　水文　40
气温　40
气象　水文　586
气象测报　586
气象观测　586
气象设备　586
气象网点　586
汽车保险　285
汽车邮路　208
汽车站场建设　203
潜育性水稻土　44
浅变质岩—混合岩　35
枪支弹药管理　479
强制戒毒　482
抢险灭火救援　489
侨法政策法规宣传　73
侨联参政议政　389
侨联服务经济建设　389
侨联服务侨胞和港澳台同胞　389
侨联机构　389
侨联重大会议和联谊活动　389
侨联主要活动　389
侨情　69
侨务　68
侨务工作　73
侨务机构　68
侨务外事　港澳台事务　67
侨乡形成　69
桥、渡　234
桥梁　193
侵入岩　35
禽畜疫病防治　111
勤工俭学　538
青年就业创业　384
青年文明号创建活动　384
青年志愿者行动　384
青少年法制教育　473
青少年科技教育　388
青少年维权保护　384

青壮年文盲扫除　523
清白堂　62
清产核资　262
清明　93
清明节　647
庆寿岩　55
庆寿岩禅寺　657
丘陵　36
秋分　93
渠道防渗工程　113
渠系配套及渠道防渗工程　113
取水许可管理　118
全区防控突发公共卫生事件“三网”建设现场会（图）　590
全县讲文明、树新风活动动员大会（图）　374
全县职工广播操演出比赛（图）　692
群众体育　572
群众团体　380
群众文化　552
群众治安组织　478

R

饶培中　705，（图）　705
人大财政经济监督　402
人大城建环保监督　402
人大代表视察　406
人大代表选举　395
人大代表议案和建议意见督办　409
人大干部述职评议　414
人大工业交通监督　402
人大机构　394
人大监督　402
人大科教文卫监督　402
人大农林水电监督　402
人大人事任免　414
人大信访　417
人大宣传　416
人大政法工作监督　402
人大执法检查　404
人防工程　465
人防工程和保障　465
人防机构　464
人防教育　防空警报　465
人防经费与物资保障　465
人防联防　465
人工造林　100
人工增雨　587
人口　680
人口变动　680
人口抽样调查　304
人口分布　680
人口构成　682
人口老龄化状况　671
人口流动趋势　680
人口民族构成　682
人口年龄构成　682
人口普查　303
人口迁移变动　681
人口数量　608
人口数量、密度与流动趋势　680
人口文化构成　684
人口性别构成　682
人口与计划生育　居民生活　679
人口职业构成　684
人口自然变动　680
人民代表大会　394
人民代表大会会议　396
人民调解　503
人民防空　464
人民防空动员　463
人民团体机构　615
人民武装部　450
人民武装动员　461
人民银行容县支行　275
人民政府　418
人民政协　436
人身险业务（长期）　286
人身意外伤害保险　286
人事　621
人事机构　622
人事制度改革　622
人寿保险　286
人文旅游景观　58
人武部军事训练　453
人物　695
人物传略　696
人物简介　703
人物名录　707
人造板产品　103
认契　656
日用化学工业　142
日用品业　143
日用消费品购销　158
日用修理业　173
日杂购销　159
日照　40
荣塘锡矿　48
容城城区街道命名、更名　671
容城电站（图）　120
容城镇　26
容城至西山　189
容启龙　697，（图）　697
容西乡　27
容西乡荔枝（图）　90
容西乡思传五保村（图）　666
容县（中小学）干部年度考核人数统计（1993—2005 年）（表）　531
容县“八五”计划时期计划执行情况（表）　296
容县“九五”计划时期计划执行情况（表）　296
容县“三个代表”重要思想学习教育活动报告会（图）　355
容县“十五”计划时期计划执行情况（表）　297
容县 0~6 岁儿童健康情况（1990—2005 年）（表）　604
容县 1000 多名新团员入团宣誓（图）　384
容县沙田柚种植面积和产量情况（1990—2005 年）（表）　91
容县爱国卫生运动委员会办公室　591
容县白话　642
容县白话称谓有别　646
容县白话词汇特点　646

容县白话对人体部位称谓　646
容县白话量词“只”的使用　646
容县白话其他特有词汇　646
容县白话声调　644,（表）　644
容县白话声母　642,（表）　643
容县白话声母、韵母、声调　642
容县白话与广东粤语差异　645
容县白话与毗邻县市语音差异　645
容县白话与县内边远乡镇语音差异　645
容县白话语音差异　645
容县白话语音特点　645
容县白话韵母　643,（表）　643
容县百货公司　151
容县百岁以上老人一览(2005 年)（表）　685
容县办理公证事务统计(1990—2005 年)（表）　503
容县保险业务一览(1990—2005 年)（表）　287
《容县报》　559
《容县报》报道都峤山风景名胜区庆寿岩景区建成开放(图)　560
《容县报》报社成立暨创刊首发式大会(图)　368
《容县报》《容县侨乡报》(图)　560
容县报刊发行情况统计(1990—2005 年)（表）　212
容县博物馆　562
容县部分单位出版的内部资料报纸(图)　560
容县部分乡(镇)、村及部门出版的志书(图)　568
容县财贸委员会　126
容县财源驾驶学校　202
容县财政基金支出情况(1990—2005 年)（表）　257
容县财政局办公楼(图)　248
容县财政局开展先进性教育学习活动(图)　364
容县财政局在各乡(镇)开展村级财务管理培训工作(图)　249
容县财政上解上级支出情况(1990—2005 年)（表）　257
容县财政一般预算收入情况(1990—2005 年)（表）　254
容县财政一般预算支出情况(1990—2005 年)（表）　256
容县财政总收入情况(1990—2005 年)（表）　251
容县财政总支出情况(1990—2005 年)（表）　255
容县参加玉林地区(市)中学生田径运动会成绩一览(1990—2005 年)（表）　528
容县参加玉林市“心相印杯”新世纪女性风采大型集体健美操比赛获一等奖(图)　386
容县参加玉林市各项体育赛事荣获奖牌一览(1990—2005 年)（表）　575
容县长途电话业务统计(1990—2005 年)（表）　216
容县城区绣江北岸河堤街(图)　227
容县城区江北景貌(图)　17
容县城区食品行业卫生法规知识培训班(图)　609
容县城区主街道一览(1991 年)（表）　232
容县城区总体规划　229
容县城市居民最低生活保障、农村五保供养情况(1998—2005 年)（表）　666
容县城市信用社　277
容县初中学生田径运动会成绩一览(1990—2005 年)（表）　528
容县除“四害”达标工作暨技术培训班(图)　610
容县储备粮管理公司　160
容县传染病医院　597
容县创建国家卫生县城工作现场会暨创建“灭蟑”先进县城活动动员大会(图)　611
容县代表团访问泰国广西会馆（图）　72
容县档案局(馆)　561
容县道路交通事故统计(1990—2005 年)（表）　488
容县地方税收收入情况(1994—2005 年)（表）　271
容县地方税务局　266
容县地税部门组织各项收入情况(1995—2005 年)（表）　271
容县地税改革　267
容县地震局　577
容县第九届人民代表大会　396
容县第九届人民代表大会第四次会议　396
容县第十二届人民代表大会
　第一次会议　399
　第二次会议　399
　第三次会议　399
　第四次会议　400
容县第十届人民代表大会
　第一次会议　397
　第二次会议　397
　第三次会议　397
　第四次会议　397
　第五次会议　397
容县第十三届人民代表大会
　第一次会议　400
　第二次会议　400
　第三次会议　400
　第四次会议　400
容县第十一届人民代表大会
　第一次会议　397
　第二次会议　398
　第三次会议　398
　第四次会议　398
　第五次会议　398
　第六次会议　398
　第七次会议　399
　第八次会议　399
容县电报业务统计(1990—2005 年)（表）　215
容县电话业务统计(1990—2005 年)（表）　217

容县电网建设（图） 121
容县电信局 214
容县电信局及电信公司成立揭牌仪式（图） 214
容县电影发行放映公司 555
容县电子工业学校 522
容县调解处理民间纠纷案数统计（1990—2005年）（表） 504
容县都峤山（精神病）医院 597
容县都峤山风景名胜区管理委员会 64
容县都峤山峰峦（图） 33
容县都峤山庆寿岩景区开业（图） 427
容县对外经济工作委员会 148
容县对外贸易局 149
容县对外贸易一览（1998—2005年）（表） 176
容县多渠道筹资办学统计（1990—2005年）（表） 537
容县儿童收养登记情况（2000—2005年）（表） 669
容县法院、容县公安局公捕公判大会（图） 496
容县法院民商事审判收结案件一览（1990—2005年）（表） 497
容县法院审判监督收结案件一览（1990—2005年）（表） 500
容县法院刑事审判收结案件一览（1990—2005年）（表） 496
容县法院行政审判案件一览（1990—2005年）（表） 498
容县法院执行收结案件一览（1990—2005年）（表） 499
容县防范和处理邪教问题领导小组办公室 470
容县房产管理业务办理统计（1990—2005年）（表） 238
容县非农人口粮食定量供应标准（1990—1992年）（表） 162
容县扶贫开发领导小组办公室 672
容县妇女病普查情况（1990—2005年）（表） 603
容县妇幼保健院 595
容县复员、退伍军人接收、安置情况（1990—2005年）（表） 662
容县干部群众抢救受灾财产（图） 407
容县高等教育自学考试获毕业证书人数统计（1998—2005年）（表） 525
容县高级中学 517
容县高考体育考生被录取情况一览（1990—2005年）（表） 519
容县高中教学大楼建成（图） 540
容县高中通过自治区示范性普通高中验收（图） 517
容县高中状元楼（图） 505
容县革命烈士纪念碑 61
容县个体工商户、私营企业登记基本情况（1990—2005年）（表） 153
容县个体工商户和企业登记情况（1990—2005年）（表） 311
容县各金融单位开展反假币宣传活动（图） 289
容县各时期按投资类型划分投资结构（1990—2005年）（表） 299
容县各行业用电量（1990—2005年）（表） 123
容县工人文化宫（图） 382
容县工商局办公地址（图） 311
容县工商局参与行风热线接受群众监督活动（图） 314
容县工商局当众销毁一批假冒伪劣商品（图） 316
容县工商联 380
容县工商联代表大会
　　第九届代表大会 380
　　第十届代表大会 380
容县工商联机构 380
容县工商银行 276
容县工业企业总产值情况（1990—2005年）（表） 133
容县工业污染物排放情况（1990—2005年）（表） 245
容县公安机关及民兵应急分队开展技能演练（图） 481
容县公安局大门（图） 476
容县公安局开展领导大接访活动（图） 469
容县公安局森林公安分局 96
容县公安民警到校园开展法制宣传（图） 501
容县公安刑侦技术人员正在采集指纹（图） 484
容县公办初中发展情况（1990—2005年）（表） 516
容县公办初中情况（2005年）（表） 516
容县公办小学（教学点）情况（2005年）（表） 512
容县公开销毁一批假冒伪劣药品和医疗器械（图） 343
容县公路工程建筑公司 237
容县公路局 181
容县公路局征稽所汽车交通规费征收情况（1992—2005年）（表） 186
容县公路客运运力、客运量、客运周转量统计（1990—2005年）（表） 199
容县供销合作社 149
容县供销贸易总公司 152
容县供销社系统部分集体商业企业 152
容县供销社系统购销情况（1990—1997年）（表） 157
容县广播电视局 555
容县归国华侨联合会 68
容县归国华侨联合会历届领导人一览（表） 69
容县规上工业产值（1990—2005年）（表） 131
容县国家税务局 265
容县国家税务局税收收入情况（1995—2005年）（表） 268

容县国家税务局综合办公楼(图) 247
容县国税改革 267
容县国土资源局 319
容县国土资源局办公大楼(图) 318
容县国土资源局成立大会(图) 619
容县国有粮食企业粮食销售情况(1995—2005年)(表) 163
容县国有企业、集体企业及“三资”企业登记基本情况(1990—2005年)(表) 254
容县国有商业购销情况(1990—2005年)(表) 156
容县国有土地有偿使用费收取标准(表) 320
容县果农在挑担往外销售自产的沙田柚(图) 15
容县函件、包裹、汇兑业务情况(1990—2005年)(表) 211
容县户籍管理人口迁移情况一览(1990—2005年)(表) 477
容县华隆电子公司 177
容县华侨大厦(图) 76
容县划拨土地情况(1994—2003年)(表) 320
容县婚姻登记情况(1990—2005年)(表) 669
容县获得1992年度全区保险先进县称号(图) 285
容县获得全区勘界工作先进集体(图) 24
容县获得正高级专业技术职称人员名录(表) 709
容县获得中国沙田柚之乡命名(图) 2
容县获玉林地区行政公署授予“高标准脱盲县”称号(图) 506
容县被自治区党委、自治区人民政府授予全区1994年度发展乡镇企业先进单位称号(图) 128
容县被自治区党委、自治区人民政府授予全区1995年度发展乡镇企业先进单位称号(图) 129
容县获自治区级以上先进生产(工作)者、劳动模范名录(1990—2005年)(表) 707
容县获自治区少数民族发展项目(1998—2005年)(表) 370
容县机动车维修业户统计(1990—2005年)(表) 201
容县机构编制委员会 614
容县机构编制委员会办公室 614
容县基层法律咨询服务统计(1990—2005年)(表) 502
容县基层公共基础设施建设情况一览(2002年)(表) 541
容县疾病预防控制中心 596
容县集邮业务收入统计(1990—2005年)(表) 213
容县计划生育部门为育龄群众提供计划生育服务(图) 689
容县计划生育服务站 688
容县计划生育协会 688
容县纪念“7·11”世界人口日“人口与计生法”知识竞赛(图) 680
容县检察院举报宣传周活动(图) 492
容县建设银行 276
容县建制沿革(表) 19
容县建筑工程公司 237
容县建筑工程总公司 237
容县健康教育文艺晚会(图) 607
容县讲文明、树新风、共创良好交通秩序万人游行活动(图) 182
容县交通局 180
容县交通局摩托车农用拖拉机养路费征收情况(1992—2005年)(表) 187
容县教师进修学校举办各类培训班统计(2002—2005年)(表) 532
容县教师晋升各级专业技术职务一览(1989—2005年)(表) 530
容县教育督导室被授予自治区“两基”工作先进单位(图) 536
容县教育建筑工程公司 238
容县金融机构存款余额情况(1990—2005年)(表) 280
容县金融机构贷款余额情况(1990—2005年)(表) 283
容县近代建筑 60
容县经纪人管理情况(1990—2005年)(表) 316
容县经济开发区厂房林立(图) 125
容县经济开发区电子科技园(图) 1
容县经济贸易局 126
容县经济委员会 126
容县九〇九电子科技学校 522
容县居民服务业(个体)登记基本情况(1990—2005年)(表) 174
容县考生上示范性高中分数线部分情况(2003—2005年)(表) 515
容县科技局 576
容县科普示范基地名册(表) 583
容县矿产资源管理局 318
容县劳动局开展职业技能培训(图) 633
容县劳动局劳动力市场服务中心挂牌运转(图) 632
容县黎村中学被评为“自治区绿色学校”(图) 514
容县连续性内部资料出版物统计(表) 560
容县联通经营呼机及手机(移动电话)用户数量(2000—2005年)(表) 219
容县粮食仓库容量统计(1990—2005年)(表) 164

容县粮食局　148
容县粮油食品总公司　160
容县林业局　96
容县领导与中共容县特别支部老党员共庆容县解放 50 周年（图）　346
容县领导阅批群众来信接待群众来访和受理情况统计（1990—2005 年）（表）　676
容县流动人口计划生育管理服务队　688
容县旅游工作协调委员会　64
容县旅游局　64
容县旅游局际协调会议办公室　65
容县律师事务机构担任法律顾问和办理各类案件统计（1990—2005 年）（表）　502
容县灭蟑技术培训班（图）　609
容县民兵规范化军事训练总结大会（图）　455
容县民兵应急分队参加玉林市军警民反恐维稳科目汇报演练（图）　456
容县民间组织统计（1991—2005 年）（表）　668
容县民政局　660
容县能源办公室　97
容县农村电话资费（1990—2005 年）（表）　223
容县农村投递路线长度（1990—2005 年）（表）　210
容县农机学校　202
容县农民人均纯收入情况（1989—2005 年）（表）　693
容县农民实用技术培训（图）　659
容县农民踊跃运送公粮（图）　253
容县农业“四税”收入（1990—2005 年）（表）　254
容县农业机械化管理中心　84
容县农业局　84
容县农业委员会　84
容县农业银行　276
容县农用微型拖拉机参加广西农机化科技推广宣传活动（图）　95
容县疟疾病例统计（1990—2000 年）（表）　607
容县皮肤病防治院　596
容县普通高考获录取人数情况统计（1990—2005 年）（表）　518
容县普通中等师范招生情况（1982—2005 年）（表）　520
容县企业及个体户年检户数统计（1990—2005 年）（表）　312
容县气象局　576
容县汽车总站　199
容县抢险灭火救援一览（1990—2005 年）（表）　490
容县侨联办公大楼（图）　68
容县侨商会　69
容县勤工俭学纯收入情况（1990—2005 年）（表）　539
容县勤工俭学收入用于改善办学条件的情况（1990—2005 年）（表）　539
容县庆祝香港回归祖国歌咏比赛（图）　543
容县人大常委会办理第十届至第十三届人民代表大会代表议案和建议意见一览（表）　409
容县人大常委会工作机构　395
容县人大常委会任免情况统计（1990—2005 年）（表）　414
容县人大常务委员会主要会议
　第十届人大常委会会议　401
　第十一届人大常委会会议　401
　第十二届人大常委会会议　402
　第十三届人大常委会会议　402
容县人大宣传工作有关情况统计（1991—2005 年）（表）　417
容县人工造林（含人工更新）、育苗统计（1990—2005 年）（表）　101
容县人境外分布　70
容县人口和计划生育局　687
容县人口迁移情况（1993—2005 年）（表）　681
容县人口文化构成（1990—2000 年）（表）　684
容县人口自然增长情况（1990—2005 年）（表）　681
容县人民代表大会常务委员会　394
容县人民代表大会常务委员会工作机构　615
容县人民武装部　450
容县人民医院　595
容县人民医院医护人员抢救食物中毒病人（图）　595
容县人民政府办公大楼落成启用（图）　393
容县人民政府办公室历年编制一览（表）　422
容县人民政府常务会议　424
容县人民政府工作机构　615
容县人民政府关于容城镇人民政府容城部分街道命名请示的批复　712
容县人民政府关于容县河南、容厢开发区等街道命名的批复　713
容县人民政府关于容县侨乡经济开发区街道命名的批复　712
容县人民政府全体会议　424
容县人民政府与广西高峰林场合作发展 30 万亩速丰林签字仪式（图）　101
容县日杂公司　152
容县三次产业地区生产总值结构比重（1990—2005 年）（表）　298
容县三黄鸡（图）　108
容县三轮摩托车统计（1990—2005 年）（表）　186
容县森林资源违法案件查处情况（1990—2005 年）（表）　107
容县沙田柚（图）　83

容县沙田柚场 153
容县沙田柚分布与产量 91
容县沙田柚获国家地理标志保护产品命名(图) 91
容县沙田柚节文艺演出专场(图) 291
容县商品材产量(1990—2005年)(表) 102
容县商业局(容县商业总公司) 148
容县商业汽车运输公司 152
容县社会福利院 666
容县社会福利院接收老人和弃婴孤儿入住情况(2002—2005年)(表) 666
容县社会治安综合治理委员会及办公室 470
容县审批农村村民住宅建房用地一览(1990—2005年)(表) 325
容县生资公司 152
容县师范学校 520,(图) 521
容县石油分公司经营情况(1990—2005年)(表) 172
容县实施中小学校危房改造工程一览(2001—2005年)(表) 541
容县食品公司 151
容县食盐购销情况统计(1990—2005年)(表) 170
容县市场服务中心 150
容县市内电话初装资费(表) 223
容县市内电话复式计费资费(表) 222
容县市内电话换装费资费(表) 221
容县市内电话资费(1990—1991年)(表) 222
容县受灾和救灾款支出情况(1990—2005年)(表) 665
容县水果局 85
容县水路运力、运输量完成情况一览(1990—2005年)(表) 205
容县水土流失现状情况统计(2002年)(表) 115
容县税务局 265
容县税务局税收收入统计(1990—1994年)(表) 267
容县司法局 500
容县糖烟公司 151
容县特殊教育发展情况(1990—2005年)(表) 523
容县体育局 569
容县体育协会 569
容县铁路建设协调指挥机构 197
容县投递区域、邮政编码一览(表) 210
容县图书馆 555,(图) 559
容县图书馆旧址 61
容县土产公司 152
容县土地登记发证一览(1990—2005年)(表) 323
容县土地管理局 318
容县土地利用结构调整规划面积(1990—2005年)(表) 46
容县土地使用权变更登记情况(1995—2005年)(表) 324
容县拖拉机拥有量统计(1990—2005年)(表) 187
容县外事侨务办公室 68
容县万源运输有限责任公司 200
容县卫生部门组织开展健康知识宣传(图) 605
容县卫生成人中等专业学校 521
容县卫生防疫站 596
容县卫生监督所 596
容县卫生局 590
容县慰问塔山英雄部队文艺晚会(图) 552
容县文化工作者下乡为群众免费写春联(图) 613
容县文化系统举行体育运动会(图) 573
容县文学艺术界联合会第五次代表大会(图) 390
容县五金公司 151
容县霞烟鸡(图) 109
容县县城绣江两岸景色(图) 25
容县县城总体规划(2001—2020)(图) 229
容县县委办公大楼(图) 345
容县县乡(镇)两级行政区域界线(2005年)(表) 24
容县县志编纂委员会办公室 561
容县乡村民居(图) 39
容县香料集团公司 152
容县消防大队等部门检查烟花玩具生产安全情况(图) 333
容县消防官兵传授消防灭火知识(图) 489
容县消费者协会受理消费者投诉情况(1990—2005年)(表) 317
容县小学发展情况(1990—2005年)(表) 511
容县新建公路桥梁(1990—2005年)(表) 195
容县新建在养公路一览(1990—2005年)(表) 190
容县新生儿乙肝疫苗接种情况(1996—2005年)(表) 606
容县信访办(局)接待群众来信来访及办理信访案件统计(1990—2005年)(表) 676
容县信用合作联社 277
容县兴容街邮电大楼(图) 206
容县行政区划(2005年)(表) 22
容县绣江大桥夜景(图) 193
容县绣江渡口和渡船情况一览(1990—2005年)(表) 203
容县绣江渡口码头建设一览(2003—2005年)(表) 204
容县绣江公园(图) 7
容县绣江公园北侧(图) 54,641
容县绣江公园南侧(图) 711

容县学前教育发展情况（1990—2005年）（表） 510
容县学习贯彻《中华人民共和国人口与计划生育法》培训班（图） 679
容县学校参加军事训练情况统计（1996—2005年）（表） 464
容县学校灾后恢复重建工程情况一览（2001年）（表） 541
容县寻呼机用户数量（199—2003年）（表） 218
容县寻呼机资（1993—2004年）（表） 225
容县烟草专卖局 150
容县烟花晚会（图） 544
容县盐业支公司 150
容县杨梅镇芒编厂工场一角（图） 147
容县杨梅镇中心文化站（图） 544
容县一九九八年计生工作暨五月集中宣传服务活动动员大会（图） 690
容县医药公司 343
容县医药管理局 341
容县饮食服务公司 151
容县迎春曲艺演唱会（图） 550
《容县影讯》宣传资料（图） 558
容县永通汽车运输有限责任公司 200
容县邮电局 206
容县邮电局获'97邮电服务年先进集体称号（图） 206
容县邮电局机线员在杆上作业（图） 209
容县邮电局邮件封发人员集中分拣（图） 211
容县邮政储蓄 278
容县邮政储蓄业务量统计（1990—2005年）（表） 214
容县邮政局 206
容县邮政局大楼（图） 207
容县幼儿园 509
容县幼儿园新教学大楼（图） 509
容县运通交通设施有限公司驾驶学校 202
容县真武阁公园景区大门（图） 58
容县真武阁特种邮票、信封、明信片发行（图） 213
容县政府科技、文化、卫生、法制"四下乡"活动（图） 581
容县政协常务委员会 436
容县政协委员会会议 439
容县支教工作情况统计（1997—2005年）（表） 533
容县直属机关机构改革实施意见 718
容县职业中等专业学校 521
容县职业中等专业学校学生在学习微机操作（图） 519
容县职中机电专业学生进行车床操作（图） 520
容县至岑溪一级公路（图） 198
容县至岑溪一级公路容县路段（图） 188
容县至黎村公路 188
容县至藤县公路 188
容县至玉林一级公路（图） 184
《容县志》（图） 568
容县质量技术监督局（图） 328
容县中西医结合骨科医院 596
容县中小学体育达标情况一览（1990—2005年）（表） 571
容县中学 514
容县中学旧教学楼 61
容县中医院 595，（图） 596
容县中医院开展中医中药穴位敷贴（图） 600
容县肿瘤医院 597
容县重点文物保护单位一览（表） 564
容县主要农业生产资料供应情况（1990—2005年）（表） 158
容县祝氏农牧有限责任公司 146
容县专业技术人员一览（1990—2005年）（表） 625
容县专职武装干部进行迫击炮训练（图） 454
容县专职武装干部进行战术基础训练（图） 454
容县转业干部安置一览（1991—2005年）（表） 624
容县总户数、总人口一览（1990—2005年）（表） 477
容县组团访问泰国匆洞市政府并签署友好协议书（图） 74
容县组织财政收入情况（1990—2005年）（表） 252
容县组织机构代码管理情况（1993—2005年）（表） 329
容县组织农村劳动力开发芒编织品（图） 630
容县组织医疗卫生人员在社区开展义诊活动（图） 589
容厢镇 26
容厢镇千秋村沙田柚生产运用套袋等新技术（图） 92
容州镇 27
容州镇建党84周年红歌比赛活动（图） 349
容州镇中心学校 510
肉桂病虫害防治 105
肉丸 655
入（新）屋酒 650
睿中苏公祠 62

S

三叉岗至豺狗冲莹石矿带 48
三猹岭 38
三朝 650
三大特色产业布局 86
"三非"人员清理遣送 486
三轮摩托车客运 199
三唛顶 38
三片石 56，（图） 37
"三资"企业 153，298
"三资"企业和外资利用 176
散节 647
散文 548

丧葬风俗　651
扫把　653
扫黄禁赌　480
森林保护　104
森林病虫害防治　104
森林防火防护措施　104
森林防火防护队伍及物品　104
森林分类经营　99
森林火灾火警　104
森林植物检疫　105
森林资源　97
沙田柚　91
沙田柚低产技术改造　581
筛　652
山地　36
山塘水库养鱼　110
杉林（图）　97
伤残抚恤　661
伤残军人、农村老复退军人、带病回乡军人、伤残工作人员优待　661
商标注册　314
商标注册　广告管理　314
商贸　147
商贸管理机构　148
商贸机构体制　148
商品房建设　239
商品购销　156
商业贷款　282
商业所有制结构　151
商业体制改革　154
上级补助收入　251
上级支出上解　255
邵逸夫捐资50万元援建的容城镇中心学校逸夫教学楼（图）　67
社会保险　635
社会发展　355
社会福利　666
社会福利工程　667
社会救济　665
社会陋习　656
社会事务管理　668
社会事业　428
社会事业资金审计　340
社会团体管理　667
社会宣传　368
社会治安综合治理　472
社区居委会建设　667
社区体育　574
社日　647
涉侨社团　69
摄影　549
摄影照相　173
深柳大桥　194
审计　337
审计机构　337
审判监督　499
审判执行　498
审判制度改革　495
生产习俗　651
生活补贴　628
生活习俗　654
生活用水卫生监督　609
“生日”酒　650
生态农业　95
生态种养技术　94
生物资源　49
生育保险　640
生育调节　688
生育政策　688
声环境质量　244
省道　188
失业保险　639
诗歌　547
湿度　41
十里乡　27
十四节　648
十字顶　38
石城河　42
石古顶　38
石圭金矿　48
石圭砂金矿　48
石料业　140
石头、松山丘陵水稻、柚子、茶叶、蚕豆、烤烟区　87
石头镇　32
石头镇八角晒场（图）　3
石头镇石头村党员学理论学党章奔小康活动（图）　367
石羊头　38
石印　56
石印顶　38
石油企业管理　172
石油业务经营　171
石寨镇　28
时令农事　93
食品安全监督　341
食品产业园　144
食品卫生监督　608
食品药品监督管理　341
食品药品监督管理机构　341
食品业　133
食物中毒监督　610
食盐　169
食盐管理与监督　170
食盐专营专卖　169
食用菌　90
食用油加工业　136
食油销售　169
世界各地华侨到容县观光考察恳谈暨教育捐款仪式（图）　75
世界广西同乡联谊会　72
市场管理　315
市场建设　315
市场物业管理　175
市场执法检查　316
市场租赁和管理　175
市内电话　216
市内电话资费　221
市农混合投递路段邮件投递　209
市区中心路段邮件投递　209
市容环境综合整治“南珠杯”竞赛　236
市政公共事业建设　232
市政建设　356
事业单位机构　616
事业单位机构编制管理　617
事业单位机构改革　620
事业单位机构及人员编制管理　616

事业单位人事制度改革　622
事业单位人员编制　617
《收费许可证》年审　309
收养登记　669
手摇式电话机(图)　216
蔬菜类作物　90
薯类作物　89
双车铁矿　47
双坟顶　38
双善铁矿　47
“双学双比”创建活动　386
霜降　93
水产饵料　109
水产品生产　109
水产品种　109
水产养殖　109
水产养殖资源　109
水稻　89
水稻技术推广　579
水稻品种选育　88
水稻土　43
水电站建设改造　120
水环境质量　244
水库移民　116
水利　111
水利工程设施建设　112
水利机构　112
水利专项投资除险加固工程　112
水路运输　203
水泥　140
水泥石棉瓦、油毡纸制品业　140
水上货物运输　204
水田　92
水土流失工程措施　116
水土流失人为因素　115
水土流失与水土保持　115
水土流失原因　115
水土流失植物措施　116
水土流失制度措施　116
水土流失治理措施　116
水土流失状况　115
水土流失自然原因　115
水文　42
水文测报　588
水文监测　588
水文设施仪器　588
水污染治理　246
水烟筒　653
水灾　50
水政管理　118
水质监测　241
水资源　49
税费改革前后农民总体负担　250
税费改革前后乡(镇)级及村级收入比较　250
税款征收　267
税收收入　270
税收宣传月活动(图)　251,266,267,270
税务　265
税务登记　269
税务管理　269
税务机构　265
税务稽查　269
税务信息化建设　270
税务宣传　270
税制改革　266
司法行政　500
司法行政机构　500
思想道德教育　374
死亡抚恤　661
四季　40
泗登110千伏变电站竣工仪式(图)　120
泗罗河　43
松毛虫害防治　104
松山镇　31
松山镇木兰塘沙田柚原产地　59
松山镇石扶村苗木基地农民向参观者示范苗木嫁接技术(图)　99
松香　103
松脂　102
松脂及部分农副产品收购情况(1990—2005年)(表)　159
送温暖工程　382
苏祖馨别墅　60
速生丰产林　100
塑盆育秧抛秧技术　94
酸柚　92
算命　656
娑婆岩　55
所有制结构　297

T

台地　36
泰国广西总会　72
覃武振　704,(图)　704
覃志武　701,(图)　701
探村　651
唐代容州普宁县杨妃碑记　64
唐开元寺景子铜钟　563,(图)　65
唐宇获自治区儿童组蛙泳全能冠军、50米和100米蛙泳冠军(图)　575
糖果、饼干食品　135
陶瓷业　136
特色菜肴　655
特殊称谓　649
特殊贡献待遇　629
特殊教育　522
特殊药品管理　594
特种设备安全监察　331
特种行业管理　479
提水工程　113
体育　569
体育达标　571,527
体育机构　569
体育教学　570
体育教育　527
体育竞赛　528
体育人才培养　518,571
体育人才输送　572
体育设施　570
体育设施　570
体育使用教材　527
体制改革　354
天狗　657

天后宫　63
天井岭　37
天气服务　587
天气谚语　42
天气预报　587
天堂山　56
天堂山及其主要山峰　38
天堂山林场　97
天堂山中低山山地水稻、杂粮区　88
天主教　658
天主教堂(图)　658
铁矿　47
铁路　197
铁路工程建设　198
通往石寨乡古兆村的四级公路（图）　179
通信　214
通信机构　214
通信资费　220
同辈称呼　649
同古大桥　194
统计　300
统计管理　304
统计机构　301
统计教育培训与考试　305
统计普查　303
统计制度改革　304
统计资料管理　305
统计资料汇编　305
统一战线　369
统战宣传　369
投资产业结构　300
投资类型结构　299
投资软环境改善　178
投资主体结构　300
突发性事件处置　471
图书　542,558
图书　报刊　558
图书馆(室)设施　556
屠宰税　273
土地、灶神　657
土地变更登记　324
土地登记　323
土地定级评估　324
土地法规宣传教育　326
土地管理　323
土地规划与开发利用　319
土地划拨　319
土地监察　326
土地监察队伍　326
土地利用总体规划　319
土地使用税　272
土地增值税　273
土地征用　321
土地整理与开垦　321
土地证查验　324
土地资源　46
土壤　植被　43
土壤类型　43
土壤特征　45
退耕还林　100
退伍安置　662
退休　629
退职　630
拖拉机保险　285

W

外国人出入境管理　485
外科　600
外商投资企业所得税　268
外事出访　73
外事到访　74
外事活动与港澳台事务　73
网吧　545
网箱养鱼　110
望君山　38
望君山奇石(图)　56
望君石林　56
望县顶　39
危险物品管理　479
微型计算机　208
韦加宁　699,(图)　699
韦清文　706,(图)　706
韦云淞别墅　61
围产期保健　602
违法违规生育处罚　691
违法用地清查　326
违纪案件查办　373
卫生　589
卫生防疫　604
卫生计生事业　428
卫生监督　608
卫生经费　591
卫生消毒监督　610
卫生行政管理　590
卫生行政管理机构　590
位置　18
位置　建置　18
温风铁矿　47
文化　体育　科技　543
文化馆设施　544
文化管理　544
文化管理机构　544
文化交流　554
文化设施　544
文化市场　545
文化市场管理　545
文化市场稽查　546
文化事业　429
文件选录　712
文联参赛活动　390
文联代表大会　390
文联机构　390
文联文娱活动　390
文联研讨活动　390
文联主要活动　390
文明单位、文明村镇创建活动　375
文明县城创建活动　375
文明行业创建活动　375
文容顶遗址　63
文物　档案　地方志　561
文物保护　563
文物档案地方志机构　561
文物档案地方志机构　设施　561
文物档案设施　562
文物工作　562
文物管理　562
文物维修　562

文物征集 563
文学 547
文学创作和出版 390
文学艺术 群众文化 547
文学艺术界联合会 390
文学作品创作 391
文艺创作 547
文艺团体 552
文艺研讨 549
文印服务部 546
汶水岭 38
污染物排放治理 245
污染源调查 243
污水污染物排放监测 241
无线市话(小灵通)(图) 219
无线寻呼机 218,(图) 218
无线寻呼资费 224
五官科 601
“五好家庭”“双文明户”创建活动 375
“五好文明家庭”创建活动 386
五金交电化工购销 159
五年计划编制与实施 294
伍达欧 702
伍廷飏故居 62
物候 41
物价调控 306
物价管理 305
物价管理机构 305
物价监督 309
物价执法检查 309

X

西北部 24
西部 24
西村石拱桥 63
西山冶铜遗址 63
西医 600
希望工程 384
稀散元素类矿产 48
洗染业 173
戏剧曲艺 549
霞烟鸡 109
下岗职工再就业 632
夏国璋碑刻 61
夏威、夏国璋别墅 61,(图) 61
夏越 702
夏至 93
仙人峰 39
咸卜干 654
咸菜瓜酸 654
县、乡(镇)二级或县、乡(镇)、村三级干部会议 425
县长办公会议 425
县城 25
县城 乡镇 25
县城建设 430
县党代会 349
县道 188
县底农民协会、中共容县临时委员会旧址 61
县底镇 30
县级财政管理体制 249
县级单位医疗设备 599
县级一般预算收入 252
县纪律检查委员会 县监察局 347
县接待办公室 435
县精神文明建设委员会办公室 348
县食品卫生监督检验人员作月饼质量检验(图) 332
县委办公室 347
县委党史办公室 348
县委党校 348
县委工作机构 346
县委工作机构改革 617
县委机构 组织 346
县委基层组织 348
县委老干部局 348
县委统战部 347
县委宣传部 347
县委组织部 347
县政府办公室 422
县政府工作机构改革和调整 618
县直机关代表大会 366
县直机关党建 366
县直机关设立部分党委 349
县直机关主要工作 366
县直机关组织建设 366
县直属机关党(工)委 348
县直属机关后勤服务中心 435
县直属机关机构 435
县直属事业单位机构改革 620
县志编纂 568
现役军官军事训练 453
乡(镇)财政管理体制 249
乡(镇)党政机构 615
乡(镇)党政机构改革 619
乡(镇)计划生育协会 688
乡(镇)民政办公室 660
乡(镇)企业发展和招商引资 432
乡(镇)企业管理工作成效 433
乡(镇)企业管理机构 432
乡(镇)企业政策措施 432
乡(镇)人大工作联系指导 415
乡(镇)人口和计划生育服务所 688
乡(镇)人民武装部 450
乡(镇)事业单位机构改革及管理 621
乡(镇)司法所 500
乡(镇)圩镇街道命名 671
乡(镇)卫生院 597
乡(镇)卫生院医疗设备 599
乡(镇)文化站设施 544
乡道 189
乡界勘定 24
乡镇 26
香炉峰 39
香山顶 37
厢南至合柳路 189
项目规模 299
项目投资管理 299
消防管理 488
消防检查监督 488
消防设施 488
消防宣传 489
消费税 268

消费者权益保护 317
小寒 93
小满 93
小年晚 648
小暑 93
小水窝养鱼 110
小说(故事) 547
小学毕业考试 511
小学教学 511
小学教育 510
小学课程 511
小学学校设置 510
小学学校选介 510
小学学制 511
小雪 93
校舍 540
校园消防知识宣传图片展(图) 489
新华书店设施 556
新加坡广西暨高州会馆 70,(图) 70
新生儿乙肝疫苗接种 605
信访 675
信访处理 675
信访典型案例 677
信访典型事例 418
信访联席会议制度 677
“星火计划”工程 579
刑罚执行监督 494
刑事检察 491
刑事科学技术应用 483
刑事审判 496
刑事侦查 482
行医执业管理 592
行政复议案件受理审查 435
行政机关改革政策 617
行政机关机构 614
行政机关机构改革 617
行政机关机构及人员编制管理 614
行政机关人员编制 615
行政区划 17
行政区域调整 21
行政区域界线 23
行政审判与国家赔偿 498
行政审批事项清理 434
行政审批项目清理 374
行政事业审计 338
行政事业性收费管理 309
行政行为审查和案件应诉 434
凶杀案件侦查 483
休假 628
修建性详细规划 230
绣江 42
《绣江》 559
《绣江》编辑出版 390
绣江大桥南岸西侧远景(图) 228
绣江复航工程规划 205
绣江两岸绿化(图) 235
绣江上游平原台地水稻、甘蔗、水果、桑蚕、烤烟区 87
绣江水环境质量监测 241
绣江下游水稻、柚子、油菜、薯类区 87
徐松石 696,(图) 696
徐松石故居 62
许日初 703,(图) 704
畜牧业 426
畜牧渔业 108
畜牧渔业机构 108
畜禽养殖 108
宣传教育 367
学会(协会、研究会)活动 388
学前教育 508
学前教育 小学教育 508
学前教育学校设置 508
学生军训(图) 464
学生宿舍建设工程 541
学生运动会 570
学校军事训练 464
学校体育 570
学校体育人才培养 571
学校卫生监督 609
学校选介 517
学杂费 538
雪兰莪暨吉隆坡广西会馆 71
血液管理 592

Y

烟草 90,170
烟草专卖管理 171
淹育性水稻土 43
“严打”行动 473
岩石 35
盐品销售 169
宴饮 649
杨村镇 30
杨村至水汶路 189
杨妃井 63
杨梅河 42
杨梅河谷地水稻、马铃薯、水果、茶叶、桑蚕区 87
杨梅河流域石寨乡宵垌村洪水受灾现场(图) 114
杨梅镇 28
杨梅镇敬老院(图) 672
杨梅镇绿荫农民新城新貌(图) 694
杨梅镇妙阳小学荣宝昌教学楼(图) 510
杨外河 43
杨湾河 43
杨叶古井 63
杨叶桥 195
杨益炤 698,(图) 698
养蜂业 110
养老保险 637
药品耗材采购管理 593
药品和医疗器械管理 593
药品价格 308
药品经营管理 593
药品经营和医疗器械监督 342
药品批发企业和批零网点 343
药品生产监督管理 593
药品生产质量监管 342
药品市场监督 342
野生动物保护 106
野生动物资源 49
业余体校人才培训 572
业余文艺团队 552

一般预算收入　252
一般预算收入组织　251
一般预算支出　255
医疗　599
医疗保险　636
医疗队伍　医疗设施　595
医疗废物管理　594
医疗护理　602
医疗机构管理　591
医疗急救　601
医疗急救　护理　601
医疗器械管理　594
医疗器械监督　343
医疗人员结构　598
医疗卫生队伍　598
医疗卫生机构　595
医疗卫生设施　598
医疗业务培训　598
医疗用房　598
医疗质量管理　591
医学科研　598
医药、化学工业　141
医药工业　141
医药购销不正之风纠正　373
医药批零网点　344
医院分级管理　591
医政管理　591
移动电话　218
移动电话资费　225
移动通信　互联网　218
遗属生活困难补助　629
乙脑防治　608
以侨促游　65
义务兵　457
义务兵家属优待　661
艺术　548
艺术辅导　553
艺术展览　552
易燃易爆物品管理　480
银行性金融机构　275
饮料食品　135
饮食习俗　654
印花税　273
印刷业　138
迎亲　651
营业税　272
拥军优属　664
拥政爱民　466
用材林　98
用电安全管理　122
用电管理　122
用工制度　633
优待敬老　672
优抚　661
优抚　安置　拥军优属　661
邮件投递　209
邮路　208
邮路　邮件投递　208
邮政　206
邮政编码　210
邮政储蓄　213
邮政机构　206
邮政基础设施建设　207
邮政摩托车　208
邮政汽车　208
邮政设施　设备　207
邮政通信设备　207
邮政业务种类　211
邮政自行车　207
油茶　102
油库设施及管理　172
油漆工业　142
油站基础设施　172
油站建设及管理　172
柚皮酿　655
有色金属　48
有色金属工业　141
有线通信　215
幼儿园教学　509
幼儿园课程　509
幼儿园选介　509
幼儿园学制　509
鱼病防治　110
雨水　93
玉林地区保险公司向容县胶合板厂送洪灾损失赔付款（图）　286
玉林市、容县两级领导看望梁远礽（图）　376
玉林市第一届运动会开幕式（图）　543
玉林市容县晶辰电子科技有限公司　145
玉林市食品药品监督管理局容县分局　341
玉林银监分局容县监管办事处　275
玉米、高粱、粟类　89
预备役部队参加容县庆祝香港回归阅兵活动（图）　449
预备役登记　458
预防接种　605
预算管理　259
预算内资金管理　260
预算外资金管理　261
元宵节　647
园区企业　145
原粮定购价格调整（1992 年）（表）　168
原粮加工和食品加工　167
原粮统销价格调整（1992 年）（表）　168
云盖峰　39
云溪寺　55
云溪寺　658
耘田　652
运动场地　570
运动器械　570
运输企业　202

Z

杂技　550
灾后校舍重建工程　540
栽培技术　93
在职学历教育　525
暂住人口管理　478
造纸、印刷、包装业　137
造纸业　137
噪声污染治理　246

责任保险　285
增值税　268
翟五杨公祠　62
债券发行　283
招工安置　631
沼泽性水稻土　44
照明　235
褶皱　35
针、棉纺织品购销　158
真武阁景区　58
砧板柚　92
征兵体检　459
征兵宣传　459
征兵政审　459
征地补偿　322
征地审批程序　321
征地数量　321
政党　群团　345
政法　469
政法队伍建设　475
政法机构　470
政法委员会与社会治安综合治理　470
政法协调　471
政府采购　264
政府大院建设　436
政府调查研究　424
政府法制　434
政府工作机构　421
政府机构　419
政府接待工作　436
政府领导机构　419
政府民主决策　423
政府施政方式　423
政府施政规则和重要会议　423
政府施政纪略　425
政府文件审查　434
政区　21
政权　政协　393
政协参政议政　442
政协工作机构　437
政协机构　436
政协考察调研　444
政协联谊活动　447
政协民主监督　446
政协容县第六届委员会会议
　　第一次会议　441
　　第二次会议　441
　　第三次会议　441
　　第四次会议　441
政协容县第七届委员会会议
　　第一次会议　441
　　第二次会议　441
　　第三次会议　441
　　第四次会议　441
政协容县第三届委员会会议　439
政协容县第三届委员会会议第四次会议　439
政协容县第三届至第七届委员会委员结构一览(表)　438
政协容县第三届至第七届委员会主席、副主席名单(表)　437
政协容县第四届委员会会议
　　第一次会议　439
　　第二次会议　440
　　第三次会议　440
　　第四次会议　440
政协容县第五届委员会会议
　　第一次会议　440
　　第二次会议　440
　　第三次会议　440
　　第四次会议　440
　　第五次会议　440
　　第六次会议　440
政协社会慈善服务　448
政协提案工作　442
政协委员工作组　439
政协委员构成　438
政协文史工作　448
政协文史工作和社会慈善服务　448
政协专题座谈会　443
支教工作　533
直管公房改造和租赁　239
直管公房管理　238
职工培训和再就业　382
职工权益维护　382
职工体育　573
职工文体活动　382
职业技能培训　633
职业卫生监督　610
植被　46
植树造林　100
植物物候　41
植物资源　49
志鉴应用　569
志留系地层　34
志愿兵　457
制茶业　136
制酒业　134
治安管理　476
治安联防　478
治安群防群治　471
质量技术监督　327
质量技术监督机构　328
致公党参政议政　379
致公党代表大会　379
致公党容县机构　379
致公党社会服务活动　380
中等专业教育　519
中等专业学校选介　520
中峰　39
中共容县代表大会
　　第八次大会　349
　　第九次大会　349
　　第十次大会　350
　　第十一次大会　350
中共容县第七届至第十一届委员会书记、副书记、常委(表)　350
中共容县委员会　容县人民政府关于村公所改为村民委员会的通知　715
中共容县委员会　容县人民政府关于加快发展我县旅游业若干问题的决定　716
中共容县委员会　容县人民政府关于稳定和完善农村集体土地承包经营体制规定的实施细则　714
中共容县委员会工作机构　614

中共容县委员会容县人民政府信访办公室　672
中共容县委员会政法委员会　470
中国（容县）首届尊师爱兰大会（图）　529
中国共产党　346
中国共产党容县委员会　346
中国国民党革命委员会容县委员会　378
中国联通容县分公司　215
中国民主促进会容县委员会　378
中国人民财产保险股份有限公司容县支公司　277
中国人民武装警察部队容县中队　451
中国人民政治协商会议容县委员会工作机构　615
中国人寿保险股份有限公司容县支公司　278
中国石油化工集团公司容县分公司　150
中国移动广西容县分公司　215
中国银行容县支行　276
中国致公党容县委员会　379
中考　515
中丘陵　36
中秋节　648
中山　36
中石化容县分公司　171
中小学乱收费治理　373
中小学危房改造工程　541
中小学校舍新建扩建　540
中小学校校长、教导主任培训　532
中学教育　514
中央收入上划　252
中医　599
种植技术　92
重大决策　353
重修容县城东真武阁记　725
周转粮供应　162
侏罗系地层　34
潴育性水稻土　44
竹枝扫把（图）　653
竹制造纸　103
主要“三资”企业　177
主要货运企业简介　200
主要建筑企业　237
主要客运企业简介　199
主要山峰　37
主要商品价格　307
住房分配货币制度　240
住房制度改革　240
住宿业　174
铸造工业　139
专项规划　231
专项资金审计　340
专业技术队伍　625
专业技术队伍管理　625
专业技术人员继续教育　627
专业技术职务评聘　626
专业教育　特殊教育　519
专业统计　301
专业文艺团体　552
专著　549
砖红性红壤　45
砖瓦业　140
状元岭　37
浊水河　42
浊水河谷地水稻、蚕豆、大豆、果树区　87
浊水河中桥　194
资产评估　262
资源税　272
紫色土　45
自良镇　31
自然环境　33
自然旅游景观　54
自然灾害　50
自然资源　46
自行车邮路　209
自学考试　525
自治区发展农村学前教育经验交流会（图）　508
自治区分享收入上划　252
自治区公共卫生突发事件“三网”建设现场会（图）　601
宗教　657
宗教管理　371
宗教活动场所　371
宗教事务　371
综合经济　429
综合经济管理　291
综合统计　301
组织机构代码管理　329
组织建设　357
最低生活保障　665
坐月　650

编 后 记

2008 年 7 月，根据《自治区人民政府批转自治区地方志编纂委员会关于开展广西第二届三级地方志书编纂工作意见的通知》（桂政发〔2000〕66 号）和国务院《地方志工作条例》，容县启动第二轮《容县志》修编工作，制订《容县志(1990—2007)》编纂工作方案，设置编目大纲共分为 36 篇。容县地方志编纂委员会办公室办公地点从县政府 7 楼搬迁到县人民会堂西边办公，购置办公台椅和电脑、打印机等办公设施。7 月 10 日，县委、县政府调整充实容县地方志编纂委员会成员。7 月 11 日，召开容县第二轮地方志编纂工作会议，共 200 多人参会。县地方志编纂委员会主任、县长李玉振对地方志工作进行部署。玉林市地方志办公室领导到会指导。9 月 27 日—28 日，举办全县修志工作人员培训班，共有 150 多人参加培训，特邀自治区地方志办公室晏源源、广西年鉴社社长黄瑞禄等专家，分别讲授“地方志基本知识、人物入志、纠错补缺”“资料工作”“文体、文风、行文规范”及“年鉴编写知识”等，全面启动《容县志》资料收集等工作。县地方志办公室设 5 个编辑组、1 个图片征集和文印组，实行编辑岗位责任制，把各篇章的编辑任务落实到组到人，实行各组每周汇报工作进度。

2009 年，根据自治区、玉林市地方志办公室指示精神，结合第二轮《容县志》资料收集工作和资料长篇编写工作情况，容县地方志编纂委员会调整《〈容县志〉(1990—2007) 编纂方案》工作进度计划，将收集资料阶段、编写初稿阶段、分纂阶段、总纂阶段、评审阶段、修改定稿阶段和出版发行阶段的时间调整，适当延长。《容县志》内容资料收集下限时间延长到 2009 年。

2010 年，部分单位不能按时报送第二轮《容县志》资料长篇，也没有按要求报送原始资料。容县地方志编纂委员会办公室下发《关于加快第二轮〈容县志〉编纂工作的通知》，要求各单位在 10 月 31 日前将原始资料复印件和资料长篇报县地方志办公室。11 月 25 日，自治区地方志编纂委员会办公室主任李秋洪一行 5 人在玉林市政府副秘书长廖哲的陪同下，到容县指导地方志工作。县委副书记、常务副县长吕剑枫向自治区、玉林市领导汇报工作。年底，全县共收上 59 个单位的资料长篇稿。

2012 年年底，全县共收上 89 个单位的资料稿，各编辑人员将其修改写成资料长篇稿。

2013 年 11 月，自治区人民政府办公厅下发文件规定全区第二轮志书记述的下限时间统一调整为 2005 年。

2014 年，《容县志》编目大纲最终确定为 23 篇，志书下限截止日期为 2005 年，开始编纂初稿。

2015 年 11 月，完成志书编纂共 110 万字，志稿报送玉林市和自治区地方志办公室评审。

2016 年 2 月 1 日—2 日，召开《容县志(1990—2005)》三级评稿会。专家评议结果：“《容县志》篇目设计框架比较完整；对历史资料的梳理记述系统完整，事物发展脉络清晰。资料丰富。但也存在一些需要修改调整的问题，如篇目框架不够合理、内容缺漏、资料错误和不符合体例规范等现象。”3 月 31 日，召开全县修志工作推进会议，要求各承编单位按照评稿专家反馈的修改意见，对县志补充完善资料。年底，为县地方志办公室充实领导班子成员。

2017 年初，县地方志办公室明确落实县志各篇的编纂责任人，推进修编工作。11 月底，各篇志稿完成文字编纂，开始分工对志书照片的收集、整理及内容编写。照片来源除部分由县地方志办公室和各单位提供外，个人拍摄或提供的均有注明，大部分照片从吴植光提供的《容县报》和《玉林日报》中扫描获得，从报纸中选取的照片冠有拍摄人的照录，无拍摄人或 2 人以上的则注明“据《容县报》”或“据《玉林日报》”等。

2018 年 1 月底，完成县志照片的筛选、内容编写及整理入书。2 月上旬，完成县志审验稿，全书 120 万字，并上送玉林市和自治区地方志办公室审核。3 月 29 日—30 日，组织召开《容县志（1990—2005）》审查验收会议。经过专家票决评分，志书通过审查验收。审查验收会后，县地方志办公室组织人员根据专家提出的修改意见，与组稿单位对志书进行查漏补缺、补充完善。

2019 年 6 月，县财政追加经费，聘请容县退休领导唐绍荣、黄汉生，及玉州区方志办原主任、副编审陈国河对志书进行内容和体例等审核。玉林市地方志办公室副主任黎祖枢对志书审验稿进行全面指导，并提出修改意见。

2019 年 9 月，完成志书编纂工作，并上送玉林市地方志办公室出版前备案。12 月，完成志书出版印刷。

《容县志（1990—2005）》编纂历时 10 余载，其间对内容结构进行了多次调整，数易其稿。县委、县人民政府高度重视和大力支持第二轮县志修编工作。修编工作得到自治区、玉林市地方志办公室领导关心和指导，得到全县各乡（镇）、各单位领导和撰稿人员的支持配合。县地方志办公室组织编修人员多次参加上级的修志培训，并到钦州市钦北区和玉林市陆川县、博白县、北流市、兴业县及玉州区参加志稿评审会，带着问题向自治区地方志办公室专家请教，走访合浦县地方志办公室，为推进全县修志工作提供了帮助。在此，谨向所有关心、支持和参与县志编纂工作的领导、专家、撰稿人员及编辑人员致以诚挚的谢意！

编纂县志，本着存真求实原则，既注重志书史料性，又注重突出地方特色，尽量做到体例规范，资料翔实。但由于县志编纂工程繁杂，涉及面广，持续时间长，部分单位资料收集不全，数据不完整，导致部分章节目内容单薄；地方志机构专业修志人员不足，水平有限，书中错漏在所难免，不当之处敬请读者指正。

容县地方志编纂委员会办公室

2019 年 12 月